全球教育监测报告

2023

技术运用于教育：

谁来做主？

《教育2030：仁川宣言和行动框架》指出，《全球教育监测报告》的任务是作为"可持续发展目标4以及其他可持续发展目标中的教育事宜的监测和报告机制"，并"作为可持续发展目标总体后续行动和审查的一部分，报告国家和国际战略的实施情况，协助保证所有利益相关方为承诺负责"。《全球教育监测报告》由设在联合国教科文组织的一个独立团队编写。

本出版物所使用的名称及其材料编制方式并不代表联合国教科文组织对任何国家、领土、城市或地区，或其当局的法律地位，或其边界或界线划分表示任何看法。

本报告中资料的选择与编排以及表述的观点均由《全球教育监测报告》小组负责，并不一定反映联合国教科文组织的观点，因此本组织不承担任何责任。《全球教育监测报告》小组组长对本报告所表述的观点和看法承担全部责任。

如需引用本报告，请按如下格式著录文献来源：
联合国教科文组织.全球教育监测报告2023：技术运用于教育：谁来做主?. 北京：教育科学出版社，2024.

联合国教育、科学及文化组织2023年出版
（法国丰特努瓦广场7号，75352巴黎07 SP）
© UNESCO 2023
© UNESCO 2024 for the Chinese translation
联合国教科文组织出版的原著ISBN：
978-92-3-100609-8

书名原文：Global Education Monitoring Report 2023: Technology in education – A tool on whose terms?

图片设计：Optima Graphic Design Consultants Ltd
版式设计：Optima Graphic Design Consultants Ltd

封面图片说明：马瑙斯（巴西）Kanata T-Ykua学校的一名学生利用ProFuturo教育平台上的数字内容接受培训。

图片来源：©Ismael Martínez Sánchez-8308 / ProFuturo
DOI: https://doi.org/10.54676/BIUM3029

摘要

技术能否解决教育中最重要的挑战？

数字技术的应用给教育和学习带来了许多变化。许多人说技术改变了教育，但事实如何仍有待讨论。数字技术的应用因社区和社会经济水平、教师意愿和准备程度、教育等级和国家收入而异。除了科技强国，其他国家的课堂上并没有大规模使用电脑和其他数字设备。此外，关于技术正反两方面影响的证据旗鼓相当。使用数字技术的短期和长期成本似乎被明显低估了。最弱势群体常常被剥夺了从这一技术中受益的机会。

本报告质疑"工具由谁来做主"，表明在教育部门之外制定的关于技术的法规未必满足了教育需求。本报告发布之时，#TechOnOurTerms（"技术由我们做主"）运动正进行得如火如荼。该运动呼吁对教育技术应用是否适当、公平、循证、可持续进行评估，并且在决定是否采用教育技术时优先考虑学习者的需求。

本报告为政策制定者提供了相关决策的指南。对于手握决策权的人，向下，要看看自己所处的国家或地区，看看技术是否适合本地的环境，能否满足学习的需求；向后，要看看那些被落下的人，确保被边缘化的群体得到应有的关注；向上，要看看是否有证据证明技术对教育的影响，是否已经充分了解了全部成本来支持他们做出明智的决定；向前，要展望未来，确保他们的计划符合可持续发展的愿景。

本报告强调，必须学会在数字技术中生存，但又不依赖其生存；必须学会从丰富的信息中提取自己需要的信息，并且忽略不必要的信息；必须认识到人际联系是教学工作的基础，技术应为此提供支持，但不可取而代之。我们的关注点应该是学习成果，而不是数字投入。数字技术可以帮助改善学习，但不应取代师生的面对面互动，而应作为师生关系的一种补充。

"以文件增强教育评价"（PEER）新发布的各国资料为本期《全球教育监测报告》（第六期）提供了可靠的支持。"以文件增强教育评价"描述了世界各国教育系统中与技术有关的政策和法规，是一项有助于政策对话的资料。

贫困国家
要维持教育的
连通性，**每天将花费**
10亿美元

unesco

战争起源于人之思想，故务需于人之思想中筑起保卫和平之屏障。

序言

新冠疫情期间，远程学习工具，包括通过互联网、广播和电视来完成学习，显示了它们是多么有益和必要。不过同时也暴露了其局限性。

事实上，疫情时期突出了一种根深蒂固的趋势，即将技术解决方案视为一种适用于所有情境的通用工具，是一种势在必行的进步形式。将工具和解决方案、手段和目的混为一谈，是这份报告呼吁我们思考的问题。报告强调了三个悖论——三个普遍存在的误解。

首先，个性化学习就是灵丹妙药。通常，这种强烈的愿望让我们忘记了教育最核心的是有关社会和人类的基本维度。有一点显而易见，但值得重申：任何屏幕都无法取代一名老师作为人的属性。正如联合国教科文组织在2021年发布的"教育的未来"报告中所强调的那样，教师和技术之间的关系必须是一种互补的关系——永远不能是相互替代的关系。

虽然技术有望让人们更容易获得教育，但现实是，数字鸿沟仍然存在，实际上技术会加剧教育的不平等——这是本报告强调的第二个悖论。疫情期间，近三分之一的小学生无法实现有效的远程学习——这个结果并不令人意外，因为目前全球只有40%的小学可以上网。即使全世界的小学生都已经可以上网了，仍然有必要从教学的角度来证明，数字技术确实在有效学习方面提供了真正的附加值，尤其是我们都已经知道了看屏幕时间过长将带来各种风险。

最后一个同样值得重视的悖论是，尽管我们渴望使教育成为全球共同利益，但教育中的商业和私人利益仍在不断扩大，这意味着存在各种模糊地带：迄今为止，只有七分之一的国家立法保障了教育数据隐私。

这三个误区是可以避免的，这就是为什么我们的报告提出了两个应该作为后续工作指南的强有力建议。首先，本报告建议应该系统性地将学生的最大利益置于任何其他利益之上——特别是商业利益。其次，报告建议，应该将技术视为一种手段，而绝不是作为一种目的。

为了落实这些建议，教科文组织正在呼吁其成员国确保教育技术的公平、平等和安全发展。这意味着要建立适当的规范框架，并制定隐私、数据访问、无歧视和屏幕使用时长方面的相关标准。这还意味着要发起雄心勃勃的公共行动和国际合作方案，以支持获得连通和开放的教育资源，并就这些新问题和不断发展中的问题对教师进行培训。

因此，本报告的结论是一系列工作的起点，特别是通过辨识真正可以远程工作的教学方法，并通过继续对这些主题进行研究，为公共行动提供启示。要始终牢记同样的目标：确保技术服务于教育，而不是相反。

奥德蕾·阿祖莱
联合国教科文组织总干事

前言

教育和技术创新本身是相互关联的。新的思想引发了数字化转型，而数字化转型反过来也会帮助我们改善教育系统。教育和技术可以携手促成整体的、系统性的质量提升，实现更广泛的平等。

在成为部长之前，我所受的教育促使我使用多种技术为截肢患者开发假体接口，这一系统可以让人们走路时更舒适，步行上学，更好地生活。随后，我作为塞拉利昂基础教育部和高中教育部的部长，以及塞拉利昂政府的首席创新官，继续利用这一联系，通过将技术构想为赋能因素而从中获益。

然而，本报告强调了教育和技术之间的微妙关系，特别是数字技术。了解何时使用、如何使用、何时不使用技术来服务于我们的教育目标，正在成为21世纪教育领导者的一项关键技能。处理由教育系统产生的数据，并使用这些数据，能为我们带来诸多好处。例如，提高我们的教育系统的效能和效率，以满足所有儿童的教育需求。

在塞拉利昂，我们理解这一点。科技带来的数据可以让我们了解教育系统的健康状况，还可以帮助我们确保每个孩子的学习旅程都在正确的道路上。我们推动无条件包容的努力不仅基于数据，而且依赖数据。我们把每个人都算在内，这样就不会落下任何人。我们提出的"教育技术"（EdTech）战略，与我们为所有学习者和教师提供包容、优质教育的长期愿景是紧密一致的。

当这个战略运行良好时，我们在教育系统中生成的数据就会成为我们需要实施的、改进各项工作的政策的最佳指南。对政策制定者、学校领导、教师、家长和社区都是如此。我们国家的小学领导们现在准备使用平板电脑来收集和应用动态数据来管理他们的学校，监督教师资格注册、学生入学和出勤率。

这在提高速度和效率方面是有好处的。我们自2018年以来，基于学生和学校的唯一标识符来构建系统。我们数字化的年度学校普查可以比许多现场视察更快地标记出一个问题——尽管我们同时需要这两种考察方式。

诸如学校内的不平等和资源分配效率低下等问题，如果我们能够将其解决方式可视化，那么它们也是可以预防的。这份报告提醒我们，使用地理空间数据是可以实现这一想象的。这种技术在低收入国家和中低收入国家只是刚刚起步，然而这些国家最需要它。在塞拉利昂，我们正在寻求利用地理信息系统工具来发挥这些创新方法的最大效用，基于贫困、人口和洪水风险数据来考虑新的学校选址。这个工具能指出哪里有盲点，哪里可以改进，哪里可以让我们借鉴。

在某些情况下，技术推行政策改革又远又快的能力也能带来效率上的进步。例如，根据这份报告的记录，越来越多的国家都相信，利用技术促进教师专业发展能带来不可否认的优势。技术打破了地点或时间的障碍，它具有成本效益，促进了教师与教师之间的协作，并改进了教学实践。在塞拉利昂，我们将音频、视频和数字资源与纸质工作手册结合起来，以加强教师培训，并从一开始就让教师对技术改进教学的潜力兴奋不已。

但这份报告也表明，无缝切换到一个新的精通技术的管理系统并不总是一件轻而易举且价格低廉的事。也许并不令人意外的是，在技术对教育管理的预期增益和技术的实现之间存在差距。诸如基础设施的维护和修复等看似微不足道的问题可能会被忽视或低估。有时，在设计学习分析工具时，促进学习这个目标就被遗忘了。我们可能会忘记计算我们的能力和资源。

构建使用仪表盘、图表和表格的数据信息系统，同时也假设我们有能力吸纳这种水平的变化，包括强大的学校领导和愿意创新的自信的教师。这需要大量懂数据的人，但往往差距甚远。

唯一让我们达成一致的是，这么多的工具、这么多的参与者、各种各样的操作系统，以及这么多关于什么能成功的相互矛盾的研究会让你头晕目眩。因此，在这份报告中，与"教育技术中心"（EdTech Hub）等合作伙伴合作，凝聚起这些以强调循证决策作为日常工作的强大各方的合力，是我喜闻乐见的。

作为《全球教育监测报告》咨询委员会主席，我呼吁所有决策者都仔细阅读本报告，并将"以文件增强教育评价"中你们国家的资料与其他国家的进行比较。最重要的是，随着技术的传播，特别是生成式人工智能继续向我们的领域渗透，我鼓励每个人都采纳本报告的建议。若非如此，会带来太多的风险。我们要想精通技术，就必须精通我们想要创建的教育系统。我支持#TechOnOurTerms运动。我们的可持续发展目标4没有讨价还价的余地。

大卫·莫尼纳·森格博士
塞拉利昂共和国首席部长
《全球教育监测报告》咨询委员会主席

鸣谢

本报告的问世离不开众多人士的贡献。《全球教育监测报告》小组感谢他们的支持，感谢他们为此付出的时间和心血。

《全球教育监测报告》咨询委员会及其主席大卫·莫尼纳·森格为本报告提供了建设性的指导和反馈意见。我们特别要感谢各投资方的投入与担当，没有它们的资金支持，本出版物的编制、发布和传播不可能完成。

我们还要感谢联合国教科文组织所发挥的领导作用。联合国教科文组织总部的许多个人、部门和单位，尤其是教育部门和各个行政服务部门，日复一日地支援我们的工作，对此我们深表感激。联合国教科文组织统计研究所扮演着关键角色，不仅作为主要的数据提供者，而且通过与我们的合作，为可持续发展目标4的监测提供了支持，特别是在制定可持续发展目标4国家基准过程中。我们要感谢该研究所所长西尔维娅·蒙托亚（Silvia Montoya）和各位尽职尽责的工作人员所提供的密切合作。此外还要向联合国教科文组织其他研究所以及区域和地方办事处网络的众多同事表达谢意。

联合国教科文组织以下单位的同事和顾问直接为本报告提供了背景研究：教育信息技术研究所（Natalia Amelina和Svetlana Knyazeva，Divina Frau-Meigs，Neil Butcher、Alison Zimmerman、Lisbeth Levey和Kirsty von Gogh），拉丁美洲和加勒比地区高等教育国际研究所（Victoria Galán-Muros、Alep Blancas和Bosen Liu），以及教育政策部（Yasser Kosbar、Paula Razquin和Annelie Strath）。

《全球教育监测报告》小组要感谢撰写背景文件并为本报告的分析提供启示的如下研究人员：Ghaida Alrawashdeh、Lynn Ang、Nathan Castillo、Dandan Chen、Anna Louise Childs、Elisabeth Herbert、Jo Van Herwegen、Ben Janssen、Hannah Metcalfe、Carl Moog、Laura Outhwaite、María Florencia Ripani、Robert Schuwer、Emma Sumner、Joshua Valeta、Ivana Zacarias、Diego Vásquez Brust、Dan Wagner和Ronda Zelezny-Green。

小组还要感谢许多机构及其中的研究人员和顾问，他们提供了本报告分析所参考的背景文件：平价互联网联盟（Nathalia Foditsch、Sonia Jorge、Evelyn Namara和Ana Maria Rodriguez），香港大学教育应用资讯科技发展研究中心（Nancy Law、Frank Reichert和Qianqian Pan），德国国际合作机构（Alisa Buchstab和Eilean von Lautz-Cauzanet），孟买理工学院（Leena Bhattacharya、Chandan Dasgupta、Sahana Murthy和Minu Nandakumar），拉尼娅王后教师学院（Heba Abu Jbarah、Nedaa Al Noaimi、Nabila Bashir、Sylwia Holmes和Rola Said），受教育权倡议（Delphine Dorsi、Juliana Lima和Susie Talbot），Sadosky基金会（Mara Borchardt、Hernán Czemerinski、Natalia Locca和Maria Cecilia Martínez），塔塔社会科学研究所（Sadaqat Mulla、Anusha Ramanathan和Bindu Thirumalai），奥斯陆大学（Monica Grace Amuha、Seedy Ahmed Jallow、Sophia Kousiakis、Terje Aksel Sanner、Knut Staring和Bjørnar Valbø）。

此外，还要感谢承办了2023年《全球教育监测报告》概念说明磋商会的众多机构，以及在磋商过程中提供支持的许多个人和组织。特别感谢"所有儿童都阅读：发展的重大挑战"项目、"全球脑"组织（Brains Global）、信息社会发展区域研究中心、中国教育科学研究院、西博基金会、联合国教科文组织德国委员会、全球残疾问题行动网络、机构间应急教育网络、国际教育资助者集团、教育2030国际教师工作组、蒙纳士大学、国际教育与培训政策及合作网络（NORRAG）、布罗孚图卢基金（ProFuturo）、英国开放大学、伊比利亚—美洲国家组织、全球气候教育峰会、联合国教科文组织巴西代表处、教育和发展论坛（UKFIET）、联合国巴斯克自治区委员会（UN Etxea）、联合国教科文组织国际职业技术教育与培训中心、爱丁堡大学和美国国际开发署。我们还要感谢全球教育伙伴关系、联合国难民事务高级专员办事处和其他组织为编写本报告提供的宝贵支持，以及参与磋商过程的各位部长、政策制定者、专家和学者。

我们非常感谢一群朋友的指导，他们就建议草案和宣传策略提供了反馈意见。他们来自下列实体："文集"教育公司（Anthology）、布鲁金斯学会、欧盟委员会、教育国际、人权观察、国际电信联盟、世界之光（Light for the World）、微软、"发展不止步"（Restless Development）、教育权特别报告员和联合国儿童基金会。

一个专家小组审阅了《全球教育监测报告》主题章节的草稿，并提供了宝贵的反馈意见。他们是 Cristóbal Cobo、Lucia Dellagnelo、Bart Epstein、Velislava Hillman、Gouri Gupta、Joseph Nsengimana、Dominic Orr、Neil Selwyn、Victoria Tinio 和 Riina Vuorikari，我们感谢他们所做的贡献。小组成员之一Mary Burns提供了背景研究，为本报告的概念说明提供了启示。

我们要感谢"教育技术中心"（Edtech Hub）所提供的关于主题和国家的知识、关于通信的策略建议、章节评论和研究。我们感谢其执行董事Verna Lalbeharie和她的团队（David Hollow和Joel Mitchell，他们也是专家小组的成员，以及Rebecca Daltry、Jonny D'Rozario、Julia Pacitto、Jennifer Simmons Kaleba 和Janice Sequeira），以及撰写背景文件的研究人员：Katy Jordan、Christina Myers和Asma Zubairi，Katie Godwin、Bjorn Haßler、Alasdair Mackintosh、Chris McBurnie、Ana Paola Ramirez和Alejandra Vijil，Tony Kamninga、Susan Nicolai、Tingting Rui和Chebet Seluget，Sara Hennessy、Taskeen Adam、Sophia d'Angelo、Lydia Cao、Saalim Koomar和Adam Kreimeia。特别感谢Tim Unwin提供了有针对性的反馈意见。

《全球教育监测报告》的东南亚和太平洋地区版本即将出版，我们想要感谢我们的合作伙伴：东南亚教育部长组织（秘书处主任Ethel Agnes Pascua-Valenzuela和Habibah Abdul Rahim，以及John Arnold Sasi Siena和Emiljohn Columna Sentillas）和英联邦学习共同体（首席执行官Asha Singh Kanwar，以及Sanjaya Mishra和Jako Olivier）。

Andy Quan是本报告的编辑，我们感谢他的辛勤工作。

我们还要感谢联合国教科文组织内外为本报告的制作、设计、印刷和翻译而付出辛劳的个人和组织。特别感谢我们的文稿编辑和校对员，Jennifer Allain、Eliza Bennett、Rebecca Brite和Gina Doubleday，感谢他们对细节的专注。

我们要感谢Optima平面设计咨询有限公司的团队：James Gore、Daniel Sharratt、Anastasia Beedham和Jules Parker，感谢他们在版面设计和图文设计方面重视细节的高效工作，这极大地提高了本报告的视觉吸引力。此外，我们还要感谢休沙通尼克软件公司（Housatonic）的Veronica Maccari和Elena Vasumini在制作传播材料方面提供的宝贵支持。还应该感谢联合国儿童基金会授权大量图片供本报告使用。

我们感谢"战略议程"（Strategic Agenda）所提供的翻译方面的帮助。

此外，我们希望感谢"足尖行"（HiTeki；Hossein Aghvami）和"交互事物"（Interactive Things：Patrick Browne、Beatriz Malveiro、Christian Siegrist和Solange Vogt）在设计在线资源方面所做的贡献。

最后，我们要对短期顾问和实习生们致以谢意：Ameer Dharamshi、Yixuan Chen、Ipsita Dwivedi、Syeda Armeen Nasim和Patricia Roy。我们还要感谢巴黎第一大学–先贤祠–索邦大学的学生，他们为国家概况的编写做出了贡献：Yeonghyeon Kim和Luciana Pando。

《全球教育监测报告》小组

组长：Manos Antoninis

Benjamin Alcott、Samaher Al Hadheri、Daniel April、Bilal Fouad Barakat、Marcela Barrios Rivera、Yekaterina Baskakova、Madeleine Barry、Yasmine Bekkouche、Daniel Caro Vasquez、Anna Cristina D'Addio、Dmitri Davydov、Francesca Endrizzi、Stephen Flynn、Lara Gil、Chandni Jain、Priyadarshani Joshi、Maria-Rafaela Kaldi、Josephine Kiyenje、Kate Linkins、Camila Lima De Moraes、Alice Lucatello、Kassiani Lythrangomitis、Anissa Mechtar、Patrick Montjouridès、Claudine Mukizwa、Yuki Murakami、Manuela Pombo Polanco、Judith Randrianatoavina、Kate Redman、Maria Rojnov、Divya Sharma、Laura Stipanovic、Dorothy Wang和Elsa Weill。

《全球教育监测报告》是一份独立的年度出版物。它得到了一些国家政府、多边机构和私人基金会的资助以及联合国教科文组织给予的便利和支持。

有关本报告的更多资讯，敬请联系：
Global Education Monitoring Report team UNESCO,
7, place de Fontenoy 75352 Paris 07 SP, France
电子邮件：gemreport@unesco.org
电话：+33 1 45 68 07 41
www.unesco.org/gemreport

印刷之后发现的差错和遗漏将在网络版上予以更正，网址
为：www.unesco.org/gemreport

已出版的《全球教育监测报告》

2023年	《教育运用于技术：谁来做主？》
2021/2年	《教育领域的非国家行为体：谁能主动选择？谁将错失机会？》
2020年	《包容与教育：覆盖全民，缺一不可》
2019年	《移徙、流离失所和教育：要搭建桥梁，不要筑起高墙》
2017/8年	《教育问责：履行我们的承诺》
2016年	《教育造福人类与地球：为全民创造可持续的未来》

已出版的《全民教育全球监测报告》

2015年	《2000—2015年全民教育：成就与挑战》
2013/4年	《教学与学习：实现高质量全民教育》
2012年	《青年与技能：拉近教育和就业的距离》
2011年	《潜在危机：武装冲突与教育》
2010年	《普及到边缘化群体》
2009年	《消除不平等：治理缘何重要》
2008年	《在2015年之前实现全民教育——我们能做到吗？》
2007年	《坚实的基础：幼儿保育和教育》
2006年	《扫盲至关重要》
2005年	《全民教育——提高质量势在必行》
2003/4年	《性别与全民教育——向平等跃进》
2002年	《全民教育——世界走上正轨了吗？》

目 录

技术运用于教育   1

图、表和专栏目录

图

表

专栏

术语

普及率（attainment rate）。按最高教育等级分列的特定年龄组人口数，以占该年龄组总人口的百分比表示（见"完成率"）。

特定年龄的入学率（age-specific enrolment ratio）。特定年龄或年龄组的入学率，无论学生在何教育等级，以占同龄人口或同年龄组人口的百分比表示。例如，全球指标4.2.2，有组织学习的参与率（初等教育正规入学年龄前一年）。

完成率（completion rate）。比某一教育等级最高年级的正规年龄高出3—5岁的儿童中，曾经进入该教育等级最高年级者所占的百分比。例如，某国六年制初等教育中，进入最高年级的正规年龄为11岁，那么其初等教育完成率为14—16岁人口中曾读过六年级者所占的百分比。

受冲突影响的国家（conflict-affected country）。在特定年份，任何在最近10年中因战斗死亡人数达到1 000人（包括平民和军人），或者在过去3年中的任何一年因战斗死亡200人以上的国家，根据乌普萨拉冲突数据项目中的战斗死亡数据集统计。

不变价格（constant price）。特定物品价格，经调整后消除了特定基线年份以来整体价格变动（通货膨胀）的总体影响。

幼儿保育和教育（early childhood care and education）。各种服务和项目，支助儿童从出生到上小学期间的生存、成长、发展和学习——包括健康、营养和卫生，以及认知、社交、情感和体质发展。

幼儿发展指数（Early Childhood Development Index）。评估36—59月龄儿童四个方面的发展潜能是否得到充分发掘：读写/计算、身体、社会情感、认知发展。通过联合国儿童基金会多指标聚类调查收集信息。在三个及以上维度充分发展的儿童，被认为总体发育正常。该指数已被修订，但修订版尚未应用。

《国际教育标准分类法》定义的教育等级（education levels according to the International Standard Classification of Education [ISCED]）。《国际教育标准分类法》是作为一种工具用于收集、汇编和表述国内和国际上可比较教育指标及统计数据的分类系统。该系统从1976年开始实行，1997年和2011年业经修订。

- 学前教育（pre-primary education，《国际教育标准分类法》0级）。有组织的教育项目初始阶段，主要目的是将3岁以上的幼儿融入类似于学校的环境，并在学校与家庭之间架起一座桥梁。完成这些教育之后，儿童继续接受《国际教育标准分类法》1级教育（即初等教育）。

- 初等教育（primary education，《国际教育标准分类法》1级）。这一层级的教育项目旨在使学生在读、写、算等方面获得扎实的基础教育，同时对历史、地理、科学、美术和音乐有一个初步理解。

- 中等教育（secondary education，《国际教育标准分类法》2级和3级）。初中教育（《国际教育标准分类法》2级）通常被设计为对初等基础教育项目的延续，但是比较注重以学科为中心的教学实践，要求每个学科由较为专业的教师来执教。该等级教育的结束往往与义务教育的结束相吻合。高中教育（《国际教育标准分类法》3级）在教学组织上往往更加注重学科脉络，一般对教师的学科专业资格认证有更加严格的要求。

- 中等后非高等教育（post-secondary non-tertiary education，《国际教育标准分类法》4级）。在中等教育的基础上，提供为进入劳动力市场做准备，或准备进入高等教育的教育经历。

- 高等教育(tertiary education，《国际教育标准分类法》5—8级)。在中等教育的基础上，提供专门教育领域的学习活动。旨在进行高度复杂和专业化的学习。其中包括：

  - 5级。短期高等教育，通常为具备专业知识、技能和能力者设计。实践中面向专业雇员和即将进入劳动力市场的学生。

  - 6级。学士学位教育，通常为具备中等程度的学术和（或）专业知识、技能和能力者设计，引导他们获得第一学位或同等资历。

- 7级。硕士学位或同等资历教育，通常为具备高级的学术和（或）专业知识、技能和能力的参与者设计，引导他们获得第二学位或同等资历。
- 8级。博士学位或同等资历教育，主要引导学生获得高级研究资格。

可持续发展教育（education for sustainable development）。一种教育类型，旨在使学习者能够建设性地、创造性地应对当前和未来的全球挑战，创造更加可持续、更加稳健的社会。

全球公民教育（global citizenship education）。一种教育类型，旨在使学习者有权利成为面对和解决全球挑战的积极角色，成为更加和平、宽容、包容和安全的世界的积极贡献者。

国内生产总值（gross domestic product，GDP）。一个国家在一年内生产的所有最终产品和提供的服务的价值。

毛入学率（gross enrolment ratio）。某一特定教育等级的注册学生总数在对应于该教育等级的正规年龄组人口中所占的百分比，而不管注册学生年龄大小。由于入学早晚和（或）留级的缘故，毛入学率有可能超过100%。

毛招生率（gross intake rate）。初等教育特定年级的新生总数，不论新生年龄大小，占该年级正规适龄人口的百分比。

国民总收入（gross national income）。一个国家在一年内生产的所有最终产品和提供的服务的价值（国内生产总值）加上常住居民来自国外的收入，并减去非常住居民的收入后的价值。

信息和通信技术技能（information and communication technology skills）。在最近三个月从事过以下与计算机相关的活动者，可视为具备此类技能：复制或移动文件或文件夹；使用复制和粘贴工具，在一个文档内复制或移动信息；发送带附件的电子邮件；在电子表格中使用计算公式；连接和安装新设备；查找、下载、安装和配置软件；使用演示文档软件，创建电子演示文档；在计算机和其他设备之间传输文件；使用专门的编程语言编写计算机程序。

读写素养（literacy）。根据联合国教科文组织1958年的定义，该术语指一个人能读、写和理解与其日常生活有关的简短文章。此后，素养的概念已演化为包括多种技能范畴，每一范畴都以不同程度掌握技能为基础，分别用于不同目的。

识字率（literacy rate）。特定年龄组人口中具有读写素养者占该年龄组人口总数的百分比。

- **成人**：15岁及以上。
- **青年**：15—24岁。

最低熟练水平（minimum proficiency level）。通过学习评估测量数学和阅读基础知识的基准。在国际社会或各国之间形成确定的共同标准之前，本报告采用开展跨国学习评估的专门机构所公布的最低熟练水平定义。

净就读率（net attendance rate）。特定教育等级正规年龄组的学生接受该等级教育的人数占该年龄组总人口的百分比。

净入学率（net enrolment rate）。特定教育等级正规年龄组的入学人数占该年龄组总人口的百分比。这一指标包含两个变量：

- 经调整的净入学率。特定教育等级正规年龄组人口中，在该等级及更高等级入学人数占该年龄组总人口的百分比。
- 总净入学率。特定教育等级正规年龄组人口中，在任何教育等级入学人数占该年龄组总人口的百分比。

新生人数（new entrants）。特定教育等级初次入学的学生人数，亦即一年级入学人数减去留级人数之差。

失学率（never been to school rate）。比小学正规入学年龄高出3—5岁的儿童中，从未上过学的人所占的百分比。例如，某国正规入学年龄是6岁，则本指标统计的是9—11岁的儿童。

失学人口数（out-of-school number）。没有入学者，按下述人口分列：

- 属于正规小学年龄段的儿童。
- 属于正规初中年龄段的少年。
- 属于正规高中年龄段的青年。

失学率（out-of-school rate）。属于特定教育等级正规年龄组但未入学者占该年龄组总人口的百分比。

年级超龄率（over-age for grade rate）。特定教育等级（初等教育、初中教育、高中教育）的学生比其所在年级正规年龄大2岁及以上者所占百分比。

均等指数（parity index）。计量某个教育指数的值在两个群体之间的不平等比率。一般来讲，计量弱势群体的数值，参照指针是优势群体的数值。指数值为0.97—1.03表示均等，低于0.97表示不均等且对优势群体有利，高于1.03表示不均等且对弱势群体有利。经调整的均等指数均值为1，值域为0到2。按下述方法划分群体：

- 性别。特定指标上女性与男性的比值。
- 地区。特定指标上农村与城镇的比值。
- 财富/收入。特定指标上最贫困的20%人口与最富裕的20%人口的比值。

私立教育机构（private institutions）。并非由政府机关运营的机构，受非政府组织、宗教机构、特殊利益团体、基金会或工商企业等私营机构控制和管理，可以是营利或非营利性质的。

公共教育支出（public expenditure on education）。地方、地区和国家各级政府用于公立和私立两种教育机构的财政支出总额现值。

生师比（pupil/teacher ratio）。某个特定教育等级的每位教师平均所教学生人数。

购买力平价（purchasing power parity）。一种计算国家间价差的汇率，借以对实际产出和收入进行国际比较。

合格教师（qualified teacher）。特定国家的特定教育等级中具有最低的必要学术资历的教师。

教师流失率（teacher attrition rate）。特定学年特定教育等级中离开本行业的教师数，以占该学年该教育等级教师数的百分比表示。

职业技术教育与培训（technical and vocational education and training）。主要为培养学生直接进入某种特定职业或行业（或者某一类职业或行业）而设计的教育项目。

受过培训的教师（trained teacher）。根据相关国家政策法规，至少符合有组织教师培训最低要求（职前或在职培训），在特定教育等级从教的教师。

升学率（transition rate）。特定年份某一教育等级一年级新生占前一年前一教育等级最高年级就读学生总人数的百分比，后一年份留级的学生不计入。

技术术语

3G、4G 和 5G：在网速、网络数据流量（带宽）和网络可及性方面逐步提高的相继几代蜂窝网络技术能力。例如，三者的网速分别可达7.2 Mbps（3G）、150 Mbps（4G）和超过 1 Gbps（5G）。

无障碍功能（accessibility features）：帮助残障学习者获取技术并与技术互动的工具。常见功能包括文本转语音、隐藏式字幕和其他视觉辅助功能。

自适应学习（adaptive learning）：一种个性化的学习方法，利用算法来适应学习者的独特需求，为学习者提供即时反馈并定制学习活动。

算法（algorithm）：一组定义明确的规则，以有限个步骤来解决问题。

人工智能（artificial intelligence）：通过算法来处理大型数据集和解决问题的计算机科学应用，其复杂程度已达到模仿人类认知的水平，比如能够对信息进行分类并做出预测。

异步学习（asynchronous learning）：学习者借助在线平台，根据自己的节奏进行学习和独立完成作业，无须与教师或同学进行实时互动。

辅助技术（assistive technology）：帮助残障人士完成其独自难以完成或无法完成的日常任务的设备或系统。

增强现实（augmented reality）：一种通过计算机生成的视觉、听觉或其他感知信息来与现实世界进行交互的技术。

徽章（badge）：一种可视化的、用于认证的数字表示，易于在线验证和共享，并且嵌入了包含背景信息的元数据（见微证书）。

混合学习（blended learning）：面授与在线学习的固定组合（见融合学习）。

自带设备（bring your own device）：允许学生在课堂上使用自己的平板电脑和笔记本电脑进行学习的实践。

云（cloud）：计算机系统资源或服务，如数据存储、软件和计算能力，可按需调用，无须用户直接主动管理。

计算机自适应测试（computer adaptive testing）：利用计算机或数字设备进行的一种评估。使用一定的算法，按一定顺序选择测试题目，以符合受测者的熟练水平。

基于计算机的测试（computer-based testing）：利用计算机或数字设备进行的一种评估。

内容过滤（content filter）：阻止某些用户访问被认为具有冒犯性、不适当或危险的互联网内容的软件。

网络攻击（cyberattack）：以未经授权的方式访问网络、计算机系统或数字设备，故意窃取、暴露、篡改、禁用或破坏数据、应用程序或其他资产的行为。

网络欺凌（cyberbullying）：利用数字技术进行的欺凌行为。

数字能力（digital competence）：在学习、工作和社会参与中，自信、批判性、负责任地使用和融合数字技术的能力。

数字技术（digital technology）：传输、存储、创建、共享或交换信息的工具和资源，这些信息以电子形式记录成数字"0"和"1"，并可通过计算机设备对信息进行读取或操作（见信息和通信技术）。

数字教科书（digital textbook）：传统纸质教科书的电子版本，也可提供额外的音频和视频资源，帮助学习者以更丰富的方式与内容互动。

数字化（digitalization）：利用数字技术和数字化数据的过程。

数码化（digitization）：将实物或属性转换为数字表示的过程。

远程学习（distance learning）：学习者与教师在物理上相对分离，通过技术手段进行学习的教育形式（见在线学习）。

翻转课堂（flipped classroom）：混合学习的一种，学生按照自己的节奏在课前学习材料（如在线讲座或预先录制好的视频）（见混合学习）。

游戏化（gamification）：利用电脑游戏激励学生延长学习时间。

地理信息系统（geographic information system）：利用与特定的位置相关的数据，分析和显示地理参考信息的一种计算机系统。

融合学习（hybrid learning）：面授与在线学习的灵活结合，允许学生自行选择面授还是在线学习（见混合学习）。

信息和通信技术（information and communications technology）：用于传输、存储、创建、共享或交换信息的工具和资源（包括直播和录播、电话、计算机以及互联网）（见数字技术）。

即时通信（instant messaging）：通过互联网或其他计算机网络进行实时文本传输的一种通信技术。

互联网（internet）：提供各种信息和通信设施的全球计算机网络，由使用标准化通信协议的互联网络组成。

知识产权（intellectual property）：受法律（包括版权）保护的智力创造（包括数字资源），以帮助创造者因其创造而获得认可或经济收益，从而营造一个能让创造力蓬勃发展的环境。

交互式白板（interactive whiteboard）：一种与计算机和投影仪相连的大屏幕显示器，能够让用户与所显示的信息进行互动。

互操作性（interoperability）：数字系统和工具按照通用标准相互通信的能力。

学习分析（learning analytics）：处理平台提供的大量学生的学习和参与数据的技术，为决定进一步的支持或预测未来成绩提供信息。

学习管理系统（learning management system）：为教师和学习者提供学习内容的软件平台，同时还提供了交流、协作、课程管理和评估工具，以跟踪学生的学习进度为重点（见虚拟学习环境）。

机器学习（machine learning）：人工智能的一种，计算机通过开发算法来解决人类开发的算法成本过高的问题（见人工智能）。

大规模开放在线课程（massive open online course）：一种在线课程（使用传统教学材料或互动材料），旨在通过网络促进不受限参与和开放式访问。

微证书（micro-credential）：验证学习者所知所能的一种认证，是正式资格证书的附加、替代、补充或组成部分（见徽章）。

移动学习（mobile learning）：学习者与教师在物理上相对分离，通过移动设备进行学习的教育形式（见远程学习）。

网络礼仪（netiquette）：数字用户在使用数字空间、在数字空间中与人交流时应该学习、理解和践行的一套道德规则、礼貌、惯例和标准。

在线学习（online learning）：学习者与教师在物理上相对分离，通过数字技术进行学习的教育形式（见远程学习）。

开放教育资源（open educational resources）：使用适当工具（如开放式许可证）发布的教学和学习材料，让他人可以出于教育目的自由地重复利用、不断改进和转作他用。

开源软件（open source software）：用户可免费运行、复制、分发、研究、修改和改进的软件。

同步学习（synchronous learning）：所有学生实时接受相同的指导的一种环境，可以是面对面授课，也可以是远程教学。

视频会议（video conferencing）：身处异地的双方或多方通过互联网进行的一种实时可视连接，模拟面对面会议，通常具有屏幕共享和其他协作功能。

虚拟学习环境（virtual learning environment）：为教师和学习者提供学习内容的软件平台，同时还提供了交流、协作、课程管理和评估工具，以学生的互动和参与为重点（见学习管理系统）。

虚拟现实（virtual reality）：一种计算机生成的三维环境，借助头戴式耳机或头盔进行体验，让人感觉身临其境。

技术运用于教育

重要信息

非常缺乏可靠、公正的证据来证明教育技术的影响。

■ **几乎没有稳健的证据能证明数字技术带给教育的附加值。**技术发展的速度比对其进行评价的速度更快：教育技术产品平均每36个月更新换代一次。大多数证据来自最富裕的国家。在英国，7%的教育技术公司进行过随机对照试验，12%的公司使用过第三方认证。一项针对美国17个州的教师和管理人员的调查显示，只有11%的人在采用教育技术前要求提供经过同行评审的证据。

■ **很多证据来自那些试图推销教育技术的人。**培生集团自己出资进行了研究，质疑那些说其产品没有效果的独立分析。

技术为千百万人提供了教育生命线，却将更多的人排除在外。

■ **无障碍技术和通用设计为残疾学生创造了机会。**约87%的视障成年人表示，无障碍技术设备正在取代传统的辅助工具。

■ **广播、电视和移动电话为偏远地区的群体提供了填补传统教育空缺的机会。**近40个国家使用广播教学。在墨西哥，一项电视课程与课堂支持相结合的计划将中学入学人数提高了21%。

■ **在大量学校因新冠疫情关闭期间，在线学习防止了教育崩溃。**远程教育有望覆盖超过10亿名学生，但有至少5亿名学生没被覆盖（即全世界学生的31%，以及最贫困学生的72%）。

■ **受教育权越来越成为实际网络连接权的同义词，但网络连接是不平等的。**在全球范围内，只有40%的小学、50%的初中和65%的高中接入了互联网，85%的国家制定了促进学校或学生联网的政策。

在某些情况下，某些教育技术可以改善某些类型的学习。

■ **数字技术大幅增加了获取教学和学习资源的机会。**例如，埃塞俄比亚国家学术数字图书馆和印度国家数字图书馆。孟加拉国的教师门户网站有60多万名用户。

■ **数字技术对某些类型的学习产生了微弱至中等程度的积极影响。**对小学阶段使用的23种数学应用程序进行的一项调查表明，这些应用程序侧重于重复练习，而不是培养高阶能力。

■ **但应该关注数字技术对学习成果的影响，而不是数字技术投入。**在秘鲁，100多万台笔记本电脑被分发下去，但根本没有融入教学，因此并未带来学习成果的改善。在美国，对200多万名学生的分析发现，如果完全采用远程教学，学生间的成绩差距会拉大。

■ **而且，数字技术不一定要多么先进才能有效。**在中国，向1亿名农村学生提供的高质量录播课程将学生成绩提高了32%，并将城乡收入差距缩小了38%。

■ **最后，如果对数字技术使用不当或过度，也会产生有害的影响。**大规模的国际评估数据，如国际学生评估项目（PISA）提供的数据表明，过度使用信息和通信技术与学生成绩之间存在负相关的关系。在14个国家的研究发现，仅仅靠近移动设备就会分散学生的注意力，并对学习产生负面影响，但只有不到四分之一的国家禁止在学校使用智能手机。

技术的快速更新换代给教育系统带来了适应压力。

- **各国开始定义它们希望在课程和评估标准中重点考虑的数字技能。** 在全球范围内，54%的国家制定了数字技能标准，但这些标准通常是由非国家行为体（主要是商业行为体）定义的。

- **许多学生在学校没有太多机会练习使用数字技术。** 即使在世界上最富裕的国家，15岁学生中也只有大约10%每周在学习数学和科学课程时使用数字设备超过1小时。

- **教师往往感到没有准备好，缺乏使用技术进行教学的信心。** 只有一半国家制定了培养教师信息和通信技术技能的标准。虽然5%的勒索软件攻击以教育领域为目标，但很少有教师培训计划涉及网络安全方面的内容。

- **诸多问题遏制了数字化数据应用于教育管理的潜力。** 许多国家都缺乏相关能力：使用学号的国家刚刚超过半数。在数据方面切实进行了投资的国家也并非高枕无忧：最近的一项对英国大学的调查发现，43%的大学在连接数据系统方面存在问题。

在线内容虽然有所增长，但相关的质量控制或对多样性的监管严重不足。

- **在线内容是由占主导地位的群体制作的，这影响了对内容的获取。** 在拥有开放教育资源的高等教育资源库中，近90%的内容是在欧洲和北美创建的。开放教育资源全球图书馆中92%的材料使用英文。大规模开放在线课程（MOOC，即慕课）的主要受益者为受过教育的学习者和来自较富裕国家的学习者。

- **高等教育采用数字技术的速度最快，被数字技术改造的程度也最高。** 2021年，有超过2.2亿名学生参加了慕课。但数字平台对大学的作用构成了挑战，并带来了监管和道德方面的问题，例如与独家订阅协议以及学生和人事数据相关的麻烦。

购买技术往往是为了填补空白，而没有考虑到以下长期成本……

- **对国家预算而言的长期成本。** 低收入国家转向基本数字学习，以及中低收入国家将所有学校接入互联网的成本十分高昂，将使这些国家实现可持续发展目标4具体目标的资金缺口再增加50%。资金并非都花在刀刃上：在美国，大约三分之二的教育软件许可证从未启用。

- **对儿童福祉而言的长期成本。** 儿童数据正在遭到泄露，但只有16%的国家通过法律明确保障教育领域的数据隐私。一项分析发现，在新冠疫情期间推荐的163种教育技术产品中，有89%能够收集儿童的情况。此外，在新冠疫情期间提供在线教育的42个国家政府里，有39个政府助长了威胁或侵犯儿童权利的使用方式。

- **对保护地球而言的长期成本。** 据估计，如果将欧盟所有笔记本电脑寿命延长一年，可减少的二氧化碳排放量将相当于减少近100万辆汽车上路行驶。

在乌干达，贾斯汀·比里温吉（Justin Biriungi，8岁）和他的特殊教育老师苏珊·图莱兹（Susan Tuhaise）坐在一起。笔记本电脑上已安装了Kolibri，一个免费开源的教育技术平台，方便校内外的学生按照自己的节奏学习。

图片来源: UNICEF/UN0747881/Rutherford*

1

导言

重要信息

数字技术已经改变了教育，但并没有达到改造教育的程度。

数字技术工具已被学习者、教育工作者和教育机构广泛采用。

- 2021年，参加慕课的学生人数至少有2.2亿人。语言学习应用程序"多邻国"日活跃用户在2023年达2000万人，维基百科每日页面浏览量在2021年达2.44亿次。在全球范围内，互联网用户的比例从2005年的16%上升到2022年的66%。

数字技术的应用给教育和学习带来了许多变化。

- 年轻人应该在学校学习的内容，曾经可能只是一套基本技能，如今已经扩大了范围，包含一系列广泛的帮助学生驾驭数字世界的新技能。高等教育对数字技术的应用率最高，在线管理平台成为校园的一部分。数据分析在教育管理中的应用越来越广泛。技术已经使众多的非正式学习机会唾手可得。

- 但在世界上的许多地方，教育系统受到的影响极小。即使在一些技术最先进的国家，课堂上也并没有大规模使用电脑和设备。技术的使用并不普遍，也不会很快普及。

技术是否有助于解决教育中最重要的挑战？

- 公平和包容：数字技术会降低一些弱势群体受教育的成本，但接触到互联网和数字设备的机会仍然极不均衡。

- 质量：数字技术鼓励参与，促进合作和联系，但个性化教育会减少学习者在现实生活情境中学习的机会，并且会对个人福祉和隐私产生负面影响。

- 效率：数字技术能减少教师和学生花在琐碎任务上的时间，而这些时间可以用于其他更有教育意义的活动。

我们如何才能知道技术在教育中的运用是否有效？

- 技术发展太快，给我们对技术的评价工作造成了极大的困难，但是我们需要通过评价为立法、制定政策和监管决策提供参考。研究结果在某些环境中适用，并不意味着一定可以照搬到其他地方。大部分人都认为技术是解决各种重大教育挑战的答案，很少有人质疑这种说法。

- 人工智能在教育领域已经应用了40年。我们需要更多的证据，分析人工智能工具到底是否可以改变学生的学习方式，而不仅仅停留在查找答案和纠正错误这一肤浅的层面。

各国在为教育技术投资时应该关注什么？

- 每个国家多多少少都投资于数字技术在教育中的运用。各国在决定进行这类投资时，更多是基于商业利益而非教育增益。投资通常基于一种盲目的信念，即认定了技术都是有益的。

技术的重大进步，尤其是数字技术的出现，正在迅速改变世界。自1920年代无线电普及以来，信息和通信技术（ICT）在教育领域的应用已有100年的历史。但是直到最近40年，数字技术才显露了改变教育的巨大潜力。教育技术行业已经初露锋芒，致力于教育内容、学习管理系统、语言应用、增强现实和虚拟现实、个性化辅导和测试的开发和分发。最近，人工智能（AI）有了方法上的新突破，教育技术工具的能力大幅提升，以至于人们开始猜想技术甚至可能取代教育中的人类互动（专栏1.1）。

在过去的20年里，学习者、教育工作者和教育机构已经大范围应用数字技术工具。到2021年，参加慕课的学生人数至少有2.2亿人（Shah，2021）。语言学习应用程序"多邻国"日活跃用户在2023年达2000万人（Ceci，2023），维基百科每日页面浏览量在2021年达2.44亿次（Thomas，2022）。2018年国际学生评估项目（PISA）发现，经合组织成员国和经济体中65%的15岁学生所在的学校，其校长认为本校教师已经掌握了将数字设备融入教学的技术和教学技能，54%的学生所在的学校已经配备了有效的在线学习支持平台（OECD，2020c，pp.266-268）。据信，上述比例在新冠疫情期间又有所提高。在全球范围内，互联网用户的比例从2005年的16%上升到2022年的66%（ITU，2022）。2022年，全球约有50%的初中学校出于教学目的接入了互联网（UIS，2023）。尽管较贫困国家和世界上一些最边缘化的群体已经用上了数字技术，但数字技术在教育中的应用仍十分有限。

数字技术的应用给教育和学习带来了许多变化。年轻人应该在学校学习的内容，在以前可能只是一套基本技能，如今至少在较富裕国家已经扩大了范围，包含一系列广泛的能让学生驾驭数字世界的新技能（Vuorikari et al.，2022）。在许多课堂上，纸张已经被屏幕所取代，笔被键盘所取代。我们可以将新冠疫情看作一场自然实验。对于各国的教育系统来说，学习几乎是在一夜之间被搬到了网上（专栏1.2）。高等教育是数字技术应用率最高的子部门，在线管理平台已在校园占有一席之地（Williamson，2021）。数据分析在教育管理中的应用越来越广泛（Romero and Ventura，2020）。在技术的支持下，各种非正式的学习机会唾手可得（Greenhow and Lewin，2015）。

> *技术对教育的改变达到了多高的程度，仍有待商榷。*

然而，技术对教育的改变达到了多高的程度，仍有待商榷（Reich，2020）。使用数字技术带来的变化是渐进式的、不均衡的，有些环境发生的变化要大于其他环境的变化。数字技术的应用因社区和社会经济水平、教师意愿和准备程度、教育水平和国家收入而异。除技术最先进的国家外，其他国家的课堂上并没有大规模使用电脑和数字设备。技术的使用并不普遍，也不会很快普及。此外，关于技术正反两方面影响的证据旗鼓相当（Hamilton and Hattie，2021）。某些类型的技术似乎对于改善某些类型的学习尤为有效（Selwyn，2022）。使用数字技术的短期和长期成本似乎被明显低估了。最弱势群体常常被剥夺了从这一技术中受益的机会。

如果太过于关注技术在教育中的运用，通常要付出高昂的代价。在资源匮乏的低收入国家和中低收入国家，将大量的资源花在技术上，而不是用来为孩子们提供教室、教师和教科书，可能与世界实现全球教育目标（即可持续发展目标4）的努力南辕北辙。在数字技术出现之前，一些世界上最富裕的国家就已经实现了中学教育的普及，并确保了学生达到学习的最低能力水平。孩子们不用数字技术也能学习。

然而，如果没有数字技术，他们接受的教育就不太可能具有适切性。《世界人权宣言》将教育目的定义为倡导"充分发展人的个性"，加强"对……基本自由的尊重"，并促进"了解、宽容和友谊"。这种观念需要与时俱进。受教育权的定义已扩展到通过技术有效地支持所有学习者发挥其潜力，而不论其背景或处境如何。

需要明确目标和原则，以确保技术的使用有益无害。数字技术在教育领域以及社会其他领域中的运用，可能会产生一些负面影响，甚至是有害的影响，比如注意力不集中和缺乏人际交往。不受监管的技术甚至会对民主和人权构成威胁，例如侵犯隐私和煽动仇恨。教育系统在教授数字技术和用数字技术来教学时需要做好更充分的准备。数字技术作为工具必须为所有学习者、教师和管理者的最大利益服务。有客观公正的证据表明，一些地方对技术的利用确实改善了教育。我们需要更广泛地分享这类证据和范例，以确保能根据具体情况选择最佳的教学模式。

> " 尽管数字技术的潜力巨大，但是许多工具并非为了在教育中的运用而专门设计的。"

技术是否有助于解决教育中最重要的挑战？

围绕教育技术进行的讨论，更多是将重点放在技术上而不是放在教育上。其实，第一个问题应该是：教育领域最重要的挑战是什么？请思考以下三个挑战，作为我们后文讨论的基础：

- 公平和包容：选择自己想要的教育，通过教育实现个人全部潜力，是每个人的权利。这些权利的实现，是否符合人类平等的目标？如果不符合，教育该如何成为"促使人类平等的大型平衡器"？

- 质量：教育的内容和实施是否支持社会实现可持续发展目标？如果不支持，教育该如何帮助学习者在获得知识的同时，成为变革的推动者？

- 效率：目前在教室里教书育人的制度安排是否有助于实现教育公平和质量？如果答案是"否"，教育该如何平衡个性化教学的需求和社会化的需求？

将数字技术纳入应对上述挑战的战略中，怎么纳入才是最好的方式？是否需要什么条件？数字技术以前所未有的规模，高速地、低成本地将各种信息打包发送。随着信息存储技术的进步，学习者可获得的知识量发生了革命性的提升。信息处理技术的进步，使学习者能够收到即时反馈，并且通过与机器的互动，自行调整学习的速度和轨迹：学习者可以根据自己的背景和特点来安排学习内容的顺序。信息共享降低了互动和沟通的成本。尽管数字技术的潜力巨大，但是许多工具并非为了在教育中的运用而专门设计的。人们对如何在教育中应用这些工具没有给予足够的重视，更不用说在不同的教育环境中有区别地应用了。

就**公平和包容**而言，信息和通信技术——特别是数字技术——有助于降低部分弱势群体的受教育成本，即在偏远地区生活、流离失所、学习上有困难、没有时间学习或曾经错失了受教育机会的人们。虽然接触数字技术的机会已经迅速增多，但其中存在着巨大的鸿沟。弱势群体拥有的设备更少，上网的机会更少（**图**1.1），家庭的资源也更少。许多技术的获取成本正在迅速下降，但是对某些人

图1.1

互联网连通性极不平等

部分国家2017—2019年在家可以上网的3—17岁儿童的百分比，按富裕程度五分位数划分

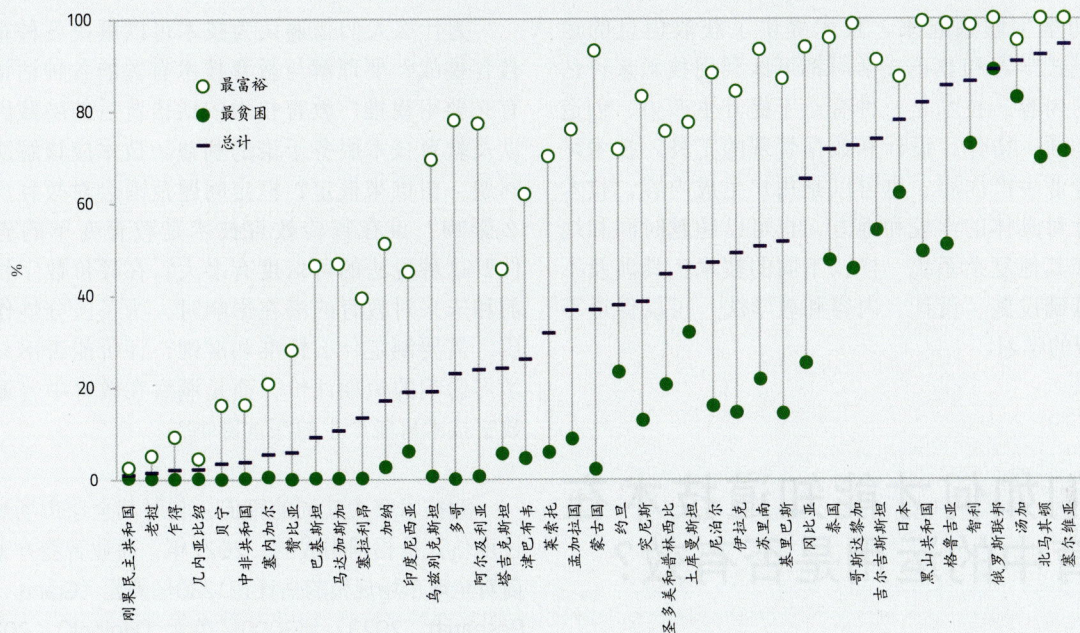

图例：
- ○ 最富裕
- ● 最贫困
- — 总计

横轴国家（从左到右）：刚果民主共和国、老挝、乍得、几内亚比绍、贝宁、中非共和国、几内亚、莱内加尔、赞比亚、巴基斯坦、马达加斯加、塞拉利昂、加纳、印度尼西亚、多哥、乌兹别克斯坦、阿尔及利亚、塔吉克斯坦、津巴布韦、莱索托、孟加拉国、蒙古国、约旦、突尼斯、波斯尼亚和黑塞哥维那、土库曼斯坦、尼泊尔、苏里南、基里巴斯、冈比亚、泰国、圣多美和普林西比、哥斯达黎加、吉尔吉斯斯坦、日本、黑山共和国、格鲁吉亚、智利、俄罗斯联邦、汤加、北马其顿、塞尔维亚

《全球教育监测报告》统计数据链接：https://bit.ly/GEM2023_fig1_1_

资料来源：联合国儿童基金会数据库。

来说，现在的价格还是太高了。经济条件较好的家庭可以更早地购入技术，这给他们带来了更多的优势，也拉大了家庭之间的差距。技术获取方面的不平等加剧了现在的教育不平等现象，这是新冠疫情期间因为学校关闭而暴露出来的一个弊端。

教育**质量**是一个具有多重内涵的概念。它包括充分的投入（如技术基础设施的可用性）、有准备的教师（如课堂上如何使用技术制定教师标准）、具有适切性的内容（如将数字素养融入课程）和个人学习成果（如阅读和数学方面的最低能力水平）。教育质量也应涵盖社会成果。学生仅仅成为接受知识的容器是不够的，他们需要学会利用知识来帮助实现社会、经济和环境的可持续发展。本报告的观点是，没有比可持续发展更重要的当代挑战了。因此，教育系统对"质量"的定义应包括该系统有能力让学习者学会通过自己的一言一行帮助实现社会、经济和环境的可持续发展。然而，大多数教育系统在应对这一挑战方面都表现得不尽如人意。

关于数字技术对于教育质量的提升效果有多大，人们的看法不尽相同。有人认为，原则上，数字技术创造了沉浸式的学习环境，让学生感觉生动有趣，模拟了各种情境，促进了合作，扩展了联系。但也有人表示，数字技术支持的是个别化教育方式，这种教育方式往往减少了学习者在现实生活中通过观察彼此的行为进行社交和学习的机会。此外，新技术突破了某些限制，也带来了新的问题。看屏幕时间的增加会对身心健康产生负面影响。监管不力致使个人数据被擅自用于商业目的。数字技术也会帮助传播错误信息和仇恨言论，包括在教育的过程中传播这些错误的思想。这些挑战可能会抵消技术带来的任何好处。

提高**效率**可能是数字技术在教育领域最有可能实现的作用。人们鼓吹技术能够减少学生和教师花在琐碎任务上的时间，而这些时间可以用于其他更有教育意义的活动。然而，对于什么才是有意义的活动，众说纷纭。如何使用教育技术千端万绪，而不仅仅是作为资源的替代。

技术包括一对多技术、一对一技术和点对点技术。技术支持的学习方式包括单独学习和集体学习，在线学习和离线学习，独立式学习和网络式学习。技术可以提供内容，创建学习者共同体，并将教师和学生联系起来。技术提供了获取信息的途径。正式学习和非正式学习都可以利用技术来评估学习的内容。技术是一种有益于提升生产力、创造力、沟通、协作、设计和数据管理的工具。技术可以是专业生产内容，也可以是用户生成内容。技术可以针对具体的学校和地方，也可以超越时间和地点。和其他复杂系统一样，不同的技术工具涉及不同的基础设施、设计、内容和教学法，可以促进不同类型的学习。

我们如何才能知道技术在教育中的运用是否有效？

要了解每种形式的技术是否有助于教育的公平、质量和效率，需要回答三个问题。第一，从一个硬件或一款软件的使用，到促进学习过程的改善，其背后的逻辑机制是什么？第二，要使技术工具有效发挥作用，要求一定的条件，在实践中是否满足了这些条件，实施是否会失败？第三，收集了什么证据，由谁收集的，如何评价影响？

技术发展太快，给我们对技术的评价工作造成了极大的困难，但是我们需要通过评价为立法、制定政策和监管决策提供参考。技术本身就很复杂，关于教育技术的研究也很复杂。相关研究采用不同的方法，对不同年龄段的学习者的体验进行评价。这些方法适用于不同的情境，如自学、不同规模和特点的教室和学校、非学校环境以及整个教育系统。研究结果在某些环境中适用，并不意味着一定可以照搬到其他地方。随着技术不断趋于成熟，长期研究可以得出某些结论，但新的产品总是层出不穷。与此同时，鉴于技术的普遍性、复杂性、实用性和异质性，并非所有的技术影响都能被轻易地测量出来。良好的研究需要平衡定量和定性的方法，寻找正反两方面的证据，避免在研究设计中敷衍马虎，例如对焦点小组访谈结果或实地调查地点避而不谈。简而言之，虽然关于教育技术的一般性研究数不胜数，但针对具体应用和环境的研究凤毛麟角，因此某项技术到底能否改善某类学习的成果，我们不得而知。

为什么人们普遍认为技术可以解决各种重大的教育挑战？要理解与教育技术有关的各种话语，就有必要审视推广教育技术的话语背后的隐藏因素，以及教育技术服务于谁的利益。技术应该解决哪些问题，由谁来框定？框定问题范围会对教育产生什么影响？谁在宣传教育技术是教育变革的先决条件？这种说法的可信度有多大？在评价数字技术目前和未来对教育的潜在影响时，为了区分炒作与实质，需要制定什么标准和准则？评价能否不只是对学习影响的短期评价，而是洞察在教育中普遍运用数字技术可能产生的深远影响？

对技术夸大其词的宣传，与对其全球市场规模的过度估计是相辅相成的。2022年，商业智能方案供应商对全球市场规模的估计在1230亿美元（Grand View Research，2023）到3000亿美元（HolonIQ，2022a）之间。这些估计几乎总是在放眼前瞻，对扩张的前景充满乐观，但从来不展示历史趋势，也不验证过去的预测是否准确。这类报告通常都在吹嘘教育技术必不可少的作用，吹捧科技公司是赋能者、颠覆者。如果他们乐观的预测没能兑现，就会拐弯抹角地将责任推给政府，还会借机间接施压，迫使政府增加对教育技术的采购量（Mármol Queraltó，2021）。

教育"经常受到各方的诟病，被指鹅行鸭步，一成不变"（Weller，2022，p.33）。主流看法认为，教育"滞后于数字技术的突飞猛进"（Hirsh-Pasek et al.，2022，p.1），教育部门在采用技术方面"不及"企业部门（PwC，2022，p.10），教育系统"在创新方面一直都很落后"（OECD，2021，p.3）。在这样具有误导性的陈述中，教育被贴上了"严重欠数字化"的标签，因为政府和家庭的教育支出中只有"不到4%"分配给了技术（HolonIQ，2022b）。但是，用技术支出占比作为教育是否成功的衡量标准，这种说法毫无根据。还有一份评估全球教育技术价值的报告称，"现在还只是开始"，因为"这个行业的增长趋势已无可否认"（Yelenevych，2022）。这些宣传利用了用户对新奇事物的迷恋，也利用了他们唯恐落于人后的心理。

生成式人工智能被吹捧为有可能改变教育的最新技术

人工智能指的是通过算法应用计算机科学来处理大型数据集，从而帮助解决问题。随着算法和数据加工方法在信息分类和预测领域的应用变得越来越复杂巧妙，这些技术已经开始模仿人类大脑，更接近人类大脑的功能。生成式人工智能可以完成对自然语言、代码语言和图像等庞大的数据集的复杂处理，并以这些数据形式（或其他数据形式）创建新的内容。

人工智能在教育领域的应用至少已有40年的历史（Aleven and Koedinger，2002）。本报告也列举了很多例子，其中有三个最为突出。首先，智能辅导系统跟踪学生的学习进度、遇到的困难和犯过的错误，通过梳理结构化的学科内容来提供反馈并调整难度，从而为学生规划最佳的学习路径。其次，人工智能可以为写作文提供支持，反过来也可以用于作文的自动评估，包括识别抄袭和其他形式的作弊。最后，人工智能已应用于沉浸式学习体验和游戏（UNESCO，2021）。

人工智能的创造者希望生成式人工智能可以提高所有这些工具的效用，加快它们的普及，从而进一步实现学习的个性化，并为教师节省在评分和备课等任务上花费的时间（Google，2022）。常用的智能辅导系统，如支持外语学习的"多邻国Max"，以及与可汗学院视频课程搭配使用的Khanmigo，都已经与声名大噪的生成式人工智能工具ChatGPT的开发者OpenAI合作，以提高系统的有效性。数据处理能力增强之后，也可以帮助扩大对数据的收集和使用，从而检测学生游离于课堂之外的情况，包括在网上考试期间的情况。人工智能工具的普及速度很快。到2023年2月，ChatGPT的月页面访问量已超过10亿次（Carr，2023）。2022年，一项针对美国专业人士的调查发现，37%的广告或市场营销从业人员和19%的教学领域从业人员都曾在工作中以某种方式使用过ChatGPT（Thormundsson，2023）。

这对教育的潜在影响是多方面的。如果越来越多的重复性任务可以自动处理，就会有更多的工作需要高阶的思维技能，教育机构培养这种技能的压力将会加大。如果书面作业再也无法反映对某些技能的掌握情况，那就需要改变评估方法。如果智能辅导取代了至少一部分教学任务，那么教师的备课和教学实践也需要相应地转变。尽管以前被宣传具有变革性的许多技术并没有达到预期，但生成式人工智能带来的计算能力的急剧增长提出了一个问题：这项技术是否可能成为转折点？

面对人工智能的影响，部分国家一直在积极应对，只不过它们一直以来关注的重点都是教育在支持人工智能能力发展方面的作用（World Bank，2021）。法国制定了发展人工智能研究能力的战略，包括实施一个人才吸引和支持项目（France Ministry of Higher Education and Research，2018）。印度的人工智能国家战略将教育列为五个重点领域之一（Niti Aayog，2018）。但是，研究者在阅读了2016—2020年发布的24份国家人工智能战略后发现，其中有三分之一都在讨论人工智能如何融入教学和学习的问题（Schiff，2022）。在新加坡，国家人工智能战略和教育技术计划（2020—2030年）强调了人工智能的重要性，通过国家学习平台来实现教学和学习过程的个性化（Singapore Ministry of Education，2022b；Singapore Smart Nation and Digital Government Office，2019），所有学校领导、教师和学生都可以访问这个平台，跟踪学生的学习进展情况（Singapore Ministry of Education，2022b）。还有一项全球调查发现，所调查的51个政府中，有11个已经开发并实施了人工智能课程（UNESCO，2022a）。

然而，生成式人工智能的普及也带来了风险。这使得人们对信息的信任度更低了。随着现实和创生之间的界限越来越模糊，人们更容易被欺骗。人工智能生成的内容愈加精良，甚至让人们对这些内容的信任程度变得过高了（OpenAI，2023）。带有设计偏见的有害算法会造成进一步的风险。例如，在英国，学校因新冠疫情关闭期间，用于预测成绩的算法加剧了社会经济背景方面的不平等（Kolkman，2020）。与人权（例如，使用监视技术）、民主（例如，传播偏见的算法）和法治（例如，在教育中强制使用人工智能的可能性）相关的风险已经出现（Holmes et al.，2022）。

（下接第12页）

　　生成式人工智能带来的教育变革可能与人们常常讨论的那种变革相去甚远。在教育领域中是否应该设计和使用人工智能，以及如何设计和使用，仍然是一个开放的问题（Gillani et al.，2023）。用聊天机器人独自学习的吸引力可能会很快消失。即使得到完善，这样的工具操作起来也可能很麻烦，并且不能带来改进。个性化教育应该改变学习者的学习路径，通过不同的路径实现个人的潜力，而不是让他们采用相同的学习路径达到相同的学习水平（Holmes et al.，2018）。我们需要更多的证据，以了解人工智能工具到底是否可以改变学生的学习方式，而不仅仅停留在纠正错误这一肤浅的层面。这类工具简化了获取答案的过程，可能弱化学生的积极性，使他们疏于开展独立研究和推导解决方案（Kasneci et al.，2023）。这类工具的普及可能会放大本报告中提到的各种风险。例如，如果对学生之间学习速度的差异管理不当，可能会造成成绩差距的扩大（Cardona et al.，2023）。

　　生成式人工智能出现后，可能并不需要对教育政策进行重大调整。例如，它并没有从根本上改变其出现之前就早有定义的基本数字能力。教师培养方案可能需要进行某种程度的调整，以反映布置家庭作业和评估学生的新方法。支持教师学会更好地对聊天机器人发布指令，是若干有待发展的领域之一（Farrokhnia et al.，2023）。但总体来说，在使用这项技术时，教师的总体熟练水平才是选择适当教学方法的关键（Cooper，2023）。

　　有必要反思这样一个问题：在一个由人工智能塑造的世界里，接受良好教育意味着什么？在新的技术工具面前，理想的对策不太可能是在技术相关领域追求更高层次的专业化；相反，理想的对策是提供平衡的课程，保持甚至加强和改进艺术和人文学科的教学，以增强学习者的责任感、同理心、道德观、创造力和协作精神。智能辅导系统的意义并不是人工智能完全取代教师，而是教师肩负起更多的责任，努力帮助社会度过这一关键时刻。人们正在形成一种共识，即在享受人工智能带来的好处的同时，通过对伦理、责任和安全方面的监管，消除不受控制地使用人工智能所带来的风险。

新冠疫情期间对教育技术的倚重提高了人们对其局限性的认识

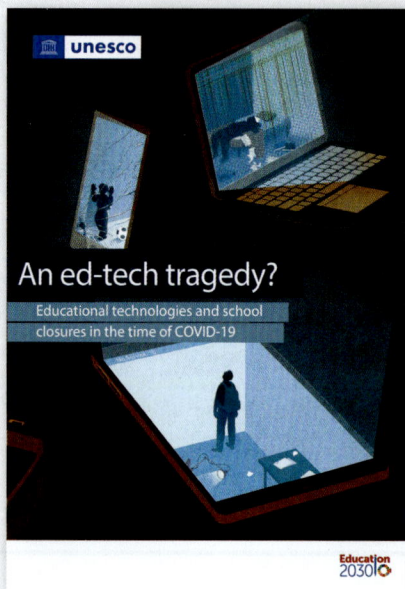

　　为了应对新冠疫情，教育技术被用于校外学习，其速度和规模在历史上尚未有过先例。对数亿学生来说，正规学习严重依赖技术，无论是联网的数字设备、电视还是广播。联合国教科文组织即将出版的《教育技术的悲剧？新冠疫情期间的教育技术和学校关闭》，审视了2020年初至2022年底疫情期间的教育问题。这份出版物记载了基于技术的解决方案是如何让全球大多数学习者掉队的，以及教育是如何被削弱的，尽管技术已经按照预期目的为大多数人所使用。

　　这份报告记录了，随着疫情的蔓延，一开始从学校转向教育技术的那种雄心壮志。为了更好地理解各国为什么以及如何将技术作为解决学校关闭问题的权宜之计，该报告研究了技术解决方案主义的概念——相信面对每一个问题，甚至是以前没有被确定为问题的问题，从技术出发都能找到一个解决方案。对于互联网连接技术可以——甚至应该——取代学校成为正规教育的主要手段的说法，该报告追溯了其兴起和传播过程。依赖技术和以技术为主导的教育愿景有一个假设的前提，即主流的学校教育模式已经过时，不再适合即时信息的数字时代。其倡导者认为，技术为无处不在的学习创造了可能，可以更好地促进学习者在一个充满数据和内容的互联世界中找到自己所需要的学习和技能发展方式。

（下接第13页）

这份出版物还回顾了向以技术为基础的解决方案转变的雄心，记录在疫情艰难时期的背景下实现了哪些目标，没有实现哪些。新冠疫情期间学校关闭，大众开始仔细审视技术在教育中的运用方式。这份即将发布的报告显示，技术未能达到预期效果的核心领域，正是技术在过去几十年来屡屡无功而返的领域，这一点不出所料，您现在正在阅读的这份《全球教育监测报告》对此进行了深入探讨。向数字学习的转变让许多学生掉队，加剧了不平等。即使是在联网技术普及的地区，以技术为中心的学习模式也往往导致了学生参与度低、成绩不佳。除了关注学习之外，《教育技术的悲剧？》还着重分析了年轻人为了获得教育和其他目的而沉浸于技术，因此给健康造成的诸多负面影响。最后，这份出版物指出，教育技术的中心地位让私营部门行为体借机发展壮大，使侵犯性的监视和控制改头换面，造成了经常被忽视的环境问题以及其他种种危害。

考虑到这些风险，《教育技术的悲剧？》质疑学校的关闭和向远程学习的转变是否真的保护了公共健康，是否真的保护了生命。远程学习作为教育的替代方案是否导致了学校关闭时间的延长？当学校关闭时，除了联网技术还有其他选择吗？新冠疫情除了是一场健康危机，是否也是一场教育危机？该出版物质疑了教育技术投资必然会增强教育系统韧性的主张，进而质疑了扩大教育技术支出占比乃大势所趋的主张。

与2023年《全球教育监测报告》的调查结果如出一辙，该出版物得出结论：新冠疫情期间的教育经验提醒人们，数字化转型不应该意味着极富人性的教学事业被取代。这份出版物也发出了与《全球教育监测报告》一样的呼吁：在技术的设计、监管和使用过程中，应该将考量的中心回归学习者本身，保障全民的受教育权，以更好地服务于与教育关系最密切的人们的需求和利益。该出版物呼吁继续对话，从疫情时期的教育技术经验中汲取知识，确保将技术融入教育，更贴合教育部门的人文目标，更好地保障学校领导、教师、学生、家长和社会的进步和福祉。

各国在为教育技术投资时应该关注什么？

世界上各个国家一边在争论技术在教育中的作用，一边也不同程度地投资于数字技术在教育中的运用。在每个可持续发展目标监测区域中选择一个国家进行审视，为我们打开了一扇窗，了解这些国家如何理解技术在其教育系统中的作用、技术的应用方式、技术应用的参与者以及遇到的挑战。每个案例研究都与《全球教育监测报告》的不同章节所涵盖的内容存在关联。案例间的巨大差异表明，政策制定者对教育技术问题的看法往往与本章提出的问题相去甚远。总体而言，可以这样说，虽然各国都在投资于数字技术在教育中的运用，但更多以商业理论而非教育理论来论证这类投资的合理性。

除了一些明显的例外，各国似乎很少注意它们的投资是否具有适切性，是否对学习产生影响，是否兼顾公平和包容，是否具有经济效益，是否对人权和福祉产生长期的负面影响，但也有一些值得关注的例外。问题主要集中在决策依据的类型和质量上。各国往往喜欢从技术投入的角度来报告进展，而不是从这些投入带来的学习上的改善的角度来报告。虽然在某些情况下，教育技术投资与政府其他部门的相关投资目的一致、相辅相成，但在另外一些情况下，这种投资并不能解决教育系统的具体问题。相反，技术看起来更像是一个现代化的配件，教育系统中的一种添加剂，可能只是在效仿其他国家的教育系统，或者单纯相信技术都是好的。

> " 用分配给技术的支出占比作为教育是否成功的衡量标准，这种说法是没有根据的。"

埃及

埃及在1990年代将技术引入了教育领域，最初得到了国际行为体的支持，各方都认为技术是解决机械学习问题的关键（Warschauer，2003，2004）。2006年，埃及政府、世界经济论坛和私营部门之间的合作伙伴关系——"埃及教育"倡议——试图加强多个外部支持活动的一致性，例如建设宽带和智能学校。到2011年，7万台电脑部署到位，18.5万人接受了培训，2000多所学校参与其中。但是，对包括思科、英特尔和微软等公司在内的合作伙伴关系发起的一项评价发现，该倡议没有充分关注教育成果，低估了教育的复杂性，也没有监测和评价其实施情况（World Economic Forum，2012）。

2010年代后半期，埃及高度重视其公共部门的数字化（Egypt Ministry of Communications and Information Technology，2020），并且于2017年启动了教育2.0，这是一项对教育的重大改革，以数字技术为核心，大力支持技能型学习（Kazem，2020）。私营部门一直在积极参与基础设施建设、课程开发和平台搭建（Oxford Business Group，2022）。

为学校配备多媒体实验室和数字设备的计划并不新鲜，但埃及实施起来却非常缓慢（Ewiss et al.，2019）。2019年，教育技术公司"普罗米休斯"接受委托，使用交互式显示器完成2.6万间教室的数字化改造（Oxford Business Group，2020；Promethean，2019）。其母公司网龙网络控股有限公司，一家专注于游戏和移动应用程序的公司，受聘建造3000多间智能模块化教室，解决教室空间过于拥挤的问题（Oxford Business Group，2022）。该公司向2.5万所公立学校提供了平板电脑（Egypt Today，2020）。

私营公司一直致力于让课程适应信息和通信技术。"发现教育"是一家专门从事数字课程的咨询公司，曾为学校课程设计提供咨询（Moustafa et al.，2022）。"国家地理学习"是一家专门提供英语学习资源的公司，为四年级至六年级学生提供了课程内容，以及纸质与数字材料（Cengage Group，2021）。学校的课程已经更新，整合了数字学习资源，包括个人设备、课堂辅导和基于计算机的评估。新的教育项目侧重于以能力为基础的多学科方法（Moustafa et al.，2022；Saavedra，2019）。

数字学习资源已经逐渐普及（Welsh，2020）。埃及知识库（Egyptian Knowledge Bank）于2016年启动，提供与改革后的教育课程相一致的免费教材。该平台最初为中等和高等教育提供研究资源，但在新冠疫情期间学校关闭后大大扩张。该平台迅速成为当地最大的数字学习平台，每日浏览量超过2000万次（El Zayat，2022；UN Transforming Education Summit，2022；UNESCO，2022）。相关资源包括：初等和中等教育的学习管理系统和平台；在线课程，有的是视频平台YouTube上的免费课程，有的则是收费课程；以及现在已经停用的Edmodo平台（UNICEF，2021b）。开罗美国大学社会研究中心的教育2.0研究和档案项目将所有这些工作一一记录在案（RDP，2021）。

目前尚未有人评价埃及的教育技术在学习成果和公平性方面的影响（Helmy et al.，2020；Moustafa et al.，2022）。部分人质疑改革是否符合社会和文化背景（Ramzy，2021）。一项针对中学教师的研究表明，中学教师没有将教育技术视为教育改革的首要任务，即使他们已经认识到教育技术的潜在好处（Badran et al.，2021）。监测仅限于登录情况（例如，登录埃及知识库），而不是实际使用情况（Sobhy，2023）。据报道，新冠疫情期间，有五分之三的儿童登录了数字平台（UNICEF，2021a）。

爱沙尼亚

30年前爱沙尼亚独立时，政府的整体数字化成为国家的优先事项。不仅教育，包括税收、选举和医疗保健也逐步实现了数字化。2002年，每位公民都配备了获得公共服务所需的数字身份。使公民具备数字技能很快成为必需（Kattel and Mergel，2019）。数字技术融入教育领域始于1996年，首先是通过虎跃倡议（Tiigrihüpe，Tiger Leap Initiative）来发展全国各个学校的信息和通信技术基础设施。到2001年，每一间教室都可以使用电脑，每一所学校都可以上网了。对教师和学校领导的培训逐步推进，让他们掌握数字技术的用途并将其融入教学实践（Aru-Chabilan，2020）。在2000年代，完成了学校管理的数字化，并引入了包括eKool和Stuudium在内的通信门户网站。自2015年以来，教科书和学习材料已经可以通过云存储库e-koolikot（意为"云书包"）获取（OECD，2020d），这个云存储库的内容以开放教育资源为主（Põldoja，2020）。

但是，大众对教育技术的效力和益处的态度及信念并没有像技术本身那样迅速发展（Haaristo et al.，2019）。部分教师对融合数字工具持反对意见（Leppik et al.，2017）。就"数字终身学习"的技术就绪度指数而言，爱沙尼亚在欧盟国家中排名第一，但部分教师仍然更喜欢传统的教学方法（Beblavý et al.，2019）。在2018年的教与学国际调查中，只有三分之一的初中教师表示自己为在教学中使用信息和通信技术做好了充分的准备（European Commission，2020）。75%的教师在专业发展的过程中接受过信息和通信技术培训，而经济合作与发展组织成员国家和经济体的这一（平均）比例为60%（OECD，2020b）。一项针对教师的调查发现，他们对人工智能及其如何支持教师工作知之甚少（Chounta et al.，2023）。

从2012年开始，"ProgeTiger"项目一直在致力于加强课程中的数字能力培养（Aru-Chabilan，2020），利用欧盟数字能力框架，对数字能力进行教学和测试（Estonian Education and Youth Board，2021；Mehisto and Kitsing，2021）。然而，不同学校之间的教学方式参差不齐。塔林大学的一项研究报告称，只有不到一半的中小学校在教授信息学，这主要是因为缺乏合格的教师（Põldoja，2020）。"爱沙尼亚终身学习战略2020"及其后续的战略计划"教育2035"都把重心放在了成人数字技能上。到2016年，该国10%的成年人接受过计算机培训（Estonian Education and Youth Board，2020）。2019年，65%的人口至少掌握了基本的数字技能（European Commission，2020）。Vali-IT（意为"选择信息技术"）是一个短期的专业发展强化课程。在正规教育之外学到的信息和通信技术技能得到官方的承认（e-Estonia，2021；European Commission，2022）。随着时间的推移，报名参加高等教育层次信息和通信技术类课程的学生比例持续提高，到2020年达到12%，是经合组织平均比例的两倍（OECD，2020a；Viik，2020）

基于网络的爱沙尼亚教育信息系统于2005年启动，收集有关个人学习轨迹的信息。通过个人识别号码可以登录该系统，这个系统会跟踪学生的个人信息，包括从幼儿期到成年后的表现和特殊需求。按照要求，教师须通过学校管理系统输入数据。交互操作平台X-Road将该数据库与其他全国电子登记平台连接起来，促进了数据交换（OECD，2020d）。由于信息和通信技术基础设施的透明度和完整性，基于身份的数据系统才成为可能（Kattel and Mergel，2019；OECD，2020d）。数据保护监察局为数据使用制定了明确的指导方针（Ruiz-Calleja et al.，2017）。

爱沙尼亚的教育系统被认为是全世界数字化程度最高的教育系统之一，是数字学习的楷模（Estonian Education and Youth Board，2020）。多年来，爱沙尼亚的中小学校参加了若干项目，并得到了公共机构、大学和科技公司的支持。然而，学校工作人员认为，一直以来的关注点都是设备数量和连接速度，而不是对学习的影响评价（Lorenz et al.，2016）。

尼泊尔

在尼泊尔，许多战略和政策文件都致力于加强信息和通信技术在教育中的运用，包括2010年和2015年的信息和通信技术政策以及2019年的"数字尼泊尔"纲领。该纲领提出了一系列雄心勃勃的举措，包括智能教室、农村移动学习中心、一项租用笔记本电脑计划、一个生物识别的师生出勤监测系统、一个在线教育管理信息系统和一个集中式大学入学系统（Nepal Ministry of Communication and Information Technology，2019）。作为该纲领的一部分，尼泊尔电信管理局与930所社区学校签订了信息和通信技术实验室的合同（Fiscal Nepal，2020）。两年后政府宣布到2025年将在2300所社区学校建起实验室（Onlinekhabar，2022）。

在教育部门的领导下，四个规划——"2009—2015年学校部门改革规划""2013—2017年教育总体规划""2016—2023年学校部门发展规划"和"2022—2023学年至2031—2032学年学校教育部门规划"——提出了与信息和通信技术相关的干预措施。2016—2023年的规划重点关注示范学校的信息和通信技术设施（ADB，2022）。2022—2023学年至2031—2032学年的规划在审视了现在的情况后，报告称在2.8万所社区学校中，61%的学校已通电，42%已建好计算机设施，22%已接入互联网，但关键是，"很少有学校将它们用于教学和学习"（Center for Education and Human Resource Development，2022；Nepal Ministry of Education，2022）。

每所已建成信息和通信技术实验室的学校都会有一名教师接受培训，相关费用由尼泊尔教育与科技部负责。学校必须自行找到一家培训机构，但是对于培训的内容却没有任何指导（ADB，2017）。教师接受信息和通信技术领域教育的机会极其有限（Rana and Rana，2020）。一项研究估计，2019—2020学年，只有12%的公立学校在教学和学习中使用了信息和通信技术，只有1%的公立学校教师表示能够将信息和通信技术融入自己的教学实践中（Rubin，2021）。

在新冠疫情之前，课程开发中心为六年级至八年级的数学、科学和英语开发了数字资源。这些资源和其他资源于2020年被上传到了新的学习平台Sikai Chautari（Bhatta and Gyawali，2021；Centre for Education and Human Resources Development，2023）。但是这些资源并不容易获取。疫情期间一项对7500个家庭的调查发现，29%的儿童拥有远程学习的机会，但只有12%的儿童利用了这些机会（UNICEF，2020）。只有不到5%的学生在学校关闭期间使用了专门的YouTube频道和Sikai Chautari（Center for Education and Human Resource Development，2022）。在高等教育方面，新成立的尼泊尔开放大学提供的线上线下混合课程的潜力仍有待挖掘（Dhakal and Bhandari，2019；Khanal et al.，2021）。

尼泊尔开放学习交流组织是一个非政府组织，15年来一直在积极支持政府这方面的工作（Karki，2019）。这个组织主要关注基础设施建设，包括发放笔记本电脑（与"每个孩子一台笔记本电脑"项目提供的一样），建设学校网络（由一个服务器和一个Wi-Fi路由器组成）和太阳能发电装置。E-Paath是一套以课程为基础的、针对特定学科的数字互动学习活动，包括一年级至八年级的尼泊尔语和英语，以及一年级至六年级的尼泊尔手语。E-Pustakalaya是一个电子图书馆，免费提供超过1.28万本教科书和视频材料（OLE Nepal，2023）。在疫情期间，这些数字资源通过离线服务器让1200多所学校受益（Joshi et al.，2022）。

卢旺达

卢旺达从1990年代末就开始实施国家信息和通信基础设施的多年建设规划（Rwanda Government，2015；World Bank，2022）。这些规划逐步帮助实现了公共服务的数字化，包括税务、司法程序咨询和健康数据（Davidson et al.，2019；Rwanda Ministry of ICT and Innovation，2019）。教育系统也主动拥抱了数字化转型，在2010年代中期起草了关键计划："智慧卢旺达2020总体规划"和"2016年教育信息化政策"（Rwanda Ministry of Education，2016；Wallet and Kimenyi，2019）。后者目前正在接受评估（Buningwire，2022）。

卢旺达于2008年开始在部分小学实施"每个孩子一台笔记本电脑"项目，据估计，到2020年已发放了27.5万台笔记本电脑（IGIHE，2020）。然而，这些笔记本电脑成了摆设，因为在这些电脑上更新数字学习材料的协议与同时生效的基于能力的课程并不匹配（Rwanda Office of the Auditor General，2020）。用本地生产的设备来取代"每个孩子一台笔记本电脑"项目中部分更昂贵的XO电脑的计划遇到了问题：信息和通信技术公司Positivo BGH于2014年接受委托，每年提供15万台电脑，但政府由于缺乏资金，在2017年将目标数量降低到了4万台。该协议在2020年没有续签（Iliza，2022）。政府的目标是为每一位教师提供一台笔记本电脑，到2021年，有八分之一的教师配备了笔记本电脑（Ndayambaje，2023）。

有好几个项目重点改善学校的计算机设施。"智能教室"项目于2016年启动。卢旺达教育委员会规定，每一间智能教室都应该有足够的空间容纳50台电脑和一台用于视频会议的智能屏幕，每间教室的落地成本约为4.5万美元（Rwanda Ministry of Education，2016；Sabiiti，2019）。尽管成本高昂，而且同时还要对传统教室大规模开展建设工作，但是这项计划依然取得了重大进展。2020—2021学年，10%的小学和45%的中学拥有了智能教室环境（Rwanda Ministry of Education，2022），到2024年，将有88%的中学达成目标（Nsanzimana，2022）。农村地区有45%的学校没有接入电网，农村地区的发展道阻且长（UNICEF，2021b）。

卢旺达是少数几个4G网络已广泛覆盖的非洲国家之一。总共有32%的小学、53%的中学、58%的技术和职业院校以及所有大学接入了互联网（Rwanda Ministry of Education，2022）。约有46%的中学生可以在专门的计算机实验室里上网（Mugiraneza，2021）。在还没有接入互联网的学校中，有22%的学校因为成本问题而无法上网（UNICEF，2021b）。

非洲数学科学研究所和教育学院合作开发了与课程配套的内容（World Bank，2022），通过开发数字内容并将信息和通信技术融入教学中，实现了2018—2019学年至2023—2024学年教育部门战略规划的目标（Rwanda Ministry of Education，2018）。数字教科书可以在由卢旺达教育委员会管理的开放平台Shupavu上获取。在新冠疫情导致学校关闭期间，学习者也利用了Shupavu，通过YouTube和广播电视节目获取教育资源（Pankin，2021）。活跃在卢旺达的17家教育技术公司中，有10家于2020年开始运营，主要关注内容（Laterite，2023）。针对卢旺达的学校将技术运用于科学和数学教学，从模拟教学到视频教学和智能教室的全过程的一项综述研究发现，这些技术确实改善了教师的教学实践和部分学生的能力，但教师普遍缺乏信心、教学技能和互联网接入，导致相关进展有限（Adegoke et al.，2023）。

卢旺达政府于2019年通过了一项儿童上网保护政策（Davidson et al.，2019；World Bank，2019），并于2021年颁布了一项个人数据和隐私保护法（Rwanda Government，2021）。课堂上禁止使用个人手机（Niyonzima，2018）。国家网络安全管理局就如何管理儿童上网活动，向父母和监护人提供了指导，并发布了关于观看屏幕时长的建议（Rwanda National Cyber Security Authority，2022）。

萨摩亚

萨摩亚的教育多次因紧急情况而中断，其他太平洋岛屿国家也经常如此。2019年，由于暴发了严重的麻疹疫情，学校长期关闭，迫使萨摩亚为学校可能再次关闭做好准备，而这在不久之后的新冠疫情中应验了（Iosefa，2020）。

在萨摩亚，互联网连接并没有那么简单。2018—2019年，在海底光纤电缆完成架设后，萨摩亚的互联网用户范围扩大了（Mayron，2019）。监管的放松最初降低了成本（Samoa Ministry of Commerce，Industry and Labour，2022）。但是，对速度、可靠性和收费的不满，包括对学校上网服务的不满，导致政府回购了电缆的所有权（Pacific Island Times，2022）。尽管卫星互联网的成本较高（Sanerivi，2022），不过大众认为这项技术可以解决持续存在的Wi-Fi死角问题（Membrere，2021）。

就在新冠疫情之前，只有40%的小学和57%的中学可以使用可靠的互联网连接（Samoa Ministry of Education，Sports and Culture，2019a）。在疫情紧急情况期间，为保障学习而改善互联网接入的努力收效甚微。通过与移动服务提供商"Digicel"和"沃达丰"（Vodafone）签订合作协议，移动宽带的性能大大增强。在联合国教科文组织的支持下，沃达丰承诺为学生提供免费的SIM卡，供学生在访问学习网站时使用，并提供了一定的免费数据流量。另外，还创办了一个与学校课程配套的学生免费电子学习门户网站（Fruean，2020；UNESCO，2020）。然而，并非所有的学习者都拿到了SIM卡（UIS，2020b）。将近一年后，只发放了不到三分之一的SIM卡。此外，网速过慢干扰了学习材料的上传以及音频、视频和魔灯（Moodle）的在线访问（Samoa Ministry of Education，Sports and Culture，2020）。

近20年来，萨摩亚的学校信息和通信技术基础设施大大加强（Chan Mow，2008）。"PrimaryNet"项目实现了小学的联网（Samoa Ministry of Education，Sports and Culture，2019a）。2016年，亚洲开发银行支持的"SchoolNet"项目为中学配备了数字设备，培训了全国各地的教师和地方社区（ADB，2019）。这一系列工作取得的成果包括：建成了一个拥有超过2.8万种数字科学资源的数据库，增强了教师在教学中使用这些资源的能力，开发了120个将资源与课程和学习标准联结起来的示范学习活动，落成了38个以学校为基础、在线下获取资源的学习中心。虽然该项目最初的目的是使用开放教育资源，但后来改为收购一个国际平台的所有权，其统一的用户界面、设计和术语体系让国家受益（Strigel，2020）。

尽管存在挑战，但是线上远程学习和灵活的混合学习已经融入教育规划（Samoa Ministry of Education，Sports and Culture，2019b）。根据高等院校的经验，魔灯被认定为整个教育系统中最合适的学习平台（Samoa Ministry of Education，Sports and Culture，2020；Samoa Observer，2022）。萨摩亚国立大学和南太平洋大学通过这个开源学习平台提供课程，以迅速应对校园关闭的情况。在新冠疫情期间，南太平洋大学通过魔灯SMS提供了超过250门面授课程。其灵活学习中心为专家人士和学生提供了技术支持（University of the South Pacific，2020）。

据估计，只有三分之一的萨摩亚人定期使用互联网，因此广播和电视被确定为触达学生的主要渠道。通过国家广播电台向学前班和小学的学生播放预先录制的短片，通过国家电视频道向所有学习者播放视频。然而，由于能力不足，依靠其他电视和广播频道的计划没有实施或被叫停（Samoa Ministry of Education，Sports and Culture，2020）。由于九成的家庭都有手机，仅有一成的家庭拥有电脑，所以萨摩亚教育、体育、文化部网站上也通过移动宽带免费提供在线教育资源（Samoa Ministry of Education，Sports and Culture，2020）。

新加坡

新加坡是世界上最具数字竞争力的经济体之一（IMD，2022），教育与培训创新是其社会经济发展模式的建立基础（Kwek et al.，2020；NCEE，2021）。自1997年以来，新加坡启动了将信息和通信技术运用于教育的四项总体规划，为发展学校信息和通信技术基础设施、加强数字解决方案、将信息和通信技术融入课程和评估，以及提高技术意识奠定了基础（Singapore Ministry of Education，2022a）。2003年重症急性呼吸综合征（SARS）疫情迫使教育全面转到网上进行，从而推动了信息和通信技术基础设施的发展（Watermeyer et al.，2022）。

新加坡于2017年推出数字门户"学生学习平台"（SLS），为获取与课程配套的教学材料、管理学习评估和监测学生进步提供了便利（NCEE，2021；Singapore Ministry of Education，2022b）。"2019年教育技术规划"促进了基于数字技术的个性化学习和自主学习（Singapore Ministry of Education，2022b）。自适应学习系统促进了数学和英语的个性化学习。对于英语学习，会有一个"助理"提供个性化的写作反馈。"学生学习平台"网站的数据监测大屏可以帮助教师监测学生的表现和制定课程安排，而网站的"社区画廊"鼓励教师与同行分享课程，包括鼓励通过有2万名教师成员的"新加坡学习设计师共同体"来交流思想和解答疑难问题（Singapore Ministry of Education，2022c）。

就在新冠疫情之前，超过五分之二的来自低收入家庭的学习者没有电脑。在拥有一台电脑的家庭中，几乎有一半的学习者需要与其他家庭成员共用这台电脑（Yeung，2020）。一项关于信息素养的研究表明，在家没有上网途径的儿童和青年在筛选和整合信息方面往往不够熟练（Majid et al.，2020）。为了确保所有学生在学校关闭期间都能上网，约有1.25万台设备以租借的形式提供给学生（Min，2020）。新冠疫情导致居家学习成为一种制度（Watermeyer et al.，2022）。自2021年以来，初中和高中的学生每月可以选择两天进行远程学习。这种做法也在部分小学进行了试点（NCEE，2021）。因此，政府计划为新加坡的所有中学生（14.4万名）每人提供一台个人学习设备，让他们能定期在家学习（Kai，2020；Singapore Ministry of Education，2021a），并且将目标实现日期从原计划的2028年底提前到了2021年底（Singapore Ministry of Education，2022c）。

小学生通过"快乐编程"项目学习计算思维和简单的编程。中学生可以通过数学课程扩展计算思维能力，了解人工智能等新兴技术（Singapore Ministry of Education，2020a，2020b）。考虑到数字空间越来越大的影响力，最新的课程评审为社会情感能力留出了更大的空间。从2022年开始，分配给网络健康教育的时间翻了一番，达到每周4个小时（Teng，2020）。在品德与公民教育课上，中小学生学习如何识别因接触数字空间、过度使用社交媒体和浏览不适内容而造成的心理健康症状和困扰，教师在课上指导他们学会如何评估应对机制和支持服务，鼓励他们积极发展同伴支持结构，加强同学之间的相互帮助（Singapore Ministry of Education，2020b，2021b）。学校教导学生为自己的网络福祉负责，并建议父母使用观看屏幕时长的控制功能，特别是在孩子居家学习期间（Singapore Ministry of Education，2018，2021c）。

对于高等教育阶段，新加坡科技设计大学的"campusX"倡议尝试在教室里使用传感器网络，通过眼动仪和可穿戴设备收集数据，利用游戏、机器人和聊天机器人向教师和学生提供实时反馈。在另一个针对一年级学生的实验项目中，使用视频和语音分析来分析学生的投入度，采用虚拟现实技术鼓励学生与参加该项目的中国同龄人互动，使用数据分析技术来监测两国学生的互动情况（Singapore Ministry of Education，2022c）。

乌拉圭

乌拉圭在经历了2000年代初的金融危机后，开始重组其公共部门。数字技术被视为促进国民经济发展的关键驱动力之一。教育现代化是2000年代后半期该国开展的一项核心改革（Zucchetti et al.，2020）。国家数字教育规划"Ceibal计划"（西博计划）于2006年启动，该计划促进技术创新与社会公正相结合，得到了政府高层的支持（Hinostroza et al.，2011；Larrouqué，2017）。

2007—2009年，乌拉圭成为第一个在全国范围内实施"每个孩子一台笔记本电脑"项目的国家，所有学校都已接入互联网。来自最贫困家庭的6—13岁儿童中，有三分之二完全是因为该项目才拥有了自己的电脑（Ceibal，2022；Plan Ceibal，2017）。此后，学生们逐步收到了更好的平板电脑和更先进的数字设备（Plan Ceibal，2017）。与大多数国家不同的是，乌拉圭评估了这类设备投资产生的影响，发现这些设备并没有改善阅读和数学方面的学习（de Melo et al.，2017）。另一项研究发现，这个项目既没有提高受教育程度，也没有提高高等教育阶段理工科学生的占比（Yanguas，2020）。

鉴于这些调查结果，"Ceibal计划"调整了重点（Plan Ceibal，2020；Severin，2016），从追求投入量转向关注教学法（Mateu et al.，2018）。2010—2012年，该计划将注意力转向计算机的使用，尤其是通过其"Crea平台"和教师支持。2013—2019年，重点转向通过跨学科项目和跨领域能力（例如全球公民意识）等改变教学实践。自2020年以来，"Ceibal计划"进一步强调了与教师的沟通以及与国家教育系统的协调，强调通过投资于基础设施，为混合学习提供支持（Plan Ceibal，2021）。通过"Crea平台"提供的软件，解决了移动流量套餐每月只有3G的情况下，视频会议每小时要消耗1G的问题，这是新冠疫情期间要面对的关键问题（Milder，2022）。"Ceibal家庭"倡议覆盖了85%的小学生和90%的中学生，免去贫困学生使用互联网数据的费用（Ripani，2022）。

"Ceibal计划"基础设施也被用来解决两个学科缺少合格教师的问题。首先，2012年推出了"Ceibal英语"项目，以应对2008年英语被列入必修课所带来的后续问题（Canale，2019）。这个项目的核心特色是混合远程教学，专家型教师通过视频会议和学习平台与课堂教师合作、交流并为后者提供指导（Banegas，2013）。游戏等数字工具和标准化资源为教学实践提供了支持，反馈意见为教学实践提供了参考信息，注重解决课堂语言能力多样性问题的教师培训则进一步改进了教学实践（Stanley，2019）。参与该项目的学生与参与面授项目的学生相比，两者的学习结果是相似的（Banegas and Brovetto，2020）。

其次，在2017年，四年级至六年级引入了计算思维教育（Fowler and Vegas，2021），覆盖了约5万名学生，其中大部分为城市地区的学生（ANEP and Ceibal，2022）。这类课程由远程教师负责教授，并由课堂教师协助完成（Fowler and Vegas，2021；Zucchetti et al.，2020）。课程还通过中学教育的课外项目进行了试点。但2018年"国际计算机与信息素养研究"的结果显示，八年级学生的表现低于参与国的平均水平（Fraillon et al.，2019）。最富裕五分之一家庭的孩子中有56%可以进行与信息和通信技术相关的简单活动，而最贫困五分之一家庭的孩子中只有11%具备该能力（Ceibal and INEEd，2022），这一差距水平是参与国中最高的。

"Ceibal计划"最初不由政府管理（Larrouqué，2013），2010年改为由总统负责，并在2020年《紧急审议法》颁布后，最终交由教育和文化部管辖。这种体制上的变化被视为一种姗姗来迟的合理化（Uruguay Parliament，2020），尽管一些人认为这样的变化也好，起码提高了私营部门对教育领域的影响力（Bordoli and Conte，2020；Education International，2021），这是教育界各方辩论中反复出现的一个与技术有关的主题。2022年，计划更名为"Ceibal"。于2014年成立的西博基金会积极开展研究，除了为"Ceibal"提供指导，同时也会通过拉丁美洲教育数字化联盟对该地区产生影响（ADELA，2022；Ripani，2022）。

"Ceibal"使用平台不是为了复制传统的教育模式，而是为了对课程进行创新（Reich and Ito，2017；Rivas，2023；Ruiz-Calleja et al.，2017）。2020年"Aristas"国家评估经分析后发现，在控制了社会经济地位变量后，使用"Ceibal"的平台，比如"Crea"，往往与更好的学习结果相关（Reimers et al.，2022；UIS，2020a）。这个计划就是以强调优先服务最边缘化群体而闻名的，但是，它并没有解决乌拉圭的教育难题。高级中等教育完成率从2000年的35%上升到2020年的42%，而拉丁美洲和加勒比地区的完成率为63%，其他高收入国家的完成率为88%。来自最贫困五分之一家庭的青年中，只有21%完成了高级中等教育学业，而最贫困五分之一家庭的男孩中这一比例更是低到只有13%。

本报告阅读指南

本报告的**主题部分**分为三个板块。第2—6章指出了当前的重大教育挑战，探究技术是否可以克服以及如何帮助克服这些挑战。

第2章的重点是为弱势群体提供公平和包容的教育机会——通过广播、电视、移动电话和在线学习等技术，惠及生活在偏远地区、流离失所、受紧急情况影响、患有严重疾病或时间有限的人口。新冠疫情是一场测试远程教育能力的自然实验，对于弱势群体而言尤为如此，技术能为他们提供应对方法。

第3章着眼于内容和资源获取途径的公平性和包容性，以及知识如何以更便宜、更吸引人的形式覆盖更多学习者的问题。为了应对内容的成本提高，以及曾经免费提供的内容和平台转向商业化，开放教育运动应运而生。这些资源可以被重新混合、重新分发、重新定位、翻译和本土化。然而，尽管开放资源具有诸多优势，大规模采用依然障碍重重。

第4章探讨了技术可以通过两大类途径帮助提高基本技能的教学质量。首先，技术可以通过解决质量差距、增加练习时间和机会以及实现教学的个性化来改进教学质量。其次，技术可以通过丰富内容的表现形式、激发互动和促进协作来吸引学习者。然而，技术也可能成为给课堂教学增加难度的罪魁祸首。

第5章的重点是技术如何提高数字技能的教学质量。至少在较富裕国家，数字技能已经是一系列新的基本技能的组成部分：信息和数据素养、沟通和协作、数字内容创作、安全以及问题解决。对于教育系统来说，如何管理好与技术相关的新目标和不断发展的目标是一项重大挑战，特别是许多学习者是在学校之外习得这些技能的。

第6章回顾了技术在提高教育管理的效能和效率方面的贡献。教育系统一直都需要大量的数据，技术有助于解决这个问题。然而，教育管理信息系统缺乏整合和分析数据的能力，没有利用好这些能力

来加强教育管理。基于计算机的评估和计算机自适应测验也展示了新的机会，但这些机会仍未得到充分利用。

在第一板块探讨了教育技术解决重大教育挑战的潜力之后，第7—9章探究需要哪些条件来确保这一潜力的实现。

第7章探究了教育系统如何确保所有的学习者都能获得技术资源的问题。这一章评论了电力、硬件、软件和互联网的接入情况。本章还探讨了政府选择投资领域时所依据的证据类型，以及在采购决策中对经济、社会和环境的可持续发展等因素的重视程度。

第8章阐述了教育系统如何保护学习者，使他们远离使用技术带来的不利后果。学习者面临着与内容、接触和行为相关的风险，这些风险将蔓延到教育领域。目前各国正在制定法律和政策，加强隐私、保障和安全方面的标准、法规和法律保护。在教育技术的治理被分散化的背景下，做到这一点非常具有挑战性。

第9章讨论了教育系统如何支持所有教师，使教师能够在其实践中有效地使用技术和处理技术问题。使用教育技术并培养学生的相关能力，是教师在教学工作中要面对的一项重大要求，并且这一要求还在不断提高。教师获取技术的机会、对教学法和技术的信念以及学校和教育系统给予他们的支持，都是决定教师是否使用技术的相关因素。同时，技术可以用来改革教师培训，增加教师与同行互动的机会。

最后，**第10章**讨论了一个值得深入探索的主题：与报告的大部分章节不同，这一章不仅仅关注技术对教育的影响，还探讨了教育对技术的影响。教育是技术发展的基础。正如科学、技术、工程和数学（STEM）教育这一概括性术语所表明的那样，教育系统在每个国家的技术转移、吸收和发展中都发挥着重要的作用。本章还探究了如下话题：将技术纳入课程，成为一门单独的学科；促进科学、技术、工程和数学教育的各项政策；高等教育作为国

家技术发展支柱，其作用是在不断变化的。

第11—22章构成了本报告的**监测部分**。我们先用一个简短的序章回顾了可持续发展目标4进展监测的最新发展，包括可持续发展目标4国家基准的制定过程。接下来用10章介绍了可持续发展目标4各项具体目标的进展情况，有几章还反思了教育和技术之间的相互关系。例如，第19章探讨了建筑、能源和交通技术在教育中的应用。尽管新冠疫情扰乱了教育的发展，而且缺少有助于评估中期影响的关键数据，但是每一章依然对中期评估保持了特别关注。最后一章专门探讨了教育筹资的演变。

建议

数字技术在人们的日常生活中正变得无处不在，甚至抵达了世界上最偏远的角落。数字技术甚至正在创造新的世界，令现实和想象之间的界限变得更加难以辨别。教育不可能置身事外，尽管有人呼吁保护教育免受数字技术的负面影响。然而，这是一个巨大的挑战，因为技术出现在教育中的形式是多种多样的。技术是一种投入、一种教学手段、一种技能和一种规划工具，技术还提供社会和文化背景，所有这些都提出了特殊的问题和议题。

- 技术作为一种投入：确保学校或家庭都能提供、运行和维护教育领域的技术基础设施，如电力、计算机和互联网连接就需要大量资本投入、经常性支出和采购技能。但是，关于这些成本的信息少之又少，也难以确保信息的可靠性和一致性。

- 技术作为一种教学手段：教与学都可以从教育技术中受益。但是技术变化很快，加上技术提供者对证据拥有绝对的控制权，所以我们很难知道哪些技术在什么环境和条件下效果最好。

- 技术作为一种技能：人们呼吁教育系统支持不同教育等级的学习者获得数字技能和其他技术技能，这就引出了关于内容、相关课程的最佳顺序、适当的教育水平和供应模式等的问题。

- 技术作为一种规划工具：鼓励各国政府使用技术工具来提高教育系统管理的效率和效能，如用信息技术来收集与学生行为和成绩有关的信息。

- 技术提供了社会和文化背景：技术的影响波及生活的各个领域，扩大了联系和获取信息的机会，但也给安全、隐私、平等和社会凝聚力造成了风险，有时会伤害用户。需要保护用户，避免这些伤害。

> **教育技术应该以学生和教师为中心。**

本报告的基本前提是，技术应该为人服务，教育技术应该以学生和教师为中心。本报告力求避免过度以技术为中心的观点，摈弃认为技术中立的主张。本报告还提醒人们，许多技术不是专为教育而设计的，因此需要从以人为本的教育愿景的角度来证明其适用性和价值。决策者面临着四个棘手的取舍问题：

- 对个性化和适应性的呼声与保持教育的社会性的需要相冲突。那些敦促加强个性化的人可能没有理解教育的本质。技术的设计必须尊重不同群体的需求。对一些人来说是教学和学习的辅助工具，对另一些人来说却可能会成为负担和干扰。

- 包容性和排斥性之间存在冲突。技术有可能是许多人获得教育的生命线。然而，对更多的人来说，技术给教育机会平等造成了更大的障碍，数字排斥就是一种新形式的障碍。仅仅承认每项技术的使用者都有先来后到是不够的，还需要采取行动。必须坚持教育和学习的公平原则。

- 商业领域和公共领域的发展方向不同。教育技术产业对国家和国际教育政策的影响日益增强，这一情况令人担忧。一个生动的例子是，开放教育资源和互联网带来了无数希冀，是很多人接触教育内容的门户，现实却常常令人失望。需要更好地理解和揭示在教育和学习中使用数字技术的潜在利益，以确保政府和教育工作者时刻谨记一切以共同利益为先。

■ 人们普遍认为，教育技术在短期内实现了多大的效率优势，这种优势都会长期保持下去。教育技术被认为是一种稳定的、可以节省劳动力的投资，甚至可以取代教师。然而，教育技术的经济和环境总成本常常被低估，而且不具有可持续性。许多人在教育中使用技术的带宽和能力有限。现在是时候从环境可持续性的角度来考虑教育技术的成本，并质疑技术是否真正增强了教育系统的韧性。

甚至就在最近，在关于生成式人工智能的辩论中，机器和人类之间的冲突成为话题，生成式人工智能对教育的影响才逐渐浮出水面。这些裂痕让教育部门左右为难，他们不舍数字技术潜力带来的希望，但也认识到与技术应用相关的、不可否认的风险和危害。"站在权衡和取舍的层面上来说，有必要进行更复杂、更民主的讨论。"（Morozov，2022）

并非所有的变化都意味着进步。有能力去做和应该去做是两码事。变革需要符合学习者的意愿，以避免重蹈新冠疫情时期的覆辙，当时远程教育的爆炸式发展让数亿人掉了队。

为其他用途创造的技术不一定适合所有教育环境中所有的学习者，也不能指望在教育部门之外制定的法规必然照顾到了所有教育需求。在这场辩论中，本报告呼吁的是构建一个清晰的愿景——全世界都在考虑什么才最有利于儿童（特别是最边缘化的儿童）的学习。

#TechOnOurTerms（"技术由我们做主"）运动呼吁，在评估教育技术的应用是否适当、公平、以证据为基础、具有可持续性之后，教育技术决策应优先考虑学习者的需求。必须学会在数字技术中生存，但又不依赖其生存；必须学会从丰富的信息中提取需要的信息，并且忽略不必要的信息；必须认识到人际联系是教学工作的基础，技术应为此提供支持，但不可取而代之。

因此，以下四个问题是为政府设计的，主要针对政府，因为政府有责任保护和实现受教育的权利。不过，也希望所有致力于支持实现可持续发展目标4的教育行为体将这四个问题用作宣传工具，以确保在推广人工智能等各种技术时，考虑到应对主要教育挑战和尊重人权等需求。

在考虑是否采用数字技术时，教育系统应始终将学习者的最大利益置于以权利为基础的框架的中心。我们的关注点应该是学习成果，而不是数字投入。数字技术可以帮助改善学习，但不应取代学生与教师的面对面互动，而应作为师生关系的一种补充。

教育技术的这种用途是否切合国家和地方的实际情况？ 教育技术应该作为教育系统的一种补强剂，与学习目标保持一致。

因此，各国政府应该：

- 改革课程，有针对性地教授与数字工具最契合的基本技能。这些数字工具应当已被证明能够促进学习，并以关于儿童学习的明确理论为支撑，既不假设教学法可以保持不变，也不假设数字技术适合所有类型的学习。

- 在教师和学生的参与下设计、监测和评价教育技术政策，借鉴他们的经验和知识背景，确保教师和辅导员得到充分培训，了解如何使用数字技术进行学习，而不仅仅是如何使用某种具体的技术。

- 确保各种解决方案都符合实际情况，资源以多种语言版本提供，在文化上可接受，适合不同的年龄，并为特定教育环境中的学习者提供明确的接入点。

教育技术的这种用途是否会令学习者掉队？ 虽然技术的使用可以让一些学生有机会参与课程学习，加快实现某些学习成果，但教育数字化有可能只会让来自特权群体的学习者受益，却使其他人进一步边缘化，从而加剧学习不平等。

因此，各国政府应该：

- 重点关注数字技术如何支持最边缘化的群体，使所有人都能受益于数字技术的潜力，无论其背景、身份或能力如何，并确保数字资源和设备符合全球无障碍标准。

- 就学校互联网连通性水平制定脚踏实地的国家目标，将其作为可持续发展目标4基准制定过程的一部分，并据此确定投资目标，使教师和学生能够以可负担的成本受益于安全、富有成效的在线体验——这符合免费教育的权利。

- 推广教育领域的数字公共产品，包括免费提供的epub电子书格式、改编的开放教育资源、学习平台和教师支持应用程序，所有这些都是为了不让任何人掉队而设计的。

这种教育技术的使用可以推而广之吗？ 教育领域的技术产品和平台种类繁多，人们在做出决策时往往没有充分的证据证明其效益或成本。

因此，各国政府应该：

- 成立教育技术评价机构，让所有能够进行独立和公正研究的行为体参与进来，制定明确的评价标准和准则，目的是就教育技术问题做出有据可依的决策。

- 在准确反映总拥有成本和实施成本的背景下开展试点项目，同时考虑到边缘群体的学习者可能需要负担的更高的技术成本。

- 确保公共开支以及与私营公司签订的协议条款的透明度，以加强问责；开展绩效评价，从错误中吸取教训，包括从维护到订阅费用等事项，并推广交互操作标准以提高效率。

教育技术的这种用途是否支持教育的可持续未来？ 数字技术不应该是短期项目，应该利用这一技术可持续地产生效益，而不应该被狭隘的经济考虑和既得利益所左右。

因此，各国政府应该：

- 建立一个广泛的、不依附于具体技术的数字能力课程和评估框架，重视在校外学到的知识。技术在教育、工作和公民意识方面有着巨大的潜力，可以让教师和学生从中受益。

- 通过并实施法律、标准和公认的良好实践，以保护学生和教师的人权、福祉和网络安全，同时考虑到观看屏幕时长和联网时长、隐私以及数据保护；确保在数字化学习过程中和其他过程中产生的数据仅作为公共产品进行分析；防止学生和教师被监视；警惕教育环境中的商业广告；规范人工智能在教育中合乎道德的使用。

- 考虑在教育中应用数字技术对物质环境的短期和长期影响，远离在能源和物质消耗方面不可持续的解决方案。

巴拉圭的高中生萨米拉（Samira）拿着一部手机。她从出生起就
患有视力残疾（盲人），但是她对学习惊人地执着。小时候，
她就学会了如何读写盲文。她的母亲也花了两年时间学习盲
文，以帮助萨米拉学习并将她的作业翻译成西班牙语。

图片来源：UNICEF/UN0425712/Sokol*

2

公平和包容：弱势群体的机会

重要信息

技术为数百万人提供了一条教育的生命线，却将更多的人排除在外。

多种类型的技术给偏远地区的学习者带来了教育。

- 广播是一种低成本的提供教育服务的方式，并且一直以来都非常成功。交互式音频教学已在近40个国家使用。

- 当作为面对面指导的一种补充时，电视可以是行之有效的。在墨西哥，1970—2020年电视课程和课堂支持的结合促使中学入学人口增加了18%。

- 在线学习促进了弱势成年人的就学：印度国立开放大学有45%的学生来自农村地区，18%的学生来自表列种姓群体；英国开放大学中有18%的学生为残疾人。

包容性技术支持为残疾学生创造无障碍学习环境。

- 辅助技术消除了学习障碍，但挑战依然存在。可负担性是贫困国家面临的一个主要问题。教师需要接受适当的培训。在沙特阿拉伯，大多数特殊教育教师只掌握了辅助技术的入门知识。

- 平台和设备正在嵌入无障碍功能，为所有学生提供包容、个性化的学习。在一项针对视障成年人的研究中，87%的人表示无障碍技术设备正在取代传统的辅助工具。这些设备在资源匮乏、辅助技术不易获得的环境中尤其关键。

紧急情况下技术可以支持学习的连续性，但是技术没有融入教育计划。

- 对2020年危机背景下101个远程教育项目进行调查后发现，在这种背景下，大多数教育技术项目都是由非国家行为体牵头实施的，这引发了人们对其可持续性的担忧。只有12%的教育技术项目是由教育部门实施的。

新冠疫情期间，技术支持了学习，但也将数百万人排除在外。

- 在学校关闭期间，超过90%的教育部门都采用了某种形式的远程教育作为应对，这在全球可能覆盖超过10亿名学生。但全球至少有5亿名学生（31%）无法受益于远程学习，其中大多数是来自最贫困家庭（72%）和生活在农村地区（70%）的学生。

- 尽管91%的国家在学校关闭期间使用在线学习平台提供远程教育，但这些平台只能覆盖全球四分之一的学生。

- 不到一半的国家制定了长期战略，以提高其韧性和干预措施的可持续性，作为其新冠疫情应对计划的一部分。32%的国家放弃了在新冠疫情期间开发的远程学习平台，而其他国家则重新利用平台来覆盖边缘化的学习者。乌克兰在疫情期间建立的数字平台在2022年战争开始后继续扩大，85%的学校得以借此完成该学年的教学任务。

对于那些传统上有可能被常规学校拒收且本人存在特殊情况需要照顾的人来说，获得学习资源仍然是一项重大挑战。《教育2030行动框架》指出，"提供远程教育、信息通信技术培训，并建设必要的基础设施"可以"改善居家学习环境以及冲突地区和偏远地区的学习环境，特别是……边缘化群体的学习环境"（UNESCO，2015，sec. 57）。

本章从三个角度探讨了技术支持下的教育供给：从历史角度看广播、电视、移动设备和在线学习如何解决最偏远地区的教育问题；讨论如何利用技术支持残疾学习者的教育；考察紧急情况造成的教育中断，在这种情况下，学习连续性依赖于技术在所有学习者中实现——新冠疫情就是最好的例子。

本章还试图了解技术是否以及如何帮助提高边缘化群体的就学率，同时需要注意这样一个事实，即在新冠疫情期间对技术的应用反而将这个群体中的很多人排除在教育之外。在设计技术干预措施时，不得违背为最弱势群体提供服务的最初目标。

> " 在设计技术干预措施时，不得违背为最弱势群体提供服务的最初目标。 "

多种技术给偏远地区的学习者带来了教育

对于因地处偏远、资源受限和功能缺陷，而在进入学校、获取良好的教学内容和获得训练有素的教师方面处处受阻的学习者，技术一直以来都在帮助他们接受教育。例如，函授教育是19世纪美国的一种早期的远程学习形式，用于教育妇女和很难接触到正规教育的其他人（Larreamendy-Joerns and Leinhardt，2006）。在20世纪中期，函授教育在法国被用于教育患有长期疾病的儿童和前囚犯（Marquet and Xiao，2008），并在中国提供高等教育（Li and Chen，2019）。印刷品仍然是一种重要的远程教育媒介（Mohn et al.，2022a），即使更多的基于广播、电视和互联网的互动的、即时的和大规模的模式已经被采用（Sleator，2010）。对于所有这些技术而言，关键问题是如何适当地将技术与教学相匹配。

广播是一种低成本的提供教育服务的方式，并且一直以来都非常成功

广播可以是一种具有成本效益和可持续性的教育技术。考虑到任何学校都可以配备广播，其获取门槛相对较低，尽管从家庭层面来看其获取仍然有限。有效的广播教学节目往往高度以学习者为中心，具有互动性和本土性，依赖于支持教育可持续性的有利政策环境，允许分散进行并能展现政府对教育可持续性的承诺（Damani and Mitchell，2020；UNESCO，2021c）。

虽然传统的广播仅限于单向授课，并且需要学习者同步参与，但现在有了实现更高程度互动的方法，学习者可以通过提问和练习来参与和回应广播课程。交互式教学倾向于遵循国家课程，结合录音和印刷材料，注重儿童的积极参与，并依靠教师来促进学习。大多数情况下，广播仍然是最具成本效益的选择，惠及了大量的学习者（Damani and Mitchell，2020；UNESCO，2021c）。

> "
>
> **大量一致的证据表明，基于广播的交互式教学帮助缩小了农村和城市人口、男孩和女孩在教育方面的差距。**
>
> "

在为全球得不到充分服务的农村学习者提供教育方面，广播一直以来都非常成功。大量一致的证据表明，基于广播的交互式教学帮助缩小了农村和城市人口、男孩和女孩（UNICEF，2021a）、游牧和定居族群以及弱势儿童和来自特权群体的儿童在教育机会和学习质量方面的差距（Damani and Mitchell，2020；UNESCO，2021c），特别是在撒哈拉以南非洲地区（专栏2.1）。自1980年代以来，对至少25个国家的研究证明了学生成绩的显著持续提高与接触交互式广播教学有正相关关系（Burns，2021）。

1970年代，尼加拉瓜对因农业生活而无法完成正规教育的儿童实施了首次正规交互式广播教学的实验，学习者可以"积极回应"广播节目。参与实验的儿童的数学成绩很快达到甚至超过了附近的正规学校学生，尽管许多儿童甚至不能熟练使用西班牙语（UNESCO，2021c）。最近一个针对边缘化学习者的交互式广播教学的优秀案例来自佛得角，几十年来该国一直依赖教育广播来覆盖远程学习者。评价显示，与没有收看交互式广播节目"Projeto PALOP"的儿童相比，收看该节目的儿童在葡萄牙语和数学方面的考试成绩更好（Burns et al.，2019）。

交互式音频教学在全球近40个国家实施（UNESCO，2021c）。磁带、光盘、MP3文件和手机的出现使倒放、重放和录制内容成为可能，以解决广播接收方面的各类问题。在孟加拉国，小学生通过手机上的交互式语音应答音频课

专栏 2.1

撒哈拉以南非洲地区的备用性教育系统经常使用广播

在撒哈拉以南非洲的许多国家中，交互式广播教学是备用性教育和远程教育系统的一部分。广播仍然是可触及大量失学儿童的最具成本效益的手段（UNESCO，2021c）。

在尼日利亚北部，常年有数百万游牧族群的学龄儿童要面对获得教育的障碍，国家游牧教育委员会基于牧民在放牧时喜欢携带并使用无线电设备的特点，于1996年设计并制定了一项广播远程学习战略（Abdulrahman，2016； Olaniran，2018）。尽管在实施方面存在挑战，如资金不足和教师未经培训（Okah，2019；UNESCO，2019），但是该委员会仍在不断改进节目，包括更新课程（Crossfire Reports，2021）和成立一个采用四种语言广播、服务于游牧教育的独家电台（Gombe，2022；Habib，2019）。

这项广播战略被作为对其他方法的补充，比如辅助配备视听材料的流动学校，并且助力提高入学率和参与率（Olaniran，2018）。多年来，通过成立广播收听小组、编写教学指南和录制广播节目，该项目的互动性和最终质量都有所提高（Hanemann，2017；Ugochukwu and Ezeah，2020）。评价表明，该项目惠及了尼日利亚西北部77%的游牧族群（Anorue et al.，2015），并提高了他们的读写能力、计算能力和生活技能（Nwokedi et al.，2022；Ugochukwu and Ezeah，2020）。

在赞比亚，政府首先在社区学习中心为失学儿童和因艾滋病失去双亲的孤儿试行了一套交互式广播教学方案。2004年，"在塔翁加市场学习"（Learning at Taonga Market）项目启动，这是一个交互式音频教学节目，被认为是第一个使用MP3播放器的教学节目。在接下来的10年里，3000个社区学习中心的120万名学生收听了"在塔翁加市场学习"节目，这些学生的表现始终优于在正规公立学校学习的同龄人（UNESCO，2021c）。

2009年，刚果民主共和国也为一至六年级的学生开发了法语和数学的交互式广播教学节目，作为教育质量提高项目（Projet d'Amélioration de la Qualité de l'Éducation）的一部分。该节目覆盖了3000所学校，使得120万名学生在阅读方面的表现优于在对照组学校就读的同龄人（UNESCO，2021c）。

程，提高了他们的读写和计算成绩（Wang et al.，2023）。在圭亚那，相关人员有时候会将政府广播节目中的数学课程预先录制在光盘上或制作成MP3格式文件，配上音频播放器一起送到教室（Guyana Ministry of Education，2020）。

广播对于教与学的有效性最终取决于可获取的资源、政策环境以及具体的教育需求和目标。在有的地方，交互式音频和广播教学存在诸如设备质量、信号接收、课程、日程安排和广播成本等方面的问题。只有收听学生人数达到一定数量，广播教学才具有成本效益；当目标人数较少，例如面向的是说少数民族语言的学习者时，广播教学的成本效益必然不高。政府的坚定承诺、持续的教师专业发展、使教学节目融入现有课程以及开展有效的监测和评价，可以支持广播教学的可持续发展（Damani and Mitchell，2020; Grant et al.，2022; UNESCO，2021c）。

当辅以面对面指导时，电视教学是一种行之有效的方式

自1950年代以来，电视一直是提供远程教学的一种媒介，特别是在拉丁美洲（专栏2.2），以帮助解决农村地区合格教师短缺和教师缺勤率高等问题（Vincent-Lancrin et al.，2022; Zacharia，2020b）。电视课程通常作为面对面指导的辅助，长期研究发现，这对入学率和完成率均有显著提升效果。所取得的成功要部分归功于社区参与和持续的教师培训（Watson and McIntyre，2020）。同时，使用面对面辅导、指导手册和视频讲解来提示学习者回答问题，会让干预更具互动性（Mohn et al.，2022b）。然而，成本效益方面的证据并不多，农村家庭的观看人数被认为要少于城市家庭的观看人数（Watson and McIntyre，2020）。

一些国家已经引入了交互式电视课程，以缩小城乡学生在获取资源和学习方面的差距（Navarro-Sola，2021）。在埃塞俄比亚，政府制作的面向农村地区的教育电视节目的效力在社会上获得的褒贬不一，因其缺乏交互性和对教师的技术支持，该国教育部也一直在努力解决这两个方面的问题（Kim，2015; Tadesse，2020）。中国（Bianchi et al.，2022）和加纳（Johnston and Ksoll，2022）的证据表明，用面对面辅导、交互式元素和适当的教师培训作为补充，基于电视的教学模式确实可以减少农村和城市人口之间的学习差距。

但是，并非所有的交互式倡议都取得了成功。科特迪瓦（Wolff et al.，2002）和萨尔瓦多（Young et al.，2010）在国际机构的支持下，制定了基于电视教学的中等教育项目。后来，由于学生人均成本过高、教师反对集权式制度以及缺乏可持续性，这些项目都是虎头蛇尾。在外部投资中断后，两个国家的项目立即结束了（Wolff et al.，2002）。

专栏 2.2

拉丁美洲长期以来的电视教学模式帮助增加了受教育机会

墨西哥政府在1960年代末启动了"电视助学"（Telesecundaria）项目，为农村或边缘化群体中无法入读当地学校的初中生提供服务（Craig et al.，2016; USAID，2020）。该项目在课堂上通过电视节目授课，遵循国家课程，并辅以学习指导和课堂活动及讨论（Navarro-Sola，2021; Rodríguez et al.，2021）。该项目是60%的公立学校的教育基础（Mexico Government，2020），覆盖范围已经从1970年学生总数的3%左右大幅扩大到2000年的20%左右，并在此后一直保持这一水平（图2.1）。

据估计，该项目在1968—2000年将平均入学率提高了21个百分点（Navarro-Sola，2021）。平均每1000名青少年享有一个远程教育课堂，这使得男性和女性的受教育年限平均增加0.2年（Fabregas，2019）。但是，大部分人认为该项目是一种质量较低的选择，因为远程教育学生的成绩低于传统学校的学生，而这些研究没有考虑到社会经济特征对学生成绩可能的影响（Fabregas，2019; Navarro-Sola，2021）。

（下接第32页）

远程教育计划的有效推行得益于先进技术的适当应用、当地社区的积极参与、国内资金的大力支持、推而广之且持之以恒的教师培训以及线上线下混合式的教学环境，即电视课程与课堂支持的有机结合（Fabregas，2019；Navarro-Sola，2021；Watson and McIntyre，2020；Wolff et al.，2002）。新冠疫情期间，墨西哥的"居家学习"（Aprende en Casa）计划推出新的功能，进一步拓展了传统的远程教育方法（Ripani and Zucchetti，2020）。

图2.1
远程教育计划帮助墨西哥增加了中等教育入学人数
1970—2020年就读于远程教育计划和传统中学的学生人数

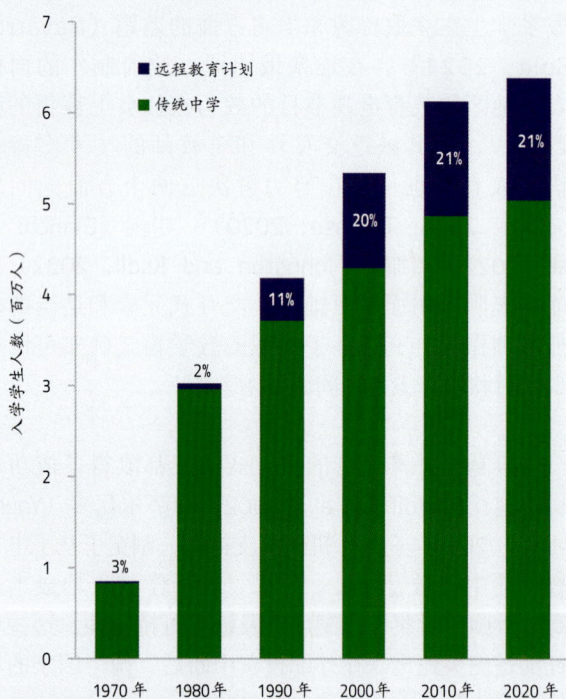

注：传统中学包括普通中等教育和中等职业技术教育。
《全球教育监测报告》统计数据链接：https://bit.ly/GEM2023_fig2_1_
资料来源：Mexico Secretariat of Public Education（2011，2021）；Rizo（2005）。

巴西也一直在积极实践将电视用于教育目的，以期缓解受教育机会不均的问题（Filho，2018）。1978年，与各大电视频道颇有渊源的两家基金会共同发起了"远程课程"（Telecurso）项目，对各类课程进行广播。其中就有巴西环球电视（TV Globo）。1995年，在市政府、州政府、公共和私人机构的合力支持下，巴西的课堂实施了一种基于具体课程和学习材料的新方法，并且加入了持续的教师培训、监测和评价程序。"远程课程"不需要注册，通过电视和互联网就可以免费获取。据估计，已有160万名学生受益于该项目，顺利完成了初等和中等教育（Roberto Marinho Foundation，2023）。这个项目除了能照顾到居住在偏远地区的学生外，还能让小学或中学时期辍学的青年人有机会重返课堂。该项目通过直接授课、课堂教学录像和教科书提供了精选的教学内容，同时辅以教师辅导和补充性书面材料给予支持（Watson and McIntyre，2020）。

在巴西，亚马孙州教育秘书处于2007年建立了州定点技术辅助教学系统（State On-site Technology-Mediated Instruction System）。该系统利用卫星传输和通信服务平台，通过电视大规模地向偏远社区提供中等教育。课程由训练有素的教师传授并实时广播，课堂还配备了专业的辅导员给予学生面对面的支持。2007—2022年，该项目的受众从1万名中学生扩展到了3万多名。该项目最初只在一个内部的电视频道播出课程，后来开始在三个公共频道播送，覆盖了整个亚马孙州的学校网络（Fundação Telefônica Vivo，2022）。

移动学习设备在某些环境下可以作为教育的补充

鉴于手机拥有率即使在贫困人群中也很高，所以手机是最有可能应用于教育的设备。2018—2021年，在24个低收入国家和中低收入国家最贫困五分之一家庭中，几乎没有家庭有电视，只有四分之一有收音机，但三分之二有手机（**图2.2**）。需要区分不支持上网的基本手机、功能手机和智能手机，关于教育影响的研究主要集中在智能手机上。

手机已经能为处于偏远地区和紧急情况下的儿童提供服务（Kan et al.，2022）。在某些情况下，手机也可以成为一种适当的工具，为弱势群体中的儿童和青年提供远程学习机会（Criollo-C et al.，2021；UNICEF，2020b）。手机用途主要是分享教育材料，作为面对面渠道和远程渠道的补充，促进学生、同龄人、照护者和

图 2.2
在低收入和中低收入国家，三分之二的最贫困家庭拥有手机
2018—2021年最贫困五分之一家庭中拥有收音机、电视和手机的家庭占比

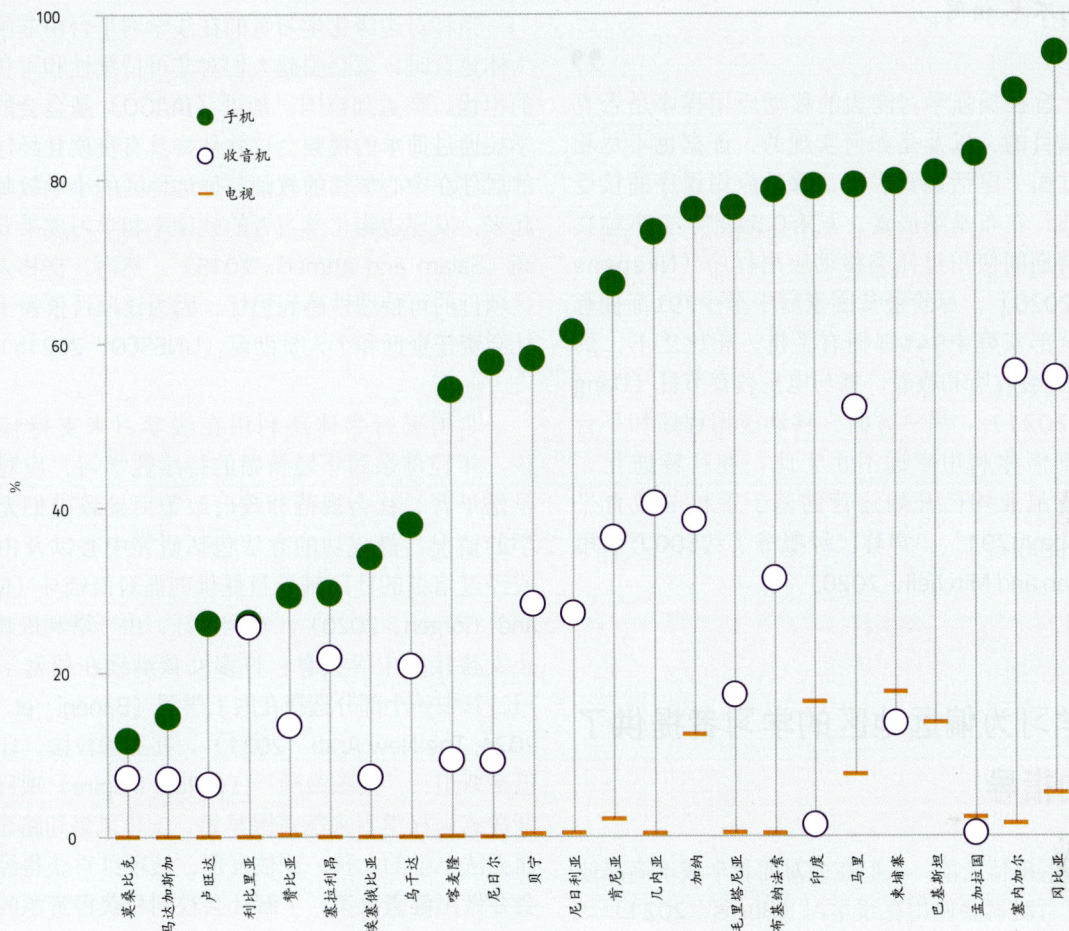

图例：
- ● 手机
- ○ 收音机
- — 电视

X轴国家标签（从左到右）：莫桑比克、马达加斯加、卢旺达、利比里亚、赞比亚、塞拉利昂、埃塞俄比亚、乌干达、喀麦隆、尼日尔、贝宁、尼日利亚、肯尼亚、几内亚、加纳、毛里塔尼亚、布基纳法索、印度、马里、柬埔寨、巴基斯坦、孟加拉国、蒙内加尔、冈比亚

《全球教育监测报告》统计数据链接：https://bit.ly/GEM2023_fig2_2
资料来源：人口与健康调查数据汇编。

教师之间的互动（Jordan and Mitchell，2020; Kan et al.，2022）。

由于拥有率高、成本低、灵活性大、耐用性强和便携性，移动学习设备在新冠疫情期间经常被用于提供教育。这些设备促进了低收入国家和中等收入国家之间交流学习材料，以及学生、教师和家长之间的定期互动（Vincent-Lancrin et al.，2022）。在不丹，疫情期间有70%的学生使用手机上的社交媒体应用程序来获取课程，已超过广播、电视和在线教育平台覆盖学生的占比（Bhutan Ministry of Education，2021）。在印度尼西亚，社交媒体等交流渠道是使用最广泛的教学、学习和支持平台。

据报道，有500多万名教师使用在线即时通信工具WhatsApp群组来传递官方信息，覆盖从学前教育到高等教育。教师、学生和家长中也设立了许多学习和支持小组（UNHCR，2021）。

疫情期间，手机也被用来为残疾儿童家庭提供个性化支持。在南非，国家在WhatsApp上为有需要的家庭开设了一条使用多种语言的支持热线。该热线邀请家长与训练有素的辅导员参与，为学生在家学习安排日常计划，通过布置家庭作业来为学习者提供支持，并为学龄前儿童提供激发潜能的学习内容（McAleavy et al.，2020）。

> 关于旨在加强学习能力的移动应用程序是否真的实现其目的，以及是如何实现的，证据也不尽相同。

关于旨在加强学习能力的移动应用程序是否真的实现其目的，以及是如何实现的，证据也不尽相同。一方面，电话调查表明，移动应用程序的接受率非常低：在布基纳法索，只有0.5%的学生声称在新冠疫情期间使用过此类移动应用程序（Nkengne et al.，2020），尽管最贫困家庭中至少79%都拥有手机，全部家庭中94%都拥有手机。相比之下，约40%的家庭会收听和收看广播与电视教育节目（Dang et al.，2021）。另一方面，移动应用程序和平台提供商则声称利用率远不止于此。在科特迪瓦、加纳和肯尼亚均已开始运营的基于手机的教育平台"Shupavu291"，声称已经服务了约500万名用户（Jordan and Mitchell，2020）。

在线学习为偏远地区的学习者提供了灵活的指导

在新冠疫情之前，人们在面对面教学成本高昂或者无法进行时就会使用在线学习（Burns，2021）。这样做能带来相当大的好处，包括在自定步调学习、自主学习和个性化学习中实现灵活性及关联性。然而，在线学习是否能发挥其功效，取决于学生能否使用设备和互联网，但是由于成本高昂以及教育机会和数字技能的缺乏，在线课程等高科技解决方案至今也不是大多数学习者的现实选择。在线学习最大的限制是，世界上三分之二的儿童在家中无法连入互联网（UNICEF and ITU，2020）。

在韩国，互联网已走入千家万户，为了促进数字技术的应用，韩国还构建了一个强大的政策框架，道级和市级教育主管部门自2012年以来一直运营在线远程教育项目，迄今已服务了近1万名因自然灾害、疾病、被排斥、移居海外以及工作或育儿原因而未能完成课程的中学生（UNESCO，2022）。在格陵兰岛（丹麦），40%的人口居住在五大主要城镇以外，54%的人口受教育水平没有超过初级中等教

育水平（Conyers，2020），政府推出了在线远程学习，让学生无须搬到主要城镇就可以完成高级中等教育（Government of Greenland，2022）。

当针对边缘化学习者的在线学习平台由非国家行为体运营时，就会引起人们对其可持续性和可负担性的担忧。在孟加拉国，加哥（JAAGO）基金会的数字学校通过简单的视频会议软件将具有资质且经过培训的居住在中心城镇的教师与偏远地区的小学教师连接起来，发现边缘化学习者的就读率和学习成果双双提高（Salam and Ahmed，2015）。然而，据称人们对该项目的可持续性感到担忧，因为该项目依赖于企业社会责任资助和个人赞助商（UNESCO，2021b）。

非国家行为体还利用在线学习来支持怀孕女孩、年轻母亲和年轻新娘的持续性学习，应对因为早婚早育、社会规范和政府政策而导致她们无法上学的情况。最成功的方法包括研究中心以及由教师或经过培训的社区辅导员提供的面对面辅导（Naylor and Gorgen，2020）。在阿富汗，由于塔利班政权禁止女孩接受中等教育，许多女孩继续在秘密学校学习，其中一小部分选择在网上学习（Banerji et al.，2021; The New Arab，2021）。在孟加拉国、印度和巴基斯坦，"女孩激励"（GIRLS Inspire）项目利用开放式远程学习来覆盖因早婚、文化风俗和路途遥远而无法上学的女孩。评估发现，该项目对获得经济机会并做出健康决策、了解社会权利和获得资源的能力产生了积极影响（Commonwealth of Learning，2021; Ferreira，2017）。

在线学习提高了弱势群体中成年人的就读率

传统上，成年人是在线远程教育的主要目标（Kara et al.，2019），学习者的时间和精力往往会被工作和家庭责任抢占（Waterhouse et al.，2022）。根据国际成年人能力评价项目的调查结果，参与成人学习的主要障碍包括：因为工作任务而缺乏时间（28%）、家庭责任（15%）、缺乏财力（16%）、培训时间和地点不便（12%）（OECD，2020）。

大约四分之三的国家报告了近年来在提高成人学习质量方面取得的进展，主要手段是使用在线技

术（UIL，2022a）。在线学习的灵活性让学习者在选择学习的时间、节奏和地点时，能够使其与他们的工作和家庭责任不相冲突。此外，在线学习往往比同等水平的面对面学习更实惠（OECD，2020），并有可能覆盖到那些在儿童和青年时期错过了技能学习机会的成年人。负有照护责任的成年人大多是女性，她们往往能从在线学习中受益。在澳大利亚，一项针对成年女性的研究发现，对在线学习的选择很大程度上取决于她们的家庭和照护责任以及增加就业机会的愿望（Stone and O'Shea，2019）。

在印度，英迪拉·甘地国立开放大学作为世界上最大的大学，拥有超过330万名在校学生，服务于传统上的边缘化群体，否则这些人将继续被剥夺接受高等教育的机会。该校使用了一个多元教学系统，包括印刷品和视听材料、广播、电视、网络会议和即时通信。2020年，45%的在校学生是女性，12%来自表列部落，18%来自表列种姓，18%来自其他落后阶层。此外，45%的在校学生来自农村地区，高于2016年的38%（IGNOU，2020）。

南太平洋大学由12个国家和地区共同所有，而西印度大学则由16个国家和地区共同组建。自1970年代以来，两所高校均一直依赖技术来提供高等教育（Bleeker，2019; Hosman，2019; Johnson et al.，2021）。南太平洋大学的教学逐渐从印刷平台转向在线平台，已经为传统上被认为遥不可及的学习者开放了教育渠道（Naidu and Roberts，2018; Thonden，2020）。2021年，超过3万名学生报名了面对面学习（37%）、线上线下混合式学习（24%）、线上学习（22%）和函授学习（17%）等模式的学习（University of the South Pacific，2021）。

在英国，开放大学就是专门为在时间、地点和入学要求上遇到障碍而被高等教育排除在外的人群设立的。作为英国最大的高等教育机构，该校的教学材料逐渐从印刷品转向在线版（Pulker and Papi，2021），并主要通过印刷品、视听和在线形式的材料提供教育（Lindeiner-Stráský et al.，2020）。自1969年成立以来，该校覆盖了220

多万人，包括全职或兼职工作者（70%）和生活在英国最贫困地区的人（26%）（Open University，2022b）。该校也是欧洲最大的面向残疾人的高等教育机构（Open University，2022a），其残疾学生的比例从2011年的3%上升到2020年的18%。

在线和远程学习也可以为服刑人员提供教育机会（Msoroka，2019）。尼日利亚国家开放大学和尼日利亚监狱服务部开展合作，为囚犯提供在线远程学习项目，但缺乏获取电子学习设施和资源所需的资金（Adeyeye，2019）。

尽管取得了这些进步，在线远程教育的学生在平衡工作和家庭角色以及学习方面仍然面临诸多困难（Kara et al.，2019）。时间，或者说缺乏时间，似乎是个人不同角色之间产生冲突的主要根源（Waterhouse et al.，2022）。一项对开放大学现有学生和毕业生的调查发现，角色冲突与学生满意度显著相关，而学生继续学习的决心将其引向了艰难的权衡。例如，减少工作时间以投入更多时间在学习上，可能会对个人经济状况造成重大影响（Samra et al.，2021）。最初在20世纪初提出的慕课看起来很有希望，但到目前为止，也没能有效解决这些挑战（第3章）。

包容性技术支持为残疾学生创造无障碍学习环境

残疾人在获得优质教育方面面临着一些严重的障碍。技术提供了表征信息、传递知识和参与学习的多种手段来为残疾人提供帮助，创造公平和优化的获取课程的途径，同时帮助残疾人发展独立性，促使机构和社会更加包容（UNESCO，2020; UNICEF，2021b）。技术可以促进个性化学习（United Nations，2022）、学习者与同龄人及教师的交流和互动，并发展其更强的社交技能和网络（Dinechin and Boutard，2021; World Bank，2022）。

> " 在线学习的灵活性让学习者在选择学习的时间、节奏和地点时，能够使其与他们的工作和家庭责任不相冲突。
> "

> **"**　　　　残疾人在获得优质教育方面面临着一些严重的障碍。**"**

社会的目标应该是确保产品、环境、方案和服务遵循通用设计原则——"尽可能供所有人使用，而不需要调整或专门设计"（United Nations，2006，p.4）。这一概念被扩展到了课程设计：通用学习设计是"一套课程开发的原则，给予所有个体平等的学习机会"（Association for Higher Education，Access and Disability，2017）。以通用学习设计原则为基础，在课堂上使用的各种无障碍技术和辅助设备，发展了所有学生的潜力。技术提供了个性化的选择，使参与、表征和传递有了多样化的方式。例如，最初旨在帮助自闭症学生的字幕视频和触摸屏技术，深受大多数师生的欢迎。没有视觉障碍的学生也喜欢带有音频的电子书。虽然通用学习设计并不依赖于技术的获取，但具可持续且恰当的教育技术可以极大地支持其在教育中的运用。然而，在缺乏关于技术实施操作的有效指导的情况下，许多国家仍然只能依赖可用的辅助设备（Banes et al.，2020; World Bank，2022）。

对于在教育和学习方面面临各种障碍的残疾人，有各种技术可以使用（Lynch et al.，2022）（表2.1）。应根据学生的具体学习需求，个性化设计辅助技术和无障碍技术，因为并非所有的技术都适用于同一残疾类型的学生。提供的技术如果没有辅以对教师进行的适当培训，针对特定儿童的技术就可能被无效使用或不当选择（Banes et al.，2020）。

针对残疾人全纳教育技术的使用培训的专业人员发起的一项全球调查发现，最常用的技术或设备包括计算机、文本转语音技术、盲文书写设备以及辅助与替代沟通技术。这些技术或设备的使用旨在帮助学生获取教科书和课程相关的材料（26%）、提高沟通技能（25%）、提高社交技能（15%）、增加手语知识（10%）、提高日常生活技能（9%）、进行辅助活动（4%）、调整座位和姿势（4%）（World Bank，2022）。

辅助技术消除了学习障碍，但挑战依然存在

教育技术支持所有学生的教与学，而辅助技术是指那些以某种方式调整后的技术，以"帮助"残疾人做到他们可能很难做到或不可能做到的事情（Burns，2021）。辅助技术被用来"克服在社会、基础设施和其他方面遇到的障碍，以确保学生（学习）的独立性、参与社会活动的充分性、（学习）活动的安全性和便利性"（Hersh and Johnson，2008，p.196）。辅助技术可能包括输入技术（如自适应键盘）、输出技术（如屏幕朗读器）、辅助与替代沟通技术（替换语音）和助听系统（提高声音清晰度）。这些设备的科技先进程度从低到高都有（Lynch et al.，2022）。

辅助技术支持了对残疾人的社会包容，并为学习者和教育者提供了工具，通过消除课堂内外的学习障碍，为残疾人创造更包容的学习环境（Migeon et al.，2021; UNICEF，2021b）。由于辅助技术是针对特定类型的残障而设计的，因此其对个性化、有针对性的学习指导有很好的支持作用，能适应学习者有时存在的相互冲突的各种需求（Hersh and Mouroutsou，2019），并减少学习者对教师的依赖（Burns，2021）。

一项针对美国残疾中学生的研究发现，使用辅助技术最多的群体是聋盲学生（74%）和视障学生（71%），使用辅助技术可能性最低的残疾学生包括有语言障碍的学生（15%）、有学习障碍的学生（19%）和有情绪或行为障碍的学生（19%）（Bouck and Long，2021）。

辅助技术对残疾学习者的教育有积极影响，包括提高毕业率、自尊、独立性、成绩和发展乐观精神（Bouck and Long，2021; UNESCO，2020）。对包括以色列、肯尼亚和土耳其在内的10个国家的残疾学生在高等教育阶段使用的辅助技术和设备进行的系统性综述表明，辅助技术和设备在学术参与、心理健康和社会参与方面都有显著积极影响。然而，培训和外部支持不足限制了残疾学习者利用辅助技术参与高等教育的程度（McNicholl et al.，2021）。

表2.1
按残障类型和挑战分列的信息和通信技术对教育机会的支持作用

残障	挑战			
	获取教育工具和教学材料	获取书面和口头材料	与教师和同学沟通	书面和口头表达
视力障碍	交互式屏幕/投影仪，标准投影仪，电脑，触摸屏平板电脑，盲文触摸屏平板电脑，智能手机，放大软件，屏幕朗读器，数字无障碍资讯系统（DAISY）阅读器和DAISY格式的有声书	盲文转录软件，屏幕放大器，光学字符识别阅读机，手持式扫描仪，盲文显示器	电脑，触摸屏平板电脑，盲文触摸屏平板电脑，智能手机，盲文记事本	传统式键盘，放大软件，屏幕朗读器
听力障碍	无线电收发器，扬声器，智能手机，助听器	扬声器	无线电收发器，助听器，手语学习材料	文本转语音软件
沟通障碍	电脑	文本转语音软件，屏幕朗读器	文本转语音软件，屏幕朗读器，替代性通信软件和应用程序	文本转语音软件，屏幕朗读器，替代性通信软件和应用程序
学习障碍	电脑，触摸屏平板电脑	阅读障碍字体（Dyslexic），放大器，大字体，高对比度材料	语音生成设备	文本转语音软件，替代性通信板
运动障碍	自适应轨迹球鼠标和操纵杆，视线追踪辅助技术			电脑，替代性键盘

资料来源：All Children Reading（2022）；Banes et al.（2020）；Burns（2021）；Dinechin and Boutard（2021）；Hsieh et al.（2022）。

> " 培训和外部支持不足限制了残疾学习者利用辅助技术参与高等教育的程度。"

有运动障碍的学生通过自适应轨迹球鼠标和操纵杆、开关以及替代性键盘获得支持（Burns，2021）。在中国台湾，有严重运动和交流障碍的3—6岁儿童使用视线追踪辅助技术增加他们在家庭和教育环境中对计算机活动的参与度，实现与玩耍、交流和学校学习相关的目标（Hsieh et al.，2022）。

对于盲人学生或视障学生，辅助技术可产生认知效益，并提高其学习成绩和学习能力（Senjam et al.，2020）。例如，在坦桑尼亚，辅助技术加强了学生的自信心和独立性（52%），增强了其与教师和学习内容的互动（33%），并增加了其对电子材料的获取机会（Kisanga and Kisanga，2022）。在肯尼亚，带有屏幕朗读器和键盘的平板电脑使盲人学生能够自主获取大学教材，并显著提高了他们接受高等教育的机会（Dinechin and Boutard，2021）。尽管为了理解拼写和文本格式仍有必要学习用盲文阅读和写作，但文本转语音软件和有声书也带来了很大的帮助（Banes et al.，2020）。

失聪学生或听障学生也可以从基于技术的方法中受益。在美国，使用手语的学龄前听障儿童通过使用配有手语视频的共享互动故事书，培养出了相当强的早期阅读技能（Andrews et al.，2017）。虽然视频上的字幕和隐藏式字幕可以极大地帮助这些学生获取声音的内容，但这样做并不能取代使用手语学习和交流的需求，这些学生需要使用手语与同龄人直接交流，向手语流利、经过培训的专业人员学习手语（Banes et al.，2020）。

虽然辅助技术并非专门针对有学习障碍的学生，但据报道，这些技术也带来了各种益处，比如帮助学生培养独立性、选择适合自己的学习速度、提高学术作业的质量、更多地参与需要同学合作的课堂活动（Bouck and Long，2021）。在瑞典，大约一半有读写障碍的学习者报告称，辅助技术在阅读和学校的一般作业中为其提供了帮助（Svensson et al.，2021）。

通信应用程序、语音合成器、辅助与替代性沟通软件、手语资源和助听麦克风早就被用于支持自闭症谱系障碍学生（Hersh，2020），他们可能在通过语言进行交流方面存在困难（Banes et al.，2020；Lynch et al.，2022）。在中国，特殊教育工作者报告称，一种与平板电脑兼容的辅助与替代性通信应用程序提高了高功能自闭症儿童的参与度（Hu and Han，2019）。

辅助设备帮助有智力障碍的学生提高了他们的独立性和受教育程度（Boot et al.，2018）。一项针对唐氏综合征儿童的全球系统性综述发现，辅助技术可以帮助患者发展计算、言语、语言、记忆和社交技能（Shahid et al.，2022）。

辅助技术的可用性在不同国家间，甚至在一个国家的内部都存在很大的差异。在孟加拉国、印度和尼泊尔进行的一项研究发现，无障碍环境、获取资格、可及性和可负担性等要素的缺失，阻碍了辅助技术的获取（Karki et al.，2021）。在澳大利亚，辅助技术有英语版本，但没有土著语言版本（Hersh and Mouroutsou，2019）。在马拉维，57%的残疾人需要辅助技术，但其中只有6%能够获得辅助技术（Eide and Munthali，2018）。

设备越专业化，教师就越需要进行专门的培训，以便在学习环境中有效地使用这些设备（Lynch et al.，2022）。但教师往往缺乏专门的培训（National Centre for Learning Disabilities，2020）。在沙特阿拉伯，54%的特殊教育教师只掌握了使用辅助技术的基本知识，28%的教师完全没有接受过实施这些技术的培训，10%的教师完全没有关于使用这些技术的知识（Aldehami，2022）。

污名感和歧视也会阻碍辅助技术的使用。虽然这些设备的设计旨在增强人类的身体机能和学习能力，但它们也会使使用者的残障情况更加外露，强化消极的态度。可以通过使用小巧、美观、类似于通用设备的设计来减少污名感，尽量让这些设计区别于对辅助技术外观的刻板印象。一项针对欧洲学生的研究显示，设计的美观性会极大地影响人们对辅助技术及其使用者的感受，而使用者对辅助技术的适应程度也能影响到他们对这些技术是采用还是放弃（Santos et al.，2022）。

平台和设备正在加入无障碍功能

直到最近，残疾人都还要依靠专门的设备来获得教育。然而，越来越多的平台和设备，包括智能手机、电脑和平板电脑，都已经加入了无障碍和个性化功能，如内置屏幕朗读器、语音控制、沉浸式阅读器、词语预测以及文本转语音或语音转文本工具（Dinechin and Boutard，2021）。

与辅助技术相比，无障碍技术的优势更大，包括更容易获取、成本更低、设备熟悉度更高和污名感更低，无障碍技术通常允许残疾学习者与其他学习者使用相同的技术（Hersh，2020）。这些技术极大地支持了全纳学习，为辅助技术发挥补充作用创造良好条件。根据一项针对视障成年人的研究，87%的人表示，无障碍技术或设备，包括智能手机和平板电脑，部分或完全取代了传统的辅助工具。他们使用的设备也是被公众广泛采用的设备，同时解决了一系列的用户能力和需求问题，这对他们来说非常重要。传统的设备在完成某些事情上仍然是他们的首选，比如需要大量打字的工作（Martiniello et al.，2022）。

在资源匮乏的环境中，无障碍技术的使用尤其关键，因为在这种环境下，辅助技术的提供面临着重大挑战。在肯尼亚，一项针对平板电脑带来的影响的研究发现，平板电脑不仅为视障学生提供了与视力良好的同龄人同等的继续接受高等教育的机会，还为学生提供了机会去创建一个日常实践和参与的社区（Foley and Masingila，2015）。肯尼亚的另一项研究发现，手机帮助了36%的视障人士接受教育。如果以拥有智能手机的人为基数，这一比例更是高达71%，因为手机让他们获得了学习中必不可少的辅助技术，如屏幕朗读器（Aranda-Jan and Boutard，2019）。

紧急情况下技术可以支持学习的连续性和系统韧性

在紧急情况下，技术可以支持远程学习，并提高教育系统的韧性（Tauson and Stannard，2018）。长期流离失所环境中技术的部署方式，与那些没有处于紧急状态的教育系统对技术的部署方式是相似的。例如，联合国近东巴勒斯坦难民救济和工程处（UNRWA）在2021年开始了全面的数字化转型进程，这也推广到其教育项目，覆盖了50多万名巴勒斯坦难民学生。联合国近东巴勒斯坦难民救济和工程处还运营着一个YouTube频道和一个数字学习平台，上面的7000多份自学材料已被下载了600万次。这些材料还搭配了交互式数字教学材料作为补充。作为联合国近东巴勒斯坦难民救济和工程处的"信息和通信技术教育战略"的一部分，该学习平台将与教育管理信息系统相结合，创建一个完全成熟的交互式学习管理系统（UNRWA，2022）。

> 在紧急情况下的远程学习环境中，远程教育解决方案在很大程度上依赖于学生和教师目前掌握的技能、知识和资源。

在紧急情况下的远程学习环境中，远程教育解决方案在很大程度上依赖于学生和教师目前掌握的技能、知识和资源（Crompton et al.，2021）。技术干预措施的可推广性、速度、流动性和便携性可以解决难民教育的中断问题，如因距离、缺乏资源、语言障碍和被排除在正式学习机会之外导致的教育中断（Ashlee et al.，2020）。移动学习技术在流离失所环境下尤为适用（Alencar，2020; Ashlee et al.，2020）。难民家庭中约有四成的家庭可以使用手机（UNESCO，2019）。2020年新冠疫情暴发前，对紧急情况和易发生紧急情况的环境下的101个远程教育项目进行调查的结果显示70%的项目使用低技术水平进行干预（如广播、电视和基本手机），62%的项目使用高技术水平进行干预（如平板电脑和智能手机），33%的项目使用纸质材料进行干预（INEE，2020）。

通过在线学习和线上线下混合式学习等模式提供的课程增加了难民接受高等教育的机会。基龙开放高等教育组织（Kiron Open Higher Education）向难民免费提供教育机会（Martin and Stulgaitis，2022; UNESCO，2021d）。据估计，已有1.4万名学生共报名参加了7.3万门课程，其中超过2.1万门课程已经结业（UIL，2021）。

部分应用程序和技术辅助的学习倡议支持学习者学习语言：不能说东道国的语言是阻碍被迫流离失所者进入东道国正规教育系统的主要障碍之一。联合国儿童基金会的Akelius数字语言学习课程使用手机、平板电脑和电脑，通过混合式学习的方式来帮助难民、移民和语言少数民族学习语言。该课程于2017年首次在希腊推出，截至2022年，已在10个国家实施，包括波斯尼亚和黑塞哥维那、意大利、黎巴嫩、毛里塔尼亚和塞尔维亚（Dreesen et al.，2021; UNICEF，2022b）。希腊的调查结果发现，该课程提高了学生的希腊语写作和口语技能，并鼓励了学生就读（Karamperidou et al.，2020）。尽管如此，表明移动应用程序能够有效帮助难民熟练掌握一门外语的证据并不多，移动应用程序只能作为面对面语言课程的补充，让学习者有更多的机会参与对话活动（UNESCO，2018）。

在刚果民主共和国，交互式广播项目"制造海浪"（Making Waves）惠及了2000多名12—16岁的失学儿童。"制造海浪"将广播课程、教师辅导教学和小组学习很好地结合在了一起。对学生进行评估发现，参与该项目的学生在所有阅读类和数学类的子任务上的得分都要高于那些通过传统的替代性学习项目进行学习的学生（INEE，2022）。在约旦，使用低成本平板电脑的"老虎"（TIGER）项目帮助扎泰里（Za'atari）难民营的中学女孩们继续上学，增强了她们学习的愿望（Wagner，2017），并设法让一些失学青春期女孩回到了学校（UNESCO，2018）。肯尼亚的达达布（Dadaab）难民营开展了即时网络学校项目，利用联网的平板电脑提高了参与率（Vodafone Foundation，2017）。

在尼日利亚阿达马瓦州博科圣地危机最严重的时候，"技术促进全民学习"（Technology Enhanced Learning for All）节目使用移动通信和无线电技术支持了2.2万名弱势儿童学习连续性的实现，包括国内流离失所的儿童、流动伊斯兰学校的学生和6—17岁的孤儿。儿童在收听了该节目的六个月内，读写能力和计算能力均有所提高，其中以女学生的提高更为明显。流动课堂上课与广播教学相结合的方法更有效：同时运用两种学习方式的学生的成绩比只收听广播节目的学生高出25%（Jacob and Ensign，2020）。

在乍得、约旦、黎巴嫩、苏丹和乌干达，在教师和辅导员的支持下，"迫不及待要学习"项目，将国家课程融入基于平板电脑的游戏程序，为失学儿童、难民儿童和被迫流离失所的儿童提供非正规课堂环境，来帮助他们学习课程（Burns et al.，2019; Koomar et al.，2020; Topham，2019; UNESCO，2021a）。一项评估显示，与国家为失学儿童提供的教育相比，该项目使苏丹7—9岁儿童的学习能力显著提高（Brown et al.，2020）。与采用传统方法学习的儿童相比，参加该项目的儿童在数学方面的学习进步是前者的近两倍，在阅读方面的进步是前者的近三倍（Topham，2019）。到2020年底，该模式已覆盖了3万名儿童（UNESCO，2021a）。

尽管有一些证据表明其影响力，但在评价紧急情况下教育中的技术应用方面仍存在不同意见。这可能是因为大多数干预措施都是作为短期危机应对措施由非国家行为体和捐助者来实施的，这也引起了人们对项目可持续性的担忧（Menashy and Zakharia，2017; UNESCO，2019）。对紧急情况和易发生紧急情况的环境下的101个远程教育项目进行调查发现，其中只有12%是由教育部实施的，更多的干预措施由联合国机构（56%）和国际非政府组织（20%）牵头实施（INEE，2020）。在许多情况下，技术被视为难民教育的一种解决方案（Menashy and Zakharia，2020），而不是一种支持性工具（UIL，2022b）。

新冠疫情期间，技术支持了学习，但也将数百万人排除在外

在新冠疫情期间，90%以上的教育部都实施了某种形式的远程学习应对举措。据估计，这些措施可能覆盖全球超过10亿名从学前教育到高级中等教育的学生（Avanesian et al.，2021）。大多数国家之所以能够迅速做出反应，是因为它们扩大了现有的基础设施，动用了已有的知识和网络，或者实施了已经试验过的想法。疫情期间使用的许多资源最初是为应对之前的紧急情况或促进农村教育发展而开发的，一些国家的应对措施更是以数十年的远程学习经验作为基础（Vincent-Lancrin et al.，2022）。例如，在线学习平台最开始是在2000年代由玻利维亚、中国和新加坡等国在抗击非典和H1N1流感病毒疫情期间使用的（Barbour，2021; Hallgarten et al.，2020）。

部分国家依靠各种干预措施的组合来保持学习的连续性：91%的国家通过在线平台提供远程学习，85%的国家通过电视，82%的国家通过纸质材料，70%的国家通过手机，54%的国家通过广播。广播是低收入国家最受欢迎的方式（85%），而在线平台是高收入国家最受欢迎的方式（World Bank et al.，2021）。

> **从学前教育到高级中等教育的学生中至少有31%无法受益于远程学习。**

尽管采取了这些措施，但全世界从学前教育到高级中等教育的学生中至少有31%，即近5亿名学生，由于缺乏必要的技术或有针对性的政策，无法受益于远程学习。在学校关闭期间，没有被远程学习覆盖的儿童人数占比最高的地区是撒哈拉以南非洲（49%），该地区的学校大约有一年的时间处于全部和部分关闭状态（Avanesian et al.，2021; Muñoz-Najar et al.，2021）。

工作地点和收入是影响远程学习政策实施范围的两个关键因素。从世界范围来看，农村地区和最贫困五分之二家庭的学龄儿童中，分别有70%和72%在

学校关闭期间无法进行远程学习（Avanesian et al.，2021）。在越南，来自最贫困五分之一家庭和受教育程度较低家庭的学生获得远程学习的机会，分别比来自最富裕五分之一家庭和受教育程度较高家庭的学生低34%和21%（Hossain，2021）。

拉丁美洲和加勒比地区的远程学习覆盖率最高（91%）（Avanesian et al.，2021）。乌拉圭在学校宣布关闭后立即启动了"西博居家学习项目"（Ceibalen Casa），该项目利用了其国家数字教育计划（或称"Ceibal计划"）下现成的数字资源。由于家庭互联网接入水平较高（88%），"西博居家学习项目"主要依赖数字媒体（为不能接入互联网的学生也准备了补充内容），覆盖了85%的小学生和90%的中学生（Ripani，2020）。

尽管在学校关闭期间出现了很多在线平台，但这些在线平台最多只能覆盖全球四分之一的儿童（Avanesian et al.，2021）。即使在高收入国家，弱势学生也很难获得这些机会。英国英格兰的学校领导报告称，28%的学生在家里很少接触或者根本接触不到远程学习技术，这个比例在最贫困的学校更高一些（43%），在最富裕的学校则更低一些（18%）（Sharp et al.，2020）。另一项针对英格兰教师的调查发现，只有5%的公立学校教师报告称学校所有学生都能获得适当的远程学习设备，而私立学校教师报告的这一比例为54%（Montacute and Cullinane，2021）。

广播和电视证明其可以成为积极学习策略的一部分，辅以电话作业或纸笔作业，为学生提供额外的（或替代性的）学习机会（Vincent-Lancrin et al.，2022）。中国是使用教育电视进行成人教育和教师培训历史最长的国家之一。中国推出的电视教育节目，在教育中断期间覆盖了97%的学生（Zacharia，2020b）。墨西哥在其远程教育计划的基础上，在暂停面对面授课后几乎立即部署了"居家学习"（Aprende en Casa）计划，主要利用互联网平台播放电视台播出的视听内容，内容从中等教育扩展到各级教育，并实施了一项特别的广播战略，以覆盖土著学生。同时，墨西哥还向无法上网的农村和偏远社区的学生提供了30万份纸质的教育材料。据报道，82%的教师每周都要与他们九成的学生进行互动（Ripani and Zucchetti，2022）。

但是，在可及性和参与度方面仍存在一定的问题。在科特迪瓦，电视作为主要的远程学习平台覆盖了94%的学生，但是在农村地区，只有65%的学生可以在家收看电视，而在城市地区，这一比例为90%（Côte d'Ivoire Ministry of National Education，2020）。在老挝人民民主共和国，远程学习主要通过电视来实现（Lao PDR Ministry of Education and Sports，2021），但是只有29%的家庭报告称家里的学龄儿童在学校关闭期间参与了远程学习活动，城市地区（41%）和农村地区（24%）家庭在这方面存在差距（World Bank，2021a）。教育部指示偏远社区的教师将孩子们分成人数较少的小组，进行面对面的教学，但没有对这一活动覆盖了多少学生实施监测（UNICEF and UNESCO，2021）。

塞拉利昂自1960年代以来就一直在使用教育广播（Zacharia，2020a），在学校关闭一周后恢复了埃博拉危机期间开发的"广播教学项目"（Gutierrez and Wurie，2021）。政府提高了该项目的互动性，并通过卫星连接和太阳能收音机将其覆盖范围延伸到了偏远社区。纸质材料、手机和电视也为该项目提供了补充（Sierra Leone Ministry of Basic and Senior Secondary Education，2020），免费电话热线促进了双向互动（Muñoz-Najar et al.，2021）。但是，在学校因为新冠疫情关闭期间，只有不到一半的儿童（41%）收听了广播课程。障碍因素包括缺乏动力和其他优先事项抢占了学生的时间（Gutierrez and Wurie，2021）。

更普遍地说，疫情表明，许多学习者缺乏低技术水平和高技术水平干预举措所需的设备或上网条件。对这些学生来说，纸质材料成为远程学习的主要资源，或与其他干预举措相结合的补充资源（UNICEF，2021a）。在不丹，偏远地区约有1.7万名学生很少使用或根本无法使用广播服务或互联网。一项名为"覆盖未被覆盖者"的倡议为这些学生提供了自学材料。该国几乎所有的学校都拿到了这些小册子，认为这些材料有效（80%）且易于使用（84%）。但小学低年级的学生不这么认为，他们在缺乏指导的情况下很难用好这些材料（Bhutan Ministry of Education，2021）。

> 疫情表明，许多学习者缺乏低技术水平和高技术水平干预举措所需的设备或上网条件。

在柬埔寨，政府为最脆弱的学生提供了纸质的学习材料，并且辅以手机短信和Telegram（"电报"，一款即时通信软件）信息进行师生随访（Muñoz-Najar et al.，2021）。尽管城乡之间和贫富家庭之间在学生的学习成果方面的差距有所扩大，但是仍有大约70%的学生可以进行某种形式的远程学习（UNICEF，2020a）。虽然埃塞俄比亚政府通过广播、电视和社交媒体为远程学习做好了准备，但城市地区的青少年抽样调查表明，只有8%的学生报告称广播或电视是他们的主要远程学习途径，58%的学生使用自己的教科书（Jones et al.，2021）。

在某些情况下出现了性别障碍问题，与学习模式无关。在肯尼亚，74%的青春期女孩——但只有46%的青春期男孩——报告称家务分散其对远程学习的投入（Kenya Presidential Policy and Strategy Unit and Population Council，2021）。在埃塞俄比亚，只有35%的女孩得到了学习空间，而男孩中的该比例为62%。只有22%的女孩花在家务上的时间少于居家学习，而男孩的该比例为57%（Jones et al.，2021）。

此外，即使在有可能进行远程学习的情况下，也出现了有效使用技术所需的资源和技能不平等的现象，包括父母的参与和支持，这对促进远程学习至关重要（Muñoz-Najar et al.，2021）。在英国英格兰，教师解释学生不参与在线学习的最常见原因是父母的支持有限或没有支持（60%），这一原因对公立学校（65%）的影响远远超过对私立学校的影响（25%）（Montacute and Cullinane，2021）。

虽然技术可以为残疾学习者提供救生绳，但疫情不成比例地将这类学习者排除在外，因为远程学习模式没有为手语解释、隐藏式字幕或盲文等做好充分准备（World Bank et al.，2021）。一项针对家长和其他照护者的全球在线调查发现，只有12%的视障学生获得了盲文材料，只有10%的听障学生拿到了音频内容的文字稿（World Bank，2020）。在国际残疾人联盟调查的国家中，至少有一半的政府没

有针对这些学习者采取措施（IDA，2021；UNESCO IITE，2021）。一项全球在线调查显示，在教育残疾人的教师中，只有19%的教师报告称自己的学生在学校关闭期间仍在学习，并且只有16%的教师表示他们得到了必要的支持来继续帮助自己的学生（World Bank，2021b）。在加纳，教育部设计了远程学习包来满足残疾儿童的学习需求（Ghana Ministry of Education，2020），但教师和家长报告称，广播和电视提供的内容并不适合残疾儿童，其对儿童来说仍然难以理解（Innovations for Poverty Action，2021）。

尽管如此，一些国家确实实施了有针对性的干预举措，其中最有效的是优先考虑能够惠及大量家庭的沟通渠道，同时也为需要更悉心照顾的学习者，例如偏远地区的学生、残疾学习者和难民，探索具体的解决方案（Vincent-Lancrin et al.，2022）。法国强调通过特殊需求协调员、医疗专业人员和社会护理工作人员保障残疾学生的学习连续性，并提供自适应和无障碍的学习资源。国家在线学习平台"我的居家课堂"（Ma classe à la maison）在设计时便考虑到了残疾学生的需求，同时，通过教育部网站"Éduscol"为残疾学生的教学提供进一步支持，并通过区域在线学院为教师专业发展提供支持（Vincent-Lancrin et al.，2022）。

在韩国，所有残疾学生在学校关闭前都接受了单独评估。韩国据此评估结果为残疾学生提供了定制的学习内容，包括配有字幕和手语的在线课程材料、盲文材料，分发辅助设备，并且安排了家访，以检查学习者是否参与了在线学习，是否获得了必要的调整。远程学习材料还提供了另外三种语言——汉语、俄语和越南语——以支持来自多元文化家庭的学生。几乎所有有特殊需求的学生和残疾学生在学校关闭期间都参加了远程学习项目，总参与率为99%，学生满意度为81%（McAleavy et al.，2020；UNESCO，2022）。

南苏丹在学校关闭期间设计了多个年级的广播节目，以包容难民学习者，教师通过家访向残疾学习者提供有针对性的支持。南苏丹还通过发放5000台太阳能收音机，为没有收音机的学习者提供支持。通过提供收音机和广播节目，1万多名失学儿童恢复了正常学习（UNHCR，2021）。

为了让弱势学生受益，远程学习模式必须认识到数字鸿沟的规模。例如，巴布亚新几内亚在认识到大部分学校的技术能力较强，但学生家庭普遍缺少电力和收音机之后，才制订了学校关闭计划。大量学校管理者认为纸质材料和教科书是最有帮助的支持工具，政府听取了这些建议后，组织了远程学习工作，这项工作主要通过纸质作业簿辅以教育广播来实现（Papua New Guinea Department of Education，2020）。在秘鲁，只有24%的家庭接入了互联网，于是政府采用了使用电视和广播（80%的家庭可以使用）以及在线学习的多模式战略。"Aprendo en Casa"（居家学习）计划的接受度很高，覆盖了近85%的学生（Muñoz-Najar et al.，2021）。相比之下，在伊朗伊斯兰共和国，国家电子学习平台"SHAD"需要一部可以上网的智能手机才能发挥效用。该平台启动两周后，只有50%的教师和25%的学生能够注册，而该国较贫困地区的接入水平甚至更低（Ershad，2020）。

新冠疫情的经验表明，教育系统必须提高韧性才能应对未来的危机。三分之二的国家计划在疫情之后加强从初级中等教育到高级中等教育的融合学习（UIS et al.，2022）。《全球教育监测报告》团队的分析显示，40%的国家已经制定了长期可持续的战略，作为本国新冠疫情应对计划的一部分，来提高国家的韧性。柬埔寨的"新冠疫情教育应对计划"基于中长期、多风险和可持续为导向的方法，旨在加强教育部的准备、应对和恢复工作，以及进一步推进现有的远程学习项目（Cambodia Ministry of Education，Youth and Sport，2020）。

并非所有国家都成功实现了自己的目标。例如，32%的国家数字学习平台已不存在、部分链接已经失效或者自2020年以来就再没有更新（UNICEF，2022b）。

在新冠疫情期间创建或加强的课程安排其实可以重新用来支持其他情况下的远程教育。在乌克兰战争期间，数以百万计的儿童无法上学，近70万名学生流离失所，教育部通过扩大在疫情期间构建的"全乌克兰在线学校"数字平台，为确保学习的连续性提供了支持，让85%的学校完成了2021—2022学年的教学任务（Saavedra，2022；UNICEF，2022a）。

结语

教育系统长期以来一直依赖技术来覆盖那些传统上被排除在教育之外的群体，并在紧急情况下为确保学习的连续性提供支持。技术解决方案有时是许多学习者接受教育的唯一选择。某些长期存在的项目，如面向游牧民族的广播教学或面向偏远地区的电视教学，有助于提高边缘化人口的入学率和参与率。多年来，各国一直致力于改进现有的干预举措，增强传统的单向广播技术的交互性，并在平台和设备中加入无障碍和个性化功能。

> **技术不应被视为解决方案，而应该被看作一种为获取教育而扫清障碍的支持性工具。**

技术不应被视为解决方案，而应该被看作一种为获取教育而扫清障碍的支持性工具。最有效的干预举措是将学习者的兴趣作为焦点，支持人际互动，利用充分的面对面支持、广泛的教师培训和针对特定环境的适当技术。最好的学习系统从来不会仅仅依赖技术。

干预举措必须有强有力的证据作为支撑，表明这些举措是覆盖目标学习者并对已确定的需求做出反应的最有效的工具。在流离失所的情况下，技术的潜力得到了认可，但相关证据较少，也没有严格的评估在增加边缘化群体受教育机会方面的有效性的技术。干预举措规模很小，主要由非国家行为体主导。聚焦干预举措的可持续性是关键，特别是在紧急情况变得更加频繁，许多儿童仍然无法使用传统的教育系统的情况下。各国可以用以前的远程学习经验作为基础，快速应对这些危机，重新利用已经开发的平台，并实施干预，将最边缘化的学习者的需求放在中心位置。这些学习者往往就是从技术辅助的教育手段中获益最多的人，而同时，正如在新冠疫情中所表明的那样，如果没有确认清楚也没有优先考虑他们的需求，他们很可能会被不成比例地排除在外。

莱亚（Lea，10岁）已经熟悉了于3月24日上线的电子教室平台。这个平台旨在支持因新冠疫情而暂时失学的儿童进行远程学习。自2020年3月10日政府因新冠病毒蔓延而决定临时关闭学校以来，莱亚与北马其顿的所有儿童一样，一直待在家里。

图片来源：UNICEF/UNI313753/Georgiev*

3

公平和包容:
内容的获取

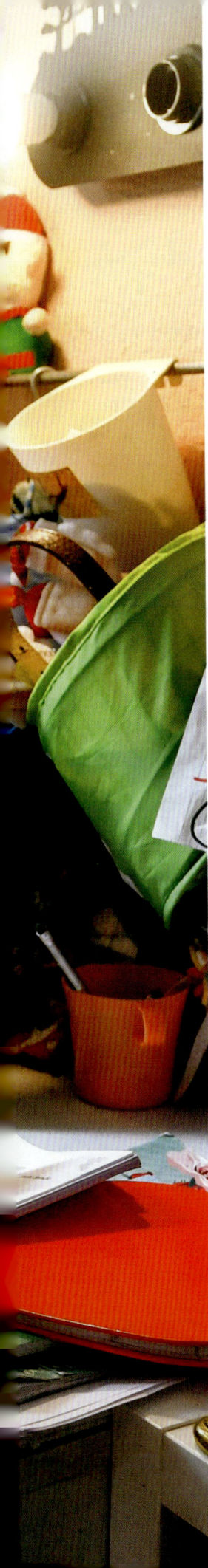

重要信息

技术让教育内容的创作和分享变得更加容易，但内容的质量却越来越难以保证。

技术促进了内容的创作和改编。

- 开放教育资源促进了可负担的、高效的和更具包容性的内容创作。2018年，向开放教育资源的转变为美国北达科他州的学生节省了超过100万美元。

- 协作工具可以提升内容创作的多样性和质量。在南非，教育公司"开放"（Siyavula）发布了一个倡议，支持教师合作编写初等和中等教育教科书。

- 社交媒体促进了对用户生成内容的访问和分享。世界上排名前113位的大学中，约有80%在使用YouTube。

数字化简化了内容传播渠道。

- 数字教科书有更强的可用性，并引入了新的学习方式。印度使用二维码来提供额外的内容，瑞典开发了提供多模态体验的协作式教科书。数字化也提升了包容性。但由于出版商的抵制，数字教科书的增长有所放缓。

- 数字图书馆和教育内容存储库可以帮助学习者和教师找到更多的内容。例如，埃塞俄比亚国家学术数字图书馆、印度国家数字图书馆和孟加拉国教师门户网站，后者拥有超过60万名用户。

- 学习管理平台正在成为当代学习环境的重要组成部分。2021年，这些平台的价值达140亿美元以上，预计2029年将增长到410亿美元。低收入国家经常使用社交媒体作为学习管理系统。

常用于增加内容获取机会的技术如今面临着挑战。

- 慕课减少了内容获取在时间、地点和成本方面的障碍。在印度尼西亚，慕课在增加农村地区的中等后教育方面发挥了重要作用。

- 但慕课的扩张没得到严格评估或规划。慕课的质量堪忧，完成率低于5%，常用的评估手段只有选择题测验。解决质量问题的策略包括采用各种质量认证方法，如欧盟的OpenupED质量标签和中国的政府监督，以及微证书。

- 虽然技术增加了内容获取机会，但大部分受益者是已经拥有这些机会的人。由于在数字技能、互联网接入、语言和课程设计方面的差距，慕课的主要受益者为来自富裕国家或地区的学习者。

- 技术可能会加剧内容制作中的性别、语言和文化不平等，大部分内容仍然是由特权群体创作的。一项对拥有开放教育资源库的高等教育机构进行的研究发现，近90%的内容是在欧洲和北美创建的，开放教育资源全球图书馆中92%的材料为英语的，这对哪些人能使用这些内容产生了影响。

如何获得高质量的教育资源仍然是全球教育系统面临的主要挑战之一（Janssen et al.，2023）。技术可以通过至少三种方式改善教育内容的获取机会。第一，通过让创作、改编和分享更容易，技术促进了内容开发（第5章）——这些已成为开放教育运动中根深蒂固的概念。第二，通过数字化——创建资源的数字形式，技术扩展了内容储存量，通过数字图书馆、在线存储和学习管理系统技术改善了内容的传播渠道。第三，技术有助于消减获取材料的成本和其他障碍，如语言。

然而，在充分发挥技术增加教育资料获取机会的潜力之前，仍然有一些挑战需要应对。数字内容的制作不仅数量庞大而且地点分散，使得内容的质量更难保障。技术创新还会强化传统上存在的与内容制作方和受益方有关的偏见。

技术促进了内容的创作和改编

内容开发可以分为两个阶段：初始的开发以及后续的调整、修改和编辑。技术对这两个阶段都有帮助。数字工具让内容能以更便宜、更有效的方式制作和分享。技术还能让更多的行为体参与这一过程，超越了以机构为中心的传统内容生产。技术在内容开发的第二阶段也尤为有用，即通过开放教育运动促进共同创作和改编（专栏3.1）。

> **技术创新会强化传统上存在的与内容制作方和受益方有关的偏见。**

开放教育资源促进了可负担的、高效的和更具包容性的内容创作

开放教育资源是联合国教科文组织在2002年创造的一个术语，其定义为"开放许可证下发布的任何形式和媒介的学习、教学和研究材料，无论该材料已经进入公有领域还是享有版权，均允许他人免费获取、重复利用、转换利用、改编和再传播"（UNESCO，2019）。开放教育资源主要与在线和数字教育技术相关，但也可以指印刷材料（Butcher et al.，2023）。

开放教育资源的基础是五种自由——保留、重复利用、修改、重新组合和再度传播资源的自由，这至少可以通过三种方式对教育产生贡献（Miao et al.，2019；Wiley，2014）（专栏3.2）。第一，开放教育资源以一种具有成本效益的方式增加了相关学习材料的数量。重复利用和转换利用资源可以减少开发时间，避免重复工作。第二，开放教育资源提高了资源的质量。资源共享强化了同行评审，促进了学习材料的持续改进。第三，开放教育资源可以提高教育的包容性。改编材料可以使不同的学习者更容易获得这些材料（Janssen et al.，2023）。一个实际的例子是布卢姆图书馆，这是一个开源的图书制作平台，让用户可以使用附带了界面友好工具的模板和知识共享（Creative Commons）图像来创作自己的图书。该平台拥有超过11 000本书，使用500多种语言，包括几种少数族群语言，即使没有互联网，用户也可以下载和共享这些资源（Bloom Library，2022）。

学习材料的成本是获取内容的一个重大障碍。开放教育资源有助于减少学生和机构在学习材料上的

开放教育运动：到底"开放"了什么？

开放教育运动最初建立在扩大教育参与度的原则上，由于技术在教育中的用途和使用量日益扩大，技术获得了新的适切性和发展势头（Zawacki-Richter et al., 2020）。技术有了许多应用，包括开源软件开发、开放数据、开放教学法、学术文献开放获取和开放教育资源。本章重点介绍了学习材料的获取情况，并在两个维度上构建了开放性框架：获取和改编权（表3.1）。

表3.1
"开放"学习资源的维度

改编权	获取			
	免费			非免费
	无限制	非资金限制，适用于所有人	非资金限制，并非适用于所有人	
可改编（用户有改编的权限）	开放教育资源	开放教育资源 ——可能需要创建一个免费的账户来获得访问权限	在一个机构内部对材料进行本地共享	商业资源，付费后可获取的出版物
不可改编（用户没有改编的权限）	开放获取期刊、博客、网站	慕课	公司或私人的在线课程	

资料来源：《全球教育监测报告》小组根据詹森等（Janssen et al., 2023）的研究进行的改编。

获取涉及存在资金限制或非资金限制的情况。例如，在机构内部进行本地共享的学习材料可能允许成员在小组内自由使用、改编和共享，但这只是半开放，因为不是每个人都可以获取这些材料。改编权与开放许可有关，开放许可允许用户使用、改编和共享内容（Janssen et al., 2023）

虽然这种二维框架有助于将我们的讨论内容概念化，但它并不是一个限制性框架，也并不意味着只有可改编的免费材料才有价值。我们的讨论肯定包括增加获取和参与机会的所有努力，即使其并没有达到最高程度的"开放"。此外，这个框架也没有探讨开放性的其他重要特征，例如，技术开放性（开源工具和平台的使用）以及对内容的要求（包括残疾人能否方便地获取这些内容）（Janssen et al., 2023）。

支出。2018年美国的一项研究发现，在北达科他州为转向开放教育资源而投资的11万美元初始资金，为学生节省超过100万美元（Gallion, 2018）。在马来西亚，宏愿开放大学提出了一项用开放教育资源取代教科书和课件的倡议，预计在四年内节省140万马来西亚林吉特（30万美元）（Arumugam, 2016）。一项研究发现，中等教育的开放教育资源科学教科书的印刷版的生产成本可能不到传统教科书的一半，即使两种教科书每年都要更新一次也依旧如此。如果这些教科书可以多重复利用几年，节省的成本可能还会更高（Wiley et al., 2012）。

> **学习材料的成本是获取内容的一个重大障碍。**

成本越低并不意味着质量越差。一些对中等后

教育的研究发现，使用开放教育资源的学生的表现与使用商业教育资源的学生一样好，甚至更好（Allen et al., 2015; Fischer et al., 2015; Jhangiani et al., 2018）。最近的一项研究证实了在初等教育阶段确实如此。

在美国，对于三年级数学学生，无论使用开放教育资源课程材料还是使用商业教育资源课程材料，两者在成绩上没有任何差异（Hilton et al., 2019）。

开放资源在改善教育方面的潜力逐渐得到更多人的认可。一开始只在个别机构开展的项目，比如麻省理工学院在2001年发起的"MIT开放式课程"，已经在世界范围内的许多教育政策和战略中成为主流。20年来，联合国教科文组织牵头，带领国际社会共同推动开放教育资源运动，这促成了2012年的《开放式教育资源巴黎宣言》、2017年的《卢布尔雅那开

知识共享许可协议为开放教育资源设定了标准

开放许可是开放教育资源开发的必要前提。开放许可为使用、重复利用和分享有关材料提供了必要的法律支持。开放许可（对限制条件加以约束，并让创作者选择他们要放弃的权利）通常被称为"反版权"，与常见的"版权"法正好相反（Miao et al., 2019）。

全球最常用的开放许可，特别是在开放教育资源领域，当属知识共享许可协议，它由一个非营利组织于2002年推出（Green, 2018; Miao et al., 2019）。知识共享许可协议下作品的版权依旧归属于原创者，但它简化了使用该作品的限制条件和方法。尽管我们很难量化全球范围内使用了知识共享许可协议的作品的数量，但据估计，其数量已经从2006年的约1.4亿件增长到2020年的至少20亿件。四类限制条件相互组合，提供了六种知识共享许可协议。限制条件较少的许可协议没有"禁止演绎"的限制，允许用户改编和修改作品，这是开放教育资源的核心原则之一。除了开放许可，还有一种公共领域的专用协议，适用于归公共部门所有的材料，任何人都可以在未经许可的情况下使用（Butcher et al., 2023）（图3.1）。

图3.1
知识共享许可协议在世界范围内使用得越来越多

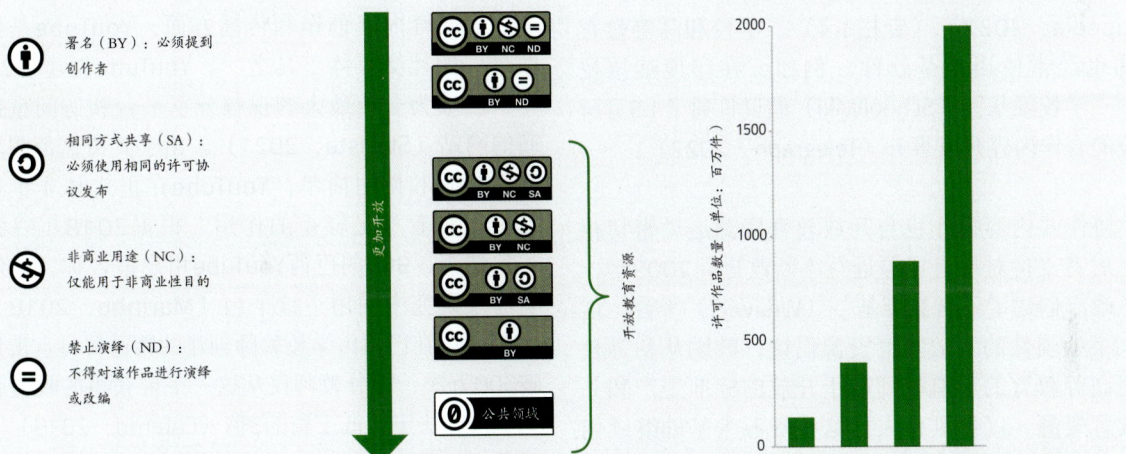

a. 知识共享的限制条件

署名（BY）：必须提到创作者

相同方式共享（SA）：必须使用相同的许可协议发布

非商业用途（NC）：仅能用于非商业性目的

禁止演绎（ND）：不得对该作品进行演绎或改编

b. 知识共享许可协议的选择

开放教育资源

公共领域

c. 知识共享许可协议作品的数量（2006—2020年）

《全球教育监测报告》统计数据链接：https://bit.ly/GEM2023_fig3_1_
资料来源：《全球教育监测报告》小组根据知识共享（Creative Commons, 2017, 2019）和苗逢春等（Miao et al., 2019）的研究进行的改编。

放教育资源行动计划》和2019年的联合国教科文组织《关于开放式教育资源的建议书》（Janssen et al., 2023）。2022年，联合国秘书长召开的高级别会议教育变革峰会强调，开放教育资源属于数字公共产品，是增加教育机会和提高教育质量的一项有力解决方案（UNESCO, 2022）。

在全球范围内，人们对开放教育资源的认知和支持一直在提高。然而，实施和使用的增长速度却相对较慢。对超过35个国家主要从事教学和研究的高等教育专业人员的调查发现，在2016—2021年，开放教育资源政策和对这些政策的支持显著增加：2021年，86%的受访者表示他们知道开放教育资源，但只有45%的人参与了开放教育资源有关的部分活动或项目（Commonwealth of Learning, 2022）。对拉丁美洲、南亚和东南亚以及撒哈拉以南非洲的高等教育机构进行的其他调查也证实了这种认知和需求增加但采用率较低的模式（Janssen et al., 2023）。

许多实例都已经表明，新冠疫情加快了对开放教育资源的采用。在美国，开放教育资源在高等教育中的使用大幅增加，认为"使用纸质材料的学生学习更好"的教授占比从2020年的43%下降到2022年的33%（Janssen et al., 2023; Seaman and

Seaman，2022）。开放教育资源还在波兰、斯洛伐克和中国上海等地的新冠疫情应对工作中发挥了重要作用（Janssen et al.，2023）。

协作工具可以提高内容创作的多样性和质量

技术极大地增加了合作开发内容的机会。1995年，开放软件运动的产品——维基软件的开发，彻底改变了数字时代的内容创作。该软件让任何人都可以直接编辑文档，同时为每一次编辑和每一个版本都保留可检索记录（Rosenzweig，2006）。其中最杰出的应用——维基百科，已经成为世界上最大的百科全书，拥有超过5500万篇免费文章，成为全球访问量第四高的网站（Statista，2021；Wikipedia，2022）（专栏3.4）。学校和高等教育机构也经常使用维基软件。例如，在印度喀拉拉邦，"学校维基"（SchoolWiki）倡议打通了1.5万所学校的合作内容开发事务（Telegraph，2022）。

协作式内容创作也与开放教育资源运动密切相关，后者支持对现有资源进行不断改进。2009年，荷兰政府创建了"智慧维基"（Wikiwijs）平台，这是一个全国性的开放教育资源倡议，鼓励从初等教育到高等教育的所有教师基于开放的标准生产和共享教育资源，以便其他人以这些资源为基础继续创作。2022年，该平台已有超过40万节课程，直接访问量达600万次。南非教育公司Siyavula发布了一个倡议，支持教师群体合作编写初等和中等教育阶段科学和数学科目的开放教科书（Janssen et al.，2023）。

社交媒体增加了对用户生成内容的访问和分享

社交媒体是一种基于网络的应用程序，让用户可以生成和分享内容，并加入社交网络。社交媒体自2004年开始被广泛采用，数年内，有关社交媒体在教育中的作用的分析研究数量激增

（Barrot，2021；Greenhow et al.，2019）。

社交媒体可以作为学生和教师获取教育资源的重要来源。通常教师会认为社交媒体在了解最新实践和策略方面是一种比互联网更可靠和更精练的来源，因为社交媒体上的用户生成内容来源于其他教育工作者（Greenhow et al.，2019；Trust et al.，2016）。社交媒体还可以促进用户进行协作式内容创作。学术界一直在探索新形式的非正式同行评审和反馈交流。这一趋势被称为"社会学术"，已经发展出了许多的跨学科项目和众包教学大纲（Greenhow et al.，2019）。学生可以使用社交媒体来访问可信网络上的内容。例如，在马拉维的姆祖祖大学，讲师在WhatsApp群组里向学生发送语音笔记，解释特定主题，并回复他们可能提出的任何问题或意见（Childs and Valeta，2023）。

在教育内容创作和传播方面，YouTube是覆盖面最广的社交媒体工具之一。YouTube创建于2005年，已成为全球最大的视频分享平台和访问量第二高的网站（Statista，2021）。由于其覆盖范围广、视频格式和使用简单，YouTube在正式和非正式学习中发挥着举足轻重的作用。根据2018年谷歌的一项调查，90%的巴西YouTube用户报告称，他们在学习或研究中利用了该平台（Marinho，2018）。2019年，在巴西由学校教师创建的频道每月点击量突破500万次，部分教师仅从这一平台获得的收益就达到了教师法定最低工资的3倍（Cafardo，2019）。在美国，一项针对14—23岁青少年的调查发现，近60%的青少年将YouTube列为他们最喜欢的学习工具——其比例高于线下活动、学习应用程序/游戏和教科书（Pearson，2018）。根据上海的调查排名，世界上排名前113位的大学中，约有80%在使用YouTube分享它们的视频（Acosta et al.，2020）。新冠疫情提升了该平台的重要性。在孟加拉国，教师在疫情期间将视频上传到YouTube和Facebook（脸谱网）上，因为这是向学生传递内容最简单的方式（Mulla et al.，2023）。

数字化简化了内容传播渠道

数字化是指将信息转换为数字格式的过程，如通过扫描、拍照或输入计算机等方式（Hanna，2022）。数字化教育材料的可用性有助于教育系统解决内容传播和储存方面的障碍。首批大规模数字化项目之一——古腾堡工程肇始于1971年，这是一个完全由志愿者发起的倡议，旨在数字化传播电子版本的图书，即电子书。志愿者集体贡献了图书的数字化版本，无论原版图书是什么格式、语言或主题，只要图书已处于公有领域或已取得版权许可即可（Hart，2007）。该工程目前已拥有6万多本免费电子书（Project Gutenberg，2022）。另一个例子是百万册数字图书馆项目，也被称为全球数字图书馆项目——卡内基梅隆大学与中国和印度的政府及研究伙伴之间的合作项目。在世界范围内，以20多种语言制作的150多万本图书在50家扫描中心完成了数字化（Universal Digital Library，2008）。

> ❝
> **数字化教育材料的可用性有助于教育系统解决内容传播和储存方面的障碍。**
> ❞

还有一些国家倡议和地区倡议促进了内容的数字化，图书馆、博物馆和国家档案馆也发挥了重要作用（Collier，2006）。1997年，法国国家图书馆推出了其数字图书馆加利卡（Gallica），每年约有10万份资料会在这里完成数字化。2010—2014年，加利卡将其数字化存储库的文件数从100万件增加到300万件（Gallica，2022）。还有一些数字化项目的目标是保护遗产。在印度，旁遮普邦数字图书馆是一个非营利组织，专注于将旁遮普邦的遗产、文化和语言资料进行数字化（Panjab Digital Library，2022）。芬兰国家数字图书馆旨在保存芬兰的文化和科学资料（UNESCO，2016）。

总的来说，电子书降低了制作和发行成本。一项对加纳、肯尼亚和尼日利亚出版商的调查显示，一本平均印刷500册的图书的制作成本约为2500美元。相比之下，一旦基础设施到位，电子书的制作成本约为40美元，而且可以无限复制，最终成本只占印刷出版过程的一小部分。大多数

出版商表示，数字制作所需的时间还不到印刷制作所需时间的一半（Brown and Heavner，2018）。

不过，即使考虑到阅读电子书所需的设备价格相对较高，电子书市场份额的增长也低于许多人的预期（Brown and Heavner，2018；Handley，2019）。甚至在富裕国家，电子书的占比也没有突飞猛进（Richter，2021）（图3.2）。在美国，据估计即使到了2021年也只有30%的人读过电子书，依然远低于读过纸质书的人（65%）。那些更富裕、受教育程度更高的人最有可能阅读电子书，而不是纸质书（Faverio and Perrin，2022）。

图3.2
电子书仍然落后于纸质书
2021年购买电子书和纸质书的人数占比

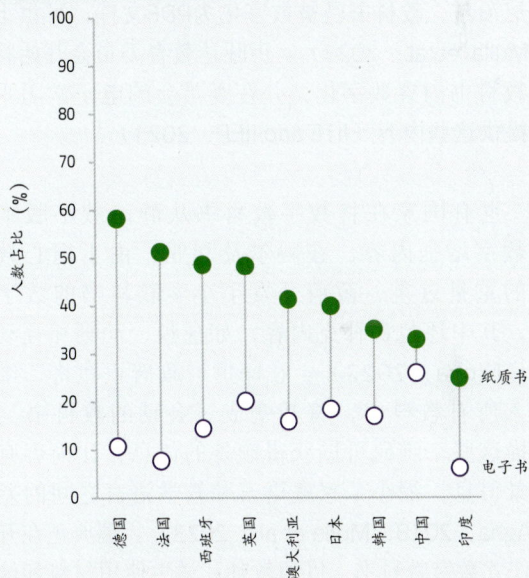

《全球教育监测报告》统计数据链接：https://bit.ly/GEM2023_fig3_2_
资料来源：Statista（2022a）。

政府投资于数字教科书，而出版商则在寻找新的商业模式

尽管前期成本巨大，包括基础设施和培训成本，但是教科书的数字化仍可以大幅降低生产和发行的单位成

本（Brown and Heavner，2018；Lee et al.，2013）。

数字教科书的优势还包括可以增加学生在上课时间以外获取内容的机会（Lindqvist，2018）。此外，诸如开放教育资源之类获得开放许可的内容还鼓励人们为了提高包容性和适切性而因地制宜地进行改编（Janssen et al.，2023）。不过，这需要对一些占主导地位的业务模式进行重新调整。

许多政府已经着手将传统教科书中的内容数字化为静态的数字版本——这些版本没有交互功能等——目的是增加教科书的可用性。在不丹，所有的政府指定教科书都可以在皇家教育理事会的网站下载，不过其中大部分都是初等教育教科书。中等教育阶段使用的教科书通常由非国家行为体出版，因此政府无法获得数字版本（Mulla et al.，2023）。在尼泊尔，教科书已被数字化为PDF文件，可供下载（Mulla et al.，2023）。卢旺达教育委员会开始将所有教科书内容数字化，并在委员会的电子学习平台上提供这些内容（IITE and IIEP，2021）。

也有国家在将数字教科书从静态数字版本转向数字增强内容。在阿尔及利亚，由于担心教科书的重量过重，政府开发了小学教科书的数字版本，其中还包含补充内容，如视频、动画和互动功能（Njoya，2022）。在印度，政府正在将二维码加入所有教科书，将其变成"会动的教科书"。扫描这些二维码可以获得额外的信息，让内容有了背景信息，缩小了家庭语言和教学语言之间的差距（Agha，2018；Mulla et al.，2023）。瑞典正在开发协作式数字教科书，以便教师和学生使用材料和体验多模态的学习方式（Kempe and Grönlund，2019）。

数字化教科书可以提高它们的可获得性。在印度，国家开放学校教育研究院一直在开发印度手语的内容和数字无障碍信息系统支持的有声读物（Mulla et al.，2022；NIOS，2022）。在肯尼亚，教育部与当地的eKitabu公司合作，帮助聋人群体和当地内容创作者制作视觉故事书，并将手语视频整合到小学低年级读物中（All Children Reading，2018）。电子书公司为马拉维开发了270本无障碍电子书，其中包含220本通布卡语电子书、50本马拉维手语电子书（All Children Reading，2020；Buningwire，2022）。在巴拉圭，教育和科学部在2021年试行了"人人无

障碍数字教科书"倡议。该倡议基于学习通用设计原则开发了数字工具和内容，使残疾学生和普通学生都可以学习（UNICEF，2022）。超过92个国家加入了2013年《马拉喀什条约》。该条约要求各方对版权规则规定例外情况，允许以无障碍格式复制和发行已出版的作品，供盲人、视力障碍者或其他印刷品阅读障碍者使用（WIPO，2016，2023）。

出版商在调整其业务模式方面可能进展缓慢。纸质版教科书的利润非常可观。例如，在加纳、肯尼亚和尼日利亚，电子书仅相当于出版商纸质版图书收入的10%—13%，因为这些国家在适应、维护和理解新技术方面面临着挑战。学校缺乏数字基础设施，政府也没有提供数字教科书销售的扶持政策，这给出版商改变其生产模式带来了挑战（Brown and Heavner，2018）。在巴西，旨在向公立中小学分发教科书的"2015年国家教科书计划"允许出版商提供数字教科书。然而，政府规定，数字教科书的内容必须与纸质版的内容完全相同，以维护出版商之间的公平竞争，因为许多出版商都没有制作数字内容的能力（FNDE，2023）。

政府和出版商必须为不断变化的教科书市场找到可持续的模式。在法国，一个非营利的数学教师协会成立了在线平台Sésamath来分享教育材料，包括教科书。该协会由政府提供财政支持，但近90%的运营成本由与出版商达成的低成本纸质教科书合作项目支付——这是政府、开放教育资源和出版商共同进入市场的一个例子（Orr et al.，2015；Sésamath，2020）。

> **政府和出版商必须为不断变化的教科书市场找到可持续的模式。**

出版商更有可能转向出版高等教育阶段的数字图书，因为这类图书对政府基础设施和法规的依赖较少。在培生（Pearson）和麦格劳-希尔（McGraw-Hill）等大型出版商的高等教育产品收入中，数字教科书占了相当大的份额（Bouchrika，2022）。然而，这一举措需要改变原有业务模式，这就引发了一系列监管和伦理问题（专栏3.3）。在这种情况下，开放教育资源作为高等教育学习材料的无障碍解决方案已经在发展壮大。OpenStax作为一家非营利性公司，一直在网上免费发布

数字图书馆和教育内容存储库可以帮助学习者找到更多的内容

数字技术正以各种方式颠覆高等教育

技术一直在稳步改变高等教育的运作方式。新型冠状病毒加快了这种转变（Komljenovic，2022）。确定这种转变最有可能发生的渠道，可以帮助社会更好地理解潜在的风险和利益，以及治理和法规可能的回应方式。

这里介绍三种形式的颠覆。第一种，高等教育"内部的"数字颠覆，指的是机构使用技术，如数字平台，来完成其服务的个性化或提高其服务的效率。第二种，高等教育"自身的"数字化颠覆，对应的是通过合作伙伴关系扩大服务，比如发展与大学相关的慕课或在线项目。第三种，以高等教育"为对象"的数字颠覆，指的是平行的教学系统，这将对高等教育机构的作用造成挑战。优领思（Udemy）就是一个例子，这个在线平台旨在构建一个学习市场，将教师和学习者连接起来：任何人都可以上传视频和课程供参与者免费或付费观看（Magee，2015）。

在这三种情况下，数字产品价值的计算基础并不是商品市场或者通常意义上所有权从卖方到买方的转移。相反，数字产品的价值以资产市场为基础，即资源的未来价值包括保持对资源的所有权以及收取资产的使用费。这就带来了新的监管、伦理和政治挑战。例如，学生和工作人员的数据创造了价值，机构和科技公司之间会共享这些数据。学生和工作人员在选择平台方面可能会受到限制，在是否同意平台的使用条款方面也有相应的要求。在美国，高校与大型出版商之间一直都有订阅协议，学生购买所有要求的数字学习材料都可以享受到折扣（Carrns，2020）。这对学生和教授的材料选择构成严重限制，并且可能会增加成本，因为各机构将被排他性合同严格限制（del Valle，2019）。必须从高等教育的首要作用的角度来审视这几种数字颠覆，因为这已经超越了传递技能的技术过程。

资料来源：Komljenovic et al.，（2023）。

具备公开许可的高等教育教科书，超过100个国家都在使用这些教科书（OpenStax，2022）。然而，除了少数例外情况，比如南非的教育公司Siyavula，开放的教科书仍然主要局限在北美，北美国家会将学习材料的可负担性列为政治议程上的优先事项（delValle，2019；Hall，2023；Pitt et al.，2019）。

因为数字教育资源数量庞大，所以我们需要开发各种机制来储存资源，并对这些资源实施有效管理和组织（Koutsomitropoulos et al.，2010）。这包括开发用于筛选学习材料和门户网站的标准化元数据，从而在用户检索时提供便利（Atenas and Havemann，2014；Currier et al.，2004）。1990年代初兴起的数字存储库或图书馆，大大改善了信息检索过程（Collier，2006）。

埃塞俄比亚科学和高等教育部上线了国家学术数字图书馆，以帮助用户查找、访问和下载相关的学习材料（National Academic Digital Library of Ethiopia，2020）。2018年，印度国家数字图书馆启用，作为一个一站式检索平台，用户可通过其在国家和国际存储库中检索数字教育资源。这个数字图书馆收集了数字内容元数据，并允许用户根据教育水平、语言、难度水平和内容类型来筛选检索结果（National Digital Library of India，2022）。

在孟加拉国，政府开发了"教师门户"（Teachers' Portal），这是一个用于教学和学习的数字教育资源库，允许教师与60多万名注册用户交流他们的创作，尽管该门户的访问并不顺畅，但还是提高了用户的自我效能感（Hansson et al.，2018；Mulla et al.，2023）。孟加拉国政府还为初等教育创建了一个数字内容库，该库内的教科书配有动画、图片、视频、音频和表格。另外还有一个名为"教育中心"（Edu Hub）的教程在线库，库内资源以视频为主（Mulla et al.，2023）。在尼泊尔，政府与开放学习交流（Open Learning Exchange）组织合作，启动了一个学习门户网站，为所有学习者提供免费和开放的数字学习内容（Mulla et al.，2023）。站内包含了以10种语言制作的数千份可检索的、具备开放许可的图书、有声读物和视频（Butcher et al.，2023）。

图书馆还可以作为开放教育资源存储库的社区中心。国际图书馆协会联合会设立了一个开放教育资源工作小组。欧洲的图书馆被鼓励共同制定它们的开放教育资源政策。非洲图书馆与信息协会是加纳的一个非政府组织，它与各地图书馆和国家图书馆协会合作，促进非洲大陆的开放教育资源和知识的生产（Butcher et al.，2023；Janssen et al.，2023）。2022年教育变革峰会强调了在可查找、可访问、可互操作和可重复利用的开放教育资源存储库中实现开放教育资源可访问的重要性（UNESCO，2022）。

最近的一些举措旨在通过机器学习项目来提高材料的可检索性，使用与课程相匹配的关键字可以对数字内容进行检索，不过目前这些项目仍基本处于早期测试阶段（Groeneveld et al.，2022）。非营利组织学习代理实验室（Learning Agency Lab）发起了一项竞赛，使用人工智能来提高教育内容与初等和中等教育主题的匹配度（Learning Agency Lab，2023）。

学习管理平台是当代学习环境的重要组成部分

学习平台，也被称为学习管理系统或课程管理系统，是在课程结构内为教师和学习者提供的一套综合的资源、工具和在线服务（UNESCO，2011）。学习平台为教师提供了学习内容、测试、沟通协作工具和课程管理评估工具，从而构建了一个虚拟的学习环境（Piotrowski，2010）。

学习管理系统已成为一门全球价值数十亿美元的生意，2021年其价值为144亿美元，随着这门生意进军企业培训行业，预计到2029年其价值将增长到410亿美元。尽管北美依旧占据最大的市场份额，但预计亚洲和太平洋地区的国家也会迎来一次强劲的增长，包括澳大利亚、中国、印度、日本、马来西亚和新加坡（Fortune Business Insights，2022）。尽管如此，世界上使用最广泛的学习平台魔灯（Moodle）却是免费和开源的。从学校、大学和非正式学习机构到正在开发国家公共学习平台的政府，都是魔灯的用户（Theocharis and Tsihrintzis，2023）。

> ❝
> 学习管理系统已成为一门全球价值数十亿美元的生意，2021年其价值为144亿美元，随着这门生意进军企业培训行业，预计到2029年将增长到410亿美元。
> ❞

教育变革峰会明确了使用"强大与开放的公共数字学习平台和内容，并确保数字学习资源被视为全球公共产品"，是利用数字革命造福公共教育的关键步骤之一（United Nations，2023）。作为这次峰会的成果，联合国教科文组织和联合国儿童基金会启动了"门户"（Gateways）倡议，这是一项多伙伴倡议，旨在增加每个人获得高质量数字教育内容的机会。该倡议由三个部分组成：摸底调查公开批准的数字学习平台，并提供有关目标用户、质量控制过程、可访问性、内容的广度和开放性的详细信息；确定和分享开发这些平台的最佳实践，以鼓励国际社会效仿最佳实践；就这些平台的规范和质量标准达成国际共识（UNESCO，2023）。

数字学习平台已经有了若干成功典范（UNICEF，2023）。2017年，印度政府启动了"知识共享数字基础设施"平台，这是一个全国性的学校教育平台，已成为印度最大的数字教育内容存储库（Mulla et al.，2023）。平台提供了各种动态的教科书、在线课程、内容创作/溯源功能、互动小测验和题库。新冠疫情期间，平台的使用量大幅增加，2022年7月，每天使用量超过5000万次（DIKSHA，2021；Mulla et al.，2023）。

另一个例子是，联合国儿童基金会和微软已经在20多个国家推出了"学习护照"（Learning Passport），这是一个数字平台，可以作为国家学习管理系统或作为现有学习平台的补充。在塞拉利昂进行的试点项目将10年的纸质考试转变为数字评估，允许学生参加实践考试并接受反馈（Carnelli et al.，2022）。在苏丹，普通教育部及电信和数字转型部与联合国儿童基金会合作启动了"学习护照"平台。该平台提供一至八年级国家课程的材料，如数字教科书、互动材料、视频和评估（UNICEF，2021）。2021年，联合国儿童基金会、联合国教科文组织、联合国难民事务高级专员办事处、机构间应急教育网络（INEE）和"教育技术中心"纷纷为在非洲东部和南部发展区域学习中心出谋划策，这个学习平台提供的内容与国家课程相配套（Groeneveld et al.，2022）。

许多国家政府还开发了离线移动学习平台，这些国家的电网和互联网覆盖率很低，但手机的使用率很高。2017年，肯尼亚政府开发了"移动学校"（M-Shule）移动学习平台，利用短信为学生提供教案、活动和学习材料，并利用从用户那里收集到的数据，根据学生的需要来调整和发送个性化的内容。该平台已覆盖2万多个家庭，并在总体上给学生学习和家长参与带来了积极影响（Myers et al.，2023；UIL，2022）。科特迪瓦、加纳和肯尼亚使用的移动教育平台Shupavy291为用户提供与课程相关的学习材料、安排小测验，用户还可以通过短信提交问题（Myers et al.，2023）。哥伦比亚政府为无互联网连接或联网覆盖率较低的地区开发了其学习平台的移动版本"轻数字学习"（Aprender Digital Ligera）（Colombia Ministry of National Education，2023）。

由于社交媒体应用程序具有普及性、移动可访问性和用户友好性，因此在资源贫乏的地区它常被用作学习管理系统（Cavus et al.，2021）。可检索的帖文可作为信息存储库，教师通过个人信息交流就可以轻松地向群组传播课程内容并进行总结性评估（Tang and Hew，2017）。脸谱网被认为是学习管理系统的替代品（Manca and Ranieri，2016），它和魔灯都是提高学生参与度的有效补充工具（Cavus et al.，2021）。在阿尔及利亚，一项对硕士一年级学生的调查发现，脸谱网超过了魔灯，成为最常用的教育工具（Ghounane，2020）。在新冠疫情期间，埃及的教授们被鼓励使用免费平台，如谷歌课堂（Google Classroom）、脸谱网、WhatsApp和YouTube，来继续教学活动。教师和学生都更喜欢社交媒体应用程序，而不是谷歌课堂等教育专用平台，因为社交媒体的交互水平更高（Sobaih et al.，2020）。

开放获取资源有助于克服各种障碍

人们一直使用技术来扩大远程学习的机会，特别是对高等教育开办开放大学（第2章）。技术和数字课程内容之间存在的联系也促成了慕课的发明，这些课程面向千千万万甚至数不胜数的参加者，任何能接入互联网的人都可以访问（UNESCO and Commonwealth of Learning，2016）。

慕课于2012年上线（Pappano，2012）。2020年，新冠疫情导致慕课的入学人数激增。全球前三大慕课提供商——Coursera、edX和未来学习

（FutureLearn）——2020年4月的新注册用户人数就达到了2019年全年的注册人数水平（Shah，2020a）。规模较小的慕课提供商也经历了快速发展。非营利的阿拉伯语慕课平台Edraak在2020年迎来了100万名新注册学习者。泰国官方慕课平台ThaiMOOC在2020年新增了28.6万名学习者，使其当年的用户基础增加了一倍（Shah，2020a）。2021年，慕课在全球190多个国家拥有超过2.2亿名学习者（Coursera，2021；Shah，2021）。

慕课成功克服了与时间、地点和成本相关的大部分障碍，让学习者真正获得了更多的正式、非正式和终身学习的机会。虽然慕课最初在开发时只是作为一种非正规学习工具存在，但越来越多人利用慕课拿到了正规的学士或硕士学位（Kato et al.，2020）。印度尼西亚的高等教育就学人数偏少，这在很大程度上是出于地理方面的原因，而慕课可以在扩大中等后教育机会方面发挥重要作用。1984年，印度尼西亚政府成立了特布卡大学（Universitas Terbuka）。这是一所开放大学，提供开放和在线学习的新形式，它今天也加入了慕课。与全球其他地方的情况不同的是，印度尼西亚的大多数慕课用户生活在农村地区，没有接受过高等教育，这表明这种学习模式确实为那些可能被排除在外的人提供了机会（Belawati，2019）。

对于那些可能更重视技能和专业知识而非正式学位的雇主来说，慕课是有利的（Gauthier，2020）。在土耳其，Bilgeiş项目由中东技术大学开发，受欧盟和土耳其政府资助，作为慕课的门户，专门支持各种优先领域的专业发展。该校成为土耳其最大的慕课提供者之一，在一年内就覆盖了超过9万名学习者（Cagiltay et al.，2019）。

数字教育内容，包括通过慕课提供的内容，往往以优势语言制作（Janssen et al.，2023）。自1990年代以来，一直都有免费的数字翻译工具，用于扩大教育内容的覆盖面（Groves and Mundt，2021）。例如，欧盟资助了"译慕课"（TraMOOC）项目，为慕课上的可用内容提供专门设计的机器翻译解决方案，包括对字幕、演示文稿、作业、测验和论坛讨论的翻译（Behnke et al.，2018）。商业公司也一直在开发专门针对教育的翻译服务，以增加对内容的获取机会。例如，微软教育翻译（Microsoft Translator for Education）支持超过100种语言，可为现场讲课翻译或配字幕，提高非母语学生的参与度（Microsoft Translator，2021）。

> *慕课成功克服了与时间、地点和成本相关的大部分障碍，让学习者真正获得了更多的正规、非正规和终身学习的机会。*

在翻译工具的帮助下，不同国家的学生和教师紧密联系在一起。一个由加拿大、哥伦比亚、印度、荷兰、挪威、苏丹和泰国的大学组成的联盟共享了关于全球卫生的核心课程。课程视频向来自所有院校的学生播放，他们将使用翻译工具一起完成作业（Hill et al.，2022）。翻译还帮助了非母语学生将他们的论文和作业翻译为教学语言，从而增加了课程的可访问性，尽管这可能会导致学术的完整性和质量问题（Groves and Mundt，2021）。一些工具还用以提高家庭的参与度，比如通过翻译来解决不使用教学语言的父母与孩子的教师之间的沟通问题（Lash，2022；Microsoft Translator，2021）。

常用于增加内容获取机会的技术如今面临着挑战

内容提供商越来越多样化，它们提供的数字教育内容也呈指数级增长，这促成了旨在满足截然不同需求的内容的激增。但这也使得确保最低质量标准变得更加困难。一些数字化教育内容和开发在线教育存储库的倡议在没有进行严格评估或良好规划的情况下实施，导致大量低质量的数字内容产生，曾经在质量保证中扮演核心角色的决策者和教师对此表示担心（Mulla et al.，2023）。

数字内容的质量难以评估和控制

数字资源的庞大数量给评估带来了安排协调方面的挑战，而政府往往没有能力收集有关数字资源有

效性的证据。例如，孟加拉国政府将可用数字内容的质量欠佳作为其发展混合教育生态系统的动力，这是一项试图关注质量和公平问题的新政策（Mulla et al.，2023）。

单门慕课的质量也特别难以评估。尽管这些慕课覆盖了很多学习者，但真正参与的学习者很少，完成课程的学习者就更少了。有研究估计，各种不同慕课的完成率低于5%（Ruipérez-Valiente et al.，2019；Wenzheng et al.，2019）。通常认为，完成率可以作为高等教育质量的替代指标，但是鉴于并非所有学习者都有完成慕课的打算，所以两者没有可比性（Littlejohn et al.，2016）。中断慕课学习的原因包括缺乏完成课程的动力或愿望、缺乏时间和先前知识不足（Itani et al.，2018；Zawacki-Richter et al.，2018）。学习者自述的其他原因还有孤立无援感，这也表明了这种学习模式存在的体制挑战（Zawacki-Richter et al.，2018）。

也有人担心在大规模评价学生作业方面存在的困难。为了适应数量庞大的学生，评估往往采用选择题测验，这种测验方式针对较低水平的事实性知识，对于学习效果的证明力不足（Yousef and Sumner，2021）。此外，在剽窃、作弊和验证考生身份方面也有许多的担忧（Kolowich，2013；Yousef and Sumner，2021）。慕课证书在证明学生学习效果方面几乎没有含金量，却还是向学生收取高额费用，有批评人士指责慕课平台不过是高科技版本的文凭工厂（Shea，2015）。

确保数字内容质量的另一个挑战源自其本身去中心化的结构，这种结构更难保持对内容生产者的长期监督。任何人都可以向维基百科这样的协作型网站贡献内容，导致这类网站发生了多次蓄意破坏事件，人们也对此表示了担心（Cunneen and O'Neil，2022；Hern，2021；Malone-Kircher，2016）。尽管如此，维基百科项目在长期看来确实是成功的，也从一定程度上证明了一个事实，即去中心化的结构也有可能真正帮助提高内容质量（专栏3.4）。

各种策略可以帮助保障最低质量标准

旨在提高数字学习材料质量的若干策略已经推行。发展质量保证框架就是一种策略。一个例子是

专栏 3.4

维基百科利用了协作式内容创作的力量

维基百科成立于2001年，是一个免费的在线百科全书，人人都可以使用。最重要的是，人人都可以编辑。与大多数参考来源不同的是，维基百科的内容是由匿名志愿者不断创建和更新的（Rosenzweig，2006）。

矛盾的是，尽管维基百科的去中心化结构是造成人们对其内容可靠性产生担忧的主要原因，但同时这也是该项目的核心优势。热门文章被成千上万人审查，这样的大众审查系统完全可以提高内容的可靠性（Cunneen and O'Neil，2022）。因为一个固定的主题只有一个页面，所以维基百科鼓励人们大范围、透明地讨论，并就该主题的结论或无结论达成一致，而不是像其他平台那样，每个人都可以上传自己对特定事件的理解（Feldman，2018）。此外，在维基百科上没有领导者，也就是说，有权有势的人对少数精英的讨好换不来特殊待遇。该项目还开发了许多工具来防止被蓄意破坏，包括将万众瞩目的页面锁定为半保护状态，在必要时进行IP地址跟踪和封锁（Cohen，2021）。

总之，这些策略似乎是有用的。越来越多的研究指出，维基百科上的内容普遍都有很高的可靠性。一项比较维基百科和《不列颠百科全书》的研究发现，两者的准确性相当（Giles，2005）。也有研究指出，在政治学、历史学、药理学和医学等各种主题上，即使仍然存在可读性和遗漏问题，但维基百科的准确性已相当高（Azer et al.，2015；Kräenbring et al.，2014；Kupferberg，2011；Rosenzweig，2006）。维基百科已经成为对其他主要平台进行事实核查的主要工具（Flynn，2017；Glaser，2018）。2020年，世界卫生组织与管理维基百科的非营利组织维基媒体基金会合作，争取更多机会来获取最新、可靠的新冠疫情信息（WHO，2020）。

欧洲OpenupED合作关系中慕课常用的OpenupED质量标签，该质量标签最初来源于远程教学大学协会开发的E-xcellence框架。OpenupED的评估对象包括与战略管理、课程设计、员工和学生支持相关的机构领域，以及相关性、学生参与和学习评估等课程组成部分（UNESCO and Commonwealth of Learning，2016）。

有些策略则更强调加强政府的参与，明确与正规教育系统的联系。一些政府一直在提升慕课的参与度，以增加受教育者获得中等后教育的机会，同时保障最低标准（UNESCO and Commonwealth of Learning，2016）。2017年，中国政府制定了获得国家认可的慕课质量标准，并且将国家认可慕课课程数量的年度目标定为到2020年达到3000门（Schaffhauser，2019）。法国高等教育部于2013年推出了法国的慕课平台——法国数字大学，其内容来自160多所院校的课程，2021年学习者人数超过250万（FUN-MOOC，2022）。该平台制定了严格的数据政策规章，学习者在线考试时将接受网络摄像头的监考，通过后将获得验证证书（Mongenet，2016）。在印度，根据《2020年国家教育政策》的规定，学生可以通过2017年推出的官方慕课平台Swayam在线上完成40%的学位课程。该平台初次推出时，仅允许20%的课程在线完成。该平台的内容来自超过135所印度大学的课程，并且可以提供课程学分，目前已

经覆盖了超过1000万名学生（Shah，2020b）。

还有一种策略是发展"替代证书"。欧洲慕课联盟由欧洲远程教学大学协会负责协调工作，旨在发展欧洲的微证书认可共同框架，从而提高慕课的影响力（European MOOC Consortium，2022）。2021年，全球主要的慕课提供者提供了1600多个微证书计划（Shah，2021）。理想情况下，微证书将确保机构和学习者都达到最低标准，不过目前绝大多数替代证书仍然不受认可，缺乏标准化（**专栏3.5**）。

为了保障最低质量标准，部分平台希望重新集中制作内容，加强与知名机构的合作伙伴关系。例如，YouTube一直在向一些更值得信任的供应者提供资金和资源，试图借此来把控视频的质量。2018年，YouTube宣布了一项新的计划——学习基金（Learning Fund），提供总计2000万美元的奖金来激励专业知识过硬、订阅用户满足最低数量要求的教育内容创作者（Alexander，2018）。该公司还一直在加强与成熟教育机构的合作，如巴西的雷曼基金会（Lemann Foundation），以提升质量控制水平，进而为广告商创造更安全的广告渠道（Castillo，2018；Ducard，2018；Fundação Lemann，2017）。

微证书的出现旨在对新的学习形式进行认证

替代性证书在认证不同学习形式方面具有很强的灵活性，被越来越多地采用，并与教育数字化直接相关（Chakroun and Keevy，2018；Oliver，2022）（焦点14.1）。其中最常见的当属微证书，这种证书是"以学习成果为重点的记录，它证明了学习者知道什么、理解什么或可以做到什么"，而且证书"具有独立的价值，也可以作为其他微证书或大证书的辅助或补充，包括通过对学习者之前的学习加以认可等方式"（Oliver，2022，p.6）。

许多国家和区域组织一直在努力制定微证书的框架和标准，并将这些框架和标准与最低质量标准相挂钩（Oliver，2019）。欧洲慕课联盟正在研究一个共同的微证书框架，慕课提供者可以自愿使用，其目的是将微证书转换为正式资格证书（European MOOC Consortium，2019）。新西兰的资格认证框架在最近也引入了微证书（Wheelahan and Moodie，2021）。在马来西亚，马来西亚学术鉴定局于2019年正式实施了高等教育院校的微证书认证策略（Kumar et al.，2022）。在荷兰和挪威，2021年欧盟委员会的一次协商会后，终于有了关于将微证书纳入正规职业教育与培训的讨论（Cedefop，2022）。

尽管前景可期，但微证书在劳动力市场和高等教育中的影响力仍然较小（Cedefop，2023）。雇主无法了解、判断或比较他们见到的各种类型的微证书，也对这些证书的质量保证毫无信心（Chakroun and Keevy，2018）。即使是同一个微证书提供者，对证书也几乎没有任何标准化。例如，Coursera平台提供的微证书，收取费用从27美元到636美元不等，学习时长从1个月到15个月不等，每周报告学习量从1小时到40小时不等（Pickard，2018）。只有极少的证据表明，微证书确实对就业机会、晋升机会或收入的增加有所帮助（Kato et al.，2020）。

随着越来越多的学习者参与开放内容，一种特定类型的数字证书——"开放徽章"——正在发展壮大。"开放徽章"包含特定的元数据，允许人们验证徽章并获得关于持有者习得技能的信息。其特点在于，徽章是由徽章持有者而不是机构控制的，任何机构都可以颁发徽章，徽章也可以分享给任何人（Clemets et al.，2020）。微证书旨在与正式部门保持紧密联系，而"开放徽章"的主要目标是对更广泛的学习形式进行认证，并为学习者提供以一种个性化的方式展示其技能的机会（Blanc，2019）。

技术可能加剧内容制作中性别、语言和文化方面的不平等

尽管技术使内容生产不再集中，并且消除了一些参与的障碍，但内容的主要创作者仍然是相对有特权的群体。虽然维基百科允许能连入互联网的任何人创作内容，但实际上其编辑群体缺乏多样性（主要由白人男性组成），因而受到广泛批评。到2021年，全球贡献者中只有15%被确认为女性（Balch，2019；Davis，2021）。一项研究发现，在西班牙YouTube上提供教育内容并且订阅用户数至少达到1000人的个人创作者中，76%为男性。性别差距在科学和社会科学类别中尤其明显，但这恰好与西班牙小学和中学教师的情况相反（OECD，2022；Pattier，2021）。技术不仅反映了现有的不平等，而且实际上还可能加剧不平等。

对于"全球南方"国家，实施开放教育资源的一个重要挑战是内容的本地化（或"去西方化"）（Janssen et al.，2023；Wimpenny et al.，2022）。开放教育资源的生产和使用仍主要集中在"全球北方"国家。截至2022年8月，合作发展开放教育资源的机构组成的联盟——"全球开放教育"（Open Education Global）拥有236名成员，其中56%来自北美，20%来自亚洲，17%来自欧洲，只有7%来自非洲、拉丁美洲和大洋洲（Janssen et al.，2023）。

一项研究发现，在收录了开放教育资源的高等教育资源存储库中，近90%是在欧洲或北美创建的（Santos-Hermosa et al.，2017）。OpenDOAR作为全球主要的存储库目录之一，在其收录的所有存储库中，超过40%来自北美和西欧（Dawson and Yang，2016；OpenDOAR，2022）。

此外，尽管存在重复利用和改编的目标，但世界各地的大多数开放教育资源作品都是用英语制作的。开放教育资源共享中心（OER Commons）是一个全球性的资源库，拥有超过5万份公开许可资源，但其中的材料92%为英语，2.5%为西班牙语，1.5%为法语

和阿拉伯语（Janssen et al.，2023）。除巴林和沙特阿拉伯外，绝大多数阿拉伯语国家的开放教育资源仍然特别薄弱。一项针对22个国家的文献综述和调查发现，基础设施差、缺乏教师激励和对开放教育资源潜力的认识不足是这些阿拉伯国家面临的主要挑战。对这些国家来说还有一个挑战是对阿拉伯语资源的强烈偏好，因为这样的资源并不容易获得（Butcher et al.，2023；Tlili et al.，2020）。

> ＂尽管存在重复利用和改编的目标，但世界各地的大多数开放教育资源作品都是用英语制作的。＂

开放许可和翻译工具意味着内容可以被轻松地翻译，但仍存在两个挑战。首先，当接口和元数据只有少数几种语言可用时，很难找到相关的内容（Amiel，2013）。其次，仅仅翻译内容并不足以使其与教育环境相关（Butcher et al.，2023）。事实上，开放教育资源倾向于以原始形式被使用，而不是被改编和重新组合，这意味着英语材料的压倒性主导地位最终可能会强化文化偏见，巩固高收入国家产生的捐赠资源的传统慈善教育模式。这种模式可能会阻碍当地生产的、与教育环境相关的内容的创建（Butcher et al.，2023；Hoosen and Butcher，2019）。

尽管如此，仍有一些项目集中在当地生产的开放教育资源上。撒哈拉以南非洲教师教育倡议（TESSA）始于2005年，提供了一个英语、斯瓦希里语、法语和阿拉伯语的开放教育资源库，以支持教师教育。100万名职前或在职教师通过本地区的合作机构，特别是尼日利亚、南非和苏丹的开放大学，使用了该平台提供的开放教育资源（Janssen et al.，2023）。TESSA还通过在学校中的合作创建来帮助发展当地的开放教育资源（Tessa，2017）。在加纳，夸梅·恩克鲁玛科技大学开发了一个与健康相关的国家开放教育资源获取存储库（Janssen et al.，2023）。

跨国开放教育资源倡议的一个例子是英联邦学习共同体的小国虚拟大学。该项目为这些国家开发和使用开放教育资源提供了基础设施。由非洲、亚洲、太平洋和加勒比地区的32个国家组成的网络参与了专门关注可持续发展的开放教育资源发展与共享。它旨在通过与专业人员和专家合作，并促使开放教育资源生产者提高发展能力，来保持资源的质量（Janssen et al.，2023）。

一些平台有助于开发开放教育资源。"故事编织者"（Story Weaver）就是一个例子。它是一个由印度普拉瑟姆图书公司发起的非营利组织，已成为全球最大的通过多语言故事推广少数民族语言的平台。它有超过4.5万本书，有323种语言，其中60%以上为土著语言，10%是联合国教科文组织列为脆弱或濒危的语言。该平台还提供翻译工具和双语故事书的创建功能，以促进内容的创建和课堂使用（Butcher et al.，2023）。

开放获取使研究可以免费阅读，但不能免费发表

开放获取研究的方式也可能会加剧人们对谁发表论文的偏见。目前有两种主要的途径："绿色"开放获取，即作者将其文章副本自行存档在可以自由访问的存储库中，以及"黄金"开放获取，这要求作者将其文章发表在开放访问期刊上（Tennant et al.，2016）。在开放获取期刊目录中注册的期刊中，约有30%向作者收取文章手续费（Directory of Open Access Journals，2022）。每篇文章的费用可能超过1万美元，由施普林格·自然、爱思唯尔和泰勒-弗朗西斯等主要出版商收取，这限制了资金不足的作者或机构发表研究（Johnson，2019；Mehta，2019；University of Cambridge，2020）。

2018年，每年负责近90亿美元科学研究资助的11个欧洲研究资助方宣布，它们资助的所有科学家都必须在发表研究时立即免费提供研究结果（Else，2018）。该计划因其推动了科学知识获取方面的彻底转变而受到赞扬，但批评人士认为，其对"黄金"开放获取的假设偏好及其伴随的收费结构，有效地改变了研究领域的商业模式，即

从"付费阅读"到"付费出版"，从而延续了不平等（Johnson，2019）。同年，拉丁美洲社会科学理事会与开放获取期刊的书目数据库和数字图书馆Redalyc，在联合国教科文组织的支持下，启动了一个名为AmeliCA的合作基础结构，以反对"付费出版"模式（Aguado-Lopez and Becerril-Garcia，2019）。相反，他们提倡学者主导的非营利的学术交流体系，这在拉丁美洲很常见。

拉丁美洲以"钻石"开放获取模式而闻名，即开放获取期刊不收取任何费用，而主要由政府和学术机构资助。该地区已经成功出现了许多非商业出版平台，其中第一个平台Scielo于1997年在巴西推出，被认为是世界上第一批开放获取平台之一（Aguado-López and Becerril-Garcia，2019；Tennant et al.，2016）。最近的一项研究表明，拉丁美洲的"钻石"开放获取期刊比西欧和北美的总和还要多，这些期刊占该地区所有开放获取期刊的95%。相比之下，"钻石"开放获取期刊在开放获取期刊中的占比在西欧仅为55%，在北美为63%（Bosman et al.，2021）。

影响因子系数可能是出版不平等的另一个来源。它们用于衡量每一份期刊的影响力，并已成为判断哪些研究是合规研究的把关者。除了被指偏袒商业出版期刊，它们还要求期刊系统地发表英语摘要以及一定比例的英语文章（一些要求超过一半的文章为英语文章），这实际上加剧了全球内容生产不平等（Aguado-López and Becerril-Garcia，2019；Bosman et al.，2021）。对英语的偏爱可以通过接受英语投稿的开放获取期刊的数量观察到，有时甚至在世界各地的非英语国家也是如此（**图**3.3）。

图3.3

大多数开放获取期刊都偏爱英语投稿稿件

2022年收录于开放获取期刊目录的开放获取期刊数量，按国家和接受投稿的语言分列

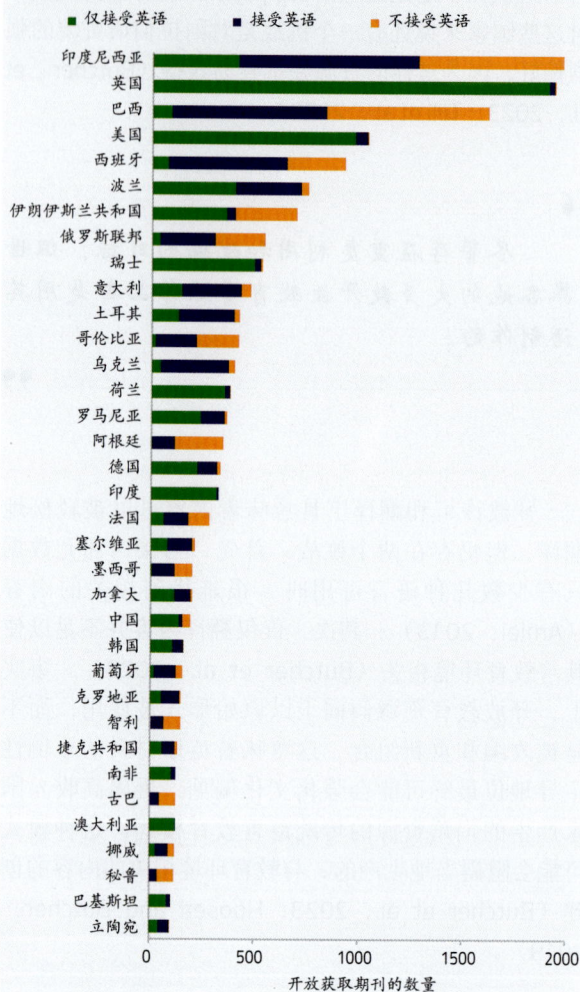

■ 仅接受英语　■ 接受英语　■ 不接受英语

（条形图，纵轴国家：印度尼西亚、英国、巴西、美国、西班牙、波兰、伊朗伊斯兰共和国、俄罗斯联邦、瑞士、意大利、土耳其、哥伦比亚、乌克兰、荷兰、罗马尼亚、阿根廷、德国、印度、法国、塞尔维亚、墨西哥、加拿大、中国、韩国、葡萄牙、克罗地亚、智利、捷克共和国、南非、古巴、澳大利亚、挪威、秘鲁、巴基斯坦、立陶宛；横轴：开放获取期刊的数量，0至2000）

《全球教育监测报告》统计数据链接：https://bit.ly/GEM2023_fig3_3_

注：数据来自截至2022年7月至少有50种期刊收录于开放获取期刊目录（DOAJ）的国家。

资料来源：《全球教育监测报告》小组根据开放获取期刊目录（Directory of Open Access Journals，2022）所进行的分析。

技术主要增加了那些已经拥有它的人的获取机会

访问数字内容的前提是访问互联网，或者至少是访问计算机或移动设备。然而，即使在那些拥有访问数字教育内容的基础设施的人中，最有可能这样做的人仍然是最高特权群体，这反映了现有的教育和技能不平等。来自富裕国家或地区的用户在使用在线开放获取资源方面所占的比例相当高。全球互联网用户中约有四分之一来自高收入国家或地区，但这部分用户占维基媒体项目访问流量的近70%（**图3.4**）。Sci-Hub网站是一个绕过期刊付费墙的镜像资源库，其开发的目的是帮助发展中国家的贫困研究人员访问科学文献，但网站的下载量中只有不到10%来自中低收入国家，即使这些国家的用户占到了全球互联网用户的35%以上（ITU，2022；Sci-Hub，2022）。

> **全球互联网用户中约有四分之一来自高收入国家或地区，但这部分用户占维基媒体项目访问流量的近70%。**

关于慕课的数据研究也有类似的发现。来自较富裕国家的学习者不仅更有可能参与慕课，完成课程并获得新能力的可能性也更大。一项研究发现，在2013—2018年由edX（哈佛大学和麻省理工学院共同创建的一个大型慕课平台）提供的120多门课程中，根据课程评估结果，相比于低收入国家和中等收入国家，高收入国家的学习者更有可能完成课程、提高他们的能力（Karp Gershon et al.，2021）。2018年，edX平台上56%的入学用户和69%的认证用户来自人类发展指数非常高的国家（Ruipérez-Valiente et al.，2019）。

即使在各国内部，慕课也会迎合最有优势的个人。大量研究强调，大型慕课平台中约80%的学习者已经拥有高等学历（Dillahunt et al.，2014；Meaney，2018；Oudeweetering and Agirdag，2018；

Robinson et al.，2015）。典型的慕课学习者是那些已经拥有至少一个中等后教育资格证书的、寻求额外培训的专业人员（Oliver，2022）。

几个原因有助于解释这种对高社会经济背景的学习者的偏爱。语言是访问慕课的主要障碍，也是缺乏数字技能者访问互联网的障碍。英语是全球四分之一的互联网用户的语言，但也是慕课中占据绝对优势的教学语言，尤其是那些覆盖全球或某一区域的慕课（Agudo，2019；Belawati，2019；Statista，2022b）。除了听课存在的困难外，非英语母语者可能不愿意参加论坛，虽然这些论坛确实可以提高学生的参与度、完成度和成绩（Wang et al.，2015）。

慕课本身也可能加剧现有的不平等。例如，慕课对从讲师到学生的信息传递以及作业批改的关注，很可能有利于在高等院校有学习经验的学生。此外，由于这些用户受过高等教育，越来越多的课程在设计时就更适合他们（Meaney，2018）。课程设计对来自较贫困国家的学习者完成慕课的概率有很大的影响（Sa'ar et al.，2021）。撒哈拉以南非洲的几所大学对推广大型全球慕课平台犹豫不决，因为它们与其在教学论和认识论上不兼容（Childs and Valeta，2023）。

国家和地区开发的慕课平台正在帮助弥合这些差距。多语言和非英语的慕课已经成功吸引了更多元化地区的受教育程度较低的学习者（Lambert，2020）。一项对阿拉伯语平台Edraak的研究发现，与全球慕课相比，该平台在覆盖使用阿拉伯语、受教育程度较低的女性学习者方面更有效（Ruipérez-Valiente et al.，2019）。一项研究发现，来自9个国家的15家慕课提供者覆盖了超过800万名学习者，其中，地区提供者更能吸引更庞大的当地人口，能提供更具有包容性的课程，能更好地满足当地需求，以当地的语言制作，并由学习者已知的机构发行（Ruipérez-Valiente et al.，2022）。批评人士认为，尽管如此，许多地方平台仍然在重现其他的不平等，比如依赖需要良好的互联网连接的以视频为中心的内容，以及以教师为中心的学习和评估（Bali and Aboulmagd，2019）。

图3.4

来自富裕国家或地区的互联网用户在维基百科的访问流量中所占比例过高

2022年各国或地区的维基页面访问量占比与全球互联网用户占比的比率

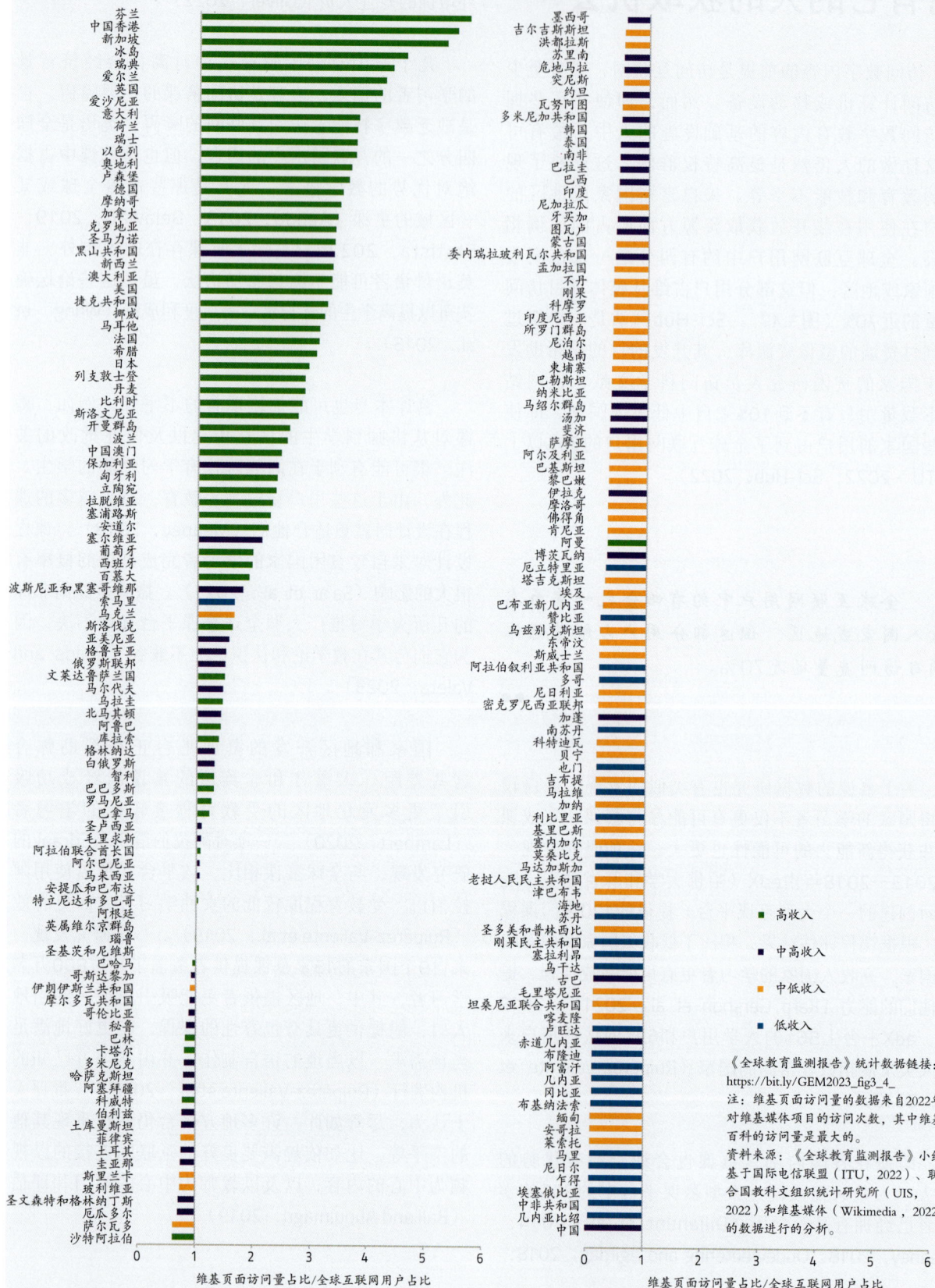

图例
- 高收入
- 中高收入
- 中低收入
- 低收入

维基页面访问量占比/全球互联网用户占比

《全球教育监测报告》统计数据链接：
https://bit.ly/GEM2023_fig3_4_
注：维基页面访问量的数据来自2022年8月对维基媒体项目的访问次数，其中维基百科的访问量是最大的。
资料来源：《全球教育监测报告》小组基于国际电信联盟（ITU，2022）、联合国教科文组织统计研究所（UIS，2022）和维基媒体（Wikimedia，2022）的数据进行的分析。

结语

技术有能力显著增加对内容的获取机会，而且在许多情况下，它已经做到了这一点。开放教育资源有助于使内容创建更经济、更高效和更有包容性。协作工具和社交媒体使创作多样化，并且可以帮助提高对质量的把控。数字图书馆和存储库改善了存储和传播渠道，而学习管理平台有助于组织实时的学习环境。此外，技术可以消除获取内容时常见的许多障碍，包括语言、成本和入学要求。

尽管如此，确保去中心化的创作者生成的大量数字教育内容的质量和适切性是很困难的。各国政府已经实施了若干策略，以保障最低标准，包括制定质量保证框架、替代性证书和重新集中制作内容。此外，各国政府还必须确保数字教育内容加强国家教育系统，与课程和学习目标保持一致，并提供适当的终身学习机会。

> **各国政府必须确保数字教育内容加强国家教育系统，与课程和学习目标保持一致。**

各国政府还必须保证，技术的进步不会让学习者继续掉队。数字公共产品的发展以及免费开放的教育资源的使用是朝着这个方向迈出的重要一步。让内容制作更具包容性则是另一个问题。英语和欧洲主要语言的霸主地位，以及对"去西方化"教育材料的需要，仍然在全球范围内对数字内容的获取和使用构成重大障碍。包容性的教育资源应以不同的语言提供，并适应不同的环境和现实，让所有学习者都能使用。

在喀麦隆首都雅温得的梅伦公立学校，孩子们用电脑学习。"连接我的学校"倡议旨在建立和扩大可持续模式，通过信息和通信技术改善初等和中等教育的获取机会。

图片来源：UNICEF/UN0551722/Dejongh*

第 4 章

4

第 4 章

教学与学习

重要信息

技术可以促进教学与学习，但需要情境化和综合性的支持。

技术为教学与学习提供了许多潜在的益处，但相关证据有很大局限性。

- 过去20年中的系统性综述发现，教育技术对学习结果有微弱至中等程度的积极影响。

- 但是，技术效用评价受到地域、学科和时间范围等限制，而且往往会模糊其他各种教学因素对结果的影响。

- 科技公司的影响力可能过大了。培生集团资助了自己的研究，质疑那些认为其没有影响的独立分析。

技术不一定要先进才能产生影响，但它需要匹配具体情境。

- 录播课程可以弥补城乡教学质量的差距。在中国，高质量的录播课程被传送给了1亿农村学生，学生成绩提高了32%，城乡收入差距缩小了38%。

- 预装内容的设备需要情境化和综合性的支持。在秘鲁，"每个孩子一台笔记本电脑"项目分发了100多万台笔记本电脑，但没有对学习产生积极影响。

技术可以通过增加教学与学习的时间和个性化来提高教学质量。

- 个性化软件可以监控学生的进步，并提供差异化的实践机会和反馈。在印度，对"思维火花"（Ei Mindspark）软件使用情况的评估，记录了课后环境和后进生的学习进步情况。

数字技术通过适当的教学法层面的整合，可以提高学生的参与度。

- 对2008—2019年发表的43项研究进行分析发现，游戏化数字应用程序改善了中小学生数学方面的认知和行为结果。

- 交互式白板如果能很好地融入教学中，就能支持教学和学习在视觉、听觉和触觉方面的体验。但在英国，尽管大规模采用了白板，但它们主要用于替代黑板。

- 增强现实和虚拟现实技术可以作为科学实践和职业课程的实践培训的补充。

数字技术可以促使亲子定期沟通，为孩子的学习提供支持。

- 定期向照护者进行指导可以对孩子的学习结果产生积极影响。新冠疫情期间，博茨瓦纳教育部为家长们提供了关于计算概念的电话辅导服务，最终使孩子们的学习成绩有所提升。

信息和通信技术的使用存在学生注意力分散和参与度降低等风险。

- 对2018年国际学生评估项目数据的分析表明，在超过中等阈值后，技术使用与学业成绩下降相关。

- 一项对2008—2017年横跨14个国家的研究工作的元分析结果显示，手机对学习成绩有负面影响。

- 新冠疫情期间的在线学习对年龄更小的学习者产生了不利影响。在瑞士，同样处于在线学习环境中，中学生能比小学生更好地保持学习进步。

数字技术影响着我们日常生活的方方面面，因此，我们可以合理假设，在课堂上运用数字技术对教学和学习有自动改革和提升水平的作用。虽然学生需要学习数字技术，作为所谓的"数字素养"（第5章）的一部分，但这并不一定意味着学生需要通过数字技术来接受教育。数字技术在教学和学习中的价值还有待证明。随着时间的推移，利用技术来支持教学和学习的方式在持续进步，同时我们对于应该如何使用技术也有了更深的理解。

本章重点介绍技术是如何被用来支持教学和学习的。首先，我们提出了技术整合的潜力及其所带来的挑战，并描述了技术使用的关键趋势。其次，我们回顾了数字技术对提高教育质量可能带来的好处的证据，并将其分为两大类：直接关注提高教学质量的技术，其方式包括更公平地分配资源，促使教学个性化和增加实践机会；以及设法更好地吸引学习者的技术。

> 虽然学生需要学习数字技术，但这并不一定意味着学生需要通过数字技术来接受教育。

技术在教学方面的潜力需要在实践中显现

在过去的100年里，关于人们如何学习的观点有了相当大的变化。最早的理论被称为行为主义，它将学习视为一个以一种程序化的方式接受和积累知识的过程。重点逐渐转移。一些理论，特别是建构主义理论，认识到个体学习者是通过调查和实验来"建构"他们的知识的。还有一些理论则从社会文化的角度对这一观点加以补充，认识到通过合作和支持也可以加强学习。在数字时代，一种被称为联结主义的新理论让人们注意到，围绕信息形成联系对于学习的重要性（Selwyn，2022）。以上每一种理论都有助于解释技术在影响各种学习方式方面的机会和限制。

技术为教学和学习提供了两大类机会。首先，技术可以通过重新分配资源、增加实践机会、补充教学时间和提供个性化教学来提高教学质量（Escueta et al.，2020；Ganimian et al.，2020；Major et al.，2021）。其次，技术可以通过改变内容的呈现方式、刺激互动和促进协作来吸引和支持学习者（表4.1）。

表4.1
在教学和学习中使用技术的可能方式

提高教学质量	吸引和支持学习者
录播或广播课程	交互式白板
预装有内容的硬件	数字游戏
操练软件	模拟
补充教学时间的软件	协作式数字工具
个性化和自适应软件	与家长沟通的信息和通信技术

资料来源：《全球教育监测报告》小组根据巴尔杰（Bulger，2026）、伯恩斯（Burns，2021）、埃斯克塔等（Escueta et al.，2020）、加尼米亚等（Ganimian et al.，2020）、梅杰和弗朗西斯（Major and Francis，2020）、塞尔温（Selwyn，2022）、托平等（Topping et al.，2022）的研究进行的汇编。

组合使用各种技术可以实现多个目标。数据和学习分析可以引导和定制学习体验，无论是简单地回应学习者，还是积极尝试为学习者提供适应性指导（Bulger，2016）。反馈可以更直接、更准确。个性化的工具可以提供量身定制的内容和活动（OECD，2019）。学生可以减少消耗在面对面教学和课堂教学上的时间。现场教学与远程教学相结合的混合模式可以为学习者提供学习材料，无论他们身处何地，可以随时随地学习。自定进度型和补充型的学习可以帮助有困难的学习者（Duraiappah et al.，2021），即使信息和通信技术可能会分散学习者的注意力，并且被用于休闲目的而不是学习目的。教师利用个性化和自适应软件来开发课程，学生可以按照自己的进度来学习这些课程，让教师腾出时间来指导个别学生或与小组合作（Bulman and Fairlie，2016；Reich，2020）。通过智能教室中的交互式白板、模拟和协作学习等工具，技术可以帮助教师准备和提供引人入胜的课程。使用多媒体或数字游戏来呈现材料，可以减少认知负荷，即工作记忆同时可以容纳的信息量，并提高学生的积极性（Jamshidifarsani et al.，2019）。

在高收入国家，有教师报告称，基于技术的工具改善了学习。根据2018年国际计算机和信息素养研究（ICILS），在12个参与的教育系统中，87%的教师认为信息和通信技术帮助学生在适合他们学习需求的水平上学习，78%的教师认为信息和通信技术让学生们能够更有效地相互协作（Fraillon et al.，

2019）。在美国，2019—2020学年的一项调查发现，约三分之一的公立学校代表非常认同在课堂上使用技术可以帮助学生以独立自主的方式，按照自己的节奏学习，与同龄人协作，学习到更多的知识。大约一半的公立学校代表表示，教师在课堂活动中对技术的使用程度为中等或中等偏上，如果没有技术，这些课堂活动不可能完成（Gray and Lewis，2021）。在澳大利亚，一项关于技术在数学课堂上的运用的教师调查强调，数学的概念变得更容易可视化，学生有机会按照自己的节奏和学习能力水平来学习（Attard and Holmes，2022）。

技术确实有潜力为教育系统提供支持，但是这一事实并不一定意味着教学过程和实践已经发生了实质性的改变（Reich，2020）。一些提倡在课堂上使用技术的人被批评将技术视为解决所有教育问题的灵药。要解决阻碍学习者获得基本技能的背景难题和系统性挑战，技术可能并不是正确的方法。从根本上改变教学实践会对教师、工作人员、学生、家长和其他照护者造成压力，他们可能还没有准备好应对这些变化，或者不认可这样做的结果。技术还远远没有达到以学习者为中心的程度，而可能只是在推广一种高度个人主义的知识获取方式，这种方式破坏了公共机构所需要的协作和公民参与（Selwyn，2022）。

将技术融入学习过程本身就有风险。技术完全可以将学习的重点缩小到最畅销和最容易获得的技术产品最擅长的领域。一项关于在线学习和校内混合型学习的有效性的大型综述研究发现，许多研究都没有报告完整的教学法要素，表明这些研究者是"对教学法不那么热衷的数字狂热爱好者"（Topping et al.，2022）。此外，学习应用程序的内容可能并没有把焦点放在学习目标上。在英国，谷歌应用程序商店中有四分之一的商业应用被标记为教育类的商业应用程序（Kanders et al.，2022），并且苹果和谷歌应用程序商店中，前四分之一的最受欢迎的数字应用程序都不含任何明确的学习内容（Outhwaite et al.，2022a）。

科技公司的影响力可能过大了。这些公司对于展现技术的有效性怀有强烈的动机，所以它们可能只会提供有利于自己的证据。对阅读和数学教学工具Successmaker使用情况的独立评估发现，在美国这款工具对学习有负面影响或无影响，而开发该产品的培生集团仍在宣传产品对学习有显著积极影响——这一调查结果和结论来自该公司出资的研究（Mathewson and Butrymowicz，2020）。

> 66
>
> **科技公司可能只会提供有利于自己的证据**。
>
> 99

主要的商业行为体在市场上同时充当了销售人员和顾问专家。通过分析技术在挪威的影响力网络和渠道发现，教育行业和政府之间存在直接联系。其中，新媒体联盟（New Media Consortium）是一个教育技术行为体的国际团体，而挪威教育研究部所属单位教育信息和通信技术中心代表政府发挥影响（Haugsbakk，2021）。在荷兰，国际行为体在教育技术方面的地位越来越高。谷歌公司在初等教育技术市场估计拥有70%的市场份额（Kerssens and Dijck，2021）。在印度，英特尔公司正在与中等教育中央委员会合作，为2.2万所学校实施人工智能课程；在波兰，国家人工智能课程都是以英特尔的"青少年人工智能培养计划"（AI for Youth）为基础的；在韩国，教育部签署了一份谅解备忘录，"青少年人工智能培养计划"在韩国的规模也会扩大（Intel Corporation，2022）。

技术在教学与学习中的运用并不广泛

对学习结果的调查显示，即使在世界上最富裕的国家，信息和通信技术在课堂上的使用也并不普遍。根据2018年国际学生评估项目的数据，在50多个参与的教育系统中，只有约10%的15岁学生平均每周在数学和科学课上使用数字设备的时间超过一小时。丹麦是唯一的特例，超过一半的丹麦学生报告称他们在这两个科目上都使用了数字设备。该比例第二和第三高的是澳大利亚和瑞典（图4.1a），这两个国家大约有三分之一的学生报告称在科学课上使用了数字设备，相对而言在数学课上使用较少。该调查还收集了学生出于不同目的在学校使用数字设备的频率的相关信息。例如，只有略高于三分之一的15岁学生报告说，他们每周至少一到两次使用这种设备进行演练和练习。

根据2019年国际数学与科学趋势研究的数据，平均只有不到四分之一的学生就读的学校的科学教师每周至少进行一到两次计算机活动。平均普及率在四年级到八年级之间并没有增加。在澳大利亚、新西兰和美国，超过三分之二的学生的就读学校在八年级科学课上提供计算机活动。相比之下，在塞浦路斯和法国，只有不到5%的学生就读的学校有这样的条件（Mullis et al.，2020）（图4.1b）。

2018年的国际计算机和信息素养研究显示，有12个参与的教育系统拥有大量的信息和通信技术资源，其中只有一个不在高收入国家之列。大约60%的八年级学生——乌拉圭的这一比例为83%，丹麦和芬兰的这一比例均超过90%——就读的学校配备了信息和通信技术协调员，并且该协调员报告称学校有相关实践课程或应用程序。有50%的学生就读的学校提供单人游戏，只有30%的学生就读的学校提供多人游戏。42%的学生就读的学校提供课堂上使用的模拟和建模软件，这一比例从意大利的8%到芬兰的91%不等（Fraillon et al.，2019）（图4.2）。

学术研究和市场研究提供了关于教育技术产品特征的补充证据，但这些产品是否可以在课堂上使用却不明确。一项针对300多种教育技术产品的全球摸底调查发现，其中三分之二的产品专注于学生自学、授课和课程准备（Central Square Foundation，2021）。对巴基斯坦的分析考察了17个组织的48种数字学习工具，其中增长最快的工具常用于高利润领域，比如备考（Zubairi et al.，2022）。对拉丁美洲50个数字学习平台和工具的深入摸底调查发现，有14种工具使用了个性化设置来适应学生的学习能力水平，有12种使用了人工智能或机器学习，有21种使用了游戏化或边玩边学的设计（Myers et al.，2022）。最后，一项综述对低收入国家和中等收入国家的1000多种个性化学习解决方案中的40种进行了回顾，并按教育目的和教育环境进行了分类。研究发现，近三分之二的解决方案仅用于补充学习，它们可以提供多种内容，开展练习、评估和游戏。四分之三的解决方案在学校和家里都可以使用（UNICEF，2022）。

有的政府雄心勃勃地打算将信息和通信技术全面融入教学和学习中，有的政府则可能优先考虑如学习个性化、学习资源质量改进和教室基础设施建设等问题。爱沙尼亚政府在1990年代开始使用信息和通信技术来改善学校连通性和教师支持改革。随后，爱沙尼亚要求在所有学科中整合数字技术，这标志着爱沙尼亚已经按照"2015—2018年数字转向计划"（Digital Turn Programme 2015—2018）和《2020年爱沙尼亚终身学习战略》向数字文化整合迈出了一步（Pata et al.，2022）。

2018年对美国教育政策的审查发现，50个州中有39个州采纳了提供个性化学习机会的政策，允许幼儿园和学校自行定义个性化的含义及其实施方法。为了响应2015年签署的《每一个学生都成功法案》，17个州将个性化学习纳入其教育政策，19个州力图确保所有学生都有一个符合他们的学习需求、兴趣和目标的个性化学习计划（Zhang et al.，2020）。

在印度，《2020年国家教育政策》强调了通过技术干预改善教学、学习和教师专业发展的必要性（India Ministry of Education，2020）。自新冠疫情以来，以北方邦为首的印度多个邦已经提出了大规模使用教育技术产品的倡议，以帮助提高学生的基础读写和计算能力（Agrawal，2023）。哈里亚纳邦成为第一个扩大个性化自适应学习规模的邦，并且选择了教育技术合作伙伴，向公立学校学生分发50万台平板电脑，每台平板电脑都提供了相关软件和内容（Press Trust of India，2022）。

图4.1
即使在中高收入国家和高收入国家，技术在数学和科学课堂上的使用也不多

a. 2018年部分中高收入国家和高收入国家每周在数学或科学课堂上使用数字设备至少一小时的15岁学生的百分比

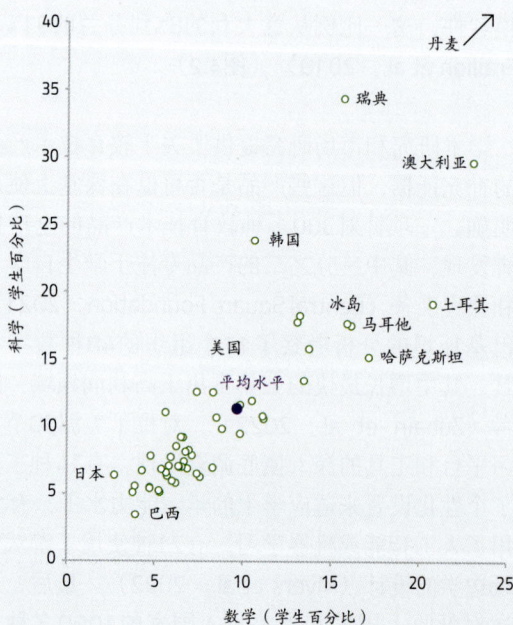

b. 2019年所在班级科学教师报告称每周至少开展一次或两次计算机活动的四年级和八年级学生的百分比

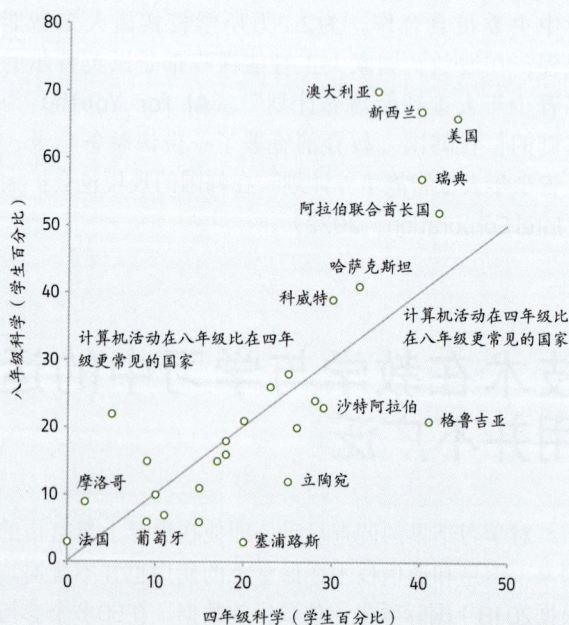

《全球教育监测报告》统计数据链接：https://bit.ly/GEM2023_fig4_1a_
资料来源：2018年国际学生评估项目数据库。

《全球教育监测报告》统计数据链接：https://bit.ly/GEM2023_fig4_1b_
资料来源：2019年国际数学与科学趋势研究数据库。

图4.2

软件资源在高收入国家的学校中相当普及

2018年就读学校的信息和通信技术协调员表示教学和学习中可以使用部分软件相关资源的学生的百分比

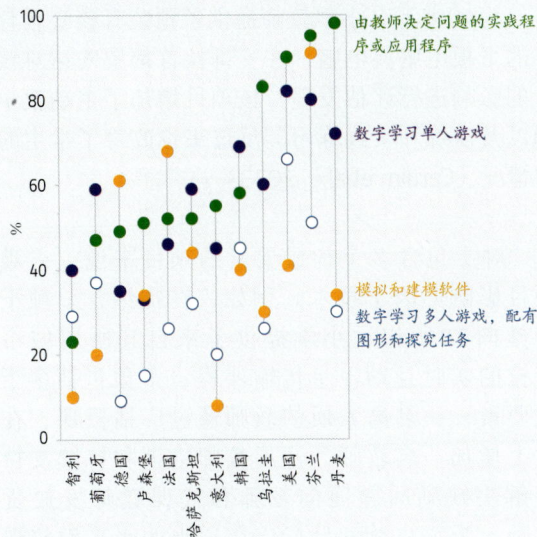

由教师决定问题的实践程序或应用程序

数字学习单人游戏

模拟和建模软件

数字学习多人游戏，配有图形和探究任务

《全球教育监测报告》统计数据链接：https://bit.ly/GEM2023_fig4_2_
资料来源：2018年国际计算机和信息素养研究。

很少有国家将人工智能融入本国的教育系统。对2016—2020年启动的24项国家战略的分析发现，虽然大多数战略都讨论了如何利用教育来发展这一领域的专业知识，但其中只有三分之一的战略强调要将人工智能融入教学和学习。印度和肯尼亚希望人工智能的融入能提高教育质量，而马耳他和西班牙更多是将人工智能视为一种对教育的补充，以解放教师的时间（Schiff，2022）。另一项全球调查发现，51个国家中只有11个国家制定并实施了人工智能课程（UNESCO，2022）。

> 很少有国家将人工智能融入本国的教育系统。

另一项主要倡议是为"智慧"教室提供资源，完善数字基础设施，并通过多媒体模式增强交互性。中国于2019年启动了智慧教育示范区，以实现各种示范目标，包括利用人工智能和大数据评估学生的学习情况，为教师和学生提供个性化服务（IITE，2022）。

在圭亚那，2021年教育政策和总体规划中的信息和通信技术旨在为中小学提供计算机实验室和智慧教室。还有更多资源正在通过"教育复苏和转型支持项目"进行分配，为二年级至六年级的学生教室提供交互式屏幕和投影仪（Guyana Ministry of Education，2021，2022）。在卢旺达，2016—2021年智慧教室计划覆盖了大约一半的中学，为这些学校配备了接入互联网的笔记本电脑以及投影仪（Resilient Digital Africa，2021）。

关于技术对学习的影响的证据不尽一致

关于技术干预措施如何影响学习的证据应该为技术在教育环境中的采用和扩大使用提供信息。过去20年中有关技术对学习结果的影响的全面系统性综述发现，与传统教学相比，技术对学习结果有微弱至中等程度的积极影响（Cheung and Slavin，2013；Lewin et al.，2019；Topping et al.，2022）。例如，最近有3项元分析回顾了不同教育水平和不同国家的272项研究，发现技术对学习结果平均而言有中等规模的积极影响（Chauhan，2017；Hillmayr et al.，2020；Kärchner et al.，2022）。

不过，这些评估有时缺少一个对照组。所以我们很难对比使用技术的影响与相同环境下采用不同的教学或学习媒介的影响，并且很难将任何积极影响归因于技术而不是其他因素，如教学的增加、更多资源或额外的教师支持（Mayer et al.，2019）。此外，不同研究在持续时间、技术范围、涵盖教育水平、背景和样本方面千差万别。例如，干预的持续时间长短会影响效果的大小：部分元分析对关于数字工具对学习的影响的研究进行了探讨，结果显示，干预时间越长，影响越小（Hillmayr et al.，2020；Sung et al.，2016）。由于将现有的证据混为一谈可能会掩盖影响的机制，因此重要的是单独探讨对个别类型的基于技术的学习干预措施的评价。

录播或广播的课程可以支持弱势的学习者

录播课程可以通过各种形式提供——音频、电视、平板电脑、台式电脑、笔记本电脑——以缩小获取机会和学习方面的差距（**第2章**）。将现场讲座直接传送到课堂或使用录音可以帮助教师将时间和精力集中在整合授课内容，而不是准备授课内容上。在印度，技术辅助的卫星教学取代了1800多所农村公立中学三分之一的课堂教学，从而提高了数学和科学分数（Naik et al., 2020）。中国农村中小学现代远程教育工程于2003年推出，被认为是中国有史以来实施的最大的教育技术干预举措（**专栏4.1**）。中国还有一个类似但规模较小的计算机辅助教学项目，有25名数学教师和近2000名学生参加。对该项目的分析发现，其提高了初中生的成绩。三分之一的积极影响归因于当地教师在备课时使用了讲座视频，进而提高了这些教师本人的教学质量（Li et al., 2023）。

这种干预措施要想发挥效用，就需要满足一系列条件。只提供材料而没有将其情境化并提供支持是远远不够的（**专栏4.2**）。技术融入教学工作需要教师的参与。巴基斯坦旁遮普省的e-Learn项目开展了随机对照试验，评估了平板电脑融入教学的两种模式。第一种模式是为学生提供预装有学习内容和视频说明的平板电脑，第二种模式是为教师提供用于课堂教学和指导学生的平板电脑。与对照组相比，以数学和科学考试分数作为衡量标准的学生成绩在第一种模式中有所下降，在第二个模型中有所提升（Beg et al., 2019）。ProFuturo是一项在拉丁美洲、亚洲和非洲国家实施的大型技术辅助学习项目，为40多万名小学教师提供了预装有核心教育内容的平板电脑或电脑。在安哥拉首都罗安达对该项目的影响进行评估发现，该项目增加了主动教学时间以及演练和实践练习，反过来也改善了学生的学习情况（Cardim et al., 2023）。

对于包含多个构成要素的项目来说，很难将项目影响归因于技术。例如，在加纳，一项干预措施向70所边远小学提供了来自其所属城市阿克拉的实时互动卫星传输课程。干预包括多个构成要素：一名高素质的教师通过广播授课，在课堂上增加一名教师，开展教师培训和持续支持，为解决缺勤问题而向教师和代课教师发放货币奖励，为了将教学目标定在适当的水平而将课程重点转向基础知识。2年后，学生的计算能力和读写能力都有了提高，究其原因除了广播之外还有多种因素：课堂上出现辅导员的概率更高，使用当地语言教学，针对性地帮助需要补习的学生（Johnston and Ksoll, 2022）。

专栏 4.1

将城市教师与农村教师联系起来有助于提高中国学生的学习成果

2003年开始的中国教育改革工作将城市地区的优秀教师与农村小学和初中的1亿多名学生联系了起来。在5年的时间里，该项目提供了26.4万套卫星接收设备和44万台DVD播放机，同时在农村学校建设了近4.1万间计算机教室。干预措施因学校规模而异：对规模较小的小学只发放DVD播放机，对一般小学发放DVD播放机和卫星设备，对初中落实全部三种干预措施。授课影音资料和其他学习材料随后被分发给这些农村学校。

教育部挑选了名师来录制授课内容和支持材料，如互动测验。当这些授课内容被广播出来后，当地的教师就会帮助解决技术问题，确保学生专注于与课程相关的活动。这样做的目的是让授课内容融入课堂，而不是作为一种孤立的教学援助。教师们会以较为缓慢的速度授课，对难点部分重复多次。教育部利用学生和教师的反馈，定期审查和更新授课内容。

在干预后7—10年开展的影响评估显示，初中生的语文和数学技能提高了32%。从长远来看，干预措施惠及的学生更有可能从事专注于认知技能而不是手工技能的职业。该项目的普及还使城乡受教育程度差距缩小了18%，城乡收入差距缩小了38%（Bianchi et al., 2022）。

> 只提供材料而没有将其情境化并提供支持是远远不够的。技术融入教学工作需要教师的参与。

计算机辅助软件和应用程序支持演练和实践

自1980年代中期以来，美国教师一直在广泛使用演练和实践软件来帮助学生掌握概念。元分析表明，加强传统教学的演练和实践应用程序比代替真人教学的教学应用程序更加有效（Carnoy，2004）。这些演练和实践应用程序包括两种练习：一是数字抽认卡活动，在这类活动中，学生要回答问题并接收反馈；二是闯关演练（branchingdrills），上一关问题的回答正确与否决定了下一关的问题（Kuiper and Pater-Sneep，2014）。有研究深入回顾了巴西、加拿大、中国、马拉维、瑞典、阿拉伯联合酋长国、英国和美国的儿童在学校教育的前3年使用的23种数学应用程序的设计元素，结果表明，有针对性的实践是最常见的目标。大多数应用程序针对的是基本的数学技能，很少会涉及更高级的数学技能，如分数计算（Outhwaite et al.，2022a）。

非营利组织onebillion开发了一款基于实践的教育应用程序，以改善7个国家学生的基础学习。在马拉维，一个面向公立小学的电子学习平台装载了各种应用程序，其中包括超过4000个针对特定数学和阅读技能的活动单元，可实现自定进度学习、个性化奖励和软件互动反馈。儿童可以通过低成本的平板电脑学习。软件记录了应用程序在学校的使用情况，并将这些信息反馈给教师。初等教育早期的教育成果确实得到了改善，这些应用程序也已通过迭代评估扩大了使用量（Pitchford et al.，2018；Pitchford，2022）。

在外语学习中常常会使用演练和实践软件，但这些应用程序很少得到严格的评估。2007年推出的Quizlet等应用程序专注于为各语种开发现成的在线抽认卡集（Sippel，2022）。对韩国初级中等教育学校的分析发现，使用Quizlet的学生在词汇量测试中的得分

高于接受教师主导的传统教学的学生（Cho，2021）。对Quizlet在日本和沙特阿拉伯的大学环境中使用情况的评估显示，分别在10周和1个月后，其大学生用户的词汇学习均有显著改善（Dizon，2016；Sanosi，2018）。"多邻国"是一款被广泛使用的外语学习应用程序，它包含以演练为重点的教学方法和游戏化的构成要素。但是，对"多邻国"的各种评估通常是定量的或基于目标抽样的，对该应用程序如何促进学习的调查有限（Shortt et al.，2021）。

专栏 4.2

预装的内容需要根据环境进行改编，并提供量身定制的支持

在21世纪初，人们非常乐观地认为，"每个孩子一台笔记本电脑"项目和其他免费设备项目将有助于低收入国家和中等收入国家的儿童教育（Warschauer and Ames，2010）。这种模式提供了成本低、维护少、联网要求低的笔记本电脑，并且预装了免费开发的开源学习材料。这些笔记本电脑旨在通过"做"来促进学习，鼓励学生分享自己的经验，一起学习。

若干研究已经证明了"每个孩子一台笔记本电脑"和关注用硬件来改善学习结果的相关模式的失败——尤其是对女孩来说（Evans and Yuan，2022；Gupta and Sarin，2022；Jordan and Myers，2022）。失败的原因包括成本过高、在当地环境下的不可持续性以及融入教学过程的不充分（Ames，2019；Souter，2021）。

"每个孩子一台笔记本电脑"项目在秘鲁的实施规模是全球最大的，共计向秘鲁农村贫困学生分发了超过90万台笔记本电脑（Trucano，2012）。项目实施15个月后，对318所农村小学的数据进行评估显示，该项目对数学和语言考试成绩没有积极影响，不过也有一些不确定的证据表明其对一般认知技能有积极影响。实施过程中面临的挑战、缺乏与现有教学实践的融合，这些都阻碍了项目对学习进步的影响。虽然该项目的初衷是让学生在家里和学校都可以使用笔记本电脑，但只有大约40%的学生能把笔记本电脑带回家。这些笔记本电脑预装了适合他们年龄的电子书。因为没有互联网接入，电脑上也没有配置接口，所以学生们很难在这些电脑上安装其他游戏或应用程序（Cristia et al.，2017）。教师们接受了使用笔记本电脑和软件的培训，但在课堂活动中如何实施该项目的相关培训较少。在实际操作中，这些笔记本电脑只是被用来记录黑板上的文字。学生们也学会了如何利用这些笔记本电脑进行创造性的活动，但这些活动很少与学习有关（Cueto，2023）。

补充教学时间可以在教师的支持下获得良好的效果

一些大规模干预措施关注的是涉及游戏或实践课程的计算机辅助干预。在萨尔瓦多的莫拉桑省，可汗学院门户网站的课外离线课程向300所小学的三年级至六年级学生提供每周额外2节90分钟的数学课程，相当于将原本的数学课时间翻了一番。一项评估发现，有教师从旁协助的可汗学院课程优于传统的数学教学（Büchel et al.，2022）。

对同一干预措施的课内版本和课后版本进行比较发现，后者更容易产生更好的效果。在印度的古吉拉特邦，一个由非政府组织管理的运行相对良好的学校网络实施了计算机辅助学习模型。该项目并没有作为教师教授课程的代替品。研究发现，在学校内应用该模式会减少学生的学习时间，但是当这个模式作为一个补充性的课外项目来实施时，项目产生了巨大的收益，特别是对身体较弱和年龄较大的学生（Linden，2008）。

在中国进行的三个实验为技术作为补充干预措施的潜力提供了证据。在第一个实验中，干预措施为每周提供2节40分钟的计算机辅助课程，并要求学生做游戏，这一干预措施在171所小学里推行，结果证明该措施在课外实施时更有效（Mo et al.，2015）。第二个实验是在农村公立学校实施的计算机辅助学习计划，结果发现由非政府组织来实施时，比由政府机构来实施更有效。这是因为该计划不太可能代替常规教学，而且计划在非政府组织中得到了更直接的监管。干预带来的好处可能来自额外教学时间，而不是计算机辅助（Mo et al.，2020）。第三个实验是在中国农村开展的，有4000多名学生参与。实验结果同样表明，虽然计算机辅助学习项目似乎提高了学业成绩，但并不是技术因素造成了这种差异（Ma et al.，2020）。

由人工智能驱动的教育平台和工具的进步，可能会帮教师节省浪费在重复性任务上的时间，如准备教学资源和评分，教师可以将精力转向促进课堂讨论（Bhutoria，2022）。但是计算机软件也会扰乱教学时间，也需要教师投入额外的精力。一个为美国加利福尼亚州52所表现不佳的小学提供补充数学游戏软件和教学的研究项目发现，2年的使用没有产生任何效果。项目观察到，只有21%的教师能够将游戏和课堂上所学习的内容联系起来。这类游戏有能力教会学生在数学课堂上被教授的技能，只不过这种能力可能低于项目预期，该项目需要课堂教师构建并加强这种联系（Rutherford et al.，2014）。

个性化和软件自适应可以为学生提供针对性的支持

加强个性化功能以适应学生的学习水平，已经成为一个普遍的趋势。个性化的自适应软件可以生成分析结果，帮助教师跟踪学生的进步情况，识别错误类型，为教学实践提供差异化的机会，使反馈更具体，减少教师日常任务的工作量（Baker，2016）。

> **个性化的自适应软件可以生成分析结果，帮助教师完成各种日常任务。**

对商业软件的严格评估大多来自美国。这些评估的结果往往好坏参半。数学作业平台ASSISTments使用教学形成性评估为学生提供即时反馈，并在教师使用这些数据时提供指导。对美国缅因州的43所学校的七年级学生的评估显示，学生对该平台的使用频率为每天不到10分钟，每周3—4次，数学分数提高了0.18个标准差（Roschelle et al.，2016），这样的影响程度属于低影响。以前数学成绩较差的学生受益最大：这可能得益于教师更关注其家庭作业中的常见错误以及围绕解法进行更深入的讨论（Murphy et al.，2020）。

卡内基的学习软件MATHia为学生提供一对一的数学指导。一项在7个州147所学校进行的研究显示，该软件的使用将高级中等教育学生的成绩中位数提高了约8个百分点（Pane et al.，2013）。2021年的一项基于美国佛罗里达州10万名学生的纵向数据的研究发现，在初级中等教育中使用MATHia软件会让学生的代数成绩更好，特别是对于数学能力较弱的学生（Student Achievement Partners，2021）。

并不是所有被广泛使用的软件干预措施在与以教师为主导的教学相比时，都能拿出有力证据证明其积极效果。ALEKS是一种人工智能学习和评估系统，在美国已被超过2500万名学生用于数学、化学、统计学和会计学。一项元分析对15项2005—2015年的实证研究进行了探讨，结果显示，ALEKS与传统课堂教学的效果一样好，但并没有更好（Fang et al.，2019）。一项更新的分析发现，ALEKS在被用作传统教学的补充手段时更有效（Sun et al.，2021）。

一项元分析对16项关于低收入国家和中等收入国家的数字个性化学习倡议的随机对照试验进行了探讨，结果显示，这些倡议有显著的积极影响，至少是适度影响。适应学习者水平的方法对学习的影响明显要大于不适应的方法（Major et al.，2021）。

巴西的自适应学习项目Geekie使用机器学习来提供个性化的学习。它标记了学生在学习时遇到的具体难点，帮助教师在必要时进行干预。一项对400所学校、1.4万名教师和13万个家庭进行的分析发现，Geekie得到了高度评价，但对此类商业产品的评估通常不包括影响评估（Myers et al.，2022）。个性化的自适应学习在印度也很普遍。一项对一种软件工具的评估记录了能力较弱的学生的学习进步情况（专栏4.3）。

人工智能可以被内置到个性化的自适应技术软件中，以帮助用户选择最适合的内容。例如，写作工具可以通过自动校对、翻译和提供反馈来支持学生的写作（Yan，2023）。在智利，在学习英语（在智利为一门外语）的过程中使用谷歌翻译的中学生，相对于那些没有使用该工具的中学生，写作风格和准确性都更胜一筹（Cancino and Panes，2021）。在中国香港的一所小学，对于学生使用谷歌翻译来完成的写作作业，教师对其语法、词汇和可理解性都予以了积极评价（Stapleton and Kin，2019）。但这种积极评价分析的是作业，而不是学生在写作业和学习过程中利用这些工具的过程（Stevenson and Phakiti，2019）。学生可能只关心用工具来帮助纠正作业中的错误，而不是建设性地利用这些反馈来提高他们的写作水平（Koltovskaia，2020）。同样，对像ChatGPT这样的聊天机器人的过度依赖可能会降低学生更高层次的认知技能，如创造力、批判性思维、推理和解决问题的能力。

通过简化获取信息的过程，聊天机器人可能会对学生开展独立研究并得出解决方案的积极性产生负面影响（Kasneci et al.，2023）。

数字技术似乎提高了学生的参与度

数字技术包括游戏、交互式白板、模拟器和协作工具，当教师能将这些有效地融入教学中，并且其本身也具有恰当设计的功能时，数字技术就可以通过不同的呈现和互动吸引学生。其中一些工具还可以增强父母和其他照护者的支持，对学生的学习成绩产生间接影响。

数字游戏以互动的方式促进了知识的获取

教育游戏，以及在数字学习中加入游戏化元素都可以通过增加学习者的互动来提高其学习和非学习技能（Schindler et al.，2017）。研究发现与其他教学形式相比，玩电脑游戏更有利于科学、数学和第二语言的学习。这种形式可以激励学生启动游戏，并坚持学习更长时间（Mayer et al.，2019）。一项关于游戏化数字应用程序在数学教育中的运用的43项研究的系统性综述发现，这些应用程序对知识习得、认知技能和学习数学的积极性有积极影响（Hussein et al.，2022）。在巴西，一项旨在帮助小学生学习和实践四则运算的游戏化干预措施，要求学生在2个月时间里，每个上课日玩这个游戏20分钟。与对照组相比，学生的数学分数有所提高，这种影响在评估一年后依然存在（Hirata，2022）。

游戏化应用程序越来越常被用于资源匮乏的环境中，以实践读写能力和数学技能。在柬埔寨，"儿童的全面阅读方法+"倡议是由非政府组织开发的一个游戏化的应用程序。该倡议通过侧重于练习柬埔寨语字母表、词汇和语音的教学方法促进了一年级至三年级学生的早期阅读，对低年级阅读课程进行了补充。一项研究发现，人们普遍认为该倡议对二年级和三年级学生的阅读能力有积极影响。交互式游戏化的本质、用户友好的界面和相关的教学支持吸引了学习者和教育工作者，尽管设计仍需要进一步适应用户的需求和能力（Oakley et al.，2022）。

一项关于难民的移动学习应用程序的研究的系统性综述显示，被研究的应用程序中有三分之一采用了基于游戏的学习方法（Drolia et al.，2022）。在约旦，2个月里使用游戏化的智能手机应用程序"投喂怪物"22小时提高了叙利亚难民儿童的基本读写能力。该游戏还增加了同伴互动，并获得了来自家长的积极反馈（Koval-Saifi and Plass，2018）。

一项关于游戏化的实证研究和理论研究的综述显示，游戏策略和特性，如多媒体、图形、角色扮演、在排行榜上竞争以及完成活动获得虚拟分数或徽章的回报，对学生的学习积极性、决策和协作技能有积极影响（Dichev and Dicheva，2017）。据报道，2022年至少有一半的美国学生在使用一款游戏化学习平台"Kahoot！"，全球有超过2400万名用户，包括800万名教师也在使用（Kahoot!，2023）。一项对93项研究的综述发现，与其他工具和方法相比，"Kahoot！"可以在不同的环境和领域中对学习产生积极的影响。定性研究发现，使用排行榜、高质量动画图形等视听功能、个人反馈和增加课堂互动均有助于营造一个引人入胜的学习环境（Wang and Tahir，2020）。

成人参与互动可以影响游戏化的干预措施对学习的影响。GraphoGame是一款自适应数字游戏，在20多个国家使用，通过帮助儿童发展声音与符号的关联能力来提升阅读的流畅性。游戏会自动开展单词识别的重复练习，并提供即时反馈。一项元分析对19项关于考察GraphoGame对多种语言的单词阅读的影响的研究进行了探讨，结果并没有发现总体上产生的任何积极影响。虽然自用没有产生任何影响，但成人的参与产生了积极影响（McTigue et al.，2020）。法国一项对GraphoGame的研究以来自贫困社区的一年级学生为样本，结果发现，4个月时间里每周玩4次游戏，每次30分钟，对单词阅读流畅性有积极影响，因为教师在整个过程中都提供了积极支持（Lassault et al.，2022）。

游戏中的增强现实和虚拟现实技术也会影响学生对某些科目的态度。一项系统性综述发现，基于模拟的数字游戏对学习者学习物理的积极性有正向的影响（Ullah et al.，2022）。在数字游戏中模拟真实世界的场景，可以让学生在不那么吓人的虚拟空间中进行角色扮演、实践亲社会行为和学习决策（Rui，2023）。面向美国加利福尼亚州的三年级学生的一个社会情感学习的游戏化项目，包含每周讲故事视频、一次游戏和一次评估。与对照组相比，该项目改善了学习者的人际沟通技能，包括情绪调节和同理心（Sanchez et al.，2017）。

> 　　在数字游戏中模拟真实世界的场景，可以让学生进行角色扮演、实践亲社会行为和学习决策。

交互式白板可以通过吸引学习者来支持学习

　　交互式白板，也被称为电子白板，可以提升教学和学习的视觉、听觉和触觉体验（Abdullah et al.，2021）。在欧盟国家，每块交互式白板需要覆盖的小学生数量从2011—2012年的111人减少到2017—2018年的56人（Deloitte and Ipsos MORI，2019）。一项元分析发现，交互式白板比讲授式的传统教学更有效，因为交互式白板有吸引学习者的潜力。然而，这些影响可能与电子白板的交互性没有太大关系，更多与使用白板的教师的教学方法有关，如协作学习和主动学习（Shi et al.，2020）。教师是否能将白板融入教学，决定了白板是仅仅作为投影工具还是能有效地激发学生互动和课堂活动（Vita et al.，2018）。

　　各国政府都大量投资于交互式白板，但其产生的影响却千差万别。英国早在2000年代就已经大规模采用交互式白板。一项对200间教室试点引入交互式白板的评估发现，教师和9—11岁的学生对此一边倒地欢迎（Moss and Jewitt，2010）。因此，该项目扩大了规模，到2007年，交互式白板已经被广泛用于教学（Smith et al.，2008）。然而，交互式白板经常只是被用作黑板的替代品，其交互功能不一定会被使用（DiGregorio and Sobel-Lojeski，2010）。土耳其从2011年起在全国范围内开展信息和通信技术改革工程。作为这个工程的一部分，教育部对超过57万间教室引入了智慧白板，将信息和通信技术纳入教育系统（Esara and Sinan，2017）。一项元分析对47项关于在土耳其教室中使用智慧白板的实验研究进行了探讨，结果显示，这对学习成绩有显著的积极影响（Akar，2020）。

　　当交互式白板作为教学辅助工具使用时，它可以帮助解释复杂的概念，节省课堂时间。作为塞内加尔小学数字化工作的一部分，以及一项信息和通信技术干预措施，Sankoré项目在教室引入了交互式白板和预安装的内容软件。对122所学校的评估报告称，交互式白板的可视化功能让教师不必再绘制复杂的图表，并利用节省下来的时间进行课堂讨论。学生在法语、数学和生命科学方面的考试分数有所提高（Lehrer et al.，2019）。

　　教师培训的质量至关重要。在西班牙加泰罗尼亚地区，一个项目为600多所学校提供了交互式白板和一对一设备。教师们报告称，使用交互式白板就和用一台普通的投影仪来展示数字教科书和演示文稿差不多。但是，接受过专门培训的教师在了解了出版商和其他教师的使用范例后，更有可能使用白板来生成内容或让学生在白板上写字（Grimalt-Álvaro et al.，2019）。

模拟为科技领域的体验式培训提供了支持

　　增强现实、混合现实或虚拟现实正被用作体验学习的工具，提供富有吸引力的可视化、互动化以及在栩栩如生的条件下重复实践的机会。这种模拟促进了医学和工程等领域的实践学习（Angel-Urdinola et al.，2021），而且也常用于中学的科学教室。根据国际数学与科学趋势研究里的教师报告数据，2007—2015年，在科学教室体验过模拟的八年级学生的比例增加了12个百分点，其中以色列和美国的比例甚至增加了两倍。土耳其的比例是最高的，有一半的学生都体验过模拟（Vincent-Lancrin et al.，2019）（图4.3）。

　　在线科学实验室让我们可以以安全、经济的方式无限重复实验，这些实验室可以是基于软件的、虚拟的或远程控制的物理实验室（Potkonjak et al.，2016）。面向学校探究式学习的全球在线科学实验室（Go-Lab）由欧盟资助，为欧洲和非洲50个国家的科学、技术、工程和数学的学生与教师提供600个虚拟实验室，并通常与教育部合作（Go-Lab，2023）。这些实验室让教师可以充分演示，让学生可以重复进行各种各样的科学实验，从而使体验学习、协作学习和探究式学习成为可能。在爱沙尼亚，塔尔图大学教育学院已将Go-Lab纳入教师教育项目，以培养一种强调探究和协作的教学文化。教育部已经修订了数字科学评估，更强调学生的科学探究能力，其灵感就来源于Go-Lab的探究式学习模式（Gillet et al.，2017）。

图4.3
越来越多的学生正在用计算机模拟来学习科学
2007年和2015年部分国家或地区使用计算机模拟来学习自然现象的八年级科学课学生的百分比

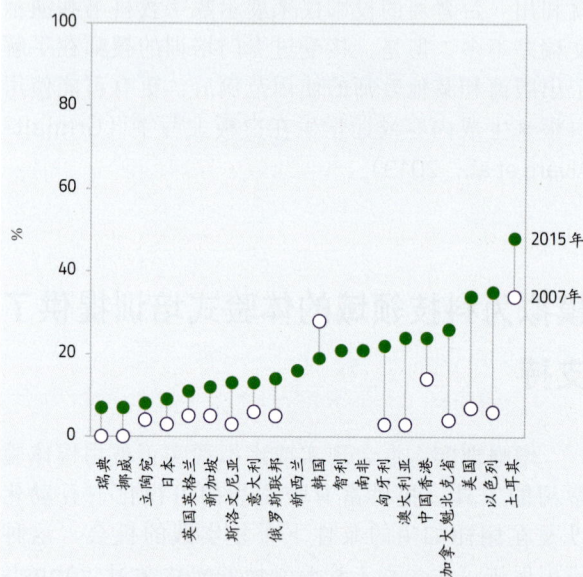

《全球教育监测报告》统计数据链接：https://bit.ly/GEM2023_fig4_3_
资料来源：根据樊尚-朗克兰等（Vincent-Lancrin et al，2019）的研究进行的改编。

> 基于虚拟现实的实践培训或许不如在现实生活中的培训有效，但肯定比视频演示等其他数字方法更有效。

基于虚拟现实的实践培训或许不如在现实生活中的培训有效，但肯定比视频演示等其他数字方法更有效。一项元分析对145项关于高等教育的模拟学习环境中技术有效性的实证研究进行了探讨，结果显示，与所有其他数字模拟相比，在医学教育中纳入人类患者的现场模拟对学习成果的积极影响最大。与观看二维计算机屏幕模拟相比，虚拟现实模拟与更大的积极影响有关，其为互动和刺激学生的感官感知创造了条件（Chernikova et al.，2020）。

模拟的环境或工作场所的数字三维模型为体验学习提供了支持。体验学习更能吸引学生，鼓励探究，允许在职业风险和危害更少的条件下重复实践（ILO，2021）。它们可以作为在职培训的替代或补充方案（OECD，2021）。因此，职业技术教育与培训机构正在利用增强现实技术和虚拟现实技术。丹麦已经建成了一个知识中心，以促进先进的模拟技术在职业技术教育与培训机构的使用。在一项对丹麦社会与医疗保健专业学生的调查中，近70%的受访者称虚拟现实是对常规教学的有效补充，超过40%的受访者报告称学习结果有了改善（OECD，2021）。

MilleaLab是一个用于创建基于虚拟现实的教育内容的软件平台，由东南亚教育部长组织地区开放学习中心和印度尼西亚技术教育与培训供应商Shinta VR公司于2019年合作开发。MilleaLab让1500所学校可以获取虚拟学习课程，并且培训了5200名教师开发和使用基于虚拟现实的学习内容，即使这些教师不懂任何编程技术（UNESCO-UNEVOC，2021a）。

虚拟现实培训模块为学生提供了一个互动环境，帮助学生为走进职场做准备（European Commission，2020），一些工作环境具有高风险性的职业已经在其培训和评估项目中采用了模拟技术（Morélot et al.，2021）。在比利时弗兰芒语区，教师们正在开发高质量的虚拟现实培训模块，作为VRGhoote的一部分。VRGhoote是一项中等职业技术教育与培训倡议，支持学生在模拟的高风险工作环境中安全地接受培训，并练习操作风力涡轮机等机械（European Commission，2020）。在厄瓜多尔，高等教育、科技和创新国务秘书处实施了一项融合了虚拟现实技术以重建危险环境的国家项目ActiVaR，学生可以从中获得识别和减轻工业风险的实际经验。附加的游戏化体验支持学生练习，教师可提供实时反馈（Angel-Urdinola et al.，2022）。

新冠疫情推动了职业技术教育与培训提供商使用模拟技术作为在职实践培训的替代方案。在马来西亚，敦胡先翁大学开发了数字职业技术教育与培训学习平台。教师们在课程中融合了增强现实和虚拟现实元素，以模拟课堂和实验室活动中的现实问题（UNESCO-UNEVOC，2021b）。然而，根据对126个国家的职业技术教育与培训提供商、政策制定者和其他利益相关方进行的联合调查，只有不到20%的中高收入和高收入国家的受访者报告称使用了模拟、增强现实或虚拟现实工具（ILO et al.，2020）。

协作技术促进了沟通和课堂参与

数字技术可以帮助学生跨界合作，对正在进行的作业提供可视化呈现，促进异步小组活动，提倡知识共创（Wang and Shen，2023）。一项元分析对425项实证研究进行了探讨，结果显示，几乎所有关于计算机在促进协作学习中的作用的探索研究都报告了这对学生感知、小组任务表现和社会互动的显著积极影响（Chen et al.，2018）。

在线论坛和基于云的文字处理平台支持学习者同时在同一项任务上进行协作（Wang and Shen，2023）。一项对34个关于技术支持的协作写作的实证研究的综述发现，维基百科、谷歌文档、离线文字处理器、脸谱网、聊天软件和论坛对学生参与、群体互动和同伴反馈有积极的影响（Zhang and Zou，2021）。在孟加拉国，使用维基百科进行在线协作写作的学生对在线文字处理的态度较积极，如能够递归地写作和修改（Ara，2023）。在伊朗伊斯兰共和国进行的一项准实验研究比较了两个班级的英语学习情况，发现与传统的面对面情境相比，使用谷歌文档进行同伴互评提高了学习者的写作技能（Ebadi and Rahimi，2017）。

用于同步和异步远程学习的音频与视频会议工具可以减少学习的时间和空间障碍，从而促进协作学习（Wang and Shen，2023）。虚拟学习环境鼓励更弱势和更被动的学生参与，让他们有更多的时间

思考与反思。与在传统的课堂环境中的发言相比，他们的思考与反思可以以书面形式表达（Chen et al.，2018）。其中有一种形式是翻转课堂，它将面对面学习与在线学习结合起来（专栏4.4）。

不过，协作学习的教学需要融入教学过程中。一项定量元分析对46项增强现实干预研究进行了探讨，结果表明，采用协作式教学方法时，干预对学习结果的影响最大（Garzón et al.，2020）。关于在线同伴互评的研究强调，学生互动的质量取决于教师所采用的教学方法（Zhang et al.，2022）。在瑞典，"以写促学"是一种在低年级使用信息和通信技术的结构化教学方法，强调协作完成和课堂互动。在写作任务中，学生使用软件和同伴分享他们的作文，教师在他们的写作过程中不断地给予和接收反馈。一项对一年级和三年级学生的分析显示，使用这种方法教授的学生中有78%通过了读写能力和数学的国家标准考试，而在采用传统方法教学的学生中，这一比例只有59%，在使用信息和通信技术但没有协作式反馈的学生中，这一比例只有50%（Genlott and Gronlund，2016）。

科技可以帮助家长参与到孩子的学习中来

技术为教师提供了几种低成本且便利的方式，从而帮助其与家长沟通孩子在学校的最新进展（Nicolai et al.，2023）。信息和通信技术可以通过培训、宣讲和指导来促进家长的知识获得和实践（Nicolai et al.，2023）。简短、轻松、有指导性的干预措施包括使用低成本的方式（如发送短信）定期提醒家长，让他们参与到孩子的学习中来。

> 简短、轻松、有指导性的干预措施包括定期提醒家长，让他们参与到孩子的学习中来。

翻转课堂正在改变高等教育的教学方式

翻转课堂是一种混合式教学方法，随着用于录制、编辑和发布视频的各种工具的发展以及在线视频平台的出现，正在被应用于高等教育阶段（Bredow et al.，2021；Robertson and Flowers，2020）。学生通过观看在线讲座或录播视频，在上课前完成对材料的学习，规划好自己的学习节奏，并在课堂上应用这些学习材料，从而使课堂体验从"以教师为中心"转变为"以学习者为中心"（Strelan et al.，2020）。

对这种方法的评估主要是在高等教育环境中（Jdaitawi，2019），尤其是在美国和亚洲国家，包括中国、马来西亚和韩国（Kushairi and Ahmi，2021）。鉴于有证据表明翻转课堂提高了学生的参与度（Lee，2018），韩国教育部早已开始鼓励在高等教育中使用翻转课堂，特别是用于科学教学。大学可能会强制要求新聘用的教职人员对各学科都使用翻转课堂（Kim，2021）。

一项元分析对95项研究进行了探讨，结果显示，与传统课堂模式相比，翻转课堂模式对学习成果和学习积极性有一定的积极影响。在课堂上，在线论坛和游戏等工具产生的效果要比在线学习平台更好。在课前使用的资源中，录像的效果最好（Zheng et al.，2020）。具体效果也因学科而异。一项对300多项研究的综述强调了使用视频支持的翻转课堂干预对学习结果和内省或交际能力的积极影响，且对语言和技术学习的影响要大于对工程和数学学习的影响（Bredow et al.，2021）（图4.4）。

图4.4
翻转课堂改善了一系列学科的学习
2010年代按课程内容分列的高等教育中翻转课堂干预的平均效应量，基于多个研究

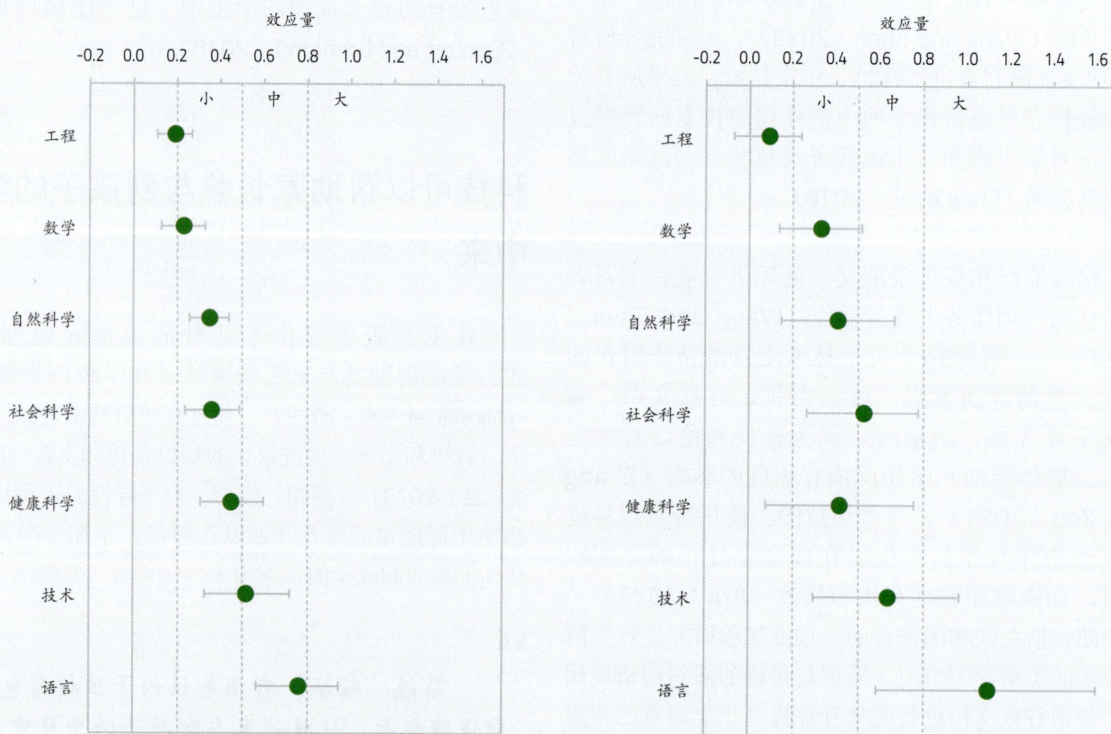

a. 学习结果

b. 内省或交际能力结果

《全球教育监测报告》统计数据链接：https://bit.ly/GEM2023_fig4_4_
注：绿点表示平均效应量，线表示估计值的平均可变范围。
资料来源：根据布雷多等（Bredow et al.，2021）的研究进行的改编。

但是，这种教学方法的使用是否有效，取决于学生能否自主学习，家里是否有信息和通信技术设备（Lo and Hew，2017）。另外，还需要教师有能力利用课堂时间来有效地激发学生的协作，并在课前准备好课程。如果教师需要同时适应两种教学模式，可能会增加他们的工作负担（Bülow，2022）。

对29项研究的系统性综述发现，这种行为干预措施改善了学生的学习结果（See et al.，2020）、学校的学生出勤率以及家长对家校活动的参与度（Berlinski et al.，2021）。在科特迪瓦，100所公立学校坚持在一整年内每周向学生的照护者发送2次指导信息。与对照组相比，这一干预措施与学生的辍学率减半有关（Lichand and Wolf，2020）。在南非开普敦的低收入社区，每周有1000多户家庭收到短信，鼓励孩子们定期参加政府的课外项目。10周后，家长收到短信的学习者平均比对照组中的学习者多参加了6%的课程（Owsley，2017）。

在11个月的时间里，"家长参与项目"平均向36所英国中学的每位家长发送了30条短信。这些短信内容包括孩子的成绩以及即将到来的考试和作业的信息。一项独立评估发现，与对照组的孩子相比，家长收到这些短信的孩子将他们的数学学习水平提高了相当于一个月的额外进步，并降低了缺勤率。大多数家长对信息的内容、频率和时机均表示认可（Education Endowment Foundation，2016）。

"READY4K!"是美国旧金山实施的学前识字项目，在8个月的时间里，该项目每周给家长发送3条信息，介绍易于实施的家庭识字活动。家长收到这些信息的孩子在读写测试中表现较好，尤其是那些之前得分低于班级中位数的孩子（York and Loeb，2018）。智能手机应用程序EasyPeasy每周给学龄前儿童的家长发送关于教育游戏创意的短信，以便他们在家里实施这些创意游戏。一项调查对该应用程序在英国约100个托儿所实施20周后的情况进行了评估，结果发现家庭学习活动有所改善（Robinson-Smith et al.，2019）。

此外，在家利用技术完成学业也让家长的帮助显得尤为重要，学生因此能够将收到的反馈意见付诸实施，这样的操作在新冠疫情期间已经非常清晰明朗（**专栏4.5**）。有时候，学生在没有成人支持的情况下并不懂得如何应用来自教育技术软件的反馈（Vasalou et al.，2021）。

专栏 4.5

新冠疫情期间的远程学习依赖于家长的参与

因新冠疫情而关闭学校期间，各国政府都利用信息和通信技术与家长或其他照护者进行沟通，让他们参与并帮助孩子学习。相关的信息活动包括使用短信和即时通信平台提供定期更新和共享的资源，为居家学习提供支持。在幼儿发展中心关闭后，哥伦比亚家庭福利研究所发起了一项针对170万名弱势儿童的远程教育倡议。该倡议依靠WhatsApp和其他社交平台，向照护者传递有关促进儿童在家成长的简单教学活动的指导（Vincent-Lancrin et al.，2022）。印度中央邦教育部门在#Ab padhai nahi rukegi（#学习不停）运动下，为邦内5万多所学校中的每一所学校都创建了一个WhatsApp群组，用于分享学习材料，覆盖了190万名家长和20万名教师。中央邦教育部门还成立了一个专门的WhatsApp监控小组，以监督在群组内传播的内容（Batra et al.，2022）。

学校和教师通过电话和即时通信平台来支持家长，包括教授课程和检查孩子的家庭作业（Nicolai et al.，2023）。在博茨瓦纳，基础教育部通过教师每周给家长发短信和打电话，保持了"因材施教"项目的继续实施，以提高基础读写能力和计算能力。在疫情期间，家长们接受了关于基本计算能力概念的电话辅导。对4500个家庭进行的评估发现，与对照组相比，小学生的基本计算能力有所提高。家长与孩子一起参与教育活动的次数越多，就越能够正确认识到孩子的学习水平和需求（Angrist et al.，2022）。在墨西哥，教师使用WhatsApp通过文本与学生和家长进行交流，拍照上传学生作业，并通过语音或视频电话回答学生的问题（Castellanos-Reyes et al.，2022）。

尽管这些干预措施确实有潜力，但它们的采用和有效性受到诸如家长受教育程度、照护者对教育的看法以及时间和物质资源是否充足等因素的限制（Nicolai et al.，2023）。在加纳，一项为期24周的行为指导活动希望通过短信来提高儿童照护者的参与度，结果发现与未受过教育的对照组相比，受过教育的儿童照护者对家校活动的参与度增加了（Aurino et al.，2022）。

过度使用技术会对学生的成绩产生负面影响并增加干扰

> " 消息通知或仅仅是靠近移动设备都有可能分散注意力，导致学生的注意力从手头的任务上移开。"

与数字技术改善教育的潜力相比，将信息和通信技术运用于教育也存在风险，而这些风险往往会被研究和评估所忽视。使用量超过中等阈值后，学生使用技术设备可能会对学习成绩产生负面影响。智能手机和电脑的使用扰乱了课堂和家庭的学习活动。一项元分析对14个国家从学前教育到高等教育学生的手机使用情况与教育结果之间关系的研究进行了探讨，发现确实存在微弱的负面影响，在大学阶段影响更大。这种负面影响主要与在学习时间内注意力被分散以及花在非学习活动上的时间增加有关。消息通知或仅仅是靠近移动设备都有可能会分散注意力，导致学生的注意力从手头的任务上移开。在教室中使用智能手机会导致学生参与和学校不相关的活动，这会影响学生的记忆力和理解力（Kates et al.，2018）。一项研究发现，学生在参加非学习活动后，需要20分钟的时间才能重新专注于正在学习的内容（Carrier et al.，2015；Dontre，2021）。据报告，在课堂上使用个人电脑进行非学习活动（比如浏览互联网）的学生，以及看到屏幕的其他学生，都会受到负面影响（Hall et al.，2020）。

使用来自大规模国际评估（如国际学生评估项目）的数据的各项研究，也表明过度使用信息和通信技术与学生成绩之间存在负相关（Gorjón and Osés，2022）。将家庭与学校的信息和通信技术使用程度分为轻度、中度或重度，通常都会发现超过阈值后的过度使用与学习成绩的下降相关，而适度使用通常与积极的学习成绩相关。对来自79个国家和地区的2018年国际学生评估项目数据进行分析，有研究者基于电子邮件、安排活动、网页浏览和聊天等在线活动，构建了一个在线活动指数。在控制了学生、学校和国家（地区）方面的各种因素后，研究者发现信息和通信技术的使用与阅读、数学和科学分数之间存在正相关，直到达到最佳使用量的阈值。超过每周若干次的阈值后，学习效果也在下降。研究发现，过度使用信息和通信技术并不会提供超过一定水平的额外回报，这一发现在所有社会经济组别的学生中都保持一致（Bhutoria and Aljabri，2022）。

在另一项使用国际学生评估项目数据的研究中，中度使用信息和通信技术始终与更好的阅读学习结果相关。虽然在2009—2018年，被归类为信息和通信技术高用量用户的学生数量有所上升，但研究者没有观察到其对学习结果有显著的积极影响（Borgonovi and Pokropek，2021）。在控制了性别和社会经济地位等因素后，对2015年荷兰的国际学生评估项目数据的分析发现，在课堂作业和课外作业中适度获取并使用信息和通信技术的学生的阅读表现最好（Gubbels et al.，2020）。

关于教师对使用平板电脑和手机的看法的研究突出了课堂管理的难题，比如学生访问的网站不是教师指定的，或课堂的噪声变大（Nikolopoulou，2020）。参加2018年国际计算机和信息素养研究的7个国家和地区的教师中，超过三分之一（丹麦的每两名教师中就有一名）同意在课堂上使用信息和通信技术会分散学生的学习注意力（Fraillon et al.，2019）。在课堂上使用社交媒体也具有破坏性，更加分散了学生对学习的注意力，对学习结果产生负面影响（Dontre，2021）。对2009—2018年的国际学生评估项目数据进行分析发现，在学校使用社交媒体与数字阅读表现之间存在负相关关系（Hu and Yu，2021）。

在新冠疫情期间，在线学习依赖于学生自主学习的能力，因此可能会使成绩较差的学生不愿上学的风险进一步上升：实验研究表明，成绩好的学生更容易以有成效的方式使用技术（Bergdahl et al.，2020）。在比利时、荷兰和瑞士，不仅学生的成绩下降了，而且不平等也加剧了，这可能是由于缺乏家庭支持等。在荷兰，在学校关闭8周后，父母受教育程度较低的学生的学习损失要高出60%（Azevedoetal.，2022）。对美国1万所学校的超过210万名小学生和初中学生进行分析发现，在2020—2021年，相比轻度贫困和中度贫困社区的学校，重度贫困社区的学校在远程教学上多花了5.5周的时间，并且报告的学习结果也更差（Goldhaber et al., 2022）。

转向在线学习对小学生的影响大于对年龄较大的学生的影响，后者或许能够在一个偏远的环境中更好地保持自己的学习进度。在瑞士，将学校关闭的前8周与整个关闭期间进行比较发现，中学生在线学习保持了学习进度，而小学生的学习成绩却进步缓慢。相比而言，中小学生在面对面教学时的学习速度是远程教学时的2倍（Tomasik et al., 2021）。

除了对教学和学习造成即时的干扰外，技术的使用还会对身心健康产生负面影响，并增加学生对网络风险和危害的易感性，从而影响长期的学习成绩。教育系统采取了各种方法，从限制设备的使用到完全禁止使用（第8章）。

> **❝**
> *积极的影响往往依赖于教学的协调一致和教师的辛勤奉献。*
> **❞**

结语

技术在改善现有的教学和学习过程方面有很大的潜力。然而，成功的证据十分有限，大规模研究的结果尤其如此。大规模研究系统性地探索了技术是如何在不同的环境中持续促进积极的变化的。我们很难将结论性的、具体的学习结果归因于硬件或软件。积极的影响往往依赖于教学的协调一致和教师的辛勤奉献。

关于技术的使用和有效性的证据表明，除了影响个人的学习结果之外，技术对教学和学习过程有促进和破坏两种影响。虽然技术有许多贡献形式——作为教学的补充，让教学更加个性化，提供更多的实践机会，通过视听、互动和协作的方式刺激学生参与——但它也有可能增加注意力分散和不愿上学的风险。

考虑到现有的大量技术产品和平台，政府的决策需要以采购能力为基础，基于可靠的证据再扩大规模。这些证据必须能够证明干预措施的长期影响，仔细考虑所涉及的所有教学因素。教育技术干预措施的设计和提供需要根据当地的情况进行调整。技术干预的成功需要教师强有力的教学整合、增加教学时间和稳步有效地推进等长期积淀的基本能力。

阿拉伊·贝森巴耶瓦（Arai Beisenbaeva，17岁）是联合国儿童基金会在哈萨克斯坦各地开展的#ПайдасыБарКарантин（"居家健康"）与#КарантинСПользой（"有益隔离"）项目的在线志愿者之一。自新冠疫情封校以来，她所有的学校课程和志愿活动都是在网上进行的。

图片来源：UNICEF/UN0398146/Karimova*

5

数字技能

重要信息

许多国家都希望在课程中纳入数字技能，并在着手定义数字技能以及制定相关评估标准。
国家数字技能标准正在陆续出现。

- 数字技能的定义是在不断变化的。大约90%的国家渴望培养公民的数字技能，54%的国家已经制定了数字技能标准。

- 欧盟的数字能力框架2.2版（DigComp 2.2）正在被用来开发战略、课程和评估工具。但是绝大多数国家采用的都是由非国家行为体（主要是商业行为体）开发的数字技能框架。

数字技能很难衡量。

- 商业数字技能框架较为狭隘，通常与评估工具挂钩，但这些工具是收费的，其认证的技能一般用于劳动力市场。政府制定的数字技能框架更宽泛，但是因为目的、目标群体、采用情况、项目开发、可靠性、有效性、交付模式、成本、可推广性和责任部门的不同，评估也会有所不同。

- 对数字技能的评估需要解决三个问题：多维性、跨时间可比性以及公平性。

目前的衡量结果展示了较低的数字技能水平和较大的差距。

- 数字技能方面的总体性别差距较小，但具体技能方面的性别差距较大。在50个国家和地区中，只有3.2%的女性能够编写计算机程序，而男性的这一比例为6.5%。

- 数字技能因背景而异。在德国，父母双方都没有受过高级中等教育的成年人中，有10%的人达到了解决问题能力的最低熟练水平，而父母中至少有一方受过高等教育的成年人中，这一比例为53%。

虽然数字技能可以通过正规教育获得，但通常是在正规教育之外获得的。

- 2011年的一项家庭调查显示，大多数欧洲成年人都是通过非正规的方式获得信息和通信技术技能的。但2018年的一项更新调查显示，正规教育可能会增加学习者通过非正规的方式获得更多技能的可能性。对于学生在校外获得的经验和知识，正规教育体系要接受、重视和融合。

各国开发了培养数字技能的各种方法。

- 在2018年国际学生评估项目中，超过50%的15岁学生报告称，他们在学校学过如何识别带有偏见的信息。

- 沟通和协作方面的技能在学校正规课程以外得到了重视。阿根廷通过举办编程比赛和机器人竞赛来促进团队合作和知识分享。

- 在中高收入国家和高收入国家的36所重点大学中，约90%的大学在其课程中加入了知识产权教育。

- 学校课程通常都不重视数据隐私和安全方面的技能。澳大利亚和新西兰已经将这些技能纳入了一个跨学科主题。

- 计算机教育因其在培养与解决问题有关的技能方面的重要性而得到全球认可。欧洲推行了计算机科学义务教育，中亚、东南亚和拉丁美洲也开展了广泛的计算机科学教育试点。

从个人电脑、互联网和搜索引擎，到智能手机、社交媒体和自然语言模型，技术创新正在改变人们作为个人和公民的工作与生活方式。变革的步伐没有减小的迹象。原本泾渭分明的物理世界和虚拟世界，开始呈现出相互渗透的趋势。人、企业和机器总是"在线"，彼此之间时刻处于超链接状态。存储和处理数据的能力在不断加强，以至于日常生活中越来越多的事情都可以由数据分析来决定。人们需要新的技能来驾驭不断变化的经济和社会，充分利用机会，并保护自己免遭风险。他们还需要知道如何保护自己和他人的安全、自由和权利不受威胁，并理解必须和在现实世界中一样对数字世界中的行为负责任。

今天，世界上有三分之二的人在使用互联网，从低收入国家的26%到高收入国家的92%不等。在全球年轻人群体中，这一比例甚至上升到四分之三，从低收入国家的39%到高收入国家的99%不等（ITU，2022c）。此外，人们正在使用互联网来完成更多各种各样的任务。例如，经合组织成员中，在互联网上获取商品和服务信息的互联网用户比例从2005年的40%增加到2021年的75%（OECD，2022）。

> *人们需要新的技能来驾驭不断变化的经济和社会。*

由于数字技术的不断变化，对技能的需求激增。这对公共教育与培训系统构成了重大挑战，原因有三。第一，这些技能的定义并不统一。有些定义与工作需求紧密相关，有时甚至与特定的专有技术有关。教育系统必须明确我们需要哪些技能，才能更好地准备课程。第二，教育系统习以为常的状态早已被时代远远落下，如今为了跟上变革的步伐而创造各种必要条件，比如对教育工作者进行培训，需要付出昂贵的代价：据估计，课程改革平均每10年才会进行一次。第三，由于正规教育的变化缓慢，而技术创新的产生和传播让人目不暇接，所以数字技能通常是在校外获得的。简而言之，公共教育与培训系统不可能教授所有的数字技能，必须优先考虑一套基本的核心技能组合。

本章介绍了数字技能的可行定义、国家框架和衡量方法。尽管这些技能往往是在正规教育系统之外获得的，但各国正努力在儿童、青少年和成人中培养这些技能。

对数字技能的定义必须宽泛

随着数字技术的不断发展，对数字技能的定义也在不断变化。最初，我们是从工具的角度来看待数字技能的，专注于使用数字设备和在线应用程序的能力。这些技能通常包括基本的软硬件操作、电子邮件和搜索功能的使用。虽然这一定义相对容易监测，但它过于狭窄，无法与政策相连（van Dijk，2020；Mattar et al.，2022）。技能本身，以及技能相关知识和对技能的态度，不应该仅仅是让人们能够使用设备。相反，应该让人们能够充满信心地使用数字技术，为他们的生活和工作增加价值，让他们批判性地对待内容，保护自己免遭风险，并在网上采取负责任的行动，以免伤害他人。这些能力的目的在这些定义中已经显而易见，这也是若干组织曾试图证明的（**表5.1**）。

特别是欧盟委员会提出的定义，历经10多年演变，通过了广泛的利益相关方协商和开放的论证过程，欧盟成员国都参与其中。这个定义为欧盟数字能力框架提供了信息，而该框架也被采纳为《数字素养全球框架》（UIS，2018）的一部分，它也是本章数字技能分析的基础。

欧盟数字能力框架的结构是从5个层面来组织的（Vuorikari et al.，2022b）：（1）5个能力领域（信息和数据素养、沟通和协作、数字内容创作、安全以及问题解决）；（2）21项能力（**表5.2**）；（3）8个熟练水平（从基础到高度专业化）；（4）行为举例（知识、技能和态度）；（5）场景应用（在工作和学习环境中）（Carretero et al.，2017）。

国家数字技能标准正在陆续出现

本报告小组对"以文件增强教育评价"（PEER）国家概况的分析表明，90%的国家都渴望发展公民的数字技能。总体而言，46%的国家——从撒哈拉以南非洲的20%到欧洲和北美的80%不等——似乎已经在框架、政策、规划或战略中为学习者确定了数字技能标准（**图5.1**）。20多个欧洲国家已经使用欧盟数字能力框架作为制定战略、教育计划和评估工具的基础（Carretero et al.，2018）。这些标准可以帮助指导教育与培训项目。德国16个联邦州已经制定了一个国家能力框架和战略，涵盖了数字技能和教师教育、学校资源和课程开发的各个相关方面（KMK，2016）。在英国英格兰，教育部经过与科技公司、银行、商业财团和民间社会组织的协商，制定了《必备数字技能框架》（Department for Education，2018）。

就已制定标准的国家的占比而言，中亚和南亚以及东亚和东南亚是占比最高的另外两个区域。这并不局限于正规教育。印度政府开展了"总理乡村

表5.1
四大政府间组织的数字技能定义

组织	欧洲理事会	欧盟委员会	国际电信联盟	联合国教科文组织
使用术语	数字公民	数字能力	数字技能	数字技能
定义	"精通并积极接触数字技术（创造、工作、分享、社交、调查、游玩、交流和学习）；积极负责地参与（价值观、态度、技能、知识）各个社区的活动，……无论层级高低；参与一个双重过程，包括与终身学习……；以及……。"	"……自信地、批判性地、负责任地使用和接触数字技术。……信息和数据素养、沟通和协作、媒体素养、数字内容创作（包括编程）、安全、……知识产权相关问题、问题解决和批判性思维。"	"……能够使用信息和通信技术来帮助个人。"	"……具有使用数字设备、通信应用程序和网络来获取与管理信息的一系列能力。这些能力让人们能够创建和分享数字内容、交流、协作和解决问题。"
目的	"不断捍卫人类的尊严。"	"用于学习、工作和社会生活中。"	"帮助自己和他人在日常生活中获得有益的、高质量的结果，并减少与数字参与的更多消极方面相关的潜在伤害。"	"在生活、学习、工作和整个社会活动中实现有效和创造性的自我实现。"

资料来源：Council of Europe（2017）、European Commission（2019）、ITU（2018）、UNESCO（2018）。

表5.2
欧盟数字能力框架概念参考模型

能力领域	能力
1. 信息和数据素养	**1.1 浏览、检索和过滤数据、信息和数字内容**：澄清信息需求，在数字环境中检索、获取并浏览所需数据、信息和内容。创建和更新个人检索策略。 **1.2 评估数据、信息和数字内容**：分析、比较和批判性地评估数据、信息和数字内容来源的可信度和可靠性。分析、解释和批判性地评估数据、信息和数字内容。 **1.3 管理数据、信息和数字内容**：在数字环境中组织、存储并检索数据、信息和内容。在一个结构化的环境中组织并处理这些数据、信息和内容。
2. 沟通和协作	**2.1 使用数字技术进行交互**：使用各种数字技术进行交互，并理解特定环境下哪些数字通信手段是适当的。 **2.2 使用数字技术进行共享**：使用适当的数字技术与他人共享数据、信息和数字内容。在作为一个信息中介时，了解引用和归因的方法。 **2.3 使用数字技术实现公民身份**：使用公共和私人数字服务参与社会。使用适当的数字技术寻求自我赋权和获得参与性公民身份的机会。 **2.4 通过数字技术进行协作**：在协作过程中使用数字工具和技术，并进行资源和知识的共建共创。 **2.5 网络礼仪**：在使用数字技术和在数字环境中进行互动时，了解行为规范相关的知识和专门技能。能根据特定的受众调整沟通策略，并且了解数字环境中的文化多样性和代际多样性。 **2.6 管理数字身份**：创建和管理一个或多个数字身份，能保护自己的声誉，并且处理通过多种数字工具、环境和服务产生的数据。
3. 数字内容创作	**3.1 开发数字内容**：创建和编辑不同格式的数字内容，通过数字方式表达自己。 **3.2 整合和重新阐释数字内容**：将信息和内容修改、完善、改进和整合到现有的知识体系中，从而创作新的、原创性的、相关的内容和知识。 **3.3 版权和许可证**：了解版权和许可证如何适用于数据、信息和数字内容。 **3.4 编程**：为一个计算系统规划和开发一系列容易理解的指令，以解决某个特定的问题或执行某个特定的任务。
4. 安全	**4.1 保护设备**：保护设备和数字内容，并了解数字环境中的风险和威胁。了解安全措施，并充分考虑可靠性和隐私。 **4.2 保护个人数据和隐私**：在数字环境中保护个人数据和隐私。了解如何使用和分享个人身份信息，同时能够保护自己和他人免遭损害。了解数字服务会使用"隐私政策"来告知个人数据将如何被使用。 **4.3 保护健康和福祉**：在使用数字技术的同时，能够避免其对身心健康造成的风险和威胁。当数字环境中可能存在危险（如网络欺凌）时，能够保护自己和他人。了解旨在增进社会福祉和社会包容的数字技术。 **4.4 保护环境**：了解数字技术及其使用对环境的影响。
5. 问题解决	**5.1 解决技术问题**：在操作设备和使用数字环境时，识别并解决技术问题（从排除故障到解决更复杂的问题）。 **5.2 识别需求和技术响应**：评估需求，识别、评估、选择并使用数字工具和可能的技术响应来解决这些问题。根据个人需求（如无障碍性）来调整和定制数字环境。 **5.3 创造性地使用数字技术**：使用数字工具和技术来创造知识，并创新过程和产品。通过单独和集体参与认知信息加工工作，理解并解决数字环境中的概念问题和场景问题。 **5.4 识别数字能力差距**：了解自己的数字能力在哪些方面需要改进或更新。能够支持他人的数字能力的发展。寻求自我发展的机会，并跟上数字时代的发展。

资料来源：Vuorikari et al.（2022b）。

数字扫盲运动",使6000万农村家庭中每家至少有一名成员能够操作数字设备、浏览互联网、完成数字支付和获取公共服务。到2022年中,已有5200万人接受了培训,3900万人获得了培训认证(India Ministry of Electronics and Information Technology, 2022, 2023)。

一些国家采用的是由非国家行为体(主要是商业行为体)开发的数字技能框架。例如,由非营利组织欧洲计算机使用执照(ECDL)基金会开发的"国际计算机使用执照"(ICDL)已作为"数字技能标准"进行推广,但它主要与微软的应用程序有关,如微软数字素养标准课程(ICDL, 2023)。思递波公司(Certiport)的互联网和计算核心认证作为跨国出版和教育企业培生集团的考试分支,以一种"全球基准"的面貌呈现,但只与特定的几个主要技术公司相关(Certiport, 2023)。总部位于新加坡的DQ研究所开发了一个数字智能框架,该框架于2020年由电气与电子工程师协会标准协会批准(IEEE, 2020),并与墨西哥、泰国和土耳其的教育部门合作开展了试点(Jackman et al., 2021)。

对47个不同收入水平的国家进行研究后发现,三分之二的国家采用了"国际计算机使用执照",约五分之一的国家采用了思递波公司和微软公司的数字素养标准课程(UIS, 2018)。肯尼亚和泰国已正式承认并批准将"国际计算机使用执照"作为学校、大学和培训(或教育)机构使用的唯一数字素养标准(World Bank, 2020)。

图5.1
超过一半的国家没有制定数字技能标准
2022年拥有明确的数字技能标准的教育系统的百分比

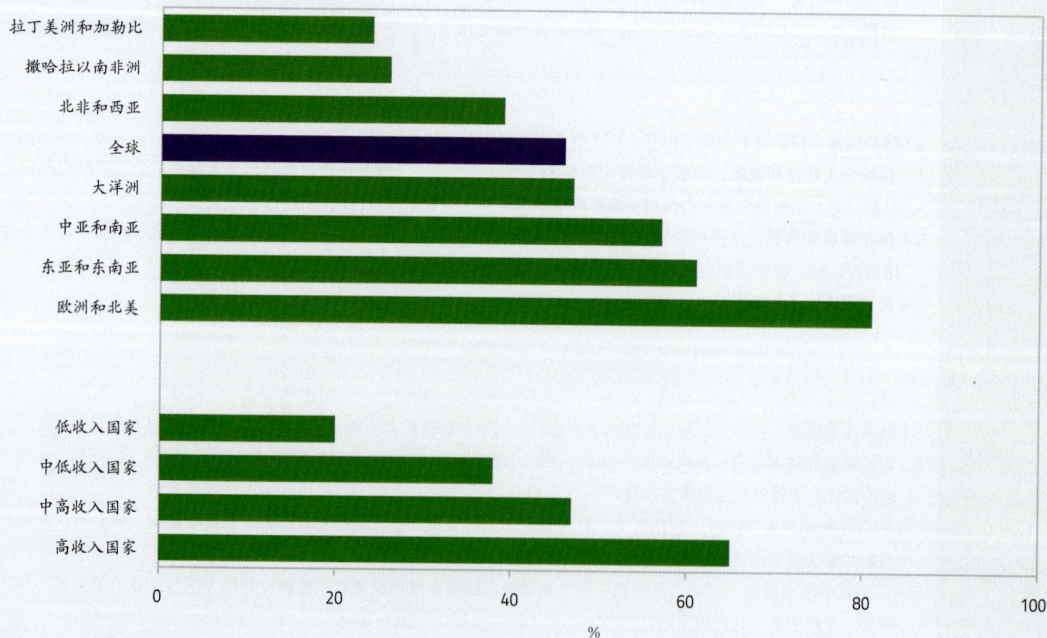

《全球教育监测报告》统计数据链接:https://bit.ly/GEM2023_fig5_1_
资料来源:《全球教育监测报告》小组基于"以文件增强教育评价"国家概况进行的分析。

数字技能很难衡量

数字技能很难衡量。商业数字技能框架定义的技能太狭隘，通常与评估工具挂钩，但这些工具是收费的，其认证的技能一般用于劳动力市场。相比之下，政府制定的数字技能框架往往更宽泛。因此，并不是所有这些技能都可以用一个工具来衡量，因为评估可能因目的、目标群体、采用情况、项目开发、可靠性、有效性、交付模式、成本、可推广性和责任部门的不同而异（UNESCO，2019）。

衡量数字技能存在概念和操作上的挑战

对数字技能的评估需要解决三个问题（Reichert et al.，2023）。第一个问题，数字素养是多维的，而且事实证明，很难在一次评估中涵盖所有维度（Ihme et al.，2017）。第二个问题是跨时间可比性。随着时间的推移，良好的监测需要跟踪特定数字技能的发展，但新技术不断出现，造成我们很难跟上变化的步伐。为了反映这些变化而修改评估框架和工具，有可能从根本上改变我们正在衡量的数字素养概念，所以不同时间的衡量结果可能不具有可比性。

> **"**
> 人们需要新的技能来驾驭不断变化的经济和社会。
> **"**

第三个问题是公平性。从性别、社会经济地位和国别的角度对学生进行有效的比较，需要评估任务和题目不偏向任何一个群体。带有偏见的题目一般会在设计阶段被剔除，但是元分析显示，仍然有一部分题目留了下来（Scherer and Siddiq，2019）。数字设备的使用、联网情况、数字技能以及学校条件都与社会经济分化有关（van Dijk，2006，2020）。此外，在跨国评估中，偏见可能会加剧。不过，21个国家和地区所采用的国际成年人能力评价项目中有一个模块与在技术丰富环境中解决问题有关。该模块适用于国家和地区间的比较，包括从性别、年龄

组、教育水平和移民背景的角度进行比较（Gorges et al.，2017）。国际计算机和信息素养研究还探讨了题目与国家和地区的相互关系，借此发现有文化偏见的题目，删除那些对特定国家和地区有重大影响的题目（Fraillon et al.，2019）。不过，即使是在有文化亲缘关系的丹麦、德国和挪威，研究参与者也发现国际计算机和信息素养研究中的部分任务的难度是不同的（Bundsgaard，2019）。

此外，还存在操作上的挑战。对数字技能的评估可以在真实的或模拟的软件环境中实施。真实的软件环境力图确保准确性，但结果反映的可能是对特定软件的熟悉程度，而不是一般数字素养（Reichert et al.，2020）。因此，对评估软件的使用越有经验的学生，就越容易获得更高的测试分数（UIS，2018）。与此相反，模拟的软件环境简化了真实世界里的软件应用程序，或许不能完全反映学生使用通用软件应用程序处理任务的能力（Reichert et al.，2020）。与此同时，关于不同的数字设备对数字素养表现的影响，我们不得而知，这可能与自我报告的评估方式有关。此外，屏幕大小、显示分辨率和显示刷新率也会影响基于计算机测评的表现（Bridgeman et al.，2003；Jensen，2020）。

目前的衡量结果显示了较低的数字技能水平和较大的差距

现有的评估手段试图衡量数字技能的水平和进步，同时也承认上述挑战的存在。可持续发展目标4监测框架最初试图区分基于家庭调查的自述式指标"信息和通信技术技能"（全球指标4.4.1）与直评式指标"数字素养"（数字指标4.4.2）。第一个指标反映的是对特定实践的熟悉程度，第二个指标反映的是数字技能的多个维度中的一部分。但是，实践中是不可能这么清楚地区分这两个概念及其信息来源的。

鉴于在全球范围内很难进行直接评估，近年来的努力方向主要集中于合并指标。由欧盟委员会开发的数字能力综合指标就是例子之一（Vuorikari et al.，2022a）。根据欧盟对家庭和个人使用信息

表5.3
按欧盟数字能力框架能力领域分列的欧盟数字能力指标中使用的问题

能力领域	相关问题
1. 信息和数据素养	寻找有关商品或服务的信息 寻找与健康相关的信息 阅读在线新闻网站、报纸或新闻杂志 与核实在线信息及其来源有关的活动
2. 沟通和协作	收发电子邮件 通过互联网拨打电话/视频 即时通信 参与社交网络 在网站或社交媒体上就公民问题或政治问题发表意见 参加在线咨询或投票来定义公民问题或政治问题
3. 数字内容创作	使用文字处理软件 使用电子表格软件 编辑照片、视频或音频文件 在文件夹、设备（通过电子邮件、即时通信、USB、线缆）之间或在云端复制或移动文件（如文档、数据、图像、视频） 创建包含文本、图片、表格、图表、动画或声音等多个要素的文件（如文档、图像、视频） 使用电子表格软件的高级功能（函数、公式、宏和其他开发人员功能）来组织、分析、构建或修改数据 用编程语言编写代码
4. 安全	通过以下方式管理自己的个人数据： 　　检查使用个人数据的网站是否安全 　　在提供个人数据之前，阅读隐私声明 　　限制或拒绝获取自己的地理位置 　　限制访问社交网站或共享于在线存储空间上的个人资料或内容 　　拒绝/允许将个人数据用于广告目的 在自己的互联网浏览器中更改设置，以阻止或限制获取其任一设备上的缓存文件
5. 问题解决	下载或安装软件或应用程序 更改软件、应用程序或设备的设置 网上购物（在过去12个月内） 网上销售 使用在线学习资源 开展网上银行业务 找工作或发送求职申请

资料来源：Vuorikari et al.（2022a）。

和通信技术的自述式调查，该综合指标评估了个人是否在互联网上进行了特定的活动，这些活动与欧盟数字能力框架的能力领域一一对照（**表5.3**）。该调查总共反映了21项欧盟数字能力框架能力中的12项，并且正努力在未来的迭代中调整该工具，以满足新出现的需求。例如，2021年就增加了一项关于安全的技能指标。

该数字能力指标正在被用于监测欧盟"数字十年"的目标完成情况，即到2030年，欧盟国家80%

的成年人至少具备基本的数字技能。2021年确立了6个技能水平：无、有限、差、低、基本和基本以上。根据这套分类方法，2021年，27个欧盟国家中54%的成年人至少达到了基本技能水平，男性的该比例比女性高出4个百分点。该指标估计也适用于邻近的非欧盟成员国，比例从阿尔巴尼亚的24%到冰岛的81%不等（图5.2）。

国际电信联盟和教科文组织统计研究所是可持续发展目标全球指标4.4.1的共同监管机构，该指标在一定程度上衡量了拥有信息和通信技术技能的成年人的百分比。这两个组织已经认识到，该指标必须以一个健全的框架为基础。国际电信联盟的信息和通信技术家庭指标专家组采用了欧盟数字能力框架的5个能力领域，减少了一系列关于欧盟数字能力指标的问题，将其作为全球指标4.4.1的未来基础，并且通过巴西的示范应用来验证这种方法的全球适用性（ITU，2022b）。根据这项研究，31%的巴西成年人至少拥有基本数字技能，但国内差异较大：城市地区的这一比例是农村地区的2倍，劳动力中的这一比例是非劳动力的3倍，社会经济顶层群体的这一比例是两个底层群体的9倍（ITU，2022a）。

目前只有极少数国家报告了欧盟数字能力框架提出的能力领域数据，即使在报告该数据的国家中，报告全部5个领域的也是凤毛麟角。例如，78个国家报告了关于问题解决的数据，而只有27个国家报告了关于安全的数据（ITU，2022c）。目前，按

图5.2
在欧洲，略多于三分之一的成年人具备基本的数字技能
2015年和2021年部分国家16—74岁至少具备基本的数字技能的人口比例

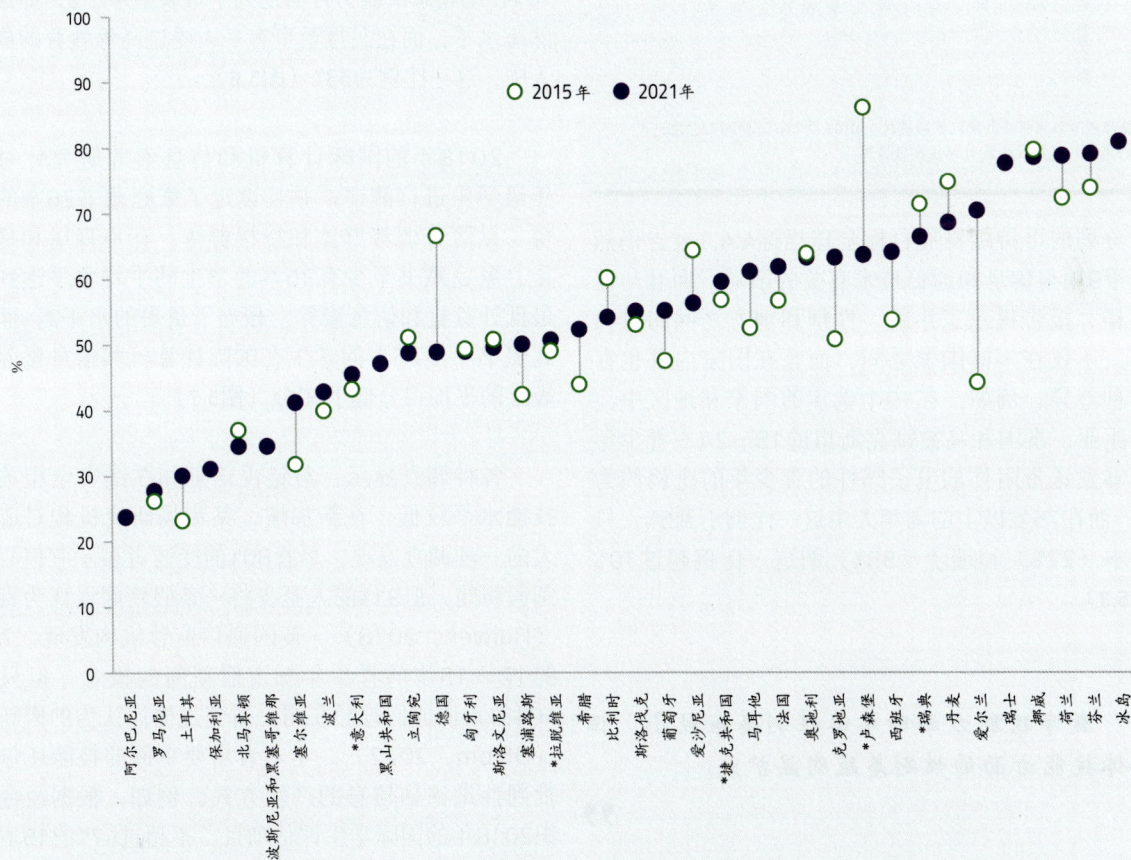

《全球教育监测报告》统计数据链接：https://bit.ly/GEM2023_fig5_2_
注：如果个人所有的5个组成指标都达到了基本或基本以上水平，则认为其至少具备基本技能水平。带有星号的国家在2015—2021更改了这个定义。
资料来源：Eurostat（2023a）。

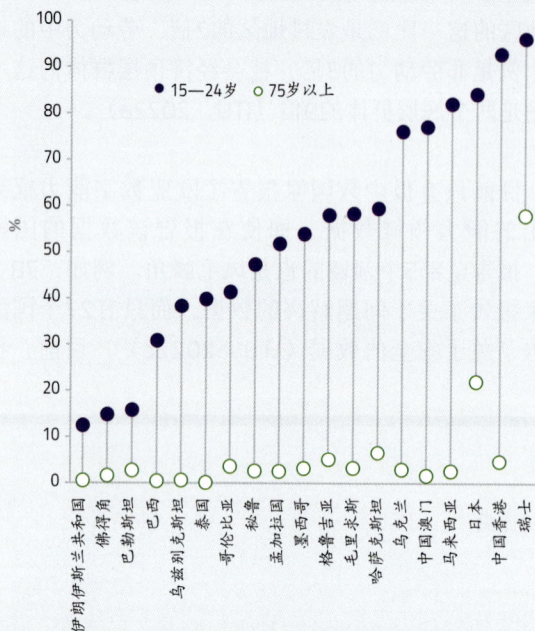

图5.3
电子邮件交流的数字鸿沟显示了巨大的代际转变
2019—2021年部分国家和地区按年龄分列的能够发送带附件的电子邮件的成年人百分比

*《全球教育监测报告》统计数据链接: https://bit.ly/GEM2023_fig5_3_*
资料来源: 可持续发展目标指标数据库。

国家分列的可持续发展目标全球指标4.4.1报告仍然仅限于9项与信息和通信技术有关的活动, 而且与巴西一样, 报告揭示了年龄、性别和地方之间的重大差异。不仅在不同国家之间, 而且在国家内部也存在这种差异。例如, 在19个选定的国家和地区中, 哥伦比亚、泰国和乌兹别克斯坦的15—24岁青少年中能够发送带附件的电子邮件的青少年的比例约为40%, 而在75岁以上的老年人中这一比例不到5%, 只有日本（22%）和瑞士（58%）的这一比例超过10%（**图5.3**）。

> **数字技能方面的总体性别差距较小, 但具体技能方面的性别差距明显扩大。**

数字技能方面的总体性别差距较小, 但具体技能方面的性别差距明显扩大。在50个国家和地区

中, 6.5%的男性和3.2%的女性能够使用专门的编程语言编写计算机程序。在比利时、匈牙利和瑞士, 差异尤其大, 会编程的人口中男女比例为10∶2。相比之下, 阿尔巴尼亚、马来西亚和巴勒斯坦报告称, 男女的这一比例为10∶9（**图5.4**）。

在42个国家中, 就能够查找、下载、安装和配置软件的成年人比例而言, 城市（34%）和农村（25%）之间也存在差异。不丹、墨西哥和津巴布韦的差距约为15个百分点, 而孟加拉国的差距约为30个百分点（**图5.5**）。

在使用数字技能的多维框架的直接评估中, 社会经济地位方面的重大差距也很明显。部分中高收入国家和高收入国家的成年人参加了国际成年人能力评价项目的在技术丰富环境中解决问题模块, 该模块旨在监测使用技术进行交流和获取信息的能力。在德国, 父母双方都没有受过高级中等教育的成年人中, 有10%在问题解决能力方面达到了量表的水平2, 即最低熟练水平; 而在父母至少有一人受过高等教育的成年人中, 这一比例为53%（**图5.6**）。

2018年的国际计算机和信息素养研究针对八年级学生进行测评, 并且设定了家庭藏书26本的门槛, 以区分弱势群体和特权群体。在卢森堡和乌拉圭, 家庭藏书至少有26本的学生的平均水平达到了最低计算机和信息素养, 相当于量表的水平2, 而家庭藏书不足26本的学生在国际计算机和信息素养量表上的平均得分低于60分（**图5.7**）。

各种调查显示, 与错误信息和在线安全相关的技能水平较低。在新加坡, 某市场研究机构对成年人的一项调查发现, 尽管80%的受访者表示有信心辨别假新闻, 但91%的人至少将一条假新闻误认为真实（Huiwen, 2018）。英国通信监管机构发现, 72%的12—15岁的青少年知道假新闻的概念, 但只有40%的人说他们曾经在网上看到过他们认为的假新闻（Ofcom, 2022）。学习者需要掌握的技能还包括批判性地评估信息的产生方式。例如, 根据经合组织2018年的国际学生评估项目, 不超过47%的15岁学生能够区分文本中的事实和观点（OECD, 2021）。

图5.4
女性比男性了解计算机编程的可能性要小得多

2019—2021年部分国家和地区报告的使用专门编程语言编写计算机程序的能力的性别均等指数

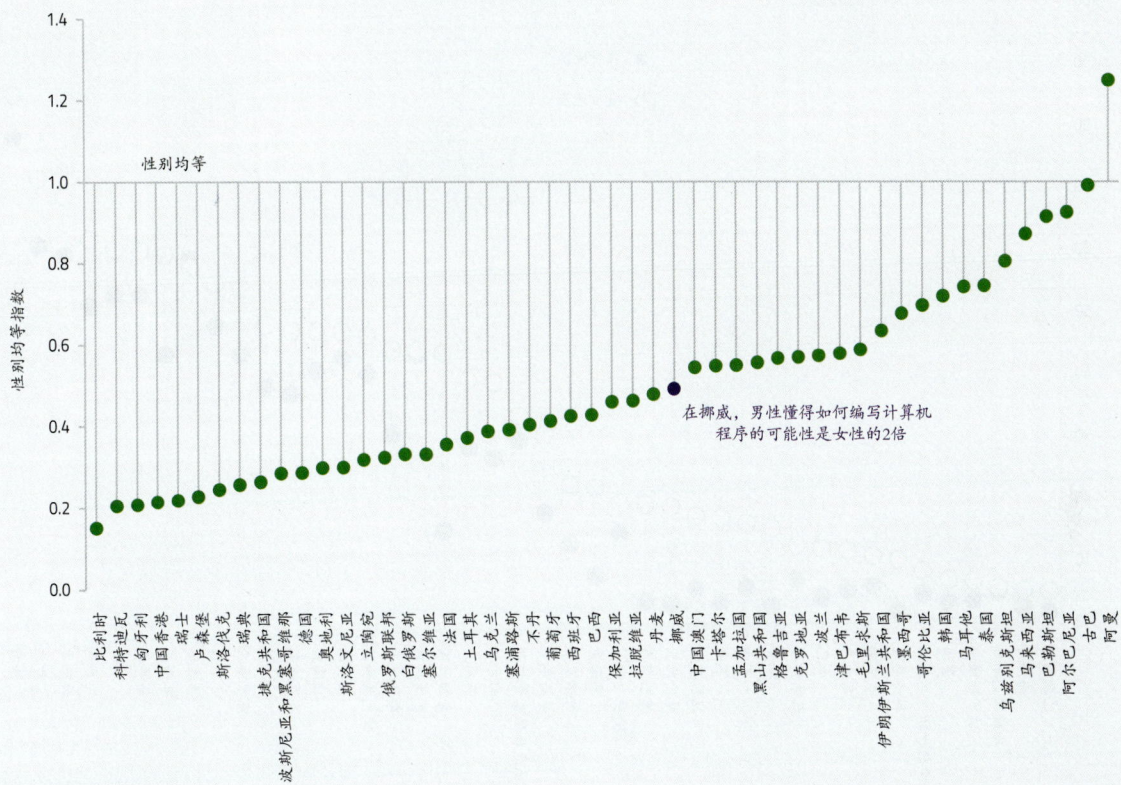

性别均等

在挪威，男性懂得如何编写计算机
程序的可能性是女性的2倍

《全球教育监测报告》统计数据链接：https://bit.ly/GEM2023_fig5_4_
资料来源：可持续发展目标指标数据库。

2018年国际学生评估项目的研究也评估了学生对收到典型的钓鱼邮件（试图让受访者透露个人信息或安装恶意软件）这一场景的反应，结果显示，就读于教育系统的15岁学生中有14%存在被误导的风险，从日本的25%到智利、匈牙利和墨西哥的更高比例不等。国际学生评估项目量表显示，在阅读能力最强的15岁学生中，只有5%表示他们会点击该链接，而在阅读能力最弱的学生中，这一比例为24%（Jerim，2023）。这是一个重要的发现：读写能力和计算能力等基本技能也让人们为更好地驾驭数字环境做好了准备。

> 读写能力和计算能力等基本技能也让人们为更好地驾驭数字环境做好了准备。

图5.5
操作软件能力方面存在城乡差距
2019—2021年部分国家按地区分列的能够查找、下载、安装和配置软件的成年人的百分比

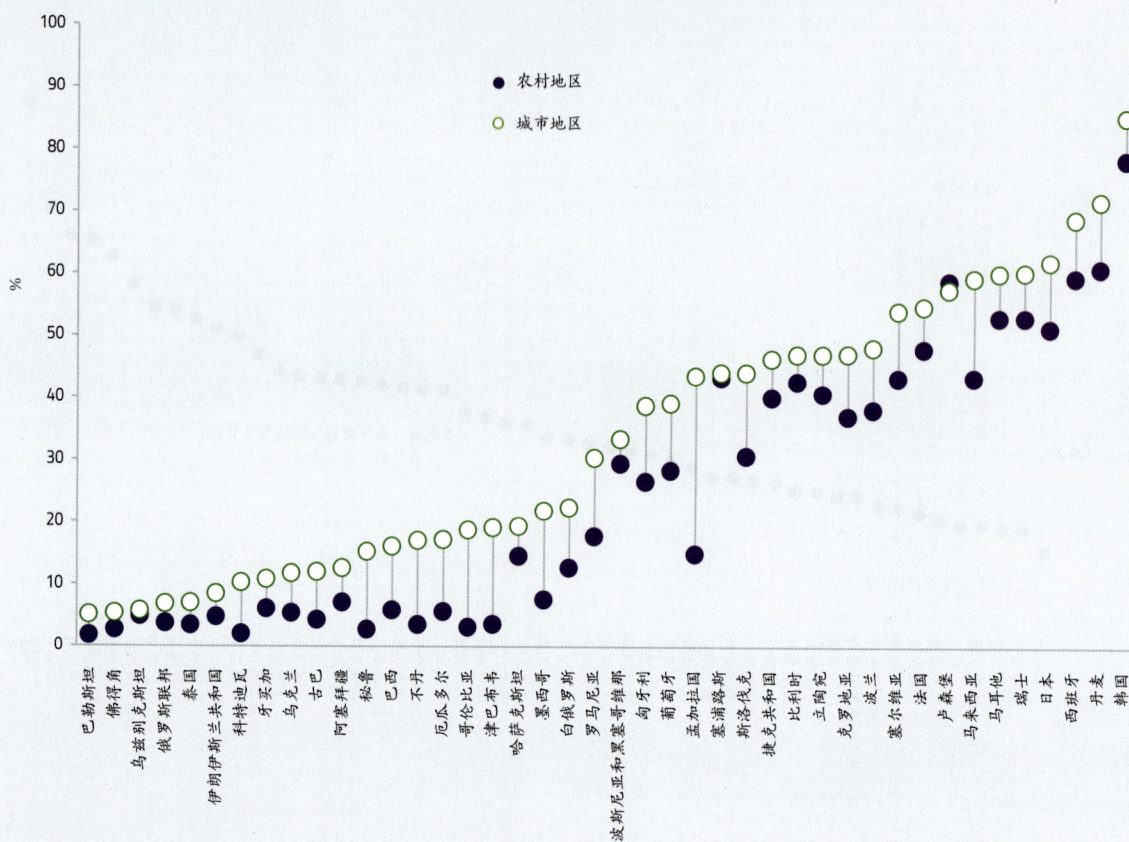

《全球教育监测报告》统计数据链接：https://bit.ly/GEM2023_fig5_5_
资料来源：可持续发展目标指标数据库。

图5.6

父母受教育程度低降低了掌握数字技能的可能性

2010年代部分国家在技术丰富环境中解决问题能力的不同水平上的成年人的百分比，按父母受教育程度分列

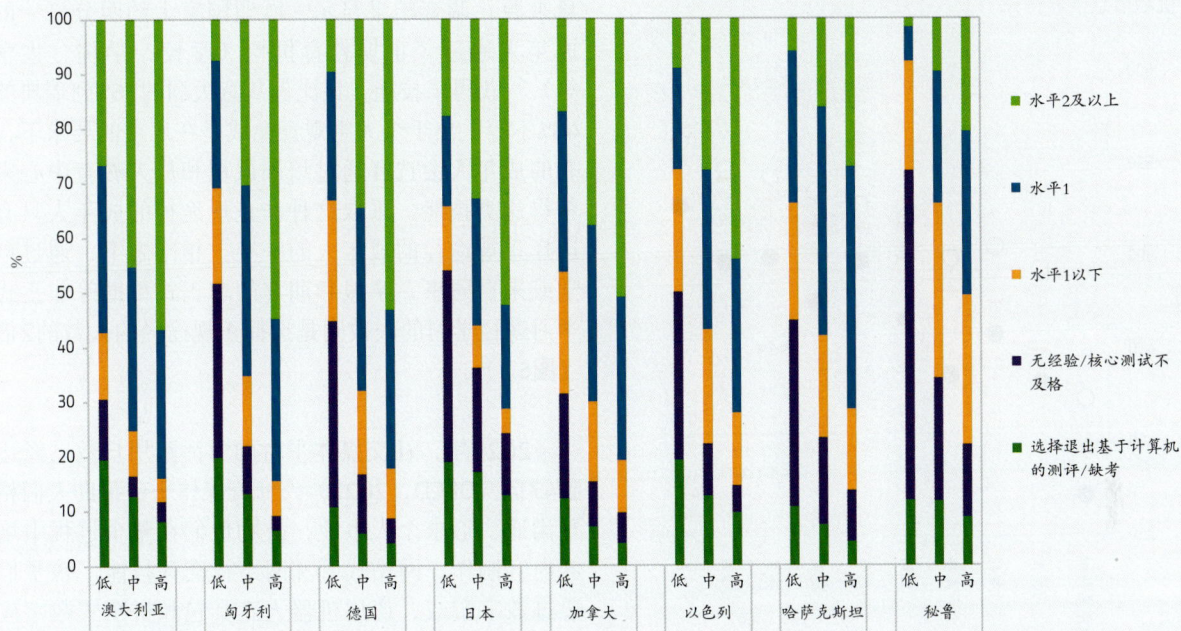

图例：
- 水平2及以上
- 水平1
- 水平1以下
- 无经验/核心测试不及格
- 选择退出基于计算机的测评/缺考

国家（横轴，每组为 低 中 高）：澳大利亚、匈牙利、德国、日本、加拿大、以色列、哈萨克斯坦、秘鲁

《全球教育监测报告》统计数据链接：https://bit.ly/GEM2023_fig5_6_

注：

1. 熟练水平：

选择退出基于计算机的测评/缺考=成年人在没有先参加信息和通信技术核心测试的情况下就参加了笔试评估，虽然他们自述之前有过一些计算机使用经验。

无经验/核心测试不及格=成年人要么报告没有计算机使用经验，也没有参加基于计算机的测评；要么有计算机使用经验，但未能通过信息和通信技术核心测试，该测试评估的是参加基于计算机的测评所需的技能（例如使用鼠标或滚动浏览网页的能力）。

水平1以下=任务基于明确定义的问题，在通用接口中只使用一个函数来满足单一的明确标准，不需要任何直言推理或推论式推理，也不需要信息转换。

水平1=任务需要使用广泛可得的和普遍熟悉的技术应用程序（例如，电子邮件软件或网络浏览器）。很少需要或不需要导航来访问解决问题所需的信息或命令。涉及的步骤很少，操作符的数量极少。只需要简单的推理，不需要对比或整合信息。

2. 父母受教育程度类别：低=父母均未接受过高级中等教育。中=父母中至少有一人接受过高级中等教育。高=父母中至少有一人接受过高等教育。

资料来源：OECD（2019b）。

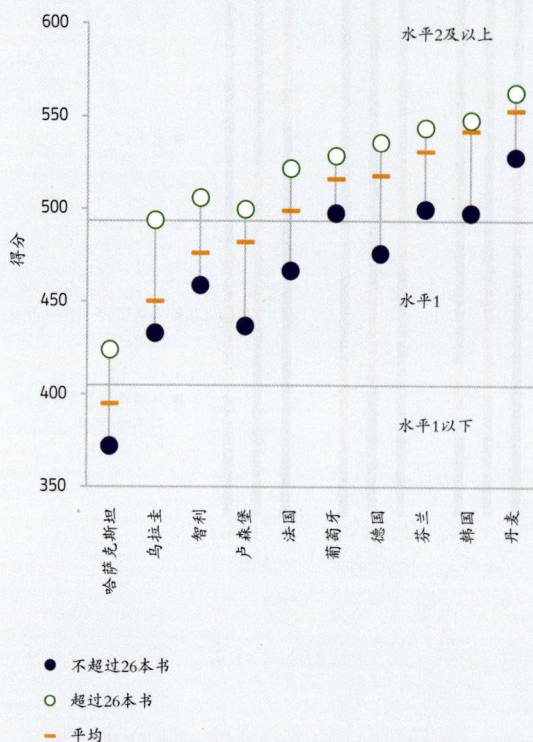

图5.7
来自弱势社会经济背景的学生不太可能达到数字技能的最低水平
2018年部分国家按家庭藏书数量分列的八年级学生计算机和信息素养得分

● 不超过26本书

○ 超过26本书

— 平均

《全球教育监测报告》统计数据链接：https://bit.ly/GEM2023_fig5_7_
资料来源：Fraillon et al.（2019）。

在正规教育内外获取数字技能

正规的技能培训只是获得数字技能的途径之一，甚至可能不是主要途径。从年龄、性别、社会经济地位、教育和职业、社会资本和健康等个人特征的角度来看，数字技能存在不平等现象（Helsper and Eynon，2013）。考虑到不仅存在多种途径，而且结果也不止一种，所以关于如何获得数字技能的证据非常少。

2011年，作为欧盟信息和通信技术家庭调查的一部分，一些人报告了他们获得这类技能的途径。自此以后，这个问题就再未被提及过，所以尽管已经时过境迁，但这项调查仍然是一个罕见的比较信息来源。调查结果显示，欧盟国家大约四分之一的成年人通过"正规教育机构（学校、学院、大学等）"获得了技能，该比例从意大利的16%到瑞典的40%不等。出于个人主观意愿或是在雇主的要求下，有的成年人会选择通过培训课程和成人教育中心来获得这类技能，采取这种非正规途径的成年人只有选择正规途径的成年人的一半。相比之下，通过自学或来自同事、亲戚和朋友的非正式帮助等非正式学习途径学习的人数则是选择正规途径的人数的2倍（图5.8）。

2021年，社交媒体平台的月活跃用户数已经达到47亿（OECD，2022）。社交媒体平台帮助人们相互沟通，追求个人事业，鼓励他们在整个过程中培养内容制作、网站代管和网络社交等技能。孩子们通过数字游戏、商用机器人工具包和拼图式数字应用程序来培养编码和编程技能。例如，在非营利组织Code.org的帮助下，全球数百万学生掌握了基础编程技能和计算技能，并且树立了对计算机科学学科的兴趣（Ali and Recep，2021）。人们在公共图书馆和社区中心培养了数字技能。智利在2002—2017年基于公共图书馆网络BiblioRedes项目开展了全国数字素养运动（Chile National System of Public Libraries，2017）。在斯里兰卡农村地区，电子图书馆Nenasala项目为到访公共图书馆和宗教社区中心的访客提供了使用电脑和互联网的机会（Andree，2015）。

这并不意味着正规教育对数字技能的获取不重要。事实上，完成了更多正规教育的人更适合接受继续教育，包括非正式教育。2018年，欧洲受过高等教育的人（18%）参与免费在线培训或自学以提高电脑、软件或应用程序使用能力的可能性是受过高级中等教育的人（9%）的两倍（图5.9）。此外，扎实掌握读写能力和计算能力与至少掌握一些数字技能呈正相关关系。

图5.8

大多数欧洲成年人报告称其获得信息技术技能的途径是非正式学习
2011年部分欧洲国家按技能获得途径分列的拥有信息技术技能的人的占比

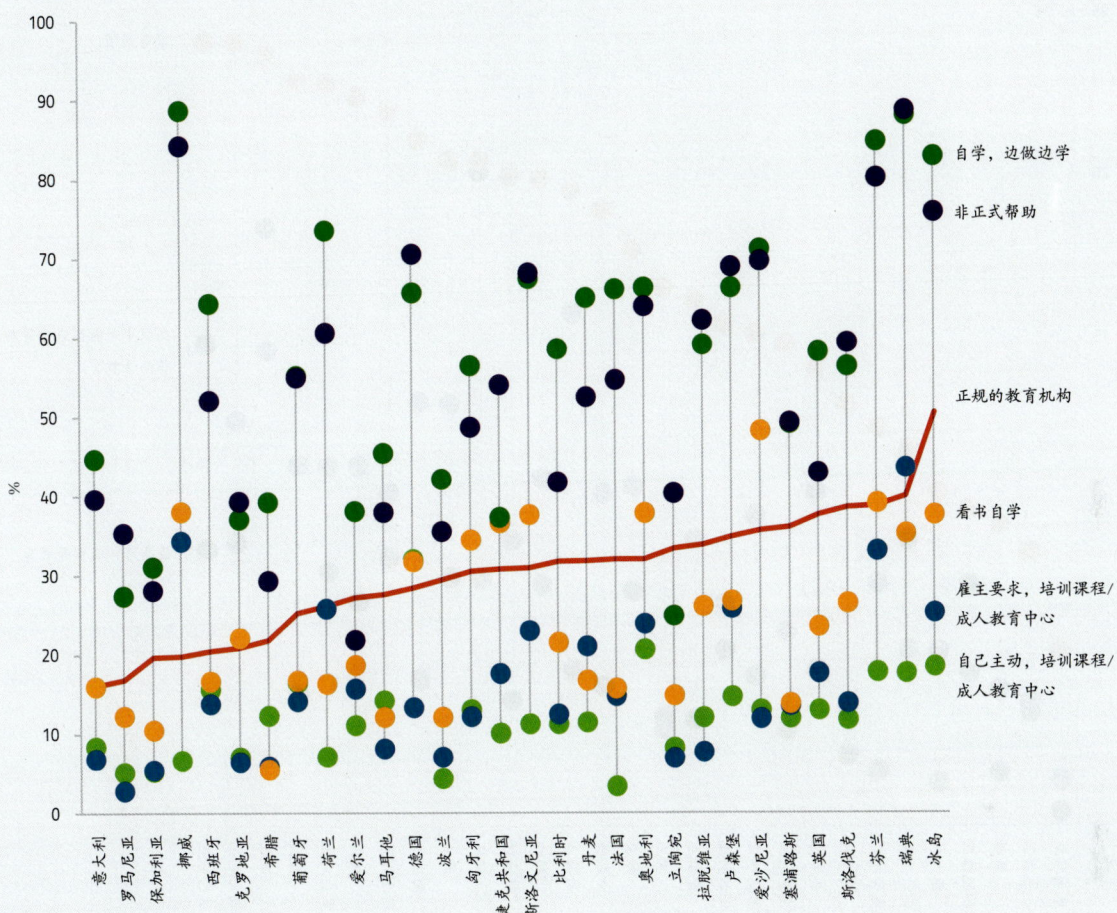

图例：
- 自学，边做边学
- 非正式帮助
- 正规的教育机构
- 看书自学
- 雇主要求，培训课程/成人教育中心
- 自己主动，培训课程/成人教育中心

横轴国家（从左到右）：意大利、罗马尼亚、保加利亚、挪威、西班牙、克罗地亚、希腊、葡萄牙、荷兰、爱尔兰、马耳他、德国、波兰、匈牙利、英国、捷克共和国、斯洛文尼亚、比利时、丹麦、法国、奥地利、立陶宛、拉脱维亚、卢森堡、爱沙尼亚、塞浦路斯、英国、斯洛伐克、芬兰、瑞典、冰岛

值得注意的是，偏好采用非正规途径或非正式途径来获得数字技能并不能确保获得更高水平的能力。互联网应用程序和资源易于获取，让自主学习变得方便，但这可能会让人们误以为学有所成也是理所当然的。实际上，这种方法一直以来给人留下的印象都是"耗时费力、令人沮丧、效率低下、徒劳无功"（van Dijk and Deursen，2014，p.113）。虽然对国际成年人能力评价项目的在技术丰富环境中解决问题技能的分析显示，参与非正规学习与信息和通信技术技能之间存在正相关，但这种关联大多是由技能更熟练的个人选择参加特定培训导致的（Ehlert et al.，2021）。

非正规学习的挑战对年轻人和更年长的人都有影响。在西班牙，一项对女大学生的调查显示，她们更倾向于采取自主学习（81%）和协作学习等方式来获得数字技能（例如，65%的人会向专家征求建议），而不是结构化课程（全部受访者中有三分之一选择了此项）。但是，依赖自主学习和依赖协作学习的学习者中，分别只有23%和35%通过评估证明自己掌握了高级技能，而在主要采用结构化课程进行学习的学习者中，这一比例高达71%（Jimenez-Cortes et al.，2017）。在比利时，对正规和非正规教育课程的有效性的研究也得出了类似的结论：家人和朋友提供的支持或许激励了学习者，但往往在时间、耐心和专业知识方面限制了学习者继续进步

图5.9
受教育程度较高的人更容易参与数字技能的非正式学习
2018年部分欧洲国家接受免费在线培训或自学以提高与使用计算机、软件或应用程序有关的技能的人的占比，按受教育程度分列

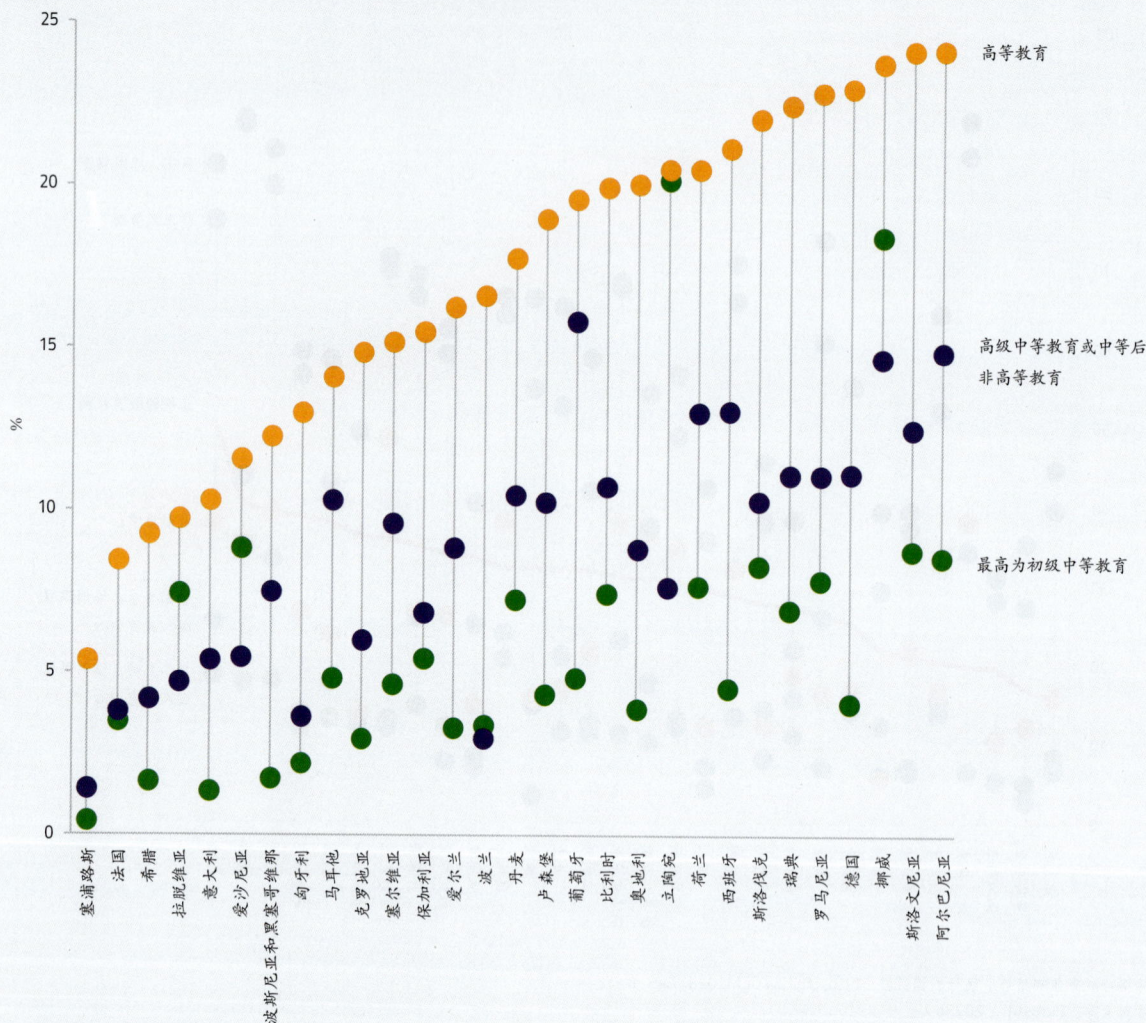

《全球教育监测报告》统计数据链接：https://bit.ly/GEM2023_fig5_9_
资料来源：Eurostat（2023b）。

（Geerts et al.，2023）。

> " 认为人们毫不费力就可以掌握数字技能，是一种错误的想法。"

认为人们毫不费力就可以掌握数字技能，是一种错误的想法。让自己对数字技术熟悉起来确实重要，但定期获取技术、支持网络和适当应用这些技能的机会也同样重要，特别是对那些来自弱势背景的人来说（Eynon and Geniets，2016）。在印度，对2017—2018年全国抽样调查中的中学生的分析显示，家里有电脑的学生（89%）报告使用电脑的可能性远远大于没有电脑的学生（36%）。有一些证据表明，中学提供更多的电脑可以产生轻微的积极影响，弥补了家里没有电脑的不足（Bhandari et al.，2021）。

然而，物质资源的缺乏只是正规教育系统所面临的挑战之一。什么样的内容、教学法和结果最能帮助培养数字技能也是个问题，特别是考虑到技术的发展日新月异。正规教育体系更习惯利用专业技能来帮助培养数字技能，然而，这些做法可能形式大于内容，需要先花时间培训教师并准备课程，而且做好的准备很快就会过时，最终这些技能在帮助驾驭数字世界方面可能还不如一般技能有效（OECD，2019a）。此外，正规教育体系——尤其是教师群体——需要接受、重视和融合学生在校外获得的经验和知识，"更深入地观察孩子们的数字素养实践在现实中的复杂性和多样性，这样才能更好地理解孩子们正在培养起来的技能、知识和理解"（Grant，2010，p. 17）。

各国开发了培养数字技能的各种方法

各国的数字技能政策、规划和战略正在迅速发展。有的国家对数字技能一视同仁，而有的国家只聚焦一小部分技术技能。有的国家采取代际取向，而有的国家仍然专门针对特定的群体，如儿童或家长（专栏5.1），或特定受教育程度群体。结合5个关键能力领域，用具体国家来举例，有助于说明各国培养数字技能的各种方法。

这些政策往往针对的是初等教育和中等教育，尽管在职业技术教育与培训以及高等教育方面也制定了一些政策。黎巴嫩教育和高等教育部将数字技能纳入了国家资格认证框架以及2018—2022年职业技术教育与培训国家战略框架（ILO，2018；Lebanon Ministry of Education and Higher Education，2019）。在赞比亚，职业教育与培训管理局建立了一个平台，为青年、妇女、难民以及中小微企业提供免费的数字技能课程（Zambia TEVETA，2023）。柬埔寨已将数字奖学金纳入了2022年《教育技术路线图》（EduTech Roadmap）的数字技能框架，以帮助高等教育学生在使用数字资源时实践专业精神和扎实的研究技能（Cambodia Ministry of Industry，Science，Technology and Innovation，2022）。在印度，《2020年国家教育政策》设想将人工智能和机器学习所需的数字技能融入高等教育必修课程（India Ministry of Education，2020）。

专栏 5.1

学生的数字技能提升需要家长的参与

技术的发展突飞猛进，家长们可能还没有意识到使用技术的机会和风险。在南非，家长在子女年满12岁之前都比他们拥有更高的数字技能。当孩子长到15岁时，他们的数字技能就已经超过了家长（Byrne et al.，2016）。因此，家长在指导年龄较大的孩子上网时是需要帮助的。

一些家长认为，他们需要更熟练地掌握技术才能参与孩子的技术活动（Schneider et al.，2015）。有的家长则使用各种设备、移动应用程序或家长监控手段（如内容过滤软件、互联网拦截器、附加监控软件）来监控孩子们线上线下的行踪。一项对19个国家的至少有一个7—12岁孩子的成年人进行的调查分析显示，近一半的家长使用家长监控应用程序对子女的数字行为施加约束，45%的家长会查看子女的数字历史（Kaspersky，2021）。家长控制子女的设备使用情况的一种方法是通过"合同"来明确彼此的责任（Zhao and Healy，2022）。

政府在努力应对家长面临的挑战：普遍缺乏数字技能，养育子女时过度保护且技术水平不高，以及在培养子女的数字技能方面参与度低。各种政策文件都强调了家长和其他照护者在保护儿童的隐私、个人数据和网络声誉方面的作用，以及尊重儿童的通信私密性的必要性（Council of Europe，2018）。

由新西兰教育部和360服务信托基金（360 Tautua Trust）合作开展的Digi-Matua项目为太平洋社区的家长们提供了支持，帮助他们获得必要的数字技能，从而为自己孩子的教育提供支持。家长们会收到一个装有10个模块的数字设备，涵盖各种主题，帮助其了解设备的基本功能（如充电）和更复杂的课题（如互联网安全），以及如何熟练使用谷歌应用程序（Aotearoa Education Gazette，2022）。不丹的《2019—2023年iSherig-2教育信息和通信技术总体规划》旨在提高家长指导子女安全有效地使用技术的能力。塞内加尔的"2018—2030年教育与培训质量、公平和透明度提升计划"旨在让家长更好地通过手机监测孩子的数字技能。

信息和数据素养

信息和数据素养方面的技能使人们能够有效地浏览、搜索、过滤、评估和管理数字环境中可用的数据和信息。一些框架主要将媒体作为信息的关键来源，这是因为数字时代的到来，再加上错误信息和虚假信息的威胁，媒体的复杂性已不可同日而语。联合国教科文组织发布和更新了有关媒体素养和信息素养的资源，包括课程和评估框架（UNESCO，2013，2022）。

根据经合组织"教育2030：课程内容图谱"项目对16个教育系统的分析，结果显示，这些教育系统都不同程度地在中等教育中纳入了媒体素养和数据素养。对这些教育系统进行比较发现，希腊和葡萄牙关于数据素养和媒体素养的课程占比最低（不到10%），而爱沙尼亚和韩国则将这两项内容纳入其一半的课程（图5.10a）。

> **媒体素养更多是嵌入语言、艺术和人文学科中的，包括公民教育，而数据素养更多则体现在科学学科中。**

总的来说，媒体素养更多是嵌入语言、艺术和人文学科中的，包括公民教育，而数据素养更多则体现在科学学科中。在日本，语言是培养数据和媒体素养方面的技能的首选媒介，超过60%的课程都涵盖了这两种能力。相比之下，语言只占到了以色列课程总数的5%左右（图5.10b）。

一个重要的问题是，课程中的媒体素养与学科中的批判性思维之间存在多大程度的明确关联。在格鲁吉亚，根据2018—2024年的国家课程，媒体素养是一种跨领域的能力，相关课程旨在培养学生过滤和批判性地评估所接收信息的技能。新学校模式是格鲁吉亚在2018年推出的更大规模教育改革的一部分，旨在创造一个具有批判性思维的教育环境，包括通过媒体素养项目来开发资源、促进创造力提升和正确使用媒体。已经建立的支持小组可以帮助学校制定课程（Basilaia and Danelia，2022）。

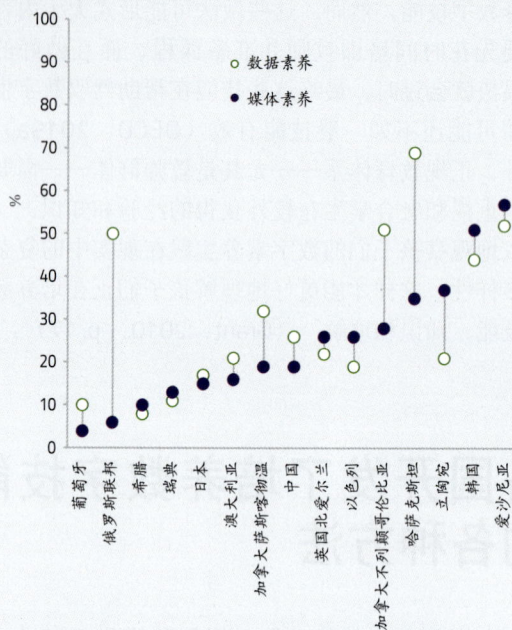

图5.10
媒体和数据素养嵌入富裕国家的课程中
a. 2019年部分教育系统中嵌入了媒体和数据素养的课程的百分比

《全球教育监测报告》统计数据链接: https://bit.ly/GEM2023_fig5_10a_

b. 2019年部分国家按学科分列的以媒体和数据素养作为主要目标或子目标的课程内容项目的分布

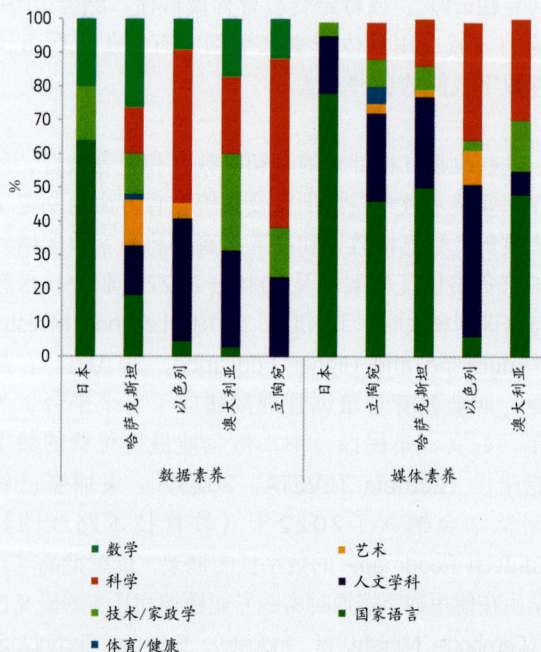

■ 数学　　■ 艺术
■ 科学　　■ 人文学科
■ 技术/家政学　■ 国家语言
■ 体育/健康

《全球教育监测报告》统计数据链接: https://bit.ly/GEM2023_fig5_10b_
资料来源: OECD（2020）。

近年来，媒体和信息素养在欧洲教育政策中变得尤为突出（Drotner et al.，2017；European Audiovisual Observatory，2016）。芬兰的"新素养计划"旨在加强从幼儿教育到初级中等教育中儿童媒体素养方面的技能。意大利的"国家数字学校计划"融合了基于互联网接入权的媒体素养。捷克共和国在2000年代初将媒体素养作为一门跨学科必修课程引入，但由于提供培训和资源的责任转移给了非政府组织，所以实施力度并不强（Jirák and Zezulkova，2019）。

尽管撒哈拉以南非洲的几位政府领导人呼吁打击虚假信息在学校的传播，但一项对7个国家的综述显示，教育方面没有任何后续动作，采取的所有行动几乎都是在通过法律禁止虚假信息传播（Cunliffe-Jones et al.，2021）。南非确实在中等教育课程中纳入了媒体素养，如生活取向、英语、技术和历史（Wasserman and Madrid-Morales，2022），并且西开普省为八年级至十二年级学生引入了一门关注错误信息的课程（Cunliffe-Jones et al.，2021）。

一些国家对媒体素养采取保护主义态度，将信息控制置于教育之上。因此，媒体素养没有成为学校课程的主流内容，教师没有得到相关培训，相关努力仅限于资源开发。2016年，泰国数字经济和社会部委托玛希隆大学为课堂制定数字素养课程和教案，其中包括理解和获取数字媒体的方方面面（UNESCO Bangkok，2020）。在菲律宾，媒体和信息素养协会成功倡导将媒体和信息素养纳入课程，其现在成为十一年级和十二年级的核心课程（Frau-Meigs，2023）。

媒体素养在拉丁美洲受到广泛关注，但努力方向没有重点，由民间社会组织牵头实施，教育中关于媒体素养的内容不够精简（Garro-Rojas，2020）。还有一种普遍的看法认为，在该区域的教育系统中，对数字技能的关注并没有与数字媒体素养相结合（Mateus et al.，2020）。

在2018年国际学生评估项目中，超过50%的15岁学生报告称，他们在学校学过如何识别带有偏见的信息。澳大利亚、加拿大、丹麦和美国的覆盖率最高（超过70%），以色列、拉脱维亚、斯洛伐克、斯洛文尼亚和瑞士的覆盖率最低（低于45%）（OECD，2021）。针对虚假信息的媒体素养教育在各国内部也分布不均。与来自弱势群体的学生相比，社会经济背景优越的学生更有可能知道如何辨别带有偏见的信息（Suarez-Alvarez，2021）。

关于目前项目的有效性的证据不尽一致。2018年国际学生评估项目发现，接受过关于网络危险的教育（包括一个关于钓鱼邮件的具体问题）的学生，同样有可能认为点击钓鱼邮件中的链接并提供自己的个人数据是一种适当的回应（Jerim，2023）。相比之下，当一个教育系统中有更多的学生被教导如何识别主观信息或带有偏见的信息，那么这个教育系统中能够正确区分事实和观点的学生的比例要更高（OECD，2021），即使考虑到他们的阅读表现也是如此。

沟通和协作

在先进的数字连接和混合学习日益流行的背景下，沟通和协作方面的数字技能至关重要。这些技能有助于促进知识的交流和传播、促进创新、精简学习和工作过程以及理解合乎道德的数字行为。

各国采取各种策略在学校里推广沟通和协作方面的数字技能。阿根廷推广了与团队合作和知识分享相关的技能与能力，并将其作为中小学生编程和机器人竞赛的一部分（Ripani and Vazquez-Brust，2023）。墨西哥的"数字教育议程"和"国家教育协议"通过数字技术、数字学习资源和沟通在社会中的使用以及数字教育中的研究、创新和创造性来促进公民的社会参与（Mexico Secretariat of Public Education，2020）。新的数字平台"新墨西哥学校"为教师和学生提供用于远程协作、同伴学习和知识共享的数字教育资源和工具（Ripani and Vazquez-Brust，2023）。

合乎道德的数字行为，也被称为"网络礼仪"，指的是数字用户在使用数字空间以及在数字空间中与人交流时应该学习、理解和践行的一套道德规则、礼仪、惯例和标准。数字通信的匿名性、不可见性、不同步性和权力最小化等特征使个人难以理解和体验其复杂性。大学生在网上交流时经常会突破礼仪界限，同学之间和师生之间的交流皆是如此（Galimullina et al., 2022）。在约旦，大学生对网络礼仪的一般规则已形成共识，但是对不同层次的规则实施的认知有限，与批判性思维技能相关的网络礼仪的实践不足（Arouri and Hamaidi, 2017）。

高等教育机构正在开设相关课程。在英国苏格兰，爱丁堡大学提供了结构化的学习路径，让学生能够在数字媒体和空间中合乎道德地进行有效交流，参与数字团队和工作组，构建数字网络（University of Edinburgh, 2023）。在加拿大，南阿尔伯塔理工学院为学生开设了一门数字通信课程，以提高学生对各种数字通信以及协作策略、工具和格式的理解，鼓励学生在使用协作技术时对技术伦理、目的和纪律多加考虑（Southern Alberta Institute of Technology, 2022）。

数字内容创作

数字内容创作方面的能力包括选择适当的内容传播格式以及创建副本、音频、视频和视觉资产，整合数字内容，尊重版权和许可。我们需要鼓励年轻人积极参与数字内容的创作，有效利用数字环境。从经济的角度来看，社交媒体的使用无处不在，提高了内容创作作为一种可以直接在电子商务中应用的技能的价值（Dwivedi et al., 2021）。

各国制定了各种应对措施来培养内容创作技能。印度尼西亚更新了初等和中等教育课程，不再将信息和通信技术作为一门独立的必修课程。通过将信息和通信技术融入其他学科，2013年的课程集中于高阶思维技能，包括分析、评估和创造（SMERU Research Institute, 2022）。Siberkreasi平台作为印度尼西亚全国数字素养运动的一部分，将协作式参与列为其核心活动之一，60多个国家级的机构和社区都参与其中。为年轻内容创作者举办的知识产权网络研讨会也是一种干预措施（Siberkreasi, 2023）。印度尼西亚"数字能力提升计划"是Siberkreasi平台和政府之间达成的一项倡

议，旨在加强内容创作中的数字媒体伦理、安全、能力和文化。包括艺术家等公众人物都参与了这个倡议，以启发学生，促进更广泛的社区合作，制作和传播合乎道德的数字内容，从而巩固"2020—2024年印度尼西亚数字素养路线图"的数字文化支柱（Literasi Digital, 2023）。

在约旦，数字经济与创业部的青年、技术和就业项目（2020—2025年）为3万名青少年和妇女开设了数字技能专业课程，并且创造了1万个新工作岗位，非常适合活跃在数字自由职业和内容创作领域的年轻人，包括妇女和叙利亚难民（Jordan Ministry of Digital Economy and Entrepreneurship, 2023）。

在马来西亚，教育部与公共部门、私人部门和学术界的行为体发起了#mydigitalmaker运动，鼓励学生获得数字内容创作技能，关注编程、机器人科学和数字设计，从而让国家在2030年之前成为区域内领先的数字内容创造者和提供者。这场运动已经覆盖了全国200多万名学生（Malaysia Economic Planning Unit, 2021）。在这场运动的引领下，"数字忍者"（Digital Ninja）项目为中学生提供了训练营，使其与数字技术专业人士一起进行内容创作，并获得行业相关工作经验，最后有500多名学生获得了资格认证（Malaysia Digital Economy Corporation, 2023）。

在部分中高收入国家和高收入国家，高等教育主要教授内容创作方面的高级技能，特别是与知识产权相关的技能。对加拿大、中国、德国、爱尔兰、日本、新西兰、葡萄牙、新加坡、西班牙、瑞典、英国和美国的36所大学的学士与硕士课程大纲进行分析发现，近90%的大学开设了涉及知识产权内容的课程（Fernandez-Molina et al., 2022）。知识产权教育在撒哈拉以南非洲也得到了发展。纳米比亚（Namibia Ministry of Industrialization, Trade and SME Development, 2019）和卢旺达（Rwanda Ministry of Trade and Industry, 2018）的中小学和大学的课程都安排了知识产权教育。根据《版权法》成立的肯尼亚版权委员会与大学密切合作，提供版权教育，并经常为学生举办视觉艺术以及信息和通信技术方面的培训课程（KECOBO, 2023）。

> **"**
> 　政策的优先重点是让学生有能力保护自身安全，对自己的线上行为负责，做出明智的选择。
> **"**

安全

数字环境增加了暴露于关键风险的危险性：网络安全和数据滥用侵犯隐私，长时间看屏幕和网络欺凌等影响身心健康，有害内容对成瘾行为、暴力和性剥削具有长期潜在影响。因此，政策的优先重点是让学生有能力保护自身安全，对自己的线上行为负责，做出明智的选择（**第8章**）。

教育系统需要加强预防措施，应对从密码到权限的诸多安全挑战，帮助教育共同体的成员了解自己的在线存在和数字足迹的影响。巴西国家基础教育公共课程库认识到，学校应该让学生理解数字信息和通信技术，并能将其作为一种基本技能来使用，确保其使用方式是批判的、有意义的、充满反思的和安全的（Brazil Ministry of Education，2019）。超过50%的学校在部分学科的内容中加入了安全、负责任和批判性思维等互联网使用要素，不过只有29%的学校举办了关于隐私和数据保护的讨论会或讲座（TIC，2020）。

加纳宣布将网络安全纳入中小学课程（FAAPA，2019），但具体实施有所落后，一些学校开办了网络安全俱乐部，但很少有年轻人加入（Digital Rights，2022）。作为"2017—2020年教育和体育部门战略计划"的一部分，乌干达将系统和数据安全纳入了初级中等教育的国家信息和通信技术课程中（National Curriculum Development Centre，2019）。卡塔尔国家网络安全局与教育和高等教育部在2023年推出了网络安全教育课程，以促进民众负责任、合乎道德和安全地使用信息和通信技术，提高民众对网络安全和数字安全的一般概念的认识，促进关于互联网和数据保护风险的教育（John，2023）。在新西兰，"连接的力量"（Te Mana Tūhono）计划向近2500所公立学校和公立综合学校提供数字保护和安全服务（Network for Learning，2022）。

网络欺凌有多种形式，比如在未经本人同意的情况下故意发布其照片或视频（Myers and Cowie，2019）、将欺凌对象排除在数字群体之外（OECD，2017）、语言暴力（Zhu et al.，2021）以及侮辱和威胁（Cebollero-Salinas et al.，2022）。许多国家关于技术运用于教育的政策都与提高认识、报告机制和数字风险干预措施有关，通常会落实到学校一级。一项系统性综述和元分析对部分高收入国家的干预措施进行了探讨，结果估计，这些项目平均而言有73%的概率减少网络欺凌行为（Polanin et al.，2022）。

获得数字技术和互联网意味着儿童可能获得有害的内容，迫切需要采取基于学校和其他方面的行动来保护他们。在英国威尔士，政府已经就学校如何防范和应对有害的病毒式网络内容和恶作剧提出建议。相关指导包括与学习者讨论举报、屏蔽和同龄人压力，并且利用资源尽量减少学习者观看冒犯性内容的风险（Wales Government，2023）。

在对2020—2021学年的课程完成审查后，澳大利亚将隐私和安全融入从幼儿园到十年级的新课程中（ACARA，2021）。网络安全专员办事处介绍了可能增加内容暴露风险的应用程序的特点，并为教师提供了解决这个问题的资源（Australia eSafety Commissioner，2023）。新西兰已经强制要求在一年级到十三年级的课程中加入批判性思维教育，帮助学生理解：使用数据的权利伴随着确保安全和保护隐私的责任。多达80%的15岁学生报告称，他们在学校学习过这些概念（New Zealand Ministry of Education，2022）。

问题解决

对于问题解决方面的技能的定义，在世界各地的教育系统中差异很大。欧盟数字能力框架在定义问题解决时，包含了在操作设备和评估需求时，以及在识别、评估、选择、使用和调整数字工具时，解决出现的技术问题。但是通常从广义上来理解，问题解决是一种学习方法，理解应该通过一个解决问题的过程而不是教学得以实现，不是教会学生如何理解。

因此，许多国家从编码和编程的角度看待这一技能，并将其视为包括计算思维、算法使用和自动化在内的计算机科学课程的一部分（Passey，2017）。

一项全球调查估计，在初等教育和（或）中等教育中，将计算机科学作为必修课的学生比例在高收入国家为43%，中高收入国家为62%，中低收入国家为5%，低收入国家为0（Vegas et al.，2021）。这意味着有20%的教育系统要求学校开设计算机科学课程，并将其作为选修课程或必修课程；7%的教育系统只在部分学校和地方级管辖区开设此类课程；其余的教育系统最多只提供试点项目（Vegas and Fowler，2020）。普及计算机科学义务教育的国家集中在东欧和东亚。中亚、东南亚和拉丁美洲是除欧洲和北美以外计算机教育实施或试点规模最大的地区（Vegas et al.，2021）（专栏5.2）。

在中国香港，教育局的2020年课程指引建议小学高年级学生每年进行10—14小时的问题解决教育，通过设立单独的课程或将问题解决教育融入其他学科的方式实施（Hong Kong Education Bureau，2020）。2016年，私人慈善机构与重点大学和教育局合作发起了"运算思维"（CoolThink@JC）项目，已经覆盖了87%的公立学校（CoolThink@JC，2023）。一项对该项目的评估显示，它对学生问题解决的实践有重大影响（Shear et al.，2020）。在新加坡，问题解决方面的技能包括将复杂的问题分解成更小、更易于管理的子问题，并设计算

专栏 5.2

在拉丁美洲，计算机科学基本上是一门必修课

本报告对7个拉丁美洲国家进行研究后发现，大多数国家已经将计算机科学列为初等教育或中等教育的科目之一，或者正在计划这么做，并将其从选修课调整为必修课。对计算机科学的关注回应了提高课程的适切性的需要。阿根廷、巴西、智利、哥斯达黎加和乌拉圭也在提高就业能力和解决劳动力市场需求的推动下出台了相应政策。

计算机科学通常被视为一门独立的学科。1980年代末，哥斯达黎加率先将计算机科学引入学校。信息学课程逐渐扩大，其内容不断更新，以反映计算机科学的概念。智利和古巴的学生分别在信息学课和科技课上学习到了计算机科学的相关知识。2022年，巴西的一项课程改革将计算机科学作为一门独立的必修课引入各个教育等级。相比之下，在乌拉圭，计算机科学融入了初等教育的数学、语言、艺术和科学等学科，并在中等教育的第一年作为一门独立的课程来教学。

拉丁美洲的计算机科学教学因内容和教育等级的不同而异。除巴拉圭外，其他国家都审查了初等教育和中等教育中的算法和编程教学。阿根廷、巴西和哥斯达黎加在学前教育中就纳入了这些概念。大多数初等教育学校都会教授计算机架构和硬件的内容，而阿根廷、巴西和智利的中等教育课程会教授人工智能。智利和乌拉圭的小学生以及巴西的中小学生都会接受网络安全相关的教育。

阿根廷在联邦层面制定了标准，要求将编程技能纳入义务教育，并采用项目式教学方法。在哥伦比亚，"2019年少儿编程国家战略"已经覆盖了4000多所学校和46.4万名中小学生。巴拉圭的"2022年STEAM国家计划"纳入了电子游戏竞赛以增加参与度，并促进中小学生对编程和编码的学习。

在大多数国家，非国家行为主体支持并实施了计算机科学教育。阿根廷的萨多斯基基金会（Sadosky Foundation）、智利的韩国基金会（Korea Foundation）、哥斯达黎加的奥马尔·登戈基金会（Omar Dengo Foundation）和乌拉圭的西博计划基金会与各部委密切合作，启动计算机科学教育、编写教材并提供在职教师培训。在巴西关于是否需要将计算机科学教育纳入所有教育等级的课程标准的政策对话中，巴西教育创新中心和巴西计算机协会提供了大量信息作为讨论基础。

实施方面的挑战仍然存在，特别是在确保一个国家的所有学校提供计算机科学课程方面，哥斯达黎加除外。在分散的系统中，例如在阿根廷和巴西，计算机科学教学方案的执行情况各不相同。教学材料、教师准备和基础设施方面的差距阻碍了方案的推广。为偏远地区、土著居民和其他弱势群体提供服务的学校通常被落在后面。

资料来源：Sadosky Foundation（2023）、Ripani and Vazquez-Brust（2023）。

法来解决它们。2021年的中等教育计算教学大纲中有一个专门的模块，涉及问题分析和算法设计（Singapore Ministry of Education，2021）。在阿拉伯联合酋长国，问题解决方面的技能被定义为在逻辑、算法和递归的层面上进行思考以及编写计算机代码和程序来解决问题的能力，并且融合了《计算机科学和技术标准》提到的计算思维、计算机实践和编程（United Arab Emirates Ministry of Education，2015）。

肯尼亚已成为第一个将编码作为一门课程纳入中小学能力基础新课程的非洲国家（Kinyajnui，2022）。肯尼亚课程开发研究所已经批准了营利性公司Kodris Africa开发的编码技能课程，培养7—16岁的儿童学习使用Python编程语言，重点是算法、调试和逻辑运算符（Kodris，2023）。

在幼儿阶段引入编程被认为是件难事，因为这与其他优先课程相冲突，但这样做可以解决公平问题（Trucano，2015）和基于性别的刻板印象问题（Sullivan，2019），从而影响这些技能的发展。在西班牙，2020年《教育法》强调将问题解决和计算思维技能作为一个跨学科的主题，从最低的教育等级开始引入（Spain Ministry of Education and Vocational Training，2022）。问题解决的内容已经融入西班牙纳瓦拉地区的初等教育数学科目中，以及马德里和加泰罗尼亚地区的中小学教育的机器人技术和编程科目中（Spain Ministry of Education and Professional Development，2018）。

非国家行为体往往都会支持将编码和编程技能纳入课程，包括计算机科学。在英国英格兰，非营利组织"在学校计算"开发了一个计算机程序，帮助5岁儿童学习编程（Humphreys，2021）。在Code.org大受欢迎之后，美国50位州长签署了《州长契约》以扩大计算机科学教育，承诺增加开设该课程的学校数量，分配更多的资金，创建中等后教育职业途径，提高传统上得不到充分服务的群体的就学人数（National Governors Association，2022）。在智利，Code.org与政府合作，提供计算机科学方面的教育资源，并与智利大学合作，开发教学方法和评估工具（Ripani and Vazquez-Brust，2023）。

结语

随着数字技术的发展，民众迫切需要掌握一定的技能以应对其带来的机遇和风险。正规教育系统教授的基本技能组合应该包括数字技能，这已经成为共识，但是对于数字技能组合应该包含哪些基本要素，这些技能是一般技能还是特殊技能，技能的目的是什么，许多此类技能的定义以及这些定义的重叠部分仍然存在争议。正规教育系统是否有能力跟上变化的步伐，以及哪些技能最好通过非正规学习和非正式学习来获得，均无准确的回答。

各国都需要做出关键的决定，包括纳入课程的技能范围，如何将技能与学科进行融合，从哪个教育等级开始学习，以及如何利用学习者的经验（往往学习者的经验已经超过了教师的经验）。鉴于全球人口的数字技能水平较低，而数字世界日益复杂，所以各国都需要尽快确定数字技能的内涵，并决定如何才能最好地培养其公民的这些数字技能。

哈立德·阿尔哈拉尼（Khalid Alkhawlani）是评估讲习班的辅导员之一。

在也门开展的2021年全国教师培训计划，随着由联合国儿童基金会支持的一个评估讲习班的结束而落下帷幕。来自14个省的管理人员、培训部门负责人和决策者参加了2022年3月在也门首都萨那市举行的2022年培训、资格认证和规划方案评估年度讲习班。

图片来源：UNICEF/UN0674192/Marish*

6

教育管理

重要信息

各种问题阻碍了数字化数据运用于教育管理的潜力。

技术支持对教育系统生成的大量数据进行管理。

■ 自1990年代以来，提及数据、统计和信息的教育政策数量在高收入国家中增加了13倍，在中高收入国家增加了9倍，在低收入国家和中低收入国家增加了5倍。

没有充分利用唯一学生识别技术来释放技术的潜力。

■ 全球只有54%的国家拥有唯一学生识别机制，在撒哈拉以南非洲这一比例更是低至22%。

信息系统通常不相互连通。

■ 随着越来越多的供应商进入市场，采购决策分散，中小学和大学经常发现自己在用一个应用程序收集数据，但除非花更多钱，否则它们无法将这些数据与不同应用程序收集的其他数据关联起来。

■ 欧洲国家共同解决互操作性问题，以促进高等教育入学、评估、学习、文凭和认证方面的数据共享。EMREX项目是开发互操作性标准的良好实践的一个例子。

技术具有改革学习评估的巨大潜力，但成本尚不清楚。

■ 基于计算机的评估和计算机自适应测试可以使测试管理更有效，提高测量质量，实现快速评分。然而，在本报告审查的34篇基于技术的评估的论文中，均缺乏明确且透明的成本数据。

地理空间数据的使用在低收入国家和中低收入国家仍然处于起步阶段。

■ 在印度，地理信息系统的数据强调了学校招生片区和学生的最长步行距离之间的差异。但总的来说，这些数据往往被局限于由开发机构或研究人员牵头实施的小型项目中。

很少有国家有能力对学习分析生成的大量数据进行管理。

■ 在中国，学习分析已被中小学用于识别学习者面临的困难、预测学习轨迹和管理教师资源。

■ 广泛使用面板、图形和表格来支持决策，这要求越来越多的用户，包括教师和家长，具备起码的数据素养。欧洲高等教育机构的低数据素养成为其将学习分析制度化的一个关键挑战。

缺乏信心和能力限制了技术在教育管理中的使用。

■ 技术对教育管理的预期好处与其实现之间往往存在距离。一些看似微不足道的问题（如基础设施的维护和维修）被忽视或低估了。学习分析设计未能将学习改进作为其发展的核心驱动力。

数字技术的一个影响是，教育系统已经开始产生大量的数据。这一增长与全球数据生成的趋势相吻合，预计最快在2025年，全球数据生成量将比2022年的约97ZB（zettabytes）翻一番（McLean，2022），其中1ZB相当于1万亿GB（gigabytes）。随着生成的数据量继续扩大，管理任务和职能越来越多。而且，随着系统规模和复杂性的不断增长，人们对行政管理者也提出了更多的要求，他们需要设定和监控更多的定量教育目标。随着教育管理的去中心化，涉及的行为体数量成倍增加。各级教育管理部门，从国家部委到学校课堂，都必须遵循具体的新数据要求、进程和用途。这些用途从单个设备转移到数字生态系统，并且假设通过促进数据处理和交换，技术可以提高教育系统管理的效力和效率，以帮助实现政策目标。

效力指向职能的表现情况，如信息的存储和检索、学习水平的评估和员工的聘用。效率指向对用于执行任务的财力、人力和时间资源分配进行优化，技术可以通过一系列命令和功能的自动化对效率做出重大贡献，消除了对手动输入的需求。通过促进对信息的使用，技术可以提高分析性见解的质量，从而促进教育决策。然而，随着处理和利用这些数据的能力变得越来越重要（Howard et al.，2022），管理系统的相关能力却往往显露不足，数据的使用频

> 随着处理和利用这些数据的能力变得越来越重要，管理系统的相关能力却往往显露不足，数据的使用频率、效力、效率也不如以往。

率、效力、效率也不如以往（Custer et al.，2018；Rossiter，2020）。

本章讨论技术，是如何支持教育管理工作的。技术并不是一根魔杖，它不能解决非技术性问题。相反，技术需要与人员、模型、方法、进程、程序、规则、法规一起在管理系统中发挥作用。从这个角度上讲，教育系统通常没有准备好对技术进行整合。

技术可以支持对大量教育信息的管理

教育管理信息系统组织和执行"数据和信息的收集、整合、加工、维护和传播，以支持教育系统的各级决策制定、政策分析和构想、规划、监测及管理"（Cassidy，2006，p.27）。其关键功能包括跟踪学习者的流动、存量和表现，以确保在整个系统中资源分配的适切性和公平性（Broadband Commission for Sustainable Development's Working Group on Data for Learning，2022；UNESCO and GPE，2020）。

许多国家的教育管理信息系统都在不断发展，以应对公共部门管理的变化，即公共部门管理变得更加注重效力和效率。这类改革的特点是增加学校自主权、提升目标设定水平和结果导向的表现水平（Verger and Curran，2014），所有这些都需要更多

的数据。根据一项衡量标准，自1990年代以来，提及数据、统计和信息的政策数量在高收入国家中增加了13倍，在中高收入国家增加了9倍，在低收入国家和中低收入国家增加了5倍（Bromley et al.，2023）。

教育管理信息系统所使用的数据的类型和来源正变得多样化。数字技术可以支持对数据的整合、可用性、共享、频率和颗粒度进行改善（Amuha et al.，2023）。数据整合涉及进程和标准的制定，以统一来自多个自主来源的数据获取（Srivastava and Dong，2015）。在教育方面，这种整合统一了关于学生（入学、出勤和考试成绩，按个人特征分类）、教师（年龄、资格和专业发展）和学校（基础设施和资源）的数据。

在许多国家，发展教育管理信息系统的策略都侧重于数据整合。文莱达鲁萨兰国综合国家教育信息系统，使用一个公共平台，处理与入学、就读、课程、成绩、学校资源、学生津贴和奖学金等相关的数据（Ibrahim et al.，2020）。马来西亚的教育信息生态系统包括大约350个分散在不同机构中的系统和应用程序。2017年，作为"2019—2023年信息和通信技术转型计划"的一部分，文莱达鲁萨兰国引入了教育数据存储库。到2019年，该国已经整合了12个主要数据系统，力求到2023年底通过一个数据平台实现全面整合（UNICEF，2019）。在斯里兰卡，《国家学前教育政策》预见到了发展综合教育管理信息系统可以改善学前登记、监测、分析、规划以及使用数据进行决策的表现，也可以协调各省的程序、指标和数据（Sri LanKa National Education Commission，2019）。

在拉丁美洲，阿根廷、智利和墨西哥等国构建了相应的系统来整合基础设施、学习评估和教育改进数据。巴西将预算和支出数据与学习结果数据进行了关联。乌拉圭的平台整合了学生数据，包括与残疾、民族、种族、移民和所处地区相关的变量（UNESCO，2021b）。

为了教育管理而促进此类综合数据系统发展的两个关键因素是唯一识别码和互操作性（Abdul-Hamid，2017；UNESCO，2022）。

没有充分利用唯一学生识别技术来释放技术的潜力

确保在一个教育管理信息系统中，每个学校和每名学生都能被唯一识别，这是有效和高效利用信息的关键。这样可以实现在整个教育过程中通过学校登记、考试记录和国家奖学金数据库对学生进行跟踪，以便进行行政定期跟进，并对他们的学习轨迹进行分析。除了教育之外，其好处还包括，学生识别信息可以与户籍登记处的官方数字识别信息相关联，进而可以关联到其他社会服务信息。

> "
> 学生识别信息可以与户籍登记处的官方数字识别信息相关联，进而可以关联到其他社会服务信息。
> "

学校识别非常普遍（例如，西欧和北美以外，93%的国家为中等教育学校分配了识别码），由地理信息系统提供支持（专栏6.1），不过为幼儿园和职业技术教育中心分配识别码的国家较少（72%的国家）。但是，只有54%的国家——撒哈拉以南非洲国家中这一比例只有22%——实施了唯一学生识别机制。据报道，2020年，34%的国家——撒哈拉以南非洲国家中这一比例为53%——有计划或正在引入学生识别码（UIS，2020）（图6.1）。

尽管有一些非洲国家声称有学校识别码，但该号码往往不是唯一的，而且在不同数据库中号码也可能有所不同，比如考试成绩记录系统和学校普查系统之间就不一致，这影响了关联性，妨碍了数据的最佳使用。在联合国儿童基金会的支持下，科特迪瓦、加纳和赞比亚的教育部制定了一项临时解决方案来匹配本国的学校记录。一种文本相似性算法（Gomaa and Fahmy，2013）利用了与每个学校相关的文本之间的相似点，比如学校名称或位置，对不同数据库中的学校进行匹配。这一过程使科特迪瓦86%的学校和赞比亚至少87%的学校得以被识别，有助于其分析这些学校在2015—2020年的表现。在加纳，约四分之三的学校将学校普查和基础教育认证考试记录关联起来，以对影响学生考试成绩的因素进行详细分析（UNICEF Innocenti - Global Office of Research and Foresight et al.，2023a，2023b，2023c）。

图6.1
许多国家都没有学生识别码
2020年按区域分列的拥有唯一学生识别码的国家百分比

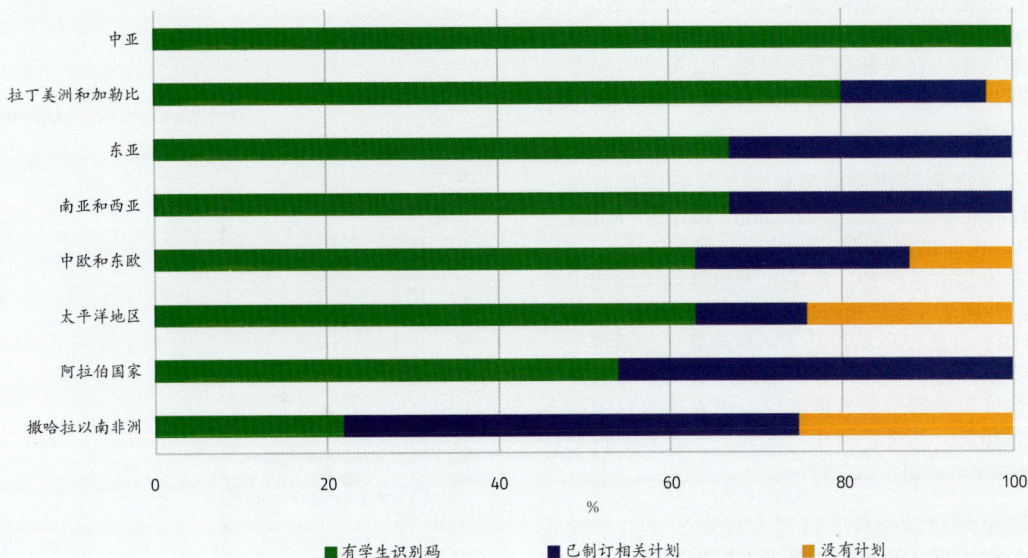

《全球教育监测报告》统计数据链接：https://bit.ly/GEM2023_fig6_1_
资料来源：UIS（2020）。

专栏 6.1

地理空间数据揭示了哪些人需要更多人的支持

用于改进唯一学校识别码的两个关键工具是地理空间数据和地理信息系统（GIS）。这两个工具可以为决策者提供支持，有助于他们解决教育系统中基础设施和资源分配领域的公平和效率问题，包括优化教师分配（Haßler et al., 2023）。绘制学校分布地图这一做法被用来促进多样性和减少机会不平等。例如，爱尔兰将中央统计局、社会保障部和教育与技能部的三个使用地理信息系统坐标的数据库联系起来，以决定在314个规划区域中的哪些区域建造新学校（European Commission, 2022）。

到学校的步行距离是学校就学率的重要决定性因素之一（Das and Das, 2023）。各国都有政策规定，以最大的步行距离或最长上下学时间作为决定学校选址的基础，从而保障儿童的安全和福祉。在瑞士，5岁以下的儿童上学步行不得超过1千米，6—8岁的儿童上学步行不得超过2千米（Schweizer and Regli, 2018）。

在英国英格兰，8岁以下儿童的法定步行上学距离为2英里（3.2千米），8岁及以上儿童的法定上学步行距离为3英里（4.8千米）。推荐的最长上下学时间为小学45分钟、中学75分钟（Department for Education, 2014）。

基于地理空间数据的方法和工具可以确定哪些区域的儿童居住离最近的学校太远，并且可以估计对政府设定的适合年龄的步行距离的遵守情况。例如，在危地马拉，尽管全国的学校基本分配得很平衡，但据估计，2017年仍有5%的人口居住在离最近的小学3千米以外的地方。在坦桑尼亚联合共和国，儿童离最近的小学的平均距离为6千米，据估计有41%的人口居住在离最近的学校3千米以外的地方（Rodriguez-Segura and Kim, 2021）（图6.2）。在印度北方邦，地理信息系统的数据分析强调了学校招生片区和学生的最长步行距离之间的差异，以及与公平相关的问题，如性别差异或生师比差距（Agrawal and Gupta, 2016）。

（下接第114页）

公平和效率这两个政策目标往往是相互矛盾的。中国在2000年代初使用学校分布地图来提高农村学校的分配效率。小村庄的小学被合并或关闭，取而代之的是最近的镇寄宿学校。该政策提高了政府支出的效率，但也被认为在短期内提高了乡村最贫困家庭儿童的辍学率（Rao and Ye, 2016; Wang and Lewin, 2016）。

地理空间数据还有助于锚定易受特定风险影响的学校和儿童人口（Gagnon and Vargas Mesa, 2022）。在印度尼西亚，学校分布地图被用于锚定灾害易发地区的学校，以优先考虑降低风险的干预措施，并确定往返学校的步行路线（Ariyanti et al., 2018）。塞拉利昂开发了一种地理信息系统工具，根据贫困程度、人口和洪水风险数据来考虑新学校的选址。地理空间数据还可以用来决定对哪些学校进行翻新、新教室扩建、水和卫生设施配备更新（Vijil-Morin et al., 2023）。

尽管地理空间数据有可能促成更公平的学校和资源分配决策，但在最需要这类数据的低收入国家和中低收入国家，对于数据的使用仍在起步阶段（Vijil-Morin et al., 2023）。地理空间数据的使用往往仅限于由在技术和财力上具备处理这类数据能力的开发机构或研究人员牵头实施的小型项目。

图6.2
地理空间数据有助于评估儿童到学校的步行距离
2016—2020年部分中等收入国家中，最近的小学离家距离在3千米以上的人口百分比和平均家校距离

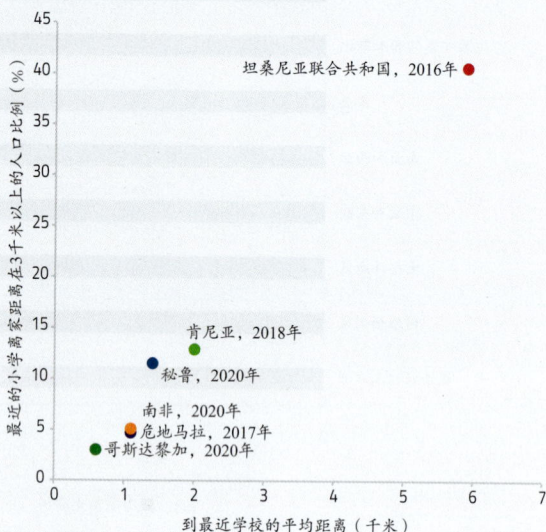

《全球教育监测报告》统计数据链接：https://bit.ly/GEM2023_fig6_2_
资料来源：Rodriguez-Segura and Kim（2021）。

对许多国家来说，学生识别码的应用相对较晚。阿尔巴尼亚正在开发Socrates系统，这是一种教育管理信息系统，将引入唯一识别码，学生从进入正规学校系统到高中结束的整个过程都将被监测（Maghnouj et al., 2020）。在波斯尼亚和黑塞哥维那，西黑塞哥维那州正在开发一个新的系统来支持引入学生和教师识别码，并将其与各自的行政识别码关联起来（Guthrie et al., 2022）。塞尔维亚2017年的《教育系统基础法案》也设想了同样的行动（Donnelly，2021；ITU and UNICEF，2021）。

南非自2010年开始使用学习者单位记录跟踪系统，该系统涵盖了所有公立学校（South Africa Department of Basic Education，2012；van Wyk，2015）。所有的学习者都对应唯一的识别码，个人数据记录到十二年级，包括他们的转校记录和跨省迁移。该识别码可与南非学校行政和管理系统进行互操作（即兼容），该系统是南非国家级的学校管理和行政系统（van Wyk，2015）。该系统自引入以来，已经实现了对留级和辍学模式、学习者轨迹以及教师需求和供给的更先进、更稳健的分析（van der Berg et al.，2019，2021，2022）。然而，该系统有时仍然会为转学到新学校的学生分配第二个识别码（van der Berg et al.，2021）。联合国儿童基金会已经在尼日利亚北部的四个州使用了学习者单位记录跟踪系统（UNICEF，2022）。

数字识别项目面临着各种各样的挑战。埃塞俄比亚为500万名中学生铺设了基于区块链技术的数字识别系统。该系统是埃塞俄比亚建立国家数字识别系统的试点项目。该系统以公共区块链平台Cardano为基础，但该平台很容易受到网络故障、隐私泄露等重大风险的影响（Renieris，2021）。

> *应谨慎开发学生识别系统，避免将部分学生排除在外。*

应谨慎开发学生识别系统，避免将部分学生排除在外。数字国民身份认证系统是到2030年加速实现普遍合法身份识别的关键：目前，据估计有8.5亿人口没有合法身份证明，其中大部分是边缘人口（World Bank，2023）。获得教育、医疗保健或社会福利可能都需要国民身份认证（Maikem，2022；Mutung'u，2021）。然而，从过往的经验来看，数字识别过程往往会阻碍部分人群获得此类服务（Center for Human Rights and Global Justice et al.，2021；Privacy International，2021）。在印度，最高法院于2018年裁定，不得强制全民使用已经实行的国民数字身份证Aadhaar：国家不仅应该提供其他的身份验证手段，还应该免除对儿童的身份认证要求。不过，儿童在入学anganwadis（一种乡村托育中心）和学校时一般都会被要求提供"Aadhaar"，这一要求可能导致他们被排除在学校之外（Drèze and Khera，2022）。

由于数字身份识别，难民人口可能会变得弱势。在肯尼亚，索马里少数民族成员在申请身份证明时面临审查和拖延。在某些情况下，这是因为其以前曾在联合国难民事务高级专员办事处登记，以获得当时向难民提供的服务，包括教育。然而，后来当政府将他们的申请与联合国难民事务高级专员办事处的数据进行交叉核对时，却禁止他们获得数字身份认证（Mutung'u，2021；Weitzberg，2020；Yousif，2018）。联合国难民事务高级专员办事处还与孟加拉国政府分享了孟加拉国罗兴亚难民的生物特征、个人信息数据，随后也与缅甸政府共享了这些信息。为了保护边缘化群体，生物特征数据和其他个人数据的收集需要征得使用这些数据的知情同意（Human Rights Watch，2021）。

社会安全网计划也容易受到身份识别系统的弱点的影响。在肯尼亚，现金援助计划于2013年开始使用基于双重识别的电子支付机制：个人识别码、国民身份证和生物识别指纹。这给以儿童为户主的家庭带来了一个问题，儿童的身份证要等他们到了18岁时才会发放（Mwasiaji，2016）。在乌干达，老

年人补助金是向所有65岁以上的乌干达人提供的无条件现金援助计划。这笔补助金对儿童的教育普及率产生了影响，14%的受益人将部分或全部现金用在了孙辈的教育上（Kidd，2017）。然而，随着乌干达对数字身份识别系统Ndaga Muntu的启用，该补助金的有效性受到了影响，事实证明该系统将一部分人群排除在外。事实上，正规的身份识别系统通常没有登记最贫困的老年人群体，因为他们走不了远路，无法满足获得数字身份识别的行政要求。因为系统没有正确记录年龄，有人成为这个系统错误的受害者（Center for Human Rights and Global Justice et al.，2021）。

信息系统通常不相互连通

互操作性，包括数据库相互通信和彼此合作的能力，正在成为充分释放教育数据潜力以进行有效管理的必要条件（UNESCO，2021a）。因为教育数据在各级管理中发挥的作用日益重要，所以应用程序和软件的数量成倍增加。随着越来越多的供应商进入市场，许多采购决策变得分散，中小学和大学经常发现自己用一种软件在一个领域收集数据，除非花更多钱，否则它们无法将这些数据与用不同软件在另一个领域收集的数据关联起来。教育并不是面临这一问题的唯一领域：缺乏互操作性在20年前就被认为是医疗保健部门的一个主要挑战（Walker et al.，2005）。

> *因为教育数据在各级管理中发挥的作用日益重要，所以应用程序和软件的数量成倍增加。*

在教育方面，最初由中国、印度、荷兰、挪威、俄罗斯、南非、英国、美国和几家欧洲高等教育机构签署的《格罗宁根宣言》（Groningen Declaration，2012）现在有超过110个签署国，致力于发展和改善数字学生数据，以确保学生的自由流动。最近在英国众多大学进行的一项调查显示，43%的受访者认为互操作性问题是管理学习评估数据最成问题的一方面（Knight and Ferrell，2022）。

澳大利亚、加拿大、新西兰、英国和美国已经开发了系统互操作性框架：每个国家都有明确定义的基础设施，所有利益攸关方和开发者都可以免费获得规范说明（Access 4 Learning Community，2022）。2010年，澳大利亚引入了全国学校互操作性计划，以开发可用于改善教育机构使用的信息系统的互操作性的共同技术标准和项目（Education Services Australia，2023a）。有一个工具包可帮助测试行政当局如何与国家评估平台进行互动，为考试评分提供便利，支持机构对结果进行处理，并按照每个行政当局的要求生成学习评估报告（Education Services Australia，2023b）。

特别是在这几个国家，以及在一些其他高收入国家，在问责政策的框架内，往往是部门绩效监测促进了对数据的需求增长。我们需要前所未有的大量数据，不仅要监测学校是否达到了标准，而且要确定学生的表现是否随着时间的推移而有所改善。在2010年代中期，新西兰认识到学校一直在独立采购学生管理系统和相关软件，而各种系统和软件之间以及与其他中央数据库之间缺乏互操作性，这妨碍了政府跟踪学生的进步情况。（Hernandez，2019；New Zealand Ministry of Education，2016）。2019年，新西兰政府指定由CoreFour公司部署其学习管理系统Edsby，以开发"Te Rito国家学习者资料库和数据交换中心"。该项目还旨在减轻教师的行政负担，并提高提供给政府的数据的质量和及时性。这些数据将被托管在由微软运营的、经教育部批准的各个云数据中心（Edsby，2019）。然而，由于网络安全问题，云数据中心的部署在2021年暂停（New Zealand Ministry of Education，2022），并于2023年中期重新启动（New Zealand Ministry of Education，2023）。

欧洲国家一直在共同解决互操作性问题，以促进各国之间以及涉及高等教育入学、评估、学习、文凭和认证管理的多款应用程序之间的数据共享。EMREX项目是丹麦、芬兰、挪威和瑞典之间的初步合作产生的项目，作为"伊拉斯谟+"计划的一部分，它促进了学生数据的可移植性。EMREX项目支持学位和学分的流动，并对以往研究表示了认可。该系统使用一套通用标准，包括描述高等教育机构评估、文凭、成绩单和记录的数据模型（EMREX，2022b；EMREX and ERASMUS+，2015）。EMREX项目为基于开放性和包容性的互操作性标准制定提供了良好的实践。它的

代码是开源的，标准制定由一个用户组管理，其中的用户代表都是有意提高学生数据可移植性的参与者，并且可以投票（EMREX，2022a）。该标准接受公众的审查，因为它既不是私人制定的，也不是商业传播机构强加的（Bollinger，2000）。EMREX目前被10个欧洲国家的高等教育机构使用。尽管如此，它也要与其他标准共存，包括"无纸化伊拉斯谟"和"欧洲通"（Europass），这些标准有时不会相互沟通（Fridell et al.，2022）。

技术改革学习评估的巨大潜力没有得到充分开发

学习评估过去完全以纸笔考试的方式进行，需要手动打分，但现在越来越多使用技术进行管理，在衡量精度、易于管理以及与学习者和家长分享结果方面取得了实质性进展（United States Office of Education Technology，2015）。基于计算机的评估和计算机自适应测试已经取代了许多纸质评估（Chen，2023）。

基于计算机的评估是通过使用计算机或数字设备来进行的（Wise，2018）。这样做降低了测试管理成本，提高了衡量质量，并实现了快速评分。据说通过提供即时反馈，它能帮助教师进行个性化的反馈和教学（McClelland and Cuevas，2020；Moncaleano and Russell，2018；Wise，2018）。然而，关于这方面的证据还很薄弱，而且至少在英国，除了低年级的阅读和数学之外，其对改善教学和学习的影响尚未得到证实（See et al.，2022）。基于计算机的评估的其他好处包括支持教师与家长针对孩子的进展进行交流（Shute and Rahimi；2017），以及通过轻松生成多个版本的测试来减少作弊的机会。印度尼西亚就是这样做的（Dwiyono et al.，2021）。

基于计算机的方法为形成性评估和终结性评估创造了巨大的机会。这些评估扩大了被评估的技能范围——例如，协作和创造力（OECD，2017）。这些评估不仅可以对正确答案进行简单分析，还可以解释学生是如何回答问题的。例如，这些评估可以识别出能解释学习者表现的因素，比如对阅读任务的信心、是否乐在其中和认知参与度（Usher et al.，2019）。在芬兰，使用基于计算机的评估的日志文件使研究人员能够厘清学生在执行阅读任

务时的动机的影响。研究发现，喜欢阅读的学生更有可能花费更多的时间在一项任务上，并使用认知策略来应对特定的阅读挑战（Ronimus et al.，2022）。技术还促进了对有残疾或学习困难的学习者的评估的通用设计（Almond et al.，2010）。在法国，一种基于计算机的阅读评估工具有助于根据阅读难度将二年级至九年级的儿童进行分组。该工具区分了患有高读症的儿童和解码技能较差的儿童，他们需要不同的补习策略（Auphan et al.，2019）。

计算机自适应测试不仅用计算机或数字设备进行管理，而且使用了按顺序选择测试项目以匹配测试者的熟练程度的算法。计算机自适应测试使用变量测试形式，而不是传统的纸笔测试的固定形式（Luecht，2018；Moncaleano and Russell，2018）。中国、塞浦路斯、德国、印度、马来西亚和土耳其等国家已经发现了这类测试可以提高测量精度（Chen，2023）。印度尼西亚推行了一个评估物理学批判性思维的项目，能更精确地测量高阶学习技能（Abidin et al.，2019）。

技术在学习评估中的一些最先进的应用，在医疗和军事培训等领域也崭露锋芒，在这些领域，学习者可以在虚拟仿真环境中接受评估（Ahir et al.，2019；Liu et al.，2018；McGrath et al.，2018）。更高的计算能力、自然语言处理的进步、三维展示的改进和联网型可穿戴设备的结合，为学习者在虚拟场景中接受评估创造了条件，而这在现实生活中很难，甚至不可能（McGrath et al.，2018）。使用虚拟现实的形成性评估已经作为一种安全实惠的方法用于对建筑工人的培训和评估，让建筑工人为危险任务做好准备，但不会使他们暴露于风险之中（Adami et al.，2021）。

为了有效实施，基于技术的评估必须在质量、成本和时间之间做好权衡。然而，基于技术的评估在管理方面常常存在质量问题，这并不少见（Hillier et al.，2020）。例如，大学正在引入协议和政策来处理在线考试中与电源、硬件、浏览器和互联网接入故障有关的问题（例如，University College London，2020）。随着新冠疫情导致越来越多的考试转移到线上（Deneen，2022），线上作弊检测和监考工具的需求也增加了。这些工具通过网络摄像头的视频和音频来记录学生在计算机上的活动，以检测考试中是否存在欺诈行为（Andreou et al.，2021；Harwell，2022；Kharbat and Abu Daabes，2021）。虽然这些工具可以减少作弊（Milone et al.，2017），但在使用时应该在有效性与公平性和心理影响之间做好权衡（Lee and Fanguy，2022）。审查力度和侵入性过大，以及实施过程缺乏透明度，可能会让学生害怕，有时频繁点击鼠标甚至闭目养神都会被当成作弊的信号（Harwell，2022）。随着在线监考评估工具被越来越多地使用，人工智能的使用和伦理道德的交叉将成为一个重要的考虑因素（Coghlan et al.，2021）。

此外，关于基于技术的评估的质量和有效性的证据已经开始出现，但对成本效益的了解却少得多。本报告审查的34篇基于技术的评估的论文均缺乏明确且透明的成本数据（Chen，2023）。成本效益需要考虑到开发、制作、维护和运营成本，还需要了解预期的学习者人数、课程的数量和类型、如何满足不同学习者的需求，以及使用率（Chen，2023；Grunwald，2009）。现有的少量研究承认基于技术的评估有潜在的省材（例如纸张印刷和分发或管理的成本）和省时的特点，但忽略了与基于技术的评估的开发、运营和废物处理相关的成本（Chen，2023）。

通过自动化的评估开发、编写分析或基于电子平台进行的持续评估可以降低成本，人工智能为此提供了更多的机会（Swiecki et al.，2022）。作弊和剽窃预防工具已经在高等教育和研究中使用了一段时间（Foltýnek et al.，2019）。在德国，剽窃检测的众包项目VroniPlag自2011年以来，已经在奥地利、捷克共和国和德国的大学审查了200多篇论文。其中至少40篇论文中超过三分之二的内容被发现涉嫌剽窃（VroniPlag，2023）。然而，不使用人工智能的传统剽窃检测工具已经不能满足需求。2019年，一项研究对15款使用8种语言的网络剽窃检测工具进行了调查，发现它们无法检测出所有的文本相似性，特别是当学生使用同义词替换、释义或翻译对文本进行处理时。这些工具在分析某些语言的文本时的效果要比分析其他语言时更好，但有时也会产生误报（Foltýnek et al.，2020）。

最近已有基于生成式人工智能的工具被开发出来，它们可以检测生成式人工智能制作的文本，包括GPTZero（Rogers，2023）、DetectGPT（Mitchell et al.，2023）、AI文本分类器（OpenAI，2023）和作家AI内容检测器（Writer，2023）生成的文本。

总的来说，数字技术的进步将继续改进评估的设计、管理和评分方式。但还有一些重要的问题有待解决，以确保这些方法的公平性和安全性（International Test Commission and Association of Test Publishers，2022）。

学习分析可以支持管理，但会带来新的挑战

学生与教育软硬件的交互会产生大量的数据，如果对这些数据进行适当的管理和分析，可以帮助教师了解学生的进步，帮助学校领导和系统管理员做出更好的管理决策（Dillenbourg，2021；Ifenthaler，2021）。学习分析可以提供形成性的反馈，让学生决定自己的发展路径，为学生做好学业规划，加强早期检测系统，并改善课程和评估的一致性（Macfadyen，2022）。

学习分析通常从三个层面展开（Buckingham Shum，2012）。第一，在描述层面上，富裕国家的学校已经非常熟悉学习管理系统的面板、可视化呈现方式和定制化报告，这些都是从商业智能软件中借鉴的（Şahin and Ifenthaler，2021）。

第二，在更高级的层面上，学生特征数据可以与他们的学习管理系统使用模式相结合，以预测学生的轨迹，并设计辅助干预措施（Ifenthaler，2021）。在德国，这些数据被用来检测有学业失败风险的学生，并总结出了200多种个人风险特征。结合成绩、入学率和学习进展的数据，通过讲座、课程和历届学生获得的见解，为关于学生管理的循证讨论提供了支持（Hinkelmann and Jordine，2019）。学习分析的使用已被证明有利于机构的治理和管理（Ifenthaler et al.，2019）。

第三个层面是数据密集型的，它基于计算机自适应软件开展，比如那些用于评估的软件。这些数据在了解学生如何学习概念上发挥着有效的形成性作用。在越南，使用计算机自适应测试工具使学习分析和视觉数据挖掘成为现实，有效地支持了教师对学生的英语（作为第二语言）阅读能力的进步情况的监测，便于教师制定教学策略（Aristizábal，2018）。这些数据还可以帮助改进课程设计。分析方法已被用于数字教科书，其中教科书使用指标可用于预测课程成绩（Junco and Clem，2015）。

在课堂上，传感器记录的数据被用来分析互动情况和学生的注意力，以检测学习遇到困难的学生（Dillenbourg，2021）。商业开源工具也被用来记录学生上网课的出勤率，尽管这样做的代价是引起人们对隐私的担忧。例如，谷歌插件Meet Attendance让教师和管理员可以记录和报告网课的出勤情况，也可以与处于核心地位的工具共享数据，以得出一般性的报告（Smith，2022）。Canvas、魔灯、Teams和Zoom也有类似的插件。最近发展起来的技术——包括人工智能的使用——甚至能追踪学生上网课时的注意力。例如，面部识别技术被用来监测眨眼率、眼睛注视状况和姿势等身体信号，以记录学生在上课期间的注意力水平（Rahul et al.，2021）。

虽然学习分析正在成为教育领域的一部分，但很少有系统能够处理该领域所产生的大量数据。在中国，学习分析已被用于初等和中等教育，以识别学习者面临的困难、预测学习轨迹和管理教师资源与专业培训。"作业帮"和"猿辅导"等商业应用程序使用光学字符识别和自然语言处理技术来分析学生的测验答卷，而"流利说"则在口语评估中使用了自动语音识别技术。在乌拉圭，由政府机构牵头的负责将信息和通信技术纳入教育的"西博计划"于2022年启动了一个实验室，其使命是通过结合以用户为中心的数据分析和行为科学原则来改善学习（Aguerrebere et al.，2022）。

在高等教育中，学习分析的应用更为广泛（Lang et al.，2022）。在欧洲和北美，一些大学已经开发出了早期预警系统。"课程信号"（Course

Signals）是普渡大学发明的一种预测性学习分析系统，可以用来标记学生通过课程测验的可能性是否较低，以便给予教育工作者针对性的额外支持（Tsai and Martinez-Maldonado，2022）。在比利时，LASSI面板通过提供数据展示来帮助学生调节他们的学习过程，学生可以从压力、时间管理和考试策略等方面将自己与同学进行比较（Broos et al.，2020）。

在芬兰，Digivision 2030项目旨在优化对学习者数据的使用，以提供量身定制和个性化的学生体验（Digivisio2030，2023）。芬兰国家教育局关注两个项目：一个是集成数据仓库KOSKI，它与其他主要数据系统相连通，如社会保险和国家统计；另一个是国家唯一识别系统mPassId，学生可以通过它访问学生注册和学习管理系统等网络服务（Aguerrebere et al.，2022）。

> " 有数据可用，并不意味着应该使用。 "

学习分析创造了一些机会，也引起了一些重要的关切。首先，存在伦理问题。有数据可用，并不意味着应该使用。决定哪些数据可以分析，哪些其他数据可以与之相结合，以及谁可以访问结果，这是一个高度敏感的过程（Slade and Prinsloo，2013）。其次，学习分析需要能够有效且可靠地反映学生的进步和潜力。在实践中，学习分析往往只关注一组狭隘的学习结果，反映了学生潜力的某些方面，但会忽略其他方面，这样形成的基础信息可能不适用来设计辅助干预措施。最后，用户解读学习分析结果的能力以及将诊断转化为适当的教学干预的能力往往被低估了（Gašević et al.，2016）。

为了使学习分析有效，需要克服包括提高所有系统参与者的数据素养（Macfadyen，2022）和理解算法的公平性（Kizilcec and Lee，2022；Loukina et al.，2019；Wang et al.，2022）的挑战。在决策过程中使用的算法容易受到偏见的影响，这可能会在很多方面使决策不公平。例如，决策者可能会挑出那些在算法上有意义的决策，而不会从社会政策的角度来评估（Perrotta and Williamson，2018）。机器学习算

法定义的高水平表现可能不适合少数群体。如果算法在观察数据后学习到了某种常规范式，并在预测中重复这些范式，那么这种算法就有可能是不公平的（Wang et al.，2022）。虽然这一问题已经是其他领域的共识了，但在教育领域仍然被相对忽视。有人认为，学习分析将学习者视为数据结构，可能会让人产生误解，非但不会改善学习者的教育体验，还有可能会让学习者的教育机会越来越少（Perrotta and Williamson，2018）。

另一个挑战是如何让相关人员理解学习分析（Mandinach and Abrams，2022）。广泛使用面板、图形和表格来支持决策，需要越来越多的用户（包括教师、学生和家长）具备起码的数据素养（Jarke and Breiter，2019；Lang et al.，2022）。面向教师和面向学生的学习分析应用程序都已证明，要想有效地使用这些程序，就需要解决数据素养水平的差异（van Leeuwen et al.，2022）。欧洲高等教育机构所呈现的数据素养水平较低，这对学习分析制度化构成了严峻的挑战（Macfadyen，2022）。将复杂的学习分析简化为可理解的数据展示形式，类似交通灯系统，会造成细节的丢失，并且可能会扭曲数据背后的意义。这些意义与学习过程相关，应该由教育工作者进行解读（Mandinach and Abrams，2022）。

多个数据源、数据类型、分析结果、用户和机构构成了一组复杂的数据和用户，它们只有在数据治理、政策和流程都已到位并得到新的教育领导模式支持的情况下才能产生结果（Macfadyen，2022）。一项对澳大利亚多所大学高级管理人员的调查指出，领导力是将学习分析和其他复杂技术创新整合到管理中的关键瓶颈（Dawson et al.，2018）。

缺乏信心和能力限制了技术在教育管理中的使用

据估计，企业认为只有30%的数字化转型项目实现了其目标。明确的战略、领导的承诺、适切的技能、敏捷性、有效的监控和技术资源都是成功的先决条件（Forth et al.，2020）。如果这些因素在竞

争激烈的商业环境中难以实现，那么很明显，即使有好的工具来改善教育管理，也很少有教育系统和行为体真正做好了数字化转型的准备（McCarthy et al.，2023）。事实上，技术基础设施往往根本不可用。此外，管理人员和教师对技术有自己的信念和态度，这些信念和态度可能并不利于技术的采用。最后，教育机构吸收技术变革并将其用于预期目的的能力有高有低。

行政管理人员和教师是以管理为目的的教育技术的主要使用者。正是通过他们对应用程序和设备的有效使用，才能生成数据并将数据用于决策。然而，许多调查都得出了同一个结果，那就是教育技术项目并不一定解决了如何管理技术的问题。自我效能感，或者说对完成需要技术融合的管理任务的信心（Šabić et al.，2022），与之前的成功经验密切相关。在肯尼亚和菲律宾，管理者的积极态度是学校管理中采用和使用技术，以及改善学校管理的强预测因素（Kirui et al.，2022；Vida Villa and Natividad Eder，2019）。在尼日利亚，不同大学在教育管理信息系统使用方面存在的大部分差异都可以用缺乏所需的技能和能力来解释（Akinwole et al.，2019）。在北马其顿，技术知识的增加以及信息和通信技术的支持是直接影响教育管理信息系统使用的两个因素（Stamenkov and Zhaku-Hani，2021）。

技术设计对于让人们保持积极的态度和促进技术采用非常重要。设计糟糕的用户界面或频繁出现的程序错误降低了技术的易用性，造成预期用户产生消极态度和较低的自我效能感。在马来西亚，负责数据输入的中学教师在使用在线教育管理信息系统时，其易用性感受会对他们产生积极的影响（Saad and Daud，2020）。在约旦，行政工作人员对教育管理信息系统软件的易用性感受会影响该软件在教育部内部的使用（Alhanatleh，2020）。易用性感受也是英国高等教育机构工作人员使用技术意愿的决定因素。易用性感受加上个人感知到的有效性、机构支持和创新性，有助于解释对教育管理信息系统的使用意愿的一半以上的差异（Zhao et al.，2020）。

教育机构是否准备好采用技术进行管理，取决于机构的资源及其将技术融入日常实践的能力。"吸收能力"是指学校作为学习组织，通过创新获取和应用新知识的能力（Da'as et al.，2020；Lenart-Gansiniec et al.，2022；Zuckerman et al.，2018）。在需要技术变革的环境中，吸收能力是优势，但也是造成不平等的关键来源之一。最近，新冠疫情凸显了学校吸收能力对快速适应新的教育传递模式的价值。结合有效的领导力，吸收能力意味着可以使用新的知识，并且可以促成学校的改进。

然而，吸收能力在国家之间和国家内部都有很大差异。成功的教育系统通常具有吸收能力，包括强有力的学校领导者和对创新充满信心的教师（Schleicher，2015）。农村学校的经济和人力资源往往比城市学校少，而且在技术相关创新的发展和实施方面也较为落后（Zuckerman et al.，2018）。决定学校吸收能力的要素有四个：先前知识；员工从经验和专业发展中获得的技能；教师和员工在创新教育项目中的合作参与度；接触外部知识，为机构从不同的角度处理问题提供更多的选择（Lenart-Gansiniec et al.，2022）。这些要素也在一定程度上与技术自我效能感和对技术整合的态度的决定因素相重叠。

几乎没有机构实施有效的学习分析的例子。实现系统性变革仍面临许多挑战（Macfadyen，2022）。学习分析走向制度化实践的步伐是缓慢的，大多数高等教育机构仍处于早期阶段：提取和报告教育数据（Macfadyen，2022）。即使是正在将学习分析列为优先事项的国家，问题也依然存在。在芬兰，Digivision 2030项目仍然在努力实现数据共享，因为有许多系统仍在独立存储和维护其数据（Aguerrebere et al.，2022）。

制度文化是影响采用和使用学习分析的一个特别重要的因素。一项对澳大利亚32所大学的高级领导者进行的调查显示，忽视了学习者和教职员的自上而下方法会带来极低的认同感（Colvin et al.，2016）。对24个欧洲国家83所高等教育机构高级管理人员的研究发现，让学生作为关键利益攸关方参与学习分析的设计和实施，是有效使用学习分析的必要条件（Tsai et al.，2020）。

在绝大多数的情况下，技术对教育的预期效益和这些效益的实现之间是有差距的。这可能是因为一些看似微不足道的问题（如基础设施的维护和维修）被忽视或低估了（Pangrazio et al.，2022），因为当地可能不愿使用自动生成的大数据（Selwyn，2020），或者学习分析的开发和设计没有将教育系统的目标——促进学习——整合为其发展的核心驱动力（Lang et al.，2022）。

结语

技术为改善教育系统的管理提供了各种机会。技术提供了扩大学校和学生的数据收集范围，并将这些数据关联起来，以生成对学习轨迹及其决定因素的细粒度分析的可能性。这些数据可用于学习的个性化，监测被边缘化的儿童，避免儿童离校和提前辍学。技术也有很大的潜力来支持持续的学习评估，以及扩大被评估的技能和结果的范围。

> " 对于那些希望利用技术来提高其教育系统管理的效力和效率的国家来说，了解数字生态系统的各个方面是至关重要的。 "

然而，这种潜力也带来了挑战。有些人质疑，所生成的大量数据是否能被有效使用，不仅用于监测，而且用于提升个人和机构的绩效。政策制定者和学校领导者被大量的信息和一系列所谓的数据组合解决方案所淹没，而它们之间往往无法相互交流。许多技术项目的推出都面临着成本高、具有隐私及安全隐患、实施困难、管理和使用欠缺等难题。对于那些希望利用技术来提高其教育系统管理的效力和效率的国家来说，了解数字生态系统的各个方面是至关重要的。需要将用户摆在中心位置，改善他们对其所期望采用的技术的态度，并加强他们使用该技术的能力。

在越南老街省巴刹县中学的实地考察中，联合国儿童基金会的工作人员描望拜访了农文阳（Nong Van Duong，15岁）和农文青（ Nong Van Thanh，13岁）的家庭。他们俩都是巴刹县中学的优秀学生。新冠疫情期间，其他同学都会使用智能手机或笔记本电脑上课，但他俩遇到了许多困难。阳和青透露，他们试着复制网课的录音，然后在家里老旧的红色收音机上播放。不过，阳和青学习非常努力，并获得了巴刹县中学颁发的许多证书。

图片来源：UNICEF/UN0610392/Le Vu*

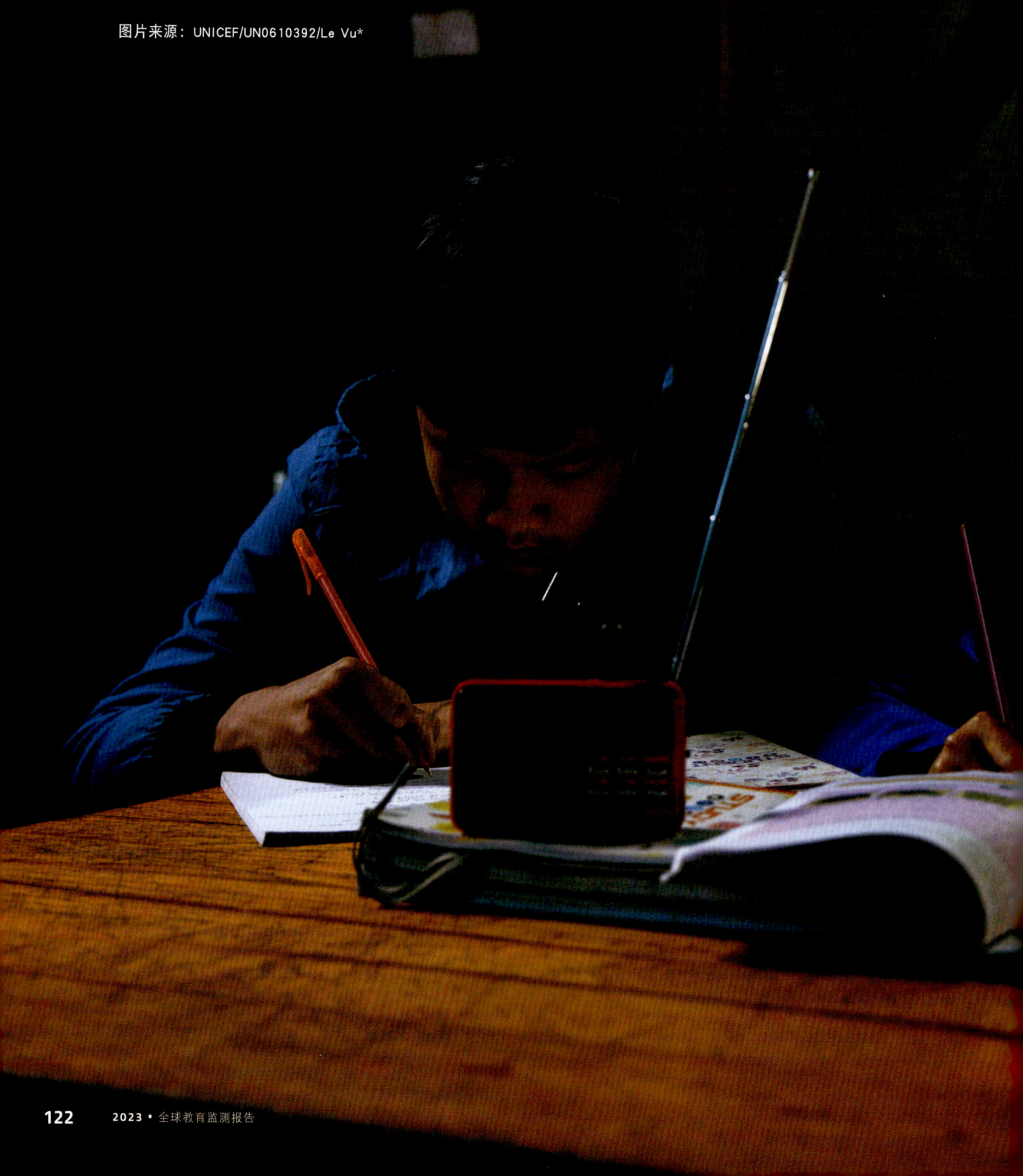

7

获取技术：公平、效率和可持续性

重要信息

旨在改善获取技术的机会的投资往往会忽视可持续性。

在家庭和学校里，获取技术的机会不均。

- 在全球范围内，四分之一的小学没有电，40%的小学、50%的初中和65%的高中已经联网。

- 在全球范围内，2020年有46%的家庭拥有电脑，该比例从低收入国家的7%到高收入国家的80%不等。拥有电脑的学校比例在小学为47%，初中为62%，高中为76%。

- 手机的拥有率也不均衡，全球10岁及以上人群拥有手机的比例为73%，但这一比例在低收入国家只有49%。

各国采用各种政策来改善获取技术的机会。

- 在全球范围内，85%的国家制定了改善学校或学习者连通性的法律或政策，52%的国家制定了关于加强学校电气化的法律或政策。

- 在全球范围内，30%的国家制定了为每名学生提供笔记本电脑或平板电脑的政策。在拉丁美洲和加勒比，这一比例曾高达61%，但已跌至15%。

- 约有五分之一的国家制定了政策，对学生购买设备进行补贴或减免。这些政策可以减少学校的经济负担，但可能会增加低收入家庭的负担。只有19%的国家制定了应对这种风险的法规。

需要证据来推动公平、高效和可持续的技术解决方案。

- 一些教育技术产品没有得到充分利用，有的甚至未被使用。美国的两项研究估计，67%的教育软件许可证未被使用。

- 在英国开展的一项综述研究发现，只有7%的教育技术公司进行了随机对照试验来评估有效性。

- 投资决策需要评估技术应用程序是否对教学和学习有影响。由于没有满足可持续性和可行性要求，加纳在实施三年后暂停了"每个孩子一台笔记本电脑"项目。

采购决策需要考虑可持续性。

- 产品和服务的使用寿命及隐性的长期成本至关重要。据估计，教育技术的初始投资占最终总成本的25%或更少。

- 设备导致了电子垃圾的泛滥。如果将欧盟所有的智能手机使用寿命延长一年，将相当于减少超过100万辆汽车的碳排放量。

监管部门需要解决教育技术采购中的风险问题。

- 即使是最保守估计，也认为2019年的腐败额相当于全球采购合同的8%。2019年，巴西联邦总审计长发现，为州立和市立学校采购130万台计算机、膝上型电脑和笔记本电脑的电子招标过程存在违规行为。

现在，获取数字技术被认为是受教育权的一部分。教育权问题特别报告员最近声称："受教育权的实施必须响应所有人的需求，人人都需要获取、掌握和使用技术，让技术助力自己成为社会的积极成员。"（United Nations Human Rights Council，2022）因此，公平获取的问题已成为关键。

学校、教师和学生需要适合情境的优质设备、与国家课程相配套的相关软件以及无障碍平台。各国政府需要付出可负担得起的成本，并确保对技术进行适当的维护。系统需要具有互操作性和可持续性。需要安装电力和电信基础设施，特别是确保互联网接入。然而在现实中，很多条件都没有得到满足。

大部分投资的成本都很高，超出了许多国家的预算（**第22章**）。这些投资需要与其他教育优先事项相竞争。在国家之间和国家内部，获取技术的机会最终分配不均。只有少量的证据能证明产品和服务对学习的影响。供应商比政府官员棋先一着，有些政府官员会被营销行为误导。产品的浪费率和报废率很高，让本来就日益增长的数字化环境成本再多一笔。

本章描述了技术资源的分配，为了确保能公平低价地获取基础设施、硬件和软件而付出的努力，以证据为基础的教育技术公共采购举措，进而提出公平、高效和可持续的解决方案。

获取技术的机会不均

在国家之间和国家内部，包括学校之间，获取电力、设备和互联网接入的机会极不均衡。2021年，7.7亿人，即近全球人口的9%用不上电。那一年，撒哈拉以南非洲的通电率首次超过了50%，尽管农村地区居民的通电率仍低于30%。例如，在卢旺达，18%的农村家庭用上了电，12%的家庭接入了电网，6%的家庭拥有离网型太阳能设备（World Bank，2022）。二十年来，中亚和南亚的通电率提高了38个百分点（几乎已经普及），撒哈拉以南非洲提高了24个百分点，撒哈拉以南非洲农村地区提高了17个百分点（**图7.1a**）。据估计，到2030年实现全民电气化将需要每年4130亿美元的投入（SEfor-All，2020）。

电气化的高中比例与用上电的人口比例保持一致。相比之下，全球范围内电气化的小学比例落后于用上电的人口总体比例15个百分点，在中亚和南亚，这一数据为35个百分点（**图7.1b**）。在全球范围内，四分之一的小学没有电，而通电是从技术中获益的先决条件。

> 在全球范围内，四分之一的小学没有电，而通电是从技术中获益的先决条件。

图7.1
只有三成的非洲农村人口用上了电

a. 2000—2021 年世界和部分区域用上电
的人口比例

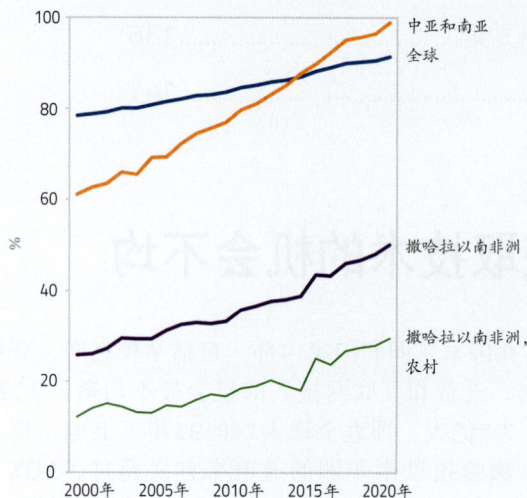

b. 2011—2021 年世界和部分区域用上电的人
口比例和学校比例（按教育等级分列）

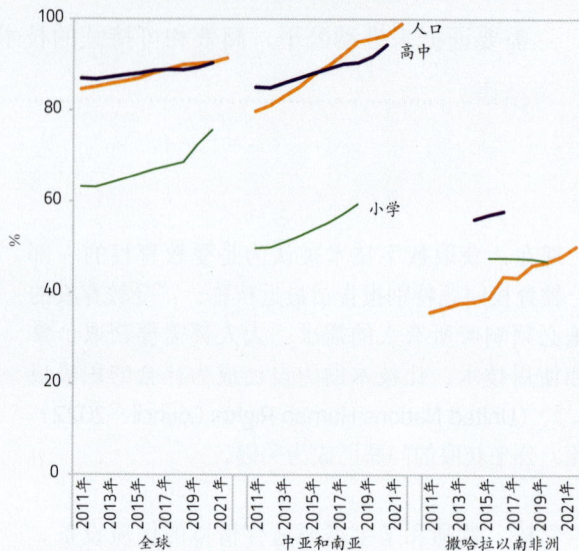

《全球教育监测报告》统计数据链接：https://bit.ly/GEM2023_fig7_1a_
资料来源：可持续发展目标指标数据库。

《全球教育监测报告》统计数据链接：https://bit.ly/GEM2023_fig7_1b_

2018年多层框架调查发现，在柬埔寨、埃塞俄比亚、肯尼亚、缅甸、尼泊尔和尼日尔，60%的公立学校没有电，31%的公立学校接入了电网，9%的公立学校未接入电网（IEA et al.，2020）。但这些国家之间的通电率差别很大。22%的埃塞俄比亚学校和49%的尼泊尔学校用上了国家电网提供的电能。在尼日尔，5%的学校通过电网用电，3%的学校通过太阳能用电。太阳能是15%的肯尼亚学校和86%的柬埔寨学校的后备解决方案。停电的代价高昂。平均而言，这六个国家中只有16%的学校享有不间断的电力供应。电压波动会损坏设备：28%的学校由于频繁的电涌和停电而出现设备损坏（IEA et al.，2020）。在南非，长期存在的能源危机意味着许多学校在电压减低期间无法上课，高等法院裁定，应该保护公立学校免于停电（Vollgraaff and Sguazzin，2023）。

在全球范围内，2020年有46%的家庭拥有电脑，这一比例从低收入国家的7%到高收入国家的80%不等——在北美更是高达83%（Broadband Commission，2022）。但即使在美国，2020年也有多达1600万名公立学校学生和40万名教师（占公立

学校所有教师的10%）生活在没有足够数字资源的家庭中。2020年，缩小数字鸿沟的成本在60亿—110亿美元，之后每年的成本在40亿—80亿美元（Ali et al.，2021）。

全球范围内，2020年拥有教学用电脑的学校比例在小学为47%，初中为62%，高中为76%。但是这些平均数掩盖了巨大的不平等。2021年，乍得没有一所小学拥有电脑，而尼日尔、塞拉利昂和多哥拥有电脑的小学比例不到5%。根据联合国教科文组织统计研究所的数据，在乍得和塞拉利昂，只有不到10%的中学拥有电脑。2018年国际学生评估项目估计，在大量中等收入和高收入国家或地区的样本中，几乎每一名15岁学生都有机会在学校使用一台电脑开展教育活动。在巴西和摩洛哥，每100名学生最多有10台电脑，但在卢森堡，每100名学生有160台电脑（**图7.2**）（OECD，2020）。

在欧盟成员国，2017—2018学年配备了全数字设备的学校比例在小学为35%，初中为52%，高中为72%，计算该数据的基础综合指标包括：每

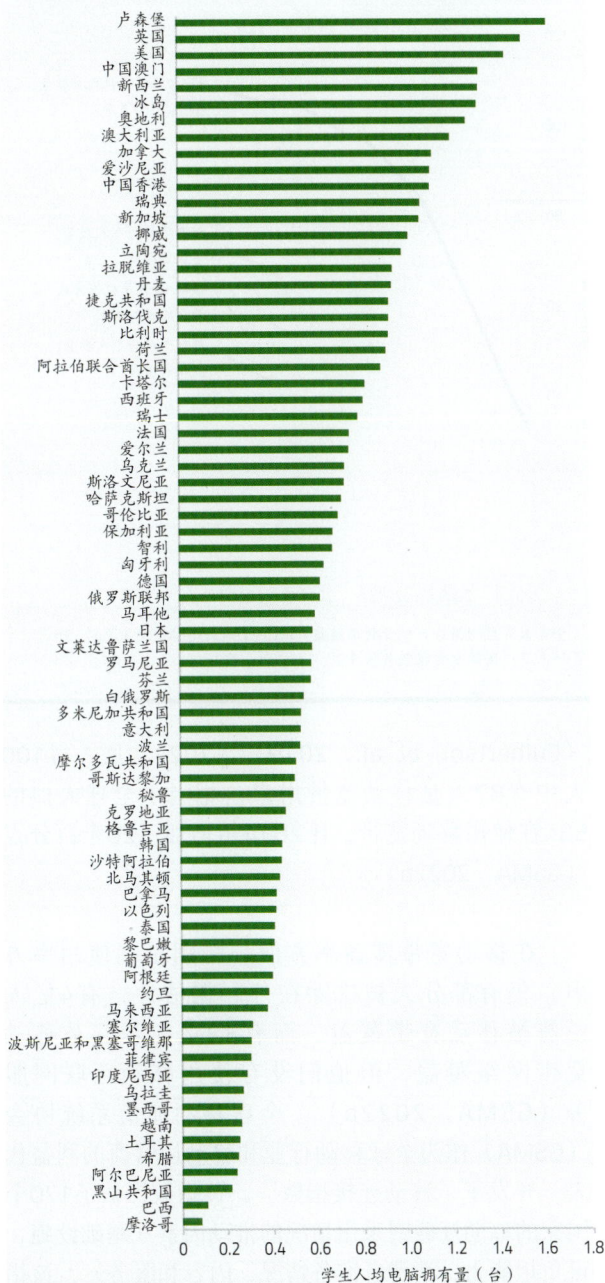

图7.2
许多学生在学校没有一台可以用于开展教育活动的电脑
2018年部分中等收入和高收入国家或地区15岁学生的人均电脑拥有量

（图中纵轴国家/地区从上到下）
卢森堡
英国
美国
中国澳门
新西兰
冰岛
奥地利
澳大利亚
加拿大
爱沙尼亚
中国香港
新加坡
瑞典
挪威
立陶宛
拉脱维亚
丹麦
捷克共和国
斯洛伐克
比利时
荷兰
阿拉伯联合酋长国
卡塔尔
西班牙
瑞士
法国
爱尔兰
乌克兰
斯洛文尼亚
哈萨克斯坦
哥伦比亚
保加利亚
智利
匈牙利
德国
俄罗斯联邦
马耳他
日本
文莱达鲁萨兰国
罗马尼亚
芬兰
白俄罗斯
多米尼加
意大利
波兰
摩尔多瓦共和国
哥斯达黎加
秘鲁
克罗地亚
吉尔吉斯斯坦
韩国
沙特阿拉伯
北马其顿
巴拿马
以色列
泰国
黎巴嫩
葡萄牙
阿根廷
约旦
马来西亚
塞尔维亚
墨西哥
波斯尼亚和黑塞哥维那
菲律宾
印度尼西亚
乌拉圭
墨西哥
越南
南非
土耳其
希腊
阿尔巴尼亚
黑山共和国
巴西
摩洛哥

横轴：0   0.2 0.4 0.6 0.8 1.0 1.2 1.4 1.6 1.8
学生人均电脑拥有量（台）

《全球教育监测报告》统计数据链接：https://bit.ly/GEM2023_fig7_2_
资料来源：OECD（2020）。

100名学生拥有的台式电脑、膝上型电脑或笔记本电脑、交互式白板和数码相机的数量；完全运转的设备的比例；学校的网速和互联网接入类型；一系列访问数字内容的指标，包括虚拟学习环境（Deloitte and IPSOS Mori，2019）。对"设备齐

全、互联互通的教室"的定义已经更新（European Commission，2022）。

移动通信技术的覆盖范围继续扩大。2022年，全球95%的人口被3G无线网络覆盖，88%的人口被LTE和WiMAX等4G技术覆盖，尽管低收入国家的4G覆盖率只有三分之一（图7.3a）。2022年，每100人中手机使用数量达到108部；然而，自2015年以来，低收入国家每100名居民的手机使用数量一直停滞在60部左右。在全球范围内，10岁及以上人群中拥有手机的用户达到73%，低收入国家的这一比例为49%（图7.3b）。到2021年，3G、4G或5G智能手机的连接数占比高于基础版手机，不过撒哈拉以南非洲除外，在那里还是基础版手机连接数占大多数（GSMA，2022b）。

互联网接入是经济、社会和文化权利的重要促进因素。通用和有意义的连通可以为用户创造机会，促使他们以"负担得起的成本和足够大的数据津贴，获得安全、令人满意、丰富和富有成效的在线体验"（ITU，2022c）。2016年，《世界人权宣言》第19条被修改，增加了呼吁所有国家"为通过互联网获取信息提供便利，使互联网成为促进教育权的一项重要工具"的内容（United Nations Human Rights Council，2016）。可持续发展目标的具体目标9.c体现了改善连通性的驱动力，该目标呼吁各国共同努力，"力争到2020年在最不发达国家以负担得起的价格普遍提供互联网接入"。计划于2025年实现的"宽带倡导目标"（Broadband Advocacy Targets）之一是使全球用户渗透率达到75%，低收入国家和中等收入国家的用户渗透率达到65%，最不发达国家的用户渗透率达到35%（Broadband Commission，2022）。

2022年，全球三分之二的人使用互联网（ITU，2022b）（图7.4），该比例从低收入国家的只有26%到高收入国家的93%不等。城市地区的互联网用户比例几乎是农村地区的两倍（分别为82%和46%）（ITU，2023），而在非洲几乎高达三倍（63%和23%）。高收入国家也存在接入问题。澳大利亚教育联盟估计，有12.5万名公立学校的学生的住所无法上网。生活在偏远地区的人群里有三分之一也面临着同样的挑战（Barbara Preston Research，2020）。

图7.3
在低收入国家只有二分之一的人拥有手机

a. 2015—2022年世界和低收入国家移动网络覆盖的人口

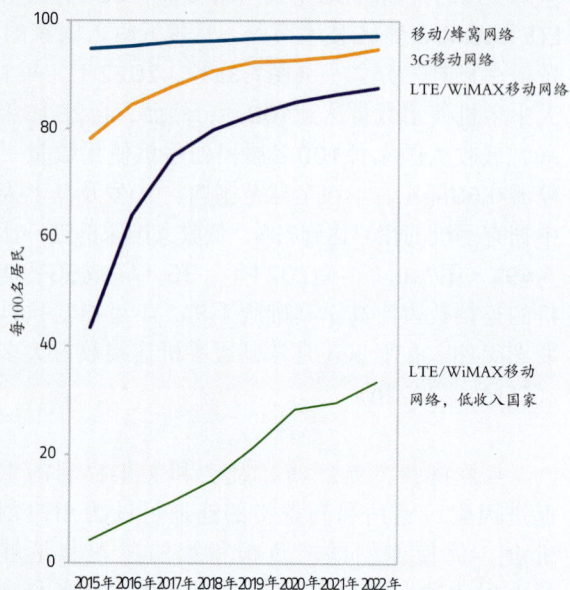

b. 2005—2022年世界和低收入国家的手机用户和手机拥有量

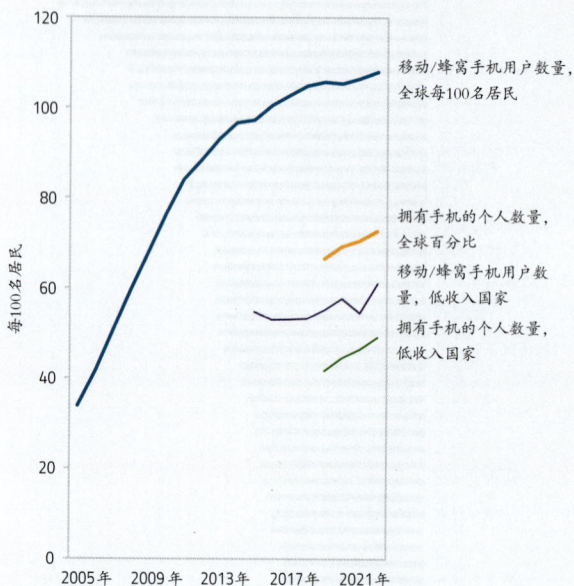

《全球教育监测报告》统计数据链接：https://bit.ly/GEM2023_fig7_3a_
资料来源：国际电信联盟数据库。

《全球教育监测报告》统计数据链接：https://bit.ly/GEM2023_fig7_3b_
资料来源：国际电信联盟数据库。

在获取技术的机会方面存在着性别差距。据估计，在低收入国家和中等收入国家，拥有手机的女性比男性少9%，使用移动互联网的女性比男性少16%（Broadband Commission，2022）。据报道，在手机拥有率方面性别差距最大的国家是巴基斯坦（52个百分点），贝宁、布隆迪、马里、尼日利亚和塞拉利昂的该差距也很大（MacQuarrie et al.，2022）。在互联网使用方面性别差距最大的国家是尼泊尔（20个百分点），其次是巴基斯坦。在某些文化中，技术的获取和使用取决于社会文化性别规范（Myers et al.，2023），拥有和使用技术被定义为男性化的行为（Zelezny-Green，2011），这造成男女在技术获取机会方面不均衡，甚至影响到教育（Webb et al.，2020）。

固定宽带用户，包括数字用户线路（DSL）、卫星、有线电视和光纤用户，全球平均每100人中有18人，从非洲的不到1人到欧洲的35人不等（ITU，2022a）。移动宽带提供了更大的灵活性，在接入互联网中的使用越来越多。在某些情况下，如流离失所，移动宽带是接入互联网的唯一选择

（Culbertson et al.，2019）。2021年底，每100人中有87人是移动宽带用户，相当于全球人口的55%在使用移动宽带，比2014年增加了20个百分点（GSMA，2022b）。

在移动宽带覆盖率方面，特别是在使用率方面，仍有部分人被排除在外。据估计，有4亿人没有被移动宽带覆盖，而有32亿人尽管被移动宽带网络覆盖，但他们没有使用移动互联网服务（GSMA，2022b）。全球移动通信系统协会（GSMA）作为全球移动行业和移动运营商的利益代表，开发了"移动连接指数"。该指数评估了170个国家的移动互联网采用情况的推动因素（基础设施、可负担能力、消费者准备情况、内容和服务）。该指数从南苏丹和乍得的20以下到澳大利亚、芬兰和新加坡的90以上不等（GSMA，2022a）。

即使对于理论上可以上网的人们，这种网络连接也可能是负担不起的或质量不好。在有定价数据的44%的低收入国家和中等收入国家中，1GB数据的成本中位数超过了人均国内生产总值的2%。

图7.4
三分之一的人不上网

2005—2022年世界和低收入国家互联网使用情况的部分指标

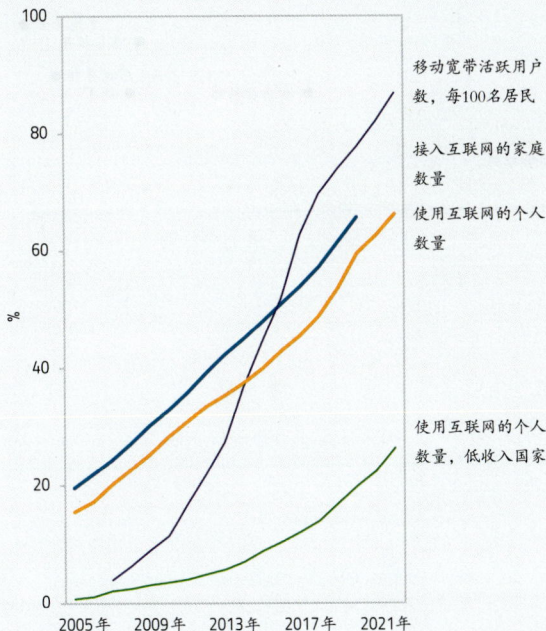

移动宽带活跃用户数，每100名居民

接入互联网的家庭数量

使用互联网的个人数量

使用互联网的个人数量，低收入国家

《全球教育监测报告》统计数据链接：https://bit.ly/GEM2023_fig7_4_
资料来源：国际电信联盟数据库。

各区域之间存在很大差异：南亚的成本中位数占人均国内生产总值的0.5%，该比例在撒哈拉以南非洲为3.4%（GSMA，2022b）。在全球范围内，收入最低五分之一的用户需要花费超过平均月收入的65%来购买有上网功能的入门级手机，而在撒哈拉以南非洲的这类用户需要花费自己平均月收入的100%以上（GSMA，2021，2022b）。在巴西，四分之一的人每月至少有一周断网，最贫困用户中有45%在月底前耗尽了他们的手机数据流量套餐（Telecompaper，2021）。偏远地区的接入成本更高，因为那里的数字网络建设成本更高。即使有数字网络，偏远地区家庭的获取成本也是城市地区的两三倍（GOLA，2022）。

互联网带宽（每秒接收到的信息量）和网速（接收到该信息量的速度）是衡量连接质量的两个关键指标。教育所需的应用程序，如视频会议和流媒体，都需要高带宽。根据国际电信联盟数据库，在2015—2022年，据估计每位互联网用户的国际带宽使用速率从52kbps增加到233kbps，从低收入国家的40kbps

到高收入国家的680kbps不等。新冠疫情促使每周一次使用移动互联网支持自己、子女或亲属的教育的人口比例增加，从2019年的27%增加到2021年的38%（GSMA，2022b）。

接入互联网的学校数量仍然有限。根据联合国教科文组织统计研究所的数据，在全球范围内，40%的小学、50%的初中和65%的高中已经联网。国际电信联盟对普遍且有意义的学校连通性设定的目标是，每所学校应享有20mbps的最低下载速度，每名学生应享有50kbps的最低下载速度，以及至少200GB的数据配额（ITU and United Nations Office of the Secretary-General's Envoy of Technology，2022）。"Giga倡议"摸底调查了49个国家32.8万所学校的情况，发现53%的学校已经联网（UNICEF and ITU，2023）。2020年，在塞拉利昂，只有不到1%的小学、5%的初中和8%的高中已经联网（Mullan and Taddese，2020）。

> 在全球范围内，40%的小学、50%的初中和65%的高中已经联网。

在印度，2020—2021学年约有50%的城市学校、不到20%的农村学校已经联网（图7.5）。这种差距在很大程度上是因为，在印度，53%的独立私有型学校和44%的政府资助的私有型学校实现了联网，但只有14%的公立学校实现了联网（Bhattacharya et al.，2023）。欧盟设定了一个更加雄心勃勃的宽带联网目标，即在2025年之前所有学校都将实现1000mbps的互联网连接；然而，到2019年，只有不到五分之一的学生就读的学校接入了网速超过100mbps的高速互联网（European Commission et al.，2019）。

各国采用各种政策来改善获取技术的机会

各国利用各种政策来改善获取技术的机会。至少在电力供应和互联网连接普及之前，技术获取的公平性是不可实现的，所以许多国家的行动重点都

图7.5
在互联网连接方面印度的城乡差距很大[1]
2020—2021学年印度按邦/联邦属地和辖区分列的已联网学校百分比

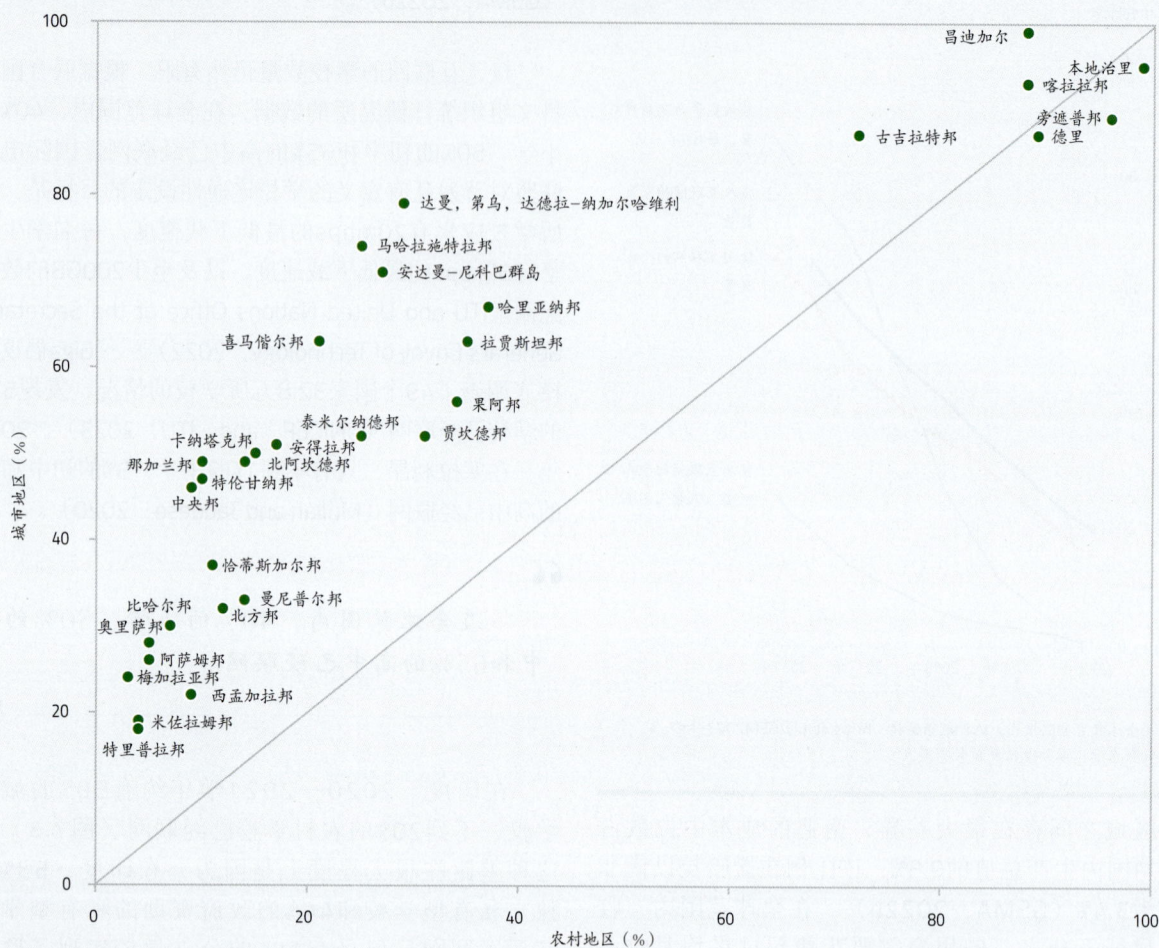

《全球教育监测报告》统计数据链接：https://bit.ly/GEM2023_fig7_5_
资料来源：巴塔查里亚等（Bhattacharya et al., 2023）基于"UDISE+"数据的研究。

放在加强基础设施上。85%的国家制定了改善学校或学生联网状态的法律或政策。与此同时，只有38%的国家制定了关于普及互联网的法律，27%的国家制定了关于普及电力供应的法律。约有五分之一的国家制定了政策，对购买设备进行补贴或费用减免（图7.6）。

低收入国家和中低收入国家的教育系统受电力不足的影响更大，它们更有可能为普及电力供应提供资金。52%的国家制定了加强学校电气化的政策，而在撒哈拉以南非洲国家这一比例有83%。布基纳法索的"2017—2030年教育与培训部门计划"对学校电气化做出规定，以支持夜校和非正规

教育的发展（Burkina Faso Ministry of Higher Education, Scientific Research and Innovation et al., 2017）。有一项政策旨在为学习者提供照明设备，以增加个人的学习时间。在肯尼亚，作为"2018年国家电气化战略"的一部分（Kenya Government, 2018），肯尼亚农村电气化局正在牵头为所有小学提供电力（African Development Bank, 2021）。埃塞俄比亚"2017年国家电气化计划和实施路线图"旨在到2025年实现全民通电，其中65%的居民将接入电网，35%的居民不和电网接通（Ethiopia Government, 2019）。在卢旺达，信息和通信技术以及基础设施相关部门的目标是通过国

---

1 本图中文版经过教育科学出版社编辑修订。

图7.6
各国推行各种教育技术法律和政策
制定了特定教育技术相关政策的教育系统的百分比

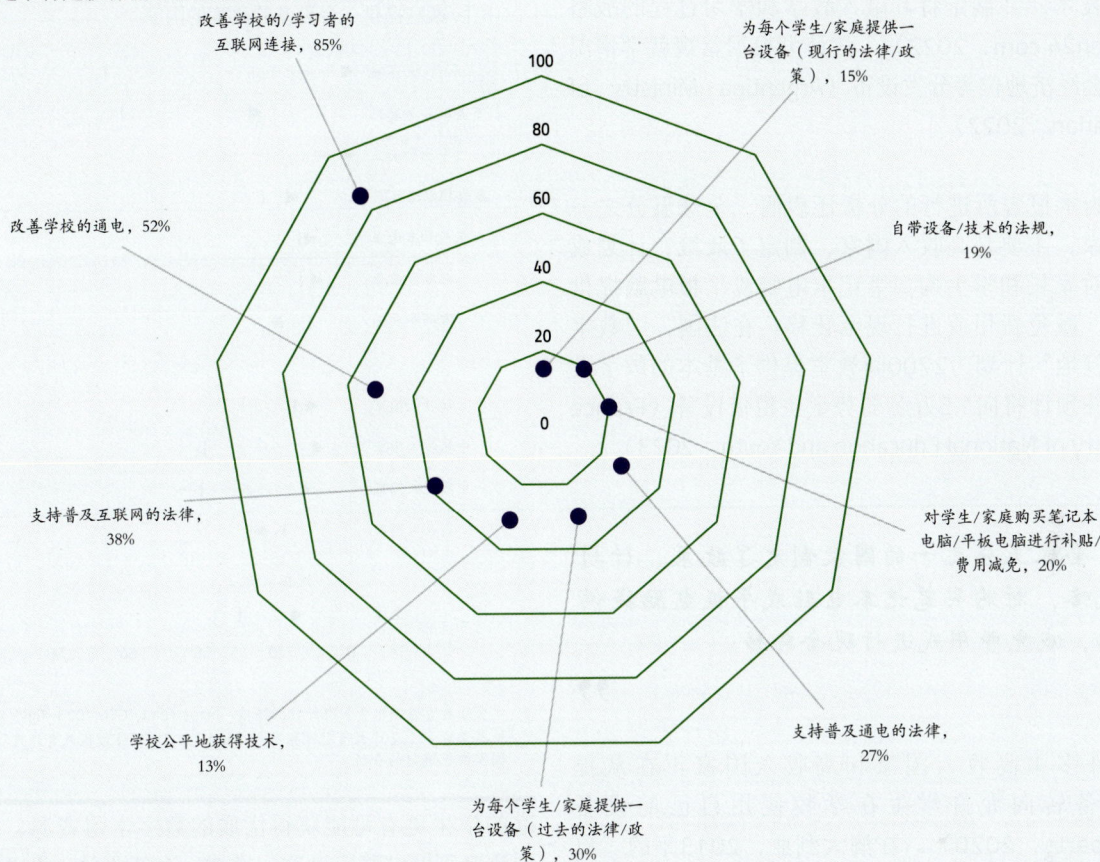

《全球教育监测报告》统计数据链接：https://bit.ly/GEM2023_fig7_6_
资料来源：《全球教育监测报告》小组根据"以文件增强教育评价"国家概况进行的分析。

家电网、发电机、太阳能和风能来改善学校的电力供应。

> **38%的国家制定了关于普及互联网的法律，27%的国家制定了关于普及电力供应的法律。**

在不丹，2021年所有私立学校都可通电，但只有8%的公立学校通电（Bhutan Ministry of Education，2021），2020年的《学校设计指南》要求所有学校与不丹电力局签订电力供应协议（Bhutan Ministry of Education，2020）。

各国正在改变其设备政策

一对一的技术模式一直倡导为每个学生提供一台笔记本电脑或平板电脑。这些方法比大多数干预措施更昂贵，其有效性也受到了质疑（Hennessy et al.，2021；GEEAP，2023）。"每个孩子一台笔记本电脑"项目可能是最有名的干预措施了（**第4章**）。自2005年推出以来，该项目已经发放了300多万台基于Linux系统的教育电脑，每台成本约100美元（OLPC，2023）。

为本报告所进行的分析表明，30%的国家曾经创建过一对一的技术计划。然而，目前只有15%的国家在推行这类计划。在某些情况下，疫情推动了这种追求。拉丁美洲和加勒比地区的转变尤其强烈，该地区61%的国家曾实施过这类计划。相比之下，欧洲和北美的该比例比过去只是略有增长（图7.7）。阿根廷于2022年重新引入了"平等连接"（Conectar Igualdad）计划，目的是提升公立中学的教育技术，并制定将其融入教学和学习过程的战略（Then24.com，2022）。该计划根据常规就学情况和社会经济地位等分发设备（Argentina Ministry of Education，2022）。

为本报告所进行的分析还表明，全球五分之一的国家，主要是高收入国家，制定了政策、计划或战略对家长和学生购买笔记本电脑或平板电脑提供补贴、减免费用或进行现金转移。在法国，"数字教育领地"计划为2700间教室提供了基本的数字设备，并预计将向1.5万名弱势学生租借设备（France Ministry of National Education and Youth，2023）。

> **"**
> **全球五分之一的国家制定了政策、计划或战略，对购买笔记本电脑或平板电脑提供补贴、减免费用或进行现金转移。**
> **"**

许多中高收入国家和高收入国家正在从提供设备转向允许学生在学校使用自己的设备（Roberts，2020）。在澳大利亚，2013年的"自带设备"政策取代了政府的"数字教育革命"计划（Australia Department of Education，2013）。一般来说，学校有自己的规定，包括行为准则，以及哪些学习者不能在学校使用自己的设备，比如小学生。在南澳大利亚州，州教育部门表示，每所学校都应该制定合适的政策，详细说明到2021年的预期。州教育部门鼓励学校与社区协商，以制定并审查本校的政策（South Australia Department of Education，2021）。牙买加于2020年通过了一项"自带设备"政策框架，旨在实现政策的可持续性（Jamaica Ministry of Education，Youth and Information，2020）。中国香港教育局允许学校采用各种方法来支持学生可以带到学校的设备，但同时指出，许多学校已经为这些设备制定了规格限制（Hong Kong Education Bureau，2022）。

虽然"自带设备"的方法可以减轻学校和政府的财政负担，但也带来了其他挑战。第一，"自带设备"面临着扩大差距的风险，因为来自更富有家

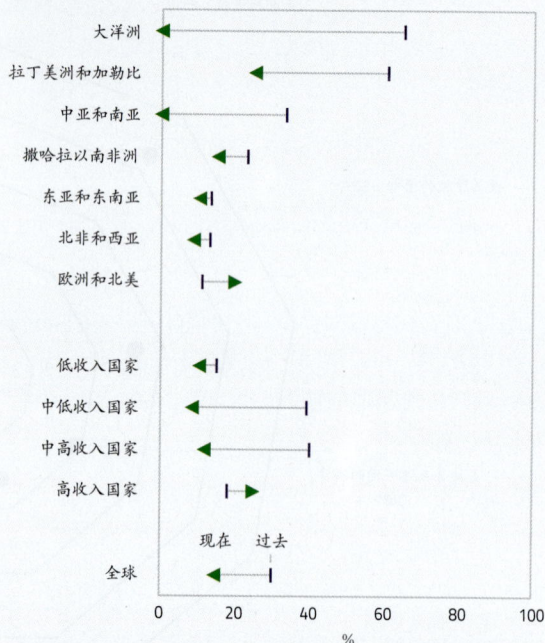

图7.7
各国已经摒弃了一对一提供硬件的模式
过去和现在按区域和国家收入组别分列的制定了为每个学生/家庭提供一台设备的政策的国家

《全球教育监测报告》统计数据链接：https://bit.ly/GEM2023_fig7_7_
资料来源：《全球教育监测报告》小组根据"以文件增强教育评价"国家概况进行的分析。

庭的学生更有可能获得优质的数字学习资源。但各国政府可以试着应对这一挑战。在新西兰，设备的成本在200美元到1250美元之间，2019年前3个月新西兰就向近2.5万名学生提供了价值330万美元的困难援助（Stock，2019）。第二，教师可能没有能力，或者很难做到在有不同设备和平台的课堂上组织和管理学习与教学活动（Ginley，2021）。此外，随着个人设备在学校的使用，许可证和所有权的管理可能会更加复杂。第三，存在隐私和安全问题（Regan and Bailey，2019）。学生自己的设备可能没有适当的保护措施来储存个人和学校的数据。此外，还可能存在防止盗窃、网络安全、病毒防护和使用多个操作系统的成本提升等重大问题（Poggi，2021）。

尽管"自带设备"政策存在相关风险，但只有19%的国家制定了法规来解决这些问题。牙买加的政策规定了哪些设备可在学校获得批准，并为其提供使用指导。但如果缺少隐私控制，学生在自己的设备上登录教育平台后的使用情况就会被泄露，甚至遭受网络攻击（Jamaica Ministry of Education，Youth and Information，2020）。在英国威尔士，政府发

布了"自带设备"指导方针，其中提到了健康和安全，涉及显示屏设备、看屏幕时间和设备无障碍性。指导方针还强调，应关注社会经济差异的影响，以及学校如何管理和提供基本应用程序的使用许可（Wales Department of Education，2019）。

一些国家倡导使用免费和开放的服务软件

教育机构使用的大多数基本操作系统和软件都是专有系统和软件，在此情况下，一些政府为使用免费和开源软件提供支持，这些软件可以调整和改进，满足特定的需求（Nagle，2022），以低成本为教学和学习定制内容。这些软件包括在wikis、GitHub、论坛以及会员门户网站、教程、教科书、专业培训和在线学习中使用的软件。开源软件通过促进数据和知识库的共享来支持教育系统。开源软件的数量正在增长：一项对1700多个代码数据库的综述发现，其中大多数代码数据库都包含了开源软件，在2018—2022年，这些开源代码中与教育相关的代码增加了163%（Synopsis，2023）。

大学等拥有复杂信息技术基础设施的教育机构，能够受益于开源软件及其增加新解决方案或功能的灵活性。相比之下，专有软件不允许共享。专有文件格式携带供应商锁，阻碍了互操作、交换和更新。人们对免费和开源软件的认知度仍然很低，使用这类软件所必备的技能也并未被普及。此外，软件的部署和维护也需要付出成本。

然而，仍有一些国家正在转向开放的公共服务资源，包括教育。开源数据交换系统X-Road是爱沙尼亚政府电子服务的支柱，其功能包括教育信息的收集和管理（Nordic Institute for Interoperability Solutions，2023a）。该系统已经出口，并在包括法罗群岛、芬兰、冰岛、日本、吉尔吉斯斯坦和墨西哥等国家或地区使用（Nordic Institute for Interoperability Solutions，2023b）。纳米比亚和乌克兰也实施了基于爱沙尼亚互操作经验的类似技术（e-Governance Academy Foundation，2017）。在北马其顿，新冠疫情期间的教育转向了Zoom和谷歌，政府同时也在寻找可持续的解决方案。北马其顿教育和科学部与高校

等合作伙伴一起，结合免费的开源工具魔灯和协作软件Teams构建了一个视频课堂和交流平台，将全国2.7万名学生通过网络连接起来，支持他们继续在网上零成本学习（Mrmov，2020）。

在印度，2015年启动的国家电子政务计划规定，政府使用的所有软件应用程序和服务都要基于开源软件构建，以实现高效、透明、可靠和可负担。因此，印度政府鼓励使用GNU/Linux系统（Thankachan and Moore，2017）。国家免费和开源软件资源中心支持开发、认证和采用，特别是通过免费、经Linux认证、支持18种印度语言的巴拉特操作系统解决方案（Bharat Operating System Solutions）（India Ministry of Electronics and Information Technology，2021）。该解决方案的教育版本EduBOSS是一种适合学校使用的免费的操作系统（CDAC，2023）。门户网站和移动应用程序"知识共享数字基础设施"，英文缩写为DIKSHA，于2017年推出，是印度各邦和国家组织为一年级至十二年级提供的电子书、电子内容和评估的存储库（India Government，2021）。例如，喀拉拉邦的免费软件政策意味着，学校使用的200多万台电脑装载了最新版本的免费开源软件（Financial Express，2019）。

各国都致力于在家庭和学校普及互联网

对普及互联网的承诺是实现互联网公平获取的基础。尽管155个国家在本国的国家数字计划或战略中强调了宽带的重要性（Broadband Commission，2022），但对"以文件增强教育评价"国家概况的分析表明，只有78个国家提供了普及性的连接服务。在贝宁，"2016—2019年国家通用电子通信和邮政服务计划"针对的是由于所处地区偏远、没有支付能力或无法使用信息和通信技术而得不到充分服务的人口。"贝宁数字代码（2018年）"强调了可负担的普及性服务的非歧视性、公平性和透明性。公共基础设施，包括社区数字点，在青少年活动中心和市政图书馆免费提供Wi-Fi，这些措施帮助贝宁的互联网普及率（34%）赶上区域平均水平（36%），不过其他西非国家，如加纳（68%）、毛里塔尼亚（59%）和塞内加尔（58%），以及其他

撒哈拉以南非洲国家，如博茨瓦纳（74%）和佛得角（70%），做得更好。

针对学校连通性的措施至关重要。一项估计表明，学校连通性每增加10%，人均国内生产总值就会增长1.1%，有效受教育年限就会增加0.6%（The Economist Intelligence Unit，2021）。对"以文件增强教育评价"国家概况的分析显示，77%的低收入国家在计划和政策中提到了学校连通性的问题。

孟加拉国"2020—2025年第八个五年规划"的目标是到2025年实现所有中学的通电通网。"数字印度"项目包括"教育技术——电子教育计划"，该计划旨在将所有学校接入宽带，并为所有25万所初中和高中提供免费Wi-Fi。在尼泊尔，"2019年数字尼泊尔"框架设立了一个"农村电信基金"，旨在加强偏远地区学校的连通性。

在巴西，2021年根据法律制定的"互联创新教育政策"支持高速互联网接入的普及，以促进数字技术在基础教育中的运用（Brazil Presidency，2021a，2021b）。在阿曼，作为提升学校连通性工作的一部分，政府已经通过卫星将141所农村学校接入高速互联网（Oman Daily Observer，2020）。在乌干达，2021年的"数字教育标准和指南"旨在为所有学校的每个学生提供最低512kbps的互联网带宽连接（Uganda Ministry of Education and Sports，2021b）。多国"Giga倡议"一直与各国教育部门和其他利益攸关方合作，以加强学校的连通性（专栏7.1）。

政府和供应商通过各种方法降低了互联网连接成本

可负担能力驱动指数是平价互联网联盟使用的一种综合分数，它评估了政策、监管和供给侧环境有助于降低成本和提高宽带可负担能力的程度。根据该指数，72个低收入国家和中等收入国家的进展缓慢：2021年，53个国家制订了国家宽带计划，但在用户人均获得投资额方面，各国之间的差异很大，大部分国家的水平仍然很低（Alliance for Affordable Internet，2021；Giga et al.，2023）。政府可以

专栏 7.1

"Giga倡议"支持利用多个利益攸关方实现学校连通性

联合国儿童基金会创新办公室和国际电信联盟在2019年启动了"Giga倡议"，其雄心勃勃的目标是到2030年让每一所学校都接入互联网。联合国秘书长的《数字合作路线图》和《我们的共同议程》（United Nations，2020，2021）都引用了这一倡议。"Giga倡议"与各国政府合作，对连通性需求进行摸底调查；对干预措施进行规划，以实现学校联网；为各国提供安全、稳固、可靠、适合特定用途的基础设施，以支持数字发展需求（Giga et al.，2023）。在拉丁美洲和加勒比，"Giga倡议"对超过54万所学校进行了摸底调查，帮助超过1000所学校联网（Giga et al.，2022）。在哥伦比亚，人工智能被用来根据卫星图像确定学校的分布位置（UNICEF Office for Innovation，2021）。

在哈萨克斯坦，"Giga倡议"正在支持政府弥合城乡学校之间的数字鸿沟（ITU and UNICEF，2020）。数字发展部门的目标是使公共教育系统"默认数字化"，改善宽带连接，提高相关人员数字技能，提高在线环境的安全性（ITU and UNICEF，2023a）。在吉尔吉斯斯坦，在对学校进行摸底调查后，政府得以重新针对合同进行谈判，成功节省了其教育连接预算的40%。互联网接入价格降低了近一半，网速几乎提高了一倍，从2mbps提高到4mbps。目前几乎所有的公立学校都已经联网（ITU and UNICEF，2023a；UNICEF Office for Innovation，2021）。

在肯尼亚，"Giga倡议"促使110所学校联网，并计划使2.3万所学校中的1050多所学校也接入互联网（Giga et al.，2022）。在尼日尔，目前1.9万多所学校中只有80所联网，"Giga倡议"和政府正在使用摸底调查、监测技术和创新筹资来实现具有成本效益的联网。在卢旺达，"Giga倡议"的投资拉动了私人资金，让偏远地区的学校也接入高速互联网。"Giga倡议"汇总考虑了东部省的63所学校的连通性需求，通过一次共同竞标，帮助学校将平均费用降低了30%—55%。固定无线技术使学校的网速提高了400%（UNICEF Office for Innovation，2021）。

通过直接公共投资来影响可负担能力（Roddis et al.，2021），也可以通过对家庭的税收、补贴和贷款，以及对供应商的许可和授权框架影响可负担能力（World Bank，2023b）。政府可以用来提高可负担能力的另一个渠道是使用普及服务基金（专栏7.2）。

对数字服务征税有助于监管该行业，但也会

普及服务基金有助于公平获取互联网，但很少能成功

政府一方面希望提供普及的信息和通信技术服务，另一方面规定了信息和通信技术服务和产品的获取、价格和质量。普及服务基金旨在解决这两方面目标之间的差距（Trucano，2015）。普及服务基金可用于资助基础设施部署、信息和通信技术的公共使用、内容的丰富和政府数字能力的提升（Alliance for Affordable Internet and Internet Society，2021; Unit Nations Economic and Social Commission for Asia and the Pacific，2017）。然而，众多问题引起了对基金的使用和有效性的关切，这些问题包括：存在大量未拨付的资金，基金运作的法律框架过于严苛和不恰当，报告、透明度和机构能力不足，性别关注普遍缺乏（Bleeker，2019; Thakur and Potter，2018）。亚洲和太平洋地区以及一些加勒比国家都出现了类似的担忧（Roddis et al.，2021; Unit Nations Economic and Social Commission for Asia and the Pacific，2020）。

2018年，37个非洲国家都有普及服务基金，其中23个国家的普及服务基金仍然活跃，在过去两年中拨付了资金。未使用的资金估计约为1.8亿美元。资金到位率从2012年的47%到2016年的54%不等（Thakur and Potter，2018）。在24个拉丁美洲和加勒比国家中，18个国家的基金仍然活跃，4个国家的基金已不活跃，只有海地和乌拉圭没有任何基金（Alliance for Affordable Internet and Internet Society，2021）。巴西有一个休眠基金，但2021年的一项法律拨付超过6.5亿美元，用于保证公立学校学生和教师的连通性，部分资金由普及获取基金提供（Brazil Presidency，2021a）。该拨款的主要对象是在联邦政府的统一社会政策注册处（"CadÚnico"项目）注册的家庭的学生以及就读于土著社群和少数族裔（quilombola）社群学校的学生（Foditsh and Alliance for Affordable Internet，2023; Brazil Presidency，2021a）。

对72个低收入国家和中等收入国家进行的一项综述发现，29个国家在利用普及服务基金来优先投资以降低成本和增强得不到充分服务的群体的可及性，并且做得相当不错（Alliance for Affordable Internet，2022）。在排名第一的巴基斯坦，由普及服务基金资助的第一组干预措施被用于促进女孩学习信息和通信技术，为首都伊斯兰堡的226所学校提供设备和训练有素的教师，为11万名学生提供服务（Pakistan Universal Service Fund，2022）。泰国、土耳其、瓦努阿图和越南也利用各自的普及服务基金和普及获取基金，为教育机构提供互联网接入，并为得不到充分服务的人口和地区建立互联网接入中心（Unit Nations Economic and Social Commission for Asia and the Pacific，2017）。

增加终端用户的成本，并对其负担能力产生负面影响。例如，刚果民主共和国引入了"中央设备身份登记税"，即每年需要为3G和4G手机支付7美元的税款，相当于使1GB数据的成本增加了近10%（GSMA，2021）。相比之下，阿根廷取消了4.2%的移动服务消费税，使独立用户数量增加了2.1%（Working Group Report on Smartphone Access et al.，2022）。

降低联网成本的另一种方式是对贫困家庭和学校进行资助、补贴和贷款。在哥斯达黎加，"家庭联网计划"（Hogares Conectados）向最贫困的60%有学龄儿童的家庭提供设备补贴和互联网费用补贴，帮助将未联网家庭的比例从2016年的41%减少到2019年的13%（Foditsch，2023）。2021年，尼泊尔政府为所有社区学校免费接入互联网，目标是到2022年底为60%的学校提供免费宽带（Regmi，2021）。在南非，《电信法案》规定，教育机构使用互联网服务享有至少50%的优惠（South Africa Republic，2016）。在新加坡，"数字接入家庭"（DigitalAccess@Home）计划为贫困家庭获取宽带、笔记本电脑或平板电脑提供补贴（Singapore Infocomm Media Development Authority，2023）。在美国，2022年启动的"平价连接"（the Affordable Connectivity）计划的目标是为收入水平低于联邦贫困线200%的家庭或有资格获得免费或廉价校餐的家庭，提供互联网服务优惠（United States Federal Communication Commission，2022; United States Universal Service Administrative Company，2022）。

零费率是一种在特定条件下提供免费互联网接入的做法。例如，一些移动网络运营商对用于教育目的的数据不收费（Bayat et al.，2022; Eisenach，2015），这种做法在新冠疫情期间受到了关注。但是，这种做法在竞争方面是有问题的，因为它违反了网络中立原则。该原则规定，互联网服务提供商应平等对待所有互联网流量，这不仅涉及数据处理，而且间接地涉及为此类流量定价（European Commission，2017）。在欧盟内部，对零费率采取的态度是不允许也不禁止。在美国，规则并不禁止零费率的做法（Olukotun，2023; Rodríguez Prieto，2017; Vogelsang，2019）。人们担心的是，贫困用户会把脸谱网等公司提供的零费率内容等同于整个互联网，导致他们无法从其他互联网内容中

获益，那就得不偿失了（Leidel，2015）。

2020年，零费率门户网站"哥伦比亚学习者"（Colombia Aprende）上线，以支持在疫情期间的学习连续性（Colombia Presidency，2020）。该门户网站通过"移动哥伦比亚学习者"应用程序对移动设备进行了优化。政府和移动运营商达成了协议，为学生、教师和学校行政人员提供免费教学和学习的机会。然而，其在实施过程中困难重重。很难确保在线资源获取的平等和公平，因为现有的基础设施不支持移动学习的新模式，不能方便地访问负责提供教育资源的教育部在线门户网站。在对数字内容进行编目和管理方面也存在困难（Razquin et al.，2023）。尽管如此，该在线门户网站在前4周内还是接到了约6.6万名用户的近28.3万次访问（Sánchez Ciarrusta，2020）。

需要证据来推动公平、高效和可持续的技术解决方案

为学校、教师和学生全面提供电力、互联网和软硬件需要大量的资金，需要制定有效的采购程序来支持明智的投资决策。证据对于确定哪些投资是明智的至关重要（Hennessy et al.，2021），特别是在支持技术的资源和基础设施有限的情况下。物有所值应该是一个关键的决策标准，因为一些教育技术产品没有得到充分利用，有的甚至未被使用。还需要对供应商的质量和可靠性以及解决方案的适切性一起进行评估。

> **物有所值应该是一个关键的决策标准，因为一些教育技术产品没有得到充分利用，有的甚至未被使用。**

关于这些问题的大多数证据都来自美国。数据分析提供商的两项研究估计，平均67%的教育软件许可证未被使用（Davis，2019），98%的许可证没有得到充分利用（Baker and Gowda，2018）。另一项基于教育技术基

因组项目、由非营利组织杰弗逊教育交流组织负责协调的研究估计，在耗资130亿美元的约7000种教学工具中，85%的教学工具"要么不合适，要么实施不当"（Foresman，2019）。"国家教育技术公平面板"评估了学生和教师对1.1万种教育技术产品的使用情况，结果显示，弱势学生的参与度更差（LearnPlatform，2022）。课堂中使用的前100种教育技术工具中，只有不到五分之一符合美国《让每一个学生都成功法案》的要求，这些工具中只有39%已经发布相关研究，只有26%的研究与该法案的要求一致（LearnPlatform，2023）。

做出技术决策时很少使用严格的证据

需要证据来推动教育技术决策。教师、学校和行政管理人员需要了解最适合他们的教育优先事项的产品特性。技术甚至可能不是最好的或唯一的解决方案：人们经常被新的教育技术所吸引（UNESCO，2022a），为了技术而不是出于教学法的原因而购买某种产品是一种常见的错误行为。

研究无法跟上新的教育技术出现的速度（Burns，2021）。即使对引人注目的项目，也经常缺乏严格的评估（Hennessy et al.，2021），国家政策和计划很少有相关证据的支持（Jameson，2019；Slavin，2020）。教育技术影响公司（EdTech Impact）专门收集关于教育技术产品的经过验证的独立综述，以帮助增强未来教师和学校客户对该产品的信任。该公司在英国进行的一项综述研究显示，只有7%的教育技术公司进行了随机对照试验，12%的公司使用了第三方认证，18%的公司参与了学术研究（Sandhu，2021）。这并不是说只能使用这些类型的证据。相反，不同类型证据的组合有助于回答不同的问题（Kucirkova，2023），并解释不同的现实世界背景（Joyce and Cartwright，2019）。然而，获得公正的建议可能很有难度。

至少需要进行两种不同的评估。第一，需要证据证明一种技术对教学和学习有影响。当没有证据能证明技术的有效性时，决策往往要依靠案例和轶事（Morrison et al.，2019）。2021年，美国一家门户软件公司对1500名教师和行政管理人员进行了调查，结

果发现，大约一半的教师通过他们所处地区的其他教师的介绍发现了新的数字工具（Clever，2022）。另一项针对美国17个州的教师和行政管理人员的在线调查显示，只有11%的人在采用教育技术之前要求供应商提供同行评审的证据（United States Office of Education Technology，2018）。来自其他人或网上的建议会影响对教育技术产品的购买决定。然而，来自教育技术供应商的评论往往会忽略安全性和质量标准等问题。此外，产品的评级可能会被社交媒体上传播的虚假评论所操纵（He et al.，2022）。

第二，需要证据证明教育技术的实施在原则上发挥了自己的潜力。在卢旺达，"每个孩子一台笔记本电脑"项目存在电脑被盗，或者被损坏后无法修复的情况（IGIHE，2020）。即使上报了盗窃和损失，这些问题也没有得到解决。卢旺达审计长认为，该计划没有达到预期的目标，该投资是公共资源的损失，完全没有价值（Rwanda Office of the Auditor General，2021）。加纳在实施三年后暂停了该项目，因为连基本的可持续性和可行性条件都没有得到满足，如电力供应不足、笔记本电脑的耐用性差、连接和维护成本过高（Steeves and Kwami，2017）。

为了系统化收集有关技术效率的信息，已有不同国家组织了各种应对措施。在美国，政府和学术界都在试图填补证据缺口。美国教育部在2002年成立了有效教育策略资料中心，为教育干预措施提供了一个可靠的证据来源，包括与技术相关的干预。其团队与私人研究实体签订合同，审查研究并总结调查结果，包括研究是否符合质量标准（United States Institute of Education Sciences，2023）。然而，其报告质量却受到了学术界（Reeves and Lin，2020）和媒体的质疑。对有效教育策略资料中心所提供的证据的一份尖锐的总结指出，在10 654项研究中，只有188项表明"存在有力或一般的证据"证明产品的有效性（Garcia Mathewson and Butrymowicz，2020）。

美国政府为相关证据划分了三个级别——有力的、一般的和有希望的——来区分可以由《让每一个学生都成功法案》资助的产品。然而，对独立审查的需求也增加了。大学可以为产生和总结证据的其他工作提供支持。约翰·霍普金斯大学教育研究与改

革中心于2016年启动了"为《让每一个学生都成功法案》收集证据"计划，以帮助学校决定如何投资符合条件的联邦资源（Evidence for ESSA，2023）。最初总部设在弗吉尼亚大学的教育技术证据交流组织开发了一个平台，可供注册教师访问基于教育技术基因组项目测量工具排名的技术干预措施的证据（EdTech Evidence Exchange，2021）。该平台提出了十大购买因素，从教师信念到专业发展和实施（EdTech Evidence Exchange，2023）。2020年，印度成立了一个相关的倡议，即"教育技术比较"（Edtech Tulna）（专栏7.3）。

一些行为体有助于相关方在获取教育技术方面做出更好的知情选择。欧盟委员会资助了一个由来自学校、教育部门和研究机构的专家组成的小组，来开发一款叫作"促进使用创新教育技术的有效学习自评"（又叫作"教师自拍"，SELFIE）的免费工具，从而帮助学校将数字技术融入教学、学习和评估。每一所完整使用了"教师自拍"的学校都会收到一份报告，其中包含了关于所应用技术的缺点和优点的数据和见解（European Commission，2023）。

国际教育技术协会（ISTE）是一个非营利组织，关注数字公民、人工智能和计算思维等问题（ISTE，2023b）。该协会发布了学校有效使用技术的标准（ISTE，2023a），确定了选择技术的五大支柱（隐私、符合标准、研究和证据、实施以及教师的作用），并发布了一份适用于教育工作者的实用指南（ISTE and Project Unicorn，2023）。可以说，其中一些举措与教育技术行业有密切的联系，这可能最终会服务于市场扩张的目标。

国际伙伴关系也为那些支持决策的资源提供了资助。英国外交与联邦事务部、世界银行和比尔及梅琳达·盖茨基金会（曾资助过美国以前确定的好几个倡议）帮助建立了"教育技术中心"，一个支持低收入国家和中等收入国家通过研究做出关于技术运用于教育的明智决策的伙伴关系（EdTech Hub，2022）。例如，在马拉维，"教育技术中心"测试了针对教室和家庭的个性化学习平板电脑的不同使用方法。在坦桑尼亚联合共和国，"教育技术中心"支持设计一个基于技术的、以学校为基础的教师专业发展计划（EdTech Hub，2022）。

在印度，一个公私伙伴关系试图为教育技术提供更好的证据

长期以来，印度一直是信息技术的全面拥护者。但是最近，因为家庭对教育的强烈期待，特别是新冠疫情期间，也出现了不受监管的教育技术市场的扩张。在缺少研究证据证明这些技术对学习的影响的情况下，家庭对教育应用程序做出了选择。此外，教育技术公司所采用的提供免费内容选项的商业模式可能会产生误导。印度领先的教育技术公司Byju's因其销售策略太过激进而受到批评。该公司的策略是，在试用期结束后，会有客服联系家长转为付费订阅（UNESCO，2022a）。政府提醒公众在注册免费在线内容或服务时需保持警惕（India Ministry of Communication and Informatics Office, 2021）。但是，像Byju's这样的公司也一直在与邦政府合作。该公司非营利性的分公司与安得拉邦政府达成协议，向近50万名八年级学生提供免费的数字内容（The Economic Times, 2022）。

因此，需要一个对教育技术的产品质量进行评价的系统性评价框架。"教育技术比较"是中央广场基金会（一家私人智库）和印度理工学院孟买校区（一所公立大学）之间的合作项目。"教育技术比较"提供三种资源：特定领域的质量标准，概述了有效的教育技术产品的特点，有助于形成对质量的共同理解；由评审指南和评分表组成的评估工具包；对各种产品的公开专家评论（EdTech Tulna, 2023）。每个产品都根据其内容质量、与国家教育要求的一致性以及对适当教育方法的整合等三个维度进行评估。对于每个维度，该框架采取3点评分制。

印度的两个邦已经采用了针对软件采购的"教育技术比较"框架以及在招标过程对产品进行评估的工具包。哈里亚纳邦政府在获取个性化的适应性学习解决方案时使用了这些资源。邦政府对"教育技术比较"评估框架进行了调整，创建哈里亚纳邦"教育技术比较"，以回应具体的背景和需求。中央邦政府也使用这些标准为大约1000所学校采购了个性化的适应性学习解决方案（Anand and Dhanani, 2021）。

一项快速反应服务可以根据需要提供基于证据的建议，以了解教育技术如何用于教育政策和计划，迄今为止，该服务已被54个国家使用（R4D，2022）。与此同时，世界银行开发了16个知识包，涉及与以学习者为中心的技术相关的教师发展，解释了这些知识包的相关背景，以支持教师使用教育技术和见解来确保该教育技术成功实施（Barron et al.，2022）。

采购决策需要考虑到可持续性

教育技术采购决策中最重要的问题之一是可持续性。需要考虑到这些决策的经济、社会和环境影响（Selwyn，2021；2023）。

在经济因素方面，产品和服务的使用寿命非常重要。所谓的总持有成本应包括初始投资和整个生命周期的运营和支持成本（Chuang et al.，2021；Morrison et al.，2019）。除了初始成本外，还有其他经常性成本和隐性成本，比如与现有信息技术环境的兼容和互操作、折旧、替代需求的产生以及培训（Mitchell and D'Rozario，2022；United Nations Conference on Trade and Development，2012）。为学校购买设备意味着额外的电力需求、在设备损坏或过时时更换设备、购买线材和打印机、安全保障、用户培训和支持，以及维护。制造商一般会将设备的平均保修寿命定为3—5年。但是对于教育机构来说，使用寿命可能会更短，这是因为对产品重度使用的情况会更多。更短的寿命、更紧的预算和持续的半导体短缺会对供应链造成影响，从而增加教育技术中断的风险。

> **据估计，教育技术的初始投资仅占最终总成本的25%或更少。**

据估计，教育技术的初始投资仅占最终总成本的25%或更少（UNESCO，2022b）。中国的一个计算机辅助学习项目为所有的农村小学都安装了电脑。虽然电脑是免费捐赠的，但用于强化教师培训、设备维护、教师补贴和笔记本电脑折旧项目费

用为每个学生7.60美元（Lai et al.，2016；Mo et al.，2015；Rodriguez-Segura，2020）。加纳实施了一项卫星覆盖农村小学的试点方案。固定成本占项目总成本的43%，其余57%用于维护、发放教师和辅导员工资以及其他行政开销（Johnston and Ksoll，2017）。印度的"每个孩子一台笔记本电脑"项目中每台电脑的成本是229美元，但总体实施成本为461美元，包括维护（每年10%）、培训、服务器和后台支持（Bando et al.，2016）。

另一类潜在隐性成本是隐私保护，其也会带来经济影响和更广泛的后果。2022年，教育权问题特别报告员呼吁制定采购法规以确保尽职调查，从而保护儿童隐私和在上网学习中产生的个人数据，并且指导教育机构在与私人供应商签订的合同中加入数据隐私条款（United Nations Human Rights Council，2022）（第8章）。在美国，有的州要求公司与中小学和大学签署协议，以保护学生的数据，有的州则制定了公司必须遵守的数据隐私规定。在加利福尼亚州，供应商必须签署一份标准学生数据隐私协议，该协议就学生数据提供了全面的保护（Education Technology Joint Powers Authority，2023）。

与可持续发展相关的最大的经济问题是大型科技公司如何利用其主导地位进入教育领域，并进一步加强其在市场上近乎垄断的地位，尽管对大型科技公司的监管活动非常严格。谷歌教育空间和谷歌课堂一边发挥着学习管理系统的作用，一边出于广告目的提取学生个人数据（Krutka et al.，2021）。亚马逊网络服务通过云计算、数据存储和平台技术服务，对教育施加的影响力越来越大。它拥有几家教育技术提供商，帮助它们扩大其云端的平台，提供数据中心、网络、安全、内容交付和机器学习服务（Williamson et al.，2022）。

社会因素方面，在采购过程中需要解决公平、无障碍、地方自主权和拨款问题。应该从一开始就解决好无障碍问题（Federico et al.，2020）。辅助技术可能会很昂贵，特别是在资源匮乏的情况下（Alasuutari et al.，2022；UNICEF and WHO，2022）。全球信息和通信技术倡议已经制定了相关路线图，以帮助教育系统将无障碍需求纳入其

政策和采购实践（Global Initiative for Inclusive Education，2021，2022）。在美国，"自愿产品无障碍功能模板"解释了信息和通信技术产品应该在多大程度上符合信息技术无障碍功能标准，并帮助政府采购这些产品（United States General Services Administration，2022）。可以使用可感知、可操作、可理解和稳健的模型对无障碍程度进行评估，这是"互联网内容可访问性指南"的基础（CAST，2023；W3C WAI，2023）。

地方自主权和拨款是实现可持续技术投资的关键（Fundacion Telefonica and Fundacion La Caixa，2022）。在法国，"数字教育领地"倡议的第一版受到了批评，因为一些补贴的设备并未响应当地需求（Foin，2021），而且区域和地方政府无法决定采购买哪些设备（Rabiller，2018）。在对计划的第一阶段进行评价之后，地方政府被邀请参与干预措施的设计和筹资，可能会要求区域委员会就其需求与市政府进行协商（Lesay，2021）。

在招标过程中，本地企业，特别是中小企业，可能在面对主导市场的国际企业时处于竞争劣势。在智利，2022年启动的"让我们成为一个社区"计划的一部分——"Becas TIC"项目的预算下降了15%，这主要是由于汇率波动和物价上涨（Chile Ministry of Education，2022）。依赖进口设备（而不是本地生产的设备）凸显了更好的规划和管理的必要性，以确保所有学生的需求得到满足（Foditsch and Alliance for Affordable Internet，2023）。

在环境因素方面，会有不同维度的考虑。为创造教育技术而消耗的水、能源和自然资源造成了环境破坏和气候危机。将设备分发给每个学生，而不是让学生共用一台设备，会导致当产品过时被丢弃时电子垃圾的过剩（Selwyn，2021，2023）。在缺乏适当的废物管理基础设施、电子垃圾正规收集率较低的低收入国家，这一问题尤其突出。

据估计，如果将欧盟所有笔记本电脑和所有智能手机的使用寿命延长一年，所减少的二氧化碳排放量将分别相当于减少87万辆汽车和超过100万辆汽车上路（European Environmental Bureau，2019）。一场要求改善平板电脑和手机的可维修性和稳定性

的运动已经登场。美国于2022年12月通过《维修权法案》，但只适用于2023年7月1日以后生产的产品，并不包括任何"根据特定的企业对政府合同或企业对企业合同销售的产品，……只包括由零售商直接出售的产品"（Ganapini，2023）。欧盟目前还没有出台相应的维修权的规定（Ganapini，2022），不过2022年底发布的欧盟相关法规草案对制造商的一些义务做出了规定（Vallauri，2022）。

一份提交给联合国人权理事会咨询委员会的文件强调，"在能源使用和气候变化方面很少考虑普及互联网连接的推进工作，……（尽管）可靠和可持续的能源是互联网接入的先决条件"，特别是对于没有联网的、通常"以农村为主、位于全球南方、在经济上处于不利地位的国家"（Allmann and Hazas，2019）。然而，支持教育技术的节能解决方案并不普遍。学校占到了公共建筑存量的很大一部分（Lara et al.，2015）。早在10年前的美国，计算用电量就占中小学校用电量的18%，学院和大学用电量的19%（Friendly Power，2020a，2020b）。

监管部门需要解决教育技术采购中的风险

公共采购容易受到内外勾结（Baráne et al.，2021；Kawai and Nakabayashi，2022）和腐败的影响（Decarolis and Giorgiantonio，2022；Titl et al.，2021；Titl and Geys，2019）。在欧盟，10年前的一项估计表明，腐败或可疑采购案件造成的损失占预算的18%（PwC and Ecorys，2013）。在全球范围内，即使是最保守的估计也会将腐败成本提高到采购合同价值的8%，2019年约为8800亿美元（Bosio，2021）。

教育技术的采购也不能幸免。在巴西，联邦总审计长发现，2019年为州立和市立学校采购130万台计算机、膝上型电脑和笔记本电脑的电子招标过程存在违规行为（Flores，2019）。事实上，该报告显示，在有的学校，每名学生会收到两到三台笔记本电脑（Valor Economico，2022）。2021年，哥斯达黎加历史上最大规模一次电脑采购活动的竞标程序

规则发生了法律纠纷（Foditsch，2023），总审计长最后裁定：虽然竞争过程不会取消，但采购的条件需要重新评估（El Financiero，2021）。

将公共采购权下放给地方政府是平衡部分风险的一种方式。一些国家使用了技术来支持学校一级的采购流程，例如印度尼西亚的SIPLah电子商务平台（Indonesia Ministry of Communication and Informatics Office，2023）。然而，人们发现，这增加了与治理机制不良和组织能力薄弱相关的其他风险。对1996—2015年30个欧洲国家的采购情况进行调查发现，采购权的下放并没有改善治理成效，即使教育等服务的下放总体上来说是有益的（Kyriacou and Roca-Sagalés，2020）。一项针对美国54个学区行政管理人员的调查发现，他们很少进行需求评估（Morrison et al.，2019）。

需要制定采购方面的法律、法规和规章制度。《政府采购协定》要求公共采购程序以透明、不歧视和程序公平的原则为基础（World Trade Organization，2023）。欧盟委员会在2015年发布了采购信息技术的具体指导方针，强调了互操作性、共享和重复利用策略以及开放的信息和通信技术系统，以避免供应商锁定效应（Bargiotti and Dewyngaert，2015）。在爱尔兰，政府发布了学校采购指南和工具包（Ireland Department of Education and Skills，2016）。乌干达发布了采购指导方针，提供了关于地区和学校一级的合格的信息和通信技术支出的信息（Uganda Ministry of Education and Sports，2021a）。

> **只有不到三分之一的国家在其采购法中设置了可持续性条款。**

可持续性条款正在出现，尽管速度很慢。本报告研究小组对世界银行全球公共采购数据库的分析发现，只有不到三分之一的国家在其采购法中设置了可持续性条款。各国对国内优惠条款（46%）和中小企业条款（略高于50%）更感兴趣。英国的采购机构"皇家商业服务"（Crown Commercial Service）推出了与教育部一起设计的信息和通

信技术采购合同，以提高中小企业的参与度（其中四分之三以上是供应商）（Mari，2019），并简化了为教育组织采购教育产品和服务的过程（Rogers，2019）。在土耳其，作为信息技术运用于教育项目"Fatih"的一部分，政府要求中标者的设备至少应有一部分是在本国制造的（Razquin et al.，2023）。

民间社会组织建立了一些监测公共支出的机制，以提高公共采购的透明度和问责度。阿根廷的"公民权力"（Poder Ciudadano）和厄瓜多尔的"公民与发展基金会"（Fundación Ciudadanía y Desarrollo）引入了采购观察组织，对新冠疫情期间的紧急公共采购合同进行审查，其中以教育技术方面的合同最为突出（Fundación Ciudadanía Desarrollo，2023；Poder Ciudadano，2023）。

结语

获取和使用教育技术的不平等特点突出，这一现象在新冠疫情期间受到了更多的关注。电力、互联网连接、软硬件的成本都很高，而且往往被低估。可持续发展问题超越了社会层面，延伸到经济和环境方面。随着技术的不断变化，做出促进公平和提升质量的决策需要可靠的专家指导。然而，这种专业知识的来源本身就涉及经济利益，可能会影响其独立性。如果各国政府无法对其所需的技术专业知识进行充分支持，那么对公平政策和实践的监管执法就可能难以执行。

我们比以往任何时候都更需要健全、严谨和公正的证据。采购的法规和标准需要将可持续性作为采取干预措施的标准，干预措施要在经济、社会和环境层面上具有效力和效率，并且可以覆盖到全民利益。

霍娜·阿赫塔尔（Jhorna Akhter）是一名16岁的少女，她接受了联合国儿童基金会支持的一家"青少年友好健康服务机构"提供的服务。2020年7月14日，她在孟加拉国首都达卡的米尔普（Mirpur）和朋友一起玩在线游戏。在疫情期间，霍娜大部分时间都在阅读、帮助家人、听电视新闻、用手机参加在线课程以及参加卫星健康营地的活动。在卫星健康营地里，青少年可以分享他们的健康问题，并接受免费的咨询和药物治疗。

图片来源：UNICEF/UN0506086/Paul*

第 8 章

8

治理和监管

重要信息

由于缺乏对教育技术行业的监督，儿童的隐私、安全和健康都面临着风险。

教育技术的治理对政府来说是一个挑战。

- 82%的国家设立了一个政府部门或机构来负责教育技术。48%的国家由教育部门来牵头实施，29%的国家由教育部门和另一个部门共同主导，5%的国家由另一个部门全权负责。

公共管理机构在努力治理私人行为体。

- 私人行为体缺乏监督的现状令人担忧。在印度，2021年的一项政府建议提醒正在考虑购买教育技术的公民不要被欺骗性的营销策略所误导。

隐私、安全和健康风险需要被监管。

- 对新冠疫情期间推荐给儿童的163种教育技术产品进行分析发现，89%的产品能够收集或者确实收集了儿童的校内外信息。

数据保护立法还处于起步阶段。

- 只有16%的国家通过法律明确保障教育领域的数据隐私。对10个国家的进一步分析发现，尽管有相关法律法规，儿童的权利仍然没有得到保护。

- 学校收集了大量关于儿童和教师的数据，但关于如何使用这些数据的法规却很少。欧盟的公立学校均受到《通用数据保护条例》的保护，必须任命数据保护官。

- 人工智能算法在教育中的应用可能会重现或加剧不平等。在美国，一项对99家开发商的评估发现，土著群体的误报率最高。

安全风险不容忽视。

- 教育越来越多地成为网络攻击的目标。在美国，2021—2022年，45个地区遭受网络攻击的学校数量几乎翻了一番。

- 在全球范围内，16%的国家通过立法来预防和打击网络欺凌，重点在教育领域；其中，38%的国家是自新冠疫情以来开始采取行动的。

接触屏幕和技术会影响儿童的健康。

- 对2—17岁儿童进行分析发现，更长时间接触屏幕与较低的幸福感相关。在美国，据估计11—14岁的儿童每天有9个小时在看屏幕。新冠疫情期间这一水平有所上升。

- 关于看屏幕时间的法规和指南很少。在中国，教育部规定数字设备作为教学工具使用的时长不得超过教学总时长的30%。

部分国家正在禁止在学校使用移动电话或其他技术。

- 在全球范围内，不到四分之一的国家制定了法律或政策来禁止在学校使用移动电话。

- 部分国家出于隐私方面的考虑，禁止使用特定的应用程序。德国的一些州已经禁止使用不符合《通用数据保护条例》的微软产品。

数字技术为现代社会和经济提供了基础。其发展、传播和维护需要多个政府部门之间相互协调。信息和通信技术产业的参与需要通过透明的程序以具体的方式明确说明。在将数字技术融入教育领域方面，治理问题变得更加复杂。政府需要帮助基础设施部门做出决策，并慎重考虑教学方法。教育机构需要征求学习者和教师的意见，以便在做决定时从他们的最大利益出发。

政府管理教育的目标是公平、包容、高质和高效，但这些并不一定与教育技术行业的目标相一致。教育技术行业如果以利润为导向，将产生不适当、不公平、低效率和不可持续的做法——导致健康被破坏、安全被破坏、个人信息被滥用，甚至是人权被侵犯，原先将技术运用于教育所带来的任何好处都无法弥补这些问题。日常生活中人们对技术——特别是人工智能——的使用越来越多，因此学校内外的受教育权和不受歧视的权利需要得到更多的关注（Holmes et al.，2022）。按照隐私权问题特别报告员的说法，教育过程"不需要也不应该破坏隐私权和其他权利的享有，无论教育在何处发生、是如何进行的"（United Nations Human Rights Council，2021）。

> " 政府管理的目标并不一定与教育技术行业的目标相一致。 "

随着教育结构、教育形式和教育传递方式皆因为数字化而变得愈加复杂，如何避免上述这些附带损害成为全世界的监管机构面临的一项新的重大挑战。要有效地保护和促进民主、人权和法治，就需要众多利益攸关方在国家和国际等各个层面开展合作、建立伙伴关系和制定共同目标。本章着重于治理和监管，以确保用户，特别是儿童在使用教育技术时得到保护。

政府发现对教育技术的治理具有挑战性

教育部门需要与经济发展、基建、能源和电信等部门合作，对教育技术的使用进行治理。各部门在创新、数字化转型、数据的存储和使用等问题上可能有不同的愿景、目的和目标。除了摆正政府行为体的位置，还需要明确私人行为体的作用，特别是它们通过公私伙伴关系发挥的作用，这需要透明度和问责制等机制（Hillman，2022；Lingard and Sellar，2013）。

教育技术并非都是由教育部门主导的

我们在考虑如何将技术融入教育时，重要的是要弄清楚由哪个机构主导这个过程。这类决定需要由教育部门作为主导，教学法上的考虑要优先于商业上的考量。如果教育技术公司不受教育法律法规的约束，而是纯粹用商法来约束，那么学习者的最大利益可能会面临风险。

为本报告所进行的分析表明，82%的国家设立了一个政府部门或机构来负责信息和通信技术或教育技术：48%的国家由教育部门来牵头，29%的国家由教育部门和另一个部门共同主导，5%的国家由另一个部门全权负责（图8.1）。在亚美尼亚，2009年的普通教育法将引进和发展技术运用于教育的责任交由教育、科学、文化和体育部负责。该部门下属的国家教育技术中心在信息和通信技术部署、教师培训、信息和通信技术融入教育和数据收集等领域承担着各种职责。

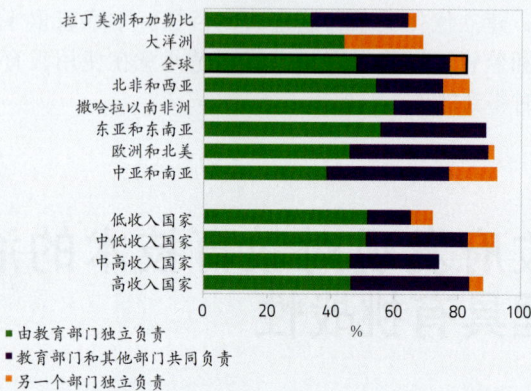

图8.1
十之有八的国家由教育部门领导着政府教育技术机构
2022年按主导部门分列的指定了负责教育技术的政府部门或机构的国家所占的百分比

- 由教育部门独立负责
- 教育部门和其他部门共同负责
- 另一个部门独立负责

《全球教育监测报告》统计数据链接：https://bit.ly/GEM2023_fig8_1_
资料来源："以文件增强教育评价"。

在另一些国家，其他部门发挥了更强大的作用。在孟加拉国，分别负责初等教育和初等后教育的两个部门共同负责协调和实施将信息和通信技术运用于教育的工作，包括课程、基础设施和远程学习（Bangladesh Ministry of Education，2013）。但孟加拉国政府还设立了一个信息和通信技术部门，配置一名部长和一名总理信息和通信技术顾问，负责制定国家信息和通信技术战略及政策，以及信息和通信技术与各个部门的整合，包括教育部门（Bangladesh ICT Division，2023）。该部门还负责制定网络安全法律和政策，与数字安全局一起负责这些法律和政策的落实（Bangladesh Digital Security Agency，2023）。最后，科学和技术部也为其领域内的各家教育机构提供了支持（Bangladesh Ministry of Science and Technology，2019）。

2019年，肯尼亚信息、通信和技术部发布了《国家信息、通信和技术政策》，旨在将信息和通信技术融合到各级教育，包括通过促进公私伙伴关系为电子学习倡议调动资源。同年，教育部参与了数字经济蓝图的制定。在尼日尔，教育技术的治理由邮政与新信息技术部和教育部共同负责。在教育部内部，信息技术促进司负责硬件选择、信息系统安全、战略决策数据收集以及信息和通信技术融入教育。自2017年以来，国家信息协会机构（National Agency for the Information Society）也参与了信息和通信技术项目的实施，例如学校摸底调查项目。在巴勒斯坦，将信息和通信技术融入教育的工作由两个部门共同负责：电信和信息技术部以及教育和高等教育部。然而，这两大部门都没有下设专门的信息和通信技术部门。

专家工作组或指导委员会可以为确保信息和通信技术战略优先事项的质量和一致性提供支持，并在落实这些优先事项的过程中进行协调（Chuang et al.，2022）。《不丹2014—2024年教育蓝图》强调，需要构建一个专门的治理结构，以推动信息和通信技术项目的进行。不丹的《2019—2023年iSherig-2教育信息化总体规划》建议成立一个部门，负责监督与信息和通信技术的教育应用相关的所有事务，并且成立一个指导委员会，由来自教育部、信息和通信部、财政部的代表以及来自实施机构的项目领导组成。尼泊尔根据《2013—2017年教育领域信息和通信技术总体规划》设立了两个委员会：一个是负责政策决策的指导委员会，一个是负责总体规划以及部门间和机构间协调工作的协调委员会。

一些高收入国家已经出台了各种机制，以加强数字教育治理，鼓励利益攸关方参与政策的设计、执行和监测。在澳大利亚，广泛的公众协商为数字战略的发展提供了信息（Australian Human Rights Commission，2021）。在欧洲，由欧盟委员会组织的"数字教育利益攸关方论坛"促进了数字教育界参与《数字教育行动计划》的实施（European Commission，2022）。在美国，一个名为"州教育技术理事会"的非营利性协会为倡导数字学习中的公平性创建了一个论坛。《2016年国家教育技术计划》是教育工作者、创新人员和研究人员之间共同合作的结晶，各方积极反馈，确定了235个示范项目和倡议，其中53个入选该计划。该计划的原则和案例与"《让每一个学生都成功法案》技术有效利用的支持活动"相一致（United States Office of Educational Technology，2016）。但是，2022年，只有41%的教育部门领导人认为自己定期参与了关于技术的规划和战略对话（SETDA，2022）。

> 专家工作组或指导委员会可以为确保信息和通信技术战略优先事项的质量和一致性提供支持。

公共管理机构正在努力治理与私人行为体的伙伴关系

除了机构间协调的挑战外，各国政府在建立治理政府与私人供应商的关系的机制上也面临着新的重大挑战。连通性、设备、软件、内容等的获取和维护成本非常高昂。为了提高上述各项的供应量，政府经常寻求私营企业的帮助。伙伴关系涉及的投入包括技术专业知识、租赁和承包服务、培训以及设备和软件许可证等实物支持（Pillay and Hearn，2011）。

在阿根廷，一家名为Educ.ar的上市公司于2000年由私人捐赠成立，专门帮助教师开发信息和通信技术的课程和教材。2010年后，该公司开始监督"平等连接"（Conectar Igualdad）项目里学校基础设施的准备情况（Razquin et al.，2023）。在法国，各家教育技术公司都在向"数字教育领地"倡议覆盖的学校提供资源，包括计算机、交互式屏幕、白板、扬声器、Wi-Fi热点和安全网络（Razquin et al.，2023）。在印度尼西亚，教育技术公司为学生提供服务，通常这些公司会与政府签订许可协议，成为认证提供商，用户为访问其平台付费（Razquin et al.，2023）。在沙特阿拉伯，Aananab作为一家教育技术公司，一直在为线上和教育机构的教师提供专业发展支持，近期也开始与教育部合作，培训了1000多名教师。教师可以免费注册，不过要获得培训证书就必须支付一定的费用（Razquin et al.，2023）。

已经有国家在努力简化非国家行为体参与重大决策的过程。欧洲教育技术联盟汇集了2600多个教育技术组织，通过为初创企业提供政策和支持，致力于"支持教育技术在国内外的发展"。该联盟制定了可持续的公私伙伴关系的愿景，并呼吁"明确定义框架架构，确定数字教育生态系统各级合作的范围和边界"（European EdTech Alliance，2022）。不过总体而言，公共管理机构和大型科技公司之间的合作关系往往存在争议，因为这类合作会给这些公司带来不公平的优势，最终削弱对其的监管。

人们对这类伙伴关系提出了三个担忧。第一个担忧是通过使用生成的数据侵犯隐私和安全。一些科技公司控制着数据，这引发了人们对滥用数据的担忧。在巴西，包括亚马逊、谷歌、华为、微软和甲骨文在内的大型私立教育技术供应商试图与教育部达成密切的伙伴关系协议，提供免费使用这些供应商的软件的机会。但是这类协议也可能迫使学生和教师使用特定的软件，因为不同供应商的产品可能很难进行整合（Foditsch，2023）。苹果、谷歌和微软运行的教育平台均与特定的硬件（如Chromebook、iPad、Surface）和操作系统（ChromeOS、iOS/MacOS、Windows）相关联，通过这些平台收集用户信息，让这些行为体有了一个持续的数据管道。

对于复杂的数据管道，治理的难度可能非常高（Chitkara，2022）。美国加利福尼亚州在2019年批准了《摇篮到职场数据系统法案》，"将现有的教育、劳动力、财政援助和社会服务信息关联起来，从而让政策制定者、教育工作者和公众做好准备，解决机会方面的差异并改善加利福尼亚州所有学生的学习结果"（California Data System，2019）。该法案要求整合来自不同合作伙伴的数据，其中一些是商业伙伴的数据（DXtera，2023；Ed 3.0 Network，2020；T3 Innovation Network，2023）。不过，该法案对治理到底有多大的影响，以及它如何确保以公平、非歧视性的方式管理数据系统，还在研究当中（Ed Trust-West，2019；Moore，2020）。

第二个担忧是，平台的使用对基本教学功能的影响。这些平台会强迫教师使用它们，而不是让教师选择自己想要使用的工具，从而减弱了教师的自主权。

平台以追求利润的技术提供商的利益为准，对学生的评估方式也会随之改变。平台还会以适合大数据分析的方式来定义教育，对内容、预期的学习结果及其衡量方法做出规定。原先对基本教学决策的控制权是交给教师来负责的，后来该控制权渐渐地从公共领域转移到私人领域，对课程和教科书的重要决策不再需要经过审查和辩论（Zeide，2017）。

为了确保最终得出的解决方案在教学上是恰当的，协商的过程十分必要。在德国，非营利组织"教育联盟"将联邦、地区和市级的教育行政机构与教育行业企业聚拢起来，共同制定联合解决方案来应对数字教育的挑战。各工作小组就内容、隐私、学校改造和教师培训等问题开展积极的讨论（Bündnis für Bildung，2022）。

> "
>
> 许多教育技术公司所采用的商业模式乍看是在提供免费内容，但可能就是一种欺骗性的营销策略。
>
> "

第三个担忧是，消费者很容易被误导，因此更为传统的市场治理方式也是必要的。但各国政府发现，对教育技术公司的认证和质量保证工作很难开展。撇开政府采购的教育技术产品不谈，由于缺乏足够的质量保障措施、标准和评价，向个人消费者销售教育技术产品很成问题（Patel et al.，2021）。许多教育技术公司所采用的商业模式乍看是在提供免费内容，但可能就是一种欺骗性的营销策略，最终都会要求用户支付订阅费用。在印度，教育部学校教育与扫盲司在2021年发布了一项建议，呼吁公民在购买教育技术产品时保持谨慎（India Ministry of Education，2021）。

教育技术行业为此做出的应对措施之一是自我监管。印度成立了一个行业团体"教育技术联盟"，由印度互联网和移动协会领导。然而，只有明确了长期目标，自我监管才能取得成功（Thathoo，2022）。2022年，印度消费者事务部部长向该联盟提议成立一个联合工作组来制定广告方面的指导方针，"防止在宣传和广告中出现不道德的做法"（Press Trust of India，2022）。

数字领域的隐私、安全和健康都需要监管

虽然数字技术为教学和学习创造了极好的机会，但也带来了与隐私、安全和健康相关的风险——甚至还有版权风险（专栏8.1）。互联网（及其在教育领域的使用）使用户暴露于各种风险中：滥用个人数据、侵犯隐私、侵犯权利、身份盗用、攻击性信息和图像、网络欺凌、诈骗、虚假新闻和虚假信息（Smahel et al.，2020）。人们更担心暴露于这些风险中、易受影响的儿童以及因此对他们造成的潜在损害。同时，过度使用数字设备对身心健康有潜在的消极影响。

为了私人利益而侵犯隐私屡见不鲜

包括教育技术产品的生产商在内的数字技术提供商都会收集和存储其用户的数据，包括敏感的信息（Hillman，2022）。因此，将技术融入教学和学习可能损害学生的隐私。学生数据不应被教育技术公司或广告技术公司用于市场营销目的（United Nations Human Rights Council，2022）。

然而，一项分析发现，在新冠疫情期间推荐给儿童的163种教育技术产品中，89%的产品能够监视或者确实监视了儿童在校内外的活动。学习平台使用的跟踪技术收集了关于儿童的数据，并发送给第三方公司——通常是针对儿童投放广告的广告技术公司。在大多数情况下，平台的这种监视功能没有给用户选择退出的机会，也没有征求儿童或其家长的同意。在疫情期间提供在线教育的42个国家里，39个国家的数字技术使用方式"危及或侵犯了"儿童权利。在这些国家中，只有摩洛哥没有支持任何可能有损儿童权利的教育技术产品（Human Rights Watch，2022）。

隐私权的一般定义是隐私、家人、居所或通信受法律保护，不受任意或非法的干涉，荣誉和名誉

必须重视知识产权问题

最初人们期望数字技术可以带来更多的内容获取机会，如今这样的预期已经减弱（**第3章**）。然而，由于学校和教师平时都会使用知识产权，也会创造知识产权，于是就有了如何重复利用和共享学生和教师创作的作品的相关问题。一项对15个欧洲国家的研究表明，这些问题往往不明确或不被重视。教育材料的版权状况因作品类型而异。虽然在线上免费获得的资源原则上是可以在课堂上使用的，但也可能存在限制（Nobre，2017）。在欧盟，向公众传播受版权保护的作品的权利在原则上是统一的（Nobre，2017；Torres and Xalabarder，2020）：可以用欧盟法院制定的四大标准来辨别这种传播的公共性和非营利性特征，以及其是否出于教育目的使用（European Union Intellectual Property Office，2022b）。

一项对18个国家的法律法规的综述发现，这些法律法规都提到了与知识财产和知识产权有关的教育，但主要与版权有关，经常以高等教育机构为对象（WIPO，2022）。然而，还有更广泛的问题需要更明确的监管，特别是在对数字教学和学习工具的使用已经越来越普遍的情况下。例如，这些工具可能涉及与教师和学生创作的内容有关的知识产权，涉及出于教育目的通过电子邮件、云和聊天室分享的内容的法律地位。在澳大利亚维多利亚州，知识财产政策为知识财产的所有、管理和使用提供了框架。维多利亚州教育部依照州政策和法律法规来管理和使用知识产权（State of Victoria Department of Education，2021a）。该部门为学校和教师如何使用和分享有版权保护的资料提供了指导。例如，教师可以使用教育部门或其他政府部门拥有的、知识共享协议授权的、有版权保护的材料（State of Victoria Department of Education，2021b）。

在孟加拉国，《新冠疫情后国家信息和通信技术路线图》为知识产权政策的更新提供了支持，从而保证了加密过程的适当性，保护了在线教育的提供者。在新加坡，教育部为教育工作者架设的电子媒体（eMedia）频道给教师提供了一个空间，教师可以在这里分享自己和学生所创作的视频作品和课程。只有登录信息正确的教育工作者才可以访问该平台。

2015年对欧洲各国教育部的一项调查显示，有15个国家并未将知识产权培训列为国家教育计划的优先事项，有6个国家甚至没有将其列为教师培训的一部分（Office for Harmonization in the Internal Market，2015）。欧洲成立了一个由教育部和知识产权部门的代表组成的专家网络，就教育中的知识产权问题制定一个通用的方法，通过鼓励创造性、创新、企业家精神以及以符合道德的方式使用受保护材料，对知识和行为产生影响。这个专家网络与学校和教师培训学院合作，以提高人们对教育中的知识产权问题的认识（European Union Intellectual Property Office，2022b）。此外还启动了"Ideas Powered@Schools"倡议来制作和传播各种教育材料，旨在提高学生对知识产权的价值和尊重知识产权的重要性的认识（European Union Intellectual Property Office，2022a）。

不受非法攻击，国际相关法律已承认隐私权为一项人权并加以保护（Right to Education Initiative，2023）。但数字技术对隐私构成的威胁对于法律专家来说是一个新的领域。这种侵犯隐私行为所造成的危害很难定义。这种危害的影响会延伸到未来。虽然对一个人来说危害可能不算严重，但是其负面后果会在大众中传播。它给个人造成了不便，但为公司创造了巨大的利益。所有这些因素都挑战了法院对损害的传统理解，法律专家也才刚刚开始走进这一新的领域（Citron and Solove，2022）。

在学生使用技术时，必须保护好他们的隐私，同时允许适当地使用数据来实现学习的个性化、研究的推进和学生进步的可视化。学校应该时刻留意谁可以访问学生的数据，并向家长披露学生在学校使用技术时收集的数据类型。学校需要确保家长和学生都充分了解并理解他们在数据收集和使用方面有哪些权利和责任（UNESCO，2022）。

2021年，联合国隐私权问题特别报告员的报告强调了以下几个问题：国家法律框架缺乏对儿童隐私权的保护，家长和孩子缺乏质疑供应商的隐私安排或拒绝提供数据的能力，学校在选择教育技术时没有解决隐私问题。该报告还指出，公司会与广告合作伙伴等第三方共享数据，并利用这些数据来"日常监控儿童的数字教育记录"，包括思维特征、学习轨迹、参与度、响应时间、阅读页面、所观看视频、设备和所处地区信息等数据。该报告呼吁为在线教育制定适当的法律框架（United Nations Human Rights Council，2021）。

2022年，联合国教育权问题特别报告员的一份报告强调，教育数字化不应"导致在教育中其他人权被侵犯，特别是隐私权"。该报告引发了人们关于"技术的决策者和使用者在权力、意识和知识方面存在巨大失衡"的担忧。该报告还提请人们注意以下问题：在数据收集和使用方面缺乏透明度，对基于数据的决策的问责渠道不明确，在面对合理关切时没有能力质疑隐私安排，学生的数字记录可能对他们的就业选择产生不利影响。该报告呼吁各国通过并实施专门针对儿童的隐私和数据保护法律，在复杂的网络环境中保护儿童的最大利益；通过隐私和数据保护法律保护所有教育环境中的成年人；明确在教育环境中绝不能收集的个人敏感数据的类别，尤其是儿童的数据（United Nations Human Rights Council，2022）。人工智能的出现更是加剧了这种担忧（专栏8.2）。

2021年，欧洲理事会发布了教育环境中的儿童数据保护的指导方针，该指导方针以四个标准为基础：儿童的最大利益、儿童可持续发展的能力、发声的权利和不受歧视的权利（Council of Europe，2021）。

数据保护立法还处于起步阶段

尽管已经到了刻不容缓的地步，但是国家层面的立法几乎没有解决在教育中使用技术时的数据隐私和安全问题。除了少数例外，数据保护标准、消费者保护法律和隐私保护法规仍然支离破碎、模糊不清，阻碍了针对学生和教师的一致性政策或隐私政策的出台（Right to Education Initiative，2023）。为本报告所进行的对"以文件增强教育评价"国家概况的分析显示，只有16%的国家出台法律来保护教育领域的数据隐私，29%的国家推行政策（主要是欧洲和北美的国家）保护，41%的国家自新冠疫情以来就采纳了此类政策（图8.2）。为本报告所进行的对10个国家的进一步分析发现，即使国家

> 为本报告所进行的对'以文件增强教育评价'国家概况的分析显示，只有16%的国家通过出台法律来保护教育领域的数据隐私，29%的国家推行政策保护。

制定了保护数据隐私和安全的法律规定，关于儿童数据隐私和安全权利的国际人权法也没有在国家一级得到充分落实（Right to Education Initiative，2023）。

在欧盟，2016年发布并于2018年生效的《通用数据保护条例》改变了儿童保护的法律环境。《通用数据保护条例》第八条规定，当儿童年满16岁时，对该儿童个人数据的处理才合法。当儿童不满16岁时，只有当"对儿童具有监护责任的主体"同意或授权，此类处理才是合法的。成员国的法律可以适当降低年龄要求，但不应低于13岁（European Parliament and Council of the European Union，2016）。在法国，根据《数据保护法》第45条，必须征求具有监护责任的主体及其15岁以下的孩子的共同同意（France Parliament，2018a）。如果把批准了《通用数据保护条例》或遵守该条例的非欧洲国家也计算在内，那么进行了数据保护（至少在公立学校确保了数据保护）的国家所占的比例从16%提高到31%。2018年，爱尔兰通过了一项《数据保护法案》来具体落实《通用数据保护条例》，数据保护委员会概述了儿童数据处理的14项核心原则（Ireland Data Protection Commission，2021）。

具备一定的数据保护水平的国家还包括阿根廷、中国、以色列、日本、新西兰、韩国、英国和乌拉圭。中国的法律框架为儿童的个人信息共享提供了强有力的隐私保护，包括在教育环境中。关于保护未成年人和保护儿童个人信息的两项法律均致力于保护儿童的数字权利（China Cyberspace Administration，2021）。2021年，《未成年人学校保护规定》规定了在教育中使用数字设备时对儿童的保护，也体现了公平、包容、尊重人格尊严和受教育权等原则（China Ministry of Education，2021）。在日本，《确保青少年能够安全、安心地利用互联网的环境整备法》旨在提高社会的互联网素养，倡导在电脑和智能手机上使用互联网过滤软件（Japan Government，2008）。在拉丁美洲，大多数国家都在宪法中承认个人数据保护权。然而，目前还缺乏保护这些权利的独立监管规定。在《通用数据保护条例》激发下出现了一些倡议，哥伦比亚和墨西哥正在制定新的法律法规。

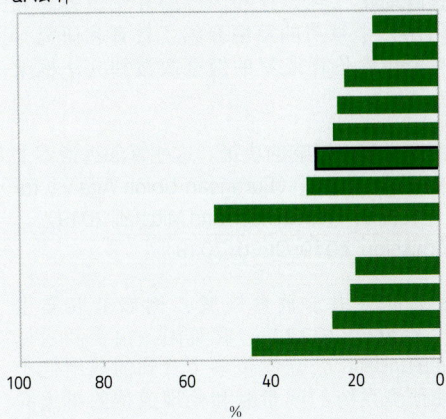
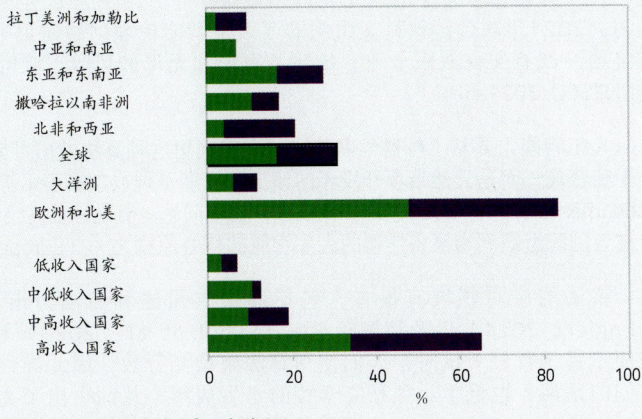

图8.2

大多数国家在其法律法规中并不保护教育中的数据隐私

2022年按工具分列的保护教育中的数据的国家所占百分比

a.法律
b.政策

拉丁美洲和加勒比
中亚和南亚
东亚和东南亚
撒哈拉以南非洲
北非和西亚
全球
大洋洲
欧洲和北美

低收入国家
中低收入国家
中高收入国家
高收入国家

■ 法律　■ 采纳《通用数据保护条例》和相关法规

《全球教育监测报告》统计数据链接：https://bit.ly/GEM2023_fig8_2_
资料来源："以文件增强教育评价"。

美国不仅设立了一个独立的数据管理机构，还制定了一项数据保护法律。对13岁以下儿童的数据收集行为受《儿童在线隐私保护法》的约束，而《儿童互联网保护法》旨在对学校和图书馆的网络进行管理，以保护儿童免受淫秽或有害内容的危害。家长、学生和学校工作人员必须签署书面协议，负责任地使用政策，通过政策明确滥用的后果。《儿童互联网保护法》还涉及学术诚信标准，规定了学生在使用学校提供的设备或学校网络时可以或不可以访问的资源（United States Department of Education，2017）。然而，尽管采取了这么多措施，仍不能充分保护数据（Right to Education Initiative，2023）。

在印度，印度广告标准理事会2021年收到的约5500起投诉中，有三分之一与教育部门有关（Financial Express，2022）。广告与实际产品之间存在差异即构成虚假广告（Varshney，2018）。消费者事务部注意到一些公司涉嫌欺诈性销售课程（The Economic Times，2022）。该部门建议Byju's公司（印度最大的教育技术初创企业之一）与印度广告标准理事会合作，纠正其广告宣传中的不当之处。复杂的定价和财务协议以及过于激进的市场营销策略令民众感到担忧（Inamdar，2021）。

在阿曼，《2022年个人数据保护法》规定，个人数据只能在得到数据所有者明确的书面同意后才能进行处理。《2022年学校使用教育设备的参考框架》专门用了一个章节的篇幅来明确学校在使用设备时如何保护数据隐私（Oman Ministry of Education，2022）。2020年，53个非洲国家中有24个制定了与个人数据保护相关的法律法规（Privacy International，2020）。

学校收集了大量关于学生、家庭和教师的数据，其中一些是敏感数据，包括学生的生物特征、健康数据以及饮食要求（可用于推测宗教信仰）。在欧洲，《通用数据保护条例》将公立学校列为"公共机构"。公立学校必须任命数据保护员，对学校收集的数据负责。当这些数据交由第三方处理时，学校应该确保处理过程符合《通用数据保护条例》，并且双方交易发生在具有法律约束力的合同范围内。如果数据泄露事件会对数据主体产生负面影响，需要在72小时内上报至数据保护管理机构。《通用数据保护条例》还规定了何时可以合法地处理这些数据以及如何处理，例如，学校处理数据要有合法的依据，并且符合公共利益。但是，即便符合这些条件，也不能擅自将数据挪作他用。学校如果想要分享学生的数据，就需要征求家长或学生的同意。

> **学校如果想要分享学生的数据，就需要征求家长或学生的同意。**

人工智能给隐私带来了额外的风险

人工智能在教育中的应用正以指数级增长，从管理过程和任务的自动化，到课程和内容的开发、教学和学习。2021年联合国教科文组织的《人工智能伦理问题建议书》专门用一个章节的篇幅介绍了教育和研究，这是第一次有文件放眼全球，描述了有形和无形的风险，呼吁建立一个包含伦理监督的健全政策和立法框架（UNESCO, 2021a）。

人工智能主要基于机器学习算法，人们利用这种算法做出可能对生活产生重大影响的决策。这些算法远谈不上公平和客观，而是天然带着开发者的偏见，可能重现或加剧不平等，特别是在歧视方面（European Union Agency for Fundamental Rights, 2022）。长期以来，公平问题一直是评估需要面对的一大挑战（Hutchinson and Mitchell, 2019），并被各国际组织列为值得信赖的人工智能的核心原则之一（European Commission, 2019; OECD, 2019）。

算法的应用领域有很多，包括健康、司法和劳动力市场。算法也应用于教育领域，例如录取学生（Engler，2021）以及预测辍学率（Sybol et al.，2023）和成绩（Yağcı，2022）。在英国，由于新冠疫情而不得不暂停考试时，人们使用算法来预测分数，因此导致了严重的问题。公立学校学生拿到的成绩低于他们的预期，也低于小型私立学校的学生成绩，从而引出了关于这种预测系统的问责制和伦理道德的重大问题（Kolkman，2020）。人工智能罔顾学生本人的真实经历和背景，表现出对性别、种族和其他方面的偏见（Baker and Hawn, 2022; Borgesius, 2018; Buolamwini and Gebru, 2018）。

面部识别系统也可能对特定的种族存在偏见（Garvie and Frankle, 2016）。美国对99家开发商开发的189款软件算法进行了评价，发现亚裔和非裔美国人的图像误报率高于白种人的，"相差达10到100倍，具体差距因算法而不同"。误报率最高值与土著民族存在相关（NIST，2019）。在巴西，面部识别已经被用来监控包括学校在内的公共服务，比如用来统计学生的出勤率。但是，这些面部识别程序还能收集其他信息，并且可以监测和记录有关被排除在外的群体和边缘化群体的信息，不过这要以牺牲隐私为代价。由于最近批准的一项数据保护法律也没有将以公共安全为目的的数据处理行为纳入管辖范围，所以这些面部识别系统可以被用于为本就弱势的群体构建画像或对其进行处罚（Canto，2021）。在美国得克萨斯州，至少有8个学区使用的面部识别系统同时被用于执法目的（Simonite and Barber，2019）。有研究证明了在学校使用面部识别系统的合理性，因为该系统不仅可以识别进出教室的每一名学生，还可以"识别学生的行为，比如发呆、打瞌睡和玩手机"（Jin，2019）。中国国家互联网信息办公室和教育部在2019年出台了规定，要求学校在给学生使用人工智能设备（如摄像头和头戴类设备）之前，必须征得家长同意，并对数据加密（UNESCO, 2021a）。

许多国家直到现在还没有关于何时可以分享以及如何分享儿童的个人信息才属合法的具体规定。即使征求了数据处理的同意，这种同意也可能是无效的，因为儿童或父母可能出于教育所需而迫不得已或者在不了解其意味着什么的情况下给予同意（European Data Protection Board，2020a）。对于现有的同意标准是否适用于学校，可能会比较复杂。英国信息专员办公室已经发布了适合各年龄段的设计规范，适用于儿童可能会使用的在线服务。该规范包含了在线服务需要遵循的15项标准（United Kingdom Information Commissioner's Service，2021）。然而，这些标准并不适用于教育技术供应商通过学校为儿童提供的服务（Digital Futures Commission，2022）。

在南非，《学校电子安全指导方针》中有一项关于软件监控的规定，要求从一开始就必须告知学习者和教师，他们的在线活动正在受到监控。其目的是提供一个安全的在线环境，指导教育用户如何管理自己的访问和在线行为，并确保这些行为不会超越合理尊重隐私的界限。学校的可接受使用策略规定：需要让学习者知道监控软件会捕获哪些数据，数据可以保存多长时间，谁可以访问数据，如何保持数据的安全性（未经授权的用户不能访问数据），存在什么机制来确保数据的准确性，以及如何使用数据（South Africa Department of Basic Education，2017）。

最近的调查研究也引起了一些政府的反应，如要求学习平台剔除广告跟踪（法国、印度尼西亚、巴西的米纳斯吉拉斯州），对学习平台开展开放调查（澳大利亚的新南威尔士州和维多利亚州、厄瓜多尔、西班牙加泰罗尼亚自治区）（Human Rights Watch，2023）。

虽然本报告所述的这些规定算是在保护儿童免受在线处理个人信息的风险方面向前迈出了一步，但这些规定所制定的办法也只是从风险的角度而不是基于儿童的权利展开的。此外，这些规定提供的保证也没有达到人权或儿童权利尽职调查程序的同等水平。监察和监督必须确保教育技术公司遵守标准，不得无限制地扩大其权力。投诉机制以及行政或司法补救办法往往不适合儿童。在澳大利亚、巴西、法国、爱尔兰、新加坡、南非和英国，都分别有一家监管机构受托负责对违反数据法律的各方采取行政措施。但各国的监管机构是否有能力开展调查、履行民事责任和开具罚单，则因国家而异。《中华人民共和国个人信息保护法》第69条规定，个人信息处理者承担举证责任，不能证明自己没有过错的，应当承担损害赔偿等侵权责任。然而，担责机制是复杂的，可能仍然很难让这些行为体负责（Right to Education Initiative，2023）。

当隐私和数据保护受到侵犯时，行政罚款必须是有效的、相称的和劝诫性的。冰岛监管局裁定，一家美国的基于云的教育公司在处理雷克雅未克一所小学的学生数据时未征得家长同意，因而违反了《通用数据保护条例》，被处以500万冰岛克朗（3.8万美元）的罚款（European Data Protection Board，2022）。挪威数据保护局对奥斯陆市处以罚款，原因是学校员工、家长和学生之间通信的移动应用程序安全性不达标（European Data Protection Board，2019）。瑞典数据保护局在审查斯德哥尔摩市的学校管理部门的平台时，发现安全水平不达标，对"几十万个"数据主体（包括儿童和学生）造成影响，而且没有充分处理敏感和特殊类别的个人数据。数据保护局向斯德哥尔摩市教育委员会开出了400万瑞典克朗（39万美元）的罚单（European Data Protection Board，2020b）。

教育技术公司在隐私和数据保护方面的作用可谓举足轻重，因为它们可以对其产品、服务和系统应用健全的隐私和数据保护措施。在某些情况下，这意味着在应用程序和设备中设定默认隐私设置，而不需要用户手动设置（UNESCO，2022）。当用户需要第三方应用程序来跟踪自己时需要手动同意，苹果的操作系统iOS 14.5就是这样的。在美国的一项调查中，只有13%的用户授权同意任意应用程序跟踪自己，4%的用户自行设置了不得向其询问是否选择加入（Laziuk，2021）。或者，公司也可以通过设计来确保隐私性。《通用数据保护条例》规定了"通过设计实现数据保护"是一项必须遵守的法律要求。第83条规定，不遵守该义务将被视为应予处罚的违例行为，是否正确适用该条例是衡量违法行为严重性的标准之一。

用户的隐私权和人权在使用教育技术服务和产品时会受到的影响应该是完全可以被理解的。然而，供应商都在设法逃避。在荷兰，政府完成了对谷歌教育空间的数据保护影响评估后，谷歌提出更改服务数据合同的隐私承诺（Bonamigo，2021）。不过，禁令并没有被解除（Rao，2022）。即使有的国家对儿童上网保护做出了相关规定，这种保护有时也是不连续的。当儿童在家做作业时，在学校使用服务或应用程序时提供的保护不一定持续，导致他们的数据被其他供应商获取，然后被用于行为分析和社会评分（Digital Futures Commission，2022）。

不能对安全风险视而不见

教育行业与所有其他行业一样，受到的网络攻击越来越多。学校拥有关于学生及其家长的私密数据，从社会人口统计到健康记录和财务状况信息，所有这些数据都需要保护。对教育系统和用户的攻击越来越多，意味着有更多的身份数据和其他个人数据被盗。在美国，2021—2022年，45个地区受网络攻击影响的学校数量几乎翻了一番（Emsisoft，2023）。在全球范围内，2022年在所有勒索软件攻击目标中教育部门占5%（Anti-Phishing Working Group，2022），在安全漏洞攻击目标中教育部门占30%以上（Verizon，2022）。

> *2022年，全球网络犯罪造成的损失估计为7万亿美元。*

2022年，全球网络犯罪造成的损失估计为7万亿美元（Morgan，2022）。如果学校网络安全状况不佳，那么其成本和风险都很高，好在大部分案例中学校都没有支付勒索金。除了数据和工作方面的损失外，代价还包括增加了学生和教师的数据暴露风险，以及关键系统停机时间和资源恢复。2022年，美国的中小学和大学的系统停机成本估计为95亿美元（Bischoff，2023）。2022年教育领域的平均数据泄露成本为390万美元（IBM，2022）。根据对43个国家的2700所大学的估计，一次勒索攻击的平均成本约为44.7万美元（BlueVoyant，2021），2021年美国的教育机构将环境条件恢复到攻击前水平的平均成本为270万美元，远高于其他行业的恢复成本（Shier，2021）。2021年，一项对30个国家5400名信息技术决策者（其中有500名来自教育部门）的调查显示，2020年44%的组织受到过勒索软件的攻击，其中58%的组织遭受了数据加密型攻击。在遭受过数据加密型攻击的组织中，超过三分之一平均支付了11.2万美元的勒索金。即使在支付勒索金后，受害组织也只恢复了68%的数据（Sophos，2021）。

各国政府都需要制定适当的法律和政策框架，以保护和保障数字基础设施和数据免受网络攻击。政府可以采取强有力的可接受使用策略，明确界定适当和不适当的技术使用方式，以及违反这些规定的后果。网络安全风险越来越高，这呼吁我们增强意识，并向教师、学生和家庭提供相关信息。美国《2021年K-12网络安全法案》的一个关键组成部分是构建一个集体防御模式，其基础就是打造一个防御者共同体，建立多个利益攸关方之间的合作，以保护教育系统免受威胁。

网络欺凌引起人们对安全和健康越来越多的关切

网络欺凌是欺凌行为的一种新形式，因智能手机和其他设备的使用而呈现高发趋势。在全球范围内，16%的国家通过立法予以预防并采取行动，重点关注教育领域；其中，有38%的国家是自新冠疫情以来开始采取行动的。约有40%的国家制定了这一领域的政策、战略或计划。欧洲和北美是制定了这类政策的国家比例最高的地区（61%）（图8.3）。

大多数国家并没有明确将网络欺凌和网络虐待清楚定义为一种犯罪行为，因为这些行为可能属于其他法律的制裁范畴（Right to Education Initiative，2023）。在澳大利亚，中央、州和地区各级的各种立法工具将跟踪、恐吓或威胁、鼓动自杀、诽谤和未经授权访问在线账户定为犯罪。《2021年线上安全法》对网络欺凌内容的定义是可能严重羞辱、骚扰、恐吓或威胁儿童的内容，赋权电子安全专员办公室要求在线服务提供商删除违法内容，并且负责管理与18岁以下的澳大利亚公民和网络欺凌有关的投诉事件。2022年的《个人数据保护法》是印度尼西亚第一部全面的数据保护法。该法案呼吁与个人数据打交道的公共或私人实体确保对数据的保护，并对数据处理不当行为实施制裁。该法案间接规定了防止网络欺凌的内容。不过，2008年修订的《电子信息与交易法》第45B条将网络欺凌视为一种骚扰。

在日本，《防止欺凌对策推进法》没有对线上欺凌和线下欺凌进行区分，只是规定了国家和地方政府、学校、教师和家长在预防、及早发现和应对欺凌方面的义务。中国对于网络欺凌是有具体规定的，2020年修订的《中华人民共和国未成年人保护法》第77条规定"任何组织或者个人不得通过网络以文字、图片、音视频等形式，对未成年人实施侮辱、诽谤、威胁或者恶意损害形象等网络欺凌行为"。该法第80条还规定了网络服务提供者的义务，即在接到遭受网络欺凌的受害者的通知后，应当及时采取必要的措施制止网络欺凌行为，防止信息扩散，包括删除、屏蔽和断开链接，以及保存有关记录，并向相关管理部门报告网络欺凌行为（Right to Education Initiative，2023）。

图8.3
不到五分之一的国家已立法对网络欺凌进行预防和采取行动
2022年按工具分列的已采取措施防止教育领域发生网络欺凌的国家所占百分比

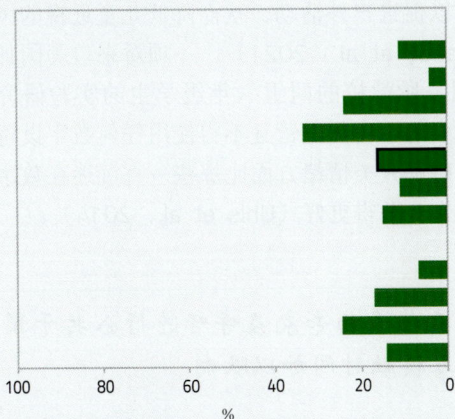
a. 法律

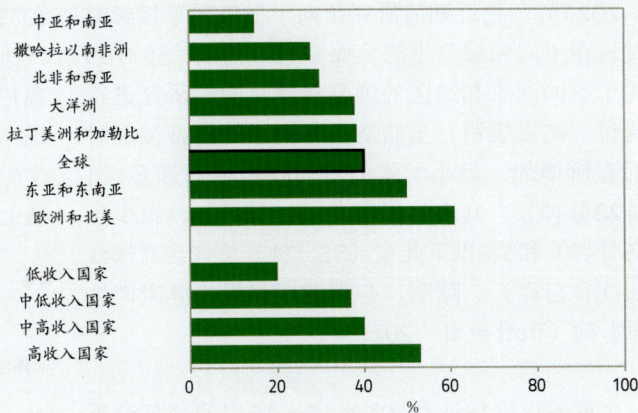
b. 政策

《全球教育监测报告》统计数据链接: https://bit.ly/GEM2023_fig8_3_
资料来源: "以文件增强教育评价"。

在孟加拉国,根据2006年出台、2013年修订的《信息和通信技术法案》,网络欺凌是应予惩处的行为,但该法案没有明确将其与教育或学校关联起来。《2012—2021年教育信息化总体规划》支持采取特殊措施来保护使用技术的学生、教师和行政管理人员的隐私。《2022年数据保护法(草案)》是孟加拉国关注数据隐私和保护的第一部法律。该草案没有提到教育,但指出了一般的儿童在线保护。在印度,《信息技术法案》可以被视为处理网络欺凌的法律基础。该法案规定了对通过数字和信息通信技术发送恼人的、冒犯性的、侮辱性的通信内容的行为应当予以惩处。如果网络欺凌涉及诽谤、勒索、性骚扰、跟踪或旨在"侮辱妇女"的言语、手势和行为,那么网络欺凌也可能属于《刑法典》的管辖范畴。但是,依照这些法律,儿童并没有得到特别保护。

过度使用技术有害身心健康

技术的使用意味着人们与设备打交道和面对屏幕的时间更长了。教育在这两方面都特别容易操之过急,这样做会加大失去健康和总体幸福感的风险。各国政府直到最近才刚刚开始考虑如何应对这些风险。

接触屏幕会影响儿童的健康

儿童花在屏幕上的时间已成为家长以及教育和健康行业从业人员日益关注的问题。在美国,疾病控制与预防中心估计,8—10岁儿童每天看屏幕时间为6小时,11—14岁儿童为每天9小时(其中有5个小时是在看电视),15—18岁儿童为每天7.5小时(CDC,2018)。在新冠疫情期间这些数字均有所上升。就疫情前后儿童屏幕接触时间而言,一项针对澳大利亚、中国、意大利、瑞典、英国和美国的3—8岁儿童的2500名家长的调查发现,他们的孩子在教育和休闲方面的屏幕接触时间增加了50分钟。社会经济地位越低,屏幕接触时间就增加得越多(Ribner et al.,2021)。

不同国家之间存在差异。在19个欧洲国家中,2020年,9—16岁的儿童日均上网时长为2小时47分钟,从瑞士的2小时14分钟到挪威的3小时39分钟不等。与2010年收集的数据相比,法国、意大利和西班牙等国家的时长翻了一番。15—16岁的儿童每天上网时间接近2小时30分钟,9—11岁的儿童上网时间近2小时,12—14岁的儿童上网时间为3小时12分钟(Smahel et al.,2020)。在法国,2022年,甚至连2岁以下的幼儿也会每天接触屏幕3小时11分钟(Le Point,2023)。

早在计算机和带屏幕的数字设备出现之前，人们就已经在讨论关于屏幕时间的问题了。但早期研究的结果往往是不确定的，因为自述的屏幕接触时间可能会因为回忆错误和偏差而受到影响（Wong et al.，2021）。更近期的研究倾向于报告屏幕接触时间过长在不同领域产生的负面影响。一项综述对89项关于不同国家和地区的屏幕接触时间的研究进行了探讨，结果表明，虽然所有年龄组的屏幕接触时间都有所增加，但小学生的日均时长增加最多（1小时23分钟），其次是成年人（58分钟）、青少年（55分钟）和5岁以下儿童（35分钟）。这会对饮食（如饮食自律）、睡眠、心理健康和视力健康产生负面影响（Trott et al.，2022）。

在英国，据估计有40%的11—16岁的儿童经历过背部或颈部疼痛，15%的父母表示，这可能是由使用膝上型电脑、平板电脑或计算机造成的（Sayer Clinics，2014）。一份基于12项系统综述调查结果的报告揭示，更长的屏幕接触时间往往意味着更不健康的饮食、更高的能量摄入、更明显的肥胖指标。每天屏幕接触时间超过2小时，往往意味着更多的抑郁症状、更糟糕的教育结果、缺乏睡眠和丧失健康。11—24岁的儿童和青少年每天有大约2.5小时花在电脑上，3小时用在手机上，2小时用在电视上（Viner et al.，2019）。

对美国2—17岁的儿童和年轻人进行的大样本分析结果显示，屏幕接触时间越长，幸福感就越差，好奇心、自控力和情绪稳定性越差，焦虑和抑郁越多。这些关联性中有一些在青少年群体中比在幼儿群体中更为明显（Twenge and Campbell，2018）。一项对加拿大阿尔伯塔省2441名母亲和儿童的幼儿发展研究发现，24月龄和36月龄的儿童如果屏幕接触时间水平较高，分别会在他们达到36月龄和60月龄时发育结果较差（Madigan et al.，2019）。一项针对52名3—5岁儿童的研究也报告了类似的结果，该研究调查了每个儿童的数字媒体使用情况，并使用脑部扫描来分析他们的脑结构。研究发现，媒体使用量越高，往往意味着皮质厚度越薄，沟回深度越浅。这两个生物特征与语言技能、阅读技能和社交技能的发展有关，如复杂的记忆编码、同理心和面部表情理解和情绪表达（Hutton et al.，2022）。

越来越多的专家在呼吁进行公共干预，并对屏幕接触时间加以限制（Nagata et al.，2022）。一项元分析对12项纵向研究和15项横向研究进行了探讨，研究对象为2.5万名6—18岁儿童，分析结果主张施加公共干预以促进户外活动，从而降低儿童近视的风险（Duraipandy et al.，2021）。一项对来自美国加利福尼亚州一所学校的两组六年级学生的实验研究发现，那些参加了自然露营且不得使用任何数字设备的学生，在解读人类情绪方面比那些一直沉迷在数字设备上的学生要做得更好（Uhls et al.，2014）。

> 越来越多的专家在呼吁进行公共干预，并对屏幕接触时间加以限制。

尽管屏幕接触时间过长有这么多风险，但相关的严格规定却几乎没有。在中国，教育部规定使用数字设备作为教学工具的时长不得超过教学总时长的30%，每日电子作业总量最多20分钟，还建议学生在接触屏幕时长达30—40分钟后，应该让眼睛休息10分钟（Wong et al.，2021）。政府也对游戏进行了严格的限制——每周最多3小时，并将部分责任交由游戏公司承担（Soo，2021），要求所有用户在注册游戏时必须使用自己的真实姓名（Feiner and Kharpal，2021）和政府颁发的身份证明文件（Zhang，2021）。

在韩国，直到最近都还在禁止15岁以下的儿童在夜间玩电子游戏，这是《2011年青少年保护法修订案》中的一项规定，后来于2021年被废除。美国明尼苏达州教育部在2022年通过了一项法律，规定公立的学前班和幼儿园学生不能在没有教师参与的情况下独自使用屏幕（Minnesota Department of Education，2021）。

关于屏幕接触时间的指导方针或建议限制，通常都是在卫生管理机构的管辖范围内出台的，但是是否遵守还要看家长个人。世界卫生组织关于体育活动、久坐和睡眠的指导方针建议，1—5岁儿童久坐观看屏幕的时长应少于1小时（WHO，2019）。在澳大利亚，《儿童24小时运动指南》建议：2岁以下儿童不接触屏幕，2—5岁儿童每天不超过1小时，5—17岁的儿童每天因为娱乐而久坐观看屏幕的时长不超过2小时（不包括做作业）。但只有17%—23%的学龄前儿童和15%的5—12岁儿童遵守了这份指南的建议（Joshi and Hinkley，2021）。

部分国家建议不要施加严格的限制，而是采取商量的策略。加拿大儿科学会的指导方针强调了四项原则——对屏幕的使用要尽量少、有节制、谨慎使用和塑造健康使用习惯——来避免屏幕时间限制，强加限制反而可能成为家长和孩子主要的压力来源（Ponti，2022）。在英国也有类似的方法，皇家儿科与儿童健康学院发布了指导方针，帮助家长通过对话来管理孩子的屏幕时间（Viner et al.，2019）。2020年，卢森堡国民教育、儿童和青年部与"BEE SECURE"倡议发起了"家里的屏幕"运动，以提升父母对合理使用屏幕的意识（Luxembourg Ministry of National Education，Childhood and Youth，2020；Luxembourg Ministry of National Education，Childhood and Youth and BEE SECURE，2022）。

部分国家正在禁止在学校使用手机或其他技术

关于在学校使用某些技术的争论，尤其是对低年级的学生来说，也会围绕对数据隐私、安全和健康的担忧来展开。在学校使用智能手机存在争议。比利时（Baert et al.，2020）、西班牙（Beneito and Vicente-Chirivella，2022）和英国（Beland and Murphy，2016）的研究表明，禁止在学校使用手机会提高学习成绩，对成绩不佳的学生来说更是如此。

为本报告所进行的分析表明，在全球范围内，近乎四分之一的国家通过法律或政策实施了这类禁令。具体来说，13%的国家出台了法律来禁止在学校使用手机，14%的国家制定了政策。禁令在中亚和南亚更为常见（图8.4）。2011年，孟加拉国禁止教师在课堂上使用手机（Samad，2011）。2017年，中小学和大学的学生和教师都被禁止将手机带入教室（bdnews24.com，2017）。塔吉克斯坦《教育法》第25条规定，小学、职业学校和中学应禁止学生在校使用电话。在乌兹别克斯坦，相关法律要求学生在进入学校时关闭所有设备。

图8.4
七分之一的国家通过法律禁止在学校里使用手机
2022年按工具分列的正在采取措施禁止在学校使用手机的国家所占百分比

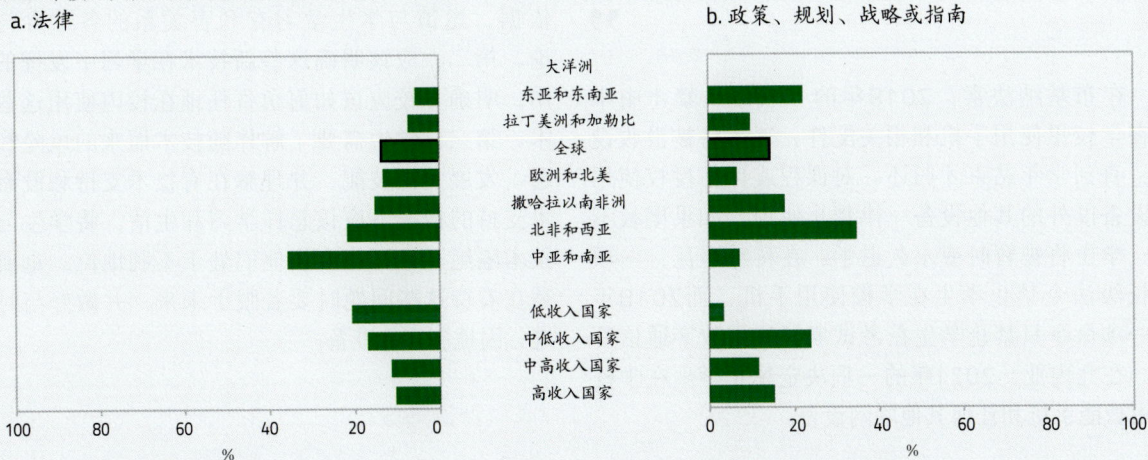

《全球教育监测报告》统计数据链接：https://bit.ly/GEM2023_fig8_4_
资料来源："以文件增强教育评价"。

澳大利亚新南威尔士州教育部于2018年实施了公立小学使用移动设备的限制措施（New South Wales Government，2020），而塔斯马尼亚州（Tasmania Ministry of Education and Training，2019）和维多利亚州（Gullaci，2019）直接禁止所有公立学校的学生使用手机。然而，一项对1070名澳大利亚人的民意调查发现，三分之二的受访者强烈支持或较为支持实施数字安全课程，教育学生如何安全地使用手机，而不是禁止所有学生在学校使用手机。超过一半的人支持或较为支持针对所有学生实施禁令，而有37%的人支持或较为支持仅允许十一年级和十二年级的学生在学校使用手机（Essential Research，2022）。

法国出台了一项禁令，但也设置了例外情况，比如针对某些学生群体（如残疾学生），或者当智能手机用于"教学"目的的情况（French Parliament，2018）。拉脱维亚、墨西哥、葡萄牙、西班牙、瑞士和美国，以及加拿大安大略省和英国苏格兰都实施了全面或部分禁令。但在韩国，一家监督机构提出，完全禁止侵犯了学生的基本权利，如通信自由的权利（Lee，2021）。

> "
> **在学校里如何善用技术，如何处理随之而来的风险，可能需要我们提出一个比'一禁了之'更好的办法。**
> "

在布基纳法索，2018年的一项命令禁止中学生在学校里使用手机和相关配件，违者将被没收设备，直到学年结束才归还。对课程或评估授权使用的设备以外的其他设备一律禁止使用，如果屡教不改，学生将被暂时或永久退学。在科特迪瓦，一项部长级法令禁止学生在学校使用手机，而2018年的一项命令只禁止学生在考试期间使用数字通信设备。在几内亚，2021年的一项决定禁止学生在学校使用智能手机和任何其他联网设备。

各国都会禁止在教育环境中使用某些应用程序。这是因为这些应用程序对用户数据的收集与用户正常使用应用程序之间不存在必然联系，因此引发了公众对隐私权的担忧。在丹麦，赫尔辛格市对谷歌教育空间和谷歌教育笔记本电脑进行了数据保护影响评估，最终导致这两款产品被禁止在学校使用（Schmiedt，2022）。法国国民教育和青年部已经禁止在学校使用免费版本的微软办公软件和谷歌教育空间（UC Today，2022）。在德国，微软因为产品不符合《通用数据保护条例》的标准，在巴登-符腾堡州和黑森州被禁止使用（Schneider，2022）。荷兰数据保护局提议在2023年8月之前禁止所有学校使用谷歌教育笔记本电脑和谷歌教育空间，原因是这两款产品未遵守儿童数据保护和隐私保护的相关法规（Toulas，2022）。

美国的一些学校和大学也开始禁止使用TikTok和其他平台（Ksetri，2023）。2023年3月发布的一项行政命令强调了技术对国家"安全、经济和民主"的重要性，同时也要确保"对技术的开发、部署和管理符合普遍人权、法治以及适当的法律授权、保障和监督"（United States Presidency，2023）。

如果技术融合不能达到改善学习的目的，甚至还有恶化学生健康的风险，那么禁止学校使用这些技术就是合法的。然而，在学校里如何善用技术，如何处理随之而来的风险，可能需要我们提出一个比"一禁了之"更好的办法。第一，政策应该明确学校里允许什么、不允许什么。如果对学生行为的要求不够明确或不够透明，他们就不该受到惩罚。这些领域的决策需要被充分讨论，以确凿的证据为依据，邀请与学生学习有利害关系的各方参与讨论。第二，应该明确这些新技术在学习中发挥的作用，明确学校应该如何负责任地在校内使用这些技术。第三，学生需要了解伴随技术而来的风险和机遇，发展关键技能，并理解在有技术支持和没有技术支持的情况下应该怎样学习和生活。将学生与新技术隔绝开来可能会使他们处于不利地位。重要的是在看待这些问题时要着眼于未来，并做好与时俱进、因地制宜的准备。

结语

技术已经从根本上改变了儿童行使和实现他们的权利的方式，包括受教育权和隐私权。虽然在某些条件下，在教育中使用技术可以增加儿童的学习机会，但这样做也可能使他们的身心健康、隐私和尊严处于危险之中。与知识产权、数据隐私和网络安全相关的问题是各国需要解决的关键挑战。

除了数字教育战略之外，许多国家（主要是高收入国家）都在《通用数据保护条例》之后发布了与数据保护有关的法律或法规。然而，在处理个人数据方面，各国往往没有区分成人和儿童。由于儿童应得到特别保护，对于制定儿童数据保护的相关法律和标准以及构建适用于儿童问题的问责机制的呼声越来越高。政策制定者应该倾听儿童的声音，这样才能在儿童从事网络活动时保护和保障他们的权利。对教育技术和数据施以良好治理至关重要，这样做不仅能提高技术效益的公平性和质量，还能确保学校成为儿童学习、玩耍、发展和茁壮成长的安全场所。实现这一目标意味着要制定明确的框架、有效的法规、监督和争端解决机制。当今世界，数十亿人在联网学习时进行数据和信息的交换已成为常态，受教育权和隐私权需要得到充分的监管和保护。

2022年11月9日，乌克兰别尔基切夫市。计算机科学课教师特蒂娜（Tetiana）拿着她的笔记本电脑，照片由联合国儿童基金会提供。

特蒂娜表示，2022年给教学工作造成困难的不仅有炮击和空袭，还有学校配备的那些甚至连网络摄像头都没有的电脑。

图片来源：UNICEF/UN0832329/Filippov*

第 9 章

9

教师

重要信息

除非教师做好了使用技术的准备，否则技术发挥不出任何潜力。以技术为基础的实践和资源正在改变教师职业。

- 新冠疫情期间，使用多种教学和评估资源来教学以及与学生互动的选择迅速增加。一项对165个国家的教师群体的调查发现，在疫情期间，27%的教师每天使用技术来评估学生。

各种障碍阻碍了教师充分利用技术所能提供的潜力。

- 教师通常不参与关于技术的决策：94个国家有45%的教师报告称，在要求他们必须使用新技术前，没有人就这些技术咨询过他们的意见。

- 人们以为教龄与对技术的掌握是负相关的，但对17个国家的教师进行的研究表明，与教龄比起来，对技术的抵触更多与准备情况有关。

- 有的教师在使用技术方面略显犹豫或缺乏信心。参加过2018年教与学国际调查的初中教师报告称，信息和通信技术是他们的第二大培训重点。即使在培训之后，也只有43%的人觉得自己准备好使用技术进行教学。

- 许多教师都对技术持批评态度。在2018年国际计算机和信息素养研究调查的八年级教师中，37%的教师认为技术分散了学生的注意力。

教育系统正在采取措施来确定发展需求。

- 自我评估工具支持教师确定他们的发展需求。

- 约有一半的国家制定了针对教师的信息和通信技术标准，其中约五分之一的国家在新冠疫情之后明确或调整了这些标准。

- 正在引入新的信息和通信技术培训专题，包括如何应对剽窃以及如何安全地分享学生的电子作业。

技术正在改变对教师的培训。

- 技术可以跨越地点和时间的障碍，使培训机会更容易获得。研究发现，在南非，远程教育计划可以促进教师的数学学习，在加纳其影响甚至与面对面教师培训相当。

- 教师可以利用技术互相学习。接受调查的1500多名加勒比地区教师中，约有80%加入了WhatsApp的专业群组，44%的人每周至少使用WhatsApp和类似的即时通信应用程序进行一次协作。

- 技术可以促进辅导教师的参与。在塞内加尔，面对面辅导更多改善的是教学实践，但在线辅导的成本相对面对面辅导降低了83%，而且依然改善了教师指导学生阅读实践的方式。

许多教育行为体都支持教师在信息和通信技术方面的专业发展。

- 校长一般负责为信息和通信技术融入学校创造条件。但根据2018年国际计算机和信息素养研究，只有约40%的学生就读的学校的校长认为鼓励教师将信息和通信技术融入教学是优先事项。

人们对教师的期望越来越高，期望他们能将技术融入自己的专业实践的各个方面，包括教学方法、学生评估、与学生和家长的互动，以及专业发展。有效融合意味着让教师能够在他们的教学实践中更加以学习者为中心，创造引人入胜的、适切的学习环境，培养学生的技术知识和技能。但是，尽管人们有这样的期望，教师得到的支持程度却参差不齐，尤其是在提高对信息和通信技术的掌握程度，并利用这些技术进行教学方面。许多教师在使用技术方面仍然犹豫不决或缺乏信心。新冠疫情造成了教育中断，使得对可以远程教学的教师的需求增大，迫使他们延长工作时长，对他们的期望也更高，但教学效果参差不齐。

> 许多教师在使用技术方面仍然犹豫不决或缺乏信心。

以这些挑战为起点，本章描述了教育系统的反应，以帮助教师在其实践的各个领域使用技术，论述的重点为融合了技术的有效专业发展。本章的讨论前提是技术不能取代课堂上的教师。教师的作用不仅是传授知识和教学，还要帮助学生完成社会化，成为激励他们的榜样，这是技术无法做到的。教师要鼓励学生发展批判性思维，掌握自主权。教师在技术的帮助下取得在技术方面的进步，技术也让教师成为创造者、设计师和促进者，特别是能够选择适当的技术以响应学习者不同的需求，适应多样的教学环境。

以技术为基础的实践和资源正在改变教师职业

随着新的应用和技术走进世界各地的教室（第4章），教师职业也在适应并跟随教育环境的变化而变化。以学生为中心的学习、获得多种课程和评估资源以及与学生和家长的频繁互动等机会蜂拥而至。新冠疫情加速了其中一些趋势的到来，要求教师调整课程设置，优先考虑可以在线开展的学习，并相应地重新考虑这些学习的评估方法。

如果教师能有效地利用教育技术，他们就能更好地促进以学生为中心的学习，包括开展项目式学习活动。使用算法和自适应学习技术的平台可以为学生提供个性化的学习体验。虽然个性化学习的精确定义仍然不甚明确，但其主要理念是，这种方法为教师提供了数据驱动的见解，让他们更加了解学生的优势和劣势，为他们提供一系列的新工具来支持其教学工作，并帮助他们发现学生需要更多支持的领域以及需要调整教学策略的领域。个性化学习还让教师可以更灵活地掌握教学进度，并为学生提供更多的自主学习的机会（Walkington and Bernacki，2020）。例如，可汗学院的互动练习和视频课程就使用自适应学习技术为学生提供定制学习路径，研究发现这种学习路径可以促进个性化（Vidergor and Ben-Amram，2020）。

虚拟现实和增强现实技术可以帮助教师找到解释概念的新方法，并为学生提供更引人入胜的方法，通过游戏化学习和模拟真实场景来深入研究课程内容，如虚拟实地考察（Lan et al.，2018；Lu and Liu，2015；Pellas et al.，2019；Tobar-Munoz et al.，2017）。

> **❝**
> *技术给予教师的支持越来越大，支持他们选择、改编和制作教学资源。*
> **❞**

技术给予教师的支持越来越大，支持他们选择、改编和制作教学资源。在法国，政府开放了17个在线教学资源库的访问权限，库里的资源与各年级各学科的国家课程是相对应的。这些资源库还为教师提供了一种可能性：他们可以根据学生的情况和需要来改编这些资源。在疫情开始的两周内，政府取消了所有认证要求，禁用了通过平台收集个人数据的功能，使教师、学生及其家长更容易获得资源（Thillay and Vidal，2022）。在韩国，在School-On网站交流平台上能找到的资源中，近60%都是由教师创作的。在疫情期间，文化体育观光部还暂时放宽了版权规定，允许教师使用现有资源制作在线课程内容（Vincent-Lancrin et al.，2022）。

在法国国民教育和青年部的监督下，法国国际教育中心在法国新冠疫情期间开发了Imagin'Ecole平台。在联合国教科文组织和全球教育伙伴关系的支持下，该平台汇集了若干数字资源，使教师能够制作、修改或分享教学场景，并在地方或区域一级进行传播。这些被提交的资源将被纳入适应国家计划和国家需求的教学会议和学习路径（France Education International，2022）。

CL4STEM项目旨在为不丹、尼日利亚和坦桑尼亚联合共和国新考取资格证的科学、技术和数学教师提供支持，帮助他们选择、融合和改编从印度的开放教育平台"互联学习计划"（CLIx）上获得的资源，以及其他开放教育资源，以适应本国的国家课程，从而实现包容性技术教育（Connected Learning Initiative，2023）。

教育系统正在提供评估工具，以帮助教师节省时间，为学生提供即时反馈，并对学生的学习形成新的见解。主要举措包括支持教师使用在线小测验和考试、学习管理系统、录像工具、数字产品、自动给学生作业打分的人工智能评估工具，以及促进小组合作和学生互评的协作工具。

在新冠疫情期间，许多教师不得不按照技术能做到或不能做到的事情来调整自己的评估手段。根据T4调查，即一项对165个国家2万多名教师的在线调查，有27%的教师在疫情期间每天使用技术来评估学生，29%的教师每周评估一次，20%的教师每月评估一到两次（Koomar et al.，2022；Pota et al.，2021）。根据教育中断的应对措施国际调查（REDS），超过60%的教师报告称，他们在中断之前常用的评估方法都必须做出调整，特别是对于有特殊需要的学生和实用性更强的科目，以适应新的知识传递模式（Meinck et al.，2022）。在有的国家，教师有按照他们认为最合适的方式来评估学生的自主权。在斯洛文尼亚，五分之二的小学教师和三分之一的中学教师调整了他们的评估方法，许多教师报告称他们使用小测验的次数更多了（Slovenia National Education Institute，2020）。在以色列，基布兹教育学院的教师引入了新的评估形式，学生的博客、互动数字海报、数字作品集、思维导图、在线演示和视频都将作为评估的基础（Donitsa-Schmidt and Ramot，2020）。

技术为教师提供了各种工具和平台，以促进其与学生和家长的互动。这些工具包括在线沟通工具，如电子邮件、即时通信应用程序和论坛（如用于快速发布消息、问答），以及在线平台，如研讨会、聊天室和视频会议工具（如用于在线管理和分发课程材料）。有的教师还会使用社交媒体（通常是自愿的）与学生和家长分享最新信息。在新冠疫情期间，师生被鼓励使用通信应用程序进行互动（International Task Force on Teachers for Education 2030，2020）。

在哥斯达黎加，公共教育部、教育技术资源理事会和管理信息系统理事会已经在教师和学生之间搭建了一个安全的合作平台。该平台提供了一个负责提供信息请求的帮助平台，并且集成了电子邮件账号,让教师和学生可以在这个平台上创建工作团队,参与虚拟会议,共享教材,评估和创作电子作品集。2020年8月,该平台已拥有66.5万名活跃用户。到2021年10月恢复面对面授课时,其中近四分之三的人仍然在平台上活跃(Ripani,2022)。

教师利用技术与家长和社区进行交流。教育中断的应对措施国际调查发现,与新冠疫情之前相比,很多从事远程教学的教师在疫情期间会花更多的时间与学生家长沟通,这样的教师在印度、俄罗斯联邦、斯洛文尼亚、阿拉伯联合酋长国和乌兹别克斯坦占比超过三分之二,在布基纳法索、丹麦和埃塞俄比亚占比超过一半(Meinck et al.,2022)。总的来说,与学生和家长更多地互动,可以帮助教师加强人际关系和改善教学结果。但是教师需要学习如何适当地使用这些工具,并在在线共享信息时意识到隐私和安全问题。

总体而言,将技术融入教师实践对学生学习究竟有何影响,其实相关的证据相对有限(Allier-Gagneur et al.,2020)。在本报告回顾的170项关于低收入和中等收入国家以技术为基础的教师专业发展项目的研究中,只有5%的研究试图衡量教师培训对学生知识和技能掌握情况的影响(Hennessy et al.,2023),而且在如何设计好此类项目方面缺乏论述。

各种障碍阻碍了教师充分发挥技术的潜力

教师在试图将这些技术实践和资源融入他们的专业实践中时,面临着各种障碍。缺乏获得基础设施的途径就是其中之一。2018年,在经合组织成员中,在缺乏数字基础设施的学校工作的教师,认为可以通过"相当多地"或"大量地"使用数字技术来支持学生学习的可能性,比那些在基础设施更完善的学校工作的同行低7个百分点(OECD,2022a)(**图9.1**)。在T4调查中,超过一半的教师报告称,缺少上网机会限制了学校提供高质量教育的能力;五分之二的教师表示,他们需要自带数字设备去学校,以弥补课堂资源的不足;近三分之一的教师报告称其工作的学校只

有一台设备(无论是电脑、笔记本电脑或平板电脑)用于教育(Pota et al.,2021)。

低收入国家和中等收入国家的教师使用设备和软件的水平较低。在印度旁遮普邦,近80%的教师报告称信息和通信技术实验室的电脑已过时,学校的网络较差(Singh et al.,2020)。在伊朗伊斯法罕,80%的中学教师很难获得与自己所教学科相关的软件。此外,市场上的大多数软件都是仅使用英语设计的软件,并不适应当地文化,这影响了教师对技术的有效整合,特别是在文学和人文学科方面(Esfijani and Zamani,2020)。残疾教师面临的障碍就更高了。例如,在埃塞俄比亚,由于缺乏辅助技术,如屏幕阅读器或放大器、电子书或文字预测程序,视力受损的教师根本无法充分参与其中,事实上,有些教师甚至并不知道存在这样的辅助技术(Alala,2022)。

在决定选择新的数字技术时,经常会忽视教师群体的意见:在94个参与国际教师工会联盟的数字化教学调查的国家中,有45%的教师报告称,引入新的数字技术时完全没有咨询教师工会的意见,而有29%的教师表示"仅仅咨询过几个方面"。与此同时,有57%的受访者表示,关于教师想要得到什么样的数字技术,根本没有人咨询过教师工会的意见(Colclough,2020)。当学校和教师获得设备后,还应该给予教师支持,确保他们能有效使用这些设备(Zacarias,2023):在美国,学校经常购买价格高昂的软件许可证,但又以预算限制为由在教师培训项目上不予资助(Kologrivaya and Shleifer,2022)。

教龄可能会影响教师的技术技能和实践

一般认为,年长的教师掌握的技能较少,对于在教学中使用技术准备不足。根据2018年教与学国际调查,在48个参与的教育系统中,年长的教师在使用信息和通信技术方面的技能较弱,自我效能感较低。即使将经验年数、合同类型、信息和通信技术使用方面的教师培训、课堂构成等特征都考虑在内,这种关系仍然成立(OECD,2018)。欧盟委员会的"教师自拍"评价数据显示,在高级中等职业技术教育与培训教师中,年轻和年长的教

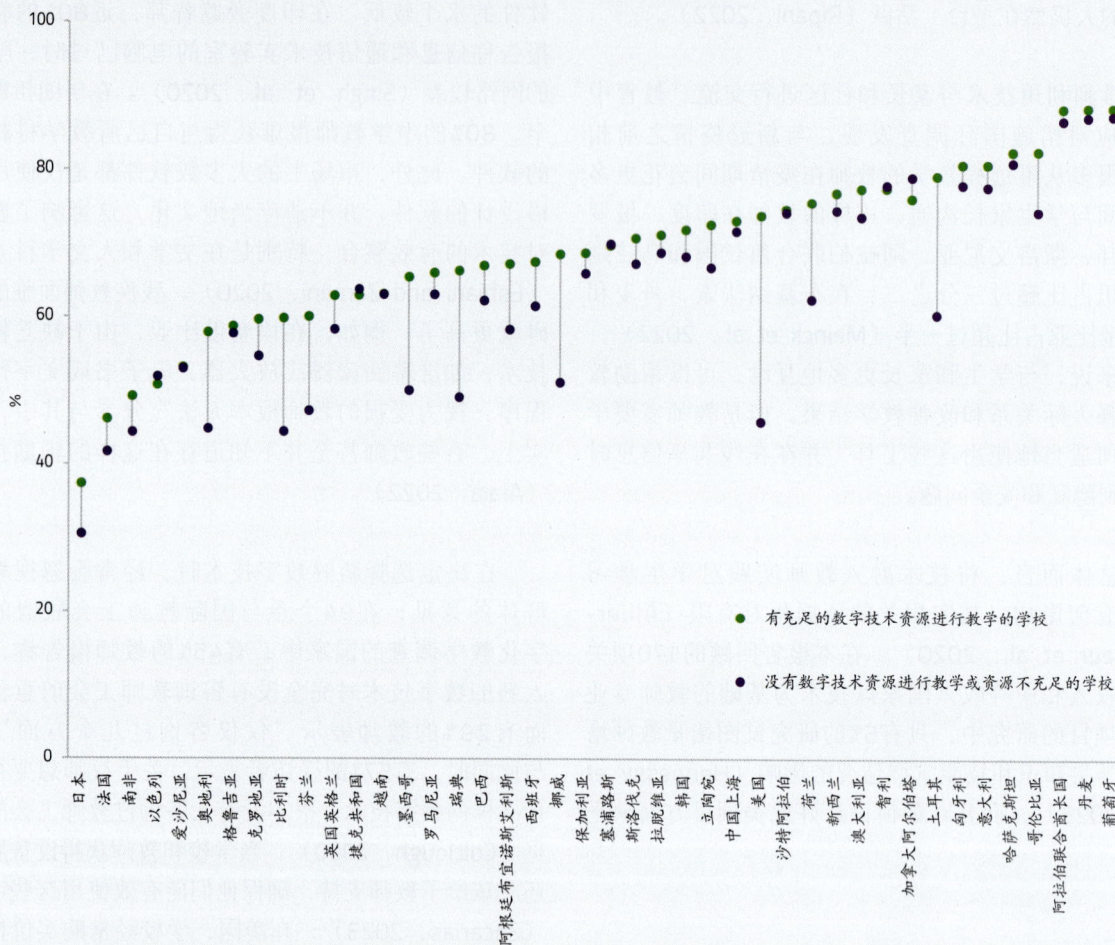

图9.1
教师认为自己的教学工作受到了缺乏数字技术的阻碍
2018年部分教育系统中认为自己可以通过"相当多地"或"大量地"使用数字技术来支持学生学习的教师所占比例，按教学数字技术的可用性分列

图例：
- 有充足的数字技术资源进行教学的学校
- 没有数字技术资源进行教学或资源不充足的学校

X轴国家（从左到右）：日本、法国、南非、以色列、爱沙尼亚、奥地利、格鲁吉亚、比利时、克罗地亚、芬兰、英国英格兰、捷克共和国、越南、墨西哥、罗马尼亚、瑞典、巴西、挪威、阿根廷布宜诺斯艾利斯、西班牙、保加利亚、塞浦路斯、斯洛伐克、拉脱维亚、韩国、中国上海、美国、沙特阿拉伯、荷兰、新西兰、澳大利亚、智利、加拿大阿尔伯塔、土耳其、匈牙利、意大利、哈萨克斯坦、哥伦比亚、阿拉伯联合酋长国、丹麦、葡萄牙

《全球教育监测报告》统计数据链接：https://bit.ly/GEM2023_fig9_1_
资料来源：OECD（2018）。

师之间在使用数字工具方面存在显著差异，而且这种差异与教龄相关（OECD，2021a）。在印度尼西亚，伊斯兰教学校的年长教师发现自己很难跟上信息和通信技术快速变化的步伐，这阻碍了他们使用不同工具的能力（Miskiah，Suryono，and Sudrajat，2019）。在苏丹，一项对200名职业技术教育与培训教师的研究发现，年长教师在文字处理、电子表格和数据库方面的信息和通信技术技能水平较低（Ramadan et al.，2018）。

在技术实践中，教师经常依靠他们的创造力来弥补技能方面的不足。根据T4调查，在新冠疫情造成的教育中断期间，更有经验的教师比年轻教师采用的策略更具创造性，比如在教学中融入视频和录音。他们也更有可能成为同行中第一批适应和欢迎改变的人（Pota et al.，2021）。在印度，在"互联学习计划"的帮助下，经验丰富的中学教师并没有太过关注技术整合的挑战（Connected Learning Initiative，2020）。本报告对17个国家的70名教师的背景调查表明，与教龄相比，教师对技术的抵触更多与准备工作有关。虽然新教师和年轻教师通常对如何使用技术更为了解，但他们往往难以将这些技术深度融入他们的教学实践中（Burns，2023）。

和教龄一样，性别因素有时也被认为会对信息和通信技术的掌握产生影响，因为有一种刻板印象认为，女教师可能不太愿意使用技术。在教师对使用信息和通信技术的信心以及对在教学中使用信息和通信技术的态度方面，可能存在一些性别差异，但这些差异在不同的环境中通常既不显著也不一致，至少在中高收入国家和高收入国家中如此（Punter et al.，2017）。

> 和教龄一样，性别因素有时也被认为会对信息和通信技术的掌握产生影响，因为有一种刻板印象认为，女教师可能不太愿意使用技术。

有的教师在使用技术方面犹豫不决或缺乏信心

许多教师都知道数字技术在教育中的重要性，无论他们的背景、年龄或技能掌握情况如何。对来自11个欧洲国家的教与学国际调查和国际成年人能力评价项目的数据分析显示，教师在技术掌握程度方面的差异大于他们在态度方面的差异（Hämäläinen et al.，2021）。教育中断的应对措施国际调查还表明，大多数教师认为，融入技术的新教学方法在疫情后将继续存在（Meinck et al.，2022）。

但是，部分教师对在课堂上使用技术持批评的态度。在2018年国际计算机和信息素养研究调查的八年级教师中，37%的教师同意技术的使用分散了学生的学习注意力，46%的教师同意技术的使用限制了学生之间的交流（Fraillon et al.，2020）。在欧洲，虽然参加了技术增强教学能力自我评估的初中教师中有四分之三相信信息和通信技术使学生能更有效地与他人沟通、提高对学习的兴趣、让努力程度与自己的学习能力相适应，但是只有一半多的教师认为信息和通信技术提高了学生的学习成绩（Abbiati et al.，2023）。

即使教师知道技术的整体价值，他们也可能认为技术的使用不太适合某些学科或者与教育水平不相称。在荷兰，一项研究强调了职前教师对于在幼儿园使用技术的怀疑，特别是为了促进早期识字而使用，因为他们认为对幼儿的教育应该基于实实在在的体验，而不是虚拟体验（Voogt and McKenney，2017）。在某些情况下，消极的态度可能与安全有关。在印度，教师报告了在线教学中存在的病毒攻击、学生数据泄露和隐私问题（Joshi et al.，2020）。在印度尼西亚，教师担心使用免费的公共Wi-Fi会危及数据安全（Purwanto et al.，2020）。

教师在使用技术进行教学方面可能缺乏信心。在经合组织成员中，只有43%的教师在完成职前教育或培训后感到对使用技术进行教学做好了充分或非常充分的准备（OECD，2020）。那些觉得自己可以通过"相当多地"或"大量地"使用数字技术来支持学生学习的教师，更有可能是私立学校的教师，而不是公立学校的教师（OECD，2022b）。根据2018年教与学国际调查，初中教师越是觉得使用信息和通信技术有效，就越有可能让学生在完成项目或课堂作业时使用技术（OECD，2018）。2018年国际计算机和信息素养研究发现，在13个参与研究的教育系统中，84%的教师知道如何准备涉及让学生使用信息和通信技术的课程，而只有不到60%的教师知道如何参与在线讨论，与他人在平台上（如维基或博客）或通过共享资源（如谷歌文档）彼此协作，并使用学习管理系统［如魔灯、"黑板"（Blackboard）或易班多（Edmodo）］（Fraillon et al.，2020）。与学生的知识差距也可能导致教师在教学中使用信息和通信技术的能力受限（Spiteri and Chang Rundgren，2020）。

缺乏培训是解释这种知识鸿沟的一个重要方面。2018年的教与学国际调查显示，经合组织的初中教师中有五分之一表示对掌握信息和通信技术用于教学的专业发展有高度需求，使其成为仅次于"为有特殊需要的学习者提供支持"的第二大培训领域（OECD，2019）。在2019年国际数学与科学趋势研究中，四年级数学和科学教师的说法也佐证了这一需求：在这两个学科的教师中，分别只有35%和32%参与了信息和通信技术领域的专业发展培训，是所有调查领域中参与率最低的。大约有一半的八年级数学和科学教师接受过这种培训（Mullis et al.，2020）。根据欧盟委员会的"教师自拍"工具，只有不到一半的职业技术教育与培训教师报告称，校长与他们讨论过对数字技术用于教学的专业发展需求（OECD，2021a）。

仅有培训机会是不够的。首先，培训必须与评估并行，并对教师的需求做出回应。对各国关于教师教育的政策、计划、战略和法律的分析表明，关键领域有时会被忽视，这与"以文件增强教育评价"的概况所反映的问题相一致：例如，只有21%的国家在这些文件中提到在线安全是培训的一部分。其次，培训必须是可持续的，这是一项艰巨的任务，因为快速的变化会使计划过时。捐助者资助的项目平均运行时间不超过36个月（von Lautz-Cauzanet，2022）。一项综述对170项关于低收入国家和中等收入国家基于技术的教师专业发展项目的研究进行了探讨，结果显示，其中五分之一的研究将时间约束视为对可持续性的一种挑战（Hennessy et al.，2023）。

教育系统正在采取措施帮助教师发展其能力

教育系统正在采取各种响应措施，帮助教师发展技术方面的专业能力，第一个措施就是制定标准。教育系统采用诸如自我评估工具（**专栏9.1**）和教师培训计划等工具来进行补充。自新冠疫情暴发以来，这些培训工作变得更加有组织、有条理。更普遍的是，许多教师能力发展项目都引入了数字元素，这可以提高灵活性、协作性、辅导效率，增强反思精神和丰富学科知识。这些努力需要多方参与，包括校长、学校信息和通信技术协调员及教师工会。

针对教师的信息和通信技术标准旨在确定能力发展需求

各国政府以及区域和国际组织一直在制定教师标准和能力框架，通过培训和辅导来指导教师的发展。根据《全球教育监测报告》对"以文件增强教育评价"网站中211个教育系统的研究，51%的教育系统在能力框架、教师培训框架、发展计划或战略中为教师制定了信息和通信技术标准（**图9.2**）。欧洲和北美国家在这方面一直都表现得最积极主动。针对教师的信息和通信技术标准在1970年代开始引入欧洲（Bucherberger et al.，2000），在2000年代引入拉丁美洲（Zacarias，2023）。据估计，自2020年以来，已制定信息和通信技术标准的国家中，有19%已经规定或调整了期望教师掌握的信息和通信技术水平，这也反映了新冠疫情造成的教育中断所带来的变化。

在加拿大魁北克省，2021年教师专业能力参考框架设想了在教师实践中使用数字技术，以2019年数字能力框架为补充，将数字教育设想为教师所应掌握的一种素养和社会实践形式（Quebec Ministry of Education，2019）。为了让这两个框架运转起来，加拿大魁北克省教育部自2019年以来每年都会为教师组织几天数字教育日。教育部还推出了CompetenceNumerique.ca平台，允许教师通过游戏等引人入胜的方式来提高自己的数字技能水平（Quebec Government，2020）。自2021年以来，教育部还提供了一个数字教学管理和领导力培训计划，通过学校层面的数字行动计划，支持学校管理人员培养自己的技能，以实施框架中确定的措施，并提高教师的能力。

西班牙2017年通过了教师共同数字能力框架，国家教育技术和教师培训学院（National Institute of Educational Technologies and Teacher Training）利用这个框架对教师的数字能力进行了规范。以这个框架为基础，该学院提供了一系列的面对面培训、在线培训课程以及合作学校项目。在该学院的促进下，西班牙为教师开发了开放的教育资源和其他支持材料，包括促进教师之间进行经验和资源交流的各种应用程序、平台、网络和实践社区。这些项目需要提交年度监测报告，并在报告中列出该学院发布的所有最新的培训资源，以及实施的认证培训活动和参加培训的教师数量（INTEF，2021）。

为教师开发信息和通信技术框架的组织包括加勒比共同体秘书处（教师职业标准）、欧盟委员会[欧洲教师数字化能力框架（DigCompEdu）]、

图9.2

大约一半的国家确定了针对教师的信息和通信技术标准

2022年已制定针对教师的信息和通信技术标准的国家所占百分比，按区域和收入水平分列

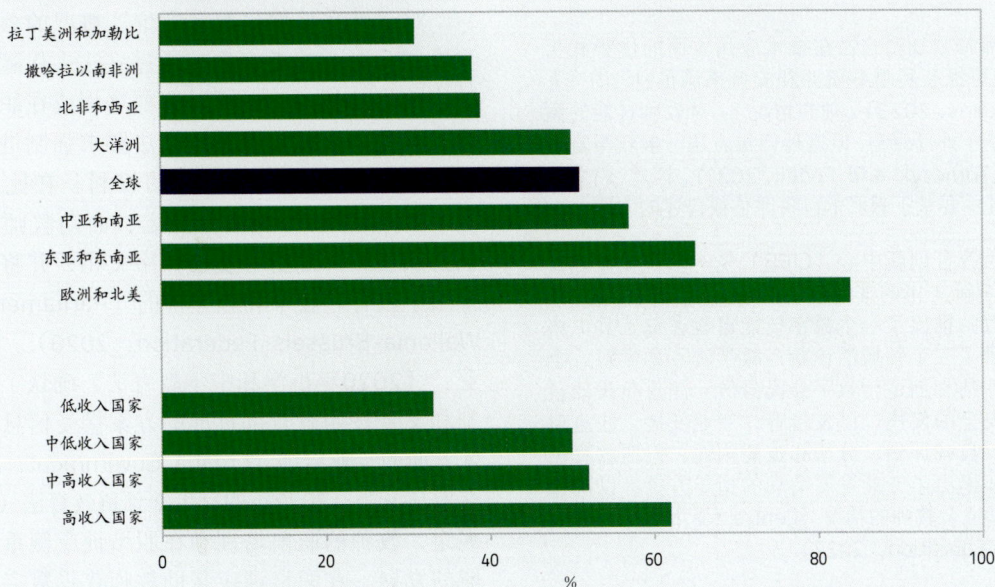

《全球教育监测报告》统计数据链接：https://bit.ly/GEM2023_fig9_2_
资料来源：《全球教育监测报告》小组基于"以文件增强教育评价"数据得出的结果。

联合国教科文组织［教师信息和通信技术能力框架（ICT-CFT）］（**图9.3**）和世界银行（教师技能以及远程和混合学习知识包技能框架）。非政府组织也在积极制定框架，包括国际教育技术协会［国家教师教育技术标准（NETS-T）］，教育与培训基金会（数字教学专业框架）和布罗孚图卢基金（ProFuturo）（面向教师的数字时代教育能力全球框架）（Trujillo Sáez et al.，2020）。

> ❝
> 　　部分国家采用了由研究人员开发的信息和通信技术教师能力框架。
> ❞

　　部分国家采用了由研究人员开发的信息和通信技术教师能力框架：例如，整合技术的学科教学知识（TPACK）框架（Mishra and Koehler，2006；Miskiah et al.，2019），DigiLit Leicester框架（由英国莱斯特市议会和莱斯特的德蒙福特大学提出），"数字教师能力概况"（Ally，2019）。本报告开展的背景研究，比较了DigCompEdu、ICT-

图9.3

教师的技术培训应按照复杂度递增的顺序涉及各种实践

2018年联合国教科文组织ICT-CFT框架

资料来源：UNESCO（2018）。

专栏 9.1

自我评估工具支持教师确定自己的能力发展需求

教师希望知道自己在技术应用方面的优势和劣势，以及可以获得哪些资源和支持来满足自己的个人需求（Burns，2023）。理想情况下，对教师技能的衡量应该基于外部观察，但这种衡量方法一般较为复杂且昂贵（Tomczyk and Fedeli，2021）。因此，目前已有的工具主要基于教师的自我评估或自述的实践。

巴西教育创新中心（CIEB）是一个旨在促进公共教育创新文化的非营利性协会，于2019年为基础教育教师推出了一个数字技能自我评估工具。该工具提供了三个领域的诊断：教学法，如实践、个性化、评估和创造；数字公民身份，注重负责任、恰当和安全的使用，以及包容；专业发展，注重自我发展、自我评估、分享和技能沟通。巴西教育创新中心还提出了专业发展活动的指导方针，以确保培训活动适合教师的情况（Centre for Innovation in Brazilian Education，2022）。

澳大利亚教学与教务指导协会（AITSL）为教师开发了一种自我评估工具，以评估他们在教学中使用技术的能力。这个以研究为基础的工具符合国家教师标准。教师在完成自我评估后，从得到的反馈中可以了解自己的优势和可改进的领域，这可以帮助教师确定自己在哪些领域可能需要进一步专业发展或培训。一次对该工具的检验过程涉及近6000名教师（AITSL，2023）。

在东南欧，基于欧盟委员会DigCompEdu的教师数字需求分析工具，让阿尔巴尼亚、黑山、北马其顿、摩尔多瓦共和国和塞尔维亚的教师可以自我评估他们的数字技能。该工具提供了按国家和学校类型划分的教师需求的代表性图片。教师们还反思了如何将该工具融入他们的专业发展中。它的使用有助于决策者更好地理解教师需求，分析培训供应，并反思数据在决策中的作用，特别是在教师教育方面（European Training Foundation，2022）。

CFT、NETS-T、DigiLit Leicester和TPACK等框架，结果发现所有框架都包含了如下两个领域，即专业发展和学科教学与学习。在这些框架中，评估只出现了两次。分析表明，创建一套适合所有情况的共用指标难度极大（Queen Rania Teacher Academy，2023）。

新冠疫情暴发后，培训工作变得更加系统化

对"以文件增强教育评价"概况的分析表明，只有四分之一的教育系统通过立法来保障对教师的技术培训，教师可以通过职前培训或在职培训来完成。其中，一些教育系统立法要求强制进行这种培训，甚至将其定义为教师的权利。在比利时法语区，2020年的一项法令规定，面向教师的职前培训必须使教师准备好发展数字文化，并将计算机科学用于教育、教学和教导目的（Parliament of the Wallonia-Brussels Federation，2020）。在克罗地亚，《2020年小学和中学教育法》确认了教师有权利和义务按照教育部批准的方案接受信息和通信技术方面的专业培训（Croatia Government，2020）。在罗马尼亚，2022年的《大学预科教育法（草案）》规定，教师的职前培训和在职培训应侧重于数字技能的发展。在职培训应帮助教师获得数字技能，并利用数字工具、新技术和开放的教育资源进行教学（Romania Government，2022）。

> 只有四分之一的教育系统通过立法来保障对教师的技术培训。

在智利，2016年关于教师专业发展体系的法律规定了以"2003年良好教学框架"为基础的教师教学标准，该框架确定了整合数字技术的教学策略并确保其对教学策略的使用是安全的、道德的、合法的（Chile Government，2016）。在卢旺达，一项2020年的总统令制定了从学前教育到职业教育的特别教师管理法规，规定教师有参加能力发展培训课程的权利和义务，以完善自己的专业知识，包括将信息和通信技术融入教学和学习。

在全球范围内，72%的教育系统制定了关于职前教师技术培训的政策、计划或战略，而84%的教育系统制定了关于在职教师专业发展的政策、计划或战略（图9.4）。

图9.4

关于技术方面的教师培训，四分之一的国家制定了相关法律，四分之三的国家制定了相关的政策、计划或战略

2022年已制定了关于提供教师技术培训的法律以及政策、计划或战略的国家所占百分比，按区域和收入水平分列

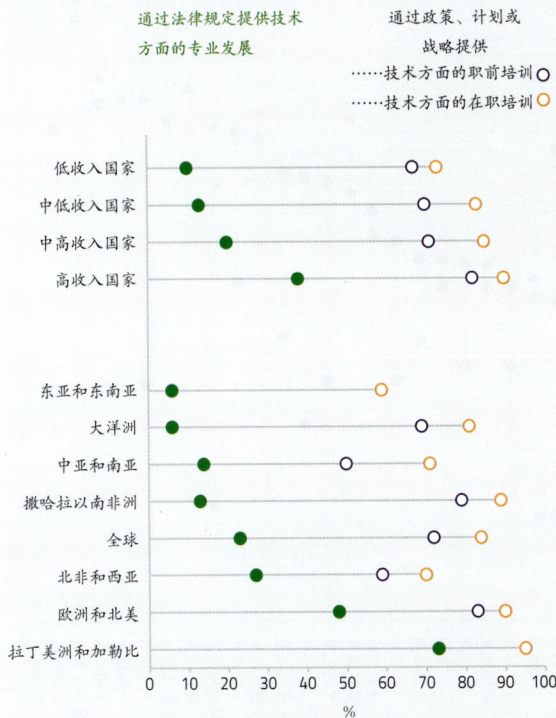

《全球教育监测报告》统计数据链接：https://bit.ly/GEM2023_fig9_4_
资料来源：《全球教育监测报告》小组基于"以文件增强教育评价"数据得出的结果。

根据2018年的教与学国际调查，在48个参与调查的教育系统中，56%的初中教师在正规的教育或培训过程中接受过使用信息和通信技术的培训，该比例从瑞典的37%到越南的97%不等（OECD，2020）。与此同时，在调查前的12个月里，60%的教师在在职培训的过程中接受了使用信息和通信技术的培训，该比例从比利时的40%到越南的93%不等（OECD，2021b）。除越南外，智利、哈萨克斯坦、墨西哥、新加坡、阿拉伯联合酋长国和中国上海的教师中，超过四分之三都接受过在职信息和通信技术培训（OECD，2022a）（**图9.5**）。在欧盟，不到一半的教师报告称，他们疫情前的职前教育或培训中融入了信息和通信技术（European Commission，2020）。

新冠疫情期间学校关闭，随后许多教育系统都转向了在线学习，让教师为使用信息和通信技术而做好准备的培训工作加快了。2021年，89%的国家报告称其通过远程学习提供了在线课程培训（远程学习是最常见的教师支持措施），80%的国家提供了适应远程学习的教育内容，78%的国家提供了专业、社会心理和情感支持，59%的国家提供了免费上网服务（UNESCO et al.，2021）。到2022年，超过80%的低收入国家和中等收入国家报告称其为从初等到高级中等教育的教师开展了数字技能方面的专业发展活动。针对学前教师实施此类活动的国家所占比例从2020—2021学年的48%上升到2021—2022学年的62%，针对其他教育等级的教师实施此类活动的国家所占比例更高（UNESCO et al.，2022）。教育中断的应对措施国际调查的样本报告显示，中高收入国家和高收入国家的大多数学校报告称，远程教育方面的教师专业发展活动有所增加。但在低收入国家，提供此类活动的学校所占比例较低，从布基纳法索的4%到卢旺达的50%不等（Meinck et al.，2022）（**图9.6**）。

在印度尼西亚，世界银行调查的小学和初中教师中，有44%在疫情期间接受过在线培训，其中有四分之三以前从未参加过在线培训（Yarrow et al.，2022）。根据T4调查，2020年，全球42%的教师在专业发展上花费时长超过10天，高于经合组织每年62小时的平均水平（Pota et al.，2021）。全球约有80%的国家报告了维持或扩大中小学教师参与数字技能在职培训的计划，约有70%的国家也报告了此类初步培训的计划（UNESCO et al.，2022）。

与信息和通信技术有关的其他领域可能也有必要开展培训活动。例如，各国认识到学生评估中普遍存在电子作弊现象。黑山在2019年颁布了一项关于学术诚信的法律，而在乌克兰，2017年的教育法提供了一份关于学术诚信的期望清单（EdEra，2022）。立法固然重要，就识别和处理电子作弊问题进行培训也很重要。一项对现有工具的综述表明，教师在使用剽窃检测软件、对报告的相似程度进行比较和分析的过程中，需要做出关键的判断，因为这些程序不能明确地识别剽窃案例。教师还需要接受培训，在将学生的作品上传到文本匹配软件时确保自己不违反保密协议（Foltýnek et al.，2020）。

图9.5
各国在使用信息和通信技术方面的教师培训差别很大
2018年部分教育系统在调查前12个月内在（a）正规教育或培训过程中和在（b）专业发展中接受了在教学中如何使用信息和通信技术的培训的初中教师所占百分比

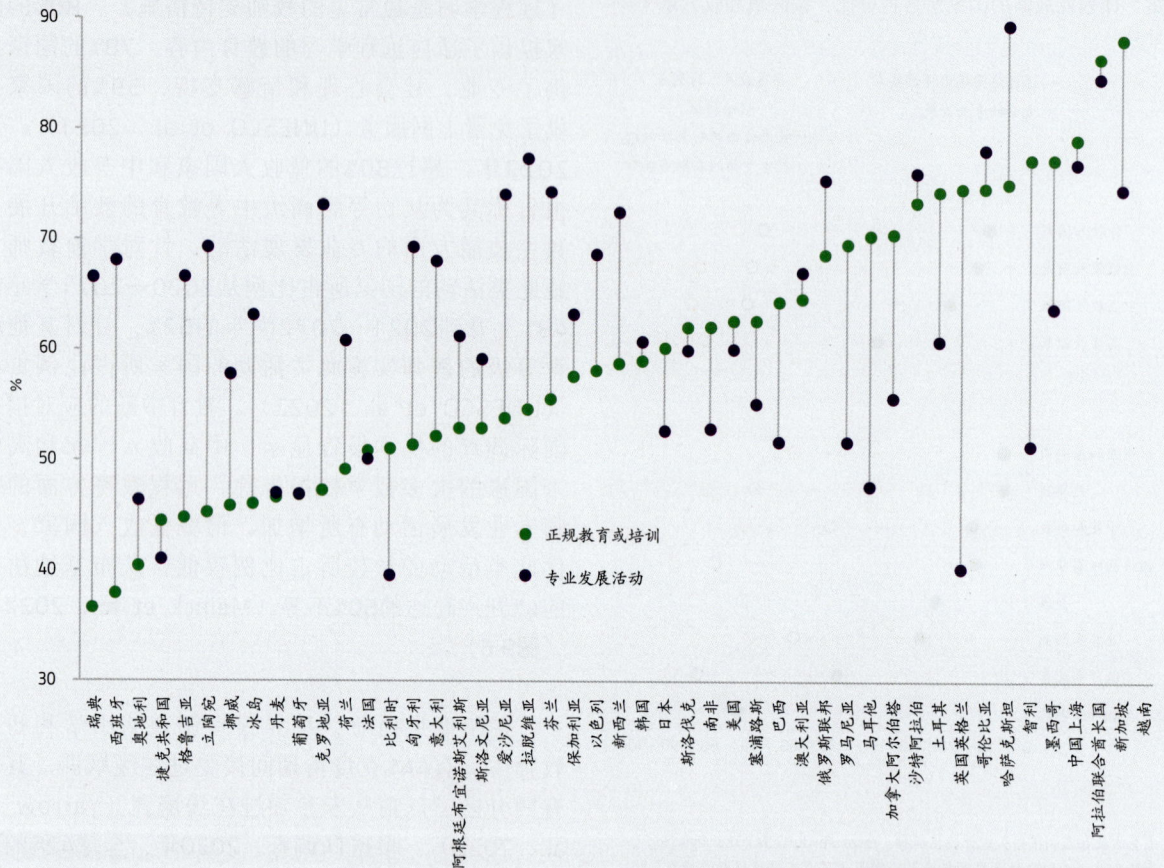

《全球教育监测报告》统计数据链接：https://bit.ly/GEM2023_fig9_5_
资料来源：OECD（2018）。

技术正在改变对教师的培训

在全球各国，除了培训教师使用技术外，将技术作为教师培训手段的情况也越来越多，这改变了教师的学习方式。本报告对170项研究的综述表明，技术的使用可以对低收入国家和中等收入国家的教师专业发展做出重大贡献（Hennessy et al.，2023）。

创造灵活的学习环境

技术可以成为一种使培训机会更容易获得的工具，帮助克服地点和时间障碍。这种灵活性还有助于教师选择自己的学习节奏、地点和方式，在某些情况下，甚至可以选择学习内容和教学方法。

远程学习，包括慕课，以及自学模式，提高了偏远地区和农村地区教师的自我效能感，以及教师在紧急环境下的自我效能感（INEE，2021）。"加勒比小岛屿发展中国家的远程学习和教师培训战略"项目于2020年进行试点，并于2021年扩大规模。这是一项为期四周的混合式培训，旨在解决与疫情有关的问题，如支持在线学习的参与和互动，将内容转化为适当的在线学习格式，处理学校管理问题，与有不同教育需求的学生合作

图9.6
在疫情期间，较富裕国家几乎所有学校都增加了教师专业发展活动，在较贫困国家这样做的学校却很少
2021年部分国家已增加其教师专业发展活动，以提供远程教学为重点的学校所占百分比，按国家分列

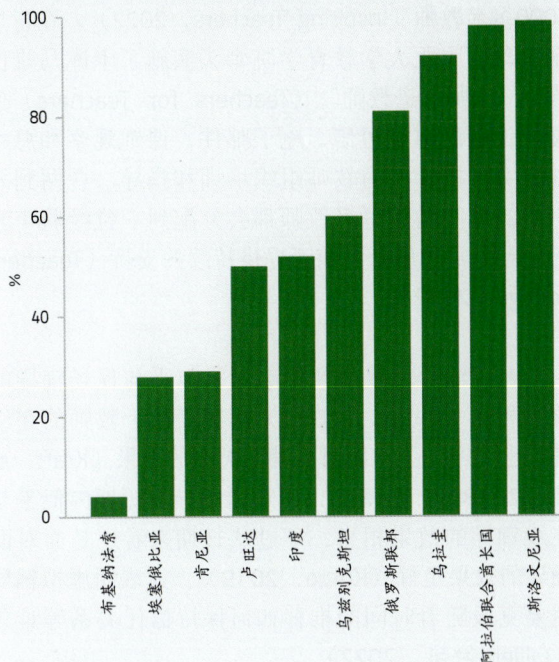

《全球教育监测报告》统计数据链接：https://bit.ly/GEM2023_fig9_6_
资料来源：Meinck et al.（2022）。

（Conover，2022；UNESCO，2020）。参与该项目的教师对自学阅读材料赞赏有加，这些材料为其提供了进一步的自我反思的机会（Teacher Task Force and UNESCO，2022）。研究发现，远程教育课程可以促进南非教师的数学学习（Amevor et al.，2021），其效果甚至可以与加纳的现场培训相媲美（Henaku and Pobbi，2017）。但与其他慕课一样，来自特权群体的学习者机会更多（Castillo et al.，2015），而且这些材料的开发背景往往是学习者不熟悉的。

混合学习模型，包括课堂应用和虚拟同伴反馈，也已被证明可以改善教学实践，例如在印度就是这样（Wolfenden et al.，2017）。在肯尼亚，混合式教学方法JiFUNzeni鼓励农村教师使用太阳能平板电脑和开源教育资源与软件，共同创作与环境适切的多媒体学习资源。教师接受了使用平板电脑的培训，可以随时通过手机联系培训师。两个月一次的面对面跟进会议为教师提供了分享的空间，会议

上教师可以分享自己如何使用在课堂上开发的资源的经验。培训师发明新的方法，通过混合的方法来支持教师，教师在干预一年后仍然在使用他们制定的策略（Onguko，2014）。

帮助教师参与协作式在线学习

无论培训与技术有关还是通过技术进行培训，教师都很重视实操的、个性化的、协作式的培训。他们希望使用技术工具，尝试不同的软件和设备，了解技术在课堂上的实际应用及其对学生的益处。虽然教师报告称，在职前项目中的技术使用往往过于理论化（Burns，2021），但他们可以利用技术互相学习、分享最佳实践、合作完成项目（Burns，2023）。

> **虚拟实践共同体是一种很有前景的同伴学习和资源共享模式。**

虚拟实践共同体是一种很有前景的同伴学习和资源共享模式，特别是在缺乏面对面交流或学科专家的情况下。在比利时弗兰芒语区，创建于1998年的KlasCement网络被设计为一个"由教师组成、为教师服务的社区"。该网络在新冠疫情期间扩大了数字教育内容的覆盖面，并在疫情期间为教师讨论实施远程教育的最佳实践提供了一个平台。在新冠疫情开始时，超过2.2万名教师加入了这个平台，分享了500个学习资源，每周发起50多次讨论。这个自下而上的倡议最初是由一个非营利组织创建和管理的，但现在由教育部负责一些协调工作（Minea-Pic，2022）。

虚拟社区已经出现，主要通过社交网络运行，供教师进行交流（通过像WhatsApp这样的社交网络）和资源共享（通过像Zoom这样的视频会议软件）。在加勒比地区，接受调查的1500多名教师中，约有80%的教师加入了专业的WhatsApp群组，有44%的教师每周至少使用类似的即时通信应用程序进行一次协作。坦桑尼亚联合共和国在疫情前出现了由Telegram支持的教师群体的积极合作，而

且在学校关闭期间得到了加强，成员人数增加到1.7万人。这种虚拟支持机制加强了教师之间的合作，并融入教师的生活中（von Lautz-Cauzanet and Buchstab，2023）。一项对紧急情况下从业人员的综述发现，虚拟实践共同体被视为一种持续的专业发展形式：超过一半的从业人员认为他们在参与中培养了共同体意识，提高了他们的信心和福祉（El-Serafy et al.，2023）。

在博茨瓦纳，71%的职业技术教育与培训教师接受了"未来教师工具包"（Future Teacher Kit）的培训，这是一种由德国国际合作机构（GIZ）和联合国教科文组织开发的工具。在博茨瓦纳教育与技能发展部的合作下，该计划通过WhatsApp以及Messenger（一个通信应用程序）群组附带提供的互动语音响应功能来单独培训教师，以交流有关培训内容的信息。所有的职业技术教育与培训机构都有一个共同的重点，即帮助教师通过培训取得进步。其结果之一是，教师建立了学习圈，彼此之间继续交流内容。按照设想，这种方法将推广到中学教师群体中（von Lautz-Cauzanet and Buchstab，2023）。

支持辅导和指导

经验丰富的教师可以在专业发展领域担任辅导教师和导师，发挥关键作用。技术可以促进这些教师参与进来，提供反馈，观察课程，鼓励年轻的教师采用某些实践方法。例如，在爱沙尼亚的相关指导计划中，接受过指导、管理或实习督导等培训的教师会积极参加在线导师研讨会。这样的研讨会每年都会举办两到三次，为教师的未来规划提供咨询和讨论（Burns，2023）。已有国家采用辅导软件来提供结构化的观察工具，以提高给予教师的支持的质量。"Tangerine：Coach"软件为肯尼亚和乌干达的辅导教师提供了指导观察的方案，自动生成反馈，供辅导教师与其他教师分享。平板电脑和软件简化了辅导教师的工作，让他们更加坚定地改善这方面的指导（Pouezevara et al.，2019）。

技术可以帮助教师获得的专业知识和经验，比他们在当地能找到的要多得多。"启发教师同伴辅导平台"（Inspiring Teacher's Peer Coaching Platform）

将英国和美国的志愿教师与低收入国家和中低收入国家的教师联系起来。这个平台举办的讲习班会分享教学技巧，其实践课程为教师提供了应用技巧的机会，同时也促进了同伴观察和反馈。该平台与11个国家的当地组织合作，惠及南亚和撒哈拉以南非洲的5000多名教师（Inspiring Teachers，2022）。在肯尼亚，哥伦比亚大学教育学院牵头实施了卡库马难民营的"教师促进教师"（Teachers for Teachers）倡议。该倡议通过短信、电子邮件、课堂观察和总结进行实时报告，为教师组织培训和指导。在两到六个月的时间里，每名教师都会分配到一位经验丰富的全球导师，后者为前者提供持续的支持（Teachers College，2022）。

虚拟辅导对教师产生的效果似乎与现场辅导的效果相当（Evans，2021）。在美国，教师的在线辅导已经产生了与面对面辅导类似的结果（Kraft et al.，2018）。在南非，面对面辅导在短期内似乎与在线辅导的效果相当，不过从长期来看还是面对面辅导的效果更好（Kotze，2019），这表明虚拟辅导需要克服随着时间的推移如何保持信任关系等难题（Cilliers et al.，2022）。

同时，虚拟辅导通常具有巨大的成本优势。在塞内加尔，"全民阅读"项目在2020—2021学年惠及了1.4万多名教师。该项目采用持续的专业发展模式，包括面对面的研讨会以及现场辅导和在线辅导。那些接受过任意类型辅导的教师提供建设性反馈的可能性要高出23%。如果教师接受过相关辅导，学生在阅读方面会有更好的学习效果。虽然面对面辅导能改进教学实践，教师也认为这种方式更有用，但是在线辅导的成本要比面对面辅导低83%，而且在线辅导在帮助教师指导学生阅读实践方面已经取得了较小但显著的改善（Bagby et al.，2022；Hennessy et al.，2023）。

增加反思性实践

批判性的自我反思有助于教师分析自己的教学策略的效果，最终改进自己的教学策略。一些技术资源可以发展教师的反思性实践，特别是视频，以及数字故事（digital storytelling）、电子作品集和博客。视频可以让教师观察他们平时无法接触到的模范教师，或者观看自己或同行是怎么教书的。

赞比亚的OER4Schools计划将视频课程纳入多模式和混合的学习方式，以支持重视技术融合的教师。该计划为教师和辅导员提供的内置提示指导教师进行学习，提供的材料则将理论与实践联系起来。教师能够一起努力，尝试新的教学策略。该计划开发了一个专业的学习资源，包括25个两小时的课程，分为五个单元，涉及互动教学原则、小组合作、提问、对话、形成性评估和学生的探究式学习。一项评估发现，参加了该计划的教师对弱势学生的需求更敏感（Hennessy et al.，2015； Hennessy et al.，2016）。

丰富教师的学科知识或教学知识

技术可以为教师提供服务，帮助他们丰富自己的教学语言或自己所教授的第二语言的相关知识。在教师的教学语言不是其第一语言的情境下，多语言技能对于教师的工作至关重要（Zhao et al.，2022）。丰富学科知识和教学知识对偏远地区的教师尤其重要，因为这些教师获得高质量培训的机会更有限。技术支持包括提供专业语言学习应用程序、视听材料、预装教案的设备、虚拟辅导等工具。

在南非，在非营利组织Funda Wande的干预下，教师收到了一个移动存储设备，里面预装了教案、课堂视频和教材。这一举措提高了教师科萨语（isiXhosa）的读写能力，促进了教师教学实践的变化，并对所有学习者的阅读能力产生了重大的积极影响，无论学习者的初始技能水平如何，特别是一年级学生，他们这方面的能力均有所提高（Ardington and Meiring，2020）。

软件应用程序常用于帮助教师丰富教学内容知识，特别是在数学和科学方面。例如，数学教学的互动应用程序Geogebra在与某些教学法和支持结构一起使用时，提高了教师和教师培训工作者对一系列数学概念的理解（Golding and Batiibwe，2020）。但是与这方面的大部分研究一样，控制其他学习决定因素的研究也较少，因此，尽管产生了积极的影响，但是技术可能还未发展到改变教师实践的程度。

> **校长在为学校创造整合技术的条件方面发挥着关键作用。**

许多行为体支持教师在信息和通信技术方面的专业发展

信息和通信技术领域的教师专业发展机会数不胜数，因此需要多个利益攸关方的持续支持（Burns，2023），包括校长、信息和通信技术协调员、大学、工会、非政府组织和多边组织。

校长在为学校创造整合技术的条件方面发挥着关键作用。首先，按照国家计划设定的期望落实教育数字化需要校长的支持。在新加坡，"2020—2030年教育技术计划"呼吁校长采用以数据驱动的、以学习者为中心的方法，并通过在学校和家庭中整合信息和通信技术，开发一个支持终身学习的环境（Singapore Ministry of Education，2022）。在南非，"数字学习专业发展框架"要求校长授权学校团队对数字教学进行规划和落实，并开展协作性教师学习（South Africa Department of Basic Education，2018）。其次，数字基础设施由校长管理。不同学校的自主程度不同，校长可能要负责设备许可证的购买、维护和更新。最后，校长可以营造一种分享和实验的文化，例如支持教师的创新工作氛围，促进在使用数字技术方面的良好实践，认可教师在数字整合工作上的时间投入（Gravelle et al.，2020； Gravelle et al.，2021）。

在实践中，校长提供的支持水平难以衡量，而且差别很大。根据2018年教与学国际调查，在疫情之前，不到25%的学生就读的学校的校长认为应该优先考虑给教师时间准备使用信息和通信技术的课程，约有40%的学生就读的学校的校长认为应该优先鼓励教师将信息和通信技术融入自己的教学中。不同学校的校长对教师在信息和通信技术融合方面的期望也有很大差别。参加2018年教与学国际调查的学生中，近45%的学生就读的学校的校长希望教师通过信息和通信技术与家长沟通，有31%的学生就读的学校的校长

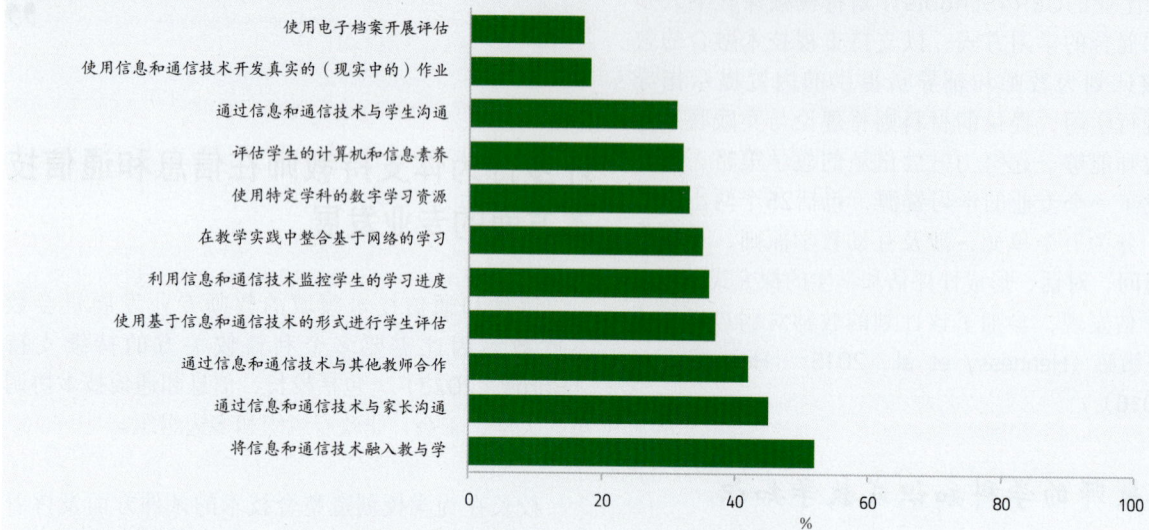

图9.7
不同的校长对教师掌握的与信息和通信技术活动相关的知识有不同的预期和要求
2018年13个教育系统中学生就读的学校的校长对教师掌握的信息和通信技术活动相关知识的期望和要求

《全球教育监测报告》统计数据链接：https://bit.ly/GEM2023_fig9_7_
注：参与调查的教育系统包括智利、丹麦、芬兰、法国、德国、意大利、哈萨克斯坦、韩国、卢森堡、葡萄牙、俄罗斯莫斯科、美国和乌拉圭。
资料来源：Fraillon et al.（2020）。

希望教师通过信息和通信技术与学生沟通（**图9.7**）（Fraillon et al.，2020）。

在疫情期间，一种紧迫感似乎有所提升，至少在依赖数字化学习的国家是这样。根据欧盟委员会的"教师自拍"工具，在新冠疫情期间，仅仅有比半数多一点的高级中等职业技术教育与培训教师在学校领导的支持下，尝试了使用数字技术的新教学方式，并与同事分享经验（OECD，2021a）。在马耳他，一项研究对新冠疫情造成教育中断期间向远程教育的过渡进行了探讨，结果显示，校长积极参与并提供支持，鼓励学校工作人员作为一个团队共同努力和学习，并相互沟通。得到校长给予的这种支持的学校教师更有可能发展教育的合作性和有效性（Busuttil and Farrugia，2020）。

信息和通信技术协调员为教师提供技术支持和专业发展活动，不过，不同学校的协调员的职能范围差异很大（León-Jariego et al.，2020）。在西班牙，信息和通信技术协调员作为内部顾问来促进变革，并统一信息和通信技术政策的要求和学校的要求。协调员帮助教师解决与信息和通信技术使用

有关的问题，鼓励教师和学生在教学和学习中使用信息和通信技术。一项对5000多名教师的调查显示，77%的教师获得了发展信息和通信技术教学的支持，58%的教师受益于学校的信息和通信技术培训，43%的教师参加过信息和通信技术创新项目，所有这些措施都是由信息和通信技术协调员组织落实的（Moreira et al.，2019）。在英国，信息和通信技术的技术支持人员负责学校的网络以及软硬件的安装、监测和维护，为教师和学生提供技术支持和专业发展活动。这些技术人员还参与处理机密信息，如教师和学生的健康数据和来自高级管理人员或为高级管理人员收集的机密信息，包括预算计划。此外，他们通过使用互联网过滤软件来保护学校（UNISON，2022）。

部分国家为信息和通信技术协调员的人才选择和专业发展制定了标准。在以色列，教育部要求这些协调员必须是有至少四年教学经验的教师，在过去五年里参加过信息和通信技术领域的专业发展课程，对网络环境中的教学、学习和评估过程有全面的了解，并熟悉整个课程。此外，信息和通信技术协调员必须参加一个60小时的培训方案，该方案涵

盖了"技术教学法内容知识"框架和变革领导力等内容（Avidov-Ungar and Hanin-Itzak，2019）。

大学、教师培训机构和研究机构提供专门的培训、研究和创新机会，并与学校建立伙伴关系，促进教师在信息和通信技术方面的专业发展。在卢旺达，《2016年教育信息化政策》设想了大学和教师培训学校之间的合作，使教学实践以学习者为中心。卢旺达大学、教师和政府之间开展了一次合作，为教师开发了信息和通信技术课程（Moore et al.，2018）。

教师工会专注于保护教师在技术方面的权利，倡导制定政策来为那些面临技术使用挑战的教师提供支持。2020年，阿根廷教育工作者联合会与政府达成了一项集体协议，以应对学校关闭造成的工作超负荷问题。该协议明确教育工作者有断开连接的权利，并要求教育部通过投资为远程学习提供技术资源（Education International，2022）。2020年5月，秘鲁教育部提出了更多的问责要求，要求教师每月提交一次报告，并提供他们的在线和远程教学过程的证据。这一点受到了秘鲁全国教师工会的质疑，导致政府调整了其指导方针，以减少教师的行政工作量（Munoz-Najar，2022）。

无论是贫困国家还是富裕国家，民间社会组织都经常填补政府提供服务的空白。包括凯里全球公益研究所在内的非营利组织通过各种举措提供支持，例如为乍得、肯尼亚、黎巴嫩和尼日尔的难民教师提供开放教育资源和在线课程（Carey Institute for Global Good，2021）。爱沙尼亚信息技术教育基金会搭建了一条信息渠道，以回答教师在新冠疫情期间遇到的技术问题（Barron et al.，2021）。在塞拉利昂，"计划国际"组织在2013—2021年实施了由英国资助的"女性通往教育之路"项目。该项目通过远程教育课程支持来自农村社区的700多名年轻妇女成为小学教师，在她们需要面对面培训的时候给予她们支持（Saidu et al.，2021）。在乌克兰，"学术诚信与质量倡议"为教师提供了一门免费的在线课程，涉及评估中的学术诚信问题和避免剽窃的方法建议（EdEra，2022）。

多边组织提供资源，支持研究，促进协作和网络化，倡导政策和资金支持，为信息和通信技术方面的教师专业发展提供技术援助。世界银行的"技术服务教学"计划为决策者和从业者制定了实施以技术为基础的教师教育方案的指南（World Bank，2022a，2022b）。联合国教科文组织针对教师制定了以学习者为中心的分类法，以评估在线平台在课程支持、数据管理、师生在线协作、在线教学和形成性评估方面的功能，从而确定差距和规划教育战略（UNESCO，2020b）。联合国教科文组织教育信息技术研究所为培训师开发了针对具体国家的材料，以支持将信息和通信技术纳入教学法，特别关注高等教育和职业技术教育与培训（IITE，2023）。

结语

技术对教师职业的改变是缓慢的，但这种改变也是毋庸置疑的。在那些广泛使用技术的教育系统中，教师需要调整自己的教学方法，使用与课程和评估相关的多种资源，更频繁地与学生和家长互动。新冠疫情加速了这一转变。然而，许多教师仍然缺乏机会获得适当的技术和必要的基础设施。此外，他们对技术的有用性抱有不同的态度，对自己整合技术以提高学生成绩的能力也有不同程度的自信。许多教师获得了充分、适当和可持续的教师专业发展。但是，对于能影响教育中技术的规划、实施、监管和评价的决策，教师却鲜少参与。许多教育系统制定了能力框架并开发了补充工具，来指导教师在其专业发展方面的投入。许多行为体的支持性工作能够作为政府工作的补充，这也是他们在这一领域取得成功的先决条件。

与包括教师在内的广泛的教育从业者合作，是制定教育技术政策的关键。让教师参与决策过程并在政策制定的早期阶段结合他们的经验，将提高教师对技术的接受程度，有助于提高这些政策的有效性。持续进行的学校教师专业发展对于帮助教师掌握使用数字技术的能力和树立信心至关重要。理想情况下，这类计划应该为教师提供实践的经验和机会，以便他们与同行分享经验和最佳实践。

7月16日星期五，马拉维的非洲无人机与数据学院（ADDA）第三届的16名学生毕业，完成了为期五周的在线模块学习和为期五周的面对面模块在校学习。

图片来源：UNICEF/UN0488681/Mvula*

10

教育与技术发展

重要信息

科学、技术、工程和数学（STEM）技能是未来技术发展的基石，但机会分配不均。

世界上大多数中等教育课程都包括技术学习。

- 对技术的学习在本质和涉及的专题上有所不同。在东欧、东亚和东南亚，对技术的学习往往是一门专业的必修课。

- 但是许多教育系统已经将不同学科的技术融会贯通，通过讲习班、项目和其他课堂之外的方法来促进对技术的学习。

STEM课程的质量决定了学生对其的向往和成绩。

- 在一组中高收入国家和高收入国家中，八年级的教学时间中有26%分配给了科学和数学，但增加这方面的教学时长对学习并没有影响。2019年国际数学与科学趋势研究显示，在有科学实验室的学校，八年级学生往往成绩更好。

- 教师指导和探究式学习方法的结合，有助于提高学生的科学学科的成绩。对教学清晰度满意的八年级学生的数学和科学等学科成绩也更好。

性别和社会身份对向往STEM领域的程度有塑造作用。

- 2016—2018年，STEM领域的高等教育毕业生中只有三分之一是女性。性别是决定是否从事STEM学习和职业的最大因素之一。在2019年国际数学与科学趋势研究中，87%的教育系统中，八年级男生比女生更愿意从事与数学有关的职业。

- 尽早开始学习STEM可能会避免人们对数学和科学产生负面的看法。在哥伦比亚，Pequeñas Aventureras项目促进了学龄前学生对STEM的兴趣。

高等教育机构是国家技术发展的关键所在。

- 高等教育机构对国家技术发展有支持作用，它们通过教学和学习来培养研究人员，并通过个人研究或合作研究产生知识。高等教育机构的这一作用是通过与政府、企业和社会的接触，以及通过自身的组织和管理来实现的。

- 最具创新性的经济体往往在产学合作指标上得分较高。以色列、瑞士和美国的企业和大学之间表现出了最高程度的合作。

- 对大学的资助以绩效为参考基础，这样做旨在刺激竞争，但竞争性拨款也有不利的一面。在日本，竞争性拨款造成了已申请专利的原创性的下降。

- 约60%的研究支出来自企业资助，但这些资金可能会影响实验设计的选择，框定了问题和分析范围，从而带来偏见。

- 各国竞相利用奖学金吸引学生进入STEM领域。自2006年以来，全球奖学金获得者中近30%都来自STEM领域。

本报告侧重于探讨技术对教育的影响。反过来，教育对技术的影响也同样值得研究。教育是如何影响技术的开发、转让和采用过程的，特别是与STEM相关的学科？虽然技术对教育的过去和未来的影响仍在争论中，但是毫无疑问，如果没有几代人的知识分享、个人对高等教育机会的追求以及高等教育机构组织的研究引发的技术创新，就不会有技术的发展。

本章从几个方面介绍了教育对技术的贡献。首先，本章探讨了在中学课程中提供的STEM教育。特别是，本章考察了STEM教育是如何实现的，以及STEM教育是否与学生的兴趣和最终成就有关，反映了学生对STEM的向往和选择STEM的机会。其次，本章着眼于中等后教育机构如何通过教学和研究为技术发展做出贡献，以及对其策略的改进，以助其教学和研究保持适切性与资源充足。

大多数中等教育课程都包括技术学习

普通学校课程已逐渐引入技术学习的内容（de Vries，2018b），世界上大多数教育系统中都有技术学习的内容（Keirl，2018）。然而，在教授技术的方式和对技术的重视程度方面，各国之间的差异很大。技术可以作为一门独立的学科来教授，也可以融入多学科中（Keirl，2015，2018）。技术可以是必修课，也可以是选修课，并在不同的年级中教授。

技术可以作为一门独立的学科来教授

作为一门独立的学科，技术教育被视为技能和工艺教育、工业艺术或职业培训。其内容始终高度贴近环境，符合国家战略和文化背景（Buntting and Jones，2015；de Vries，2018）。

在某些情况下，技术教育涵盖了设计思维，通常被认为是一种解决问题的方法，侧重于设计师和用户之间的协作。例如，博茨瓦纳的高级中等教育课程包括一门设计和技术课，其内容涵盖了从健康和安全到设计工具和过程。这门课在21世纪初进行了改革，将图形、信息技术和电子产品也纳入课程（Ruele，2019）。在英国，2013年的英国国家课程引入了针对5—14岁儿童的设计和技术研究。这门学科借鉴了数学、科学、工程、计算和艺术，甚至还加入了一个关于烹饪和营养的模块（McLain et al.，2019；Department for Education，2013）。

技术教育可以与职业研究密切相关。在斯堪的纳维亚半岛，slöjd（工艺）教育中历来都有学习掌握使用手工工具和机器的技能的教学内容（de Vries，2018）。技术教育最终被加入了通识教育，不过还是保持了以就业为导向的特点。瑞典2011年的必修课程强调了技术教育的手工性，将其视为一种设计和文化表达的形式（Hallström，2018）。

> 在全球范围内，随着数字技术的适切性日益提高，计算机科学已作为一门专业学科被引入许多国家的义务教育课程。

将这门学科设置为必修课或可选课，也会产生不同的影响。在全球范围内，随着数字技术的适切性日益提高，计算机科学已作为一门专业学科被引入许多国家的义务教育课程（**第5章**）。东欧、东亚和东南亚国家往往要求所有学生参与专业的技术学科的学习，如计算机科学教育（Vegas et al.，2021）。自2015年以来，波兰所有的小学和中学学生都一直将信息学作为必修课程（Webb et al.，2017）。同年，韩国还将信息学列为初中的必修课，培养所有学生对计算思维的基本理解（Fraillon et al.，2019）。在越南，2018年国家课程改革将信息和通信技术作为三至九年级学生的必修课，教授数字技术和计算机科学的基础（Lê Anh et al.，2023）。

在德国，技术教育和外语学习是实科中学的两类选择。实科中学进行初级中等教育，其毕业生基本会进入职业教育。由于掌握另一门语言是接受高等教育的要求，所以想要接受高等教育的学生更喜欢语言而不是技术。技术教育往往是那些打算进入职业教育轨道的学生的选择（Mammes et al.，2016）。

技术可以融入多学科中，并在学校课程之外教授

技术学习有时会被融入科学、工程和数学等学科中（Buntting and Jones，2015；Keirl，2018）。美国对技术教育采取了跨学科的方法。国家科学基金会和国家航空航天局在1990年代资助了"面向全体美国人的技术"（Technology for All Americans）项目。在这个项目的影响下，凭借着工业艺术教育的传统，技术的学习在美国变得非常普遍，并为学生的技术素养、评估和教师专业发展的综合标准制定提供了信息（Reed，2018）。

对STEM学习采取综合性方法，这一点如今得到了许多教育系统的认可（Freeman et al.，2019；Teo et al.，2021）。马来西亚制定了一个STEM框架，涵盖了从学前教育到高等教育和成人教育的各个教育等级。项目式学习和探究式学习方法的结合为学校课程的改进提供了参考信息，在各种宣传活动的影响下，青少年被鼓励在高等教育阶段进入STEM研究领域（Chong，2019；Malaysia Ministry of Education，2013）。

然而，STEM的跨学科性质可能会对基于单一学科的教学方法造成不小的挑战。在初等和初级中等教育水平，数学和科学通常会作为两门不同的课程进行教授；传统上认为，技术是职业教育的优先重点；工程主要在高等教育中教授（Holmlund et al.，2018）。一项对澳大利亚、英国英格兰、爱沙尼亚、中国香港、南非、土耳其和美国将工程引入初等和中等教育科学标准的分析显示，不同国家在对学科的理解和教学方式方面存在差异。美国在初等和中等教育科学标准中明确加入了工程的学习内容，在某种程度上，土耳其也是这么做的（Ekiz-Kiran and Aydin-Gunbatar，2021）。

除了在课程中加入STEM学科，还可以通过讲习班、项目和其他课堂之外的方法来学习STEM。校外的学习活动比学校课程中规定的活动为学生提供了更多的情境学习和灵活学习的经验。"科学愿景学习网络"是一个非营利组织，每周在加拿大的大多伦多地区组织社区科学俱乐部，通过讲习班、实地考察和现实世界中的实际应用，为8—14岁的儿童提供体验学习的机会（Duodu et al.，2017）。美国南达科他州立大学的土木和环境工程系举办文化响应活动，以吸引土著女孩参加该系的课程学习。该项目将土著艺术和工艺与STEM的内容相结合。结果显示，榜样的力量和与社区传统更清晰的联系，对STEM研究有促进作用（Kant et al.，2018）。

STEM课程的质量决定了学生对其的向往和成绩

各国努力拓展和改进学校课程，以吸引更多的学生参加STEM学习，让他们获得相关的知识和理解。然而，STEM学习和相关职业并不受欢迎，这不仅仅是因为学生对这些学科缺乏真正的兴趣（Archer et al.，2020）。先前的学业成绩、性别和社会身份以及社会经济不平等因素经常会产生交叉作用，对学生的向往程度产生影响（Holmes et al.，2018）。

教学时长并不是最重要的

各国对STEM学科的强调程度有所不同。2019年国际数学与科学趋势研究显示，参与研究的教育系统中（以中高收入国家和高收入国家为主），分配给科学和数学的教学时长平均占到了八年级的教学总时长的26%。数学的教学时长从塞浦路斯的102小时到智利的200小时不等，而科学在作为一门学科进行教学时，教学时长从意大利的73小时到黎巴嫩的243小时不等。不同教育等级的时间分配也有所不同。随着年级升高，数学方面的教学时间往往会减少，而科学方面的教学时间则会增加（Mullis et al.，2020）。

数学被认为是特别难学的。在法国，在2018年的教育改革后，十一年级学生在升入十二年级时可以选择科目，有40%的学生在此时选择放弃数学（France Ministry of National Education and Youth，2021；Lecherbonnier，2022；Morin，2020）。法国政府给十一年级的课程重新加入了每周1.5小时的数学教学，因为政府担心如果学生不学习数学，成绩的不平等会进一步加剧（France Ministry of National Education and Youth，2022）。

理论上，数学和科学的教学时间越长，学生应该能学到越多的知识，对STEM领域的理解也越深刻。然而在实践中，所投入的时间与学习结果之间的关系并不明确。根据2018年国际学生评估项目的调查，芬兰15岁学生每周科学课时长约为2小时45分

钟，他们的科学课成绩与加拿大的同龄学生的成绩相似，但加拿大的学生接受科学教育的时长是前者的两倍多。在参加调查的经合组织成员中，智利学生接受科学教育的时长最长，但成绩低于经合组织的平均水平。大多数在数学方面表现最好的教育系统往往每周课时不到4小时（OECD，2020a）。

如果想要通过更长的教学时长来获得更好的结果，有效地利用时间和有效地教授概念至关重要（Lopez-Agudo and Marcenaro-Gutierrez，2022）。葡萄牙的学生在国际学生评估项目中数学和科学成绩不佳，因此该国将更多的教学时间分配给葡萄牙语、数学和科学，并增加了学校的自主权，加强了对教师的初步培训。这些改革自2013—2014学年开始实施，最近两轮的国际学生评估项目中该国学生成绩的提高与改革有关（Maróco，2021）。

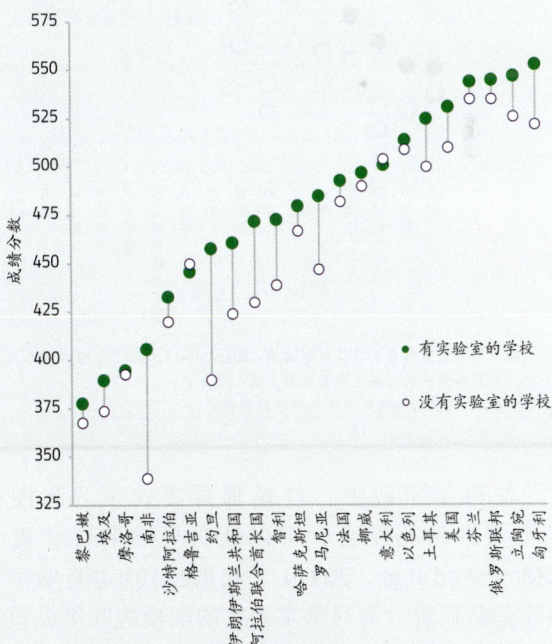

图10.1
实验室的使用机会与学生取得更高的科学成绩有关
2019年部分国家按学校实验室的可用性分列的八年级学生的科学成绩

● 有实验室的学校
○ 没有实验室的学校

《全球教育监测报告》统计数据链接：https://bit.ly/GEM2023_fig10_1_
注：在部分国家，高达97%的学校有科学实验室。南非和挪威的数据是九年级而不是八年级的。
资料来源：2019年国际数学与科学趋势研究。

图10.2

如果能清晰地教授数学和科学，学生的成绩会更好

2019年部分国家和地区按学生自述的教学清晰度分列的八年级学生的成绩

a. 数学

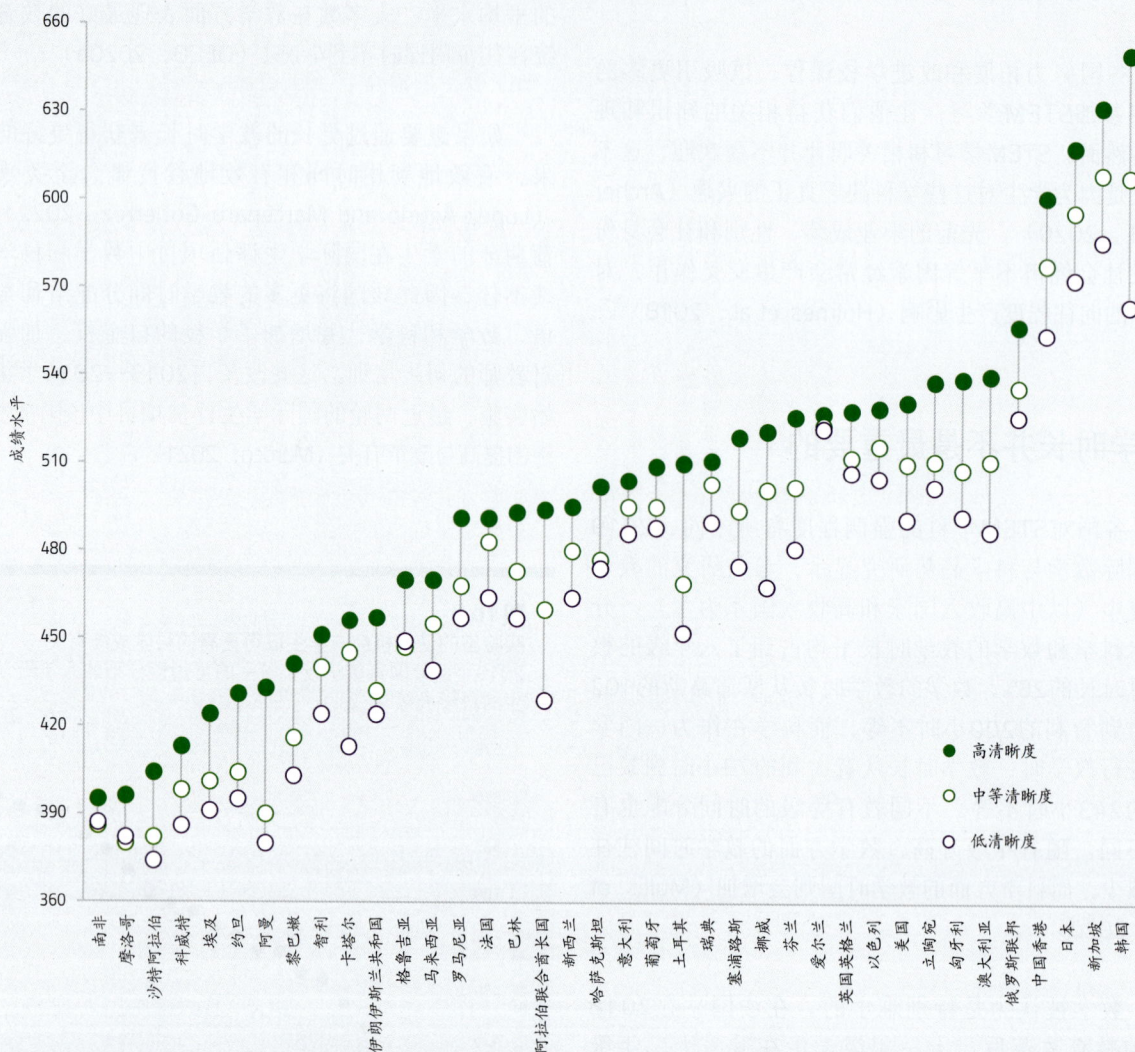

图例：
- 高清晰度
- 中等清晰度
- 低清晰度

（纵轴）成绩水平：360, 390, 420, 450, 480, 510, 540, 570, 600, 630, 660

（横轴国家和地区）：南非、摩洛哥、沙特阿拉伯、科威特、埃及、约旦、阿曼、智利、黎巴嫩、卡塔尔、格鲁吉亚、马来西亚、伊朗伊斯兰共和国、罗马尼亚、法国、巴林、新西兰、阿拉伯联合酋长国、哈萨克斯坦、意大利、葡萄牙、土耳其、瑞典、塞浦路斯、挪威、芬兰、爱尔兰、英国英格兰、以色列、美国、立陶宛、匈牙利、澳大利亚、俄罗斯联邦、中国香港、日本、新加坡、韩国

《全球教育监测报告》统计数据链接：https://bit.ly/GEM2023_fig10_2_

注：南非和挪威的数据是九年级而不是八年级的。

资料来源：2019年国际数学与科学趋势研究。

（下接第185页）

在科学实践中，将教师讲授式学习和探究式学习方法相结合，可以获得更高的科学成绩（Mourshed et al.，2017）。根据2019年国际数学与科学趋势研究，有科学实验室的学校的八年级学生的成绩往往比没有科学实验室的学校的同龄人更好（图10.1）。在科学成绩方面学生差距较大的国家之一是南非，而南非有超过一半的学生就读于没有实验室的学校（Mullis et al.，2020a）。拥有足够多的实验室意味着很高的建设和维护成本，许多国家都承担不起（Ofori Antipem，2019）。

教师的准备情况和实践会影响学生的STEM成绩和对STEM的态度

在将技术引入课程时，应注意提供充分的教师培训和专业实践。如何招聘并留住与技术相关的学科的合格教师仍然是一个难题。在新西兰，技术是合格教师缺口最大的学科之一（Reinsfield and Lee，2022）。为了吸引更多的学生，怀卡托大学重新安排了中等技术教学的职前培训，同时也将录取

图10.2（续）

如果能清晰地教授数学和科学，学生的成绩会更好

2019年部分国家和地区按学生自述的教学清晰度分列的
八年级学生的成绩

b. 综合科学

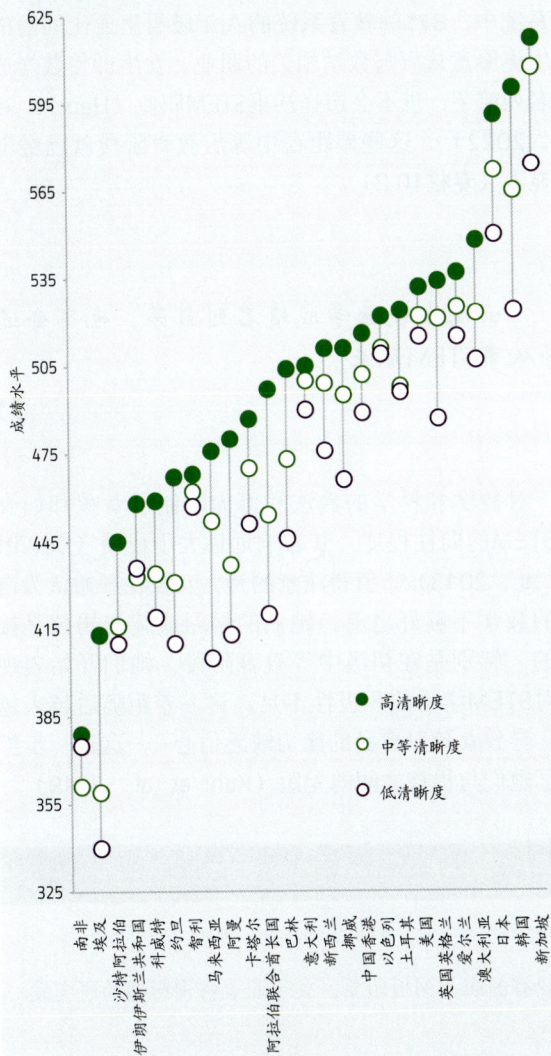

《全球教育监测报告》统计数据链接: https://bit.ly/GEM2023_fig10_2_

注：南非和挪威的数据是九年级而不是八年级的。

资料来源：2019年国际数学与科学趋势研究。

范围扩大至有职业背景的学生。2021年，申请人数较往年有所增加（Reinsfield and Lee, 2022）。

高收入国家的教育系统据报告均存在STEM学科的合格教师短缺的情况（European Union, 2018; Sims and Jerrim, 2020）。对于具有这类专业知识的专业人员，其他部门的需求往往也很高，而且能提供比学校更好的薪酬待遇和工作条件（OECD, 2018c）。合格教师的短缺，导致各国开始

考虑雇用在资历和准备情况方面与STEM教育并不是特别相关的人才（UNESCO, 2021a），而校外教学成为一种世界性的普遍做法。在至少40个国家，10%以上的初中科学教师没有接受过该学科的任何正规教育或培训（OECD, 2018e）。在27个教育系统中，平均近一半的八年级学生是由没有数学专业背景的教师教授的（Mullis et al., 2020b）。

科学专业人员的教学经验可能是与学习结果更相关的，因为清晰地教授复杂内容的能力以及使用适当的教学材料和教学方法对学生的表现有积极的影响（Taylor et al., 2020）。在2019年国际数学与科学趋势研究中，当被问及教师教学的容易理解程度，以及教师是否可以解释学生的问题和支持学生的学习时，只有不到一半的八年级学生对自己的数学和科学课程的教学清晰度非常满意。那些对数学和科学的教学清晰度满意程度高的学生比中等满意程度学生的成绩更好（Mullis et al., 2020a）（图10.2）。

另一项使用2015年国际数学与科学趋势研究数据的研究，利用四门科学学科（生物、化学、物理和地球科学）的学生考试成绩的差异，评估了特定学科的教师的资历对学生成绩的影响。具有特定学科资历的教师对考试成绩有积极影响，对弱势学生和女生的积极影响更大，如果教师是女性，则这种积极影响还要再大一些。研究发现，这种正面效应有20%与教师的自信心水平有关（Sancassani, 2023）。

校外教学可能会影响学生对STEM教育的参与度和倾向。在澳大利亚，三分之一的中学数学课由非专业教师授课，这对学生在中学毕业后选择参与STEM学习产生了负面影响。随着非专业人员的持续就职，高等数学课程的入学人数稳步下降（Prince and O'Connor, 2018）。在美国，一项由国家科学基金会的"探索研究基础教育"计划资助的评估也发现，对科学内容的准备和掌握有限的教师不太可能让儿童对该学科产生兴趣（Ferguson et al., 2022; Mader, 2022）。

> 高收入国家的教育系统据报告均存在STEM学科的合格教师短缺的情况。

需要克服多种障碍来增加学生对STEM的向往

儿童和青少年在上学期间往往会对数学和科学产生消极的态度（Tytler et al., 201）。培养学生的兴趣对于他们未来的教育和职业选择至关重要。在几乎所有参加2015年国际学生评估项目的国家中，如果学生获得更高的科学分数，并且认为学习科学有用，那么他们就更有可能选择与科学相关的职业并在中学毕业后参与STEM课程。虽然在科学学科上花更多的时间并不一定与更好的成绩有关，但是它与学生对科学和工程工作更强的兴趣有关。平均而言，经合组织的15岁学生中，不到四分之一的学生希望从事STEM的相关职业（OECD，2016a）。职业咨询和指导可以帮助提升学生在STEM领域继续学习和寻找工作的向往（**专栏10.1**）。

性别和社会身份塑造了对STEM的向往

性别是选择从事STEM研究和职业的可能性的最大决定因素之一，这种性别差异在年轻时就会表现出来。在参与2019年国际数学与科学趋势研究的教育系统中，87%的教育系统的八年级男生要比同龄的女生更愿意从事与数学相关的职业。女生即使数学成绩名列前茅，也不会选择从事STEM职业（Hencke et al.，2022）。这些差距在中等后教育阶段就已经非常显著（**专栏10.2**）。

> " 女生即使数学成绩名列前茅，也不会选择从事STEM职业。 "

对数学和科学的看法和倾向限制了女孩和妇女对STEM的向往程度，其影响远远大于成绩（DeWitt et al.，2013）。值得注意的是，女孩在开始认为自己的数学不够好之前，她们的学习成绩与男孩是接近的。特别是在初级中等教育阶段，她们开始表现出对STEM学科的积极性不足。这一差距随后越来越大，导致女孩对自己的能力缺乏信心——这进一步扩大了她们与男孩之间的差距（Kuhl et al.，2019）。

专栏 10.1

职业咨询和指导可以增加学生对STEM的向往

为年轻人提供有关教育和就业机会的信息，有助于打破现有的职业刻板印象。关于职业咨询影响的研究发现，接受指导也与积极的学业成绩有关（Hughes et al.，2016）。

部分国家已经投入了相当大的精力来提高人们对STEM的职业意识。自2019年以来，加拿大已投资约1100万美元支持非营利组织"让我们谈谈科学"的活动。该活动通过STEM职业概况和模型，向十二年级以下的教师和学生提供STEM教育和职业机会（Let's Talk Science，2022）。在肯尼亚，电信公司Safaricom与联合国教科文组织和Eneza基金会合作，为中学生启动了一项数字指导计划。学生通过当地电视和广播频道获得了导师和榜样人物讲述的关于STEM研究与职业道路的信息（Safaricom，2020）。

咨询和指导服务使年轻人接触到他们原本不会考虑的道路（Musset and Kurekova，2018）。已有研究证明榜样人物和导师增加了女孩有关STEM的信心，并影响了她们的职业向往（Hencke et al.，2022）。自1995年以来，博茨瓦纳通过与雇主组织合作的工作陪练计划鼓励年轻女性从事科技领域的工作。这种方法可能是过去几十年来STEM高等教育中女性入学率显著提高的原因之一（Mokgolodi，2020）。

并非所有的职业咨询都对扭转学生的传统选择有积极的影响。在荷兰，教学人员和学校职业顾问倾向于说服更多的男生选择STEM职业，而女生有时甚至会收到相反的建议（UNESCO and UNESCO-UNEVOC，2020）。

在参与2019年国际数学与科学趋势研究的所有教育系统中，除了巴林和埃及外，在数学方面男孩明显比女孩更自信（Hencke et al.，2022）。

学校对性别也有相同的刻板印象。在拉丁美洲，8%—20%的六年级数学教师报告称，数学对男孩来说更容易（Treviño et al.，2016）。在希腊和意大利，持有强烈的隐性性别刻板印象的教师会对女孩的考试分数产生负面影响，打击女孩的自信心，影响她们未来的学业选择（Carlana，2019；Lavy and Megalokonomou，2019）。

女孩在STEM领域的动机和信心也受到同伴期望的影响，尤其是在青春期。其他女孩的态度是她们对数学和科学的兴趣和自信心的重要预测因子（Dasgupta and Stout，2014；Robnett，2013）。如果同伴认为STEM课程不适合女孩，年轻女性可能会对选择STEM课程产生沮丧情绪（Robnett and Leaper，2013）。在丹麦，一项关于数学领域中学同伴性别构成的研究表明，母亲如果接受过STEM教育，有助于减轻同伴施加的潜在负面影响（Brenøe and Zölitz，2020）。

来自社会经济弱势背景的学生也往往不太愿意从事科学和数学方面的学习和职业，即使他们的学习成绩较为优秀。在经合组织，来自社会经济弱势家庭的高分学生向往不依赖技术、面临自动化替代风险的工作的可能性要高出近四倍（Mann et al.，2020）。2009—2018年，在英国进行的一项调查显示，来自贫困家庭的17—18岁学生不学习物理、化学和生物的可能性是来自社会经济背景优越群体的同龄人的2.5倍（Archer et al.，2020）。

属于少数民族或来自少数语言群体，也会影响学生的STEM成绩和对STEM的向往。在美国，黑人和西班牙裔学生在数学和科学方面的成绩往往不如

专栏 10.2

在中等后教育的STEM领域中女性所占比例不足

造成女孩在义务教育阶段就不再学习STEM学科的各种影响因素，在她们完成义务教育后所选择的教育道路中得到了体现。2016—2018年，全球高等教育毕业生中学习STEM专业的女性仅占35%（图10.3）。在94个国家中，有15个国家最多有四分之一的毕业生是女性，这些国家中也有高收入国家，例如智利、韩国和瑞士。相比之下，在阿尔及利亚、阿曼和突尼斯等6个国家，女性占毕业生总数的一半以上。社会性别偏见和刻板印象的长期存在是一种全球现象（Hammond et al.，2020），但是在有的国家选择STEM的女性占比较高也是事实，其原因可能是，尽管选择STEM职业有风险，但是其他机会不多，从事STEM职业的回报更高（McNally，2020）。

事实上，在STEM领域中也存在明显的区别。在工程、制造和建筑专业的高等教育毕业生中，女性平均占比为28%，在信息和通信技术类专业的高等教育毕业生中女性占30%，但是在自然科学、数学和统计学专业的毕业生中女性占比高达57%，这一比例在巴林、马尔代夫和阿拉伯联合酋长国甚至在80%以上。

选择在以男性为主的STEM领域学习的女性往往会经历歧视和刻板印象，这可能会导致她们半途而废。在佛得角、刚果、吉尔吉斯斯坦和马来西亚，STEM院校的女性更有可能辍学。2018年，在吉尔吉斯斯坦，入读工程、制造和建筑专业的女性占比为34%，但只有18%完成了学业。

即使拥有同等的资格证书，女性找到与技术相关的工作的可能性也比男性更低。在经合组织成员国家和经济体中，STEM研究人员中女性占比不到三分之一（OECD，2019d）。在20个主要经济体中，在数据和人工智能领域的员工中女性占26%，在工程领域占15%，在云计算领域占12%（WEF，2020）。在欧盟，拥有信息技术学位的女性中只有四分之一从事数字化相关工作，相比之下，男性的这一比例高于二分之一。在印度，尽管技术研究领域的高等教育女性入学率为45%，但从事计算机科学工作的女性占比不超过30%（UNESCO and EQUALS Skills Coalition，2019）。

女性参与促进创新的合作的可能性更低，女性研究人员注册专利的可能性更小：2020年，只有16.5%的专利申请是由女性提交的（Kersten and Athanasia，2022）。

图10.3
高等教育STEM毕业生中只有三分之一是女性
2016—2018年部分国家所有STEM专业的高等教育毕业生中女性所占的比例

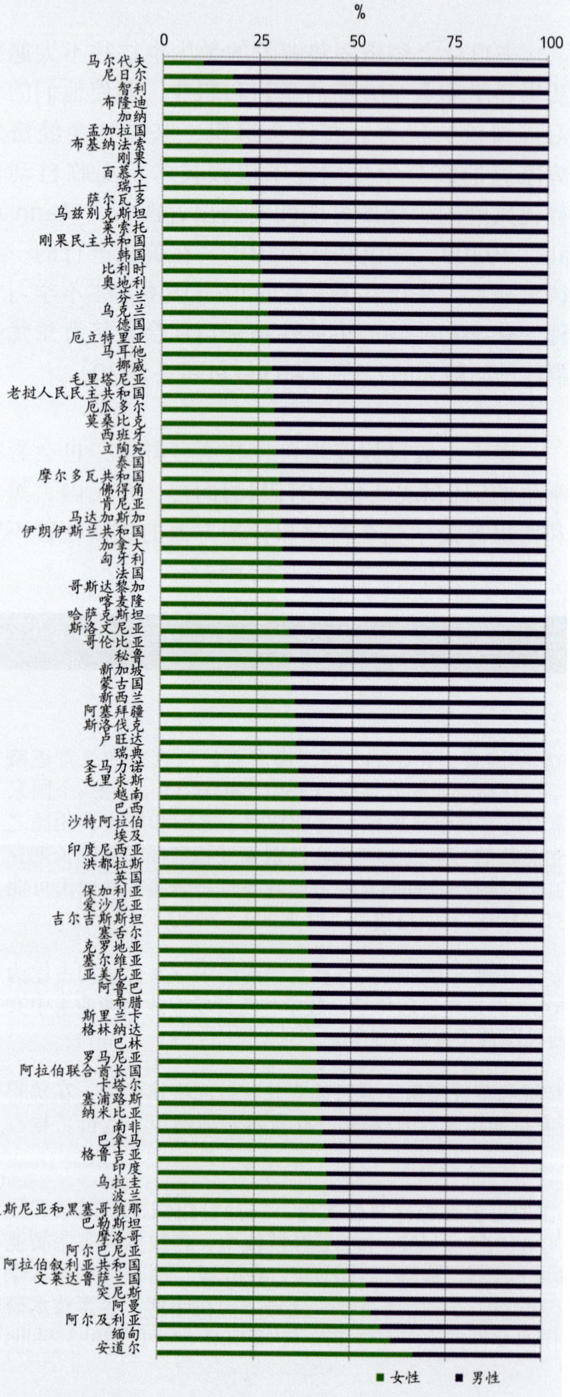

■ 女性 ■ 男性

《全球教育监测报告》统计数据链接：https://bit.ly/GEM2023_fig10_3_
资料来源：统计研究所数据库。

性（Alvarado and Muniz，2018）。对具有全国代表性的"高中纵向研究"的分析表明，种族是发展和维持对STEM的向往的一个重要决定因素，在与性别和社会经济因素结合起来时就更加如此。所有的女孩，以及来自贫困社会经济背景的黑人和西班牙裔男孩，对STEM教育和职业产生兴趣的可能性最低（Saw et al.，2018）。

尽早接触STEM对学生的态度有积极的影响

对STEM学科的看法和倾向在童年早期就已经建立起来。这种看法和倾向往往在整个青春期保持稳定，通常在这个时期STEM课程已经被纳入教育系统（Archer et al.，2020）。有的国家在较低的教育等级就纳入STEM学习，以利用儿童喜欢探索和实验的自然倾向，这可以加强学生对学习的自信心（Campbell et al.，2018）。

> **有的国家在较低的教育等级就纳入STEM学习，以利用儿童喜欢探索和实验的自然倾向。**

2013年，澳大利亚效仿在德国已经非常成熟的"小科学家之家"项目，在新南威尔士州引入了"小科学家"项目，旨在促进3—6岁儿童的STEM学习。教育工作者接受相关培训，通过游戏式的体验来教授STEM，并刺激儿童对科学学科的自主探索和积极的倾向（MacDonald et al.，2020；MacDonald et al.，2019）。自2010年以来，"小科学家"项目还与玛哈·扎克里·诗琳通公主基金会合作，孩子们在项目中可以使用廉价且易得的材料开展科学实践活动。截至2020年，该项目已覆盖超过2.9万所学校和232个网络（East-Asia Association for Science Education，2021；Promboon et al.，2018）。

儿童在熟悉了模拟和数字工具之后，逐步学习如何使用各种工具，将它们应用于对环境的探索，并找到自己的方法和指南（Early Childhood STEM Working Group，2017）。2018年修订的瑞典学龄前课程旨在发展儿童识别和探索技术的能力，并利用儿

白人和亚裔学生。这增加了他们在中等教育阶段选择学术性较低的教育道路和放弃STEM课程的可能

童的好奇心和兴趣使用不同的技术和工具来进行创造（MacDonald and Huser，2020；Swedish National Agency for Education，2018）。

研究发现，尽早学习STEM有助于克服学生对性别的刻板印象和对数学和科学的偏见。2019年，哥伦比亚家庭福利研究所与芝麻街工作室合作，在"迪拜关怀"组织和美洲开发银行的支持下，启动了"小冒险家"计划。该计划针对4—5岁的儿童，其信奉的原则是，如果男孩和女孩不被性别刻板印象所影响，那么他们在STEM方面具有相同的潜力。在661个以社区为基础的学龄前计划中，母亲们接受了使用数字工具包的培训，包括教学指南、教程、电脑游戏和互动海报，这样可以帮助她们教会孩子与STEM相关的概念。初步评估结果显示，该计划减少了指导者对性别和种族的刻板印象，有助于提高儿童对STEM的兴趣（Inter-American Development Bank，2022；Naslund-Hadley and Hernandez-Agramonte，2020）。

高等教育机构是国家技术发展的关键所在

在创新的三螺旋理论中（Etzkowitz and Leydesdorff，1995），大学、政府和企业参与了创意的研究、开发、筹资、应用和商业化使用（Ivanova et al.，2018；Pique et al.，2018）。高等教育机构在支持国家技术发展方面发挥着两个关键作用（UNESCO-IESALC，2023）。首先，它们通过教学和学习活动培养和发展专业研究人员（Boulton and Lucas，2011；Maes，2010）。其次，它们通过自己的研究活动或与其他行为体合作，产生知识，为发展技术和创新奠定基础（Geschwind et al.，2019；Matherly and Tillman，2015）。研究的产出持续增长（**专栏10.3**）。高等教育机构在促进国家技术发展方面的作用通过两个职能来实现：与政府、企业和社会的接触，以及自身的组织和管理（UNESCO-IESALC，2023）。

世界各地的高等教育机构在学习计划和研究组合，质量标准实施（Mittelstrass，2020），

研究人员的招聘、晋升和薪酬，以及法律实体和外部伙伴关系的建立方面做出的决策越来越多（Cervantes，2018；OECD，2019c）。近年来，在许多国家（虽然主要是高收入国家），对高等教育机构的治理一直在发生变化，逐渐导致它们获得了更大的独立性。在资金和人才的国内竞争和跨国竞争的背景下，高等教育和研究机构改善了其行政领导和管理结构。它们采取了一种更具创业精神的方法，制定了战略目标，对基于绩效的管理方式表示欢迎（Benneworth，2019）。它们正在建立自己的品牌和声誉，以获得资源和地位（Huisman and Stensaker，2022），这种品牌和声誉通过比较不同机构的教学和研究活动的定量指标和标准化过程被正式地衡量（Musselin，2018）。

高等教育机构越来越多地与企业在知识创造和技术开发方面进行合作（Ivanova et al.，2018）。高等教育机构从事基础研究，以扩大知识储备，但需要合作伙伴来应用它们的研究，并利用技术进步。因此，它们越来越多地寻求新的资助机制（Fan et al.，2021）。在全球范围内，2018年，私营企业投资约占研发支出总额（GERD）的60%（UIS，2018）。

大学和产业界之间的密切合作可以说消除了基础研究和应用研究之间的界限，以及公共部门和私营部门之间的界限（Coates Ulrichsen，2021）。据估计，2000—2020年，从高等教育机构流向私营部门的研究人员数量有所增长。根据被引用的次数来衡量，那些最有可能流动的人都是表现出色的专业人士（Jurowetzki et al.，2021）。除了更好的报酬和慷慨的福利外，吸引研究人员的还有使用他们在大学中无法获得的大型数据集的研究机会。因此，新的产学合作机会可能会使高等教育机构处于不利地位，学术精英被公司挖走，定义技术研究议程的能力和影响力流失（Woolston，2022）。

影响力的流动是双向的。大学也在寻求外部的非学术成员来治理学校。一项对34个经合组织成员的调查显示，80%以上的高等教育治理机构包括私营部门、民间社会组织和专业人士的杰出代表。在约四分之三的参与调查的经济体中，包括中小企业在内的产业界参与了对大学的治理。因此，私人行为体可能有助于确定各机构的研究议程

促进技术发展和创新的研究活动正在增多

２０１８年，全世界有超过880万名全职同等研究人员，而2014年这个数字为780万（UNESCO，2021b）。据估计，大多数研究人员从事STEM领域的工作。2018年，经合组织成员国家和经济体有80%以上的全职专业研究人员从事自然科学和工程领域的工作（OECD，2018d）。

出版物和专利表明了研究的产出数量及其重点（Inglesi-Lotz et al.，2018）。根据学术出版物数据库Scopus的数据，2019年共发表了超过250万篇论文，比2015年增长了21%。2019年，医疗卫生领域的产出占总产出的34%。跨领域的"战略"技术（这是一个笼统的术语，涵盖了从人工智能到能源、从材料科学到生物技术的广泛领域）的产出占18%，比2015年增加了三分之一（UNESCO，2021b）。

专利是一种知识产权，代表被授予新的技术解决方案的产品或工艺（WIPO，2022c）。专利申请的主力已经在向数字技术转变。2010—2020年，全球超过10%的专利申请都在计算机技术领域（WIPO，2022d）。在经合组织成员中，2018年申请的专利数量最多的类别是信息和通信技术，约占总数的三分之一，其次是减缓气候变化（13%）和医疗技术（9%）（OECD，2018b）。

出版物和专利还可以作为对一个国家创造知识的倾向和能力的粗略估计（Hall and Jaffe，2018）。出版物和专利集中在富裕国家，这标志着创新能力的不平等。G20国家贡献了91%的科学出版物。G20中，中国和美国遥遥领先，分别产出了全球出版物的四分之一和五分之一，专利占比也是最高的。2019年，来自世界五大专利局的数据显示，中国的专利产出量占全球专利总数的29%，美国占20%（UNESCO，2021b）。

（OECD，2019c），帮助审查和确定高等教育课程的内容（Ankrah and Omar，2015）。

产学合作与国家创新能力有关。世界知识产权组织的"全球创新指数2022"衡量了132个经济体的创新生态系统的表现。根据该指数，最具创新性的经济体在产学合作指标方面的得分也往往较高。产学合作指标以世界经济论坛在2021年进行的一项意见调查为基础。调查发现，以色列、瑞士和美国的企业和大学的合作程度最高（WIPO，2022a，2022b）。

各国政府利用各种资助机制来影响研究的优先事项

一个国家的创新能力还与专门致力于研发的财政资源有关（Afzal et al.，2020）。在全球范围内，政府、高等教育机构、私营部门和非营利组织的研发支出总额在国内生产总值中所占的比例从2000年的1.5%上升到2020年的1.9%。东亚和东南亚的占比增长速度最快（从1.5%上升到2.3%），占比达到全球第二，仅次于占比最高的欧洲和北美（2.6%）。相比之下，撒哈拉以南非洲地区（0.3%）、中亚和南亚（0.6%）以及拉丁美洲和加勒比（0.6%）在20年来没有发生任何明显变化。在全球范围内，工程和技术是获得资金投入份额最大的领域，约占研发支出总额的30%（UIS，2018）。

政府是研发的主要资助方，占总资金的54%，也是高等教育机构研究活动的主要支持者（UIS，2018）。通过资金分配，各国政府制定了高等教育和研究机构在其研究活动中需要遵循的国家优先事项（OECD，2021a）。在一些较富裕的国家，随着对成本效益的关注度日益升高，在公共高等教育和研究机构中已经出现了从整体拨款向竞争性资金分配的转变（Broström et al.，2021；Lewis，2015）。这在一定程度上是接受公共资金的大学自主权增强的结果，同时也意味着需要建立更多的监管和质量保证机制。这些改变了政府与大学之间的关系。由于各州对不同领域的兴趣有高有低，在州政府的要求下，高等教育和研究机构需要提供特定的成果以换取资源（Scott，2020）。与针对机构的整体拨款相反，基于项目的拨款有明确的时间表和目标（Borowiecki and Paunov，2018）。目标可能与研究转化收入（如奥地利）、研究质量和生产率（如英国）及获得拨款的数量（如爱尔兰、美国田纳西州）有关。基于项目的拨款还可能要求机构达到某个教育目标，例如要求获得博士学位的学生达到一定数量（如荷兰）（Jongbloed et al.，2018）。

基于绩效的拨款不同于一刀切的形式，侧重于预定义、可量化的指标，这些指标已经为科学研究赋予了特定的价值。这类拨款更重视卓越研究的回报（Jongbloed et al.，2018；Sørensen et al.，2016）。

德国的"卓越计划"于2005年推出，为那些研究项目符合卓越标准的大学提供额外的资助。其中，"未来概念"计划最负盛名。该计划的预算为47亿美元，占所有大学研究基金的4%，支持高等教育研究活动，以提高大学的国际地位，并刺激高校之间相互竞争（Buenstorf and Koenig，2020；Mergele and Winkelmayer，2021）。

然而，竞争性拨款也有其不利的一面。对日本竞争性拨款影响的研究表明，基于绩效的拨款可能降低了已申请专利的原创性。在日本，机构拨款与21世纪初引入的以市场为导向的激励机制共存。向竞争性项目拨款的转变越来越多，可能导致高等教育机构进行渐进式的、低风险的研究。男性和资深研究人员的创新申请更容易被接受，这表明整个体系对年轻和女性研究者的新想法的接受程度较低（Wang et al.，2018）。

在非洲，自2000年代中期以来，各国都建立了"卓越中心"，以促进科技研究。研究项目是通过"卓越研究资助"来赞助的，然而，"卓越研究资助"往往没有定义明确的卓越标准（Tijssen and Kraemer-Mbula，2018）。资金拨付以研究项目的知名度和声誉为基础，而不是发展当地技术的实际能力和潜力（Tijssen and Kraemer-Mbula，2022）。

高收入国家的政府一直在设法实现研发财政支持的多元化，不仅覆盖大学，也将私营公司包括在内（Hutschenreiter et al.，2019），特别是通过税收激励（OECD，2021a）。这是因为企业产生的知识有助于经济增长和竞争力提升，而且其效益有望带来巨大的社会回报（Lach et al.，2021）。各国政府还在大力鼓励中小企业和初创企业参与研究，并促进市场应用的实验性发展（OECD，2020b）。研究产出（如产生的收入）和研究投入（如设备）都适用免税的激励措施（Hall，2022）。

特定的利益可能会影响公共资金资助的研究

研究产出方面的领先国家报告称，国内研究资金中商业贡献部分占比很大。2017年，在中国、日本和韩国，超过四分之三的国家研发活动都是私营企业资助的，这一资助占比在德国和瑞士超过三分之二（UIS，2018）。

对学术研究的私营部门资助并非没有争议，因为这样做很可能偏向于那些能带来更高经济回报的领域。例如，私营部门是全球医疗卫生研发活动资金的主要来源。研究发现，在发达国家，私营公司在发病率更高的疾病研究上投资更多，这一领域的回报也更高。相比之下，公共和慈善部门更有可能将资金分配给被忽视的疾病（85%），就受影响的人口规模而言，这类疾病的回报不大（Anderson et al.，2017）。

> 有一种风险是，研究的过程和结果可能会按照研究资助方的好恶被扭曲。

有一种风险是，研究的过程和结果可能会按照研究资助方的好恶被扭曲。私营部门的利益会影响实验设计、问题界定和分析范围。临床研究通常由制药公司赞助，这可能会导致偏见（Lundh et al.，2018）。例如，对在食品和饮料罐中使用合成化学物质双酚A的影响的实验，根据赞助商的不同，得出的结果也不同。大约90%的公共资金资助的研究表明，即使是低剂量的双酚A暴露也可能对人类健康造成危害。相比之下，由行业资助的研究报告称不存在任何影响。这些结论可能是通过研究设计来操纵的（Reutlinger，2020）。2008年，美国联邦公共卫生机构美国疾病控制与预防中心发现了这一惊人的事实，导致各行业减少了对这种物质的使用。直到最近，世界各地的科学家和监管机构才开始讨论最低量的双酚A暴露的危害（Henderson，2022）。

公共研发工作也可能容易受到特定利益的影响。与医疗卫生部门不同，全球农业研究大部分都是公共资金资助的。在亚洲和拉丁美洲，私营部门的研发工作侧重于以市场为导向的作物，如玉米和小麦，这些作物更有可能在高收入国家销售，净回报更高。但公共资源也倾向于支持对高产值作物的研究。南亚和东南亚的许多公共资金资助研究人员的研究对象也是以市场为导向的作物，这提出了一

个问题，即这类研究是否可能得到私营企业的资助（Anderson et al.，2017）。

大学得到了将知识转化为创新的支持

国家的技术发展需要将研究成果扩散到经济中。这个过程的起点通常是培训研究人员主动追寻这样的机会。一些高等教育计划整合了重点关注科学商业化和技术转化过程的内容（Bolzani et al.，2021；Spiel et al.，2018）。科学院校更有可能提倡一种创业文化（Kaloudis et al.，2019）。创新和创业课程在美国的医学教育中迅速发展。大多数此类课程教授的是创新概念、领导力概念以及关于医疗保健系统和医药行业的信息（Niccum et al.，2017）。赞比亚的大学通过赞比亚"农商训练营"计划推广数字营销和商业培训，该训练营由活跃在不同领域的创新和技术中心BongoHive实施。在世界银行的支持下，活动于2018年启动，为农业加工公司提供创业培训（FAO and ITU，2022；UNCTAD，2019）。

欧洲大学协会对166所大学进行的调查发现，接受过创业培训的学生相对较少，即使不少学生接受过此类培训，也主要是通过课外活动获得的。义务教育期间学生对创业内容的接触有限，这进一步导致了这方面意识和兴趣的低下（Kozirog et al.，2022）。英国国家大学和商业中心（NCUB）的大学商业化和创新政策证据部门的一项调查发现，大学越来越热衷于与外部伙伴合作，从事技术产品原型的开发、演示和测试工作（Coates Ulrichsen，2021）。

高等教育机构已经建立了多种机制，将技术创新应用于产业界（Knudsen et al.，2021）。技术转让办公室是知识转化过程中的中介组织，帮助对现有发明进行摸底调查，与私营企业保持良好的关系，在专利申请过程中为科学家提供支持（Holgersson and Aaboen，2019）。

自2013年以来，哥伦比亚推出了一系列旨在促进大学和企业进行技术转让的政策，在这个过程中六个区域技术转让办公室得到了加强。这六个区域技术转让办公室是在科学、技术和创新行政管理局的呼吁下正式成立的，并且在《2014—2018年国家发展规划》和《2010—2014年国家发展规划》中被确定为加强创新的关键工具。为了加强其能力并鼓励资源共享，哥伦比亚构建了一个国家区域技术转让办公室网络。外部调查表明，技术转让办公室支持了水资源管理、药物治疗和儿科护理领域的具体技术转让项目（Pontón et al.，2019）。

科技园区是大学、产业界和政府共同努力创造和转化知识的另一个例子。在三方的努力下，以技术为导向的公司、研究部门和学术人员形成了互动合作的网络，拉近的距离让各方的合作更顺畅，并且得到了有利于合作的监管框架的支持。其目标是利用现有的知识型机构，促进创新文化，促进地方和区域的社会和经济发展（Löfsten et al.，2020）。从1950年代由斯坦福大学发起的硅谷开始，科技园区已经遍布全世界。有的科技园区是产业界推动成立的，如瑞典隆德市的艾迪恩科技园，有的是在政府给予企业激励的环境中建成的，如中国北京的中关村科技园（Etzkowitz and Zhou，2018）。

相比之下，非洲各数字中心的可持续性受到了缺乏强大的知识型机构的挑战。在一些国家和国际倡议的促进下，非洲大陆进行了以数字为导向的经济发展，科技园在各国遍地开花，如肯尼亚的孔扎科技园、尼日利亚拉各斯市的CcHub科技园、加纳阿克拉市的MEST科技园和卢旺达基加利的kLab科技园。但是，高等教育机构支持企业家的能力较弱，这意味着技术得以多样化和专业化的机会较少（Friederici et al.，2020）。

世界各地的大学和教育系统都在争夺人才

全球化和高等教育的国际化加剧了对优秀学生的争夺，特别是在STEM领域。尽管2020年在国外留学的学生人数仅占高等教育学生的2.7%，但在过去几十年里，这一比例增加了两倍，预计到2025年将有800万名学生在国外留学（UIS，2019；UNESCO，2022）。大多数东道国的国际学生更有可能学习STEM（图10.4）。根据阿特拉斯工程的数据，在部分发达经济体中，46%的国际学生就读于STEM研究领域（Institute of International Education，2022）。

虽然大多数学生都是自费攻读，但奖学金也支持了一部分学生进入STEM领域（Marsh and Oyelere，2018）。多年来，学习STEM的学生获得的经济支持越来越多了（Baxter，2018；Campbell，2021）。据估计，自2006年以来，高等教育和研究生教育中与STEM领域有关的补助金的受益人数占全球受助人总数的31%（Scholarships for Change，2022）。

> 虽然大多数学生都是自费攻读，但奖学金也支持了一部分学生进入STEM领域。

图10.4
学习STEM的学生更有可能出国留学
2019年经合组织成员所有高等教育学生中的国际学生所占比例，按东道国和研究领域分列

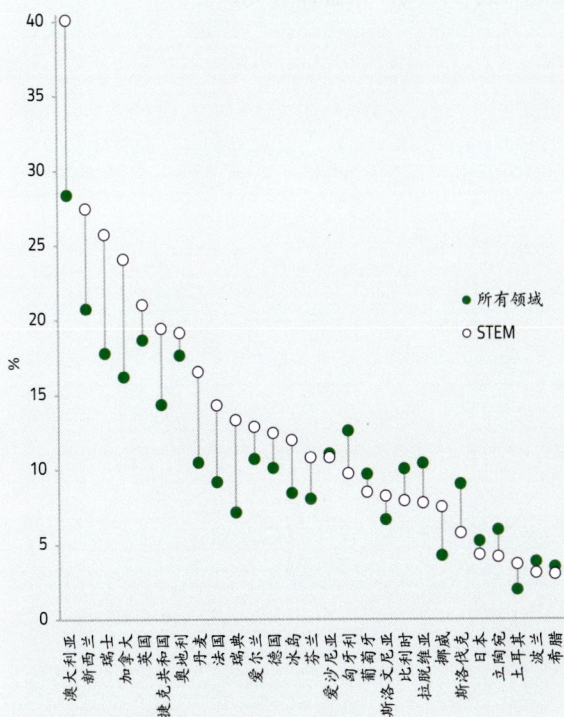

图例：● 所有领域　○ STEM

《全球教育监测报告》统计数据链接：https://bit.ly/GEM2023_fig10_4_
资料来源：OECD（2019a）。

在中等收入国家，奖学金促进了海外学习（Kent，2018；University of Oxford，2017）。巴西的科学流动计划"科学无国界"是最大的政府资助项目之一，专门为学习STEM的巴西学生提供奖学金。从2012年到2015年，巴西的本科生和研究生总计获得了10.1万份全额奖学金，供他们在国外进行研究或完成学业，他们大部分前往了欧洲和美国（Brazil Ministry of Education and Brazil Ministry of Science Technology and Innovation，2013）。其中，45%攻读工程和技术领域，其次是生物、生物医学科学和医疗卫生（18%）以及创意产业（9%）。2015年，巴西参议院透明度办公室进行的一项调查结果显示，28%的参与者攻读理学硕士课程和博士课程，相比之下，没有留学经验的本科生中该比例为7%（Menino，2017；Zahler and Menino，2018）。沙特阿拉伯设立的阿卜杜拉国王奖学金计划于2005年启动，也是一项雄心勃勃的计划（Pavan，2020）。该计划于2019年续签5年，每年支持约13万名沙特阿拉伯的本科生学习STEM（Saudi Arabian Cultural Mission，2023）。

高收入国家倾向于吸引来自其他国家的STEM学生到其高等教育机构中学习（Kent，2018）。在经合组织成员中，8%的国际学生学习STEM，而本国学生中的这一比例为5%（OECD，2021b）。在美国，到2021年，国际学生占大学生总数的4%。其中，有54%的学生攻读STEM课程（Institute of International Education，2021；Marsh and Oyelere，2018）。

现有的人员流动造成了接收国和派出国之间巨大的不平衡（Marinoni and de Wit，2019）。向外流动水平较高的国家看着自己最好的学生离开，跟随他们一起离开的是未来创新和发展的人力资本（Baxter，2018）。在过去的15年里，新的目的地国改变了有技能的学生的传统流向（Marsh and Oyelere，2018）。阿拉伯联合酋长国报告的来自国外的大学生比例增幅最高，从2011年的43%上升到2020年的73%（UIS，2019）。这一趋势是有针对性的政策的结果。这些政策旨在通过全面扩大私立机构和国际学校的供应和建设，使阿拉伯联合酋长国成为区域性高等教育中心（Ahmad and Hussain，2015）。阿拉伯联合酋长国拥有30所国

际学校，是仅次于中国的第二大国际学校东道国（Cross-Border Education Research Team，2022）。

> **各国纷纷实施政策，鼓励在国外战略领域受过教育的专业人员回国。**

为了应对这些问题，各国纷纷实施政策，鼓励在国外战略领域受过教育的专业人员回国。在经历了1990年代的人才流失之后，中国已成为最能够吸引人才的国家之一。2008年，"百人计划"旨在通过薪酬补偿、教育住房补贴和津贴以及研究补助金，吸引2000名新兴技术领域拥有关键知识和技能的专业人士和学者回国（Campbell and Neff，2020；Zha and Wang，2018）。到2015年，该计划已招聘了3000多名顶级专业人士。2011年推出的"青年千人计划"旨在吸引年龄不超过40岁、获得外国大学STEM博士学位的长期回国人才（Li et al.，2018）。

英语作为一种通用的教学语言，确保了专业人员以及科技知识的流通和交流（Schofer et al.，2021）。在全球范围内，2017—2021年，在澳大利亚、加拿大、美国和英国等以英语为母语的国家以外的国家，使用英语进行教学的课程增加了77%。其中，STEM课程所占比例最高，包括工程和技术、计算机科学以及信息技术等，约占非英语母语国家英语学位课程总数的五分之一。增加幅度最大的是中国和撒哈拉以南非洲国家（British Council，2021）。

结语

学习技术是支持国家技术发展的关键所在。STEM可以作为一门独立的学科来教授，也可以融入多学科中，目前已经被纳入了世界上大多数的中等教育系统。然而，教学质量至关重要，不仅会影响学生的成绩，而且决定了他们继续在这些领域学习和工作的意愿。

> **教学质量至关重要，不仅会影响学生的成绩，而且决定了他们继续在这些领域学习和工作的意愿。**

除了教学和学习外，高等教育机构还负责通过研究活动来创造知识。随着机构自主权的增强和新的政府资助及支持形式的出现，大学仍然在引领技术发展中发挥关键作用。创新的能力与资源有关，也越来越多地与产学合作有关。

监测可持续发展目标中的教育目标

2022年12月14日，学龄前儿童在叙利亚阿勒颇市的阿拉伯斯坦学校上早期儿童教育课程。这个学校是由儿童基金会修缮的一处教育设施。叙利亚的多年战乱对儿童的教育造成了严重影响，导致240万名儿童失学，另外还有160万名儿童面临辍学的风险。

图片来源：UNICEF/UN0804872/Nader*

第11章

11

导言

重要信息

到2022年6月，四分之三的国家已经承诺在2025年和2030年之前实现可持续发展目标4中7个基准指标的国家目标。

2023年1月，联合国教科文组织统计研究所和《全球教育监测报告》小组发布了实现这些国家目标的第一份国家进展简要说明，即《可持续发展目标4记分卡：关于国家基准的进展报告》。

在有基准和数据的国家中，在高等教育完成率方面极有可能实现2025年基准的国家占比为29%，在幼儿教育参与率方面极有可能实现2025年基准的国家的占比为43%。

较贫困国家在学习方面设定的目标过于雄心勃勃，这表明国家在这方面缺乏数据和认识，而较富裕国家设定的目标不够宏大，反映出国家的成就水平在下降。相比之下，各国设定的目标反映的是国家过去的发展趋势。

国家基准程序不仅符合问责制的目的，而且具有形成性。可持续发展目标4记分卡讨论了三项政策带来的幼儿教育参与率方面的国家进展：免费义务学前教育立法、筹资和监管私营教育提供者。

2022年教育变革峰会是联合国秘书长对未来国际合作愿景的一部分，也是朝着2024年未来峰会迈出的一步。这是自2015年以来全球教育日程表上最重要的事件。

已经纳入《教育2030行动框架》的可持续发展目标4国家基准，在联合国秘书长关于2022年教育变革峰会的愿景声明中得到了认可，成为监测其高级别成果的机制。

可持续发展目标4高级别指导委员会的"行动号召"邀请成员国为2022年峰会的三个全球倡议确定一个基准指标，并确定国家目标：

- 关于绿色教育，拟议重点是课程框架和中小学教育教学大纲对气候变化的优先考虑程度。

- 关于数字化转型，拟议重点是学校的互联网连接，这是全球可持续发展目标4现有的一个指标。

- 关于青年参与，需要有一个指标来确保政府邀请青年参与教育政策的制定，并征询青年组织的意见。

由于2023年是《2030年可持续发展议程》实施的中点，本期《全球教育监测报告》监测部分的重点是可持续发展目标4每个具体目标实现程度的关键趋势。然而，由于教育数据不可避免地明显滞后，所以总是很难有反映最新情况的数据——但本报告提出的一些方法论的发展促进了数据"即时报告"能力的发展，即对一些旗舰指标做出合理可靠的短期预测。

但是，由于新冠疫情导致教育数据收集过程中断，就连这些工具也受到了考验。学校关闭对教育系统造成的最终影响仍不清楚，具体影响如何，将在未来几年逐渐明朗。在学习方面的影响尤其如此，因为学习从来没有经历过如此大规模的冲击，我们可以借此评估潜在的后果。来自较富裕国家的最初证据证明了负面影响的存在，但并没有人们担心的那么严重。然而，来自较贫困国家的证据尚未出现，其中一些国家经历了学校长期关闭和远程教育机会受限的双重阻碍。无论如何，关于学习结果的数据差距仍然令人担忧，也是全球行动仍然难以明确的一个领域。

本导言作为本报告监测部分的先导性章节，聚焦于四个关键问题。首先，本章介绍了可持续发展目标4国家基准进程的最新情况，这可以说是确定全球教育议程的监测范围的最重要进展，并为其他部门提供了潜在的经验。其次，本章对2022年教育变革峰会进行了论述，这是自2015年以来全球教育日程表上最重要的事件，这次峰会促进了对新的教育挑战和监测的反思。再次，本章陈述了今年报告监测部分的一些关键特征，及其与今年的主题"技术"之间的联系。最后，本章概述了《全球教育监测报告》自2015年以来的产出，以引导读者在解读2030年目标的实现进展方面利用多种资源。

可持续发展目标4国家基准的实现进程已达里程碑

受联合国秘书长2014年呼吁各国拥抱基于"基准进展"的"共同责任文化"的启发，《教育2030行动框架》第28段呼吁各国制定"适当的中间基准，……解决在较长期目标上的问责不力问题"。《全球教育监测报告》小组和联合国教科文组织统计研究所于2018年着手解决这一问题，力图使这一承诺成为现实。

在这一过程中，有三个重要的进展标志。首先，2019年8月，7个可持续发展目标4指标用于基准设定：幼儿教育就读率、失学率、完成率、完成率的性别差异、阅读和数学的最低熟练水平、受过培训的教师、公共教育支出。《2021年可持续发展目标4数据摘要》体现了这一发展（UIS and GEM Report，2021）。

其次，分两个阶段，即截至2021年10月和2022年6月，四分之三的国家承诺了在2025年和2030年之前实现这些指标的国家目标。这些基准值利用气候变化部门所接受的一个概念，定义了各国对共同教育目标的国家自主贡献。有了这些基准值，对进展情况的监测能够具体适切，认识到各国的起点和教育部门规划，帮助各国将国家教育议程与区域和全球议程联系起来。2022年高级别政治论坛和教育变革峰会上提交的《制定承诺》报告陈述了这些发展（UIS and GEM Report，2022）。

最后，2023年1月，一个里程碑实现了：这些国家目标的第一份国家进展简要说明公布了。这份报告题为《可持续发展目标4记分卡：关于国家基准的进展报告》，这是第一份旨在纪念"国际教育日"的年度系列报告，共做出了四项贡献（UIS and GEM Report，2023）。

第一，该报告分析了2000—2015年的历史进展速度：不同起点下基准指标值如何变化。这一分析提供了一个衡量标准，用来测量如果国家加速进展、以"一切照常"的步伐继续前行或表现低于标准水平，最后将分别取得什么样的结果。

第二，该报告描述了联合国教科文组织统计研究所为建立基准数据库所采取的行动，这强调了支持基准设定过程的强烈政治意愿以及国家教育部门计划中的丰富信息，同时也强调了在指标定义和数据源方面沟通所面临的持续挑战。

第三，该报告根据到2025年实现国家目标的可能性对各国的进展进行了分类。例如，在有基准和数据的国家中，在高等教育完成率方面极有可能实现2025年基准的国家占29%，在初等教育前一年有组织学习参与率方面极有可能实现2025年基准的国家的占比为43%。该报告还对比了单个国家在2015—2020年的进展情况与从类似起点开始的一般国家在2000—2015年的历史进展速度。

第四，该报告明确指出，基准报告不是结束，而是让各国相互学习的过程的开始。

> " 这些基准值利用气候变化部门所接受的一个概念，定义了各国对共同教育目标的国家自主贡献。 "

基准设定过程旨在使各国能够实现对其教育发展至关重要的两个目标。第一个目标是帮助各国反思其国家目标的质量，并改进这些目标，以服务其政策和规划。作为这一过程的一部分，联合国教科文组织统计研究所和《全球教育监测报告》小组为每个国家都提供了指示性的"可行"基准值，展示了如果各国以历史增长速度最快的四分之一的国家的速度发展，到2025年和2030年将达到什么样的水平。

一项综述对各国制定的基准值与指示性可行基准值进行了比较，说明了各国在设定基准方面所面临的挑战。基准和可行基准之间的巨大差异体现在最低熟练水平上，例如初等教育结束时的阅读水平（**图11.1a**）。平均而言，起始值较低的国家比可行基准值所显示的要更有雄心，起始值较高的国家则没有可行基准值显示的那么有雄心。这可能是因为这一指标在2015年才被添加到教育监测框架中：较贫困国家缺乏数据，对这一领域的进展也不太熟悉。相比之下，较富裕国家过去20年来一直在参加跨国评估，对其指标和进展情况也更加熟悉。事实

上，2000—2015年，初始学习水平较高的较富裕国家（超过70%的学生达到最低熟练水平）的指标水平平均而言是在下降的（**第12章**），这可能解释了为什么这些国家在设定国家目标时更加谨慎。

相比之下，完成率（各国更为熟悉的一个发展轨迹指标）的差异要小得多（**图11.1b**）。同样，一些起始值较低的国家设置的目标过于宏大。这可能是由于这些国家缺乏经验或在制定国家目标方面缺乏先例。不过，很少有国家在这一指标方面会像在学习方面那么雄心勃勃。

第二个目标是将指标水平和进展情况与各国需要执行的政策联系起来。《可持续发展目标4计分卡：关于国家基准的进展报告》的每一期都关注一个基准指标，第一期关注在初等教育前一年有组织学习的参与率。它在讨论国家进展时参考了三项政策：免费义务学前教育立法、公共教育筹资和私营教育提供者监管。亚美尼亚实行3年免费教育，乌兹别克斯坦实行4年免费教育，阿塞拜疆实行3年免费教育（后来改为5年），这些国家的参与率大幅提高与此有关（**第13章**）。支出从国内生产总值的0.25%翻倍到0.50%，将促使公共机构的平均参与率从20%提高至60%。在对私立学前教育收费做出规定的国家，幼儿教育参与率要高出7个百分点（UIS and GEM Report，2023）。

在未来的几年里，我们将要应对各种挑战。各国需要帮助来设定缺失的教育目标，并解决国家指标和全球指标之间缺乏一致性的问题。建议通过对话和能力发展的过程来解决这些问题。最后，各国在制定国家基准时需要考虑新冠疫情的潜在影响。

总而言之，《全球教育监测报告》陈述了关于2015年商定的普及教育机会、提供关键最低投入和实现相关学习结果等目标的全球最新进展。通过与联合国教科文组织统计研究所合作，开展国家可持续发展目标4基准设定，为进展情况的监测和评估工作提供了一个新的视角：监测和评估的方式要与国家的起点和规划密切相关一，要对每个国家都公平，要有助于弥合国家、区域和全球承诺之间的差距。

图11.1

各国为完成率设定的基准较为实际，但在学习方面设定的基准不那么实际
2025年的实际基准和可行基准的比较

a. 初等教育结束时的最低阅读水平

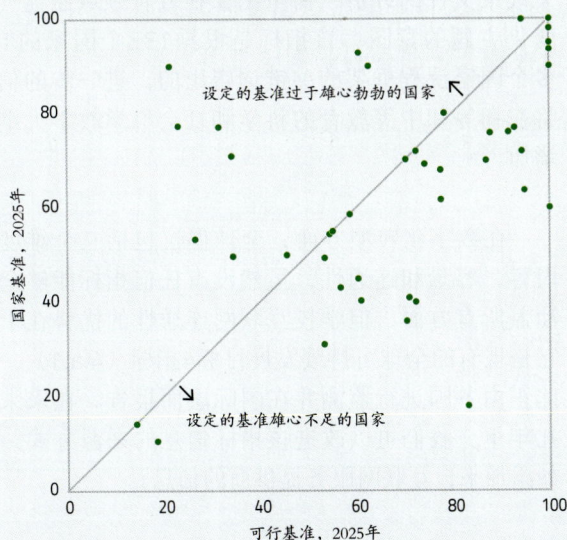

b. 初级中等教育的完成率

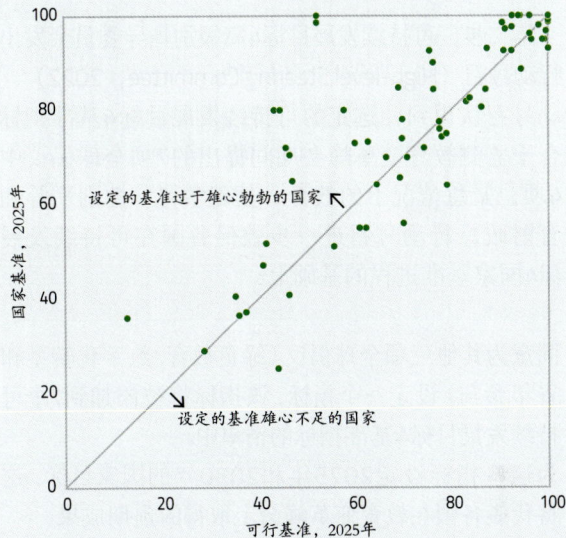

《全球教育监测报告》统计数据链接：https://bit.ly/GEM2023_fig11_1_
注：国家基准是指各国为2025年设定的基准。可行基准估计的是，如果国家以2000—2015年观察到的历史速度改善最快的四分之一的国家的速度发展，有望达到的水平。
资料来源：统计研究所和《全球教育监测报告2023》根据可持续发展目标4基准数据库调查得出的数据。

跟进教育变革峰会的承诺

当联合国成员国通过《纪念联合国成立七十五周年宣言》（"UN75宣言"）时，联合国秘书长应邀阐述了对未来全球合作的愿景。他的报告《我们的共同议程》被视为迈向2024年未来峰会的第一步，这次峰会上将"就我们的未来蓝图和我们今天可为实现蓝图采取的行动，铸就新的全球共识"（United Nations，2021）。《2030年可持续发展议程》体现了国际雄心，并为实现这一目标提供了框架和机制，而《我们的共同议程》旨在解决实现这一议程的障碍。鉴于教育在联合国秘书长的优先事项列表中排名靠前，迈向未来峰会的过程中的关键一步是教育变革峰会（以下简称"峰会"）。峰会于2022年9月举行，"以应对全球教育危机——一场关乎教育公平、包容性、质量及适切性的危机"。

峰会旨在将教育提升到全球政治议程的首要位置，调动各方的行动、雄心、团结力及解决方案，以实现两个目标：弥补新冠疫情带来的相关学习损失，并在瞬息万变的世界播下教育变革的种子。作为筹备工作的一部分，150多名教育部部长于2022年6月在巴黎齐聚一堂，参加了教育变革峰会前会晤，会议沿着五个主题行动轨道组织了讨论：包容、公平、安全和健康的学校，生活、工作和可持续发展的学习与技能，教师、教学和教学专业，数字化学习和转型，教育筹资。在教育变革峰会上，主要成果是七项全球倡议，分别关于：紧急情况下的教育、基础学习、性别平等、绿色教育、数字化转型、教育财政、青年参与。

从监测的角度来看，峰会提出的挑战是，如何将可持续发展目标4的具体目标和监测框架及全球倡议中表达的优先事项相匹配，然后报告完成情况，为政策对话提供信息。

为此采取了两个步骤。第一步，联合国秘书长在他的《关于教育变革的愿景声明》中呼吁"加强变革和资助教育的政治问责制，将目前监测可持续发展目标4执行情况的安排，包括全球教育会议和可持续发展目标4国家基准进程，提高到下一个水

平"（United Nations，2022）。因此，《教育2030行动框架》提出的国家可持续发展目标4基准也被视为监测2022年教育变革峰会高级别成果的基石。

第二步，可持续发展目标4高级别指导委员会发出了行动号召（High-level Steering Committee，2022）。行动号召认识到，选定的可持续发展目标4基准指标适合于监测教育变革峰会期间提出的7项全球倡议中的4项：紧急情况下的教育、基础学习、性别平等和教育财政。行动号召进一步敦促各国在可持续发展目标4国家基准进程的基础上：

- 同意为其他三项全球倡议（绿色教育、数字化转型和青年参与）设定一个指标，该指标将被添加到7个可持续发展目标4基准指标的清单中。
- 为这些指标设定2025年和2030年的国家目标，这将代表各国在教育变革峰会上取得的预期成果。

在2022年12月的会议上，高级别指导委员会决定在现有的可持续发展目标4基准指标框架中增加绿色教育、数字化转型、青年参与等指标（**图11.2**）。高级别指导委员会还向可持续发展目标4指标技术合作小组提出了这三项全球倡议基准指标的初步想法。

绿色教育是一项由四个维度（学校、学习、教师和社区）组成的倡议，主要指标建议是根据对相关政策文件的分析，衡量国家在教育领域涵盖气候变化主题的意图，该指标是根据133个国家的170多个国家课程框架的关键词得出的。进一步的信息将在初等和中等教育的科学和社会科学教学大纲中增加。

在数字化转型方面，全球倡议包括三个维度：内容、容量和连通性。虽然没有任何指标能够全面涵盖所有方面，但学校互联网连通性的优势在于，它是现有的全球可持续发展目标4指标（4.a.1），因此正由各国进行监测并在国际层面报告。在未来的几年里，我们可以改进该指标信息的来源方式，比如添加来自互联网服务提供商的信息。

青年参与全球倡议的潜在指标将包括：首先，各国政府报告它们是否设立了教育政策发展理事会或包含了青年代表的相关机构；其次，青年组织报告它们是否是该理事会或机构的活跃成员，并在教育政策制定方面被征询过意见。

图11.2
教育变革峰会的优先事项已被纳入可持续发展目标4的监测和基准指标框架
将教育变革峰会的全球倡议与可持续发展目标4的具体目标和基准指标保持一致

可持续发展目标4监测框架		
可持续发展目标4的具体目标	基准指标	全球倡议
4.1　基础教育	1. 失学率 [4.1.4]	紧急情况下的教育
	2. 完成率 [4.1.2]	基础学习
	3. 学习熟练水平 [4.1.1]	
4.2　幼儿期	4. 学前教育参与率 [4.2.2]	
4.3　职业技术教育与培训、高等教育和成人教育		
4.4　工作技能		
4.5　平等	5. 完成时的性别差异 [4.5.1]	性别平等
4.6　成人识字率		
4.7　可持续发展	待定义	绿色教育
4.a　学习环境	学校互联网连通性	数字化转型
4.b　奖学金		
4.c　教师	6. 受过培训的教师 [4.c.1]	
FFA　财政	7. 公共教育支出 (i)在总支出所占的百分比 (ii)在GDP中所占的百分比 [FFA1/2]	教育财政
	待定义	青年参与

注：**突出显示的指标是7个基准指标。** FFA：《教育2030行动框架》。
资料来源：统计研究所和《全球教育监测报告2023》。

《全球教育监测报告2023》监测部分的亮点

如前所述，《全球教育监测报告2023》监测部分的第一个目标是提供一份对2030年具体目标进展情况的简明衡量。每一章都有一个专栏，至少选取一个全局指标来简要说明进展情况。正文的剩余部分分析了其他全局指标和主题指标的进展情况。

《全球教育监测报告2023》监测部分的第二个目标是确定与主题部分相关的每个具体目标的一个或多个问题。这些焦点小节与技术运用于教育的主题建立了各种联系。

有些焦点小节针对数字技术的各个方面进行探讨。例如，它们聚焦于如下主题：技术如何影响写作技能的定义（**焦点12.1**），在幼儿教育中以积极开展户外活动来替代屏幕接触时间（**焦点13.1**），在在线技术的促进下微证书可以作为传统高等教育的替代（**焦点14.1**），人工智能技术对技能供需关系的潜在影响（**焦点15.1**），对社会情感学习的高度关注以及相关理论如何为教育技术提供信息（**焦点18.1**），大数据在识别教育趋势方面的作用（其应用包括利用在线搜索来了解人们对国际奖学金的兴趣）（**焦点20.1**）。

一项扩展分析显示，《全球教育监测报告》小组估算了低收入国家和中低收入国家为实现可持续发展目标4国家基准存在的资金缺口。另外有新的证据表明，在逐渐变得雄心勃勃的三种构想下，如果需要国家来承担教育数字化转型的成本，这一缺口还会扩大（**第22章**）。

有一个焦点小节重点讨论的不是技术如何影响教育，而是教育如何影响技术的采用、调整和发展，并且考察了科学、技术、工程和数学教师的短缺问题（**焦点21.1**）。

有四个焦点小节侧重于信息和通信技术以外的其他技术：建造和学校建筑（**焦点19.1**），能源以及用太阳能板缩短学校间的电气化差距（**焦点19.2**），交通和上下学方式的影响（**焦点19.3**），农业与改善学校膳食的关联（**焦点12.2**）。

最后，有几章关注的问题无关乎技术：基于父母受教育程度而产生的不平等（特别关注第一代学生）（**焦点16.1**），阅读速度对读写能力的意义（**焦点17.1**），迫在眉睫的债务危机对低收入国家和中低收入国家的潜在影响（**第22章**）。

《全球教育监测报告》不仅仅是一份报告

2001年，我们决定编制《全民教育全球监测报告》，并将其作为由联合国教科文组织主办和出版的独立报告。今天的世界已经不可同日而语。自2015年以来，世界发生了重大变化，于是《全球教育监测报告》被授权用来监测《2030年可持续发展议程》中教育内容的进展情况。这些变化不仅与政治、社会、经济和环境挑战有关，也为本报告的组织提供了框架。造成变化的因素还包括：可用于报告教育发展情况的信息更多了，受众现在习惯使用的渠道更广了，从这些渠道发出的声音更加多元化了。

这个系列报告自诞生以来就是研究功能和宣传功能并重的，但人们对于报告提供内容的期望发生了变化。《全球教育监测报告》不能一成不变，因为其任务范围已经扩大到涵盖所有国家和各级教育的全民教育议程。报告制定了2019—2024年的战略，规定了在固定资源范围内的产出内容重点和形式。该战略规定了两个优先事项：履行扩大后的使命，形成一个真正的全球教育报告机制；同时，调整产出内容和沟通渠道，以增加影响政策变化的机会。

今天，《全球教育监测报告》不仅仅是一份报告。它提供了一系列的资源：全球的和区域的情况，在少数有针对性的情况下，也包括国家的情况；定量的监测资源，定性的专题资源；产出内容和成果的指标，以及法律和政策指标；纸质资源和在线资源；静态和互动资源；按不同主题组织的资源；在众多环境中呈现的资源；通过各种渠道进行交流的资源。产出内容之间是相互印证、相辅相成的（**图11.3**）。《全球教育监测报告》功能及资源的扩大可以通过这种协同作用和一致性实现，也得益于世界各地各个伙伴组织的鼎力相助。

图11.3

《全球教育监测报告》不仅仅是一份报告

按问题、主题和区域分列的《全球教育监测报告》研究成果

问题	主题		区域
可持续发展目标4的协调			
财政			
就学机会			
	法律和政策的国家概况		区域报告
公平与包容	PEER "以文件增强教育评价" www.education-profiles.org	财政公平	2019年阿拉伯国家报告
			2020年拉丁美洲和加勒比地区报告，与SUMMA和教科文组织圣地亚哥办事处（UNESCO Santiago）合作编写
			2021年中欧和东欧、高加索和中亚地区报告，与EASNIE和NEPC合作编写
学习			2022—2025年基础学习聚焦非洲系列，与非洲联盟和ADEA合作编写
质量	性教育 联合国教科文组织编写	技术	2023年东南亚报告，与SEAMEO合作编写
			2024年太平洋地区报告，与英联邦学习共同体合作编写
		学校领导者	2025年拉丁美洲报告，与OEI合作编写
可持续发展 治理	气候变化教育 与MECCE合作编写		
		私人行为体 法规	2022年南亚报告，与CPR、CSF、孟加拉国乡村发展委员会（BRAC）、IIDS、ITA 和IPS合作编写

注：粉色框表示《全球教育监测报告》。蓝色框表示《全球教育监测报告》的在线资源。黑色框表示《全球教育监测报告》的其他出版物。
资料来源：《全球教育监测报告》。

全球	监测		
SDG 4 SCORECARD 与**教科文组织统计研究所**共同制定的可持续发展目标4国家基准	**RESULTS REPORT** 全球教育伙伴关系成果报告第1章，与UIS共同编写	《**全球教育监测报告**》与UIS共同主持可持续发展目标4高级别指导委员会的数据和监测功能领域的工作	**高级别政治论坛报告** 履行承诺， 超越承诺， 做出承诺。

全球教育
监测报告

监测部分

每个可持续发展目标4具体目标
一个篇章

"财政"篇章
援助表

主题部分
背景文件

| 2019年：移徒和流离失所 |
| 2020年：包容 |
| |
| 2023年：技术 |
| 2024—2025年：教育领导 |
| 2016年：人类与地球 |
| 2017—2018年：教育问责 |
| 2021—2022年：非国家行为体 |

| 青年版本 |
| 性别版本 |
| 政策文件 |

SCOPE

监测教育进展

SCOPE财政
www.education-progress.org

SCOPE入学机会

SCOPE 公平

SCOPE 学习

SCOPE 质量

可持续发展目标4交互式监测

EFW

教育财政观察
与世界银行和UIS合作编写

VIEW

世界教育指标可视化
www.education-estimates.org
完成率、失学率
与UIS合作编写

**使用多个数据源估算的两个
关键指标**

可持续发展目标4成本计算模型

WIDE

世界教育不平等数据库
www.education-inequalities.org
与UIS合作编写

就学机会指标

学习指标

教育中的不平等数据库

沟通和宣传

World Education Blog

发布活动和展示

视频、动画、信息图

印刷媒体、电子媒体和社交媒体

注：ADEA，非洲教育发展协会；CPR，政策研究中心（印度）；CSF，中央广场基金会（印度）；EASNIE，欧洲特殊需要与全纳教育发展署；IIDS，综合发展研究所（尼泊尔）；ITA，巴基斯坦教育和意识中心（巴基斯坦）；IPS，政策研究所（斯里兰卡）；MECCE，监测和评价气候变化与教育；NEPC，教育政策中心网络；OEI，伊比利亚-美洲教科文组织；SEAMEO，东南亚教育部长组织；SUMMA，拉丁美洲及加勒比地区教育、研究和创新实验室；UIS，联合国教科文组织统计研究所。

在埃塞俄比亚南方各族州的韦拉拉洛小学，五、六岁的孩子们在游玩中学习。娱乐活动帮助他们从小培养了学习的品位。

图片来源：UNICEF/UN0837179/Pouget*

重要信息

一种结合多个数据源的新方法表明，2021年约有2.44亿失学儿童和青少年，比2015年减少了900万人。同一期间，撒哈拉以南非洲的失学人口增加了1200万。

完成率的增长速度要快于失学率的增长速度。在全球范围内，2015—2021年，初等教育完成率从85%上升到87%，初级中等教育完成率从74%上升到77%，高等教育完成率从54%上升到59%。低收入国家的许多儿童完成初等教育学业较晚，这阻碍了他们的进步。

自2011年以来，在低收入国家和中低收入国家，初等教育结束时达到最低阅读水平的学生所占比例尽管起点较低，但是其增长速度要高于中高收入国家和高收入国家的增长速度。

2021年，在32个国家中（基本属于中高收入国家和高收入国家），有21个国家的四年级学生的阅读表现与2016年相比是下降的，尽管平均降幅仅为儿童一个学年学习水平的五分之一。低收入国家和中等收入国家遭受的影响似乎更大，一些研究结果表明，儿童的学习损失至少相当于一年的学习时间，但目前还没有新冠疫情后的可比证据。

写作是一项技术。尽管在标准化的学习评估中很少会考查写作能力，但研究表明，与完成写作任务的方式（手写、打字或两者结合）相比，提高写作水平与写作的频率的关系更加密切。

第12章

具体目标 4.1

初等和中等教育

到2030年，确保所有女童和男童完成免费、公平、优质的初等教育和中等教育，取得有意义和有效的学习成果。

全球指标

4.1.1 儿童和青年人（a）在二年级或三年级、（b）在初等教育结束时以及（c）在初级中等教育结束时至少达到最低的（ⅰ）阅读和（ⅱ）数学熟练水平的比例，按性别统计

4.1.2 完成率（初等教育、初级中等教育、高级中等教育）

主题指标

4.1.3 最高年级的毛招生率（初等教育、初级中等教育）

4.1.4 失学率（初等教育、初级中等教育、高级中等教育）

4.1.5 超龄儿童百分比（初等教育、初级中等教育）

4.1.6 （a）在二年级或三年级、（b）在初等教育结束时以及（c）在初级中等教育结束时全国性学习评估的组织

4.1.7 （a）免费和（b）义务的初等教育与中等教育的年限

就读和完成情况

从2000年到2015年，小学适龄儿童失学的数量是国际教育议程的旗舰指标。这个指标易于沟通，而且在呈现上也比较有力量。这个指标的计算过程似乎比较直截了当，根据学校中儿童的人数计算即可，不过目前还没有一种可靠的人口测量方法。尽管这个指标没有反映全民教育的第二个目标（"所有儿童……有机会获得并完成免费的、义务的初等教育"），也没有反映联合国千年发展目标的第二个目标（"世界各地的儿童……完成一个完整的小学教育过程"）。事实上，失学指标显示出的进步是夸大的，因为进入学校并不意味着学业的进步和完成，随着时间的推移，国际社会通过更好的统计数据逐步意识到了这一点。此外，这个指标鼓励各国让儿童走进并留在学校里，但也使各国对于确保儿童完成各级教育或学会预期内容的责任降低了。

2000年代初，人们认识到，对于失学率和失学人数的传统估算方法并不能满足需求。许多国家，特别是那些面临最严重的失学挑战的国家，没有健全的行政管理数据系统。教育数据报告不完整或不准确，而且部分国家-年份组合数据根本没有相关报告。此外，鉴于行政估算数据有两个统计口径，入学人数计数和人口估算数之间往往不一致。

> *2000年代初，人们认识到，对于失学率和失学人数的传统估算方法并不能满足需求。*

来自家庭调查的数据提供了至关重要的补充，特别是在行政管理数据系统薄弱的国家，但这些数据尚未被纳入国家、区域和全球估算数的框架。与此同时，基于调查的数据是不完整的，因为调查往往不定期开展，并受到调查偏差、抽样误差和非抽样误差的影响。尽管如此，这两个数据来源还是可以相互补充的。2005年的一份报告承认，"可能需要某种综合方法来估算时间序列和产生最近一年的估算数"（UIS and UNICEF，2005）。

又过了15年，这一方法上的挑战才得以解决。2022年，联合国教科文组织统计研究所和《全球教育监测报告》开发了一种新的基于队列的模型，该模型结合多个数据源来估算所有国家的失学率和失学人数（UIS and GEM Report，2022）。该模型反映了学生在一个上学周期内的自然发展情况。这种方法对行政来源和调查来源的数据加以协调，承认各种数据生成方式的根本差异，同时分享了关于各国的偏见和差异的信息。全球卫生和人口统计学界也采用了类似的方法来估算5岁以下儿童死亡率（Alkema and New，2014）、孕产妇死亡率（Alkema

图12.1

2015—2021年，撒哈拉以南非洲的失学人口增加了1200万
失学率、失学儿童和入学儿童（初等和中等教育）

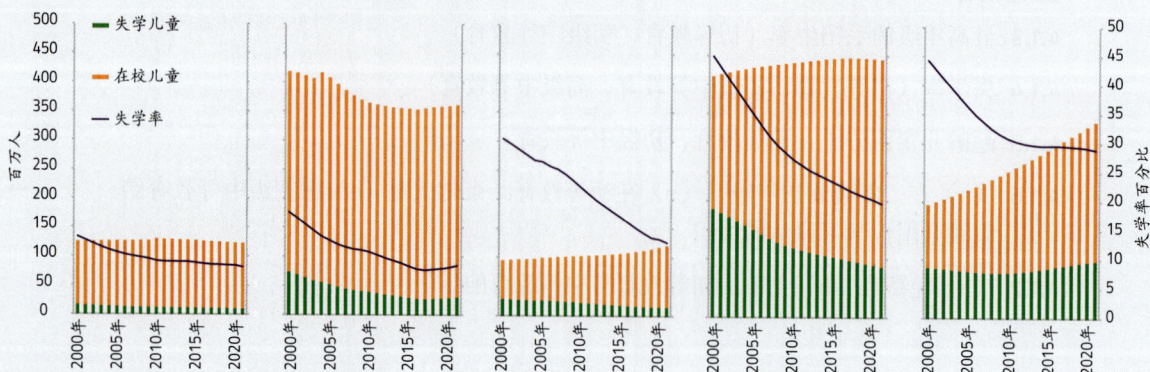

a. 拉丁美洲和加勒比　b. 东亚和东南亚　c. 北非和西亚　d. 中亚和南亚　e. 撒哈拉以南非洲

《全球教育监测报告》统计数据链接：https://bit.ly/GEM2023_fig12_1_
资料来源：世界教育指标可视化网站。

et al.，2016）和出生性别比（Chao et al.，2021）。模型结果发表在世界教育指标可视化（VIEW）网站上（**专栏12.1**）。

根据这个新模型，2021年全球中小学适龄儿童和青少年中的失学人口估计为2.44亿，仅比2015年少了900万。这一变化反映了失学率从2015年的17.3%缓慢下降到2021年的15.9%，每年降幅略高于

0.2个百分点。按教育等级计算，2021年小学适龄儿童的失学率为9%，初中适龄青少年的失学率为14%，高中适龄青少年的失学率为30%。

东亚和东南亚、拉丁美洲和加勒比以及撒哈拉以南非洲的失学率已陷入停滞，但中亚和南亚（从23%下降到20%）以及北非和西亚（从17%下降到13%）的失学率有所下降。撒哈拉以南非洲是一个

专栏 12.1

世界教育指标可视化网站展示了对失学率和完成率的新估算

世界教育指标可视化网站的网址为：https://education-estimates.org/。网站于2021年12月启动，展示完成率估算模型的结果（**专栏12.2**）。2022年9月，网站进一步扩大，加入了教科文组织统计研究所和《全球教育监测报告》构建的失学率模型的结果。其目标是展示这两个旗舰指标的估算模型的基本原理，并帮助各国反思其数据的质量。

网站页面分别展示了按教育等级、国家、区域和收入组别统计的两项指标的具体结果。该网站还允许用户通过绘制特定年龄的估算值图表来探索失学率模型的细节（**图12.2**）。左边的面板绘制了观测数据系列，每个年龄分配一个独有的颜色，每个数据源分配一个独有的标记。右边的面板绘制了特定年龄的估算失学率序列。下拉菜单中还有更多的选项，可以让用户按年龄、年份和队列查看结果（例如，2000年达到入学年龄的人口的失学曲线）。

图12.2

失学估算模型充分利用了多个来源的数据
按年份、年龄、数据来源、观测数据和估算值分列的2000—2020年布基纳法索失学率

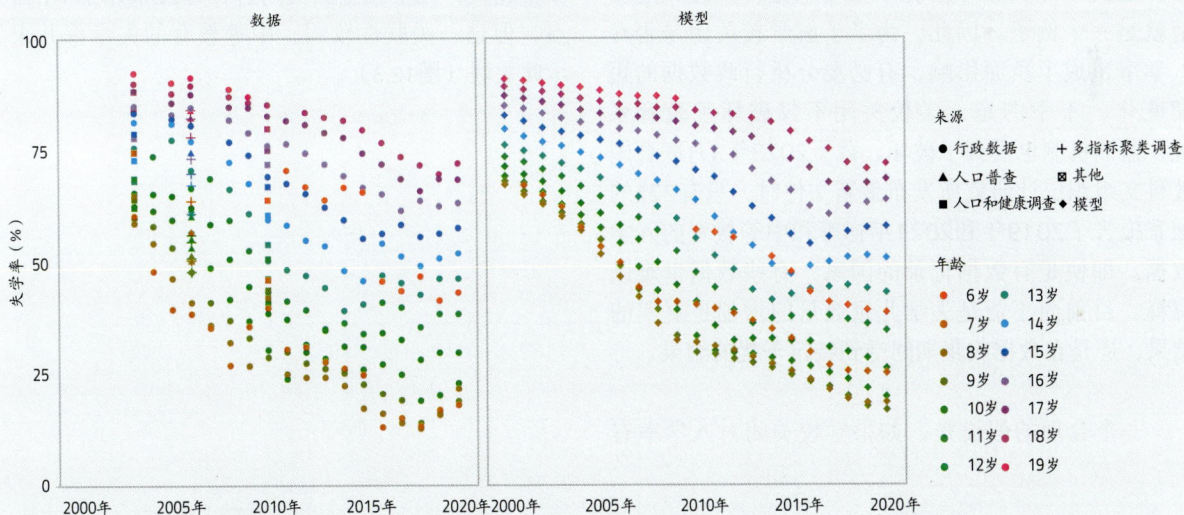

《全球教育监测报告》统计数据链接：https://bit.ly/GEM2023_fig12_2_
资料来源：世界教育指标可视化网站。

联合国教科文组织统计研究所仍然在报告按国家统计的完成率和失学率。但是，可持续发展目标4指标技术合作小组已批准在两类情形下使用该模型的结果：第一类情形，报告国家收入组别、区域和全球平均值；第二类情形，报告过去五年里没有报告行政数据的国家的全国失学率数值（UIS，2022c）。

特例，其失学率有所下降，而失学儿童的绝对人数却有所增加。自2015年以来，该区域的失学率每年仅下降0.1个百分点，而其失学人口增加了1200万。因此，撒哈拉以南非洲的失学率（29%）仍然比其他地区都高出至少10个百分点。这是人口快速增长的结果，在2015—2021年的6年里，学龄人口增长了5000万（图12.1）。

该模型的队伍结构设计良好，足以反映稳定的长期趋势。尽管对许多只有调查数据的国家（如安哥拉和刚果民主共和国）估算误差幅度较大，但该模型还是估算出了187个国家和地区的失学率，只遗漏了少数国家和地区，如厄立特里亚和索马里（专栏12.3）。

> **学校关闭不仅破坏了教育系统，监测机制也受到了破坏。**

然而，该模型不太适合反映这些趋势的急剧偏离。这类事件在教育系统中相对罕见，不过新冠疫情就是一个例子。因此，为了了解学校关闭是否对入学率造成了负面影响，有必要分析行政数据的短期变化。不幸的是，学校关闭不仅破坏了教育系统，监测机制也受到了破坏。截至2023年3月联合国教科文组织统计研究所发布最新文件时，只有27%的国家报告了2019年和2021年初等和中等教育的入学数据。即使是有数据记录的国家，有些数据也难以解释。目前尚不清楚失学儿童数量的增加是真实的结果，还是在数据收集期间受到特定干扰的结果。

一个合理的假设是，如果学校关闭对入学率有

影响，可能对年龄较大的学生的影响更大，尤其是来自最弱势群体的学生，因为他们对于上学没那么执着。面对持续的不确定性和经济压力的增加，那些需要赚钱养家的学生更有可能提前退学。相比之下，疫情对较年幼儿童的影响应该较小。在有的国家，包括多米尼加共和国、老挝人民民主共和国和津巴布韦，有证据表明，教育等级越高，辍学率就越高。但在另一些国家，如约旦和菲律宾，规律却刚好相反。

我们很难得出一个一般性的结论。菲律宾是样本中学校关闭时间最长的国家，据报告称，2019—2021年，菲律宾初等教育的失学率大幅上升（6个百分点），但高级中等教育的失学率大幅下降（4个百分点）。印度的学校全面关闭时间处于平均水平，但是学校部分关闭时间最长的国家之一，据报告，初等教育的失学率大幅下降（7个百分点），关于中等教育的失学率则没有数据报告。约50个国家（不包括印度和菲律宾）的初等教育适龄儿童失学人口似乎保持不变，初级中等教育适龄青少年的失学人口有所减少（减少3.3%），高级中等教育适龄青少年的失学人口有所增加（增加3.9%，即50多万人）。平均而言，学校关闭的时间越长，初等教育失学率的增幅就越大：在学校全面关闭后，每22周增加1个百分点。但这一关联性较弱，中等教育的失学率并未显示此关联（图12.3）。

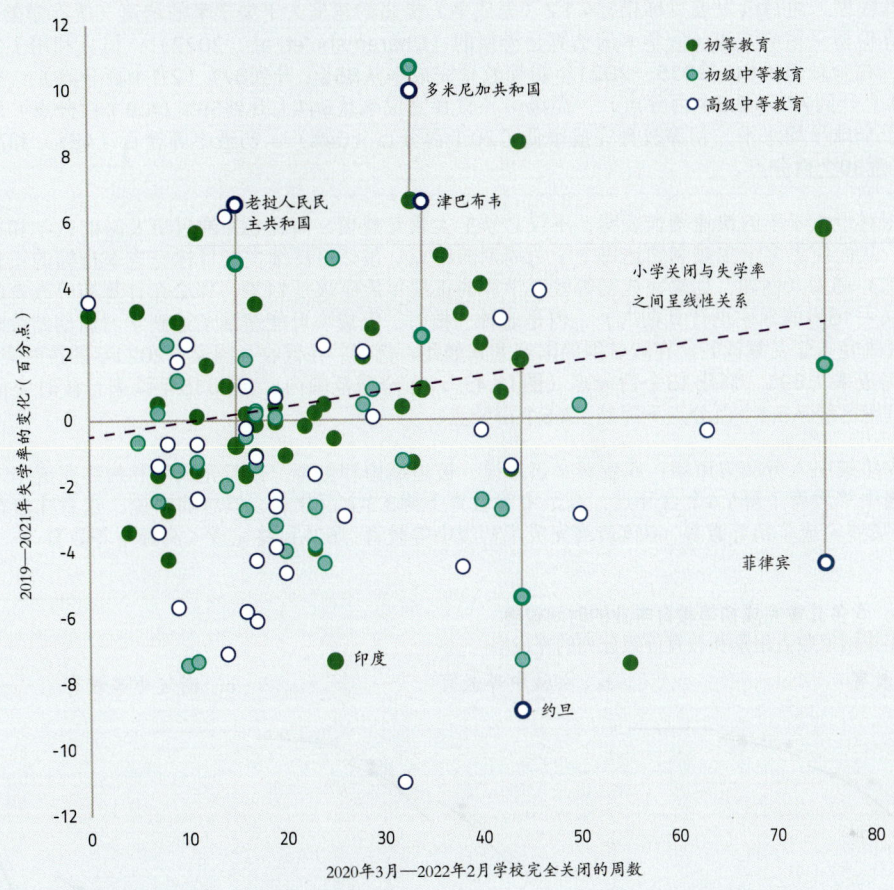

图12.3
学校关闭的时间越长，失学率的增幅就越大
按教育等级分列的小学2019—2021年失学率变化和2020—2022年学校全面关闭的周数

《全球教育监测报告》统计数据链接：https://bit.ly/GEM2023_fig12_3_
资料来源：《全球教育监测报告》小组基于家庭调查数据所进行的分析。

自2015年以来的进展情况：可持续发展目标指标4.1.2

根据估算模型，可持续发展目标指标4.1.2（完成率）提高的速度大于失学率的增速（所有学龄组-1.4个百分点）。该估算模型采用的方法与失学率的估算是类似的（Dharamshi et al., 2022），但只利用了家庭调查和人口普查数据。在全球范围内，2015—2021年初等教育完成率从85%上升到87%（2.1个百分点），初级中等教育完成率从74%上升到77%（2.8个百分点），高级中等教育完成率从54%上升到59%（4.9个百分点）。撒哈拉以南非洲仍远低于全球平均水平，初等教育完成率低了20个百分点（64%），初级中等教育（45%）和高级中等教育（27%）低了近30个百分点。

完成率相对于入学率的快速增长表明，不仅必须扩大教育规模，而且必须通过更及时的入学和更低的复读率来提高效率，从而使更多学生顺利到达每个学习周期的终点。虽然可持续发展目标完成率指标的正式定义包含了超过毕业年龄3—5岁（例如，如果完成初等教育学业的正规年龄应该是11岁，那么在计算初等教育的完成率时将教育系统中14—16岁的学生也计算在内），但是这种"按时"完成率可能遗漏了达到学习周期结束时间更晚的儿童和青少年（既晚入学又复读）。在较贫困的国家尤其如此。例如，在低收入国家，2021年的按时完成率为56%，但"最终"完成率为69%，高出13个百分点（图12.4）。在全球范围内，自2015年以来，按时完成率和最终完成率之间的差距已经从5.1个百分点下降到了4.6个百分点。

由于青少年被引入劳动力市场，或者对女孩来说，被迫结婚和生育，按时完成率和最终完成率之间的差距有所下降，初级中等教育下降4.4个百分点，高级中等教育下降3.3个百分点。但总的来说，这意味着在全球范围内有92%的学生最终完成了初等教育，81%最终完成了初级中等教育，62%最终完成了高级中等教育。

图12.4
在低收入国家，众多儿童完成初等教育学业的时间较晚
2000—2021年按国家收入组别和教育等级分列的完成率

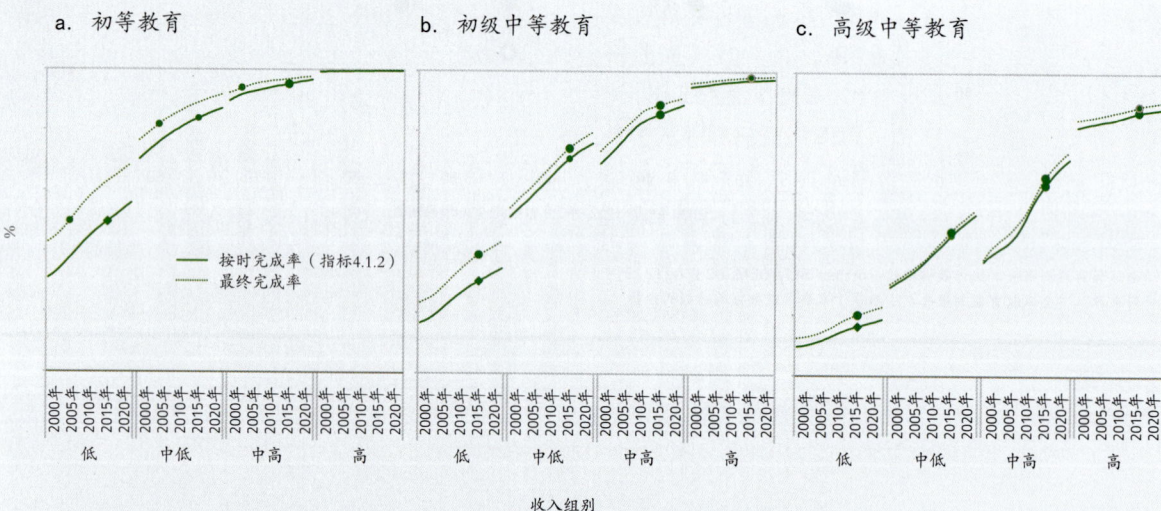

a. 初等教育 b. 初级中等教育 c. 高级中等教育

按时完成率（指标4.1.2）
最终完成率

收入组别

*《全球教育监测报告》统计数据链接：https://bit.ly/GEM2023_fig12_4_*
资料来源：世界教育指标可视化网站。

简而言之，入学率较高并不能保证完成率也较高。在马达加斯加，2014年的初等教育合计净入学率（即100%减去初等教育失学率）为92%。但6年后，只有50%的学生能按时完成初等教育学业，预计有64%的学生最终能完成初等教育学业（图12.5）。造成这种差距的主要原因是高复读率：在马达加斯加，22%的小学生要留级复读一年。这在入学率与完成率之间的差距较大，且在同一时期内记录了复读率数据的所有国家都得到了证实，包括贝宁、布隆迪、乍得和乌干达。在2030年之前提高完成率，需要解决晚入学和复读率高的双重挑战。

（下接第217页）

图12.5
在入学率相对较高的许多国家，有很大一部分学生没有完成初等教育学业
部分低收入国家和中低收入国家估算的初等教育合计净入学率（2014年）以及（按时和最终）完成率（2020年）

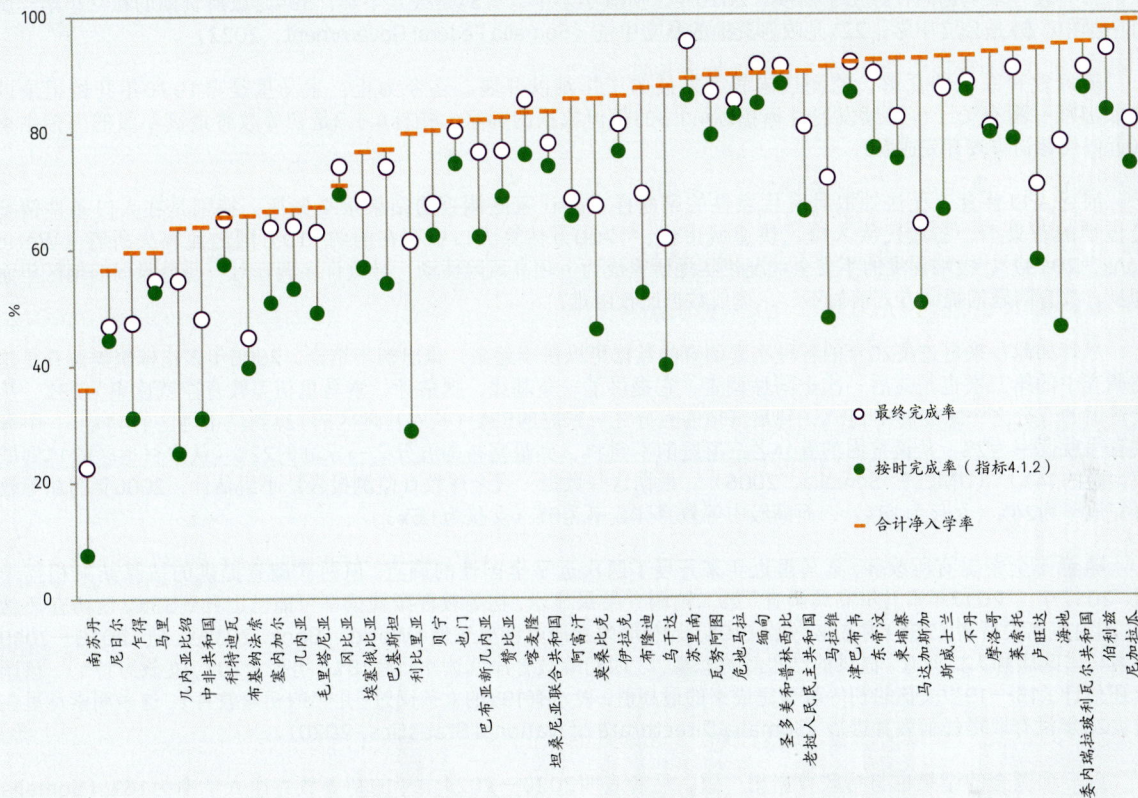

图例：
- 最终完成率
- 按时完成率（指标4.1.2）
- 合计净入学率

《全球教育监测报告》统计数据链接：https://bit.ly/GEM2023_fig12_5_
资料来源：世界教育指标可视化网站。

　　预测各国在未来几年的进展速度需要参考历史数据。作为关于各国在实现其国家基准方面取得进展的第一份报告，本报告分析了不同国家从不同的起点取得的进展，并以此为基础评估近期观察到的国家进展是否符合预期（UIS and GEM Report，2023）。那些现有完成率在50%左右的国家的进展往往更大，而那些起点较低或较高的国家的进展往往较慢。就高级中等教育的完成率而言，完成率起点在60%—70%的国家2000—2015年平均年增长率略低于1个百分点。但改进最慢的四分之一国家每年增长不到0.7个百分点，而改进最快的四分之一国家每年增长近1.6个百分点（**图12.6**）。截至2023年，全球范围内高级中等教育完成率预计已达到60%。如果进展速度达到过去的平均水平，那么到2030年完成率将达到66%；如果进展速度按照历史上改进最快的四分之一国家的水平，那么完成率将超过70%。

图12.6
各国的起点越接近50%，进展速度越快，在达到50%以后，进度又逐渐放缓
2000—2015年按起点和四分位分列的高级中等教育完成率的年度百分比变化

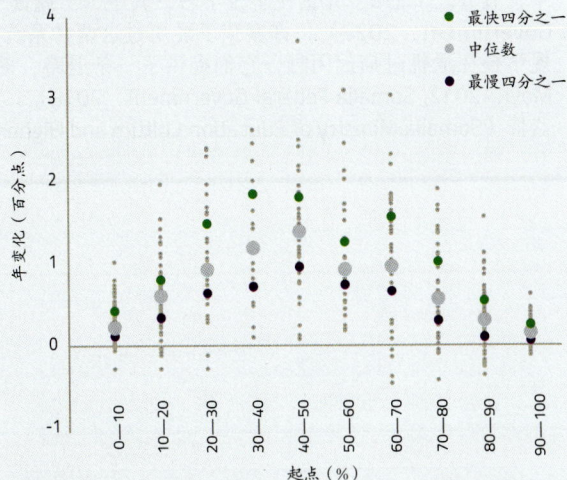

图例：
- 最快四分之一
- 中位数
- 最慢四分之一

《全球教育监测报告》统计数据链接：https://bit.ly/GEM2023_fig12_6_
资料来源：《全球教育监测报告》小组基于世界教育指标可视化数据库进行的分析。

专栏 12.3

在索马里，只有不到五分之一的儿童完成了初等教育学业

索马里经历了30年的国家解体、冲突和动荡，时有发生最近仍在遭遇的干旱和饥荒更是让国家雪上加霜。国家的公共教育系统也同样经历了崩溃。2020年，所有小学中只有3%是公立小学，39%是政府资助的私立小学；所有中学中，5%是公立中学，22%是政府资助的私立中学（Somalia Federal Government，2022）。

随着教育系统的瓦解，监测该国教育发展的工作难以开展。迄今为止，索马里是自1970年开始记录以来非洲唯一没有关于可持续发展目标指标4.1.3的任何数据的国家。指标4.1.3是初等教育最高年级的毛招生率（近似代替初等教育完成率）。

缺乏人口普查，无法抽取具有代表性的家庭样本，让家庭调查的结果很难概括，特别是在人口条件情况最极端的背景下：游牧民族人口，快速城市化，1700万估算人口中存在的约110万国内流离失所者（World Bank，2019）。极端程度的不安全状况使实地研究成为一项高风险活动，导致许多调查对一些最脆弱的地区望而却步。教育问题的提问方式前后不一，造成数据比较困难。

尽管如此，来自过去20年的各种家庭调查的数据可以拼凑起来，得出初步结论。2006年多指标聚类调查是这类调查中的第二次也是最后一次全国性调查，它提供了一条基线。据估计，索马里初等教育净就读率为23%，从最贫困的五分之一家庭的不到5%，到最富裕的五分之一家庭的53%（从农村地区的12%到城市地区的41%）。中等教育净就读率为7%，从最贫困的五分之三家庭的不到1%，到最富裕的五分之一家庭的22%（从农村地区的1%到城市地区的14%）（UNICEF Somalia，2006）。根据这些数据，《全球教育监测报告》小组估计，2006年的初等教育完成率为24%（女孩为18%），而高级中等教育完成率为6%（女孩为1.5%）。

随着安全情况有所改善，索马里近年来开展了两次近乎全国性的调查。但两次调查提供的估算结果相互矛盾。2017年，"2017年索马里高频调查"第二轮调查结果显示，初等教育净就读率可能已上升到33%。该调查还估计，国内流离失所者（25%）和游牧民族（10%）的初等教育净就读率较低（World Bank，2019）。但"2018—2019年索马里健康和人口调查"提供的结果较为悲观，表明初等教育净就读率只有18%（男孩为20%，女孩为17%）。该调查还估计了15—19岁女孩的初等教育完成率的最高值，表示有19%的女孩读过"几年的初等教育"，这表明索马里在过去20年没有取得任何教育进展（Somalia Directorate of National Statistics，2020）。

后一项调查的结果也与行政数据相一致，后者表明2020—2021学年的初等教育净入学率为16%（Somalia Ministry of Education Culture and Higher Education，2021）。因此可以得出结论，即自2006年基线以来，教育发展已经倒退，估计有13%—17%的儿童读到了六年级至八年级。据估计，45%的6—13岁的儿童从未上过学（Somalia Federal Government，2022）。根据这一指标，索马里是世界上教育程度最落后的三个国家之一，另外两个是乍得和南苏丹。

评估索马里教育状况的过程中遇到的一个特殊困难是，相当一部分的儿童就读于古兰经学校。2018—2019年，五分之二的9岁儿童在学校学习，其中一半就读于世俗学校，另一半就读于古兰经学校（Somalia Federal Government，2022），许多孩子经历过这两种系统。尽管这些伊斯兰学校只具备基本的教学条件，但是当正规学校在危机时期倒闭时，它们提供了一条退路，部分原因是这些学校归社区所有（Mohamed-Abdi，2003；Moyi，2012；Somalia Federal Government，2018）。尽管如此，这些学校也是一个难题，因为它们不受教育部的监督（Somalia Ministry of Education Culture and Higher Education，2017）。

学习

与就读和完成情况统计相比，对学习的分析面临的挑战是不一样的。首先，关于学习结果的数据没有那么容易获得。例如，五分之四的国家没有二年级或三年级的任何学习数据，约有一半的国家没有初等教育和初级中等教育结束时的任何学习数据。趋势数据更加稀缺：自2013年以来，82个低收入国家和中低收入国家中最多只有13个国家对初等教育结束时的阅读成绩有2项观察结果，而其他教育等级和学科组合的趋势数据就更少了。其次，即使存在趋势数据，其质量也不足以进行稳健的历时性变化评估，尽管联合国教科文组织统计研究所为了获得最低熟练水平的可比衡量标准已经非常努力地在多项评估之间协调（UIS，2023a）。这些衡量标准只包括一些基本技能：写作能力不在其中，尽管

> 约有一半的国家没有初等教育和初级中等教育结束时的任何学习数据。

写作能力很重要，但这也是一项可能受到技术影响的技能（**焦点12.1**）。

现有数据显示，低收入国家和中等收入国家的学生远未普遍达到基本技能的最低熟练水平。自2019年以来，在有数据的31个低收入国家和中低收入国家中，只有越南的大多数儿童在初等教育学业结束时阅读和数学都达到了最低熟练水平。相比之下，在其中的18个国家中，只有不到10%的儿童在阅读或数学方面达到了最低熟练水平（**图12.7**）。

图12.7
大多数低收入国家和中等收入国家的学生还远远未普遍达到基本技能的最低熟练水平
2019—2021年部分低收入国家和中等收入国家在初等教育学业结束时阅读和数学达到最低熟练水平或以上的学生所占的百分比

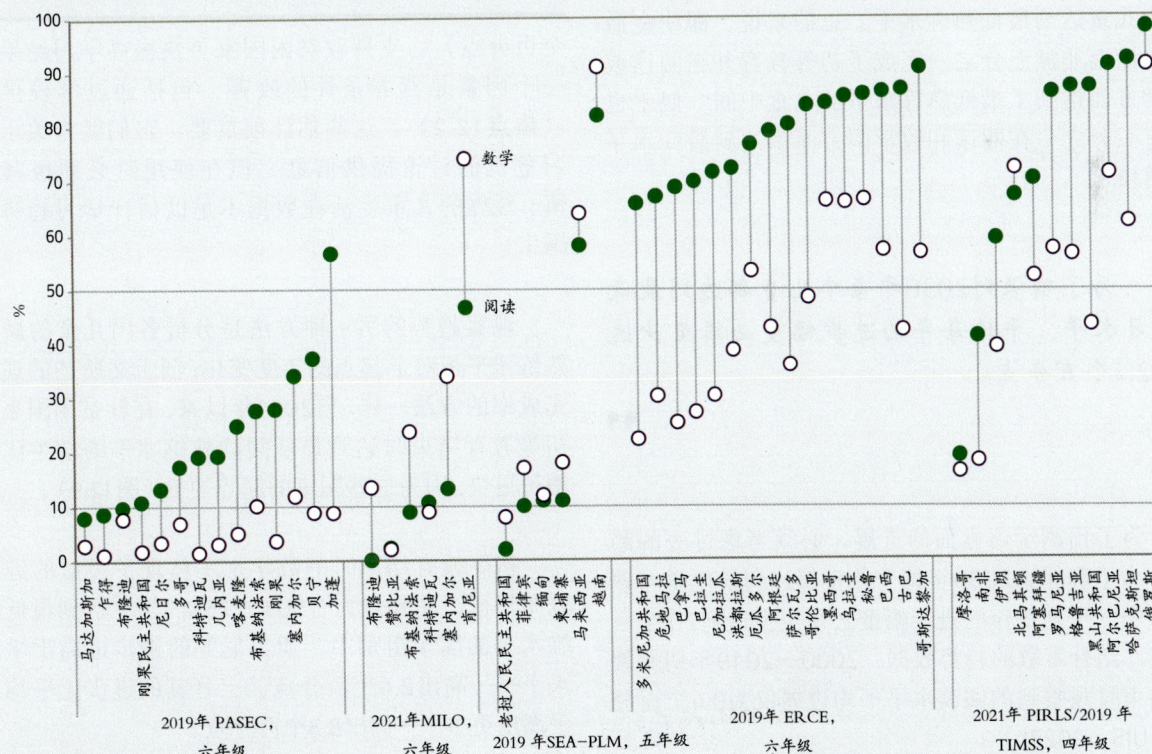

《全球教育监测报告》统计数据链接：https://bit.ly/GEM2023_fig12_7_
注：2019年ERCE的结果根据"罗塞塔石碑"（Rosetta Stone）项目的结果进行调整，与PIRLS和TIMMS的结果相对等（UIS，2022b）。ERCE：区域比较性和解释性研究。MILO：学习影响监测（项目）。PASEC：非洲国家教育部长会议系统分析项目。PIRLS：国际阅读素养进展研究。SEA-PLM：东南亚主要学习指标。TIMSS：国际数学与科学趋势研究。
资料来源：统计研究所数据库。

将完成率（4.1.2）和学习（4.1.1）这两个可持续发展目标之具体目标4.1的全球指标合并成一个量度，是一种记录进展的简洁方法。可持续发展目标指标跨机构专家组认可其成为全球指标4.1.1的一种分解形式。联合国教科文组织统计研究所和《全球教育监测报告》认为该指标描述了"已经为未来做好准备"的儿童所占的百分比，联合国教科文组织统计研究所将其列为指标4.1.0。这个指标让决策者、公众舆论和国际社会关注达到某个教育等级（三年级、初等教育结束时和初级中等教育结束时）并达到某个学科（阅读或数学）全球最低熟练水平的人口在整个群体所占的百分比。例如，在贝宁，45%的儿童在初等教育结束时达到了最低阅读熟练水平，但考虑到有三分之一的儿童没有从初等教育毕业，所以初等教育年龄群体中只有30%的儿童达到了最低阅读熟练水平。

对这一分析的扩展展示了儿童在一个或两个学科达到熟练水平的程度。例如，在乍得和刚果，只有五分之一的儿童至少在两门学科中的一门达到最低熟练水平，而在肯尼亚和马达加斯加，有五分之三的儿童达到最低熟练水平。总的来说，即使在撒哈拉以南非洲五分之一完成了初等教育并在阅读或数学方面达到了最低熟练水平的儿童中间，似乎也只有三分之一在阅读和数学两方面都达到最低水平（**图**12.8）。

> 为了确保到2030年每个儿童都达到最低学习水平，平均每年的进步幅度必须至少达到2.7个百分点。

为了预测学习方面的进展，必须考虑过去的趋势。为了确保到2030年每个儿童都达到最低学习熟练水平，平均每年的进步幅度必须至少达到2.7个百分点。结合零散的趋势数据，2000—2019年初等教育结束时观察到的阅读水平平均进展仅为0.4个百分点（UIS，2023b）。

按国家收入组别统计，低收入国家和中低收入国家有所改进（每年提高0.71个百分点），而中高收入国家和高收入国家则有所退步（每年下降0.06

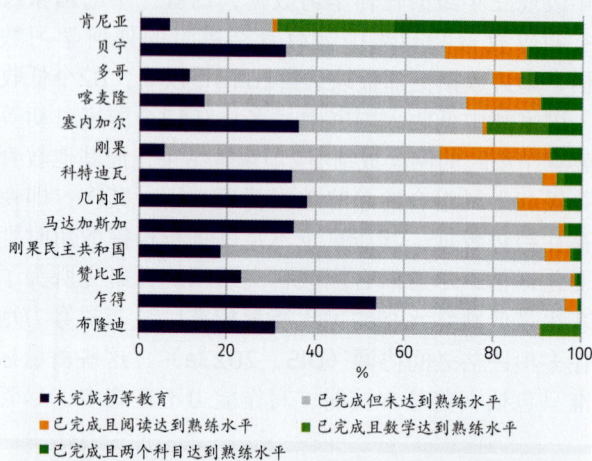

图12.8

在少数阅读或数学达到最低熟练水平的非洲儿童中，只有三分之一的人在两个学科都达到了熟练水平

2019—2021年，部分撒哈拉以南非洲国家按初等教育学业完成情况和在初等教育结束时达到最低学习熟练水平分列的初等教育适龄人口分布

图例：
- 未完成初等教育
- 已完成但未达到熟练水平
- 已完成且阅读达到熟练水平
- 已完成且数学达到熟练水平
- 已完成且两个科目达到熟练水平

《全球教育监测报告》统计数据链接：https://bit.ly/GEM2023_fig12_8_
注：表中使用的是最终完成率（即在预期完成年龄及以上的8年内完成）。
资料来源：《全球教育监测报告》小组基于国际学习评估和家庭调查数据所进行的分析。

个百分点）。支持较贫困国家更快提高学习结果的一个因素是营养条件的改善，包括通过学校供餐（**焦点**12.2）。这些估计很重要，它们能为关于学习危机的讨论提供信息，但在使用时必须极其谨慎：52%的儿童生活在数据不足以估计学习趋势的国家。

观察趋势的另一种方法是分析各国儿童的最低熟练水平相对于起点的年度变化，同上文所述的观测完成率的方法一样。自2011年以来，在较贫困国家，初等教育结束时达到最低阅读熟练水平的学生比例增长更快，因为这些国家的起点更低（**图**12.9）。

初等教育结束时的数学水平体现了类似的进步分布特征。在起点为有50%—75%的学生达到最低熟练水平的国家组别中，亚美尼亚的进步远高于平均水平——高出2.4个百分点。土耳其的进步比平均水平高出更多——高出3.3个百分点。

在土耳其，学习结果的改进与公共教育支出占国内生产总值的比例增加有关，从2010年的3.8%增加到2019年的4.4%，同时对学习结果的重视程度也

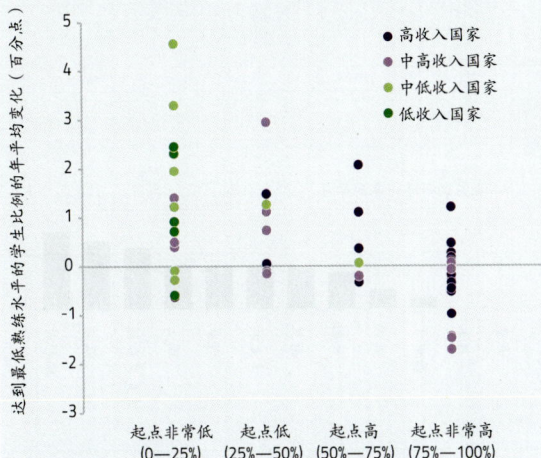

图12.9
贫困国家的阅读熟练水平提升速度比富裕国家更快
2011—2021年按起点和国家收入组别分列的在初等教育结束时达到最低阅读熟练水平的学生比例的年平均变化

- ● 高收入国家
- ● 中高收入国家
- ● 中低收入国家
- ● 低收入国家

纵轴：达到最低阅读熟练水平的学生比例的年平均变化（百分点）

横轴：
- 起点非常低（0—25%）
- 起点低（25%—50%）
- 起点高（50%—75%）
- 起点非常高（75%—100%）

《全球教育监测报告》统计数据链接：https://bit.ly/GEM2023_fig12_9_
资料来源：《全球教育监测报告》小组基于跨国评估所进行的分析。

越来越高（Kitchen et al.，2019）。

对学习结果增长缓慢的估计甚至没有考虑到新冠疫情的影响，而这对教育系统造成了沉重打击。新冠疫情对学习结果的影响仍然有很多，不仅影响规模和分配不均，还会有短期的、一次性的或是长期的多种影响，并将改变学生未来几年的学习轨迹。

关于新冠疫情影响的第一个强有力的跨国证据是针对四年级学生的2021年国际阅读素养进展研究，其研究结果于2023年5月公布。来自57个中高收入国家和高收入国家的学生参加了研究。可以评估其中32个国家相对于2016年的进展情况。从某种意义上说，2021年国际阅读素养进展研究证实了新冠疫情对学习造成负面影响：32个国家中有21个国家的2021年成绩比2016年差，有8个国家保持了相同的水平，3个国家有所进步。但也可以认为这些结果没有预期的那么糟糕。在2016—2021年成绩有所下降的21个国家中，有10个国家在2011—2016年的成绩也是下降的。此外，按绝对值计算，在2016—2021年，国际阅读素养进展研究分数的平均下降幅度为8分，大约相当于儿童一学年学习水平的五分之一，考虑到学习中断的程度，其影响很小。但是，需要考虑一件重要的事，即这些是较富

裕国家，它们有许多办法来保持大多数学生的学习连续性。

过去两年里除了2021年国际阅读素养进展研究，在等待其他跨国评估数据发布的同时，已经有一些针对特定国家的研究发表了。然而，这些研究并没有立足于可持续发展目标4的全球熟练水平，这些在不同时间进行的针对不同教育等级和学科的研究进一步影响了数据可比性。尽管如此，这些研究仍表明，新冠疫情对教育系统造成了影响。对于较贫困国家似乎尤其如此，这些国家的学校关闭时间更长，远程学习的解决方案不如富裕国家那么多、那么有效。由于大多数研究来自高收入国家（Hammerstein et al.，2021; Moscoviz and Evans，2022; Patrinos et al.，2022），令人担心它们低估了低收入国家受到的影响。

针对特定国家的研究使用不同的结果指标来衡量学习损失。对学习结果的标准差（一种对离中趋势的衡量标准）的影响可以为比较提供一个共同的量尺和基础，以促进跨国比较。这些研究在设计上也有所不同。例如，用来与在学生返校后观测的学习结果相比较的，在一些研究中是基于过去趋势的预测结果，但是另一些研究则是新冠疫情之前的实际观测结果。有证据表明，初等教育的学习损失比中等教育更大，这可能是由于年龄较小的儿童的自律能力较弱（Hammerstein et al.，2021）。因此，与在中等教育开展研究的国家相比，获得初等教育研究证据的国家发现的学习损失可能会更高。

数据显示不同国家和远程学习方式在学习损失规模方面有显著差异，在高收入国家的影响较小（**图12.10**）。损失最大的是巴西和墨西哥，这两个国家在学习结果方面的退步超过了40%标准差，通常相当于一年的教育。在柬埔寨和马拉维也测量到较大的影响。然而，在6个撒哈拉以南非洲国家开展的更稳健的"监测对学习结果的影响"研究没有发现任何重大影响（UIS，2022a），但在解释这一结果时需要谨慎：如果在疫情之前撒哈拉以南非洲的学习水平是逐渐提升的，那么没有进展就等于在倒退。

正如预期的那样，在学校停课时间较长的国家，

图12.10

新冠疫情导致较贫困国家的学习损失更大
部分国家对学习损失的标准化测量

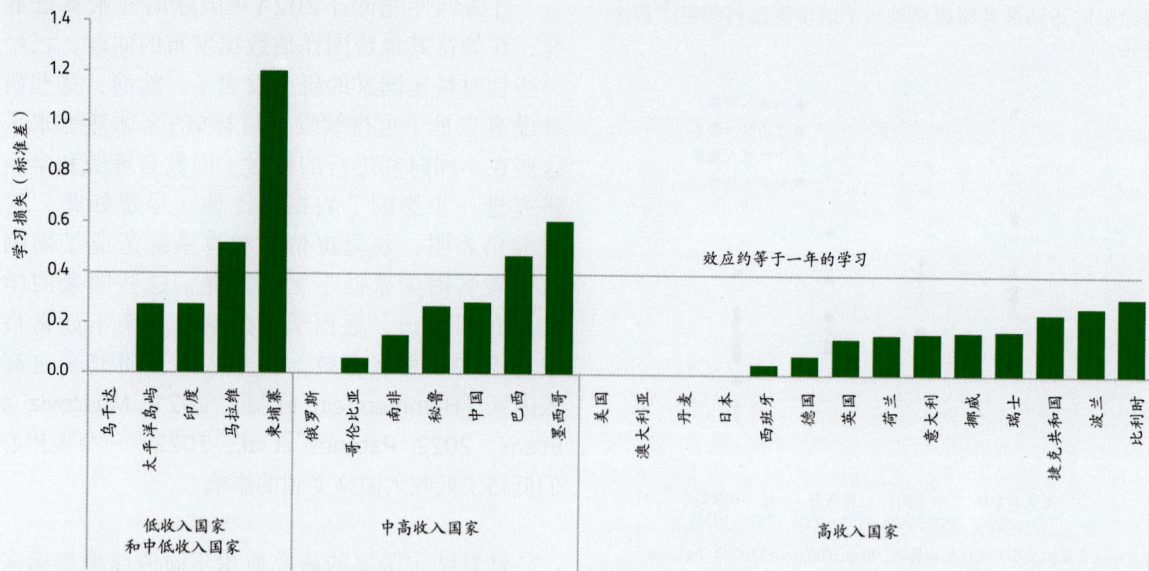

《全球教育监测报告》统计数据链接：https://bit.ly/GEM2023_fig12_10_

注：纵轴上的标准化测量表示由于学校关闭而导致的学习成果损失除以相应结果的标准差。学习损失及其标准差的测量来源于31项包含了新冠疫情后数据的研究，即含有学生返回学校后获得的成绩数据的研究。模拟研究被舍弃。各研究采用的方法（例如双重差分）、教育等级（例如初等教育、中等教育）、学科领域和目标人口（例如来自同一国家的不同地区）在不同国家之间和国家内部是不同的。在某个国家有多个估计数的情况下，计算平均值。来自太平洋岛屿的数据是汇总的，来源于"太平洋岛屿读写和计算能力评估"研究中关于阅读和数学的报告内容。
资料来源：《全球教育监测报告》小组基于各国研究对学习损失进行的估计。

图12.11

学习损失的规模与学校关闭的时长成正比，与互联网接入成反比
新冠疫情前后学习损失的标准化测量

a. 与学校完全关闭周数的关系（2020年3月—2021年10月）　　**b. 与互联网接入的关系**

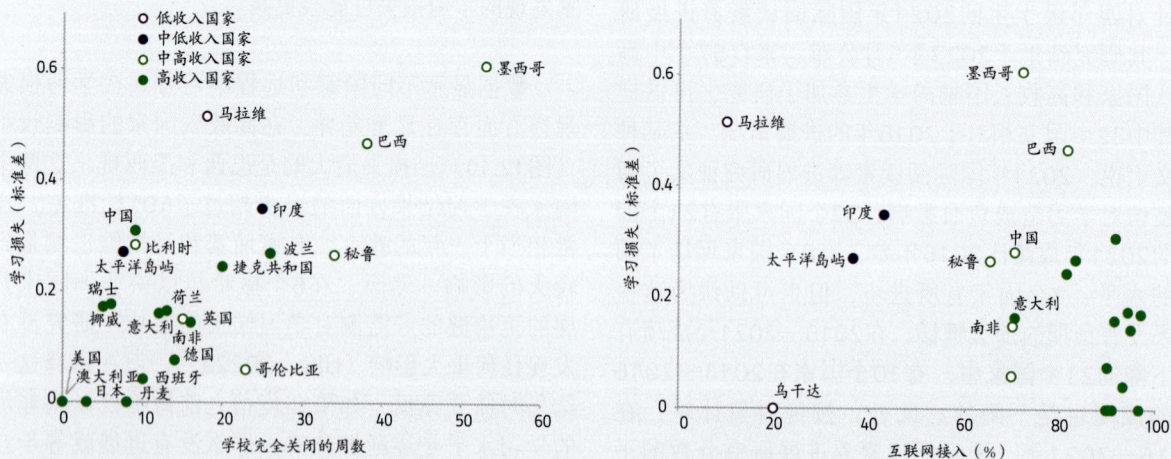

《全球教育监测报告》统计数据链接：https://bit.ly/GEM2023_fig12_11_a_　　　《全球教育监测报告》统计数据链接：https://bit.ly/GEM2023_fig12_11_b_
资料来源：《全球教育监测报告》小组基于统计研究所的数据对学习损失进行的估计和分析。

通常是低收入国家，学习损失更大（**图12.11a**）。各国的学习损失与学校关闭周数之间的相关系数为−0.72。例如，在学校关闭的53周里，墨西哥的学习损失是61%标准差，而哥伦比亚的学生在学校关闭的23周里损失了6%标准差。

在学生无法上网的国家，学习损失更大（**图12.11b**）。各国的学习损失与互联网接入之间的相关系数为0.48。在马拉维，最多只有20%的人口可以上网，学习损失相当于至少一年的学校教育（大于40%标准差）。相比之下，在澳大利亚、丹麦、日本和西班牙，有90%以上的人口可以上网，学习损失很小或者可以忽略不计。

焦点12.1：写作工具和技术是否（如何）重要？

尽管写作是学校教授的"三个R"基本技能之一，但与阅读和数学不同的是，写作很少被纳入标准化学习评估中。2019年拉丁美洲开展的"区域比较性和解释性研究"，以其西班牙语缩写ERCE而闻名，在评估中加入了一个评估写作技能的模块，并且得出了写作困难至少和阅读困难一样普遍的结论，不过其结论没有广泛传播。在美国，国家教育进步评价（NAEP）在2007年、2011年和2017年加入了一个写作模块。2011年的研究结果显示，存在明显的性别差距，37%的女孩表现出了熟练或高超的水平，而处于同等水平的男孩比例为18%。2017年的研究结果尚未公布，因为初步分析显示了影响结果的混杂因素，特别是，写作任务过去是纸笔作业，但在2011年的评估中被转移到了笔记本电脑上，在2017年又被转移到了平板电脑上。

写作的技术选择带来的挑战清晰地提醒我们，写作有一个物质维度，无论是用粉笔在石板上写字，还是用手写笔在平板上写字，它都和技术分不开。写作本身就是一种技术（Haas，2013）。创作供他人阅读的视觉标记已经有数千年的历史，从人类用脚趾、手指或棍子在沙地上画画就已经开始了。其他的书写表面和书写工具还包括纸莎草、黏土、蘸墨水的羽毛笔和机械打字机。

> **写作有一个物质维度，它与技术分不开。**

技术在写作中也可以发挥作用，从平常的技术，比如自动拼写检查，到较为抽象的技术，比如支持在线协作评论。辅助技术也是写作的关键，即使它往往会模糊写作和说话之间的界限：脸颊控制的虚拟键盘（Lange，2011）可以算作一种文本写作，其实它是从文本向语音合成的跳板。相反，即使是相对完善的语音转文本技术，迄今为止也没有减少课堂上对机械式写作的持续依赖，或许这种情况在未来会改变。在瑞典的一项调查中，超过三分之一的教师报告称，他们每周会有"一次或几次"利用语音转文本技术指导所有学生的写作，而不仅仅是把技术用于那些需要帮助的学生（Fälth and Selenius，2022）。

技术在书写的物理行为中也发挥着作用。主要有两种技术：一种是钢笔、铅笔和纸张，另一种是屏幕和键盘。但不太清楚的是，这两者是如何影响语言的表现和学习能力的。各种研究表明，每种技术都可能有益于学习。

多感官学习（Shams and Seitz，2008）或许能解释手写（Vasylets and Marín，20222）或记笔记（Mueller and Oppenheimer，2014）能提高学习成绩的实验研究结果。5岁儿童在用手写进行写作时，他们的阅读脑回路受到了激活，但他们在进行打字写作时就没有这样的激活（Lee et al.，2022）。最近的一项综述记录了关于手写的好处的证据（部分来自神经成像），使用数字手写笔也包含在内，无论是书写字词还是阅读（Vasylets and Marín，2022）。一种假设是，各种形式的手写行为都为学习提供了一种有益的刺激。

相比之下，打字的运动量更大，为学习提供了动觉益处（Askvik et al.，2020）。然而，字符之间的差异也很重要。例如，在汉语学习中，手写有利于学习者掌握正字法和正字–语义映射，而打字的好处在于表音法识别和表音–正字映射方面（Lyu et al.，2021）。

> 最近关于写作的研究提供了证据，表明打字也可能有利于写作的过程和表现。

另一个问题是，写作技术的选择是否会影响写作风格和文学品质。由于线性手指运动对运动能力的要求较低，学习者在打字时可以更快地达到"自动"的境界，留出更多的时间来思考他们想写什么，思考书写内容的更高层次的特征（Trubek，2016）。虽然一些真实的和准实验的证据确实指向了手写能造就更好的作家（Santangelo and Graham，2016），但是最近关于写作的研究提供了证据，表明打字也可能有利于写作的过程和表现（Vasylets and Marín，2022）。一项元分析发现，手写和键盘输入的流畅性是显著相关的，而且两者都能造就更好的作家（Feng et al.，2019）。一项针对挪威一年级学生的研究发现，用笔在纸上写字和用指头在平板电脑上敲字没有区别（Spilling et al.，2021）。一项小规模的定性研究表明，学生，尤其是抗拒写字的写作者，在打字时更有动力写长文本（Rønningsbakk，2022）。事实上，将打字作为一种替代方法是应对某些学习困难或功能困难的一种成熟的适应方式（Freeman et al.，2005）。

归根到底，在校外的日常生活中，年轻人倾向于根据不同的具体情况扬长避短地使用不同的写作技术（Farinosi et al.，2016）。比起在各种技术之间进行选择，更重要的可能是对所选技术的熟练程度。当使用手写时，笔迹更好看与文本质量更高（Limpo et al.，2017; Skar et al.，2021）和学业成功相关（McCarroll and Fletcher，2017）。同样地，如果没有盲打的能力，也就是不看键盘打字的能力，那么打字并不一定比手写快（Weigelt-Marom and Weintraub，2018），在电脑上写的文本质量也会受到影响（Weerdenburg et al.，2019）。在要求掌握更好的键盘输入技能的学校里的八年级学生在美国国家教育进步评价写作任务中的得分更高。

来自国家教育进步评价的关于美国八年级学生写作习惯和成绩的详细数据显示，自述更频繁采用手写方式完成作业的学生和更频繁使用电脑的学生都在写作方面拿到了更高的分数（图12.12）。如

果教师鼓励两种方式混用，即先用手写完成草稿，然后用电脑编辑完成终稿，这样的学生的写作成绩也很好。

图12.12
在手写写作和打字写作的人中，都可以找到优秀的作家
2011年按学生自述的用纸笔或计算机完成学校作业，以及按教师报告的要求两种方式混用的频率分列的，在写作方面表现出"熟练"或"高超"水平的美国八年级学生比例

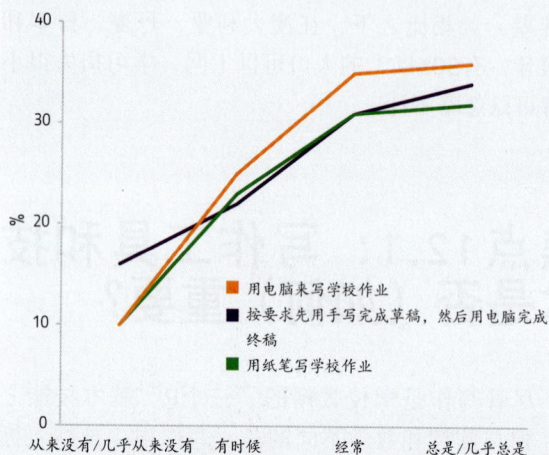

图例：
- 用电脑来写学校作业
- 按要求先用手写完成草稿，然后用电脑完成终稿
- 用纸笔写学校作业

横轴：从来没有/几乎从来没有　有时候　经常　总是/几乎总是

《全球教育监测报告》统计数据链接：https://bit.ly/GEM2023_fig12_12_
资料来源：2011年美国国家教育进步评价。

无论是打字、手写还是两者的结合，学生在经常完成写作作业的情况下都会表现出更高的熟练水平。最重要的似乎是，无论采用哪种方式，只要平时多练习写作就会获得高分。因此，由于手写和打字在现实生活中并不相互排斥，因此两者在课堂上都有一席之地。

焦点12.2：健康的学校膳食是普及教育和学习的关键所在

饿肚子的孩子学习不会好。学校供餐在支持认知发展表现方面发挥着关键作用。系统性综述证实了学校供餐对儿童健康和身体发育以及学校教育有积极的影响（Destaw et al.，2022; Kristjansson et al.，2007; D. Wang et al.，2021）。研究证实了包括

印度的午餐计划——世界上最大的计划——给学习带来的好处（Chakraborty and Jayaraman，2019），对最弱势的群体而言尤其如此（Kaur，2021）。在对14个低收入国家和中等收入国家进行的成本效益分析中，仅教育回报就高达1560亿美元，是投入成本110亿美元的10倍还多（Verguet et al.，2020）。

学校为儿童供餐，特别是免费供餐（**第22章**），对贫困家庭来说是选择上学的一种重要激励。如果设计得好，大规模的学校供餐计划也可以为当地创造就业机会，包括为农民提供就业机会。即使在新冠疫情早期阶段学校本身已经关闭的情况下，继续实施学校供餐计划的努力也没有丝毫放松（Borkowski et al.，2021），强调了在紧急情况下学校供餐的重要性。

即使是在实施教师管理或教学改革方面能力不足或困难的国家，也成功地实施了大规模的学校供餐计划（Beeharry，2021）；即使有的计划执行不力，计划产生的积极效果也相对稳健。与需要高技能技术人员或对教师提出大量要求的许多干预措施不同，学校供餐在扩大规模后其效力依然不减（Crawfurd et al.，2022）。

进一步改进工作也迫在眉睫：估计有三分之一的儿童无法获得健康食品（Cupertino et al.，2022）。低收入国家和中等收入国家约有7300万儿童生活极度贫困，有严重的营养不良问题（Drake et al.，2020）。在撒哈拉以南非洲，32%的儿童，即近乎三分之一的儿童发育迟缓。在中亚和南亚，14%的儿童严重消瘦（United Nations，2022）。与此同时，低收入国家和中等收入国家约有4000万5岁以下的超重幼儿和1.2亿肥胖儿童和青少年。饥饿、营养不良和肥胖构成了三重负担，而学校提供均衡的膳食是减轻这些负担的重要一环。

几乎每个国家都实施了某种形式的学校供餐计划（Chakrabarti et al.，2021）。2020年，学校供餐计划惠及3.88亿学童，约占在校学童的一半（WFP，2020b）。不幸的是，低收入国家的覆盖比例最低（**图12.13**）。中高收入国家的大多数计划惠及了大多数儿童，但在最需要供餐计划的低收入国家和中低收入国家，受益的目标群体往往更局限。

图 12.13
最需要学校供餐的国家往往也是学校供餐最有限的地方
2020年按国家收入组别分列的学校供餐国家计划覆盖范围

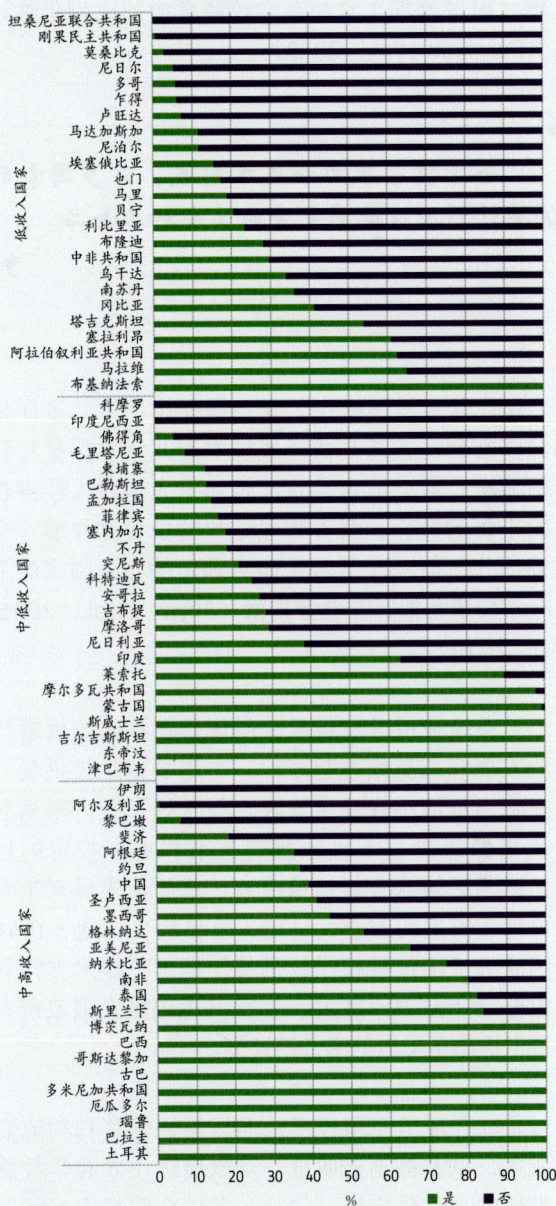

*《全球教育监测报告》统计数据链接：https://bit.ly/GEM2023_fig12_13_*
资料来源：WFP（2020b）。

学校供餐计划面临许多挑战。如果设计不良，这些计划可能会加重贫困儿童被排斥的现状（O'Connell et al.，2022）。学校膳食营养供应不足对营养不良问题的影响是有限的（H. Wang et al.，2020）。并不是所有的食物都有同样的营养，也不是所有的营养组合对儿童成长都有同等价值。与此同时，各种食物成分在应季性、营养密度和价格上也有所不同。由于监管不力和成本削减，许多国家的供餐计划正在使用更多的过度加工食品。在英国，中学生午餐几乎80%的热量来自过度加工食品。尽管孩子们从家里带来的午餐在营养方面往往更糟，但过度加工食品在学校膳食中的比例仍然过高（Parnham et al.，2022）。

> **"**
> 由于监管不力和成本削减，许多国家的供餐计划正在使用更多的过度加工食品。
> **"**

现代营养科学提供了食物搭配指导，以多样化和经济有效的方式来满足成长中的儿童对热量和营养的需求。最有前途的方法是加强大多数人经常食用的主食的营养。营养管理是学校供餐过程的一个关键部分，但23个低收入国家和中等收入国家尚未公布学校膳食的官方营养指南（Aliyar et al.，2015；FAO，2019）。

"本地种植学校供餐"倡议旨在将学校供餐与农业发展和减贫结合起来。"本地种植学校供餐"旨在将当地的小农或家庭农户与学校和校区联系起来。该倡议得益于可预测的买家和更多投资的机会，以及更短的食物运输距离，从而使农民产生多种可持续发展的收益。目前，世界粮食计划署在46个国家为"本地种植学校供餐"提供了技术支持和资源框架（WFP，2023），而其他国家在国家所有制下也推出了类似的多部门计划。

通过合理地使用技术，如运输、标签和物流监测技术，以及提高透明度，可以促进小农和学校融入当地的食品供应链。例如，美国在学校因疫情关闭期间，采用了基于人工智能的路线规划和调度来优化使用校车运送校餐（Smith et al.，2020）。

物流对卫生也很重要。全球每年有近三分之一的人口受到食源性疾病的困扰（Cupertino et al.，2022）。冷链技术的缺乏限制了一些国家的人食用鱼类，包括安哥拉、洪都拉斯、秘鲁，甚至包括圣多美和普林西比等岛国（Ahern et al.，2021）。如果"本地种植学校供餐"使用来自非商业家庭农场的农产品，就必须监测这些产品是否符合卫生规程，因为肉类和鱼类的污染并不少见，比如在巴西就出现过（de Rosso et al.，2021）。

许多学校缺乏基本的基础设施，包括用于烹饪的基础设施。在低收入国家和中等收入国家，参与学校供餐计划的学校中，只有大约40%的学校有厨房。鉴于学校缺乏合适的基础设施，可以通过集中准备膳食，然后分发给学校，或通过提供饼干等干零食来克服困难。可以在大型中央厨房制作符合公认的食品安全标准的营养食品。肯尼亚屡获殊荣的"Food4Education"倡议成功采用了一种集中的模式（Food4Education，2023），该倡议设有4个厨房，每天可为多达3万名儿童供餐。在学校，一顿餐食的费用是通过一个可点击支付的手环收取的，家庭可以使用移动支付系统进行充值。

食物直接或间接产生的碳排放在全球碳排放中的占比很大，包括所食用的食物和浪费的食物。学校浪费的食物既是不必要的环境负担，也是营养的流失（Liu et al.，2016）。特别是对儿童来说，食物必须美味可口。加纳的一项研究表明，没有其他选择的弱势儿童如果不喜欢学校提供的食物，他们可能会选择挨饿（Mohammed，2021）。符合当地的饮食文化，对于鼓励儿童在学校发展烹饪技能也很重要（Cupertino et al.，2022）。享用食物，即使是美味的食物，也不一定会像准备食物那样对学习者有教育作用（Andersen et al.，2017）。自2006年以来，世界卫生组织解决学校环境中与营养相关的健康问题的框架采取了一种整体观，超越了学校供餐本身，结合了营养政策、增强意识和培训、支持良好营养的课程和学校环境（Cupertino et al.，2022）。

回到学校的第一天，斐济马拉马鲁阿小学的学生们在联合国儿童基金会新设立的临时教室前玩耍，享受午休时光。

图片来源：UNICEF/UN0410110/Stephen/Infinity Images.*

重要信息

2015—2020年，全球幼儿教育参与率稳定在75%左右。撒哈拉以南非洲以及北非和西亚这两个区域的基线值最低、增长最多，各增长了大约4个百分点。

新冠疫情阻碍了一些国家的进展。在部分中低收入国家（尼泊尔和菲律宾）、中高收入国家（阿尔巴尼亚和多米尼加共和国）和高收入国家（阿曼和乌拉圭），幼儿教育参与率下降了约20个百分点。

不提供任何免费学前教育的国家的平均入学率为68%，而保证一年免费学前教育的国家的平均入学率为78%，保证至少两年免费学前教育的国家的平均入学率为83%。

在家庭藏书中至少有3本儿童读物的国家，拥有积极的、激发潜能的家庭环境的儿童的比例往往会更高。在近40个国家里（以撒哈拉以南非洲国家为主），超过90%的儿童的家庭藏书数量不到3本。

积极的户外游戏活动是幼儿教育的基本要素之一，但一项对28个国家的研究表明，实现高水平的体育活动的儿童太少。在较富裕的城市环境中，缺乏户外活动可能是一个更大的问题，技术的快速迭代和越来越长的屏幕使用时间正在让这个问题变成全球政策关切。

第13章

具体目标 4.2

幼儿教育

到2030年，确保所有女童和男童可以获得优质的幼儿发展、保育和学前教育，使他们为初等教育做好准备。

全球指标

4.2.1 24—59月龄儿童中健康、学习和社会心理健康正常发展的比例，按性别统计

4.2.2 参与有组织学习的儿童比例（正规初等教育入学年龄前一年），按性别统计

主题指标

4.2.3 5岁以下儿童拥有积极的、激发潜能的家庭学习环境的百分比

4.2.4 幼儿教育毛入学率，包含（a）学前教育和（b）幼儿教育发展项目

4.2.5 法律框架所保障的（i）免费和（ii）义务的学前教育年限

可持续发展目标具体目标4.2强调了幼儿发展的重要性。它侧重于监测法规、家庭环境以及幼儿保育和教育的参与情况，另外还有其他几个因素发挥了重要作用，包括幼儿保育和教育供给的类型与质量（焦点13.1）。

主题指标4.2.5衡量的是在法律框架下保证的免费和义务的学前教育年限。大约有一半的国家没有提供免费的学前教育，四分之三的国家没有提供义务学前教育（图13.1）。2022年，在186个有数据可查的国家中，有88个国家对于提供免费或义务的学前教育仍然没有任何立法承诺。

自2015年以来，这方面的进展一直缓慢，甚至进一步放缓。2010—2015年，10个国家延长了免费学前教育年限，18个国家延长了义务学前教育年限。自2015年各国承诺提供至少1年的免费和义务的学前教育以来，又有13个国家延长了免费学前教育年限，5个国家延长了义务学前教育年限。2015—2018年，阿塞拜疆的免费学前教育从0年增加到5年，拉脱维亚现在保证了6年的免费学前教育和2年的义务学前教育。

保证免费和义务的学前教育的国家的入学率往往要高得多。在不提供任何免费学前教育的国家，比初等教育正规入学年龄小一岁的儿童的平均入学率为68%，而该比例在保证1年免费学前教育的国家为78%，在保证至少两年的国家为83%（图13.2）。使学前教育成为义务教育，与教育参与率之间有更强的关联。学前教育不是义务教育的国家的平均入学率为69%，而该比例在有1年义务学前教育的国家为89%，在有至少两年义务学前教育的国家为92%。

> " 使学前教育成为义务教育，与教育参与率之间有更强的关联。"

图13.1

许多国家保证至少1年的免费学前教育，但只有大约四分之一的国家保证了义务学前教育
在法律框架下保证免费和义务的学前教育的国家数量

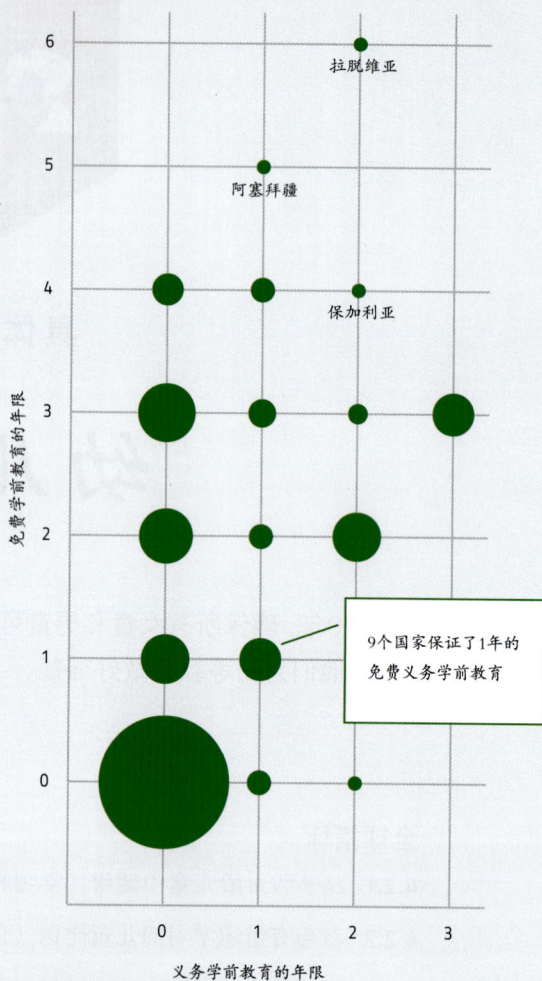

9个国家保证了1年的免费义务学前教育

《全球教育监测报告》统计数据链接：https://bit.ly/GEM2023_fig13_1_
资料来源：统计研究所数据库。

个别国家的发展轨迹有助于确认法律框架可能对学前教育所产生的积极影响。例如，在阿塞拜疆，实施义务和免费的学前教育与比初等教育正规入学年龄小一岁的儿童的入学率显著提高有关（图13.3a）。乌兹别克斯坦2017年实行了两年的免费和义务学前教育，在随后五年里入学率翻了一番。然而，影响的强度还取决于各国如何落实和执行立法：在有的国家，包括肯尼亚和尼日利亚，尽管法律对免费教育做出了规定，父母还是被要求支付制服费、考试费和教科书费等隐性费用（Cinnamon, 2022; Malala Fund, 2021）。

图13.2

保证至少1年免费或义务学前教育的国家的参与率较高

最近一年按法律框架保证的免费和义务学前教育年限分列的有组织学习的平均参与率（初等教育正规入学年龄前一年）

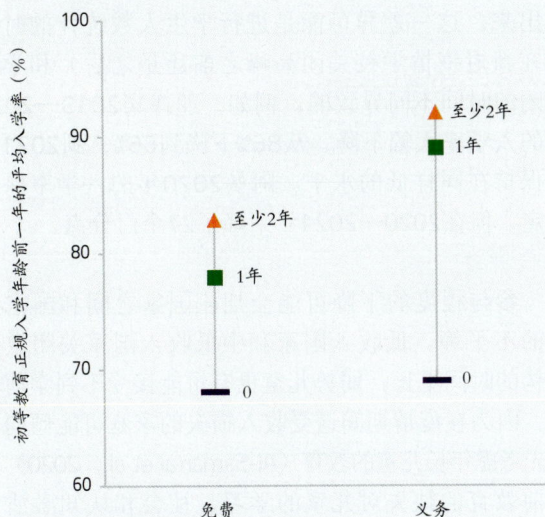

《全球教育监测报告》统计数据链接：https://bit.ly/GEM2023_fig13_2_
资料来源：统计研究所数据库。

法律保障还可以帮助改进学前教育的公平性。厄瓜多尔过去15年来的入学率相对较高，2008年宪法改革将免费和义务学前教育从1年延长到3年，改善了财富均等指数——这个指标衡量了最富裕和最贫困的孩子在就读率方面的差距（Ecuador Republic，2008）。2008年以前，最富裕的儿童接受学前教育的可能性比最贫困的儿童高25%，自2010年以来，这一差距缩小了一半多（图13.3b）。

2007年，加纳推出了一系列幼儿教育政策，包括保证两年的免费和义务学前教育。考虑到民办教育机构的普遍存在，政府对私立教育机构收取的学费和其他费用施加了限制（Pesando et al., 2020）。从那时起，比初等教育正规入学年龄小一岁的儿童的净就读率一直在稳步增长，财富均等指数大大提高，即每有100个最富裕儿童入学，对应的最贫困儿童的入学人数从2006年的50人增加到2018年的74人（图13.3b）。

因此，缺乏免费和义务的学前教育立法可能会削弱各国2025年和2030年的可持续发展目标4基准。总共有117个国家（以非洲和亚洲国家为主）制

图13.3

保证免费和义务学前教育与更高参与度和更公平的参与有关

a. 有组织学习的参与率（初等教育正规入学年龄前一年）

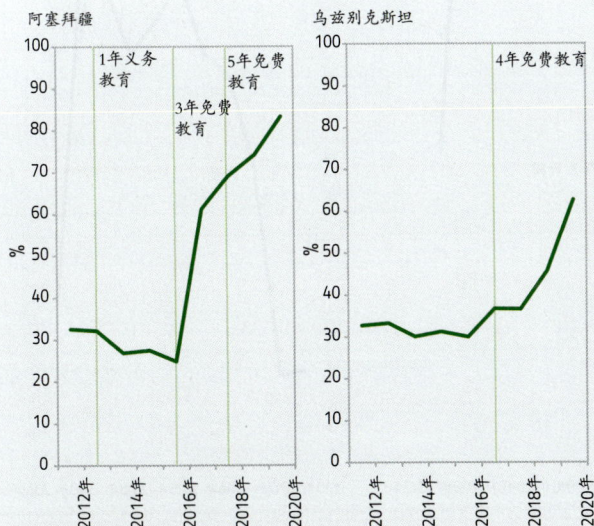

b. 有组织学习的就读率的财富均等指数（初等教育正规入学年龄前一年）

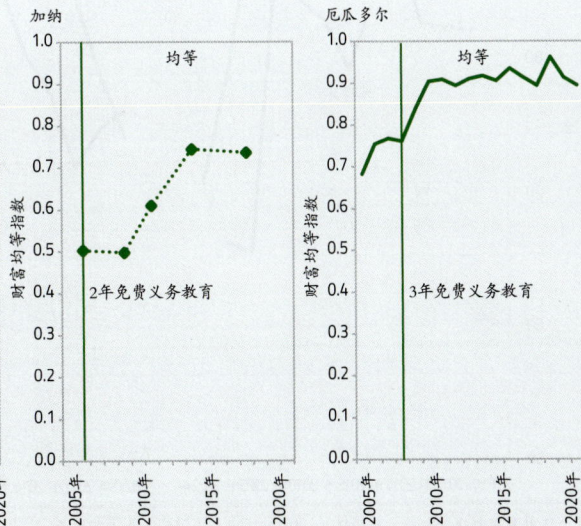

《全球教育监测报告》统计数据链接：https://bit.ly/GEM2023_fig13_3a_
注：虚线表示趋势是插补的。
资料来源：统计研究所数据库。

《全球教育监测报告》统计数据链接：https://bit.ly/GEM2023_fig13_3b_

定了提升学前教育参与程度的目标，但没有立法将学前教育定为义务教育。例如，肯尼亚设定了一个目标，即到2025年，比初等教育正规入学年龄小一岁的儿童入学率超过80%，而巴基斯坦设定的目标是95%，但是这两个国家都不提供免费或义务学前教育（UNESCO，2023）。

> "
> 2020年4月初，在学前班和幼儿园关闭的高峰期，超过1.8亿名儿童的学前教育被迫中断。
> "

新冠疫情可能阻碍了一些国家的进展，至少在短期内有这样的影响。2020年4月初，在学前班和幼儿园关闭的高峰期，超过1.8亿名儿童的学前教育被迫中断（Nugroho et al.，2021）。2020年，幼儿园平均关闭了78天，从高收入国家的46天到中低收入国家的122天不等（UNESCO，2021）。年龄较小的孩子比中小学生失去了更多的教学日，而且他们不太可能获得

远程学习的机会（Nugroho et al.，2021）。

这种中断导致许多国家的学前教育参与程度急剧下降（图13.4）。在一些国家，这种影响在2020年就已经非常显著了，在另一些国家到2021年才显现出来。这一差异可能是进行学生人数统计的时间（在新冠疫情学校关闭高峰之前还是之后）和学校关闭的时间不同导致的。例如，菲律宾2019—2020年的入学率大幅下降，从86%下降到66%，到2021年仍保持在同样低的水平。阿曼2020年的入学率保持稳定，但在2020—2021年下降了27个百分点。

参与程度的下降可能会加剧国家之间和国家内部的不平等。低收入国家和中低收入国家关闭教育机构的时间更长，弱势儿童更有可能接受不到学前教育，因为在疫情期间遭受收入损失的家庭可能倾向于优先考虑年长儿童的教育（Al-Samarrai et al.，2020）。学前教育的缺失对儿童的学习、社会和认知激活有

图13.4
在有的国家，幼儿教育参与率在新冠疫情期间大幅下降
2010—2022年部分国家在初等教育正规入学年龄前一年有组织学习的参与率

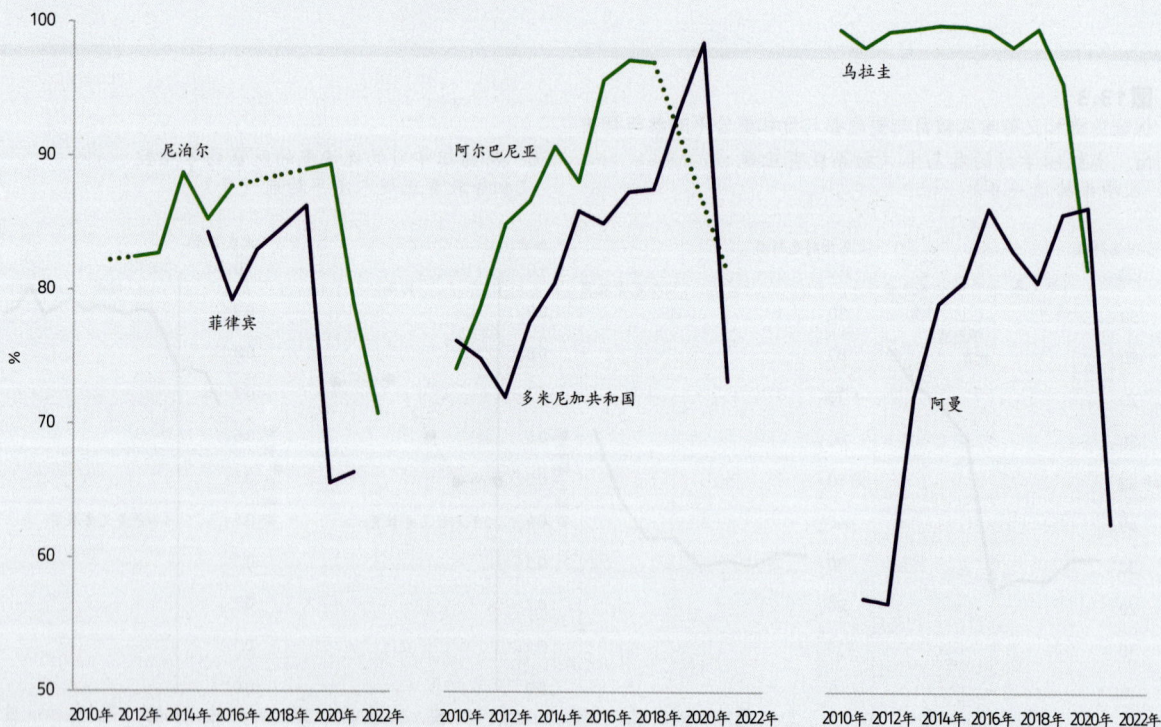

《全球教育监测报告》统计数据链接：https://bit.ly/GEM2023_fig13_4_
注：虚线表示趋势是插补的。
资料来源：统计研究所数据库。

显著影响（Yoshikawa et al., 2020）：一项研究估计，仅2020年3月至2021年2月期间的学校关闭就将导致1100多万名儿童偏离发展轨道（McCoy et al., 2021）。

儿童全面发展的重要性反映在全球指标4.2.1中，即在健康、学习和社会心理健康方面正常发展的5岁以下儿童的比例。已经采取了各种措施来改进对这一指标的监测方式。自2015年以来，联合国儿童基金会系统性地审查了现有工具，确定了衡量儿童发展情况的项目，进行了认知测试，试行了问卷草案和行政管理程序。新的监测工具"幼儿发展指数2030"（ECDI2030）比原来的"幼儿发展指数"（ECDI）涵盖的内容更广泛、更全面。它包含了3个相互关联领域的20个问题，3个领域分别是学习、社会心理健康和健康（UNICEF，2022）。

2020年3月，联合国统计委员会批准在未来数轮的联合国儿童基金会多指标聚类调查中实施"幼儿发展指数2030"，并将该指数纳入人口和健康调查及国家数据收集工作（Petrowski et al., 2022）。

到目前为止，仅获得了少数国家使用"幼儿发展指数2030"得出的结果。来自尼日利亚和越南的数据可以作为例子来解释新旧"幼儿发展指数"衡量标

准之间的差异。在这两个国家，使用"幼儿发展指数2030"测得的正常发展的儿童数量比用之前的"幼儿发展指数"测得的要少。在尼日利亚，2016—2017学年使用"幼儿发展指数"测得的正常发展的儿童的比例比2021年使用"幼儿发展指数2030"测得的比例高出14个百分点。在越南，前者比后者高出11个百分点。考虑到新模块覆盖的大量发展子域，这一结果是可以预见的。然而，和之前的"幼儿发展指数"结果（UNESCO,2021）一样，新的"幼儿发展指数2030"也突显了不同背景的儿童在发展方面存在显著的不平等。在尼日利亚，母亲受过高等教育的儿童中有79%发展正常，但母亲没有完成初等教育的儿童中只有31%发展正常（图13.5）。

具体目标4.2还指出，儿童的大部分发展都发生在家里，孩子们第一次学习社交、摆弄物品和材料、发展语言和探索周围的世界都是在家里完成的。因此，主题指标4.2.3考察了儿童是否身处一个积极的、激发潜能的家庭环境，具体表现为成人是否参与了一系列活动：和儿童一起阅读或看图画书，讲故事，唱歌，带儿童出门、游戏、命名、计数和（或）绘画。这些养育活动都与更好的发展结果相关（Fletcher and Reese, 2005; UNESCO, 2021）。

来自贫困家庭的孩子在家里往往不太可能经历

图13.5
新的"幼儿发展指数"突显出了不平等现象
2021年按特征分列的正常发展儿童所占比例，依据"幼儿发展指数2030"测算

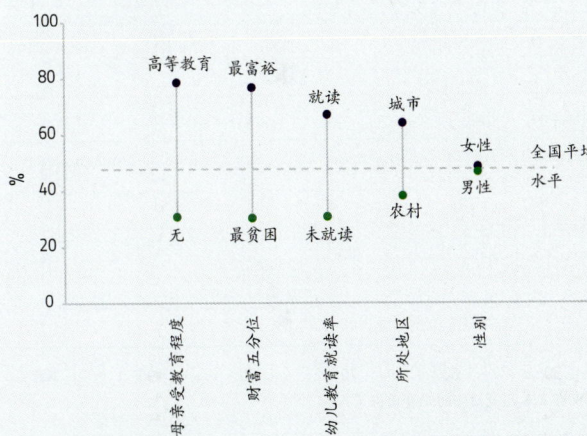

a. 尼日利亚

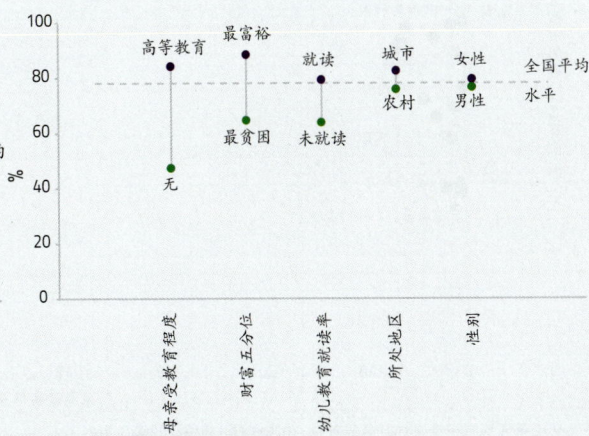

b. 越南

《全球教育监测报告》统计数据链接：https://bit.ly/GEM2023_fig13_5_
注：幼儿教育就读率的测量不包含2岁儿童，因为只收集了3岁和4岁儿童的数据。
资料来源：多指标聚类调查报告。

积极的成人陪伴。造成这种模式的一个原因是贫困增加了父母的压力，挤压了他们陪伴孩子的时间，他们的时间大多花在了劳动和解决生计问题上（UNESCO, 2020; Verdisco et al.,2016）。另一个原因可能是缺乏物料（比如儿童书籍和玩具）。在家庭藏书中至少有3本儿童读物的国家，往往有更多儿童的家庭环境是积极的、激发潜能的

> "
> 来自贫困家庭的孩子在家里往往不太可能经历积极的成人陪伴。
> "

（图13.6）。在近40个国家中（以撒哈拉以南非洲国家为主），90%以上的儿童家里只有不到3本儿童读物（UNICEF，2021）。

焦点13.1：幼儿教育中缺少积极的户外游戏活动

《教育2030行动框架》并没有将游戏活动作为可持续发展目标4的基本要素。其中指出，幼儿"会对自我和周围的世界进行大量的意义创造"，但没有提及

图13.6
家庭藏书量与积极的、激发潜能的家庭环境有关
2010—2019年家庭藏书中至少有三本儿童读物的儿童所占比例和家庭学习环境积极且富有激励性的儿童所占比例

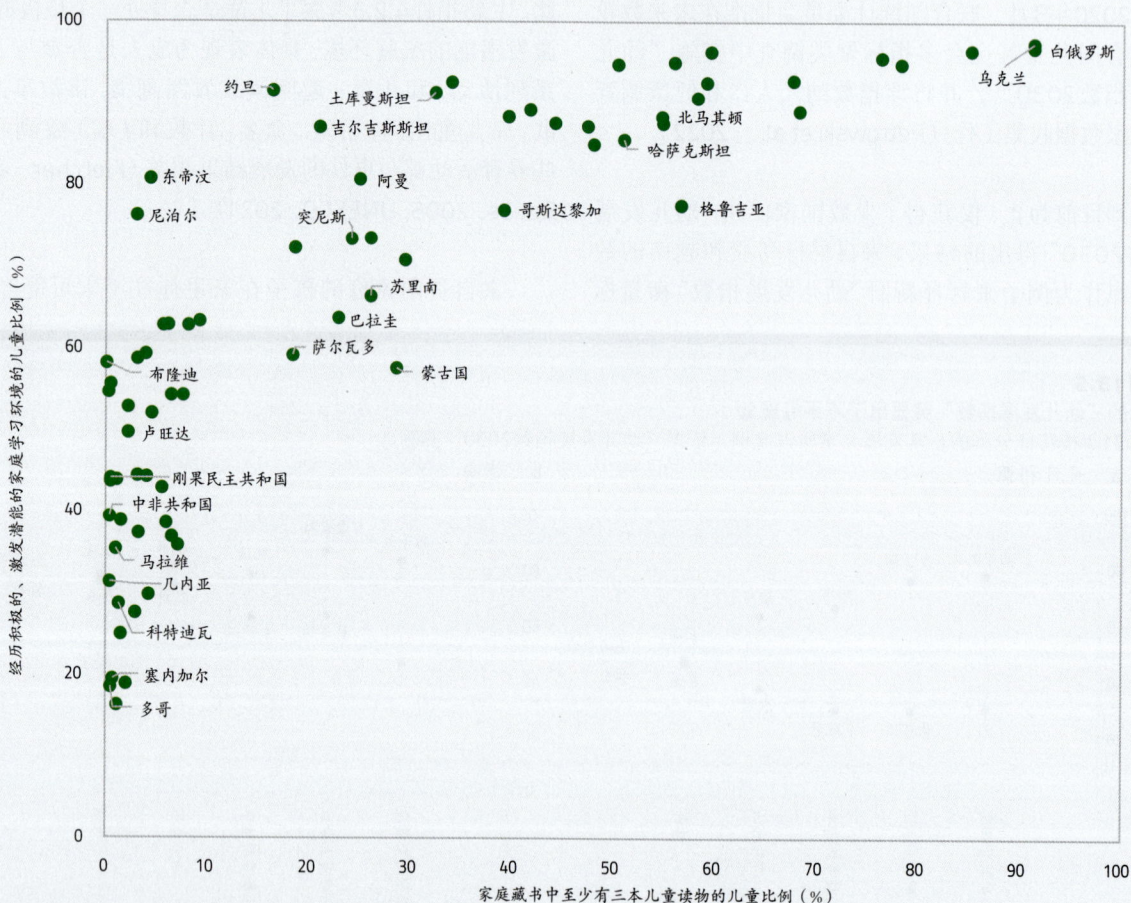

《全球教育监测报告》统计数据链接：https://bit.ly/GEM2023_fig13_6_
资料来源：统计研究所和联合国儿童基金会数据库。

2015年以来的进展：可持续发展目标指标4.2.2

全球指标4.2.2（参加有组织学习计划的儿童的百分比）的变化趋势，突出表明自2015年以来的进展非常缓慢。在全球范围内，2015—2020年的参与率一直稳定在75%左右。最大增幅（约为4个百分点）出现在撒哈拉以南非洲以及北非和西亚，这两个区域的基线值也是最低的（图13.7）。但是，如果各国要实现国家可持续发展目标4基准进程中为2025年和2030年设定的具体目标，就必须大大加快进度（UNESCO，2023）。在撒哈拉以南非洲，2015—2020年参与率平均每年增加0.7个百分点；但是，增长速度必须加快3倍，即每年提高2.8个百分点，才能达到该区域的2025年基准——如果发现新冠疫情产生了长期影响，甚至还需要更快。

2023年可持续发展目标4计分卡监测了个别国家在实现国家基准方面的进展，并且考虑到了它们的起点和在2000—2015年取得的进展。总的来说，高收入国家更有可能被归入已经达到或有很大概率（超过75%）达到2025年国家基准的国家类别。然而，还有15个低收入国家和中低收入国家有望达到它们的基准：布基纳法索、布隆迪、不丹、柬埔寨、科特迪瓦、加纳、几内亚、印度、吉尔吉斯斯坦、蒙古国、摩尔多瓦共和国、卢旺达、塞拉利昂、瓦努阿图和越南（UNESCO，2023）。

图13.7
各区域必须加快发展，以实现其2025年和2030年的学前教育参与率目标
有组织学习参与率（初等教育正规入学年龄前一年）和2025年及2030年的区域基准值

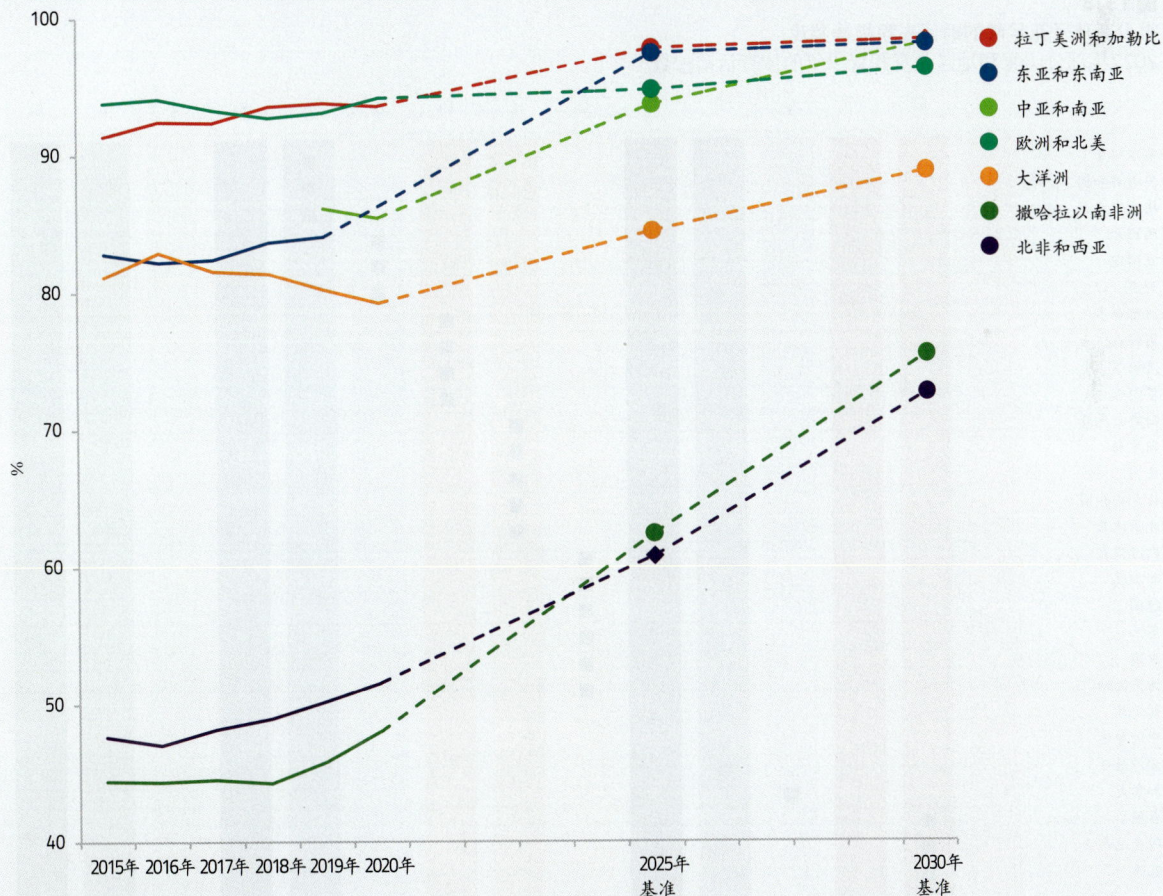

图例：
- 拉丁美洲和加勒比
- 东亚和东南亚
- 中亚和南亚
- 欧洲和北美
- 大洋洲
- 撒哈拉以南非洲
- 北非和西亚

*《全球教育监测报告》统计数据链接：https://bit.ly/GEM2023_fig13_7_*
注：虚线表示趋势是插补的。
资料来源：统计研究所和联合国儿童基金会数据库。

他们与自然世界的互动。尽管积极的户外游戏活动是幼儿教育的基本要素之一，但一项关于非结构化游戏和（或）户外时间的全球研究表明，所有国家或地区的儿童和青少年的体育活动都没有达到高水平（图13.8）。在更富裕的城市环境中，缺乏户外活动可能是一个更大的问题，但技术的快速迭代和越来越长的屏幕使用时间正在让这个问题变成全球政策关切。

自然教育放大了户外游戏的好处和风险。自然教育可以为锻炼科学能力，包括观察、分类和预测等提供机会（Yanagihara，2019），也为锻炼通用技能，包括问题解决能力、批判性思维、领导力、团队合作和沟通能力等提供机会（Kuo et al.，2019）。在户外场

景下甚至可以在不需要参考或操作电子设备的情况下引入编程能力培养（Bell and Vahrenhold，2018; McLennan，2020; Polat and Yilmaz，2022; Saxena et al.，2020; Singhal，2022）。一项系统性综述也得出了类似的结论：自然经验有望增加内容知识和对科学方法的见解（Schilhab，2021）。例如，森林幼儿园是一种日常的户外教育计划，那里只有有限的室内设施，甚至根本没有室内设施。孩子们大部分时间都在户外，课程以户外活动为基础（Larimore，2016）。

> **自然教育放大了户外游戏的好处和风险。**

图13.8
很少有孩子花足够的时间去积极地游戏
2022年部分国家和地区儿童和青少年的体育活动指数

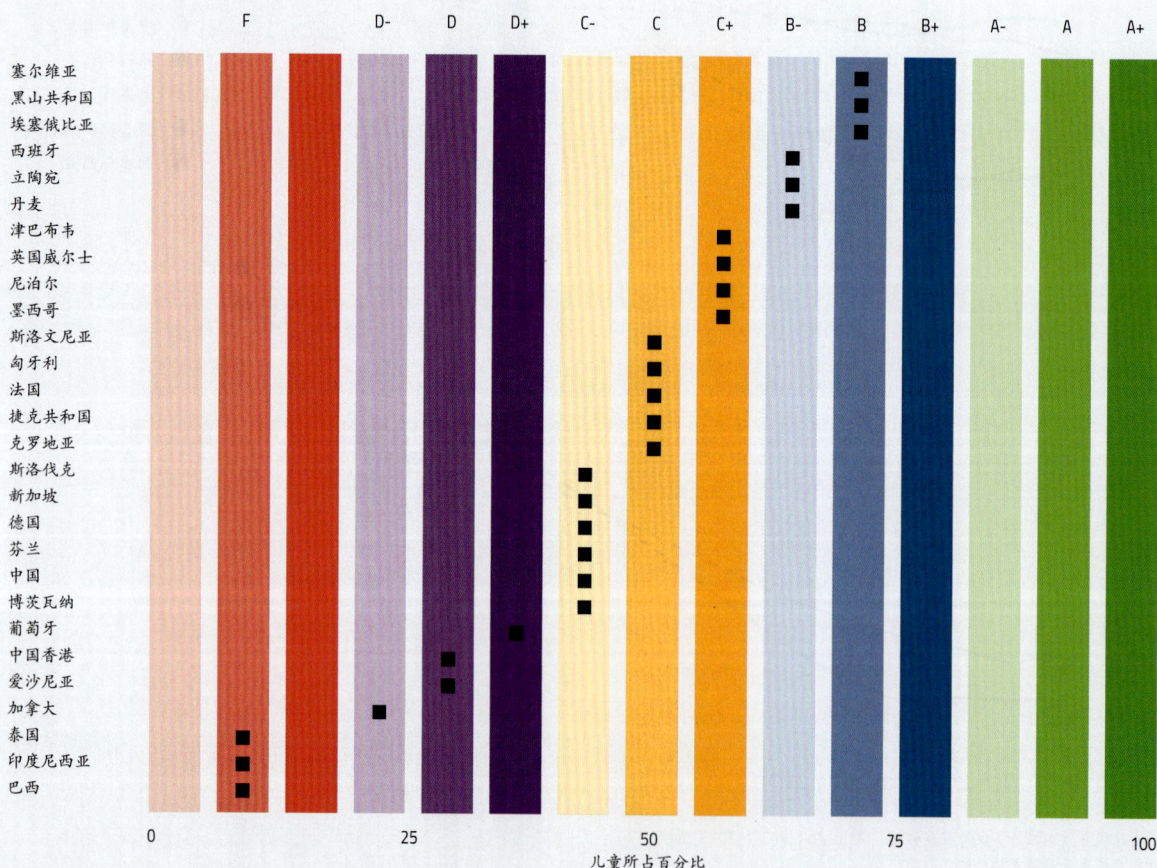

《全球教育监测报告》统计数据链接：https://bit.ly/GEM2023_fig13_8_
注：体育活动报告卡的各个水平基于国家专家团队的评估，评估内容包括（a）每天至少有2小时以任何运动强度参与非结构/无组织积极游戏活动的儿童和青少年的近似百分比或（b）报告每天在户外超过2小时的儿童和青少年的百分比，或两者的结合。
资料来源：Aubert et al. (2022)。

一些研究表明，户外活动中镇静的一面是有益的，对弱势儿童来说尤其如此（Kim et al.，2012；Kuo and Taylor，2004；Yildirim and Akamca，2017）。认可非常规的幼儿教育形式可能会减少土著社群参与的障碍。新西兰1996年引入、2017年更新的双文化课程"Te Whāriki"，早在森林幼儿园模式出现之前就要求教师将毛利人认知和连接自然环境的方式纳入教学（Masters and Grogan，2018）。此外，同样反映毛利人思维的替代性本土倡议也达到了相当大的规模，例如，在学校教育阶段有1000个"环境学校"（Enviroschools），在幼儿教育阶段有200个"环境学校"（Alcock and Ritchie，2018）。新西兰等国家长期以来提倡将植物知识和户外生存技能的传统教学作为一种幼儿教育形式，就像纳米比亚的桑族人那样（Haraseb，2011）。

自然幼儿教育在低收入国家和中等收入国家可能发挥的作用是模糊的。自然幼儿教育利用的是在环境中发现的东西，所以它在租金和设备方面的成本比现代幼儿园要低。但是，自然幼儿教育需要一个既方便又足够安全的户外空间，这在许多情况下都是一种奢侈。

恶劣天气、野生动物或有毒植物都可能带来安全风险。然而，一项关于日本的森林幼儿园和传统幼儿园伤害事件的频率、类型和原因的研究发现，森林环境中的伤害并不明显高于学校环境（Imanishi et al.，2018），不过某些类型的伤害——如烧伤和蜱虫叮咬——是森林幼儿园特有的。捷克共和国的研究也报告了类似的结果（Michek et al.，2015）。

自然幼儿教育通常是已经跻身特权阶层的家庭的精英体验（Perlman et al.，2020）。例如，在美国，非洲裔儿童、西班牙裔儿童、有特殊需要的儿童和来自主要语言非英语的家庭的儿童在这些项目中所占的比例都不足（Natural Start Alliance，2017）。

目前还没有任何关于自然幼儿教育计划的权威数据，因为这是一项小众服务。然而，在部分高收入国家进行的研究表明，自然幼儿教育的数量正在增加。挪威有356所自然幼儿园（Alme and Reime，2021），约占该国5788所幼儿园的6%。丹麦的自然幼儿园浪潮起源于20世纪末，目前已有500多所自然幼儿园（Riis，2023）。到2014年，捷克共和国有120个这样的组织；而德国约有2000个（Bundesverband der Natur- und Waldkindergärten，2023），高于2004年报告的"300多个"（Kiener，2004）；瑞典有180个（Michek et al.，2015）。据北美环境教育协会估计，美国至少有585所自然幼儿园，而在2010年还只有不到25所（Natural Start Alliance，2020）。据报道，截至2014年，日本有100多所森林幼儿园（Imamura，2014）。

监管框架并不太能适应这一增长趋势。包括捷克共和国和德国在内的一些国家已经通过了具体的规定来定义和承认森林幼儿园（Klauer，2016）。在英国苏格兰，政府通过了一项"游戏战略"，并改变了监管机构的角色，以帮助教育机构改善儿童的户外活动体验（Mathias，2018）。但主流法规大多假定有一个室内设施，例如规定每名儿童享有的最小面积或厕所的最低数量。按照定义，森林幼儿园，特别是最纯粹的森林幼儿园，并不能满足这种要求。在澳大利亚，因为无法满足全日制教育中心的监管要求，自然幼儿教育每天只能开展4小时（Christiansen et al.，2018）。一种替代性解决办法是在非全日制教育机构和幼儿教育以外的其他框架下运行自然教育计划。例如，在韩国，许多森林幼儿教育机构是由韩国林务局而不是教育行政部门运营的，这些"幼儿森林体验中心"避免了对已许可幼儿园的监管限制（Jeon et al.，2020）。

学生穆罕默德在维修电路。他在由联合国儿童基金会支持的职业培训课上学过电路维修的相关知识，该职业培训课程由也门萨达省的扎赫拉人工智能（Al Zahra）基金会实施。

图片来源：UNICEF/UN0804476/
UNICEF/YPN*

重要信息

在最近有数据可查的115个国家中，25—54岁的成年人接受正规和非正规教育与培训的参与率中位数为3%，从低收入国家和中低收入国家的2%到高收入国家的7%不等。

在有2015年和2020年或2021年数据的57个国家（多数为高收入国家）中，参与率中位数下降了10个百分点，这主要是新冠疫情导致的。例如，2019—2020年，法国的参与率中位数从23%下降到15%，而在英国这一比例从15%下降到6%。

过去十年来，全球高等教育入学率有所增长，但2015年之后增速有所放缓：毛入学率从2010年的29%上升到2015年的37%，而后在2020年达到40%。

到2020年，女性的高等教育毛入学率为43%，男性为37%。在有数据可查的146个国家和地区中，106个国家和地区存在女性占优势的情况，30个国家存在男性占优势的情况。后者中有22个为撒哈拉以南非洲国家。

与高等教育相比，职业技术教育中的性别差距较小，而且往往是男性占优势。在有数据可查的146个国家中，有40个国家存在男性占据相当大优势的情况，只有3个国家存在女性占据相当大优势的情况。

微证书的灵活性和相对较低的成本为促进公平提供了可能。然而，这种潜力有局限性，因为微证书在劳动力市场上通常没有传统学位那么受重视。

第14章

具体目标4.3

职业技术教育、高等教育和成人教育

到2030年，确保所有女性和男性平等地接受可负担的优质职业技术教育和高等教育，包括大学教育。

全球指标

4.3.1 此前12个月青年和成人参与正规和非正规教育与培训的比例，按性别统计

主题指标

4.3.2 高等教育毛入学率，按性别统计

4.3.3 职业技术教育项目（15—24岁）参与率，按性别统计

可持续发展目标具体目标4.3所涵盖的义务教育后的各种教育机会非常广泛，没有任何指标能够反映全球在这方面所取得的进展。全球指标4.3.1只关注一个角度：此前12个月青年和成人参与正规和非正规教育与培训的比例。与具体目标4.3下的所有指标一样，重点是教育机会，而不是可负担性、质量和公平性（性别不平等除外）。

正规教育与培训的参与人数可以通过询问教育机构和受益者来衡量，但非正规教育与培训机会只能通过询问受益方来进行系统的估计。因此，这一指标所依据的数据主要来源于由国际劳工组织编制、由联合国教科文组织统计研究所分析的劳动力调查。

在最近有数据可查的115个国家中，25—54岁的成年人接受正规和非正规教育与培训的参与率中位数为3%（**图14.1**），从低收入国家和中低收入国家的2%到中高收入国家的3%和高收入国家的7%不等。

在欧洲，参与率的中位数为8%，所有参与率在10%以上的国家都在这个区域。不过，欧洲劳动力调查中教育与培训问题的参考期是调查前的最近4周，而不是该指标原定的近12个月。另一项专门调查——"成人教育调查"大约每5年进行一次，有12个月的参考期，其测得的参与率要高得多。总的来说，考虑到不同调查有不同参考期，在比较这一指标的数据时需要谨慎。

数据还显示，全球范围内两性的参与率是平等的，男性为3.1%，女性为3%。在有按性别统计的数据可查的113个国家中，只有6个国家的性别差距超过5个百分点，而且都是女性占优势。这6个国家中有5个都位于北欧（丹麦、爱沙尼亚、芬兰、冰岛和瑞典，其中瑞典的差距最大，为14个百分点），另外一个国家是多米尼加共和国。

教育与培训不仅意味着提高人口的工作技能，还意味着提高人口从工作中获得的价值。有助于评估教育与培训改善福祉的程度的跨国数据来源于"可比较的面板数据文件"，该文件汇编了来自7个国家的家庭调查：澳大利亚、德国、韩国、俄罗斯、瑞士、英国和美国。平均而言，在7个国家中的6个，

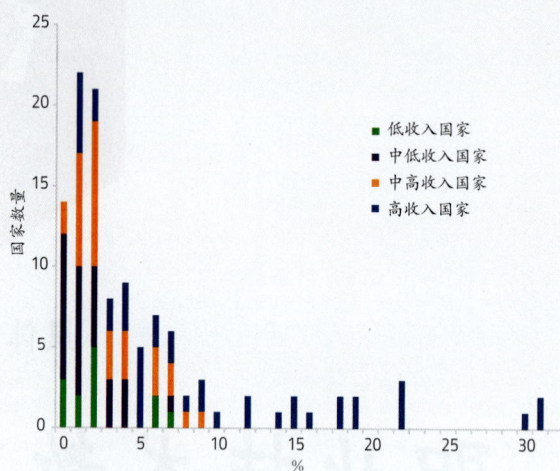

图14.1

成人接受正规和非正规教育与培训的参与率中位数为3%

2018—2021年按国家收入组别分列的此前12个月内成人（25—54岁）接受正规和非正规教育与培训的参与率

图例：
- 低收入国家
- 中低收入国家
- 中高收入国家
- 高收入国家

纵轴：国家数量
横轴：%

《全球教育监测报告》统计数据链接：https://bit.ly/GEM2023_fig14_1_
资料来源：可持续发展目标指标数据库。

接受过培训的工人并不太可能会因此而对自己的工作感到更满意或更有安全感。只有在韩国，受过培训的人对工作感到非常满意的可能性要高18个百分点（50%比32%），表示工作有安全感的可能性要高7个百分点（91%比84%）。

指标4.3.2为高等教育的毛入学率，通过将参加高等教育的人数除以比高级中等教育毕业标准年龄大5岁以内的人数（通常为19至23岁）得出。然而，该指标并没有考虑到不同国家之间学制年限的差异（例如，学士学位通常需要3年或5年）。此外，该指标并没有区分高等教育的不同阶段。例如，入学率相近的两个国家的情况可能有很大的不同，其中一个国家修习短期或长期课程甚至攻读研究生学位的人可能要多得多（**专栏14.2**）。

过去十年来，全球高等教育的入学率有所增长，但2015年之后增长速度放缓：毛入学率从2010年的29%上升到2015年的37%，但5年后仅上升到40%。毛入学率从南苏丹的不到1%到希腊的超过150%不等，为了维持某些社会福利，希腊的许多人即使不会实际就读也要入学。在毛入学率较低的一端，16个国家的女性毛入学率低于10%，除阿富汗外的15个国家都在撒哈拉以南非洲。阿富汗的毛入学率水平甚至

2015年以来的进展：可持续发展目标指标 4.3.1

有57个国家有2015年和2020年或2021年的指标4.3.1相关数据。与总体分析相比，高收入国家在本指标分析中占国家数量比例甚至更高（60%比35%），这意味着在解释结果时需要谨慎。总的来说，参与率中位数从6.4%下降到5.8%，在这五年期间下降了10%（图14.2）。成人教育与培训似乎受到了新冠疫情的负面影响，至少在相对下降幅度最大的国家如此，最大降幅出现在2019—2020年。例如，在短短一年的时间里，法国的参与率从23%下降到15%，英国从15%下降到6%。唯一一个参与率持续下降且似乎与新冠疫情无关的国家是冰岛（从31%下降到23%）。即使是五年来参与率在上升的国家，在2019—2020年也出现了下降：爱尔兰从14%下降到12%，爱沙尼亚从23%下降到20%。

图14.2
2015—2020年成人教育参与率有所下降
2015—2020年成人在正规和非正规教育与培训中的参与率的变化

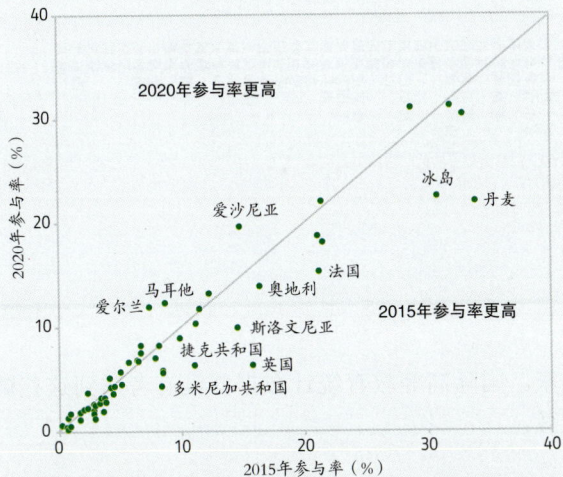

《全球教育监测报告》统计数据链接: https://bit.ly/GEM2023_fig14_2。
资料来源：统计研究所数据库。

> 过去十年来，全球高等教育的入学率有所增长，但2015年之后增长速度放缓。

在塔利班政府禁止妇女接受高等教育之前就已经是这样了。

在大多数国家，女性比男性更有可能接受高等教育。2020年，女性的毛入学率为43%，而男性为37%。在有数据可查的146个国家和地区中，106个国家和地区存在女性占优势的情况，30个国家（其中有22个在撒哈拉以南非洲）存在男性占优势的情况。高等教育入学率越高，就越有可能出现女性占优势的情况。在入学率最高的50个国家和地区中，只有韩国存在男性占据相当大优势的情况，而47个国家和地区存在女性占相当大优势的情况（图14.3）。

指标4.3.3衡量15—24岁青年在职业技术教育中的参与率，无论他们正在接受中等教育、中等后高等教育还是高等教育，结果都显示出与指标4.3.2相反的情况。与指标4.3.2（计算参与人数，不考虑年龄）不同，指标4.3.3只计算这个特定年龄范围内的青年的参与人数。与高等教育相比，职业技术教育中的性别差距较小，往往是男性占优势。在有数据可查的146个国家和地区中，40个国家和地区存在男性占据相当大优势的情况（超过3个百分点），而只有3个国家（库拉索、以色列和塞舌尔）存在女性占据相当大优势的情况。在各国和各地区，职业技术教育计划的参与率从0到36%不等。最低的参与率（低于10%）主要出现在加勒比、太平洋地区和撒哈拉以南非洲。最高的参与率（超过25%）几乎全都出现在欧洲，此外还有多民族玻利维亚国、塞舌尔、新加坡和乌兹别克斯坦。

新冠疫情对职业技术教育构成的挑战，可能比对其他正规教育构成的挑战更大，因为在许多情况下，职业技术教育的应用性使得它难以用现有技术进行模拟。例如，马来西亚的安全衡量标准限制了工具的操作和现场实践评估，要求教育工作者更多地依赖理论课程作业（Masrom et al.，2022）。菲律宾的大学在转向大型在线课程时面临了巨大挑战，以至于高等教育委员会在三天的教学后就暂停了在线学习（Toquero，2020）。对肯尼亚和南非的高校的研究报告称，连通性问题的影响越来越严重，在如何实施在线教学方面缺乏培训和支持，特别是在农村地区（Aina and Ogegbo，2022; Karani and Waiganjo，2022）。相比之下，一些系统成功地利用了现有的技术能力完成了向线上转移。例如，墨西哥的"为工作培训"（Capacítate Para El Empleo）在线门户网站免费提供了数百门技术课程（Hoftijzer et al.，2020）。

图14.3
在高等教育参与率方面存在很大的性别差距
2018—2022年按性别分列的高等教育毛入学率

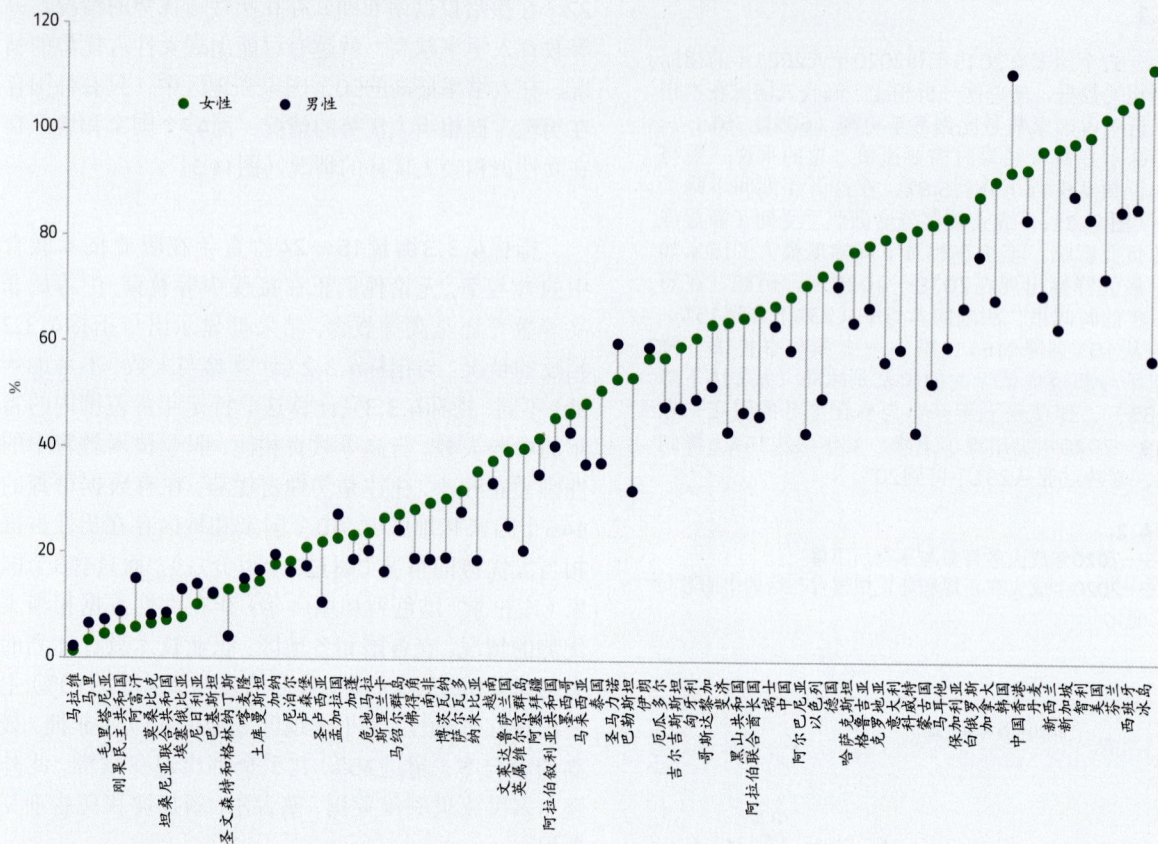

《全球教育监测报告》统计数据链接：https://bit.ly/GEM2023_fig14_3_
资料来源：统计研究所数据库。

焦点14.1：微证书会挑战传统的高等教育学位吗？

　　越来越多的人在传统的高等教育之外寻求技能发展的机会，包括学习复杂技能以获得高薪技术职位。多年制学位对那些缺乏时间、金钱或意愿的人来说吸引力较小。教育和就业方面相互强化的趋势，如完全的在线教学、开放获取的学习材料和基于技能的招聘，已经围绕着微证书的概念相互结合了起来。微证书是"经过评估的知识、技能和能力的数字认证，是正式资格的附加、替代、补充或组成部分"（Oliver，2019）。各种教育机构都可以颁发微证书，它们可能在特定国家注册为高等教育机构，也可能不注册，甚至可能与学生不在同一个

国家。国际高等教育统计数据并没有考虑到这些微证书。

　　相对于传统学位，微证书只是"微"，并不一定像其名称所暗示的那么短。2018年，对一些主要在线教育机构提供的450种微证书进行的审查发现，完成一门课程的平均时长为3—12个月，不过也有一些课程需要超过50个月才能完成。最短完成时长为1—15个月。虽然有的课程每周只需要几个小时，而且很容易完成，但也有一些课程每周需要10小时、20小时甚至40小时，基本上相当于一份兼职甚至全职工作。成本同样会有数量级的变化，从几乎免费或实际免费到数千美元不等（**图14.5**）。

研究生教育参与率的增长速度一直慢于高等教育整体

高等教育包括多个等级。各国在短期课程（ISCED 5）和长期课程（ISCED 6）之间的分布差异很大。较少人关注研究生教育课程，即硕士课程（ISCED 7）和博士课程（ISCED 8）。联合国教科文组织统计研究所没有单独报告各级的入学率。然而，从每个等级之间的学生人口分布情况就可以看出不同等级之间的平衡是否发生了变化。

在那些接受高等教育的学生中，攻读高级学位的比例过去10年来略有下降。总的来说，2020年，约有12%的高等教育学生攻读硕士或博士学位，低于2012年的14%。这一比例从欧洲和北美的24%到拉丁美洲和加勒比以及东亚和东南亚的6%左右不等。一种片面的解释可能是，越来越多的人在传统高等教育之外寻求更高等级或更专业的技能，微证书的日益普及便证明了这一点（焦点14.1）。

人数比例的下降似乎集中发生在中高收入国家的硕士教育等级。2012—2020年，硕士课程的入学人数占所有高等教育入学人数的百分比几乎减半，从11%降至6%。相比之下，这些国家攻读博士学位的学生所占的百分比不变，保持在1%，这意味着这些国家的转变是由于攻读学士学位的学生比例提高了（图14.4）。与此同时，世界其他地区的数据在同一时期几乎没有变化。2010年代持续普遍存在的两个主要特点是：在高收入国家中攻读高级学位的学生在高等教育学生中所占的比例更高；全球范围内硕士生人数远超博士生，比例约为8:1。

图14.4
在中高收入国家，参加硕士课程的学生比例减少了一半
2012—2020年按国家收入组别分列的参加研究生教育的高等教育学生占比

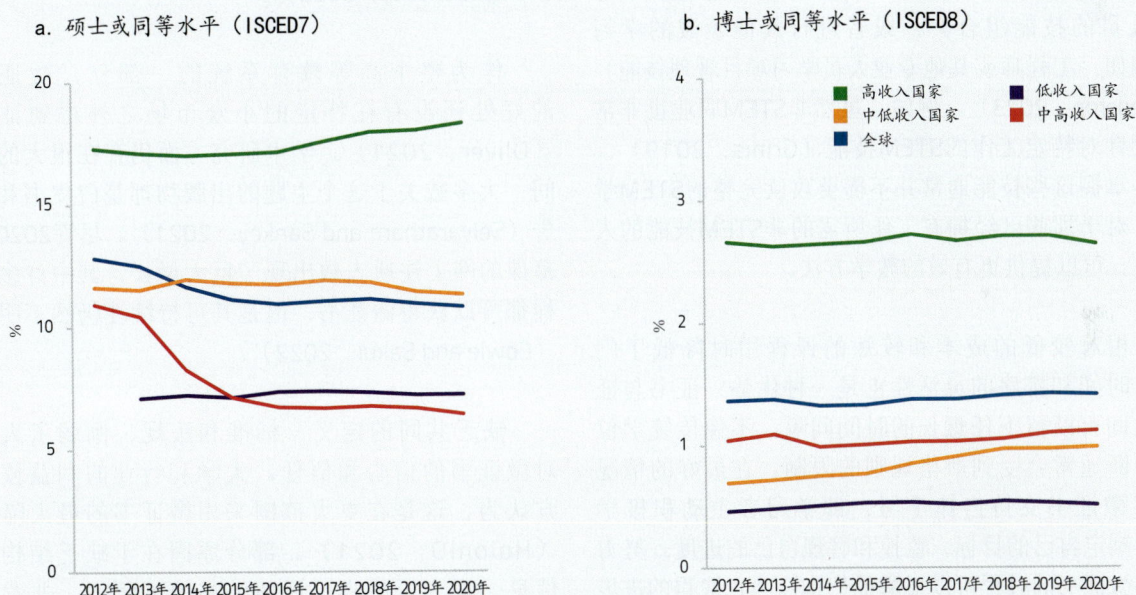

a. 硕士或同等水平（ISCED7）　　　b. 博士或同等水平（ISCED8）

图例：
- 高收入国家
- 中低收入国家
- 全球
- 低收入国家
- 中高收入国家

《全球教育监测报告》统计数据链接: https://bit.ly/GEM2023_fig14_4_
资料来源：统计研究所数据库。

微证书可以让人们在任何时间、任何地点根据自己的需要学习特定的技能，这满足了学习者对学习机会的灵活性和个性化的需求。理想情况下，随着时间的推移，学习者可以获得一份价值更高的资格证书（Resei et al., 2019）。学生可以垂直学习（即学习一系列越来越高级的课程，后一门课以

> **"** 微证书可以让人们在任何时间、任何地点根据自己的需要学习特定的技能。 **"**

图14.5
微证书产品在用时和成本上差异很大
2018年部分微证书的最少用时、最小投入和最低成本

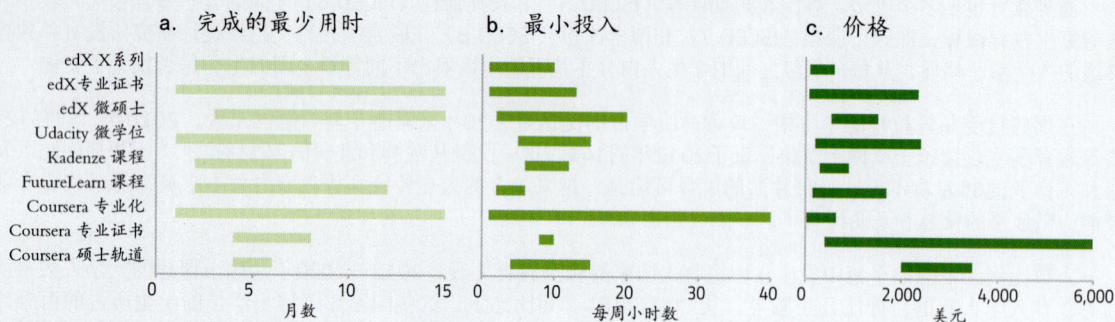

《全球教育监测报告》统计数据链接：https://bit.ly/GEM2023_fig14_5_
资料来源：Pickard et al. (2018)。

前一门课为基础），也可以水平学习（例如，在一系列不同的编程工具中扩展信息和通信技术专业人员的技能组合），或者进行其他领域的学习（例如，工程师或其他专业人员学习项目管理技能）（Cedefop，2023）。例如，虽然非STEM职业也非常需要针对特定工作的STEM技能（Grinis，2019），但是掌握这些技能通常并不需要攻读完整的STEM学位。对于那些已经拥有工作所需的非STEM技能的人来说，可以提供更有效的教学方法。

相对较低的成本和较短的课程用时降低了门槛。时间和排序的灵活性也是一种优势：证书与证书之间可以留下任意长的时间间隔，不像传统学位的中断通常会受到严格规则的限制。在最好的情况下，微证书支持自律学习，即学习者主动积极学习，制定自己的目标，监控和管理自己的进度。努力获得微证书的过程可以提醒他们迄今为止取得的进步和仍然存在的差距（Gish-Lieberman et al.，2021）。新的技术能力在被纳入传统学位课程之前就可以注册认证。因此，微证书不仅可以用于资格认证，还有激励和教育的功能（Richard et al.，2020）。

但批评人士表示微证书可能不利于或者说违背了大学教育的理念。有人对知识的碎片化表示担忧（Chakroun and Keevy，2018）。短期课程将知识分装成小块，会导致技能学习的窄化，进而缩小课程的范围（Cliff et al.，2022）。此外，微证书或许只能帮助专业人员拿到对于他们已经掌握的技能的有

形认证，而不是真正帮助他们学习新的技能（Kässi and Lehdonvirta，2022）。

作为整个高等教育系统的一部分，微证书的好处还没有在特定的小众市场之外得到证明（Oliver，2021）。学术研究方面仍存在很大的空间，大多数关于这个主题的出版物都是白皮书和报告（Selvaratnam and Sankey，2021）。尽管2020年慕课的网上注册人数出现了巨大增长，其中许多课程都可以获得微证书，但是其可持续性仍然不明朗（Cowie and Sakui，2022）。

缺乏共同的定义、标准和法规，削弱了人们对微证书的信心和信任。大学和行业的利益攸关方认为，这是在更大范围采用微证书的最大障碍（HolonIQ，2021）。部分原因在于缺乏结构化信息，雇主可能难以评估证书的可信度。非营利性的"证书引擎"仅在美国就发现了107.6万种证书，其中包含了约43万种数字徽章（Credential Engine，2022）。

这种情况正在开始改变，主要的治理利益攸关方都在采用明确的框架，将微证书纳入国家和国际教育、资质和培训框架。澳大利亚已经将微证书纳入其国家资质框架，为微证书的官方认可铺平了道路（Pollard and Vincent，2022）。经过咨询，马来西亚学术鉴定局在2020年发布了一份针对微证书提供商的良好实践指南。坚持指南中的质量、设计和交

付原则，有助于确保官方认证的可转移的课程符合国家框架内的其他资格要求（Brown et al., 2021; Cowie and Sakui, 2022）。

有研究人员认为，微证书可以促进公平。微证书鼓励学习者加入和参与，因为其风险较低，即使不能完成课程也不会那么令人气馁，尤其是对于那些在传统大学环境中感到不自在的人来说。最近一份关于灵活学习途径的政策建议总结称，微证书是一次机会，它能克服成人教育中一直以来的不平等问题（van der Hijden and Martin, 2023）。欧洲创新大学联盟希望微证书能让更多人有接受教育的机会（ECIU, 2020）。2022年，欧盟理事会通过了一项建议，将微证书确定为满足弱势群体学习者需求的一种手段（Council of the European Union, 2022）。在美国，微证书可以作为大学录取时看重的课外成就的标志，但是弱势青年往往不太可能展示这些成就（Gutierrez and Martin, 2021）。

但是，最近的一项系统性文献综述显示，无论是从学习者、高等教育机构还是政府的角度来看，大多数研究都对微证书的各种贡献表示怀疑（Varadarajan et al., 2023）。微证书对教育公平的承诺也因为微证书课程向STEM学科的倾斜而被破坏了。由于社会弱势群体在这些学科中所占的比例严重不足，他们不太可能从这种微证书中获益。在实践中，微证书往往在为那些已经活跃在这些领域中、已经享有特权的人提供终身学习的便利，而不是为那些没有特权的人提供入口。

研究还表明，即使是那些已经获得微证书的人，潜在的好处也可能被低回报所抵消。微证书还没有像传统学位那样受重视，在劳动力市场上，微证书通常不会受到同等的对待。雇主将微证书视为对正规学位的补充，但不能取而代之（Kato et al., 2020）。然而，尽管需要中高技能的职位的招聘广告中对学位的要求明显下降，但这一趋势也没有转为对微证书的需求。此外，许多科技公司仍然对学位有要求，尽管他们在公开场合中声称招聘过程更看重能力（Fuller et al., 2022）。

具有讽刺意味的是，提高微证书认可度的一个瓶颈是大多数数字招聘和人力资源管理技术并不接受非学位证书（Gallagher et al., 2023）。因此，有一种风险是，即使弱势群体获得了微证书，它们也不会得到承认，从而造成教育分层的固化。在最糟糕的情况下，那些没有准备好在现有证书的迷宫中找寻出路的人，最终可能会接受基于微证书的不连贯的、碎片化的教育，这些微证书既得不到雇主的认可，人们也无法确定正规教育能在何种程度上认定其中的价值（Kift, 2021）。

烹饪课：罗宾·瓦诺图（15岁，左）和布雷德利·瓦诺图。他们俩是三个月前报名的，他们想学习"不同菜系"的烹饪方法，因为这样做有利于他们以后找到工作。该中心由联合国儿童基金会提供资金支持，是儿童和青年的一个联谊中心，并提供职业培训、艺术讲习班、艾滋病预防等服务。该中心由当地一个名为"万斯莫博格剧院"的非政府组织运营。

图片来源：UNICEF/UNI97361/Pirozzi*

重要信息

信息和通信技术技能的分布不均。有能力发送带有附件的电子邮件的青年和成人所占比例从高收入国家的65%和中高收入国家的34%到中低收入国家的20%和低收入国家的3%不等。

在信息和通信技术技能方面已经取得了进展。在有软件管理技能数据可查的32个富裕国家中，有24个在2015—2019年该数据提高了至少5个百分点。

在较低的信息和通信技术水平上，存在女性占劣势的性别不均等现象：在巴基斯坦俾路支省，知道如何在电子表格中使用基本的算术公式的男女比例为100：8。但在更高的技能水平上，则实现了性别均等，甚至存在相反的差距：在汤加，女性拥有这种技能的可能性是男性的两倍。

按财富统计的差距是最大的。在蒙古国，最富裕的五分之一成人中有39%掌握了电子表格技能，该比例在最贫困的五分之一成人中只有1%。

人工智能正在危及就业。2018年，据估计，有54%的员工需要大量的再培训，以满足与工作相关的新任务的需求。然而，可能没有足够多的工人来培训其他人。近几十年来，信息和通信技术、科学以及数学专业毕业生的相对供给量一直非常稳定。

第15章

具体目标4.4

工作技能

到2030年，大幅提升拥有相关技能（包括为了就业、体面工作和创业而应具备的技术和专业技能）的青年和成人数量。

全球指标

4.4.1 具备信息和通信技术技能的青年和成人比例，按技能类别统计

主题指标

4.4.2 达到数字化读写技能最低熟练水平的青年和成人比例

4.4.3 青年和成人受教育程度比例，按年龄组和教育等级统计

> 可持续发展目标之具体目标4.4的三个指标中有两个与经济的数字化转型有关，因为我们相信，会有越来越多的工作需要这类技能。

可持续发展目标之具体目标4.4涉及工作技能，这是一个至关重要但难以衡量的概念，它既与特定的场景相关，又显得过于宽泛。从选定用来监测它的指标就可以看出，我们确实很难为这么一个难以定义、时时变动的目标确定进展参数。工作所需的技能会因劳动力市场而不同，会随着时间的变化而变化。每份工作都需要不同熟练水平的各种技能的组合。对一项技能的熟练水平较高可能对某份工作来说有优势，但对另一份工作来说则可能无关紧要，甚至是一种劣势。因此，可持续发展目标之具体目标4.4的三个指标中有两个与经济的数字化转型有关，因为我们相信，会有越来越多的工作需要这类技能。

第一个指标是一种自述式量度，它衡量的是信息和通信技术的使用情况（全球指标4.4.1）。第二个指标旨在成为对数字素养进行直接评估的一种衡量标准（主题指标4.4.2）。鉴于直接评估数字素养的成本很高，目前正在尝试合并这两个指标，比如使用家庭调查这种成本较低的间接评估方法，同时扩大信息和通信技术任务集，要求成人确认自己是否熟悉这些任务。本报告的主题部分，特别是有关数字技能的章节（第5章），已经讨论了这些方面的发展。

2015年，有9项任务被指定为全球指标的一部分。由于这些任务原本是在电脑或平板电脑上完成的，因此需要修改受评估任务的清单，例如，将可以在智能手机上实施的活动也包括在内，或者删除那些已经过时的活动。为了回应这些要求，国际电信联盟已经采取了一系列行动，包括增加安全措施，如使用密码、进行隐私设置和验证在线信息的可靠性。同时也提出了简化数据收集和分析的建议。随着软件和应用程序的发展，技能不再分为基本、中级和高级三个类别。另一个变化是审查现有的表述以消除多余的具体内容，例如，将"在电子表格里使用基本算术公式"简化为"使用电子表格软件"，将"创作电子演示文稿"拓展为"创作结合了不同数字媒体的内容"，从而适应手机的使用情况。

但是，由于这些变化是最近才引入的，所以本章报告的是基于最初的9项任务的进展情况。这些数据主要来自较富裕国家，因此不具有全球代表性。这些数据显示，24%的成人可以在电子表格里使用基本算术公式，4%的成人可以使用专门的编程语言编写计算机程序。在90个有数据的国家中，43个国家的大多数成人可以复制或移动文件或文件夹，36个国家的大多数成人可以使用工具复制和粘贴文本。相比之下，90个国家中只有2个国家（冰岛和卢森堡）的大多数成人制作过电子演示文稿。

对于这9项任务中的每一项，较富裕国家的受访者报告的开展这些计算机相关活动的比率都明显高于较贫困国家的受访者。例如，发送过带附件的电子邮件的青年和成人所占的比例从高收入国家的65%、中高收入国家的34%到中低收入国家的20%和低收入国家的3%不等（**图**15.1）。

图15.1
信息和通信技术技能的分布不均
2014—2019年按国家收入组别分列的具备信息和通信技术技能的青年和成人所占的百分比

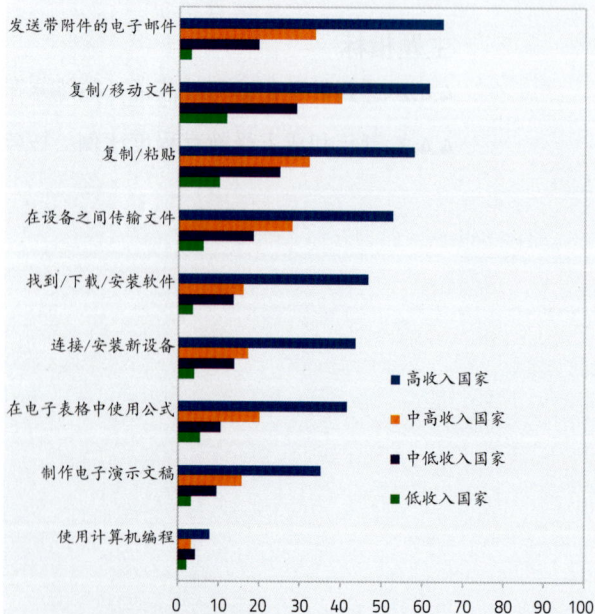

《全球教育监测报告》统计数据链接：https://bit.ly/GEM2023_fig15_1_
资料来源：统计研究所数据库。

数字原住民——那些从小就熟悉计算机的人——并不一定是数字专家。虽然他们比上一代更频繁地使用技术，但许多国家的青年和成人仍然缺乏信息和通信技术技能。除高收入国家外，很少有国家能有超过五分之一的受访者表示他们掌握任意一种信息和通信技术技能。

信息和通信技术技能在人口中的分布比基本的读写能力和计算技能的分布更不均衡。信息和通信技术技能不仅要求最低水平的读写能力和计算技能，而且主要用于城市地区、正规部门的工作，而这类工作在较贫困国家非常稀缺。联合国儿童基金会多指标聚类调查2017—2022年的数据集中关于在电子表格里使用基本算术公式的能力的证据显示，按性别、所处地区和财富统计的不平等模式多种多样。

在信息和通信技术技能较低的水平上，明显存在女性占劣势的性别不均等现象。但在更高的技能水平上，这种趋势就消失了，要么实现了性别均等，要么反而是女性更有可能拥有这种技能。两种最极端的情况是，在巴基斯坦俾路支省，拥有这种技能的男女比例为100∶8，而在汤加，女性拥有这种技能的可能性是男性的两倍（**图15.4a**）。

> " 在信息和通信技术技能较低的水平上，明显存在女性占劣势的性别不均等现象。 "

2015年以来的进展：可持续发展目标指标4.4.1

越来越多的国家将数字技能纳入国家课程。与此同时，在正规教育之外发展这些技能的机会也在增加。这就引出了一个问题，即自2015年制定可持续发展目标以来，信息和通信技术技能得到了多大程度的提高。有数据可查的富裕国家大多有明显的提高。在有软件管理数据可查的32个国家中，有24个国家在2015—2019年至少提高了5个百分点（**图15.2**）。然而，该样本没有包含任何低收入国家。

图15.2
大多数国家的信息和通信技术技能水平都在提高
2015年和2019年或最近数据可得年份，部分中等收入国家和高收入国家自述曾找到、下载、安装和配置过软件的成人所占比例

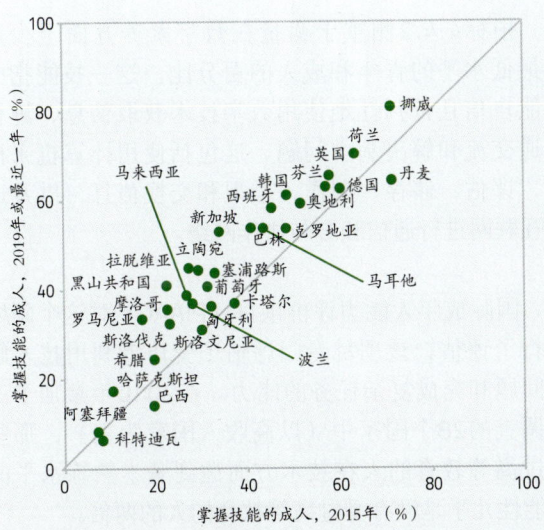

另一种了解进展的方法是观察不同人口群体的信息和通信技术技能水平的差异。自2017年第六轮调查开始以来，联合国儿童基金会多指标聚类调查一直被用于询问受访者是否进行过这9项与计算机相关的活动。在36个低收入国家和中等收入国家的样本中，20—24岁的女性在电子表格里使用基本算术公式的可能性是40—44岁的女性的两倍。各国之间的变化速度有很大的差异。在阿根廷，这两个群体之间几乎没有区别；而在突尼斯，较年轻的群体拥有这种技能的可能性几乎是较年长的群体的四倍。各国的技能普及率的高峰年龄也存在差异，苏里南为25—29岁，阿尔及利亚为20—24岁，尼泊尔为15—19岁（**图15.3**）。

《全球教育监测报告》统计数据链接：https://bit.ly/GEM2023_fig15.2_
资料来源：统计研究所数据库。

（下接第250页）

图 15.3

掌握信息和通信技术技能的年轻女性人数要多得多

2017—2021年部分低收入国家和中等收入国家自述会在电子表格里使用基本算术公式的女性，按年龄组分列

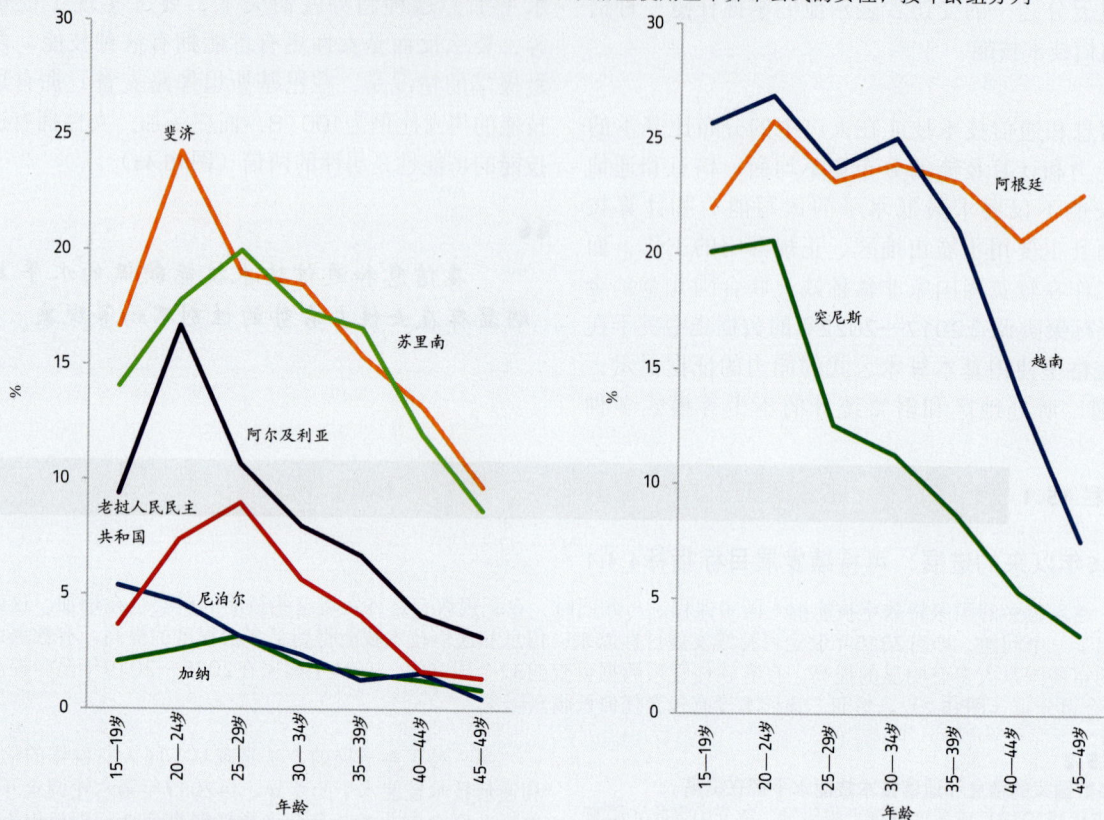

《全球教育监测报告》统计数据链接：https://bit.ly/GEM2023_fig15_3_
资料来源：多指标聚类调查结果报告。

城乡差距非常大。在这个样本里的低收入国家中，生活在农村地区的女性几乎都不具备这种技能。在老挝人民民主共和国，12.5%的城市女性和1.3%的农村女性可以开展这种与计算机有关的活动。萨摩亚的差距为17个百分点，越南的为23个百分点（图15.4b）。

按财富统计的差距是最大的。在低收入国家，当全国平均水平低于10%时，60%最贫困的五分之一家庭中几乎没有成年人拥有这种技能。在蒙古国，最富裕的五分之一成人中有39%拥有这种技能，而最贫困的五分之一成人中只有1%拥有这种技能。在津巴布韦，最贫困人群中没有一个人拥有这种技能，但最富裕人群中有超过25%的人拥有这种技能（图15.4c）。

指标4.4.2侧重于衡量在数字素养方面至少达到最低水平的青年和成人的百分比，这一技能指的是能自信且批判性地使用数字技术获取信息、进行沟通交流和解决基本问题。这包括使用计算机来检索、评估、储存、制作、呈现和交换信息，以及通过互联网进行通信和参与协作网络。

国际成年人能力评价项目（PIAAC）对这个领域进行了评估。该项目专门评估了受访者利用技术解决问题和完成复杂任务的能力。在2010年参加了三轮调查的28个国家中（以高收入国家为主），那些受过高等教育的人在技术方面达到基本熟练水平的可能性几乎是没有受过高等教育的人的两倍。

图15.4
信息和通信技术技能在人口中的分布非常不均衡
2017—2021年部分低收入和中等收入国家或地区自述会在电子表格里使用基本算术公式的成人所占比例

a. 按性别分列

图例：
- 女性（实心）
- 男性（空心）

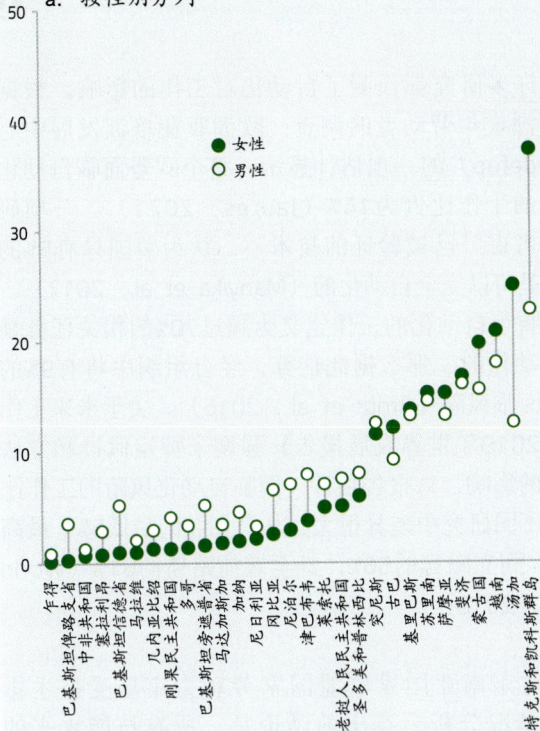

b. 按所处地区分列（女性）

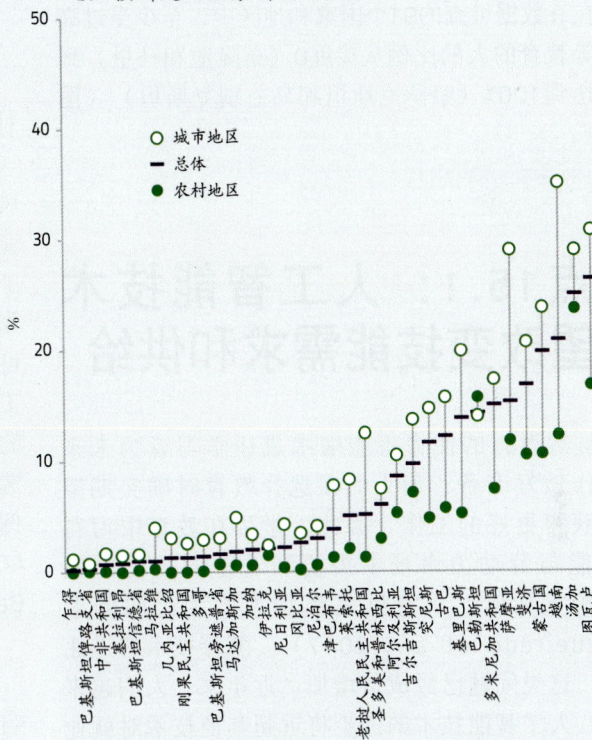

图例：
- 城市地区
- 总体
- 农村地区

c. 按财富分列（男性）

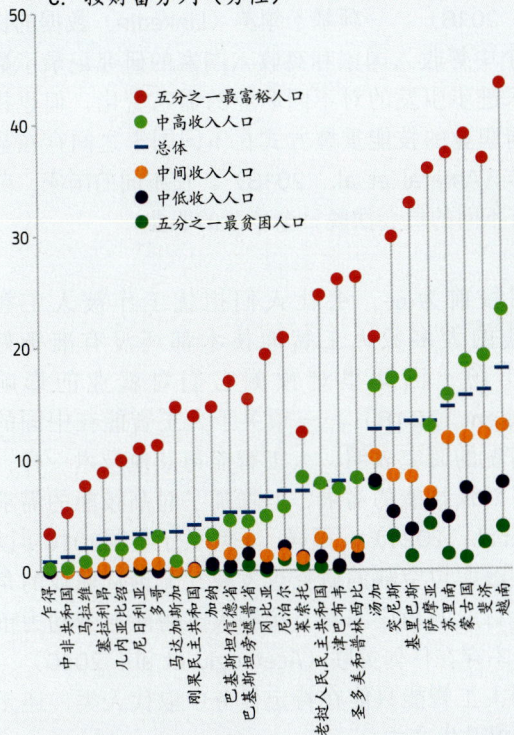

图例：
- 五分之一最富裕人口
- 中高收入人口
- 总体
- 中间收入人口
- 中低收入人口
- 五分之一最贫困人口

《全球教育监测报告》统计数据链接：https://bit.ly/GEM2023_fig15_4a_

《全球教育监测报告》统计数据链接：https://bit.ly/GEM2023_fig15_4b_

《全球教育监测报告》统计数据链接：https://bit.ly/GEM2023_fig15_4c_
资料来源：多指标聚类调查结果报告。

本具体目标的最后一个指标是主题指标4.4.3，它侧重于实际工作技能的替代指标：25岁及以上人群的受教育程度。鉴于年龄范围广泛，受教育程度分布的差异反映了历史上教育系统扩张的不同速度。在有数据可查的91个国家和地区中，至少受过高级中等教育的人的比例从接近0（布隆迪和马里）到几乎达到100%（哈萨克斯坦和乌兹别克斯坦）（**图15.5**）。

焦点15.1：人工智能技术有望改变技能需求和供给

虽然教育的使命不能缩水成让学习者为未来的工作做好准备，但人们在选择教育时确实期望能够获得更好的工作。因此，学生在教育中习得的技能与劳动力市场中需要和看重的技能之间的匹配度如何，一直以来都是人们关心的问题（Figueiredo et al.，2017）。随着技术的迅速革新，这类问题已经成倍增加。近年来，人们越来越担心人工智能技术的进步将远超其他技术对就业产生更根本的影响（Gaynor，2020），尤其是随着ChatGPT等大型语言模型的出现。

曾经有人预测机器人技术和自动化革命将导致人类劳动者被淘汰，但是这个预言至今也未成真。对本应过时的体力劳动的需求并没有消失。由于自动化提高了效率，劳动力可以扩展到其他领域，劳动力市场也随之发生了变化，在美国，负责现金处理的自动柜员机的兴起导致了全职银行柜员数量的增加，因为自动柜员机降低了分行的运营成本，使更多的分行开业，从而增加了就业机会（Haynes and Thompson，2000）。

尽管如此，科技还是对全球就业岗位的技能内容、薪酬和地理分布产生了巨大的破坏性影响。在许多高收入国家，已经出现了一种两极分化现象，即高技能和低技能职业的就业水平上升，挤掉了已被证明更容易实现自动化的中等技能职业。虽然低技能工作的工资越来越低，但高技能工作的相对薪酬一直在提高。许多低技能工作从高收入国家转移到低收入和中等收入国家，贸易政策的变化推动了这一转变（Acemoglu and Autor，2011）。

> 科技对全球就业岗位的技能内容、薪酬和地理分布产生了巨大的破坏性影响。

许多研究都预测了自动化对工作的影响。根据对欧洲成年劳动者的调查，欧洲职业培训发展中心（Cedefop）的一项估计显示，整个欧盟面临自动化风险的工作比例为14%（Jaures，2021）。一项研究仅考虑"已被验证的技术"，认为美国只有5%的工作是可以完全自动化的（Manyika et al.，2017）。如果将可自动化的工作定义为超过70%的相关任务是可自动化的，那么据此估算，经合组织中将有9%的工作面临风险（Arntz et al.，2016）。关于未来工作的《2019年世界发展报告》强调了特定假设和方法选择的影响，该报告估计，面临自动化风险的工作比例在不同研究中差异很大，从乌克兰的最低5%、最高40%，到立陶宛的56%，甚至塞浦路斯的61%（World Bank，2018）。

对东南亚国家联盟国家劳动力市场受技术影响的情况分析后得出的结论是，所有技能水平的职业都将失去一些工作，同时新增另一些工作，净损失主要限于农业部门（Oxford Economics and Cisco，2018）。一项基于领英（LinkedIn）数据的针对10个中等收入国家和高收入国家的研究记录了数字技术进步引发的对不同职业的需求变化，但也指出不同职业的技能重叠方式在不同国家之间存在显著差异（Amaral et al.，2018）。在不同的国家，劳动者有不同的机会摆脱日渐衰落的职业。

到目前为止，会让人们担忧工作被人工智能取代的大多数人工智能技术都还没有准备好投入市场，因此很难预测它们对就业的影响（Bessen，2018）。一项关于人工智能在中国的应用情况的研究表明，人工智能与其他技术一样，降低了对低技能的需求，但增加了对高技能的需求（Xie et al.，2021）。同样，一项关于美国2010年以来的在线职位空缺的研究也发现，无论从职业的角度还是行业的角度来看，接触人工智能与劳动力市场之间不存在任何关联（Acemoglu et al.，2020），这表明人工智能只能在特定任务中取代人类，还无法显著提升生产力。

图15.5
至少有高级中等教育程度的成人的所占比例从接近0到几乎100%
2015—2021年按受教育程度分列的成年人口分布

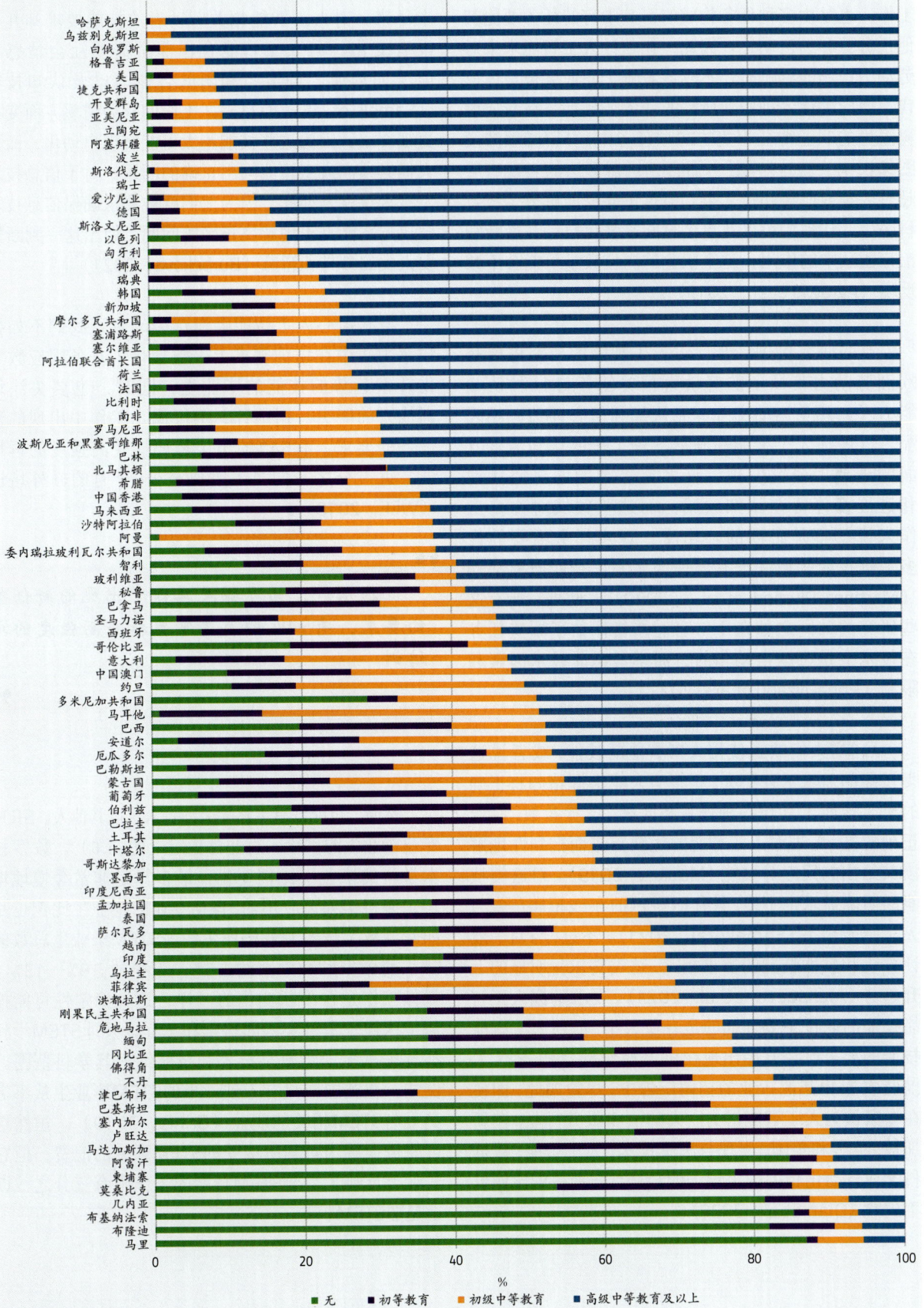

图例：■ 无　■ 初等教育　■ 初级中等教育　■ 高级中等教育及以上

纵轴国家/地区（自上而下）：
哈萨克斯坦
乌兹别克斯坦
白俄罗斯
格鲁吉亚
美国
捷克共和国
开曼群岛
亚美尼亚
立陶宛
阿塞拜疆
波兰
斯洛伐克
瑞士
爱沙尼亚
德国
斯洛文尼亚
以色列
匈牙利
挪威
瑞典
韩国
新加坡
摩尔多瓦共和国
塞浦路斯
塞尔维亚
阿拉伯联合酋长国
荷兰
法国
比利时
南非
罗马尼亚
波斯尼亚和黑塞哥维那
巴林
北马其顿
希腊
中国香港
马来西亚
沙特阿拉伯
阿曼
委内瑞拉玻利瓦尔共和国
智利
玻利维亚
秘鲁
巴拿马
圣马力诺
西班牙
哥伦比亚
意大利
中国澳门
约旦
多米尼加共和国
马耳他
巴西
安道尔
厄瓜多尔
巴勒斯坦
蒙古国
葡萄牙
伯利兹
巴拉圭
土耳其
卡塔尔
哥斯达黎加
墨西哥
印度尼西亚
孟加拉国
泰国
萨尔瓦多
越南
印度
乌拉圭
菲律宾
洪都拉斯
刚果民主共和国
危地马拉
缅甸
冈比亚
佛得角
不丹
津巴布韦
巴基斯坦
塞内加尔
卢旺达
马达加斯加
阿富汗
柬埔寨
莫桑比克
几内亚
布基纳法索
布隆迪
马里

横轴：%　0　20　40　60　80　100

《全球教育监测报告》统计数据链接：https://bit.ly/GEM2023_fig15_5_
资料来源：统计研究所数据库。

即使是面临被自动化和人工智能取代的高风险的工作，也是由多种任务构成的，其中有的任务要比其他任务更容易自动化。因此，在估计人工智能未来对劳动力市场的影响时，不应该看哪个职业会被整体取代，而应关注各种职业所需的任务。例如，在与放射科医生的职业特征相关的29项任务中，只有2项涉及图像识别，就这2项任务而言，机器算法的表现有望超过人类或已经超过人类。但这可能反而解放了放射科医生，让他们可以花更多时间来强化自己在诊断和治疗团队中的作用，这个职业的岗位数量可能会不减反增（Agrawal et al., 2019）。

有的研究更进一步，将人工智能的研究进展和欧洲劳动力市场上的劳动力相关任务与14种认知能力（如感觉运动交互、元认知和信心评估）相匹配，以评估人工智能在满足各种工作的认知需求方面的进展。研究发现，许多人工智能的研究活动和进展都停留在认知领域，而这些领域对许多工作来说都不是必需的。相反，现实任务需要的许多关键技能领域并没有出现太多人工智能研究活动（Martínez-Plumed et al., 2020）。此外，所有这些研究的共同之处在于，它们严格评估了哪些任务在技术上是可以自动化的，而不考虑非技术因素和限制（Poba-Nzaou et al., 2021）。

目前，人们缺乏使用人工智能的技能，或者说这类技能的需求量还不大。很少有人能掌握诸如将正确的人工智能工具与各种任务相匹配、设置参数、制作正确的提示、理解人工智能的优缺点进而批判性地解读其给出的回应等技能（Maskey, 2019）。对这类技能的明确需求也不多，只有不到1%的在线招聘广告与人工智能相关（Sameketal., 2021）。不过，与对一般计算机和软件技能的需求相比，这类需求呈明显的上升趋势（Alekseeva et al., 2021）。要求掌握人工智能技能的职位主要面向的是专业人士，但对人工智能技能的要求已经开始出现在机器操作员、手工艺工人以及农业和其他行业的招聘广告中。尽管如此，即使在专家认为人工智能潜力巨大的法律服务行业，在新加坡、英国和美国，出现与法律技术、人工智能、数据科学或自动化相关的关键词的招聘广告所占的比例也不到1%（Qian et al., 2020）。

尽管人工智能技术的发展日新月异，但过去十年来，对人工智能相关劳动者的技能要求却几乎没有变化。与人工智能合作非常需要社会情感技能，如沟通、创造力和团队合作，以及认知技能（Samek et al., 2021）。工作的社会情感方面变得更加突出，因为这些技能不太可能实现自动化，而且人们必须向人工智能问出正确的问题。对于信息技术专家来说就是如此，因为他们就被要求确保信息技术解决方案能真正地解决正确的问题。做出这一判断需要人类的参与和智慧（Burbekova, 2021）。

与其担心人工智能会淘汰劳动者，我们不如把注意力集中在培训需求上，包括培训具备因应数字化转型趋势的技能的毕业生，同时，也要关注培训他人的能力。据估计，为了满足工作中出现的新任务的要求，有54%的员工需要接受高强度的再培训，近五分之一的员工需要至少6个月的额外培训（WEF，2018）。

> **据估计，为了满足工作中出现的新任务的要求，有54%的员工需要接受高强度的再培训。**

然而，可能没有足够的劳动者来培训其他人。STEM专业毕业生的供给一直非常稳定（**图15.6**）。数字技术学科的毕业生比例变化，最多算是非常缓慢地增长，偏科学和偏应用的STEM专业的毕业生比例也是如此。数字技术专业毕业生约占STEM毕业生总数的5%，科学家和数学家约占5%，工程师占9%—13%。就像工作是在不断变化的一样，这种稳定性可能掩盖了这样一个事实，即科学和工程以及非STEM学科都越来越多地将数字技术和技能纳入其学科范围。例如，在英国，只有不到一半的STEM毕业生从事名义上与STEM相关的职业（Grinis，2019）。虽然这可能被误解为对其所接受的STEM训练的浪费，但它实际上反映了需要STEM技能的工作中有三分之一以上是非STEM职业。

图15.6
STEM毕业生的比例在过去20年里一直非常稳定
2000—2020年按学科分列的高等教育毕业生所占的百分比

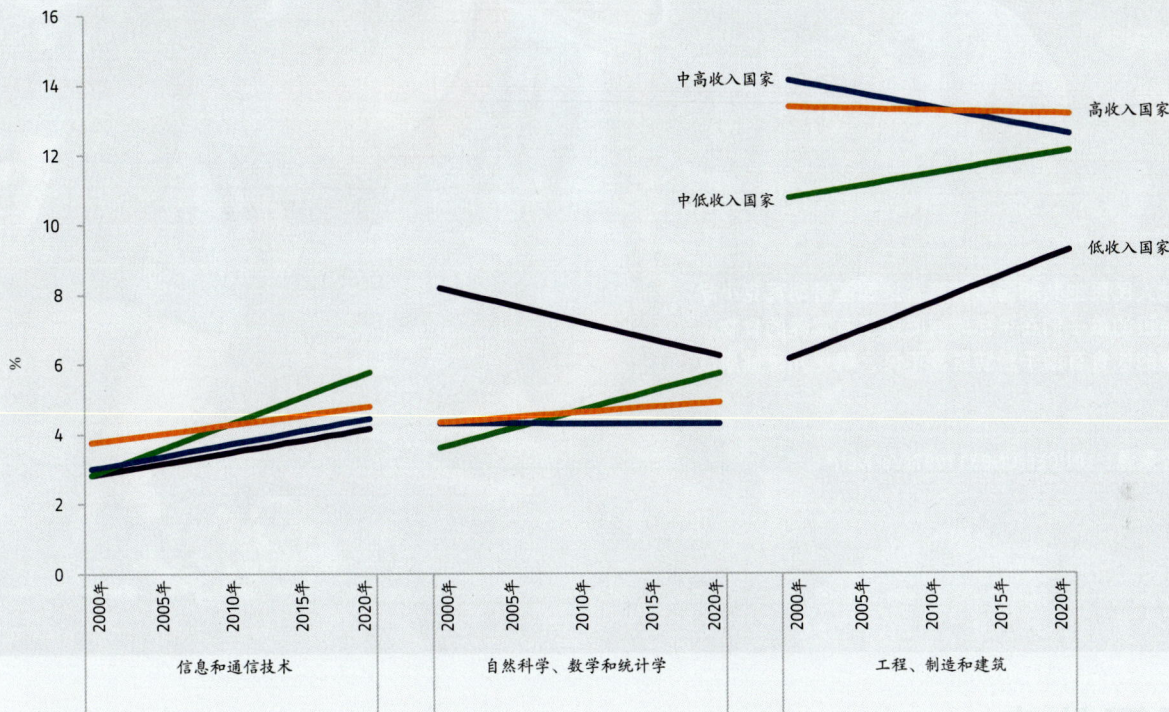

《全球教育监测报告》统计数据链接：https://bit.ly/GEM2023_fig15_6_
注：趋势是采用不加权、不平衡的线性最小二乘回归来计算的。
资料来源：《全球教育监测报告》小组基于统计研究所数据库进行的分析。

国家技能战略可以提供一套整体性的方法。这些措施的目的是将所有利益攸关方团体的代表聚集在一起，通过宣传活动、激励措施、教育计划和其他自发举措，促成各方就发展与人工智能和技术合作所需的必要技能达成共识。2013年，荷兰的中央和地区政府、教育机构、地区、行业、雇主协会和工会的60多个相关方签署了一项技术"协定"（Techniekpact）（EU STEM Coalition，2023）。该协定旨在促进就业市场和教育部门协调一致，采取中央支持、地区负责的方法，通过年度影响监测和报告制度增加人们进入技术相关学科的机会，推动技术相关工作的人才发展和留用（Cedefop，2016）。

2017年，葡萄牙在国家数字能力倡议"葡萄牙INCoDe. 2030"的支持下，制定了在经济和社会中使用人工智能的国家战略（Bação，2022）。召集公共和私营部门机构举行年度论坛，分享有前景的实践。该战略按照五条行动路线组织活动（Portugal INCoDe 2030，2023）：教育与培训、资格（再）认证、包容性、高级培训以及研究。活动包括成立行业网络学院，以支持公司为其员工制定资格认证计划；将计算机纳入学校课程；设立奖学金，以克服性别方面的障碍等；根据"国家人工智能战略"协调研究和开发工作；成立全国性的"数字就业能力联盟"。目标包括将就业人口中信息和通信技术专家的比例翻一番，达到7%，到2030年将信息和通信技术毕业生的比例从2018年的2.2%提高到8%。该倡议还开展了一项关于未来就业能力的研究，以了解其他专业的信息和通信技术技能发展需求（Portugal INCoDe 2030，2023）。

老挝人民民主共和国沙拉湾省达渥区塔胡瓦克小学学前班的孩子们在午休时间吃到了有营养的食物。健康的饮食有助于预防营养不良，确保儿童健康成长。

图片来源：UNICEF/UN0311097/Verweij*

重要信息

2015年之前，全球初等和中等教育入学率达到了性别均等。但在撒哈拉以南非洲，均等尚未实现。截至2020年，接受初等教育的男女比例为100：96，接受初级中等教育的男女比例为100：91，接受高级中等教育的男女比例为100：87，接受高等教育的男女比例为100：80。

需要注意性别均等趋势的三个方面。第一，贫困国家的女孩在中等教育阶段的完成率要比入学率低得多。第二，并不是所有国家都与全球趋势保持一致。第三，均等指数衡量的是平均差距，低收入国家和中低收入国家的贫困女孩和农村女孩的数据低于平均水平。

在学习结果方面的性别差距则完全不同。在全球范围内，初级中等教育结束时达到阅读熟练水平的男女比例是100：115。但是，在成绩较好的学生群体中，男孩在科学和数学方面往往比女孩更占优势。

至少患有一种感官、身体或智力残疾的儿童完成初等教育学业的可能性比普通儿童低7个百分点，津巴布韦的差距是10个百分点，伊拉克是14个百分点。差距可能被低估了，因为较贫困家庭相对不太可能报告家里有残疾的孩子。

世界各地的第一代学生都很困难。低收入国家和中低收入国家的第一代学生的初级中等教育完成率的中位数，比其他学生完成率的中位数低34个百分点。

第16章

具体目标4.5

平 等

到2030年，消除教育中的性别不均等，确保弱势人群（包括残疾人、土著民族和脆弱环境中的儿童）平等地接受各级教育和职业培训。

全球指标

4.5.1 所有教育指标（凡可划分群体的）均等指数（女/男，农村/城镇，最贫困五分之一/最富裕五分之一，以及其他数据可得的方面，如残疾程度、移民人口、受冲突影响）

主题指标

4.5.2 初等教育学生中，第一语言或母语是教学语言的百分比

4.5.3 将教育资源重新分配给弱势人口的政策可基于具体的公式测算的程度

4.5.4 生均教育支出，按教育等级和资金来源统计

4.5.5 教育援助总额用于最不发达国家的百分比

过去30年来，实施国际教育议程取得的最引人注目的成就之一是实现了教育方面的性别均等。2009年，全球实现了初等和初级中等教育的性别均等，2013年实现了高级中等教育的性别均等。高等教育阶段的进展则有所不同。早在1998年，高等教育就已经实现了性别均等，但到了2004年，又出现了男性占劣势的不均等，而且这种不均等还在持续加剧：到2020年，高等教育阶段的男女比例为100∶114。

> 2009年，全球实现了初等和初级中等教育的性别均等，2013年实现了高级中等教育的性别均等。

撒哈拉以南非洲是这一全球成就的例外，在那里，所有的教育等级都没有实现性别均等。截至2020年，初等教育阶段的男女比例为100∶96，初级中等教育阶段为100∶91，高级中等教育阶段为100∶87，高等教育阶段为100∶80。在1990年代的结构调整期间，女孩和年轻妇女的境遇恶化，中等教育阶段的不均等加剧。初级中等教育入学人数的性别均等指数水平直到2010年才恢复到1997年的水平。高级中等教育入学人数的性别均等指数直到2013年才恢复到1999年的水平。但在2015—2020年，高级中等教育入学人数的性别均等指数以较快的速度上升，每年提高0.012。高等教育也取得了类似的进展（**图**16.1）。

需要注意这些趋势的三个方面。首先，入学率只是完成学业的一块基石。最弱势群体的完成率往往比入学率要低（**专栏**16.1）。

图16.1
撒哈拉以南非洲所有教育等级的入学率都没有实现性别均等
1990—2020年全球和撒哈拉以南非洲按教育等级分列的经调整的毛入学率性别均等指数

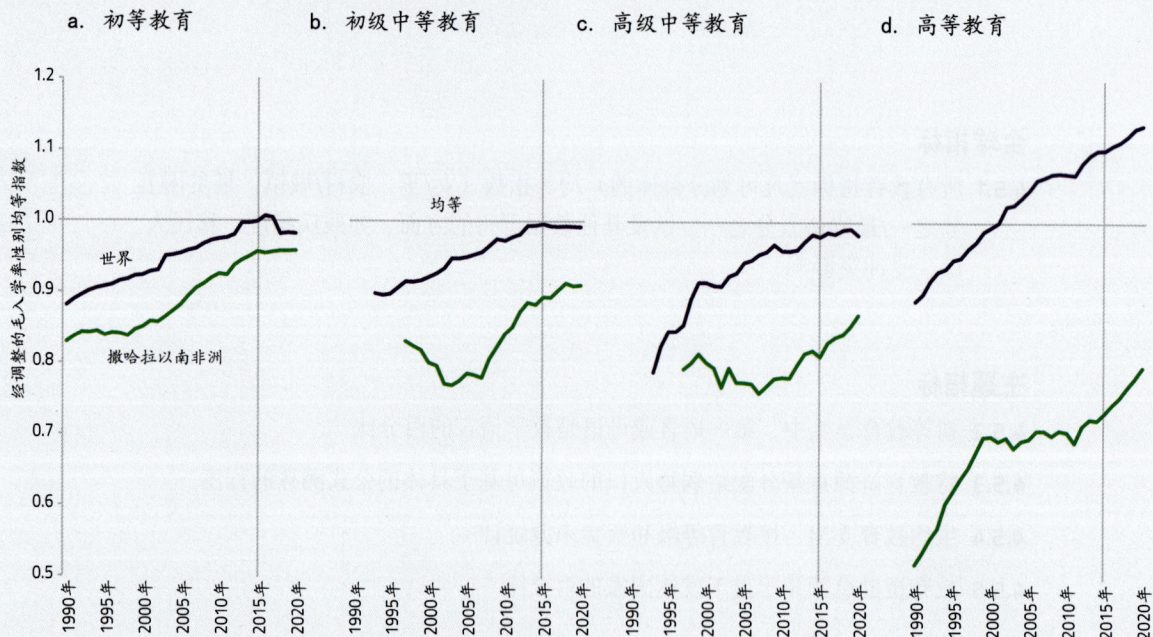

a. 初等教育   b. 初级中等教育   c. 高级中等教育   d. 高等教育

《全球教育监测报告》统计数据链接：https://bit.iy/GEM2023_fig16_1_
资料来源：统计研究所数据库。

2015年以来的进展：可持续发展目标指标4.5.1

　　全球指标4.5.1教育均等指数比较的是两个群体的教育状况，一个是弱势群体，另一个是特权群体。这个概念从其他全球教育指标（如完成率或学习）的角度来界定，涉及不同的教育等级（如初等教育或中等教育）和其他个人特征（如财富或所处地区）。潜在的组合众多，因此很难说明一种趋势。不同国家对特征的定义是不一样的，按照这些不同的特征进行全球比较尤其具有挑战性。例如，不同国家对城市和农村的定义不一样，对贫困和富裕的定义也不一样。后一种定义可能基于收入、消费或财富，每个概念意味着不同的内容，得出的结论也不同。

　　鉴于世界各地的情况各不相同，在高级中等教育完成率方面实现性别均等的进展是最值得关注的趋势之一，这也是可持续发展目标4关于平等的基准指标。在全球范围内，2010年实现了性别均等，但到2017年，却出现了反向不均等，即完成高级中等教育学业的男女比例为95∶100。只有两个可持续发展目标区域仍然存在年轻女性占劣势的不均等，但两者的发展轨迹非常不同。在中亚和南亚，高中毕业人数的男女比例在2000年为100∶68，但在2020年为100∶94。撒哈拉以南非洲的起点更为平等（2000年完成率的男女比例为100∶75），但进步的速度只有中亚和南亚的一半（2020年这一比例为100∶88）。乐观地看，2008—2020年的进展速度是2000—2008年的两倍（**图16.2**）。

图 16.2

在争取实现高级中等教育完成率的性别均等的竞赛中，中亚和南亚已经超过撒哈拉以南非洲

2000—2020年高级中等教育阶段的按时完成率和最终完成率的经调整的性别均等指数

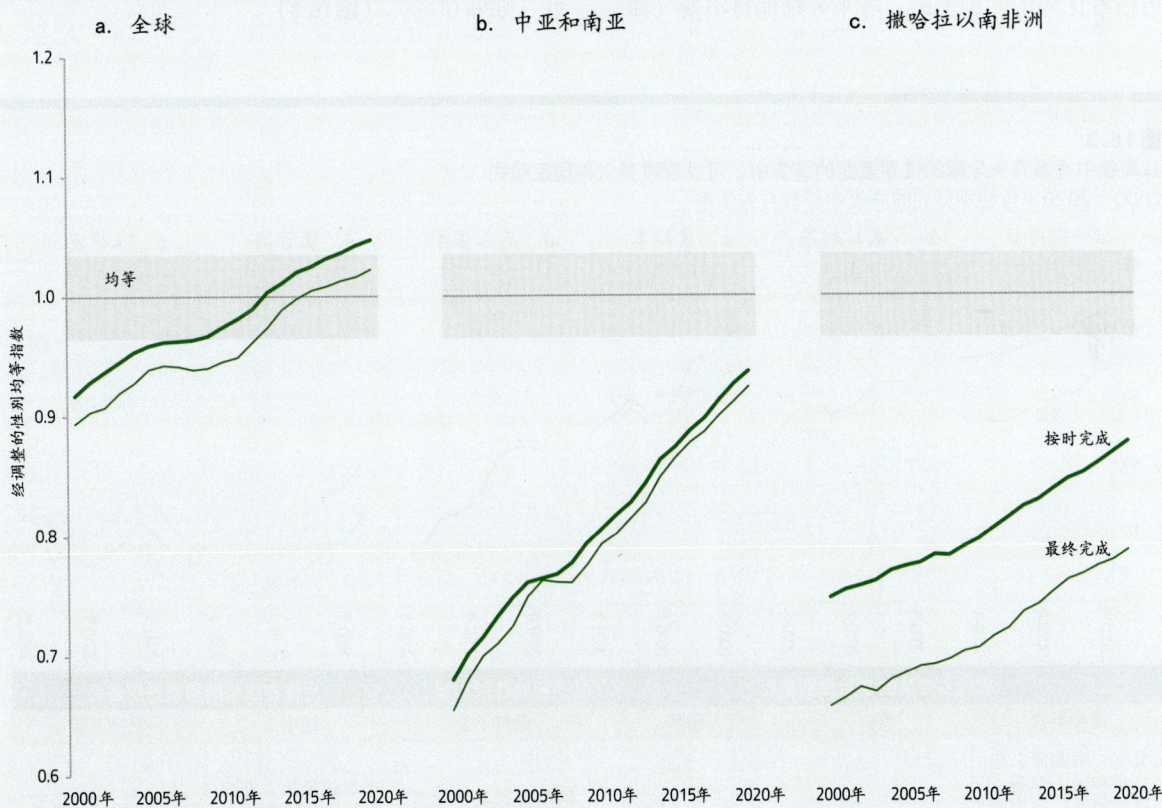

《全球教育监测报告》统计数据链接：https://bit.ly/GEM2023_fig16_2_
资料来源：世界教育指标可视化数据库。

（下接第260页）

　　然而，不仅要关注正规"按时"完成率的差异，还要关注"最终"完成率的差异，即在正规毕业年龄后3—5年内完成高级中等教育的人的百分比。后一种比率的不均等程度较低：在全球范围内，高级中等教育完成率的男女比例为98：100。这意味着年轻男性更有可能较晚完成高级中等教育。

　　然而，在撒哈拉以南非洲，性别差距非常大，表明女孩和年轻女性面临着重大挑战。按时完成高级中等教育的男女比例为100：88，而最终完成率的男女比例只有100：79。没有按时完成高级中等教育的年轻女性更有可能提前辍学，并面临结婚生子的压力，而年轻男性则能够坚持学习一段时间，直到获得高级中等教育证书。过去20年来，撒哈拉以南非洲在缩小性别差距方面未取得任何进展。相比之下，中亚和南亚完全不存在这一问题，这也是该地区在缩小性别差距方面取得快速进展的原因之一。

　　其次，撒哈拉以南非洲各国的发展轨迹偏离了全球趋势。在全球范围内，高中适龄青年失学率的性别差距从2000年的4个百分点下降到2020年的0。但也有可能观察到六种模式。有三种模式为最初存在男性占优势的性别差距，后来分别保持不变（如几内亚）、缩小（如塞拉利昂）或逆转（如柬埔寨）。有一种模式为从始至终保持性别均等（如厄瓜多尔）。另外两种模式为一开始存在女性占优势的性别差距，后来分别缩小（如蒙古国）或保持不变（如菲律宾）（**图16.3**）。

图16.3

从高级中等教育失学率的性别差距的演变中，可以观察到六种国家模式

2000—2020年按性别分列的高级中等教育失学率

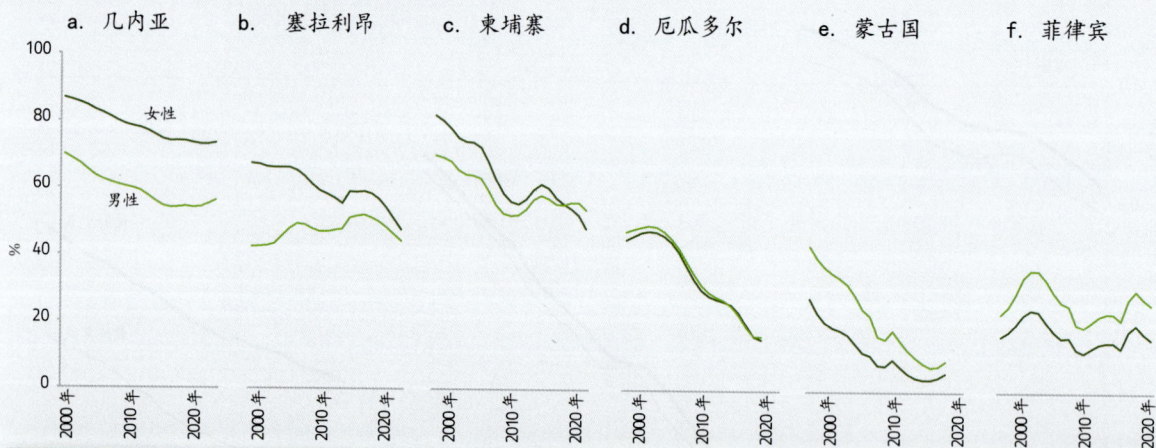

男性占优势的初始性别差距			初始性别均等	女性占优势的初始性别差距	
保持不变	缩小	逆转	保持不变	缩小	保持不变
贝宁、喀麦隆、中非共和国、乍得、科特迪瓦、厄立特里亚、埃塞俄比亚、几内亚、几内亚比绍、伊拉克、马里、莫桑比克、南苏丹、多哥、也门、赞比亚	安哥拉、刚果民主共和国、塞拉利昂、土耳其	不丹、柬埔寨、科摩罗、冈比亚、印度、尼泊尔、越南	阿尔及利亚、亚美尼亚、玻利维亚、厄瓜多尔、海地、肯尼亚、墨西哥、卢旺达、沙特阿拉伯、南非	哥斯达黎加、老挝人民民主共和国、蒙古国、圣卢西亚、圣文森特和格林纳丁斯、苏里南、特立尼达和多巴哥、乌拉圭	佛得角、洪都拉斯、牙买加、马来西亚、毛里求斯、菲律宾、泰国、委内瑞拉玻利瓦尔共和国

《全球教育监测报告》统计数据链接：https://bit.ly/GEM2023_fig16_3_
资料来源：世界教育指标可视化数据库。

> 虽然女孩和年轻女性的境况有了显著改善，但由于所处地区和贫穷等原因，以及由于其他社会和文化特征，有些女性仍处于不利地位。

最后，尽管均等指数表明性别不均等的现象存在，但它仍然只能衡量平均差异。虽然女孩和年轻女性的境况有了显著改善，但由于所处地区和贫穷等原因，以及由于其他社会和文化特征，有些女性仍处于不利地位。例如，在莫桑比克，在校生的男女比例为100：73。尽管城市地区是性别均等的，但在农村地区，在校生的男女比例为100：53。相比之下，在平均而言年轻男性处于劣势的少数国家中，他们的劣势在城市地区往往更突出，如蒙古国和巴勒斯坦（**图16.4a**）。

财富方面的差距甚至更加严重。在包括刚果民主共和国、尼日利亚和巴基斯坦在内的许多低收入国家和中低收入国家，最富裕青年群体在就读率方面已实现性别均等，但最贫困青年群体中存在严重的性别不均等。在科特迪瓦，在校生的男女比例为100：72，但在年轻贫困人口群体中，这一比例为100：22。同样，在年轻男性处于劣势的少数国家中，他们的劣势在最贫困群体中往往更突出，如孟加拉国和莱索托（**图16.4b**）。

图16.4
贫困家庭和农村家庭的年轻女性在教育上往往比普通学习者处于更弱势的地位
2014—2019年低收入国家和中低收入国家高级中等教育适龄青年就读率的性别均等指数

a. 按所处地区分列

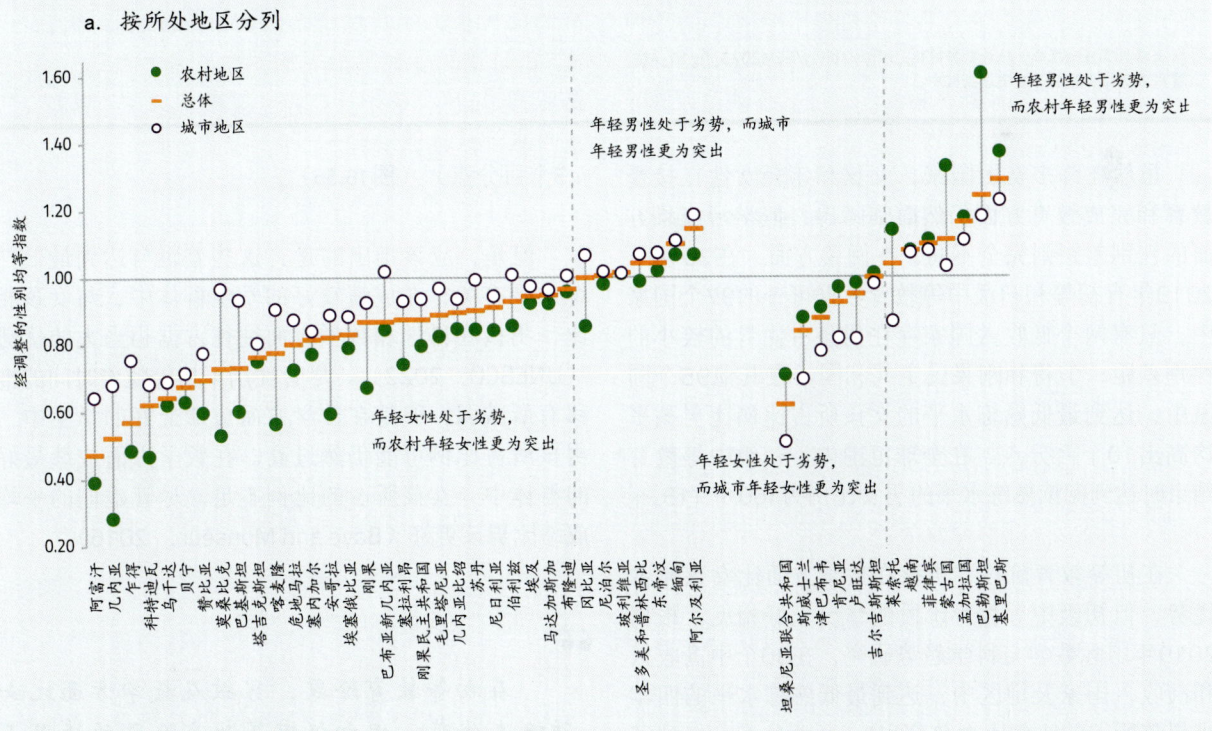

《全球教育监测报告》统计数据链接: https://bit.ly/GEM2023_fig16_4a_
资料来源：世界教育不平等数据库。

（下接第262页）

图16.4（续）

贫困家庭和农村家庭的年轻女性在教育上往往比普通学习者处于更弱势的地位

2014—2019年低收入国家和中低收入国家高级中等教育适龄青年就读率的性别均等指数

b. 按财富分列

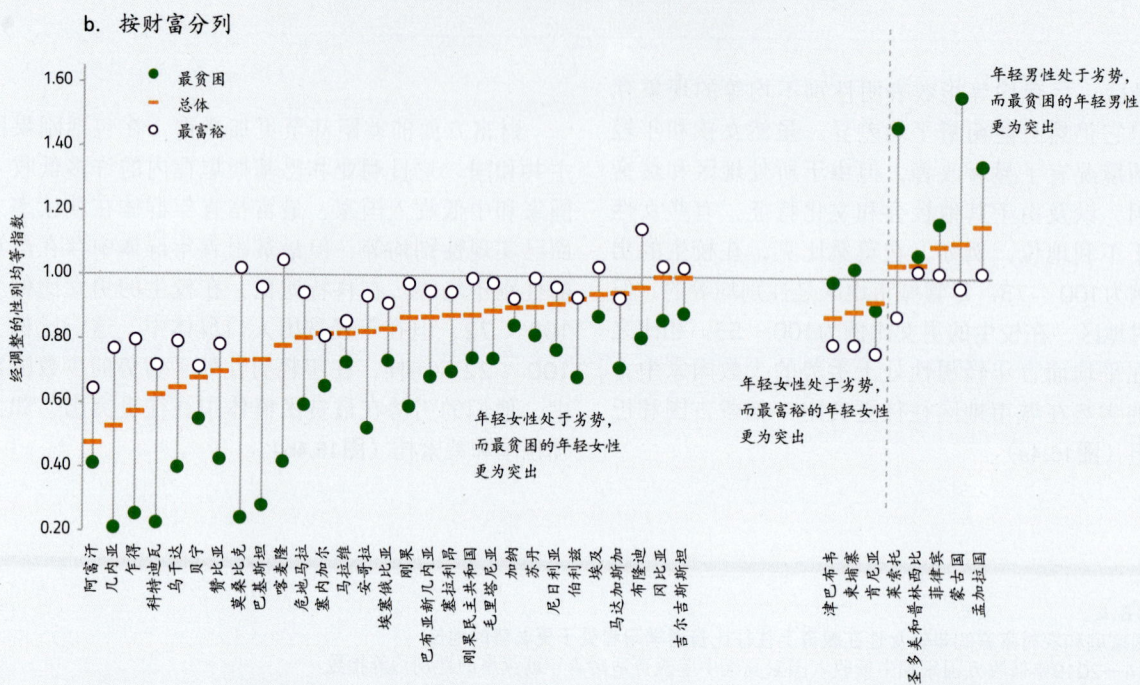

《全球教育监测报告》统计数据链接：https://bit.ly/GEM2023_fig16_4b_
资料来源：世界教育不平等数据库。

虽然在许多贫困国家，女孩和年轻女性在接受教育和完成教育方面仍然面临障碍，但学习成果方面的性别差距则完全不同。在阅读方面，在2016—2019年有初等和初级中等教育数据可查的97个国家中，只有两个低收入国家存在男孩占优势的较小的性别差距：乍得和刚果民主共和国。在其他95个国家中，达到最低熟练水平的女孩所占比例比男孩平均高出10个百分点。在全球范围内，初级中等教育结束时达到阅读熟练水平的男女比例为100：115。

在初等教育阶段，男孩在数学方面比女孩略占优势，但初级中等教育阶段的情况正好相反。根据2019年国际数学与科学趋势研究，在30个中高收入和高收入国家及地区中，达到最低熟练水平的四年级男孩所占的比例比女孩高出1.4个百分点。但到了八年级，女孩比男孩高1.4个百分点（**图16.5a**）。在科学学科上，女孩在四年级时就已经有了优势（高出1.9个百分点），到八年级时优势翻了一番（高出

4.3个百分点）（**图16.5b**）。

但是，应该指出的是，这些差距与达到最低熟练水平有关：在成绩较好的学生群体中，与女孩相比，男孩在科学和数学方面往往占据相当大的优势（UNESCO，2022）。尽管性别不均等随着时间的推移有所减弱，但是在数学方面成绩最好的学生中，男孩所占比例可能仍然过高。在数学方面成绩最好的群体中，女孩所占的比例不足，尽管她们的平均成绩比男孩更好（Baye and Monseur，2016）。

> 在初等教育阶段，男孩在数学方面比女孩略占优势，但初级中等教育阶段的情况正好相反。

图16.5

随着学生们结束初等教育进入初级中等教育，女孩的数学和科学成绩相对于男孩有所提高

2019年四年级和八年级在数学方面达到最低熟练水平的学生比例的男女差距

a. 数学

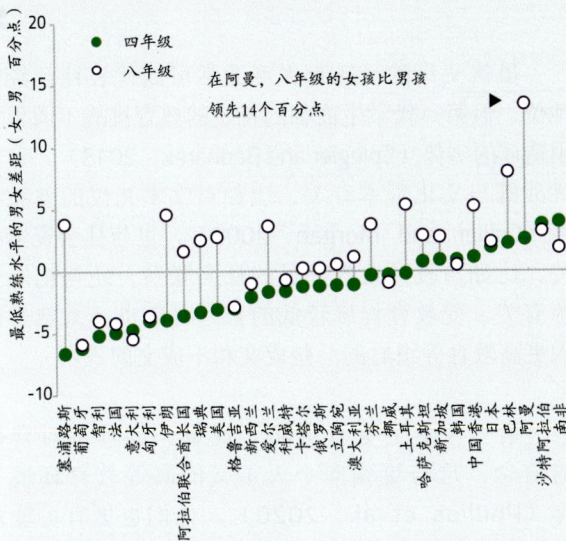

b. 科学

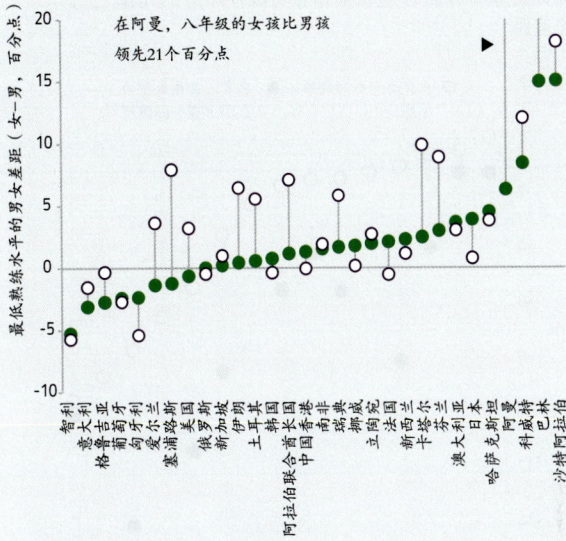

《全球教育监测报告》统计数据链接：https://bit.ly/GEM2023_fig16_5a_
资料来源：世界教育不平等数据库。

《全球教育监测报告》统计数据链接：https://bit.ly/GEM2023_fig16_5b_

　　新冠疫情加剧了教育不平等，并对学习产生了不均衡的影响。社会经济背景较差的学生从远程学习解决方案中受益较少（Moscoviz and Evans，2022），因为他们往往缺乏获得技术的机会，而且往往得不到父母或兄弟姐妹的充分支持。因此，学习损失往往集中在这些学生身上：在荷兰，父母受教育程度较低的学生的学习损失要高出60%（Engzell et al.，2021）。在意大利，在父母受教育程度较低的儿童中，女孩的学习损失更大（Contini et al.，2021）。在比利时和美国，校内的不平等现象加剧（Kuhfeld et al.，2020；Maldonado and De Witte，2022）。墨西哥在2019—2021年对坎佩切州和尤卡坦州10—15岁学生的阅读和计算能力进行了评估：总的来说，低社会经济地位群体中的儿童和青少年比同龄人的损失更大，但最低社会经济地位群体中的女孩的损失更为严重（Hevia and Vergara-Lope，2022）。

　　虽然可持续发展目标4中的不平等分析所要监测的主要特征为性别、所处地区和财富，但还有一些特征也同样值得关注，如父母受教育程度（**焦点16.1**）和残疾情况。世界教育不平等数据库分类统计在对教育状况进行分类统计时，已经将"残疾情况"作为其中一个特征，并且将联合国儿童基金会的多指标聚类调查作为信息的主要来源。在实地调查中，对每个家庭最多只评估一名5—17岁的儿童。各国的调查覆盖率差别很大，从冈比亚的25%到古巴的78%不等，不过大多数国家的调查覆盖率都超过了50%。一般来说，最富裕五分之一家庭和（或）父母受教育程度较高的家庭的未应答率低于其他家庭。例如，在加纳，最贫困家庭的残疾情况未应答率为64%，最富裕家庭的未应答率为50%。在蒙古国，父母的受教育程度在初等教育或以下的家庭的未应答率为51%，而父母受教育程度更高的家庭的未应答率为39%。平均来看，数据中出现的患有某种残疾的儿童，其所在家庭条件较为优越的可能性更大。

　　总体而言，至少存在一种功能性障碍的儿童完成初等教育学业的可能性比普通儿童低3个百分点，但在基里巴斯，这一差距为6个百分点，在几内亚比绍为9个百分点。但是，至少患有一种感官、身体或智力残疾（这是对残疾的狭义定义）的儿童完成初等教育学业的可能性比普通儿童低7个百分点，在津巴布韦，这一差距为10个百分点，在伊拉克为14个百分点（**图16.6**）。不过，在解读这些数据时需要注意一个事实，即贫困家庭相对不太可能报告家里有残疾的孩子。

图16.6

残疾儿童完成初等教育学业的可能性较低

2017—2019年部分低收入国家和中低收入国家在初等教育完成率方面普通儿童和有功能性障碍的儿童之间的差距

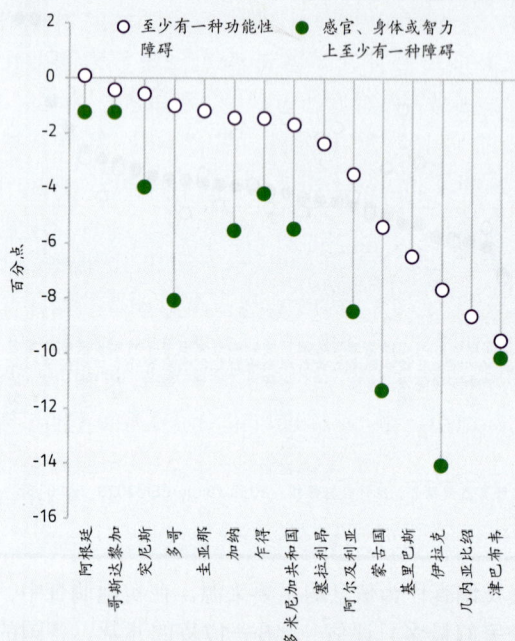

《全球教育监测报告》统计数据链接：https://bit.ly/GEM2023_fig16_6_
资料来源：世界教育不平等数据库。

焦点16.1：世界各地的第一代学生都很艰难

对具体目标4.5的监测强调了三种个人特征：性别、社会经济地位以及所处地区为城市或农村。这三种特征的数据是最容易获得的，而且通常假设这三种特征在各个国家之间具有可比性。虽然与这三个维度相关的教育机会差距和教育结果差距相当大，但被笼统地归入"脆弱环境"类别的其他特征并没有得到太多的关注。在可持续发展目标4框架中完全没有提到的一个群体是第一代学生，即其家庭中第一个达到某个教育等级的学生。最新的分析表明，无论是对低收入国家父母为文盲的孩子，还是高收入国家家族里的第一个大学生来说，达到父母从未企及的教育等级都是一个艰巨的挑战。

> 最新的分析表明，达到父母从未企及的教育等级是一个艰巨的挑战。

虽然父母的受教育程度通常可以代表社会经济地位，但第一代学生面临的特定的教育挑战不同于贫困造成的劣势（Spiegler and Bednarek，2013）。这些挑战既与文化资本有关，比如对学术礼仪的熟悉程度（Collier and Morgan，2008），也与社会资本有关，比如与教师或教职员的社会联系，还与物质资源有关。受教育程度较低的家庭可能也不太熟悉进入更高教育等级后的一些成文和不成文的规则。

第一代学生更有可能守规矩，如具备对合作的信念，这与更偏向个人主义的高等教育环境不符（Phillips et al.，2020）。他们也更有可能对自己的能力产生怀疑，害怕暴露自己，这种感觉在更以竞争为导向的课程，如STEM课程中往往会加剧（Canning et al.，2020）。法国的第一代学生的表现受到了与其他学生相比更大的负面影响（Jury et al.，2015）。

美国最近的一些研究表明，与人们通常的看法相反，不同受教育程度的照顾者在养育方式上几乎没有什么区别（Hastings and Pesando，2022）。换句话说，父母受教育程度较低并不意味着要求较低。相反，对学龄儿童来说，一个关键的限制是受教育程度较低的父母可能不熟悉学习材料，不能在家庭作业和学习任务上为他们提供帮助，或就学习的有效策略提供第一手建议（Portela and Atherton，2020）。

德国的分析表明，来自弱势家庭（包括受教育程度较低的家庭）的孩子，不太可能获得好成绩；即使成绩和别人一样，也不太可能被推荐进入学术型中等教育的轨道；即使成绩一样，即使获得推荐，也不太可能真正选择这一学业轨道。对于早在10—12岁时就要做出决定的学生来说，这形成了三重劣势（Maaz，2020）。国际成年人能力评价项目的数据显示，经合组织国家中父母没有完成高级中等教育的孩子中，只有五分之一完成了高等教育。相比之下，父母受过高等教育的孩子中，有三分之二完成了高等教育（OECD，2018）。

来自埃塞俄比亚、印度、秘鲁和越南的"青年生活"（Young Lives）项目的纵向数据也有助于我们分析学习者超越父母的最高学历、成为第一代学生后的情况。很少有孩子在8岁进入小学时就是第一代学生，但在埃塞俄比亚，超过三分之一的孩子进入小学后就是第一代学生了。而到了15岁进入中学时，在除秘鲁以外的所有国家里，有三分之二的孩子都是第一代学生。在印度和越南，孩子们从中学辍学的风险更大，中等教育已经高于他们父母的最高学历（Portela and Atherton，2020）。

即使第一代学生达到了受教育程度分布的顶峰，在学习上仍然存在不平等。在埃塞俄比亚，即便将贫困因素考虑在内，第一代学生在学习方面也处于严重不利地位，这一差距随着教育等级的提高而扩大（Iyer et al.，2020）。不平等会沿着教育的阶梯向上蔓延，延伸至学科的分布和院校的声望。在最近获得学位的美国籍经济学博士中，只有14%是第一代大学毕业生，在美国排名前6的经济系中，这一比例降至只有5%。相比之下，这一比例在所有学科领域为26%，在教育学博士中超过40%（Schultz and Stansbury，2022）。

这种分析需要在各种方法中做出选择。是谁的受教育程度决定了年轻人在特定教育等级上的第一代身份？是只有当父母中的一方接受过这个等级的教育，还是双方都接受过，他们才不算是第一代？在实践中，如果把重点放在户主或家庭中受教育程度最高的成年人的受教育程度上（可能还要规定必须超过一定的年龄，例如25岁，这样才不会将哥哥姐姐误算在内），那么数据覆盖面就会达到最大，尽管这个选择并不完美。按此方法统计，在美国，超过一半的高等教育学生可能是第一代学生（Laiduc et al.，2021；Redford and Hoyer，2017）。然而，这一估计高度依赖所使用的定义：一项以7300名学生为样本的研究发现，第一代学生的比例可以低至22%，也可能高达77%，具体取决于使用的是多种定义中的哪一种（Toutkoushian et al.，2018）。

世界教育不平等数据库在扩展后，一直记录着自2010年以来教育不平等的水平和动态。《全球教育监测报告》小组依照户主的教育水平分析了个人受教育状况，目的是了解第一代学生相比同龄人的不利程度。一种衡量标准是低收入国家和中低收入国家第一代学生在初等教育和初级中等教育完成率方面的相对差距。初等教育完成率的中位数差距为23个百分点，这一差距在尼日利亚超过40个百分点，大于城乡差距。在初级中等教育完成率方面，第一代学生和非第一代学生的中位数差距为34个百分点，这一差距在喀麦隆达到46个百分点，在马达加斯加达到50个百分点（图16.7）。

图16.7
第一代学生在受教育程度方面存在很大劣势
2015—2021年低收入国家和中低收入国家按户主受教育程度分列的初级中等教育完成率

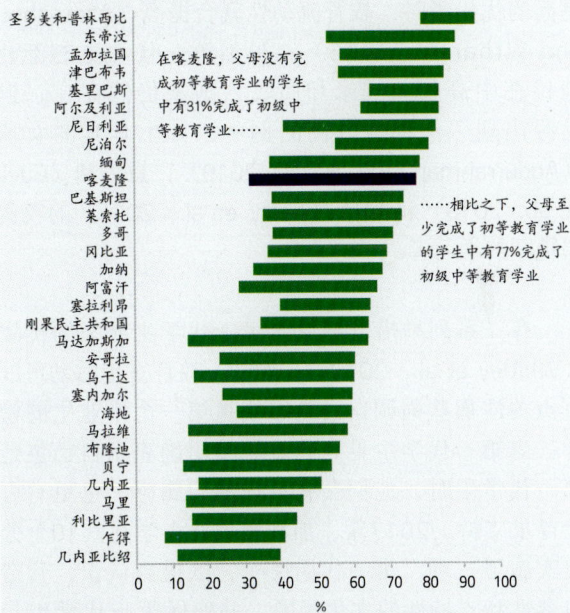

在喀麦隆，父母没有完成初等教育学业的学生中有31%完成了初级中等教育学业……

……相比之下，父母至少完成了初等教育学业的学生中有77%完成了初级中等教育学业

《全球教育监测报告》统计数据链接：https://bit.ly/GEM2023_fig16_7_
资料来源：世界教育不平等数据库。

第一代学生的不利地位与代际教育流动性有关，但二者又有区别：父母和子女的受教育程度之间关系密切，意味着流动性较低（Bhalotra et al.，2015；Razzu and Wambile，2022）。在教育扩张和流动性提高的背景下，第一代学生大量涌现是社会的积极发展之一，那么问题也变成了如何帮助他们取得成功。在第一代学生较少、教育流动性较低的背景下，问题是如何增加他们的人数。

一项研究对科摩罗、加纳、几内亚、马达加斯加、马拉维、尼日利亚、卢旺达、坦桑尼亚联合共和国和乌干达50多年来的代际教育流动性进行了探讨，发现儿童受教育年限不平等有51%可以用父母受教育程度来解释。这表明，撒哈拉以南非洲的教育流动性水平与亚洲接近，高于拉丁美洲。在研究中的大多数国家，随着时间的推移，由于普及、义务、免费初等教育的进展，教育流动性有了适度的增长。值得注意的是，当教育在公共支出中被赋予更高的优先级时，教育流动性就会提高（Azomahou and Yitbarek，2016）。虽然第一代学生的不利地位在中高收入国家和高收入国家仍然存在，但已经出现了流动性较高的例子，如土耳其的女孩（Abdurrahman and Hakki，2019）、意大利（Güell et al.，2018）和美国（Chetty et al.，2014）的较富裕地区的学习者。

有一系列举措旨在应对第一代学生面临的挑战（Whitley et al.，2018）。例如，教育宣传活动可以重点关注那些强调自己是家族里第一个毕业生的榜样。当第一代学生见到的教职员明确表示自己也是第一代学生时，他们会有更强的归属感，也更有可能寻求支持。2017年，加利福尼亚大学在其10个分校实施了一项"第一代倡议"，以提高认识、营造包容性和支持性的文化氛围，并确保第一代学生与相关资源和网络相连结（Laiduc et al.，2021）。

虽然这些教育宣传活动的重点是鼓励第一代学生入学，但是在他们入学后，还需要教育机构中的其他机制来为他们提供支持。一些学校通过指派导师或伙伴的方式来提供支持，这些人可以为学生解释大学的运作方式，从而减少学生对家庭文化资本的依赖。印度金奈市的一所工程学院为来自农村贫困家庭的第一代学生开设了补充课程，即为期三周的定向课程，随后进行有针对性的咨询和指导。一项对这种补充课程的研究指出，特殊课程帮助第一代学生克服了社会和文化障碍，但参与者提出了质疑，他们认为高等教育本身并不足以帮助他们克服与同龄人竞争好工作时所面临的挑战（Vijayakumar，2020）。

对第一代学生的支持也可以通过针对其家庭成员的计划来实现。如果家庭成员重视教育，那么即使他们不了解高等教育（Spiegler and Bednarek，2013），也可以通过提供非物质支持来促进孩子取得成功（Gofen，2009）。

要使支持计划取得成功，首先必须认识到第一代学生和普通学生绝不是同质的群体，而且第一代学生的身份伴随着其他形式的劣势（Nguyen，2018）。此外，如果第一代学生只是从克服所谓的限制的角度来看待教育机构提供的支持，那么这种支持结构可能就会破坏他们的归属感（Means and Pyne，2017）。许多第一代学生否认自身存在缺陷，认为自己更有动力、适应性更强，而且像"第一代"的定义本身似乎表明的那样更加自立（Tate et al.，2015），这样的认识对他们的学术信心以及学习过程有所助益。

2017年3月9日（星期四），17岁的达莎在乌克兰东部的赫拉尼特内村的学校上课。这所学校位于所谓的"接触线"上，即乌克兰政府控制区和非政府控制区的分界线上，也是战斗最为激烈的地方。

图片来源：UNICEF/UN058464/Kozalov*

重要信息

世界青年识字率从2000年的87%上升到2015年的91%，但到2020年只继续增长了不到1个百分点。文盲青年的数量从2015年的1.07亿人下降到2020年的9900万人。

成人识字率（15—64岁）从2000年的81%上升到2015年的86%和2020年的87%，最近五年仅增长了1.2个百分点。

成人识字率的提高是因为较年轻、受教育程度较高的群体取代了较年长、受教育程度较低的群体。对柬埔寨、肯尼亚和尼泊尔的个别群体的追踪研究表明，随着年龄的增长，他们的识字率保持不变，甚至有所下降。

女性识字水平的提高异常迅速。在印度，2020—2021年，45—49岁的女性中有46%识字，而15—19岁的女性中有90%识字。2019年，在塞拉利昂，35—39岁的女性中有18%识字，而15—19岁的女性中有74%识字。但是，冈比亚、利比里亚和毛里塔尼亚的男性识字率提高非常缓慢。

初等教育期间的平均阅读速度有所提高，但不同语言间存在显著差异，因为从一个单词表达多少信息以及表达相同信息需要多少单词来看，各个语言系统和书写系统是很不一样的。

第 17 章

具体目标4.6

青年和成人扫盲

到2030年，确保所有青年和相当大比例的成人，无论男女都能够读写和计算。

全球指标

4.6.1 特定年龄人口获得特定水平的（a）读写和（b）计算能力的百分比，按性别统计

主题指标

4.6.2 青年和成人识字率

4.6.3 文盲青年和文盲成人参与扫盲项目的比例

可持续发展目标4监测框架引入了一个基于直接评估的识字率指标，为识字熟练水平设置了多个等级，旨在反映对识字的含义的思维演变，并激励各国对识字率评估进行投资。然而，由于评估成本高、实施能力薄弱、需求不足，自2015年以来，只有极少数中高收入国家和高收入国家开展了此类评估。因此，对识字能力的监测又回到了传统的识字和不识字的二元区分法。

然而，现有的用于这种区分的信息来源太过简化，并不够好。传统的认为完成4年教育就等同于识字的假设早已被推翻。一些人口普查和劳动力调查仍在采用对读写能力的自我报告，其中的问题不言而喻。

专栏 17.1

2015年以来的进展：可持续发展目标指标4.7.1

在全球范围内，青年识字率从2000年的87%上升到2015年的91%，但此后仅增长了0.8个百分点。在2000年远低于全球平均水平的两个地区中，中亚和南亚以每年三倍于全球进步水平的速度提高，几乎追平了全球平均识字率：其青年识字率从2000年的74%上升到2015年的88%和2020年的90%。相比之下，撒哈拉以南非洲的识字率的追赶速度较慢，青年识字率从2000年的66%上升到2015年的75%和2020年的77.5%（**图17.1a**）。青年文盲人数从2015年的1.07亿人下降到2020年的9900万人，其中3600万人在中亚和南亚，4900万人在撒哈拉以南非洲。在所有青年文盲中，女性占比为56%。

15—64岁人群的成人识字率从2000年的81%上升到2015年的86%和2020年的87%，5年内仅提高了1.2个百分点。自2000年以来，撒哈拉以南非洲的增长速度是全球平均水平的两倍，但2020年其成人识字率仅为64%，而中亚和南亚为73%（**图17.1b**）。成人文盲人数从2015年的7.83亿人下降到2020年的7.63亿人，其中3.67亿人在中亚和南亚，2.05亿人在撒哈拉以南非洲，后者的成人文盲人数从2015年到2020年反而增加了900万人。在所有成人文盲中，女性占比为63%。65岁及以上的老年人中，有近四分之一是文盲（**图17.1c**）。东亚和东南亚的老年人识字率从2000年的60%上升到2020年的84%。

图17.1
在撒哈拉以南非洲，几乎四分之一的青年是文盲
2000—2020年全球、中亚和南亚、撒哈拉以南非洲的识字率

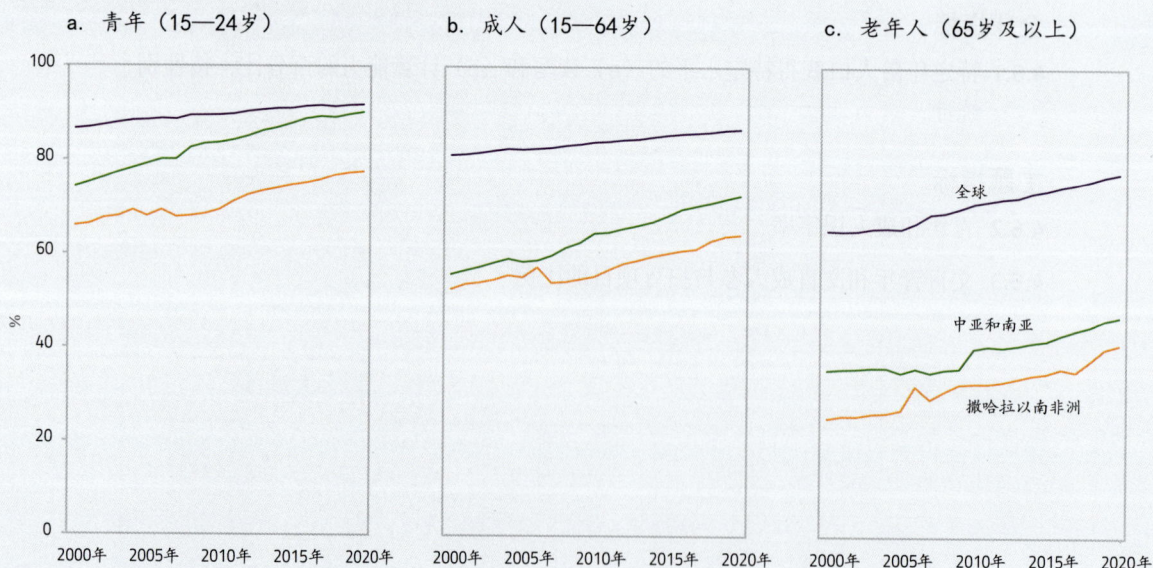

a. 青年（15—24岁）　　b. 成人（15—64岁）　　c. 老年人（65岁及以上）

《全球教育监测报告》统计数据链接：https://bit.ly/GEM2023_fig17_1_
资料来源：统计研究所数据库。

不过，教科文组织统计研究所在其识字率估计（专栏17.1）中加入了家庭调查的信息，特别是人口和健康调查与多指标聚类调查的信息，其中包括对阅读简单句子能力的一项基本但直接的衡量标准。这样做的缺点之一在于，这些调查只抽取了15—49岁的成人样本，而且通常只抽取女性，这就需要对成人人口总体做出更多的假设。

即便如此，家庭调查还是揭示了成人识字率的变化过程。有两种潜在的运作机制。第一，随着较年轻、受教育程度较高的群体取代了较年长、受教育程度较低的群体，人口构成的变化使成人识字率有所提高。第二，成人识字率也可以通过成人识字计划发生改变。在部分低收入国家和中等收入国家进行的两轮人口和健康调查的数据显示，几乎没有证据表明后一种机制在发挥作用：

> 识字计划即使有效，也很少能达到在人口一级产生明显影响的规模。

识字计划即使有效，也很少能达到在人口一级产生明显影响的规模。

在印度，连续两轮人口和健康调查彼此间隔5年，分别在2015—2016年和2020—2021年进行。如果成人教育计划有效且规模够大，那么2020—2021年30—34岁女性的识字率应该高于2015—2016年25—29岁女性的识字率。但在印度，与柬埔寨、肯尼亚和尼泊尔一样，这些群体的识字率保持不变，甚至有所下降（图17.2d）。

图17.2
在成人识字方面观察到的微小进步是由于人口中受过良好教育的年轻人增多了
部分国家两轮家庭调查中按年龄组和性别分列的识字率

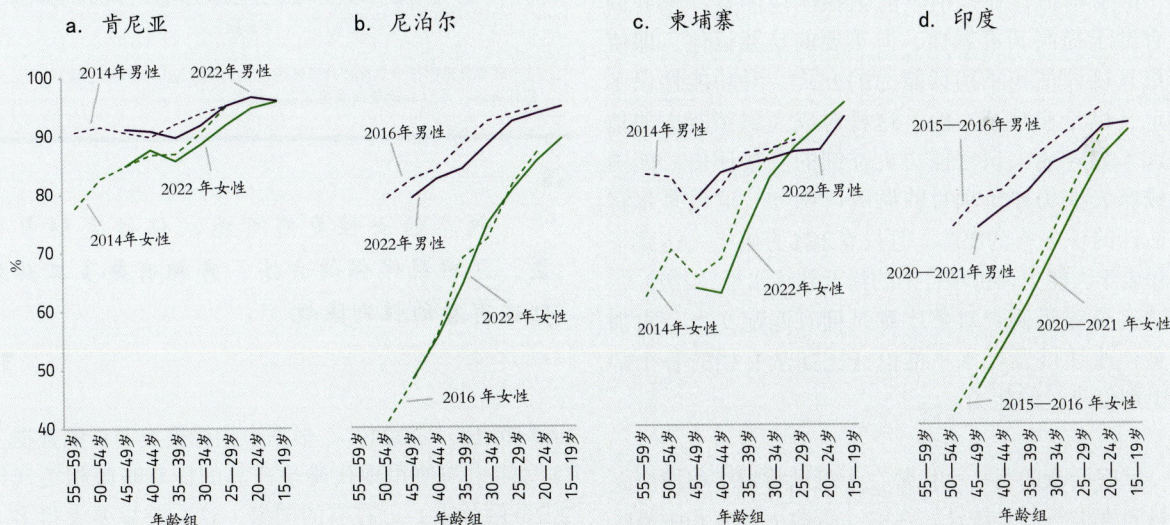

a. 肯尼亚　　b. 尼泊尔　　c. 柬埔寨　　d. 印度

《全球教育监测报告》统计数据链接：https://bit.ly/GEM2023_fig17_2_

注：对于每个国家，实线表示在最近一次调查中按性别分列的每个年龄组的识字率。虚线表示在早期的调查中按性别分列的每个年龄组的识字率，但为了便于比较，将虚线移到了左边。例如，印度2015—2016年人口和健康调查的虚线向左移了5年，因此2015—2016年15—19岁青年的识字率与5年后的2020—2021年20—24岁青年的识字率相对应。尼泊尔的虚线也移动了5年（两轮调查间隔6年），柬埔寨和肯尼亚的虚线（两轮调查间隔8年）移动了10年。

资料来源：人口和健康调查国家最终报告。

女性识字水平的提高异常迅速。在印度，2020—2021年，45—49岁的女性中有46%识字，而15—19岁的女性中有90%识字，30年间，性别差距缩小了近30个百分点。在柬埔寨，最年轻群体中女性的识字率已经超过了男性。

队列分析还记录了各国发展轨迹的差异。例如，分析显示了柬埔寨种族灭绝造成的毁灭性影响：40多岁的成人的识字率低于50多岁的成人（图17.2c）。分析还表明，同一区域内的各个国家在进步速度方面可以相差甚远。例如，在西非，全球识字率最低的塞拉利昂，女性识字率呈指数级提高——2019年，35—39岁的女性中只有18%识字，而15—19岁的女孩中有74%识字，男性的识字率也在迅速提高。相比之下，冈比亚、利比里亚和毛里塔尼亚的男性识字率的提升速度非常缓慢：在冈比亚，45—49岁的男性中有64%识字，15—19岁的男性中有72%识字，30年间仅提高了8个百分点。在利比里亚和毛里塔尼亚，最近五年的青年识字率甚至似乎有所下降（图17.3）。

识字率估计在以前只能依赖间接测量，家庭调查有助于提高其可靠性。但重要的是要记住，即使采用直接评估句子阅读能力的方式，对功能性识字的定义也是非常基本的。这种对成人识字能力的估计远不如对成人识字能力更详细的直接评估，如国际成年人能力评价项目的调查。例如，厄瓜多尔官方估计的识字率为89%，但只有28%的成年人达到了国际成年人能力评价项目中的最低熟练水平（2级），到达这个等级调查对象才算是拥有匹配文本与附加信息、改述以及低水平推论（比如从文档的各个部分识别信息）的能力。

家庭调查的另一个优势在于可以将识字率按个人背景因素进行分类统计。在37个低收入国家和中等收入国家的样本中，青年识字率（15—24岁）的平均城乡差距为9个百分点（在刚果民主共和国达到29个百分点），而成人识字率（25—49岁）的平均城乡差距为13个百分点（在加纳达到34个百分点）。

读写能力与各种重要的结果有关。识字的女性更有可能从保健运动中受益，了解现代保健方法，并拥有更多工具来打破有害的性别陈规（Deschênes

图17.3

冈比亚、利比里亚和毛里塔尼亚成年男性的识字率停滞不前

2019—2021年部分西非国家按年龄组和性别分列的识字率

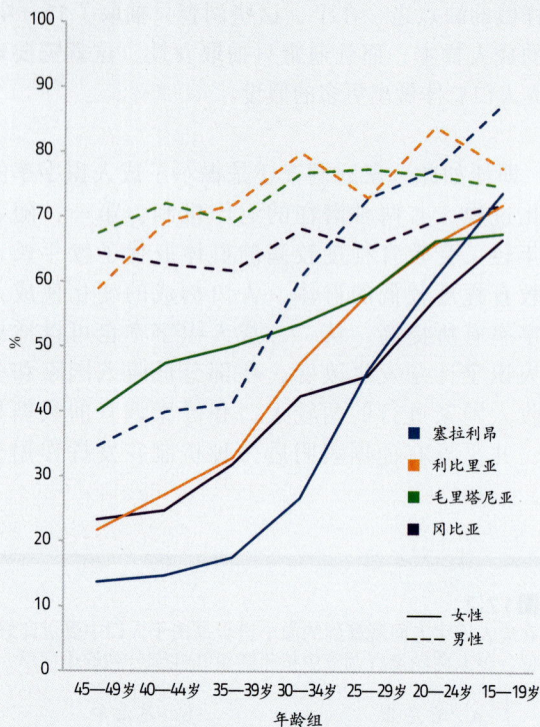

图例：
- 塞拉利昂
- 利比里亚
- 毛里塔尼亚
- 冈比亚
- —— 女性
- ---- 男性

《全球教育监测报告》统计数据链接：https://bit.ly/GEM2023_fig17_3_
资料来源：人口和健康调查国家最终报告。

> 识字的女性更有可能从保健运动中受益，了解现代保健方法，并拥有更多工具来打破有害的性别陈规。

and Hotte，2021）。根据多指标聚类调查的数据，读写能力与使用现代避孕药具的概率略微相关（约2.5个百分点）。在有的国家，这一差异要大得多。在巴勒斯坦，识字的女性和不识字的女性之间在使用现代避孕药具方面的差距在城市地区为35个百分点，在农村地区为22个百分点。在避孕药具供应稀缺和性别规范普遍存在的地方，读写能力可能发挥着更关键的作用。

全球指标4.6.1涵盖了读写能力和计算能力。计算能力的五个领域（公民、数字、金融和商业、健康、工作场所）（UIL，2020）显然与可持续发展目标的具体目标4.1和4.4有关。小学和中学的教育质量和习得数学技能是获得成人计算技能和就业相关技能的决定因素。不幸的是，关于计算能力的数据甚至比关于读写能力的数据更少。在2010年代参加了国际成年人能力评价项目三轮调查的38个高收入国家中，只有日本的成年人口中有超过90%的人掌握了计算能力。在参加了国际成年人能力评价项目第二轮调查（2015年）和第三轮调查（2017年）的中高收入国家中，只有不到一半的成年人达到了最低计算能力水平，包括厄瓜多尔（23%）、秘鲁（25%）、墨西哥（40%）和土耳其（49%）。唯一一个大多数成人至少达到最低计算能力水平的中高收入国家是哈萨克斯坦（73%）。

焦点17.1：阅读速度重要吗?

学习成果已经上升到2015年后国际教育议程的首要地位，而阅读理解是最受关注的衡量标准。但是，如果要提高阅读理解能力，就必须理解达到这个目的的途径——阅读的机制。

理解能力与阅读速度呈非线性关系。如果读得太慢，那么当你读完一个句子时，你就会忘记这个句子是如何开头的。但是如果读得太快，你就会开始略过信息。虽然这两种影响在极端情况下都是显而易见的，但是阅读速度作为学习基准的重要程度仍存在争议。

学生之间的阅读速度差异反映了他们的考试成绩差距。较高的阅读速度的认知相关因素包括工作记忆和流体智力（Johann et al.，2020）。实证研究发现，在不同的语言中，包括土耳其语（Soysal，2022b）和德语（Johann et al.，2020）中，阅读速度和阅读理解在个体层面都存在正相关。

然而，在不同国家，不同的阅读速度都可以实现高水平的理解。有研究质疑阅读速度作为学习的衡量指标或替代指标的有效性（Dowd and Bartlett，2019; Graham and van Ginkel，2014），不过这些分析的方法及其与认知研究的一致性存在争议（Abadzi and Centanni，2020）。

人眼注视和扫描文本中的每个单词的速度是有生理极限的（Seidenberg，2018）。到达某个临界点时，阅读速度加快意味着不再处理每个单词。阅读——"处理文本信息，以还原每个单词、短语和句子原本的意思"，变成了浏览——"（移动）眼睛扫视文本，以找到一个特定的单词或信息片段，或者了解文本内容的大意"（Rayner et al.，2016，p. 5），后者是一个完全不同的技能。

对"快速阅读"的执念有着悠久且不乏争议的历史。对于又快又好地阅读的最乐观的说法缺乏证据支持（Rayner et al.，2016; Seidenberg，2018），问题仍然是快速阅读是否可取（Tsvetkova，2017; Wolf and Klein，2022）。对信息的理解和保留不可避免地会在极端的速度下衰退。在实验室条件下，即单词在同一点按顺序显示、不需要眼球运动、字体采用最优的印刷尺寸，已确认的英语文本最快阅读且达到理解水平的速度为每分钟不超过800个单词（He et al.，2018）。

成年人平均每分钟阅读的单词量，以及对不同年级和年龄的学习者的每分钟阅读的单词量的期望值，都要比理论最大值低得多。根据一项对190项研究的元分析，大多数成年人对非虚构类英语作品的默读速度为每分钟175—300个单词，平均为每分钟238个单词（Brysbaert，2019）。阅读小说的速度略快，这表明平均而言，小说中的单词会更短。

一些研究把关注点放在了个体间的相关性上。阅读很可能会得益于许多与一般教育优势相同的因素，比如家庭藏书。但是，当积极的阅读态度和更高的阅读速度并存时，因果关系的方向仍然不明确。是敏锐的读者通过大量阅读提高了他们的速度，还是流利的读者更有动力去发挥他们的能力? 也许两者共同创造了一个良性循环。更能说明问题的是提高阅读速度的效果。四至六年级的学生在接受了28小时的提高阅读速度的技术指导后，表示自己更喜欢阅读了，能在相同的时间内阅读更多的书让他们倍感振奋，并且他们进一步表示自己不再害怕阅读大部头了（Soysal，2022a）。

阅读速度的个体差异往往大于按年龄或年级统计的差异。尽管如此，按年龄或年级分列的阅读速度数据仍清晰地显示了儿童学习阅读时的发展模式。与美国的研究结果（Spichtig et al.，2016）相似，巴西的一项研究发现，平均阅读速度在二年级到九年级是持续提高的，尽管在七年级之后提升速度就慢了下来（Alves et al.，2021）（图17.4）。各年级标准也反映了这种发展模式（Hasbrouck and Tindal，2017）。

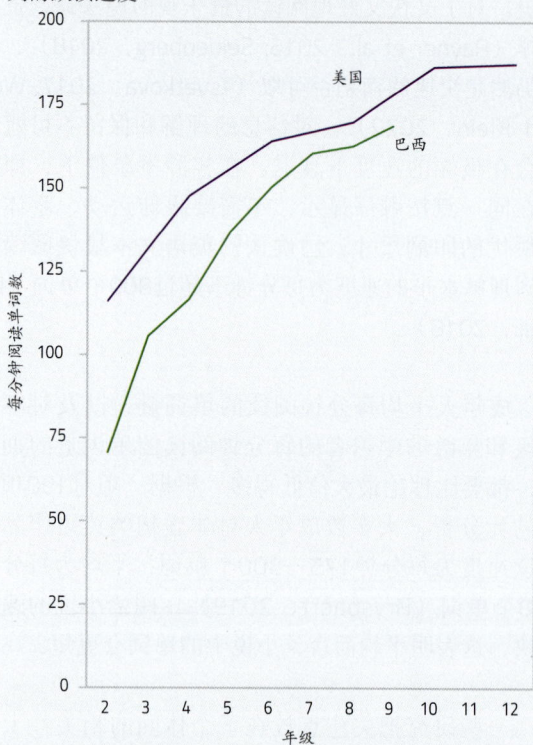

图17.4
平均阅读速度在小学期间持续提高
巴西（2018年）和美国（2010—2011学年）按年级分列的默读速度

《全球教育监测报告》统计数据链接：https://bit.ly/GEM2023_fig17_4_
资料来源：巴西的数据来源于阿尔维斯等（Alves et al.，2021）的研究，美国的数据来源于斯皮希蒂格等（Spichtig et al.，2016）的研究。

　　阅读速度对单词解码或语言理解的依赖程度会随着流利程度的提高以及年级的升高而变化（Carretti et al.，2020）。在到达离开学校的年纪之前，个体的阅读速度一直在提高，到40岁左右开始缓慢下降，到70岁时下降约10%（Brysbaert，2019）。不过，这种下降与视力的变化有关（Liu et al.，2017），不一定是认知能力造成的。

　　如果只计算正确阅读的单词，测得的阅读速度会进一步下降。由低年级阅读评估项目（一个跨国评估工具）测得的朗读流畅度涉及正确朗读的

单词数量，朗读本来就要比默读慢。项目的说明是：不要试图尽量快速地朗读。但是，"正确性"可能也不会给"速度"增加多少额外的统计信息（Willims et al.，2011），因为阅读更快的人往往都具备流利阅读的能力。作为一种衡量标准，正确性仍然有一些优势。例如，在默读的测量中可能会出现异常值，当读者在一个困难的单词处卡住时，如果他们正在朗读，就会得到一个提示。口语流利性与理解能力的关系也可能更密切，测试口语流利性的同时也可以收集关于错误的信息（Piper and Zuilkowski，2015）。然而，至关重要的是，流利性与理解能力的联系在不同语言中并不是普遍存在的，这让人们质疑在撒哈拉以南非洲使用阅读英语的流利性作为非母语使用者学习的替代目标是否合理，即使当地的教学语言是英语（Piper et al.，2016）。

　　更具有挑战性的是如何在不同的语言，具体来说是不同的文字和书写系统之间实现阅读速度测量的标准化。许多关于阅读的研究都是针对英语阅读的。这令人遗憾，不仅因为文化偏见，而且因为英语的语言属性在世界上各种语言中并不是典型。特别是，英语的正字法是非常不规则的。与西班牙语、韩语和许多其他语言不同，仅凭书面文字呈现无法可靠地预测一个陌生的英语单词的读音。

　　无论是否可以直接比较，阅读速度衡量标准已经被套用在了各种语言上。国际阅读速度文本（IReST）由10个短段落组成，每段约150个单词，有17种语言的版本（Trauzettel-Klosinski et al.，2012），包括使用非拉丁字母的语言，如希腊语（Glen et al.，2019）和汉语（Wang et al.，2018）。一项综述对232项关于不同语言的阅读速度的研究进行了探讨（Brysbaert，2019），这些语言不局限于国际阅读速度文本中的语言，结果表明，不同国家和语言的平均阅读速度存在显著差异（图17.5）。

　　这些差异是用每分钟阅读的单词数来衡量的。但这就引出了一个问题，即如何解释"单词"定义的差异，例如前缀、后缀以及冠词和代词是否作为单独的单词来统计。将这种影响考虑在内的方法包括计算复合词的每个组成部分（Abadzi，2012）。在汉语里，即使是在书写时，为了阅读的流畅，词语与词语之间也通常不会插入空格，或者说确实不

图 17.5

不同国家和语言的平均阅读速度存在显著差异

部分语言按阅读模式分列的平均阅读速度

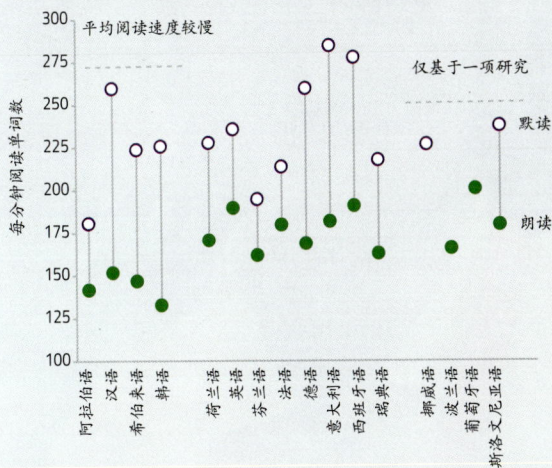

《全球教育监测报告》统计数据链接: https://bit.ly/GEM2023_fig17_5_

注: 每种语言的阅读速度取的是不同研究的平均数。

资料来源: Brysbaert (2019).

需要插入空格 (Ling and Liu, 2021)。在英语中, 平均每个单词使用5—6个字母, 而中文词语通常只包含1—2个复杂的汉字 (Brysbaert, 2019)。

总之, 从一个单词编码的信息量和表意长度 (即需要多少单词来表达相同的信息) 来看, 不同的语言和书写系统之间是存在差异的。表意长度和平均阅读速度相关, 这意味着在每个单词编码了更多信息的语言中, 每个单词的阅读时间往往会更长 (Brysbaert, 2019)。因此, 与以每分钟单词数为单位的阅读速度相比, 不同语言在阅读相同信息时所需的时间方面的差异较小。

> " 阅读不标元音的阿拉伯语需要同时进行大量的语法解码思考。"

在默读速度方面, 阿拉伯语是一个明显的例外。有人认为, 阿拉伯语本身读起来就很慢, 因为标准阿拉伯语通常会省略手写和印刷中会出现的短元音符号, 儿童读物 (为了帮助小读者) 和宗教文本 (为了消除歧义) 除外。因此, 阅读不标元音的阿拉伯语需要同时进行大量的语法解码思考。此外, 以阿拉伯语为母语的人几乎都是各种阿拉伯语方言的使用者, 这些方言在词汇、语法和发音上与标准阿拉伯语非常不同。因此, 标准阿拉伯语实际上是他们的第二语言。阅读速度表明书面阿拉伯语相对难学, 这一事实可能解释了为什么即使将收入水平和受教育程度考虑在内, 许多阿拉伯国家的成人识字率仍低于预期。

一项研究对阿拉伯语学习者的阅读速度进行了探讨, 这些学习者都不以阿拉伯语的某种口语变体为母语, 熟练水平也各不相同, 结果显示了一种有趣的细微差别 (Midhwah and Alhawary, 2020): 标记了所有元音的文本阅读起来往往比不标元音的文本更慢, 但通过标记元音的教科书学习阿拉伯语的学生在阅读两种文本时都会更快一些。阿拉伯语的阅读速度也比希伯来语的阅读速度要慢。希伯来语虽然使用了不同的字母系统, 但除此之外, 它与阿拉伯语在语言学上关系密切 (Eviatar et al., 2019)。

对阅读速度的测量并不是完全标准化的, 即使有些参数是固定的——例如是默读还是朗读, 是计算所有单词还是只计算那些被正确阅读的单词, 是阅读文本还是阅读单个的单词 (甚至是非单词)。阅读材料的技术特性在一定程度上也很重要, 包括字体大小、颜色和对比度 (Wallace et al., 2022; Zhu, 2022), 还有环境因素, 比如距离和照明条件 (Jung and Choi, 2021)。

然而, 数字显示技术对阅读速度的影响并不明确。在平板电脑和电子墨水屏阅读器上的阅读速度不一定比在纸张上慢 (Moys et al., 2018; Sackstein et al., 2015), 但也没有明显的优势。研究发现, 马来语学生的纸质文本阅读速度更快, 但在屏幕上阅读时表现出了更强的理解能力 (Tajuddin and Mohamad, 2019)。一项元分析发现, 随着数字技术的进步, 纸质文本在阅读速度方面的优势并没有减弱 (Delgado et al., 2018)。

2022年10月11日，位于印度孟买的D.D.K.I学校的学生阿瓦尼摆好姿势拍了一张照片。她旁边是学校的"星球战士"项目收集到的由塑料垃圾制成的各种产品。联合国儿童基金会与孟买儿童权利公民协会合作，在学校的"集体责任运动——塑料废物管理项目"的倡议下，联络了孟买的部分私立和国际学校，在教师和学生中开展宣传活动，鼓励他们每月收集一次塑料垃圾，并带到学校进行回收。

图片来源：UNICEF/UN0825943/Singh*

重要信息

几乎所有的政府都报告称，他们的教育系统涵盖了可持续发展目标具体目标4.7中确定的大部分全球公民教育和可持续发展教育的主题。不依赖自我报告的替代监测机制包括一个关于课程框架和教学大纲中绿色内容的新指标，该指标将于2024年发布，以及各国关于气候变化教育和传播的法律及政策汇编，《全球教育监测报告》对此汇编也有贡献。

对"以文件增强教育评价"网站上50个国家概况的分析发现，尽管各国正在将气候变化纳入主流课程大纲，但只有39%的国家制定了专门关注气候变化教育的国家法律、政策或战略，63%的教师培训计划涵盖了聚焦气候变化的内容。相比之下，94%的国家在与气候变化宣传有关的法律、政策或计划中提到了增强公众意识。

可持续发展目标4几乎没有明确关注学生如何学习，忽略了学习发生或没有发生背后的重要原因。这一缺失的部分就是情感，亦即学习者的感受。

神经影像学的证据与教师的经验一致，表明社会和情感因素与技能对课堂学习有很大影响。在传统的课堂和技术密集型学习环境中，至关重要的是确保学习者的情绪对学习有促进作用而不是抑制作用。遗憾的是，关于学习者的社会和情感技能的影响程度，以及学校是否培养和如何培养这些技能的系统性国际数据少之又少。

第18章

具体目标4.7

可持续发展教育
和全球公民教育

到2030年,确保所有学习者获得促进可持续发展所需要的知识和技能,包括通过教育来实现可持续发展和可持续生活方式、人权、性别平等、推广和平与非暴力文化、全球公民意识、重视文化多样性和文化对于可持续发展的贡献。

全球指标

4.7.1 (ⅰ)全球公民教育和(ⅱ)可持续发展教育作为主流被纳入(a)国家教育政策、(b)课程大纲、(c)教师教育和(d)学生评估的程度

主题指标

4.7.2 提供基于生活技能的预防艾滋病教育和性教育的学校百分比

4.7.3 世界人权教育计划的框架在国家层面实施的程度(依据联合国大会决议59/113)

4.7.4 学生中表现出充分理解全球公民意识和可持续发展议题的人数百分比,按年龄组或教育等级统计

4.7.5 初级中等教育毕业年级学生熟练掌握环境科学和地理科学知识的百分比

4.7.6 国家教育政策和教育部门计划对国家教育系统中需要加强的广泛技能的认识程度

可持续发展目标之具体目标4.7在10个具体目标中是独一无二的，它关注的是难以衡量的教育结果：人权、性别平等、和平与非暴力、全球公民意识、文化多样性和文化对可持续发展的贡献。不过，全球指标4.7.1试图解决如何监测进展情况这一难题。特别是，这个指标邀请各国报告它们将全球公民教育和可持续发展教育纳入自己的主流教育系统的程度。这建立在自我报告机制的基础上，即就执行联合国教科文组织1974年《关于促进国际了解、合作与和平的教育以及关于人权与基本自由的教育的建议书》（以下简称《建议书》）进行磋商。报告计划每四年进行一次，但只收集到很少的数据，无法对进展情况进行评估（**专栏**18.1）。

专栏 18.1

2015年以来的进展：可持续发展目标指标4.7.1

全球指标4.7.1监测的是全球公民教育和可持续发展教育被纳入国家教育政策、课程大纲、教师教育和学生评估的程度。根据八个主题——文化多样性与宽容度、性别平等、人权、和平与非暴力、气候变化、环境可持续性、人类生存和福祉以及可持续消费与生产——是否被纳入主流教育，给该指标的四个组成部分打分，分值从0到1。

根据涵盖了2017—2020年数据并于2021年公布结果的上一轮磋商，几乎所有政府都报告称，它们的教育系统在很大程度上涵盖了大部分主题（**图**18.1）。按照四个组成部分来看，大多数国家的得分都在0.8分以上，这意味着八个主题中至少有六个已被纳入其课程大纲、政策、教师教育和学业评估。几乎没有一个国家的得分低于0.5分，即报告只有少数主题成为主流。没有发现答复情况与国家收入之间存在任何关系。

图18.1
几乎所有的政府都报告称自己的教育系统涵盖了大部分全球公民教育和可持续性发展教育的主题
2017—2020年按四个组成部分和区域分列的各国将全球公民教育和可持续发展教育纳入主流的程度

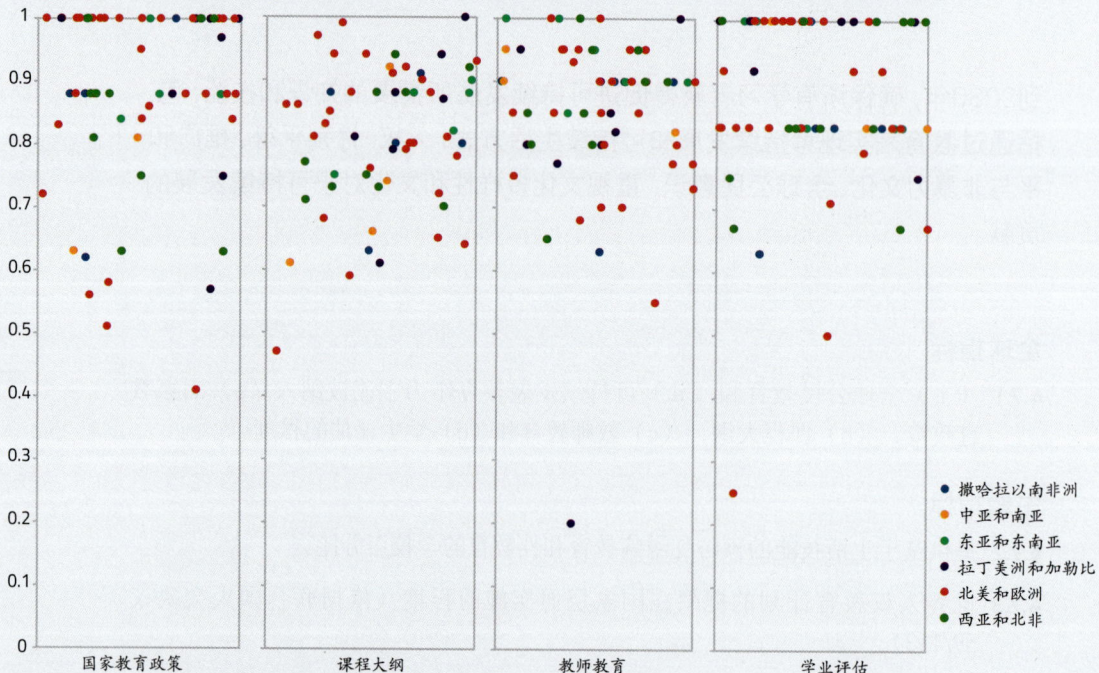

《全球教育监测报告》统计数据链接：https://bit.ly/GEM2023_fig18_1_
注：本图报告了参加2017—2020年磋商的75个国家中约60个国家的数据。
资料来源：统计研究所数据库。

由联合国教科文组织牵头实施了一项进程，旨在以反映当代需求的新文本取代1974年《建议书》。拟议的文本第一次加入了关于追踪评审的章节，为监测《建议书》的执行情况和借鉴最佳实践可采取的行动提供了指导意见。但是，《建议书》本身以及对追踪评审的指导意见都不具有约束力。

在任何情况下，政府的自我报告都将继续作为信息的来源。虽然这种安排有助于提高各国的参与度，但缺乏可靠性和可比性降低了它作为一种监测机制的价值。为了丰富所使用的证据类型，为监测和报告提供未来的替代方案，依据专家分析撰写的补充报告是十分必要的。

有两个例子值得一提。气候变化教育是2022年9月在纽约举行的联合国教育变革峰会上讨论的焦点之一。有关确立一个用于衡量进展情况的标准的呼声更加高涨，包括确立一个潜在的基准指标。联合国教科文组织提出了一个倡议，旨在引入一个指标，来表征绿色内容在国家课程框架和特定的科学和社会科学学科教学大纲中的优先级和融合程度，从而衡量可持续性、气候变化和环境主题被纳入初等和中等教育的程度。目前正在收集约100个国家的官方文件，第一批调查结果于2024年初公布。这些调查结果以专家对特定关键词在这些文件中出现的频率所进行的分析作为依据。

另一个例子是《全球教育监测报告》与"监测和评价气候宣传与教育"项目之间的合作。这次合作涉及在70个国家收集有关支持气候变化教育与宣传的同伴学习的法律和政策信息。这些国家概况将有助于比较各国根据《联合国气候变化框架公约》第6条和《巴黎协定》第12条的内容，以及通过"气候赋权行动"在可持续发展目标之具体目标4.7方面所取得的进展。每个国家概况都分析了气候变化宣传与教育的背景；各级气候变化教育政策和课程；气候变化宣传，包括公众意识、公众受教育机会和公众参与；以及监测与评估。

> **各国在将气候变化纳入各教育等级的主流课程大纲方面取得了重大进展。**

从对第一批50个国家概况的初步分析中可以得出一些关键调查结论（UNESCO，2022）。各国在将气候变化纳入各教育等级的主流课程大纲方面取得了重大进展：90%的国家制定了在初等和中等教育中纳入气候变化内容的法律、政策或计划。然而，只有39%的国家制定了专门关注气候变化教育的国家法律、政策或战略。在埃塞俄比亚，2020年国家课程框架将环境和气候变化作为一个跨领域问题纳入了一至十二年级的所有学科，并得到了2019年的一份关于将气候变化纳入课程的指南的支持。在赞比亚，"2021年国家气候变化学习战略"致力于将气候变化纳入从幼儿教育到中等教育的教材中。

很少有国家将关于气候变化的社会心理学习或社会情感学习纳入初等和中等教育（**焦点18.1**）。在中国，《中小学环境教育实施指南（试行）》以情感、态度和价值观为目标，希望让学习者学会关爱自然、尊重生命、理解不同观点和文化多样性。在厄瓜多尔，《教育机构良好环境实践手册》从认知和行动学习两个方面入手，在学校开展宣传活动、研讨会和环境活动。更常见的是，各国开始重视与气候变化有关的行动学习。在加纳，《2018年国家高等教育预备课程框架》鼓励学习者采取促进可持续发展的气候行动。例如，四至六年级的科学课程旨在帮助学生了解气候变化的影响，并采取负责任的行动来保护环境。其他国家——如纳米比亚在其2019年发布的环境教育和可持续发展教育政策中——鼓励学校开展课外活动。在圣卢西亚，儿童在社区农民、照护者和推广官员的支持下参与园艺活动。

部分国家正在向绿色学校和可持续发展学校过渡。日本推广生态学校，以节约能源、减少碳排放和提供环保教育。在肯尼亚，联合国教科文组织联合学校项目网络的工作涵盖了绿色学校设施管理。例如，幼儿园、小学和中学的学生会学习如何设计和维护学校的花园，以及如何堆肥。在全球层面，环境教育基金会于1994年发起的国际生态学校倡议目前已在全球4.3万多所学校实施。

应对气候变化的能力建设倡议势头正劲：63%的教师培训计划涵盖了聚焦气候变化的内容。在柬埔寨，教育部引入了多个模块来帮助教师将气候变化等环境主题纳入正规和非正规课程。总的来说，有71%的国家对政府工作人员进行了培训。

公众意识是最常见的宣传要点，94%的国家在与气候变化有关的法律、政策或计划中提到了强化公众意识。2021年，马耳他的全国公众意识运动"#ClimateON"旨在改变公民的生活习惯，使其生活方式朝着更环保、更充实的方向转变。气候变化计划和课程注重公众参与，88%的国家将这一元素纳入其法律、政策和计划，86%的国家将青年确定为目标受众。在瑙鲁，《2015年适应气候变化和减少灾害风险框架》强调让青年参与规划和决策。

焦点18.1：所有的学习都是社会情感学习

除了具体目标4.7外，可持续发展目标4的指标框架并不关注学习内容。然而，即使是具体目标4.7的全球和主题指标，也几乎只涉及学术内容知识和认知技能，很少明确关注学生的学习方式。这在一定程度上反映了合适的测量工具和可比较数据的缺乏。然而，测量方面的挑战并不一定比该框架中包含的一些认知指标面临的挑战更大。此外，忽视学习的非认知维度，或者将学习范围缩小到少数技能，比如毅力，就会忽略学习发生或没有发生背后的重要原因。这一缺失的部分就是情感，亦即学习者的感受。

幼儿教育心理学家认为，学习本质上是情感的。现在，神经科学的进步已经在科学上证实了这一点（Immordino-Yang et al.，2019）。对学习很重要的认知技能，如注意和记忆，都与情绪密切相关或受到情绪的引导（LeBlanc and Posner，2022）。

此外，学习的认知任务总是会激活和使用脑中专门负责社会情感活动的区域。如果不体验积极或消极的情绪，基本上不可能执行认知任务，人们在自己抱有积极态度的认知任务上表现得更好。

> " 数学焦虑很常见，据估计，经合组织国家数学成绩的差异有14%可以用数学焦虑来解释。 "

例如，有关于与父母和教师的关系的情绪，以及诸如上大学的愿望等文化目标，都会影响学生尝试解决数学问题的动力。情绪也会引导认知步骤，使个体的思路接近或远离解决方案（Immordino-Yang and Fischer，2010）。例如，数学焦虑很常见，据估计，经合组织国家数学成绩的差异有14%可以用数学焦虑来解释（Chang and Beilock，2016）。此外，情绪还会引导将技能和知识从结构化的学校环境迁移到现实世界决策过程中的判断和行动（Immordino-Yang and Damasio，2007），这对于具体目标4.7试图实现的行为变化来说至关重要。

学习除了与情感相关，也具有社会性。人类的固有行为比更简单的物种甚至植物都要少。先天的遗传信息在进化中丧失，使社会化学习不仅有了可能而且成为必要（Deacon，2011；Rogoff，2003）。相反，社会和周边环境中的逆境和不利条件，比如贫困，会留下神经生物学的痕迹，这在一定程度上解释了它们对教育的有害影响（Sheridan and McLaughlin，2016）。例如，即使控制了遗传变异，儿童时期的社会经济地位也会影响神经结构和皮质厚度。

教师和教育研究人员早就从常识、经验、观察研究或准实验研究中发现，学生的情绪和态度会影响他们的学习（Pekrun and Linnenbrink-Garcia，2014），其中包括动机和自我效能感等因素。想要学习并相信努力就会成功的学习者投入学习的可能性更高。相比之下，愤怒往好了说会分散注意力，往坏了说则是学习的障碍。不过，这并不意味着积极情绪和消极情绪与学习之间的关系是确定性的。对自己当前的知识状态感到完全满意的学生可能没有动力去学习更多知识。适度的失望或沮丧反而可能成为努力的重要驱动因素。

重要的是，情绪需要被妥善地调节。一项元分析发现，理解和调节个人情绪的能力是预测学习成绩的良好指标（MacCann et al.，2020）。一项系统性综述发现，一些社会和情感因素，特别是自我调节，在预测学业成绩方面比智力更有效（Costa and Fleith，2019）。然而，很少有研究同时考察多个变量。在巴西进行的一项小型研究发现，流体智力、情绪技能和相关人格特质对学习有相互独立的影响（Castro et al.，2021），这是少数对这些因素进行了联合分析的研究之一。对情绪的多角度理解对于教学实践很重要，但测量困难意味着研究证据更多支持的是离散的基本情绪，如恐惧或愤怒对学习的影响（Eliot and Hirumi，2019）。

对课堂上情绪的关注在高收入国家和在低收入国家都同样重要（Muwonge et al.，2018）。一项大型元分析对17个非洲国家的研究进行了探讨，发现社会和情感技能与更好的教育和更高的收入相关（Ajayi et al.，2022）。在紧急情况下，社会情感学习尤为重要（UNESCO，2019）。机构间应急教育网络开发了一个"心理社会支持和社会情感学习工具箱"，以支持危机环境下的教育需求（INEE，2022）。

学习者的情绪不仅会影响他们自己和学习内容，还会影响他们与同班同学、教师和更广泛的学校共同体的关系。社会学习理论强调社会关系在促进学习或阻碍学习方面的作用。营造包容的学校氛围，培养所有学校共同体成员的归属感，有助于取得成功的学习结果。有安全感的学生会更投入学习（Côté-Lussier and Fitzpatrick，2016）。

特别是在过去20年中，情绪对学习有重要影响的观点得到了快速发展的神经影像研究的支持。对局部血流或电活动的测量突显了人脑的某些部分在某些任务和响应某些刺激时会被激活，以及脑的结构是如何适应的（Immordino-Yang and Fischer，2010）。精细的成像技术为我们了解人脑如何运转和学习提供了更清晰的视角（Tan and Amiel，2019）。脑成像现在不仅被用于研究个体认知和非认知因素的神经相关性，还被用于研究环境因素，如学校氛围（Hackman et al.，2022）。学习确实会改变脑。这些基于神经科学的见解逐渐积累起来，被教师在课堂上实际使用，例如重新定义长期存在的教学实践，如奖励和惩罚（O'Mahony，2020），进而让传统教师更加细致地了解学习者态度的重要性。

与此同时，我们也必须了解神经科学研究的局限性。批评人士表示，最近有了一种趋势，即在审视教育和商业问题时对神经学的使用过于宽泛（Horvath，2022）。神经科学的研究结果并不能直接转化为教育政策或实践的经验（Aspen Institute，2019）。神经科学研究往往以成年人为对象，并包含实验室任务，所以它在课堂上的适用性可能比较有限。虽然脑成像可以描述不同脑区在某些刺激或任务下的相对活跃度，但它对实际行为的揭示甚少，需要大量的解释才能理解其对教育的影响（Ansari and Lyons，2016）。神经科学的拥护者认为，神经科学并不会提供明确的答案，而会为新的教育理论和研究问题的发展提供参考信息（Immordino-Yang and Gotlieb，2017）。

还有一个问题是，将神经科学的见解转化为教学实践的复杂性，需要结合教师现有的知识，并对教师专业发展进行精心设计（Tan and Amiel，2019）。很少有专家可以胜任此类培训（Elias，2019）。此外，教育工作者和神经科学家"对于基于脑的学习和对于彼此的看法与期望往往是相互矛盾的"（Edelenbosch et al.，2015）。

有一种以情绪发展为中心的循证方法被称为"RULER"：识别、理解、标记、表达和调节情绪。"RULER"在美国应用了近20年，现已被2000多所学校采用，包括在其他高收入国家和中等收入国家的学校。除了将社会情感学习融入课程，其实施模式还采用了基于整个学校共同体的方法，对学校领导、教师和学校工作人员进行培训，并与家庭进行系统性的接触（Brackett et al.，2019）。

社会情感学习的理论为教育技术提供了启发

上文关于社会情感学习的讨论对学习技术有重要意义（Howard-Jones et al.，2015）（第4章）。在线上学习环境中，理解学习者对学习过程的情绪反应尤为重要（Xianglin et al.，2022）。教育技术可以利用情感和认知之间的联系来激励用户。长期以来，电脑游戏设计者一直在努力寻找适切的难度和挑战程度，这不是为了优化学习结果，而是为了确保游戏具有激励性（甚至令人上瘾）（Parkin，2017）。除了动机，诸如惊喜和自豪等情绪也被有意识地用于游戏和其他教育技术中。将情感设计（例如，使用与情绪相应的颜色或形状）融入电子教科书等材料，有时会改善学习结果。但是，证据既有正面的也有负面的（Chang and Chen，2022）。

> "
> **教育技术可以利用情感和认知之间的联系来激励用户。**
> "

由于学习具有社会性，学习者遇到的一个主要困难是，与和人面对面交流不同，他们可能难以预测和理解计算机的反应及其原因（Immordino-Yang and Singh，2011）。使计算机程序的目标和动机变得透明，可以减少挫折感，改善学习者和教育技术之间的"社会"关系。

教育技术可以尝试主动地识别和监测学习者的情绪（Gottardo and Pimentel，2018；Wang et al.，2014）。这将有助于其智能地适应学习者，例如，可以给出适当的反馈（Grawemeyer et al.，2017）。早期尝试确定学习者情绪的方法以对生物物理变量，如心率、血压和脑活动的侵入性测量（Shen et al.，2009），或设备，如姿势感应椅为基础。最近学界正在尝试使用其他工具来判断学习者是在积极参与还是感到无聊，比如视线检测（Jaques et al.，2014；Grawemeyer et al.，2017）。

虽然之前的努力是为了激发对教育技术的积极情绪反应，但现在人们已经认识到，消极和矛盾的情绪也会对学生的学习产生积极影响。例如，教师通过身体语言和语气表达或暗示的失望情绪，也可以发挥重要的教学功能（Dobrosovestnova and Hannibal，2020）。

对社会情感学习的意图和结果缺乏监测

关于非认知、社会和情感内容的教学模式缺乏系统性的跨国数据。不过，也有一些调查和评估包含了教师或学生关于他们的社会情感学习或者他们关于学习的社会情感状态的报告。

一项摸底调查对152个国家的教育使命或愿景声明、政策文件或课程大纲中的能力广度进行了调查。结果显示，最常被提及的四种能力是创造力、沟通能力、问题解决能力和批判性思维，其中每一种能力都有45—61个国家提及（Roth et al.，2017）。情感技能，如情绪调节，出现的频次较低。秘鲁的教育政策指出，学习者需要表现出"自尊和自主性，以维护他们自己的身心健康"。韩国的《2015国家课程修订案》包括自我管理能力和审美-情感能力等。总的来说，76%的国家将广泛的能力纳入了政策文件，但只有不到一半的国家将这些能力纳入课程。

经合组织的社会情感能力调查项目是最雄心勃勃的一次评估个人社会情感学习的大规模跨国合作。其主要的数据收集工作于2019年在10个城市进行：波哥大（哥伦比亚）、大邱（韩国）、赫尔辛基（芬兰）、休斯敦（美国）、伊斯坦布尔（土耳其）、马尼萨莱斯（哥伦比亚）、莫斯科（俄罗斯）、渥太华（加拿大）、辛特拉（葡萄牙）和苏州（中国）。该调查评估了"大五"人格各个领域（开放性、尽责性、外向性、宜人性和神经质）的三种能力，以及两种附加能力：自我效能感和成就动机（OECD，2021）。

这项研究评估了10岁和15岁的孩子。结果显示，青少年时期的社会和情感技能有所下降。发展因素和学校因素可能起到了一定作用。该调查还发现，虽然10岁时情绪控制方面的性别差异很小，但在15岁时，性别差距显著增加：男孩的大龄组与低龄组的情绪控制水平相似，但女孩在15岁时的情绪控制水平要低得多，这通常会导致较差的情绪健康状态。因此，中学教师在识别心理困扰方面仍然发挥着重要作用，并需要通过接受培训来为学生提供支持。

除了技能评估，该调查还收集了教师的自我报告信息，包括在培训过程中和学校里社会情感学习发展的制度化程度（**图18.2**）。在大多数城市，大约有一半的教师强烈同意他们接受过这样的培训，不过在赫尔辛基和渥太华，只有大约四分之一的教师这样认为。大约90%的教师报告称，他们在日常的教学实践中促进了社会情感学习。43%（辛特拉）—82%（苏州）的教师报告称有专门的社会情感学习课程或活动。

2021年国际学生评估项目的数据收集工作涵盖了比"社会情感技能调查"范围更广的一套技能，

由于新冠疫情，相关工作被推迟到2022年，结果尚未公布。关于一般社会情感特征的背景问卷模块包含了一组关于"学生的信念、态度、感觉和行为"的调查项，其中包括情绪控制（Bertling and Alegre，2019）。

总之，神经影像学的证据与教师的经验一致，表明社会情感因素和能力对课堂学习有很大影响。这意味着在传统课堂与技术密集型学习环境中都需要确保学习者的情绪对学习有促进作用而不是抑制作用。遗憾的是，关于学习者拥有哪些社会情感技能以及学校是否培养了或如何培养这些技能的国际数据很少。

图18.2
促进社会情感学习的发展是一种常见的做法
2019年部分城市报告称社会情感学习在学校得到推广并且"很"同意或"非常"同意他们在岗前和在职培训中接受了培养儿童的社会情感学习技能的培训的教师比例

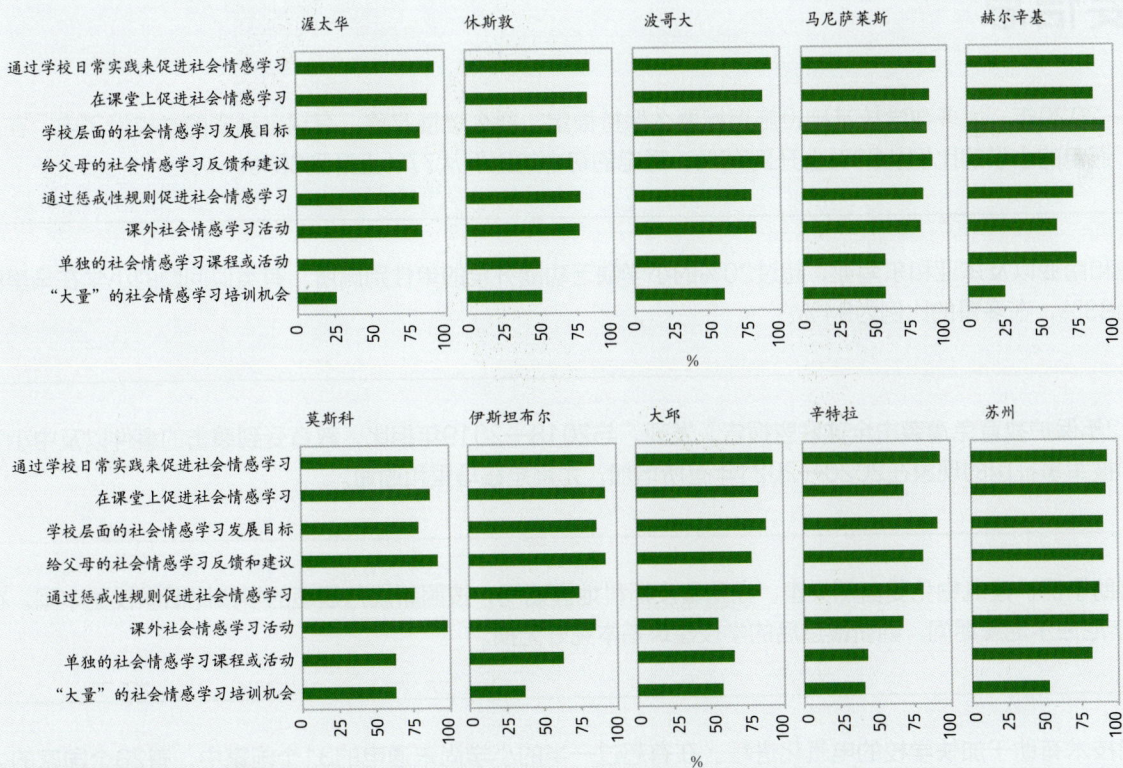

《全球教育监测报告》统计数据链接：https://bit.ly/GEM2023_fig18_2_
资料来源：OECD (2021)。

普莉是76人的工匠组中唯一的女性工匠，她在巴布亚新几内亚西高地省中央哈根的泰戈浸信会小学修建厕所设施。这是联合国儿童基金会-欧盟支持的该国"WASH"项目的一部分。

图片来源：UNICEF/UN0525857*

重要信息

2015—2020年，大多数学校基础设施指标要么保持稳定，要么缓慢改善。有越来越多的学校通了电。在此期间，通电的小学的比例从66%上升到76%，通电的初中的比例从77%上升到86%。

在中亚和南亚以及东亚和东南亚，超过20%的小学缺乏功能齐全的单性别厕所，有类似问题的小学在马里的比例为83%，在多哥的比例为94%。

《2022年保护教育免遭袭击全球联盟报告》发现，与2018—2019年相比，教育受到袭击的事件以及中小学和大学被军事征用的现象在2020—2021年有所增加，尤其是在马里和缅甸。

技术有助于保护建筑物免受自然灾害。在秘鲁皮斯科地震期间，按照新规范建造的学校比旧学校更牢固。在2015年尼泊尔地震期间，翻新改造后的学校建筑基本完好无损。

太阳能技术有助于加快学校的电气化进程。在有超过一半的小学尚未通电的31个国家中，有28个国家的太阳能发电潜力高于全球平均水平。

在美国，乘坐私家车上下学的学生比例接近55%。有各种类型的技术可以使往返学校的公共交通更加顺畅、安全、高效、公平。在美国，2021年的一项法律规定，在五年内要对低排放和零排放校车投资50亿美元。

第19章

4.a

具体目标4.a

教育设施和学习环境

到2030年，建设和升级适应儿童、残疾人和对性别问题敏感的教育设施，提供安全、没有暴力、包容和有效的学习环境。

全球指标

4.a.1 按服务类型统计的提供基本服务的学校比例

主题指标

4.a.2 在过去12个月中遭受过欺凌的学生百分比

4.a.3 针对学生的袭击数量，包括个人和机构

安全友好的环境对有效学习至关重要，并且应该向所有人开放。为了响应这一呼吁，具体目标4.a涵盖了一系列与设施和环境有关的指标，以监测学生的安全和福祉。

可持续发展目标全球指标4.a.1关注基础设施。新技术可以帮助改善学校建设，不过仍有不少挑战存在（焦点19.1）。最重要的性别平等基础设施之一是提供单性别卫生设施，即男女分开的厕所，这通常是女孩选择上学的先决条件，因为她们会担心自己的安全（Levy and Houston，2017）。在中亚和南亚以及东亚和东南亚，超过20%的小学缺乏可以使用的单性别厕所；有类似问题的小学在马里的比例为83%，在多哥的比例为94%。

单性别厕所在中学比在小学更常见。例如，在布隆迪，2018年35%的小学和100%的高中有单性别厕所。但对一些女孩来说，这可能已经太晚了，因为当地的超龄入学率非常高，2018年有31%的小学生比同年级的学生超龄了至少2岁。经期卫生设施缺乏以及羞耻感和压力导致许多女孩每月缺课一周，增加了她们学习落后和辍学的概率（UNICEF，2023b）。

建有单性别厕所的小学比例较低，与高级中等教育阶段女孩的失学率比男孩更高有关（图19.1）。这种负相关关系也可能反映了更广泛的性别偏见。2018年，阿富汗有四分之三的小学缺少单性别厕所，这可能表明教育中的性别平等问题总体上没有得到重视，甚至在2021年塔利班接管之前就已经如此（Save the Children，2022）。

图19.1

初等教育阶段配备单性别厕所与中等教育阶段适龄女孩的失学率相对较低有关

2016—2022年低收入国家和中低收入国家配备单性别卫生设施的小学比例以及高级中等教育失学率的经调整的性别均等指数

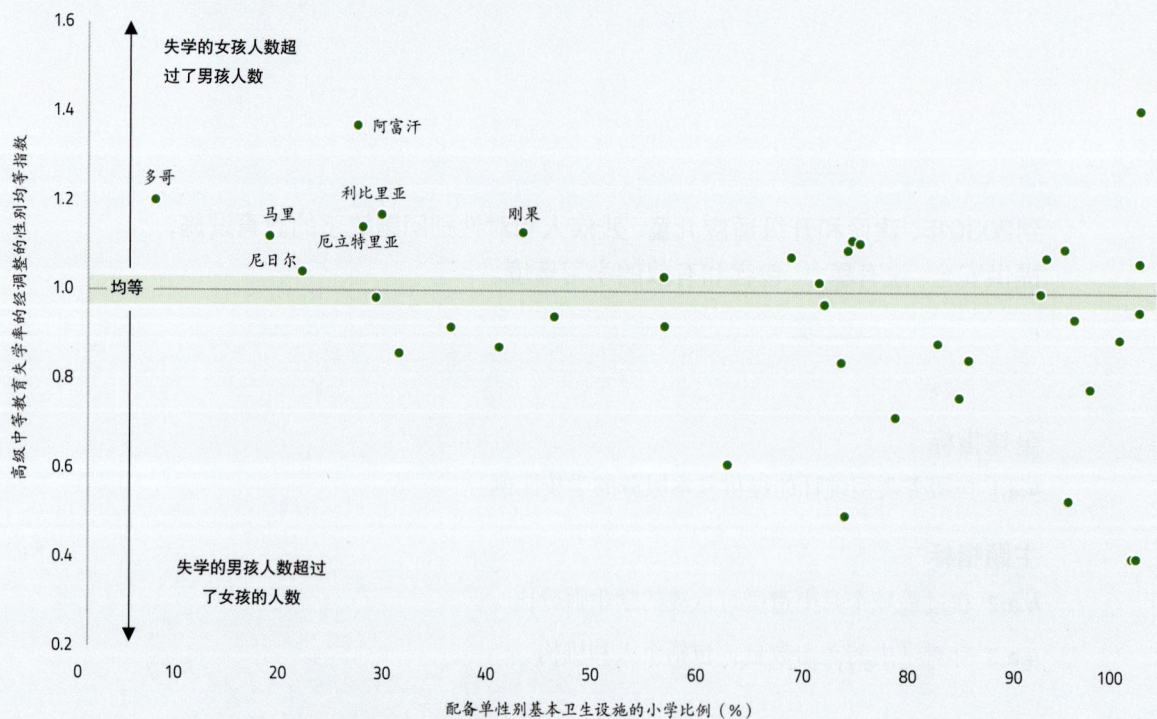

《全球教育监测报告》统计数据链接：https://bit.ly/GEM2023_fig19_1_

资料来源：统计研究所数据库（单性别卫生设施）和世界教育指标可视化数据库（失学率）。

电力是另一个基本需求，但全球约有四分之一的学校仍然缺电（**第7章**）。在中亚和南亚以及撒哈拉以南非洲，通电的学校的比例特别低，从2015年的30%勉强增加到2020年的32%（**图19.2**）。太阳能技术有助于加快学校的电气化进程（**焦点19.2**）。

如果没有电，学生和教师就不能在学校里使用信息和通信技术。指标4.a.1监测了计算机和互联网的可用性，结果显示，在许多国家，有相当多的学校只具备两者其一（**图19.3**）。通常，拥有计算机的学校比例要高于接入互联网的学校比例。例如，在土库曼斯坦，几乎所有的小学都有计算机，但只有31%的学校接入了互联网。但在有的国家，情况恰恰相反：在黎巴嫩和马尔代夫，超过90%的学校接入了可供教学和学习的互联网，但只有约70%的学校拥有计算机。

图19.2
撒哈拉以南非洲的学校电气化工作没有取得实质性进展
2010—2020年按区域分列的通电小学所占比例

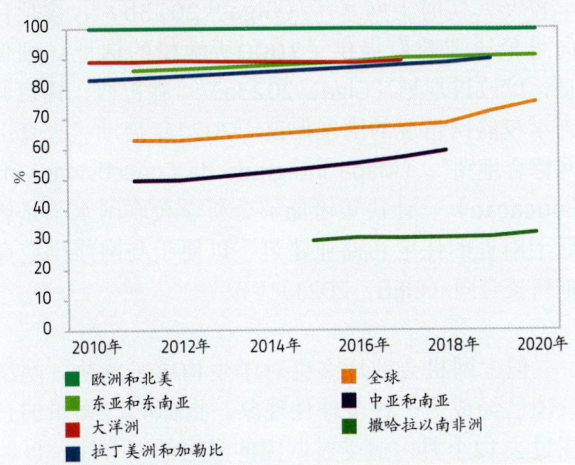

欧洲和北美　　全球
东亚和东南亚　　中亚和南亚
大洋洲　　撒哈拉以南非洲
拉丁美洲和加勒比

《全球教育监测报告》统计数据链接：https://bit.ly/GEM2023_fig19_2_
资料来源：统计研究所数据库。

图19.3
许多国家的学校有计算机，但没有接入互联网
2016—2022年，有计算机并接入教学用互联网的小学比例

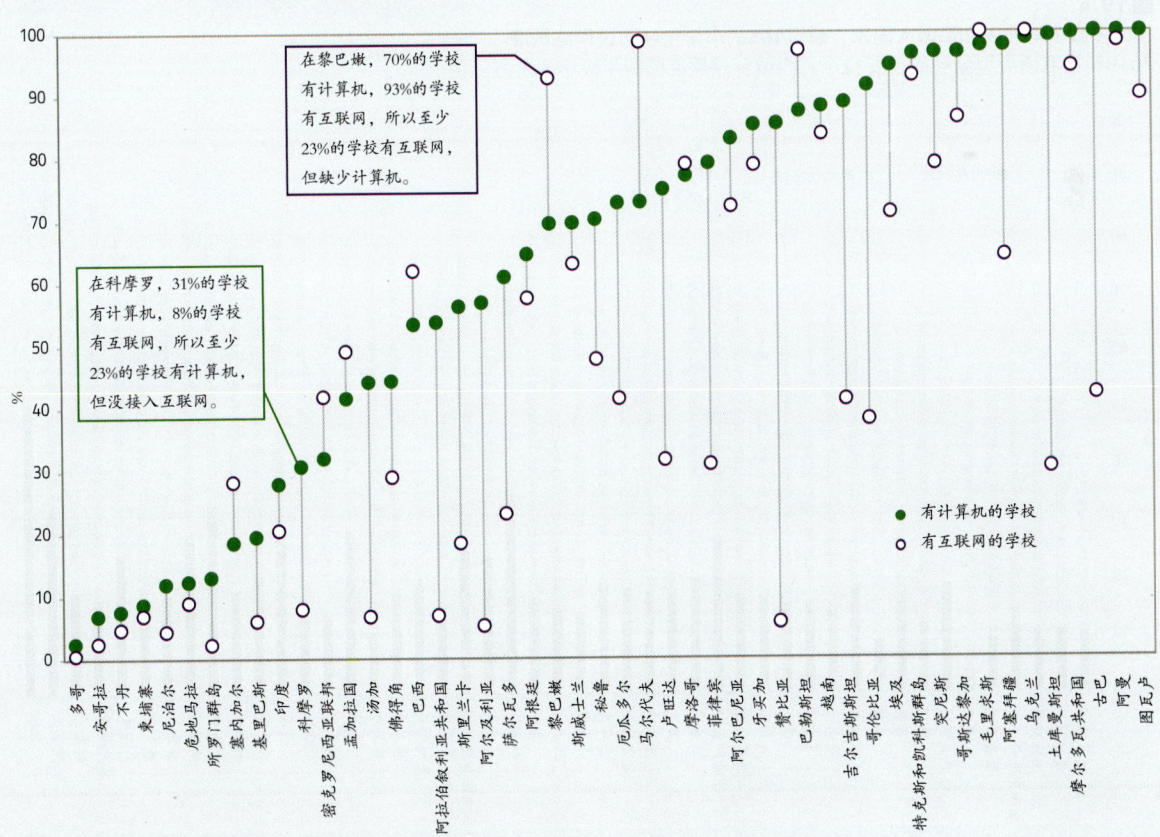

在黎巴嫩，70%的学校有计算机，93%的学校有互联网，所以至少23%的学校有互联网，但缺少计算机。

在科摩罗，31%的学校有计算机，8%的学校有互联网，所以至少23%的学校有计算机，但没接入互联网。

● 有计算机的学校
○ 有互联网的学校

《全球教育监测报告》统计数据链接：https://bit.ly/GEM2023_fig19_3_
资料来源：统计研究所数据库。

"Giga倡议"于2019年启动，目标是让每一所学校都接入互联网。通过将国家数据源与机器学习和卫星图像相结合，该项目摸底调查了45个国家的学校及其实时上网水平（Giga，2023b）。该项目向哥伦比亚政府提供了7000所学校的选址详细信息，以改进规划（Giga，2023a）。在巴西，摸底调查学校联网情况的国家倡议于2021年启动"教育上网综合地图"（Mapa Integrado de Conectividade na Educação），让决策者能够分析学校联网水平是否低于附近的住宅和商业建筑，以便于与网络供应商重新谈合同（CIEB，2021）。

但上网机会的增多也对学生构成了威胁。网络欺凌已经成为一种全球性现象。指标4.a.2衡量的是在过去12个月内遭受过欺凌的学生的百分比，以跨国健康和学习成果调查为依据。2019年国际数学与科学趋势研究询问了四年级和八年级学生关于网络欺凌的问题。在几乎所有参与了该研究的国家中，至少10%的四年级学生在过去一年中遭受过网络欺凌（图19.4），网络欺凌的定义为收到"下流或伤人的信息""下流或伤人的内容"或"令人尴尬的照片"。在八年级的学生中，遭受过网络欺凌的学生比例甚至更高：在32个有数据可查的国家中，有26个国家有过此类经历的学生比例超过20%。

网络欺凌的发生率在欺凌现象较为普遍的国家往往更高。在拉脱维亚和南非，分别有30%和50%的学生遭受过网络欺凌，大约90%的学生经历过某种类型的欺凌。事实上，欺凌在大多数国家都是一种常见的经历，尤其是对男孩来说。在116个有数据可查的国家中，几乎所有国家都有超过四分之一的学生遭受过欺凌。在这116个国家中，有83个国家自述遭受过欺凌的男孩多于女孩（UNESCO，2023）。

图19.4
在大多数中等收入和高收入国家，超过10%的小学生经历过网络欺凌
2019年按欺凌类型分列的过去12个月内遭受过欺凌的四年级学生所占比例

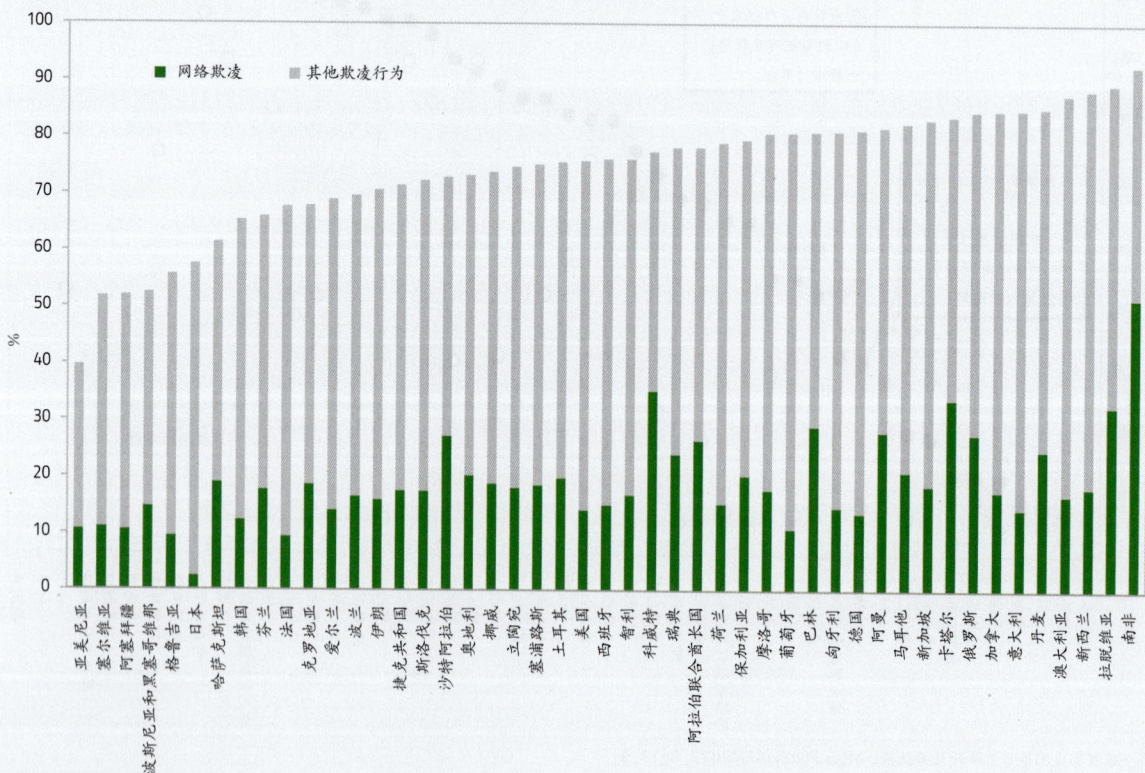

《全球教育监测报告》统计数据链接：https://bit.ly/GEM2023_fig19_4_
资料来源：2019年国际数学与科学趋势研究。

> 有许多类型的技术可以使上下学更安全、更有效率，但冲突事件使学生和教师面临严重的风险。

除了学生在校内的福祉和安全，可持续发展目标之具体目标4.a也认识到学生必须安全抵达学校。有许多类型的技术可以使上下学更安全、更有效率（**焦点19.3**）。但冲突环境使学生和教师面临各种严重的风险，包括帮派暴力，比如海地就有这样的情况（**专栏19.1**）。指标4.a.3监测的是中小学校和高等教育机构遭受袭击的次数，中小学和大学被军事征用的现象，学生、教师和工作人员在校内外遭受袭击的情况。该指标还统计了在学校或上下学路途沿线发生的招募童兵或性暴力事件。保护教育免遭袭击全球联盟为该指标收集了数据，主要采用三种方法：审查相关报告、媒体检索和联系保护教育免遭袭击全球联盟成员。《2022年保护教育免遭袭击全球联盟报告》发现，与2018—2019年相比，2020—2021年教育受到袭击的事件以及中小学和大学被军事征用的现象有所增加，尤其是在马里和缅甸（**图19.5**）。不过，受到伤害的学生和教师的人数减少了（GCPEA，2022）。

图19.5

教育受到袭击的事件集中在少数国家

2013—2021年按国家分列的学生、人员和机构遭受袭击的次数

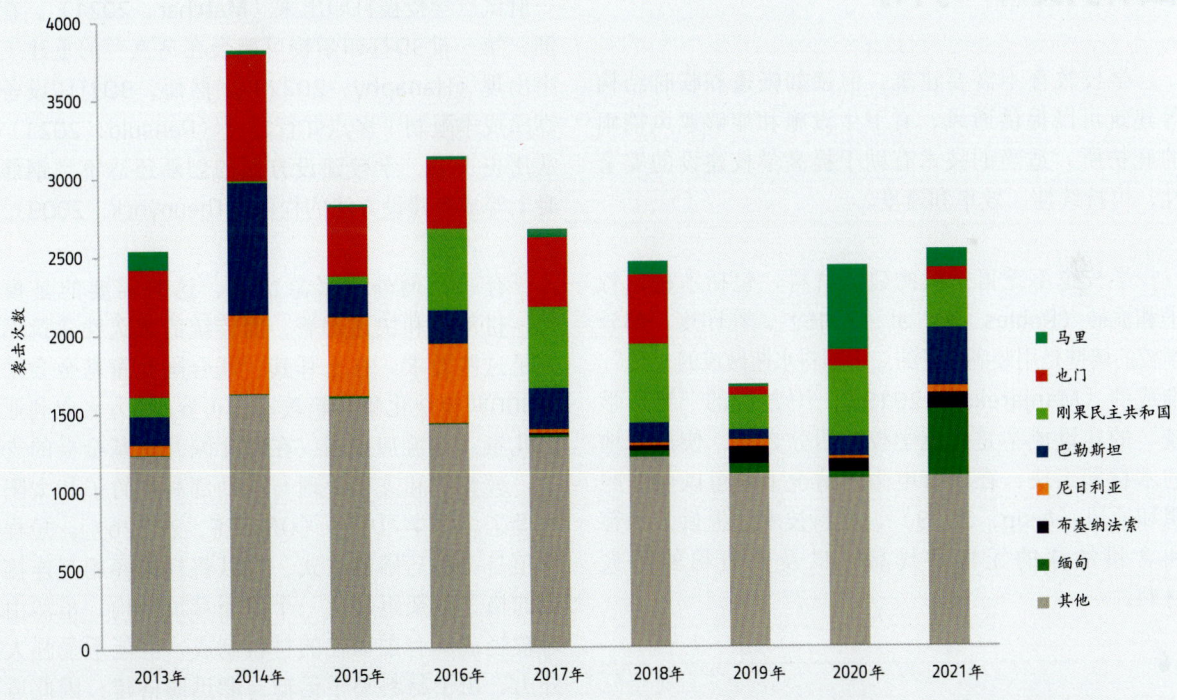

*《全球教育监测报告》统计数据链接：https://bit.ly/GEM2023_fig19_5_*
资料来源：统计研究所数据库。

专栏 19.1

武装暴力严重中断了海地的教育

自2021年前总统若弗内尔·莫伊兹（Jovenel Möise）遇刺以来，海地的帮派暴力活动急剧增加。据估计，多达200个武装组织在首都太子港活动，控制了该市60%的地区，迫使许多人背井离乡，许多儿童离开学校（Murrin，2022；UNICEF，2023a）。在2022年10月至2023年2月，有72所学校成为袭击目标，而前一年为8所。针对学校和在学校发生的暴力行为包括枪击、绑架、抢劫学校设备和盗窃学校膳食用配料（UNICEF，2023a）。帮派还经常强行招募学生，或者控制学校，迫使学校主管支付"保护费"（UNICEF，2022a）。

在暴力或社会动荡事件频发期间，校长们抢先一步关闭了学校，以保护儿童（UNICEF，2023a）。2022年4月，仅太子港就有1700所学校因暴力事件增加而关闭，导致50万名儿童无学可上（Murrin，2022）。此外，许多学校因被流离失所的家庭占用而关闭（UNICEF，2022a）。总的来说，四分之一的学校从2022年10月到2023年3月一直处于关闭状态（Alonso，2023）。

在这样的情况下，儿童的教育被严重中断。2022年，由于帮派暴力事件，至少有1万名九年级学生无法参加正规的年终考试（Joseph，2022）。仅在2023年1月，孩子们平均每周就损失了1.5个上课日。联合国儿童基金会预测，如果暴力活动继续下去，学生将在2023年1月至6月底损失约36个上课日（UNICEF，2023a）。

焦点19.1：学校建筑有丰富的技术可用

学校教育不需要建筑，但诸如帐篷和临时结构等建筑可以提供通风、有卫生设施和能够遮风挡雨的庇护所。适当的技术有助于提高学校建设的安全性、可持续性、效率和速度。

学校也不乏可持续的建筑材料，包括木材、竹子和泥砖（Robles et al.，2015）。在印度，部分学校的墙壁是用装满沙子的二手塑料水瓶做成的"砖"堆成的（Manjarekar，2019）。马拉维的"雏形学校"的建设成本是传统学校的四分之一，使用当地的木材和土块，在没有电力的情况下还可以保证照明和通风（Arup，2023）。材料技术还提供了水管和含铅油漆的无毒替代品，以及含石棉的防火材料。

> 创新不仅体现在材料上，也体现在建筑技术上。

创新不仅体现在材料上，也体现在建筑技术上。在马拉维，一间能容纳50名学生的教室就是一所学校，可以在不到一天的时间里用混凝土"墨水"3D打印出来，与标准建筑方法相比，其能源密集程度和碳密集程度要低很多。在马达加斯加也有一所试点学校被打印出来（Matchar，2021）。在欧洲，第一批3D打印学校可能会在乌克兰的重建工作中出现（Hanaphy，2022）。然而，3D打印设备的高昂成本限制了多点并行建设（Pensulo，2021）。从历史上看，学校建设方面的创新还达不到钢筋混凝土等成熟建设方法的程度（Theunynck，2009）。

有一个例外是紧急情况，这时需要的是模块化、机动性和快速部署，而传统的永久性建筑无法满足这些要求。在土耳其，联合国儿童基金会采购了300间模块化集装箱教室，可容纳6万名叙利亚难民儿童。在孟加拉国，在联合国儿童基金会的支持下，教育部和灾害管理与救助部利用竹子和太阳草建设了多个学习中心（UNICEF，2022b）。短程线穹顶是一种巧妙的方式，可以将杆或棒相互连接而成的格子框架组装成一个薄壳穹顶结构，虽然由相对较轻或具有柔韧性的材料制成，但能承受强大的外力。由于材料易于运输，能迅速搭建，因此适合在危机情况下提供紧急庇护所和教育空间（Friedrich Naumann Foundation，2016；Solardome，2023）。

教室也可以通过改装运输集装箱或类似的预制模块来制作。美国2012年的一项行业调查显示，约有500万名学生在28万间拖车教室里上课（Baker，2014）。这些教室占洛杉矶联合学区所有

2015年以来的进展：可持续发展目标指标4.a.1

全球指标4.a.1衡量的是七个不同的基础设施和资源维度的学校配备比例：电力、互联网、计算机、饮用水、洗手设备、单性别厕所以及残疾学生适用的基础设施和材料。

在2015—2020年，这些指标中的大多数都保持稳定，或者缓慢改善（图19.6）。然而，也有一些例外。在各级教育中，配有残疾学生适用的基础设施和材料的学校比例有所增加，高中学校提升最为明显，从2015年的46%上升到2020年的56%。通电情况也在改善，通电的小学的比例从66%上升到76%，通电的初中的比例从77%上升到86%。

图19.6
学校基础设施条件改善非常缓慢
2015—2020年按教育等级分列的拥有部分基础设施功能的学校比例

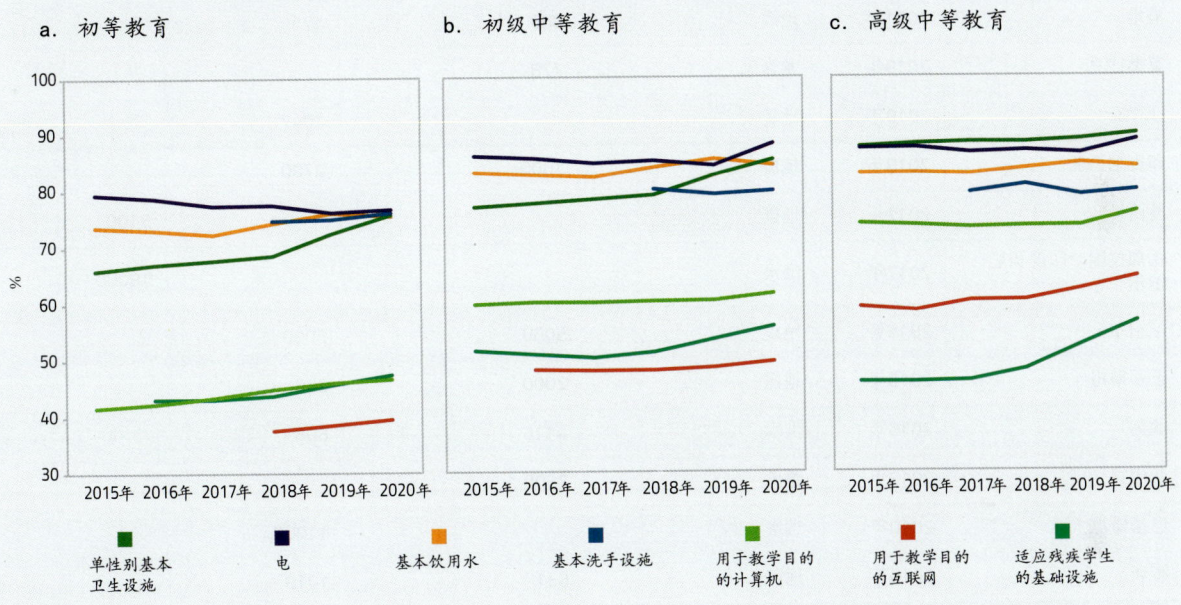

a. 初等教育　　b. 初级中等教育　　c. 高级中等教育

图例：
- 单性别基本卫生设施
- 电
- 基本饮用水
- 基本洗手设施
- 用于教学目的的计算机
- 用于教学目的的互联网
- 适应残疾学生的基础设施

*《全球教育监测报告》统计数据链接：https://bit.ly/GEM2023_fig19_6_*
资料来源：统计研究所数据库。

可用教室空间的30%（Clough，2015）。虽然在短期内已经够用，但当这些设施最终被无限期使用时，又面临挑战（Inside Science，2009）。临时建筑经常被用来规避有关空气质量的规章制度和适用于标准学校建筑的其他标准（Profita，2014）。

学校经常会被自然灾害损毁或损坏，技术有助于保护其建筑物免受影响（**表19.1**）。适当的建筑结构能适应学校所处地区最常见的灾害，从而在当地发挥作用。例如，轻质木材结构在地震多发地区是有益的，但更容易受到大风天气的破坏（Arup

International Development，2013）。2007年，按照秘鲁新规范建造的学校在皮斯科地震期间比旧学校更牢固（Bastidas and Petal，2012）。同样，在2015年尼泊尔地震中，有7000所学校被损毁或损坏（GFDRR，2015），但经过翻新改造的学校建筑基本完好无损（ADB，2015）。

技术创新可以减轻其他安全和福祉问题。一些政府已采取措施改善教室的通风条件，这一问题在新冠疫情期间变得非常突出。在韩国，政府要求在教室里

表19.1
2010—2023年被重大自然灾害损坏或损毁的学校数量

地点	年份	灾害类型	结构损坏（所）		
			损坏	严重损坏或损毁	损坏、严重损坏、损毁
叙利亚和土耳其	2023年	地震	1239	2100	
巴基斯坦	2022年	洪水			27000
印度尼西亚	2022年	地震	500		
马达加斯加	2022年	龙卷风		508	
莫桑比克	2022年	龙卷风		307	
海地	2021年	地震	888	171	
莫桑比克	2019年	龙卷风	778		
菲律宾	2019年	地震		1047	
印度尼西亚	2018年	地震	1000	2700	
墨西哥	2017年	地震			5100
孟加拉国、印度和尼泊尔	2017年	洪水			18000
尼泊尔	2015年	地震	5000	2000	
巴基斯坦	2015年	地震	2000	200	
缅甸	2015年	洪水	4116	608	
菲律宾	2013年	台风	2500		
巴基斯坦	2010年	洪水		11000	
智利	2010年	地震	631	1019	
海地	2010年	地震	6000	2000	

资料来源：《全球教育监测报告》整理各种资料得到的数据。

安装空气净化系统和空气质量传感器，接受家长和学校理事会的监督（Arin，2019）。技术还有助于改善学校的声学设计和隔音效果（Shield and Richardson，2018），这样可以防止干扰并改善师生的长期健康状况（Klatte et al.，2013）。在美国佛罗里达州，从不合规的建筑转移到合规的新建筑后，学校的标准化考试成绩和通过率都有所提高（Lumpkin et al.，2014）。

最后，技术有助于优化学校的建设规划。例如，3D激光扫描可以有效地获取学校建筑的物理形状和尺寸的详细信息，为建模提供支持，为可持续的翻新改造提供信息（Le et al.，2021）。虚拟现实技术已被用于模拟学校大楼的火灾紧急疏散方案，它能够同时考虑火情和烟雾的蔓延以及师生的移动情况（Cimellaro et al.，2019；Lorusso et al.，2022）。这些研究可以为新学校的建设、现有建筑的改造和逃生路线的设计提供信息。基于主体建模，即用于研究人、物、地点和时间之间相互作用的计算机模拟技术，可以通过优化小学的楼梯和厕所的设计和位置，预防在紧急情况下的踩踏事故（Xie，2018）。

焦点19.2：太阳能技术能缩短学校间的电气化差距吗？

低收入国家和中等收入国家有大量学校都没有通电，特别是小学。投资建设大规模的基础设施以扩大电网是一个显而易见但成本高昂的解决方案。分散式发电提供了另一种选择，即在学校附近发电。这并不是一个新概念：长期以来，偏远地区的医院和学校一直都在使用柴油发电机，但这种发电机依赖重质燃料的输送，因此无法实现真正的电力独立（Jiménez and Lawand，2000）。最近，光伏发电，即将太阳能转化为电流的太阳能电池板，为分散式发电创造了新的选择。

1968年，尼日尔的一所小学首次安装了太阳能电池板（Sovacool and Ryan，2016）。在巴西米纳斯吉拉斯州，大规模农村学校电气化项目"知识之光"（Luz no Saber）在1995—2005年为大约1000所最偏远的学校送去了太阳能设备（Diniz et al.，2006）。

然而，与许多技术一样，光伏发电的革命性潜力不是在该技术首次投入使用时产生的，而是当该技术的价格变得实惠以后触发的。过去10年来都是如此。2010—2021年，全球太阳能板的平均价格下降了88%，从每千瓦时0.42美元下降到每千瓦时0.05美元（IRENA，2022），非洲大型光伏项目的价格甚至更低（IRENA，2016）。价格大幅下降一部分是因为现代光伏板的效率提高，一部分是因为制造过程中的技术进步。此外，配套技术也已经成熟，比如用于缓冲波动的电池技术和用于管理众多独立电力输入的局部电网智能算法。

> 2010—2021年，全球太阳能板的平均价格下降了88%。

太阳能发电解决方案在非洲的迅速普及反映了其可行性。2010—2019年，非洲依靠太阳能微电网供电的人数增加了44倍，从3.9万人增加到173.6万人（IRENA，2021）。缺电的学校集中在太阳能储量较高的气候带（图19.7）。在31个有超过一半的小学没有通电的国家中，只有3个国家——刚果、利比里亚和尼泊尔——的光伏发电平均潜力低于全球平均水平。在所有小学没有完全电气化的国家中，即使是阳光相对最少的不丹，其理论光伏潜力仍然仍比荷兰高出三分之一，而荷兰的人均太阳能光伏装机容量仅次于澳大利亚（IEA，2022）。气候变化可能会改变目前的平均云层覆盖模式，而且太阳能板在较高温度下效率较低。然而，即使考虑到这些因素，非洲的太阳能潜力预计也不会因为气候变化而降低（Soares et al.，2019）。

但是，仅仅位于有利的气候带是不够的。要设计一个可行的系统，需要进行复杂的技术经济分析和优化，并考虑到场地、建筑、太阳辐射、负荷分布、成本和组件使用寿命等因素（Chatterjee et al.，2018; Endaylalu，2018）。在印度所有的邦和地区中，能够进行太阳能发电的学校比例最高的是昌迪加尔和德里，这是印度最富有、城市化程度最高的两个地区。这表明，学校电气化的光伏技术仍然受到当地技术和投资容量潜力的驱动。

学校大规模电气化的障碍包括前期成本、采购、蓄意破坏和失窃（Sovacool and Ryan，2016）。也许是由于存在这些挑战，以及缺乏训练有素的维修技术人员，在2010年代初期至中期，对学校实施的一系列大规模太阳能电气化政策都没有达到原定目标。在巴布亚新几内亚，一个针对农村学校的太阳能照明项目为2400间教室提供了设备，但缺乏维护意味着五年后"只有少数设备"还能使用（Sovacool and Ryan，2016）。

确保更广泛的社区能从学校安装的太阳能系统中获益，这对项目的可持续性可能至关重要。巴布亚新几内亚的部分问题在于，学校安装的太阳能板经常被破坏或被盗，因为它们只对学校有利，不符合当地对共同财产权的理解（Sovacool and Ryan，2016）。一种前景广阔但也具有挑战性的方法是以微电网的形式将学校和社区的电气化整合起来（Kirchhoff et al.，2016）。所谓微电网，即具有明确电气边界的作为可控的单一实体的本地电网。但是，即使没有微电网，学校电气化也可以使周边居民受益。在屡获殊荣的"太阳能奶牛"（Solar Cow）倡议下，学生们将便携式电池带到学校，并在上课期间给电池充电（Chang，2021）。这些电池足以给家里的手机充电，并为灯和收音机供电。在肯

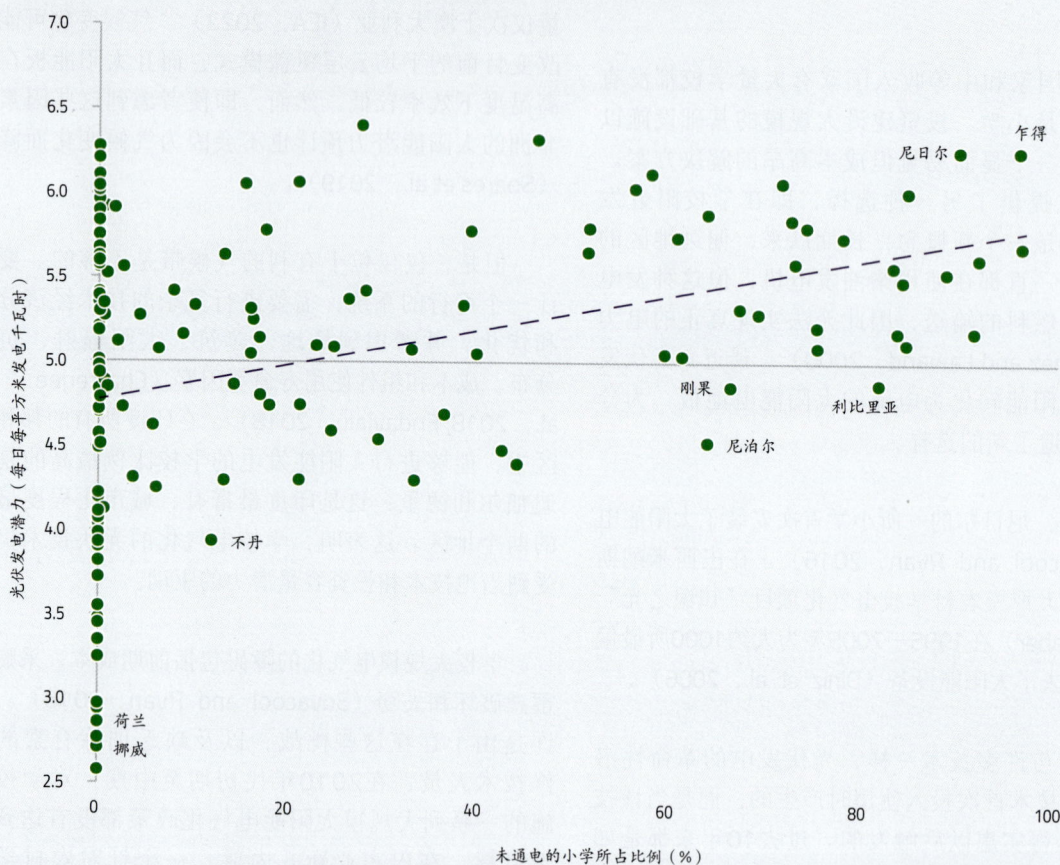

图19.7
学校电气化缺口较大的国家往往具有很高的太阳能发电潜力
2019年或之后部分国家没有通电但有光伏发电潜力的小学

《全球教育监测报告》统计数据链接：https://bit.ly/GEM2023_fig19_7_
资料来源：统计研究所数据库（通电的学校）和ESMAP（2020）中关于光伏发电潜力的内容。

尼亚和坦桑尼亚联合共和国开展的试点计划惠及550户家庭，该倡议还计划推广到刚果民主共和国、印度尼西亚和卢旺达。

最后，让学校能够利用太阳能的技术还能带来电力之外的其他好处。直接暴露于紫外线的辐射下对水的消毒非常有效（Schulte et al.，2011）。可以通过优化窗户面积和保温设计的技术，借助阳光为学校建筑供暖（Liu，2018）。太阳能甚至可以用于降温。除了由光伏供电的空调，"太阳能热"或"太阳能热机械"系统还可以通过使用太阳能直接给教室降温（Aguilar-Jiménez，2020）。

焦点19.3：技术影响上下学交通方式

儿童和青少年的上下学方式与各国的经济发展之间并不存在一种可预测的关系（图19.8）。在美国，根据"2017年全国家庭出行调查"，近55%的学生乘坐私家车上下学，35%的学生乘坐校车、公共交通或"其他"交通工具，10%的学生步行或骑自行车（Pfledderer et al.，2021）。这种模式同样出现在阿布扎比和科伦坡。相比之下，在达累斯萨拉姆，60%的学生步行或骑自行车上下学，37%的学生乘坐公共交通工具，只有3%的学生乘坐汽车或摩托车。在印度的海德拉巴和整个捷克共和国也观察到了类似的模式。

图19.8

在部分国家，几乎所有的上下学交通方式都是使用机动车，而在另一些国家，大多数儿童步行或骑自行车上学

2010年代按上下学交通方式和所处地区分列的学生分布情况

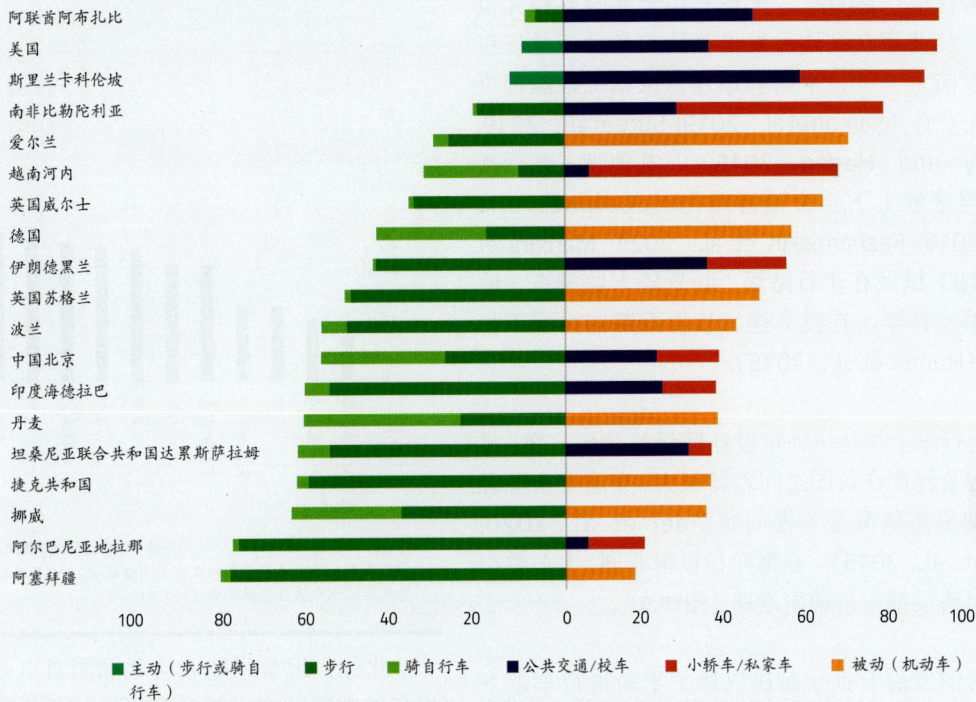

《全球教育监测报告》统计数据链接：https://bit.ly/GEM2023_fig19_8_

注：因年龄组不同，研究结果也有所不同，区分往返学校的行程和其他因素可能会影响可比性。

资料来源：美国（Pfledderer et al., 2021）、科伦坡（Damsara et al., 2021）、阿布扎比（Badri, 2013）、比勒陀利亚（Goon, 2016）、河内（Nguyen, 2021）、德黑兰（Ermagun and Levinson, 2017）、北京（Zhang et al., 2017）、海德拉巴（Tetali et al., 2016）、达累斯萨拉姆（Bwire, 2020）和地拉那（Pojani and Boussauw, 2014），其余地点（Kleszczewska et al., 2020）。

有许多类型的技术可以使往返学校的公共交通更加顺畅、安全、高效、公平。在美国，2021年的一项法律规定，在五年内要对低排放和零排放校车投资50亿美元（Beierle，2022）。在印度尼西亚日惹，使用公共汽车最主要的障碍是时间过长、到最近的公交站的距离过长和缺乏直达路线。鼓励学生更多地乘坐公交车的技术方法包括在公交车上提供Wi-Fi连接以及地理定位系统跟踪，以提供有关到达时间的实时信息（Yumita et al.，2021）。在巴西，改进上学路线的国家资助计划包括增加公立学校船只资源——这是亚马孙地区30万名儿童都在使用的一种交通方式。据估计，利用技术创新来优化船体形状，除了具有环境效益，还可以节省大量成本（Hernández-Fontes et al.，2021）。

将数字地理信息系统（GIS）引入教育规划后，可以对学校分布和交通网络进行详细分析。在新加坡，一项大规模实验从配备了特殊移动设备的学生那里收集到了高频的"人群感知"地理定位和环境数据。一项分析显示，上下学路线非常复杂，大多数学生都有6—52个不同的可能接送地点。基于这些数据，通过算法优化设计出了最后一英里的短程运输服务，这将帮助大多数学生节省超过20%的上下学时间（Panrong et al.，2021）。

> 将数字地理信息系统引入教育规划后，可以对学校分布和交通网络进行详细分析。

技术还有助于鼓励孩子们步行或骑自行车上学，同时也鼓励他们的照顾者允许他们这样做。各地已开始应用地理信息系统来确定到特定学校的最安全的步行或骑行路线，例如绘制道路事故地图和确定要避让的"热点"。无论是用于实时监控儿童的通勤，让儿童在到达后发送确认信息，还是仅仅用来"以防万一"，手机和地理定位系统跟踪都可以让家人安心（Samah et al., 2019; Sute et al., 2019; Sweeney and Hagen, 2016）。其他例子包括基于应用程序的上下学交通游戏化（Coombes and Jones, 2016; Kazhamiakin et al., 2021; Marconi et al., 2018）以及在步行路线上设置刷卡监测点，使学校能够支持学生在没有连续位置跟踪的情况下步行上学（Hunter et al., 2015）。

骑自行车上学是一种积极且环保的替代方案，尽管它的普及程度在各国之间差异很大。交通安全隐患和恶劣的道路状况是主要问题（Idei et al., 2020; Tetali et al., 2015）。在撒哈拉以南非洲，大多数小学的进出路径都不是铺面道路（**图19.9**）。

技术的发展有助于解决这些关于骑自行车上下学的挑战。自2005年以来，世界自行车救济会已经在包括哥伦比亚、印度尼西亚和津巴布韦在内的不同项目地点分发了60多万辆定制自行车（World Bicycle Relief, 2022）。世界自行车救济会对他们与赞比亚教育部的合作关系进行了严格的评价，指出缺勤率、辍学率和学习情况均有所改善（Fiala et al., 2022）。"非洲第一自行车信息组织"推出了一款电动自行车，是专门针对撒哈拉以南非洲的需求设计的：价格低廉，但特别坚固（车架和辐条都经过加固），可用太阳能充电，非电动元件可使用当地备件进行维修（FABIO, 2022）。

图19.9
撒哈拉以南非洲的大多数小学都不能通过铺面道路到达
2019年法语非洲国家就读于可以通过铺面道路到达的学校的六年级学生比例

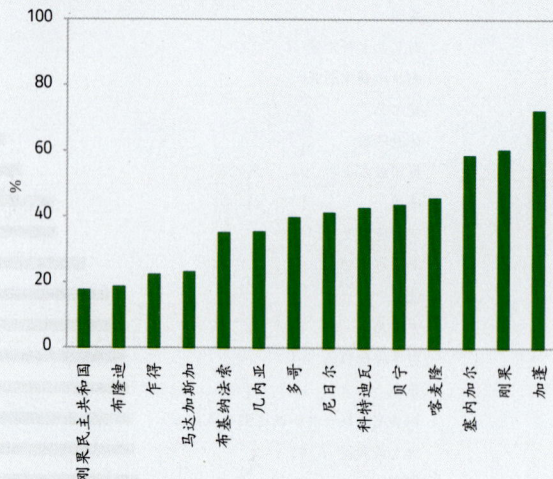

《全球教育监测报告》统计数据链接：https://bit.ly/GEM2023_fig19_9_
资料来源：《全球教育监测报告》小组基于2019年非洲国家教育部长会议系统分析项目数据所进行的分析。

此外，坦桑尼亚联合共和国对电动自行车和改装套件进行了成本效益分析，结果表明，与重复发生的公共汽车票价成本相比，学生采用骑电动自行车这一方式是省钱的（不包括初始购买成本），并且与步行或乘坐公交车在拥挤的城市交通中通行相比，电动自行车每天为学生节省了超过3小时时间。现有机械自行车的改装套件售价不到100美元，而一辆完整的电动自行车售价为450—600美元（Greyson et al., 2021），约为人均国内生产总值的一半。

来自阿拉伯叙利亚共和国的艾哈迈德
（Ahmad，19岁）靠着联合国儿童基金会奖
学金，顺利从约旦的卢米努斯教育机构的职
业技术培训课程毕业。

图片来源：UNICEF/UN0209590/Herwig*

重要信息

2020年发放的奖学金和估算的学生费用超过44亿美元，比2015年增加了13亿美元，增幅为42%。然而，2020年和2021年的奖学金支出下降了24%，这可能是由于新冠疫情的全球影响：奖学金可能已被部署到位，但由于学生流动受到限制而没有支付。

2020年只有11%的奖学金和估算的学生费用与低收入国家有关，而有76%与中等收入国家有关。

在全球范围内，2000—2020年出境国际学生人数增加了两倍，该数据比来自撒哈拉以南非洲和北非（增加1.2倍）以及小岛屿发展中国家（增加0.5倍）的国际学生增幅要高。

到目前为止，来自这些区域的国际学生最常见的目的地是北美和西欧，占来自小岛屿发展中国家和北非的国际学生的70%以上，占来自撒哈拉以南非洲的国际学生的48%以上。来自撒哈拉以南非洲的国际学生的第二常见目的地就是本区域，占出境国际学生的20%。

学生在网上搜索国际奖学金的频次在2010—2019年有一段稳定时期，但由于新冠疫情导致的不确定性和出行限制，2020年初出现明显的至少中等程度的下降。自那以后，搜索频次急剧上升，超过了疫情发生前的水平。

第20章

4.b

具体目标4.b

奖学金

到2020年，在全球范围内大幅提高发达国家和部分发展中国家向剩余发展中国家，特别是最不发达国家、小岛屿发展中国家和非洲国家提供的高等教育入学奖学金数额，资助范围包括职业培训以及信息和通信技术、技术、工程和科学项目。

全球指标

4.b.1 官方发展援助用于奖学金的数量，按部门和学习类型统计

可持续发展目标之具体目标4.b的最后期限是2020年，这一点和《2030年可持续发展议程》中的大多数其他目标都不一样。到2020年，奖学金和估算的学生费用发放了超过44亿美元（专栏20.1），自2015年以来增加了42%，即13亿美元（图20.1）。相比之下，奖学金和估算的学生费用在2010—2015年保持着相对稳定。然而，由于奖学金减少了24%，2020年和2021年的资金数量都有所下降，从2019年的17亿美元下降到2021年的13亿美元。这可能是新冠疫情的全球影响造成的：奖学金可能已经部署到位，但由于对学生流动的限制而最终没有支付。估算的学生费用继续增长，不过在2021年降低了增幅。奖学金和估算的学生费用支出仅由那些选择在官方发展援助预算下提供资助的国家进行记录。但并不是所有的国家都选择这样做，而且记录的金额也不包括私人机构提供的奖学金。

图20.1
2015—2020年奖学金和估算的学生费用增加了13亿美元
2010—2021年以直接奖学金和估算的学生费用的形式发放的教育援助

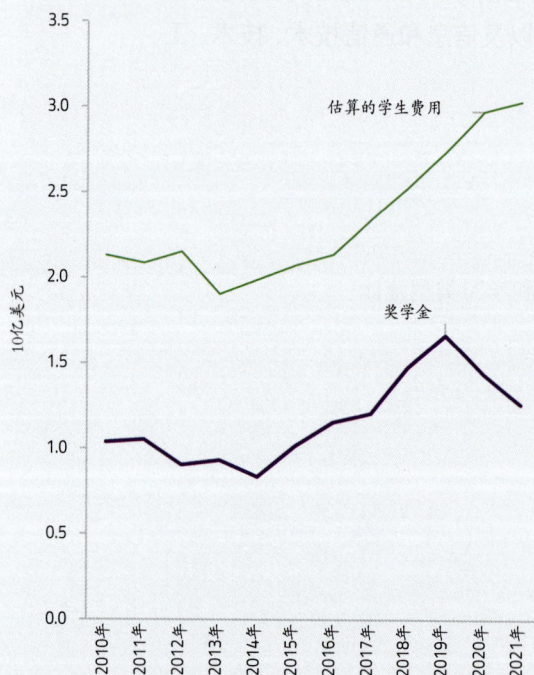

《全球教育监测报告》统计数据链接：https://bit.ly/GEM2023_fig20_1_
资料来源：经合组织发展援助委员会贷方报告制度数据库。

专栏 20.1

奖学金和估算的学生费用：一个重要的区别

官方发展援助的奖学金流向包括两部分。直接奖学金是对高等教育机构收取学费的全日制学生的一种经济援助。估算的学生费用是指向免学费教育机构所在国家的学生提供的支持（OECD，2019）。重要的是要承认估算的学生费用也是奖学金的一种形式，否则在免学费的教育系统中学习的学生的间接成本就会被忽视。

在下列情况中，直接奖学金和估算的学生费用都可以报告为官方发展援助：（a）学生来自符合官方发展援助资格的国家；（b）费用在官方预算中被承认，负责官方发展援助项目的管理机构在一定程度上参与了官方预算编制。奖学金和培训金，即使主要是授予在提供国进行学习的人员，而且不涉及向符合官方发展援助资格的国家转移资金，也会作为跨境流动资金记录在国际收支中。这是因为它们代表了居民和非居民之间的资源转移。这种处理也适用于估算的学生费用，即学生没有支付的费用被认为是国际收支中的"旅行贷项"。目前的官方发展援助定义只承认来自经合组织的发展援助委员会和非发展援助委员会成员的捐助国向发展中国家的国际资金流动。正在研究的一个新的定义中，发展中国家之间的资金流动也会得到承认。

这种区分给解释数据带来了挑战。目前尚不清楚奖学金在帮助学生出国留学和帮助学生在母国学习之间的分配比例。根据定义，估算的学生费用只能用于那些出国留学的学生。经合组织贷方报告制度的微数据提供了一些见解。2021年，估算的学生费用的最大贡献国德国报告称，为中国学生支出3.36亿美元，为伊朗学生支出1.03亿美元，为巴西学生支出3000万美元。法国拨付了2600万美元支持来自科特迪瓦的学生。奖学金计划的预算往往较少，受益人也较少。例如，沙特阿拉伯为271名尼日利亚学生提供了奖学金和培训，价值360万美元。葡萄牙为巴西高级官员在葡萄牙的培训资助了620万美元，而匈牙利则出资360万美元资助巴西人在匈牙利的高等院校学习。

2015年以来资金增长的长期趋势主要是两方面因素造成的。首先，在欧盟相关机构和日本的推动下，未指定受援国的双边流动增加，欧盟相关机构和日本从2017年开始在这一类别下报告其所有奖学金援助。其次，估算的学生费用增加，主要与2015年以后流入德国的难民有关，他们有资格进入该国基本的免费高等教育系统学习。

重要的是，不仅要明确支出的规模，而且要查清支出的具体流向。2020年，只有11%的奖学金和估算的学生费用支付给了低收入国家，而76%支付给了中等收入国家（**图20.2**）。然而，低收入国家相对受益更多，2015—2020年奖学金和估算的学生费用增加了一倍，超过了对其他收入水平国家的支出。

2014年，即可持续发展目标生效前一年，中国是最大的受援国，奖学金和估算的学生费用达3.71亿美元，占全球总额的13%，超过第二大受援国印度的4倍，是所有低收入国家总和的2.7倍。到2021年，中国仍然是最大的受援国，受援金额达3.92亿美元；不过，目前这一数额仅占全球总额的9%，低于对低收入国家的支出总和（4.91亿美元）。

具体目标4.b呼吁大幅增加援助，以支持学生的流动，特别是对那些生活在"最不发达国家、小岛屿发展中国家和非洲国家"的学生。过去20年来，来自这些国家的出境国际学生人数不断增加。在全球范围内，2000—2020年，出境国际学生的人数增加了两倍，该数据比撒哈拉以南非洲和北非（增加1.2倍）以及小岛屿发展中国家（增加0.5倍）的国际学生增幅要高（**图20.3a**）。尽管如此，出境流动性的增长速度还是比他们母国的高等教育计划的增长速度要慢。自2000年以来，撒哈拉以南非洲国家的出境国际学生占高等教育入学总人数的比例有所下降，不过自2012年以来在最不发达国家，以及自2008年以来在小岛屿发展中国家，这一比例总体上

> 具体目标4.b呼吁大幅增加援助，以支持学生的流动，特别是对那些生活在'最不发达国家、小岛屿发展中国家和非洲国家'的学生。

图20.2
只有十分之一的直接奖学金和估算的学生费用支付给了低收入国家
2020年按国家收入组别分列的教育援助发放情况（%）

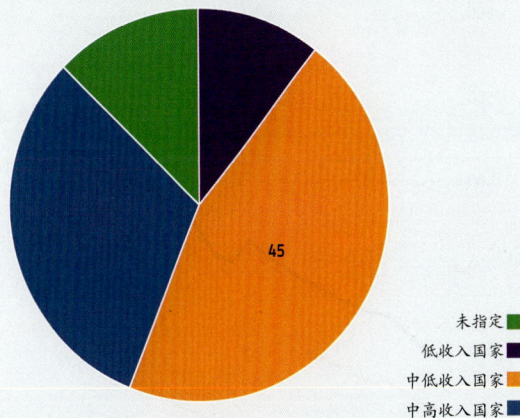

图例：
- 未指定
- 低收入国家
- 中低收入国家
- 中高收入国家

45

《全球教育监测报告》统计数据链接：https://bit.ly/GEM2023_fig20_2_
资料来源：经合组织发展援助委员会贷方报告制度数据库。

一直在增长（**图20.3b**）。

到目前为止，来自这些区域的学生最常见的目的地是北美和西欧，占来自小岛屿发展中国家和北非的学生的近75%（**图20.4**）。来自撒哈拉以南非洲的学生的目的国区域分布不那么集中，其中只有48%的学生去了北美和西欧。来自撒哈拉以南非洲的学生的第二常见目的地是本区域，占出境国际学生的20%。南非是该区域最受欢迎的目的地，到2020年，南非已经接纳了来自其他撒哈拉以南非洲国家的近3万名学生。

虽然可持续发展目标的具体目标是减少入学机会方面的不平等，但相对于瞄准个人层面，瞄准国家层面存在更大的加剧差距的风险。这是因为奖学金的受益者往往来自特权群体，他们可能不会对母国的经济发展做出贡献（**专栏20.2**）。

图20.3
重点区域的出境流动性有所增加，但不及国内高等教育系统的增长速度
a. 2000—2020年出境国际学生人数

b. 2000—2020年出境国际学生人数占该区域高等教育入学总人数的比例

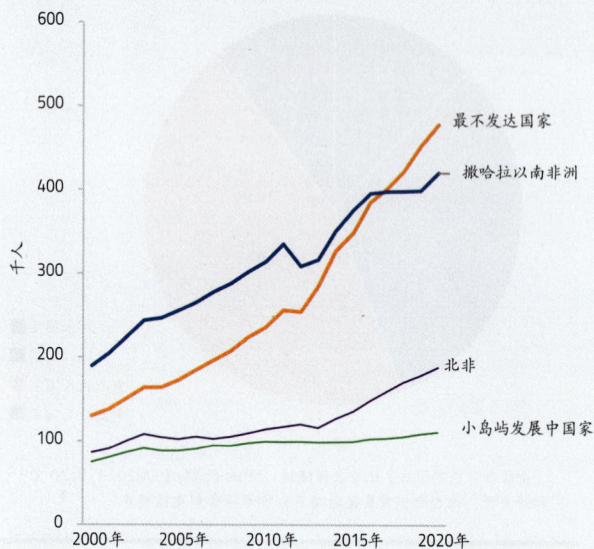

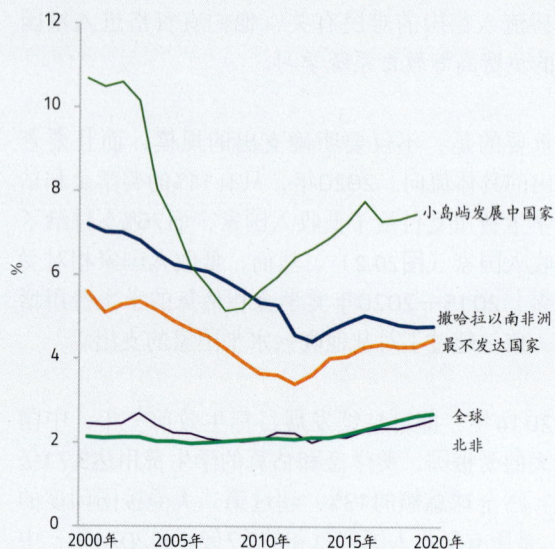

《全球教育监测报告》统计数据链接：https://bit.ly/GEM2023_fig20_3_
资料来源：统计研究所数据库。

图20.4
大多数出国留学的学生都前往北美和西欧
2020年按来源国和目的国分列的出境国际学生的分布情况

《全球教育监测报告》统计数据链接：https://bit.ly/GEM2023_fig20_4_
资料来源：统计研究所数据库。

在巴西设立的一个由政府资助的奖学金项目并没有产生预期的结果

2011年，巴西政府启动了"科学无国界"（Ciência sem Fronteiras）项目，这是一个为科学、技术、工程和数学领域的大学生设立的奖学金项目，以便他们在全额资助下到海外学习一年。该项目最初针对的是学士学位的学生，前6年近80%的奖学金都发放给了这一等级学生，但该项目于2017年终止。在这6年里，政府发放了超过10万份奖学金，成本超过150亿巴西雷亚尔（30亿美元），是巴西国家科学技术发展委员会总预算的16倍（Conceição et al., 2023; SBPC, 2017）。注意，这些项目没有计入可持续发展目标之具体目标4.b的成就，因为其进展情况是完全根据经合组织发展援助委员会的援助条件来衡量的。

分析"科学无国界"影响的各项研究指出了该计划存在的许多缺点。首先，有人批评说，该计划主要惠及来自特权群体的学生，这些学生都来自巴西最负盛名的大学和最富有的州。该项目要求学生必须掌握一门外语，这进一步加剧了不平等（Feltrin et al., 2021; Moreno, 2014）。其次，该计划的仓促实施导致了设计上的重大缺陷：缺乏对外国大学的质量审核；课程之间缺乏兼容性，这意味着学生往往不能使用在国外修得的任何学分；学生缺乏足够的外语知识，导致过早返回巴西（Fabiano, 2014; Moreno, 2014; SBPC, 2017）。6年后的一份项目评估证实，该项目没有实现推动学生参与硕士或博士课程、加入正规劳动力市场或成为企业家的目标（Conceição et al., 2023）。

尽管如此，该项目确实成功地增加了在海外学习的巴西高等教育学生的人数（**图20.5**）。有迹象表明，该项目增加了研究人员之间在出版方面的国际合作，并增进了巴西和外国的高等教育机构之间的伙伴关系，尽管其中大部分成就可能是向硕士生和博士生提供的奖学金促成的（Manços and Coelho, 2017）。

图20.5

一项由政府资助的奖学金项目增加了来自巴西的出境国际学生的人数

2000—2020年来自巴西的出境国际高等教育学生人数

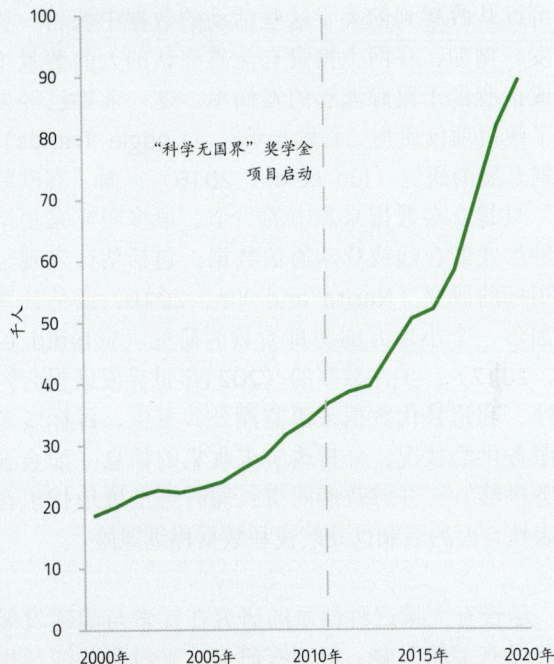

《全球教育监测报告》统计数据链接：https://bit.ly/GEM2023_fig20_5_
资料来源：统计研究所数据库。

焦点20.1：关于人们对国际奖学金的兴趣，在线搜索透露了什么？

越来越多的人依赖互联网来开展丰富多样的活动，包括那些与工作和教育相关的活动。因此，我们可以从收集到的关于这些活动的数据中获得一些启发。例如，在网上搜索有流感症状的人的数量增减或许有助于跟踪流感的发病率。这一前提已经催生了数百项仅使用"谷歌趋势"（Google Trends）数据开展的研究（Jun et al.，2018），而"谷歌趋势"只是众多数据来源中的一个。很多研究采用了各种形式的在线或移动通信数据，包括估计宏观经济指标的研究（Narita and Yin，2018）或估计塞内加尔一个小地方的文盲人数的研究（Schmid et al.，2017）。关注数据的《2021年世界发展报告》呼吁，利用替代数据来源监测公共卫生、目标资源和服务供给状况，分析政府未收集的信息（如金融服务供给），并对政府问责，同时更准确地指出在代表性方面的限制以及歧视和数据操纵风险。

尽管有大量这种性质的研究在探索与国际发展和移民有关的问题，但这些研究几乎没有关注学生移民，没有一项研究关注国际奖学金或其他奖学金获得者。这似乎错过了一个深入了解世界各地对国际奖学金的兴趣的机会。

缺乏可靠数据导致对奖学金的监测难上加难。关于如何提供有关于来自低收入国家和中等收入国家的学生可获得的国际奖学金数量的标准化的、清晰界定的和全面的信息，目前尚未达成共识。在缺乏这类标准化数据的情况下，《全球教育监测报告》小组开展了实验研究，但须审慎看待其方法、分析和解释。

> "
> **缺乏可靠数据导致对奖学金的监测难上加难。**
> "

查找海外奖学金机会的第一步通常是在线搜索，使用谷歌或百度等通用搜索引擎。各引擎的搜

索结果在中国是高度相关的，但百度的搜索量要高得多（Vaughan and Chen，2015）。专业的奖学金平台为部分学生提供了一种替代工具或补充工具，而其他学生则依赖于低技术水平的信息来源，比如口口相传。尽管如此，使用通用搜索引擎在线搜索国际奖学金机会的模式可能揭示出一种广泛的趋势。

《全球教育监测报告》小组分析了谷歌搜索引擎上与国际奖学金相关的搜索量。搜索特定关键词的趋势可以通过"谷歌趋势"门户网站公开获取。谷歌提供的不是搜索的绝对数量，而是相对于基准的搜索兴趣。对于趋势分析，基准（按比例缩放为指数值100）是所研究的时间范围内每日搜索的最大值。对于搜索词之间的比较，基准是指其中搜索量的最大值。

访问的便利性和在线上搜索市场占有高份额是谷歌搜索引擎解释数据流量的普遍优势。然而，在不同国家，其市场份额和代表性差异很大。虽然原则上覆盖了其他语言的搜索，但在实践中，只有英语搜索为许多搜索词提供了足够的分析样本量。此外，谷歌搜索引擎的基础数据是专有的，而且方法的选择是不透明的。必须注意如何提取和解释数据。

有些模式是可预测的。例如，学生会在特定的时间点获得申请奖学金所需的成绩和学位证书。大多数奖学金都有申请截止日期。即使确切时间因国家甚至教育机构而异，但也可以预料到存在每个学年都会重复出现的季度模式。在2020年和2021年，由于新冠疫情导致出行机会减少，也可以预测出搜索频次的显著减少。一个公认的事实是，国际学生的流动受到历史、文化，特别是语言接近程度的影响。因此，可以假定在一个讲英语的非洲国家搜索到英国留学的奖学金的兴趣肯定比在讲法语的邻国更高。

事实上，在过去5年里"英国的国际奖学金"（international scholarships UK）搜索词指数值最高的非洲国家包括加纳、肯尼亚、尼日利亚、南非和乌干达。与对应的法语搜索词"bourse en France"形成了鲜明对比，贝宁、喀麦隆、刚果、科特迪瓦、马达加斯加和塞内加尔的网络用户对这个词的

兴趣最大。在大约6月到10月期间，大众对英国的志奋领奖学金（Chevening scholarship）兴趣高涨，以此为关键词的搜索活动明显增多，但是在该奖学金申请截止日期后的11月初，搜索量急剧下降。

尽管这些迹象表明搜索引擎分析可能大有前途，但仍有几则说明需要注意。"谷歌趋势"数据本身波动太大（Fenga，2020）。例如，在不同时间针对过去同一时间段进行完全相同的搜索会得出不同的结果（Cebrián and Domenech，2022）。这是因为"谷歌趋势"使用的是互联网协议地址的随机抽样（Böhme，2020）。虽然这种变化可能大到足以使趋势分析在短时间内不可靠（Behnen et al.，2020），但它不太可能影响对长达数月和数年的大趋势的观测结果。所有的图示都显示了多个查询的平均搜索指数值。

更成问题的是，人们观察到"谷歌趋势"数据中完全不相关的搜索词具有共同的趋势（Bokelmann and Lessmann，2019），这表明由总体搜索量的变化或搜索方法的变化产生了虚假模式。据报告，这一现象在21世纪初最为显著，当时该服务相对较新，在线搜索市场更加活跃。因此，本分析仅限于2010年以后的时间段。

我们分析了通用搜索词"国际奖学金"（international scholarships）的趋势，也分析了美国、德国等非英语母语欧洲人的热门目的地以及中国、土耳其（使用了其国名的旧拼写"Turkey"以反映其正式更名为"Türkiye"之前的情况）等新兴目的地的趋势。每个序列都是独立标准化的，这意味着不同序列的值之间不能进行直接比较。特别是，将图表解释为反映了相同的搜索频次肯定不对。例如，对"土耳其"的搜索量大约是"美国"的一半。在同样的尺度下，不指定目的地的搜索量是将美国作为目的地的搜索量的10倍，是将土耳其作为奖学金目的地的搜索量的100倍。

从通用搜索频次来看，可以发现2010—2019年出现了长期的稳定态势，由于新冠疫情造成的不确定性和出行限制，2020年初通用搜索频次出现明显下降，至少是中等程度的下降，之后急剧上升，甚至超过疫情发生前的水平。然而，由于谷歌的数据收集在2022年

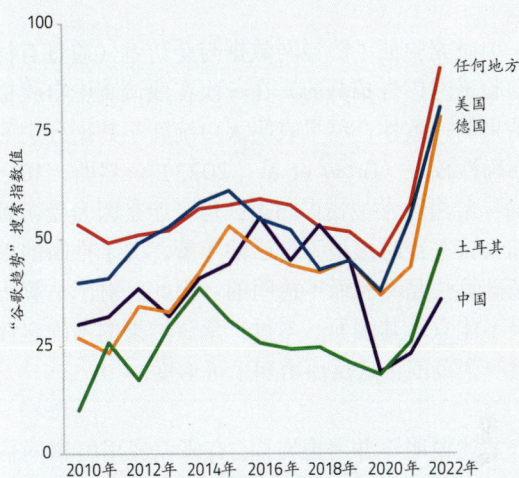

图20.6
自疫情发生以来，在线搜索中对国际奖学金的兴趣急剧增加
2010—2022年搜索词"国际奖学金"（任何地方）或"国际奖学金〈指定国名〉"的"谷歌趋势"标准化搜索指数

《全球教育监测报告》统计数据链接：https://bit.ly/GEM2023_fig20_6_
注：指数值为月度数值的年平均值。
资料来源：《全球教育监测报告》小组基于"谷歌趋势"进行的分析。

初发生了变化，最近的数据难以解释（图20.6）。

对于美国奖学金，2016年唐纳德·特朗普当选美国总统后，之前的上升趋势有所逆转。这与新国际学生入学人数的官方数据相符，从2009—2010学年的20万人左右增加到2015—2016学年的30万人，但随后在2019年秋季开始的学年稳步下降了10%（OpenDoors，2023）。从2010年到2014年，对土耳其奖学金的搜索量迅速增加，但之后至2020年之前相对稳步下降，2020—2021年再次回升。与传统目的地不同，对中国的搜索量至今还没有从疫情期间的下降趋势中恢复过来。

> **分析搜索词的另一种方法是研究广告算法是如何对互联网用户进行分类的。**

分析搜索词的另一种方法是研究广告算法是如何对互联网用户进行分类的（Zagheni et al.，2017）。

脸谱网开发的"广告经理"（Advertising Manager）旨在提高受众目标的准确性。它可以显示满足脸谱网用户明确报告的某些标准（如18—24岁的高中毕业生）的估计人数，并结合脸谱网根据他们在网上的活动和互动行为，比如他们对某个话题感兴趣（例如，国际奖学金）而推断出分类。

一项研究验证了脸谱网数据与受访者（通过有针对性的脸谱网广告招募的）在一次在线调查中自我报告的结果的一致性，结果表明人口统计学数据分类的总体准确性较好（Grow et al., 2022）。然而，18—24岁的年龄组经常被错误归类，这可能是因为受访者最初加入该平台时虚报了自己的年龄。关于推断的兴趣，基础算法是专有而不透明的。因此，对于估算出的结果不能只看其表面。不过，承认结果的不确定性并提供一个范围，这反而增加了可信度。

将上述说明一并考虑在内，有研究者用脸谱网估计的18—24岁、拥有高中毕业证、对国际奖学金感兴趣的不同国家的人数，加上高等教育入学人数或出国留学人数，一起制成图表。假设估计数的数量级正确，可以得出两个结论。一方面，在低收入国家和中等收入国家，只有一小部分，甚至更少的高中毕业生在网上表现出了对国际奖学金的兴趣。另一方面，尽管这个群体相对较小，但感兴趣的人数远远超过了奖学金的名额数。《全球教育监测报告2020》估计，2019年排名前50的奖学金提供方只提供了约3万份新奖学金；然而，仅在乌干达，就有近10万年轻人被认为对奖学金"感兴趣"（**图20.7**）。

考虑到隐私保护和样本量，谷歌和脸谱网都没有发布过小的估计值。在"谷歌趋势"上，如果搜索量低于某个阈值，则不会发布给定关键词和匹配国家的搜索指数值。脸谱网广告数据不会提供小于1000的估计值，因此无法将数据用于寻找来自特定国家的奖学金获得者（Fatehkia et al., 2022）。

最大的问题是，关于线上行为的数据几乎完全是专有的。有些数据可向公众提供，有些数据可通过特别申请提供，有些数据可用于市场销售。在任何情况下，数据可用性都由拥有数据的公司决定。数据本身充其量是经过内部校准的，但缺乏外部验证，至少没有公开可用的验证方法。只能不太肯

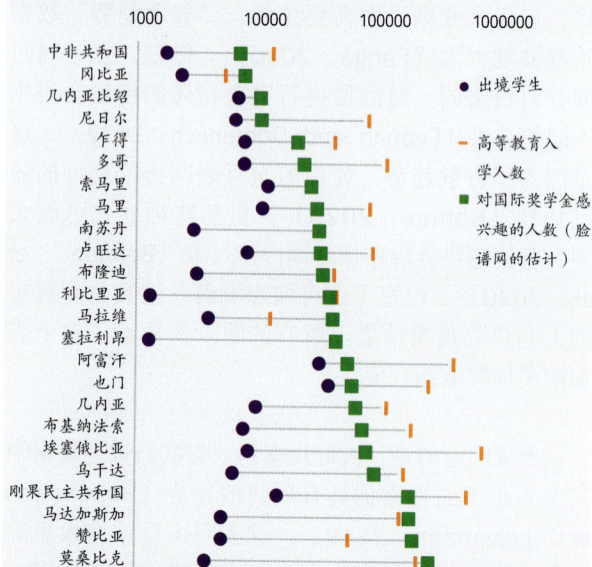

图20.7
脸谱网估计的对国际奖学金感兴趣的用户数通常远远超过已经在国外的学生人数
2023年脸谱网的"广告经理"估计的18—24岁已完成高级中等教育学业的"受众规模"（脸谱网用户数量），以及推测出的对国际奖学金感兴趣的人数

《全球教育监测报告》统计数据链接：https://bit.ly/GEM2023_fig20_7_
注：横坐标的刻度是对数的。
资料来源：Facebook Ad Manager(2023)。

定地假设，对"英国奖学金"一词的在线搜索量增加表明实际感兴趣的人数增加。对于奖学金申请人数的增加更是知之甚少。学术研究表明，国际移民的意图确实影响了整体移民，不过还有各种因素之间复杂的相互作用的影响，比如机会、社会资本、技能和信息，这些因素在不同个体间是有差异的（Wanner，2021）。这一实验性的分析并没有试图预测实际的奖学金流动性。非传统的数据来源在官方数据无法提供的领域显示出了一些前景。然而，许多问题阻碍了"谷歌趋势"得出令人满意的估计值（Leysen and Verhaeghe，2022）。这里呈现的分析只触及表面，并且必须注意其局限性，例如结果非常依赖于选择一个精确的搜索词。

墨西哥哈利斯科州的一名教师。

图片来源：UNICEF/UNI177022/Richter*

重要信息

2015—2020年，各个区域和教育等级的合格教师比例增幅并不均衡。提高幅度最大的地方是撒哈拉以南非洲，学前教育合格教师的比例从53%提高到60%，高级中等教育阶段的这一比例从59%提高到65%。然而，该区域仍远未达到其2030年基准。

教师常常取得资质但没有受过培训，或者接受过培训但没有获得资质。在黎巴嫩，77%的小学教师符合最低的学历要求，但只有23%的教师接受过最低要求的教育学培训。

增加合格教师的供给必须考虑到教师流失，这在不同国家和地区以及教育等级上差别很大。在埃塞俄比亚，小学教师流失率从2015年的5%下降到2020年的2%以下。

在高收入国家，教师的工资往往低于其他领域的同等教育程度的劳动者。2010—2020年，捷克共和国初等教育教师的工资增长了50%以上，但教师的收入仍然比其他受过高等教育的劳动者低26%。

许多国家面临着科学和数学教师的短缺，因为很少有人进入这个行业，留下来的更少。在美国，2019年物理教师的职位空缺超过3万个。鼓励招聘、培训和留任这些学科的教师的政策包括：提供签约奖金、工资补贴，以及重点关注毕业生或目前从事非教学职业的相关专业人员。

第21章

具体目标4.c

教师

到2030年，大幅提升合格教师供给，包括在发展中国家（特别是在最不发达国家和小岛屿发展中国家）开展国际合作的教师培训。

全球指标

4.c.1 按教育等级统计的符合最低资格要求的教师比例

主题指标

4.c.2 学生与受过培训的教师的比例，按教育等级统计

4.c.3 依据国家标准，合格教师的比例，按教育等级和机构类型统计

4.c.4 学生与合格教师的比例，按教育等级统计

4.c.5 教师平均工资与其他要求相当水平资格的行业的比较

4.c.6 教师流失率，按教育等级统计

4.c.7 过去12个月接受过在职培训的教师百分比，按培训类型统计

可持续发展目标之具体目标4.c通过合格教师的供给来强调教师素质的重要性。虽然理论上有明确的定义，但是对于什么是"合格的"教师并没有形成共同的理解。有人从学历的角度来理解"合格"，有人则关注培训要求。该具体目标涵盖了这两个方面。全球指标4.c.1——"符合最低资格要求的教师比例"——衡量的是每个国家至少接受过有组织的教育学培训的教师比例，且培训符合相关教育等级的教学所要求的最低程度。主题指标4.c.3——"依据国家标准，合格教师的比例"——对全球指标加以补充，反映了至少符合最低学历要求的教师的比例。

> 虽然理论上有明确的定义，但是对于什么么是'合格的'教师并没有形成共同的理解。

教师常常取得资质但没有受过培训，或者接受过培训但没有获得资质（**图21.1**）。例如，在黎巴嫩，77%的小学教师符合最低学历要求，但只有23%的教师接受过最低要求的教育学培训。不了解每个国家的最低学历要求和培训资格，就不可能解释这些统

图21.1
教师常常取得资质但没有受过培训，或者接受过培训但没有获得资质
2017—2022年至少符合最低学历要求并且接受过初等教育阶段教学最低要求的教育学培训的教师比例

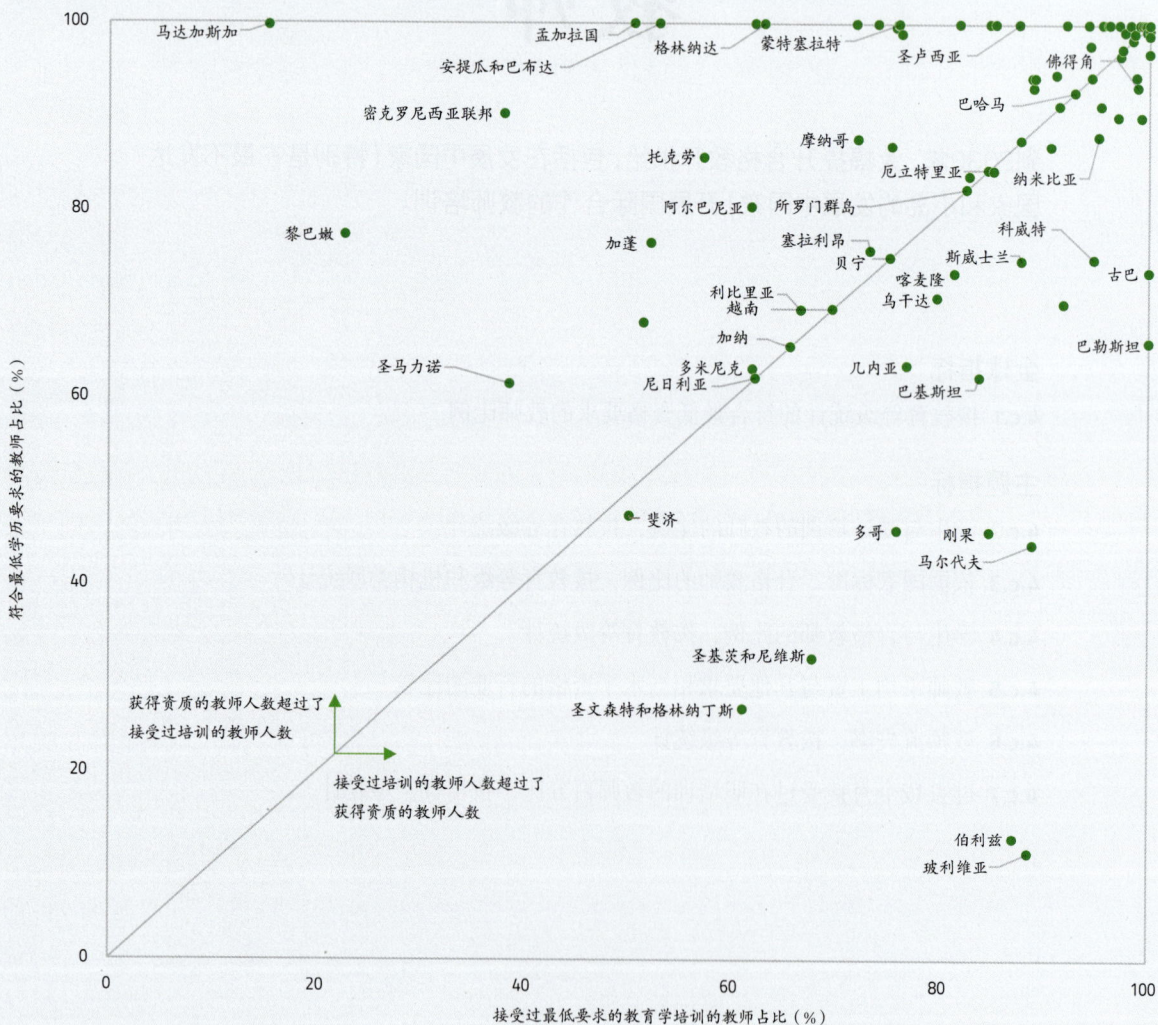

《全球教育监测报告》统计数据链接：https://bit.ly/GEM2023_fig21_1_
资料来源：统计研究所数据库。

计数据。在乌拉圭，教师必须获得学士学位才能在小学任教，而印度的小学教师只要获得高中毕业证就足够了。不同培训要求的比较可能更加困难，因为对培训方案没有通用的国际分级。更令人困惑的是，在有的国家，学历和培训被认为是同一个要求，导致许多国家报告的这两个指标的数据相同。

联合国教科文组织正在采取措施，改善有关教师的数据收集工作。2019年，联合国教科文组织大会批准制定了《国际教师教育标准分类法》（ISCED-T），以支持对可持续发展目标之具体目标4.c的监测。《国际教师教育标准分类法》是一个收集、汇编和分析关于教师培训方案的跨国可比较统计数据的框架（UNESCO，2021）。联合国教科文组织统计研究所已开始从各国收集关于各教育等级教学的最低学历和培训要求的信息。

在讨论增加合格教师供给的背景下，必须考虑教师流失问题。例如，在美国，流失的教师约占美国教师年需求量的90%（Carver-Thomas and Darling-Hammond，2017）。教师流失还与教师短缺有关，不仅在北美（Garcia and Weiss，2019），而

专栏 21.1

2015年以来的进展：可持续发展目标指标4.c.1

在提高符合最低资格要求的教师比例方面——或者更具体地说，至少接受过最低程度的有组织的职前和在职教育学培训的教师比例方面——不同区域和教育等级的进展是不均衡的，而且增幅不大（**图21.2**）。就目前掌握的可比较数据而言，自2015年以来，最大的增幅发生在撒哈拉以南非洲，不过该区域在各个教育等级上仍然落后于所有其他区域。在起点最低的学前教育等级，这一比例从2015年的53%上升到了2020年的60%。在高级中等教育阶段，这一比例从59%上升到了65%。该区域各国都远未达到2030年的国家基准，即学前教育84%，初等教育和初级中等教育92%，高级中等教育89%。

图21.2

2015年以来，各个区域和教育等级的进展不大

2012—2020年按区域和教育等级分列的符合最低资格要求的教师比例

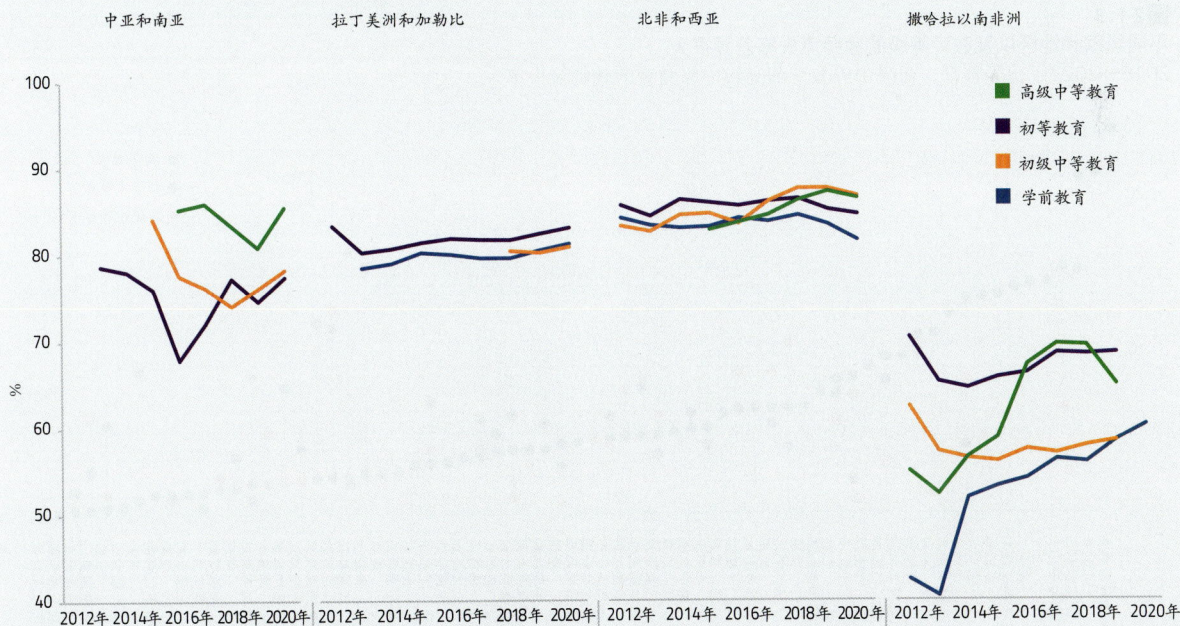

《全球教育监测报告》统计数据链接：https://bit.ly/GEM2023_fig21_2_
资料来源：统计研究所数据库。

且在欧洲（Albert et al., 2022）和其他高收入国家（Welch, 2022），这都是一个日益严重的问题。虽然可以预见会出现一定程度的自愿和非自愿流失，但过度的流失浪费了资源，可能对教育系统造成严重破坏。

指标4.c.6通过考虑当年教师总人数和新教师人数，以及上一年教师总人数，来估计流失率。尽管数据不完整，但结果仍凸显出不同国家和地区以及教育等级的教师流失率差异很大（**图21.3**）。例如，卢旺达和塞拉利昂初级中等教育的教师流失率均在15%左右，但塞拉利昂的初等教育教师流失率为21%，卢旺达的初等教育教师流失率为3%。

教师流失率难以精确测量，并且指标4.c.6的数据解释受到很多限制。首先，教师流失率没有区分永久转行的教师和临时休假的教师，比如休产假或请病假的教师。其次，教师流失率分别考虑了每个教育等级，因此不能用来估计系统水平的教师流失率。例如，在立陶宛，2016年的教育系统（从学前教育到高级中等教育的合计）教师流失率为4%，但是

各教育等级的教师流失率从初等教育的0.8%到高级中等教育的近8%不等（OECD, 2021）。在不同教育等级之间流动的教师在某个教育等级上被视为"离职者"，在另一个教育等级上被视为"新加入者"。在一些国家，跨教育等级的流动很常见，特别是当多个教育等级整合到一个单一结构中时，如芬兰的初等教育和初级中等教育（OECD, 2021）。再次，教师流失率依据的是总人数——总教师数——而不是全职教师人数，所以它同时计算了全职和兼职教师，并且不反映工作强度的变化。在挪威，2016年初等教育按总教师数计算的教师流失率为12%，而全职教师流失率为8%，这表明许多离职者都是兼职教师（OECD, 2021）。

控制教师流失率的政策也必须考虑流失的原因。至少要区分非自愿流失——退休和患病——和自愿流失，后者可能意味着工作条件恶劣或存在其他阻碍因素。经合组织对13个中高收入国家和高收入国家进行了调查，数据显示，如果排除退休教师，教师流失率平均下降了2个百分点（OECD, 2021）。最后，分析全国教师流失水平可能掩盖了国内在师资配备方面的重大挑

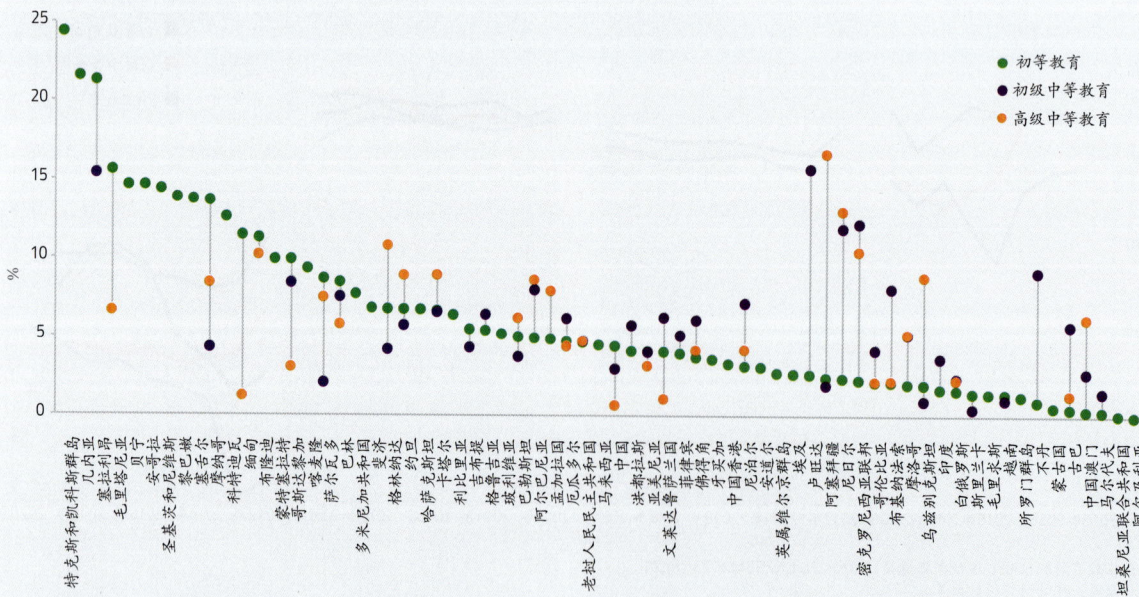

图21.3
不同国家和地区以及教育等级的教师流失率差异很大
2015—2022年初等教育、初级中等教育和高级中等教育的教师流失率

*《全球教育监测报告》统计数据链接：https:bit.ly/GEM2023_fig21_3_*
资料来源：统计研究所数据库。

> 要区分非自愿流失——退休和患病——和自愿流失，后者可能意味着工作条件恶劣或存在其他阻碍因素。

战（专栏21.2）。即使一个系统的总体教师流失率较低，在特定领域也可能出现严重的教师短缺，如科学和数学（焦点21.1）。

专栏 21.2

埃塞俄比亚为降低教师流失率设定了雄心勃勃的目标

过去十年来，埃塞俄比亚为降低教师流失率设定了两个雄心勃勃的目标。埃塞俄比亚在其《2016—2020年教育部门发展计划》（ESDP V）中，设定了到2020年将教师流失率减少到2%的目标，然后在后续计划（EDSP VI）中，将目标定为到2025年进一步降低到1%（Ethiopia Ministry of Education，2015; 2021）。该系统通过教育管理信息系统每年对这些目标的实现情况进行监测，并按地区、性别、教育等级和离职原因对数据进行了分类。2015—2022年，初等和中等教育的教师流失率都大幅下降，不过只有初等教育达到了2020年降至2%的目标。两个教育等级都有望达到2025年的目标（图21.4）。

但在埃塞俄比亚国内，初等教育的教师流失率在各地间差异很大，从哈拉尔州的近4%到阿姆哈拉州的不到0.5%。教师流失率也因性别而异，特别是在中等教育阶段。2022年，女性教师流失率（2.4%）是男性教师（1.1%）的两倍以上。这一点颇为令人担忧，因为在这一教育等级女教师本来已是少数，仅占师资队伍的20%（Ethiopia Ministry of Education，2022）。

图21.4

埃塞俄比亚的教师流失率正在下降，有望达到2025年的目标

2015—2022年埃塞俄比亚一至八年级
和九至十年级的教师流失率

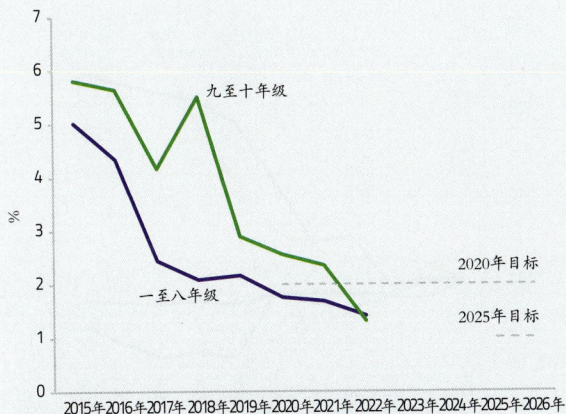

《全球教育监测报告》统计数据链接：https://bit.ly/GEM2023_fig21_4_
资料来源：埃塞俄比亚教育部，历年《教育统计年度摘要》。

设计降低教师流失率的政策需要了解教师离职的原因。2022年，37%的初等教育教师的离职原因，从公共政策的角度来看，可以归类为可避免的原因，即"不愿继续从事教师行业""政治立场""道德问题"。非自愿原因造成的教师流失，即退休、死亡或慢性疾病，占教师流失的32%（图21.5）。中等教育阶段也有非常接近的比例。

图21.5

教师流失的主要原因是离开教师行业
2022年埃塞俄比亚一至八年级教师流失原因的分布

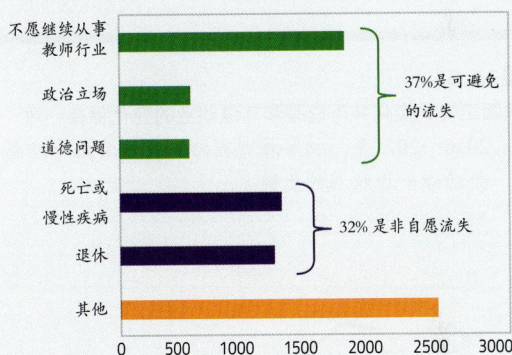

《全球教育监测报告》统计数据链接：https://bit.ly/GEM2023_fig21_5_
资料来源：Ethiopia Ministry of Education（2022）。

有多种因素影响着教师进入和留在这个行业的决定。指标4.c.5旨在通过衡量"教师平均工资与其他要求相当水平资格的其他行业的比较"来反映这些因素之一——教师职业吸引力的替代指标。

在高收入国家，教师的工资往往低于其他领域同等教育程度的劳动者的工资。例如，在瑞典，2020年初等教育教师的收入比其他受过高等教育的劳动者低20%。这一比例在过去十年中一直保持相对稳定，尽管同期教师的工资增长了20%以上（图21.6）。在捷克共和国，初等教育教师的工资在2010—2020年增长了50%以上，在一定程度上缩小了与其他受过高等教育的劳动者的工资差距，相对比例从2010年的53%提高到2020年的74%。捷克共和国的教育、保健、文化和社会保障统计司强调，教师工资增长自2019年以来变得更加灵活，不同年龄（高龄教师的薪酬涨幅更大）和不同区域

> *在高收入国家，教师的工资往往低于其他领域同等教育程度的劳动者的工资。*

（在布拉格，教师收入占城市平均工资的93%）的工资差距有所区别（Ribas，2020）。

在低收入国家和中等收入国家，该指标的报告值显示，教师比其他专业人员更有可能获得更高的工资。然而，测量方面的挑战——包括薄弱的正规劳动力市场和未公开的收入——可能会让比较含混不明（UNESCO，2021）。其他人口和社会因素也可能影响对这一指标的解释。一项针对撒哈拉以南非洲15个国家的研究发现，10个国家的教师收入超过其他劳动者，但在控制教育、年龄、性别和地区等因素

图21.6

教师工资的变化并不总是和其他职业的变化保持一致

a. 2010—2021年，初等教育教师工资占其他受过高等教育的劳动者平均收入的比例

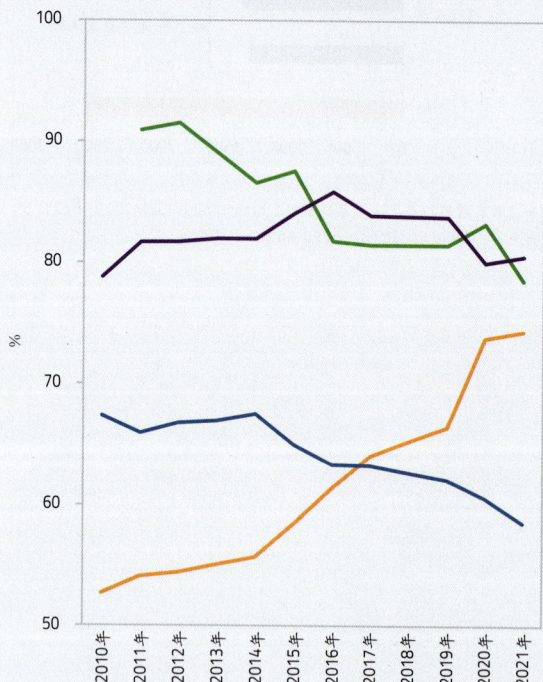

b. 初等教育教师工资变化指数（2010年=100）

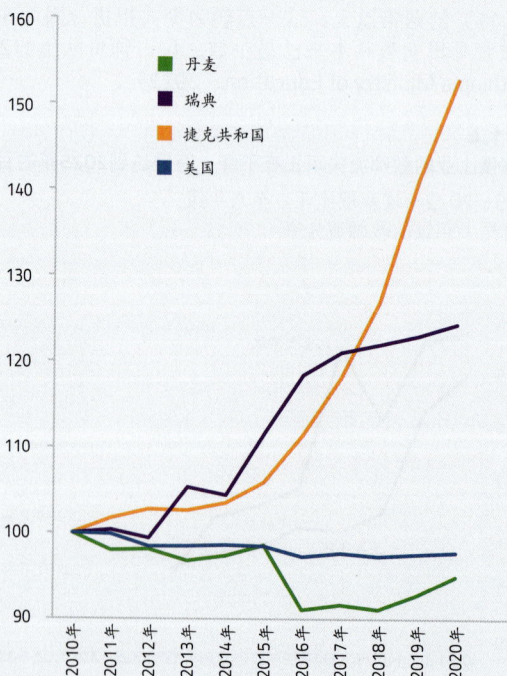

《全球教育监测报告》统计数据链接：https://bit.ly/GEM2023_fig21_6_
资料来源：经合组织数据库，历年《教育概览》。

后，只有5个国家的教师收入较高，7个国家的教师工资较低（Evans et al.，2022）。

最近的一项综述对撒哈拉以南非洲教师的工资进行了探讨，结果强调，该区域的教师工资相对较高的论点和数据是有缺陷的。问题包括没有区分合同类型或教育机构类型统计教师工资、样本量低，以及对被认为"工资具有可比性"的劳动者的界定不准确（Bennell，2023）。

焦点21.1：STEM教师供给不足

在教师职业中，科学、技术、工程和数学（STEM）学科面临着最大的人员短缺问题。其中一个原因是没有足够多的人进入这个行业。在英国英格兰，参加职前教师培训的人数只达到了物理教师目标人数的17%和计算机教师目标人数的30%（Department for Education，2019）。在美国，2019年物理教师职位空缺超过3万个，但物理专业的学生只有约6000人（Foresman，2019）。

另一个问题是，在这些学科上留任的教师更少。STEM教师的流动率一直都是最高的，包括与教师短缺的其他学科教师相比，如特殊教育或英语作为第二语言教师（Malkus et al.，2015）。在农村地区，STEM教师很少在教学岗位上留任超过五年（Aragon，2016; Goodpaster et al.，2012）。

国际数学与科学趋势研究的校长调查问卷提供了一个关于STEM教师短缺的学校级数据的跨国可比较来源。在一些中等收入国家，如马来西亚或土耳其，超过80%的中等教育学校面临着数学和科学教师短缺的问题。平均而言，参与的国家和地区中近30%的学校都存在这种短缺问题（**图21.7**）。

这种短缺在撒哈拉以南非洲尤其严重。在该地区的短期高等教育入学者中，只有大约30%的人学习STEM学科（在女性中占25%，在男性中占34%）

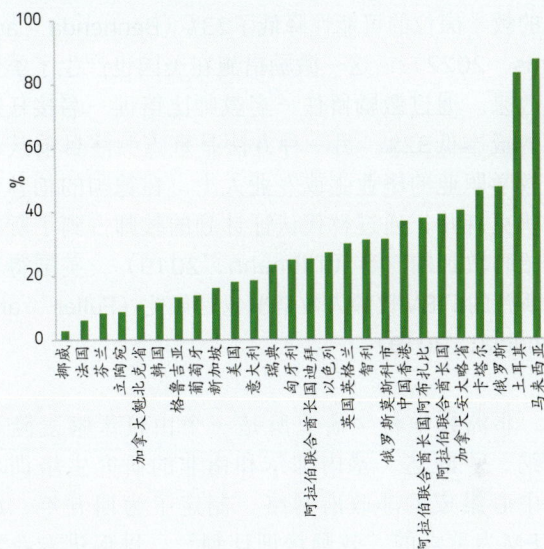

图21.7
STEM教师人数不足或能力不足影响了许多学校的教学
2019年部分国家和地区表示学校的教学工作受到STEM教职人员人数不足或能力不足的"部分"影响或"很大"影响的八年级校长的百分比

《全球教育监测报告》统计数据链接：https://bit.ly/GEM2023_fig21_7_
注：挪威的数据为九年级的数据。
资料来源：2019年国际数学与科学趋势研究。

（Phiri，2021）。根据本报告的估计[1]，撒哈拉以南非洲的STEM专业毕业生人数不足，即使每个STEM毕业生都被招募为教师，也无法产生足够数量的STEM教师，从而导致到2030年之前撒哈拉以南非洲无法满足可持续发展目标4的需求。撒哈拉以南非洲也是唯一一个问题如此严重的区域。

相比于从事教学工作，STEM毕业生通常更倾向于其他选择（Worth et al.，2022; Han and Hur，2022）。据估计，到2030年，美国胜任计算机和数学工作的劳动者多达600万人，德国约100万人（Strack et al.，2021）。数学和科学专业毕业生从事教学职业和非教学职业的平均工资差距高于其他专业的差距（Britton et al.，2016; LiVecchi，2017; Migration Advisory Committee，2016; Benhenda and Sims，2022），STEM学生可能会更加高估这一差距和成为教师带来的经济劣势（Marder et al.，2018）。

---

1 每年的STEM毕业生估计人数都是两个值的平均数，一个是STEM毕业生的占比乘以高等教育总入学人数（假设10%的入学学生在某年毕业），另一个是STEM毕业生的占比乘以高等教育毛毕业率（高等教育适龄人口的五分之一）。每年的教师招聘人数需求数据来自联合国教科文组织统计研究所2016年的估计数，并将2015—2030年的年度招聘人数需求均分摊到每一年。

为了鼓励STEM教师的招聘、培训和留任，各地政府已经实施了各种政策。招聘激励措施有时包括教师短缺学科的高额签约奖金。在英国英格兰，数学和物理教师在职业生涯早期可以额外获得总工资的8%作为工资补贴，这使他们离开公共教育的教学岗位的可能性降低了23%（Benhenda and Sims，2022），这一激励措施在美国也产生了类似的效果。通过激励留住一名教师比培训一名接任教师的成本低32%。另一种方法是重点关注目前从事非教学职业的毕业生或专业人士。在德国的柏林市和萨克森州，通过替代认证计划的教师占到了所有新招聘教师的一半（Tillmann，2019），美国得克萨斯州的STEM教师人数情况也是如此（Fuller and Pendola，2019）。

非洲数学科学研究所是一个由位于喀麦隆、加纳、卢旺达、塞内加尔和南非的研究生培训卓越中心组成的非政府网络，制定了为期五年、以STEM为重点的"教师培训计划"，以促进专业发展和提供课堂资源。加纳和南非的两个中心都采用面对面培训和在线培训的混合模式，以提高教师的学科知识和教学技能，特别是为弱势群体服务的技能（AAMN，2022）。在喀麦隆，培训模式包括在教师培训机构培养"资深导师"，并让校长更加深刻地认识到向数学教师提供支持的重要性（AIMS Cameroon，2023）。在卢旺达，非政府组织"VVOB"同样侧重于培训STEM导师和学科带头人，并为他们建立实践共同体（Kuppens，2019）。

让已经在教育系统中的教师能够教授STEM学科，是扩大覆盖范围的一个有效方法。一种选择是培训已经处于职前教师培训阶段的跨学科STEM教师（Zonnefeld and Zonnefeld，2019）。然而，让跨学科教师符合资格可能也很有挑战性。2018年，在泰国，"教师发展优惠券"计划为27万名教师提供在职培训，其中只有0.5%的优惠券用于STEM相关课程（Yamkasikorn，2021）。

哪里有稀缺性，哪里就有不平等。STEM教师短缺给多样性和公平带来了严峻的挑战（Foresman，2019）。在美国加利福尼亚州，四分之三的中等教育STEM学生是非白种人，但只有四分之一的中等教育STEM课程由非白种人教师授课（Ridley-Kerr et al.，2020）。而且STEM教师在不同学校之间的分布并不平等。已经处于弱势地位的学校甚至没有STEM教师，这进一步加剧了不平等。在美国，学校之间教师流动的不对称导致了相当一部分数学和科学教师从贫困地区学校流向富裕地区学校，从少数族裔学生较多的学校流向该群体学生较少的学校，从城市学校流向市郊学校（Ingersoll and May，2012）。

> "
> 哪里有稀缺性，哪里就有不平等。
> "

2018年，在亚美尼亚首都埃里温的162号全纳学校的一节数学课上，一名三年级的男孩从课业中抬起头来。联合国儿童基金会支持当地政府加强政策和实践，为所有儿童提供全纳教育。

图片来源：UNICEF/UN0198748/Sokhin*

第22章

22

财政

重要信息

全球教育经费在国内生产总值中的占比从2005年的3.9%小幅增长到2021年的4.3%。2021年，公共教育支出在公共支出总额中的占比为14.2%。在有2017—2022年数据可查的178个国家中，34%的国家没有达到国内生产总值的4%和公共支出总额的15%等既定基准。

2000—2020年，一般政府收入在国内生产总值中的占比从24%上升到26%。在厄瓜多尔和塔吉克斯坦，一般政府收入在国内生产总值中的占比增长了12个百分点，教育占公共支出总额的比例增长了6个百分点。在阿根廷和阿塞拜疆，一般政府收入在国内生产总值中的占比也增加了12个百分点，但教育占公共支出总额的比例在阿根廷下降了4个百分点，在阿塞拜疆下降了11个百分点。

陷入债务困境或债务困境风险较高的低收入国家比例从2013年的21%上升到2022年3月的58%。卢旺达的债务偿还占国民总收入的7%，在赞比亚这一比例为8%，在苏丹为9%，苏丹甚至在其国内武装冲突爆发之前就已经达到这一水平。

在1994年上一次债务危机的高峰期，各国公共债务占国内生产总值的比重中位数为72%，而在2021年底这一比例为33%。不过，如果最近的趋势延续下去，我们或将在7年内回到1990年代的水平。这两次危机的债务构成有所不同，本次国内债务的比例更高；此外，债权国也发生了变化。

教育援助从2020年的193亿美元下降到2021年的178亿美元，下降了7%；撒哈拉以南非洲下降了20%。划拨给教育的援助占比降至2015年以来的最低点，2021年只有9.7%用于教育部门。

低收入国家和中低收入国家到2030年之前实现其可持续发展目标4国家基准的年度资金缺口估计为970亿美元。这个资金缺口平均而言占国内生产总值的2.3%，占总成本的21%。

为了反映教育数字化转型的成本，提出了三种雄心逐次递增的构想。如果低收入国家要实施基本离线的构想，而中低收入国家努力实现全面连接学校的构想，那么这些国家将需要在2024—2030年每年花费210亿美元的资本支出、120亿美元的运营支出。合计成本将使这些国家的资金缺口增加50%。

学校供餐计划是低收入国家和中等收入国家至关重要的社会保障干预措施，可使低收入地区的家庭收入最多增加15%。

在低收入国家和中等收入国家的公共支出增加的推动下，2021年，公共、捐助方和家庭来源的全球教育支出小幅增加至5.4万亿美元。2021年，公共支出在全球教育支出中的占比达78%（UNESCO and World Bank，2023）。

本章回顾公共支出和援助支出的最新财政统计数据，并更深入地探讨三个政策问题。首先，描述日益严重的债务危机，及其对贫困国家教育投入能力有何影响。其次，估计各国到2030年实现国家教育目标的成本，以及数字化转型的成本，并分析三种构想。最后，在物价上涨和最贫困家庭日益困难的背景下，描述学校供餐计划可以提供的帮助。

公共支出

《教育2030行动框架》设定了两个公共教育支出基准。呼吁各国将其国内生产总值的4%—6%"和（或）"公共支出总额的15%—20%用于教育。考虑到贫困国家优先重视教育的预算少但人口压力大，而富裕国家优先重视教育的预算多但学龄人口相对较少，《全球教育监测报告》长期以来一直认为，满足两个基准中的任何一个都应被视为满足最低要求。例如，2018年，法国的教育支出占国内生产总值的5.4%，是世界上占比最高的国家之一，但其在公共支出总额中的占比仅为9.7%。相比之下，印度尼西亚2020年教育支出占公共支出总额的19.1%，在世界上名列前茅，但在国内生产总值中的占比只有2.8%，世界排名几乎垫底。

在全球范围内，公共教育支出占国内生产总值的比例中位数从2005年的3.9%略微上升到2021年的4.3%，从东亚和东南亚的3.3%到大洋洲的5.4%不等。2021年，在全球范围内，教育支出占公共支出

总额的比例的中位数为14.2%，从北非和西亚的9.6%到撒哈拉以南非洲的16.5%不等。与低收入国家相比，高收入国家的教育支出占国内生产总值的比例要高出1.3个百分点，但是占公共支出总额的比例要低4.4个百分点。

> 在全球范围内，公共教育支出占国内生产总值的比例中位数从2005年的3.9%略微上升到4.3%。

在有2017—2022年数据可查的178个国家中，有61个国家（占34%）没有达到任何一个既定基准（**图22.1**）。这些国家包括喀麦隆、爱尔兰、卢森堡、巴拉圭、圣卢西亚、泰国和斯里兰卡，涉及多

图22.1

三分之一的国家的教育支出低于两个国际基准

2017—2022年公共教育支出占国内生产总值的比例和占公共支出总额的比例

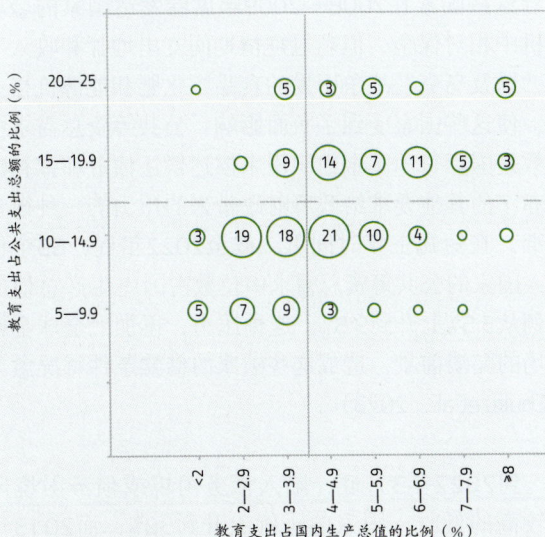

《全球教育监测报告》统计数据链接：https://bit.ly/GEM2023_fig22_1_
资料来源：统计研究所数据库。

个收入水平和区域。超过45%的国家（但在低收入国家和中低收入国家中有56%）在教育上的支出不到国内生产总值的4%。同样，近45%的国家（但在高收入国家中有78%）在教育上的支出不到公共支出总额的15%。

自2000年以来，各国的税收和社会缴款产生的一般政府收入占国内生产总值的比例从24%增加到26%。中等收入国家的收入从2000年的21%增加到2020年的25%。在有的国家，收入越高意味着教育的优先级越高。例如，在厄瓜多尔和塔吉克斯坦，2000—2020年一般政府收入占国内生产总值的比例增加了12个百分点，教育支出占公共支出总额的比例增加了6个百分点。相比之下，阿根廷和阿塞拜疆在这一时期的一般政府收入占国内生产总值的比例也增加了12个百分点，但教育支出占公共支出总额的比例分别下降了4个百分点和11个百分点。过去20年来，柬埔寨（不到12%）和伊朗（22%）的教育支出占比保持不变，不过前者的一般收入占比增加了14个百分点，后者下降了11个百分点（图22.2）。

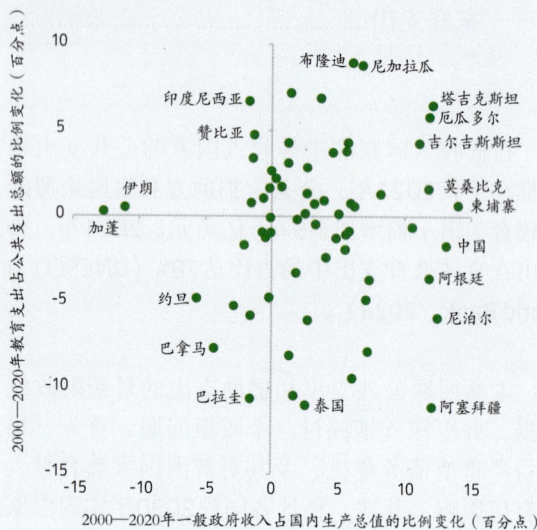

图22.2
更多的税收收入并不总是意味着教育的优先级更高
2000—2020年部分低收入国家和中等收入国家一般政府收入占国内生产总值的比例变化和教育支出占公共支出总额的比例变化

《全球教育监测报告》统计数据链接：https://bit.ly/GEM2023_fig22_2_
资料来源：IMF Economic Outlook（2023）和统计研究所数据库。

有人担心1980年代的债务危机重演

贫困国家，特别是在债务可持续性分析框架内的69个低收入国家所面临的债务危机近年来已经加剧。尽管这些国家在2008—2009年席卷发达国家的金融危机中相对保全，但新冠疫情期间支出增加和收入下降，以及乌克兰战争引发的食品、化肥和能源价格上涨，使这些国家受到了负面影响。公共筹资总需求中位数是国际货币基金组织用来描述偿还债务和弥补财政赤字的其他要求给政府财政带来的压力的一种衡量标准。在短短三年时间里，截至2022年底，69个低收入国家的公共筹资总需求中位数占国内生产总值的比例从5.5%上升到9.3%。这种压力，再加上全球金融市场的黯淡前景，造成这些国家的借款条件每况愈下（Chuku et al.，2023）。

到2022年3月底，陷入债务困境或债务困境风险较高的低收入国家的比例上升到58%，而2013年这一比例仅为21%（IMF，2022；图22.3）。到2023年5月底，陷入困境的国家已从9个增加到11个，占

所有国家的16%（IMF，2023b）。这些国家之间的债务负担差别很大。卢旺达的债务偿还占国民总收入的比例达7%，在赞比亚这一比例为8%，在苏丹为9%，苏丹甚至在其国内武装冲突爆发之前就已经达到这一水平（IMF，2022）。目前尚不清楚莫桑比克的债务偿还额有多高，自2016年以来，让瑞士信贷失信和破产的"隐性债务"丑闻一直在逼近（Gebregziabher and Sala，2022；Jones，2022）。到2020年，在69个债务可持续性分析框架国家中，有21个国家的外债偿付开支已经超出了教育支出（Munnelly，2022）。加纳在与国际货币基金组织达成协议之前，2019年的债务偿付支出几乎是教育支出的两倍。

> 到2022年3月底，陷入债务困境或债务困境风险较高的低收入国家的比例上升到58%，而2013年这一比例仅为21%。

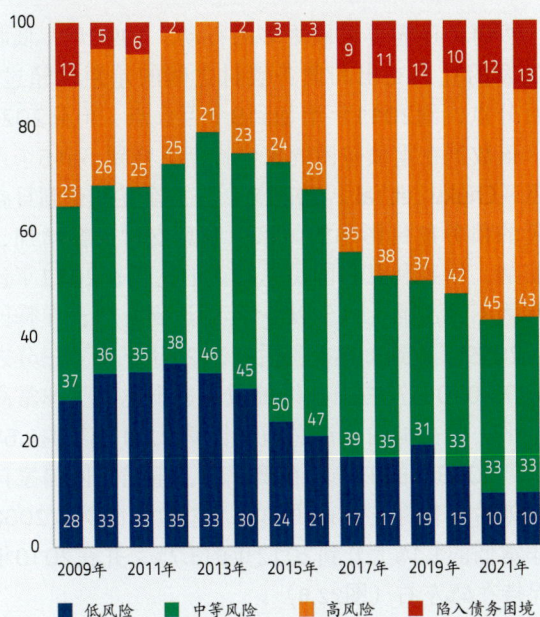

图22.3
大多数低收入国家已陷入债务困境或债务困境风险较高
2009—2022年低收入国家面临的债务困境程度

《全球教育监测报告》统计数据链接：https://bit.ly/GEM2023_fig22_3_
资料来源：IMF Economic Outlook（2023）和统计研究所数据库。

等教育学业（**图22.4**）。债务对平等也有影响。在此期间，中学的女性入学率有所下降，而男性入学率保持不变（Buchmann，1996）。

图22.4
由于**1980年代**和**1990年代**的债务和结构调整，非洲的初等教育完成率20年来都没有恢复
1970—2020年撒哈拉以南非洲初等教育完成率的部分测量指标

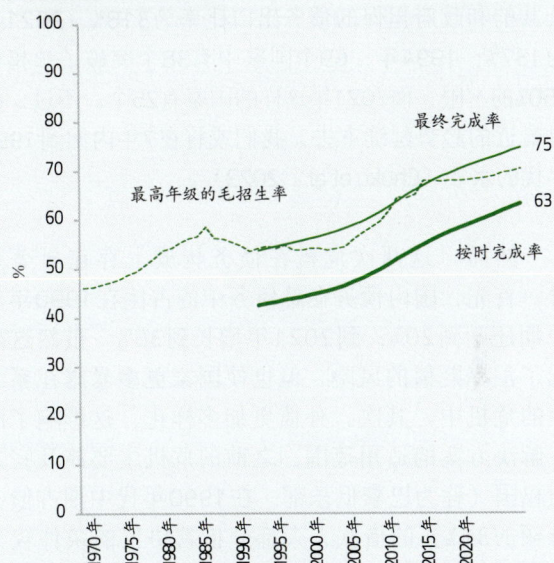

《全球教育监测报告》统计数据链接：https://bit.ly/GEM2023_fig22_4_
资料来源：世界发展指标（毛招生率）和世界教育指标可视化网站（完成率）。

贫困国家在1980年代经历了一场严重的债务危机。当时，对债权国的债务被延缓偿付，但这种长期的响应措施没能阻挡欠款越积越多的趋势（Chuku et al.，2023）。与此同时，国际货币基金组织和世界银行实施了一揽子结构调整计划，包括减少公务员招聘、取消粮食补贴和削减社会支出等措施（Buchmann，1996）。虽然数据质量不足以对这一时期进行精确分析，但有两项研究表明了债务螺旋式上升和结构调整是如何影响教育支出的。首先，对7个国家（以中低收入国家为主）的分析表明，债务偿付负担的关键衡量标准——债务出口比率每增加1%，就会使公共教育支出相应减少0.33%（Khundadze and Alvarez，2022）。其次，在1990年代，公共教育支出被证明非常不稳定，而且比卫生支出更不稳定（Lewis and Verhoeven，2010）。

债务和结构调整政策对教育和整体社会发展的影响是深远的、毁灭性的和长期的。例如，在撒哈拉以南非洲，小学最高年级的毛招生率在1984年达到59%的峰值，在接下来的20年里都没有回到同样的水平。即使在今天，该区域仍有四分之一的儿童无法完成初

在1990年代初，认识到结构调整造成的不良影响后，一些计划开始保护基本的社会服务，如教育。但是，直到在非政府组织的大力游说下，国际货币基金组织和世界银行于1996年发起"重债贫困国家倡议"，各国才开始采取更果断的行动。2005年，"多边债务减免倡议"延续了这些行动。这些行动帮助符合条件的国家从国际货币基金组织、世界银行、非洲发展基金和美洲开发银行获得了完全的债务豁免，估计截至2005年其数额已达到590亿美元（Chauvin and Kraay，2007）。

为了获得重债贫困国家的资格，各国必须制定减贫战略文件，实施社会部门政策改革，并且增加社会支出。人们对"重债贫困国家倡议"的影响看法不一。债务豁免的增加并没有提高卫生和教育支出占公共支出总额的比例（Chauvin and Kraay，2005；2007）。另一项分析则给这一结论加上了限定条件，指出改善了国内教育机构的非洲国家的教育支出

有所增加（Dessy and Vencatachellum，2007）。不过，这些分析可能还不够成熟：最近一项综述证实，长期债务减免确实帮助了负债国家，使其教育发展重回正轨（Ferry et al.，2022）。

目前的危机还没有那么严重。在1994年债务危机的高峰期，各国的公共债务占国内生产总值比重中位数为72%，而2021年底这一比重为33%。1994年，公共的和政府担保的债务出口比率为318%，2021年为137%；1994年，69个国家中有38个突破了该指标150%的上限，而2021年这样的国家有25个。不过，如果最近的趋势延续下去，我们或将在7年内回到1990年代的水平（Chuku et al.，2023）。

然而，这两次危机在债务构成上存在显著差异。首先，国内债务在总债务中的占比在1990年代中期还不到20%，到2021年增长到35%。虽然这降低了汇率贬值的风险，但也使国家更多暴露在系统性的危机中。其次，外债更加多样化，这影响了潜在解决方案的适用范围。之前的危机主要涉及官方债权国（称为巴黎俱乐部，在1990年代中期占债务总额的39%）的借款，大部分借款协议的条件较为优惠（Chuku et al.，2023）。2006—2020年，巴黎俱乐部债权国占债务总额的比例从28%进一步下降到10%，而中国和其他非巴黎俱乐部债权国的占比从8%上升到22%，商业债权人的占比从10%上升到19%（Chabert et al.，2022）。与多边机构和巴黎俱乐部以外的债权方签订的借款协议有时缺乏关于负债国家风险暴露的明确信息（Chuku et al.，2023；Rieffel，2021）。

新冠疫情在2020年造成的紧急情况引发的"暂缓债务偿付倡议"，让73个符合条件的国家无须还款或偿付利息，在2020年5月至2021年12月间减免了129亿美元的成本（Siaba Serrate，2023）。到2020年底，"二十国集团债务处理共同框架"成立，以提供实质性的救济，而救济措施需要为每个国家量体裁衣（Chuku et al.，2023）。在二十国集团主持下的这次对话的风向转变，反映了债务构成的变化（Brautigam and Huang，2023）。尽管比1990年代更快地宣布了从延缓债务转向更激进的解决方案的意图，但落实工作并没有跟上（Chuku et al.，2023）。在申请进行债务处理的少数国家中，只有乍得取得了成功（Chabert et al.，2022）。在各个国家，官方发展援助中债务减免

的比例从1995年的6%上升到2005年"重债贫困国家倡议"实施高峰期的21%，但此后的债务减免可谓杯水车薪（图22.5）。

然而，还需要采取更多的行动。1996年，低收入国家的社会支出和债务偿付之间的差距仅超过1个百分点，到2011年增加到8个百分点，但到2020年，该数据在重债贫困国家已逐渐下降到不到6个百分点（Chuku et al.，2023）。在两个尤其受到日益蔓延的债务危机影响的国家，利息支付大幅增加：在加纳，债务利息占国民总收入的比例在2011年还只有微不足道的0.3%，2021年则达到1.7%；在赞比亚，2019年达到3.5%，然后在2021年下降了三分之二。在2010年左右，加纳的教育支出达到了非常高的水平，但占国内生产总值的比例从2013年的4.6%下降到2018年的3.9%。在赞比亚，重债贫困国家计划实施后，教育支出占国内生产总值的比例从2008年非常低的1.1%上升到2012年的3.7%，并在2010年代保持在4%左右（图22.6）。

加纳于2022年12月拖欠了外债，并已申请在"二十国集团债务处理共同框架"下进行债务重组（Acheampong，2023）。然而，加纳53%的外债掌握在私人债权方手中，这使得重组安排变得相当复杂。然而，作为规模最大的双边债权方的中国同意进行债务重组之后，加纳与国际货币基金组织达成了30亿美元的协议。根据协议条款，加纳政府承诺增加学校按人计算的补助金，加强教师在职培训，投资初等教育学校的教学材料，并继续建立学生评估体系。为了回应国际货币基金组织的批评，即对免费的中等教育的承诺不公平，加纳政府还承诺会"鼓励"最贫困的群体参加高级中等教育（IMF，2023a）。

赞比亚于2020年11月拖欠外债，这是第一个在这次债务危机中违约的非洲国家。赞比亚也申请了"二十国集团债务处理共同框架"下的债务重组。经过多场旷日持久的谈判，并因此被称为"二十国集团债务处理共同框架"的"测试案"，赞比亚终于在2023年6月新全球融资契约峰会之前成功重组了63亿美元的外债（Reuters，2023；Short，2023）。以中国为首的双边债权人同意了为期三年的利息支付宽限期，并延长了债务期限，这将帮助赞比亚从国际货币基金组织获得13亿美元的救助（Cotterill et al.，2023）。

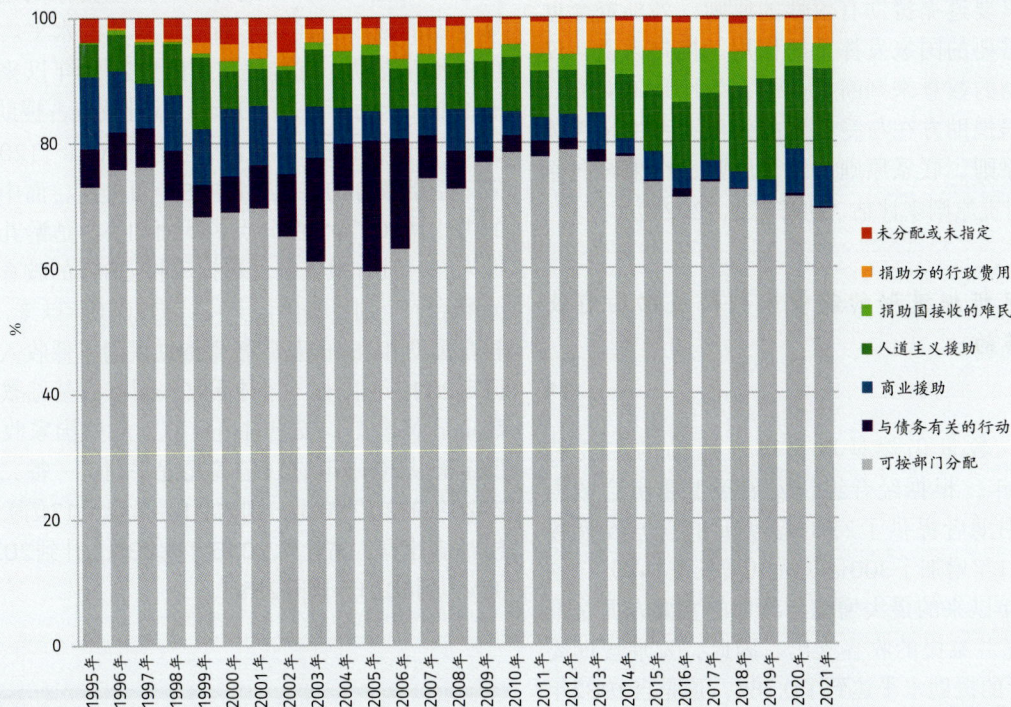

图22.5

债务减免不再在援助中发挥重要作用

1995—2021年按类型分列的官方发展援助的分布

图例：
- 未分配或未指定
- 捐助方的行政费用
- 捐助国接收的难民
- 人道主义援助
- 商业援助
- 与债务有关的行动
- 可按部门分配

《全球教育监测报告》统计数据链接：https://bit.ly/GEM2023_fig22_5_
资料来源：经合组织贷方报告制度数据库（2023年）。

图22.6

在加纳和赞比亚，债务偿付的增加以牺牲教育为代价

2000—2021年用于支付外债利息（占国民总收入的比例）和教育（占国内生产总值的比例）的公共支出

a. 加纳

b. 赞比亚

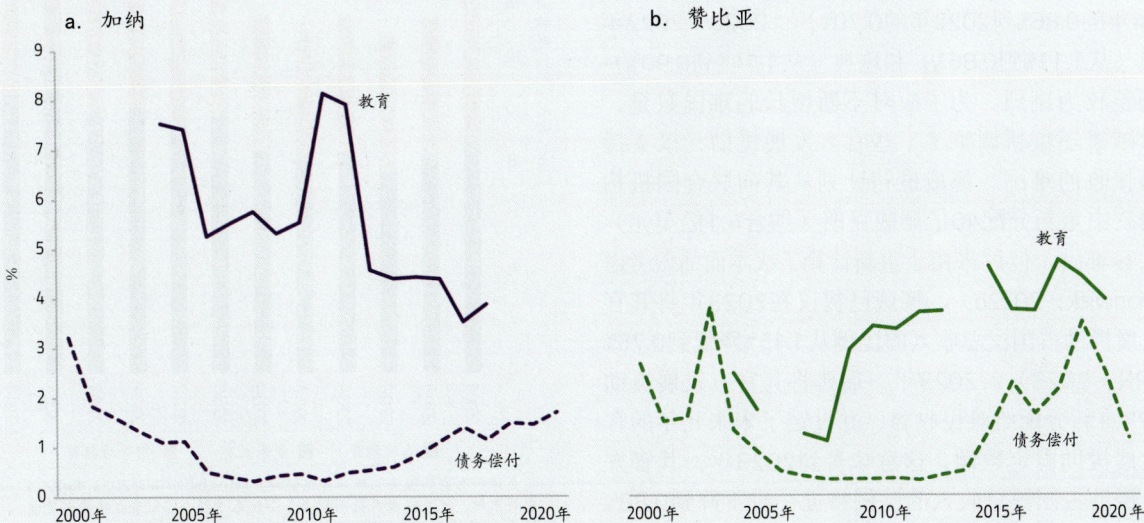

《全球教育监测报告》统计数据链接：https://bit.ly/GEM2023_fig22_6_
资料来源：世界银行《国际债务统计》和统计研究所数据库。

援助支出

虽然国内资金是当前教育资金中最重要的组成部分，但只要遵循援助有效性的原则，外部资金也可以在最需要的国家发挥重要作用。换句话说，仅仅根据援助的数量来判断援助的有效性是不够的，还应该根据捐助方在与受益者的伙伴关系中是否尊重自主性原则、联系原则、协调原则、结果导向原则和相互问责原则来评估（UNESCO，2021）。

> **仅仅根据援助的数量来判断援助的有效性是不够的。**

然而，数量仍然是现在审查援助的主要特征。2022年，根据经合组织发展援助委员会数据库，官方捐助者提供了2330亿美元的官方发展援助，比2021年增加了300亿美元（增长率14%），这是自2016年以来的最大增幅。增加的主要方面是捐助国对乌克兰难民的收容支出。因此，发展援助委员会捐助者的援助水平达到了0.36%，这是自1982年以来的最高水平，不过还是远低于发展援助委员会设定的0.7%的目标。德国首次超过了这一目标，在2022年达到了0.83%；英国则在2013—2020年达到这一目标，但在2022年又降至0.51%。

作为世界上最慷慨的捐助者，斯堪的纳维亚国家也逐渐降低了援助水平，丹麦的调整较为缓慢（从2014年的0.86%到2022年的0.70%），2020—2022年挪威（从1.11%到0.86%）和瑞典（从1.14%到0.90%）的调整较为剧烈。为了应对不断增长的难民数量，北欧国家还重新调整了一些官方发展援助，以支持本国接收的难民。挪威最初计划从其向联合国机构的捐款中重新分配40亿挪威克朗（约合4.1亿美元）以收容难民，但后来由于重新计算了成本而另做考虑（Chadwick，2022b）。挪威已提议在2023年将其官方发展援助占国民总收入的比例从1.15%降低到0.75%（IIRR，2023）。2023年，瑞典将其官方发展援助的17%重新分配给难民收容，并设定了未来几年的官方发展援助固定数额，这意味着到2023年，其官方发展援助占国民总收入的比例将进一步下降到0.88%（Chadwick，2022a，2022b; The Local，2022）。

官方发展援助的总体增长并没有转化为对教育的更多援助。根据经合组织贷方报告制度，教育援助从2020年的193亿美元下降到2021年的178亿美元，下降了7%（**图22.7**）。这种下降的主要原因是一般预算支助的减少：回到了新冠疫情前的水平。如果不包括预算支助，直接教育援助自2018年以来一直停滞不前，为每年151亿美元。基础教育占援助总额的39%，中等教育占21%，高等教育占40%。自2010年以来，基础教育的占比下降了5个百分点，而中等教育的占比增加了4个百分点。从面向小学适龄儿童的援助来看，贷方报告制度数据库将近85%的教育援助被分配给了个别受援国。其中，自2010年以来，22%的教育援助和28%的基础教育援助流向了低收入国家。但自2015年以来，针对低收入国家的基础教育援助数量显著增加。按绝对值计算，这些国家收到的援助金额从2015年的11亿美元近乎翻了一番，上升到2020年的20亿美元，到2021年又降至17亿美元。按相对值计算，占比从2015年的23%上升到2020年的32%，到2021年降至29%。

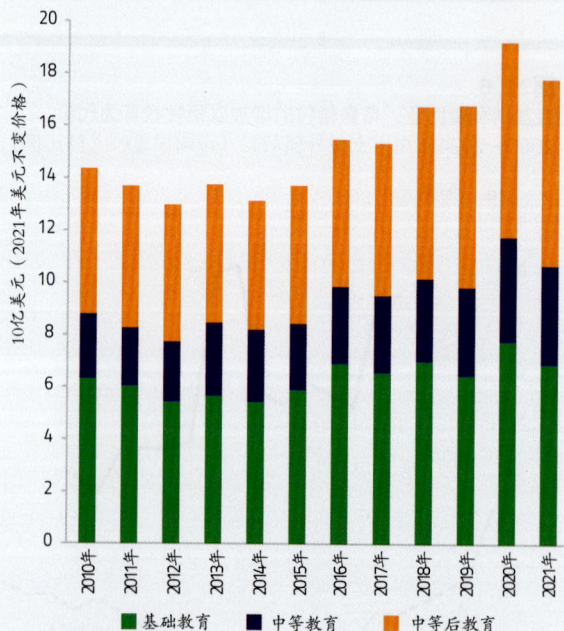

图22.7
从2020年到2021年，教育援助减少了7%
2010—2021年按教育等级分列的教育援助支出总额

《全球教育监测报告》统计数据链接: https://bit.ly/GEM2023_fig22_7_ 资料来源:《全球教育监测报告》小组基于经合组织贷方报告制度数据库（2023年）进行的估计。

世界上超过一半的失学儿童在撒哈拉以南非洲，该区域也是最大的基础教育受援者，2021年援助金额达21亿美元，占总额的31%，大致保持在2010年的水平（19亿美元，占总额的20%）。相比之下，中东和北非的基础教育援助金额从2010年的8亿美元增加到2021年的19亿美元，即从援助总额的12%增加到28%，这主要是由对叙利亚难民危机的响应措施带来的。

2021年，超过50%的教育援助来自欧盟、法国、德国、沙特阿拉伯和世界银行。近70%的援助来自这五个捐助方，再加上日本、英国和美国。在2019年至2021年的三年期间，德国是最大的捐助国，平均每年拨款33亿美元。但是德国和法国将近60%的教育援助用于中等后教育，主要通过奖学金和估算的学生费用发放，其形式是免除学费，其经济价值作为援助进行估算并被记录。日本将三分之一以上的援助用于奖学金和估算的学生费用。美国则反之，并不以奖学金的形式提供援助。

如果排除奖学金和估算的学生费用，世界银行是最大的捐助方（每年18亿美元），其次是德国和美国（各14亿美元）以及欧盟（10亿美元）。然而，美国的援助水平过去几年来已经趋于稳定，而英国的援助水平在2014—2016年到2019—2021年下降了39%，这是由于政策决定不再将0.7%的国民总收入分配给官方发展援助（图22.8）。

2000年代，教育占可按部门分配援助总额的比例有所下降，并在2013年达到9.7%的低点。尽管有一些后续迹象表明，占比可能会恢复——2019年达到10.9%——但是2020—2021年又回落到9.7%，这有一部分是捐助方的重点转向了卫生所带来的影响，对卫生的援助从2019年的16.5%增加到2020年的19.5%和2021年的23.3%。

虽然对援助的分析传统上侧重于支出，但经合组织贷方报告制度数据库也提供了有关援助承诺的信息。然而，比较这两者并不简单：援助承诺会比支出早发生好几年。虽然这两项测量指标往往大体一致，但近年来，多边捐助方对教育的承诺和支出之间存在较大的差异。2020年，差异可能是由于先前的承诺金额在新冠疫情期间无法被受援国吸收，但早在2017—2018年就已经首次观察到这种差异（图22.9）。早在差异如此扩大之前，全球有效发展合作伙伴关系就呼吁分析造成这一差距的驱动因素（GPEDC，2016）。

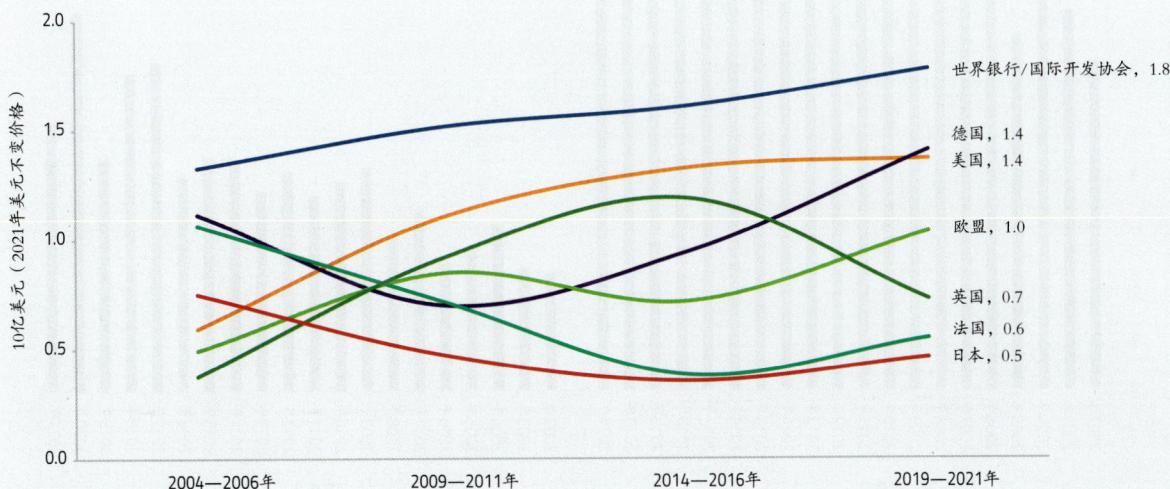

图22.8
欧盟、德国和世界银行一直在增加教育援助
2004—2006年、2009—2011年、2014—2016年、2019—2021年，七大捐助方排除奖学金和估算的学生费用的教育援助平均金额

世界银行/国际开发协会，1.8
德国，1.4
美国，1.4
欧盟，1.0
英国，0.7
法国，0.6
日本，0.5

《全球教育监测报告》统计数据链接: https://bit.ly/GEM2023_fig22_8_
资料来源：《全球教育监测报告》小组基于经合组织贷方报告制度数据库（2023年）进行的估计。

支出滞后的一个具体案例是全球教育伙伴关系。自2003年成立以来，全球教育伙伴关系已经批准了78亿美元的实施赠款，到2022年底已支付了60亿美元。从全球教育伙伴关系项目获得批准到落实之间的平均滞后时间为5个月（GPE，2021a），但赠款批准和赠款支付之间的平均滞后时间约为3年。批准的赠款金额在2013年达到超过10亿美元的峰值后，到2017年下降了90%以上，然后加速增长，在2018—2019年达到4亿美元，然后在新冠疫情期间回到10亿美元以上的历史高点。全球教育伙伴关系目前正在开展一项评估工作，以评估在疫情期间这一大幅增长的有效性。2021—2022年，赠款支出首次超过5亿美元（图22.10）。这一数额约占低收入国家和中等收入国家基础教育援助总额的10%，与2013—2015年曾达到的水平相似。

> 比较支出和承诺并不简单，因为承诺会比支出早发生好几年。

对教育的官方发展援助以赠款为主。2021年，赠款占官方发展援助总额的71%，相比之下，卫生部门的这一比例为63%，农业为47%，能源为20%，交通运输为8%。在低收入国家，赠款占其教育部门的总资金的84%，而在中低收入国家这一比例为61%（图22.11）。在教育领域，官方发展援助贷款和官方资金流动（非减让性贷款）从2011年的35亿美元增加到2021年的55亿美元。

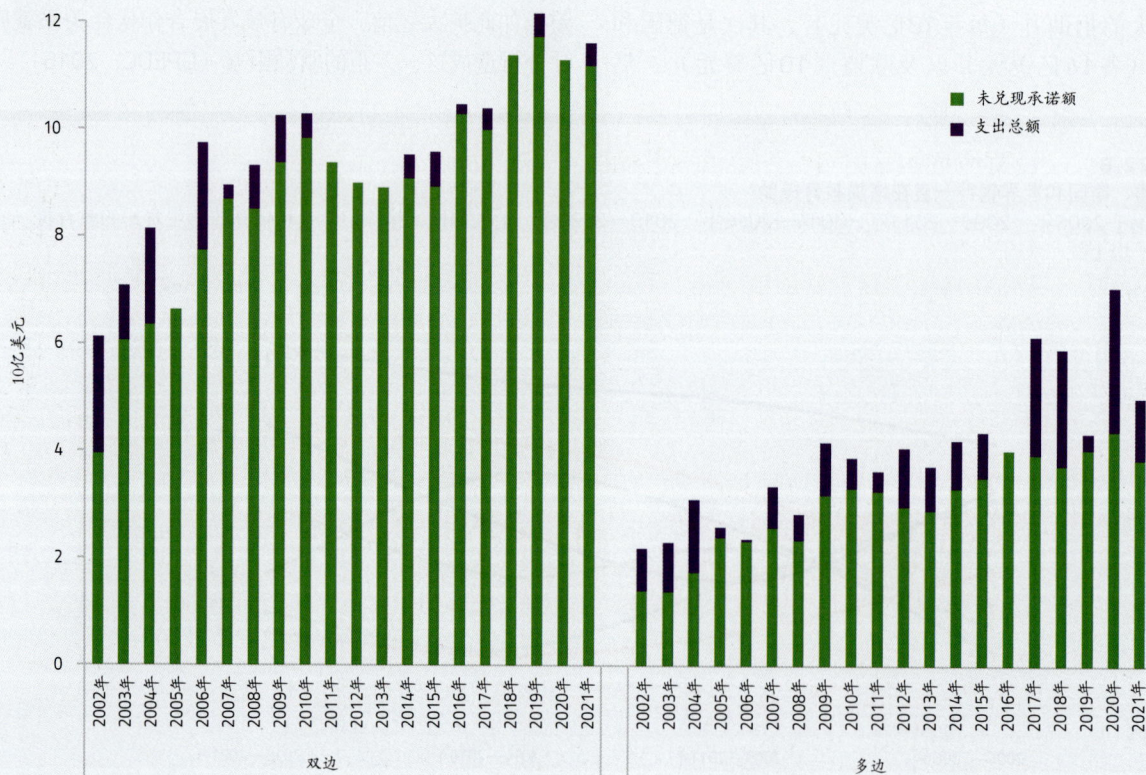

图22.9
近年来，对教育的多边承诺已经超过了支出
2002—2021年按捐助方类型分列的教育援助支出总额和未兑现承诺额

《全球教育监测报告》统计数据链接：https://bit.ly/GEM2023_fig22_9_
资料来源：《全球教育监测报告》小组基于经合组织贷方报告制度数据库（2023年）进行的估计。

图22.10

2021—2022年，全球教育伙伴关系的年度支出超过了5亿美元

2003—2022年全球教育伙伴关系实施赠款的批准和支出情况

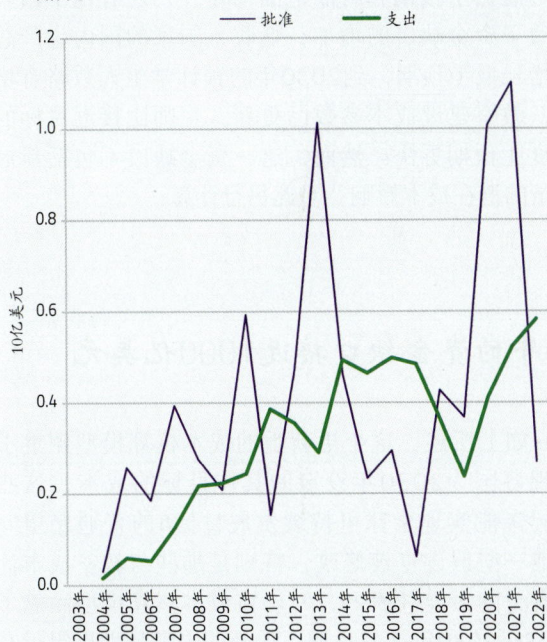

《全球教育监测报告》统计数据链接：https://bit.ly/GEM2023_fig22_10_
资料来源：全球教育伙伴关系数据库。

不再有资格获得减让性贷款的国家不太会为其社会部门，特别是教育部门寻求非减让性贷款（Gatti and Mohpal，2019）。2022年9月在教育变革峰会上发起的国际教育融资机制，旨在通过降低借贷成本，使非减让性贷款更吸引中低收入国家，并且通过为开发银行提供捐赠担保来吸引开发银行，使其有机会获得额外的资本市场资金（IFFEd，2023）。然而，在各国陷入债务困境的时候，贷款，即使是那些条件更有吸引力的贷款，也可能会给各国的财政进一步带来压力。

图22.11

教育部门收到的大部分官方资金流动都以赠款的形式拨付

a. 2021年按部门和来源分列的官方发展援助总额

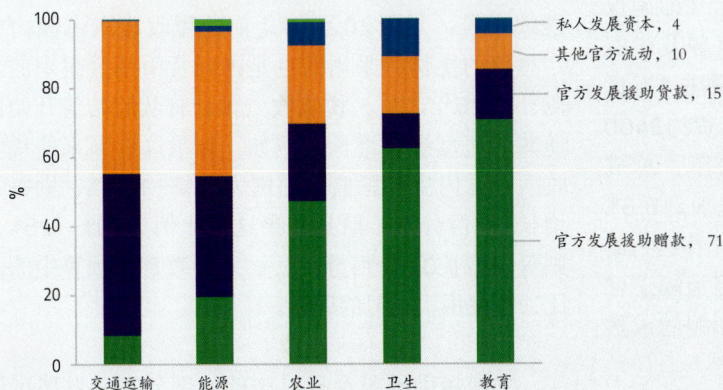

b. 2021年按来源和收入组别分列的教育官方发展援助总额

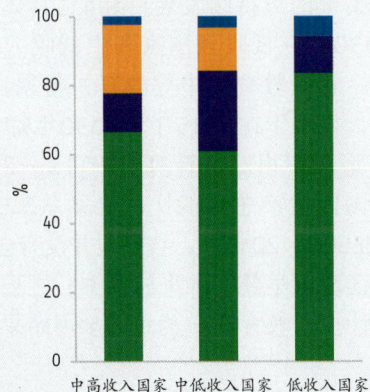

《全球教育监测报告》统计数据链接：https://bit.ly/GEM2023_fig22_11_
资料来源：《全球教育监测报告》小组基于经合组织贷方报告制度数据库（2023年）进行的估计。

各国能否负担得起实现其可持续发展目标4国家基准的成本？

国际社会承诺到2030年实现雄心勃勃的教育目标，特别是普遍完成中等教育。挑战总是越来越大，但自2015年以来进展缓慢。新冠疫情的意外暴发，意味着对低收入国家和中低收入国家实现可持续发展目标4之具体目标的成本进行估算已没有意义，而本系列报告已经在2015年和2020年评估过两次了。无论花费多少资金，这些具体目标都已无法实现。可以说，这些具体目标总是令人向往的，而不再是可实现的。然而，过去两年来一个值得注意的进展是，各国已经为到2025年和2030年之前实现部分可持续发展目标4指标设定了国家基准（第11章）。各国这一步需要重新设置挑战：各国怎样才能实现它们设定的2030年具体目标？更新的成本核算模型使用初等和中等教育的失学学生百分比和学前教育参与率等指标，解释了每个国家的进展和其面临的独特挑战，并假设各国将在2030年达到其基础教育和中等教育的具体目标。

> **无论花费多少资金，这些具体目标都已无法实现。**

2015年，《全球教育监测报告》小组估计，实现关键的可持续发展目标4之具体目标（即确保到2030年在低收入国家和中低收入国家普及学前教育、初等教育和中等教育）将累计花费5.1万亿美元，相当于在2015年至2030年每年花费约3400亿美元。按相对值计算，2012—2030年，总成本占国内生产总值的比例必须从3.5%增加到6.3%（UNESCO，2015）。该模型并没有尝试计算达到最低阅读和数学熟练水平的成本，主要是因为缺乏可以估计投入教育的一美元对学习结果的影响的成熟模型。

2020年，各国维持这些假设，将迄今取得的进展纳入考虑，更新了估计结果。低收入国家和中低收入国家到2030年之前实现可持续发展目标4的累计成本保持不变，但每年的资金需求从3400亿美元增加到5040亿美元，主要是因为时间范围缩短。其中，只有3560亿美元将由可用的国内资金资助，这将年度资金缺口从390亿美元增加到1480亿美元，即从总成本的12%增加到29%（UNESCO，2020）。除了进展低于预期和时间范围缩短外，还有四个因素导致了资金缺口的增加：低收入国家的国内生产总值增长低于预期，到2030年的预计学生人数略有增加，教室建设成本参数已更新，生师比接近目标的速度比预期更快。然而，这一资金缺口不包括新冠疫情的潜在成本影响，对此另行计算。

每年的资金缺口接近1000亿美元

如上所述，这个更新版的成本核算模型侧重于实现各国为2030年设定的具体目标的成本，这些目标未能实现全球可持续发展目标4的普通愿望。其他一些假设也被修改，特别是那些与教室成本计算有关的假设（表22.1）。该成本核算模型涵盖了2023—2030年这一时期，涉及的国家是世界银行在2019年分类的79个低收入国家和中低收入国家。数据以2019年美元不变价格计。虽然中等后教育成本有记录，但其不会被纳入成本模型，因为这将使当前教育预算增加，增幅约为国内生产总值的0.8%。

对于2026年之前的每一年，都使用国际货币基金组织对国内生产总值的预测；2026年之后，假设每个国家的国内生产总值将以过去三年的平均速度继续增长。对于2026年之前的税收收入占国内生产总值的比例，采用的也是国际货币基金组织的预测；2026年之后，税收收入预计将从起始值开始以递减的速度继续增长（例如，如果这些国家的税收收入占国内生产总值的比例为10%—12.5%，则每年增长1个百分点；但是如果这一比例为20%—25%，则每年增长0.5个百分点）。对于教育在预算中的占比，也使用了类似的假设。

发展援助委员会成员国的一部分官方发展援助已经导向了政府预算：假定用于教育的官方发展援助中的60%应从每个受援国的公共教育支出中扣除。根据最近的趋势，我们进一步假设官方发展援助在2030年之前将保持不变，仅略高于国民总收入的

表22.1
可持续发展目标4成本计算模型的假设

	2015年和2020年的模型	2023年的模型
4.1: 初等教育和中等教育	到2030年实现高级中等教育的普遍入学	失学率国家基准
4.2: 学前教育	到2030年学前教育毛入学率为100%	幼儿教育参与国家基准
4.5: 公平	将生均成本增加20%—40%，反映了失学学生克服社会经济障碍的预期额外成本	同前，被认为处于不利地位的人口比例核算依据已从全球贫困线（每天2美元）调整为国家贫困线
4.6: 青年读写能力和计算能力	为错过正规教育的年轻人提供第二次教育机会的成本	青年读写能力和计算能力的目标已被纳入初等教育目标
4.a: 学习环境	<ul><li>每间教室一名教师</li><li>替换旧教室</li><li>用10年以上时间建设新教室</li><li>每间教室的成本等于基本成本乘以家具成本</li><li>国家将逐步拨付四分之一的经常性支出用于教师工资以外的目的（如教科书、教师培训）</li><li>维护费用为5%</li><li>公用设施成本为6%</li></ul>	同前，但有以下调整：<ul><li>根据新冠疫情期间的成本分析，基于施工劳动力成本（材料成本和每平方米平均施工成本的替代指标）重新计算与人均国内生产总值相关联的教室建设乘数</li><li>教师教室共用率为30%，以充分利用现有的教室</li><li>教室折旧基于30年使用寿命，期末价值为原始价值的10%</li><li>所有教育等级在贫困地区和农村地区建造教室的成本增加20%</li></ul>
4.c: 合格教师	<ul><li>目标生师比：学前教育（20：1）、初等教育（40：1）、中等教育（30：1）</li><li>教师工资与人均国内生产总值之间的长期关系：各国向增加教师工资的50%国家的工资水平逐渐靠拢，以确保工资足以吸引最好的候选人进入该职业</li></ul>	同前，但有以下调整：<ul><li>弱势学生的任课教师的工资提高30%</li></ul>

资料来源：《全球教育监测报告》小组的假设。

0.3%。该模型还假设，将官方发展援助总额的8%左右分配给教育部门，或者将官方发展援助的10%分配给特定部门。最后，假设发展援助委员会捐赠国给每个低收入国家和中低收入国家的资助数额将保持2016—2019年的水平直至2030年。

2023—2030年，低收入国家和中低收入国家实现国家目标将累计花费3.7万亿美元，即平均每年花费4610亿美元。其中，低收入国家的年平均成本为520亿美元，中低收入国家的年平均成本为4080亿美元。平均达到每年970亿美元。在此期间，学前教育的成本将增加两倍多。

尽管预算预测较为乐观，但由于税收收入较低，许多国家将无法足额增加预算。因此，2023—2030年的平均资金缺口预计为970亿美元，占实现国家目标总成本的21%。低收入国家的平均缺口为260亿美元（占总成本的50%），中低收入国家的平均缺口为710亿美元（占总成本的17%）（表22.2a）。这一年度资金缺口相当于该时期国内生产总值的2.3%（表22.2b）。

低收入国家和中低收入国家中有一半是撒哈拉以南非洲国家（79个国家中的41个），而且这些国家占资金缺口的最大份额：平均每年700亿美元。虽然年平均教育总预算占国内生产总值的比例预计将从2023年的3.4%上升到2027年的4%和2030年的4.6%，但是由于税基较低，年平均教育总预算仍然有限，只占公共支出总额的20%—25%，无法满足日益增长的资金需求。教育总成本占国内生产总值的比例预计将从2023

> 撒哈拉以南非洲国家占资金缺口的最大份额：平均每年700亿美元。

年的平均5.7%上升到2027年的7.4%和2030年的9.7%，如果考虑到中等后教育的资金需求，甚至能达到11.9%。撒哈拉以南非洲的教育排斥率最高，有20%的小学适龄儿童和近60%的高中适龄青年不上学。

与2015年的成本核算模型不同（该模型估计2015—2030年的年平均成本为3400亿美元），2023年的模型估计的年平均成本为4610亿美元，资金缺口也翻了一倍，年平均缺口为970亿美元。2015年的模型预测2012—2030年成本占国内生产总值的比例将从3.5%增长到6.3%，而2023年的模型预测这一比例将从2023年的5.4%增长到2030年的7.9%。对此的解释是，尽管设定的目标更低，但实际过去的增长较慢，意味着学生和教师人数在飞速增长。

相比于2020年成本核算模型结果，即2020—2030年估计的年平均成本为5040亿美元，2023年的成本核算模型估计的成本更低，资金缺口更小，不过时间范围较短，这是因为目标已没那么雄心勃

表22.2
2023—2030年按教育等级分列的年平均总预算、成本和资金缺口
a. 单位为10亿美元

	低收入国家			中低收入国家			合计		
	预算	成本	缺口	预算	成本	缺口	预算	成本	缺口
学前教育	2	5	3	21	39	17	23	44	20
初等教育	14	25	10	169	188	19	183	213	29
初级中等教育	5	13	7	88	104	16	93	117	23
高级中等教育	4	9	5	59	78	19	63	87	24
合计	26	52	26	337	408	71	363	461	97
占比（%）			50			17			21

b. 占国内生产总值的比例（%）

	低收入国家			中低收入国家			合计		
	预算	成本	缺口	预算	成本	缺口	预算	成本	缺口
学前教育	0.4	0.9	0.5	0.3	0.5	0.2	0.3	0.7	0.4
初等教育	2.3	3.7	1.4	2.2	2.5	0.3	2.2	2.9	0.7
初级中等教育	0.8	1.9	1.1	1.1	1.4	0.3	1.0	1.6	0.6
高级中等教育	0.7	1.5	0.8	0.7	1.1	0.4	0.7	1.3	0.6
合计	4.2	8.0	3.8	4.3	5.6	1.3	4.2	6.5	2.3

注：报告的估计数是不加权的国家平均数。
资料来源：《全球教育监测报告》小组分析。

勃。根据新冠疫情前的估计，该模型预测国内资金可资助年度资金总需求中的3560亿美元，该数据与2023—2030年期间低收入国家和中低收入国家的平均筹资能力几乎相同。

该模型中的教师人数大致等于每个教育等级的学生人数除以生师比。据估计，2023—2030年，低收入国家和中低收入国家总共需要增加500万名教师来实现其学前教育、初等教育和中等教育的目标。学前教育将承受这一增长的冲击：和2023年的基线相比，到2030年，低收入国家的学前教育工作者人数需要增加两倍，中低收入国家需要增加一倍。此外，同一时期内低收入国家的小学教师人数需要增加近50%。

正如这些假设所表示的那样，该模型聚焦于低收入国家和中低收入国家加快进展并实现可持续发展目标4的基本需求。可以说这还不够，因为世界正在快速变化。数字化转型是教育系统需要卷入的额外需求之一。但政府和发展机构却面临着巨大的成本影响和真正的权衡。

各国能负担得起教育领域数字化转型的成本吗？

实现低收入国家和中低收入国家为自己设定的可持续发展目标4之具体目标的成本是这些国家承担不起的。尽管这一成本核算工作的要求已经放低，用反映本国教育部门计划的、相对更现实的国家基准，取代了普及学前教育、初等教育和中等教育这一无法实现的目标。这一成本核算工作不包括各国对中等后教育的雄心。但它确实考虑到了政府的其他愿望，比如本国教育系统的数字化转型。

应该考虑到教育数字化转型的成本，并分解其组成部分。这样做并不意味着各国必须承担这些成本。正如本报告所详细论述的那样，教育技术的应用不能采取一种笼统的方法。它必须因地制宜，符合公平和包容的目标，与扩大规模的潜力相称，注意到长期的不利后果。这一成本核算工作有助于讨论目前扩大教育技术投资的成本影响，以及是否应

将该投资纳入教育部门计划。

教育技术投资的支持者提出了三个论点，以超过教育系统的其他优先事项的力度来纳入教育技术。第一，教育技术的应用是不可避免的，因为技术已经渗透到社会和经济生活的各个方面——这个观点很有道理，即使它主要涉及对技术的教学（不需要大规模投资），而不是通过技术进行教学。第二，正如新冠疫情的经验所表明的，教育技术的应用对于建立系统韧性十分必要。然而，这种经验非常罕见，无法证明如此大规模的投资是合理的，除了在那些更容易受到紧急情况影响的国家和地区。

第三，最重要的是，认为使用新技术有助于提高教育系统的效率，从而有可能用更少的资源做更多的事情，例如，取代不够有效的教师，让边际受教育成本远高于平均水平的学生获得教育机会，或提供个性化教学。虽然这一论点有其可取之处，但没有证据表明这种设想正在实现，除了在高等教育的部分领域，或者在广播和电视已经成为成熟技术的特定背景下。还没有具备实现规模化经济发展的条件。如果有什么影响的话，那就是在短期到中期内，这种投资基本上会取代其他必要的投资，比如让教室有利于学习、填补教师短缺、确保每个学生都有一本教科书。因此，在接下来的分析中，我们假定任何此类投资都是额外的。低收入国家和中低收入国家的投资水平过高，以至于决策者在承担成本之前需要非常仔细地考虑，这将不可避免地使少数学习者受益，而对弱势群体的教育没有任何帮助。

三种转型构想和四种成本类型的计算

在数字化转型的概念下，潜在投资范围非常广泛。这一分析建立在三种构想上，其雄心依次递增、复杂性逐渐升高。第一种构想（基本离线）涉及一些在学校里使用共享设备的数字化教学的机会。所有的学校都将通电，即使没有并入电网。但是除了目前可用的水平外，没有增加互联网连接。第二种构想（全面连接学校）涉及量身定制的数字化学习、共享设备（设备数量更多）以及完全电气化和接入互联网的学校。第三种构想（全面连接学校和家庭）与世界上最富裕国家在新冠疫情期间经历的情况并无不同，即在

学校和家里进行量身定制的数字化学习，以及设备、电力和互联网连接的普及。

正如这些构想所提出的，基于文献和与专家的讨论，我们在做出一定假设后分析了教育系统数字化转型的四个主要组成部分（**表22.3**）。这种对成本项的分解采用了联合国儿童基金会开发的一个模型（Yao et al.，2021）。第一，为数字化学习做好系统准备，包括内容开发、教师培训、学生和家庭参与、国家和学校层面的数据使用能力以及政策制定能力提升。例如，教师将需要接受职前和在职的培训，而学校将需要配置管理和使用数据的设备并具备相应能力。

第二，设备需要分发给学生和教师：假设在基本离线的构想下每10名学生共享一台设备，在全面连接学校的构想下每5名学生共享一台设备，在全面连接学校和家庭的构想下1人享有一台设备。后两种构想下教师1人享有一台设备。设备将每5年更换一次。在基本离线构想下，低收入国家的每台设备成本为100美元；在后两种构想下，中等收入国家每台设备的成本为400美元。

第三，在第二种和第三种构想下，我们计入了互联网连接的成本。在第二种构想下，连接一般学校的一次性成本假设（1.5万美元）是基于"Giga倡议"计算的，不包括一些最偏远的学校，其需要数百万美元来连接。在第三种构想下，假设成本相当于国际电信联盟估计成本的90%，将所有10岁及以上的学生接入4G网络或同等网络，包括移动基础设施、光纤、网络运营、偏远地区覆盖、政策和额外的数字技能培训（ITU，2021）。除了这些成本之外，还有必要加上在学校（对于这两种构想）和在家里支付的数据流量运营费用。基于家庭的构想来源于平价互联网联盟的估计，即1GB移动宽带的成本不应超过每月收入的2.45%，以满足低收入国家和中低收入国家的可负担能力标准。

第四，在每种构想下渐次显露雄心壮志的假设都与电气化有关。在基本离线的构想下，所有尚未通电的学校都将通过太阳能板供电。在全面连接学校的构想下，所有学校并入电网的成本只是连接家庭所需成本的一小部分。在全面连接学校和家庭的构想下，所有的家庭都将通过太阳能、微电网和电网供电的混合搭配来连接。用电成本是根据消费水平和对价格的具体假设来计算的。

很多这些假设都难以精确地具体说明，因为它们取决于如何定义具体目标、做出估计时的价格水平和所考虑的参考时间。例如，对于互联网连接，联合国估计到2030年将尚未入网的30亿人接入互联网的成本将达到4280亿美元（ITU，2020）。相比之下，一家咨询公司估计的数字是联合国的五倍，即2.1万亿美元——到2025年将目前的连接缺口缩小一半，但将高速互联网用户的比例从53%提高到80%（Rastogi et al.，2020）。这些估计数可能也只体现了支持数字化学习所需的一部分成本要素。尽管如此，数字化转型的成本并不一定完全是由教育部预算来承担的，其中一些成本甚至可能由政府之外的组织来承担，例如，与互联网有关的投资。不过，确定筹资来源和机制超出了这一分析的范围。

> "
> **数字化转型的成本并不一定完全是由教育部预算来承担的。**
> "

数字化转型的成本远远超出贫困国家的能力

在这三种构想下，实现数字化转型的成本差异很大（**表22.4**）。在基本离线的构想下，资本支出总计670亿美元，其中520亿美元发生在低收入国家和中低收入国家。运营支出平均为130亿美元，为期7年，其中100亿美元将用于支付低收入国家和中低收入国家的成本。

在全面连接学校的构想下，资本支出增加到2250亿美元，其中1830亿美元发生在低收入国家和中低收入国家。运营支出将达到1880亿美元，同样为期7年，其中1120亿美元将用于支付低收入国家和中低收入国家的成本。

表22.3
按事项、构想和国家收入组别分列的在数字化转型成本计算模型中使用的部分关键假设

假设	单位	类型	构想	低收入国家	中低收入国家	中高收入国家	高收入国家
数字化学习							
每所学校的学生人数			所有	300	300	450	500
每位教师管理的学生人数			1	30	30	30	0
			2	30	30	30	30
			3	20	20	20	20
内容开发：前期成本	百万美元	资本支出	1	3	3	3	0
			2	6	6	6	0
			3	8	8	8	0
内容开发：年度更新	相对于前期成本的比例	运营支出	1	10%	10%	10%	0%
			2	20%	20%	20%	20%
			3	20%	20%	20%	20%
提升技能：教师前期成本	美元（每位教师）	资本支出	1	400	400	400	0
			2	650	650	650	650
			3	1300	1300	1300	1300
提升技能：教师迭代	相对于前期成本的比例	运营支出	1	10%	10%	10%	10%
			2	10%	10%	10%	10%
			3	10%	10%	10%	10%
数据和分析：学校容量	美元（每所学校）	资本支出	1	2700	5300	7900	0
			2	3100	5600	8100	10600
			3	3300	5800	8300	10800
数据和分析：学校更新	美元（每所学校）	运营支出	1	965	1610	2405	0
			2	1345	1970	2895	3620
			3	4410	5660	8410	10160
设备							
每台设备服务的学生人数			1	10	10	10	0
			2	5	5	5	5
			3	1	1	1	1
每台设备服务的教师人数			1	4	4	4	0
			2	1	1	1	1
			3	1	1	1	1
每台设备的成本	美元	资本支出	1	100	150	200	0
			2	300	300	300	300
			3	400	400	400	400
设备维护或更换	相对于前期成本的比例	运营支出	1	20%	20%	20%	0%
			2	20%	20%	20%	20%
			3	20%	20%	20%	20%
联网							
学校联网	美元（每所学校）	资本支出	2	15000	15000	15000	15000
	占国际电信联盟估计数的比例		3	90%	90%	90%	90%
校内使用（运营支出）	美元（每所学校每年）	运营支出	2	3800	3800	3800	3800
			3	19000	19000	19000	19000
家庭使用（运营支出）	占月收入的比例	运营支出	3	2.45%	2.45%	2.45%	1.69%
电力							
学校电气化	美元（每所学校）（太阳能）	资本支出	1	5400	5400	5400	0
	占国际能源署估计数的比例		2	20%	15%	10%	5%
	10亿美元		3	54	164	79	19
学校用电成本	美元（每名学生）（太阳能）	运营支出	1	1	1	1	0
	美元（每千瓦时）		2	0.12	0.09	0.12	0.20
	美元（每千瓦时）		3	0.12	0.09	0.12	0.20
学校用电量	千瓦时	运营支出	2	700	700	700	700
			3	1400	1400	1400	1400

注：构想1为基本离线，构想2为全面连接学校，构想3为全面连接学校和家庭。
资料来源：《全球教育监测报告》小组根据国际电信联盟（ITU，2020）及专家研究（Yao et al.，2021）得出的数据。

表22.4
按事项和国家收入组别分列的数字化转型成本（单位：**10亿美元**）

	资本支出					运营支出（年度）				
	低收入国家	中低收入国家	中高收入国家	高收入国家	合计	低收入国家	中低收入国家	中高收入国家	高收入国家	合计
基本离线的构想										
数字化学习	5.7	26.4	14.7	0.0	46.8	1.2	5.7	3.2	0.0	10.0
内容开发	0.1	0.2	0.2	0.0	0.4	0.0	0.0	0.0	0.0	0.0
教师或辅导员提升技能	3.3	11.0	6.1	0.0	20.4	0.3	1.1	0.6	0.0	2.0
学生或家庭提升技能	0.1	0.4	0.3	0.0	0.8	0.0	0.1	0.1	0.0	0.3
制定政策	0.0	0.0	0.0	0.0	0.1					
数据、分析和研究	2.3	14.7	8.1	0.0	25.1	0.8	4.4	2.4	0.0	7.7
设备	2.7	12.1	0.0	0.0	14.8	0.5	2.4	0.0	0.0	3.0
学生	2.5	11.2	0.0	0.0	13.7					
教师	0.2	0.9	0.0	0.0	1.1					
电气化	2.8	2.2	0.2	0.0	5.1	0.2	0.1	0.0	0.0	0.3
联网	0.0	0.0	0.0	0.0	0.0	0.0	0.0	0.0	0.0	0.0
合计	11.2	40.7	14.9	0.0	66.7	1.8	8.2	3.2	0.0	13.3
全面连接学校的构想										
数字化学习	8.3	34.6	19.1	8.5	70.3	1.7	7.5	4.2	1.8	15.2
内容开发	0.2	0.3	0.3	0.0	0.8	0.0	0.1	0.1	0.0	0.2
教师或辅导员提升技能	5.4	17.9	9.8	4.0	37.2	0.5	1.8	1.0	0.4	3.7
学生或家庭提升技能	0.1	0.7	0.6	0.3	1.6	0.0	0.2	0.2	0.1	0.5
制定政策	0.0	0.0	0.0	0.1	0.2					
数据、分析和研究	2.6	15.6	8.3	4.1	30.6	1.1	5.4	2.9	1.3	10.8
设备	17.3	52.3	2.6	0.0	72.3	3.5	10.5	0.5	0.0	14.5
学生	14.8	44.9	2.3	0.0	61.9					
教师	2.5	7.5	0.4	0.0	10.3					
电气化	10.7	24.6	7.9	0.9	44.1	20.6	54.1	39.1	26.0	139.9
联网	11.4	23.6	2.6	0.2	37.8	3.1	10.5	3.8	1.4	18.9
合计	47.7	135.1	32.2	9.6	224.6	28.9	82.6	47.7	29.3	188.4
全面连接学校和家庭的构想										
数字化学习	19.3	71.8	39.6	16.9	147.6	5.4	21.5	11.9	5.2	43.9
内容开发	0.2	0.4	0.4	0.0	1.1	0.0	0.1	0.1	0.0	0.2
教师或辅导员提升技能	16.1	53.8	29.5	12.1	111.5	1.6	5.4	3.0	1.2	11.2
学生或家庭提升技能	0.2	1.3	1.1	0.6	3.3	0.1	0.4	0.4	0.2	1.0
制定政策	0.0	0.1	0.1	0.1	0.2					
数据、分析和研究	2.8	16.1	8.5	4.2	31.6	3.6	15.6	8.5	3.8	31.5
设备	103.8	337.4	105.9	16.0	563.1	20.8	67.5	21.2	3.2	112.6
学生	98.9	321.3	100.9	15.2	536.3					
教师	4.9	16.1	5.0	0.8	26.8					
电气化	53.6	163.8	78.8	18.9	315.0	41.1	108.2	78.3	52.1	279.7
联网	60.7	207.6	91.6	24.7	384.5	16.2	56.8	28.9	20.0	121.9
合计	237.4	780.6	315.8	76.5	1410.3	83.5	254.0	140.2	80.4	558.1

资料来源：《全球教育监测报告》小组计算得出。

最后，在全面连接学校和家庭的构想下，资本支出增加到1.4万亿美元，其中超过1万亿美元发生在低收入国家和中低收入国家（**图22.12**）。这基本上等于联合国儿童基金会估计的费用（Yao et al.，2021）。然而，运营支出总计5580亿美元，跨越7年，其中3380亿美元将用于支付低收入国家和中低收入国家的成本。这比联合国儿童基金会模型设想的460亿美元的运营支出高出10倍。

每个事项成本的相对权重因不同构想和国家收入组别而异。在基本离线的构想下，教师准备工作成本约占总成本的30%—40%，而引入数据和分析的成本占比从低收入国家的20%到中高收入国家的54%不等。通过太阳能板实现电气化的成本占低收入国家总成本的四分之一（**图22.13**）。

在第二种构想下，学校普遍联网和通电的成本约占数字化转型总成本的五分之一，而在低收入国家和中低收入国家，学生使用设备的成本占三分之一。相比之下，包括教师准备在内的内容开发成本在中高收入国家占总资本成本的60%，在高收入国家这一比例近90%。

最后，在第三种构想下，各资本成本事项在国家收入组别之间的分布更为接近。电力成本约占数字化转型总成本的四分之一，互联网连通占比略高于四分之一。然而，供学生使用的电子设备成本在低收入国家和中低收入国家占40%，而在高收入国家仅占20%。

随着新冠疫情期间应用教育技术的步伐加快，数字化学习成为2022年9月教育变革峰会确定的五个主题行动轨道之一。各国政府不希望被排除在新技术给经济和社会带来的变化之外，许多政府认为自己可以跨越过去阻碍发展的一些挑战。理解推进教育数字化转型的成本影响，以及哪些要素具有变革

图22.12

低收入国家和中低收入国家将其所有的学校接入互联网将花费1830亿美元的资本支出

2024—2030年按国家收入组别和构想分列的实现教育系统数字化转型的资本和年度运营支出

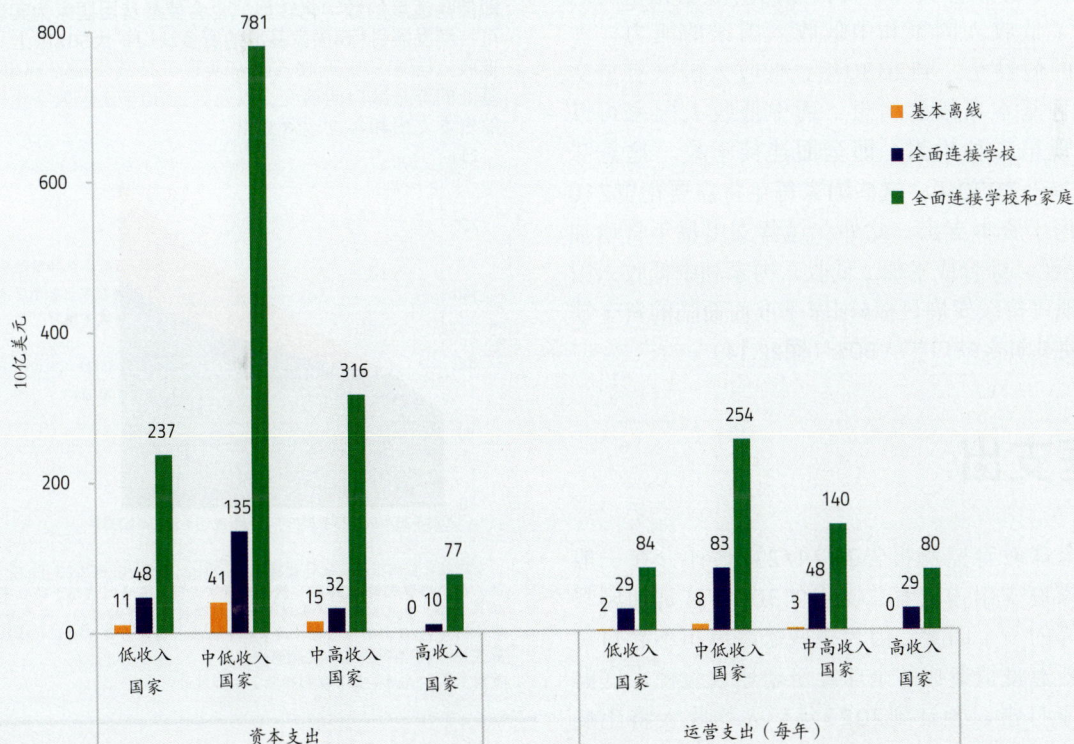

图例：
- 基本离线
- 全面连接学校
- 全面连接学校和家庭

纵轴：10亿美元

资本支出：
- 低收入国家：11 / 48 / 237
- 中低收入国家：41 / 135 / 781
- 中高收入国家：15 / 32 / 316
- 高收入国家：0 / 10 / 77

运营支出（每年）：
- 低收入国家：2 / 29 / 84
- 中低收入国家：8 / 83 / 254
- 中高收入国家：3 / 48 / 140
- 高收入国家：0 / 29 / 80

《全球教育监测报告》统计数据链接：https://bit.ly/GEM2023_fig22_12_
资料来源：《全球教育监测报告》小组计算得出。

图22.13
在贫困国家，设备成本占数字化转型成本的比例很高
2024—2030年按事项、国家收入组别和构想分列的数字化转型资本支出的分布

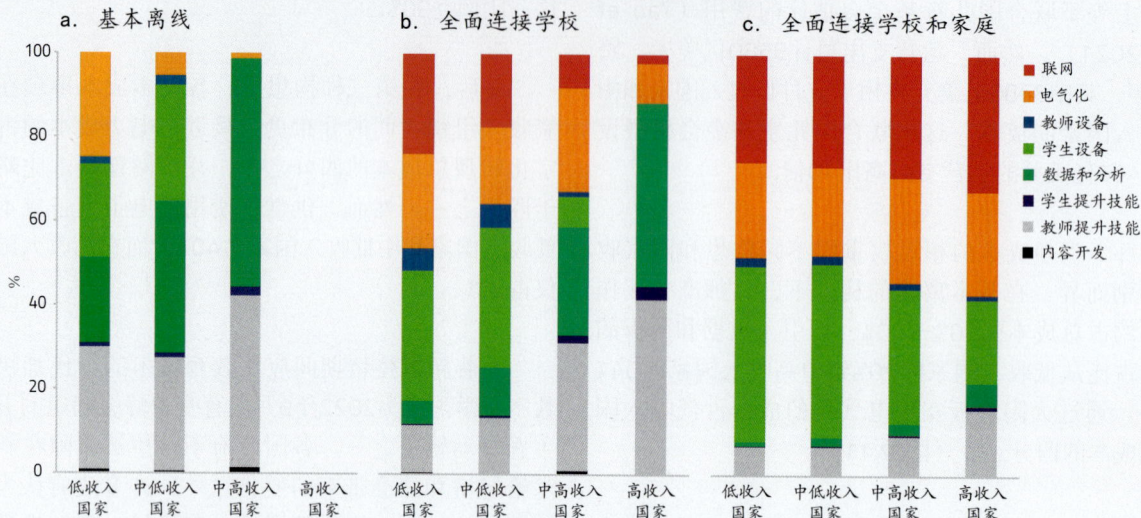

a. 基本离线　　b. 全面连接学校　　c. 全面连接学校和家庭

图例：
- 联网
- 电气化
- 教师设备
- 学生设备
- 数据和分析
- 学生提升技能
- 教师提升技能
- 内容开发

《全球教育监测报告》统计数据链接：https://bit.ly/GEM2023_fig22_13_
资料来源：《全球教育监测报告》小组计算得出。

性，是当前的一个关键政策问题。

　　本节中的分析表明，支持国内的数字化学习远远超出了低收入国家和中低收入国家的能力。一个合理的假设是，到2030年，低收入国家有望实现第一种基本离线的构想，而中低收入国家可以努力实现第二种构想，即全面连接学校。这意味着，2024—2030年，这些国家每年将需要花费210亿美元用于资本支出。此外，运营支出每年将增加120亿美元。综合成本加上低收入国家和中低收入国家为实现可持续发展目标4国家基准而面临的资金缺口，将使其资金缺口扩大50%（**图22.14**）。

家庭支出

　　《全球教育监测报告2021/2》估计，在一般国家，家庭支出占教育总支出的30%，这是加剧教育不平等的一个因素，因为一些家庭承担不起自付费用。新冠疫情造成的全球经济增速放缓使家庭财务受到了打击。预计到2023年，人均收入将比疫情前的水平低近5%（World Bank, 2022a）。乌克兰战争进一步加剧了通货膨胀，对低收入国家和中等收入

图22.14
即使是适度的数字化转型，也会使最贫困国家为实现其可持续发展目标4国家基准的资金缺口扩大**50%**以上
低收入国家和中低收入国家实现可持续发展目标4国家基准的资金缺口的演变，以及到2030年实现数字化转型的资本支出和年度运营支出

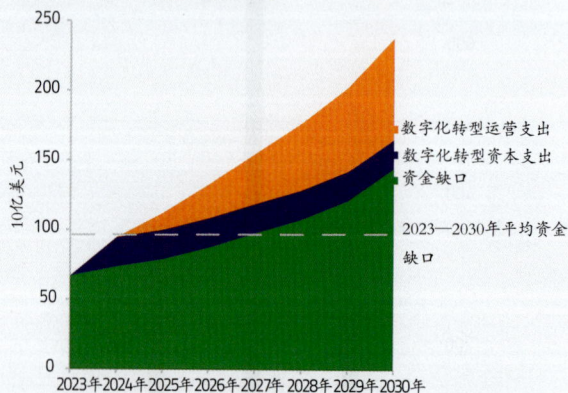

数字化转型运营支出
数字化转型资本支出
资金缺口
2023—2030年平均资金缺口

《全球教育监测报告》统计数据链接：https://bit.ly/GEM2023_fig22_14_
注：该预测假设到2030年，低收入国家实现基本离线构想下的数字化学习目标，中低收入国家实现全面连接学校构想下的目标。灰色部分对应的是到2030年在低收入国家和中低收入国家为实现国家可持续发展目标4国家基准存在的资金缺口。
资料来源：《全球教育监测报告》小组计算得出。

国家造成了沉重打击（Gill and Nagle，2022）。能源价格高涨和食品市场波动给家庭造成了额外的经济压力。2022年4月，粮食及农业组织的食品价格指数比2021年同期上涨了30%。在许多国家的市场上，谷物、肉类、牛奶、鸡蛋和食用油等商品的价格一直在上涨（Jaramillo and Taliercio O'Brien，2022; Kanamugire，2022）。联合国特别危机工作组报告称，60多个国家在支付食品进口费用方面面临挑战（NEPAD and WFP，2022; Wax，2022）。到2022年，估计还将有7500万至9500万人重新陷入极端贫困（Mahler et al.，2022）。

学校供餐可以缓解一些经济压力

由于低收入国家和中等收入国家的贫困家庭面临满足基本粮食需求的负担，学校供餐计划已成为一项至关重要的社会保障干预措施。这些计划为家庭提供实物补贴，在低收入地区这些补贴最多可使家庭收入增加15%（Bundy et al.，2018; Verguet et al.，2020）。学校供餐是父母送孩子上学的一种有力激励，增加了教育机会和参与度。此外，学校供餐通过提供宏量和微量营养素来改善学习成果，促进儿童身高、体重和上学天数的显著增加（Aurino et al.，2020; Cohen et al.，2021; Kristjansson et al.，2016; Wang et al.，2021; Zar et al.，2020）。

低收入国家和中等收入国家学校供餐成本的中位数为每个儿童每年30美元，从印度的10美元到博茨瓦纳的270美元不等（Kristjansson et al.，2016）。在非洲，每个受益儿童每年花费22美元，从低收入国家的16美元到中等收入国家和高收入国家的56美元不等（Wineman et al.，2022）。

学校供餐计划已在全球范围内推广，139个低收入国家和中等收入国家中有125个在2021年至少有一个大型供餐计划（Global Child Nutrition Foundation，2022）。许多低收入国家已将学校供餐作为包含卫生和农业的多部门战略的一部分（Drake et al.，2020）。到2020年，这些计划总共耗资353亿美元，至少惠及3.3亿名儿童，占中小学生的27%。受益于学校供餐计划的儿童比例从低收入国家的10%到高收入国家的47%不等。低收入国家

和中等收入国家的大多数计划侧重于小学，重点关注生活在粮食短缺地区的儿童。总体来说，政府是校餐资金的主要来源，但在低收入国家，援助占校餐资金的四分之三（图22.15）。尽管这些计划的覆盖面非常广泛，但仍有约7300万名儿童需要粮食救助（Cupertino et al.，2022）。预计还需要58亿美元，其中低收入国家还需要约30亿美元，中等收入国家还需要27亿美元（Drake et al.，2020）。

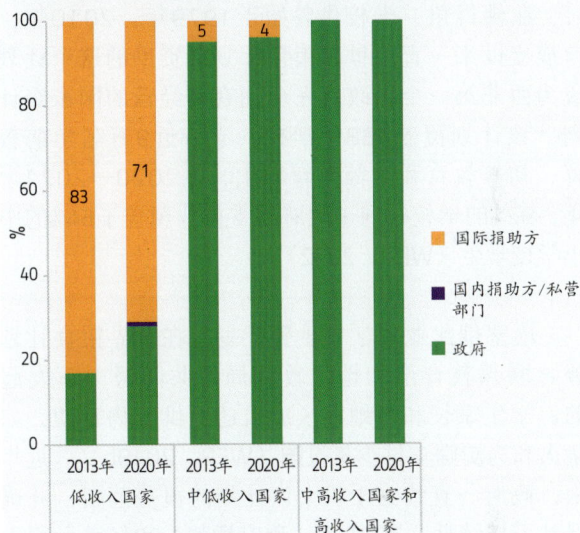

图22.15
国际援助对低收入国家的学校供餐至关重要
2013年和2020年按资金来源和国家收入组别分列的学校供餐计划分布

*《全球教育监测报告》统计数据链接：https://bit.ly/GEM2023_fig22_15_*
资料来源：WFP（2020）。

建设国家能力、韧性和社会保障对于确保学校供餐成为一种国家责任至关重要。从1970年到2013年，最初由世界粮食计划署支持的38个计划将政策自主权转移给了政府（Permanent Mission of France，2021）。

亚美尼亚于2010年启动了学校供餐计划，从最贫困的地区开始，后来推广到所有的州。学校供餐现已被纳入国家规划进程。自2013年以来，政府一直通过一个信托基金为世界粮食计划署管理的项目的运输、储存和加工成本提供资金。从2014—2015学年开始，政府接管了11个州中的3个州的学校供餐计划（Sarr and Karanovic，2016）；到2017—2018学年，政府资助占了资金总额的38%。

巴西的"全国学校供餐计划"是一个联邦层面的学校供餐计划,主要由公共资金资助,免费提供给各类公立学校就读于基础教育和青年与成人教育所有阶段的所有学生(Cupertino et al.,2022)。该计划每年惠及4400万名学生(Silva et al.,2023),由国家教育发展基金和教育部管理。2022年,联邦政府提供了约31亿巴西雷亚尔(约合6亿美元),不到联邦政府每月转移给巴西社会保障项目"家庭补助金"(Bolsa Familia)计划受益者的150亿巴西雷亚尔的四分之一(Brazil Government,2023; Cristóvão,2023; OAE and FINEDUCA,2022; Silva,2021)。

在佛得角,学校供餐始于1979年。2010年,自成立以来一直由世界粮食计划署资助的这个计划成为西非第一个由政府完全拥有和经营的国家级计划。该计划覆盖788所学校,支持近9万名学前教育、初等教育和中等教育学生;在2020—2021学年,92%的学校得到了政府的支持,覆盖了64%的中小学校学生(WFP,2022)。

埃塞俄比亚的学校供餐计划是在世界粮食计划署、联邦教育部和地区教育局的共同努力下发起的。学生家长和当地社区成员还提供实物赞助,如柴火和为厨师支付少量报酬(WFP,2019b)。近年来,政府一直致力于扩大该计划的覆盖范围,并确保其可持续性。2021年,政府拨款1.09亿美元用于支持学校供餐和其他营养干预措施(Ethiopia News Agency,2023)。

柬埔寨的学校供餐计划由捐助方资助多年。在"2016—2025年全国社会保障政策框架"采纳家庭自制的校餐后,经济与财政部下属的国家社会保障委员会从2019—2020学年开始在国家预算范围内成立学校供餐计划(WFP,2019a)。

尼日利亚的"国家自主学校供餐计划"是解决贫困、饥饿和失业问题的社会投资计划的一部分。自2016年以来,该计划由国家政府全额资助,在全国范围内运营。该计划在尼日利亚36个州中的31个州运营,为5.6万多所公立学校的近950万名学生供餐,成为非洲同类计划中规模最大的一个。该计划由副总统办公室下辖的社会投资计划办公室和主管教育、农业、卫生、预算、国家规划、司法和妇女的各部委合作进行管理(WFP,2019a)。

在有学校供餐计划的125个国家中,69%的国家预算中设有学校供餐的专门细目。有这一细目的国家在南亚、东亚和太平洋地区的覆盖率平均高19个百分点,在撒哈拉以南非洲高16个百分点,这些国家为每名受益儿童分配的预算比未设相关细目的国家更多。例如,在撒哈拉以南非洲,设有一个细目的国家的儿童人均预算为46美元,而未设细目的国家的儿童人均预算为23.5美元(Global Child Nutrition Foundation,2022)。

除了财政成本不同外,地方政府对学校供餐预算分配的行政介入程度也各不相同。在马里,政府通过财政部将资金输送给区域办事处,这些办事处向地区层面的公社提供资金。公社在当地市场采购食品,在确认学校基础设施符合要求后,学校管理委员会将食物运送到学校(Masset and Gelli,2013)。在斯里兰卡,教育部管理学校膳食,将资源从中央政府转移到区域教育办公室所指导的餐饮服务商,并由该区域教育办公室负责监督计划的执行(WFP,2019a)。在突尼斯,教育部的学校服务理事会负责此类计划的运营费用,包括食品采购费用。

相比之下,其他国家选择了直接将预算从中央政府转移给学校餐饮供应商或地方政府。尼日利亚政府将财政资源直接转移给全国各地的10万名厨师,厨师负责在当地市场采购原料并在学校备餐(WFP,2019a)。肯尼亚实施了"本地种植学校供餐"模式,该模式提供本地食物以降低成本并支持农业生产。教育部将每名孩子每天0.05美元的固定预算直接转移到一个专门用于食品采购的学校银行账户,并由学校委员会负责采购食品(Masset and Gelli,2013)。2023—2024学年分配给供餐计划的预算为50亿肯尼亚先令(约合3500万美元),占教育预算的0.8%(Muchunguh,2023)。在突尼斯,教育部负责管理此类计划的预算和基础设施,通过学校服务办公室的地区分支机构将资源转移给学校,用于食品采购和计划实施(WFP,2019a)。

学校的供餐预算可能不会随着食品价格的上涨而成比例地增加。2013—2020年的平均预算没有变化,导致许多政府被迫削减供应(CBS,2022)。在马拉维,"家庭种植学校供餐计划"难以为继,因为通货膨胀导致给农民的支付款低于供应成本

（Brigham and Haug，2022）。价格的上涨也会导致人们购买过度加工食品。巴西的一项研究表明，从2008年到2010年，健康营养食品的价格上涨速度快于过度加工食品。此外，过度加工食品的平均价格比未加工食品或最低限度加工食品的价格低30%—40%（Teo，2018）（第12章）。

> **学校的供餐预算可能不会随着食品价格的上涨而成比例地增加。**

为了应对2007—2008年的金融危机，世界银行发起了全球粮食危机应对计划，该计划向包括贝宁、吉尔吉斯斯坦、塞拉利昂和也门在内的49个受影响国家提供了12亿美元（World Bank，2022b）。部分国家获得了以贷款形式发放的预算支助。然而，一项评估批评全球粮食危机应对计划下国际开发协会目标国家的获得赠款数量偏少，每个国家不到1100万美元，而四个国家——孟加拉国、埃塞俄比亚、菲律宾和坦桑尼亚联合共和国——的赠款数量偏多（IEG，2014）。

为了应对最近的食品价格危机，全球教育伙伴关系宣布在塞内加尔提供近100万美元的赠款用于学校供餐（GPE，2021b）。在贝宁，总统在世界粮食计划署的支持下，承诺到2027年将学校供餐计划的国家预算从7900万美元增加到2.4亿美元（ReliefWeb，2022）。虽然对低收入国家的紧急贷款侧重于社会保障计划，但这些贷款也规定了政府削减预算和冻结工资的要求，这可能最终影响学校供餐。

部分国家通过增加学校膳食资金来应对食品价格危机。尼日利亚宣布将每餐资金从0.09美元增加到0.13美元，因此每天将花费约130万美元来为约1000万名儿童供餐（Nnodim，2022）。卢旺达在2021—2022学年的补充预算中还拨出了440万美元，用于资助学校供餐的超额费用，因为校餐由家长买单（Kanamugire，2022）。

在高收入国家，严格的支付能力调查受到密切关注，因为许多家庭越来越无力支付学校午餐的费用。在英国，估计有8万名不符合政府免费校餐资格标准的儿童支付不起学校餐费（Phillips，2022）。根据"学校午餐欠款"（School Lunch Debt）数据库，在美国有154万名学生消费不起校餐，也没有资格享受校餐折扣（Education Data Initiative，2021）。美国农业部为全国范围内的学校供餐计划增拨了约7.5亿美元，这意味着学校将从每份午餐中额外收入0.25美元，以应对更高的食品成本和其他问题（Mackey，2022）。

博多尔（17岁）在联合国儿童基金会支持的一个约旦补习中心上课。她在阿兹拉克难民营读十二年级，正在准备期末考试。她和她的家人，包括两个姐妹和三个兄弟，自2014年阿兹拉克难民营开放以来一直住在那里。

图片来源：UNICEF/UN0263758/Herwig*

统计表 [1]

表1呈现了基本的人口和教育系统信息，以及国家和地区的教育财政情况。表2—表7按照可持续发展目标4的7个具体目标（4.1—4.7）及其3条实施路径（4.a—4.c）进行组织。这些表格主要关注可持续发展目标4监测框架的44个国际可比指标：12个全球指标，32个主题指标。此外，统计表中还包含一个额外的指标，即"为未来做好准备的儿童/青年比例，按性别统计"，它来自可持续发展目标之具体目标4.1的2个全球指标。这些表格还包括一些额外的指标，例如从初等教育向中等教育过渡、学生流动，这些指标并非可持续发展目标4监测框架的正式组成部分。

统计方法注释

统计表中的大多数数据是统计研究所提供的。统计表中所涉及的其他数据来源均在脚注中予以说明。下列统计表中提供的有关学生、教师和教育支出的最新数据均来自2023年3月统计研究所发布的教育数据，它们是2021年结束的学年和财年的数据。[2]这些统计数据涵盖公立和私立的正规教育，按教育等级列出。统计表中列出了209个国家和地区的名单，它们都是联合国教科文组织成员和准成员。其中大多数国家和地区都是用统计研究所发布的标准调查问卷向该所报告数据的。其中46个国家的教育数据由统计研究所、经合组织和欧统局通过三方调查问卷共同收集。[3]

人口数据

统计表中有关人口的指标，包括入学率、失学儿童和青少年数量、青年和成人数量，使用了联合国人口司编制的2019年版人口估计数。由于各个国家和地区的人口估计数与联合国的人口估计数之间可能有出入，这些指标可能与个别国家、地区或其他组织所公布的数据有所不同。[4]在2019年版数据中，对于总人口不到9万人的国家和地区，联合国人口司未按单一年龄提供数据。对于这些国家、地区及一些特例，使用欧统局（人口统计）、太平洋共同体秘书处（统计和人口统计项目）或国家统计部门的人口估计数据。

《国际教育标准分类法》

向统计研究所报告的教育数据全都符合《国际教育标准分类法》2011年修订版的要求。有些国家和地区可能有本国的与《国际教育标准分类法》并不对应的教育等级定义。因此，某些国家或地区报告的教育统计数据与国际报告的数据之间存在差异，其原因在于这些国家或地区采用了自行定义的教育等级，而没有采用《国际教育标准分类法》，此外还存在上面提到的人口问题。

1　访问《全球教育监测报告》网站https://en.unesco.org/gem-report/statistical-tables可获取统计表。

2　就一学年横跨两个日历年的国家而言，这是指2020—2021学年；而就学年与日历年重合的国家而言，则是指2021学年。欧统局所涉及国家的教育财政最近参考年份是指2019年结束的学年。

3　此处提及的国家多数为欧洲国家，还包括欧洲以外的经合组织成员国以及其他一些名单不断变化的国家。

4　当国家和地区报告的入学人数与联合国人口数据明显不符时，统计研究所可能决定不计算或不公布其部分或全部教育等级的入学率。

估计数和缺失的数据

统计研究所编制的所有统计表所提供的数据中，既有观测数据也有估计数据。估计数据注有一个记号（i）。统计研究所鼓励各国或地区自行提供估计数据。如果某个国家或地区没有自行估计，统计研究所可能在有充分的辅助信息可用的情况下提出自己的估计数。当发现某个国家或地区提供的数据前后不一致时，表格内也许会出现空白。统计研究所尽一切努力与有关国家和地区磋商解决此类问题，但是保留忽略它认为有问题的数据的最终决定权。如果没有2021年结束的学年的信息，就用前几学年或后几学年的数据。这种情况均以脚注说明。

总体数据

区域数据和其他总体数据可能是合计数、符合某条件的国家占比、中位数或加权平均数，统计表中均有说明，具体取决于指标。加权平均数考虑了各个国家和地区相关人口的相对规模，或者在指标为比率的情况下，更普遍地考虑其分母的相对规模。总体数据的来源既有公开数据也有估计数据，对没有最近数据和可靠的公开数据的国家和地区使用估计数据。在统计表中，由于部分区域或国家[特定区域或国家群体中33%—60%的人口（或总体的分母数）]无可靠数据而不完全统计的总体数据注有记号（i）。凡特定区域或国家收入分组中所有数据可得国家的人口代表性不足95%的，则在《全球教育监测报告》计算的合计数上注有不完全统计的记号。

区域划分及国家收入分组

统计表中的区域划分采用联合国统计司的可持续发展目标区域分类法，略有调整。联合国统计司的分类包括所有地区，无论是独立国家，还是更大实体的一部分。然而，统计表中列出的国家和地区仅包含所有联合国教科文组织成员和准成员，以及百慕大、特克斯和凯科斯群岛，和《全民教育全球监测报告》统计表中包含的非成员国家。统计研究所未收集法罗群岛的数据，因此虽然该地区是联合国教科文组织的准成员，但它未被纳入《全球教育监测报告》。统计表中的国家收入分组采用世界银行的分组办法，每年7月1日更新。

统计表所用的符号

±n 参考年份差异（例如，−2表示用2019年数据代替2021年数据）

i 估计数或不完全统计数

- 零或可忽略不计

⋯ 无相关数据或不存在的类别

指标注释（表Ⅰ.2）、表格的脚注以及术语表为解读数据和资料提供了更多帮助。

表 I.1: 可持续发展目标4监测框架指标

	指标
	具体目标 4.1
4.1.0	为未来做好准备的儿童/青年比例，按性别统计
4.1.1	儿童和青年人（a）在二年级或三年级、（b）在初等教育结束时以及（c）在初级中等教育结束时至少达到最低的（i）阅读和（ii）数学熟练水平的比例，按性别统计
4.1.2	完成率（初等教育、初级中等教育、高级中等教育）
4.1.3	最高年级的毛招生率（初等教育、初级中等教育）
4.1.4	失学率（初等教育前一年、初等教育、初级中等教育、高级中等教育）
4.1.5	相应年级超龄儿童百分比（初等教育、初级中等教育）
4.1.6	（a）在二年级或三年级、（b）在初等教育结束时以及（c）在初级中等教育结束时全国性学习评估的组织
4.1.7	法律框架所保障的（a）免费和（b）义务的初等教育和中等教育年限
	具体目标 4.2
4.2.1	24—59月龄儿童中健康、学习和社会心理健康正常发展的比例，按性别统计
4.2.2	参与有组织学习的儿童比例（正规初等教育入学年龄前一年），按性别统计
4.2.3	5岁以下儿童拥有积极的、激发潜能的家庭学习环境的百分比
4.2.4	幼儿教育毛入学率，包含（a）学前教育和（b）幼儿教育发展项目
4.2.5	法律框架所保障的（a）免费和（b）义务的学前教育年限
	具体目标 4.3
4.3.1	此前12个月中青年和成人参与正规和非正规教育与培训的比例，按性别统计
4.3.2	高等教育毛入学率，按性别统计
4.3.3	职业技术教育项目（15—24岁）参与率，按性别统计
	具体目标 4.4
4.4.1	具备信息和通信技术技能的青年和成人比例，按技能类别统计
4.4.2	达到数字化读写技能最低熟练水平的青年和成人比例
4.4.3	青年和成人受教育程度比例，按年龄组、经济活动状况、教育等级和教育项目定位统计
	具体目标 4.5
4.5.1	所有教育指标（凡可划分群体的）均等指数（女/男，农村/城镇，最贫困五分之一/最富裕五分之一，以及其他数据可得的方面，如残疾程度、移民人口、受冲突影响）
4.5.2	（a）初始年级、（b）初等教育结束时、（c）初级中等教育结束时，第一语言或母语是教学语言的学生的百分比
4.5.3	是否存在将教育资源重新分配给弱势人口的资助机制
4.5.4	（i）生均教育支出，按教育等级和资金来源统计 （ii）教育初始筹资占国内生产总值的百分比，按筹资单位分列（一般政府、私营部门资助、世界其他国家的官方发展援助）
4.5.5	教育援助总额用于最不发达国家的百分比
	具体目标4.6
4.6.1	特定年龄人口获得特定水平的（a）读写和（b）计算能力的百分比，按性别统计
4.6.2	青年和成人识字率
	具体目标 4.7
4.7.1	（i）全球公民教育和（ii）可持续发展教育作为主流被纳入各级教育的（a）国家教育政策、（b）课程大纲、（c）教师教育和（d）学生评估的程度
4.7.2	提供基于生活技能的预防艾滋病教育和性教育的学校百分比
4.7.3	世界人权教育计划的框架在国家层面实施的程度（依据联合国大会决议59/113）
4.7.4	学生中表现出充分理解全球公民和可持续发展议题的人数百分比，按年龄组或教育等级统计
4.7.5	15岁学生熟练掌握环境科学和地理科学知识的百分比
4.7.6	（i）符合联合国教科文组织绿色学校质量标准的绿色认证学校的百分比（"绿色学校"指标） （ii）基于相关政策文件内容分析的国家政策意图（"绿色政策意图"指标）
	具体目标 4.a
4.a.1	按服务类型统计的提供基本服务的学校比例
4.a.2	（a）初等教育和（b）初级中等教育学生过去12个月中遭受过欺凌的百分比
4.a.3	针对学生的袭击数量，包括个人和机构
4.a.4	享有校餐的在校儿童比例
	具体目标 4.b
4.b.1	官方发展援助用于奖学金的数量，按部门和学习类型统计
	具体目标 4.c
4.c.1	符合最低资格要求的教师比例，按教育等级统计
4.c.2	学生与受过培训的教师的比例，按教育等级统计
4.c.3	依据国家标准，合格教师的比例，按教育等级和机构类型统计
4.c.4	学生与合格教师的比例，按教育等级统计
4.c.5	教师平均工资与要求相当水平资格的其他行业的比较
4.c.6	教师流失率，按教育等级统计
4.c.7	过去12个月接受过在职培训的教师百分比，按培训类型统计

注：全球指标以灰色底突出显示。
资料来源：统计研究所。

表 I.2: 统计表中的指标注释

指标

注释
表1

A 义务教育年限，按教育等级分列
儿童依法入学接受义务教育的年数。

B 免费教育年限，按教育等级分列
儿童依法入学接受免费教育的年数。

C 初等教育正规入学年龄
官方期望的学生接受初等教育的年龄。本指标以整年计算，不考虑除学年开始以外的截止日期。特定项目或等级的正规入学年龄往往但并非绝对是最普遍的入学年龄。

D 学制年限，按教育等级分列
特定教育等级的年级数或修读年数。

E 正规上学年龄人口，按教育等级分列
特定教育等级对应的正规年龄组人口数，无论是否入学。

F 入学总绝对人数，按教育等级分列
特定教育项目、教育阶段或模块的正式注册人数，不考虑年龄。

G 公共教育支出初始值占国内生产总值的百分比
一般公共教育资金初始总值（含地方、区域和中央投入，现金与资产合计），包括转移支付（例如给学生的奖学金），但不包括获得的转移支付，即政府获得的教育类国际转移支付（国外捐助方给予的教育预算支助或其他计入公共预算的支助）。

H 教育支出占公共支出总额的百分比
一般公共教育支出（现金、资产和转移支付）总额（含地方、区域和中央投入）占所有部门（包括卫生、教育、社会服务等）一般公共支出总额的百分比。其中包含政府从获取的国际转移支付中支出的资金。

I 生均公共支出初始值，按教育等级分列，按2019年购买力平价美元不变价格计，及其占人均国内生产总值的百分比
平均每个学生获得的一般公共教育资金初始总值（含地方、区域和中央投入，现金与资产合计），包括转移支付（例如给学生的奖学金），但不包括获得的转移支付，即政府获得的教育类国际转移支付（国外捐助方给予的教育预算支助或其他计入公共预算的支助）。

表2

A 失学儿童总数及其占相应年龄组总人数的百分比
处于正规上学年龄范围内，但未就读于小学或中学的儿童（资料来源：统计研究所和《全球教育监测报告》小组对家庭调查和行政数据的分析，世界教育指标可视化数据库）。

B 教育完成率，按教育等级分列
比特定教育等级最高年级正规年龄大3—5岁的儿童中升入该教育等级最高年级者所占百分比。例如，某一国家六年制初等教育的最高年级正规年龄为11岁，则该国初等教育完成率为14—16岁人口中升入六年级者所占百分比（资料来源：统计研究所和《全球教育监测报告》小组对家庭调查数据的分析，世界教育指标可视化数据库）。

C 超龄学生百分比，按教育等级分列
各教育等级中比所在年级的正规年龄大2岁及以上的学生所占百分比。

D 初等教育毛入学率
初等教育入学总人数（不考虑年龄）占正规入学年龄组人口总数的百分比。该指标数据有可能大于100%，因为存在提早入学、延迟入学和（或）留级重修的情况。

E 经调整的初等教育净入学率
初等教育正规入学年龄组中在该教育等级及以上等级入学的人数占该年龄组人口总数的百分比。

F 初等教育最高年级毛招生率
初等教育最高年级新生总数（不考虑年龄）占该年级正规年龄组人口总数的百分比。

G 初等教育向初级中等普通教育的有效升学率
下一年的初级中等教育一年级新生人数占特定年份初等教育最高年级在读学生（排除下一年需留级重修的学生）总数的百分比。

H 初级中等教育合计净入学率
初级中等教育正规年龄组中在任一教育等级就读的学生数占相应的学龄人口总数的百分比。

I 初级中等教育最高年级毛招生率
初等中等教育最高年级新生总数（不考虑年龄）占该年级正规年龄组人口总数的百分比。

J 高级中等教育合计净入学率
高级中等教育正规年龄组中在任一教育等级就读的学生数占相应的学龄人口总数的百分比。

K 低年级（二年级或三年级），或者初等教育、初级中等教育最高年级的全国代表性学习评估的管理
该定义涵盖了任何全国代表性的、国家层面的或跨国的形成性低风险学习评估。

L 至少达到阅读和数学最低熟练水平的学生百分比
各类评估对阅读和数学最低熟练水平的定义不尽相同。对数据应做谨慎解释，因为不同评估之间不具有可比性。在拟参考年级未举办评估的情况下，采用高于或低于拟参考年级的学生学习成绩调查数据作为占位数据。

表 I.2 （续）

指标

注释
表3

A 36—59月龄儿童身体健康、学习和社会心理健康正常发展的百分比

联合国儿基会的幼儿发展指数数据是通过联合国儿基会多指标聚类调查收集的。它是衡量发展潜力实现水平的指数，从以下四个方面评估36—59月龄儿童：（a）读写和计算；（b）身体发育；（c）社会性情感发展；（d）学习（跟随简单教学的能力和自觉学习的能力）。总体上正常发展的儿童百分比是指在以上三个或四个方面正常发展的儿童所占的百分比。

B 5岁以下儿童中度和重度发育迟缓率

特定年龄组儿童中，身高比国家健康统计中心和世界卫生组织发布的同龄儿童身高中位数低2个标准差以上的儿童占比。（资料来源：2021年联合国儿基会、世界卫生组织和世界银行联合发布的儿童营养不良状况估计。区域总体数据是参考年份的统计估计值的加权平均数，而不是国家表格中的各国观测值。）

C 36—59月龄儿童拥有积极的、激发潜能的家庭学习环境的百分比

36—59月龄儿童身边有成人在调查前三天通过开展以下活动中的四种及以上活动促进儿童学习和上学准备的百分比：（a）为孩子读书；（b）给孩子讲故事；（c）给孩子唱歌；（d）带孩子出门；（e）陪孩子玩；（f）花时间陪孩子为物品命名、数数或画画。（资料来源：联合国儿基会数据库。）

D 5岁以下儿童在家拥有三本及以上童书的百分比

0—59月龄儿童中拥有三本及以上书籍或图画书者所占百分比。（资料来源：联合国儿基会数据库。）

E 学前教育阶段幼儿教育毛入学率

学前教育入学总人数（不考虑年龄）占正规年龄组人口总数的百分比。该指标数据有可能大于100%，因为存在提早或延迟入学的情况。

F 经调整的初等教育正规入学年龄前一年的净入学率

初等教育正规入学年龄前一年的儿童进入学前教育或初等教育的人数占该年龄组人口总数的百分比。

表4

A 成人教育与培训的参与率

成人（25—64岁）在调查前12个月内的正规或非正规教育与培训的参与率。当缺少调查前12个月的数据时，根据其他参考时期进行估计，主要参考调查前4周的情况。

B 青年接受职业技术教育的百分比

青年（15—24岁）中接受《国际教育标准分类法》2—5级的职业技术教育者占该年龄组人口总数的百分比。

C 职业技术教育学生占总入学人数的比例，按教育等级分列

进入特定教育等级职业教育项目的学生总数占该教育等级所有项目（含职业教育和普通教育）入学总人数的百分比。

D 职业技术教育学生占中等后非高等教育总入学人数的比例

中等后非高等教育中职业技术教育入学人数所占百分比。

E 高等教育毛毕业率

第一学位项目（《国际教育标准分类法》6级和7级）毕业人数占最常见的第一学位项目理论上毕业年龄人口总数的百分比。

F 高等教育毛入学率

高等教育入学总人数（不考虑年龄）占高于高级中等教育正规毕业年龄5岁年龄组人口总数的百分比。该指标数据有可能大于100%，因为存在提早或延迟入学，或者延长学业的情况。

G 成人（15岁及以上）具有特定信息和通信技术技能的百分比

在最近三个月从事过以下与计算机相关的活动的成人（15岁及以上），可被视为具备此类技能：复制或移动文件或文件夹；使用复制和粘贴工具，在一个文档内复制或移动信息；在电子表格中使用基本的计算公式；使用专门的编程语言编写计算机程序。

H 成人（25岁及以上）受教育程度达到特定教育等级及以上的百分比

25岁及以上人口中最高受教育程度达到特定教育等级者占该年龄组人口总数的百分比。初等教育对应《国际教育标准分类法》1级及以上，初级中等教育对应《国际教育标准分类法》2级及以上，高级中等教育对应《国际教育标准分类法》3级及以上，中等后教育对应《国际教育标准分类法》4级及以上。

I 特定年龄组人口至少达到功能性读写和计算能力的特定熟练水平的百分比

该熟练水平大致相当于国际成人能力评估项目量表的水平2。

J 青年（15—24岁）及成人（15岁及以上）识字率

K 青年（15—24岁）及成人（15岁及以上）文盲人数

识字青年（15—24岁）/成人（15岁及以上）人数占该年龄组人口总数的百分比。识字率数据包含来自人口普查或家庭调查的国家观测数据以及统计研究所估计数据。各国收集数据时使用的定义和方法论有差异，应谨慎使用数据。

表5

经调整的性别均等指数，按指标分列

性别均等指数（GPI）是特定指标上女性相对于男性的比值。如果女性值低于或等于男性值，经调整的性别均等指数（GPIA）=性别均等指数。如果女性值高于男性值，则经调整的性别均等指数=2−1/性别均等指数。经调整的性别均等指数以1为中轴对称分布，取值范围为0—2。经调整的性别均等指数等于1表示男女均等。（资料来源：统计研究所数据库，《全球教育监测报告》小组根据各国和国际家庭调查数据计算。）

A 完成率，按教育等级分列

B 特定教育等级结束时达到最低熟练水平的学生百分比

C 青年和成人识字率

D 成人（16岁及以上）至少达到功能性读写和计算能力特定熟练水平的百分比

E 毛入学率，按教育等级分列

地区和贫富均等指数

地区均等指数是特定指标上农村与城市的比值。贫富均等指数是特定指标上最贫困五分之一人口与最富裕五分之一人口的比值。

F 完成率，按教育等级分列

G 特定教育等级结束时达到最低熟练水平的学生百分比

表 1.2（续）

指标

注释
表6

A	**（i）全球公民意识和（ii）可持续发展教育被纳入各级教育的（a）国家教育政策、（b）课程大纲、（c）教师教育和（d）学生评估的程度** 通过调查表收集资料，以监测教科文组织成员国执行1974年《关于促进国际了解、合作与和平的教育以及有关人权与基本自由的教育的建议书》的情况。通过若干标准衡量该指标的四个组成部分（政策、课程、教师教育和学生评估）中的每一个，然后将这些标准结合起来，给出每个组成部分在0到1之间的单一分数（资料来源：UNESCO, 2020）。
B	**提供生活技能基础上的预防艾滋病教育的学校百分比** 提供生活技能基础上的预防艾滋病教育的初级中等教育学校（占所有教育机构的）百分比。
C	**具备基本的饮水、基本的（男女分开的）卫生设施或卫生间，及基本的洗手设施的学校百分比** 具备基本的饮水是指具备来自经改良水源的饮用水，且调查时学校能接到水。具备基本的卫生设施或卫生间是指学校有经改善的卫生设施，且调查时学校的卫生设施是男女分开的，并运转良好（可以使用、功能正常、有私密性）。具备基本的洗手设施是指调查时学校的洗手设施能出水且有香皂。
D	**接入电力设施的公立学校百分比** 有规范且现成可用的能源（例如，接入电网/有电源，使用风力、水力、太阳能或燃料发电），足够保障学生和教师持续使用信息和通信技术设备，以支持授课或单独的教学和学习需求。 **以教学为目的接入互联网的公立学校百分比** 学生可以接入以改进教学和学习为目的的互联网，无论用何种设备联网均可。可以通过固定窄带、固定宽带或移动网络接入。 **具备计算机的公立学校百分比** 能够使用计算机支持授课或单独的教学和学习需求，包括满足研究目的的信息需求、制作演示文档、进行实践演练与实验、共享信息和参与以教育为目的的线上论坛。台式电脑、笔记本电脑和平板电脑都在界定范畴内。
E	**具有适应残疾学生的基础设施和资料的公立初等教育学校百分比** 所有已完工的教学设施环境对所有使用者开放可得，包括多种类型的残疾人，使得每个人都可以使用和退出。可得性包含独立接近、进入、撤离和（或）使用建筑及其中的服务和设施（例如饮水和卫生设施）的便捷性，该建筑的所有潜在使用者都在活动期间具有个人健康、安全和福祉方面的保障。
F	**初级中等教育学生经历学校欺凌的百分比** 在最近12个月（或其他可得的数据参考时期）内经历过欺凌的初级中等教育学生所占百分比。欺凌的定义可能包括肢体、言语和人际关系方面的伤害。这一界定范畴反映了近期关于欺凌的研究进展，也是主要的国际学生评估所采用的定义。
G	**针对学生、教师或教育机构的袭击程度** 在特定时期内（例如，最近12个月，一个学年或一个自然年中）遭受直接针对学生、教师和其他人员，或针对教育类建筑物、资料及设施，包括针对交通设施的暴力袭击、恐吓或故意使用武力的次数。该指标关注出于政治、军事、意识形态、宗教派别、种族或其他宗教原因的，来自武装力量或非国家武装团体的袭击。
H	**国际留学生，入学人数中的入境人数和出境人数，流动率** 特定国家的来自国外的学生人数占该国高等教育入学总人数的百分比。 特定国家的到国外留学的学生人数占该国高等教育入学总人数的百分比。
I	**官方发展援助中用于奖学金的金额** 官方发展援助（所有部门）中用于奖学金（所有教育等级）的总支出毛值。各个区域和国家收入分组的合计值与全球合计值不等是因为部分援助未按国家分配。 **输入学生成本** 捐助方国家高等教育机构因接收来自发展中国家的学生而发生的成本。

指标
注释 表7

A	**课堂教师人数** 受聘于全职或兼职工作，具备指导和引导学生学习经验的正规能力的人数，不考虑其资格或授课机制（即面授或远程授课）。该定义排除了没有主动教学职责的教育人员（例如，不用教学的校长）和偶尔在教育机构里工作或提供志愿服务的人员。
B	**生师比** 特定教育等级平均每位教师所教学生数，根据学生和教师人数计算。
C	**受过培训的课堂教师百分比** 受过培训的教师的定义是，至少符合有组织或经认证的教师培训最低要求（职前或在职培训），在特定教育等级从教的教师。未收集欧统局国家的数据。
D	**合格教师百分比** 合格教师的定义是，根据国家标准，特定教育等级中具有从事教学的最低必要学术资历的教师。
E	**教师流失率** 特定教育等级特定学年离开教师行业的人数占该教育等级该学年教师总数的百分比。
F	**教师相对薪酬水平** 教师薪酬与同等级学历的其他行业工作者的薪酬的比较。数据是全职教师的实际薪酬与具有高等教育学历（《国际教育分类标准》5—8级）的全时全年工作者的收入的比值。该指标的定义是公立学校教师薪酬（年平均薪酬，包含福利和补贴）与具有相同受教育程度工作者的薪酬的比值（加权平均数），以及与25—64岁受过高等教育的全时全年工作者的薪酬的比值。
G	**教师在最近12个月内接受在职培训的百分比** 代表特定教育等级或年级教师的数据：在最近12个月（或数据可得期限）内接受过在职培训的教师比例。代表教师的学生数据：其教师在最近12个月（或数据可得期限）内接受过在职培训的学生比例。当跨国评估对同一教育等级进行不止一次评估时，采用该教育等级所有年级的平均值。

表1: 各国教育系统特征和教育支出

区域	A 义务教育 学前教育1年	A 初等教育至中等教育9年	B 免费教育 学前教育1年	B 初等教育至中等教育12年	C 初等教育正规入学年龄	D 学制年限（年）学前教育	D 初等教育	D 初级中等教育	D 高级中等教育	E 学龄人口(000,000) 学前教育	E 初等教育	E 中等教育	E 高等教育	F 入学人数(000,000) 学前教育	F 初等教育	F 中等教育	F 高等教育
可持续发展目标指标	4.2.5	4.1.7	4.2.5	4.1.7													
参考年份	2021									2022				2021			
	占国家数的百分比（%）				中位数					合计							
世界	25	74	51	54	6	3	6	3	3	353	731	799	586	215	745	614	236
撒哈拉以南非洲	2	44	18	25	6	3	6	3	3	78	179	150	93i	21i	178i	66i	9i
北非和西亚	12	92	58	75	6	3	6	3	3	26	57	58	43	9i	57i	48i	21i
北非	-	83	50	50	6	2	6	3	3	11	30	27	20	5i	31i	21i	7i
西亚	17	94	61	83	6	3	6	3	3	15	27	32	23	4	27i	27	13
中亚和南亚	14	64	50	50	6	3	5	4	3	99	187	260	180	60	190	189	49
中亚	20	100	100	40	7	4	4	5	2	6	6	9	6	3	6	9	2
南亚	11	44	22	56	6	2	5	3	4	93	181	251	175	58	184	180	47
东亚和东南亚	22	78	38	38	6	3	6	3	3	81	179	179	152	68	186	157	77
东亚	29	100	57	43	6	3	6	3	3	58	115	112	97	52	118	101	58
东南亚	18	64	22	33	6	3	6	3	3	24	64	67	54i	16i	68i	56i	19i
大洋洲	18	65	55i	64i	6	2	6	4	3	2	4	4	3	1i	4	4	2
拉丁美洲和加勒比	54	83	71	58	6	2	6	3	3	28	59	65	54	21	62	63	29
加勒比	27	82	53	58	5	2	6	3	2	...	4i	4i	3i	...	2i	2i	...
中美洲	100	86	86	57	6	3	6	3	3	...	19	19	15	...	20	17	6
南美	75	83	92	58	6	3	6	3	3	...	35i	41i	30i	...	37	43	19i
欧洲和北美	37	93	63	71	6	3	6	5	4	39	66	84	62	34	66	87	50
欧洲	40	93	60	69	6	3	6	5	4	26	39	56	38	24	40	60	29
北美	-	100	100	100	6	3	6	3	3	13	27	27	24	9	27	28	21
低收入国家	4	43	27	23	6	3	6	3	3	56	109	95	60i	11i	112i	37i	6i
中等收入国家	23	68	46	48	6	3	6	3	3	257	542	614	454	170	553	481	173
中低收入国家	17	59	34	34	6	3	6	3	3	155	349	411	287	91	353	290	76
中高收入国家	29	77	58	62	6	3	6	3	3	102	193	203	167	79	199	191	97
高收入国家	38	94	66	73	6	3	6	3	3	39	77	88	70	32	77	93	55

A 义务教育年限，按教育等级分列。
B 免费教育年限，按教育等级分列。
C 初等教育正规入学年龄。
D 学制年限，按教育等级分列。
E 正规上学年龄人口，按教育等级分列（其中，高等教育指高级中等教育后5年）。
F 入学总绝对人数，按教育等级分列。
G 公共教育支出初始值占国内生产总值的百分比。
H 教育支出占公共支出总额的百分比。
I 生均公共支出初始值，按教育等级分列，按2019年购买力平价美元不变价格计，及其占人均国内生产总值的百分比。

资料来源：除非有注解，数据均来自统计研究所。除非有注解，数据均为2021年结束的学年的数据。
总体数据涵盖表中所列的所有数据可得国家和地区，可能包括对无最新数据国家和地区所做的估计。
(-) 零或可忽略不计
(...) 无相关数据或不存在的类别
(±n) 参考年份差异（例如，-2表示用2019年数据代替2021年数据）
(i) 估计数或不完全统计数

G 公共教育支出占国内生产总值的百分比 (%)	H 教育支出占公支出总额的百分比 (%)	财政							
		I 生均公共教育支出							
		2019年购买力平价美元				占人均国内生产总值的百分比（%）			
		学前教育	初等教育	中等教育	高等教育	学前教育	初等教育	中等教育	高等教育
	1.a.2	4.5.4							
		2021							
		中位数							
4.2	14.2	2,340i	2,989i	3,660i	5,008i	12i	15i	20i	25i
3.6	16.5	104i	306i	481i	...	4i	13i	17i	...
3.5i	9.6i	3,103i	4,616i	5,779i	6,037i	12i	14i	20i	18i
...	...	...	...	3,589i	...	...	...	32i	...
3.5i	9.6i	4,256i	5,679i	8,136i	5,760i	13i	15i	20i	17i
4.3	14.6	192	907i	1,131	1,973	3	11i	16	22
4.6	22.8	1,502	906i	3,274i	1,099	24	11i	18i	19
3.2	11.6	61	907	915	3,236	1	11	16	25
3.3	15.5	3,504i	5,840i	12,654i	7,624i	12i	15i	21i	21i
4.3	14.7	6,070i	10,342i	15,152i	8,768	13i	19i	...	21i
2.9	15.5	...	4,747i	5,626i	4,542i	...	13i	21i	21i
5.4	10.9i	...	...	...	...	...	...	...	...
4.3	16.0i	1,349i	2,231i	2,832i	2,457i	11i	14i	18i	22i
4.0	14.2i	546i	2,147i	3,226i	...	5i	14i	19i	6i
4.3	22.7	1,137i	2,084i	1,968i	2,281	10i	14i	13i	23
5.1	16.0	1,707	2,565	2,408	3,214	13	15	19	22
4.7	11.2	7,546	8,984	10,665	10,858	18	21	22	27
4.6	11.0	7,414	8,984	10,665	10,471	18	21	22	28
4.8	12.7	10,356	9,447	11,545	14,428	14	14	17	23
3.2	16.2	52i	240i	295i	...	2i	11i	17i	...
4.1	15.4	1,076i	1,657i	1,950i	2,662i	10i	14i	17i	23i
4.0	15.7	474i	776i	924i	2,252i	9i	11i	13i	31i
4.3	14.5	1,657i	2,290i	3,036i	3,214i	11i	15i	21i	18i
4.5	11.8	7,148i	9,300	10,475	13,826	17	20	22	27

表1（续）

国家或地区	义务教育 学前教育1年	义务教育 初等教育至中等教育9年	免费教育 学前教育1年	免费教育 初等教育至中等教育12年	初等教育正规入学年龄	学制年限 学前教育	学制年限 初等教育	学制年限 初级中等教育	学制年限 高级中等教育	学龄人口(000) 学前教育	学龄人口(000) 初等教育	学龄人口(000) 中等教育	学龄人口(000) 高等教育	入学人数(000) 学前教育	入学人数(000) 初等教育	入学人数(000) 中等教育	入学人数(000) 高等教育
可持续发展目标指标	4.2.5	4.1.7	4.2.5	4.1.7													
参考年份	2021									2022				2021			
撒哈拉以南非洲																	
安哥拉	-	6	-	6	6	2	6	3	3	2,277	6,189	5,103	...	...	4,697	...	...
贝宁	-	6	-	6	6	2	6	4	3	732	1,997	1,967	1,119	166	2,280	918	124
博茨瓦纳	-	-	...	...	6	3	7	3	2	163	373	243	211	...	365	176	52
布基纳法索	-	10	-	10	6	3	6	4	3	2,022	3,645	3,570	1,993	130	3,290	1,370	190
布隆迪	-	-	...	...	7	3	6	3	3	1,182	2,070	1,622	1,032	126	2,302	741	42
佛得角	-	10	-	8	6	3	6	3	3	32	63	60	49	24	63	54	12
喀麦隆	-	6	-	6	6	2	6	4	3	1,595	4,420	4,381	2,319	565	4,732	1,919	331
中非共和国	-	10	-	13	6	3	6	4	3	432	830	895	...	12	1,029	138	...
乍得	-	10	-	10	6	3	6	4	3	1,690	2,972	2,861	...	21	2,719	664	...
科摩罗	-	6	-	6	6	3	6	4	3	73	135	135	76	15	124	74	...
刚果	-	10	3	13	6	3	6	4	3	488	915	896	433	67	783	517	55
科特迪瓦	-	10	-	10	6	3	6	4	3	2,404	4,279	4,300	2,548	258	4,253	2,564	253
刚果民主共和国	-	6	-	6	6	3	6	2	4	9,186	16,097	13,044	8,061	603	18,789	...	564
吉布提	-	10	1	12	6	2	5	4	2	40	98	125	90	5	72	71	...
赤道几内亚	-	6	-	6	7	3	6	4	2	113	197	162	...	...	118		
厄立特里亚	-	8	-	8	6	2	5	3	4	189	474	645	...	46	347	266	...
斯威士兰	-	7	-	7	6	3	7	3	2	85	200	142	...		236		
埃塞俄比亚	-	8	-	8	7	3	6	4	2	9,689	17,728	16,049	...	2,867	18,447		
加蓬	-	10	-	10	6	3	5	4	3	189	279	310	...	75	270	205	...
冈比亚	-	9	-	9	7	4	6	3	3	312	403	332	...	131	414	370	...
加纳	2	9	2	9	6	2	6	3	3	1,642	4,611	4,660	2,972	1,820	4,730	3,163	581
几内亚	-	6	-	6	7	3	6	4	3	1,193	2,167	2,211	1,128	230	2,108	764	...
几内亚比绍	-	9	...	...	6	3	6	3	3	180	328	277	...				
肯尼亚	-	12	-	12	6	3	6	2	4	4,210	8,360	7,992	5,258	2,739	6,413	...	528
莱索托	-	7	-	7	6	3	7	3	2	147	312	209	212	47	330	140	22
利比里亚	-	6	-	6	6	3	6	3	3	434	806	723	...	543	608	275	...
马达加斯加	-	5	3	12	6	3	5	4	3	2,394	3,648	4,566	2,758	902	4,649	1,495	152
马拉维	-	8	-	8	6	3	6	4	2	1,744	3,297	3,021	...	525	4,288	1,097	...
马里	-	9	4	12	7	3	6	3	3	2,033	3,637	3,000	1,607	148	2,734	1,033	...
毛里塔尼亚	-	9	3	13	6	3	6	4	3	406	731	713	416	...	654	258	24
毛里求斯	-	11	-	13	5	2	6	3	4	26	82	117	94	24	84	114	43
莫桑比克	-	-	...	...	6	3	7	3	2	3,075	6,376	3,945	2,926	...	7,220	1,467	214
纳米比亚	-	7	-	7	7	2	7	3	3	133	435	263	245	48	536	...	67
尼日尔	-	-	...	...	7	3	6	4	3	2,655	4,495	4,026	1,902	180	2,806	787	80
尼日利亚	-	9	-	9	6	1	6	3	3	6,433	35,246	29,409	...	1,391	28,078	11,374	...
卢旺达	-	6	-	9	6	3	6	3	3	1,096	1,992	1,788	1,217	294	2,729	783	88
圣多美和普林西比	-	6	-	6	6	3	6	3	3	19	37	33	18	...	37	26	...
塞内加尔	-	11	-	11	6	3	6	4	3	1,554	2,863	2,741	1,564	270	2,270	1,243	244
塞舌尔	-	10	-	11	6	3	6	3	2	3	10	10	6	3	9	8	1
塞拉利昂	-	9	-	9	6	3	6	3	4	678	1,267	1,321	...	167	1,964	492	...
索马里	-	-	...	...	6	3	6	2	4	1,614	2,820	2,425	...	18	250	130	...
南非	-	9	-	12	6	4	7	2	3	4,632	8,085	5,263	4,886	822	7,716	5,101	1,184
南苏丹	-	8	-	8	6	3	6	2	4	1,002	1,835	1,610	...	114	...	...	...
多哥	-	10	-	5	6	3	6	4	3	715	1,330	1,360	746	206	1,629	852	115
乌干达	-	7	-	7	6	3	7	4	2	4,645	9,825	7,060	...	609	8,841	1,434	...
坦桑尼亚联合共和国	-	7	1	13	7	1	7	4	2	1,841	11,770	8,442	5,443	1,391	11,197	2,338	400
赞比亚	-	7	-	7	7	4	7	2	3	2,331	3,719	2,304	...	184	3,285	...	...
津巴布韦	-	7	...	...	6	2	7	2	4	853	3,055	2,170	...	655	2,899		

G	H	I								国家或地区名称缩写
		财政								
		生均公共教育支出								
公共教育支出占国内生产总值的百分比 (%)	教育支出占公共支出总额的百分比 (%)	2019年购买力平价美元				占人均国内生产总值的百分比 (%)				
		学前教育	初等教育	中等教育	高等教育	学前教育	初等教育	中等教育	高等教育	
	1.a.2	4.5.4								
		2021								
2.1	...	...	...	...	...	...	...	...	...	AGO
3.2	17.7_{-3i}	269	207	245	1,652	9	7	8	55	BEN
8.1_{-1}	...	...								BWA
5.2	22.7_{-3i}	169	286	329	6,232	8	15	16	308	BFA
5.1_{-1}	19.5_{-3}									BDI
6.5	15.2_{-2}	43_{-2}	$1,657_{-2}$	$1,159_{-2}$	$2,689_{-4}$	1_{-2}	23_{-2}	16_{-2}	40_{-4}	CPV
2.8	16.9_{-3i}	...								CMR
1.9	...	...								CAF
2.9	15.7	3	110_{-3}	225_{-3}	...	0.2	7_{-3}	14_{-3}	...	TCD
...	...								...	COM
3.9	15.6_{-3i}									COG
3.5	16.6	513	507	606	$4,542_{-1}$	9	9	11	84_{-1}	CIV
2.7	14.0_{-4i}	-	...	...	...	-	...	...	...	COD
3.8_{-3i}	14.0_{-3i}	...	1,260	25	...	...	28	...	...	DJI
0.3	...									GNQ
										ERI
5.5_{-1}										SWZ
3.7_{+1}	...	62	136	289	...	4	8	17	...	ETH
3.0	...									GAB
2.9	11.4_{-3i}	-	184	...	...	-	9	...	...	GMB
3.9_{-3i}	18.6_{-3i}									GHA
2.1	14.3_{-1}	...	171_{-1}	...	...	6_{-1}	...	...	...	GIN
2.6										GNB
5.1_{-3i}	19.0_{-3i}	52	409	...	2,852	1	10	...	67	KEN
6.1_{+1}	14.4_{-3}	...	644_{-3}	933_{-3}	$1,391_{-3}$	...	24_{-3}	35_{-3}	52_{-3}	LSO
2.6_{+1}	7.4	164	243	301	...	10	15	18	...	LBR
3.2	19.8_{-3i}	...								MDG
3.3_{-3i}	15.8_{-3i}	-	124	365	...	...	8	24	...	MWI
4.4	16.2	43_{-4}	289_{-4}	601_{-4}	3,718	2_{-4}	13_{-4}	26_{-4}	171	MLI
1.7	9.1	...	345_{-1}	481_{-1}	$3,390_{-1}$	...	6_{-1}	9_{-1}	60_{-1}	MRT
4.7	14.5_{-2}	698	3,638	6,701	2,029	3	17	32	10	MUS
6.9	17.4_{-3i}	...								MOZ
9.5_{+1}	...									NAM
3.5_{-3}	16.3_{-3}	146_{-3}	118_{-4}	143_{-3}	$2,343_{-3}$	12_{-3}	10_{-4}	12_{-4}	186_{-3}	NER
...										NGA
4.0_{+1}	15.5	115	272	533	$1,985_{-3}$	5	13	25	98_{-3}	RWA
5.3	20.1_{-3i}	...								STP
5.6	21.5_{-3}	474	430	643	$4,776_{-3}$	15	14	20	134_{-3}	SEN
5.5	11.8_{-3}	3,332	3,907	4,210	19,457	12	14	15	68	SYC
3.3	21.6	-	322	247_{-4}	...	-	19	15_{-4}	...	SLE
-	3.0_{-1}									SOM
6.6_{+1}	20.9_{-2}	1,016	2,733	3,349	8,498	8	20	25	64	ZAF
...	...									SSD
4.2	21.8_{-3i}	104	247	...	$1,230_{-4}$	5	12	...	59_{-4}	TGO
2.6_{+1}	16.5_{-2}									UGA
3.4_{+1}	20.5_{-3}									TZA
3.9_{-1}	17.1_{-3i}	69	474_{-4}	...	...	2	13_{-4}	...	...	ZMB
2.1_{-3i}	19.0_{-3i}	...	...	...	...	...	...	...	...	ZWE

表1（续）

国家或地区	义务教育·学前教育1年 (4.2.5)	义务教育·初等教育至中等教育9年 (4.1.7)	免费教育·学前教育1年 (4.2.5)	免费教育·初等教育至中等教育12年 (4.1.7)	初等教育正规入学年龄	学制年限(年)·学前教育	学制年限(年)·初等教育	学制年限(年)·初级中等教育	学制年限(年)·高级中等教育	学龄人口(000)·学前教育	学龄人口(000)·初等教育	学龄人口(000)·中等教育	学龄人口(000)·高等教育	入学人数(000)·学前教育	入学人数(000)·初等教育	入学人数(000)·中等教育	入学人数(000)·高等教育
参考年份	2021	2021	2021	2021	2021	2021	2021	2021	2021	2022	2022	2022	2022	2021	2021	2021	2021
北非和西亚																	
阿尔及利亚	-	10	1	12	6	1	5	4	3	994	4,633	5,046	2,858	551	5,051	5,501	1,536
亚美尼亚	-	12	3	12	6	3	4	5	3	126	172	310	167	37	156	269	93
阿塞拜疆	1	9	5	11	6	3	4	5	3	464i	684i	1,082i	651i	215	646	1,014	249
巴林	-	9	-	12	6	3	6	3	3	68	131	113	79	36	116	102	51
塞浦路斯	1	9	1	12	6	3	6	3	3	28i	59i	59i	57i	25	59	59	53
埃及	-	12	-	12	6	2	6	3	3	5,265	14,502	11,095	8,476	1,480	13,265	9,414	3,621
格鲁吉亚	-	9	-	12	6	3	6	3	3	167	339	287	222	165	336	282	161
伊拉克	-	6	2	12	6	2	6	3	3	2,180	6,199	5,299	3,815	...	...	...	...
以色列	3	12	3	12	6	3	6	3	3	512	979	858	632	565	980	863	386
约旦	-	10	1	12	6	2	6	4	2	435	1,372	1,323	978	120	1,112	945	333
科威特	-	9	-	12	6	2	5	4	3	121	319	411	207	60	265		122
黎巴嫩	-	10	3	9	6	3	6	3	3					187	510	424	274
利比亚	-	9	2	12	6	2	6	3	3	259	791	725	543				
摩洛哥	-	9	-	9	6	2	6	3	3	1,377	4,081	3,678	2,886	834	4,553	3,048	1,254
阿曼	-	10	-	12	6	2	4	6	2	172	309	487	239	45	310	473	114
巴勒斯坦	-	10	1	12	6	2	4	6	2	279	543	934	503	138	501	838	215
卡塔尔	-	12	-	12	6	3	6	3	3	83	162	143	164	45	163	129	41
沙特阿拉伯	-	9	-	12	6	3	6	3	3	1,815	3,539	3,004	2,203	335	3,551	3,206	1,573
苏丹	-	8	2	11	6	2	6	3	3	2,454	6,878	6,197	4,190	1,100	5,118	2,216	...
阿拉伯叙利亚共和国	-	9	3	12	6	3	6	3	3	1,152	2,116	2,031	1,620	134	2,170	1,321	...
突尼斯	-	9	-	11	6	3	6	3	4	623	1,199	1,143	797	...	1,304		299
土耳其	-	12	3	12	6	3	4	4	4	4,012	5,461	10,825	6,811	1,630	5,280	11,332	7,976
阿拉伯联合酋长国	-	12	2	12	6	3	4	4	4	208	417	726	566	224	468	765	313
也门	-	9	-	9	6	3	6	3	3	2,458	4,654	4,117	2,949				
中亚和南亚																	
阿富汗	-	9	1	12	7	1	6	3	3	1,105	6,457	6,008	4,080	...	6,778	3,064	431
孟加拉国	-	5	-	5	6	3	5	3	4	8,582	14,552	21,009	15,429	3,136	16,965	16,023	3,522
不丹	-	-	-	11	6	2	7	4	2	25	87	80	74	13	80	76i	12
印度	-	8	-	8	6	3	5	3	4	69,227	117,829	176,594	124,624	27,631	131,348	139,098	39,968
伊朗	-	9	-	9	6	3	6	3	3	1,474	8,221	7,171	5,467	1,025	8,670	6,122	3,183
哈萨克斯坦	-	9	3	11	6	3	4	5	2	1,185	1,577	2,230	1,047	891	1,513	2,024	740
吉尔吉斯斯坦	1	9	4	11	7	4	4	5	2	638	609	806	498	249	577	772	267
马尔代夫	-	7	-	12	6	3	7	4	2	22	53	32	42	17	51	21	14
尼泊尔	1	8	1	12	5	2	5	3	4	1,078	2,737	4,107	3,256	1,010	3,485	3,513	467
巴基斯坦	-	12	-	12	6	2	5	3	4	11,053	25,926	32,807	21,147	8,725	23,588	14,189	2,584
斯里兰卡	-	11	-	13	6	3	5	4	4	657	1,663	2,721	1,580	337	1,695	2,728	350
塔吉克斯坦	-	9	4	11	7	4	4	5	2	1,072	960	1,307	849	91	771		265
土库曼斯坦	-	12	3	12	6	3	4	6	2	417	549	846	460	151	609	805	80
乌兹别克斯坦	-	12	4	12	6	4	4	5	3	2,738	2,604	4,447	2,702	1,196	2,504	3,819	574
东亚和东南亚																	
文莱达鲁萨兰国	-	9	...	...	6	3	6	2	5	19	42	45	35	13	40	42	11
柬埔寨	-	-	-	9	6	3	6	3	3	1,069	2,088	1,888	1,481	359	2,133	1,062	198
中国	-	9	-	9	6	3	6	3	3	51,227	103,866	99,980	84,625	48,187	107,730	90,919	53,823
朝鲜民主主义人民共和国	1	11	1	11	7	2	5	3	3	686	1,674	2,083	1,962	...	1,508	...	526
中国香港	-	9	-	12	6	3	6	3	3	207	361	336	322	167	368	343	285
印度尼西亚	-	9	-	12	7	2	6	3	3	9,801	28,695	27,676	22,134	5,909i	25,203	24,894	8,037
日本	-[-1]	9[-1]	-[-1]	9[-1]	6	3	6	3	3	3,146	6,609	6,776	5,951	2,864	6,440	6,786	3,885
老挝人民民主共和国	-	9	-	9	6	3	5	4	3	471	768	1,041	698	231	756	618	94
中国澳门	1	9	3	12	6	3	6	3	3	22	39	28	30	19	35	28	39
马来西亚	-	-	-	11	6	2	6	3	2	1,053	3,030	2,973	2,772	913	3,088	2,536	1,147
蒙古国	-	12	4	12	6	4	5	4	3	305	362	373	215	247	357	364	149
缅甸	-	5	-	5	5	2	5	4	2	1,781	4,465	5,754	4,954	154	5,300	4,187	932
菲律宾	1	12	1	12	6	1	6	4	2	2,239	13,649	12,902	10,257	2,054	12,529	11,567	3,644
韩国	-	9	3	9	6	3	6	3	3	1,217	2,716	2,761	2,922	1,174	2,703	2,674	2,994
新加坡	-	6	-	...	6	3	6	2	4	114i	232i	160i	214i	109	233	165	199
泰国	-	9	3	12	6	3	6	3	3	2,186	4,645	5,020	4,557	1,626	4,725	5,035	2,004
东帝汶	-	9	-	12	6	2	6	3	3	101	184	185	...	27	203	162	...
越南	1	9	-	5	6	3	5	4	3	4,710	7,574	9,720	6,490	4,328	8,885		2,298

	财政									
G	H	I 生均公共教育支出								国家或地区名称缩写
		2019年购买力平价美元				占人均国内生产总值的百分比（%）				
公共教育支出占国内生产总值的百分比(%)	教育支出占公共支出总额的百分比(%)	学前教育	初等教育	中等教育	高等教育	学前教育	初等教育	中等教育	高等教育	
	1.a.2	4.5.4								
		2021								
	...	...	...	...	...	...	...	...	...	DZA
	2.8	10.0-2	4,256	2,022	1,979	1,339	28	14	13	9	ARM
	3.5	8.6-2	1,950-1i	1,904-1i	3,416-1i	5,008-1i	13-1i	13-1i	24-1i	35-1i	AZE
	2.3-4	7.2-4	...	5,679	8,906	...	...	11	17	...	BHR
	5.2-2	13.4-2	4,311-2	11,899-2	14,978-2	6,511-2	10-2	28-2	35-2	15-2	CYP
	...	...	748-2	776-2	1,400-2	...	7-2	7-2	12-2	...	EGY
	3.6	12.1-1	...	...	...	1,008	...	...	...	6	GEO
	...	...	...	...	...	...	...	...	...	...	IRQ
	6.1-2	17.8-2	5,719-2	9,296-2	8,136-2	7,499-2	14-2	22-2	20-2	18-2	ISR
	3.2	9.6	108	1,454	1,644	783	1	15	17	8	JOR
											KWT
											LBN
											LBY
											MAR
	...	...	1,896-1	9,303-1	9,952-1	13,949	5-1	27-1	29-1	38	OMN
	5.5	17.9	...	...	...	407	...	...	...	7	PSE
	3.2-1	9.3-1	...	...	...	...	...	...	...	...	QAT
											SAU
											SDN
											SYR
	...	...	...	...	5,779	6,037	...	...	51	53	TUN
	3.4-1	9.4-1	4,293-2	3,553-2	3,931-2	7,860-2	16-2	13-2	15-2	29-2	TUR
	3.9	5.4-2	...	14,268-1	18,284-1	14,445-1	...	20-1	26-1	20-1	ARE
											YEM
	2.9-1	8.2-4	--4	238-4	263-4	...	--4	11-4	12-4	...	AFG
	1.8	10.2	...	...	371-1	949-1	...	...	7-1	17-1	BGD
	7.0	19.7+1	-	...	3,044	...	-	...	31	...	BTN
	4.6	14.6	192-1	928	1,147	3,597	3-1	15	18	56	IND
	3.2-1	22.7-1	148-1	1,606-1	2,354-1	3,372-1	1-1	11-1	16-1	23-1	IRN
	4.5	19.0-2	1,818	71-2	5,416	2,333-2	7	0.3-2	21	8-2	KAZ
	6.6-1	20.1-1	1,185-4	...	...	261-4	...	...	...	5-4	KGZ
	5.0	10.9	2,479-2	3,303-2	4,530-2	...	11-2	15-2	21-2	...	MDV
	4.0	12.4+1	61	365	308i	713	2	11	9i	22	NPL
	2.1	11.6-2	...	396	784	3,099-4	...	9	17	63-4	PAK
	2.0-3	11.3-3	--2	907-2	915-2	3,841-2	--2	6-2	6-2	26-2	LKA
	5.7	...	823	...	...	585	26	...	...	19	TJK
	3.1-2	28.0-1	...	...	...	...	...	...	...	34-2	TKM
	4.6	25.6-2	2,817	1,741	1,131	1,613	35	21	14	20	UZB
	...	...	671	5,840	15,561	21,013	1	9	24	32	BRN
	1.7	15.7	...	...	...	...	...	...	...	...	KHM
	3.5-3	11.5-3	...	...	...	...	...	...	...	...	CHN
											PRK
	4.0	17.5-2	6,776	11,355	15,152	16,230	12	19	26	28	HKG
	2.8-2	17.3-2	...	1,422	1,126	2,224	...	13	11	21	IDN
	3.2-2	8.2-2	5,365-2	9,330-2	10,156-2	8,768-2	13-2	...	...	...	JPN
	1.9	10.8	...	...	...	...	...	...	...	...	LAO
	6.4-1	15.6-2	...	...	...	24,782-1	...	...	...	43-1	MAC
	4.3	15.5-1	1,213-1	4,747-1	5,626-1	4,542-1	4-1	17-1	21-1	17-1	MYS
	6.5	20.5-4	1,642-4	1,563-4	...	379-4	14-4	13-4	...	3-4	MNG
	2.1-2	9.8-2	...	376-3	496-3	804-3	...	8-3	11-3	18-3	MMR
	3.9	15.4+1	...	...	...	...	...	...	...	...	PHL
	4.7-2	13.8-2	7,765-2	13,415-2	16,607-2	6,481-2	17-2	29-2	36-2	14-2	KOR
	2.5+1	16.5-2	...	17,040-1	21,057-1	22,286-1	...	17-1	21-1	22-1	SGP
	3.0	14.5-2	...	...	...	...	...	...	...	...	THA
	5.5	7.5	...	...	...	...	...	...	...	...	TLS
	3.0	16.1-3	...	...	...	...	...	...	...	...	VNM

国家或地区	义务教育 学前教育1年	义务教育 初等教育至中等教育9年	免费教育 学前教育1年	免费教育 初等教育至中等教育12年	初等教育正规入学年龄	学制年限（年） 学前教育	初等教育	初级中等教育	高级中等教育	学龄人口（000） 学前教育	初等教育	中等教育	高等教育	入学人数（000） 学前教育	初等教育	中等教育	高等教育
可持续发展目标指标	4.2.5	4.1.7	4.2.5	4.1.7													
参考年份				2021							2022				2021		
大洋洲																	
澳大利亚	-	10	1	13	5	2	7	4	2	680	2,343	1,960	1,544	529	2,269	2,517	1,763
库克群岛	-	12	2	13	5	2	6	4	3	0.5	2	2	...	0.4	2	2	...
斐济	-	-	...	...	6	3	6	4	3	53	105	112	72	17	119	107	38
基里巴斯	-	9	-	9	6	3	6	3	4	9	17	18	...	8	18	...	...
马绍尔群岛	1	12	1	12	6	1	6	2	4	1	9	9	6	1	6	6	2
密克罗尼西亚联邦	-	8	-	8	6	3	6	2	4	7	14	14	...	0.4	13	...	...
瑙鲁	2	12	2	12	6	2	6	4	2	2	2	1	...	0.3	1	1	...
新西兰	-	10	1	13	5	2	6	4	3	121	374	450	313	111	387	528	250
纽埃	-	11	1	12	5	1	6	4	3	-	0.2	0.2	...	-	0.2	0.2	...
帕劳	-	12	-	12	6	3	6	2	4	1	1	1	...	1	2	1	...
巴布亚新几内亚	-	-	...	...	7	4	6	4	2	876	1,244	1,167	...	386	1,394	518	...
萨摩亚	-	8	-	8	5	2	6	2	5	11	30	31	18	4	35	...	3
所罗门群岛	-	-	...	...	6	3	6	3	4	62	113	107	...	55	107	...	...
托克劳	-	11	...	...	5	2	6	4	3	-	0.1	0.1	0.1	0.1	0.2	0.2	...
汤加	2	13	-	8	6	3	6	5	2	5	15	17	10	4	17	15	2
图瓦卢	-	9	...	...	6	3	6	4	3	1	2	2	...	1	1	1	...
瓦努阿图	-	-	...	...	6	2	6	4	3	17	47	50	...	17	57	26	...
拉丁美洲和加勒比																	
安圭拉	-	12	-	12	5	2	7	3	2	0.4	1	1	...	0.4	2	1	...
安提瓜和巴布达	-	11	-	11	5	2	7	3	2	3	10	7	...	2	10	8	...
阿根廷	2	12	3	12	6	3	6	3	3	2,244	4,459	4,308	3,490	1,714	4,804	4,712	3,461
阿鲁巴	2	11	2	11	6	2	6	2	2	2	7	7	...	2	7	7	...
巴哈马	-	12	2	12	5	2	6	3	3	10	32	38	...	4	30	26	...
巴巴多斯	-	11	2	11	5	2	6	3	2	6	18	18	...	4	19	19	...
伯利兹	-	8	2	8	5	2	6	4	2	16	47	46	40	5	45	41	9
多民族玻利维亚国	2	12	2	12	6	2	6	2	4	472	1,411	1,385	...	351	1,394	1,273	...
巴西	2	12	2	12	6	3	5	4	3	6,025i	14,566i	21,284i	16,467i	5,178	15,367	22,162	8,987
英属维尔京群岛	-	12	-	12	5	2	7	3	3	1	2	2	2	0.5	3	2	1
开曼群岛	1	11	2	12	5	2	6	3	3	1	5	5	...	1	5	4	...
智利	-	12	2	12	6	3	6	2	4	700	1,512	1,496	1,324	625	1,542	1,535	1,214
哥伦比亚	1	11	3	11	6	3	5	4	2	2,223	3,688	4,603	4,287	1,942	4,192	4,927	2,448
哥斯达黎加	2	11	2	11	6	2	6	3	2	140	429	356	370	135	458	505	222
古巴	-	9	3	12	6	3	6	3	3	359	751	730	667	369	756	719	358
库拉索	2	12	...	...	6	2	6	2	4	4	12	13	...	4	16	15	...
多米尼克	-	12	...	12	5	2	7	3	2	2	6	5	...	1	6	5	...
多米尼加共和国	3	12	3	12	6	3	6	3	3	573i	1,153i	1,141i	929i	192	1,117	864	557
厄瓜多尔	3	12	3	12	6	3	6	3	3	996	1,926	1,863	1,573	581	1,850	1,879	827
萨尔瓦多	3	9	3	12	7	3	6	3	3	342	678	680	641	189	603	458	192
格林纳达	-	12	2	12	5	2	7	3	2	4	13	8	9	5	13	9	9
危地马拉	3	9	3	12	7	3	6	3	3	1,228	2,366	2,314	1,807	607	2,397	1,096	400
圭亚那	-	6	-	6	6	3	6	3	3	45	88	70	...	...	...	...	...
海地	-	6	-	6	6	3	6	3	4	752	1,477	1,643	1,074	...	...	...	...
洪都拉斯	1	11	3	11	6	2	6	3	2	607	1,185	1,021	1,038	203	1,046	581	264
牙买加	-	6	-	6	6	3	6	3	2	...	...	...	242	92	217	196	...
墨西哥	2	12	2	12	6	3	6	3	3	6,640	13,446	13,386	11,005	4,744	13,903	13,709	4,931
蒙特塞拉特	-	12	-	12	5	2	7	3	2	0.1	0.4	0.3	0.2	0.1	0.4	0.3	...
尼加拉瓜	1	6	-	11	6	3	6	3	2	393	787	631	...	275	881	...	...
巴拿马	2	9	2	12	6	2	6	3	3	156	463	444	353	98	466	361	157
巴拉圭	1	12	3	12	6	3	6	3	3	420	819	806	...	210	701	612	...
秘鲁	3	11	3	11	6	3	6	3	2	1,690	3,142	2,687	2,430	1,577	3,835	2,939	1,896
圣基茨和尼维斯	-	12	-	12	5	2	7	3	2	1	5	4	...	1	5	4	...
圣卢西亚	-	10	2	10	5	2	7	3	2	4	15	11	15	3	15	11	2
圣文森特和格林纳丁斯	-	12	2	12	5	2	7	3	2	3	12	8	9	4	13	10	...
荷属圣马丁	2	11	2	11	6	3	6	2	3	2	3	3	...	2	3	2	...
苏里南	-	6	...	...	6	2	6	4	3	21	63	72	49	17	63	50	...
特立尼达和多巴哥	-	7	-	...	5	2	7	3	2	36	...	...	87	24	130	86	...
特克斯和凯科斯群岛	2	11	2	12	6	3	6	3	3	1	3	3	3	1	3	2	...
乌拉圭	2	12	2	12	6	3	6	3	3	142	284	281	251	139	294	343	170
委内瑞拉玻利瓦尔共和国	3	11	3	11	6	3	6	2	2	1,487	3,261	2,627	...	1,190	3,285	2,391	...

公共教育支出占国内生产总值的百分比 (%)	教育支出占公共支出总额的百分比 (%)	生均公共教育支出								国家或地区名称缩写
G	H	2019年购买力平价美元				占人均国内生产总值的百分比 (%)				I
		学前教育	初等教育	中等教育	高等教育	学前教育	初等教育	中等教育	高等教育	
1.a.2		4.5.4								
2021										
5.1$_{-2}$	15.2$_{-2}$	6,748$_{-2}$	10,827$_{-2}$	9,175$_{-2}$	8,422$_{-2}$	12$_{-2}$	20$_{-2}$	17$_{-2}$	16$_{-2}$	AUS
4.6	9.1$_{-2}$	...	...	...	...	...	...	...	...	COK
5.6	...	...	...	...	...	...	...	...	...	FJI
13.6$_{-4}$	12.2$_{-2}$	...	...	...	...	...	...	...	...	KIR
15.7	15.0$_{-2}$	1,437$_{-2}$	1,883$_{-2}$	935$_{-2}$	373$_{-2}$	24$_{-2}$	32$_{-2}$	16$_{-2}$	6$_{-2}$	MHL
10.2$_{-2}$	...	...	...	...	...	...	...	...	...	FSM
9.5$_{+1}$	9.6$_{-3}$	...	...	...	...	...	...	...	...	NRU
5.2$_{-2}$	15.9$_{-2}$	7,536$_{-2}$	7,163$_{-2}$	6,825$_{-2}$	12,359$_{-2}$	16$_{-2}$	15$_{-2}$	15$_{-2}$	27$_{-2}$	NZL
...	...	...	...	...	-$_{-4}$	...	...	...	-$_{-4}$	NIU
...	...	...	...	...	...	...	...	...	...	PLW
1.9$_{-3i}$	9.2$_{-3i}$	...	...	...	...	...	...	...	...	PNG
4.8$_{-1}$	...	107	557	809	...	2	9	13	...	WSM
...	...	...	...	...	...	...	...	...	...	SLB
...	...	...	...	...	...	...	...	...	...	TKL
6.6	...	...	...	...	...	...	...	...	...	TON
...	...	...	...	...	...	...	...	...	...	TUV
2.2$_{-1}$	5.0$_{-1}$	...	85$_{-1}$	341$_{-1}$	...	...	3$_{-1}$	11$_{-1}$	...	VUT
4.0$_{-1}$	...	...	...	...	...	...	...	...	...	AIA
4.3$_{+1}$	...	...	...	...	...	...	...	...	...	ATG
5.1$_{-1}$	11.9$_{-1}$	2,848$_{-1}$	3,090$_{-1}$	3,651$_{-1}$	3,030$_{-1}$	14$_{-1}$	15$_{-1}$	18$_{-1}$	15$_{-1}$	ARG
...	...	...	...	...	33,992	...	...	...	87	ABW
2.8$_{-1}$	...	...	...	...	...	...	...	...	...	BHS
5.9$_{+1}$	14.8	...	...	3,665	3,274	...	...	25	23	BRB
7.7$_{-1}$	22.2$_{-2}$	1,349$_{-1}$	1,349$_{-1}$	1,947$_{-2}$	2,084$_{-2}$	14$_{-1}$	14$_{-1}$	21$_{-2}$	23$_{-2}$	BLZ
8.4$_{-1}$	22.2$_{-1}$	997$_{-1}$	2,463$_{-1}$	1,952$_{-1}$	...	12$_{-1}$	30$_{-1}$	24$_{-1}$	...	BOL
6.0$_{-2}$	16.0$_{-2}$	...	3,184$_{-2}$	3,321$_{-2}$	4,917$_{-2}$	...	21$_{-2}$	21$_{-2}$	32$_{-2}$	BRA
2.6$_{-1}$	...	...	...	...	...	0.1$_{-1}$	8$_{-1}$	14$_{-1}$	56$_{-2}$	VGB
2.1$_{-2}$	...	...	...	...	...	...	...	...	...	CYM
5.6$_{-2}$	21.2$_{-2}$	6,129$_{-2}$	5,148$_{-2}$	5,338$_{-2}$	5,815$_{-2}$	23$_{-2}$	19$_{-2}$	20$_{-2}$	22$_{-2}$	CHL
5.2$_{-2}$	15.6$_{-2}$	1,076$_{-3}$	2,667$_{-2}$	2,770$_{-2}$	3,398$_{-2}$	8$_{-1}$	23$_{-2}$	23$_{-1}$	17$_{-1}$	COL
6.7$_{-1}$	30.1$_{-1}$	2,039$_{-1}$	5,193$_{-1}$	5,542$_{-1}$	14,371$_{-1}$	9$_{-1}$	23$_{-1}$	25$_{-1}$	65$_{-1}$	CRI
-$_{-1}$	...	...	...	...	...	...	...	...	...	CUB
7.7$_{-1}$	...	...	...	...	...	...	...	...	...	CUW
5.2$_{+1}$	10.7$_{-1}$	384$_{-1}$	2,055$_{-1}$	3,177$_{-1}$	-$_{-1}$	3$_{-1}$	16$_{-1}$	25$_{-1}$	-$_{-1}$	DMA
3.7	...	2,271	3,800	2,673	...	12	19	14	...	DOM
3.7	10.4	3,265	1,147	681	2,634$_{-1}$	29	10	6	24$_{-1}$	ECU
4.6	14.3$_{-2}$	983$_{-2}$	1,415$_{-2}$	1,246$_{-2}$	1,048$_{-2}$	10$_{-2}$	15$_{-2}$	13$_{-2}$	11$_{-2}$	SLV
4.1	14.0$_{-4}$	1,005$_{-4}$	1,400$_{-4}$	1,865$_{-4}$	890$_{-4}$	6$_{-4}$	9$_{-4}$	12$_{-4}$	6$_{-4}$	GRD
3.1	23.0	1,137	1,199	509	1,628$_{-2}$	12	13	5	18$_{-2}$	GTM
4.5$_{-3i}$	16.0$_{-3i}$	...	...	...	...	...	...	...	...	GUY
1.8	14.6$_{-1}$	...	...	...	...	...	...	...	...	HTI
6.1$_{-3}$	23.2$_{-3}$	...	...	...	2,281	...	...	...	42	HND
5.2$_{-2}$	17.3$_{-2}$	546$_{-2}$	2,296$_{-2}$	2,894$_{-2}$	3,541	5$_{-2}$	22$_{-2}$	27$_{-2}$	35	JAM
4.3$_{-3}$	16.6$_{-3}$	...	2,753$_{-2}$	2,690$_{-2}$	4,811$_{-2}$	...	13$_{-2}$	13$_{-2}$	23$_{-2}$	MEX
5.1	...	...	...	...	...	32$_{-2}$	14$_{-2}$	31$_{-2}$	...	MSR
4.1	22.4$_{-4i}$	...	...	...	...	...	...	...	...	NIC
3.5	...	...	...	...	...	...	...	...	...	PAN
3.5	23.6	1,607	1,754	1,818	...	11	12	13	...	PRY
4.0	16.7	1,707	1,589	2,046	1,423$_{-4}$	13	12	16	11$_{-4}$	PER
2.8	7.2	3,420	1,911	3,669	1,588	11	7	13	5	KNA
4.9$_{+1}$	14.4$_{-1}$	-$_{-1}$	2,117$_{-1}$	3,383$_{-1}$	-$_{-1}$	-$_{-1}$	13$_{-1}$	21$_{-1}$	-$_{-1}$	LCA
6.6$_{-1}$	19.0$_{-3}$	403	2,284$_{-3}$	2,628$_{-3}$	...	3	15$_{-3}$	18$_{-3}$	...	VCT
...	...	...	...	...	...	...	...	...	...	SXM
4.0	...	...	...	...	...	...	...	...	...	SUR
3.0	9.8	168	2,177	3,371	...	1	9	14	...	TTO
3.7$_{+1}$	11.2	6,771	1,302	3,765	-$_{-2}$	35	7	20	-$_{-2}$	TCA
4.5	13.9$_{-1}$	2,719$_{-1}$	2,989$_{-1}$	3,329$_{-1}$	5,590$_{-1}$	12$_{-1}$	13$_{-1}$	14$_{-1}$	24$_{-1}$	URY
...	...	...	...	...	...	...	...	...	...	VEN

表1（续）

国家或地区	A 义务教育		B 免费教育		C	D 学制年限（年）				E 学龄人口（000）				F 入学人数（000）			
	学前教育1年	初等教育至中等教育9年	学前教育1年	初等教育至中等教育12年	初等教育正规入学年龄	学前教育	初等教育	初级中等教育	高级中等教育	学前教育	初等教育	中等教育	高等教育	学前教育	初等教育	中等教育	高等教育
可持续发展目标指标	4.2.5	4.1.7	4.2.5	4.1.7													
参考年份	2021									2022				2021			
欧洲和北美																	
阿尔巴尼亚	-	9	3	12	6	3	5	4	3	102	167	236	218	71	159	236	124
安道尔	-	11	-	10	6	3	6	4	2	...	...	...	...	2	4	5	1
奥地利	1	12	1	12	6	3	4	4	4	267	343	688	484	266	344	693	422
白俄罗斯	-	9	-	11	6	3	4	5	4	351	484	690	421	353	445	693	346
比利时	-	12	3	12	6	3	6	2	4	388	807	798	644	442	824	1,175	521
百慕大	-	13	1	13	5	1	6	3	4	-	3	5	4	0.3	4	...	1
波斯尼亚和黑塞哥维那	-	9	-	9	6	3	5	4	4	83	...	...	211	22	148	231	83
保加利亚	2	9	4	12	7	4	4	4	4	250	272	564	301	218	248	473	227
加拿大	-	10	-	12	6	3	6	3	3	1,189	2,383	2,403	2,232	578	2,428	2,682	1,775
克罗地亚	-	8	-	8	7	4	4	4	4	151	162	326	237	112	157	325	162
捷克共和国	1	9	-	13	6	3	5	4	4	330	555	878	468	369	572	834	319
丹麦	-	10	-	10	6	3	7	3	3	178	430	409	371	178	452	530	308
爱沙尼亚	-	9	1	12	7	4	6	3	3	57	91	83	58	...	90	89	45
芬兰	1	9	1	12	7	4	6	3	3	225	372	365	311	209	373	514	296
法国	3	10	-	12	6	3	5	4	3	2,273i	4,145i	5,934i	3,963i	2,485	4,279	6,157	2,748
德国	-	13	-	13	6	3	4	6	4	2,408	3,075	7,020	4,494	2,491	3,015	6,877	3,280
希腊	1	9	2	12	6	2	6	3	3	168	576	649	532	165	626	677	802
匈牙利	3	10	3	12	7	4	4	4	4	358	359	775	517	321	359	802	285
冰岛	-	10	...	10	6	3	7	3	4	13	32	31	23	12	33	35	19
爱尔兰	-	10	...	10	5	2	6	3	2	127i	557i	332i	317i	121	570	443	237
意大利	-	12	-	8	6	3	5	4	2	1,447	2,674	4,600	2,923	1,415	2,763	4,636	2,031
拉脱维亚	2	9	6	12	7	4	6	3	4	87i	120i		84i	82	120	117	79
列支敦士登	1	8	...	...	7	2	5	4	3	1i	2i	3i	2i	1	2	3	1
立陶宛	1	10	1	12	7	4	4	6	2	119i	115i	208i	150i	106	119	224	106
卢森堡	2	10	3	13	4	3	6	3	4	20	40	47	39	18	40	50	7
马耳他	-	11	2	13	5	2	6	3	4	9	26	28	24	10	27	31	17
摩纳哥	-	11	3	13	6	3	5	4	3	1i	2i	3i	2i	1	3	3	1
黑山共和国	-	9	-	13	6	3	5	4	4	22	37	63	41	16	38	57	23
荷兰	1	12	2	12	6	3	6	4	3	520	1,078	1,364	1,019	485	1,162	1,612	937
北马其顿	-	13	-	13	6	3	5	4	4	69	116	184	131	22	108	150	56
挪威	-	10	-	10	6	3	7	3	3	183	442	389	348	177	446	455	294
波兰	1	9	4	12	7	4	4	4	4	1,490	1,526	3,013	1,972	1,401	1,334	3,359	1,390
葡萄牙	-	12		12	6	3	6	3	3	244	535	604	540	251	602	742	380
摩尔多瓦共和国	1	12	4	12	7	4	4	5	2	137i	127i	234i	129i	124	137	227	81
罗马尼亚	-	10	3	13	6	3	5	4	4	551	963	1,677	1,021	526	904	1,438	543
俄罗斯	-	11	4	11	7	4	4	5	2	7,619	7,437	11,147	6,496	6,496	7,123	10,543	5,698
圣马力诺	-	10	-	13	6	3	5	3	5	1i	2i	3i	2i	1	2	5	1
塞尔维亚	-	8	-	12	7	4	4	4	4	260i	263i	553i	351i	166	255	511	243
斯洛伐克	1	10	1	13	6	3	5	4	4	170	226	497	291	172	233	443	138
斯洛文尼亚	-	9	-	13	6	3	6	3	4	63	131	139	96	61	134	148	77
西班牙	-	10	3	10	6	3	6	3	3	1,208	2,736	2,933	2,236	1,282	3,007	3,473	2,145
瑞典	1	9	1	12	7	4	6	3	3	478	713	684	537	475	892	948	453
瑞士	2	9	2	9	7	2	6	3	4	179	512	591	489	179	528	606	320
乌克兰	-	11	-	11	6	3	4	5	2	...	...	...	...	998	1,722	2,616	1,402
英国	-	11	2	13	5	2	6	3	4	1,595	4,943	5,465	3,935	1,727	4,904	6,135	2,734
美国	-	12	1	12	6	3	6	3	3	12,071i	24,391i	25,056i	21,420i	8,739	24,466	25,183	18,757

G 公共教育支出占国内生产总值的百分比(%)	H 教育支出占公共支出总额的百分比(%)	生均公共教育支出 2019年购买力平价美元 学前教育	初等教育	中等教育	高等教育	生均公共教育支出 占人均国内生产总值的百分比(%) 学前教育	初等教育	中等教育	高等教育	国家或地区名称缩写
	1.a.2				4.5.4					
				2021						
3.3_{-1}	11.4_{-2}	...	$5,395_{-2}$	$1,391_{-2}$	$2,221_{-1}$	...	38_{-2}	10_{-2}	16_{-1}	ALB
3.2_{-2}	10.9_{-2}	...	...	...	...	13_{-2}	12_{-2}	13_{-2}	16_{-2}	AND
5.2_{-2}	9.9_{-2}	$10,445_{-2}$	$13,438_{-2}$	$15,265_{-2}$	$21,786_{-2}$	17_{-2}	22_{-2}	25_{-2}	36_{-2}	AUT
4.7	13.1_{-2}	$6,226$	...	...	$4,371$	30	...	...	21	BLR
6.3_{-2}	11.8_{-2}	$9,977_{-2}$	$11,811_{-2}$	$13,233_{-2}$	$19,208_{-2}$	18_{-2}	21_{-2}	23_{-2}	34_{-2}	BEL
1.9_{-1}	7.8_{-4}	$12,591$	$5,837$	$8,650$	$17,529_{-4}$	16	7	11	22_{-4}	BMU
...	...	$2,408_{-3}$	$1,955_{-3}$	$5,028_{-3}$	$4,827_{-2}$	16_{-3}	13_{-3}	33_{-3}	31_{-2}	BIH
4.2_{-2}	10.7_{-2}	$7,644_{-2}$	$5,665_{-2}$	$5,965_{-2}$	$6,080_{-2}$	30_{-2}	22_{-2}	23_{-2}	24_{-2}	BGR
4.8_{-2}	12.7_{-2}	...	...	...	$13,826_{-2}$	...	...	...	28_{-2}	CAN
3.9_{-2}	10.2_{-2}	...	...	...	980_{-2}	...	...	...	3_{-2}	HRV
4.5_{-2}	11.9_{-2}	$7,414_{-2}$	$7,466_{-2}$	$11,990_{-2}$	$13,761_{-2}$	17_{-2}	17_{-2}	27_{-2}	31_{-2}	CZE
6.9_{-2}	12.7_{-2}	$9,108_{-2}$	$12,452_{-2}$	$13,769_{-2}$	$26,913_{-2}$	15_{-2}	20_{-2}	22_{-2}	44_{-2}	DNK
5.3_{-2}	15.5_{-2}	...	$8,757_{-2}$	$7,863_{-2}$	$10,608_{-2}$	...	23_{-2}	20_{-2}	27_{-2}	EST
6.4_{-2}	10.6_{-2}	$10,598_{-2}$	$10,908_{-2}$	$12,637_{-2}$	$14,723_{-2}$	20_{-2}	21_{-2}	24_{-2}	28_{-2}	FIN
5.4_{-2}	9.5_{-2}	$9,310_{-2}$	$9,328_{-2}$	$12,833_{-2}$	$15,023_{-2}$	18_{-2}	18_{-2}	25_{-2}	29_{-2}	FRA
5.1_{-2}	9.6_{-2}	$10,837_{-2}$	$10,754_{-2}$	$14,008_{-2}$	$18,676_{-2}$	19_{-2}	19_{-2}	24_{-2}	32_{-2}	DEU
3.6_{-2}	8.3_{-2}	$5,568_{-2}$	$6,698_{-2}$	$6,173_{-2}$	$3,027_{-2}$	18_{-2}	22_{-2}	20_{-2}	10_{-2}	GRC
4.2_{-2}	11.0_{-2}	$7,172_{-2}$	$7,376_{-2}$	$6,645_{-2}$	$8,957_{-2}$	21_{-2}	21_{-2}	19_{-2}	26_{-2}	HUN
7.6_{-2}	16.1_{-2}	$15,035_{-2}$	$14,218_{-2}$	$13,039_{-2}$	$14,176_{-2}$	26_{-2}	24_{-2}	22_{-2}	24_{-2}	ISL
3.3_{-2}	12.8_{-2}	$3,246$	$8,742_{-2}$	$10,299_{-2}$	$16,073_{-2}$	4	10_{-2}	12_{-2}	18_{-2}	IRL
4.1_{-2}	8.0_{-2}	$9,339_{-2}$	$9,965_{-2}$	$10,679_{-2}$	$10,858_{-2}$	20_{-2}	20_{-2}	23_{-2}	24_{-2}	ITA
4.4_{-2}	15.0_{-2}	$6,309_{-2}$	$6,706_{-2}$	$7,274_{-2}$	$5,139_{-2}$	19_{-2}	20_{-2}	22_{-2}	16_{-2}	LVA
...	...	...	...	...	...	...	...	...	...	LIE
4.0_{-2}	13.3_{-2}	$7,148_{-2}$	$6,610_{-2}$	$6,560_{-2}$	$6,745_{-2}$	18_{-2}	17_{-2}	17_{-2}	17_{-2}	LTU
3.7_{-2}	11.0_{-2}	$22,024_{-2}$	$21,970_{-2}$	$24,764_{-2}$	$47,378_{-2}$	18_{-2}	18_{-2}	20_{-2}	39_{-2}	LUX
5.0_{-2}	14.2_{-2}	$9,572_{-2}$	$9,396_{-2}$	$15,137_{-2}$	$20,740_{-2}$	20_{-2}	19_{-2}	31_{-2}	43_{-2}	MLT
1.4	5.9	...	...	...	...	5	4	11	1	MCO
...	...	...	...	...	...	...	...	...	...	MNE
5.2_{-2}	11.8_{-2}	$7,546_{-2}$	$10,565_{-2}$	$13,617_{-2}$	$19,355_{-2}$	12_{-2}	17_{-2}	22_{-2}	31_{-2}	NLD
...	...	...	...	...	...	...	...	...	...	MKD
7.9_{-2}	10.9_{-2}	$13,802_{-2}$	$14,569_{-2}$	$16,882_{-2}$	$25,075_{-2}$	22_{-2}	23_{-2}	27_{-2}	40_{-2}	NOR
4.7_{-2}	12.0_{-2}	$6,959_{-2}$	$8,241_{-2}$	$7,426_{-2}$	$10,335_{-2}$	20_{-2}	23_{-2}	21_{-2}	29_{-2}	POL
4.6_{-2}	10.3_{-2}	$5,514_{-2}$	$8,698_{-2}$	$10,651_{-2}$	$7,945_{-2}$	15_{-2}	23_{-2}	28_{-2}	21_{-2}	PRT
5.8	18.4_{-2}	$4,548$	$3,044$	$3,197$	$3,866$	31	21	22	26	MDA
3.6_{-2}	10.1_{-2}	$4,622_{-2}$	$3,141_{-2}$	$6,746_{-2}$	$9,863_{-2}$	14_{-2}	9_{-2}	20_{-2}	29_{-2}	ROU
3.5_{-2}	9.3_{-2}	...	...	...	$5,552_{-3}$	...	...	...	18_{-3}	RUS
3.4_{-1}	8.9_{-2}	$10,271_{-1}$	$14,946_{-2}$	$14,472_{-2}$	$5,490_{-1}$	17_{-1}	25_{-2}	24_{-1}	9_{-1}	SMR
3.6_{-2}	8.6_{-2}	...	...	...	$5,557_{-2}$	...	...	...	29_{-2}	SRB
4.3_{-2}	9.8_{-2}	$6,282_{-2}$	$7,305_{-2}$	$7,167_{-2}$	$9,781_{-2}$	19_{-2}	22_{-2}	22_{-2}	30_{-2}	SVK
4.9_{-2}	12.6_{-2}	$7,319_{-2}$	$9,211_{-2}$	$9,698_{-2}$	$11,242_{-2}$	17_{-2}	22_{-2}	23_{-2}	27_{-2}	SVN
4.2_{-2}	9.6_{-2}	$6,806_{-2}$	$7,257_{-2}$	$8,145_{-2}$	$9,094_{-2}$	16_{-2}	17_{-2}	19_{-2}	21_{-2}	ESP
7.6_{-2}	14.1_{-2}	$13,948_{-2}$	$12,799_{-2}$	$13,610_{-2}$	$20,610_{-2}$	24_{-2}	22_{-2}	24_{-2}	36_{-2}	SWE
5.1_{-2}	15.6_{-2}	$14,169_{-3}$	$17,355_{-3}$	$16,615_{-3}$	$26,142_{-3}$	20_{-3}	24_{-3}	23_{-3}	36_{-3}	CHE
5.6	14.6_{-2}	$4,627_{-1}$	$3,723_{-1}$	$3,730_{-1}$	$4,689_{-1}$	35_{-1}	28_{-1}	29_{-1}	36_{-1}	UKR
5.2_{-2}	11.9_{-2}	$4,035_{-2}$	$11,062_{-2}$	$10,759_{-2}$	$17,997_{-2}$	8_{-2}	23_{-2}	22_{-2}	37_{-2}	GBR
5.0_{-2}	15.7_{-3}	$8,121_{-2}$	$13,057_{-2}$	$14,441_{-2}$	$14,428_{-2}$	13_{-2}	20_{-2}	23_{-2}	23_{-2}	USA

表 2: 可持续发展目标4，具体目标4.1——初等教育和中等教育

到2030年，确保所有女童和男童完成免费、公平和优质的初等教育和中等教育，取得有意义和有效的学习成果。

区域	A 失学儿童数 (000,000) 初等教育	初级中等教育	高级中等教育	A 失学率 (%) 初等教育	初级中等教育	高级中等教育	B 完成率 (%) 初等教育	初级中等教育	高级中等教育	C 超龄率 (%) 初等教育	初级中等教育	D 初等教育毛入学率 (%)	E 经调整的初等教育净入学率 (%)	F 初等教育最高年级毛招生率 (%)	G 初等教育向初级中等教育的升学率 (%)	H 初级中等教育合计净入学率 (%)	I 初级中等教育最高年级毛招生率 (%)	J 高级中等教育合计净入学率 (%)
可持续发展目标指标 / 参考年份	2021			4.1.4 / 2021			4.1.2 / 2020			4.1.5 / 2021		2021	2021	4.1.3 / 2021	4.1.3 / 2021	2021	4.1.3 / 2021	4.1.3 / 2021
世界	67	57	121	9	14	30	87	76	58	10_{-1i}	10_{-1i}	102_{-1}	91_{-1i}	90_{-1}	88_{-1i}	85_{-1i}	77_{-1i}	67_{-1i}
撒哈拉以南非洲	36	28	34	20	33	48	63	44	27	26_{-1i}	34_{-1i}	99_{-1i}	80_{-1i}	72_{-1i}	70_{-1}	64_{-1i}	44_{-1i}	42_{-1i}
北非和西亚	5	3	7	9	10	23	89	72	57	8_{-1i}	11_{-1i}	100_{-1i}	91_{-1i}	90_{-1i}	81_{-1}	88_{-1i}	80_{-1i}	70_{-1i}
北非	3	1	3	8	9	25	89	71	60	8_{-1i}	15_{-1i}	102_{-1}	92_{-1i}	94_{-1i}	80_{-1}	90_{-1i}	75_{-1i}	70_{-1i}
西亚	2	2	3	8	10	21	90	83_{i}	61_{i}	7_{-1i}	8_{-1}	97_{-1i}	90_{-1i}	85_{-1i}	92_{-1}	87_{-1}	84_{-1i}	70_{-1i}
中亚和南亚	13	15	57	7	13	39	88	79	53	7_{-1i}	6_{-1i}	102_{-1}	92_{-1i}	93_{-1i}	90_{-1}	85_{-1i}	81_{-1i}	59_{-1i}
中亚	0.1_{i}	0.2_{i}	0.5_{i}	3	2	19	99_{i}	99_{i}	80	3_{-1}	2_{-1}	102_{-1}	97_{-1i}	103_{-1i}	100_{-1}	99_{-1i}	98_{-1i}	80_{-1i}
南亚	13	15	56	7	13	39	86	78	51	1_{-1}	6_{-1}	102_{-1}	92_{-1i}	93_{-1i}	91_{-1}	84_{-1i}	80_{-1i}	58_{-1i}
东亚和东南亚	7	7	14	4	7	16	97	88	71	5_{-4i}	9_{-2i}	104_{-1i}	98_{-1i}	90_{-1}	91_{-1i}	92_{-1i}		81_{-1i}
东亚	4	3	5	4	6	8	98	91	77	...	...	103_{-1i}	97_{-1i}	95_{-1i}	93_{-1}	93_{-1i}	96_{-1i}	86_{-1i}
东南亚	3	4	9	4	9	28	95	80	62	3_{-1i}	9_{-1i}	106_{-1i}	96_{-1i}	102_{-1i}	85_{-1}	89_{-1i}	86_{-1i}	72_{-1i}
大洋洲	0.3	0.1	0.3	7	4	20	86	73	62	15_{-1}	13_{-1}	105_{-1}	98_{-1}	96_{-2i}	85_{-1}	89_{-1}	72_{-2i}	77_{-1}
拉丁美洲和加勒比	2	2	7	4	7	20	93	83	62	8_{-1}	13_{-1}	106_{-1}	96_{-1}	99_{-1}	89_{-1}	94_{-1}	80_{-1}	79_{-1}
加勒比	0.3	0.2	0.5	8	10	21	74	67	40	6_{i}	9_{i}	...	...	...	90_{-1}	...	...	...
中美洲	1	1	3	5	11	30	95	83	54	3	6	103	97	100	87_{-1}	86	85	65
南美	1	1	3	3	4	15	94	84	69	6	13	106	96	102_{i}		96_{i}	91_{i}	86
欧洲和北美	1	1	3	2	3	9	100	98	89	2_{-1}	3_{-1}	100_{-1}	98_{-1i}	98_{-1i}		99_{-1i}	94_{-1}	94_{-1}
欧洲	1_{i}	1_{i}	1_{i}	2	2	7	100	98	87	2_{-1}	3_{-1}	98_{-1i}	98_{-1i}	...		99_{-1i}	94_{-1}	93_{-1}
北美	0.5	0.1	1	2	1	4	100	99	93	3_{-1}	4_{-1}	100_{-1}	98_{-1}	101_{-1i}		99_{-1}	100_{-1i}	96_{-1}
低收入国家	21	17	23	19	32	53	55	34	18	25_{-1i}	28_{-2i}	103_{-1}	79_{-1}	68_{-1i}	62_{-1}	63_{-1i}	41_{-1}	38_{-2i}
中等收入国家	41	37	94	8	12	30	89	79	57	8_{-1i}	10_{-1i}	102_{-1}	92_{-1i}	93_{-1i}	89_{-1}	86_{-1i}	81_{-1i}	67_{-1i}
中低收入国家	34	32	81	10	16	37	87	75	53	10_{-1i}	10_{-1i}	101_{-1}	92_{-1i}	87_{-1i}	82_{-1}	82_{-1i}	76_{-1i}	60_{-1i}
中高收入国家	8	7	15	4	6	15	96	88	70	5_{-1}	9_{-1i}	103_{-1}	96_{-1i}	92_{-1i}	93_{-1}	93_{-1i}	91_{-1i}	82_{-1i}
高收入国家	1	1	3	2	2	5	100	97	90	2_{-1i}	4_{-1i}	100_{-1i}	98_{-1}	99_{-1i}	98_{-1}	98_{-1i}	94_{-1i}	95_{-1}

A 失学儿童总数及其占相应年龄组总人数的百分比（资料来源：统计研究所和《全球教育监测报告》小组对在区域和全球层面搜集的行政数据及家庭调查数据的分析，统计研究所数据库中的国家数据）。

B 教育完成率，按教育等级分列（资料来源：统计研究所和《全球教育监测报告》小组对家庭调查数据的分析）。

C 比所在年级的正规年龄大2岁及以上的学生所占百分比，按教育等级分列。

D 初等教育毛入学率。

E 经调整的初等教育净入学率。

F 初等教育最高年级毛招生率。

G 初等教育向初级中等普通教育的有效升学率。

H 初级中等教育合计净入学率。

I 初级中等教育最高年级毛招生率。

J 高级中等教育合计净入学率。

K 低年级（二年级或三年级），或者初等教育、初级中等教育最高年级的全国代表性学习评估的管理。

L 至少达到阅读和数学最低熟练水平的学生百分比。

资料来源：除非有注解，数据均来自统计研究所。除非有注解，数据均为2021年结束的学年的数据。

总体数据涵盖表中所列的所有数据可得国家和地区，可能包括对无最新数据国家和地区所做估计。

(-) 零或可忽略不计

(...) 无相关数据或不存在的类别

(±n) 参考年份差异（例如，−2表示用2019年数据代替2021年数据）

(i) 估计数或不完全统计数

学习											
K 全国代表性学习评估的管理						L 达到最低熟练水平的百分比（%）					
低年级		初等教育结束时		初级中等教育结束时		低年级		初等教育结束时		初级中等教育结束时	
阅读	数学	阅读	数学	阅读	数学	阅读	数学	阅读	数学	阅读	数学
4.1.6						4.1.1					
2021											
占国家数的百分比（%）						加权平均数					
57	56	67	68	52	54	...	...	58_{-2i}	44_{-2i}	64_{-2i}	51_{-2i}
69	69	52	52	17	17	36_{-2i}	52_{-2i}	30_{-2i}	11_{-2i}	...	...
12	12	54	58	54	71	...	...	...	32_{-2i}	63_{-2i}	31_{-2i}
17	17	33	17	17	33	...	...	...	...	...	...
11	11	61	72	67	83	...	...	...	...	...	...
57	50	50	57	50	50	...	...	...	...	...	...
60	40	40	40	40	40	...	...	...	...	...	...
56	56	56	67	56	56	...	...	...	...	...	...
50	50	78	78	83	83	...	...	...	...	55_{-2i}	47_{-2i}
43	43	57	57	86	86	...	...	...	...	...	...
55	55	91	91	82	82	...	...	...	...	...	...
100	100	100	100	35	35	94_{-2i}	71_{-2i}	...	64_{-2i}	81_{-2i}	76_{-2i}
55	52	57	57	40	40	68_{-2i}	65_{-2i}	43_{-2i}	36_{-2i}	52_{-2i}	36_{-2i}
26	26	35	35	13	13	...	...	...	...	...	...
100	100	100	100	86	86	...	...	...	...	...	...
83	75	75	75	67	67	...	...	...	...	...	...
57	54	85	87	93	93	...	...	97_{-2i}	77_{-2i}	81_{-2i}	75_{-2i}
58	56	84	86	93	93	...	...	...	...	...	...
33	33	100	100	100	100	...	...	...	...	...	...
64	64	46	46	14	14	37_{-2i}	49_{-2i}	17_{-2i}	10_{-2i}	...	...
58	58	67	69	52	53	...	...	...	...	...	...
65	63	65	65	39	41	...	...	54_{-2i}	...	...	39_{-2i}
52	52	69	73	65	65	63_{-2i}	65_{-2i}	52_{-2i}	46_{-2i}	56_{-2i}	44_{-2i}
51	49	75	77	72	77	...	...	93_{-2i}	72_{-2i}	81_{-2i}	71_{-2i}

表 2（续）

国家或地区	失学儿童数(000) 初等教育	初级中等教育	高级中等教育	失学率(%) 初等教育	初级中等教育	高级中等教育	完成率(%) 初等教育	初级中等教育	高级中等教育	超龄率(%) 初等教育	初级中等教育	D 初等教育毛入学率(%)	E 经调整的初等教育净入学率(%)	F 初等教育最高年级毛招生率(%)	G 初等教育向初级中等教育的升学率(%)	H 初级中等教育合计净入学率(%)	I 初级中等教育最高年级毛招生率(%)	J 高级中等教育合计净入学率(%)
可持续发展目标指标				4.1.4			4.1.2			4.1.5				4.1.3			4.1.3	
参考年份	2021						2020			2021				2021				
撒哈拉以南非洲																		
安哥拉	...	...	...	...	...	...	59	37	18	...	...	85-3	...	...	62-1	...	...	...
贝宁	60	484	508	3	42	66	62	29	12	13	26	117	97	73	47-1	58	37	34
博茨瓦纳	31-4	13-4	27-2	9-4	10-4	31-2				15-4	22-2	99	91-4			90-4	89-2	69-2
布基纳法索	887	987	940	25	48	68				23	56	92	75	67		53	39	32
布隆迪	202-1	246-1	449-1	10-1	30-1	62-1	52	27	8	29-1	50-1	115-1	90-1	53-1	52-1	70-1	30-1	38-1
佛得角	5-2	4-2	8-2	8-2	13-2	27-2				8-2	31-2	101-2	92-2	100-2		87-2	71-2	73-2
喀麦隆	178	1,234	1,107	4	48	65	76	45	19	14	23	109	96	69	59-1	52	36	35
中非共和国	85-4	252-4	260-4	11-4	52-4	81-4	31	17	9	37-4	57-4	128-4	89-4	55-4	54-1	48-4	12-4	19-4
乍得	646	975	848	22	58	76	31	17	6	28	35	94	78	45	54-1	42	19	24
科摩罗	23-3	14-3	25-3	18-3	19-3	50-3	74-3	43-3	20-3	27-1	...	100-3	82-3	77-3	58-4	81-3	44-4	50-3
刚果	131-3	135-3	128-3	16-3	29-3	41-3	87	56	28	14-3	31-3	94-3	84-3	67-3	64-1	71-3	63-3	59-3
科特迪瓦	135	951	998	3	42	58	58	31	13	9-1	26	99-1	97	74+1	54-1	62	59	43
刚果民主共和国	...	...	...	...	...	...	58	47	21	16-1	...	124-1	...	81-1	81-1	...	59-1	...
吉布提	33-1	27-1	29-1	33-1	39-1	54-1				8-1	21-1	73-1	67-1	67-1		61-1	53-1	46-1
赤道几内亚	...	...	...	...	...	...				...	...	67-2	...	...	...	...	...	...
厄立特里亚	242-2	109-2	142-2	48-2	39-2	48-2				36-2	49-2	69-2	52-2	56-2		61-2	51-2	52-2
斯威士兰	31-2	...	...	15-2	...	...	66-1	46-1	30-1	39-2	66-2	114-2	85-2	89-2	70-2	...	70-2	...
埃塞俄比亚	3,880i	...	...	22i	...	...	57	27	14	19	...	106	78i	69	48-1	...	...	...
加蓬	58-2	51-2	47-2	23-2	30-2	42-2	57-2	24-3	10-3	35-2	64-2	108-2	77-2	78-2	42-4	70-2	59-2	58-2
冈比亚	57+1	23+1	67+1	14+1	...	30	69	53	30	29	39	103+1	86+1	86+1	76-1	87+1	60+1	58+1
加纳	265-1	65	579	6-1	3	30	77	54	37	32	42-1	105	94-1	94-1	70-1	97	78-2	70
几内亚	302-1	675-1	648-1	14-1	54-1	75-1	53	37	22	12-1	22-1	101-1	86-1	59-1	69-1	46-1	33-1	25-1
几内亚比绍	...	...	...	...	...	...	25	13	10	...	...	...	...	...	53-1	...	...	...
肯尼亚	...	...	...	...	...	...	74-1	66-1	39-1	...	...	77-2	...	...	89-1	...	...	...
莱索托	25-2	20-2	40-2	8-2	15-2	45-2	78	36	22	28-2	44-2	108-2	92-2	91-2	46-1	85-2	48-2	55-2
利比里亚	211-1	129-1	125-1	27-1	36-1	37-1	29	21	13	86-1	84-1	77-1	73-1	61-4	74-1	64-1	44-1	63-1
马达加斯加	81-2	764-1	1,132-2	...	30-2	64-2	52	30	14	44-2	55-2	134-2	98-2	63-2	58-1	70-2	35-2	36-2
马拉维	...	342-2	571-2	...	19-2	69-2	48	25	14	36-2	...	130-1	98-2	89	51-1	81-2	23-1	31-2
马里	1,343-3	719-3	893-3	41-3	53-3	75-3	53	26	11	11-3	17-3	79-1	59-3	50-4	49-1	47-3	30-4	24-3
毛里塔尼亚	156-2	110-2	163-2	23-2	28-2	61-2	46	46	22	39-2	42-2	94-2	77-2	73-2	100-1	72-2	46-2	39-2
毛里求斯	3+1	4+1	12+1	3+1	9+1	17+1				1+1	12+1	103+1	97+1	98+1		91+1	134+1	83+1
莫桑比克	53-1	879-1	885-1	1-1	38-1	61-1				37-1	55-1	118-1	99-1	58-1		62-1	32-1	39-1
纳米比亚	6	2	16	1	1	16	82-2	51-2	34-2	22	44	126	99	110	62-3	99	95	84
尼日尔	1,830	1,685	1,318	41	72	87	40-3	8-3	2-3	3	20	65	58	58	20-4	28	16	13
尼日利亚	...	...	...	...	...	...	80	71	62	...	...	86-2	...	...	89-1	...	...	...
卢旺达	130	23	315	7	3	39	57	29	18	37	45	141	93	91	50-1	97	45	61
圣多美和普林西比	2-4	...	...	6-4	...	...	88	82	47	15-4	43-4	107-4	94-4	84-4	94-1	...	74-4	...
塞内加尔	766i	...	...	27i	...	...	51	28	10	6	...	81	73i	63	56-1	...	42	...
塞舌尔	0.2	0.2	1	...	4	12				1	0.5	99	98	...	...	96	103	88
塞拉利昂	...	268-3	432-3	...	49-3	65-3	66	43	12	...	13	156	98	98	65-1	51-3	56	35-3
南非	925-1	224-1	534-1	12-1	4-1	18-1	98	88	49	7-1	4-1	97-1	88-1	92-1	90-1	85-1	82-1	...
南苏丹	...	...	...	...	...	...				...	...	...	...	...	...	...	...	...
多哥	21	145	288	2	18	54	80	42	19	14	26	124	98	91	53-1	82	57	46
乌干达	1,197-4	2,001-4	1,371-4	14-4	49-4	75-4	40	34	16	34-4	48-4	103-4	86-4	53-4	84-1	51-4	26-4	25-4
坦桑尼亚联合共和国	1,813-1	...	...	16-1	...	...	74	32	11	...	...	97	84-1	69-1	44-1	...	33-1	...
赞比亚	496-4	...	...	15-4	...	...	69	46	28	27-4	...	99-4	85-4	...	66-1	...	...	...
津巴布韦	186	315	399	6	22	61	87	73	8	24	26	96	94	85	84-1	78	58	39

学习

全国代表性学习评估的管理 (K, 4.1.6) — 达到最低熟练水平的百分比 (%) (L, 4.1.1) — 2021

全国代表性学习评估的管理 (4.1.6) 低年级 阅读	低年级 数学	初等教育结束时 阅读	初等教育结束时 数学	初级中等教育结束时 阅读	初级中等教育结束时 数学	达到最低熟练水平的百分比(%) (4.1.1) 低年级 阅读	低年级 数学	初等教育结束时 阅读	初等教育结束时 数学	初级中等教育结束时 阅读	初级中等教育结束时 数学	国家或地区名称编号
无	无	无	无	无	无	…	…	…	…	…	…	AGO
有	有	有	有	无	无	38_{-2}	62_{-2}	46_{-2}	19_{-2}	…	…	BEN
无	无	无	无	无	无	…	…	…	…	…	…	BWA
有	有	有	有	无	无	34_{-2}	61_{-2}	33_{-2}	25_{-2}	…	…	BFA
有	有	有	有	无	无	79_{-2}	99_{-2}	4_{-2}	18_{-2}	…	…	BDI
有	有	有	有	无	无	…	…	…	…	…	…	CPV
有	有	有	有	无	无	39_{-2}	58_{-2}	30_{-2}	11_{-2}	…	…	CMR
有	有	有	无	无	无	…	…	…	…	…	…	CAF
有	有	有	有	无	无	34_{-2}	64_{-2}	8_{-2}	2_{-2}	…	…	TCD
无	无	无	无	无	无	…	…	…	…	…	…	COM
有	有	有	有	无	无	63_{-2}	86_{-2}	34_{-2}	8_{-2}	…	…	COG
有	有	有	有	无	无	33_{-2}	68_{-2}	22_{-2}	3_{-2}	…	…	CIV
有	有	有	有	无	无	42_{-2}	77_{-2}	9_{-2}	3_{-2}	…	…	COD
无	无	无	无	无	无	…	…	…	…	…	…	DJI
无	无	无	无	无	无							GNQ
无	无	无	无	无	无							ERI
无	无	无	无	无	无	…	…	…	…	…	…	SWZ
有	有	有	无	有	有	…	…	…	…	…	…	ETH
有	有	有	有	无	无	66_{-2}	88_{-2}	76_{-2}	23_{-2}	…	…	GAB
有	有	有	无	有	有	…	…	…	…	…	…	GMB
有	有	无	无	无	无	…	…	…	…	…	…	GHA
有	有	无	无	无	无	23_{-2}	60_{-2}	22_{-2}	7_{-2}	…	…	GIN
有	有	无	无	无	无	…	…	…	…	…	…	GNB
有	有	有	有	有	有	…	…	47	74	…	…	KEN
有	有	无	无	有	有	…	…	…	…	…	…	LSO
有	有	有	无	无	无	…	…	…	…	…	…	LBR
有	有	有	无	无	无	55_{-2}	79_{-2}	6_{-2}	6_{-2}	…	…	MDG
有	有	无	无	无	无	…	…	…	…	…	…	MWI
有	无	无	无	无	无	…	…	…	…	…	…	MLI
无	无	无	无	无	无	…	…	…	…	…	…	MRT
无	无	无	无	有	有	…	…	…	…	…	…	MUS
有	有	无	无	无	无	…	…	…	…	…	…	MOZ
无	无	有	有	无	无	…	…	…	…	…	…	NAM
有	有	有	无	无	无	44_{-2}	67_{-2}	14_{-2}	8_{-2}	…	…	NER
无	无	无	无	无	无	…	…	…	…	…	…	NGA
有	有	无	无	无	无	…	…	…	…	…	…	RWA
无	无	无	无	无	无	…	…	…	…	…	…	STP
有	有	有	有	有	无	48_{-2}	79_{-2}	41_{-2}	27_{-2}	9_{-4}	8_{-4}	SEN
有	有	无	无	无	无	…	…	…	…	…	…	SYC
有	有	无	无	无	无	…	…	…	…	…	…	SLE
无	无	无	无	无	无	…	…	…	…	…	…	SOM
有	有	有	有	有	无	…	16_{-2}	…	…	…	…	ZAF
无	无	无	无	无	无	…	…	…	…	…	…	SSD
有	有	有	有	无	无	24_{-2}	47_{-2}	19_{-2}	16_{-2}	…	…	TGO
有	有	有	无	无	无	…	…	…	…	…	…	UGA
有	有	无	无	无	无	…	…	…	…	…	…	TZA
无	无	有	无	无	无	…	…	2	2	5_{-4}	2_{-4}	ZMB
有	有	无	无	无	无	…	…	…	…	…	…	ZWE

表 2（续）

国家或地区	失学儿童数(000)·初等教育	失学儿童数·初级中等教育	失学儿童数·高级中等教育	失学率(%)·初等教育	失学率·初级中等教育	失学率·高级中等教育	完成率(%)·初等教育	完成率·初级中等教育	完成率·高级中等教育	超龄率(%)·初等教育	超龄率·初级中等教育	初等教育毛入学率(%)	经调整的初等教育净入学率(%)	初等教育最高年级毛招生率(%)	初等教育同初级中等教育的升学率(%)	初级中等教育合计净入学率(%)	初级中等教育最高年级毛招生率(%)	高级中等教育合计净入学率(%)
可持续发展目标指标				4.1.4	4.1.4	4.1.4	4.1.2	4.1.2	4.1.2	4.1.5	4.1.5			4.1.3			4.1.3	
参考年份	2021	2021	2021	2021	2021	2021	2020	2020	2020	2021	2021	2021	2021	2021	2021	2021	2021	2021
北非和西亚																		
阿尔及利亚	28[+1]	…	…	1[+1]	…	…	95	68	43	5[+1]	18[+1]	109[+1]	99[+1]	96[+1]	72[-1]	…	78[+1]	…
亚美尼亚	18	17	5	11	9	5	100	98	97	1	1	91	89	92	98[-1]	91	88	95
阿塞拜疆	77[i]	8[i]	1[i]	11[i]	1[i]	0.4[i]	…	…	…	2	8	94[i]	89[i]	94[i]	…	99[i]	108[i]	100[i]
巴林	3[-2]	2[-2]	6[-2]	2[-2]	4[-2]	13[-2]	…	…	…	1[-2]	3[-2]	98[-2]	98[-2]	100[-2]	…	96[-2]	93[-2]	87[-2]
塞浦路斯	0.2[-1,i]	0.2[-1,i]	2[-1,i]	0.4[-1,i]	1[-1,i]	7[-1,i]	100	100	94	0.4[-1]	2[-1]	101[-1,i]	100[-1,i]	100[-1,i]	100[-1,i]	99[-1,i]	82[-1,i]	93[-1,i]
埃及	91[-2]	128[-2]	1,209[-2]	1[-2]	2[-2]	23[-2]	94[-1]	85[-1]	84[-1]	2[-3]	3[-2]	106[-2]	99[-2]	105[-2]	90[-2]	98[-2]	88[-2]	77[-2]
格鲁吉亚	4	…	5	1	…	…	100	99	92	1	1	101	99	91	99[-1]	99	95	96
伊拉克	…	…	…	…	…	…	76	47	45	…	…	…	…	…	62[-1]	…	…	…
以色列	5[-1]	0.3[-1]	8[-2]	0.5[-1]	0.1[-1]	2[-2]	100[-2]	99[-2]	93[-2]	0.4[-1]	…	104[-1]	100[-1]	107[-1]	…	100[-1]	104[-1]	98[-2]
约旦	285	215	155	20	24	37	98	91	59	1	2	80	80	81	93[-1]	76	69	63
科威特	…	…	…	…	…	…	…	…	…	1	3	83	81	79	…	…	87	…
黎巴嫩	…	…	…	…	…	…	…	…	…	6	11	…	…	…	…	…	…	…
利比亚	…	…	…	…	…	…	…	…	…	…	…	…	…	…	…	…	…	…
摩洛哥	14	114	453	0.4	6	25	…	…	…	10	24	113	100	104	…	94	76	75
阿曼	0.3	16	9[-2]	0.1	10	10[-2]	…	…	…	0.2	3	104	100	99	…	96	115	90[-2]
巴勒斯坦	37	16	67	7	3	21	99	97	81	0.3	1	94	93	97	98[-1]	97	93	79
卡塔尔	2	7	…	1	10	…	99[-3]	96[-3]	84[-3]	1	3	102	99	95	97[-4]	99	92	…
沙特阿拉伯	21	22	8	1	1	1	…	…	…	3	5	102	99	105	…	99	100	99
苏丹	2,131[-3]	687[-3]	1,462[-3]	33[-3]	34[-3]	52[-3]	73[-1]	48[-1]	29[-1]	26[-3]	33[-3]	79[-1]	67[-1]	64[-1]	65[-2]	66[-1]	51[-3]	48[-1]
阿拉伯叙利亚共和国	42[+1]	221[+1]	574[+1]	2[+1]	21[+1]	59[+1]	…	…	…	1[+1]	2[+1]	103[+1]	98[+1]	94[+1]	…	79[+1]	73[+1]	41[+1]
突尼斯	9	…	…	…	…	…	96	89	66	7	18	112	99	105	93[-1]	…	88	…
土耳其	268[-1]	111[-1]	980[-1]	5[-1]	2[-1]	19[-1]	100[-1]	96[-1]	64[-2]	2[-1]	3[-1]	97[-1]	95[-1]	94[-1]	96[-1]	98[-1]	123[-1]	82[-1]
阿拉伯联合酋长国	3[+1]	2[+1]	15[+1]	1[+1]	0.4[+1]	4[+1]	…	…	…	−[+1]	−[+1]	112[+1]	99[+1]	102[+1]	…	100[+1]	100[+1]	96[+1]
也门	…	…	…	…	…	…	…	…	…	…	…	…	…	…	…	…	…	…
中亚和南亚																		
阿富汗	…	…	1,481[-3,i]	…	…	56[-3,i]	65	49	34	…	14[-2]	107[-2]	…	84[-2]	75[-2]	…	58[-2]	44[-3,i]
孟加拉国	154[-3]	916	4,471	1[-3]	10	36	85	68	32	4	4	116	99[-1]	122	79[-1]	90	88[-3]	64
不丹	2	7	6	3	13	20	…	…	…	7	88	106	97	90	…	87	85	80
印度	1,022[+1]	10,027[+1]	44,350[+1]	1[+1]	13[+1]	44[+1]	94	86	59	2[+1]	3[+1]	111[+1]	99[+1]	115[+1]	91[+1]	87[+1]	86[+1]	56[+1]
伊朗	11[-1]	62[-1]	571[-1]	0.1[-1]	2[-1]	17[-1]	…	…	…	2[-1]	2[-1]	110[-1]	100[-1]	101[-1]	…	98[-1]	91[-1]	83[-1]
哈萨克斯坦	145[-1]	0.3[-1]	5[-1]	10[-1]	1[-1]	…	100	100	98	2[-1]	2[-1]	100[-1]	100[-1]	102[-1]	100[-1]	100[-1]	104[-1]	99[-1]
吉尔吉斯斯坦	9	1	41	2	0.1	21	99	98	96	0.3	0.4	99	98	102	99[-1]	100	99	79
马尔代夫	−[-1]	1[-1]	3[-1]	0.1[-1]	4[-1]	50[-2]	99	94	34	1[-1]	5[-1]	101[-1]	100[-1]	92[-1]	95[-1]	96[-1]	111[-1]	70[-1]
尼泊尔	65[+1]	111[+1]	540[+1]	2[+1]	7[+1]	22[+1]	82	71	36	23[+1]	25[+1]	127[+1]	98[-1]	106[+1]	87[-1]	93[-1]	103[+1]	78[-1]
巴基斯坦	…	…	…	…	…	…	54	48	24	…	…	95[-2]	…	73[-2]	89[-1]	…	49[-2]	…
斯里兰卡	9[-3]	2[-3]	211[-3]	1[-3]	0.1[-3]	16[-3]	…	…	…	0.1[-1]	0.2[-1]	100[-1]	99[-1]	98[-1]	…	100[-1]	101[-1]	84[-1]
塔吉克斯坦	4[-1]	…	…	1[-4]	…	…	99	98	76	−[-4]	−[-4]	101[-4]	99[-1]	95[-1]	99[-1]	…	96[-4]	…
土库曼斯坦	…	…	…	…	…	…	100	100	94	…	…	115	…	118	…	100[-1]	…	…
乌兹别克斯坦	100	16	531	4	1	35	…	…	…	…	0.1[-1]	98	96	101	…	99	95[-2]	65
东亚和东南亚																		
文莱达鲁萨兰国	1[-1]	−[-1]	10[-1]	2[-1]	0.3[-1]	30[-1]	…	…	…	1[-1]	2[-1]	98[-1]	98[-1]	105[-1]	…	100[-1]	111[-1]	70[-1]
柬埔寨	279	177	388	13	18	44	74[-1]	46[-1]	22[-1]	22	27	103	87	91	62[-1]	82	58	56
中国	…	…	…	…	…	…	98	91	75	…	…	104	…	…	93[-1]	…	…	…
朝鲜民主主义人民共和国	…	…	…	…	…	…	…	…	…	…	…	…	89[-3]	…	…	…	…	…
中国香港	8[i]	2[i]	1[i]	2[i]	1[i]	1[i]	…	…	…	1	4	104	98[i]	101	…	99[i]	103	99[i]
印度尼西亚	1,555[-3]	2,299[-3]	3,137[-3]	6[-3]	16[-3]	23[-3]	97	88	67	0.3[-3]	9[-3]	90[-3]	94[-3]	102[-3]	91[-3]	84[-3]	90[-4]	77[-3]
日本	169[-1]	86[-1]	70[-1]	3[-1]	2[-1]	2[-1]	100[-2]	94[-2]	96[-2]	…	…	97[-1]	97[-1]	…	94[-3]	97[-1]	…	98[-1]
老挝人民民主共和国	59	196	216	8	32	50	…	…	…	6	14	98	92	88	…	68	61	50
中国澳门	2	−	1	5	0.1	5	…	…	…	1	7	97	95	101	…	100	105	95
马来西亚	67	136	603	2	9	39	…	…	…	−	−	103	98	102	…	91	87	61
蒙古国	3	1	15	1	0.2	11	99	98	88	0.5	1	102	99	97	99[-1]	100	91	89
缅甸	92[-3]	848[-3]	884[-3]	2[-3]	21[-3]	43[-3]	84	53	22	…	9[-3]	112[-3]	98[-3]	95[-3]	62[-1]	79[-3]	65[-3]	57[-3]
菲律宾	1,187	1,040	905	9	12	22	91	72	71	7	14	92	…	95	…	88	90	78
韩国	38[-1]	33[-1]	129[-1]	1[-1]	2[-1]	11[-1]	100	100	99	0.2[-1]	0.2[-1]	100[-1]	…	98[-1]	…	91[-1]	90[-1]	91[-1]
新加坡	0.3[-1,i]	…	…	0.1[-1,i]	…	…	…	…	…	0.3[-1]	1[-1]	…	…	…	…	…	…	…
泰国	13[-1]	165[-1]	819	0.3[-1]	7[-1]	32	99	88	65	2[-1]	2[-1]	102[-1]	…	89[-1]	…	93[-1]	126[-1]	68
东帝汶	9[-1]	10[-1]	24[-1]	5[-1]	11[-1]	25[-1]	77	62	52	20[-1]	29[-1]	111[-1]	95[-1]	101[-1]	80[-1]	89[-1]	92[-1]	75[-1]
越南	…	…	…	…	…	…	98[-1]	93[-1]	60[-1]	…	…	118	98	110[-1]	95[-1]	…	98[-1]	…

全国代表性学习评估的管理与达到最低熟练水平的百分比（2021）

表头：学习 / K — 全国代表性学习评估的管理（4.1.6）/ L — 达到最低熟练水平的百分比（%）（4.1.1）/ 年份 2021

K 低年级·阅读	K 低年级·数学	K 初等教育结束时·阅读	K 初等教育结束时·数学	K 初级中等教育结束时·阅读	K 初级中等教育结束时·数学	L 低年级·阅读	L 低年级·数学	L 初等教育结束时·阅读	L 初等教育结束时·数学	L 初级中等教育结束时·阅读	L 初级中等教育结束时·数学	国家或地区名称编号
无	无	无	无	无	无	…	…	…	…	…	…	DZA
无	无	有	有	有	有	…	…	…	64_{-2}	…	…	ARM
无	无	有	有	有	有	…	…	…	72_{-2}	…	…	AZE
无	无	有	有	无	有	…	…	…	54_{-2}	…	55_{-2}	BHR
无	无	有	有	有	有	…	…	…	77_{-2}	56_{-3}	63_{-3}	CYP
无	无	有	无	无	有	…	…	…	…	…	27_{-2}	EGY
无	无	有	有	有	有	…	…	…	56_{-2}	36_{-3}	39_{-3}	GEO
无	无	无	无	无	无	…	…	…	…	…	…	IRQ
有	有	无	有	有	有	…	…	…	…	69_{-3}	66_{-3}	ISR
有	有	无	有	有	有	…	…	…	…	59_{-3}	41_{-3}	JOR
无	无	无	无	无	有	…	…	…	21_{-2}	…	21_{-2}	KWT
无	无	无	有	无	有	…	…	…	…	32_{-3}	27_{-2}	LBN
无	无	无	有	无	无	…	…	…	…	…	…	LBY
无	无	有	有	无	有	…	…	…	18_{-2}	27_{-3}	24_{-3}	MAR
无	无	有	无	无	有	…	…	…	33_{-2}	…	27_{-2}	OMN
有	有	无	有	有	有	…	…	…	…	…	…	PSE
无	无	有	有	有	有	…	…	…	40_{-2}	49_{-3}	37_{-2}	QAT
无	无	有	有	有	有	…	…	…	23_{-2}	48_{-3}	27_{-2}	SAU
无	无	无	无	无	无	…	…	…	…	…	…	SDN
无	无	无	无	无	无	…	…	…	…	…	…	SYR
有	有	无	有	无	无	…	…	…	…	…	…	TUN
无	无	有	有	有	有	…	…	…	70_{-2}	74_{-3}	56_{-2}	TUR
无	无	有	有	无	有	…	…	…	53_{-2}	57_{-3}	50_{-2}	ARE
无	无	无	无	无	无	…	…	…	…	…	…	YEM
无	无	无	无	无	无	…	…	…	…	…	…	AFG
有	有	有	有	无	有	…	…	…	…	…	…	BGD
有	有	有	有	无	有	…	…	…	…	…	…	BTN
有	有	有	有	无	有	…	…	…	…	…	…	IND
无	无	无	有	无	有	…	…	…	39_{-2}	…	37_{-2}	IRN
无	无	有	有	有	有	…	…	…	71_{-2}	36_{-3}	51_{-3}	KAZ
无	无	无	无	无	无	…	…	…	…	…	…	KGZ
无	无	有	有	无	无	…	…	…	…	…	…	MDV
有	有	有	有	无	有	…	…	…	…	…	…	NPL
有	有	无	有	无	有	…	…	…	8_{-2}	…	…	PAK
无	无	无	无	无	无	…	…	…	…	…	…	LKA
无	无	无	无	无	无	…	…	…	…	…	…	TJK
有	有	有	有	无	有	…	…	…	…	…	…	TKM
无	无	有	有	有	无	…	…	…	…	…	…	UZB
有	有	无	无	有	有	…	…	…	…	48_{-3}	52_{-3}	BRN
无	无	有	有	有	有	…	…	11_{-2}	18_{-2}	8_{-4}	10_{-4}	KHM
有	有	无	无	有	有	…	…	…	…	…	…	CHN
无	无	无	无	无	无	…	…	…	…	…	…	PRK
有	有	有	有	有	有	…	…	…	96_{-2}	87_{-3}	91_{-3}	HKG
有	有	有	有	有	有	…	…	…	…	30_{-3}	28_{-3}	IDN
无	无	无	无	有	有	…	…	…	…	…	…	JPN
无	无	有	有	无	有	…	…	2_{-2}	8_{-2}	…	…	LAO
无	无	无	无	有	有	…	…	…	…	89_{-3}	95_{-3}	MAC
无	无	有	有	有	有	…	…	58_{-2}	64_{-2}	54_{-3}	59_{-3}	MYS
有	有	有	有	无	有	…	…	…	…	…	…	MNG
无	无	有	有	无	无	…	…	11_{-2}	12_{-2}	…	…	MMR
有	有	有	有	有	有	…	…	10_{-2}	17_{-2}	19_{-3}	19_{-3}	PHL
无	无	无	无	有	有	…	…	…	95_{-2}	85_{-3}	85_{-3}	KOR
无	无	无	无	有	有	…	…	…	96_{-2}	89_{-3}	92_{-2}	SGP
无	无	有	有	有	有	…	…	…	…	40_{-3}	47_{-3}	THA
有	有	有	有	无	有	…	…	…	…	…	…	TLS
有	有	有	有	有	有	…	…	82_{-2}	91_{-2}	90_{-3}	84_{-3}	VNM

表 2（续）

参与/完成

说明：SDG 指标：失学率 = 4.1.4，完成率 = 4.1.2，超龄率 = 4.1.5，初等教育最高年级毛招生率 = 4.1.3，初级中等教育最高年级毛招生率 = 4.1.3。参考年份：失学儿童数/失学率/超龄率及 D–J 列为 2021，完成率为 2020。

国家或地区	失学儿童数(000) 初等教育	失学儿童数(000) 初级中等教育	失学儿童数(000) 高级中等教育	失学率(%) 初等教育	失学率(%) 初级中等教育	失学率(%) 高级中等教育	完成率(%) 初等教育	完成率(%) 初级中等教育	完成率(%) 高级中等教育	超龄率(%) 初等教育	超龄率(%) 初级中等教育	初等教育毛入学率(%) (D)	经调整的初等教育净入学率(%) (E)	初等教育最高年级毛招生率(%) (F)	初等教育向初级中等教育的升学率(%) (G)	初级中等教育合计净入学率(%) (H)	初级中等教育最高年级毛招生率(%) (I)	高级中等教育合计净入学率(%) (J)
大洋洲																		
澳大利亚	33[-1]	26[-1]	44[-1]	1[-1]	2[-1]	7[-1]	100	98	88	0.2[-1]	1[-1]	99[-1]	99[-1]	...	99[-1]	98[-1]	...	93[-1]
库克群岛	...	...[-4]	0.2	...	3[-4]	19	...	...		0.1	0.1	110	99	118	...	97[-4]	114	81
斐济	1[-1]	1	10	...	1	23	98[-1]	93[-1]	85[-1]	1	2	114	99	117	95[-1]	99	103	77
基里巴斯	1[-1]	...	...	3[-1]	...	...	93	79	18	3[-1]	8[-1]	108[-1]	97[-1]	93[-1]	84[-1]	...	100[-1]	...
马绍尔群岛	3	1	3	32	30	41	...	...		8	17	73	68	72	...	70	96	59
密克罗尼西亚联邦	2	1	3	17	21	30	...	...		10	13	90	83	88	...	79	74	70
瑙鲁	0.1[-1]	0.1[-2i]	-[-2i]	4[-1]	8[-2i]	6[-2i]	...	...		2[-1]	0.4[-1]	96[-1]	96[-1]	109[-1]	...	92[-2i]	96[-1]	94[-2i]
新西兰	0.2[-1]	0.1[-1]	2[-1]	0.1[-1]	-[-1]	1[-1]	...	...		0.2[-1]	0.2[-1]	102[-1]	100[-1]	...	...	100[-1]	...	99[-1]
纽埃	...	...	...	...	...	...	...	...		...	...	133	100	131	...	...	116	...
帕劳	-	0.1[-1]	-	2	16[-1]	5	...	...		5	7	104	98	102	...	84[-1]	104	95
巴布亚新几内亚	...	206[-3]	195[-3]	...	28[-3]	55[-3]	59	30	12	41[-3]	53[-3]	116[-3]	98[-3]	...	51[-3]	72[-3]	37[-3]	45[-3]
萨摩亚	0.4[-3]	0.2[-2]	3[-2]	1[-3]	2[-2]	16[-2]	98	97	57	11	10	122	99	114	99[-1]	98[-2]	107	84[-2]
所罗门群岛	7[-2]	...	...	7[-2]	...	...	...	...		75[-2]	75[-2]	104[-2]	93[-2]	86[-2]	...	...	70[-2]	...
托克劳	...	...	...	...	...	1	...	...		-	-[-1]	146	95	148	...	...	104[-1]	99
汤加	0.1[-1]	1[-1]	2[-1]	1[-1]	11[-1]	41[-1]	99	86	86	0.1[-1]	1[-1]	115[-1]	99[-1]	108[-1]	88[-1]	89[-1]	76[-1]	59[-1]
图瓦卢	0.1	0.2	0.4	9	24	52	98	79	52	0.1	-	92	87	88	80[-1]	76	66	43
瓦努阿图	2[-1]	5	8	3[-1]	18	45	...	...		30	55	123	97[-1]	102	...	82	57	55
拉丁美洲和加勒比																		
安圭拉	-[-2]	...	-[-2]	...	...	4[-2]	...	...		1[-2]	1[-2]	106[-2]	99[-2]	96[-2]	...	...	...	96[-2]
安提瓜和巴布达	0.2[-2]	0.1[-2]	0.4[-2]	2[-2]	3[-2]	13[-2]	...	...		12[-2]	12[-2]	102[-2]	98[-2]	...	...	97[-2]	103[-2]	87[-2]
阿根廷	9[-1]	40[-1]	185[-1]	0.2[-1]	4[-1]	12[-1]	96	75	64	2[-1]	11[-1]	109[-1]	100[-1]	103	78[-1]	98[-1]	94[-1]	91[-1]
阿鲁巴	...	...	...	...	...	...	...	...		...	...	...	...	...	...	...	...	...
巴哈马	...	...	...	...	...	...	...	...		6[-2]	...	...	...	...	...	...	...	...
巴巴多斯	1	0.4[-1]	0.5[-1]	4	4[-1]	6[-1]	99[-3]	99[-3]	94[-3]	0.1	1	98	96	98	100[-4]	96[-1]	102	94[-1]
伯利兹	4	4	4	9	4	35	83	40	16	14	24	103	92	107	48[-1]	96	77	74
多民族玻利维亚国	59	53	189	4	11	21	98	91	72	2	7	99	96	93[-1]	93[-1]	89	89[-1]	79
巴西	658[-1i]	409[-1i]	1,252[-1i]	5[-1i]	3[-1i]	13[-1i]	91	85	68	6[-1i]	15[-1i]	105[-1i]	95[-1i]	...	94[-1i]	97[-1i]	...	87[-1i]
英属维尔京群岛	-[-3]	-	...	2[-3]	2	...	...	...		3	11	131	98	114	...	98	84	58[-3]
开曼群岛	0.4	0.2	0.4	9	6	17	...	...		1	1	94	91	90[-1]	...	94	80[-3]	83
智利	9[-1]	8[-1]	49[-1]	1[-1]	2[-1]	5[-1]	99	98	83	3[-1]	9[-1]	101[-1]	99[-1]	101[-1]	99[-1]	98[-1]	99[-1]	95[-1]
哥伦比亚	42	48	223	1	2	14	94	78	64	12	21	113	99	105	83[-1]	99	87	86
哥斯达黎加	0.3[-1]	8[-1i]	12[-1i]	0.1[-1]	4[-1]	8[-1i]	98	71	54	1[-1]	20[-1]	107	100[-1]	105	73[-1]	96[-1i]	102	92[-1i]
古巴	9	37	70	1	10	18	99	96	71	0.4	1	101	99	100	96[-1]	90	...	82
库拉索	1[-1]	1[-1]	1[-1]	7[-1]	15[-1]	23[-1]	...	...		10[-1]	26[-1]	130	93[-1]	...	...	85[-1]	...	77[-1]
多米尼克	0.2	-[-1]	0.2[-1]	3	1[-1]	13[-1]	...	...		3	...	102	97	102	...	99[-1]	...	87[-1]
多米尼加共和国	122[i]	93[i]	184[i]	11[i]	16[i]	32[i]	93	88	58	8	16	97[i]	89[i]	88[i]	95[-1]	84[i]	69[i]	68[i]
厄瓜多尔	73	12	192	4	1	21	98	93	73	2	5	96	96	98	95[-1]	99	105	79
萨尔瓦多	...	...	142	...	...	41	91	70	34	10	16	...	...	...	76[-2]	...	71[-2]	59
格林纳达	0.1[-3]	...	-[-3]	1[-3]	...	0.1[-3]	...	...		2[-3]	11[-3]	107[-3]	99[-3]	123[-3]	...	...	106[-1]	100[-3]
危地马拉	222	401	775	9	35	66	83	53	37	12	19	102	87	...	64[-1]	65	55	34
圭亚那	...	...	...	...	...	...	99	89	66	...	...	...	...	...	90[-1]	...	...	...
海地	...	...	...	...	...	...	46	36	17	...	...	...	...	...	78[-1]	...	...	...
洪都拉斯	222	277	249	19	45	60	91	74	45	8	21	88	81	...	82[-1]	55	...	40
牙买加	...	...	21	...	...	23	...	...		1	3	...	...	...	...	82[-2]	...	77
墨西哥	104[-1]	525[-1]	1,913[-1]	...	8[-1]	28[-1]	98	90	59	1[-1]	2[-1]	104[-1]	99[-1]	103[-1]	92[-1]	92[-1]	91[-1]	72[-1]
蒙特塞拉特	...	-[-2]	-[-2]	...	7[-2]	16[-2]	...	...		-[-2]	0.5[-2]	106[-2]	92[-2]	97[-2]	...	93[-2]	110[-2]	84[-2]
尼加拉瓜	...	...	...	...	...	...	...	...		...	...	112[-1]	...	...	...	...	...	...
巴拿马	18	26[-4]	...	4	12[-4]	...	94[-2]	76[-2]	61[-2]	5	9	101	96	94	81[-3]	88[-2]	83	56[-4]
巴拉圭	...	...	129	...	...	33	93	78	65	6	10	...	...	...	84[-1]	...	...	67
秘鲁	48[-3]	49	36	1[-3]	3	4	98	92	88	3	6	122	98	116	95[-1]	97	100	96
圣基茨和尼维斯	0.1	...	0.2	2	...	11	...	...		1	1	111	98	121	...	...	...	89
圣卢西亚	0.5[-1]	1[-1]	1[-1]	9[-1]	8[-1]	23[-1]	99[-3]	96[-3]	86[-3]	1	5[-1]	101[-1]	97[-1]	100[-1]	97[-1]	91[-1]	92[-2]	84[-1]
圣文森特和格林纳丁斯	-[-1]	0.2[-1]	1[-1]	0.1[-1]	1[-1]	16[-1]	...	...		1	14[-1]	113[-1]	100[-1]	116[-1]	...	96[-1]	92[-1]	84[-1]
荷属圣马丁	...	...	...	...	...	...	...	...		...	...	...	...	...	...	...	...	...
苏里南	11	...	...	17	...	...	86	56	30	17	33	101	83	80	65[-1]	...	45	...
特立尼达和多巴哥	...	...	11[i]	...	...	31[i]	...	...		25	6	...	...	...	...	...	...	69[i]
特克斯和凯科斯群岛	0.1	0.2	0.4	5	27	40	...	...		2	3	111	97	114	...	89	82	66
乌拉圭	1[-1]	2[-1]	17[-1]	0.3[-1]	5[-1]	12[-1]	98	70	43	3[-1]	12[-1]	104[-1]	100[-1]	103[-1]	72[-1]	99[-1]	95[-1]	88[-1]
委内瑞拉玻利瓦尔共和国	325[-4]	232[-4]	249[-4]	10[-4]	14[-4]	23[-4]	...	...		8[-4]	12[-4]	97[-4]	90[-4]	93[-4]	...	86[-4]	75[-4]	77[-4]

学习												
K　全国代表性学习评估的管理						**L**　达到最低熟练水平的百分比 (%)						
低年级		初等教育结束时		初级中等教育结束时		低年级		初等教育结束时		初级中等教育结束时		国家或地区名称编写
阅读	数学	阅读	数学	阅读	数学	阅读	数学	阅读	数学	阅读	数学	
4.1.6						4.1.1						
2021												
有	有	有	有	有	有	…	70_{-2}	…	68_{-2}	80_{-3}	78_{-3}	AUS
有	有	有	无	无		…	…	…	…	…	…	COK
有	有	有	无	无		…	…	…	…	…	…	FJI
有	有	有	有	无	有	…	…	…	…	…	…	KIR
有	有	有	有	无	有	…	…	…	…	…	…	MHL
有	有	有	有	无	有	…	…	…	…	…	…	FSM
有	有	有	有	无	有	…	…	…	…	…	…	NRU
有	有	有	有	有	有	…	…	…	56_{-2}	81_{-2}	78_{-3}	NZL
有	有	有	有	无	有	…	…	…	…	…	…	NIU
有	有	有	有	无	有	…	…	…	…	…	…	PLW
有	有	有	无	无		…	…	…	…	…	…	PNG
有	有	有	无	无		…	…	…	…	…	…	WSM
有	有	有	有	无	无	…	…	…	…	…	…	SLB
有	有	有	有	无	无	…	…	…	…	…	…	TKL
有	有	有	有	无	有	…	…	…	…	…	…	TON
有	有	有	有	无	有	…	…	…	…	…	…	TUV
有	有	有	有	无	有	…	…	…	…	…	…	VUT
无	无	无	无	无	无	…	…	…	…	…	…	AIA
无	无	无	无	无	无	…	…	…	…	…	…	ATG
有	有	有	有	有	有	54_{-2}	51_{-2}	32_{-2}	13_{-2}	48_{-3}	31_{-3}	ARG
无	无	无	无	无	无	…	…	…	…	…	…	ABW
有	有	有	有	无	无	…	…	…	…	…	…	BHS
无	无	无	无	无	无	…	…	…	…	…	…	BRB
无	无	无	无	无	无	…	…	…	…	…	…	BLZ
无	无	无	无	无	无	48_{-4}	38_{-4}	15_{-4}	8_{-4}	…	…	BOL
有	有	有	有	有	有	72_{-2}	69_{-2}	44_{-2}	29_{-2}	50_{-3}	32_{-3}	BRA
无	无	无	无	无	无	…	…	…	…	…	…	VGB
无	无	无	无	无	无	…	…	…	…	…	…	CYM
有	有	有	有	有	有	…	…	…	…	68_{-3}	33_{-2}	CHL
有	有	有	有	有	有	64_{-2}	56_{-2}	38_{-2}	17_{-2}	50_{-3}	35_{-3}	COL
有	有	有	有	有	有	75_{-2}	67_{-2}	54_{-2}	21_{-2}	58_{-3}	40_{-3}	CRI
有	有	有	有	有	有	70_{-2}	75_{-2}	44_{-2}	21_{-2}	…	…	CUB
无	无	无	无	无	无	…	…	…	…	…	…	CUW
无	无	无	无	无	无	…	…	…	…	…	…	DMA
有	有	有	有	有	有	27_{-2}	20_{-2}	16_{-2}	2_{-2}	21_{-3}	9_{-3}	DOM
有	有	有	有	有	有	58_{-2}	57_{-2}	26_{-2}	23_{-2}	49_{-4}	29_{-4}	ECU
有	有	有	有	有	有	56_{-2}	50_{-2}	29_{-2}	8_{-2}	…	…	SLV
无	无	无	无	无	无	…	…	…	…	…	…	GRD
有	有	有	有	有	有	39_{-2}	35_{-2}	16_{-2}	7_{-2}	30_{-4}	11_{-4}	GTM
有	有	有	有	无	有	…	…	…	…	…	…	GUY
无	无	无	无	无	无	…	…	…	…	…	…	HTI
有	有	有	有	有	有	47_{-2}	54_{-2}	16_{-2}	11_{-2}	30_{-4}	15_{-4}	HND
无	无	有	有	有	有	…	…	…	…	…	…	JAM
有	有	有	有	有	有	63_{-2}	65_{-2}	42_{-2}	38_{-2}	55_{-3}	44_{-3}	MEX
无	无	无	无	无	无	…	…	…	…	…	…	MSR
有	有	有	有	有	有	36_{-2}	35_{-2}	13_{-2}	3_{-2}	…	…	NIC
有	有	有	有	有	有	41_{-2}	32_{-2}	18_{-2}	3_{-2}	36_{-3}	19_{-3}	PAN
有	有	有	有	有	有	49_{-2}	38_{-2}	19_{-2}	6_{-2}	32_{-4}	8_{-4}	PRY
有	有	有	有	有	有	76_{-2}	71_{-2}	49_{-2}	39_{-2}	…	…	PER
无	无	无	无	无	无	…	…	…	…	…	…	KNA
无	无	无	无	无	无	…	…	…	…	…	…	LCA
无	无	无	无	无	无	…	…	…	…	…	…	VCT
无	无	无	无	无	无	…	…	…	…	…	…	SXM
有	有	有	无	无	无	…	…	…	…	…	…	SUR
有	有	有	无	无	无	…	…	…	…	…	…	TTO
有	有	有	无	无	无	…	…	…	…	…	…	TCA
有	有	有	有	有	有	64_{-2}	63_{-2}	44_{-2}	38_{-2}	58_{-3}	49_{-3}	URY
有	无	无	无	无	无	…	…	…	…	…	…	VEN

表 2（续）

国家或地区	失学儿童数 (000) 初等教育	失学儿童数 (000) 初级中等教育	失学儿童数 (000) 高级中等教育	失学率 (%) 初等教育	失学率 (%) 初级中等教育	失学率 (%) 高级中等教育	完成率 (%) 初等教育	完成率 (%) 初级中等教育	完成率 (%) 高级中等教育	超龄率 (%) 初等教育	超龄率 (%) 初级中等教育	初等教育毛入学率 (%)	经调整的初等教育净入学率 (%)	初等教育最高年级毛招生率	初等教育向初级中等教育的升学率 (%)	初级中等教育合计净入率 (%)	初级中等教育最高年级毛招生率 (%)	高级中等教育合计净入学率 (%)
可持续发展目标指标				4.1.4			4.1.2			4.1.5				4.1.3			4.1.3	
参考年份			2021				2020			2021				2021				
欧洲和北美																		
阿尔巴尼亚	13	3	18	8	2	16	97	97	84	2	3	96	92	98	99[-1]	98	95	84
安道尔	...	...	...	...	...	...	...	...	...	2	4	...	...	...	...	...	...	...
奥地利	1[-1]	4[-1]	33[-1]	0.3[-1]	1[-1]	9[-1]	100	100	85	5[-1]	9[-1]	102[-1]	100[-1]	100[-1]	100[-1]	99[-1]	96[-1]	91[-1]
白俄罗斯	30	1[-1]	13	6	0.1[-1]	7	100	99	92	1	1	94	94	94	99[-1]	100[-1]	100	93
比利时	9[-1]	1[-1]	8[-1]	1[-1]	1[-1]	2[-1]	100	91	86	1[-1]	3[-1]	102[-1]	99[-1]	...	91[-1]	99[-1]	95[-1]	98[-1]
百慕大	...	...	...	...	...	...	...	...	...	...	...	98[-1]	...	...	...	...	...	...
波斯尼亚和黑塞哥维那	...	...	24	...	...	19	...	...	...	1	1	...	...	...	...	...	94[-3]	81
保加利亚	45[-1]	48[-1]	46[-1]	15[-1]	17[-1]	18[-1]	100	93	84	1[-1]	4[-1]	85[-1]	85[-1]	88[-1]	94[-1]	83[-1]	...	82[-1]
加拿大	8[-1]	...	118[-1]	0.3[-1]	...	...	...	...	...	...	...	102[-1]	100[-1]	...	...	...	...	90[-1]
克罗地亚	3[-1]	2[-1]	17[-1]	2[-1]	1[-1]	11[-1]	100	100	97	0.3[-1]	0.3[-1]	93[-1]	98[-1]	96[-1]	100[-1]	99[-1]	98[-1]	89[-1]
捷克共和国	8[-1]	0.4[-1]	19[-1]	1[-1]	0.1[-1]	5[-1]	100	100	92	4[-1]	5[-1]	100[-1]	99[-1]	101[-1]	100[-1]	100[-1]	93[-1]	95[-1]
丹麦	3[-1]	0.1[-1]	16[-1]	1[-1]	0.1[-1]	8[-1]	100	100	79	0.2[-1]	1[-1]	100[-1]	100[-1]	99[-1]	100[-1]	100[-1]	104[-1]	92[-1]
爱沙尼亚	2[-4]	0.3[-1]	2[-1]	2[-4]	1[-1]	4[-1]	100	97	88	1[-1]	3[-1]	98[-1]	98[-4]	97[-1]	97[-1]	99[-1]	101[-1]	96[-1]
芬兰	6[-1]	1[-1]	5[-1]	0.3[-1]	1[-1]	3[-1]	100	100	89	...	...	100[-1]	100[-1]	99[-1]	100[-1]	100[-1]	102[-1]	97[-1]
法国	6[-1]	1[-1]	78[-1]	0.1[-1]	–[-1]	8[-1]	100	97	88	...	1[-1]	103[-1i]	100[-1]	97[-1i]	100[-1]	100[-1i]	...	97[-1i]
德国	61[-1]	195[-1]	416[-1]	2[-1]	4[-1]	17[-1]	100	95	88	...	1[-1]	100[-1]	100[-1]	99[-1]	96[-1]	95[-1]	...	83[-1]
希腊	3[-1]	11[-1]	14[-1]	0.4[-1]	3[-1]	5[-1]	100	97	92	1[-1]	4[-1]	101[-1]	100[-1]	101[-1]	97[-1]	97[-1]	94[-1]	95[-1]
匈牙利	21[-1]	8[-1]	48[-1]	6[-1]	2[-1]	12[-1]	99	94	85	1[-1]	3[-1]	96[-1]	94[-1]	94[-1]	95[-1]	98[-1]	96[-1]	88[-1]
冰岛	0.1[-1]	0.1[-1]	3[-1]	0.4[-1]	1[-1]	15[-1]	100[-2]	100[-2]	67[-2]	–[-1]	–[-1]	101[-1]	100[-1]	100[-1]	99[-1]	99[-1]	103[-1]	85[-1]
爱尔兰	0.2[-1]	1[-1]	2[-1i]	–[-1i]	1[-1]	1[-1]	100[-2]	98[-2]	91[-2]	–[-1]	0.2[-1]	101[-1i]	100[-1]	98[-3]	99[-1]	100[-1]	99[-1]	99[-1]
意大利	116[-1]	39[-1]	185[-1]	4[-1]	2[-1]	6[-1]	100	99	87	0.3[-1]	2[-1]	100[-1]	96[-1]	99[-1]	99[-1]	98[-1]	99[-1]	94[-1]
拉脱维亚	2[-1]	1[-1]	3[-1i]	1[-1]	2[-1]	11[-1]	100	99	83	1[-1]	3[-1]	100[-1]	99[-1]	98[-1]	99[-1]	98[-1]	98[-1]	95[-1]
列支敦士登	–[i]	...	0.1[i]	1[i]	3[i]	10[i]	...	...	...	0.1	1	102[i]	99[i]	89[i]	...	97	94[i]	90[i]
立陶宛	0.1[-1i]	0.2[-1]	1[-1]	0.1[-1]	0.1[-1]	2[-1]	100	100	90	0.2[-1]	1	103[-1]	100[-1]	104[-1i]	...	100[-1]	101[-1]	98[-1]
卢森堡	0.3[-1]	0.2[-1]	5[-1]	1[-1]	1[-1]	18[-1]	100	88	79	2[-1]	8[-2]	106[-1]	99[-1]	84[-1]	88[-1]	99[-1]	117[-2]	82[-1]
马耳他	0.1[-4]	0.2[-2]	1[-1]	0.2[-4]	2[-2]	5[-1]	100[-2]	100[-2]	75[-2]	0.4[-1]	0.5[-1]	107[-1]	100[-1]	109[-1]	100[-1]	98[-1]	106[-1]	95[-1]
摩纳哥	...	...	...	...	...	...	...	...	...	–[+1]	0.2[+1]	118[+1i]	99[+1i]	108[+1i]	...	...	125[+1i]	...
黑山共和国	0.2	1	4	0.5	3	13	99	98	87	1	1	102	100	101	99[-1]	97	89	87
荷兰	3[-1]	18[-1]	25[-1]	0.3[-1]	3	13	100	93	81	...	...	106[-1]	100[-1]	93[-1]	98[-1]	...	...	96[-1]
北马其顿	5[-1]	...	...	5[-1]	...	...	99	97	82	...	...	95[-1]	95[-1]	95[-1]	98[-1]	...	83[-1]	...
挪威	1[-1]	1[-1]	16[-1]	0.2[-1]	0.4[-1]	8[-1]	100[-2]	100[-2]	97[-2]	–[-1]	–[-1]	100[-1]	100[-1]	100[-1]	100[-1]	100[-1]	100[-1]	92[-1]
波兰	3[-1]	36[-1]	29[-1]	0.2[-1]	2[-1]	2[-1]	100	98	93	...	2[-1]	84[-1]	...	95[-1]	98[-1]	98[-1]	103[-2]	98[-1]
葡萄牙	0.2[-1]	1[-1]	2[-1]	–[-1]	0.2[-1]	1[-1]	100	93	76	4[-1]	10[-1]	108[-1]	100[-1]	105[-1]	93[-1]	100[-1]	99[-1]	99[-1]
摩尔多瓦共和国	0.3[i]	1[i]	12[i]	0.3[i]	1[i]	15[i]	99[-3]	95[-3]	79[-3]	0.2	0.4	108[i]	100[i]	107[i]	96[-4]	99[i]	108[i]	85[i]
罗马尼亚	127[-1]	94[-2i]	164[-1]	12[-1]	11[-2i]	21[-1]	100	97	76	3[-2]	4[-2]	88[-1]	88[-1]	85[-1]	98[-1]	89[-2i]	87[-1]	79[-1]
俄罗斯	5[-1]	18[-1]	67[-2i]	0.1[-1]	0.2[-1]	2[-1]	100	100	91	...	...	104[-1]	100[-1]	105[-1]	100[-1]	100[-1]	104[-2]	98[-2i]
圣马力诺	–[-1]	0.1[-1]	1	2[-1]	8[i]	61[i]	...	...	...	...	...	97[-1]	98[-1]	99[-1]	...	92[-1]	88[-1]	39[-1]
塞尔维亚	10[i]	7[i]	41[i]	4[i]	3[i]	14[i]	100	99	80	0.3	1	97[i]	96[i]	98[i]	100[-1]	92[i]	89[i]	86[i]
斯洛伐克	7[-1]	12[-1]	23[-1]	3[-1]	2[-1]	11[-1]	100	100	96	...	...	102[-1]	97[-1]	98[-1]	...	96[-1]	77[-1]	89[-1]
斯洛文尼亚	0.1[-1]	0.3[-1]	1[-1]	–[-1]	1[-1]	2[-1]	100	100	92	...	1[-1]	103[-1]	100[-1]	104[-1]	99[-1]	99[-1]	94[-1]	...
西班牙	54[-1]	6[-1]	11[-1]	2[-1]	0.4[-1]	1[-1]	99	91	69	0.2[-1]	6[-1]	103[-1]	98[-1]	92[-1]	100[-1]	100[-1]	96[-1]	99[-1]
瑞典	1[-1]	...	4[-1]	0.1[-1]	...	1[-1]	100	100	92	0.1[-1]	0.2[-1]	126[-1]	100[-1]	105[-1]	...	100[-1]	107[-1]	99[-1]
瑞士	1[-1]	1[-1]	67[-1]	0.1[-1]	0.5[-1]	19[-1]	100[-2]	99[-2]	94[-2]	0.1[-1]	1	106[-1]	100[-1]	104[-1]	99[-1]	97[-1i]	...	81[-1i]
乌克兰	...	...	...	...	...	...	100[-3]	99[-3]	96[-3]	1	1	...	...	...	99[-4]	...	...	...
英国	97[-1]	3[-1]	82[-1]	2[-1]	0.1[-1]	3[-1]	100[-2]	100[-2]	92[-2]	–[-1]	–[-1]	100[-1]	98[-1]	...	100[-1]	100[-1]	...	97[-1]
美国	489[-1i]	22[-1i]	371[-1i]	2[-1i]	0.2[-1i]	3[-1i]	100	99	93	3[-1]	4[-1]	100[-1i]	98[-1]	101[-1i]	99[-1]	100[-1]	104[-1i]	97[-1i]

学习												国家或地区名称编号
K 全国代表性学习评估的管理						L 达到最低熟练水平的百分比 (%)						
低年级		初等教育结束时		初级中等教育结束时		低年级		初等教育结束时		初级中等教育结束时		
阅读	数学	阅读	数学	阅读	数学	阅读	数学	阅读	数学	阅读	数学	
4.1.6						4.1.1						
2021												
有	有	有	有	有	有	...	...	...	62_{-2}	48_{-3}	58_{-3}	ALB
无	无	无	无	无	无	...	...	...	...	...	...	AND
无	无	有	有	有	有	...	...	...	84_{-2}	76_{-3}	79_{-3}	AUT
有	有	无	无	有	有	...	...	...		77_{-3}	71_{-3}	BLR
有	有	有	有	有	有	...	...	...	80_{-2}	79_{-3}	80_{-3}	BEL
无	无	有	有	有	有	...	...	...	...	...	...	BMU
无	无	无	无	有	有	...	...	...	40_{-2}	46_{-3}	42_{-3}	BIH
无	无	有	有	有	有	...	...	...	71_{-2}	53_{-3}	56_{-3}	BGR
无	无	有	有	有	有	...	...	...	69_{-2}	86_{-3}	84_{-3}	CAN
无	无	有	有	有	有	...	...	...	70_{-2}	78_{-3}	69_{-3}	HRV
有	无	有	有	有	有	...	...	...	78_{-2}	79_{-3}	80_{-3}	CZE
有	有	有	有	有	有	...	75_{-2}	...	...	84_{-3}	85_{-3}	DNK
有	有	有	有	有	有	...	...	...	...	89_{-3}	90_{-3}	EST
有	有	有	有	有	有	...	...	...	78_{-2}	86_{-3}	85_{-3}	FIN
有	有	有	有	有	有	...	...	...	57_{-2}	79_{-3}	79_{-3}	FRA
有	有	有	有	有	有	...	...	...	75_{-2}	79_{-3}	79_{-3}	DEU
无	无	无	无	有	有	...	...	...	...	69_{-3}	64_{-3}	GRC
无	无	有	有	有	有	...	...	...	74_{-2}	75_{-3}	68_{-2}	HUN
有	有	有	有	有	有	...	...	...	...	74_{-3}	79_{-3}	ISL
有	有	有	有	有	有	...	84_{-2}	...	...	88_{-3}	84_{-3}	IRL
有	有	有	有	有	有	...	...	...	73_{-2}	77_{-3}	62_{-2}	ITA
有	有	有	有	有	有	...	...	...	85_{-2}	78_{-3}	83_{-3}	LVA
有	有	有	有	有	有	...	...	...	...	...	...	LIE
有	有	有	有	有	有	...	...	...	81_{-2}	76_{-3}	74_{-3}	LTU
有	有	有	有	有	有	...	...	...	...	71_{-3}	73_{-3}	LUX
有	有	有	有	有	有	...	...	...	69_{-2}	64_{-3}	70_{-3}	MLT
无	无	无	无	无	无	...	...	...	...	...	...	MCO
无	无	有	有	有	有	...	...	...	43_{-2}	56_{-3}	54_{-3}	MNE
无	无	有	有	有	有	...	...	...	84_{-2}	76_{-3}	84_{-3}	NLD
有	有	有	有	有	有	...	...	...	52_{-2}	45_{-3}	39_{-3}	MKD
有	有	有	有	有	有	...	82_{-2}	...	65_{-2}	81_{-3}	81_{-3}	NOR
无	无	有	有	有	有	...	...	...	73_{-2}	85_{-3}	85_{-3}	POL
有	有	有	有	有	有	...	...	...	74_{-2}	80_{-3}	77_{-3}	PRT
无	无	有	有	有	有	...	...	...	...	57_{-3}	50_{-3}	MDA
有	有	有	有	有	有	...	...	...	...	59_{-3}	53_{-3}	ROU
有	有	有	有	有	有	...	...	...	91_{-2}	78_{-3}	78_{-3}	RUS
无	无	无	无	无	无	...	...	...	...	...	...	SMR
无	无	有	有	有	有	...	...	...	68_{-2}	62_{-3}	60_{-3}	SRB
无	无	有	有	有	有	...	...	...	71_{-2}	69_{-3}	75_{-3}	SVK
有	有	有	有	有	有	...	...	...	...	82_{-3}	84_{-3}	SVN
有	有	有	有	有	有	...	...	...	65_{-2}	...	75_{-3}	ESP
有	有	有	有	有	有	...	...	...	74_{-2}	82_{-3}	81_{-3}	SWE
无	无	无	无	有	有	...	...	...	...	76_{-3}	83_{-3}	CHE
无	无	有	有	有	有	...	...	...	...	74_{-3}	64_{-3}	UKR
有	有	有	有	有	有	...	...	...	83_{-2}	83_{-3}	81_{-3}	GBR
有	有	有	有	有	有	...	...	...	77_{-2}	81_{-3}	73_{-3}	USA

表3: 可持续发展目标4，具体目标4.2——幼儿教育

到2030年，确保所有女童和男童可以获得优质的幼儿发展、保育和学前教育，使他们为初等教育做好准备。

区域	A 5岁以下儿童正常发展(%)	B 5岁以下儿童发育迟缓率(%)	C 激发潜能的家庭学习环境(%)	D 5岁以下儿童拥有三本及以上童书(%)	E 学前教育毛入学率(%)	F 经调整的初等教育正规入学年龄前一年的净入学率(%)
可持续发展目标指标	4.2.1		4.2.3		4.2.4	4.2.2
参考年份	2021					
	加权平均数					
世界	...	22	...	...	61-1	75-1i
撒哈拉以南非洲	...	32	...	...	28-1	48-1
北非和西亚	...	18	...	...	34-1	52-1
北非	...	22	...	...	42-1	53-1
西亚	...	14	...	...	29-1	50-1
中亚和南亚	...	30	...	...	61-1	85-1
中亚	...	8	...	...	42-1	62-1
南亚	...	31	...	...	62-1	87-1
东亚和东南亚	...	14	...	...	84-1	84-2i
东亚	...	5	...	...	90-1	...
东南亚	...	27	...	...	68-1	84-1
大洋洲	...	44	...	...	63-1	79-1
拉丁美洲和加勒比	...	12	...	...	76-1	94-1
加勒比	...	12	...	...	...	...
中美洲	...	17	...	...	66	95
南美	...	9	...	...	81i	94i
欧洲和北美	...	4	...	...	86-1	94-1
欧洲	...	4	...	...	94-1	96-1
北美	...	4	...	...	70-1	92-1
低收入国家	...	34	...	...	20-1	43-1
中等收入国家	...	22	...	...	66-1	78-1
中低收入国家	...	29	...	...	58-1	76-1
中高收入国家	...	8	...	...	78-1	83-1
高收入国家	...	4	...	...	84-1	92-1

A 36—59月龄儿童身体健康、学习和社会心理健康正常发展的百分比（联合国儿基会的幼儿发展指数）。
B 5岁以下儿童中度和重度发育迟缓率（资料来源：联合国儿基会、世界卫生组织和世界银行联合发布的儿童营养不良状况估计）（区域总体数据是参考年份的统计估计值的加权平均数，而不是各国或地区的观测值；东亚数据不含日本的数据，大洋洲数据不含澳大利亚和新西兰的数据，北美数据仅根据美国数据估计）。
C 36—59月龄儿童拥有积极的、激发潜能的家庭学习环境的百分比（资料来源：联合国儿基会数据库）。
D 5岁以下儿童在家拥有三本及以上童书的百分比（资料来源：联合国儿基会数据库）。
E 学前教育阶段幼儿教育毛入学率。
F 经调整的初等教育正规入学年龄前一年的净入学率。

资料来源：除非有注解，数据均来自统计研究所。除非有注解，数据均为2021年结束的学年的数据。
总体数据涵盖表中所列的所有数据可得国家和地区，可能包括对无最新数据国家和地区所做估计。
(-) 零或可忽略不计
(...) 无相关数据或不存在的类别
(±n)参考年份差异（例如，−2表示用2019年数据代替2021年数据）
(i) 估计数或不完全统计数

表 3（续）

国家或地区	A 5岁以下儿童正常发展(%)	B 5岁以下儿童发育迟缓(%)	C 激发潜能的家庭学习环境(%)	D 5岁以下儿童拥有三本及以上童书(%)	E 学前教育毛入学率	F 经调整的初等教育正规入学年龄前一年的净入学率(%)	国家或地区名称缩写
可持续发展目标指标	4.2.1		4.2.3		4.2.4	4.2.2	
参考年份				2021			
撒哈拉以南非洲							
安哥拉	...	43	...	...	...	...	AGO
贝宁	54_{-3}	31	39_{-3}	2_{-3}	23	85_{-3}	BEN
博茨瓦纳	...	22	...	...	...	...	BWA
布基纳法索	...	22	...	...	7	21	BFA
布隆迪	40_{-4}	56	58_{-4}	0.1_{-4}	11_{-1}	49_{-1}	BDI
佛得角	...	10	...	...	75_{-2}	81_{-2}	CPV
喀麦隆	...	27	...	...	36	41	CMR
中非共和国	36_{-2}	40	...	0.4_{-2}	3_{-4}	22_{-4}	CAF
乍得	45_{-2}	33	...	$-_{-2}$	1	17	TCD
科摩罗	...	20	...	...	22_{-3}	30_{-3}	COM
刚果	...	17	...	...	14_{-3}	29_{-3}	COG
科特迪瓦	...	21	...	...	11_{+1}	23	CIV
刚果民主共和国	57_{-3}	41	...	$-_{-3}$	7_{-1}	22_{-1}	COD
吉布提	...	20	...	...	14_{-1}	17_{+1}	DJI
赤道几内亚	...	17	...	...	...	...	GNQ
厄立特里亚	...	51	...	...	24_{-3}	27_{-2}	ERI
斯威士兰	...	22	...	...	...	...	SWZ
埃塞俄比亚	...	35	...	...	30	42	ETH
加蓬	...	14	...	...	43_{-2}	...	GAB
冈比亚	67_{-3}	14	16_{-3}	1_{-3}	42_{+1}	55_{+1}	GMB
加纳	68_{-3}	13	...	7_{-3}	112	93_{-1}	GHA
几内亚	...	28	...	...	20	47_{-1}	GIN
几内亚比绍	73_{-2}	28	...	$-_{-2}$	...	...	GNB
肯尼亚	...	19	...	...	65_{-2}	...	KEN
莱索托	73_{-3}	32	28_{-3}	3_{-3}	33_{-2}	39_{-2}	LSO
利比里亚	...	27	...	...	128_{-1}	71_{-1}	LBR
马达加斯加	67_{-3}	39	25_{-3}	1_{-3}	40_{-2}	59_{-2}	MDG
马拉维	...	35	...	1_{-1}	30_{-1}	...	MWI
马里	...	24	...	...	8_{-1}	45_{-3}	MLI
毛里塔尼亚	...	23	...	...	...	...	MRT
毛里求斯	...	9	...	...	92_{+1}	63_{+1}	MUS
莫桑比克	...	37	...	...	...	...	MOZ
纳米比亚	...	17	...	...	37	69_{-3}	NAM
尼日尔	...	47	...	...	7	21	NER
尼日利亚	61_{-4}	34	63_{-4}	4_{-4}	23_{-1}	...	NGA
卢旺达	82_{-1}	31	...	2_{-1}	28	68	RWA
圣多美和普林西比	63_{-2}	11	...	6_{-2}	...	...	STP
塞内加尔	67_{-2}	17	29_{-2}	1_{-2}	18	18	SEN
塞舌尔	...	7	...	...	104	99	SYC
塞拉利昂	51_{-4}	27	19_{-4}	2_{-4}	25	41	SLE
索马里	...	19	...	...	1	...	SOM
南非	...	23	...	...	18_{-1}	73_{-1}	ZAF
南苏丹	...	28	...	...	12_{-3}	...	SSD
多哥	52_{-4}	23	18_{-4}	$-_{-4}$	29	99	TGO
乌干达	...	24	...	...	14_{-4}	...	UGA
坦桑尼亚联合共和国	...	31	...	...	77	56_{-1}	TZA
赞比亚	...	32	...	...	9_{-4}	...	ZMB
津巴布韦	71_{-2}	22	37_{-2}	3_{-2}	74	56	ZWE
北非和西亚							
阿尔及利亚	77_{-2}	9	...	8_{-2}	55_{+1}	67_{+1}	DZA
亚美尼亚	...	8	...	...	29	38	ARM
阿塞拜疆	...	14	...	...	$46i$	$84i$	AZE
巴林	...	5	...	...	53_{-1}	70_{-2}	BHR
塞浦路斯	...	...	...	...	87_{-1i}	99_{-1i}	CYP
北非和西亚(续)							
埃及	...	21	...	...	29	37_{-2}	EGY
格鲁吉亚	90_{-3}	5	78_{-3}	56_{-3}	95_{-1}	...	GEO
伊拉克	79_{-3}	10	44_{-3}	3_{-3}	...	...	IRQ
以色列	...	...	...	...	111_{-1}	100_{-1}	ISR
约旦	71_{-3}	7	92_{-3}	16_{-3}	27	48	JOR
科威特	...	7	...	...	49	44	KWT
黎巴嫩	...	8	...	...	...	...	LBN
利比亚	...	51	...	...	...	...	LBY
摩洛哥	...	13	36_{-3}	...	60	66	MAR
阿曼	...	13	...	...	27	63	OMN
巴勒斯坦	84_{-1}	8	...	12_{-1}	49	59	PSE
卡塔尔	...	5	...	...	54	88	QAT
沙特阿拉伯	...	12	...	...	18	46	SAU
苏丹	...	36	...	...	47_{-3}	40_{-3}	SDN
阿拉伯叙利亚共和国	...	26	...	...	12_{+1}	45_{+1}	SYR
突尼斯	82_{-3}	9	73_{-3}	24_{-3}	...	...	TUN
土耳其	74_{-3}	6	...	...	40_{-1}	79_{-1}	TUR
阿拉伯联合酋长国	...	...	...	...	108_{+1}	99_{+1}	ARE
也门	...	36	...	...	...	...	YEM
中亚和南亚							
阿富汗	...	34	...	...	...	...	AFG
孟加拉国	74_{-2}	28	63_{-2}	6_{-2}	36	91	BGD
不丹	...	23	...	...	52	85	BTN
印度	...	32	...	...	40_{-1}	95_{-1}	IND
伊朗	...	5	...	36_{-4}	72_{-1}	64_{-1}	IRN
哈萨克斯坦	...	5	...	...	74_{-1}	78_{-1}	KAZ
吉尔吉斯斯坦	72_{-3}	11	87_{-3}	21_{-3}	39	84	KGZ
马尔代夫	93_{-4}	14	96_{-4}	59_{-4}	76_{-1}	92_{-1}	MDV
尼泊尔	65_{-2}	28	...	...	94_{-1}	71_{-1}	NPL
巴基斯坦	...	35	...	...	83_{-2}	94_{-2i}	PAK
斯里兰卡	...	16	...	...	72_{-1}	...	LKA
塔吉克斯坦	...	14	...	...	10_{-4}	12_{-4}	TJK
土库曼斯坦	95_{-2}	7	...	32_{-2}	35	...	TKM
乌兹别克斯坦	...	7	...	32_{+1}	44	69	UZB
东亚和东南亚							
文莱达鲁萨兰国	...	11	...	...	63_{-1}	95_{-1}	BRN
柬埔寨	...	23	...	...	34	70_{-1}	KHM
中国	...	5	...	...	93	...	CHN
朝鲜民主主义人民共和国	88_{-4}	18	95_{-4}	50_{-4}	...	...	PRK
中国香港	...	...	...	...	101_{-2}	100_{-1}	HKG
印度尼西亚	88_{-3}	31	...	...	62_{-3i}	96_{-3i}	IDN
日本	...	5	...	...	...	...	JPN
老挝人民民主共和国	89_{-4}	29	30_{-4}	4_{-4}	49	71	LAO
中国澳门	...	...	...	...	86	88	MAC
马来西亚	...	22	...	...	87	86	MYS
蒙古国	76_{-3}	6	58_{-3}	29_{-3}	80	96	MNG
缅甸	...	25	...	...	9_{-4}	12_{-3}	MMR
菲律宾	...	29	...	...	90	66	PHL
韩国	...	2	...	...	92_{-1}	90_{-1}	KOR
新加坡	...	3	...	...	96_{-1i}	97_{-1i}	SGP
泰国	93_{-2}	12	...	34_{-2}	74_{+1}	97_{+1}	THA
东帝汶	...	46	...	...	28_{-1}	60_{-1}	TLS
越南	...	20	...	27	92	100_{-1}	VNM

表3（续）

国家或地区	A 5岁以下儿童正常发展(%)	B 5岁以下儿童发育迟缓(%)	C 激发潜能的家庭学习环境(%)	D 5岁以下儿童拥有三本及以上童书(%)	E 学前教育毛入学率(%)	F 经调整的初等教育正规入学年龄前一年的净入学率(%)	国家或地区名称缩写
可持续发展目标指标	4.2.1			4.2.3		4.2.4	4.2.2	
参考年份	2021							
大洋洲							
澳大利亚	...	3	...	...	80$_{-1}$	82$_{-1}$	AUS
库克群岛	...	...	...	...	86	88	COK
斐济	83	7	...	24	31	89	FJI
基里巴斯	80$_{-2}$	14	...	4$_{-2}$	89$_{-1}$	98$_{-1}$	KIR
马绍尔群岛	79$_{-4}$	31	72$_{-4}$	18$_{-4}$	68	59	MHL
密克罗尼西亚联邦	...	...	...	...	6	13	FSM
瑙鲁	...	15	...	...	48$_{-1}$	96$_{-1}$	NRU
新西兰	...	...	...	...	92$_{-1}$	90$_{-1}$	NZL
纽埃	...	...	...	...	88	91	NIU
帕劳	...	...	...	...	71$_{-1}$	89$_{-1}$	PLW
巴布亚新几内亚	...	51	...	...	46$_{-1}$	71$_{-3}$	PNG
萨摩亚	73$_{-1}$	7	...	9$_{-1}$	41	35	WSM
所罗门群岛	...	30	...	...	93$_{-2}$	66$_{-2}$	SLB
托克劳	...	...	...	...	164	75	TKL
汤加	79$_{-2}$	2	...	24$_{-2}$	48$_{-1}$	95$_{-1}$	TON
图瓦卢	69$_{-1}$	5	...	24$_{-1}$	86	89	TUV
瓦努阿图	...	31	...	...	103	98$_{-1}$	VUT
拉丁美洲和加勒比							
安圭拉	...	...	...	...	96$_{-2}$	93$_{-2}$	AIA
安提瓜和巴布达	...	...	...	...	70$_{-3}$	91$_{-3}$	ATG
阿根廷	86$_{-1}$	9	...	48$_{-1}$	76$_{-1}$	100$_{-1}$	ARG
阿鲁巴	...	...	...	...	...	...	ABW
巴哈马	...	...	...	...	40$_{-2}$	43$_{-2}$	BHS
巴巴多斯	...	6	...	...	75	86	BRB
伯利兹	...	12	...	...	34	43	BLZ
多民族玻利维亚国	...	12	...	...	74	91	BOL
巴西	...	7	...	...	86$_{-1i}$	93$_{-1i}$	BRA
英属维尔京群岛	...	...	...	...	88	96	VGB
开曼群岛	...	...	...	...	89$_{-1}$	99	CYM
智利	...	2	...	...	85$_{-1}$	97$_{-1}$	CHL
哥伦比亚	...	11	...	...	88	99	COL
哥斯达黎加	86$_{-3}$	9	...	39$_{-3}$	95	98$_{-1}$	CRI
古巴	95$_{-2}$	7	...	42$_{-2}$	100	96	CUB
库拉索	...	...	...	...	94$_{-1}$	91$_{-1}$	CUW
多米尼克	...	...	...	...	66	96	DMA
多米尼加共和国	87$_{-2}$	6	...	9$_{-2}$	33$_i$	73$_{-1}$	DOM
厄瓜多尔	...	23	...	28$_{-3}$	58	82	ECU
萨尔瓦多	...	10	...	17	...	...	SLV
格林纳达	...	...	...	...	131$_{-1}$	85$_{-1i}$	GRD
危地马拉	...	44	...	...	50	82	GTM
圭亚那	...	8	...	...	...	...	GUY
海地	65$_{-4}$	20	54$_{-4}$	8$_{-4}$	...	...	HTI
洪都拉斯	75$_{-2}$	18	...	6$_{-2}$	34	72	HND
牙买加	...	6	...	...	...	...	JAM
墨西哥	80$_{-2}$	13	71$_{-2}$	35	71$_{-1}$	99$_{-1}$	MEX
蒙特塞拉特	...	...	...	...	76$_{-2}$	90$_{-2}$	MSR
尼加拉瓜	...	15	...	...	69$_{-1}$	...	NIC
巴拿马	...	14	...	...	63	80	PAN
巴拉圭	...	4	...	...	50	76	PRY
秘鲁	...	11	...	...	96	100	PER
圣基茨和尼维斯	...	...	...	...	94	96	KNA
圣卢西亚	...	2	...	...	78$_{-1}$	98$_{-1}$	LCA
圣文森特和格林纳丁斯	...	...	...	...	114$_{-1}$	79$_{-3}$	VCT
荷属圣马丁	...	...	...	...	...	...	SXM
苏里南	77$_{-3}$	8	66$_{-3}$	26$_{-3}$	78	84	SUR
特立尼达和多巴哥	...	9	...	...	64	79$_{-1}$	TTO
特克斯和凯科斯群岛	91$_{-1}$	3	...	55$_{-1}$	96	89	TCA
乌拉圭	...	6	...	...	97$_{-1}$	82$_{-1}$	URY
委内瑞拉玻利瓦尔共和国	...	10	...	...	70$_{-4}$	86$_{-4}$	VEN

国家或地区	A 5岁以下儿童正常发展(%)	B 5岁以下儿童发育迟缓(%)	C 激发潜能的家庭学习环境(%)	D 5岁以下儿童拥有三本及以上童书(%)	E 学前教育毛入学率(%)	F 经调整的初等教育正规入学年龄前一年的净入学率(%)	国家或地区名称缩写
可持续发展目标指标	4.2.1			4.2.3		4.2.4	4.2.2	
参考年份	2021							
欧洲和北美							
阿尔巴尼亚	...	9	78$_{-3}$	...	69	81	ALB
安道尔	...	...	...	...	...	...	AND
奥地利	...	...	...	...	103$_{-1}$	99$_{-1}$	AUT
白俄罗斯	87$_{-2}$	4	...	91$_{-2}$	97	96	BLR
比利时	...	2	...	...	112$_{-1}$	97$_{-1}$	BEL
百慕大	...	...	...	...	56$_{-1}$	...	BMU
波斯尼亚和黑塞哥维那	...	8	...	...	25	29	BIH
保加利亚	...	6	...	...	84$_{-1}$	84$_{-1}$	BGR
加拿大	...	...	...	...	49$_{-1}$	99$_{-1}$	CAN
克罗地亚	...	...	...	...	71$_{-1}$	93$_{-1}$	HRV
捷克共和国	...	2	...	...	114$_{-1}$	96$_{-1}$	CZE
丹麦	...	...	...	...	103$_{-1}$	100$_{-1}$	DNK
爱沙尼亚	...	1	...	...	...	93$_{-1}$	EST
芬兰	...	...	...	...	88$_{-1}$	97$_{-1}$	FIN
法国	...	...	...	...	107$_{-1}$	99$_{-1}$	FRA
德国	...	2	...	...	108$_{-1}$	98$_{-1}$	DEU
希腊	...	2	...	...	93$_{-1}$	99$_{-1}$	GRC
匈牙利	...	...	...	...	91$_{-1}$	94$_{-1}$	HUN
冰岛	...	...	...	...	95$_{-1}$	97$_{-1}$	ISL
爱尔兰	...	...	...	...	95$_{-1i}$	98$_{-1}$	IRL
意大利	...	...	...	...	93$_{-1}$	92$_{-1}$	ITA
拉脱维亚	...	2	...	...	95$_{-1i}$	98$_{-1}$	LVA
列支敦士登	...	...	...	...	105$_i$	98$_i$	LIE
立陶宛	...	5	...	...	89$_{-1i}$	95$_{-1}$	LTU
卢森堡	...	...	...	...	92$_{-1}$	99$_{-1}$	LUX
马耳他	...	...	...	...	112$_{-1}$	99$_{-1}$	MLT
摩纳哥	...	...	...	...	100$_{+1}$	92$_{-1}$	MCO
黑山共和国	90$_{-3}$	8	91$_{-3}$	58$_{-3}$	73	80	MNE
荷兰	...	2	...	...	92$_{-1}$	99$_{-1}$	NLD
北马其顿	82$_{-2}$	4	55$_{-2}$	...	31$_{-1}$	35$_{-1}$	MKD
挪威	...	...	...	...	96$_{-1}$	96$_{-1}$	NOR
波兰	...	2	...	...	94$_{-1}$	96$_{-1}$	POL
葡萄牙	...	3	...	...	99$_{-1}$	97$_{-1}$	PRT
摩尔多瓦共和国	...	4	...	...	90$_i$	100$_i$	MDA
罗马尼亚	...	8	...	...	95$_i$	88$_{-1}$	ROU
俄罗斯	...	...	...	...	86$_{-2}$	93$_{-2}$	RUS
圣马力诺	...	...	...	...	100$_i$	98$_i$	SMR
塞尔维亚	97$_{-2}$	5	...	78$_{-2}$	64$_i$	92$_i$	SRB
斯洛伐克	...	...	...	...	102$_{-1}$	87$_{-1}$	SVK
斯洛文尼亚	...	...	...	...	94$_{-1}$	94$_{-1}$	SVN
西班牙	...	...	...	...	102$_{-1}$	100$_{-1}$	ESP
瑞典	...	...	...	...	100$_{-1}$	100$_{-1}$	SWE
瑞士	...	...	...	...	103$_{-1}$	100$_{-1}$	CHE
乌克兰	...	14	...	...	...	...	UKR
英国	...	...	...	...	106$_{-1}$	100$_{-1}$	GBR
美国	...	4	...	...	72$_{-1i}$	91$_{-1i}$	USA

表4: 可持续发展目标4，具体目标4.3——职业技术教育、高等教育和成人教育

到2030年，确保所有女性和男性平等地接受可负担的优质职业技术教育和高等教育，包括大学教育。

可持续发展目标4，具体目标4.4——工作技能

到2030年，大幅提升拥有相关技能（包括为了就业、体面工作和创业而应具备的技术和专业技能）的青年和成人数量。

区域	A 成人教育与培训参与率 (%)	B 青年接受职业技术教育的百分比 (%)	C 职业技术教育学生占中等教育入学人数的百分比 (%)	D 中等后非高等教育中职业技术教育学生的百分比(%)	E 高等教育毛毕业率(%)	F 高等教育毛入学率 (%)	G 在一个文档内复制或粘贴信息	G 在电子表格中使用基本的计算公式	G 编写计算机程序	H 初等教育	H 初级中等教育	H 高级中等教育	H 中等后教育
可持续发展目标指标	4.3.1	4.3.3				4.3.2	4.4.1			4.4.3			
参考年份		2021						2021					
	加权平均数						加权平均数						
世界	…	5[-1]	11[-1]	…	…	40[-1]	…	24[i]	4[i]	77[i]	65[i]	49[i]	21[i]
撒哈拉以南非洲	…	1[-1,i]	6[-1,i]	…	…	9[-1,i]	…	…	…	…	…	…	
北非和西亚	…	8[-1]	12[-1]	…	…	49[-1]	49[i]	23[i]	7	91[i]	74[i]	59[i]	27[i]
北非	…	8[-1]	14[-1]	…	…	37[-1]	45	17	8	…	73[i]	67[i]	13[i]
西亚	…	9[-1]	11[-1]	…	…	59[-1]	54	31	7	91	75	55	39[i]
中亚和南亚	…	2[-1]	4[-1]	…	…	27[-1]				61	48	32	14
中亚	…	16[-1,i]	19[-1,i]	…	…	31[-1]	19	21		100	99	95	68
南亚	…	2[-1]	4[-1]	…	…	27[-1]				60	47	30	13
东亚和东南亚	…	7[-1]	15[-1]	…	…	51[-1]							
东亚	…	7[-1]	17[-1]	…	…	60[-1]							
东南亚	…	7[-2,i]	13[-1,i]	…	…	34[-1,i]	42	19	3	81	59	36	
大洋洲	…	10[-1]	22[-1]	…	…	74[-1]					92	79	51
拉丁美洲和加勒比	…	7[-1]	12[-1]	…	…	54[-1]	28	19	5	82	63	48	19[i]
加勒比	…	…	21	…	…	…	21[i]	19[i]	6[i]	…	…	…	
中美洲	…	…	27	…	…	40	32	26	7	78	59	35	18
南美	…	…	8	…	…	63[i]	26	16	4	84	65	53	
欧洲和北美	…	12[-1]	15[-1]	…	…	80[-1]	50[i]	34[i]	5[i]	98	92	79	32[i]
欧洲	…	18[-1]	22[-1]	…	…	77[-1]	50[i]	34	5	98	90	73	32[i]
北美	…	2[-1]	0.4[-1]	…	…	87[-1]				99	96	91	
低收入国家	…	1[-2,i]	7[-1,i]	…	…	9[-1,i]							
中等收入国家	…	5[-1]	10[-1]	…	…	38[-1]			3[i]	71[i]	56[i]	38[i]	17[i]
中低收入国家	…	3[-1]	7[-1]	…	…	27[-1]			3[i]	66	51	33	14[i]
中高收入国家	…	8[-1]	15[-1]	…	…	58[-1]			3[i]				
高收入国家	…	11[-1]	15[-1]	…	…	80[-1]	63[i]	43[i]	6[i]	98	91	78	34[i]

A 成人（25—64岁）在调查前12个月内的正规或非正规教育与培训的参与率。当缺少调查前12个月数据时，根据其他参考时期进行估计，主要参考调查前4周的情况，但估计数不计入区域合计数。

B 青年（15—24岁）中接受《国际教育标准分类法》2—5级的职业技术教育者所占百分比。

C 职业技术教育学生占中等教育总入学人数的比例。

D 职业技术教育学生占中等后非高等教育总入学人数的比例。

E 高等教育第一学位教育项目（《国际教育标准分类法》6级和7级）毛毕业率。

F 高等教育毛入学率。

G 成人（15岁及以上）具有特定信息和通信技术技能的百分比。

H 成人（25岁及以上）受教育程度达到特定教育等级及以上的百分比。

I 特定年龄组人口至少达到功能性读写和计算能力的特定熟练水平的百分比。

J 青年（15—24岁）及成人（15岁及以上）识字率。

K 青年及成人文盲人数，以及女性所占百分比。

资料来源：除非有注解，数据均来自统计研究所。除非有注解，数据均为2021年结束的学年的数据。
总体数据涵盖表中所列的所有数据可得国家和地区，可能包括对无最新数据国家和地区所做估计。
(-) 零或可忽略不计
(...) 无相关数据或不存在的类别
(±n)参考年份差异（例如，－2表示用2019年数据代替2021年数据）
(i) 估计数或不完全统计数

可持续发展目标4，具体目标4.6——读写和计算
到2030年，确保所有青年和相当大比例的成人，无论男女都能够读写和计算。

	I 达到以下技能最低熟练水平的百分比（%）		J 识字率（%）		K 文盲			
					女性（%）		总人数 (000,000)	
	读写	计算	青年	成人	青年	成人	青年	成人
	4.6.1		4.6.2			2021		
	加权平均数						合计	
	...	...	92_{-1}	87_{-1}	56_{-1}	63_{-1}	99_{-1}	763_{-1}
	...	...	78_{-1}	68_{-1}	56_{-1}	61_{-1}	49_{-1}	205_{-1}
	...	...	89_{-1}	81_{-1}	56_{-1}	63_{-1}	9_{-1}	71_{-1}
	...	...	89_{-1}	73_{-1}	51_{-1}	62_{-1}	4_{-1}	44_{-1}
	...	...	89_{-1}	87_{-1}	62_{-1}	64_{-1}	5_{-1}	27_{-1}
	...	...	$90_{-1\mathrm{i}}$	$75_{-1\mathrm{i}}$	57_{-1}	63_{-1}	$36_{-1\mathrm{i}}$	$367_{-1\mathrm{i}}$
	...	...	100_{-1}	100_{1}	44_{-1}	61_{-1}	$-_{-1}$	0.1_{-1}
	...	...	$90_{-1\mathrm{i}}$	$74_{-1\mathrm{i}}$	57_{-1}	63_{-1}	$36_{-1\mathrm{i}}$	$367_{-1\mathrm{i}}$
	...	...	99_{-1}	96_{-1}	45_{-1}	69_{-1}	2_{-1}	71_{-1}
	...	...	100_{-1}	97_{-1}	45_{-1}	73_{-1}	1_{-1}	43_{-1}
	...	...	99_{-1}	94_{-1}	44_{-1}	64_{-1}	2_{-1}	28_{-1}
	...	...	...	...	...	...	...	...
	...	...	99_{-1}	94_{-1}	43_{-1}	55_{-1}	2_{-1}	29_{-1}
	...	...	...	...	...	...	...	...
	49	40	98	94	...	...	0.5_{i}	8_{i}
	...	...	99		...	...	0.5_{i}	15_{i}
	...	...	99	98_{i}	48_{i}	63_{i}	1_{i}	19_{i}
	...	...	100_{i}	98_{i}	47_{i}	66_{i}	0.4_{i}	16_{i}
	81	71	100_{i}	99_{i}	54_{i}	54_{i}	0.2_{i}	4_{i}
	...	...	72_{-1}	61_{-1}	56_{-1}	61_{-1}	38_{-1}	156_{-1}
	...	...	94_{-1}	87_{-1}	56_{-1}	63_{-1}	59_{-1}	578_{-1}
	...	...	$91_{-1\mathrm{i}}$	$79_{-1\mathrm{i}}$	$56_{-1\mathrm{i}}$	$63_{-1\mathrm{i}}$	$54_{-1\mathrm{i}}$	$496_{-1\mathrm{i}}$
	...	...	98_{-1}	96_{-1}	49_{-1}	65_{-1}	5_{-1}	82_{-1}
	...	...	...	...	...	...	0.1_{i}	4_{i}

表4（续）

国家或地区	A 成人教育与培训参与率 (%)	B 青年接受职业技术教育的百分比 (%)	C 职业技术教育学生占中等教育入学人数的百分比 (%)	D 中等后高等教育中职业技术教育学生百分比(%)	E 高等教育毛毕业率(%)	F 高等教育毛入学率(%)	G 在一个文档内复制或粘贴信息	G 在电子表格中使用基本的计算公式	G 编写计算机程序	H 初等教育	H 初级中等教育	H 高级中等教育	H 中等后教育
可持续发展目标指标	4.3.1	4.3.3				4.3.2	4.4.1			4.4.3			
参考年份			2021							2021			
撒哈拉以南非洲													
安哥拉	...	...	...	...	...	11_{-2}	...	...	...	...	...	...	...
贝宁	2_{-3i}	2	4	...	...	11_{-1}	...	...	...	...	...	...	...
博茨瓦纳	2_{-1i}	...	...	100	...	25	...	...	...	...	...	...	...
布基纳法索	3_{-3i}	1	3	...	3	10	...	...	...	15_{-3}	13_{-3}	6_{-3}	3_{-3}
布隆迪	...	3_{-1}	9_{-1}	...	...	6	...	...	...	18_{-4}	9_{-4}	6_{-4}	
佛得角	...	1_{-2}	2_{-2}	100_{-2}	14_{-3}	24_{-3}	18_{-2}	6_{-2}	...	...	...	...	...
喀麦隆	...	5	19	...	...	14_{-3}	...	...	...	...	...	...	...
中非共和国	...	...	4_{-4}	...	...	...	2_{-2}	1_{-2}	1_{-2}	...	...	...	...
乍得	2_{-3i}	-	1	...	...	...	2_{-2}	1_{-2}	$-_{2}$	...	...	...	...
科摩罗	$3i$	$-_{3}$	$-_{3}$	...	...	...	...	...	...	...	...	...	...
刚果	...	...	7_{-3}	...	...	13_{-4}	...	...	...	...	...	...	...
科特迪瓦	4_{-2i}	2	5	...	...	10_{-1}	12_{-2}	3_{-2}	1_{-2}	...	...	...	...
刚果民主共和国	...	...	...	...	...	7_{-1}	...	...	...	...	...	...	...
吉布提	43_{-4i}	3	7_{+1}	...	...	...	16_{-4}	12_{-4}	5_{-4}	...	...	...	...
赤道几内亚	...	...	...	...	...	6	...	...	...	...	...	...	...
厄立特里亚	...	0.5_{-3}	1_{-2}	100_{-2}	...	...	...	...	...	...	...	...	...
斯威士兰	$3i$	...	...	...	...	...	...	...	...	...	...	...	...
埃塞俄比亚	$7i$	...	...	...	...	10_{-3}	...	...	...	...	...	...	...
加蓬	...	...	7_{-2}	...	...	21_{-2}	...	...	...	...	...	...	...
冈比亚	2_{-3i}	...	47	...	...	...	...	...	...	...	...	...	...
加纳	2_{-4i}	1	3	...	10	20	...	...	...	...	...	...	...
几内亚	3_{-2i}	...	7_{-1}	...	6_{-4}	7	...	...	...	19_{-3}	13_{-3}	7_{-3}	6_{-3}
几内亚比绍	6_{-1i}	...	...	...	...	...	...	...	...	...	...	...	...
肯尼亚	1_{-2i}	...	...	...	$-_{2}$	10_{-2i}	...	...	...	...	...	...	...
莱索托	2_{-2i}	...	3_{-2}	...	4_{-3}	10_{-3}	...	...	...	...	...	...	...
利比里亚	7_{-4i}	...	...	...	...	...	...	...	...	...	...	...	...
马达加斯加	...	1	3_{-2}	100_{-2}	4_{-1}	6_{-1}	...	...	...	49_{-3}	29_{-3}	10_{-3}	...
马拉维	1_{-1i}	$-_{2}$	...	100	...	3_{-1}	...	...	...	...	...	...	...
马里	1_{-1i}	4_{-3}	1_{-1}	100_{-3}	...	5_{-2}	...	...	...	13_{-3}	12_{-3}	5_{-1}	3_{-1}
毛里塔尼亚	4_{-4i}	0.2_{-2}	2_{-1}	...	4_{-2}	6_{-1}	...	...	...	...	...	...	...
毛里求斯	1_{-1i}	1_{+1}	7	49	29_{-4}	45	...	...	...	...	...	...	...
莫桑比克	...	...	6_{-1}	...	4_{-3}	7_{-3}	...	...	...	46_{-4}	15_{-4}	9_{-4}	...
纳米比亚	7_{-3i}	...	...	100_{-3}	17_{-1}	27_{-1}	...	...	...	...	...	...	...
尼日尔	2_{-4i}	1_{-4}	7_{-4}	100_{-4}	4_{-2}	4_{-1}	8_{-4}	1_{-4}	1_{-4}	...	...	...	...
尼日利亚	2_{-2i}	...	...	...	...	12_{-3}	...	...	...	...	...	...	...
卢旺达	2_{-1i}	4	13	...	2_{-1}	7	...	...	...	36_{-3}	13_{-3}	10_{-3}	...
圣多美和普林西比	...	...	6_{-4}	...	...	...	16_{-2}	7_{-2}	4_{-2}	...	...	...	...
塞内加尔	3_{-2i}	...	6	...	...	16	...	...	...	22_{-4}	18_{-4}	11_{-4}	10_{-4}
塞舌尔	2_{-1i}	24	11	100	6	17	...	...	...	...	...	...	...
塞拉利昂	2_{-3i}	...	...	...	...	...	...	...	...	...	...	...	...
索马里	7_{-2i}	...	2	...	...	...	...	...	...	...	...	...	...
南非	$2i$	2_{-1}	6_{-1}	100_{-1}	13_{-1}	24_{-1}	...	...	...	86_{-2}	82_{-2}	70_{-2}	45_{-2}
南苏丹	...	...	...	100_{-2}	...	1_{-3}	...	...	...	...	...	...	...
多哥	4_{-4i}	3	6	100	...	15_{-1}	3_{-2}	1_{-2}	0.5_{-2}	...	...	...	...
乌干达	2_{-4i}	...	4_{-4}	...	...	...	...	...	...	...	...	...	...
坦桑尼亚联合共和国	1_{-1i}	0.1_{-4}	1	96_{-3}	3	8_{-1}	...	...	...	...	...	...	...
赞比亚	2_{-1i}	...	...	...	...	...	...	...	...	...	...	...	...
津巴布韦	1_{-2i}	...	...	...	...	9_{-4}	...	...	...	82_{-4}	65_{-4}	12_{-4}	...

I 达到以下技能最低熟练水平的百分比（%）		J 识字率（%）		K 文盲				国家或地区名称缩写
				女性（%）		总人数（000）		
读写	计算	青年	成人	青年	成人	青年	成人	
4.6.1		4.6.2						
				2021				
...	...	83_i	72_i	59_i	69_i	1,145_i	5,065_i	AGO
...	...	65_i	46_i	60_i	61_i	864_i	3,930_i	BEN
...	...	...	...	...	...	...	...	BWA
...	...	65_i	46_i	51_i	58_i	1,506_i	6,485_i	BFA
...	...	93_i	75_i	55_i	64_i	173_i	1,703_i	BDI
...	...	99_i	91_i	30_i	68_i	1_i	37_i	CPV
...	...	86_{-1i}	78_{-1i}	58_{-1i}	62_{-1i}	726_{-1i}	3,348_{-1i}	CMR
...	...	38_{-1i}	37_{-1i}	57_{-1i}	60_{-1i}	666_{-1i}	1,705_{-1i}	CAF
...	...	35_i	27_i	55_i	56_i	2,269_i	6,661_i	TCD
...	...	81_i	62_i	47_i	56_i	32_i	207_i	COM
...	...	82_i	81_i	58_i	64_i	192_i	648_i	COG
...	...	84_{-2}	90_{-2}	77_{-2}	65_{-2}	819_{-2}	1,502_{-2}	CIV
...	...	88_i	80_i	62_i	74_i	2,160_i	10,037_i	COD
...	...	...	...	...	...	...	...	DJI
...	...	...	...	...	...	...	...	GNQ
...	...	93_{-3i}	77_{-3i}	54_{-3i}	67_{-3i}	42_{-3i}	470_{-3i}	ERI
...	...	96_{-1i}	89_{-1i}	35_{-1i}	51_{-1i}	10_{-1i}	78_{-1i}	SWZ
...	...	73_{-4i}	52_{-4i}	51_{-4i}	58_{-4i}	6,273_{-4i}	30,147_{-4i}	ETH
...	...	90_i	85_i	40_i	51_i	36_i	208_i	GAB
...	...	73_i	58_i	43_i	59_i	132_i	586_i	GMB
...	...	93_{-1i}	80_{-1i}	50_{-1i}	60_{-1i}	391_{-1i}	3,833_{-1i}	GHA
...	...	60_i	45_i	63_i	67_i	1,146_i	4,227_i	GIN
...	...	68_i	53_i	61_i	66_i	128_i	554_i	GNB
...	...	89_i	83_i	47_i	59_i	1,306_i	5,926_i	KEN
...	...	89_i	81_i	21_i	30_i	45_i	278_i	LSO
...	...	77_{-2}	48_{-4i}	60_{-4i}	64_{-4i}	409_{-4i}	1,423_{-4i}	LBR
...	...	81_i	77_i	51_i	54_i	1,134_i	3,891_i	MDG
...	...	76_i	67_i	44_i	57_i	985_i	3,692_i	MWI
...	...	46_{-1}	31_{-1}	57_{-1}	57_{-1}	2,136_{-1}	7,388_{-1}	MLI
...	...	76_i	67_i	52_i	57_i	214_i	954_i	MRT
...	...	99_i	92_i	30_i	62_i	1_i	84_i	MUS
...	...	72_i	63_i	57_i	66_i	1,836_i	6,612_i	MOZ
...	...	96_i	92_i	38_i	52_i	22_i	127_i	NAM
...	...	47_i	37_i	56_i	57_i	2,606_i	7,945_i	NER
...	...	81	62_{-3i}	63_{-3i}	62_{-3i}	9,365_{-3i}	41,764_{-3i}	NGA
...	...	87_i	76_i	37_i	76_i	341_i	1,942_i	RWA
...	...	98_i	94_i	44_i	72_i	1_i	8_i	STP
...	...	76_i	56_i	57_i	66_i	795_i	4,335_i	SEN
...	...	99_{-1i}	96_{-1i}	20_{-1i}	43_{-1i}	0.1_{-1i}	3_{-1i}	SYC
...	...	72_i	48_i	54_i	57_i	468_i	2,556_i	SLE
...	...	...	...	...	...	...	...	SOM
87_{-4}	98_{-4}	98_{-2}	95_{-2}	36_{-2}	56_{-2}	157_{-2}	2,069_{-2}	ZAF
...	...	48_{-3i}	35_{-3i}	50_{-3i}	55_{-3i}	1,157_{-3i}	4,181_{-3i}	SSD
...	...	88_{-2}	67_{-2}	67_{-2}	70_{-2}	189_{-2}	1,555_{-2}	TGO
...	...	91_i	79_i	44_i	63_i	913_i	5,391_i	UGA
...	...	88_i	82_i	47_i	60_i	1,442_i	6,342_i	TZA
...	...	93_{-1i}	88_{-1i}	53_{-1i}	65_{-1i}	265_{-1i}	1,279_{-1i}	ZMB
...	...	91_i	90_i	30_i	48_i	288_i	912_i	ZWE

国家或地区	A 成人教育与培训参与率 (%)	B 青年接受职业技术教育的百分比 (%)	C 职业技术教育学生占中等教育入学人数的百分比 (%)	D 中等后非高等教育中职业技术教育学生的百分比(%)	E 高等教育毛毕业率 (%)	F 高等教育毛入学率 (%)	G 在一个文档内复制或裁剪信息	G 在电子表格中使用基本的计算机公式	G 编写计算机程序	H 初等教育	H 初级中等教育	H 高级中等教育	H 中等后教育
可持续发展目标指标	4.3.1	4.3.3				4.3.2	4.4.1			4.4.3			
参考年份			2021					2021					
北非和西亚													
阿尔及利亚	...	...	10_{+1}	...	43	54	18_{-3}	9_{-3}	7_{-3}	...	...	...	...
亚美尼亚	1_{-1i}	10	9	...	47	55	...	...	...	99_{-1}	96_{-1}	90_{-1}	47_{-1}
阿塞拜疆	...	14_{i}	11	100	23_{-1i}	38_{i}	67_{-2}	22_{-2}	1_{-3}	99_{-1}	96_{-1}	88_{-1}	30_{-1}
巴林	...	4_{-2}	7_{-1}	100_{-1}	32	65	58_{-2}	36_{-2}	18_{-2}	93_{-1}	82_{-1}	69_{-1}	33_{-1}
塞浦路斯	6_{-1i}	7_{-1i}	8_{-1}	...	29_{-1}	93_{-1i}	48_{-2}	28_{-2}	4_{-2}	96_{-1}	83_{-1}	74_{-1}	40_{-1}
埃及	$-_{-1i}$	12_{-1}	22_{-1}	...	...	43_{-1}	59_{-2}	19_{-2}	8_{-2}	...	73_{-4}	67_{-4}	13_{-4}
格鲁吉亚	1_{-1i}	3	3	100	37	73	33_{-1}	11_{-2}	6_{-2}	99_{-1}	98_{-1}	92_{-1}	57_{-1}
伊拉克	...	...	...	...	...	...	25_{-1}	7_{-1}	5_{-1}	...	...	...	...
以色列	12_{-4i}	17_{-1}	20_{-1}	...	40_{-1}	61_{-1}	...	...	...	...	...	...	...
约旦	1_{-1i}	1	3	...	...	34	...	...	...	89_{-1}	81_{-1}	50_{-1}	33_{-1}
科威特	...	...	...	...	38_{-1}	59	60_{-4}	38_{-2}	13_{-2}	62_{-3}	56_{-3}	31_{-3}	...
黎巴嫩	...	...	16	...	...	...	...	...	...	...	...	...	...
利比亚	...	...	...	...	...	...	...	...	...	...	...	...	...
摩洛哥	...	6	6	100	19	43	49_{-2}	22_{-2}	9_{-2}	...	...	...	...
阿曼	...	1	0.2	...	27	47	84_{-2}	25_{-2}	8_{-2}	99_{-1}	99_{-1}	62_{-1}	23_{-1}
巴勒斯坦	2_{i}	3	1	100	31	43	15_{-2}	8_{-2}	3_{-2}	95_{-1}	68_{-1}	46_{-1}	...
卡塔尔	...	1	1	...	9	25	44_{-2}	25_{-2}	5_{-2}	88_{-4}	68_{-4}	41_{-4}	24_{-4}
沙特阿拉伯	1_{-1i}	5	-	100_{-2}	51	71	68_{-2}	47_{-2}	14_{-2}	89_{-1}	77_{-1}	62_{-1}	38_{-1}
苏丹	...	...	2_{-3}	...	...	...	...	...	...	...	...	...	...
阿拉伯叙利亚共和国	...	2_{+1}	6_{+1}	79_{-1}	...	...	...	...	...	...	...	...	...
突尼斯	...	...	...	...	29_{+1}	37_{+1}	23_{-2}	18_{-2}	16_{-2}	...	...	...	...
土耳其	7_{-1i}	22_{-1}	20_{-1}	...	42_{-1}	117_{-1}	...	...	3_{-2}	91_{-1}	66_{-2}	42_{-2}	...
阿拉伯联合酋长国	...	1_{-1}	2_{-1}	100_{+1}	15_{-4}	55_{+1}	91_{-2}	76_{-2}	18_{-2}	93	84	73	55
也门	...	...	...	...	...	...	...	...	...	...	...	...	...
中亚和南亚													
阿富汗	0.1_{i}	1_{-3}	1_{-3}	55_{-3}	11_{-1}	11_{-1}	...	...	...	15	12	9	5
孟加拉国	1_{-4i}	3_{-1}	5	100	...	25	...	...	0.2_{-2}	63_{-1}	45_{-2}	31_{-2}	16_{-2}
不丹	3_{-1i}	$-_{-3i}$	2_{-3i}	100_{-1}	...	23	...	...	...	32_{-4}	28_{-4}	17_{-4}	11_{-4}
印度	1_{-1i}	2_{+1}	3_{+1}	100_{+1}	31	32_{+1}	...	...	...	61_{-1}	49_{-1}	32_{-1}	13_{-1}
伊朗	2_{-1i}	9_{-1}	16_{-1}	...	26_{-1}	58_{-1}	21_{-2}	7_{-4}	1_{-4}	...	...	...	...
哈萨克斯坦	...	19_{-1}	10_{-1}	100_{-1}	69_{-1}	71_{-1}	14_{-2}	40_{-2}	6_{-3}	100_{-1}	99_{-1}	97_{-1}	79_{-3}
吉尔吉斯斯坦	0.2_{-1i}	7	8	100	32	53	...	...	...	...	...	...	...
马尔代夫	7_{-2i}	...	6_{-2}	...	...	34_{-2}	...	...	...	...	...	...	...
尼泊尔	3_{-4i}	$-_{-4}$	1_{+1}	...	9_{-3}	17_{+1}	9_{-2}	5_{-2}	1_{-2}	...	...	...	...
巴基斯坦	0.4_{i}	...	3_{-2}	100_{-1}	12	12_{-1}	5_{-1}	2_{-2}	1_{-2}	50_{-1}	26_{-2}	12_{-2}	4_{-2}
斯里兰卡	1_{-2i}	4_{-3}	4_{-3}	...	12	22	...	...	...	...	...	...	...
塔吉克斯坦	...	...	...	...	...	31_{-1}	...	...	...	82	64	...	...
土库曼斯坦	...	2	...	100	...	17	...	...	...	95_{-1}	81_{-1}	...	...
乌兹别克斯坦	...	25_{-2}	34_{-2}	100	...	21	22_{-3}	10_{-3}	...	100	100	96	62
东亚和东南亚													
文莱达鲁萨兰国	1_{-1i}	8_{-1i}	12_{-1}	...	23_{-1}	32_{-1}	60_{-2}	42_{-2}	28_{-2}	...	...	...	...
柬埔寨	1_{-2i}	...	1	100	...	13	29_{-2}	9_{-2}	1_{-2}	...	...	...	...
中国	...	8_{i}	18	75	39	64	...	...	...	...	...	...	...
朝鲜民主主义人民共和国	...	...	...	100_{-3}	21_{-3}	27_{-3}	42_{-4}	27_{-4}	9_{-4}	...	...	...	...
中国香港	...	3_{i}	1	67	...	88	54_{-2}	36_{-2}	1_{-2}	96_{-1}	80_{-2}	64_{-2}	31_{-2}
印度尼西亚	2_{i}	13_{-3}	20_{-3}	...	21_{-3}	36_{-3}	60_{-4}	25_{-2}	4_{-3}	82_{-1}	55_{-1}	38_{-1}	...
日本	...	...	11_{-1}	...	49_{-2}	65_{-1}	65_{-2}	53_{-2}	4_{-3}	...	...	...	...
老挝人民民主共和国	4_{+1i}	3	1	100	9_{-2}	13	...	...	...	...	...	...	...
中国澳门	...	1	3	...	82	132	46_{-2}	38_{-2}	4_{-2}	...	...	...	...
马来西亚	...	5	5	...	16	41	59_{-2}	27_{-2}	8_{-2}	94_{-2}	77_{-2}	63_{-2}	23_{-2}
蒙古国	1_{-1i}	6_{-2}	10	100	60_{+1}	69_{+1}	17_{-2}	14_{-3}	4_{-3}	91_{-1}	76_{-1}	45_{-1}	40_{-1}
缅甸	$-_{-1i}$	0.3_{-3}	0.2_{-3}	100_{-1}	...	19_{-3}	...	...	...	63_{-1}	43_{-1}	23_{-1}	11_{-2}
菲律宾	...	...	9	100	...	36	6_{-2}	2_{-2}	1_{-2}	71_{-1}	57_{-1}	30_{-2}	30_{-2}
韩国	2_{i}	14_{-1}	9_{-1}	...	54_{-1}	102_{-1}	85_{-2}	46_{-2}	4_{-2}	...	...	...	...
新加坡	2_{i}	24_{-1i}	...	73_{-1}	65_{-1i}	93_{-1i}	54_{-2}	40_{-2}	7_{-2}	89_{-1}	83_{-1}	75_{-1}	58_{-1}
泰国	0.3_{-1i}	11_{-1}	14_{-1}	...	...	44_{+1}	21_{-2}	16_{-2}	1_{-2}	71_{-1}	50_{-1}	35_{-2}	...
东帝汶	...	5_{-1}	9_{-1}	...	...	...	...	...	...	...	...	...	...
越南	1_{i}	...	...	...	19	35	...	...	...	89_{-2}	65_{-2}	32_{-2}	...

	达到以下技能最低熟练水平的百分比（%）		识字率（%）		文盲				国家或地区名称缩写
	I		J		K				
					女性（%）		总人数 (000)		
	读写	计算	青年	成人	青年	成人	青年	成人	
	4.6.1		4.6.2						
					2021				
	...	...	74_{-2}	81_{-3i}	52_{-3i}	66_{-3i}	156_{-3i}	$5,484_{-3i}$	DZA
	...	...	100_{-1}	100_{-1}	38_{-1}	66_{-1}	0.4_{-1}	5_{-1}	ARM
	...	...	100_{-2}	100_{-2}	67_{-2}	68_{-2}	1_{-2}	16_{-2}	AZE
	...	...	...	...	...	...	...	...	BHR
	...	...	100_i	99_i	42_i	67_i	0.2_i	6_i	CYP
	...	...	92	73	52	61	$1,467_i$	$18,566_i$	EGY
	...	...	100_{-4}	99_{-4}	67_{-4}	59_{-4}	2_{-4}	21_{-4}	GEO
	...	...	94_{-4}	86_{-4}	60_{-4}	69_{-4}	487_{-4}	$3,321_{-4}$	IRQ
	...	...	...	...	...	...	...	...	ISR
	...	...	99_i	98_i	37_i	59_i	12_i	110_i	JOR
	...	...	99_{-1}	96_{-1}	28_{-1}	48_{-1}	3_{-1}	120_{-1}	KWT
	...	...	100_{-2i}	95_{-2i}	31_{-2i}	68_{-2i}	3_{-2i}	240_{-2i}	LBN
	...	...	...	...	...	...	...	...	LBY
	...	...	98	76	53	69	96_i	$6,609_i$	MAR
	...	...	99_{-3}	96_{-3}	29_{-3}	51_{-3}	9_{-3}	161_{-3}	OMN
	...	...	99_{-1}	98_{-1}	48_{-1}	76_{-1}	8_{-1}	78_{-1}	PSE
	...	...	...	...	...	...	...	...	QAT
	...	...	99_{-1}	98_{-1}	53_{-1}	66_{-1}	23_{-1}	630_{-1}	SAU
	...	...	73_{-3i}	61_{-3i}	49_{-3i}	57_{-3i}	$2,296_{-3i}$	$9,774_{-3i}$	SDN
	...	...	...	...	...	...	...	...	SYR
	...	...	98	83	48	69	37_i	$1,567_i$	TUN
	...	...	100_{-2}	97_{-2}	80_{-2}	86_{-2}	13_{-2}	$2,089_{-2}$	TUR
	...	...	100	98	47	48	4	140	ARE
	...	...	...	...	...	...	...	...	YEM
	...	...	56	37	66	60	3,794	14,584	AFG
	...	...	94_{-1}	75_{-1}	37_{-1}	55_{-1}	$1,700_{-1}$	$30,239_{-1}$	BGD
	...	...	97_i	71_i	47_i	59_i	4_i	171_i	BTN
	...	...	95_{-1}	...	...	...	...	...	IND
	...	...	99_i	89_i	46_i	66_i	142_i	$7,200_i$	IRN
	74_{-4}	73_{-4}	100_{-1i}	100_{-1i}	100_{-1i}	69_{-1i}	1_{-1i}	20_{-1i}	KAZ
	...	...	100_{-2i}	100_{-2i}	39_{-2i}	64_{-2i}	3_{-2i}	17_{-2i}	KGZ
	...	...	99_i	98_i	47_i	25_i	0.4_i	9_i	MDV
	...	...	94_i	71_i	59_i	71_i	371_i	$6,157_i$	NPL
	...	...	73_{-2}	58_{-2}	61_{-2}	62_{-2}	$11,547_{-2}$	$58,832_{-2}$	PAK
	...	...	99	92	40	59	34	1,244	LKA
	...	...	99_{-4}	...	...	...	...	...	TJK
	...	...	...	...	...	...	...	...	TKM
	...	...	100	100	50	99	-	1	UZB
	...	...	100_i	98_i	35_i	63_i	0.2_i	8_i	BRN
	...	...	96_i	84_i	44_i	66_i	130_i	$1,889_i$	KHM
	...	...	100_{-1i}	97_{-1i}	45_{-1i}	76_{-1i}	314_{-1i}	$33,811_{-1i}$	CHN
	...	...	100_{-3i}	100_{-3i}	27_{-3i}	70_{-3i}	$-_{-3i}$	0.4_{-3i}	PRK
	...	...	...	...	...	...	...	...	HKG
	...	...	100_{-1}	96_{-1}	48_{-1}	68_{-1}	101_{-1}	$8,098_{-1}$	IDN
	...	...	...	...	...	...	...	...	JPN
	...	...	94_i	87_i	59_i	67_i	80_i	653_i	LAO
	...	...	100_i	97_i	9_i	75_i	0.1_i	16_i	MAC
	...	...	...	...	...	...	...	...	MYS
	...	...	99_{-1}	99_{-1}	42_{-1}	48_{-1}	4_{-1}	18_{-1}	MNG
	...	...	95_{-2}	89_{-2}	49_{-2}	67_{-2}	449_{-2}	$4,335_{-2}$	MMR
	...	...	98_{-2}	96_{-2}	33_{-2}	43_{-2}	331_{-2}	$2,795_{-2}$	PHL
	...	...	100_{-3i}	99_{-3i}	$-_{-3i}$	67_{-3i}	3_{-3i}	535_{-3i}	KOR
	...	...	100_{-1}	97_{-1}	36_{-1}	72_{-1}	2_{-1}	141_{-1}	SGP
	...	...	99_i	94_i	35_i	63_i	114_i	$3,455_i$	THA
	...	...	85_{-1i}	70_{-1i}	44_{-1i}	55_{-1i}	42_{-1i}	250_{-1i}	TLS
	...	...	97_{-1}	96_{-2}	52_{-1}	65_{-2}	187_{-2}	$3,144_{-2}$	VNM

表4（续）

国家或地区	A 成人教育与培训参与率 (%)	B 青年接受职业技术教育的百分比 (%)	C 职业技术教育学生占中等教育入学人数的百分比 (%)	D 中等后非高等教育中职业技术教育学生的百分比(%)	E 高等教育毛毕业率(%)	F 高等教育毛入学率 (%)	G 在一个文档内复制或粘贴信息	G 在电子表格中使用基本的计算公式	G 编写计算机程序	H 初等教育	H 初级中等教育	H 高级中等教育	H 中等后教育
可持续发展目标指标	4.3.1	4.3.3				4.3.2	4.4.1			4.4.3			
参考年份			2021						2021				
大洋洲													
澳大利亚	...	16_{-1}	29_{-1}	100_{-1}	67_{-1}	114_{-1}	...	...	...		95_{-1}	80_{-1}	52_{-1}
库克群岛	...	–	...	...	...	...							
斐济	...	1_{-1}	1	...	...	53_{-2}	...	...	...		87_{-4}	45_{-4}	...
基里巴斯	2_{-1}^{i}	...	...	...	...	...							
马绍尔群岛	2_{-2}^{i}	1	2	49_{-2}	3_{-2}	26_{-2}							
密克罗尼西亚联邦	...												
瑙鲁	...												
新西兰	...	14_{-1}	17_{-1}	92_{-1}	43_{-1}	80_{-1}	...	...	...		82_{-1}	75_{-1}	51_{-1}
纽埃	...	4_{-1}	4_{-1}	...	...	...							
帕劳	...	–	...	100_{-1}									
巴布亚新几内亚	...	0.5_{-3}	2_{-3}										
萨摩亚	0.4_{-4}^{i}	...	...	...	4	19							
所罗门群岛	...												
托克劳	...	...	...	...	$-_{-1}$								
汤加	1_{-3}^{i}	7_{-1}	5_{-1}	32_{-1}	...	18_{-1}							
图瓦卢	...	2	3										
瓦努阿图	1_{-2}^{i}	...	...	100									
拉丁美洲和加勒比													
安圭拉	...	$-_{-2}$	$-_{-2}$	$-_{-2}$		...	...	...	...				
安提瓜和巴布达	...	2_{-3}	4_{-3}										
阿根廷	9^{i}	$-_{-1}$	...	...	17_{-1}	99_{-1}							
阿鲁巴	...												
巴哈马	...												
巴巴多斯	...	$-_{-1}$	...	46									
伯利兹	2_{-2}^{i}	3	9	...		23	...	...	...	81_{-1}	52_{-1}	43_{-1}	21_{-1}
多民族玻利维亚国	8^{i}	29	65				...	...	...	69	64	50	31_{-1}
巴西	7^{i}	4_{-1}	5_{-1}	100_{-1}	...	55_{-1}^{i}	24_{-2}	12_{-2}	3_{-2}	86	66	54	...
英属维尔京群岛	...	1_{-3}	3	...	...	30							
开曼群岛	...	$-_{-1}$											
智利	2^{i}	13_{-1}	11_{-1}	...	12_{-1}	92_{-1}		43_{-4}	12_{-4}	89	83_{-1}	63_{-1}	...
哥伦比亚	5_{-2}^{i}	9	8		30	57	33_{-2}	23_{-2}	5_{-2}	82	58	54	23_{-1}
哥斯达黎加	10^{i}	9_{-2}	26_{-1}	...		58_{-2}	...	...	...	84	49	40	...
古巴	...	15	29	100		54	22_{-2}	22_{-2}	6_{-2}				
库拉索	...	25_{-1}	42_{-1}	...	...	...	29_{-4}	21_{-4}	4_{-4}	99_{-1}	90_{-1}	51_{-1}	...
多米尼克	...	$-_{-1}$	–										
多米尼加共和国	4_{-1}^{i}	6^{i}	13	...	31_{-1}^{i}	60_{-4}^{i}	...	...	...	74	66	43	...
厄瓜多尔	5^{i}	7	15	...	36_{-3}	53_{-1}	27_{-2}	20_{-2}	5_{-2}	84	54	45	15
萨尔瓦多	2_{-1}^{i}	...	16	...	14_{-2}	30_{-2}	...	...	...	62_{-1}	47_{-1}	34_{-1}	...
格林纳达	...	$-_{-1}$	...	100_{-1}		105_{-1}							
危地马拉	3_{-2}^{i}	8	29	...		22_{-2}	...	...	...	51_{-2}	32_{-2}	24_{-2}	5_{-2}
圭亚那	2_{-2}^{i}	...	...	90_{-2}									
海地	...												
洪都拉斯	4_{-2}^{i}	...	37	...	11_{-2}	25_{-2}	...	...	...	62_{-1}	33_{-1}	26_{-1}	
牙买加	2_{-1}^{i}	–	...	91		...	15_{-4}	6_{-4}					
墨西哥	3^{i}	12_{-1}	27_{-1}	...	27_{-4}	45_{-1}	32_{-2}	26_{-2}	7_{-2}	82_{-1}	64_{-1}	36_{-1}	19_{-1}
蒙特塞拉特	...	...					...						
尼加拉瓜	...												
巴拿马	5^{i}	7_{-4}	18	...	14_{-1}	44_{-1}				89	67	51	27_{-2}
巴拉圭	6_{-4}^{i}	5	14							78	54	42	...
秘鲁	4^{i}	1	2	...		71_{-4}	31_{-2}	20_{-2}	4_{-3}	73	61	55	...
圣基茨和尼维斯	...												
圣卢西亚	0.3_{-2}^{i}	1_{-1}	2_{-1}	35_{-1}	...	16_{-1}	...	...	...		47_{-2}	41_{-1}	15_{-2}
圣文森特和格林纳丁斯	...	$-_{-4}$	$-_{-4}$	31_{-4}	...	8_{-3}	...	...	...	91_{-4}	42_{-4}	...	4_{-4}
荷属圣马丁	...												
苏里南	...	...	42										
特立尼达和多巴哥	...	1_{-1}	...	39_{-1}	5								
特克斯和凯科斯群岛	...												
乌拉圭	9^{i}	11_{-1}	26_{-1}	...	19_{-1}	68_{-1}	...	...	...	92	61	34	...
委内瑞拉玻利瓦尔共和国	4_{-4}^{i}	...	5_{-4}										

达到以下技能最低熟练水平的百分比（%）		识字率（%）		文盲				国家或地区名称缩写
				女性（%）		总人数（000）		
读写	计算	青年	成人	青年	成人	青年	成人	
4.6.1		4.6.2						
2021								
								AUS
...	...	...	...	...	...	...	...	COK
...	...	98	...	...	...	...	...	FJI
...	...	86_{-3}	...	...	...	...	...	KIR
								MHL
								FSM
								NRU
...	...	...	...	...	...	...	...	NZL
								NIU
...	...	...	...	...	...	...	...	PLW
...	...	...	...	...	...	...	...	PNG
...	...	99_i	99_i	31_i	40_i	0.3_i	1_i	WSM
								SLB
								TKL
...	...	99_i	99_i	40_i	46_i	0.1_i	0.4_i	TON
...	...	83_{-2}	...	...	...	...	...	TUV
...	...	97_i	89_i	43_i	53_i	2_i	21_i	VUT
								AIA
...	...	...	...	...	...	...	...	ATG
...	...	...	...	...	...	...	...	ARG
...	...	100_{-1i}	98_{-1i}	61_{-1i}	53_{-1i}	0.1_{-1i}	2_{-1i}	ABW
...	...	...	...	...	...	...	...	BHS
...	...	...	...	...	...	...	...	BRB
...	...	...	...	...	...	...	...	BLZ
...	...	100	94_{-1}	52_{-1}	79_{-1}	10_{-1}	492_{-1}	BOL
...	...	99	94_{-1}	33_i	50_i	199_i	$9,694_i$	BRA
...	...	...	...	...	...	...	...	VGB
								CYM
...	...	99_i	97_i	54_i	52_i	23_i	460_i	CHL
...	...	99	96_{-1}	35_{-1}	49_{-1}	86_{-1}	$1,728_{-1}$	COL
...	...	100_i	98_i	41_i	49_i	4_i	80_i	CRI
...	...	100_i	100_i	41_i	44_i	2_i	31_i	CUB
...	...	...	...	...	...	...	...	CUW
								DMA
...	...	99	95_i	58_i	49_i	20_i	385_i	DOM
28_{-4}	23_{-4}	96	94	25	54	31	718	ECU
...	...	99_{-1}	90_{-1}	43_{-1}	63_{-1}	18_{-1}	477_{-1}	SLV
...	...	...	...	...	...	...	...	GRD
...	...	96_i	83_i	54_i	64_i	158_i	$2,039_i$	GTM
...	...	98_i	89_i	42_i	52_i	3_i	64_i	GUY
...	...	...	...	...	...	...	...	HTI
...	...	96_{-2}	89_{-2}	34_{-2}	50_{-2}	81_{-2}	772_{-2}	HND
								JAM
49_{-4}	40_{-4}	99_{-1}	95_{-1}	45_{-1}	60_{-1}	203_{-1}	$4,544_{-1}$	MEX
...	...	...	...	...	...	...	...	MSR
...	...	...	...	...	...	...	...	NIC
...	...	99	96_{-2}	50_{-2}	55_{-2}	8_{-2}	132_{-2}	PAN
...	...	99	95_{-1}	48_{-1}	53_{-1}	18_{-1}	276_{-1}	PRY
29_{-4}	25_{-4}	99	94_{-1}	60_{-1}	73_{-1}	29_{-1}	$1,371_{-1}$	PER
								KNA
...	...	...	...	...	...	...	...	LCA
...	...	...	...	...	...	...	...	VCT
								SXM
...	...	99_i	95_i	57_i	66_i	1_i	22_i	SUR
...	...	...	...	...	...	...	...	TTO
...	...	100_{-2}	...	...	...	...	...	TCA
...	...	99	99_{-2}	34_{-2}	41_{-2}	5_{-2}	34_{-2}	URY
...	...	99_i	98_i	35_i	48_i	60_i	516_i	VEN

表4（续）

国家或地区	A 成人教育与培训参与率(%)	B 青年接受职业技术教育的百分比(%)	C 职业技术教育学生占中等教育入学人数的百分比(%)	D 中等后非高等教育中职业技术教育学生的百分比(%)	E 高等教育毛毕业率(%)	F 高等教育毛入学率(%)	G 在一个文档内复制或粘贴信息	G 在电子表格中使用基本的计算公式	G 编写计算机程序	H 初等教育	H 初级中等教育	H 高级中等教育	H 中等后教育
可持续发展目标指标	4.3.1	4.3.3				4.3.2	4.4.1			4.4.3			
参考年份	2021						2021						
欧洲和北美													
阿尔巴尼亚	1-2i	5	8	...	43	57	16-2	...	2-2	...	...	...	...
安道尔	...	...	11	100	...	...	...	...	6-4	...	...	...	...
奥地利	14-1i	28-1	35-1	100-1	38-1	87-1	...	...	9-2	...	...	81-2	32-2
白俄罗斯	19-1i	18	12	100	67	82	41-2	20-2	2-2	100-2	98-2	95-2	74-2
比利时	7-1i	24-1	42-1	91-1	56-1	81-1	57-2	45-2	4-2	97-2	88-2	71-2	37-2
百慕大	...	...	...	...	-3	19-3	...	...	...	...	...	...	...
波斯尼亚和黑塞哥维那	2i	22	37	...	28	39	22-2	8-2	2-2	91-2	88-2	69-1	14-1
保加利亚	2-1i	16-1i	31-1	100-1	48-1	75-1	44-2	...	1-2	...	96-2	78-2	26-2
加拿大	5i	8-1	4-1	...	43-1	80-1	...	...	...	...	...	...	...
克罗地亚	4-1i	21-1	37-1	...	44-1	68-1	59-2	43-2	9-2	...	...	...	...
捷克共和国	6-1i	28-1	34-1	25-1	45-1	68-1	51-2	45-2	6-2	100-2	100-2	91-2	...
丹麦	22-1i	12-1	21-1	...	59-1	83-1	...	54-2	14-2	...	95-2	79-2	38-2
爱沙尼亚	20-1i	11-1	22-1	100-1	4-1	69-4	...	...	7-4	100-2	98-2	86-2	49-2
芬兰	31-1i	19-1	43-1	100-1	65-1	95-1	...	48-2	9-2	...	...	77-2	38-2
法国	15-1i	19-1	17-1	42-1	50-1	69-1	...	...	6-4	98-2	86-2	72-2	32-2
德国	9-1i	20-1	19-1	94-1	45-1	73-1	57-2	35-2	5-2	100-2	96-2	84-1	40-2
希腊	5-1i	13-1	17-1	100-1	44-1	151-1	53-4	38-2	4-2	96-2	74-1	65-1	35-1
匈牙利	6-1i	22-1	25-1	100-1	139-1	55-1	52-2	...	4-2	100-2	98-2	80-1	32-1
冰岛	23-1i	9-1	18-1	98-1	54-1	84-1	82-4	71-4	13-4	...	100-1	74-1	46-1
爱尔兰	12-1i	7-1i	15-1	100-1	...	75-1	53-3	36-3	6-4	...	86-1	71-1	43-1
意大利	4i	21-1	32-1	100-1	42-1	69-1	...	...	...	97-1	82-1	52-1	17-1
拉脱维亚	8-1i	17-1	20-1	100-1	47-1i	95-1	...	32-2	3-2	100-2	...	91-2	48-2
列支敦士登	...	25i	34	...	5-1	46i	...	...	...	...	...	...	...
立陶宛	8-1i	7-1i	8-1	100-1	59-1	71-1	59-2	42-2	5-2	99-1	97-1	90-1	58-1
卢森堡	19-1i	22-1	33-1	...	8-1	19-1	...	69-2	11-2	...	...	...	...
马耳他	12-1i	11-1	16-1	...	52-1	71-1	41-2	...	6-4	99-1	85-1	48-1	33-1
摩纳哥	...	14+1i	12-1	100+1	154i	62+1i	...	...	...	...	...	...	...
黑山共和国	3-1i	23	33	...	34	56	...	28-2	4-2	...	...	...	...
荷兰	22-1i	23-1	39-1	...	52-1	92-1	72-2	54-2	9-2	99-1	91-1	73-1	37-1
北马其顿	3i	...	29-1	100-1	25-1	43-1	...	...	...	94-1	68-1	68-1	22-1
挪威	18-1i	18-1	29-1	100-1	57-1	84-1	78-2	60-2	11-2	100-2	99-2	79-2	41-2
波兰	4-1i	24-1	26-1	100-1	46-1	70-1	...	28-2	3-2	99-1	89-1	88-1	31-1
葡萄牙	15i	16-1	23-1	100-1	56-1	70-1	49-2	37-2	8-2	94-1	61-1	43-1	23-1
摩尔多瓦共和国	...	16i	13	100	49-1	63i	...	...	...	99-1	97-1	75-1	...
罗马尼亚	1-1i	19-2i	28-1	100-1	42-1	53-1	21-2	5-2	1-2	99-1	91-1	69-2	18-2
俄罗斯	...	19-2i	15-2	100-2	57-2	86-2	40-2	24-2	1-2	...	...	...	...
圣马力诺	...	2i	5	...	45-1i	57i	...	...	...	97-3	83-3	54-3	16-3
塞尔维亚	6i	25i	36	100	...	69	...	24-4	4-2	99-1	92-1	74-2	23-2
斯洛伐克	3-1i	23-1	29-1	100-1	33-1	48-1	...	35-2	4-2	100-1	99-1	88-2	25-2
斯洛文尼亚	10-1i	35-1	43-1	...	46-1	80-1	...	44-2	4-4	100-2	99-2	83-2	...
西班牙	17i	17-1	19-1	...	46-1	96-1	...	38-2	4-2	93-1	81-1	53-1	34-1
瑞典	31-1i	14-1	21-1	74-1	51-1	85-1	64-2	46-2	11-2	100-2	92-1	77-2	40-2
瑞士	30-1i	23-1	36-1	79-1	56-1	65-1	...	57-2	10-2	100-2	97-1	87-2	...
乌克兰	...	...	6	100	...	...	...	...	...	...	...	...	...
英国	7i	17-1	28-1	...	51-1	69-1	61-4	46-2	9-2	100-2	100-1	80-2	...
美国	5i	2-1i	...	...	100-1	88-1i	...	...	...	99-1	96-1	91-1	...

达到以下技能最低熟练水平的百分比（%） I		识字率（%） J		文盲 K				国家或地区名称缩写
				女性（%）		总人数（000）		
读写	计算	青年	成人	青年	成人	青年	成人	
4.6.1		4.6.2						
2021								
...	...	99_i	98_i	15_i	57_i	2_i	37_i	ALB
...	...	...	...	...	...	...	...	AND
...	...	...	...	...	...	...	...	AUT
...	...	100_{-2}	100_{-2}	38_{-2}	53_{-2}	1_{-2}	10_{-2}	BLR
...	...	...	...	...	...	...	...	BEL
...	...	...	...	...	...	...	...	BMU
...	...	100_i	98_i	47_i	85_i	1_i	53_i	BIH
...	...	98_i	98_i	54_i	60_i	12_i	93_i	BGR
...	...	...	...	...	...	...	...	CAN
...	...	100_i	99_i	45_i	73_i	1_i	19_i	HRV
...	...	...	...	...	...	...	...	CZE
...	...	...	...	...	...	...	...	DNK
...	...	100_i	100_i	32_i	51_i	$-_i$	1_i	EST
...	...	...	...	...	...	...	...	FIN
...	...	...	...	...	...	...	...	FRA
...	...	...	...	...	...	...	...	DEU
...	...	...	...	...	...	...	...	GRC
81_{-4}	82_{-4}	99_i	99_i	41_i	53_i	13_i	74_i	HUN
...	...	...	...	...	...	...	...	ISL
...	...	...	...	...	...	...	...	IRL
...	...	100_{-2i}	99_{-2i}	28_{-2i}	62_{-2i}	7_{-2i}	342_{-2i}	ITA
...	...	100_i	100_i	37_i	44_i	0.3_i	2_i	LVA
...	...	...	...	...	...	...	...	LIE
...	...	100_i	100_i	44_i	49_i	0.1_i	4_i	LTU
...	...	...	...	...	...	...	...	LUX
...	...	99_i	95_i	33_i	35_i	0.2_i	19_i	MLT
...	...	...	...	...	...	...	...	MCO
...	...	99_i	99_i	55_i	74_i	1_i	5_i	MNE
...	...	...	...	...	...	...	...	NLD
...	...	...	...	...	...	...	...	MKD
...	...	...	...	...	...	...	...	NOR
...	...	100_i	100_i	33_i	52_i	5_i	64_i	POL
...	...	100_i	97_i	43_i	67_i	3_i	285_i	PRT
...	...	100_i	100_i	49_i	65_i	1_i	14_i	MDA
...	...	100_i	99_i	48_i	61_i	10_i	179_i	ROU
...	...	100_{-1i}	100_{-1i}	42_{-1i}	55_{-1i}	48_{-1i}	357_{-1i}	RUS
...	...	...	...	...	...	...	...	SMR
...	...	100_{-2}	99_{-2}	50_{-2}	88_{-2}	$-_{-2}$	38_{-2}	SRB
...	...	...	...	...	...	...	...	SVK
...	...	...	...	...	...	...	...	SVN
...	...	100_{-1}	99_{-1}	32_{-1}	66_{-1}	17_{-1}	562_{-1}	ESP
...	...	...	...	...	...	...	...	SWE
...	...	...	...	...	...	...	...	CHE
...	...	100_i	100_i	$-_i$	55_i	4_i	$-_i$	UKR
...	...	...	...	...	...	...	...	GBR
81_{-4}	71_{-4}	...	...	...	...	...	...	USA

表 5: 可持续发展目标4，具体目标4.5——平等

到2030年，消除教育中的性别不均等，确保弱势人群（包括残疾人、土著民族和脆弱环境中的儿童）平等地接受各级教育和职业培训。

区域	A 完成率的经调整的性别均等指数 初等教育	A 初级中等教育	A 高级中等教育	B 初等教育结束时 阅读	B 初等教育结束时 数学	B 初级中等教育结束时 阅读	B 初级中等教育结束时 数学	C 青年	C 成人	D 读写	D 计算	E 学前教育	E 初等教育	E 中等教育	E 高等教育
	中位数							加权平均数							
世界	1.01	1.01	1.05	...	1.01i	1.15i	1.00i	0.97_{-1}	0.93_{-1}	...	...	0.99_{-1}	0.98_{-1}	0.99_{-1}	1.14_{-1}
撒哈拉以南非洲	1.10	1.02	0.92	1.07i	0.99i	...	...	0.93_{-1}	0.82_{-1}	...	...	0.99_{-1}i	0.96_{-1}	0.90_{-1}	0.78_{-1}i
北非和西亚	1.00i	1.01i	1.05i	...	0.99i	1.32i	1.04i	0.96_{-1}	0.87_{-1}	...	...	0.99_{-1}i	0.96_{-1}	0.97_{-1}	1.07_{-1}
北非	1.02	1.06	1.12	...	...	...	...	0.99_{-1}	0.84_{-1}	...	...	0.99_{-1}	0.98_{-1}i	1.01_{-1}	1.15_{-1}
西亚	1.00i	1.01i	1.04i	...	1.00i	1.33i	1.03i	0.94_{-1}	0.90_{-1}	...	...	0.99_{-1}	0.94_{-1}	0.93_{-1}	1.02_{-1}i
中亚和南亚	1.00	1.00	1.00	...	...	...	...	0.96_{-1}	0.82_{-1}	...	...	0.99_{-1}	0.99_{-1}	0.99_{-1}	1.06_{-1}
中亚	1.00	1.00	1.00	...	...	...	...	1.00_{-1}	1.00_{-1}	...	...	0.97_{-1}	0.99_{-1}	1.03_{-1}	
南亚	1.00	1.02	1.01	...	...	...	...	0.96_{-1}	0.81_{-1}	...	...	0.99_{-1}	0.99_{-1}	0.99_{-1}	1.06_{-1}
东亚和东南亚	1.01	1.06	1.12	1.23i	1.02i	1.23i	1.03i	1.00_{-1}	0.97_{-1}	...	...	0.99_{-1}	1.00_{-1}	1.02_{-1}	1.13_{-1}
东亚	1.00	1.02i	1.05i	...	...	1.08i	1.01i	1.00_{-1}	0.97_{-1}	...	...	1.01_{-1}	1.01_{-1}	1.02_{-1}	1.13_{-1}
东南亚	1.03	1.08i	1.20i	1.23i	1.08i	1.31i	1.07i	1.00_{-1}	0.97_{-1}	...	...	0.96_{-1}i	0.98_{-1}i	1.03_{-1}i	1.18_{-1}i
大洋洲	1.02i	1.11i	1.25i	...	...	...	...	...	...	...	...	0.98_{-1}	0.98_{-1}	0.96_{-1}	1.29_{-1}
拉丁美洲和加勒比	1.02i	1.06i	1.09i	1.16i	0.87i	...	...	1.00_{-1}	0.99_{-1}	...	...	1.01_{-1}	0.98_{-1}	1.05_{-1}	1.25_{-1}
加勒比	...	...	...	...	...	...	...	...	...	...	...	...	...	...	...
中美洲	1.01	1.05	1.07	1.16	0.85	1.11	0.82	1.00_{-1}	0.99_{-1}						
南美	1.02	1.07	1.09	1.14	0.89	1.12i	0.78i								
欧洲和北美	1.00	1.00	1.05	...	1.04i	1.13i	1.00	...	...	...	...	0.99_{-1}	1.00_{-1}	0.99_{-1}	1.23_{-1}
欧洲	1.00	1.01	1.05	...	1.04i	1.13i	1.00	...	...	...	...	0.99_{-1}	1.00_{-1}	1.00_{-1}	1.19_{-1}
北美	1.00i	1.00i	1.02	...	1.07	1.09	0.99	...	...	...	...	1.00_{-1}	0.99_{-1}	0.98_{-1}	1.29_{-1}
低收入国家	1.08	0.97	0.89	...	...	...	...	0.91_{-1}	0.78_{-1}	...	...	1.00_{-1}	0.93_{-1}	0.82_{-1}	0.64_{-1}
中等收入国家	1.01	1.05	1.07	...	1.00i	...	...	0.98_{-1}	0.92_{-1}	...	...	0.99_{-1}	0.99_{-1}	1.00_{-1}	1.13_{-1}
中低收入国家	1.03	1.06	1.05	...	1.01i	...	...	0.97_{-1}i	0.86_{-1}i	...	...	0.98_{-1}	0.99_{-1}	0.99_{-1}	1.08_{-1}
中高收入国家	1.01	1.03	1.09	...	0.99i	1.22i	1.00i	1.00_{-1}	0.97_{-1}	...	...	0.99_{-1}	0.99_{-1}	1.02_{-1}	1.17_{-1}
高收入国家	1.00	1.01i	1.05i	...	1.03i	1.13i	1.00	...	...	...	...	1.00_{-1}	1.00_{-1}	0.99_{-1}	1.21_{-1}

可持续发展目标指标：4.5.1

参考年份：2021

A 学校教育完成率的经调整的性别均等指数，按教育等级分列。
B 特定教育等级结束时达到最低熟练水平的学生百分比的经调整的性别均等指数。
C 青年和成人识字率的经调整的性别均等指数。
D 成人（16岁及以上）至少达到功能性读写和计算能力特定熟练水平的百分比的经调整的性别均等指数。
E 毛入学率的经调整的性别均等指数，按教育等级分列。
F 学校教育完成率方面的经调整的地区（农村/城市）均等指数，及经调整的贫富（最贫困五分之一/最富裕五分之一）均等指数，按教育等级分列。
G 达到技能最低熟练水平方面的经调整的贫富（最贫困五分之一/最富裕五分之一）均等指数。

资料来源：统计研究所和《全球教育监测报告》小组对家庭调查数据的分析。除非有注解，数据均为2021年结束的学年的数据。
总体数据涵盖表中所列的所有数据可得国家和地区，可能包括对无最新数据国家和地区所做估计。
(-) 零或可忽略不计
(...) 无相关数据或不存在的类别
(±n) 参考年份差异（例如，-2表示用2019年数据代替2021年数据）
(i) 估计数或不完全统计数

地区/贫富

	F												G			
	初等教育完成率的不均等				初级中等教育完成率的不均等				高级中等教育完成率的不均等				达到以下技能最低熟练水平的贫富不均等			
	经调整的均等指数		最贫困人口的完成率（%）		经调整的均等指数		最贫困人口的完成率（%）		经调整的均等指数		最贫困人口的完成率（%）		初等教育结束时		初级中等教育结束时	
	地区	贫富	男	女	地区	贫富	男	女	地区	贫富	男	女	阅读	数学	阅读	数学
	4.5.1															
	2021															
	中位数															
	0.99i	0.91i	86i	92i	0.94i	0.68i	63i	70i	0.76i	0.34i	28i	34i	...	...	0.61i	0.60i
	0.66	0.42i	34i	34i	0.43	0.18i	13i	11i	0.26	0.06i	5i	1i	...	...	...	...
	1.00i	0.92i	92i	94i	0.96i	0.77i	66i	75i	0.84i	0.48i	...	...	...	0.81i	0.47i	0.53i
	0.98i	0.92i	89i	92i	0.83i	0.57i	49i	61i	0.69i	0.37i	21i	40i	...	...	...	...
	1.00i	0.99i	99i	100i	0.98i	0.92i	...	92i	0.86i	...	...	...	...	0.83i	0.48i	0.59i
	0.99i	0.97i	96i	96i	0.95i	0.86i	75i	89i	0.72i	0.25i	20i	19i	...	...	...	...
	1.00	1.00	99	100	0.99	0.97	97	97	0.92	0.81	77i	81i	...	...	...	...
	0.98i	0.77i	72i	79i	0.93i	0.66i	58i	61i	0.49i	0.24i	16i	9i	...	...	...	...
	0.98i	0.93i	91i	95i	0.89i	0.68i	63i	70i	0.68i	0.40i	33i	40i	...	...	0.43i	0.48i
	...	...	...	...	...	...	...	...	...	...	...	...	...	...	0.89i	0.89i
	0.97i	0.91i	88i	94i	0.91i	0.68i	63i	69i	0.65i	0.34i	33i	32i	...	...	0.40i	0.42i
	1.01i	0.96i	92i	95i	0.95i	0.82i	81i	87i	0.71i	...	...	...	...	...	...	...
	0.99i	0.95i	93i	96i	0.91i	0.78i	71i	79i	0.75i	0.54i	47i	53i	0.32i	0.22i	...	...
	...	...	...	...	...	...	...	...	...	...	...	...	...	...	...	...
	0.96	0.93	91	94	0.85	0.76	69	79	0.72	0.52	43	41	0.26	0.15	0.35	0.20
	0.99	0.98	97	97	0.93	0.82	76	86	0.81	0.62	54	60	0.32	0.24	0.44	0.27
	1.00i	...	...	...	1.00i	...	...	...	0.99	...	...	...	...	0.71	0.70	0.68
	1.00	...	...	...	1.00	...	...	...	0.99	...	...	...	...	0.70	0.69	0.68
	...	0.99	99i	99i	...	0.98i	98i	98i	0.95	0.93	91	91	...	0.74	0.81	0.71
	0.59	0.42i	25i	34i	0.32	0.18i	11i	8i	0.23	0.05i	5i	1i	...	...	...	...
	0.98i	0.92i	89i	94i	0.92i	0.73i	66i	74i	0.74i	0.45i	33i	41i	...	...	...	...
	0.93i	0.82i	78i	87i	0.81i	0.55i	45i	59i	0.52i	0.32i	20i	24i	...	...	...	...
	1.00i	0.97i	96i	97i	0.97i	0.84i	78i	86i	0.81i	0.54i	47i	53i	...	0.58i	0.45i	0.44i
	1.00i	...	...	...	1.00i	...	...	...	0.99	...	...	...	...	0.67i	0.71i	0.70

表 5（续）

国家或地区	A 完成率的经调整的性别均等指数			B 以下技能达到最低熟练水平的经调整的性别均等指数				C 识字率的经调整的性别均等指数		D 成人技能达到最低熟练水平的经调整的性别均等指数		E 毛入学率的经调整的性别均等指数			
	初等教育	初级中等教育	高级中等教育	初等教育结束时 阅读	数学	初级中等教育结束时 阅读	数学	青年	成人	读写	计算	学前教育	初等教育	中等教育	高等教育
可持续发展目标指标				4.5.1											
参考年份				2021											
撒哈拉以南非洲															
安哥拉	1.01_{-1}	0.84_{-1}	0.77_{-1}	...	...	...	...	0.93_i	0.76_i	...	...	...	0.94_{-3}	...	0.89_{-2}
贝宁	0.88_{-1}	0.67_{-1}	0.49_{-1}	1.07_{-2}	1.03_{-2}	...	...	0.79_i	0.61_i	...	...	1.02	0.93	0.83	0.51_{-1}
博茨瓦纳	...	...	...										0.98	1.10	1.37
布基纳法索	1.04_{-2}	0.82_{-2}	0.90_{-2}	1.02_{-2}	0.90_{-2}	...	...	0.96_i	0.69_i	...	...	1.01	1.02	1.11	0.60
布隆迪	1.18_{-1}	0.69_{-1}	0.96_{-1}	0.93_{-2}	0.61_{-2}	...	...	0.98_i	0.84_i	...	...	1.03_{-1}	1.01_{-1}	1.18_{-1}	0.77
佛得角	...	...	0.79_{-4}	...	...	...	...	1.01_i	0.93_i	...	...	1.02_{-2}	0.94_{-1}	1.08_{-2}	1.33_{-3}
喀麦隆	1.06_{-1}	1.01_{-1}	0.94_{-1}	1.13_{-1}	1.15_{-1}	...	...	$0.95_{-1,i}$	$0.88_{-1,i}$	...	...	1.03	0.91	0.89	0.89_{-3}
中非共和国	0.87_{-1}	0.69_{-1}	0.67_{-1}	...	...	...	...	$0.61_{-1,i}$	$0.53_{-1,i}$	...	...	1.04_{-1}	0.77_{-1}	0.67_{-1}	...
乍得	0.95_{-1}	0.53_{-1}	0.47_{-1}	0.95_{-1}	1.17_{-1}	...	...	0.71_{-1}	0.51_{-1}	...	...	0.94	0.80	0.58	...
科摩罗	1.15_{-4}	1.24_{-4}	1.39_{-4}	...	...	...	...	1.02_i	0.85_i	...	...	1.03_{-1}	1.00_{-1}	1.06_{-1}	...
刚果	0.97_{-1}	0.65_{-1}	0.78_{-1}	1.18_{-2}	1.15_{-2}	...	...	0.93_i	0.88_i	...	...	1.08_{-3}	0.97_{-3}	0.92_{-3}	0.67_{-2}
科特迪瓦	0.85_{-1}	0.73_{-1}	0.83_{-1}	1.09_{-2}	0.62_{-2}	...	...	0.82_{-2}	0.93_{-2}	...	...	1.10_{-1}	0.96_{-1}	0.86	0.78_{-1}
刚果民主共和国	1.12_{-1}	1.06_{-1}	0.90_{-1}	0.86_{-2}	0.80_{-2}	...	...	0.93_i	0.79_i	...	...	1.07_{-1}	0.95_{-1}	...	0.60_{-1}
吉布提	0.92_{-4}	0.88_{-4}	0.80_{-4}	...	...	...	...	...	...	...	...	0.92_{-1}	0.90_{-1}	1.03_{-1}	...
赤道几内亚	...	...	...	...	...	...	...	...	...	...	...	...	0.99_{-1}	...	0.87
厄立特里亚	...	...	...	...	...	...	...	$0.99_{-3,i}$	$0.82_{-3,i}$	...	...	0.99_{-1}	0.86_{-2}	0.92_{-1}	...
斯威士兰	1.21_{-2}	1.18_{-2}	1.16_{-2}	...	...	...	...	$1.02_{-1,i}$	$1.00_{-1,i}$	...	...	...	0.92_{-2}	...	...
埃塞俄比亚	1.23_{-1}	1.22_{-1}	1.23_{-1}	...	...	...	...	$0.98_{-4,i}$	$0.75_{-4,i}$	...	...	0.95	0.91	...	0.60_{-3}
加蓬	1.12_{-4}	1.21_{-4}	1.17_{-4}	1.07_{-2}	0.76_{-2}	...	...	1.04_i	0.98_i	...	...	1.03_{-1}	0.97_{-1}	1.07_{-2}	1.20_{-2}
冈比亚	1.09_{-1}	1.00_{-1}	1.08_{-1}	...	...	...	...	1.10_i	0.79_i	...	...	1.08_{-1}	1.11_{-1}	1.15	...
加纳	1.10_{-1}	1.09_{-1}	1.09_{-1}	...	...	...	...	1.00_i	$0.90_{-1,i}$	...	...	1.02	1.02	1.01	0.94
几内亚	0.83_{-1}	0.75_{-1}	0.62_{-1}	1.03_{-2}	0.79_{-2}	...	...	0.69_i	0.51_i	...	...	0.98	0.85_{-1}	0.72_{-1}	0.46
几内亚比绍	1.17_{-1}	1.07_{-1}	0.65_{-1}	...	...	...	...	0.82_i	0.60_i	...	...	...	...	...	...
肯尼亚	1.09_{-1}	1.10_{-1}	1.03_{-1}	1.07	1.01	...	...	1.01_i	0.93_i	...	...	0.98_{-2}	0.97_{-2}	...	0.74_{-4}
莱索托	1.35_{-1}	1.44_{-1}	1.27_{-1}	...	...	...	...	1.13_i	1.18_i	...	...	1.02_{-1}	0.95_{-1}	1.19_{-2}	1.35_{-3}
利比里亚	1.23_{-1}	1.09_{-1}	0.88_{-1}	...	...	...	...	0.83_{-2}	$0.54_{-4,i}$	...	...	1.08_{-1}	1.00_{-1}	0.98_{-1}	...
马达加斯加	1.14	1.04	0.91	1.24_{-2}	1.12_{-2}	...	...	0.99_i	0.96_i	...	...	1.10_{-2}	1.02_{-2}	1.04_{-2}	0.97_{-1}
马拉维	1.17_{-1}	0.97_{-1}	0.97_{-1}	...	...	...	...	1.07_i	0.90_i	...	...	1.14_{-1}	1.05_{-1}	1.04_{-1}	0.71_{-1}
马里	0.87_{-1}	0.50_{-1}	0.47_{-1}	...	...	...	...	0.70_{-1}	0.55_{-1}	...	...	1.05_{-1}	0.91_{-1}	0.88_{-1}	0.50_{-2}
毛里塔尼亚	1.10_{-1}	0.96_{-1}	1.07_{-1}	...	...	...	...	0.96_i	0.87_i	...	...	1.01	1.06_{-1}	0.62_{-1}	...
毛里求斯	...	...	1.19_{-1}	...	...	...	...	1.01_i	0.96_i	...	...	0.99_{-1}	1.03_{-1}	1.05	1.33
莫桑比克	...	...	...	...	...	...	...	0.91_i	0.73_i	...	...	...	0.94_{-1}	0.93_{-1}	0.81_{-1}
纳米比亚	1.17_{-3}	1.25_{-3}	1.19_{-3}	...	...	...	...	1.02_i	1.00_i	...	...	1.05	0.97	...	1.47_{-1}
尼日尔	0.82_{-1}	0.53_{-1}	0.35_{-1}	1.18_{-2}	0.89_{-2}	...	...	0.72_i	0.63_i	...	...	1.07	0.91	0.75_{-4}	0.48_{-1}
尼日利亚	1.01	0.98	0.89	...	...	...	...	0.81_i	$0.74_{-3,i}$	...	...	0.92_{-3}	1.01_{-2}	0.95_{-1}	0.72_{-1}
卢旺达	1.15_{-1}	1.12_{-1}	1.08_{-1}	...	...	...	...	1.08_i	0.93_i	...	...	1.06	0.99	1.13	0.80
圣多美和普林西比	1.13_{-1}	1.07_{-1}	1.12_{-1}	...	...	...	...	1.00_i	0.94_i	...	...	...	0.97_{-1}	1.13_{-1}	...
塞内加尔	1.12_{-1}	1.11_{-1}	0.95_{-1}	1.12_{-2}	0.98_{-2}	1.11_{-2}	0.86_{-2}	0.91_i	0.66_i	...	...	1.13	1.14	1.17	0.92
塞舌尔	...	...	...	...	...	...	...	$1.01_{-1,i}$	$1.01_{-1,i}$	...	...	1.01	1.03	1.08	1.73
塞拉利昂	1.06_{-1}	0.98_{-1}	0.70_{-1}	...	...	...	...	0.94_i	0.73_i	...	...	1.08	1.04	0.97_{-4}	...
索马里	...	...	...	...	...	...	...	...	...	...	...	0.80	...	...	...
南非	1.00	1.03	1.07	...	...	...	...	1.01_{-2}	0.99_{-2}	0.99_{-4}	0.99_{-4}	1.02_{-1}	0.96_{-1}	1.08_{-1}	1.36_{-1}
南苏丹	...	...	...	...	...	...	...	$0.98_{-3,i}$	$0.72_{-3,i}$	...	...	0.88_{-2}	...	...	0.30_{-1}
多哥	0.98_{-1}	0.81_{-1}	0.60_{-1}	1.08_{-2}	1.00_{-2}	...	...	0.91_i	0.69_i	...	...	1.04	0.96	0.81	0.56_{-1}
乌干达	1.29_{-1}	0.88_{-1}	1.00_{-1}	...	...	...	...	1.02_i	0.88_i	...	...	1.04_{-4}	1.03_{-4}	0.90_{-4}	...
坦桑尼亚联合共和国	1.17_{-1}	1.10_{-1}	0.93_{-1}	...	...	...	...	1.01_i	0.91_i	...	...	0.99	1.04	1.08	0.84_{-1}
赞比亚	1.12_{-1}	1.05_{-1}	0.86_{-1}	0.92	1.05	1.46_{-4}	1.26_{-4}	$0.99_{-1,i}$	$0.93_{-1,i}$	...	...	1.09_{-1}	1.02_{-1}	...	...
津巴布韦	1.08_{-1}	1.09_{-1}	0.66_{-1}	...	...	...	...	1.08_i	1.03_i	...	...	1.00	1.01	...	1.17_{-4}

地区/贫富																国家或地区名称编号
初等教育完成率的不均等				初级中等教育完成率的不均等				高级中等教育完成率的不均等				达到以下技能最低熟练水平的贫富不均等（G）				
经调整的均等指数		最贫困人口的完成率（%）		经调整的均等指数		最贫困人口的完成率（%）		经调整的均等指数		最贫困人口的完成率（%）		初等教育结束时		初级中等教育结束时		
地区	贫富	男	女	地区	贫富	男	女	地区	贫富	男	女	阅读	数学	阅读	数学	
...	...	...	...	...	...	...	...	...	...	...	...	...	...	...	...	AGO
0.70$_{-3}$	0.28$_{-3}$	24$_{-3}$	18$_{-3}$	0.43$_{-3}$	0.08$_{-3}$	5$_{-3}$	3$_{-3}$	0.25$_{-3}$	0.02$_{-3}$	1$_{-3}$	0.2$_{-3}$	...	...	...	...	BEN
...	...	...	...	...	...	...	...	...	...	...	...	...	...	...	...	BWA
0.66$_{-2}$	0.65$_{-2}$	...	...	0.40$_{-2}$	0.28$_{-2}$	...	...	0.09$_{-4}$	0.04$_{-2}$	...	...	...	...	...	...	BFA
0.70$_{-4}$	0.41$_{-4}$	24$_{-4}$	32$_{-4}$	0.47$_{-4}$	0.19$_{-4}$	12$_{-4}$	...	0.20$_{-4}$	0.05$_{-4}$	...	...	...	...	...	...	BDI
...	...	...	...	...	...	...	...	0.84$_{-4}$	...	...	...	...	...	...	...	CPV
0.66$_{-3}$	0.35$_{-3}$	36$_{-3}$	30$_{-3}$	0.42$_{-3}$	0.11$_{-3}$	13$_{-3}$	5$_{-3}$	0.21$_{-3}$	0.02$_{-3}$	3$_{-3}$	0.3$_{-3}$	...	...	...	...	CMR
0.21$_{-2}$	0.16$_{-2}$	11$_{-2}$	7$_{-2}$	0.05$_{-2}$	0.03$_{-2}$	2$_{-2}$	1$_{-2}$	-$_{-2}$	-$_{-2}$	...	...	...	...	...	...	CAF
0.35$_{-2}$	0.16$_{-2}$	11$_{-2}$	8$_{-2}$	0.20$_{-2}$	0.07$_{-2}$	3$_{-2}$	2$_{-2}$	0.09$_{-2}$	0.06$_{-2}$	2$_{-2}$	0.1$_{-2}$	...	...	...	...	COM
...	...	...	...	...	...	...	...	...	...	...	...	...	...	...	...	COG
...	...	...	...	...	...	...	...	...	...	...	...	...	...	...	...	CIV
0.66$_{-3}$	0.45$_{-3}$	44$_{-3}$	39$_{-3}$	0.54$_{-3}$	0.37$_{-3}$	31$_{-3}$	31$_{-3}$	0.26$_{-3}$	0.13$_{-3}$	10$_{-3}$	...	...	...	...	...	COD
0.57$_{-4}$	...	...	...	0.30$_{-4}$	...	...	...	0.18$_{-4}$	...	...	...	...	...	...	...	DJI
...	...	...	...	...	...	...	...	...	...	...	...	...	...	...	...	GNQ
...	...	...	...	...	...	...	...	...	...	...	...	...	...	...	...	ERI
...	...	...	...	...	...	...	...	...	...	...	...	...	...	...	...	SWZ
0.57$_{-2}$	...	...	...	0.30$_{-2}$	...	...	...	0.12$_{-2}$	...	...	...	...	...	...	...	ETH
1.43$_{-4}$	0.64$_{-4}$	53$_{-4}$	62$_{-4}$	1.71$_{-4}$	0.39$_{-4}$	21$_{-4}$	30$_{-4}$	1.90$_{-4}$	0.31$_{-4}$	10$_{-4}$	11$_{-4}$	...	...	...	...	GAB
0.68$_{-1}$	0.55$_{-1}$	40$_{-1}$	46$_{-1}$	0.51$_{-1}$	0.33$_{-1}$	24$_{-1}$	21$_{-1}$	0.47$_{-1}$	0.25$_{-1}$	8$_{-1}$	14$_{-1}$	...	...	...	...	GMB
0.82$_{-3}$	0.61$_{-3}$	51$_{-3}$	54$_{-3}$	0.60$_{-3}$	0.29$_{-3}$	21$_{-3}$	25$_{-3}$	0.46$_{-3}$	0.14$_{-3}$	10$_{-3}$	10$_{-3}$	...	...	...	...	GHA
0.40$_{-3}$	0.20$_{-3}$	23$_{-3}$	...	0.16$_{-3}$	...	...	...	...	...	...	...	...	...	...	...	GIN
0.48$_{-2}$	0.32$_{-2}$	25$_{-2}$	19$_{-2}$	0.32$_{-2}$	0.18$_{-2}$	10$_{-2}$	12$_{-2}$	0.32$_{-2}$	0.17$_{-2}$	8$_{-2}$	3$_{-2}$	...	...	...	...	GNB
0.84$_{-1}$	.	...	...	0.81$_{-1}$	...	...	...	0.59$_{-1}$	...	...	...	...	...	...	...	KEN
0.80$_{-3}$	0.60$_{-3}$	40$_{-3}$	79$_{-3}$	0.46$_{-3}$	0.16$_{-3}$	...	19$_{-3}$	0.41$_{-3}$	...	...	...	...	...	...	...	LSO
0.38$_{-2}$	0.15$_{-2}$	6$_{-2}$	11$_{-2}$	0.25$_{-2}$	0.09$_{-2}$	5$_{-2}$	5$_{-2}$	0.20$_{-2}$	0.04$_{-2}$	4$_{-2}$	1$_{-2}$	...	...	...	...	LBR
0.58	0.15	13	13	0.31	0.03	4	1	0.20	0.01	-	1	...	...	...	...	MDG
0.59$_{-1}$	0.33$_{-1}$	21$_{-1}$	30$_{-1}$	0.30$_{-1}$	0.06$_{-1}$	5$_{-1}$	2$_{-1}$	0.26$_{-1}$	0.04$_{-1}$	2$_{-1}$	2$_{-1}$	...	...	...	...	MWI
0.50$_{-1}$	0.76$_{-1}$	43$_{-1}$	35$_{-1}$	0.23$_{-1}$	0.53$_{-1}$	22$_{-1}$	10$_{-1}$	0.20$_{-1}$	0.33$_{-1}$	6$_{-1}$	4$_{-1}$	...	...	...	...	MLI
0.40$_{-1}$	0.15$_{-1}$	12$_{-1}$	10$_{-1}$	0.19$_{-1}$	0.06$_{-1}$	6$_{-1}$	1$_{-1}$	0.16$_{-1}$	0.07$_{-1}$	1$_{-1}$	1$_{-1}$	...	...	...	...	MRT
...	...	...	...	...	...	...	...	...	...	...	...	...	...	...	...	MUS
...	...	...	...	...	...	...	...	...	...	...	...	...	...	...	...	MOZ
...	...	...	...	...	...	...	...	...	...	...	...	...	...	...	...	NAM
0.54$_{-3}$	0.51$_{-3}$	...	...	0.26$_{-3}$	0.09$_{-3}$	...	...	0.15$_{-3}$	-$_{-3}$	...	...	...	...	...	...	NER
0.68	0.35	34	34	0.63	0.29	29	24	0.49	0.17	19	13	...	...	...	...	NGA
0.74$_{-1}$	0.43$_{-1}$	31$_{-1}$	41$_{-1}$	0.55$_{-1}$	0.12$_{-1}$	6$_{-1}$	6$_{-1}$	0.34$_{-1}$	0.04$_{-1}$	2$_{-1}$	1$_{-1}$	...	...	...	...	RWA
1.01$_{-2}$	0.76$_{-2}$	62$_{-2}$	87$_{-2}$	0.96$_{-2}$	0.37$_{-2}$	41$_{-2}$	27$_{-2}$	0.89$_{-2}$	0.33$_{-2}$	14$_{-2}$	21$_{-2}$	...	...	...	...	STP
0.54$_{-2}$	0.35$_{-2}$	26$_{-2}$	27$_{-2}$	0.29$_{-2}$	0.12$_{-2}$	11$_{-2}$	3$_{-2}$	0.23$_{-2}$	0.07$_{-2}$	...	...	...	...	0.28$_{-4}$	0.36$_{-4}$	SEN
...	...	...	...	...	...	...	...	...	...	...	...	...	...	...	...	SYC
0.66$_{-2}$	0.53$_{-2}$	45$_{-2}$	47$_{-2}$	0.45$_{-2}$	0.21$_{-2}$	17$_{-2}$	15$_{-2}$	0.37$_{-2}$	0.10$_{-2}$	6$_{-2}$	1$_{-2}$	...	...	...	...	SLE
...	...	...	...	...	...	...	...	...	...	...	...	...	...	...	...	SOM
0.99	...	...	...	0.97	...	...	...	0.74	...	...	...	...	...	...	...	ZAF
...	...	...	...	...	...	...	...	...	...	...	...	...	...	...	...	SSD
0.88$_{-4}$	0.71$_{-4}$	67$_{-4}$	55$_{-4}$	0.60$_{-4}$	0.33$_{-4}$	30$_{-4}$	...	0.29$_{-4}$	...	...	...	...	...	...	...	TGO
0.66$_{-2}$	...	...	...	0.76$_{-2}$	0.20$_{-2}$	...	...	0.41$_{-2}$	0.05$_{-2}$	...	...	...	...	...	...	UGA
0.93$_{-2}$	...	...	...	0.32$_{-2}$	...	...	...	0.11$_{-2}$	...	...	...	...	...	...	...	TZA
0.69$_{-3}$	0.42$_{-3}$	38$_{-3}$	40$_{-3}$	0.46$_{-3}$	0.17$_{-3}$	20$_{-3}$	12$_{-3}$	0.27$_{-3}$	...	...	...	...	...	0.04$_{-4}$	0.04$_{-4}$	ZMB
0.88$_{-2}$	0.79$_{-2}$	75$_{-2}$	81$_{-2}$	0.51$_{-2}$	0.22$_{-2}$	20$_{-2}$	18$_{-2}$	0.21$_{-2}$	...	...	...	...	...	...	...	ZWE

表5（续）

性别 / 可持续发展目标指标 4.5.1 / 参考年份 2021

列说明：
- **A** 完成率的经调整的性别均等指数（初等教育 / 初级中等教育 / 高级中等教育）
- **B** 以下技能达到最低熟练水平的经调整的性别均等指数——初等教育结束时（阅读 / 数学）、初级中等教育结束时（阅读 / 数学）
- **C** 识字率的经调整的性别均等指数（青年 / 成人）
- **D** 成人技能达到最低熟练水平的经调整的性别均等指数（读写 / 计算）
- **E** 毛入学率的经调整的性别均等指数（学前教育 / 初等教育 / 中等教育 / 高等教育）

国家或地区	A 初等教育	A 初级中等教育	A 高级中等教育	B 初等结束·阅读	B 初等结束·数学	B 初中结束·阅读	B 初中结束·数学	C 青年	C 成人	D 读写	D 计算	E 学前教育	E 初等教育	E 中等教育	E 高等教育
北非和西亚															
阿尔及利亚	1.03_{-1}	1.26_{-1}	1.46_{-1}	...	...	...	...	1.23_{-2}	0.86_{-3i}	...	...	1.02_{+1}	0.97_{-1}	1.02_{-1}	1.40
亚美尼亚	1.00_{-1}	1.01_{-1}	1.02_{-1}	...	0.96_{-2}	...	...	1.00_{-1}	1.00_{-1}	...	...	1.05	1.01	1.03	1.31
阿塞拜疆	...	...	...	0.98_{-2}	...	...	...	1.00_{-2}	1.00_{-2}	...	...	1.00_i	1.01	0.98_i	1.16_i
巴林	...	...	...	0.96_{-2}	...	1.14_{-2}	...	...	...	...	...	1.11_{-1}	0.99_{-1}	1.08_{-2}	1.41
塞浦路斯	1.01	1.01	1.04	1.08_{-1}	1.32_{-3}	...	...	1.00_{-1}	1.00_{-1}	...	...	0.97_{-1i}	0.99_{-1}	0.97_{-1i}	1.11_{-1i}
埃及	1.02_{-2}	1.05_{-2}	1.05_{-2}	...	...	...	1.13_{-2}	0.99_i	0.86_i	...	...	1.00_{-1}	1.01_{-2}	0.99_{-2}	0.99_{-1}
格鲁吉亚	1.00_{-1}	1.01_{-1}	1.02_{-1}	...	1.06_{-2}	1.37_{-3}	1.04_{-3}	1.00_{-1}	1.00_{-1}	...	...	...	1.01	1.00	1.15
伊拉克	0.98_{-1}	1.05_{-1}	0.93_{-1}	...	...	...	...	0.97_{-4}	0.88_{-4}	...	...	...	...	...	...
以色列	1.00_{-3}	1.00_{-3}	1.06_{-3}	...	...	1.22_{-3}	1.09_{-3}	...	...	...	...	0.99_{-1}	1.01_{-1}	1.01_{-1}	1.32_{-1}
约旦	1.02_{-1}	1.03_{-1}	1.22_{-1}	...	...	1.35_{-3}	1.01_{-3}	1.00_i	0.99_i	...	...	1.02	0.99	1.02	1.23
科威特	...	...	...	...	1.07_{-2}	...	0.96_{-2}	1.00_{-1}	0.98_{-1}	...	...	1.05	1.13	...	1.40
黎巴嫩	...	...	...	...	...	1.22_{-3}	0.96_{-3}	1.00_{-1}	0.96_{-2i}	...	...	...	...	...	...
利比亚	...	...	...	...	...	...	...	...	...	...	...	...	...	...	...
摩洛哥	...	...	...	0.94_{-2}	1.31_{-2}	...	...	1.00_i	0.79_i	...	...	0.99	0.97	0.97	1.10
阿曼	...	...	...	0.92_{-2}	...	...	1.39_{-3}	1.01_i	0.96_i	...	...	0.97	1.00	0.94	1.22
巴勒斯坦	1.00_{-1}	1.10_{-1}	1.30_{-1}	...	...	...	...	1.00_{-1}	0.97_{-1}	...	...	1.04	0.99	1.08	1.40
卡塔尔	0.99_{-4}	1.01_{-4}	1.03_{-4}	1.03_{-3}	1.41_{-3}	1.01_{-2}	...	1.00_{-1}	0.97_{-1}	...	...	1.01	1.02	...	1.83
沙特阿拉伯	...	...	...	0.85_{-3}	1.44_{-3}	...	...	1.00_{-1}	0.97_{-1}	...	...	1.07	1.01	0.96	0.99
苏丹	1.01_{-1}	0.97_{-2}	0.93_{-2}	...	...	...	...	1.01_{-3i}	0.86_{-3i}	...	...	1.00_{-1}	0.93_{-1}	1.02_{-1}	...
阿拉伯叙利亚共和国	...	...	...	...	...	...	...	...	...	...	...	1.00_{-1}	0.99_{-1}	1.11_{-1}	...
突尼斯	1.03_{-1}	1.08_{-1}	1.20_{-1}	...	...	...	...	1.00_i	0.86_i	...	...	...	0.98	...	1.46_{+1}
土耳其	1.00_{-3}	0.98_{-3}	1.05_{-3}	1.00_{-2}	1.14_{-2}	1.09_{-2}	...	1.00_{-1}	0.95_{-1}	...	...	0.97_{-1}	0.99_{-1}	0.97_{-1}	0.97_{-1}
阿拉伯联合酋长国	...	...	...	1.06_{-2}	1.33_{-2}	1.03_{-2}	...	1.00	0.98	...	...	1.00_{-1}	1.01_{-1}	0.98_{-1}	1.23_{+1}
也门	...	...	...	...	...	...	...	...	...	...	...	...	...	...	...
中亚和南亚															
阿富汗	0.74_{-1}	0.62_{-1}	0.49_{-1}	...	...	...	...	0.58	0.43	...	...	...	0.67_{-2}	0.57_{-3}	0.39_{-1}
孟加拉国	1.14_{-1}	1.20_{-1}	0.97_{-1}	...	...	...	...	1.03_{-1}	0.93_{-1}	...	...	1.05	1.02	1.20	0.83
不丹	...	...	...	...	...	...	...	1.00_i	0.81_i	...	...	0.99	1.04	1.11_{-3i}	1.03
印度	1.01	0.99	0.89	...	...	...	...	0.92_{-1}	...	...	...	1.06_{-1}	1.01_{-1}	1.01_{-1}	1.08_{-1}
伊朗	...	...	...	1.10_{-2}	...	1.11_{-2}	...	1.00_{-1}	0.92_{-1}	...	...	1.03_{-1}	1.06_{-1}	0.99_{-1}	0.97_{-1}
哈萨克斯坦	1.00_{-1}	1.00_{-1}	1.00_{-1}	...	0.99_{-3}	1.31_{-3}	1.00_{-3}	1.00_{-1i}	1.00_{-1i}	1.03_{-4}	1.01_{-4}	0.98_{-1}	1.00_{-1}	1.00_{-1}	1.17_{-1}
吉尔吉斯斯坦	1.00_{-1}	1.00_{-1}	1.00_{-1}	...	...	...	...	1.00_{-2i}	1.00_{-2i}	...	...	1.01	1.00	1.00	1.20
马尔代夫	1.00_{-1}	1.07_{-1}	1.32_{-1}	...	...	...	...	1.00_i	1.01_i	...	...	1.05_{-1}	0.93_{-2}	...	1.73_{-1}
尼泊尔	1.04_{-1}	1.06_{-1}	1.05_{-1}	...	...	...	...	0.98_i	0.78_i	...	...	0.89_{-1}	0.92_{-1}	0.99_{-1}	1.10_{-1}
巴基斯坦	0.98_{-1}	0.89_{-1}	1.12_{-1}	1.00_{-2}	...	...	...	0.82_{-1}	0.67_{-1}	...	...	0.88_{-2}	0.88_{-2}	0.87_{-2}	0.98_{-1}
斯里兰卡	...	...	...	...	...	...	...	1.00	0.98	...	...	1.05_{-1}	1.00_{-1}	1.04_{-1}	1.36
塔吉克斯坦	0.99_{-1}	0.98_{-1}	0.81_{-1}	...	...	...	...	0.98_{-1}	...	...	...	0.87_{-4}	0.99_{-1}	...	0.76_{-1}
土库曼斯坦	1.00_{-1}	1.00_{-1}	1.03_{-1}	...	...	...	...	...	...	...	...	...	0.98	0.98	0.92
乌兹别克斯坦	1.00	1.00	0.98	...	...	...	...	1.00	1.00	...	...	0.97	0.98	1.00	0.87
东亚和东南亚															
文莱达鲁萨兰国	...	...	...	...	...	1.23_{-3}	1.07_{-3}	1.00_i	0.99_i	...	...	0.99_{-1}	1.00_{-1}	1.03_{-1}	1.36_{-1}
柬埔寨	1.05_{-1}	1.03_{-1}	1.33_{-1}	1.41_{-2}	1.16_{-2}	1.31_{-4}	0.83_{-4}	1.01_i	0.90_i	...	...	1.05	0.98	1.13	1.03
中国	1.01_{-1}	1.06_{-1}	1.13_{-1}	...	...	...	...	1.00_{-1i}	0.97_{-1i}	...	...	1.01	1.01	...	1.15
朝鲜民主主义人民共和国	...	...	...	...	...	...	...	1.00_{-1i}	1.00_{-1i}	...	...	...	1.00_{-1}	...	0.51_{-1}
中国香港	...	...	...	...	0.99_{-2}	1.10_{-2}	1.03_{-2}	...	...	...	...	1.05_{-1}	1.04	0.99	1.10
印度尼西亚	1.02_{-1}	1.06_{-1}	1.08_{-1}	...	...	1.31_{-2}	1.13_{-2}	1.00_{-1}	0.97_{-1}	...	...	0.90_{-3i}	0.97_{-1}	1.02_{-1}	1.13_{-1}
日本	1.00_{-3}	1.03_{-3}	1.01_{-3}	...	...	...	...	...	...	...	...	...	1.00_{-1}	1.00_{-1}	0.98_{-1}
老挝人民民主共和国	1.00_{-4}	0.98_{-4}	0.97_{-4}	1.33_{-2}	1.08_{-2}	...	...	0.98_i	0.91_i	...	...	1.02	0.97	0.95	1.13
中国澳门	...	...	...	...	...	1.06_{-2}	1.00_{-2}	1.00_i	0.97_i	...	...	0.97	0.98	1.00	1.26
马来西亚	...	...	...	1.24_{-2}	1.10_{-2}	1.23_{-2}	1.07_{-2}	...	...	...	...	1.02	1.01	1.05	1.24
蒙古国	1.00_{-1}	1.01_{-1}	1.08_{-1}	...	...	...	...	...	...	...	...	0.98	0.98	1.02	1.37_{-1}
缅甸	1.05_{-1}	1.10_{-1}	1.29_{-1}	1.21_{-2}	1.02_{-2}	...	...	1.00_{-1}	0.93_{-1}	...	...	0.98	0.96_{-1}	1.07	1.28
菲律宾	1.08_{-1}	1.21_{-1}	1.20_{-1}	...	...	1.23_{-2}	1.34_{-2}	1.00_{-1}	1.01_{-1}	...	...	0.99	0.98	1.07	1.27
韩国	1.00_{-1}	1.00_{-1}	1.00_{-1}	...	0.99_{-2}	1.08_{-2}	1.03_{-2}	...	0.99_{-3}	...	...	...	1.00	0.99_{-1}	0.83_{-1}
新加坡	...	...	...	...	0.99_{-2}	1.07_{-2}	1.03_{-2}	...	0.97_{-3}	...	...	...	1.00_{-1}	0.99_{-1}	1.10_{-1}
泰国	1.01_{-1}	1.11_{-1}	1.11_{-1}	...	...	1.38_{-2}	1.16_{-2}	1.01_i	0.97_i	...	...	1.00_{+1}	0.99_{-1}	1.06_{-1}	1.27_{-1}
东帝汶	1.13_{-1}	1.19_{-1}	1.12_{-1}	...	...	...	...	1.03_{-1i}	0.91_{-1i}	...	...	1.05_{-1}	0.98_{-1}	1.09_{-1}	...
越南	1.01	1.06	1.23	1.05_{-2}	1.00_{-2}	...	...	0.99_{-1}	0.98_{-2}	...	...	1.03	1.02	...	1.11

初等教育完成率的不均等				初级中等教育完成率的不均等				高级中等教育完成率的不均等				达到以下技能最低熟练水平的贫富不均等				国家或地区名称或编号
经调整的均等指数		最贫困人口的完成率（%）		经调整的均等指数		最贫困人口的完成率（%）		经调整的均等指数		最贫困人口的完成率（%）		初等教育结束时		初级中等教育结束时		
地区	贫富	男	女	地区	贫富	男	女	地区	贫富	男	女	阅读	数学	阅读	数学	
					4.5.1											
					2021											
0.98_{-2}	0.92_{-2}	89_{-2}	94_{-2}	0.83_{-2}	0.57_{-2}	45_{-2}	61_{-2}	0.69_{-2}	0.37_{-2}	21_{-2}	40_{-2}	...	...	...	...	DZA
1.00_{-3}	0.99_{-3}	98_{-3}	100_{-3}	0.98_{-3}	0.98_{-3}	...	93_{-3}	0.84_{-3}	0.91_{-3}	...	...	...	0.93_{-2}	...	...	ARM
...	...	...	...	...	...	...	...	...	...	...	...	1.07_{-2}	...	...	...	AZE
...	...	...	...	...	...	...	...	...	...	...	...	0.83_{-2}	...	...	0.83_{-2}	BHR
1.01	...	...	...	0.97	...	...	...	1.06	...	...	...	0.67_{-2}	0.58_{-2}	...	...	CYP
0.99_{-4}	0.92_{-4}	92_{-4}	88_{-4}	0.92_{-4}	0.77_{-4}	68_{-4}	75_{-4}	0.87_{-4}	0.71_{-4}	67_{-4}	58_{-4}	...	...	...	0.51_{-2}	EGY
1.00_{-3}	1.00_{-3}	100_{-3}	100_{-3}	0.96_{-3}	0.93_{-3}	95_{-3}	91_{-3}	0.76_{-3}	0.58_{-3}	54_{-3}	52_{-3}	0.85_{-2}	0.39_{-2}	...	0.40_{-3}	GEO
0.87_{-3}	0.58_{-3}	62_{-3}	45_{-3}	0.76_{-3}	0.32_{-3}	26_{-3}	19_{-3}	0.80_{-3}	0.24_{-3}	15_{-3}	11_{-3}	...	...	...	...	IRQ
1.00_{-3}	1.00_{-3}	100_{-3}	100_{-3}	1.00_{-3}	0.99_{-3}	99_{-3}	98_{-3}	...	...	...	...	...	...	0.57_{-3}	0.53_{-3}	ISR
1.01_{-3}	0.92_{-3}	88_{-3}	93_{-3}	1.02_{-3}	0.66_{-3}	64_{-3}	66_{-3}	0.88_{-3}	0.31_{-3}	20_{-3}	31_{-3}	...	...	0.60_{-3}	0.52_{-3}	JOR
...	...	...	...	...	...	...	...	...	...	...	...	0.61_{-2}	...	...	1.12_{-2}	KWT
...	...	...	...	...	...	...	...	...	...	...	...	...	0.25_{-2}	0.43_{-2}	...	LBN
...	...	...	...	...	...	...	...	...	...	...	...	...	...	...	...	LBY
...	...	...	...	...	...	...	...	...	...	...	...	0.35_{-2}	0.33_{-2}	...	...	MAR
...	...	...	...	...	...	...	...	...	...	...	...	1.22_{-2}	...	...	0.49_{-2}	OMN
1.00_{-1}	1.00_{-1}	99_{-1}	99_{-1}	0.99_{-1}	0.91_{-1}	81_{-1}	95_{-1}	0.97_{-1}	0.63_{-1}	36_{-1}	58_{-1}	...	...	...	...	PSE
...	...	...	...	...	...	...	...	...	...	...	...	0.52_{-2}	0.46_{-2}	...	0.79_{-2}	QAT
...	...	...	...	...	...	...	...	...	...	...	...	0.36_{-2}	0.42_{-2}	...	...	SAU
...	...	...	...	...	...	...	...	...	...	...	...	...	...	...	...	SDN
...	...	...	...	...	...	...	...	...	...	...	...	...	...	...	...	SYR
0.93_{-3}	0.89_{-3}	85_{-3}	92_{-3}	0.72_{-3}	0.55_{-3}	49_{-3}	56_{-3}	0.52_{-3}	0.30_{-3}	17_{-3}	32_{-3}	...	...	...	...	TUN
...	...	...	...	...	...	...	...	...	...	...	...	...	0.78_{-2}	0.71_{-2}	0.65_{-2}	TUR
...	...	...	...	...	...	...	...	...	...	...	...	...	0.95_{-2}	0.48_{-2}	0.88_{-2}	ARE
...	...	...	...	...	...	...	...	...	...	...	...	...	...	...	...	YEM
...	...	...	...	...	...	...	...	...	...	...	...	...	...	...	...	AFG
0.99_{-2}	0.77_{-2}	62_{-2}	79_{-2}	0.95_{-2}	0.52_{-2}	38_{-2}	49_{-2}	0.78_{-2}	0.24_{-2}	16_{-2}	8_{-2}	...	...	...	...	BGD
...	...	...	...	...	...	...	...	...	...	...	...	...	...	...	...	BTN
0.98	0.88	86	87	0.94	0.72	71	69	0.72	0.25	24	17	...	...	...	...	IND
...	...	...	...	...	...	...	...	...	...	...	...	0.43_{-2}	...	...	0.40_{-2}	IRN
...	...	...	...	...	...	...	...	...	...	...	...	0.84_{-2}	0.56_{-2}	...	0.75_{-3}	KAZ
1.00_{-3}	1.01_{-3}	100_{-3}	100_{-3}	0.99_{-3}	0.97_{-3}	96_{-3}	97_{-3}	0.91_{-3}	0.81_{-3}	74_{-3}	81_{-3}	...	...	...	...	KGZ
0.98_{-4}	0.97_{-4}	96_{-4}	97_{-4}	0.93_{-4}	0.86_{-4}	75_{-4}	89_{-4}	0.49_{-4}	0.34_{-4}	16_{-4}	22_{-4}	...	...	...	...	MDV
0.96_{-3}	0.77_{-3}	72_{-3}	75_{-3}	0.83_{-3}	0.66_{-3}	58_{-3}	61_{-3}	0.41_{-3}	0.16_{-3}	10_{-3}	9_{-3}	...	...	...	...	NPL
0.68_{-3}	0.31_{-3}	39_{-3}	19_{-3}	0.59_{-3}	0.15_{-3}	22_{-3}	4_{-3}	0.44_{-3}	0.03_{-3}	3_{-3}	1_{-3}	0.63_{-3}	...	...	...	PAK
...	...	...	...	...	...	...	...	...	...	...	...	...	...	...	...	LKA
1.00_{-4}	0.99_{-4}	99_{-4}	96_{-4}	0.98_{-4}	0.96_{-4}	95_{-4}	95_{-4}	0.93_{-4}	0.82_{-4}	77_{-4}	55_{-4}	...	...	...	...	TJK
1.00_{-2}	1.00_{-2}	98_{-2}	99_{-2}	0.99_{-2}	0.98_{-2}	98_{-2}	97_{-2}	0.30_{-2}	0.17_{-2}	...	...	...	...	...	...	TKM
1.00	1.00	99	100	0.99	1.00	100	99	1.00	0.93	92	88	...	...	...	...	UZB
...	...	...	...	...	...	...	...	...	...	...	...	...	...	0.40_{-3}	0.47_{-3}	BRN
0.79_{-1}	...	...	...	0.56_{-1}	...	...	...	0.43_{-1}	...	...	...	...	...	0.22_{-4}	0.19_{-4}	KHM
0.98_{-3}	...	...	...	0.88_{-3}	...	...	...	0.91_{-3}	...	...	...	...	...	...	...	CHN
...	...	...	...	...	...	...	...	...	...	...	...	...	...	...	...	PRK
...	...	...	...	...	...	...	...	...	...	...	...	...	0.95_{-2}	0.89_{-2}	0.89_{-2}	HKG
0.97_{-4}	0.91_{-4}	88_{-4}	94_{-4}	0.89_{-4}	0.68_{-4}	64_{-4}	69_{-4}	0.68_{-4}	0.34_{-4}	31_{-4}	32_{-4}	...	...	0.39_{-4}	0.37_{-4}	IDN
...	...	...	...	...	...	...	...	...	...	...	...	...	...	...	...	JPN
0.83_{-4}	0.59_{-4}	61_{-4}	55_{-4}	0.57_{-4}	0.18_{-4}	21_{-4}	12_{-4}	0.35_{-4}	0.06_{-4}	5_{-4}	4_{-4}	...	...	...	...	LAO
...	...	...	...	...	...	...	...	...	...	...	...	...	...	0.96_{-3}	0.96_{-3}	MAC
...	...	...	...	...	...	...	...	...	...	...	...	...	...	0.45_{-3}	0.48_{-3}	MYS
0.98_{-3}	0.97_{-3}	95_{-3}	98_{-3}	0.89_{-3}	0.84_{-3}	79_{-3}	90_{-3}	0.68_{-3}	0.53_{-3}	44_{-3}	61_{-3}	...	...	...	...	MNG
...	...	...	...	...	...	...	...	...	...	...	...	...	...	...	...	MMR
0.98_{-3}	0.80_{-3}	71_{-3}	89_{-3}	0.92_{-3}	0.54_{-3}	40_{-3}	68_{-3}	0.89_{-3}	0.51_{-3}	42_{-3}	56_{-3}	...	...	0.11_{-3}	...	PHL
...	...	...	...	...	...	...	...	...	...	...	...	...	0.94_{-2}	0.82_{-2}	0.80_{-2}	KOR
...	...	...	...	...	...	...	...	...	...	...	...	...	0.90_{-2}	0.83_{-2}	0.14_{-2}	SGP
0.99_{-2}	0.98_{-2}	96_{-2}	99_{-2}	0.94_{-2}	0.69_{-2}	63_{-2}	74_{-2}	0.82_{-2}	0.45_{-2}	33_{-2}	49_{-2}	...	...	0.41_{-3}	0.54_{-3}	THA
...	...	...	...	...	...	...	...	...	...	...	...	...	...	...	...	TLS
1.00	0.95	94	95	0.93	0.69	63	71	0.61	0.33	33	28	...	...	...	...	VNM

表 5 （续）

性别

| | A 完成率的经调整的性别均等指数 | | | B 以下技能达到最低熟练水平的经调整的性别均等指数 | | | | C 识字率的经调整的性别均等指数 | | D 成人技能达到最低熟练水平的经调整的性别均等指数 | | E 毛入学率的经调整的性别均等指数 | | | |
| | | | | 初等教育结束时 | | 初级中等教育结束时 | | | | | | | | | |
国家或地区	初等教育	初级中等教育	高级中等教育	阅读	数学	阅读	数学	青年	成人	读写	计算	学前教育	初等教育	中等教育	高等教育
可持续发展目标指标				4.5.1											
参考年份				2021											
大洋洲															
澳大利亚	1.00_{-1}	1.01_{-1}	1.07_{-1}	...	1.01_{-2}	1.11_{-3}	0.99_{-3}	...	...	...	...	0.96_{-1}	1.00_{-1}	0.96_{-1}	1.28_{-1}
库克群岛	...	...	...	...	...	...	...	...	...	...	...	0.97	0.94	1.04	...
斐济	1.01	1.11	1.25	...	...	...	...	1.03	...	...	...	0.95	0.96	1.07	1.32_{-2}
基里巴斯	1.07_{-1}	1.22_{-1}	1.37_{-1}	...	...	...	...	1.14_{-3}	...	...	...	1.09_{-1}	1.05_{-1}	...	...
马绍尔群岛	...	...	...	...	...	...	...	...	...	...	...	1.01	0.94	1.09	1.11_{-2}
密克罗尼西亚联邦	...	...	...	...	...	...	...	...	...	...	...	1.14	1.00	...	...
瑙鲁	...	...	...	...	...	...	...	...	...	...	...	1.08_{-1}	1.03_{-1}	1.03_{-2}	...
新西兰	...	...	...	1.04_{-2}	1.11_{-3}	0.99_{-3}	...	...	...	...	...	0.99_{-1}	1.00_{-1}	1.05_{-1}	1.35_{-1}
纽埃	...	...	...	...	...	...	...	...	...	...	...	0.92	0.98	1.05	...
帕劳	...	...	...	...	...	...	...	...	...	...	...	1.08	0.97	1.08	...
巴布亚新几内亚	1.14_{-1}	1.21_{-1}	0.88_{-1}	...	...	...	...	...	...	...	...	0.98_{-1}	0.93_{-3}	0.80_{-1}	...
萨摩亚	1.02_{-1}	1.03_{-1}	1.30_{-1}	...	...	...	...	1.01_i	1.00_i	...	...	1.09	1.00	...	1.53
所罗门群岛	...	...	...	...	...	...	...	...	...	...	...	1.02_{-2}	0.99_{-2}	...	...
托克劳	...	...	...	...	...	...	...	...	...	...	...	1.32	1.05	0.94	...
汤加	1.01_{-1}	1.10_{-1}	1.12_{-1}	...	...	...	...	1.00_i	1.00_i	...	...	1.09_{-1}	0.95_{-1}	1.15_{-1}	1.60_{-1}
图瓦卢	1.02_{-1}	1.19_{-1}	1.26_{-1}	...	...	...	...	1.18_{-2}	...	...	...	0.90	0.96	1.06	...
瓦努阿图	...	...	...	...	...	...	...	1.01_i	0.98_i	...	...	0.99	0.98	1.07	...
拉丁美洲和加勒比															
安圭拉	...	...	...	...	...	...	...	...	...	...	...	1.08_{-2}	0.99_{-1}	0.97_{-1}	...
安提瓜和巴布达	...	...	...	...	...	...	...	...	...	...	...	1.10_{-1}	0.98_{-2}	0.96_{-1}	...
阿根廷	1.02_{-1}	1.11_{-1}	1.19_{-1}	1.16_{-2}	0.85_{-2}	1.11_{-3}	0.78_{-3}	...	...	...	...	1.01_{-1}	1.00_{-1}	1.04_{-1}	1.42_{-1}
阿鲁巴	...	...	...	...	...	...	...	1.00_{-1j}	1.00_{-1j}	...	...	...	...	...	...
巴哈马	...	...	...	...	...	...	...	...	...	...	...	1.08_{-2}	...	...	...
巴巴多斯	1.01_{-4}	1.00_{-4}	1.07_{-4}	...	...	...	...	...	...	...	...	1.04	0.97	1.03	...
伯利兹	1.11_{-1}	1.30_{-1}	1.33_{-1}	...	...	...	...	...	...	...	...	1.04	0.96	1.03	1.40
多民族玻利维亚国	1.01	1.03	1.00	1.13_{-4}	0.84_{-4}	...	...	1.00	0.93_i	...	...	1.02	1.00	1.00	...
巴西	1.02	1.06	1.10	1.14_{-2}	0.87_{-2}	1.20_{-2}	0.88_{-2}	1.00	1.00_i	...	...	1.00_{-1j}	0.95_{-1j}	1.04_{-1j}	1.30_{-1j}
英属维尔京群岛	...	...	...	...	...	...	...	...	...	...	...	1.05	0.99	1.10_{-4}	1.48
开曼群岛	...	...	...	...	...	...	...	...	...	...	...	0.98_{-3}	1.01	1.01_{-3}	...
智利	1.02_{-1}	1.01_{-1}	1.04_{-1}	...	...	1.13_{-2}	0.88_{-2}	1.00_i	1.00_i	...	...	0.98_{-1}	0.97_{-1}	0.99_{-1}	1.15_{-1}
哥伦比亚	1.03	1.09	1.09	1.11_{-2}	0.87_{-2}	1.07_{-2}	0.75_{-2}	1.01	1.01_{-1}	...	...	1.02	0.97	1.04	1.16
哥斯达黎加	1.00	1.06	1.09	1.09_{-2}	0.84_{-2}	1.11_{-2}	0.80_{-2}	1.00	1.00_i	...	...	1.01	0.99	1.08_{-1}	1.18_{-2}
古巴	1.00_{-1}	1.03_{-1}	1.10_{-1}	1.23_{-2}	1.02_{-2}	...	...	1.00	1.00_i	...	...	0.99	0.98	1.01	1.46
库拉索	...	...	...	...	...	...	...	...	...	...	...	1.00_{-1}	0.95_{-1}	1.18_{-1}	...
多米尼克	...	...	...	...	...	...	...	...	...	...	...	0.99	0.95	0.99	...
多米尼加共和国	1.06	1.07	1.20	1.41_{-2}	1.01_{-2}	1.37_{-2}	0.94_{-2}	1.00	1.00_i	...	...	1.03_i	0.97_{-1}	1.09_i	1.44_{-4i}
厄瓜多尔	1.00	1.00	1.06	1.14_{-2}	0.97_{-2}	1.09_{-2}	0.71_{-2}	1.00	0.99	0.96_{-4}	0.77_{-4}	1.05	1.02	1.02	1.16_{-1}
萨尔瓦多	1.04_{-1}	1.05_{-1}	1.03_{-1}	1.19_{-2}	0.85_{-2}	...	...	1.00_{-1}	0.97_{-1}	...	...	...	...	...	1.12_{-2}
格林纳达	...	...	...	...	...	...	...	...	...	...	...	0.96_{-1}	0.98_{-1}	1.03_{-1}	1.20_{-1}
危地马拉	0.99_{-1}	0.97_{-1}	1.01_{-1}	1.05_{-2}	0.74_{-2}	1.15_{-2}	0.84_{-2}	0.99_i	0.90_i	...	...	1.02	0.98	1.02	1.14_{-1}
圭亚那	1.02_{-1}	1.11_{-1}	1.21_{-1}	...	...	...	...	1.01_i	0.99_i	...	...	...	...	...	...
海地	1.33_{-1}	1.24_{-1}	1.07_{-1}	...	...	...	...	...	...	...	...	...	...	...	...
洪都拉斯	1.04_{-1}	1.12_{-1}	1.11_{-1}	1.23_{-2}	0.87_{-2}	1.11_{-4}	0.66_{-4}	1.03_{-2}	1.01_{-2}	...	...	1.03	1.02	...	1.28_{-2}
牙买加	...	...	...	...	...	...	...	...	...	...	...	...	...	...	...
墨西哥	1.01_{-1}	1.02_{-1}	1.06_{-1}	1.16_{-2}	1.05_{-2}	1.11_{-2}	0.88_{-2}	1.00	0.98_{-1}	0.99_{-4}	0.80_{-4}	1.02_{-1}	1.01_{-1}	1.09_{-1}	1.08_{-1}
蒙特塞拉特	...	...	...	...	...	...	...	...	...	...	...	1.15_{-2}	1.12_{-1}	1.08_{-2}	...
尼加拉瓜	...	...	...	1.16_{-2}	0.61_{-2}	...	...	...	...	...	...	1.04_{-1}	0.99_{-1}	...	...
巴拿马	1.02	1.08	1.11	1.21_{-2}	0.96_{-2}	1.16_{-2}	0.82_{-2}	1.00	0.99_{-2}	...	...	1.01	0.99	1.04	1.35_{-1}
巴拉圭	1.03	1.08	1.06	1.26_{-2}	0.91_{-2}	1.12_{-4}	0.56_{-4}	1.01	0.99_{-1}	...	...	1.01	...	...	...
秘鲁	1.01	1.04	1.02	1.16_{-2}	1.02_{-2}	...	...	1.00	0.95_{-1}	0.89_{-4}	0.74_{-4}	1.02	0.97	0.95	1.05_{-4}
圣基茨和尼维斯	...	...	...	...	...	...	...	...	...	...	...	0.91	0.95	0.99	...
圣卢西亚	1.00_{-4}	1.03_{-4}	1.17_{-4}	...	...	...	...	...	...	...	...	1.02_{-1}	1.02_{-1}	0.98_{-1}	1.51_{-1}
圣文森特和格林纳丁斯	...	...	...	...	...	...	...	...	...	...	...	0.99_{-1}	0.98_{-1}	1.03_{-1}	1.68_{-1}
荷属圣马丁	...	...	...	...	...	...	...	...	...	...	...	...	...	...	...
苏里南	1.11_{-1}	1.25_{-1}	1.34_{-1}	...	...	...	...	1.00_i	0.97_i	...	...	1.05	0.99	1.18	...
特立尼达和多巴哥	...	...	...	...	...	...	...	...	...	...	...	1.02	...	...	...
特克斯和凯科斯群岛	1.02_{-1}	1.01_{-1}	0.96_{-1}	...	...	...	...	1.00_i	...	...	...	1.08	1.05	0.99	...
乌拉圭	1.01	1.07	1.30	1.13_{-2}	0.98_{-2}	1.17_{-3}	0.93_{-3}	1.00	1.01_{-2}	...	...	1.12_{-1}	0.99_{-1}	1.10_{-1}	1.40_{-1}
委内瑞拉玻利瓦尔共和国	...	...	...	...	...	...	...	1.01_i	1.00_i	...	...	1.01_{-4}	0.98_{-4}	1.07_{-4}	...

| | 初等教育完成率的不均等 | | | | 初级中等教育完成率的不均等 | | | | 高级中等教育完成率的不均等 | | | | 达到以下技能最低熟练水平的贫富不均等 | | | | |
| | 经调整的均等指数 | | 最贫困人口的完成率（%） | | 经调整的均等指数 | | 最贫困人口的完成率（%） | | 经调整的均等指数 | | 最贫困人口的完成率（%） | | 初等教育结束时 | | 初级中等教育结束时 | | 国家或地区名称编号 |
	地区	贫富	男	女	地区	贫富	男	女	地区	贫富	男	女	阅读	数学	阅读	数学	
	...	0.93_{-3}	89_{-3}	85_{-3}	...	0.98_{-3}	99_{-3}	96_{-3}	...	0.90_{-3}	84_{-3}	85_{-3}	...	0.54_{-2}	0.76_{-3}	0.71_{-3}	AUS
	...	...	...	...	...	...	...	...	...	...	...	...	...	...	...	...	COK
	1.01	0.99	97	100	0.94	0.82	74	87	0.69	0.38	27	34	...	...	...	...	FJI
	0.97_{-2}	0.92_{-2}	85_{-2}	93_{-2}	0.85_{-2}	0.69_{-2}	52_{-2}	75_{-2}	0.28_{-2}	...	...	...	...	...	...	...	KIR
	...	...	...	...	...	...	...	...	...	...	...	...	...	...	...	...	MHL
	...	...	...	...	...	...	...	...	...	...	...	...	...	...	...	...	FSM
	...	...	...	...	...	...	...	...	...	...	...	...	...	...	...	...	NRU
	...	...	...	...	...	...	...	...	...	...	...	...	...	0.38_{-2}	0.75_{-3}	0.70_{-3}	NZL
	...	...	...	...	...	...	...	...	...	...	...	...	...	...	...	...	NIU
	...	...	...	...	...	...	...	...	...	...	...	...	...	...	...	...	PLW
	0.74_{-3}	0.45_{-3}	41_{-3}	36_{-3}	0.74_{-3}	0.33_{-3}	31_{-3}	20_{-3}	0.41_{-3}	...	...	...	...	...	...	...	PNG
	1.00_{-2}	0.99_{-2}	95_{-2}	99_{-2}	0.99_{-2}	0.97_{-2}	93_{-2}	97_{-2}	0.75_{-2}	0.49_{-2}	26_{-2}	50_{-2}	...	...	...	...	WSM
	...	...	...	...	...	...	...	...	...	...	...	...	...	...	...	...	SLB
	...	...	...	...	...	...	...	...	...	...	...	...	...	...	...	...	TKL
	1.02_{-2}	0.98_{-2}	97_{-2}	97_{-2}	0.95_{-2}	0.88_{-2}	88_{-2}	86_{-2}	1.00_{-2}	0.21_{-2}	5_{-2}	23_{-2}	...	...	...	...	TON
	1.01_{-1}	...	...	...	0.99_{-1}	0.82_{-1}	...	...	0.74_{-1}	0.45_{-1}	...	...	...	...	...	...	TUV
	...	...	...	...	...	...	...	...	...	...	...	...	...	...	...	...	VUT
	...	...	...	...	...	...	...	...	...	...	...	...	...	...	...	...	AIA
	...	...	...	...	...	...	...	...	...	...	...	...	...	...	...	...	ATG
	...	...	...	...	...	...	...	...	...	...	...	...	0.31_{-2}	0.19_{-2}	0.36_{-3}	0.20_{-3}	ARG
	...	...	...	...	...	...	...	...	...	...	...	...	...	...	...	...	ABW
	...	...	...	...	...	...	...	...	...	...	...	...	...	...	...	...	BHS
	...	...	...	...	...	...	...	...	...	...	...	...	...	...	...	...	BRB
	...	...	...	...	...	...	...	...	...	...	...	...	...	...	...	...	BLZ
	0.99	0.99	98	98	0.97	0.95	93	95	0.75	0.74	72	61	...	...	...	...	BOL
	0.98	0.95	94	96	0.91	0.82	76	86	0.73	0.58	48	60	0.35_{-2}	0.17_{-2}	0.45_{-3}	0.26_{-3}	BRA
	...	...	...	...	...	...	...	...	...	...	...	...	...	...	...	...	VGB
	...	...	...	...	...	...	...	...	...	...	...	...	...	...	...	...	CYM
	0.98_{-1}	0.98_{-1}	97_{-1}	98_{-1}	0.98_{-1}	0.96_{-1}	96_{-1}	96_{-1}	0.98_{-1}	0.84_{-1}	78_{-1}	84_{-1}	...	...	0.63_{-3}	0.28_{-2}	CHL
	0.94	0.92	89	93	0.79	0.73	64	72	0.68	0.62	54	60	0.32_{-2}	0.17_{-2}	0.44_{-3}	0.34_{-4}	COL
	1.00	0.95	94	96	0.99	0.76	69	79	0.87	0.54	47	53	0.44_{-2}	0.15_{-2}	0.50_{-3}	0.37_{-3}	CRI
	1.00_{-2}	1.00_{-2}	100_{-2}	100_{-2}	0.98_{-2}	1.14_{-2}	100_{-2}	100_{-2}	0.79_{-2}	1.49_{-2}	86_{-2}	84_{-2}	0.52_{-2}	0.58_{-2}	...	...	CUB
	...	...	...	...	...	...	...	...	...	...	...	...	...	...	...	...	CUW
	...	...	...	...	...	...	...	...	...	...	...	...	...	...	...	...	DMA
	1.00	0.93	85	91	0.98	0.91	82	91	0.79	0.61	44	54	0.14_{-2}	0.03_{-2}	0.22_{-2}	0.12_{-2}	DOM
	1.00	0.99	98	98	0.97	0.91	91	87	0.87	0.73	65	70	0.23_{-2}	0.34_{-2}	0.41_{-2}	0.27_{-2}	ECU
	0.93_{-1}	0.92_{-1}	86_{-1}	90_{-1}	0.80_{-1}	0.73_{-1}	68_{-1}	65_{-1}	0.70_{-1}	0.48_{-1}	42_{-1}	38_{-1}	0.23_{-2}	0.05_{-2}	...	...	SLV
	...	...	...	...	...	...	...	...	...	...	...	...	...	...	...	...	GRD
	...	...	...	...	...	...	...	...	...	...	...	...	0.09_{-4}	0.03_{-4}	0.25_{-4}	0.10_{-4}	GTM
	0.99_{-1}	0.95_{-1}	93_{-1}	97_{-1}	0.89_{-1}	0.68_{-1}	59_{-1}	73_{-1}	0.81_{-1}	0.43_{-1}	30_{-1}	43_{-1}	...	...	...	...	GUY
	0.61_{-4}	0.26_{-4}	17_{-4}	24_{-4}	0.46_{-4}	0.12_{-4}	7_{-4}	9_{-4}	0.30_{-4}	0.02_{-4}	1_{-4}	1_{-4}	...	...	...	...	HTI
	0.91_{-2}	0.83_{-2}	81_{-2}	80_{-2}	0.57_{-2}	0.34_{-2}	28_{-2}	31_{-2}	0.41_{-2}	0.23_{-2}	15_{-2}	20_{-2}	0.32_{-2}	0.87_{-2}	0.35_{-2}	0.20_{-4}	HND
	...	...	...	...	...	...	...	...	...	...	...	...	...	...	...	...	JAM
	0.99_{-1}	0.97_{-1}	96_{-1}	97_{-1}	0.91_{-1}	0.85_{-1}	81_{-1}	83_{-1}	0.74_{-1}	0.52_{-1}	43_{-1}	41_{-1}	0.43_{-2}	0.50_{-2}	0.47_{-2}	0.44_{-4}	MEX
	...	...	...	...	...	...	...	...	...	...	...	...	...	...	...	...	MSR
	...	...	...	...	...	...	...	...	...	...	...	...	0.26_{-2}	0.47_{-2}	...	...	NIC
	0.96	0.93	91	94	0.85	0.76	72	79	0.72	0.52	48	52	0.07_{-2}	0.02_{-2}	0.27_{-2}	0.15_{-2}	PAN
	0.99	0.95	91	95	0.84	0.81	66	78	0.62	0.44	41	34	0.19_{-2}	0.24_{-2}	0.34_{-4}	0.15_{-4}	PRY
	0.98	1.00	97	97	0.93	0.91	88	90	0.83	0.79	75	77	0.34_{-2}	0.35_{-2}	...	...	PER
	...	...	...	...	...	...	...	...	...	...	...	...	...	...	...	...	KNA
	...	...	...	...	...	...	...	...	...	...	...	...	...	...	...	...	LCA
	...	...	...	...	...	...	...	...	...	...	...	...	...	...	...	...	VCT
	...	...	...	...	...	...	...	...	...	...	...	...	...	...	...	...	SXM
	0.88_{-3}	0.69_{-3}	60_{-3}	77_{-3}	0.67_{-3}	0.30_{-3}	16_{-3}	32_{-3}	0.49_{-3}	...	...	...	...	...	...	...	SUR
	...	...	...	...	...	...	...	...	...	...	...	...	...	...	...	...	TTO
	1.01_{-1}	...	...	...	...	...	...	...	...	...	...	...	...	...	...	...	TCA
	1.02	0.98	98	99	0.97	0.69	65	70	1.18	0.28	16	33	0.37_{-2}	0.32_{-2}	0.46_{-3}	0.39_{-4}	URY
	...	...	...	...	...	...	...	...	...	...	...	...	...	...	...	...	VEN

地区/贫富 — F — G

4.5.1 — 2021

表 5（续）

性别

A — 完成率的经调整的性别均等指数
B — 以下技能达到最低熟练水平的经调整的性别均等指数
C — 识字率的经调整的性别均等指数
D — 成人技能达到最低熟练水平的经调整的性别均等指数
E — 毛入学率的经调整的性别均等指数

可持续发展目标指标：4.5.1　　参考年份：2021

国家或地区	A 初等教育	A 初级中等教育	A 高级中等教育	B 初等教育结束时 阅读	B 初等教育结束时 数学	B 初级中等教育结束时 阅读	B 初级中等教育结束时 数学	C 青年	C 成人	D 读写	D 计算	E 学前教育	E 初等教育	E 中等教育	E 高等教育
欧洲和北美															
阿尔巴尼亚	1.01_{-1}	1.01_{-1}	1.05_{-1}	...	1.04_{-2}	1.35_{-3}	1.06_{-3}	1.01_i	1.00_i	...	...	1.00	1.02	1.03	1.39
安道尔	...	...	...	...	...	...	...	...	...	...	...	...	...	...	...
奥地利	1.00	1.01	1.07	...	1.01_{-2}	1.13_{-3}	0.99_{-3}	...	...	...	...	1.00_{-1}	0.99_{-1}	0.98_{-1}	1.19_{-1}
白俄罗斯	1.00_{-1}	1.00_{-1}	1.03_{-1}	...	...	1.13_{-3}	0.99_{-3}	1.00_{-2}	...	...	...	0.94	1.00	0.98	1.13
比利时	1.01	1.00	1.06	...	1.05_{-2}	1.08_{-3}	0.97_{-3}	...	...	...	...	1.01_{-1}	1.01_{-1}	1.12_{-1}	1.26_{-1}
百慕大	...	...	...	...	...	...	...	...	...	...	...	...	1.04_{-1}	...	1.33_{-3}
波斯尼亚和黑塞哥维那	...	...	...	...	1.14_{-2}	1.30_{-3}	...	1.00_i	0.97_i	...	...	0.94	...	...	1.36
保加利亚	0.99	1.01	1.01	...	1.01_{-2}	1.27_{-3}	1.03_{-3}	1.00_i	0.99_i	...	...	0.99_{-1}	0.99_{-1}	0.98_{-1}	1.20_{-1}
加拿大	...	...	1.01_{-4}	...	...	1.11_{-3}	1.09_{-3}	1.00_{-3}	...	...	...	0.99_{-1}	0.99_{-1}	1.01_{-1}	1.25_{-1}
克罗地亚	1.01	1.00	1.02	...	1.07_{-2}	1.16_{-3}	0.98_{-3}	1.00_i	1.00_i	...	...	1.00	1.00	1.05	1.29_{-1}
捷克共和国	1.00_{-1}	1.00_{-1}	1.05_{-1}	...	1.05_{-2}	1.13_{-3}	1.01_{-3}	...	...	...	...	0.97_{-1}	1.00_{-1}	1.01_{-1}	1.28_{-1}
丹麦	1.00	1.01	1.11	...	...	1.11_{-3}	1.01_{-3}	...	...	...	...	0.98_{-1}	1.00	0.99	1.28_{-1}
爱沙尼亚	1.01	1.01	1.04	...	...	1.07_{-3}	1.00_{-3}	1.00_i	1.00_i	...	...	...	...	1.04_{-1}	1.34_{-4}
芬兰	1.00	0.99	0.98	...	1.01_{-2}	1.13_{-3}	1.04_{-3}	...	...	...	...	1.00_{-1}	1.00	1.09_{-1}	1.19_{-1}
法国	1.00	1.01	1.03	...	1.09_{-2}	1.11_{-3}	1.00_{-3}	...	...	...	...	0.99_{-1i}	0.99_{-1i}	1.00_{-1i}	1.22_{-1i}
德国	1.00_{-1}	1.02	1.08	...	1.06_{-2}	1.10_{-3}	1.00_{-3}	...	...	...	...	0.99_{-1}	1.01_{-1}	0.95_{-1}	1.05_{-1}
希腊	1.00	1.02	1.02	...	...	1.22_{-3}	1.04_{-3}	...	...	...	...	1.01_{-1}	1.01_{-1}	0.95_{-1}	1.19_{-1}
匈牙利	0.99	1.00	1.04	...	1.05_{-2}	1.12_{-3}	0.95_{-3}	1.00_i	1.00_i	1.04_{-4}	1.01_{-4}	0.98_{-1}	0.98_{-1}	0.95_{-1}	1.19_{-1}
冰岛	1.00_{-3}	1.00_{-3}	1.18_{-3}	...	...	1.19_{-3}	1.07_{-3}	...	...	...	...	0.98_{-1}	1.01_{-1}	0.96_{-1}	1.49_{-1}
爱尔兰	1.00_{-3}	1.00_{-3}	1.06_{-3}	...	...	1.07_{-3}	1.00_{-3}	...	...	...	...	1.00_{-1}	1.00	1.09_{-1}	1.15_{-1}
意大利	1.00	1.00	1.08	...	1.06_{-2}	1.11_{-3}	0.92_{-2}	1.00_{-2i}	1.00_{-2i}	...	...	0.98_{-1}	1.00	0.99_{-1}	1.27_{-1}
拉脱维亚	1.00	1.01	1.11	...	1.01_{-2}	1.16_{-3}	1.00_{-3}	1.00_i	1.00_i	...	...	1.00_{-1i}	1.00_{-1i}	1.00_{-1i}	1.26_{-1i}
列支敦士登	...	...	...	...	...	...	...	...	...	...	...	1.08_i	0.98_{-1}	0.85_{-1}	0.65_i
立陶宛	1.00	1.00	1.07	...	1.01_{-2}	1.18_{-3}	1.05_{-3}	1.00_i	1.00_i	...	...	0.99_{-1}	1.00_{-1}	0.97_{-1}	1.30_{-1}
卢森堡	0.99	1.01	1.15	...	...	1.13_{-3}	0.97_{-3}	...	...	...	...	1.00_{-1}	0.99_{-1}	0.99_{-1}	1.16_{-1}
马耳他	1.00_{-3}	1.00_{-3}	1.21_{-3}	...	1.03_{-2}	1.26_{-3}	...	1.00_i	1.03_i	...	...	1.00_{-1}	1.00	1.01_{-1}	1.29_{-1}
摩纳哥	...	...	...	...	...	...	...	...	...	...	...	0.88_{+1i}	1.02_{+1i}	1.01_{-1i}	1.32_{+1i}
黑山共和国	1.00_{-1}	1.01_{-1}	1.06_{-1}	...	1.06_{-2}	1.24_{-3}	0.94_{-3}	1.00_i	0.99_i	...	...	0.97	1.00	1.02	1.27
荷兰	1.00_{-1}	1.02_{-1}	1.09_{-1}	...	1.03_{-2}	1.13_{-3}	1.02_{-3}	...	...	...	...	1.02_{-1}	1.00_{-1}	1.02_{-1}	1.14_{-1}
北马其顿	1.00_{-1}	1.02_{-1}	1.01_{-1}	...	0.95_{-2}	1.41_{-3}	...	...	...	...	...	1.04_{-1}	1.00_{-1}	0.99_{-1}	1.29_{-1}
挪威	1.01	1.00	1.05	...	0.98_{-2}	1.16_{-3}	1.05_{-3}	...	...	...	...	1.00_{-1}	1.00	0.95_{-1}	1.33_{-1}
波兰	1.01	1.01	1.03	...	1.02_{-2}	1.11_{-3}	1.02_{-3}	1.00_i	1.00_i	...	...	1.00_{-1}	0.96_{-1}	1.02_{-1}	1.32_{-1}
葡萄牙	1.00	1.01	1.06	...	1.08_{-2}	1.10_{-3}	1.00_{-3}	1.00_i	0.98_i	...	...	0.99_{-1}	0.99_{-1}	1.00_{-1}	1.15_{-1}
摩尔多瓦共和国	1.01_{-4}	1.03_{-4}	1.08_{-4}	...	...	1.26_{-3}	1.02_{-3}	1.00_i	1.00_i	...	...	0.99_i	0.99	0.99	1.29
罗马尼亚	0.99	1.02	1.00	...	...	1.22_{-3}	0.98_{-3}	1.00_i	1.00_i	...	...	0.99_{-1}	0.99_{-1}	1.00	1.22_{-1}
俄罗斯	1.00	1.00	1.02	...	1.01_{-2}	1.12_{-3}	1.05_{-3}	1.00_{-1i}	1.00_{-1i}	...	...	0.99_{-1}	0.99_{-2}	0.97_{-2}	1.14_{-2}
圣马力诺	...	...	...	...	...	...	...	...	...	...	...	0.98	0.99	0.94	0.89
塞尔维亚	1.00_{-1}	1.00_{-1}	1.12_{-1}	...	0.97_{-2}	1.22_{-3}	1.01_{-3}	1.00_i	0.99_i	...	...	1.00	1.00	1.01	1.30
斯洛伐克	1.00_{-1}	1.00_{-1}	1.01_{-1}	...	1.05_{-2}	1.18_{-3}	1.01_{-3}	...	...	...	...	0.98_{-1}	1.00	1.01_{-1}	1.33_{-1}
斯洛文尼亚	1.02	1.00	1.05	...	...	1.16_{-3}	1.01_{-3}	...	...	...	...	0.98_{-1}	1.00	1.02_{-1}	1.31_{-1}
西班牙	1.00	1.01	1.11	...	1.08_{-2}	...	1.00_{-3}	1.00_{-1i}	0.99_i	...	...	1.00_{-1}	1.01_{-1}	1.03_{-1}	1.19_{-1}
瑞典	1.00	1.01	1.10	...	1.05_{-2}	1.11_{-3}	1.02_{-3}	...	...	...	...	0.99_{-1}	1.05_{-1}	1.08_{-1}	1.38_{-1}
瑞士	1.00	1.00	1.00	...	...	1.12_{-3}	0.99_{-3}	...	...	...	...	0.99_{-1}	0.99_{-1}	0.95_{-1}	1.06_{-1}
乌克兰	1.00_{-4}	1.01_{-4}	1.03_{-4}	...	...	1.16_{-3}	...	1.00_i	1.00_i	...	...	...	...	...	...
英国	1.00_{-1}	1.00_{-1}	1.07_{-2}	...	1.00_{-2}	1.07_{-3}	0.97_{-3}	...	...	...	...	...	...	...	1.26_{-1}
美国	1.00	1.00	1.02	...	1.04_{-2}	1.09_{-3}	0.98_{-3}	...	...	1.02_{-4}	0.97_{-4}	1.00_{-1i}	1.00_{-1i}	0.98_{-1i}	1.29_{-1i}

地区/贫富

F — 初等教育完成率的不均等 · 经调整的均等指数 · 地区	贫富	最贫困人口的完成率(%) 男	女	初级中等教育完成率的不均等 · 经调整的均等指数 · 地区	贫富	最贫困人口的完成率(%) 男	女	高级中等教育完成率的不均等 · 经调整的均等指数 · 地区	贫富	最贫困人口的完成率(%) 男	女	G — 达到以下技能最低熟练水平的贫富不均等 · 初等教育结束时 阅读	数学	初级中等教育结束时 阅读	数学	国家或地区名称或编写
0.97_{-4}	0.95_{-4}	91_{-4}	96_{-4}	0.99_{-4}	0.88_{-4}	89_{-4}	86_{-4}	0.85_{-4}	0.62_{-4}	60_{-4}	60_{-4}	...	0.71_{-2}	0.51_{-3}	0.75_{-3}	ALB
...	...	...	...	...	...	...	...	...	...	...	...	...	...	...	...	AND
1.01	...	...	...	1.03	...	...	...	1.10	...	...	...	...	0.77_{-2}	0.70_{-3}	0.70_{-3}	AUT
1.00_{-2}	1.00_{-2}	100_{-2}	100_{-2}	0.97_{-2}	0.99_{-2}	99_{-2}	100_{-2}	0.85_{-2}	0.83_{-2}	74_{-2}	82_{-2}	...	...	0.61_{-3}	0.54_{-3}	BLR
0.99	...	...	...	0.97	...	...	...	1.08	...	...	...	...	0.71_{-2}	0.68_{-3}	0.67_{-3}	BEL
...	...	...	...	...	...	...	...	...	...	...	...	...	...	...	...	BMU
...	...	...	...	...	...	...	...	...	...	...	...	...	0.88_{-2}	0.50_{-3}	...	BIH
1.01	...	...	...	0.98	...	...	...	0.80	...	...	...	...	0.50_{-2}	0.40_{-3}	0.45_{-3}	BGR
...	...	...	...	...	...	...	...	0.95_{-4}	0.94_{-4}	94_{-4}	91_{-4}	...	0.73_{-2}	0.85_{-3}	0.81_{-3}	CAN
0.99	...	...	...	1.00	...	...	...	0.99	...	...	...	...	0.98_{-2}	0.80_{-3}	0.68_{-3}	HRV
...	...	...	...	...	...	...	...	...	...	...	...	...	0.66_{-2}	0.68_{-3}	0.66_{-3}	CZE
1.00	...	...	...	1.00	...	...	...	0.85	...	...	...	...	...	0.78_{-3}	0.80_{-3}	DNK
1.01	...	...	...	1.00	...	...	...	0.93	...	...	...	...	...	0.90_{-3}	0.88_{-3}	EST
1.00	...	...	...	1.01	...	...	...	1.03	...	...	...	...	0.74_{-2}	0.85_{-3}	0.80_{-3}	FIN
1.00	...	...	...	0.99	...	...	...	1.00	...	...	...	...	0.54_{-2}	0.70_{-3}	0.64_{-3}	FRA
...	...	...	...	1.03	...	...	...	1.02	...	...	...	...	0.52_{-2}	0.71_{-3}	0.68_{-3}	DEU
...	...	...	...	...	...	...	...	...	...	...	...	...	...	0.63_{-3}	0.57_{-3}	GRC
1.01	...	...	...	1.02	...	...	...	1.02	...	...	...	...	0.48_{-2}	0.58_{-3}	0.42_{-3}	HUN
1.00	...	...	...	0.98	...	...	...	0.86	...	...	...	...	...	0.73_{-3}	0.76_{-3}	ISL
...	...	...	...	...	...	...	...	...	...	...	...	...	...	0.84_{-3}	0.78_{-3}	IRL
1.00	...	...	...	1.00	...	...	...	1.02	...	...	...	...	0.82_{-2}	0.72_{-3}	0.61_{-3}	ITA
0.99	...	...	...	1.01	...	...	...	0.93	...	...	...	...	0.67_{-2}	0.78_{-3}	0.78_{-3}	LVA
...	...	...	...	...	...	...	...	...	...	...	...	...	...	...	...	LIE
1.00	...	...	...	1.00	...	...	...	0.91	...	...	...	...	0.65_{-2}	0.68_{-3}	0.65_{-3}	LTU
1.01	...	...	...	1.01	...	...	...	1.10	...	...	...	...	...	0.58_{-3}	0.59_{-3}	LUX
...	...	...	...	...	...	...	...	...	...	...	...	...	0.61_{-2}	0.64_{-3}	...	MLT
...	...	...	...	...	...	...	...	...	...	...	...	...	...	...	...	MCO
1.02_{-3}	0.89_{-3}	84_{-3}	94_{-3}	1.03_{-3}	0.78_{-3}	70_{-3}	86_{-3}	1.00_{-3}	0.54_{-3}	52_{-3}	58_{-3}	...	0.81_{-2}	0.63_{-3}	0.60_{-3}	MNE
...	...	...	...	...	...	...	...	...	...	...	...	...	0.85_{-2}	0.73_{-3}	0.78_{-3}	NLD
1.02_{-2}	0.97_{-2}	97_{-2}	98_{-2}	1.03_{-2}	0.84_{-2}	79_{-2}	88_{-2}	1.02_{-2}	0.56_{-2}	63_{-2}	49_{-2}	...	0.60_{-2}	0.45_{-3}	0.39_{-3}	MKD
0.99	...	...	...	1.00	...	...	...	0.92	...	...	...	...	0.72_{-2}	0.81_{-3}	0.78_{-3}	NOR
1.01	...	...	...	1.01	...	...	...	0.99	...	...	...	...	0.65_{-2}	0.81_{-3}	0.78_{-3}	POL
1.00	...	...	...	0.99	...	...	...	0.97	...	...	...	...	0.82_{-2}	0.71_{-3}	0.65_{-3}	PRT
...	...	...	...	...	...	...	...	...	...	...	...	...	...	0.44_{-3}	0.38_{-3}	MDA
1.01	...	...	...	0.96	...	...	...	0.82	...	...	...	...	...	0.47_{-3}	0.40_{-3}	ROU
0.99	...	100	100	1.00	...	100	100	1.00	1.00_{-1}	85	90	...	0.89_{-2}	0.79_{-3}	0.76_{-3}	RUS
...	...	...	...	...	...	...	...	...	...	...	...	...	...	...	...	SMR
1.00_{-2}	0.97_{-2}	100_{-2}	93_{-2}	0.99_{-2}	0.93_{-2}	95_{-2}	92_{-2}	0.93_{-2}	0.64_{-2}	63_{-2}	59_{-2}	...	0.70_{-2}	0.62_{-3}	0.60_{-3}	SRB
...	...	...	...	...	...	...	...	...	...	...	...	...	0.43_{-2}	0.56_{-3}	0.57_{-3}	SVK
0.99	...	...	...	1.00	...	...	...	1.03	...	...	...	...	...	0.79_{-3}	0.77_{-3}	SVN
1.00	...	...	...	0.99	...	...	...	1.02	...	...	...	...	0.63_{-2}	...	0.68_{-3}	ESP
1.00	...	...	...	1.00	...	...	...	0.89	...	...	...	...	0.66_{-2}	0.77_{-3}	0.73_{-3}	SWE
1.00	...	...	...	0.99	...	...	...	1.04	...	...	...	...	...	0.68_{-3}	0.76_{-3}	CHE
...	...	...	...	...	...	...	...	...	...	...	...	...	...	0.63_{-3}	...	UKR
1.00_{-2}	...	...	...	1.00_{-2}	...	...	...	1.02_{-2}	...	...	...	...	0.82_{-2}	0.81_{-3}	0.76_{-3}	GBR
...	0.99_{-1}	99_{-1}	99_{-1}	...	0.98_{-1}	98_{-1}	98_{-1}	...	0.93_{-1}	88_{-1}	91_{-1}	...	0.74_{-2}	0.76_{-3}	0.62_{-3}	USA

4.5.1 — 2021

表6: 可持续发展目标4，具体目标4.7——可持续发展教育和全球公民教育

到2030年，确保所有学习者获得促进可持续发展所需要的知识和技能，包括通过教育来实现可持续发展和可持续生活方式、人权、性别平等、推广和平与非暴力文化、全球公民意识、重视文化多样性和文化对于可持续发展的贡献。

区域	A 全球公民教育和可持续发展教育主流化的程度 教育政策纲领	课程大纲	教师在职培训	学生评估	B 提供生活技能基础上的预防艾滋病教育的学校百分比(%)
可持续发展目标指标	4.7.1				4.7.2
参考年份	2020				2021
	中位数				加权平均数
世界	...	...	...	...	87-i
撒哈拉以南非洲	...	...	...	...	...
北非和西亚	0.88i	0.76i	0.88i	0.83i	50-4i
北非	...	...	...	...	32-4i
西亚	0.88i	0.77i	0.90i	0.92	80-1i
中亚和南亚	...	...	...	...	98-1
中亚	...	...	...	...	59-1i
南亚	...	0.66i	...	...	100-1
东亚和东南亚	0.94i	...	0.92i	0.83i	90-1i
东亚	...	...	...	...	88-1
东南亚	0.94i	...	0.92i	0.92i	92-1i
大洋洲	...	...	...	...	...
拉丁美洲和加勒比	...	...	...	...	...
加勒比	...	...	...	...	...
中美洲	...	...	...	...	...
南美	...	...	0.81i	0.96i	...
欧洲和北美	0.91i	0.83i	0.85i	0.83i	...
欧洲	0.95	0.84i	0.88i	0.88i	...
北美	0.88i	0.78i	0.70i	0.83i	...
低收入国家	...	...	...	...	...
中等收入国家	...	...	...	...	90-1i
中低收入国家	...	...	...	...	90-1i
中高收入国家	...	...	...	...	...
高收入国家	0.91i	0.86i	0.85i	0.83i	...

A （i）全球公民意识和（ii）可持续发展教育（包括气候变化教育）被纳入各级教育的（a）国家教育政策、（b）课程大纲、（c）教师教育和（d）学生评估的程度。
B 提供生活技能基础上的预防艾滋病教育的初级中等教育学校百分比。
C 具备基本的饮水、基本的（男女分开的）卫生设施或卫生间，及基本的洗手设施的初等教育学校百分比。
D 具有用于教学目的的电力、计算机或互联网的初等教育学校百分比。
E 具有适应残疾学生的基础设施和资料的初等教育学校百分比。
F 在最近12个月内经历过欺凌的初级中等教育学生百分比。
G 针对学生、教师或教育机构的袭击数量（资料来源：保护教育免遭袭击全球联盟）。
H 国际留学生，入学人数中的入境人数和出境人数（单位：千人），出入境流动率（占该国高等教育入学总人数的比例）。
I 官方发展援助（所有部门）中用于奖学金（所有教育等级）的总支出和输入学生成本毛值（2021年百万美元不变价格）。各个区域的合计值包含未按国家分配的部分。世界合计值包含未按国家和区域分配的部分。

资料来源：除非有注解，数据均来自统计研究所。除非有注解，数据均为2021年结束的学年的数据。
总体数据涵盖表中所列的所有数据可得国家和地区，可能包括对无最新数据国家和地区所做估计。
(-) 零或可忽略不计
(...) 无相关数据或不存在的类别
(±n) 参考年份差异（例如，−2表示用2019年数据代替2021年数据）
(i) 估计数或不完全统计数

可持续发展目标4，实施途径之具体目标4.a——教育设施和学习环境
到2030年，建设和升级适应儿童、残疾人和对性别问题敏感的教育设施，提供安全、没有暴力、包容和有效的学习环境。

可持续发展目标4，实施途径之具体目标4.b——奖学金
到2020年，在全球范围内大幅提高向发展中国家提供的奖学金数额。

C 具备基本的饮水、基本的（男女分开的）卫生设施或卫生间，及基本的洗手设施的学校百分比（%）			D 具有用于教学目的的信息和通信技术设施的学校百分比（%）			E 具有适应残疾学生的基础设施和资料的学校百分比（%）	F 经历欺凌的学生百分比（%）	G 针对教育的袭击数量	H 高等教育学生的国际流动 流动率(%)		H 人数(000)		I 官方发展援助，按美元计(000,000)	
基本的饮水	基本的卫生设施或卫生间	基本的洗手设施	电力	互联网	计算机				入境	出境	入境	出境	奖学金	输入学生成本
4.a.1							4.a.2	4.a.3	4.b.1					
2021									2021					
加权平均数							—		加权平均数		合计			
76-1i	77-1i	76-1i	76-1i	40-1i	47-1i	47-1i	...	...	3-1	3-1i	6,362-1	6,362-1	1,355i	3,085i
42-4i	...	...	32-1i	...	...	...	...	...	1-1i	5-1i	131-1i	420-1	204	433
92-1i	92-1i	96-1i	92-1i	70-1i	86-1i	...	...	...	3-1	3-1i	723-1	714-1	218-1	939i
89-1i	90-1i	95-1i	89-1i	61-1i	86-1i	...	...	...	1-1i	3-1i	92-1	188-1	94	462
94-1i	95-1i	98-1i	96-1i	82-1i	85-1i	...	...	...	5-1	4-1	631-1	526-1	124	477i
83-1i	79-1	82-1i	59-3	18-1i	28-1i	60-1	...	...	0.3-1	2-1i	160-1	1,147-1	141	593
95-3i	80-1	94-1i	100-1	77-1i	96-1i	17-1i	...	...	5-1	16-1	83-1	286-1	38	38
83-1i	79-1	82-1i	77-1i	17-1i	26-1i	61-1	...	...	0.2-1	2-1i	77-1	861-1	103	555
78-1i	74-1	83-1i	91-1i	78-1i	69-1i	...	...	...	1-1	2-1i	800-1	1,635-1	133	537i
97-1	97-1	97-1	98-1i	95-1i	95-1i	...	...	...	1-1	2-1	610-1	1,276-1	30i	384i
66-2i	60-2i	74-2i	87-1i	67-2i	53-2i	...	...	...	1-2i	2-1i	181-2	359-1	100i	153i
87-4i	88-4i	94-4i	89-4i	60-4i	73-4i	...	...	...	25-1	2-1	510-1	31-1	17i	...
100i	81-4i	100i	90-2i	43-3i	61-3i	33-3i	...	...	1-1	1-1	271-1	412-1	82i	212i
...	...	...	...	...	...	...	...	...	...	...	33i	39i	12i	15i
...	...	...	...	...	...	...	...	...	...	...	55	58i	12	50
...	...	...	...	...	...	...	...	...	...	...	174i	311i	42i	147i
99-1i	100-1i	99-1i	100-1i	94-4i	98-4i	...	...	...	8-1	2-1i	3,767-1	1,196-1	...	...
98-1i	100-1i	99-1i	99-1i	94-3i	98-3i	...	...	...	8-1	4-1	2,486-1	1,034-1	...	...
...	...	...	...	...	...	...	...	...	6-1	1-1	1,281-1	162-1	...	...
43-4i	59-4i	39-1i	28-1i	...	24-1i	...	...	...	...	5-1i	44-1	304-1	150	349
77-1i	77-1i	79-1i	79-1i	36-1i	44-1i	47-1i	...	...	1-1i	2-1	1,663-1	3,850-1	722	2,641i
70-4i	74-4i	75-1i	63-3	27-1i	33-1i	50-1i	...	...	0.5-1	2-1	372-1	1,815-1	444	1,634i
82-1i	86-4i	88-1i	92-1i	63-1i	73-1i	...	...	...	1-1i	2-1	1,291-1	2,035-1	279	1,007i
95-1i	97-4i	96-1i	97-1i	89-4i	93-4i	...	...	...	8-1	2-1	4,646-1	1,369-1	...	...

表6（续）

国家或地区	全球公民教育和可持续发展教育主流化的程度 (A)				提供生活技能基础上的预防艾滋病教育的学校百分比（%）(B)
	教育政策/纲领	课程大纲	教师在职培训	学生评估	
可持续发展目标指标	4.7.1				4.7.2
参考年份	2020				2021
撒哈拉以南非洲					
安哥拉	...	...	...	...	...
贝宁	...	...	...	...	...
博茨瓦纳	...	...	...	...	...
布基纳法索	0.88	0.88	0.90	0.83	19
布隆迪	0.62	0.62	0.62	0.62	100[-4]
佛得角	...	...	...	...	100[-2]
喀麦隆	...	...	...	...	...
中非共和国	...	...	...	...	...
乍得	...	...	...	...	...
科摩罗	...	...	...	...	...
刚果	...	...	...	...	...
科特迪瓦	...	...	...	...	66
刚果民主共和国	0.88	0.80	0.90	0.83	...
吉布提	...	...	...	...	...
赤道几内亚	...	...	...	...	...
厄立特里亚	...	...	...	...	...
斯威士兰	...	...	...	...	100[-3]
埃塞俄比亚	...	...	...	...	...
加蓬	...	...	...	...	...
冈比亚	...	...	...	...	...
加纳	...	...	...	...	...
几内亚	...	...	...	...	...
几内亚比绍	...	...	...	...	...
肯尼亚	...	...	...	...	...
莱索托	...	...	...	...	...
利比里亚	...	...	...	...	...
马达加斯加	...	...	...	...	...
马拉维	1.00	0.91	0.90	1.00	...
马里	...	...	...	...	...
毛里塔尼亚	...	...	...	...	...
毛里求斯	...	0.80	0.90	0.83	–[*1]
莫桑比克	...	...	...	...	...
纳米比亚	...	...	...	...	...
尼日尔	...	...	...	...	100
尼日利亚	...	...	...	...	...
卢旺达	...	...	...	...	100
圣多美和普林西比	...	...	...	...	100[-4]
塞内加尔	...	...	...	...	...
塞舌尔	...	...	...	...	87
塞拉利昂	...	...	...	...	34
索马里	...	...	...	...	...
南非	...	...	...	...	...
南苏丹	...	...	...	...	...
多哥	...	...	...	...	1
乌干达	...	...	...	...	...
坦桑尼亚联合共和国	...	...	...	...	68
赞比亚	...	...	...	...	...
津巴布韦	...	...	...	...	57[-1]

C 具备基本的饮水、基本的（男女分开的）卫生设施或卫生间，及基本的洗手设施的学校百分比（%）			D 具有用于教学目的的信息和通信技术设施的学校百分比（%）			E 具有适应残疾学生均基础型设施和资料的学校百分比(%)	F 经历欺凌的学生百分比(%)	G 针对教育的袭击数量	H 高等教育学生的国际流动 流动率(%)		人数(000)		I 官方发展援助，按美元计(000,000)		国家或地区名称缩写
基本的饮水	基本的卫生设施或卫生间	基本的洗手设施	电力	互联网	计算机				入境	出境	入境	出境	奖学金	输入学生成本	
			4.a.1				4.a.2	4.a.3					4.b.1		
					2021						2021				
...	...	...	...	...	...	...	...	7				12$_{-1i}$	4	3	AGO
55	...	51$_{-1}$	33	...	...	...	...	2$_{-1}$	3$_{-1}$	7$_{-1i}$	4$_{-1}$	8$_{-1i}$	5	15	BEN
								1$_{-1}$	2	4$_{-1i}$	1	2$_{-1i}$	0.5	0.3	BWA
72	45	47	26	0.2	1	44	...	103	2	5$_{-1i}$	4	7$_{-1i}$	4	8	BFA
39$_{-2}$	35$_{-2}$	20$_{-2}$	9$_{-2}$	-$_{-2}$	-$_{-2}$	-$_{-2}$	...	3	5$_{-3}$	9$_{-3}$	2$_{-3}$	3$_{-1}$	2	3	BDI
100$_{-2}$	95$_{-2}$	81$_{-2}$	87$_{-2}$	29$_{-2}$	44$_{-2}$	...	...	...	1$_{-3}$	32$_{-3}$	0.2$_{-3}$	6$_{-1i}$	2	3	CPV
21	39$_{-4}$	...	33	...	...	...	...	70	3$_{-3}$	8$_{-3}$	9$_{-3}$	27$_{-1i}$	12	78	CMR
...	41$_{-4}$	...	4$_{-4}$	...	...	...	...	84				2$_{-1i}$	2	2	CAF
26	19	52	4	-	...	-	...	16				7$_{-1i}$	5	10	TCD
...	...	...	41$_{-4}$	8$_{-4}$	31$_{-4}$	...	...	...				6$_{-1i}$	6	7	COM
54$_{-2}$	42$_{-3}$	...	34$_{-2}$	...	12$_{-3}$	...	...	1		22$_{-4}$		11$_{-1i}$	6	16	COG
58	...	43	60	...	7$_{-1}$	23	...	4	2$_{-1}$	7$_{-1i}$	6$_{-1}$	17$_{-1i}$	9	28	CIV
39$_{-2}$	...	...	17$_{-2}$	...	...	...	...	302	0.4$_{-1}$	3$_{-1i}$	2$_{-1}$	14$_{-1i}$	8	7	COD
90$_{+1}$	94$_{+1}$	90$_{+1}$	85$_{+1}$	...	...	...	...	...				3$_{-1i}$	1	3	DJI
...	...	...	...	...	...	...	...	...				1$_{-1i}$	0.5	0.2	GNQ
...	26$_{-3}$	3$_{-3}$	29$_{-3}$	...	...	...	...	1$_{-1}$				2$_{-1i}$	1	2	ERI
79$_{-4}$	...	...	99$_{-2}$	63$_{-2}$	70$_{-2}$	...	...	10				2$_{-1i}$	0.3	-	SWZ
20	...	14	28	...	...	...	...	94				8$_{-1i}$	14	7	ETH
70$_{-2}$	...	44$_{-2}$	71$_{-2}$	...	...	4$_{-2}$	...	-$_{-2}$				9$_{-1i}$	3	17	GAB
86	83	...	40	...	22	...	...	...				2$_{-1i}$	4	1	GMB
...	91$_{-4}$	...	39	...	...	...	...	1	1	3$_{-1i}$	5	18$_{-1i}$	12	18	GHA
31$_{-1}$	75$_{-1}$	81$_{-1}$	17$_{-1}$	...	...	...	...	5$_{-1}$			0.4$_{-4}$	9$_{-1i}$	7	16	GIN
...	...	...	...	...	...	...	...	1$_{-2}$				6$_{-1i}$	2	11	GNB
...	...	...	...	...	...	...	...	8	1$_{-2i}$	3$_{-2i}$	7$_{-2}$	14$_{-1i}$	8	9	KEN
									0.4$_{-3}$	14$_{-3}$	0.1$_{-3}$	5$_{-1i}$	0.4	0.1	LSO
59$_{-4}$	...	55$_{-1}$	19$_{-1}$	...	8$_{-1}$	...	...	1				1$_{-1i}$	1	0.2	LBR
53$_{-2}$	...	...	8$_{-2}$	0.1$_{-2}$	1$_{-2}$	...	...	10	2$_{-1}$	3$_{-1i}$	3$_{-1}$	5$_{-1i}$	3	10	MDG
87$_{-4}$	...	28$_{-4}$	27$_{-2}$	...	9$_{-2}$	...	...	5				4$_{-1i}$	2	0.3	MWI
			16$_{-4}$					121				10$_{-1i}$	7	10	MLI
51$_{-2}$	28$_{-2}$	...	44$_{-2}$	...	14$_{-4}$	...	...	...	1$_{-1}$	20$_{-1i}$	0.4$_{-1}$	14$_{-1i}$	2	4	MRT
100$_{+1}$	100$_{+1}$	100$_{+1}$	100$_{+1}$	100$_{+1}$	98$_{+1}$	50$_{+1}$	...	...	7	16$_{-1i}$	3	7$_{-1i}$	1	8	MUS
...	...	...	...	...	...	...	...	26$_i$	0.4$_{-3}$	1$_{-3}$	1$_{-3}$	4$_{-1i}$	2	4	MOZ
...	...	...	73$_{-3}$	...	...	...	...	...	3$_{-1}$	7$_{-1i}$	2$_{-1}$	5$_{-1i}$	1	1	NAM
19	20$_{-2}$	61	10	2	2	4	...	22	5$_{-1}$	8$_{-2i}$	4$_{-2}$	6$_{-1i}$	2	4	NER
								43		72$_{-1i}$	14	47			NGA
42	70	100	67	32	75	38	...	1$_{-1}$	4$_{-1}$	9$_{-1i}$	4$_{-1}$	8$_{-1i}$	6	4	RWA
88$_{-4}$	72$_{-4}$	88$_{-4}$	87$_{-4}$	...	59$_{-4}$	...	...	...				1$_{-1i}$	1	1	STP
81	63	94	49	28	19	35	...	15	6	8$_{-1i}$	15	16$_{-1i}$	8	51	SEN
100	100	100	100	100	100	7	...	...	-	66$_{-1i}$	-	...	...	...	SYC
69	70	82	16	1	1	15	...	3				1$_{-1i}$	2	1	SLE
...	...	...	...	...	...	...	...	34				12$_{-1i}$	5	3	SOM
						100$_{-2}$	96$_{-2}$	16	3$_{-1}$	1$_{-1i}$	36$_{-1}$	12$_{-1i}$	6	4	ZAF
								18				3$_{-1i}$	1	0.1	SSD
42	6	48	25	1	3	...	...	...				7$_{-1i}$	3	14	TGO
...	...	41$_{-4}$	...	...	...	...	...	11				6$_{-1i}$	7	3	UGA
			49		93			-$_{-2}$		2$_{-1i}$	1$_{+1}$	7$_{-1i}$	7	2	TZA
82$_{-4}$	...	...	36$_{-4}$	6$_{-4}$	85$_{-4}$	...	...	2$_{-1}$				5$_{-1i}$	3	1	ZMB
61$_{-1}$	93$_{-1}$	68$_{-1}$	61	23$_{-1}$	35	19$_{-1}$	...	4				19$_{-1i}$	2	4	ZWE

国家或地区	A 全球公民教育和可持续发展教育主流化的程度				B
	教育政策/纲领	课程大纲	教师在职培训	学生评估	提供生活技能基础上的预防艾滋病教育的学校百分比（%）
可持续发展目标指标	4.7.1				4.7.2
参考年份	2020				2021
北非和西亚					
阿尔及利亚	0.62	0.73	0.65	0.75	...
亚美尼亚	0.88	0.70	0.85	0.83	100
阿塞拜疆	...	...	...	...	...
巴林	1.00	0.94	1.00	1.00	100-1
塞浦路斯	1.00	0.92	0.95	0.67	...
埃及	...	...	...	...	...
格鲁吉亚	1.00	...	...	1.00	...
伊拉克	...	...	...	...	...
以色列	...	...	...	...	...
约旦	0.88	0.75	0.95	1.00	...
科威特	0.62	0.88	0.80	0.83	100
黎巴嫩	...	...	...	...	...
利比亚	...	...	...	...	...
摩洛哥	...	...	...	...	...
阿曼	0.81	0.73	0.85	0.83	100
巴勒斯坦	0.88	0.71	0.80	0.83	79+1
卡塔尔	...	...	...	0.67	100
沙特阿拉伯	0.75	...	...	1.00	100
苏丹	...	...	...	...	...
阿拉伯叙利亚共和国	...	0.77	0.90	1.00	100+1
突尼斯	...	...	...	...	...
土耳其	1.00	0.88	0.90	1.00	...
阿拉伯联合酋长国	...	...	...	...	...
也门	...	...	...	...	...
中亚和南亚					
阿富汗	...	0.61	...	...	...
孟加拉国	0.81	0.66	0.82	0.83	100-3
不丹	...	...	...	...	...
印度	1.00	0.92	0.95	1.00	100+1
伊朗	...	...	...	...	...
哈萨克斯坦	...	...	...	...	...
吉尔吉斯斯坦	0.62	0.74	0.90	0.83	100-4
马尔代夫	...	...	...	...	100-4
尼泊尔	...	...	...	...	10+1
巴基斯坦	...	...	...	...	...
斯里兰卡	...	...	...	...	100-2
塔吉克斯坦	...	...	...	...	...
土库曼斯坦	...	...	...	...	100-1
乌兹别克斯坦	...	...	...	...	20-1
东亚和东南亚					
文莱达鲁萨兰国	...	...	...	...	...
柬埔寨	1.00	0.82	0.90	1.00	...
中国	...	...	...	...	90
朝鲜民主主义人民共和国	...	...	...	...	...
中国香港	...	...	...	...	100i
印度尼西亚	...	...	...	...	...
日本	...	...	...	...	...
老挝人民民主共和国	...	...	...	...	...
中国澳门	...	...	...	...	100
马来西亚	0.88	0.88	0.90	0.83	100
蒙古国	0.88	0.75	0.85	0.83	...
缅甸	1.00	0.90	1.00	0.83	85-3
菲律宾	...	...	...	...	100-1
韩国	1.00	0.88	1.00	0.83	...
新加坡	...	...	...	...	86-1
泰国	0.84	...	0.95	1.00	100+1
东帝汶	...	...	...	...	...
越南	...	...	...	...	73

具备基本的饮水、基本的（男女分开的）卫生设施或卫生间，及基本的洗手设施的学校百分比（%）（C）			具有用于教学目的的信息和通信技术设施的学校百分比（%）（D）			具有适应残疾学生的基础设施和资料的学校百分比（%）（E）	经历欺凌的学生百分比（%）（F）	针对教育的袭击数量（G）	高等教育学生的国际流动 流动率（%）入境（H）	流动率（%）出境	人数（000）入境	人数（000）出境	官方发展援助，按美元计（000,000）奖学金（I）	输入学生成本	国家或地区名称缩写
基本的饮水	基本的卫生设施或卫生间	基本的洗手设施	电力	互联网	计算机	4.a.1	4.a.2	4.a.3	4.b.1 入境	出境	入境	出境	4.b.1		
88+1	100	100+1	100+1	5+1	57+1	...	...	1	1	2-1i	10	31-1i	23	108	DZA
98	...	98	100	100	100	...	...	3-1	6	7-1i	5	6-1i	5	12	ARM
100	100	100	100	64	98	...	...	3	2	19-1i	6	45-1i	11	22	AZE
100-1	100-1	100-1	100-1	100-1	100-1	100-1	83-2	–2	12	11-1i	6	5-1i	...	...	BHR
...	...	...	...	79-2	...	80-2	...	...	27-1	49-1i	14-1	26-1i	...	...	CYP
...	...	...	...	71-2	95-2	...	72-2	2-1	1-1	1-3	34-1	47-1i	15	74	EGY
100	100	100	100	100	100	...	53-2	–2	9	6-1i	15	9-1i	6	19	GEO
...	...	...	...	...	...	...	...	45	...	...	...	39-1i	11	13	IRQ
...	...	...	...	...	...	...	...	5	3-1	5-1i	13-1i	18-1i	...	...	ISR
100	...	...	100	34-1	34-1	...	69-2	–2	12	9-1i	41	29-1i	16	20	JOR
100	100	100	100	100	100	100	76-2	...	...	19-1i	...	24-1i	...	...	KWT
...	...	100	100	93	70	...	84-2	2	12	8-2i	34	20-1i	7	38	LBN
...	...	...	...	...	...	...	...	2	...	...	...	9-1i	3	7	LBY
81	91	81	97	79	77	20	87-2	12	2	5-1i	23	63-1i	27	170	MAR
100	100	100	100	98	100	98	83-2	...	3	13-1i	4	16-1i	...	...	OMN
99+1	99+1	97+1	100+1	97+1	87+1	58+1	...	371	–	13-1i	–	29-1i	15	23	PSE
100	100	100	100	100	100	100	79-2	...	38	22-1i	15	8-1i	...	...	QAT
100	100	100	100	100	100	100	68-2	2	4	4-1i	63	59-1i	...	...	SAU
...	...	...	...	...	...	...	...	12	...	...	...	13-1i	7	7	SDN
76+1	81+1	100+1	82+1	7+1	54+1	6+1	...	61	...	...	...	87-1i	24	195	SYR
90	...	90	100	...	79	97	...	1	3+1	9-1i	9+1	25-1i	17	96	TUN
...	...	...	...	...	94-2	...	81-2	30	2-1	1-1i	185-1	51-1i	16	117	TUR
100+1	100+1	100+1	100+1	100+1	100+1	100+1	80-2	–2	70+1	5-1i	220+1	15-1i	...	...	ARE
...	...	...	...	...	...	...	...	82	...	...	...	38-1i	13	18	YEM
60-3	26-3	9-2	16-2	...	9-2	5-2	...	111	–1	7-1i	–1	32-1i	14	11	AFG
71	30	87	76	49	42	20	...	7	...	1-1i	...	49-1i	14	47	BGD
71	...	74-1	88	5	8	...	...	...	...	43-1i	...	3-1i	1	0.2	BTN
98+1	98+1	93+1	85-1	21-1	28+1	77+1	...	95	0.1	1-1i	48	516-1i	22	278	IND
...	...	...	...	...	27-2	...	75-2	8	1-1	2-1i	24-1	67-1i	12	128	IRN
...	...	...	100-1	70-2	7-3	72-2	...	1-1	6-1	12-1i	41-1	90-1i	11	18	KAZ
...	...	100-4	100-4	41-4	89-4	...	...	2-1	23	6-1i	61	13-1i	9	6	KGZ
100-4	100-4	100-4	100-2	99-2	73-2	100-4	...	...	...	22-2i	...	3-1i	1	0.2	MDV
37+1	39+1	35+1	36+1	5+1	12+1	40+1	...	1	...	22-1i	...	95-1i	8	21	NPL
73-4	73-4	...	62-4	...	46-2	...	...	28	...	2-1i	...	65-1i	25	65	PAK
79-2	85-2	79-2	99-2	19-2	56-2	...	...	1	0.4	9-1i	2-1	29-1i	6	5	LKA
...	...	...	...	...	...	...	...	...	1-4	7-4i	2-4	28-1i	6	3	TJK
100	100-1	100	100	31	99	1-1	...	1-1	0.2	95-1i	0.1	68-1i	2	2	TKM
73	67	89	100	96	97	50	...	...	1	19-1i	4	86-1i	9	10	UZB
...	100-1	100-1	100-1	...	...	...	81-3	...	4-1	22-1i	0.4-1	2-1i	...	...	BRN
92	55	98	75	7	9	22	...	...	0.3	3-2i	1	8-1i	9	4	KHM
100	100	99	99	99	99	...	...	5	0.4	2-1	222	1,088-1	18	375	CHN
...	...	...	...	...	...	...	...	1	...	0.3-1i	...	1-1i	0.1	2	PRK
100	100	100	100	100	100	100i	78-2	...	16	12-1i	47	35-1i	...	...	HKG
58-3	55-2	69-2	94-2	...	40-3	...	66-2	21	0.1-3	1-3	8-1	56-1i	22	52	IDN
...	...	...	...	...	86-2	...	53-2	...	6-1	1-2i	223-1	33-1i	...	...	JPN
56-2	47-2	...	58	...	...	...	...	...	1-1	10-1i	1-1	9-1i	8	0.3	LAO
100	100	100	100	100	100	79	58-3	...	59	8-1i	23	3-1i	...	...	MAC
89	100	...	100	100	100	25	94-2	1-2	8	5-1i	93	55-1i	8	15	MYS
...	...	...	...	...	...	...	...	...	1	9-1i	2	21-1i	12	4	MNG
82-2	84-2	56-2	64-2	0.2-1	1-3	1-3	...	426	–2	1-1i	0.5-1	13-1i	8	1	MMR
58-2	61-2	86-2	98-1	31-2	79-2	8-2	88-2	7	...	1-1i	...	26-1i	12	4	PHL
100-1	100-1	100-1	100-1	100-1	100-1	...	60-2	1-2	4-1	3-1i	112-1	101-1i	...	...	KOR
100-1	100-1	100-1	100-1	100-1	100-1	92-1	88-2	...	...	...	55-1	22-1i	...	...	SGP
100+1	...	100+1	100+1	...	100+1	...	50-3	4	...	...	25-1	32-1i	9	10	THA
68-2	...	68-2	84-2	...	...	...	...	...	...	...	...	2-1i	2	1	TLS
50	93	77	94	84	88	34	62-3	–2	0.4	6-2i	8	133-1i	21	65	VNM

表6（续）

国家或地区	全球公民教育和可持续发展教育主流化的程度				提供生活技能基础上的预防艾滋病教育的学校百分比（%）	
	教育政策/纲领	课程大纲	教师在职培训	学生评估		
可持续发展目标指标	4.7.1				4.7.2	
参考年份	2020				2021	
大洋洲						
澳大利亚	...	...	...	...	...	
库克群岛	...	...	...	...	100	
斐济	...	...	...	...	...	
基里巴斯	...	...	...	...	...	
马绍尔群岛	...	...	...	...	-	
密克罗尼西亚联邦	...	...	...	...	50	
瑙鲁	...	...	...	...	20-1	
新西兰	0.35	...	0.60	...	...	
纽埃	...	...	...	...	100-1	
帕劳	...	...	...	...	100	
巴布亚新几内亚	...	...	...	...	...	
萨摩亚	...	...	...	...	100	
所罗门群岛	...	...	...	...	...	
托克劳	...	...	...	...	-	
汤加	...	...	...	...	...	
图瓦卢	...	...	...	...	17	
瓦努阿图	...	...	...	...	...	
拉丁美洲和加勒比						
安圭拉	...	...	...	...	100-2	
安提瓜和巴布达	...	...	...	...	100-3	
阿根廷	...	...	...	...	...	
阿鲁巴	...	...	...	...	...	
巴哈马	...	...	...	...	...	
巴巴多斯	...	...	...	...	...	
伯利兹	...	...	...	...	...	
多民族玻利维亚国	...	...	0.77	0.75	...	
巴西	1.00	0.94	1.00	0.92	...	
英属维尔京群岛	...	...	...	...	100	
开曼群岛	...	...	...	...	100-1	
智利	...	...	...	...	...	
哥伦比亚	1.00	0.88	0.85	1.00	...	
哥斯达黎加	...	...	...	...	80-1	
古巴	1.00	1.00	0.95	1.00	100	
库拉索	...	...	...	...	...	
多米尼克	...	...	...	...	100	
多米尼加共和国	0.97	0.87	0.82	1.00	...	
厄瓜多尔	...	...	...	...	...	
萨尔瓦多	...	...	...	...	...	
格林纳达	...	...	...	...	92-3	
危地马拉	...	...	...	...	...	
圭亚那	...	...	...	...	...	
海地	...	...	...	...	...	
洪都拉斯	...	...	...	...	...	
牙买加	...	...	...	...	...	
墨西哥	0.75	...	0.80	1.00	...	
蒙特塞拉特	...	...	...	...	100-2	
尼加拉瓜	0.88	0.79	0.90	1.00	...	
巴拿马	...	...	...	...	...	
巴拉圭	...	...	...	...	...	
秘鲁	1.00	0.81	0.20	1.00	...	
圣基茨和尼维斯	0.57	0.61	0.80	0.83	...	
圣卢西亚	...	...	...	...	100-1	
圣文森特和格林纳丁斯	...	...	...	...	96-3	
荷属圣马丁	...	...	...	...	...	
苏里南	...	...	...	...	...	
特立尼达和多巴哥	...	...	...	...	...	
特克斯和凯科斯群岛	...	...	...	...	...	
乌拉圭	...	...	...	...	100-1	
委内瑞拉玻利瓦尔共和国	...	...	...	...	...	

具备基本的饮水、基本的（男女分开的）卫生设施或卫生间，及基本的洗手设施的学校百分比（%）			具有用于教学目的的信息和通信技术设施的学校百分比（%）			具有适应残疾学生的基础设施和资料的学校百分比（%）	经历欺凌的学生百分比（%）	针对教育的袭击数量	高等教育学生的国际流动				官方发展援助，按美元计（000,000）		国家或地区名称缩写
基本的饮水	基本的卫生设施或卫生间	基本的洗手设施	电力	互联网	计算机	C（E）	F	G	流动率（%）入境	流动率（%）出境	人数（000）入境	人数（000）出境	奖学金	输入学生成本	
4.a.1						4.a.2		4.a.3	4.b.1						
2021									2021						
...	...	...	...	...	...	...	85_{-2}	...	26_{-1}	1_{-1i}	458_{-1}	14_{-1i}	...	...	AUS
100	100	100	100	100	100	67									COK
88		91	96							3_{-2i}		1_{-1i}	·1	-	FJI
67_{-1}	72_{-1}		42_{-1}	6_{-1}	20_{-1}							1_{-1i}	2		KIR
71	73	72	74	30	93_{-1}	40			6_{-2}	11_{-2i}	0.1_{-2}	0.2_{-1i}	0.1		MHL
87	77	86	79	42	32	31						0.1_{-1i}	0.1		FSM
100_{-1}	100_{-1}	75_{-1}	100_{-1}	$-_{-1}$	100_{-1}	$-_{-1}$						0.2_{-1i}	0.2		NRU
					99_{-2}		85_{-2}		17_{-1}	2_{-1i}	44_{-1}	5_{-1i}		0.2	NZL
100	100	100	100	100	100	100						0.1_{-1i}	-		NIU
100	100	100	100	100	100	100						0.1_{-1i}	-	-	PLW
								$-_{-2}$				1_{-1i}	3	-	PNG
100	100	74	100	45	45	45			4	33_{-1i}	0.1	1_{-1i}	4		WSM
46_{-2}			56_{-2}	2_{-2}	13_{-2}							3_{-1i}	1		SLB
100	100	100	100	100	100	100			$-_{-1}$			0.1_{-1i}	-		TKL
98_{-1}	97_{-1}	86_{-1}	83_{-1}	7_{-1}	44_{-1}	1_{-1}	38_{-4}		1_{-1}	68_{-1i}	$-_{-1}$	1_{-1i}	2		TON
80	80	80	90	90	100	80						0.4_{-1i}	1		TUV
												2_{-1i}	1	2	VUT
100_{-2}	100_{-2}	100_{-2}	100_{-2}	100_{-2}	100_{-2}	100_{-2}						0.1_{-1i}			AIA
100_{-3}	100_{-3}	100_{-3}	100_{-3}	90_{-3}	90_{-3}	5_{-3}						1_{-1i}	0.1	-	ATG
...	...	...	98_{-1}	58_{-1}	65_{-1}	...	62_{-3}		4_{-1}	0.3_{-1i}	122_{-1}	10_{-1}	3	7	ARG
												1_{-1i}			ABW
												4_{-1i}			BHS
100	100	100	100									1_{-1i}			BRB
										9_{-1i}		1_{-1i}	0.2	0.1	BLZ
								1				21_{-1i}	1	4	BOL
...	...	95_{-4}	96_{-4}	62_{-4}	54_{-4}	28_{-4}	56_{-3}	6	0.2_{-1}	1_{-1i}	22_{-1}	89_{-1i}	19	51	BRA
100	100	100	100	100	100	50_{-1}					64_{-1i}		0.4_{-1i}			VGB
100_{-1}	100_{-1}	100_{-1}	100_{-1}	100_{-1}	100_{-1}	100_{-1}						1_{-1i}			CYM
					52_{-2}		84_{-2}	10	1_{-1}	2_{-1i}	13_{-1}	18_{-1}			CHL
		11	85	38	91		59_{-3}	83	0.2	2_{-1i}	5	57_{-1i}	7	47	COL
93_{-1}	76_{-1}	96_{-1}	99_{-1}	86_{-1}	97_{-1}	72_{-1}	52_{-3}		1_{-2}	2_{-1i}	3	4_{-1i}	1	4	CRI
100_{-3}	100_{-3}	100	100	42	100				2	1_{-1i}	8	3_{-1i}	1	2	CUB
												0.2_{-1i}			CUW
100	100	100	100	100	100	100						1_{-1i}	0.3	0.3	DMA
							66_{-3}		2_{-4}	1_{-4}	10_{-4}	4_{-1i}	2	1	DOM
41		86	80	42	73			$-_{-2}$	1_{-1}	3_{-1i}	1_{-2}	24_{-1}	3	12	ECU
82_{-4}			98_{-3}	23_{-3}	61_{-3}	30_{-3}			0.4_{-2}	2_{-1i}	1_{-2}	1_{-1i}	1	1	SLV
100_{-1}			100_{-1}		72_{-3}		13		85_{-3}	5_{-1i}	8_{-3}	1_{-1i}	0.1	0.1	GRD
100_{-3}			100_{-3}						0.2_{-2}	1_{-2}	1_{-2}	3_{-1i}	2	3	GTM
												1_{-1i}		0.1	GUY
								2				12_{-1i}	5	11	HTI
88_{-2}			91_{-2}					1_{-2}	1_{-2}	2_{-2i}	2_{-2}	5_{-1i}	1	2	HND
90_{-2}	95_{-2}	100_{-2}	100	79_{-2}	85_{-2}	12_{-4}	26_{-4}					6_{-2i}	1	0.5	JAM
							51_{-3}	5	1_{-1}	1_{-1i}	43_{-1}	35_{-1i}	7	38	MEX
100_{-2}	100_{-2}	100_{-2}	100	100_{-2}	100_{-2}	25_{-3}						$-_{-1i}$	0.1	...	MSR
												4_{-1i}	0.4	1	NIC
27_{-1}		54	82_{-1}	47	48_{-1}		57_{-3}		3_{-1}	2_{-1i}	5_{-1}	3_{-1i}	1	1	PAN
							17_{-4}	1				16_{-1i}	1	1	PRY
55_{-3}			83	48	70	37_{-1}	52_{-3}	2		2_{-4}		35_{-1i}	4	15	PER
100	100	100	100	100	100										KNA
100_{-1}	100_{-1}	100_{-1}	100_{-1}	100_{-1}	100_{-1}	1			14_{-1}	35_{-1i}	0.3_{-1}	1_{-1i}	1	0.2	LCA
100_{-3}	100_{-3}	100_{-3}	100_{-3}	100_{-3}	100_{-3}							1_{-1i}	0.1	0.1	VCT
												0.2_{-1i}			SXM
												1_{-1i}		0.2	SUR
								1_{-2}			1	4_{-1i}			TTO
												0.2			TCA
100	100	100	100	93	97					4_{-1}		6_{-1i}			URY
100_{-1}	100_{-1}	100_{-1}	100			55_{-3}		1				32_{-1i}	1	8	VEN

表6（续）

国家或地区	A 全球公民教育和可持续发展教育主流化的程度				B
	教育政策/纲领	课程大纲	教师在职培训	学生评估	提供生活技能基础上的预防艾滋病教育的学校百分比（%）
可持续发展目标指标	4.7.1				4.7.2
参考年份	2020				2021
欧洲和北美					
阿尔巴尼亚	0.72	...	0.68	0.83	85
安道尔	1.00	0.94	0.77	0.92	100
奥地利	0.83	...	0.70	...	...
白俄罗斯	...	...	...	...	...
比利时	0.95	0.88	0.80	1.00	...
百慕大	...	...	...	...	...
波斯尼亚和黑塞哥维那	0.58	...	...	0.50	...
保加利亚	0.56	0.65	0.73	0.71	...
加拿大	0.88	0.78	0.70	0.83	...
克罗地亚	...	...	...	...	...
捷克共和国	0.84	0.47	0.55	...	...
丹麦	...	0.68	0.77	0.83	...
爱沙尼亚	0.88	0.83	0.95	0.83	...
芬兰	0.88	0.81	0.85	...	100 -2i
法国	1.00	0.99	1.00	1.00	...
德国	1.00	0.90	0.95	0.92	...
希腊	...	...	...	...	...
匈牙利	1.00	0.86	0.93	0.79	...
冰岛	...	...	...	...	...
爱尔兰	0.88	0.81	0.85	0.83	...
意大利	0.88	0.88	0.80	0.83	...
拉脱维亚	1.00	0.86	0.95	1.00	...
列支敦士登	...	...	...	...	...
立陶宛	1.00	0.85	0.90	1.00	100 -1
卢森堡	...	...	...	...	...
马耳他	0.84	0.72	0.90	0.92	...
摩纳哥	0.88	0.79	0.85	0.67	100 -1
黑山共和国	...	...	...	...	...
荷兰	...	...	...	...	...
北马其顿	...	...	...	...	...
挪威	...	...	...	...	...
波兰	1.00	0.80	0.90	1.00	...
葡萄牙	...	...	...	...	...
摩尔多瓦共和国	0.86	0.76	0.75	0.83	100 -2
罗马尼亚	1.00	0.97	1.00	1.00	...
俄罗斯	1.00	...	0.90	...	...
圣马力诺	1.00	0.94	0.90	1.00	100
塞尔维亚	...	...	...	...	...
斯洛伐克	0.51	0.64	...	0.25	...
斯洛文尼亚	1.00	0.93	0.85	1.00	...
西班牙	1.00	0.91	0.95	1.00	...
瑞典	1.00	0.80	...	0.83	...
瑞士	...	...	...	...	...
乌克兰	1.00	0.92	0.95	1.00	...
英国	0.41	0.59	...	0.83	...
美国	...	...	...	...	...

C 具备基本的饮水、基本的（男女分开的）卫生设施或卫生间，及基本的洗手设施的学校百分比（%）			D 具有用于教学目的的信息和通信技术设施的学校百分比（%）			E 具有适应残疾学生的基础设施和资料的学校百分比（%）	F 经历款款的学生百分比（%）	G 针对教育的袭击数量	H 高等教育学生的国际流动 流动率（%）		人数（000）		I 官方发展援助，按美元计（000,000）		国家或地区名称编写
基本的饮水	基本的卫生设施或卫生间	基本的洗手设施	电力	互联网	计算机				入境	出境	入境	出境	奖学金	输入学生成本	
4.a.1							4.a.2	4.a.3	4.b.1						
2021									2021						
72	82	100	100	72	83	8_{-1}	49_{-3}	...	2	9_{-1i}	2	12_{-1i}	9	40	ALB
100	100	100	100	100	100	100	...	...	43	247_{-1i}	0.3	2_{-1i}	...	...	AND
...	...	...	...	...	69_{-2}	...	53_{-3}	...	18_{-1}	6_{-1i}	76_{-1}	24_{-1i}	...	...	AUT
...	100	100	100	100	100	...	42_{-3}	$-_{-2}$	6	7_{-1i}	22	25_{-1i}	11	42	BLR
100_{-3}	...	100_{-3}	100_{-3}	100_{-3}	97_{-2}	...	54_{-3}	...	10_{-1}	3_{-1i}	54_{-1}	17_{-1i}	...	...	BEL
...	...	...	...	...	...	...	...	...	10_{-3}	225_{-3}	0.1_{-3}	1_{-1i}	...	...	BMU
...	...	...	...	...	28_{-2}	...	45_{-3}	...	7	18_{-1i}	6	15_{-1i}	3	35	BIH
...	...	...	...	...	36_{-2}	...	56_{-3}	...	8_{-1}	11_{-1i}	18_{-1}	25_{-1i}	...	...	BGR
...	...	...	...	...	86_{-2}	...	57_{-3}	...	18_{-1}	3_{-1i}	323_{-1}	51_{-1i}	...	...	CAN
...	...	...	...	...	22_{-2}	...	42_{-3}	...	3_{-1}	6_{-1i}	5_{-1}	10_{-1i}	...	...	HRV
...	...	...	...	...	61_{-2}	...	58_{-3}	...	15_{-1}	4_{-1i}	48_{-1}	12_{-1i}	...	...	CZE
...	...	...	...	...	...	...	61_{-3}	...	10_{-1}	2_{-1i}	31_{-1}	6_{-1i}	...	...	DNK
...	...	...	...	...	...	...	55_{-3}	...	12_{-1}	8_{-1i}	6_{-1}	4_{-1i}	...	...	EST
100_{-2i}	100_{-2i}	100_{-2i}	100_{-2i}	100_{-2i}	100_{-2i}	100_{-2i}	65_{-2}	...	8_{-1}	4_{-1i}	24_{-1}	11_{-1i}	...	...	FIN
100_{-2}	100_{-2}	100_{-2}	100_{-2}	99_{-2}	99_{-2}	...	80_{-2}	6	9_{-1}	4_{-1i}	252_{-1}	109_{-1i}	...	...	FRA
100_{-2}	100_{-2}	100_{-2}	100_{-2}	73_{-2}	...	...	57_{-3}	...	11_{-1}	4_{-1i}	369_{-1}	124_{-1i}	...	...	DEU
...	...	...	...	...	...	...	52_{-3}	9	3_{-1}	5_{-1i}	22_{-1}	40_{-1i}	...	...	GRC
88_{-2}	...	...	91_{-2}	...	...	...	80_{-2}	...	13_{-1}	3_{-1i}	38_{-1}	14_{-1i}	...	...	HUN
...	...	...	...	...	...	...	37_{-3}	...	9	14_{-1i}	2_{-1}	3_{-1i}	...	...	ISL
...	...	...	...	...	67_{-2}	...	81_{-2}	$-_{-2}$	10_{-1}	6_{-1i}	24_{-1}	15_{-1i}	...	...	IRL
...	...	...	...	...	43_{-2}	...	84_{-2}	2	3_{-1}	4_{-1i}	59_{-1}	84_{-1i}	...	...	ITA
...	...	...	...	...	69_{-2}	...	71_{-3}	...	13_{-1}	6_{-1i}	10_{-1}	5_{-1i}	...	...	LVA
...	...	...	...	...	...	...	...	...	86	127_{-1i}	1	1_{-1i}	...	...	LIE
100_{-1}	100_{-1}	100_{-1}	100_{-1}	98_{-1}	98_{-1}	69_{-1}	77_{-3}	...	6_{-1}	10_{-1i}	7_{-1}	10_{-1i}	...	...	LTU
...	...	...	...	...	...	...	52_{-3}	...	48_{-1}	171_{-1i}	4_{-1}	13_{-1i}	...	...	LUX
...	...	...	...	...	99_{-2}	...	63_{-3}	...	14_{-1}	7_{-1i}	2_{-1}	1_{-1i}	...	...	MLT
100_{+1}	100_{-1}	100_{+1}	100_{+1}	100_{+1}	100_{+1}	100_{+1}	...	...	83_{+1}	54_{-1i}	1_{-1}	1_{-1i}	...	...	MCO
...	...	...	...	...	38_{-2}	...	45_{-3}	...	100	23_{-1}	23		2	3	MNE
100_{-2}	100_{-2}	100_{-2}	100_{-2}	100_{-2}	...	...	46_{-3}	...	13_{-1}	2_{-1i}	125_{-1}	19_{-1i}	...	...	NLD
...	...	...	...	...	82_{-2}	...	...	...	5_{-1}	10_{-1i}	3_{-1}	6_{-1i}	3	13	MKD
100_{-1}	100_{-1}	100_{-1}	100_{-1}	100_{-1}	100_{-1}	...	74_{-3}	...	4_{-1}	5_{-1i}	13_{-1}	16_{-1i}	...	...	NOR
...	...	...	...	...	...	...	57_{-3}	...	4_{-1}	2_{-1i}	62_{-1}	26_{-1i}	...	...	POL
100_{-3}	100_{-3}	100_{-3}	100_{-3}	100_{-3}	100_{-3}	...	72_{-3}	...	12_{-1}	6_{-1i}	44_{-1}	23_{-1i}	...	...	PRT
100_{-2}	100_{-2}	100_{-2}	100_{-2}	94	100	...	60_{-3}	...	6	20_{-1}	5	16_{-1}	55	5	MDA
100_{-2}	100_{-2}	100_{-2}	100_{-2}	...	...	...	83_{-2}	...	6_{-1}	6_{-1i}	33_{-1}	31_{-1i}	...	...	ROU
...	...	...	...	...	52_{-2}	...	76_{-3}	2	5_{-1}	1_{-2i}	283_{-1}	58_{-1i}	...	...	RUS
100	100	100	100	100	100	100	...	...	85	129_{-1i}	1	1_{-1i}	...	...	SMR
...	...	...	...	...	27_{-2}	...	43_{-3}	...	5	6_{-1i}	11	15_{-1i}	10	26	SRB
100	100	100	100	...	58_{-2}	...	56_{-3}	...	10_{-1}	22_{-1i}	14_{-1}	31_{-1i}	...	...	SVK
...	...	...	...	...	...	...	48_{-3}	...	8_{-1}	4_{-1i}	6_{-1}	3_{-1i}	...	...	SVN
100	100	100	100	100	100	...	44_{-3}	$-_{-2}$	4_{-1}	2_{-1i}	82_{-1}	47_{-1i}	...	...	ESP
...	...	...	...	...	97_{-2}	...	73_{-2}	...	7_{-1}	3_{-1i}	32_{-1}	15_{-1i}	...	...	SWE
...	...	...	...	...	...	...	56_{-3}	...	18_{-1}	6_{-1i}	58_{-1}	19_{-1i}	...	...	CHE
...	...	87	100	100	99	67	52_{-3}	16	5	5_{-1i}	69	80_{-1i}	12	119	UKR
...	...	...	...	...	...	...	62_{-3}	1_{-1}	20_{-1}	1_{-1i}	551_{-1}	40_{-1i}	...	...	GBR
...	...	...	...	...	81_{-2}	...	81_{-2}	8	5_{-1}	1_{-1i}	957_{-1}	110_{-1i}	...	...	USA

表 7: 可持续发展目标4，实施途径之具体目标4.c——教师

到2030年，大幅提升合格教师供给，包括在发展中国家（特别是在最不发达国家和小岛屿发展中国家）开展国际合作的教师培训。

列说明：
- A = 课堂教师数(000)
- B = 生师比
- C = 受过培训教师的百分比 (%)（4.c.1）
- D = 合格教师的百分比 (%)（4.c.3）
- E = 教师流失率 (%)（4.c.6）
- F = 教师相对薪酬水平（4.c.5）
- G = 教师接受在职培训的百分比 (%)（4.c.7）

参考年份：2021（合计 / 加权平均数 / 中位数）

区域	学前 A	学前 B	学前 C	学前 D	学前 E	初等 A	初等 B	初等 C	初等 D	初等 E	初等 F	初等 G	中等 A	中等 B	中等 C	中等 D	中等 E	中等 F	中等 G
世界	11,650 -1i	20	...	86 -1i	...	33,050 -1	27	86 -1i	91 -1i	5 -1i	...	...	37,567 -1	18	84 -1i	90 -1i	...	...	...
撒哈拉以南非洲	637 -1i	42i	60 -1i	70 -1i	...	4,719 -1i	40	69 -2i	82 -1i	...	...	...	3,159 -1i	21i	61 -2i	72 -2i	...	...	...
北非和西亚	452 -1i	21	82 -1i	89 -1i	...	2,884 -1i	21i	85 -1i	92 -1i	7 -1i	...	90i	3,310 -1i	15i	87 -1i	93 -1i	...	...	91i
北非	184 -1	26	81 -1i	92 -1i	...	1,318 -1	25	86 -1i	96 -1i	7 -1i	...	...	1,306 -1	17i	89 -1i	98 -1i	...	...	79i
西亚	268 -1	17i	82 -1i	86 -1i	...	1,565 -1	16i	83 -1i	88 -1i	...	...	91i	2,003 -1	14i	85 -1i	90 -1i	...	...	94
中亚和南亚	2,392 -1	10	...	92 -1i	...	6,656 -1	33	77 -1i	93 -1i	3 -1i	...	...	9,270 -1	22	82 -1i	91 -1i	...	...	...
中亚	220 -1i	11i	88 -1i	91 -1i	...	296 -1	21	93 -1i	96 -1i	5 -4i	...	...	837 -1	10	93 -1i	100 -1i	...	...	...
南亚	2,172 -1i	9	...	92 -1i	...	6,359 -1	34	77 -1i	93 -1i	3 -1i	...	...	8,433 -1	23	80 -1i	90 -1i	...	...	...
东亚和东南亚	4,218 -1	15	...	88 -1i	...	10,884 -1	16	...	94 -1i	5 -1i	...	89i	10,646 -1	14	97	96 -1i	...	...	94i
东亚	3,204 -1	16	...	92 -1i	...	7,240 -1	16	...	96 -1i	5 -1i	...	78i	7,624 -1	13	94i	95 -1i	...	...	91i
东南亚	1,013 -1	13i	88 -1i	74 -1i	...	3,643 -1	17	98 -1i	91 -1i	6 -2i	1.02i	...	3,022 -1	13	96 -1i	97 -2i	...	1.06i	...
大洋洲	62 -4i					199 -4i							158i		56i	96i			
拉丁美洲和加勒比	1,056 -1	21	81 -1i	...	...	3,001 -1	21	83 -1i	...	...	...	...	3,945 -1	17	79 -1i	...	...	...	...
加勒比	...	16i				178i	16i						180i	12i	71 -1i	98i			
中美洲	...	19				803	24	...	...	...	1.04i	...	1,103	15	92 -1i	95i	...	1.26i	...
南美	...	23				1,730i	20	...	...	...	1.14i	...	2,027i	18	78 -1i	79i	...	1.12i	89i
欧洲和北美	2,837 -1	14	87 -1i	...	...	4,704 -1	14	94 -1i	93 -1i	...	0.80	77 -1	7,043 -1	13	86 -1i	91 -1i	...	0.78i	96i
欧洲	2,170 -1	14	...	...	...	2,758 -1	13	93 -2i	...	...	0.80 -1i	75i	5,167 -1	11i	...	...	...	0.78i	96i
北美	667 -1	13	100 -1i	100 -1i	...	1,946 -1	14	98 -1i	99 -1i	...	0.88	87	1,876 -1	15	98 -1i	100 -1i	...	0.90	94i
低收入国家	329 -1	42	49 -3i	69 -1i	...	2,945 -1	43	74 -2i	88 -1i	...	...	...	1,714 -1	26	61 -1i	77 -1i	...	...	...
中等收入国家	8,993 -1	15	...	86 -1i	...	24,398 -1	26	86 -1i	90 -1i	5 -1i	...	...	28,300 -1	18	85 -1i	88 -1i	...	...	...
中低收入国家	3,850 -1	14i	...	85 -1i	...	13,005 -1	31	81 -1i	88 -1i	5 -1i	...	...	14,863 -1	20i	82 -1i	87 -1i	...	...	...
中高收入国家	5,143 -1	16	...	...	...	11,393 -1	17	...	93 -1i	5 -1i	...	...	13,437 -1	15	90 -1i	90 -1i	...	...	...
高收入国家	2,279 -1	17	90 -1i	90 -1i	...	5,583 -1	14	94 -1i	96 -1i	...	0.83i	82i	7,425 -1	13	88 -1i	97 -1i	...	0.84i	94i

A 课堂教师人数。
B 生师比，根据人数计算。
C 至少符合有组织或经认证的教师培训最低要求（职前或在职培训），并在特定教育等级从教的教师百分比。
D 符合国家标准的合格教师百分比。
E 教师流失率。
F （初等教育/初级中等教育）教师薪酬与资质相当的工作者的薪酬的比值。
G （初等教育/初级中等教育）教师在最近12个月内接受在职培训的百分比。

资料来源：除非有注解，数据均来自统计研究所。除非有注解，数据均为2021年结束的学年的数据。
总体数据涵盖表中所列的所有数据可得国家和地区，可能包括对无最新数据国家和地区所做估计。
(-) 零或可忽略不计
(...) 无相关数据或不存在的类别
(±n) 参考年份差异（例如，−2表示用2019年数据代替2021年数据）
(i) 估计数或不完全统计数

表 7（续）

国家或地区	学前教育 A 课堂教师数(000)	B 生师比	C 受过培训教师的百分比(%) 4.c.1	D 合格教师的百分比(%) 4.c.3	E 教师流失率(%) 4.c.6	初等教育 A 课堂教师数(000)	B 生师比	C 受过培训教师的百分比(%) 4.c.1	D 合格教师的百分比(%) 4.c.3	E 教师流失率(%) 4.c.6	F 教师相对薪酬水平 4.c.5	G 教师接受在职培训的百分比(%) 4.c.7	中等教育 A 课堂教师数(000)	B 生师比	C 受过培训教师的百分比(%) 4.c.1	D 合格教师的百分比(%) 4.c.3	E 教师流失率(%) 4.c.6	F 教师相对薪酬水平 4.c.5	G 教师接受在职培训的百分比(%) 4.c.7	国家或地区名称缩写
参考年份				2021						2021							2021			
撒哈拉以南非洲																				
安哥拉	...	...	...	...	...	89_{-3}	53_{-3}	...	...	...	...	...	...	...	...	...	...	...	...	AGO
贝宁	7	23	53	53	2	59	39	75	75	15	1.78i	...	51	18	36	94	...	...	...	BEN
博茨瓦纳	...	...	...	...	...	14	26	100_{-4}	...	...	...	...	15	11	...	...	...	...	...	BWA
布基纳法索	8	16	29	31	8_{-2}	93	35	91	95	2	1.36i	...	68	20	67	99	7	2.18_{-1}i	...	BFA
布隆迪	2_{-1}	52_{-1}	100_{-3}	94_{-1}	5_{-3}	52_{-1}	44_{-1}	100_{-2}	94_{-1}	...	...	...	26_{-1}	...	100_{-3}	99_{-1}	...	...	...	BDI
佛得角	1_{-2}	17_{-2}	30_{-2}	30_{-2}	...	3_{-2}	20_{-2}	99_{-2}	93_{-2}	4_{-3}	...	...	3_{-2}	15_{-2}	96_{-2}	93_{-2}	5_{-2}	...	...	CPV
喀麦隆	29	19	73	61_{-4}	...	106	45	82	73_{-4}	9_{-4}	0.79i	...	110	18	...	...	...	...	...	CMR
中非共和国	1_{-4}	17_{-4}	...	...	...	11_{-4}	91_{-4}	...	...	...	...	...	4_{-4}	32_{-4}	...	...	...	...	...	CAF
乍得	1	26	...	83_{-2}	...	48	56	63	80_{-2}	...	...	...	23_{-2}	...	...	51_{-2}	...	...	...	TCD
科摩罗	1_{-3}	28_{-3}	56_{-4}	44_{-4}	...	4_{-3}	28_{-3}	72_{-4}	...	...	...	...	9_{-3}	8_{-3}	...	...	...	...	...	COM
刚果	4_{-3}	17_{-3}	39_{-3}	14_{-3}	...	28_{-3}	28_{-3}	85_{-3}	46_{-3}	...	...	...	26_{-3}	20_{-3}	...	...	...	...	...	COG
科特迪瓦	11_{+1}	24_{+1}	100	100	9	102_{+1}	42_{+1}	72_{+1}	100_{+1}	13	...	...	88	29	100	100	...	...	...	CIV
刚果民主共和国	25_{-1}	24_{-1}	13_{-1}	100_{-1}	...	446_{-1}	42_{-1}	97_{-1}	100_{-1}	...	...	...	474_{-1}	...	22_{-1}	100_{-1}	...	...	...	COD
吉布提	0.2_{+1}	26_{+1}	...	100_{+1}	...	3_{+1}	28_{+1}	100_{+1}	100_{+1}	6	...	...	3_{+1}	20_{+1}	...	100_{+1}	6_{-3}	...	...	DJI
赤道几内亚	...	...	...	...	...	5_{-2}	23_{-2}	...	...	...	...	...	...	...	...	...	...	...	...	GNQ
厄立特里亚	2_{-2}	25_{-2}	38_{-2}	...	4_{-4}	9_{-2}	37_{-2}	84_{-3}	82_{-2}	...	...	...	7_{-2}	37_{-2}	...	84_{-2}	...	...	...	ERI
斯威士兰	...	...	...	...	...	9_{-2}	26_{-2}	88_{-4}	92_{-2}	...	1.31_{-4}i	...	...	...	...	...	...	1.91_{-4}i	...	SWZ
埃塞俄比亚	29	99	...	100_{-4}	...	516	36	...	90_{-1}	...	...	...	129	...	...	10	...	...	...	ETH
加蓬	5_{-2}	14_{-2}	40_{-2}	54_{-2}	...	10_{-2}	27_{-2}	52_{-2}	77_{-2}	...	...	...	10_{-2}	21_{-2}	...	72_{-2}	...	...	...	GAB
冈比亚	4_{+1}	30_{+1}	75	76_{+1}	19_{-3}	13_{+1}	32_{+1}	88	88_{+1}	...	...	...	12	30	72	72	...	...	...	GMB
加纳	64	29	61	61	...	173	27	66	66	...	...	...	196	16	78	78	...	...	...	GHA
几内亚	6	37	35_{-1}	89	...	44_{-1}	48_{-1}	77_{-1}	64_{-1}	...	...	...	35_{-1}	22_{-1}	50_{-2}	92_{-1}	...	...	...	GIN
几内亚比绍	...	...	...	...	...	...	...	...	...	...	...	...	...	...	...	...	...	...	...	GNB
肯尼亚	...	...	...	...	...	...	...	...	...	...	...	...	...	...	...	...	...	...	...	KEN
莱索托	3_{-2}	18_{-2}	...	...	...	10_{-2}	32_{-2}	...	93_{-2}	...	...	...	6_{-2}	25_{-2}	...	...	...	...	...	LSO
利比里亚	14_{-1}	40_{-1}	62_{-1}	72_{-1}	5_{-4}	29_{-1}	21_{-1}	67_{-1}	69_{-1}	6_{-4}	1.47_{-4}i	...	18_{-1}	15_{-1}	...	...	...	2.98_{-4}i	...	LBR
马达加斯加	41_{-2}	22_{-2}	44_{-2}	99_{-2}	...	127_{-2}	37_{-2}	15_{-2}	100_{-2}	...	...	...	82_{-2}	18_{-2}	20_{-2}	85_{-2}	...	...	...	MDG
马拉维	35	...	...	...	...	83_{-2}	...	...	100_{-3}	...	...	...	15_{-2}	...	...	58_{-2}	...	...	...	MWI
马里	7_{-3}	...	...	100_{-3}	...	64_{-1}	43_{-1}	...	...	...	...	...	56_{-1}	19_{-1}	...	...	...	...	...	MLI
毛里塔尼亚	...	...	...	...	...	17_{-2}	...	97_{-2}	...	16_{-2}	...	...	9_{-2}	...	93_{-2}	...	3_{-2}	...	...	MRT
毛里求斯	2_{-1}	13_{+1}	100_{+1}	100_{+1}	15_{-1}	6_{+1}	14_{+1}	100_{+1}	100_{+1}	1_{+1}	0.88i	...	10_{+1}	...	49_{+1}	100_{+1}	13_{+1}	1.06i	...	MUS
莫桑比克	...	...	...	...	...	125_{-2}	58_{-2}	98_{-2}	98_{-2}	...	...	...	32_{-2}	45_{-2}	...	...	...	...	...	MOZ
纳米比亚	2_{-3}	...	...	76_{-3}	...	19	28	95	88	...	...	...	11_{-4}	...	...	...	...	...	...	NAM
尼日尔	6	32	95	100	2_{-2}	69	41	96	100	2_{-2}	...	...	29_{-3}	...	...	100_{-3}	12_{-4}	...	...	NER
尼日利亚	...	...	...	...	...	$1,001_{-2}$	28_{-2}	62_{-3}	80_{-2}	...	...	...	776_{-3}	15_{-3}	67_{-3}	67_{-3}	...	...	...	NGA
卢旺达	8	37	44	93	10_{-2}	61	45	76	99	3_{-2}	...	...	29	27	79	92	5_{-2}	...	...	RWA
圣多美和普林西比	...	...	...	...	...	1_{-4}	31_{-4}	27_{-4}	...	...	...	...	...	...	...	...	...	...	...	STP
塞内加尔	13	20	39	96	...	68	34	76	100	...	...	...	51	25	77	100	...	...	...	SEN
塞舌尔	0.2	20	68	77	17	1	16	75	87	14	...	...	1	12	92_{-1}	99_{-1}	16	...	...	SYC
塞拉利昂	6	27	69	52_{-2}	13	44	45	73	76	21	0.57i	...	...	...	...	...	...	0.63i	...	SLE
索马里	1	24	63_{-2}	...	...	...	...	...	...	...	...	...	...	...	...	...	...	...	...	SOM
南非	...	...	...	...	...	...	...	...	...	...	2.28_{-1}i	91_{-2}i	188_{-1}	27_{-1}	...	...	...	2.28_{-1}i	91_{-2}i	ZAF
南苏丹	3_{-3}	39_{-3}	29_{-3}	...	...	...	...	...	...	...	...	...	...	...	...	...	...	...	...	SSD
多哥	8	26	65	42	-	42	39	76	46	-	1.81i	...	33	26	34	69	...	2.09i	...	TGO
乌干达	28_{-4}	22_{-4}	60_{-4}	40_{-4}	...	207_{-4}	43_{-4}	80_{-4}	71_{-4}	...	...	...	70_{-4}	20_{-4}	...	...	...	...	...	UGA
坦桑尼亚联合共和国	14	98	54_{-2}	79	...	198	57	...	98	0.1	...	...	106_{-1}	...	...	99_{-1}	...	...	...	TZA
赞比亚	...	...	...	...	...	78_{-4}	42_{-4}	99_{-4}	94_{-4}	...	...	...	...	...	...	...	...	...	...	ZMB
津巴布韦	18	37	74	78	...	80	36	98	99	...	...	...	...	...	...	...	...	...	...	ZWE

表 7（续）

	学前教育					初等教育							中等教育							
国家或地区	A 课堂教师数(000)	B 生师比	C 受过培训教师的百分比(%)	D 合格教师的百分比(%)	E 教师流失率(%)	A 课堂教师数(000)	B 生师比	C 受过培训教师的百分比(%)	D 合格教师的百分比(%)	E 教师流失率(%)	F 教师相对薪酬水平	G 教师接受在职培训的百分比(%)	A 课堂教师数(000)	B 生师比	C 受过培训教师的百分比(%)	D 合格教师的百分比(%)	E 教师流失率(%)	F 教师相对薪酬水平	G 教师接受在职培训的百分比(%)	国家或地区名称缩写
可持续发展目标指标		4.c.1	4.c.3	4.c.6			4.c.1	4.c.3	4.c.6	4.c.5	4.c.7			4.c.1	4.c.3	4.c.6	4.c.5	4.c.7		
参考年份		2021					2021							2021						
北非和西亚																				
阿尔及利亚	20_{+1}	27_{+1}	95_{+1}	100_{-1}	-	207_{+1}	24_{+1}	96_{-1}	100_{-1}	$-_{+1}$	...	...	...	...	...	...	...	...	...	DZA
亚美尼亚	8	5	75	100	9i	8	19	74	100	4	...	54_{-2i}	24	11	75	100	...	...	...	ARM
阿塞拜疆	11	19	91	95	...	40	16	100	100	2	...	71_{-2i}	120	8	99	100	...	...	...	AZE
巴林	3_{-1}	14_{-1}	100_{-1}	100_{-1}	5_{-2}	9_{-1}	...	100_{-1}	100_{-1}	9_{-2}	...	92_{-2i}	10_{-1}	...	100_{-1}	100_{-1}	7_{-2}	...	95_{-2i}	BHR
塞浦路斯	2_{-1}	13_{-1}	...	...	...	5_{-1}	12_{-1}	...	...	...	...	85_{-2i}	7_{-1}	8_{-1}	...	...	...	...	97_{-2i}	CYP
埃及	60_{-2}	25_{-2}	83_{-2}	100_{-2}	...	531_{-2}	25_{-2}	85_{-2}	100_{-2}	3_{-2}	...	...	594_{-2}	16_{-2}	83_{-2}	100_{-2}	3_{-2}	...	87_{-2i}	EGY
格鲁吉亚	...	...	...	...	...	33	10	...	...	5	...	91_{-2i}	43_{-1}	...	...	...	...	...	95_{-2i}	GEO
伊拉克	...	...	...	...	...	...	...	...	...	...	...	...	...	...	...	...	...	...	...	IRQ
以色列	...	...	...	...	...	82_{-1}	12_{-1}	...	...	...	0.65	...	...	...	...	...	...	0.66	89_{-2i}	ISR
约旦	8	16	100	100	12	61	18	100	100	7	...	...	61	15	100	100	7	...	74_{-2i}	JOR
科威特	9	7	100	92_{-1}	...	33	8	100	75_{-1}	...	...	94_{-2i}	47	...	100	...	...	...	96_{-2i}	KWT
黎巴嫩	13	14	23	77	16	37	14	23	77	14	...	...	...	...	...	...	...	...	85_{-2i}	LBN
利比亚	...	...	...	...	...	...	...	...	...	...	...	...	...	...	...	...	...	...	...	LBY
摩洛哥	...	...	...	...	...	172	27	100	100	2	...	46_{-2i}	148	21	100	100	5	...	71_{-2i}	MAR
阿曼	4	12	100	100	38	25	12	100	100	...	...	94_{-2i}	39	12	100	100	...	...	89_{-2i}	OMN
巴勒斯坦	7	21	100_{-1}	38	47	24	21	100	66	...	$1.66i$	...	48	17	100	55	5	$1.66i$	...	PSE
卡塔尔	3	13	100	100	7	13	12	100	100	...	...	94_{-2i}	10	13	100	100	8	...	96_{-2i}	QAT
沙特阿拉伯	25	13	100	100	...	240	15	100	100	...	...	89_{-2i}	238	13	100	100	...	...	93_{-2i}	SAU
苏丹	38_{-3}	29_{-3}	...	...	...	...	...	...	...	...	...	...	...	...	...	...	...	...	...	SDN
阿拉伯叙利亚共和国	6_{+1}	24_{+1}	9_{+1}	57_{+1}	3	...	...	...	...	...	...	...	...	...	...	...	...	...	...	SYR
突尼斯	...	...	...	...	...	79	17	100_{-1}	100_{-1}	...	...	...	88	...	100_{-1}	100_{-1}	...	...	...	TUN
土耳其	99_{-1}	16_{-1}	...	...	...	309_{-1}	17_{-1}	...	...	...	1.08_{-1}	53_{-2i}	752_{-1}	15_{-1}	...	...	...	1.12_{-1}	61_{-2i}	TUR
阿拉伯联合酋长国	11_{-1}	20_{-1}	100_{-1}	100_{-1}	...	24_{+1}	19_{+1}	100_{-1}	100_{-1}	...	...	94_{-2i}	90_{-1}	8_{-1}	100_{-1}	100_{-1}	...	...	96_{-2i}	ARE
也门	...	...	...	...	...	...	...	...	...	...	...	...	...	...	...	...	...	...	...	YEM
中亚和南亚																				
阿富汗	...	...	...	...	...	136_{-2}	50_{-2}	...	83_{-2}	...	...	...	92_{-3}	33_{-3}	...	79_{-3}	...	...	...	AFG
孟加拉国	...	...	...	...	...	359	47	50_{-4}	100	...	...	...	484	33	62	100	...	1_{-4}	...	BGD
不丹	1_{-1}	...	100_{-1}	100_{-1}	...	3	29	100	100	1	...	...	7_{-1}	11_{-1}	100_{-1i}	100_{-1}	...	...	...	BTN
印度	$2,972_{+1}$	9_{+1}	95_{+1}	99_{+1}	1_{+1}	$4,656_{+1}$	28_{+1}	89_{+1}	94_{+1}	2_{+1}	...	...	$6,679_{+1}$	21_{+1}	90_{+1}	91_{+1}	2_{+1}	...	...	IND
伊朗	...	...	...	...	...	286_{-4}	...	100_{-4}	100_{-4}	...	...	87_{-2i}	299_{-4}	...	98_{-4}	100_{-4}	...	...	86_{-2i}	IRN
哈萨克斯坦	...	...	...	...	...	90_{-1}	17_{-1}	100_{-1}	100_{-1}	7_{-4}	...	80_{-2i}	244_{-1}	8_{-1}	100_{-1}	100_{-1}	...	...	94_{-2i}	KAZ
吉尔吉斯斯坦	11_{-3}	...	...	...	...	23	25	95_{-4}	...	...	...	...	62	12	75_{-4}	...	...	...	...	KGZ
马尔代夫	1_{-2}	...	66_{-2}	19_{-2}	8_{-4}	5_{-2}	...	89_{-2}	44_{-2}	0.4	...	...	4_{-2}	5_{-2}	94_{-2}	75_{-2}	...	...	...	MDV
尼泊尔	46_{+1}	22_{+1}	82	88	$-_{4}$	153_{-1}	23_{-1}	97	97	...	...	...	175	...	57	61	1	...	...	NPL
巴基斯坦	...	...	...	...	...	493_{-1}	48_{-2}	77_{-2}	62_{-4}	...	...	62_{-2i}	655_{-3}	...	...	...	...	...	...	PAK
斯里兰卡	38_{-1}	...	82_{-1}	86_{-2}	...	78_{-1}	22_{-1}	83_{-1}	84_{-1}	1_{-4}	0.87_{-1i}	...	154_{-1}	...	81_{-1}	...	...	0.87_{-1i}	...	LKA
塔吉克斯坦	8_{-4}	11_{-4}	...	57_{-4}	...	35_{-4}	22_{-4}	100_{-4}	97_{-4}	...	...	...	...	...	...	...	...	...	...	TJK
土库曼斯坦	...	...	...	...	...	23	26	100	100	...	...	...	80	10	100	100	...	...	...	TKM
乌兹别克斯坦	117	10	100	100	...	123	20	100	100	...	...	...	390	10	100	100	...	...	...	UZB
东亚和东南亚																				
文莱达鲁萨兰国	1_{-1}	18_{-1}	58_{-1}	54_{-1}	20_{-1}	4_{-1}	9_{-1}	85_{-1}	100_{-1}	4_{-2}	...	...	6_{-1}	7_{-1}	87_{-1}	92_{-1}	3_{-2}	...	...	BRN
柬埔寨	43	98	100	100	...	163	13	...	100	...	...	...	107	...	100	100	...	...	...	KHM
中国	3,112	15	...	92	8	6,683	16	...	96	4	...	...	6,839	13	...	94	2	...	...	CHN
朝鲜民主主义人民共和国	...	...	...	...	...	74_{-3}	20_{-3}	...	100_{-3}	...	...	...	124_{-3}	...	...	100_{-3}	...	...	...	PRK
中国香港	14	12	97	100	6	29	13	96	100	3	...	92_{-2i}	32	11	95	100	3	...	92_{-2i}	HKG
印度尼西亚	466_{-3i}	13_{-3i}	...	60_{-3i}	...	$1,580_{-1}$	16_{-1}	...	91_{-1}	...	...	...	$1,313_{-1}$	...	...	92_{-1}	...	...	...	IDN
日本	100_{-1}	29_{-1}	...	...	...	436_{+1}	15_{+1}	...	...	...	...	67_{-2i}	634_{-1}	11_{-1}	...	...	...	...	81_{-2i}	JPN
老挝人民民主共和国	12	19	95	42_{-3}	4	34	22	99	90_{-3}	5	...	...	37	17	100	81_{-4}	5	...	...	LAO
中国澳门	1	13	100	100	...	3	13	99	100	0.4	...	...	3	10	93	100	1	...	99_{-3i}	MAC
马来西亚	68	13	37	100	6_{-3i}	267	12	97	100	5_{-2}	$0.91i$	...	232	11	90	98	2_{-1}	$0.91i$	94_{-2i}	MYS
蒙古国	9	28	96_{-2}	94	6	11	32	89_{-2}	100	1	...	...	22_{-2}	...	87_{-2}	94_{-2}	5	...	...	MNG
缅甸	10_{-3}	15_{-3}	81_{-3}	...	...	218_{-3}	24_{-3}	95_{-3}	91_{-3}	12_{-3}	0.94_{-3i}	...	154_{-3}	27_{-3}	89_{-3}	97_{-3}	...	1.03_{-3i}	...	MMR
菲律宾	79_{-1}	...	100_{-1}	100_{-1}	4_{-2}	525_{-1}	...	100_{-1}	99_{-1}	4_{-2}	1.09_{-1i}	85_{-2i}	475_{-1}	...	100_{-1}	...	2_{-2}	1.09_{-1i}	...	PHL
韩国	96_{-1}	12_{-1}	100_{-1}	100_{-1}	...	166_{-1}	16_{-1}	100_{-1}	100_{-1}	...	1.22	78_{-2i}	227_{-1}	...	100_{-1}	...	...	1.20	91_{-2i}	KOR
新加坡	...	...	...	...	...	17_{-1}	14_{-1}	98_{-1}	...	...	1.48_{-1i}	96_{-2i}	14_{-1}	11_{-1}	98_{-1}	...	...	1.48_{-1i}	97_{-2i}	SGP
泰国	182_{+1}	9_{+1}	...	...	...	339_{+1}	14_{+1}	100_{+1}	...	...	...	...	229_{+1}	22_{+1}	100_{+1}	...	...	...	...	THA
东帝汶	1_{-3}	35_{-3}	...	33_{-3}	...	8_{-1}	26_{-1}	...	76_{-1}	...	...	...	6_{-1}	26_{-1}	...	85_{-1}	...	...	...	TLS
越南	281	15	82	82	...	385	23	70	70	1	...	96_{-3}	...	...	...	...	...	...	97_{-3i}	VNM

表7（续）

国家或地区	学前教育 课堂教师数(000) A	生师比 B	受过培训教师的百分比(%) C	合格教师的百分比(%) D	教师流失率(%) E	初等教育 课堂教师数(000) A	生师比 B	受过培训教师的百分比(%) C	合格教师的百分比(%) D	教师流失率(%) E	教师相对薪酬水平 F	教师接受在职培训的百分比 G	中等教育 课堂教师数(000) A	生师比 B	受过培训教师的百分比(%) C	合格教师的百分比(%) D	教师流失率(%) E	教师相对薪酬水平 F	教师接受在职培训的百分比 G	国家或地区名称缩写
可持续发展目标指标			4.c.1	4.c.3	4.c.6			4.c.1	4.c.3	4.c.6	4.c.5	4.c.7			4.c.1	4.c.3	4.c.6	4.c.5	4.c.7	
参考年份				2021						2021							2021			
大洋洲																				
澳大利亚	...	...	...	...	...						1.08	84$_{-2}$i	...	...	...	...	...	1.08	91$_{-2}$i	AUS
库克群岛	-	22	90	90	26$_{-1}$	0.1	15	97	97				0.1	17	98	98				COK
斐济	1	13	95	94$_{-1}$		6	19	50	47	7$_{-1}$			...	...	...	...				FJI
基里巴斯	1$_{-1}$	11$_{-1}$	94$_{-1}$			1$_{-1}$	26$_{-1}$	90$_{-1}$	87$_{-1}$				...	...	...	...				KIR
马绍尔群岛	...	...	...	...		1	13	51	68				1$_{-1}$		55$_{-1}$	66$_{-1}$				MHL
密克罗尼西亚联邦	0.1	3	26	94	3$_{-2}$	1	20	38	90	2$_{-1}$			1		31	92	11			FSM
瑙鲁	-$_{-1}$	20$_{-1}$		92$_{-2}$		0.1$_{-1}$	23$_{-1}$		96$_{-2}$				-$_{-1}$			100$_{-2}$				NRU
新西兰	15$_{-1}$	7$_{-1}$				27$_{-1}$	15$_{-1}$				0.99$_{-1}$	82$_{-2}$i	36$_{-1}$	15$_{-1}$				0.98$_{-1}$	87$_{-2}$i	NZL
纽埃	-	23	100	100			18	100	100				-$_{-1}$							NIU
帕劳	...	...	...	...				100	100				...	...	...	...				PLW
巴布亚新几内亚	...	...	...	...		...	...	...	...				...	...	...	...				PNG
萨摩亚	0.4	10	100$_{-3}$	100		1$_{-2}$			79$_{-2}$		1.09$_{-1}$							1.09$_{-1}$i		WSM
所罗门群岛	2$_{-2}$	29$_{-2}$		26$_{-2}$	11$_{-2}$	4$_{-2}$	25$_{-2}$	82$_{-2}$	82$_{-2}$	1$_{-2}$			2$_{-2}$		88$_{-3}$	93$_{-3}$				SLB
托克劳	-	6	83	100	-		9	57	86				-	8	21	86	-			TKL
汤加	0.2$_{-1}$	13$_{-1}$	53$_{-1}$	49$_{-1}$		1$_{-1}$	22$_{-1}$	94$_{-1}$	100$_{-1}$				...	...	...	...				TON
图瓦卢	0.1	10	100	100	9$_{-1}$	0.1	11	62	100				0.1	18	56	99	2			TUV
瓦努阿图	1	13	100	100		2	27	100	100				1	25	100	100				VUT
拉丁美洲和加勒比																				
安圭拉	-$_{-2}$	32$_{-1}$				0.2$_{-2}$	10$_{-2}$						0.1$_{-2}$	9$_{-2}$						AIA
安提瓜和巴布达	...	...	...	...		1$_{-3}$		53$_{-3}$	100				1$_{-3}$	9$_{-3}$	48$_{-3}$	98$_{-3}$				ATG
阿根廷	...	...	...	...		290$_{-2}$					0.99$_{-1}$i		...	...	...	...		0.79$_{-2}$i		ARG
阿鲁巴	...	...	...	...		...	...	...	...				...	...	...	...				ABW
巴哈马	0.2$_{-2}$	20$_{-2}$	78$_{-2}$	78$_{-2}$		1$_{-2}$	20$_{-2}$	93$_{-2}$	93$_{-2}$				2$_{-2}$	11$_{-2}$	85$_{-2}$	85$_{-2}$				BHS
巴巴多斯	0.4	13	70	100		2	12	76	100		1.08		1	16	51	100		1.08i		BRB
伯利兹	0.4$_{+1}$		71$_{+1}$	32		3$_{+1}$	13$_{+1}$	88$_{+1}$	13		1.14$_{-1}$i		3	17	71	29				BLZ
多民族玻利维亚国	12	30	86	14	11	77	18	88	11		1.23$_{-1}$i		68	19	89	11	5	1.40$_{-1}$i		BOL
巴西	319$_{-1}$	16$_{-1}$	82$_{-1}$			775$_{-1}$	20$_{-1}$	92$_{-1}$					1,358$_{-1}$	16$_{-1}$	80$_{-1}$				87$_{-1}$	BRA
英属维尔京群岛	0.1$_{-1}$		49$_{-1}$	49$_{-1}$		0.3	9	85	84	3			0.3	9	68	94				VGB
开曼群岛	0.1$_{-1}$	12$_{-1}$	100$_{-1}$	40$_{-1}$		0.3$_{-1}$		100$_{-1}$	100$_{-1}$				0.3$_{-1}$	10$_{-1}$	100$_{-1}$	100$_{-1}$				CYM
智利	25$_{-1}$	25$_{-1}$		99$_{-4}$		90$_{-1}$	17$_{-1}$				0.77$_{-1}$	75$_{-2}$i	87$_{-1}$	18$_{-1}$		100$_{-1}$		0.77$_{-1}$	73$_{-2}$i	CHL
哥伦比亚	43	45	88	88	9	180	23	94	94	2	2.14		188	26	97	97	4	2.14	91$_{-1}$	COL
哥斯达黎加	11	12	90$_{-1}$	97$_{-1}$	2$_{-1}$	25	18	94$_{-1}$	98$_{-1}$	10$_{-1}$	1.04		40$_{-1}$	13$_{-1}$	97$_{-1}$	99$_{-1}$	6$_{-1}$	1.07		CRI
古巴	...	...	...	...		88	9		74				86	8	100	76				CUB
库拉索	...	...	...	...		...	...	...	...				...	...	...	...				CUW
多米尼克	0.2	6	28$_{-1}$	-	2	1	11	62	63				0.5	10	47	63	3			DMA
多米尼加共和国	11	18	100	100	39	60	19	100	100	8	1.59i		64	14	100	100		1.59i	96$_{-3}$i	DOM
厄瓜多尔	28	21	92	93	7	76	24	89	93	5	1.61$_{-1}$i		90	21	75	95	5	1.61$_{-1}$i		ECU
萨尔瓦多	8$_{-3}$		95$_{-3}$	100$_{-3}$	4$_{-3}$	25$_{-3}$		95$_{-3}$	100$_{-3}$	9$_{-4}$	1.26$_{-3}$i		19$_{-3}$		92$_{-3}$	100$_{-3}$	4$_{-3}$	1.26$_{-3}$i		SLV
格林纳达	0.3$_{-3}$		38$_{-3}$		3$_{-3}$	1$_{-3}$		63$_{-3}$	100$_{-3}$	7$_{-3}$			1$_{-3}$	12$_{-1}$	39$_{-3}$	100$_{-3}$	7$_{-3}$			GRD
危地马拉	41	15				114	21						114	10						GTM
圭亚那	...	...	...	...		...	...	...	...				...	...	...	...				GUY
海地	...	...	...	...		...	...	...	...				...	...	...	...				HTI
洪都拉斯	11	19		18		44	24		73				50	12		91				HND
牙买加	8	12	100	100	23$_{-1}$	10	21	100	100	4$_{-1}$			11	18	100$_{-1}$	81	6$_{-1}$			JAM
墨西哥	236$_{-1}$	20$_{-1}$	80$_{-1}$			573$_{-1}$	24$_{-1}$	90$_{-1}$			1.04		857$_{-1}$	16$_{-1}$	87$_{-1}$			1.30	89$_{-1}$	MEX
蒙特塞拉特	-$_{-2}$	6$_{-2}$	69$_{-2}$	100$_{-2}$	-$_{-3}$	-$_{-2}$	15$_{-2}$	76$_{-2}$	100$_{-2}$	10$_{-3}$			-$_{-2}$	9$_{-2}$	46$_{-2}$	100$_{-2}$				MSR
尼加拉瓜	...	...	...	...		...	...	...	...				...	...	...	...				NIC
巴拿马	5	18	100$_{-4}$			22	21	99$_{-4}$	90$_{-4}$				24$_{-4}$		84$_{-4}$				96$_{-1}$	PAN
巴拉圭	...	...	...	...		...	...	...	...				...	...	...	...				PRY
秘鲁	81	20				213	18		81				211	14		64			96$_{-3}$i	PER
圣基茨和尼维斯	0.1	10				0.4	13	68	32				1	8						KNA
圣卢西亚	1$_{-3}$		90$_{-3}$			1$_{-1}$	14$_{-1}$	86$_{-1}$	100$_{-1}$				1$_{-1}$	11$_{-1}$	71$_{-1}$	98$_{-1}$				LCA
圣文森特和格林纳丁斯	0.4$_{-3}$		90$_{-3}$			1$_{-1}$	14$_{-1}$	83$_{-1}$	27$_{-1}$				1$_{-1}$		62$_{-1}$	54$_{-1}$				VCT
荷属圣马丁	...	...	...	...		...	...	...	...				...	...	...	...				SXM
苏里南	1	17	100	99	7$_{-1}$	5	12	100	99				4	12						SUR
特立尼达和多巴哥	2	11	75$_{-1}$	100		8	16	82$_{-1}$	100				7	12	91$_{-1}$	100				TTO
特克斯和凯科斯群岛	-	20	77	40		0.2	15	92	70	24			0.2	10	97	91	10			TCA
乌拉圭	...	...	...	...		26$_{-1}$	11$_{-1}$	100$_{-1}$	100$_{-1}$		0.84$_{-1}$i		23$_{-1}$	15$_{-1}$	70$_{-1}$			0.84$_{-1}$i		URY
委内瑞拉玻利瓦尔共和国	...	...	...	...		...	...	...	...				...	...	...	...				VEN

表7（续）

国家或地区	学前教育 A 课堂教师数(000)	B 生师比	C 受过培训教师的百分比(%)	D 合格教师的百分比(%)	E 教师流失率(%)	初等教育 A 课堂教师数(000)	B 生师比	C 受过培训教师的百分比(%)	D 合格教师的百分比(%)	E 教师流失率(%)	F 教师相对薪酬水平	G 教师接受在职培训的百分比(%)	中等教育 A 课堂教师数(000)	B 生师比	C 受过培训教师的百分比(%)	D 合格教师的百分比(%)	E 教师流失率(%)	F 教师相对薪酬水平	G 教师接受在职培训的百分比(%)	国家或地区名称缩写
可持续发展目标指标			4.c.1	4.c.3	4.c.6			4.c.1	4.c.3	4.c.6	4.c.5	4.c.7			4.c.1	4.c.3	4.c.6	4.c.5	4.c.7	
参考年份	2021					2021							2021							
欧洲和北美																				
阿尔巴尼亚	5	14	53	68	1	10	16	62	80	5	0.88_i	81_{-2i}	23	10	67	57	8	0.93_i	98_{-3i}	ALB
安道尔	0.2	12	100	100	6	0.4	10	100	100	3	...	...	1	8	100	100	5	...	...	AND
奥地利	24_{-1}	11_{-1}	...	...	...	32_{-1}	11_{-1}				0.65	85_{-2i}	74_{-1}	9_{-1}				0.68	99_{-3i}	AUT
白俄罗斯	45	8	95	54	1	22	20	99	100	2			74	9	97	100				BLR
比利时	37_{-1}	12_{-1}				75_{-1}	11_{-1}					73_{-2i}	135_{-1}	9_{-1}					94_{-3}	BEL
百慕大	...	...	...	...	...	...	...	...	...	...	...	...	...	...	...	...	...	...	...	BMU
波斯尼亚和黑塞哥维那	2	11				9	16					47_{-2i}	28	8						BIH
保加利亚	19_{-1}	12_{-1}				22_{-1}	11_{-1}					56_{-2i}	40_{-1}	12_{-1}					96_{-3}	BGR
加拿大	...	...									1.18	81_{-2i}	...	...				1.18		CAN
克罗地亚	10_{-1}	11_{-1}				13_{-1}	12_{-1}					87_{-2i}	53_{-1}	6_{-1}					98_{-3}	HRV
捷克共和国	...	...									0.58_{-1}	83_{-2i}						0.58_{-1}	97_{-3}	CZE
丹麦	19_{-1}	9_{-1}	...	...		45_{-1}	10_{-1}				0.77	64_{-2i}	53_{-1}	10_{-1}				0.78	94_{-3}	DNK
爱沙尼亚	...	...				8_{-1}	11_{-1}						9_{-1}	10_{-1}					98_{-3}	EST
芬兰	21_{-2}	10_{-1}				28_{-1}	13_{-1}				0.70	43_{-2i}	41_{-1}	13_{-1}				0.75	71_{-2i}	FIN
法国	117_{-2}					247_{-2}					0.70_{-1}	73_{-2i}	458_{-2}					0.72_{-1}	87_{-2i}	FRA
德国	335_{-1}	7_{-1}				257_{-1}					0.91	65_{-2i}	596_{-1}	12_{-1}				0.99	97_{-3}	DEU
希腊	17_{-1}	10_{-1}				76_{-1}	8_{-1}				0.73		80_{-1}	8_{-1}				0.70		GRC
匈牙利	26_{-1}	12_{-1}				38_{-1}	10_{-1}				0.48	58_{-2i}	77_{-1}	8_{-1}				0.48	64_{-2i}	HUN
冰岛	3_{-1}	4_{-1}				3_{-1}	10_{-1}												96_{-3}	ISL
爱尔兰	...	...				...	...				1.06	76_{-2i}						1.07	97_{-3}	IRL
意大利	129_{-1}	11_{-1}				252_{-1}	11_{-1}				0.67	78_{-2i}	471_{-1}	10_{-1}				0.73	84_{-2i}	ITA
拉脱维亚	8_{-1}	11_{-1}	100_{-2}			10_{-1}	11_{-1}	100_{-2}				82_i	13_{-1}	9_{-1}	100_{-2}				99_{-3}	LVA
列支敦士登	0.1	7				0.3	7						0.3	10						LIE
立陶宛	12_{-1}	9_{-1}	83_{-1}	83_{-1}		9_{-1}	14_{-1}	91_{-1}	91_{-1}		1.12	89_{-2i}	28_{-1}	12_{-1}	95_{-1}	95_{-1}		1.12	96_{-2i}	LTU
卢森堡	2_{-1}	7_{-1}				5_{-1}	8_{-1}				1.66		6_{-1}	8_{-1}				1.78		LUX
马耳他	1_{-1}	11_{-1}	89_{-1}			2_{-1}	13_{-1}	80_{-1}				89_{-2i}	5_{-1}	7_{-1}	68_{-1}				91_{-3}	MLT
摩纳哥	0.1_{+1}	16_{+1}	79_{+1}	87_{+1}	$-_{+1}$	0.2_{+1}	11_{-1}	72_{+1}	88_{+1}	14_{+1}			0.5_{+1}	7_{+1}	80_{+1}	90_{+1}	7_{+1}			MCO
黑山共和国	...	...				...	...					84_{-2i}	...	...						MNE
荷兰	32_{-1}	15_{-1}				102_{-1}	11_{-1}				0.83	67_{-2i}	116_{-1}	14_{-1}				0.94	98_{-3}	NLD
北马其顿	...	...				7_{-1}	15_{-1}					60_{-2i}	19_{-1}	8_{-1}						MKD
挪威	16_{-1}	11_{-1}				51_{-1}	9_{-1}				0.76	57_{-2i}	52_{-1}	9_{-1}				0.76	60_{-2i}	NOR
波兰	116_{-1}	12_{-1}	100_{-2}			135_{-1}	10_{-1}	100_{-2}			0.66	90_{-2i}	323_{-1}	10_{-1}	100_{-2}			0.66		POL
葡萄牙	16_{-1}	16_{-1}	100_{-1}	100_{-1}		51_{-1}	12_{-1}	100_{-1}	100_{-1}		1.28	74_{-2i}	83_{-2}		100_{-1}	100_{-1}		1.28	88_{-2i}	PRT
摩尔多瓦共和国	12	11	100	90		8	18	100	99				21	11	100	95				MDA
罗马尼亚	35_{-1}	15_{-1}		97_{-3}		47_{-1}	19_{-1}		98_{-3}				123_{-1}	12_{-1}		98_{-3}			71_{-2i}	ROU
俄罗斯	670_{-2}	10_{-2}		99_{-2}		323_{-1}		99_{-3i}	99_{-2}			92_{-2i}	816_{-1}			99_{-2}			98_{-2i}	RUS
圣马力诺	0.1	7	46	54	...	0.2	6	39	61	...	...	...	0.3	6	5	95	...	...	...	SMR
塞尔维亚	15	11		100		19	14		100			85_{-2i}	67	8		100				SRB
斯洛伐克	15_{-1}	11_{-1}				15_{-1}	11_{-1}					62_{-2i}	40_{-1}	11_{-1}					92_{-3}	SVK
斯洛文尼亚	3_{-1}	19_{-1}									0.92_{-1}							0.92_{-1}		SVN
西班牙	99_{-1}	13_{-1}	100_{-1}	100_{-1}		235_{-1}	13_{-1}	100_{-1}	100_{-1}		1.20	79_{-2i}	311_{-1}	11_{-1}	100_{-1}	100_{-1}		1.04	92_{-3}	ESP
瑞典	38_{-1}	12_{-1}				71_{-1}	13_{-1}				0.82_{-1}	63_{-2i}	76_{-1}	13_{-1}				0.77_{-1}	77_{-2i}	SWE
瑞士	15_{-1}	12_{-1}				54_{-1}	10_{-1}						63_{-1}	10_{-1}						CHE
乌克兰	...	...				116	15	90					314	8	95					UKR
英国	29_{-1}	59_{-1}				281_{-1}	17_{-1}						355_{-1}	17_{-1}					100_{-3i}	GBR
美国	652_{-1}	13_{-1}	100_{-1}	100_{-1}		$1,695_{-1}$	14_{-1}	100_{-1}	100_{-1}		0.58	93_{-2i}	$1,733_{-1}$	15_{-1}	100_{-1}	100_{-1}		0.61	94_{-2i}	USA

36岁的阿卡梅·拉米斯在喀麦隆西部梅隆的一所学校教书。

他说："我对互联网不熟悉。我只在手机上使用互联网。我用互联网进行研究。如果我们学校也有互联网和电脑就好了。那样，我就可以调整自己的课程。课程会更切实可行，孩子们也能更好地学习和理解。届时，老师们也会很欢迎相关的培训，因为它将开启一种不同的教育方式。"

图片来源：UNICEF/UN0668615/Dejongh*

援助表

导言

以下四个表格中的官方发展援助（ODA）数据来自经合组织国际发展统计（IDS）数据库，该数据库记录了经合组织发展援助委员会（发援会）所有成员以及逐年增多的非发援会成员的捐助方每年提供的资料。在本报告中，官方发展援助的数据取自发援会数据库，而教育援助数据取自贷方报告制度（CRS）数据库，它是一个独立项目数据库。发援会和贷方报告制度的数据均被换算为2021年美元不变价格。这两个数据库均可通过以下网址查阅：www.oecd.org/dac/stats/idsonline.htm。

2019年，官方发展援助的界定方法发生了变化：
- 现金流方式，用于表2—表4，包括赠款和贷款，它（a）由官方部门提供；（b）以推动经济发展和增进福祉为主要目的；（c）以财政优惠的方式提供（其中25%及以上为赠款）。
- 新的赠款等价方式，用于表1，仅统计赠款和官方发展援助优惠贷款中的赠款部分。

官方发展援助术语和概念表参见：www.oecd.org/dac/financing-sustainable-development/development-finance-data/dac-glossary.htm。

援助的受援国和捐助方

《发援会受援国清单》涵盖了所有按世界银行收入分类划定的低收入国家和中等收入国家。欲了解更多信息，请参见以下网址：www.oecd.org/development/financing-sustainable-development/development-finance-standards/historyofdaclistsofaidrecipientcountries.htm。

双边捐助方是直接向受援国提供发展援助的国家。其中大部分是发援会成员。双边捐助方还通过被记录为多边官方发展援助的捐款，为多边捐助方的融资工作做出相当大的贡献。

多边捐助方是有各国政府参加的国际机构，这些机构所开展的全部或主要活动都是有利于发展中国家和受援国的。此类机构包括多边开发银行（例如世界银行和各区域开发银行）、联合国机构，以及区域组织。

- **双边资金流**指双边捐助方通过与多边捐助方签署合约来实施项目。
- **多边资金流**指双边捐助方向机构提供的捐款与其余捐款汇集一处，并由多边捐助方自由支配以支付其自营项目的相关费用及运营成本。

双边捐助方及多边捐助方名单请参见以下电子表单中的"捐助方"工作表：https://webfs.oecd.org/oda/DataCollection/Resources/DAC-CRS-CODES.xls。

表1：官方发展援助和人道主义援助

官方发展援助包含双边和多边发展援助，包括按照部门分配的和不按部门分配的（例如，一般预算支助、人道主义援助、债务减免）。官方发展援助支出按照以下分类报告：

- 官方发展援助总额
  - 按金额报告，单位为百万美元
  - 按占国民总收入的比例报告
- 对多边捐助方的贡献（官方发展援助的一个子集）
  - 按金额报告，单位为百万美元
  - 按占官方发展援助总支出的比例报告

报告的人道主义援助是官方发展援助总额的一个子集，数据来源为经合组织贷方报告制度数据库。

表2和表3：针对教育的发展援助，分别按照捐助方和受援国分列

直接教育援助：贷方报告制度数据库中报告的直接分配给教育部门的教育援助。按照以下四个教育等级分列：

- 基础教育，包括初等教育、青年和成人的基本生活技能教育以及幼儿教育；

- 中等教育，包括普通中等教育和职业培训；

- 中等后教育，包括高等教育、高级技术和管理培训；

- "等级不详"的教育，指无法算作某个等级教育发展的活动，例如教育研究和教师培训，一般教育项目支助往往在该子类别中报告。

教育援助总额：直接教育援助加上一般预算支助的一部分（提供给各国政府，没有指定用于特定项目或部门的援助）。从以下几个方面报告：

- 教育援助总额：直接教育援助加上一般预算支助的20%。

- 基础教育援助总额：直接基础教育援助加上"等级不详"的教育援助的50%，再加上一般预算支助的10%。

- 中等教育援助总额：直接中等教育援助加上"等级不详"的教育援助的25%，再加上一般预算支助的5%。

- 中等后教育援助总额：直接中等后教育援助加上"等级不详"的教育援助的25%，再加上一般预算支助的5%。

教育援助占官方发展援助总额的比例按照表1中的官方发展援助总额计算。

表4：针对教育的发展援助，按照捐助方及其最主要的三个受援国分列

该表格报告了双边和多边捐助方向其最主要的三个受援国提供的教育援助、基础教育援助金额及占比。

表1: 官方发展援助和人道主义援助

捐助方	官方发展援助****支出 — 总额 — 2021年美元不变价格（百万）				总额 — 占国民总收入的百分比（%）				对多边捐助方的贡献 — 2021年美元不变价格（百万）				对多边捐助方的贡献 — 占支出净值总额的百分比（%）				人道主义援助 — 2021年美元不变价格（百万）			
	2019年	2020年	2021年	2022年	2019年	2020年	2021年	2022年	2019年	2020年	2021年	2022年	2019年	2020年	2021年	2022年	2019年	2020年	2021年	2022年
澳大利亚	3,320	3,301	3,546	3,081	0.21	0.21	0.22	0.19	759	633	478	481	23	19	13	16	203	256	268	336
奥地利	1,358	1,347	1,467	1,998	0.28	0.30	0.31	0.39	865	804	783	825	64	60	53	41	28	42	59	115
比利时	2,400	2,503	2,616	2,799	0.41	0.48	0.43	0.45	1,150	1,266	1,266	1,323	48	51	48	47	203	170	200	182
加拿大	5,446	5,841	6,303	7,513	0.27	0.31	0.32	0.37	1,723	1,338	1,372	1,929	32	23	22	26	755	647	668	772
克罗地亚	79	82	88	124	0.12	0.13	0.13	0.17	57	61	64	64	72	75	73	52	2	1	3	1
捷克共和国	352	331	366	978	0.13	0.13	0.13	0.36	243	250	278	271	69	76	76	28	19	18	21	15
丹麦	2,855	2,835	2,921	2,967	0.72	0.72	0.71	0.70	877	1,020	908	787	31	36	31	27	383	460	394	390
爱沙尼亚*	52	53	60	191	0.16	0.17	0.16	0.54	34	35	35	42	65	67	59	22	3	3	4	4
芬兰	1,243	1,360	1,441	1,711	0.42	0.47	0.47	0.58	582	662	739	629	47	49	51	37	53	60	97	84
法国	13,435	14,853	15,506	17,444	0.44	0.53	0.51	0.56	5,270	5,235	6,211	6,933	39	35	40	40	102	157	125	84
德国	26,819	30,701	33,272	37,264	0.61	0.73	0.76	0.83	6,225	7,049	8,496	10,278	23	23	26	28	2,841	2,401	2,098	2,885
希腊	393	345	341	318	0.18	0.17	0.16	0.14	241	255	266	271	61	74	78	85	7	5	4	3
匈牙利*	338	451	435	428	0.21	0.27	0.28	0.28	166	207	182	107	49	46	42	25	8	11	8	5
冰岛	65	65	71	93	0.25	0.27	0.28	0.34	11	13	13	22	16	20	19	23	7	5	5	8
爱尔兰	1,028	1,030	1,155	2,600	0.32	0.31	0.30	0.64	428	486	533	623	42	47	46	24	129	127	128	152
意大利	4,761	4,433	6,085	7,046	0.22	0.22	0.29	0.32	3,211	3,224	3,783	3,591	67	73	62	51	242	167	180	223
日本	15,491	15,678	17,634	20,977	0.29	0.31	0.34	0.39	3,771	2,969	3,918	3,127	24	19	22	15	588	485	410	771
科威特*	431	413	443	265	0.25	0.28	0.29	0.15	1	34	31	65	0	8	7	25	...	...	39	24
立陶宛*	77	80	86	191	0.13	0.13	0.14	0.29	64	66	67	78	82	83	78	41	2	2	2	2
卢森堡	553	498	539	563	1.03	1.03	0.99	1.00	129	161	175	165	23	32	32	29	69	71	67	67
荷兰	5,840	5,700	5,288	6,880	0.59	0.59	0.52	0.67	2,060	1,772	1,498	2,479	35	31	28	36	312	229	364	300
新西兰**	626	594	685	568	0.28	0.26	0.28	0.23	112	108	106	104	18	18	15	18	42	38	31	37
挪威	4,960	5,374	4,673	4,784	1.03	1.11	0.93	0.86	1,134	1,382	1,182	966	23	26	25	20	542	604	603	534
波兰	846	880	984	3,498	0.14	0.14	0.15	0.51	603	641	687	848	71	73	70	24	38	20	39	24
葡萄牙	448	435	459	539	0.17	0.18	0.18	0.23	288	267	292	330	64	61	64	61	7	11	6	4
卡塔尔	621	629	677	849	0.32	0.42	0.38	0.46	45	53	64	0	7	8	10	0	...	110	246	367
韩国	2,611	2,378	2,873	3,079	0.15	0.14	0.16	0.17	642	527	704	660	25	22	25	21	130	131	135	163
罗马尼亚*	278	328	417	426	0.10	0.13	0.15	0.14	208	248	331	321	75	76	79	75	9	10	4	3
沙特阿拉伯	2,128	1,936	7,238	6,204	0.24	0.25	1.01	0.74	37	316	490	132	2	16	7	2	867	779	255	427
斯洛伐克	128	150	155	179	0.11	0.14	0.14	0.15	104	110	119	137	81	74	76	76	0	2	1	1
斯洛文尼亚	96	97	116	173	0.17	0.17	0.19	0.27	62	64	70	85	65	67	60	49	2	2	2	3
西班牙	3,220	3,171	3,642	4,593	0.21	0.23	0.26	0.30	2,086	2,127	2,188	2,242	65	67	60	49	69	76	118	153
瑞典	6,034	7,024	5,934	6,051	0.96	1.14	0.91	0.90	2,013	3,079	2,015	2,188	33	44	34	36	535	552	609	593
瑞士	3,379	3,699	3,912	4,540	0.44	0.49	0.50	0.56	806	901	959	823	24	24	25	18	347	358	443	369
土耳其	10,395	10,475	7,711	8,846	1.15	1.14	0.96	0.79	237	117	83	126	2	1	1	1	8,547	9,084	9,375	6,785
阿拉伯联合酋长国*	2,452	1,970	1,483	1,400	0.55	0.52	0.40	0.33	122	26	98	50	5	1	7	4	1,288	588	446	565
英国**	21,951	19,988	15,712	16,760	0.70	0.70	0.50	0.51	6,980	6,828	5,883	4,365	32	34	37	26	1,939	2,246	2,114	1,022
美国	35,453	37,174	47,805	51,705	0.15	0.17	0.20	0.22	4,411	5,981	9,299	7,783	12	16	19	15	7,531	8,606	8,935	12,224
欧盟机构	16,405	20,730	19,054	24,834					388	266	34	18	2	1	0	0	2,031	2,318	2,673	3,058
总计***	200 624	211 062	224 299	255 955	0.31	0.34	0.34	0.39	48 997	51 318	56 101	55 722	24	24	25	22	29 894	30 873	31 218	32 772

资料来源：OECD（2023）。

* 不属于发援会成员但被列入贷方报告制度数据库。
** 包含向其海外领地提供的资金。
*** 包含以上未列出的双边和多边捐助方提供的官方发展援助。
****官方发展援助支出及其对多边捐助方的贡献根据新的赠款等价方式计算。
（…）无相关数据。

表2: 捐助方提供给教育部门的官方发展援助

捐助方	官方发展援助总额（2021年美元不变价格，百万）								直接官方发展援助（2021年美元不变价格，百万）								占比（%）					
	教育		基础教育		中等教育		中等后教育		教育		基础教育		中等教育		中等后教育		教育援助占可按照部门分配的官方发展援助的比例		基础教育占提供给教育的官方发展援助总额的比例		中等教育占提供给教育的官方发展援助总额的比例	
	2020年	2021年	2020年	2021年	2020年	2021年	2020年	2021年	2020年	2021年	2020年	2021年	2020年	2021年	2020年	2021年	2020年	2021年	2020年	2021年	2020年	2021年
澳大利亚	171	228	80	137	29	51	62	40	168	209	55	89	16	27	50	16	9	9	47	60	17	22
奥地利	173	188	4	5	26	21	144	161	173	188	3	4	26	20	143	161	40	39	2	3	15	11
比利时	117	119	21	23	33	37	62	59	117	119	16	18	31	35	60	57	15	15	18	19	29	31
加拿大	349	278	186	165	114	75	49	37	346	276	129	119	85	52	21	14	13	8	53	59	33	27
克罗地亚	3	2	1	1	0	0	1	1	3	2	0	0	0	0	1	1	18	11	27	43	11	0
捷克共和国	10	7	1	1	2	1	7	5	10	7	0	0	1	1	7	5	21	12	13	13	11	16
丹麦	117	76	57	42	25	13	35	22	116	76	8	18	10	10	10	12	12	6	49	55	21	16
爱沙尼亚*	2	3	0	1	1	1	1	1	2	3	0	0	0	0	1	1	23	20	16	30	28	26
芬兰	71	99	40	65	20	21	11	13	71	99	22	45	12	11	2	3	16	22	56	66	28	21
法国	1,674	1,527	227	265	327	237	1,120	1,025	1,637	1,502	137	173	282	191	1,075	979	16	14	14	17	20	16
德国	3,375	3,392	638	557	530	575	2,207	2,260	3,375	3,392	394	273	409	434	2,085	2,118	16	17	19	16	16	17
希腊	0	2	0	0	0	0	0	2	0	2	0	0	0	0	0	2	43	6	0	2	0	0
匈牙利*	124	128	7	10	3	2	114	116	124	128	0	7	0	0	111	114	57	53	5	8	3	1
冰岛	6	6	4	4	1	1	1	1	6	6	2	1	0	0	1	1	17	16	64	56	18	24
爱尔兰	42	44	27	28	7	6	8	10	42	44	23	24	5	6	6	8	14	14	64	64	16	14
意大利	142	215	40	88	21	33	81	94	142	215	18	60	10	19	70	80	16	18	28	41	15	15
日本	1,036	846	389	312	208	145	440	390	614	571	77	85	52	31	284	276	5	4	38	37	20	17
科威特*	22	40	7	20	4	10	11	10	22	40	0	0	0	0	8	0	3	5	31	50	16	25
立陶宛*	4	6	1	1	0	1	3	4	4	6	0	0	0	0	3	4	56	39	19	17	8	12
卢森堡	43	50	14	16	25	28	4	6	43	50	8	5	23	24	1	2	18	21	32	32	59	56
荷兰	107	93	53	15	11	6	43	72	107	93	52	15	10	6	42	72	4	3	50	16	10	7
新西兰**	86	85	19	24	7	13	60	48	74	61	10	6	3	4	55	38	22	17	22	28	9	16
挪威	423	365	332	275	48	46	44	46	420	360	294	241	29	27	24	29	14	14	78	75	11	12
波兰	136	138	1	2	1	1	133	136	136	138	1	1	1	1	133	135	68	53	1	1	1	1
葡萄牙	63	69	17	17	10	10	36	42	63	69	2	3	9	9	29	34	53	48	26	25	16	15
卡塔尔	76	130	20	47	8	21	47	62	76	130	5	4	1	9	39	41	29	56	27	36	11	16
韩国	205	209	52	46	52	62	101	101	205	209	35	31	43	55	92	94	12	12	25	22	25	30
罗马尼亚*	65	64	0	0	2	0	62	63	65	64	0	0	2	0	62	63	88	78	0	1	4	0
沙特阿拉伯	280	1,350	49	621	36	315	194	414	250	348	20	1	21	5	180	104	18	25	18	46	13	23
斯洛伐克	3	3	0	0	1	0	2	2	3	3	0	0	1	0	2	2	22	9	8	13	27	13
斯洛文尼亚	18	18	0	0	0	0	18	18	18	18	0	0	0	0	18	18	72	48	0	0	0	1
西班牙	65	72	27	33	17	21	20	18	65	72	12	17	10	13	12	10	11	7	42	46	27	29
瑞典	160	126	100	77	7	7	43	37	160	126	79	67	7	7	33	32	6	4	62	61	11	10
瑞士	158	168	64	73	6	6	29	26	157	167	39	47	52	56	17	13	9	8	41	44	41	41
土耳其	291	420	98	117	45	64	148	239	284	414	16	5	7	8	107	183	33	71	34	28	16	15
阿拉伯联合酋长国*	303	91	144	40	74	22	85	29	103	58	5	5	4	4	15	12	21	9	48	44	25	24
英国**	757	632	350	271	208	144	199	218	757	632	202	133	134	75	124	149	9	9	46	43	28	23
美国	1,382	1,323	1,124	1,062	99	83	158	178	1,336	1,289	1,064	1,018	69	61	128	157	8	8	81	80	7	6
双边援助总额	12,069	12,625	4,201	4,466	2,080	2,149	5,788	6,010	11,300	11,199	2,734	2,523	1,347	1,177	5,055	5,038	12	11	35	35	17	17
非洲开发基金	36	102	2	46	20	32	14	24	36	21	0	0	0	0	9	13	1	1	6	45	56	32
亚洲开发银行	304	277	90	65	185	181	29	31	304	277	62	65	171	164	15	13	6	8	30	23	61	65
欧盟机构	2,207	1,478	1,016	627	623	469	569	383	1,540	1,052	275	161	253	236	198	150	8	6	46	42	28	32
国际货币基金组织（优惠信托基金）	2,022	844	1,011	422	506	211	506	211	0	0	0	0	0	0	0	0						
联合国近东巴勒斯坦难民救济和工程处	502	442	502	442	0	0	0	0	502	442	502	442	0	0	0	0	80	76	100	100	0	0
联合国儿基会	72	69	47	47	13	12	11	10	72	69	25	26	1	0	1	1	16	18	66	67	18	18
世界银行（国际开发协会）	1,770	1,870	762	739	511	664	497	467	1,770	1,870	409	410	335	499	320	303	8	9	43	40	29	35
多边援助总额***	7,186	5,217	3,568	2,443	1,940	1,622	1,678	1,152	4,380	3,859	1,333	1,108	822	954	560	485	7	7	50	47	27	31
总计	19,256	17,842	7,769	6,909	4,020	3,771	7,466	7,162	15,680	15,058	4,067	3,631	2,169	2,132	5,615	5,523	10	10	40	39	21	21

资料来源：OECD（2023）。

*不属于发援会成员但被列入贷方报告制度数据库。
**包含向其海外领地提供的资金。
***包含以上未列出的双边和多边捐助方提供的官方发展援助。

表3: 教育援助的接受方

| 国家或地区 | 官方发展援助总额 2021年美元不变价格（百万） | | | | | | | | 直接官方发展援助 2021年美元不变价格（百万） | | | | | | | | 占比 % | | | | | |
| | 教育 | | 基础教育 | | 中等教育 | | 中等后教育 | | 教育 | | 基础教育 | | 中等教育 | | 中等后教育 | | 教育援助占可按照部门分配的官方发展援助的比例 | | 基础教育占提供给教育的官方发展援助总额的比例 | | 中等教育占提供给教育的官方发展援助总额的比例 | |
	2020年	2021年	2020年	2021年	2020年	2021年	2020年	2021年	2020年	2021年	2020年	2021年	2020年	2021年	2020年	2021年	2020年	2021年	2020年	2021年	2020年	2021年
撒哈拉以南非洲	5,581	4,532	2,580	2,026	1,408	1,229	1,593	1,278	3,847	3,861	1,228	1,258	731	845	917	893	10	11	43	43	24	26
未按国家分配的金额	112	117	39	66	39	26	34	24	107	112	15	48	27	17	22	14	3	4	35	57	34	23
安哥拉	28	39	6	13	12	12	9	14	28	35	3	10	12	10	9	13	17	13	23	33	44	30
贝宁	113	63	50	22	24	16	40	25	63	62	20	16	9	14	25	22	7	8	44	35	21	25
博茨瓦纳	6	6	1	1	3	4	1	1	6	6	1	1	3	3	1	1	6	6	26	23	54	60
布基纳法索	180	184	82	78	46	46	53	59	120	175	35	57	22	35	30	49	9	13	45	43	25	25
布隆迪	23	38	11	18	4	9	7	11	18	15	6	3	5	5	5	5	14	10	33	31	35	27
佛得角	29	17	10	5	0	5	9	7	18	15	1	1	6	3	5	5	14	10	33	31	35	27
喀麦隆	223	153	67	39	32	16	123	98	124	141	14	26	2	9	96	91	15	14	30	25	15	10
中非共和国	50	28	27	12	9	8	13	8	30	20	12	6	2	4	6	4	7	7	54	45	19	28
乍得	105	70	52	29	25	16	28	25	51	48	18	11	8	7	11	15	8	11	50	42	24	23
科摩罗	21	25	3	4	3	6	15	14	18	21	1	2	2	5	14	13	17	18	14	17	15	25
刚果	40	33	12	8	4	3	24	22	40	33	11	7	3	2	23	21	20	17	31	25	9	8
科特迪瓦	179	105	68	23	39	36	71	46	91	104	16	13	13	31	45	41	8	7	38	22	22	35
刚果民主共和国	231	331	104	216	77	63	50	52	152	230	42	152	46	30	19	20	7	11	45	65	33	19
吉布提	39	25	19	12	7	4	13	9	23	22	9	6	2	2	8	7	11	15	48	49	18	15
赤道几内亚	2	2	1	1	1	0	1	1	2	1	1	1	1	0	1	1	28	20	64	64	25	6
厄立特里亚	4	6	0	1	0	1	3	3	4	5	0	1	3	2	1	2	7	13	8	25	9	24
斯威士兰	4	3	2	2	1	1	1	1	4	3	2	1	1	0	1	0	3	2	55	56	16	21
埃塞俄比亚	360	165	196	76	102	54	62	35	320	165	129	64	68	48	29	29	7	6	54	46	28	32
加蓬	41	55	9	18	8	9	24	28	41	55	0	1	4	1	20	20	54	47	21	32	19	17
冈比亚	41	31	19	14	6	6	16	12	26	19	8	5	0	1	10	8	10	10	47	43	14	18
加纳	396	112	169	30	109	36	118	45	157	111	32	19	41	31	50	39	12	8	43	27	28	32
几内亚	105	44	38	15	25	4	42	25	55	44	8	3	29	24	9	11	8	36	34	24	9
几内亚比绍	23	29	8	11	2	3	14	15	23	24	7	1	1	1	13	12	17	17	33	38	7	12
肯尼亚	291	168	125	60	79	52	86	57	130	108	24	19	29	32	36	36	4	4	43	35	27	31
莱索托	7	8	4	4	1	3	2	1	4	8	2	3	0	2	0	0	2	4	57	54	20	30
利比里亚	63	57	45	38	8	14	9	5	39	52	32	33	2	12	3	2	7	10	72	67	13	25
马达加斯加	163	80	75	42	42	16	46	22	82	58	14	25	12	8	15	14	9	7	46	52	26	20
马拉维	155	111	101	74	28	20	25	17	114	111	68	60	12	13	8	10	9	8	65	67	18	18
马里	156	111	77	63	35	22	44	26	99	97	39	48	16	14	25	18	9	8	49	57	22	20
毛里塔尼亚	67	58	30	26	18	18	19	14	28	33	10	9	8	11	9	6	6	6	45	45	27	32
毛里求斯	13	68	1	30	2	16	10	23	13	14	1	2	2	2	10	10	3	10	10	43	17	23
莫桑比克	273	180	178	108	56	32	40	39	206	180	116	83	21	27	9	27	10	9	65	60	20	18
纳米比亚	23	16	15	14	3	5	3	5	23	16	7	4	3	4	4	7	11	7	66	23	20	48
尼日尔	138	217	74	67	38	121	26	28	89	193	41	24	21	100	10	7	7	9	53	31	27	56
尼日利亚	198	380	83	159	43	121	72	101	198	380	62	120	32	101	62	82	6	7	42	42	22	32
卢旺达	357	155	175	63	124	51	58	41	305	145	106	50	89	45	24	35	9	18	49	40	35	33
圣多美和普林西比	10	13	5	7	3	2	2	2	177	185	49	56	34	39	72	67	12	14	49	56	26	23
塞内加尔	241	199	92	75	55	49	94	76	74	80	20	25	14	18	3	3	12	14	51	54	29	28
塞拉利昂	116	99	59	54	34	14	23	16	66	81	34	34	8	12	5	8	4	7	58	59	22	23
索马里	134	67	20	23	18	17	24	21	61	60	10	11	13	11	9	15	4	4	32	39	29	27
南非	61	60	20	23	18	17	24	21	61	60	10	11	13	11	9	15	4	4	32	39	29	27
南苏丹	91	113	63	67	16	27	13	19	80	77	41	34	1	2	2	2	11	10	68	59	17	24
多哥	73	37	26	14	18	4	28	19	40	37	7	12	3	19	18	9	9	11	36	37	25	12
乌干达	241	168	90	72	53	40	98	56	134	110	20	24	18	16	63	32	5	5	37	43	22	24
坦桑尼亚联合共和国	265	369	135	168	82	124	48	78	265	251	89	70	59	75	25	29	11	14	51	45	31	33
赞比亚	59	64	24	31	21	24	15	9	59	64	17	23	18	20	11	6	5	5	40	48	35	37
津巴布韦	30	37	11	10	12	19	7	8	30	37	9	7	11	19	6	6	4	5	37	28	40	52
北非和西亚	3,782	5,147	1,649	2,296	597	913	1,536	1,938	3,348	3,613	1,116	1,019	331	274	1,269	1,299	17	19	37	38	15	16
未按国家分配的金额	60	51	38	33	12	10	11	9	50	48	29	28	8	8	7	7	3	3	62	64	19	19
阿尔及利亚	146	146	3	4	6	6	137	136	146	146	1	1	5	5	136	134	55	62	2	3	4	4
亚美尼亚	34	35	9	9	3	4	21	22	28	35	4	3	1	1	19	18	11	10	27	27	9	11
阿塞拜疆	39	51	5	8	5	9	30	36	39	51	2	3	1	1	29	32	15	28	12	16	12	13
埃及	251	1,301	62	591	36	298	153	412	251	301	20	19	12	12	132	126	9	7	25	45	14	23
格鲁吉亚	91	49	32	12	19	10	40	27	53	46	5	7	6	8	27	25	5	5	35	24	21	20

附录 · 援助表 **415**

表3（续）

国家或地区	官方发展援助总额								直接官方发展援助								占比					
	教育		基础教育		中等教育		中等后教育		教育		基础教育		中等教育		中等后教育		教育援助占可按照部门分配的官方发展援助的比例		基础教育占提供给教育援助总额的比例		中等教育占提供给教育的官方发展援助总额的比例	
	2021年美元不变价格（百万）								2021年美元不变价格（百万）								%					
	2020年	2021年	2020年	2021年	2020年	2021年	2020年	2021年	2020年	2021年	2020年	2021年	2020年	2021年	2020年	2021年	2020年	2021年	2020年	2021年	2020年	2021年
伊拉克	100	72	60	33	10	7	29	32	100	72	50	21	5	1	24	26	6	5	60	46	10	10
约旦	474	719	338	494	49	94	87	131	369	630	263	327	11	10	49	47	15	30	71	66	10	13
黎巴嫩	287	248	185	149	32	23	69	75	287	248	169	135	24	16	61	68	29	28	65	60	11	9
利比亚	16	18	1	3	3	3	12	12	16	18	0	0	3	2	11	11	11	12	9	16	16	16
摩洛哥	481	432	96	90	141	84	244	258	449	393	44	61	115	70	218	244	16	21	20	20	29	19
巴勒斯坦	466	437	370	340	37	39	58	58	449	430	326	303	15	20	36	40	32	38	80	78	8	9
苏丹	243	365	111	172	60	92	72	101	42	45	5	6	7	9	19	18	5	2	46	47	25	25
阿拉伯叙利亚共和国	331	316	92	65	17	21	221	231	331	316	76	48	9	12	213	222	43	28	28	21	5	7
突尼斯	183	240	31	57	25	48	127	135	162	169	13	15	16	27	118	114	11	13	17	24	14	20
土耳其	494	487	177	151	131	132	187	204	494	487	76	12	80	62	136	134	25	22	36	31	26	27
也门	87	180	38	84	11	37	38	59	84	180	32	29	8	10	35	31	9	12	44	47	13	21
中亚和南亚	**2,628**	**2,354**	**919**	**665**	**545**	**523**	**1,164**	**1,165**	**2,230**	**2,287**	**457**	**366**	**314**	**373**	**933**	**1,016**	**16**	**14**	**29**	**26**	**23**	**23**
未按国家分配的金额	13	19	2	6	6	7	5	6	13	19	1	5	4	6	4	4			12	30	50	37
阿富汗	327	224	174	135	73	30	80	59	230	192	101	104	36	14	44	44	7	5	53	60	22	13
孟加拉国	546	410	254	107	170	216	122	87	430	410	125	70	105	198	57	69	8	7	47	26	31	53
不丹	8	6	3	1	3	3	2	2	8	6	1	0	2	3	1	2	4	4	35	18	36	51
印度	481	569	44	44	34	50	402	475	455	562	14	16	19	36	387	461	9	9	9	8	7	9
伊朗	132	142	1	2	1	1	130	140	132	142	0	1	0	0	130	139	69	53	1	1	1	0
哈萨克斯坦	57	53	2	1	1	1	53	52	57	53	0	0	0	0	52	52	55	50	4	1	3	1
吉尔吉斯斯坦	108	84	40	24	18	21	50	39	90	84	14	9	5	14	38	31	21	15	37	28	17	25
马尔代夫	19	3	8	1	4	0	6	2	3	3	1	0	0	0	2	2	1	2	45	29	22	15
尼泊尔	313	230	137	127	87	51	89	52	266	230	55	86	46	30	48	32	17	14	44	55	28	22
巴基斯坦	377	408	176	154	73	88	127	166	376	408	119	41	45	31	99	109	11	11	47	38	19	22
斯里兰卡	65	71	20	21	23	24	22	26	65	71	18	14	20	21	22	22	8	9	31	30	36	34
塔吉克斯坦	91	44	37	15	28	13	27	16	39	44	5	8	12	10	11	12	7	8	40	35	30	30
土库曼斯坦	7	5	0	0	2	1	5	4	7	5	0	0	0	0	4	4	20	15			25	12
乌兹别克斯坦	84	85	20	27	21	18	43	40	57	58	4	11	14	10	35	31	4	5	23	32	25	21
东亚和东南亚	**2,138**	**1,491**	**474**	**321**	**534**	**298**	**1,130**	**872**	**1,830**	**1,420**	**140**	**141**	**368**	**208**	**964**	**782**	**15**	**15**	**28**	**27**	**22**	**16**
未按国家分配的金额	25	15	9	4	7	2	8	9	25	15	0	3	3	2	3	8	8	4	38	27	29	16
柬埔寨	151	157	54	67	60	53	37	38	151	112	22	26	43	32	21	17	10	9	36	43	39	33
中国	678	542	24	15	149	110	505	417	678	542	3	2	139	104	495	410	45	47	4	3	22	20
朝鲜民主主义人民共和国	1	2	0	0	0	0	1	2	1	2	0	0	0	0	1	2	2	20	0	0	0	0
印度尼西亚	242	137	72	33	38	17	131	87	151	137	11	8	11	8	101	79	5	6	30	24	16	12
老挝人民民主共和国	83	107	33	53	31	29	19	29	83	107	25	30	28	13	15	17	14	17	40	50	38	23
马来西亚	33	28	2	1	2	1	29	25	33	28	0	0	1	1	28	24	46	32	6	5	6	5
蒙古国	115	49	38	8	31	7	47	34	70	49	5	0	17	0	33	33	12	13	33	16	27	15
缅甸	292	81	101	35	133	25	58	21	213	57	22	13	94	14	19	10	9	9	35	44	46	31
菲律宾	147	61	70	31	29	5	48	26	56	61	20	23	5	23	23	23	5	6	48	51	19	7
泰国	40	36	8	5	4	4	28	28	40	36	0	1	1	1	26	27	11	10	20	14	10	8
东帝汶	38	34	22	20	7	6	9	8	35	33	13	11	7	5	4	4	15	15	58	59	19	16
越南	294	240	40	47	43	45	210	149	294	240	9	27	27	24	195	129	12	11	14	19	15	19
大洋洲	**387**	**401**	**144**	**163**	**109**	**131**	**134**	**107**	**245**	**246**	**42**	**31**	**57**	**65**	**83**	**41**	**11**	**14**	**38**	**42**	**26**	**30**
未按国家分配的金额	51	37	8	11	10	5	33	20	51	37	4	3	8	2	31	17	12	6	16	30	19	15
斐济	15	57	5	28	1	14	8	15	14	14	2	2	2	1	6	2	8	4	30	48	19	25
基里巴斯	10	15	6	6	1	2	2	5	8	14	1	0	0	0	3	2	15	20	57	39	6	28
马绍尔群岛	23	22	12	11	5	5	4	5	2	8	1	1	0	0	1	0		20	51	48	24	28
密克罗尼西亚联邦	25	30	13	15	6	6	5	5	2	10	1	0	0	0	1	0	4	32	52	51	24	24
瑙鲁	2	2	0	1	1	1	1	1	2	1	0	0	0	0	1	1	3	13	34	49	38	
纽埃	3	4	1	1	1	1	1	1	0	0	0	0	0	0	0	0			47	49	23	22
帕劳	1	1	1	1	0	0	0	0	0	0	0	0	0	0	0	0			53	63	18	14
巴布亚新几内亚	108	81	48	42	26	19	35	20	30	26	4	4	2	13	3	4	4	3	44	52	24	23
萨摩亚	20	18	8	7	3	3	10	7	14	14	1	1	1	1	7	5	9	20	37	41	16	19
所罗门群岛	24	32	14	18	5	9	6	5	21	26	12	10	3	3	8	3	10	11	59	56	5	22
托克劳	4	3	1	1	2	1	0	0	4	3	1	1	2	1	0	0	18	13	41	40	39	40
汤加	13	13	2	3	7	6	4	4	12	8	1	0	6	5	4	2	8	10	19	26	51	47

表3（续）

国家或地区	官方发展援助总额								直接官方发展援助								占比					
	教育		基础教育		中等教育		中等后教育		教育		基础教育		中等教育		中等后教育		教育援助占可按照部门分配的官方发展援助的比例		基础教育占提供给教育的官方发展援助总额的比例		中等教育占提供给教育的官方发展援助总额的比例	
	2021年美元不变价格（百万）								2021年美元不变价格（百万）								%					
	2020年	2021年	2020年	2021年	2020年	2021年	2020年	2021年	2020年	2021年	2020年	2021年	2020年	2021年	2020年	2021年	2020年	2021年	2020年	2021年	2020年	2021年
图瓦卢	3	4	1	2	0	1	2	2	2	4	0	1	0	0	2	1	6	11	24	47	12	17
瓦努阿图	25	32	7	10	7	12	11	10	24	30	2	1	4	8	8	5	17	22	30	30	27	39
拉丁美洲和加勒比	**934**	**783**	**323**	**268**	**221**	**154**	**391**	**360**	**837**	**771**	**189**	**181**	**154**	**110**	**324**	**317**	**8**	**7**	**34**	**31**	**24**	**24**
未按国家分配的金额	12	27	5	4	3	3	4	20	12	27	4	3	3	3	3	19	1	3	42	15	27	12
安提瓜和巴布达	0	0	0	0	0	0	0	0	0	0	0	0	0	0	0	0	3	4	0	0	35	40
阿根廷	31	17	8	3	4	2	19	12	31	17	2	2	1	1	16	12	25	9	25	17	14	10
伯利兹	1	2	0	0	1	1	0	0	1	2	0	0	0	1	0	0	3	4	34	17	37	67
多民族玻利维亚国	28	29	8	9	9	9	11	11	28	29	3	4	7	7	9	9	6	5	27	29	33	32
巴西	112	95	17	14	9	6	86	76	112	95	3	4	2	1	79	71	12	7	15	14	8	6
哥伦比亚	88	86	20	20	7	9	61	58	88	86	13	12	4	5	57	54	5	5	22	23	8	10
哥斯达黎加	14	13	5	4	2	2	7	7	14	13	4	3	1	1	6	6	6	9	38	32	16	17
古巴	9	9	0	1	1	1	8	7	9	9	0	0	0	0	8	6	6	6	4	13	7	10
多米尼克	4	1	2	0	1	0	2	1	1	1	0	0	0	0	1	1	3	2	37	4	25	31
多米尼加共和国	20	12	9	8	6	1	4	3	20	12	8	8	6	0	3	3	4	2	48	67	32	6
厄瓜多尔	34	34	9	8	6	6	20	20	34	34	5	4	4	4	18	18	10	12	26	23	17	18
萨尔瓦多	67	17	15	9	46	3	6	5	67	17	12	7	45	2	4	4	22	7	22	52	69	20
格林纳达	5	0	2	0	1	0	1	0	0	0	0	0	0	0	0	0	1	1	47	1	28	64
危地马拉	77	57	57	39	13	12	6	6	77	57	53	36	11	11	4	5	12	13	75	68	17	21
圭亚那	4	8	2	4	1	2	1	2	4	8	1	2	1	1	1	1	6	5	42	53	32	26
海地	98	74	46	41	25	15	27	18	65	73	23	37	13	13	15	16	11	9	47	55	25	20
洪都拉斯	97	95	46	44	38	39	13	12	63	86	25	25	28	30	3	3	6	15	47	46	39	41
牙买加	5	4	2	2	1	0	2	2	5	4	2	2	1	0	2	2	6	6	44	45	18	9
墨西哥	75	66	11	11	9	6	55	49	75	66	4	6	5	3	51	46	8	9	15	17	12	9
蒙特塞拉特	3	2	1	1	1	1	1	1	3	2	0	0	0	0	0	0	5	6	49	48	24	24
尼加拉瓜	58	38	29	16	19	17	10	6	45	38	17	11	13	14	4	4	10	5	50	41	33	44
巴拿马	4	3	1	1	1	0	2	2	4	3	1	1	1	0	2	2	2	2	36	42	20	2
巴拉圭	14	19	5	9	3	4	5	7	14	19	3	3	2	1	4	4	4	8	40	45	24	20
秘鲁	42	38	11	9	7	6	25	23	42	38	4	4	4	3	21	21	7	10	25	23	17	16
圣卢西亚	8	6	4	1	2	5	3	1	2	6	0	0	0	4	1	1	7	9	44	10	25	74
圣文森特和格林纳丁斯	6	6	3	3	2	1	2	2	3	3	0	0	0	0	0	0	8	5	49	49	25	24
苏里南	2	1	0	0	0	0	1	1	2	1	0	0	0	0	1	1	9	5	2	2	16	23
委内瑞拉玻利瓦尔共和国	17	23	4	10	2	2	11	11	17	23	3	8	1	1	11	10	15	20	23	45	10	8
欧洲和北美	**1,129**	**956**	**342**	**206**	**203**	**186**	**583**	**564**	**673**	**683**	**33**	**41**	**48**	**104**	**429**	**481**	**13**	**13**	**28**	**21**	**17**	**19**
未按国家分配的金额	104	142	40	22	24	36	41	83	92	130	13	10	10	31	27	78	6	8	39	16	23	26
阿尔巴尼亚	94	126	23	33	15	29	55	64	94	81	4	6	5	16	45	51	24	15	25	26	16	23
白俄罗斯	164	65	55	1	31	2	79	62	58	65	0	0	4	2	52	61	18	41	33	2	19	4
波斯尼亚和黑塞哥维那	54	82	6	21	5	12	43	49	53	53	2	4	3	3	41	41	9	9	11	26	9	14
摩尔多瓦	114	95	26	16	19	14	70	65	77	77	4	3	8	7	59	59	17	13	23	17	16	14
黑山共和国	14	13	4	4	2	2	8	7	7	6	0	0	0	0	6	5	3	3	30	31	14	15
北马其顿	54	47	18	15	11	10	25	22	27	26	2	3	3	4	17	16	11	9	34	31	21	22
塞尔维亚	73	67	15	6	12	23	46	38	73	67	2	3	6	22	39	36	9	7	20	10	16	35
乌克兰	457	319	155	88	85	58	217	173	192	177	6	11	10	19	142	135	16	12	34	28	18	18
未按区域分配的金额	2,677	2,177	1,338	963	404	337	936	878	2,670	2,176	861	595	165	152	697	693	9	9	49	47	22	21
低收入国家	4,131	3,489	2,018	1,671	959	807	1,154	1,011	2,878	2,771	1,041	984	471	464	666	668	10	11	46	46	21	22
中低收入国家	8,578	8,307	3,197	3,021	1,907	1,880	3,474	3,407	6,679	6,601	1,530	1,437	1,074	1,087	2,640	2,614	13	14	38	37	24	25
中高收入国家	3,418	3,395	1,053	1,097	608	611	1,757	1,688	3,033	3,062	561	513	362	319	1,512	1,396	13	13	30	28	19	21
高收入国家	6	5	2	2	2	1	3	2	6	4	1	1	2	0	2	2	4	3	16	25	34	27
未按收入分配的金额	3,123	2,646	1,500	1,119	544	473	1,079	1,054	3,083	2,620	934	696	260	261	796	842	10	9	39	37	30	28
总计	**19,256**	**17,842**	**7,769**	**6,909**	**4,020**	**3,771**	**7,466**	**7,162**	**15,680**	**15,058**	**4,067**	**3,631**	**2,169**	**2,132**	**5,615**	**5,523**	**10**	**10**	**40**	**39**	**21**	**21**

资料来源：OECD（2023）。

注：

根据世界银行的界定对国家和地区按照收入水平分组，但各组仅包括表中列出的国家和地区。

依据世界银行2022年7月修订的收入分组名单。

所有数据均表示支出总额。

可按照部门分配的官方发展援助不含预算支助。

表4: 教育援助的捐助方及其最主要的三个受援国，2019—2021年平均水平

捐助方		教育			基础教育		
		受援国	2021年美元不变价格（百万）	受援比例（%）	受援国	2021年美元不变价格（百万）	受援比例（%）
双边捐助方	澳大利亚	大洋洲，未指定国家	25.4	13.1	未指定区域	10.3	14.8
		巴布亚新几内亚	21.1	10.9	印度尼西亚	10.2	14.7
		印度尼西亚	14.4	7.4	菲律宾	6.7	9.6
	奥地利	波斯尼亚和黑塞哥维那	21.3	11.9	墨西哥	2.2	68.4
		土耳其	20.5	11.4	塞尔维亚	0.1	1.8
		乌克兰	13.4	7.5	巴基斯坦	0.1	1.8
	比利时	未指定区域	28.5	23.5	未指定区域	8.5	50.2
		刚果民主共和国	16.9	13.9	越南	1.7	9.8
		乌干达	14.8	12.2	南非	1.4	8.1
	加拿大	未指定区域	47.5	15.1	未指定区域	21.6	18.0
		约旦	18.2	5.8	布基纳法索	10.7	8.9
		莫桑比克	14.6	4.7	莫桑比克	7.6	6.3
	丹麦	未指定区域	81.5	84.4	北非和西亚，未指定国家	3.8	32.2
		北非和西亚，未指定国家	3.8	4.0	缅甸	2.6	22.0
		缅甸	2.7	2.8	阿富汗	2.5	21.4
	爱沙尼亚	欧洲和北美，未指定国家	0.7	27.5	白俄罗斯	0.0	40.9
		乌克兰	0.5	17.7	肯尼亚	0.0	28.1
		格鲁吉亚	0.4	15.7	未指定区域	0.0	24.5
	芬兰	未指定区域	14.7	19.3	莫桑比克	6.9	22.9
		莫桑比克	12.5	16.5	未指定区域	5.0	16.6
		尼泊尔	8.0	10.5	埃塞俄比亚	4.4	14.5
	法国	摩洛哥	192.4	12.6	黎巴嫩	22.8	15.4
		阿尔及利亚	128.6	8.4	马达加斯加	7.2	4.9
		未指定区域	97.4	6.4	摩洛哥	6.9	4.7
	德国	中国	513.7	15.7	约旦	50.8	16.1
		未指定区域	251.4	7.7	黎巴嫩	47.8	15.1
		印度	240.1	7.3	伊拉克	23.9	7.6
	匈牙利	约旦	10.1	8.4	乌克兰	2.2	82.6
		阿拉伯叙利亚共和国	9.6	8.0	塞尔维亚	0.2	5.6
		乌克兰	6.5	5.4	未指定区域	0.1	1.9
	冰岛	乌干达	4.0	68.5	马拉维	1.1	74.5
		马拉维	1.3	21.8	阿富汗	0.3	19.3
		阿富汗	0.3	4.9	乌干达	0.1	3.5
	爱尔兰	未指定区域	14.6	32.7	未指定区域	9.9	40.4
		莫桑比克	6.9	15.4	莫桑比克	6.6	26.8
		巴勒斯坦	4.5	10.0	乌干达	1.6	6.7
	意大利	未指定区域	33.1	19.7	约旦	13.5	43.2
		约旦	14.7	8.7	塞内加尔	2.4	7.6
		印度	10.0	6.0	印度	1.6	5.1
	日本	未指定区域	173.9	27.4	阿拉伯叙利亚共和国	9.8	10.9
		埃及	56.1	8.8	布基纳法索	5.1	5.6
		印度	30.4	4.8	缅甸	5.0	5.5
	科威特	约旦	9.1	29.9			
		加纳	3.9	12.8			
		斯里兰卡	3.9	12.7			
	卢森堡	布基纳法索	10.7	21.2	尼日尔	2.9	32.6
		塞内加尔	8.0	15.8	北非和西亚，未指定国家	2.1	23.9
		尼日尔	7.4	14.5	中非共和国	0.6	7.1
	荷兰	未指定区域	89.6	87.0	未指定区域	24.3	85.1
		埃塞俄比亚	2.3	2.3	布隆迪	2.1	7.5
		布基纳法索	2.2	2.2	布基纳法索	1.0	3.4
	新西兰	大洋洲，未指定国家	9.0	12.6	东帝汶	3.2	33.2
		所罗门群岛	7.2	10.1	所罗门群岛	2.5	25.6
		萨摩亚	6.8	9.6	大洋洲，未指定国家	1.7	17.9
	挪威	未指定区域	189.5	48.3	未指定区域	166.1	61.3
		马拉维	24.0	6.1	马拉维	16.6	6.1
		埃塞俄比亚	19.8	5.0	埃塞俄比亚	10.0	3.7
	波兰	乌克兰	57.6	41.1	乌克兰	0.9	78.3
		白俄罗斯	33.6	24.0	未指定区域	0.1	5.1
		印度	7.5	5.4	黎巴嫩	0.0	3.4
	葡萄牙	东帝汶	13.3	19.9	圣多美和普林西比	1.4	93.3
		莫桑比克	12.7	19.0	莫桑比克	0.1	4.8
		几内亚比绍	12.1	18.1	几内亚比绍	0.0	1.9

表4（续）

捐助方		教育			基础教育		
		受援国	2021年美元不变价格（百万）	受援比例（%）	受援国	2021年美元不变价格（百万）	受援比例（%）
双边捐助方	卡塔尔	土耳其	8.9	11.6	阿拉伯叙利亚共和国	1.7	48.5
		未指定区域	7.6	10.0	阿尔巴尼亚	1.4	40.0
		巴勒斯坦	6.4	8.4	孟加拉国	0.4	10.7
	韩国	乌兹别克斯坦	16.2	7.1	柬埔寨	3.0	7.4
		越南	15.3	6.7	约旦	2.8	6.9
		缅甸	10.7	4.7	斯里兰卡	2.2	5.5
	罗马尼亚	摩尔多瓦	49.9	80.3	摩尔多瓦	0.0	69.5
		塞尔维亚	2.8	4.6	格鲁吉亚	0.0	20.3
		乌克兰	2.0	3.3	北马其顿	0.0	10.2
	沙特阿拉伯	也门	65.4	22.4	也门	6.3	72.8
		埃及	44.4	15.2	摩洛哥	1.6	18.8
		印度尼西亚	17.0	5.8	索马里	0.2	2.4
	斯洛伐克	塞尔维亚	0.9	29.6	肯尼亚	0.1	28.7
		肯尼亚	0.6	21.2	黎巴嫩	0.0	16.8
		阿富汗	0.2	8.1	格鲁吉亚	0.0	12.5
	斯洛文尼亚	波斯尼亚和黑塞哥维那	5.6	32.9	冈比亚	0.0	100.0
		北马其顿	5.3	30.8			
		塞尔维亚	4.6	26.6			
	西班牙	未指定区域	5.7	8.6	海地	1.6	12.1
		摩洛哥	6.5	9.7	北非和西亚，未指定国家	1.5	11.5
		海地	3.1	4.6	摩洛哥	1.0	7.7
	瑞典	未指定区域	37.8	25.3	未指定区域	35.5	47.3
		坦桑尼亚联合共和国	24.7	16.6	阿富汗	14.2	18.9
		阿富汗	20.1	13.5	撒哈拉以南非洲，未指定国家	8.8	11.7
	瑞士	未指定区域	36.7	23.3	未指定区域	7.5	18.1
		布基纳法索	8.2	5.2	布基纳法索	4.4	10.8
		乍得	6.9	4.4	马里	4.2	10.2
	土耳其	未指定区域	132.2	32.7	北非和西亚，未指定国家	4.6	59.3
		欧洲和北美，未指定国家	64.1	15.9	未指定区域	0.8	9.9
		哈萨克斯坦	24.3	6.0	阿拉伯叙利亚共和国	0.5	5.9
	阿拉伯联合酋长国	未指定区域	31.3	38.0	哥伦比亚	1.6	31.7
		约旦	7.5	9.0	乌干达	0.5	9.0
		苏丹	6.7	8.1	印度	0.4	8.0
	英国	未指定区域	359.1	42.2	未指定区域	130.4	47.8
		巴基斯坦	92.7	10.9	巴基斯坦	36.9	13.5
		尼日利亚	29.8	3.5	黎巴嫩	20.1	7.4
	美国	未指定区域	251.6	18.3	未指定区域	224.0	21.0
		约旦	99.4	7.3	约旦	91.9	8.6
		阿富汗	86.3	6.3	阿富汗	48.0	4.5
多边捐助方	非洲开发基金	肯尼亚	8.8	19.0	乍得	0.2	100.0
		乌干达	8.7	18.8			
		加纳	5.2	11.2			
	亚洲开发银行	孟加拉国	146.4	41.8	孟加拉国	69.1	92.5
		尼泊尔	55.2	15.8	尼泊尔	4.4	5.8
		越南	39.7	11.3	马绍尔群岛	0.6	0.8
	欧盟机构	未指定区域	353.5	28.8	未指定区域	69.4	36.0
		土耳其	157.9	12.9	摩洛哥	32.7	16.9
		摩洛哥	68.9	5.6	尼泊尔	22.0	11.4
	联合国近东巴勒斯坦难民救济和工程处	巴勒斯坦	292.5	61.9	约旦	102.4	21.7
		约旦	102.4	21.7	黎巴嫩	50.8	10.7
		黎巴嫩	50.8	10.7	巴勒斯坦	292.5	61.9
	联合国儿童基金会	刚果民主共和国	7.3	9.6	印度	3.2	12.3
		印度	6.3	8.2	埃塞俄比亚	1.3	5.2
		巴基斯坦	4.4	5.8	刚果民主共和国	1.1	4.1
	世界银行（国际开发协会）	孟加拉国	200.1	11.2	埃塞俄比亚	56.8	14.1
		巴基斯坦	141.0	7.9	孟加拉国	56.4	14.0
		印度	138.4	7.8	尼日利亚	40.7	10.1

资料来源：OECD（2023）。

缩略语

AI	人工智能	
AIDS	获得性免疫缺陷综合征（艾滋病）	
Becas TIC	技术、信息与通信专业入学奖学金（智利）	
CARICOM	加勒比共同体	
CC	知识共享	
CIEB	巴西教育创新中心（巴西）	
CLIx	互联学习计划（印度）	
CONFEMEN	非洲国家教育部长会议	
COVID-19	新型冠状病毒	
CRS	贷方报告制度（经合组织）	
DAISY	数字无障碍资讯系统	
DAC	发展援助委员会（发援会，经合组织）	
DHS	人口和健康调查	
DigCompEdu	欧洲教师数字化能力框架（欧盟委员会）	
DIKSHA	知识共享的数字基础设施（印度）	
EASNIE	欧洲特殊需要与全纳教育发展署	
ECCE	幼儿保育和教育	
ECDI	幼儿发展指数	
ECDL	欧洲计算机使用执照	
EFA	全民教育	
EGRA	低年级阅读评估	
ERASMUS	欧洲高等教育学生流动区域行动计划（伊拉斯谟计划）	
ERCE	《区域比较与解释研究》（拉丁美洲）	
EU	欧洲联盟（欧盟）	
FFA	行动纲领	
FINEDUCA	国家教育财政研究协会（巴西）	
GCPEA	保护教育免遭袭击全球联盟	
GDP	国内生产总值	
GDPR	《通用数据保护条例》	
GEM Report	《全球教育监测报告》	
GERD	国内总研发支出	
GFRP	全球粮食危机应对计划	
GIS	地理信息系统	
GIZ	德国国际合作机构（德国）	
GNI	国民总收入	
GPE	全球教育伙伴关系	
GPI	性别均等指数	
GPIA	经调整的性别均等指数	

HIPC	重债贫困国家
HIV	人体免疫缺陷病毒（艾滋病病毒）
ICDL	国际计算机使用执照
ICILS	国际计算机和信息素养研究
ICT	信息和通信技术
IEA	国际能源署
IMF	国际货币基金组织（基金组织）
IReST	国际阅读速度文本
ISCED	《国际教育标准分类法》
ISCED-T	《国际教师培训项目标准分类法》
IT	信息技术
ITU	国际电信联盟
LTE	长期演进技术
MICS	多指标聚类调查
MIT	麻省理工学院
MOOC	大规模开放在线课程（慕课）
NAEP	国家教育进步评价（美国）
NETS-T	国家教师教育技术标准
NGO	非政府组织
ODA	官方发展援助
OECD	经济合作与发展组织（经合组织）
OER	开放教育资源
OU	开放大学（英国）
PALOP	葡萄牙语为官方语言的非洲国家
PASEC	非洲国家教育部长会议系统分析项目
PEER	以文件增强教育评价
PV	光伏（发电）
PIAAC	国际成年人能力评价项目（经合组织）
PIRLS	国际阅读素养进展研究
PISA	国际学生评估项目（经合组织）
PPP	购买力平价
REDS	教育中断的应对措施国际调查
RULER	识别、理解、归类、表达、调节情绪（美国）
SCOPE	监测教育进展
SDG	可持续发展目标
SEL	社会情感学习
SELFIE	促进使用创新教育技术的有效学习自评（"教师自拍"，欧盟委员会）
SIDS	小岛屿发展中国家
SIPLah	学校信息服务系统（印度尼西亚）
SLS	学生学习平台（新加坡）

SNNP	南方各族州（埃塞俄比亚）
STEM	科学、技术、工程和数学
TALIS	教与学国际调查（经合组织）
TESSA	撒哈拉以南非洲教师教育
TPACK	整合技术的学科教学知识
TVET	职业技术教育与培训
UDISE+	地区统一教育信息系统+（印度）
UIS	教科文组织统计研究所（统计研究所）
UN	联合国
UNESCO	联合国教育、科学及文化组织（教科文组织）
UNESCO-UNEVOC	教科文组织职业技术教育与培训国际中心
UNGA	联合国大会
UNHCR	联合国难民事务高级专员办事处
UNICEF	联合国儿童基金会（儿基会）
UNRWA	联合国近东巴勒斯坦难民救济和工程处
UOE	统计研究所/经合组织/欧统局
USP	南太平洋大学
VIEW	世界教育指标可视化
WIDE	世界教育不平等数据库
WiMAX	全球微波接入互操作性

参考文献

主题部分

第1章

ADB. (2017). *Innovative strategies for accelerated human resource development in South Asia: Information and communication technology for education: Special focus on Bangladesh, Nepal, and Sri Lanka*. Asian Development Bank. https://www.adb.org/sites/default/files/publication/385526/ict-education-sa.pdf

ADB. (2019). *Samoa: SchoolNet and Community Access Project*. Asian Development Bank. https://www.adb.org/sites/default/files/evaluation-document/539291/files/pvr-623.pdf

ADB. (2022). *Model schools improve quality of public education, benefit female, disadvantaged students in Nepal*. Asian Development Bank. https://www.adb.org/results/model-schools-improve-quality-public-education-benefit-female-disadvantaged-students-nepal

Adegoke, O. T., Akinrinola, F. Y. and Ogegbo, A. A. (2023). ICT integration in STEM education in Rwanda: A review of the literature. In U. Ramnarain and M. Ndlovu (Eds) *Information and communications technology in STEM education: An African perspective*. Routledge. https://doi.org/10.4324/9781003279310

ADELA. (2022). *ADELA: Alianza para la digitalización de la educación en Latinoamérica* [ADELA: Alliance for the Digitization of Education in Latin America]. https://adeladigital.net/es/sobre-adela

Aleven, V. A. W. M. M. and Koedinger, K. R. (2002). An effective metacognitive strategy: Learning by doing and explaining with a computer based cognitive tutor. *Cognitive Science*, *26*(2), 147–179. https://doi.org/10.1207/s15516709cog2602_1

ANEP and Ceibal. (2022). *Pensamiento computacional: Propuesta para el aula* [Computational thinking: Proposal for the classroom]. Ceibal and Sadosky Foundation. https://bibliotecapais.ceibal.edu.uy/info/pensamiento-computacional-propuesta-para-el-aula-00018977

Aru-Chabilan, H. (2020). Tiger Leap for digital turn in the Estonian education. *Educational Media International*, *57*(1), 61–72. https://www.tandfonline.com/doi/abs/10.1080/09523987.2020.1744858

Badran, A., Eid, L., Abozaied, H. and Nagy, N. (2021). Egypt's ICT reform: Adoption decisions and perspectives of secondary school teachers during COVID-19. *AERA Open*, *7*(1). https://doi.org/10.1177/23328584211042866

Banegas, D. L. (2013). ELT through videoconferencing in primary schools in Uruguay: First steps. *Innovation in Language Learning and Teaching*, *7*(2), 179–188. https://doi.org/10.1080/17501229.2013.794803

Banegas, D. L. and Brovetto, C. (2020). ELT through videoconferencing in Uruguay. *MEXTESOL Journal*, *44*(1). https://strathprints.strath.ac.uk/71358/1/Banegas_Brovetto_Mextesol_2020_Ceibal_en_ingles_ELT_through_videoconferencing.pdf

Beblavý, M., Baiocco, S., Kilhoffer, Z., Akgüç, M. and Jacquot, M. (2019). *Index of readiness for digital lifelong learning: Changing how Europeans upgrade their skills*. Centre for European Policy Studies and Grow with Google. https://www.ceps.eu/ceps-publications/index-of-readiness-for-digital-lifelong-learning

Bordoli, E. and Conde, S. (2020). El proyecto educativo conservador en Uruguay en los albores del siglo XXI: Avance privatizador y tutela ministerial [The conservative education project in Uruguay at the beginning of the 21st century: Privatizing progress and ministerial protection]. *Práxis Educativa*, *15*. https://doi.org/10.5212/PraxEduc.v.15.15343.084

Buningwire, W. (2022, 1 December). Gov't to review education ICT policy. *KT Press*. https://www.ktpress.rw/2022/12/govt-to-review-education-ict-policy

Canale, G. (2019). *Technology, multimodality and learning: Analyzing meaning across scales*. Springer. https://link.springer.com/book/10.1007/978-3-030-21795-2

Cardona, M. A., Rodríguez, R. J. and Ishmael, K. (2023). *Artificial intelligence and the future of teaching and learning*. United States Department of Education. https://www2.ed.gov/documents/ai-report/ai-report.pdf

Carr, D. F. (2023, 7March). ChatGPT topped 1 billion visits in February. *Similarweb Blog*. https://www.similarweb.com/blog/insights/ai-news/chatgpt-1-billion

Ceci, L. (2023). *Number of daily active Duolingo users worldwide from 3rd quarter 2020 to 1st quarter 2023 (in millions)*. Statista. https://www.statista.com/statistics/1309604/duolingo-quarterly-dau

Ceibal and INEEd. (2022). *Uruguay en el ICILS 2018: Informe de resultados nacionales.* [Uruguay at ICILS 2018: National results report]. Ceibal and Instituto Nacional de Evaluación Educativa. https://www.ineed.edu.uy/images/publicaciones/publicaciones_en_convenio/Uruguay-en-el-ICILS-2018.pdf

Cengage Group. (2021, 13 October). *National Geographic Learning partners with the Egyptian Ministry of Education, bringing the world to the classroom for nearly 7 million learners.* https://bit.ly/3YTvHx4

Centre for Education and Human Resource Development. (2022). *Flash I report 2021/22.* Ministry of Education, Science and Technology. https://nepalindata.com/media/resources/items/0/bFLASH_I_REPORT_2078_2021-22.pdf

Centre for Education and Human Resources Development. (2023). *Learning portal.* https://learning.cehrd.edu.np

Chan Mow, I. (2008). *Developments in e-learning in education in Samoa: Issues, challenges, strategies and recommendations for the way forward.* Commonwealth of Learning. https://oasis.col.org/items/d320b255-7db9-4127-8a74-520a58966398

Chounta, I.-A., Bardone, E., Raudsep, A. and Pedaste, M. (2023). *Exploring teachers' perceptions of artificial intelligence as a tool to support their practice in Estonian K-12 education.* http://colaps-project.info/uploads/publications/iJAIED___FATE_AI_in_Estonian_K_12.pdf

Cooper, G. (2023). Examining science education in ChatGPT: An exploratory study of generative artificial intelligence. *Journal of Science Education and Technology, 32*(3), 444–452. https://doi.org/10.1007/s10956-023-10039-y

Davidson, J., Kidron, B. and Phillips, K. (2019). *Child online protection in Rwanda.* 5Rights Foundation, University of East London, University of Rwanda and Ministry of ICT and Innovation. https://5rightsfoundation.com/uploads/cop-in-rwanda-report.pdf

de Melo, G., Machado, A. and Miranda, A. (2017). El impacto en el aprendizaje del programa Una Laptop por Niño: La evidencia de Uruguay [The impact on learning of the One Laptop per Child program: Evidence from Uruguay]. *El Trimestre Económico, 84*(334), 383–409. https://www.jstor.org/stable/45146869

Dhakal, R. K. and Bhandari, B. (2019). Situation analysis of open and distance learning teacher preparation in Nepal. *Jamia Journal of Education, 5*, 29–35.

Education International. (2023). *La Política educativa en Uruguay: Experimentos y alianzas empresariales para lucrar con el derecho a la educación* [The education policy in Uruguay: Experiments and business alliances to benefit from the right to education]. Editorial Internacional de la Educación América Latina. https://issuu.com/educationinternational/docs/uruguay

e-Estonia. (2021). How Estonia, the PISA leader, is solving the shortage of ICT specialists. https://e-estonia.com/how-the-pisa-leader-is-solving-the-shortage-of-ict-specialists

Egypt Ministry of Communications and Information Technology. (2020). *MCIT yearbook 2020.* https://mcit.gov.eg/Upcont/Documents/Publications_142021000_MCIT%20Yearbook%202020.pdf

Egypt Today. (2020, 24 December). *Egypt signs $252M financing agreements for education in 2020.* Egypt Today. https://www.egypttoday.com/Article/3/95719/Egypt-signs-252M-financing-agreements-for-education-in-2020

El Zayat, N. (2022). Egypt: K-12 Egyptian Knowledge Bank study portal and new form of assessment. In S. Vincent-Lancrin, C. Cobo and F. Reimers (Eds) *How learning continued during the COVID-19 pandemic: Global lessons from initiatives to support learners and teachers* (pp. 167–171). OECD Publishing. https://doi.org/10.1787/7e988508-en

Estonian Education and Youth Board. (2020). *How did Estonia become a new role model in digital education?* https://www.educationestonia.org/how-did-estonia-become-a-new-role-model-in-digital-education

Estonian Education and Youth Board. (2021). *Voluntary, yet attractive and powerful low-stakes assessment.* https://www.educationestonia.org/innovation/assessment

European Commission. (2020). *Education and training monitor 2020: A focus on digital education.* https://op.europa.eu/webpub/eac/education-and-training-monitor-2020/countries/estonia.html#three

Ewiss, M. Z., Abdelgawad, F. and Elgendy, A. (2019). School educational policy in Egypt: Societal assessment perspective. *Journal of Humanities and Applied Social Sciences, 1*, 55–68. https://www.emerald.com/insight/content/doi/10.1108/JHASS-05-2019-004/full/pdf?title=school-educational-policy-in-egypt-societal-assessment-perspective

Farrokhnia, M., Banihashem, S. K., Noroozi, O. and Wals, A. (2023). A SWOT analysis of ChatGPT: Implications for educational practice and research. *Innovations in Education and Teaching International*, 1–15. https://doi.org/10.1080/14703297.2023.2195846

Fiscal Nepal. (2020, 13 September). *NTA establishes IT lab in 725 schools across country.* https://www.fiscalnepal.com/2020/09/13/1131/it-labs-established-in-725-schools-across-country

Fowler, B. and Vegas, E. (2021). *How England implemented its computer science education program.* The Brookings Institution. https://www.brookings.edu/wp-content/uploads/2021/03/How-Uruguay-implemented-its-computer-science-education-program.pdf

Fraillon, J., Ainley, J., Schulz, W., Friedman, T. and Duckworth, D. (2019). *Preparing for life in a digital world: IEA International Computer and Information Literacy Study 2018 international report.* International Association for the Evaluation of Educational Achievement. https://www.iea.nl/sites/default/files/2019-11/ICILS%202019%20Digital%20final%20 04112019.pdf

France Ministry of Higher Education and Research. (2018). *La stratégie nationale de recherche en intelligence artificielle* [National Research Strategy on Artificial Intelligence.]. https://www.enseignementsup-recherche.gouv.fr/fr/la-strategie-nationale-de-recherche-en-intelligence-artificielle-49166

Fruean, A. (2020, 17 April). *Global coalition brings $19 million support for education.* Samoa Observer. https://www.samoaobserver.ws/category/samoa/61498

Gillani, N., Eynon, R., Chiabaut, C. and Finkel, K. (2023). Unpacking the 'black box' of AI in education. *Educational Technology and Society, 26*(1), 99–111. https://www.jstor.org/stable/48707970

Google. (2022). *The future of education.* https://edu.google.com/future-of-education

Grand View Research. (2023). *Education technology market size, share and trends analysis report, 2030.* https://www.grandviewresearch.com/industry-analysis/education-technology-market#

Greenhow, C. and Lewin, C. (2015). Social media and education: Reconceptualizing the boundaries of formal and informal learning. *Learning, Media and Technology, 41*(1), 6–30. https://doi.org/10.1080/17439884.2015.1064954

Gyawali, S. and Bhatta, P. (2021). *Can online learning in Nepal outlive the COVID-19 pandemic?* Asian Development Blog. https://blogs.adb.org/blog/can-online-learning-in-nepal-outlive-covid-19-pandemic

Haaristo, H.-S., Haugas, S., Mägi, E., Anniste, K., Michelson, A., Koppel, L. and Murasov, M. (2019). *Interim evaluation of the lifelong learning strategy.* Praxis. https://www.praxis.ee/en/tood/interim-evaluation-of-the-lifelong-learning-strategy

Hamilton, A. and Hattie, J. (2021). *Not all that glitters is gold: Can education technology finally deliver?* Corwin Press. https://www.cognitionlearninggroup.com/wp-content/uploads/2022/04/Not-All-That-Glitters-is-Gold-2.pdf

Helmy, R., Khourshed, N., Wahba, M. and Bary, A. A. E. (2020). Exploring critical success factors for public private partnership case study: The educational sector in Egypt. *Journal of Open Innovation: Technology, Market, and Complexity, 6*(4), 142. https://www.mdpi.com/2199-8531/6/4/142

Hinostroza, E., Jara, I. and Brun, M. (2011). Case study: Uruguay. In UNESCO (Ed) *Transforming education: The power of ICT policies* (pp. 125–165). https://unesdoc.unesco.org/ark:/48223/pf0000368582

Hirsh-Pasek, K., Zosh, J. M., Hadani, H. S., Golinkoff, R. M., Clark, K., Donohue, C. and Wartella, E. (2022). *A whole new world: Education meets the metaverse.* Center for Universal Education at Brookings. https://www.brookings.edu/wp-content/uploads/2022/02/A-whole-new-world_Education-meets-the-metaverse-FINAL-021422.pdf

Holmes, W., Anastopoulou, S., Schaumburg, H. and Mavrikis, M. (2018). *Technology-enhanced personalised learning: Untangling the evidence.* Robert Bosch Stiftung. https://www.bosch-stiftung.de/sites/default/files/publications/pdf/2018-08/Study_Technology-enhanced%20Personalised%20Learning.pdf

Holmes, W., Persson, J., Chounta, I.-A., Wasson, B. W. and Dimitrova, V. (2022). *Artificial intelligence and education: A critical view through the lens of human rights, democracy and the rule of law.* Council of Europe. https://rm.coe.int/artificial-intelligence-and-education-a-critical-view-through-the-lens/1680a886bd

HolonIQ. (2022a). *2022 global education outlook.* https://www.holoniq.com/notes/2022-global-education-outlook

HolonIQ. (2022b). *Global education technology in 10 charts.* https://www.holoniq.com/edtech-in-10-charts

IGIHE. (2020, 27 January). *The role of One Laptop Per Child program in enhancing education.* https://en.igihe.com/news/the-role-of-one-laptop-per-child-program-in

Iliza, A. (2022, 11 August). *ICT students biggest losers in cancelled laptops agreement.* Rwanda Today. https://rwandatoday.africa/rwanda/news/ict-students-biggest-losers-in-cancelled-laptops-agreement-3910834

INEEd. (2021). *Aristas 2020. Primer informe de resultados de tercero y sexto de educación primaria* [Aristas 2020. First report on the results of the third and sixth years of primary education.]. Instituto Nacional de Evaluación Educativa. https://www.ineed.edu.uy/images/Aristas/Publicaciones/Aristas2020/Aristas-2020-Primer-informe-de-resultados-de-tercero-y-sexto-de-educacion-primaria.pdf

IMD. (2022). *IMD world digital competitiveness ranking 2022.* International Institute for Management Development. https://www.imd.org/centers/world-competitiveness-center/rankings/world-digital-competitiveness

Iosefa, V. (2020, 26 November). *Samoa applies lessons from 2019 measles epidemic in response to coronavirus.* The Strategist. https://www.aspistrategist.org.au/samoa-applies-lessons-from-2019-measles-epidemic-in-response-to-coronavirus

ITU. (2022). *Key ICT indicators for the ITU/BDT regions (totals and penetration rates).* International Telecommunication Union. https://www.itu.int/en/ITU-D/Statistics/Documents/facts/ITU_regional_global_Key_ICT_indicator_aggregates_Nov_2022.xlsx

Joshi, A. R., Sharma, U. and Shrestha, R. (2022). *Non-state actors in education: South Asia, Nepal* (Background paper for *Global Education Monitoring Report: Non-state actors in South Asia 2022*). https://unesdoc.unesco.org/ark:/48223/pf0000383518

Kai, N. W. (2020). *Secondary school, junior college students to spend 2 days a month doing home-based learning from next year.* The Straits Times. https://www.straitstimes.com/singapore/secondary-school-junior-college-students-to-spend-2-days-a-month-doing-home-based-learning

Karki, H. (2019). A brief history of public education, information and communication technology (ICT) and ICT in public education in Nepal. *Deerwalk Journal of Computer Science and Information Technology, 24,* 78–103.

Kasneci, E., Sessler, K., Küchemann, S., Bannert, M., Dementieva, D., Fischer, F., Gasser, U., Groh, G., Günnemann, S., Hüllermeier, E., Krusche, S., Kutyniok, G., Michaeli, T., Nerdel, C., Pfeffer, J., Poquet, O., Sailer, M., Schmidt, A., Seidel, T., Stadler, M., Weller, J., Kuhn, J. and Kasneci, G. (2023). ChatGPT for good? On opportunities and challenges of large language models for education. *Learning and Individual Differences, 103,* 102274. https://doi.org/10.1016/j.lindif.2023.102274

Kattel, R. and Mergel, I. (2019). Estonia's digital transformation: Mission mystique and the hiding hand. In M. E. Compton and P. T. Hart (Eds) *Great policy successes.* Oxford University Press. https://library.oapen.org/bitstream/handle/20.500.12657/23594/9780198843719.pdf?se#page=158

Kazem, A. (2020, 19 October). *Egypt: #BacktoSchool brings a new test of 'blending learning'.* World Bank Blogs. https://blogs.worldbank.org/arabvoices/egypt-back-school-brings-new-test-blending-learning

Khanal, J., Gaulee, U. and Simpson, O. (2021). Higher education initiative challenges based on multiple frames of leadership: The case of Nepal Open University. *Open Learning: The Journal of Open, Distance and e-Learning, 26,* 78–84. https://www.tandfonline.com/doi/full/10.1080/02680513.2021.1882296

Kolkman, D. (2020, 26 August). *'F**k the algorithm'?: What the world can learn from the UK's A-level grading fiasco.* LSE Blog. https://blogs.lse.ac.uk/impactofsocialsciences/2020/08/26/fk-the-algorithm-what-the-world-can-learn-from-the-uks-a-level-grading-fiasco

Kwek, D., Teng, S. S., Lee, Y. J. and Chan, M. (2020). Policy and pedagogical reforms in Singapore: Taking stock, moving forward. *Asia Pacific Journal of Education, 40*(4), 425–432. https://www.tandfonline.com/doi/full/10.1080/02188791.2020.1841430

Larrouqué, D. (2017). Institucionalizar las políticas de inclusión digital: Los programas de Argentina, Perú y Uruguay en perspectiva comparada [Implementing digital inclusion policies in Latin America: The cases of Peru, Argentina and Uruguay]. *Polis, 48.* https://journals.openedition.org/polis/12641

Laterite. (2023). *Unlocking the potential of technology for learning: The EdTech landscape in Rwanda: A report for the Mastercard Foundation Centre for Innovative Teaching and Learning in ICT.* Laterite. https://mastercardfdn.org/wp-content/uploads/2023/04/EdTech-landscape-in-Rwanda.pdf

Leppik, C., Haaristo, H.-S., Mägi, E. and Kõiv, K. (2017). *ICT education in Estonian schools and kindergartens.* Praxis. https://www.praxis.ee/en/tood/ict-education-in-estonian-schools-and-kindergartens

Lorenz, B., Kikkas, K. and Laanpere, M. (2016). Digital turn in the schools of Estonia: Obstacles and solutions. In P. Zaphiris and A. Ioannou (Eds) *Learning and Collaboration Technologies. LCT 2016. (Lecture Notes in Computer Science, 9753).* Springer International. https://doi.org/10.1007/978-3-319-39483-1_65

Majid, S., Foo, S. and Chang, Y. K. (2020). Appraising information literacy skills of students in Singapore. *Aslib Journal of Information Management, 72,* 379–394. https://www.emerald.com/insight/content/doi/10.1108/AJIM-01-2020-0006/full/html

Mármol Queraltó, J. (2021). *A critical analysis of investors' logic in business discourse.* Universities and Unicorns Project. Lancaster University. https://www.lancaster.ac.uk/media/lancaster-university/content-assets/documents/universities-and-unicorns/UU-Phase1-Qualanalysis-Report3of4-final.pdf

Mateu, M., Cobo, C. and Moravec, J. (2018). Plan Ceibal 2020: Future scenarios for technology and education: The case of the Uruguayan public education system. *European Journal of Futures Research, 6*(1), 6. https://doi.org/10.1186/s40309-018-0134-z

Mayron, S. (2019, 12 November). *New cable caters for online Samoa.* Samoa Observer. https://www.samoaobserver.ws/category/samoa/53118

Mehisto, P. and Kitsing, M. (2021). *Estonia: Co-constructing the future we need now.* Ministry of Education and Research. https://www.educationestonia.org/wp-content/uploads/2021/09/Estonia_Co-constructing-the-future-we-need-now_2021.pdf

Membrere, M. (2021, 16 February). *Ministry considers satellite-based internet.* Samoa Observer. https://www.samoaobserver.ws/category/samoa/79284

Milder, D. (2022, 23 April). *El Ceibal por dentro: La nueva cara que el gobierno quiere dar al plan que creó Vázquez y cumple 15 años* [Ceibal inside: The new face that the government wants to give to the plan created by Vázquez and that turns 15]. El Pais. https://www.elpais.com.uy/que-pasa/el-ceibal-por-dentro-la-nueva-cara-que-el-gobierno-quiere-dar-al-plan-que-creo-vazquez-y-cumple-15-anos

Min, A. H. (2020, 20 April). *About 12,500 laptops and tablets loaned out to students for home-based learning.* Channel News Asia. https://www.channelnewsasia.com/singapore/covid19-laptops-schools-moe-education-home-based-learning-765516

Morozov, E. (2022, 7 July). *Avoiding solutionism in the digital transformation of education.* UNESCO. https://www.unesco.org/en/articles/avoiding-solutionism-digital-transformation-education

Moustafa, N., Elghamrawy, E., King, K. and Hao, Y. C. (2022). Education 2.0: A vision for educational transformation in Egypt. In F. M. Reimers, U. Amaechi, A. Banerji and M. Wang (Eds) *Education to build back better: What can we learn from education reform for a post-pandemic world* (pp. 51–74). Springer. https://link.springer.com/content/pdf/10.1007/978-3-030-93951-9.pdf?pdf=button

Mugiraneza, J. P. (2021). *Digitalization in teaching and education in Rwanda: Digitalization, the future of work and the teaching profession project.* International Labour Organization and GIZ. https://www.ilo.org/wcmsp5/groups/public/---ed_dialogue/---sector/documents/publication/wcms_783668.pdf

NCEE. (2021). *Singapore.* National Center on Education and the Economy. https://ncee.org/country/singapore

Ndayambaje, I. (2023). *Teaching and the teaching profession in a digital world: Rwanda.* International Labour Organization. https://www.ilo.org/wcmsp5/groups/public/---ed_dialogue/---sector/documents/publication/wcms_880412.pdf

Nepal Ministry of Communication and Information Technology. (2019). *2019 Digital Nepal framework: Unlocking Nepal's growth potential.* https://nepalindata.com/media/resources/items/15/bEN_Digital_Nepal_Framework_V7.2March2019.pdf

Nepal Ministry of Education, Science and Technology. (2022). *School Education Sector Plan for the Nepal school education sector 2022/23-2031/32.* https://moest.gov.np/upload_file/files/post/1668690227_1997409338_Nepal%20School%20Education%20Sector%20Plan%20final%202022%20.pdf

NITI Aayog. (2018). *National Strategy for Artificial Intelligence #AIForAll.* https://niti.gov.in/sites/default/files/2019-01/NationalStrategy-for-AI-Discussion-Paper.pdf

Niyonzima, O. (2018, 14 June). *Rwanda bans use of mobile phones in school.* KT Press. https://www.ktpress.rw/2018/06/rwanda-bans-use-of-mobile-phones-in-schools

Nsanzimana, G. (2022, 7 July). *Rural schools appeal for more smart classrooms.* The New Times. https://www.newtimes.co.rw/article/201069/News/rural-schools-appeal-for-more-smart-classrooms

OECD. (2020a). *Distribution of graduates and new entrants by field.* Organisation for Economic Co-Operation and Development. https://stats.oecd.org/Index.aspx?DataSetCode=EAG_GRAD_ENTR_FIELD

OECD. (2020b). *Education policy outlook: Estonia.* Organisation for Economic Co-operation and Development. https://www.oecd.org/education/policy-outlook/country-profile-Estonia-2020.pdf

OECD. (2020c). *PISA 2018 results (Volume V): Effective policies, successful schools.* OECD Publishing. https://doi.org/10.1787/ca768d40-en

OECD. (2020d). *Strengthening the governance of skills systems: Lessons from six OECD countries.* OECD Publishing. https://www.oecd.org/publications/strengthening-the-governance-of-skills-systems-3a4bb6ea-en.htm

OECD. (2021). *OECD digital education outlook 2021: Pushing the frontiers with artificial intelligence, blockchain and robots.* OECD Publishing. https://digital-education-outlook.oecd.org

OLE Nepal. (2023). *What we do.* https://www.olenepal.org

Onlinekhabar. (2022). *Govt's ambitious plan to establish ICT labs at 2,300 community schools.* https://english.onlinekhabar.com/govts-ambitious-plan-to-establish-ict-labs-at-2300-community-schools.html

OpenAI. (2023). *GPT-4 system card.* https://cdn.openai.com/papers/gpt-4-system-card.pdf

Oxford Business Group. (2020). *How will Egypt reform its education system?* https://oxfordbusinessgroup.com/reports/egypt/2020-report/economy/forging-ahead-new-reforms-investment-and-initiatives-are-aimed-at-fixing-ongoing-problems-and-transforming-perceptions-of-education

Oxford Business Group. (2022). *Public-private partnerships drive progress in Egyptian education system.* https://oxfordbusinessgroup.com/reports/egypt/2022-report/economy/future-workforce-a-host-of-partnerships-between-the-public-and-private-sectors-drive-progress-across-all-levels-of-schooling

Pacific Island Times News. (2022, 10 May). *Samoa government to buy out cable firm.* Pacific Island Times News. https://www.pacificislandtimes.com/post/samoa-government-to-buy-out-cable-firm

Pankin, S. (2021). *Analytical report.* UNESCO Institute for Information Technologies in Education and UNESCO International Institute for Educational Planning. https://unesdoc.unesco.org/ark:/48223/pf0000377831

Plan Ceibal. (2017). *10 años Plan Ceibal: Hicimos historia haciendo futuro* [10 years Plan Ceibal: We made history building future]. https://www.ceibal.edu.uy/storage/app/media/documentos/ceibal-10-2.pdf

Plan Ceibal. (2020). *Plan Ceibal 2007-2019.* https://www.ceibal.edu.uy/storage/app/media/documentos/ceibal-10-2.pdf

Plan Ceibal. (2021). *Strategic plan 2021-2025.* https://ceibal.edu.uy/wp-content/themes/wp-theme-ceibal/inc/Sobre_Nosotros-about/plan-estrategico-version-digitaltraduccion-ingles.pdf

Plan Ceibal. (2022). *Ceibal en cifras* [Ceibal in numbers]. https://www.ceibal.edu.uy/es/articulo/ceibal-en-cifras

Põldoja, H. (2020). Report on ICT in education in the Republic of Estonia. In D. Liu, R. Huang, B. Lalic, H. Zeng and N. Zivlak (Eds) *Comparative analysis of ICT in education between China and Central and Eastern European countries* (pp. 133–146). Springer. https://link.springer.com/chapter/10.1007/978-981-15-6879-4_7

Promethean. (2019, 10 December). *Ministry of Education, Egypt appoints Promethean as strategic education technology partner.* Cision PR Newswire. https://www.prnewswire.com/news-releases/ministry-of-education-egypt-appoints-promethean-as-strategic-education-technology-partner-300972535.html

PwC. (2022). *Vice-chancellor survey 2022: Transforming education in the digital age for accelerated and sustained outcomes.* https://www.pwc.co.za/en/assets/pdf/vice-chancellor-survey-2022.pdf

Ramzy, F. (2021). *Egypt's education 2.0: A promising project facing political challenges.* The Legal Agenda. https://english.legal-agenda.com/egypts-education-2-0-a-promising-project-facing-political-challenges

Rana, K. and Rana, K. (2020). ICT integration in teaching and learning activities in higher education: A case study of Nepal's teacher education. *Malaysian Online Journal of Educational Technology, 8*(1), 36–47. https://doi.org/10.17220/mojet.2020.01.003

RDP. (2021). *Edu 2.0 research and documentation project highlights.* https://www.youtube.com/watch?v=xw-Lhg1JSfc

Reich, J. (2020). *Failure to disrupt: Why technology alone can't transform education.* Harvard University Press.

Reich, J. and Ito, M. (2017). *From good intentions to real outcomes: Equity by design in learning technologies.* Digital Media and Learning Research Hub. https://clalliance.org/wp-content/uploads/2017/10/GIROreport_v3_complete.pdf

Ripani, M. F. (2022). Uruguay: Ceibal at home. In S. Vincent-Lancrin, C. Cobo and F. Reimers (Eds) *How learning continued during the COVID-19 pandemic: Global lessons from initiatives to support learners and teachers* (pp. 361–366). OECD Publishing. https://doi.org/10.1787/9ea58823-en

Rivas, A. (2023). The platformization of education: A framework to map the new directions of hybrid education systems. In C. Cobo and A. Rivas (Eds) *The new digital education policy landscape: From education systems to platforms.* Routledge. https://doi.org/10.4324/9781003373018

Romero, C. and Ventura, S. (2020). Educational data mining and learning analytics: An updated survey. *Wiley Interdisciplinary Reviews: Data Mining and Knowledge Discovery, 10*(3). https://doi.org/10.1002/widm.1355

Rubin, S. M. (2021). *Evolving roles of ICT in Nepal's education sector.* Nepal Institute for Policy Research. https://nipore.org/evolving-roles-of-ict-in-nepals-education-sector

Ruiz-Calleja, A., García, S., Tammets, K., Aguerrebere, C. and Ley, T. (2017). Strategies for data and learning analytics informed national education policies (Conference presentation). *Seventh International Learning Analytics and Knowledge Conference,* 449–453. https://doi.org/10.1145/3027385.3027444

Rwanda Government. (2015). *SMART Rwanda Master Plan 2015-2020: A prosperous and knowledgeable society through SMART ICT.* https://docs.igihe.com/IMG/pdf/ict_ssp__smart_rwanda_master_plan_.pdf

Rwanda Government. (2021). *Law Relating to the Protection of Personal Data and Privacy.* https://cyber.gov.rw/fileadmin/user_upload/NCSA/Documents/Laws/OG_Special_of_15.10.2021_Amakuru_bwite.pdf

Rwanda Ministry of Education. (2016). *ICT in education policy.* https://planipolis.iiep.unesco.org/sites/default/files/ressources/rwanda_ict_in_education_policy_approved.pdf

Rwanda Ministry of Education. (2018). *Education Sector Strategic Plan 2018/19 to 2023/24.* https://planipolis.iiep.unesco.org/sites/default/files/ressources/rwanda_esp_2018-19-2023-24.pdf

Rwanda Ministry of Education. (2022). *2020/21 education statistical yearbook.* https://www.mineduc.gov.rw/index.php?eID=dumpFile&t=f&f=57558&token=7fcfee8241823a71f559fdcd2fc7b72f6baac3e0

Rwanda Ministry of ICT and Innovation. (2019). *ICT sector profile 2018*. Ministry of ICT and Innovation, Rwanda Development Board, National Institute of Statistics, Rura and RISA. https://www.minict.gov.rw/fileadmin/user_upload/minict_user_upload/Documents/ICT_Sector_Profile/ICT_Sector_Profile-_2018.pdf

Rwanda National Cyber Security Authority. (2022). *Setting parental controls: What makes them so useful?* https://cyber.gov.rw/updates/article/setting-parental-controls-what-makes-them-so-useful

Rwanda Office of the Auditor General. (2020). *Report of the auditor general for the year ended 30 June 2020*. https://www.oag.gov.rw/fileadmin/REPORTS/ANNUAL_AUDIT_REPORT-_2020.pdf

Saavedra, J. (2019, 18 November). *Shaking up Egypt's public education system*. World Bank Blogs. https://blogs.worldbank.org/education/shaking-egypts-public-education-system

Sabiiti, D. (2019, 23 November). *From OLPC XO to Positivo: Rwanda sets the bar higher*. KT Press. https://www.ktpress.rw/2019/11/from-olpc-xo-to-positivo-rwanda-sets-the-bar-higher

Samoa Ministry of Commerce Industry and Labour. (2022). *Samoa E-commerce Strategy and Roadmap*. Ministry of Commerce, Industry and Labour; Ministry of Foreign Affairs and Trade; and Samoa Folau Ma Le Faatuatua. https://www.forumsec.org/wp-content/uploads/2022/10/Samoa-ECommerce-Strategy-Roadmap_FINAL.pdf

Samoa Ministry of Education, Sports and Culture. (2019a). *Annual report June 2018-June 2019*. https://www.mesc.gov.ws/wp-content/uploads/2020/05/MESC-Annual-Report-2018-2019-English-Version_FINAL_AMENDED-Feb-12-2020.pdf

Samoa Ministry of Education, Sports and Culture. (2019b). *Education Sector Plan 2019/24*. Samoa Qualifications Authority; Ministry of Education, Sports and Culture; and National University of Samoa. https://www.mesc.gov.ws/wp-content/uploads/2020/04/FINAL-Education-Sector-Plan-2019-2024.pdf

Samoa Ministry of Education, Sports and Culture. (2020). *Education Sector COVID-19 Response Plan: Implementing the COVID basic education response programme*. https://www.mesc.gov.ws/wp-content/uploads/2020/10/Samoa-Education-Sector-COVID-Response-Plan.pdf

Samoa Observer. (2022, 1 February). *How ready are education service providers?* Samoa Observer. https://www.samoaobserver.ws/category/article/96946

Sanerivi, S. S. (2022, 3 July). *Samoa going backward by using satellite: Tuilaepa*. Samoa Observer. https://www.samoaobserver.ws/category/samoa/98722

Schiff, D. (2022). Education for AI, not AI for education: The role of education and ethics in national AI policy strategies. *International Journal of Artificial Intelligence in Education, 32*(3), 527–563. https://doi.org/10.1007/s40593-021-00270-2

Selwyn, N. (2022). *Education and technology: Key issues and debates*. Bloomsbury Academic.

Severin, E. (2016). Building and sustaining national ICT: Education agencies: Lessons from Uruguay (Plan Ceibal). (*SABER-ICT Technical Paper Series, 9)*. World Bank. https://documents1.worldbank.org/curated/en/411931488307577684/pdf/113107-NWP-Agencies-Uruguay-Ceibal-SABER-ICTno09.pdf

Shah, D. (2021, 1 December). *By the numbers: MOOCs in 2021*. The Report. https://www.classcentral.com/report/mooc-stats-2021

Singapore Ministry of Education. (2018, 10 July). *Use of smartphones in schools*. https://www.moe.gov.sg/news/parliamentary-replies/20180710-use-of-smartphones-in-schools

Singapore Ministry of Education. (2020a). *Blended learning to enhance schooling experience and further develop students into self-directed learners*. https://www.moe.gov.sg/news/press-releases/20201229-blended-learning-to-enhance-schooling-experience-and-further-develop-students-into-self-directed-learners

Singapore Ministry of Education. (2020b). *Learn for life: Ready for the future: Refreshing our curriculum and skillsfuture for educators*. https://www.moe.gov.sg/news/press-releases/20200304-learn-for-life-ready-for-the-future-refreshing-our-curriculum-and-skillsfuture-for-educators

Singapore Ministry of Education. (2021a). *Education statistics digest 2021*. https://www.moe.gov.sg/-/media/files/about-us/education-statistics-digest-2021.ashx

Singapore Ministry of Education. (2021b). *Infosheet on key changes under CCE 2021*. https://www.moe.gov.sg/news/press-releases/-/media/files/news/press/2020/infosheet-on-key-changes-under-cce2021.pdf

Singapore Ministry of Education. (2021c). *Supporting your child during full home-based learning*. https://www.moe.gov.sg/-/media/files/parent-kit/Parent-Kit_Supporting-your-child-during-Full-HBL.pdf

Singapore Ministry of Education. (2022a). *Educational technology journey*. https://www.moe.gov.sg/education-in-sg/educational-technology-journey

Singapore Ministry of Education. (2022b). *Educational Technology Plan*. https://www.moe.gov.sg/education-in-sg/educational-technology-journey/edtech-plan

Singapore Ministry of Education. (2022c). *Speech by Minister Chan Chun Sing at the national technology-enhanced learning conference (NTEL 2022) at Singapore University of Technology and Design.* https://www.moe.gov.sg/news/speeches/20221027-speech-by-minister-chan-chun-sing-at-the-national-technology-enhanced-learning-conference-ntel-2022-at-singapore-university-of-technology-and-design

Singapore Smart Nation and Digital Government Office. (2019). *National Artificial Intelligence Strategy: Advancing our smart nation journey.* https://www.smartnation.gov.sg/files/publications/national-ai-strategy.pdf

Sobhy, H. (2023). *Reforms for another planet: The global learning crisis, political drivers and expert views on Egypt's Edu 2.0.* (Political Economy Paper 6). Research on Improving Systems of Education. https://riseprogramme.org/sites/default/files/2023-02/Reforms_for_Another_Planet_Egypt.pdf

Stanley, G. (Ed). (2019). *Innovations in education remote teaching.* British Council. https://www.teachingenglish.org.uk/sites/teacheng/files/Innovations%20in%20Education%20-%20Remote%20Teaching-V8_1-164_WEB.pdf

Striegel, C. (2020, 4 September). *Samoa project offers lessons for improving learning during COVID-19 pandemic.* Insights Blog. RTI International. https://www.rti.org/insights/samoa-schoolnet-online-learning-lessons

Teng, A. (2020, 4 March). *Parliament: Schools to devote more time to cyber wellness education.* The Straits Times. https://www.straitstimes.com/politics/parliament-schools-to-devote-more-time-to-cyber-wellness-education

Thomas, P. A. (2022). *Inside Wikipedia: How it works and how you can be an editor.* Rowman and Littlefield Publishers.

Thormundsson, B. (2023). *Rate of generative AI adoption in the workplace in the United States 2023, by industry.* Statista. https://www.statista.com/statistics/1361251/generative-ai-adoption-rate-at-work-by-industry-us

UIS. (2020a). *Completion rate, lower and upper secondary education, both sexes (%)* (Data set). UNESCO Institute for Statistics. http://sdg4-data.uis.unesco.org/

UIS. (2020b). *Samoa's experience of COVID 19: Effect in the education sector* [Conference presentation]. Regional virtual meeting on COVID-19. UNESCO Institute for Statistics. https://tcg.uis.unesco.org/wp-content/uploads/sites/4/2020/05/UIS_COVID_Samoa.pdf

UIS. (2023). *Proportion of schools with access to Internet for pedagogical purposes* (Data set). UNESCO Institute for Statistics. http://sdg4-data.uis.unesco.org

UN Transforming Education Summit. (2022). *Knowledge hub: Collection of best practices: The Egyptian Knowledge Bank.* https://knowledgehub.sdg4education2030.org/system/files/2022-11/AT4GP326.pdf

UNESCO. (2020). *Education and COVID-19 response.* https://globaleducationcoalition.unesco.org/Members/Details/162

UNESCO. (2021). *AI and education: Guidance for policy-makers.* https://unesdoc.unesco.org/ark:/48223/pf0000376709

UNESCO. (2022a). *K-12 AI curricula: A mapping of government-endorsed AI curricula.* https://unesdoc.unesco.org/ark:/48223/pf0000380602

UNESCO. (2022b). *The Egyptian Knowledge Bank: Responding to people's today thirst for knowledge.* https://en.unesco.org/news/egyptian-knowledge-bank-responding-peoples-today-thirst-knowledge

UNICEF. (2020). *COVID-19: At least a third of the world's and two-thirds of Nepal's schoolchildren unable to access remote learning during school closures, new UNICEF report says.* https://www.unicef.org/nepal/press-releases/covid-19-least-third-worlds-and-two-thirds-nepals-schoolchildren-unable-access

UNICEF. (2021a). *Country office annual report 2021: Egypt.* https://www.unicef.org/media/115971/file/Egypt-2021-COAR.pdf

UNICEF. (2021b). *Meaningful school connectivity: An assessment of sustainable business models.* Boston Consulting Group, UNICEF and International Telecommunication Union. https://s41713.pcdn.co/wp-content/uploads/2021/11/BCG-Giga-Meaningful-school-connectivity-1.pdf

UNICEF. (2021c). *Reimagine education case study: Egypt: Education 2.0: Skills-based education and digital learning.* UNICEF Egypt Country Office. https://www.unicef.org/documents/education-20-skills-based-education-and-digital-learning-egypt

University of the South Pacific. (2020). *USP's response to COVID-19 pandemic for learning and teaching.* https://www.usp.ac.fj/wp-content/uploads/2021/07/USPBeat_2020_Vol_19_Issue_5_en-20200626.pdf

Uruguay Parliament. (2020). *Comisión especial para el estudio del proyecto de ley con declaratoria de urgente consideración* [Special commission for the study of the bill with declaration of urgent consideration.]. https://parlamento.gub.uy/documentosyleyes/documentos/versiones-taquigraficas/senadores/49/41/0/HTM

Viik, L. (2020). Creating digitally literate students and citizens: Estonia. In M. M. Diaz and C. Lee (Eds) *What technology can and can't do for education: A comparison of 5 stories of success* (pp. 110–122). Inter-American Development Bank. https://publications.iadb.org/en/what-technology-can-and-cant-do-for-education-a-comparison-of-5-stories-of-success

Vuorikari, R., Kluzer, S. and Punie, Y. (2022). *DigComp 2.2: The digital competence framework for citizens*. Publications Office of the European Union. https://publications.jrc.ec.europa.eu/repository/handle/JRC128415

Wallet, P. and Kimenyi, E. (2019). *Improving quality and relevance of education through mobile learning in Rwanda: A promise to deliver: Case study by the UNESCO-Fazheng project on best practices in mobile learning*. UNESCO. https://unesdoc.unesco.org/ark:/48223/pf0000369044

Warschauer, M. (2003). The allures and illusions of modernity: Technology and educational reform in Egypt. *Education Policy Analysis Archives*, *38*(11). https://doi.org/10.14507/epaa.v11n38.2003

Warschauer, M. (2004). The rhetoric and reality of aid: Promoting educational technology in Egypt. *Globalisation, Societies and Education*, *2*(3), 377–390. https://doi.org/10.1080/14767720420002525498

Watermeyer, R., Chen, Z. and Ang, B. J. (2022). 'Education without limits': The digital resettlement of post-secondary education and training in Singapore in the COVID-19 era. *Journal of Education Policy*, *37*(6), 861–882. https://www.tandfonline.com/doi/pdf/10.1080/02680939.2021.1933198

Weller, M. (2022). *Metaphors of EdTech*. Athabasca University Press. https://doi.org/10.15215/aupress/9781771993500.01

Welsh, O. (2020, 29 December). *7 education reforms happening in Egypt*. Borgen Project Blog. https://borgenproject.org/7-methods-of-education-reforms-in-egypt

Williamson, B. (2021). Meta-edtech. *Learning, Media and Technology*. *46*(1), 1–5. https://doi.org/10.1080/17439884.2021.1876089

World Bank. (2019). *Rwanda: Digital economy assessment: Summary report*. https://thedocs.worldbank.org/en/doc/08165a76ca0f1ef688d2782dfaab3406-0400072022/related/Rwanda-DE4A-Summary-Report-final-for-feedback.pdf

World Bank. (2021). *Harnessing artificial intelligence for development in the post-COVID-19 era: A review of national AI strategies and policies*. Analytical Insights. https://www.developmentaid.org/api/frontend/cms/file/2021/09/Harnessing-Artificial-Intelligence-for-Development-on-the-Post-COVID-19-Era-A-Review-of-National-AI-Strategies-and-Policies-1.pdf

World Bank. (2022). *The World Bank in Rwanda*. https://www.worldbank.org/en/country/rwanda/overview

World Economic Forum. (2012). *Global Education Initiative: Retrospective on partnerships for education development 2003-2011*. www3.weforum.org/docs/WEF_GEI_PartnershipsEducationDevelopment_Report_2012.pdf

Yanguas, M. L. (2020). Technology and educational choices: Evidence from a one-laptop-per-child program. *Economics of Education Review*, *76*, 101984. https://www.sciencedirect.com/science/article/abs/pii/S0272775719302729

Yelenevych, A. (2022, 26 December). *The future of EdTech*. Forbes. https://www.forbes.com/sites/forbesbusinesscouncil/2022/12/26/the-future-of-edtech

Yeung, W.-J. (2020, 21 May). *Covid-19 can widen gaps in children's development*. The Straits Times. https://www.straitstimes.com/opinion/covid-19-can-widen-gaps-in-childrens-development

Zucchetti, A., Cobo, C. and Montaldo, M. (2020). Integrating information and communications technology into education: Uruguay. In M. M. Diaz and C. Lee (Eds) *What technology can and can't do for education: A comparison of 5 stories of success* (pp. 72–84). Inter-American Development Bank. https://publications.iadb.org/en/what-technology-can-and-cant-do-for-education-a-comparison-of-5-stories-of-success

第2章

Abdulrahman, Y. M. (2016). Trends and innovations in education of Nigerian nomadic population. *Foro de Educación*, *14*(20), 407–428. https://doi.org/10.14516/fde.2016.014.020.020

Adeyeye, B. A. (2019). Challenges and prospects of e-learning for prison education in Nigeria. *European Scientific Journal*, *15*(25), 327–337. https://doi.org/10.19044/esj.2019.v15n25p327

Aldehami, S. (2022). Saudi Arabia special education teachers' attitudes toward assistive technology use for students with intellectual disability. *Contemporary Educational Technology*, *14*(2), ep353. https://doi.org/10.30935/cedtech/11541

Alencar, A. (2020). Mobile communication and refugees: An analytical review of academic literature. *Sociology Compass*, *14*(8). https://doi.org/10.1111/soc4.12802

All Children Reading. (2022). *All Children Reading: A grand challenge for development consultation report* (Consultation report for *Global Education Monitoring Report 2023*).

Andrews, J. F., Liu, H.-T., Liu, C.-J., Gentry, M. A. and Smith, Z. (2017). Increasing early reading skills in young signing deaf children using shared book reading: A feasibility study. *Early Child Development and Care*, *187*(3–4), 583–599. https://doi.org/10.1080/03004430.2016.1210135

Anorue, L. I., Onyebuchi, C. A. and Ekwe, O. (2015). Reaching the hard to reach nomads: An evaluation of the use of radio distance learning strategy in nomadic education in north-western Nigeria. In C. C. Odoemelam, N. B. Okeibunor and D. Anyadike, *Interdisciplinary Academic Essays, 7* (pp. 169–187).

Aranda-Jan, C. and Boutard, A. (2019). *Understanding the mobile disability gap: Insights on mobile phone access and usage by persons with disabilities in Kenya and Bangladesh.* Global System for Mobile Communications Association. https:// www.gsma.com/mobilefordevelopment/resources/understanding-the-mobile-disability-gap/

Ashlee, A., Clericetti, G. and Mitchell, J. (2020). *Refugee education: A rapid evidence review.* EdTech Hub. https://docs. edtechhub.org/lib/UUNEJ7FS

Association for Higher Education, Access and Disability. (2017). *Universal design for learning.* https://www.ahead.ie/udl

Avanesian, G., Mizunoya, S. and Amaro, D. (2021). How many students could continue learning during COVID-19-caused school closures? Introducing a new reachability indicator for measuring equity of remote learning. *International Journal of Educational Development, 84.* https://doi.org/10.1016/j.ijedudev.2021.102421

Banerji, A., Batha, E. and Saif, S. K. (2021, 28 October). *Afghan girls learn, code 'underground' to bypass Taliban curbs.* Thomson Reuters Foundation. https://news.trust.org/item/20211027235839-yamwq

Banes, D., Hayes, A., Kurz, C. and Kushalnagar, R. (2020). *Using information and communications technologies to implement universal design for learning.* United States Agency for International Development. https://www.edu-links.org/resources/using-ict-implement-universal-design-learning-udl

Barbour, M. K. (2021). The shift to distance learning: Tracing the roots of 100+ years of practice and opportunity. *TechTrends, 65*(6), 919–922. https://doi.org/10.1007/s11528-021-00670-0

Bhutan Ministry of Education. (2021). *Education in emergency (EiE) during COVID-19 report.* https://www.unicef.org/bhutan/media/2666/file/EiE%20Report%202021.pdf

Bianchi, N., Lu, Y. and Song, H. (2022). The effect of computer-assisted learning on students' long-term development. *Journal of Development Economics, 158,* 102919. https://doi.org/10.1016/j.jdeveco.2022.102919

Bleeker, A. (2019). *Strengthening ICT and knowledge management capacity in support of the sustainable development of multi-island Caribbean SIDS* (Studies and Perspectives). United Nations. https://repositorio.cepal.org/bitstream/handle/11362/45064/1/S1901146_en.pdf

Boot, F. H., Owuor, J., Dinsmore, J. and MacLachlan, M. (2018). Access to assistive technology for people with intellectual disabilities: A systematic review to identify barriers and facilitators. *Journal of Intellectual Disability Research, 62*(10), 900–921. https://doi.org/10.1111/jir.12532

Bouck, E. C. and Long, H. (2021). Assistive technology for students with disabilities: An updated snapshot. *Journal of Special Education Technology, 36*(4), 249–257. https://doi.org/10.1177/0162643420914624

Brown, F. L., Farag, A. I., Alla, F. H. A., Radford, K., Miller, L., Neijenhuijs, K., Stubbé, H., Hoop, T. de, Abbadi, A. A., Turner, J. S., Jetten, A. and Jordans, M. J. D. (2020). Can't Wait to Learn: A quasi-experimental mixed-methods evaluation of a digital game-based learning programme for out-of-school children in Sudan. *Journal of Development Effectiveness,* 1–22. https://doi.org/10.1080/19439342.2020.1829000

Burns, M. (2021). *Technology in education* (Think piece for *Global Education Monitoring Report 2023*). https://unesdoc.unesco.org/ark:/48223/pf0000378951

Burns, M., Santally, M. I., Halkhoree, R., Roopesh, K., Juggurnath, B. and Rajabalee, Y. B. (2019). *Information and communications technologies and secondary education in sub-Saharan Africa: Policies, practices, trends and recommendations* (Background paper for *Secondary Education in Africa: Preparing Youth for the Future of Work*). Mastercard Foundation. https://www.edu-links.org/sites/default/files/media/file/ICT-in-Secondary-Education.pdf

Cambodia Ministry of Education, Youth and Sport. (2020). *Cambodia education response plan to COVID-19 pandemic.* https://planipolis.iiep.unesco.org/sites/default/files/ressources/cambodia_education_response_plan_to_covid19_panademic_july_2020.pdf

Commonwealth of Learning. (2021). *GIRLS inspire.* https://www.col.org/skills/girls-inspire

Conyers, A. (2020, 13 August). *How online learning is an opportunity for the Arctic.* Arctic Today. https://www.belfercenter.org/publication/how-online-learning-opportunity-arctic

Côte d'Ivoire Ministry of National Education. (2020). *Evaluation des cours à distance et de la réouverture de l'école dans le contexte de crise sanitaire de la COVID-19* [Evaluation of distance learning courses and school reopening in the context of the COVID-19 health crisis]. Côte d'Ivoire Ministry of National Education and UNICEF. https://www.men-dpes.org/static/docs/autres/COVID19_RAPPORT_EVALUATION_VERSON_FINALE.pdf

Craig, D., Etcheverry, J. and Ferris, S. (2016). Mexico's Telesecundaria Program and equitable access to resources. *McGill Journal of Education/Revue des Sciences de l'éducation de McGill, 51*(1), 657–666. https://doi.org/10.7202/1037364ar

Criollo-C, S., Guerrero-Arias, A., Jaramillo-Alcázar, Á. and Luján-Mora, S. (2021). Mobile learning technologies for education: Benefits and pending issues. *Applied Sciences, 11*(9), 4111. https://doi.org/10.3390/app11094111

Crompton, H., Burke, D., Jordan, K., Wilson, S., Nicolai, S. and Myers, C. (2021). *EdTech and emergency remote learning: A systematic review.* EdTech Hub. https://docs.edtechhub.org/lib/V6UCUGBZ

Crossfire Reports (2021, 23 November). *Commission begins curriculum reviews of four basic subjects.* https://crossfirereports.com/commission-begins-curriculum-reviews-of-four-basic-subjects/

Damani, K. and Mitchell, J. (2020). *Rapid evidence review: Radio.* EdTech Hub. https://edtechhub.org/rapid-evidence-review-radio

Dang, H.-A. H., Oseni, G., Zezza, A. and Abanokova, K. (2021). *Impact of COVID-19 on learning: Evidence from six sub-Saharan African countries.* World Bank. https://openknowledge.worldbank.org/server/api/core/bitstreams/dde80ac5-c57f-55ce-b203-c9fa7f1348fd/content

de Dinechin, E. and Boutard, A. (2021). *Information and communication technologies (ICTs) and inclusive education.* Humanity and Inclusion. https://www.hi.org/sn_uploads/document/Inclusive-ICT-report_1.pdf

Dreesen, T., Kamei, A., Karamperidou, D., Fakher, S. A., Marji, L. and Correa, J. S. O. (2021). *Unlocking learning: The implementation and effectiveness of digital learning for Syrian refugees in Lebanon.* UNICEF Office of Research – Innocenti. https://inee.org/sites/default/files/resources/Unlocking-Learning-The-implementation-and-effectiveness-of-digital-learning-for-Syrian-refugees-in-Lebanon.pdf

Eide, A. H. and Munthali, A. (2018). *Living conditions among persons with disabilities in Malawi.* SINTEF. https://www.sintef.no/en/publications/publication/1639062

Ershad, A. (2020, 21 April). *In Iran, poverty and lack of internet make distance learning impossible.* The Observers. https://observers.france24.com/en/20200421-iran-internet-covid19-distance-learning-poverty

Fabregas, R. (2019). *Broadcasting education: The long-term effects of Mexico's Telesecundarias.* https://cega.berkeley.edu/wp-content/uploads/2020/03/Fabregas_PacDev2020.pdf

Ferreira, F. (2017). *Reaching the unreached through open and distance learning (ODL) in Bangladesh, India and Pakistan.* Commonwealth of Learning. https://oasis.col.org/items/21dc9457-bf12-4aa5-a086-ef5bbfa3d38b

Filho, E. A. de B. (2018). A TV como escola: O uso educativo da televisão Pré-Ditadura Militar [The TV as a school: The conception of the educational use of television in Brazil]. *Patrimônio e Memória, 14*(2), 416–433.

Foley, A. R. and Masingila, J. O. (2015). The use of mobile devices as assistive technology in resource-limited environments: Access for learners with visual impairments in Kenya. *Disability and Rehabilitation: Assistive Technology, 10*(4), 332–339. https://doi.org/10.3109/17483107.2014.974220

Fundação Telefônica Vivo. (2022, 7 August). *Centro de Mídias de Educação do Amazonas: A tecnologia digital encurta as distâncias da educação pública no maior estado Brasileiro* [Amazonas Education Media Center: Digital technology bridges gaps in public education in Brazil's largest state]. https://www.fundacaotelefonicavivo.org.br/noticias/centro-de-midias-de-educacao-tecnologia-digital

Ghana Ministry of Education. (2020). *COVID-19 coordinated education response plan for Ghana.* https://planipolis.iiep.unesco.org/sites/default/files/ressources/education-response-plan-to-covid-19-in-ghana-april-2020-1.pdf

Gombe, R. M. (2022, 21 June). *Commission evolves new strategies to teach more nomads.* Voice of Nigeria. https://von.gov.ng/commission-evolves-new-strategies-to-teach-more-nomads

Government of Greenland. (2022). *Upper secondary education: GUX 2022/23.*

Grant, U., Jordan, C., Kamal, H., Kube-Barth, S., Waistell, D., Williamson, S., Hedges, C., Power, T. and Richardson, A. M. (2022). *Resource pack to support remote Learning: Radio.* World Bank. https://documents.worldbank.org/en/publication/documents-reports/documentdetail/099250004122221110/p1742520930bf702708f2601bdb63d95ee0

Gutierrez, M. and Wurie, M. (2021). *Sierra Leone's radio teaching programme: Challenges and opportunities.* World Bank. https://openknowledge.worldbank.org/server/api/core/bitstreams/d981346d-2445-5a15-82da-65159d8c6312/content

Guyana Ministry of Education. (2020). *Distance education.* www.education.gov.gy/web/index.php/ncerd/item/243-distance-education

Habib. (2019, 9 June). *30 years after, has NCNE delivered on its mandate?* Blueprint. https://www.blueprint.ng/30-years-after-has-ncne-delivered-on-its-mandate/

Hallgarten, J., Gorgen, K. and Sims, K. (2020). *Overview of emerging country-level response to providing educational continuity under COVID-19: What are the lessons learned from supporting education in conflicts and emergencies that could be relevant for EdTech-related responses to COVID-19?* Education Development Trust. https://edtechhub.org/wp-content/uploads/2020/05/supporting-education-conflict.pdf

Hanemann, U. (2017, 26 July). *Use of radio in a nomadic education programme, Nigeria.* UNESCO Institute for Lifelong Learning. https://uil.unesco.org/case-study/effective-practices-database-litbase-0/use-radio-nomadic-education-programme-nigeria

Hersh, M. (2020). *Technology for inclusion* (Background paper for *Global Education Monitoring Report 2020*). https://unesdoc.unesco.org/ark:/48223/pf0000373655

Hersh, M. and Johnson, M. A. (2008). On modelling assistive technology systems: Part I: Modelling framework. *Technology and Disability, 20*(3), 193–215. https://doi.org/10.3233/tad-2008-20303

Hersh, M. and Mouroutsou, S. (2019). Learning technology and disability: Overcoming barriers to inclusion: Evidence from a multi-country study. *British Journal of Educational Technology, 50*(6), 3329–3344. https://doi.org/10.1111/bjet.12737

Hosman, L. (2019, 8 March). *Improving educational opportunities in remote Pacific Islands: The SolarSPELL Digital Library.* https://sustainability-innovation.asu.edu/events/rsvp/improving-educational-opportunities-in-remote-pacific-islands-the-isolarspelli-digital-library

Hossain, M. (2021). Unequal experience of COVID-induced remote schooling in four developing countries. *International Journal of Educational Development, 85*, 102446. https://doi.org/10.1016/j.ijedudev.2021.102446

Hsieh, Y.-H., Granlund, M., Odom, S. L., Hwang, A.-W. and Hemmingsson, H. (2022). Increasing participation in computer activities using eye-gaze assistive technology for children with complex needs. *Disability and Rehabilitation: Assistive Technology*, 1–14. https://doi.org/10.1080/17483107.2022.2099988

Hu, X. and Han, Z. R. (2019). Effects of gesture-based match-to-sample instruction via virtual reality technology for Chinese students with autism spectrum disorders. *International Journal of Developmental Disabilities, 65*(5), 327–336. https://doi.org/10.1080/20473869.2019.1602350

IDA. (2021). *Survey on the experience of persons with disabilities adapting to the COVID-19 global pandemic.* International Disability Alliance. https://www.internationaldisabilityalliance.org/sites/default/files/covid-19_survey_report_final.pdf

IGNOU. (2020). *Annual report 2019-2020.* Indira Gandhi National Open University. http://ignou.ac.in/userfiles/Annual%20Report%202019-20%20E.pdf

INEE. (2020). *INEE mapping report: Distance education in emergencies.* Inter-agency Network for Education in Emergencies. https://inee.org/sites/default/files/resources/INEE%20Distance%20Education%20in%20Emergencies%20v1.0%20LowRes.pdf

INEE. (2022). *Mind the gap 2: Seeking safe and sustainable solutions for girls' education in crises.* Inter-agency Network for Education in Emergencies. https://inee.org/sites/default/files/resources/INEE%20Mind%20the%20Gap%202%20v1.0%20LowRes.pdf

Innovations for Poverty Action. (2021). *Learning in COVID times: Effects of COVID-19 on students' learning inequalities.* https://poverty-action.org/sites/default/files/presentation/Learning-in-the-Time-of-a-Pandemic-Ghana-Webinar-March-11-2021-Slides-for-Website.pdf

Jacob, J. U.-U. and Ensign, M. (2020). *Transactional radio instruction: Improving educational outcomes for children in conflict zones.* Palgrave Macmillan. https://link.springer.com/book/10.1007/978-3-030-32369-1

Johnson, J. B., Reddy, P., Chand, R. and Naiker, M. (2021). Attitudes and awareness of regional Pacific Island students towards e-learning. *International Journal of Educational Technology in Higher Education, 18*(1), 13. https://doi.org/10.1186/s41239-021-00248-z

Johnston, J. and Ksoll, C. (2022). Effectiveness of interactive satellite-transmitted instruction: Experimental evidence from Ghanaian primary schools. *Economics of Education Review, 91*, 102315. https://doi.org/10.1016/j.econedurev.2022.102315

Jones, N., Tapia, I. S., Baird, S., Guglielmi, S., Oakley, E., Yadete, W. A., Sultan, M. and Pincock, K. (2021). Intersecting barriers to adolescents' educational access during COVID-19: Exploring the role of gender, disability and poverty. *International Journal of Educational Development, 85*, 102428. https://doi.org/10.1016/j.ijedudev.2021.102428

Jordan, K. and Mitchell, J. (2020). *Messaging apps, SMS & social media: Rapid evidence review.* EdTech Hub. https://edtechhub.org/wp-content/uploads/2020/10/Rapid-Evidence-Review-Messaging.pdf

Kan, S., Dreesen, T. and Valenza, M. (2022). *On call: Using mobile phones to provide learning in emergencies.* UNICEF. https://www.unicef-irc.org/publications/pdf/On-Call-Using-Mobile-Phones-to-Provide-Learning-in-Emergencies.pdf

Kara, M., Erdogdu, F., Kokoc, M. and Cagiltay, K. (2019). Challenges faced by adult learners in online distance education: A literature review. *Open Praxis, 11*(1), 5–22. https://search.informit.org/doi/abs/10.3316/INFORMIT.234110355704611

Karamperidou, D., Theodorou, N., Dreesen, T., Brossard, M., Kamei, A. and Correa, J. S. O. (2020). *Unlocking learning: The co-creation and effectiveness of a digital language learning course for refugees and migrants in Greece.* UNICEF Office of Research – Innocenti. https://www.unicef-irc.org/publications/pdf/AKELIUS.pdf

Karki, J., Rushton, S., Bhattarai, S. and Witte, L. D. (2021). Access to assistive technology for persons with disabilities: A critical review from Nepal, India and Bangladesh. *Disability and Rehabilitation: Assistive Technology*, 1–9. https://doi.org/10.1080/17483107.2021.1892843

Kenya Presidential Policy and Strategy Unit and Population Council. (2021). *Promises to keep: Impact of COVID-19 on adolescents in Kenya.* Population Council. https://knowledgecommons.popcouncil.org/cgi/viewcontent.cgi?article=2378&;context=departments_sbsr-pgy

Kim, S.-W. (2015). Effectiveness of a satellite educational television program for Ethiopian secondary education. *Distance Education, 36*(3), 419–436. https://doi.org/10.1080/01587919.2015.1019966

Kisanga, S. E. and Kisanga, D. H. (2022). The role of assistive technology devices in fostering the participation and learning of students with visual impairment in higher education institutions in Tanzania. *Disability and Rehabilitation: Assistive Technology, 17*(7), 791–800. https://doi.org/10.1080/17483107.2020.1817989

Koomar, S., Coflan, C. M. and Kaye, T. (2020). *Using EdTech in settings of fragility, conflict, and violence: A curated resource list.* (Helpdesk Response No. 8). EdTech Hub.

Lao PDR Ministry of Education and Sports. (2021). *Lao People's Democratic Republic education COVID-19 response plan.* https://www.unicef.org/laos/media/5561/file/Lao%20PDR%20Education%20COVID-19%20Response%20Plan.pdf

Larreamendy-Joerns, J. and Leinhardt, G. (2006). Going the distance with online education. *Review of Educational Research, 76*(4), 567–605. https://doi.org/10.3102/00346543076004567

Li, W. and Chen, N. (2019). China. In O. Zawacki-Richter and A. Qayyum, *Open and distance education in Asia, Africa and the Middle East: National perspectives in a digital age* (pp. 7–22). Springer. https://doi.org/10.1007/978-981-13-5787-9_2

Lindeiner-Stráský, K. von, Stickler, U. and Winchester, S. (2020). Flipping the flipped: The concept of flipped learning in an online teaching environment. *Open Learning: The Journal of Open, Distance and e-Learning, 37*(3), 288–304. https://doi.org/10.1080/02680513.2020.1769584

Lynch, P., Singal, N. and Francis, G. A. (2022). Educational technology for learners with disabilities in primary school settings in low- and middle-income countries: A systematic literature review. *Educational Review*, 1–27. https://doi.org/10.1080/00131911.2022.2035685

Marquet, P. and Xiao, Y. (2008). How the education become virtualized: A French point of view of the distance education history. *2008 International Conference on ICT in Teaching and Learning*, 584–593. https://hal.science/hal-00343553/file/2008_Xiao_Marquet_ICT2008.pdf

Martin, M. and Stulgaitis, M. (2022). *Refugees' access to higher education in their host countries: Overcoming the 'super-disadvantage'.* UNESCO International Institute for Educational Planning. https://unesdoc.unesco.org/ark:/48223/pf0000381505/PDF/381505eng.pdf.multi

Martiniello, N., Eisenbarth, W., Lehane, C., Johnson, A. and Wittich, W. (2022). Exploring the use of smartphones and tablets among people with visual impairments: Are mainstream devices replacing the use of traditional visual aids? *Assistive Technology, 34*(1), 34–45. https://doi.org/10.1080/10400435.2019.1682084

McAleavy, T., Joynes, C., Gibbs, E. and Sims, K. (2020). *Overview of emerging country-level response to providing continuity under COVID-19: What steps are being taken to reach the most disadvantaged students during the period of COVID-19 school closure?* Education Development Trust. https://edtechhub.org/wp-content/uploads/2020/05/disadvantaged-students.pdf

McNicholl, A., Casey, H., Desmond, D. and Gallagher, P. (2021). The impact of assistive technology use for students with disabilities in higher education: A systematic review. *Disability and Rehabilitation: Assistive Technology, 16*(2), 130–143. https://doi.org/10.1080/17483107.2019.1642395

Menashy, F. and Zakharia, Z. (2017). *Investing in the crisis: Private participation in the education of Syrian refugees.* Education International. https://www.right-to-education.org/resource/investing-crisis-private-participation-education-syrian-refugees

Menashy, F. and Zakharia, Z. (2020). Private engagement in refugee education and the promise of digital humanitarianism. *Oxford Review of Education, 46*(3), 313–330. https://doi.org/10.1080/03054985.2019.1682536

Mexico Government. (2020, 2 January). *Telesecundaria celebrates its 52nd anniversary*. https://www.gob.mx/aprendemx/articulos/la-telesecundaria-celebr a-su-52-aniversario?idiom=es

Mexico Secretariat of Public Education. (2011). *Principales cifras del sistema educativo nacional 2010-11* [Main figures of the national education system 2010-11]. https://www.planeacion.sep.gob.mx/Doc/estadistica_e_indicadores/principales_cifras/principales_cifras_2010_2011.pdf

Mexico Secretariat of Public Education. (2021). *Principales cifras del sistema educativo nacional 2020-21* [Main figures of the national education system 2020-21]. https://www.planeacion.sep.gob.mx/Doc/estadistica_e_indicadores/principales_cifras/principales_cifras_2020_2021_bolsillo.pdf

Migeon, F., Pye, J. and Ingram, R. (2021). *Welcoming learners with disabilities in quality learning environments: A tool to support countries in moving towards inclusive education*. UNESCO. https://unesdoc.unesco.org/ark:/48223/pf0000380256

Mohn, G., Rafique, A., Barros, J. M. C. D., Twinomugisha, A., Hawkins, R. J. and Rodriguez, M. R. B. (2022a). *Resource pack to support remote learning: Print*. World Bank. https://documents.worldbank.org/en/publication/documents-reports/documentdetail/099845403292226173/p1742520f59a810fe0918c0091da1ca70aa

Mohn, G., Rafique, A., Barros, J. M. C. D., Twinomugisha, A., Hawkins, R. J. and Rodriguez, M. R. B. (2022b). *Resource pack to support remote learning: Television*. World Bank. https://documents.worldbank.org/en/publication/documents-reports/documentdetail/099845403292224247/p17425202b92680610b3e80d6a2b373a45b

Montacute, R. and Cullinane, C. (2021). *Learning in lockdown: Research brief*. The Sutton Trust. https://www.suttontrust.com/wp-content/uploads/2021/01/Learning-in-Lockdown.pdf

Msoroka, M. S. (2019). Distance learning in prisons: Perspectives on expanding educational access to marginalised inmate-prisoners. *Journal of Issues and Practice in Education, 11*(1). https://journals.out.ac.tz/index.php/jipe/article/view/825

Muñoz-Najar, A., Gilberto, A., Hasan, A., Cobo, C., Azevedo, J. P. and Akmal, M. (2021). *Remote learning during COVID-19: Lessons from today, principles for tomorrow*. World Bank. https://documents1.worldbank.org/curated/en/160271637074230077/pdf/Remote-Learning-During-COVID-19-Lessons-from-Today-Principles-for-Tomorrow.pdf

Naidu, S. and Roberts, K. (2018). Future proofing higher education in the Pacific with open and flexible learning. *Journal of Learning for Development, 5*(3). https://doi.org/10.56059/jl4d.v5i3.309

National Centre for Learning Disabilities. (2020). *Inclusive technology in a 21st century learning system*. https://www.ncld.org/research/inclusive-technology-in-a-21st-century-learning-system

Navarro-Sola, L. (2021). *Secondary schools with televised lessons: The labor market returns of the Mexican Telesecundaria*. https://laianaso.github.io/laianavarrosola.com/Navarro-Sola_JMP.pdf

Naylor, R. and Gorgen, K. (2020). *Overview of emerging country-level response to providing educational continuity under COVID-19: What are the lessons learned from supporting education for marginalised girls that could be relevant for EdTech responses to COVID-19 in lower- and middle-income countries?* EdTech Hub. https://edtechhub.org/wp-content/uploads/2020/05/marginalised-girls.pdf

Nkengne, C. T., Tiberti, M., Nguyen, N. T. V., Backiny-Yetna, P., Koncobo, Z., Belemkoabga, L. and Tiendrebeogo, A. (2020). *COVID-19 impact monitoring at the household level: Burkina Faso*. World Bank. https://microdata.worldbank.org/index.php/catalog/3768/download/49181

Nwokedi, O. P., Okeibunor, N. B., Ugwuanyi, J. C., Nwokolo, P. N., Ugwuoke, J. C. and Gever, V. C. (2022). *Comparative analysis of the effectiveness of interactive radio and interactive television instructions on improvement in life skills among out-of-school nomadic children in Northern Nigeria*. Information Development. https://doi.org/10.1177/02666669221104599

OECD. (2020). *The potential of online learning for adults: Early lessons from the COVID-19 crisis*. OECD Policy Responses to Coronavirus (COVID-19). https://www.oecd.org/coronavirus/policy-responses/the-potential-of-online-learning-for-adults-early-lessons-from-the-covid-19-crisis-ee040002

Okah, P. (2019, 9 June). *30 years after, has NCNE delivered on its mandate?* Blueprint. https://www.blueprint.ng/30-years-after-has-ncne-delivered-on-its-mandate

Olaniran, S. O. (2018). Almajiri education: Policy and practice to meet the learning needs of the nomadic population in Nigeria. *International Review of Education, 64*(1), 111–126. https://doi.org/10.1007/s11159-018-9705-2

Open University. (2022a). *About the Open University*. https://www.open.ac.uk/about/main/policies-and-reports/mission

Open University. (2022b). *Facts and figures*. https://www.open.ac.uk/about/main/strategy-and-policies/facts-and-figures

Papua New Guinea Department of Education. (2020). *Papua New Guinea COVID-19 education emergency response and recovery plan*. https://www.education.gov.pg/documents/PNG-COVID-19-Education-Response-and-Recovery-Plan-(Final-Draft-04-05-2020).pdf

Pulker, H. and Papi, C. (2021). The history of the UK's pioneer distance education university: The Open University: An interview with Martin Weller. *Médiations & Médiatisations. Revue internationale sur le numérique en éducation et communication*, 6, 97–102. https://revue-mediations.teluq.ca/index.php/Distances/article/view/204/153

Ripani, M. F. (2020). *Uruguay: Ceibal en casa* [Ceibal at home]. World Bank, Organisation for Economic Co-operation and Development, Harvard Global Education Innovation Initiative and HundrEd. https://oecdedutoday.com/wp-content/uploads/2020/07/Uruguay-Ceibal-en-casa.pdf

Ripani, M. F. and Zucchetti, A. (2020). *Mexico: Aprende en casa* [Learning at home]. World Bank, Organisation for Economic Co-operation and Development, Harvard Global Education Innovation Initiative and HundrEd. https://oecdedutoday.com/wp-content/uploads/2020/07/Mexico-Aprende-en-casa.pdf

Ripani, M. F. and Zucchetti, A. (2022). Mexico: Learning at home. In S. Vincent-Lancrin, C. Cobo and F. Reimers (Eds) *How learning continued during the COVID-19 pandemic: Global lessons from initiatives to support learners and teachers.* OECD Publishing. https://doi.org/10.1787/bbeca162-en

Rizo, F. M. (2005). La Telesecundaria mexicana: Desarrollo y problemática actual [The Mexican Telesecundaria: Development and current problems], *Cuadernos de Investigación*, 16. Instituto Nacional para la Evaluación de la Educación. https://www.inee.edu.mx/publicaciones/la-telesecundaria-mexicana-desarrollo-y-problematica-actual-no-16

Roberto Marinho Foundation. (2023). *Telecurso.* https://www.frm.org.br/conteudo/educacao-basica/solucao/telecurso

Rodríguez, B. C. P., Armellini, A. and Traxler, J. (2021). The forgotten ones: How rural teachers in Mexico are facing the COVID-19 pandemic. *Online Learning*, 25(1), 253–268. https://doi.org/10.24059/olj.v25i1.2453

Saavedra, J. (2022, 23 July). *Ukraine and the world: The future we (re)build together.* World Bank. https://www.worldbank.org/en/news/speech/2022/07/23/ukraine-and-the-world-the-future-we-re-build-together

Salam, A. and Ahmed, S. (2015). *Online school assessment report.* Grameenphone Ltd.

Samra, R., Waterhouse, P. and Lucassen, M. (2021). Combining and managing work-family-study roles and perceptions of institutional support. *Distance Education*, 42(1), 88–105. https://doi.org/10.1080/01587919.2020.1869530

Santos, A. D. P. dos, Ferrari, A. L. M., Medola, F. O. and Sandnes, F. E. (2022). Aesthetics and the perceived stigma of assistive technology for visual impairment. *Disability and Rehabilitation: Assistive Technology*, 17(2), 152–158. https://doi.org/10.1080/17483107.2020.1768308

Senjam, S. S., Foster, A., Bascaran, C., Vashist, P. and Gupta, V. (2020). Assistive technology for students with visual disability in schools for the blind in Delhi. *Disability and Rehabilitation: Assistive Technology*, 15(6), 663–669. https://doi.org/10.1080/17483107.2019.1604829

Shahid, N. M. I., Law, E. L.-C. and Verdezoto, N. (2022). Technology-enhanced support for children with Down syndrome: A systematic literature review. *International Journal of Child-Computer Interaction*, 31, 100340. https://doi.org/10.1016/j.ijcci.2021.100340

Sharp, C., Nelson, J., Lucas, M., Julius, J., McCrone, T. and Sims, D. (2020). *The challenges facing schools and pupils in September 2020.* UK National Foundation for Educational Research. https://www.nfer.ac.uk/media/4119/schools_responses_to_covid_19_the_challenges_facing_schools_and_pupils_in_september_2020.pdf

Sierra Leone Ministry of Basic and Senior Secondary Education. (2020). *COVID-19 education emergency response plan.* https://planipolis.iiep.unesco.org/sites/default/files/ressources/sierra-leone-covid19-education-response-plan-pdf.pdf

Sleator, R. D. (2010). The evolution of e-learning background, blends and blackboard. *Science Progress*, 93(3), 319–334. https://doi.org/10.3184/003685010x12710124862922

Stone, C. and O'Shea, S. (2019). My children...think it's cool that mum is a uni student: Women with caring responsibilities studying online. *Australasian Journal of Educational Technology*, 35(6), 97–110. https://doi.org/10.14742/ajet.5504

Svensson, I., Nordström, T., Lindeblad, E., Gustafson, S., Björn, M., Sand, C., Almgren Bäck, G. and Nilsson, S. (2021). Effects of assistive technology for students with reading and writing disabilities. *Disability and Rehabilitation: Assistive Technology*, 16(2), 196–208. https://doi.org/10.1080/17483107.2019.1646821

Tadesse, L. (2020). Current practice and challenge of revised television instruction program. *Asian Journal of Advances in Research*, 5(3), 32–39.

Tauson, M. and Stannard, L. (2018). *EdTech for learning in emergencies and displaced settings: A rigorous review and narrative synthesis.* Save the Children UK. https://www.savethechildren.org.uk/content/dam/global/reports/education-and-child-protection/edtech-learning.pdf

The New Arab. (2021, 22 October). *Afghanistan's girls learn at covert digital school despite Taliban shutdown.* The New Arab. https://www.newarab.com/news/afghan-girls-continue-education-covert-digital-school

Thonden, C. (2020). Regional approaches to improving education in the Pacific and the role of the University of the South Pacific. In B. Panth and R. Maclean, *Anticipating and preparing for emerging skills and jobs: Key issues, concerns, and prospects* (pp. 173–180). Springer. https://doi.org/10.1007/978-981-15-7018-6_21

Topham, J. (2019, 29 May). *Can't Wait to Learn*. ReliefWeb. https://reliefweb.int/report/world/cant-wait-learn

Ugochukwu, I. F. and Ezeah, G. H. (2020). Impact of interactive radio instruction (IRI) on achievement in literacy and life skills among primary one nomadic pupil in north-west, Nigeria. *Journal of Critical Reviews, 7*(19), 10150–10161. https://www.jcreview.com/admin/Uploads/Files/61a345e52d8445.86328820.pdf

UIL. (2021, 23 November). *Kiron Campus programme*. UNESCO Institute for Lifelong Learning. https://uil.unesco.org/case-study/effective-practices-database-litbase-0/kiron-campus-programme

UIL. (2022a). *5th global report on adult learning and education: Citizenship education: Empowering adults for change*. UNESCO Institute for Lifelong Learning. https://unesdoc.unesco.org/ark:/48223/pf0000381666

UIL. (2022b). *From radio to artificial intelligence: Review of innovative technology in literacy and education for refugees, migrants and internally displaced persons*. UNESCO Institute for Lifelong Learning. https://unesdoc.unesco.org/ark:/48223/pf0000382627

UIS, UNICEF, World Bank, and OECD. (2022). *From learning recovery to education transformation: Insights and reflections from the 4th survey on national education responses to COVID-19 school closures*. https://unesdoc.unesco.org/ark:/48223/pf0000382704

UNESCO. (2015). *Education 2030: Incheon Declaration and Framework for Action: Towards inclusive and equitable quality education and lifelong learning for all*. https://unesdoc.unesco.org/ark:/48223/pf0000373718

UNESCO. (2018). *A lifeline to learning: Leveraging technology to support education for refugees*. https://en.unesco.org/icted/sites/default/files/2019-04/261278e.pdf

UNESCO. (2019). *Global Education Monitoring Report 2019: Migration, displacement and education: Building bridges, not walls*. https://en.unesco.org/gem-report/report/2019/migration

UNESCO. (2020). *Global Education Monitoring Report 2020: Inclusion and education: All means all*. https://unesdoc.unesco.org/ark:/48223/pf0000373718

UNESCO. (2021a). *Can't Wait to Learn, War Child Holland: Bridging disruption of children's education in conditions of conflict*. https://unesdoc.unesco.org/ark:/48223/pf0000380191

UNESCO. (2021b). *Digital schools, Jaago Foundation: A simple online teaching solution for quality education in rural Bangladesh*. https://unesdoc.unesco.org/ark:/48223/pf0000380187

UNESCO. (2021c). *Handbook for interactive audio instruction: Planning and implementing radio lessons in sub-Saharan Africa*. https://unesdoc.unesco.org/ark:/48223/pf0000375330

UNESCO. (2021d). *Kiron campus, Kiron open higher education: Harnessing the power of MOOCs to unleash refugee potential*. https://unesdoc.unesco.org/ark:/48223/pf0000380188

UNESCO. (2022). *National distance learning programmes in response to the COVID-19 education disruption: Case study of the Republic of Korea*. https://unesdoc.unesco.org/ark:/48223/pf0000382826

UNESCO IITE. (2021). *Understanding the impact of COVID-19 on the education of persons with disabilities: Challenges and opportunities of distance education: Policy brief*. UNESCO Institute for Information Technologies in Education. https://unesdoc.unesco.org/ark:/48223/pf0000378404

UNHCR. (2021). *Connected education for refugees: Addressing the digital divide*. United Nations High Commissioner for Refugees. https://www.unhcr.org/publications/brochures/61b743ef4/connected-education-refugees-addressing-digital-divide.html

UNICEF. (2020a). *Country office annual report 2020: Cambodia*. https://www.unicef.org/media/100546/file/Cambodia-2020-COAR.pdf

UNICEF. (2020b). *Guidance on distance learning modalities to reach all children and youth during school closures: Focusing on low- and no-tech modalities to reach the most marginalized*. UNICEF Regional Office for South Asia. https://www.unicef.org/rosa/media/7996/file/Guidance%20Continuity%20of%20Learning%20during%20COVID-19%20-%20Reaching%20All%20Children_UNICEF%20ROSA.pdf

UNICEF. (2021a). *Reimagining girls' education: Solutions to keep girls learning in emergencies*. https://www.unicef.org/media/94201/file/Reimagining%20Girls%20Education%20Solutions%20to%20Keep%20Girls%20Learning%20in%20Emergencies%20.pdf

UNICEF. (2021b). *Seen, counted, included: Using data to shed light on the well-being of children with disabilities*. https://data.unicef.org/resources/children-with-disabilities-report-2021

UNICEF. (2022a). *Pulse check on digital learning*. https://www.unicef.org/media/132096/file/Pulse%20Check.pdf

UNICEF. (2022b, 10 May). *Online learning helps Ukraine's children stay in school.* https://www.unicef.org/ukraine/en/stories/education-during-war-in-ukraine

UNICEF and ITU. (2020). *How many children and young people have internet access at home? Estimating digital connectivity during the COVID-19 pandemic.* https://www.itu.int/en/ITU-D/Statistics/Documents/publications/UNICEF/How-many-children-and-young-people-have-internet-access-at-home-2020_v2final.pdf

UNICEF and UNESCO. (2021). *Lao PDR case study: Situation analysis on the effects of and responses to COVID-19 on the education sector in Asia.* https://www.unicef.org/eap/media/9336/file/Sit%20An%20-%20Lao%20PDR%20case%20study.pdf

United Nations. (2006). *Convention on the Rights of Persons with Disabilities and Optional Protocol.* https://www.un.org/disabilities/documents/convention/convoptprot-e.pdf

United Nations. (2022). *Impact of the digitalization of education on the right to education: Report of the Special Rapporteur on the right to education.* https://www.ohchr.org/en/documents/thematic-reports/ahrc5032-impact-digitalization-education-right-education

UNRWA. (2022). *UNRWA strategy on information and communication technologies for education (ICT4E).* United Nations Relief and Works Agency. https://www.unrwa.org/sites/default/files/unrwa_strategy_on_information_and_communication_technology_for_education_ict4e_07.pdf

USAID. (2020). *Delivering distance learning in emergencies: A review of evidence and best practice.* United States Agency for International Development. https://www.edu-links.org/sites/default/files/media/file/DELIVERING%20DISTANCE%20LEARNING%20IN%20EMERGENCIES.pdf

University of the South Pacific. (2021). *The University of the South Pacific annual report 2021.* https://www.usp.ac.fj/wp-content/uploads/2022/07/USP-Annual-Report-2021_V4.pdf

Vincent-Lancrin, S., Cobo, C. and Reimers, F. (2022). *How learning continued during the COVID-19 pandemic: Global lessons from initiatives to support learners and teachers.* OECD Publishing. https://www.oecd-ilibrary.org/docserver/bbeca162-en.pdf

Vodafone Foundation. (2017). *Instant Network Schools: A Connected Education programme.*

Wagner, E. (2017). *Refugee education: Is technology the solution?* Save the Children. (Promising Practices in Refugee Education). https://resourcecentre.savethechildren.net/pdf/Promising-Practices-in-Refugee-Education-Refugee-Education-Is-technology-the-solution.pdf

Wang, L. C., Vlassopoulos, M., Islam, A. and Hassan, H. (2023). *Delivering remote learning using a low-tech solution: Evidence from a randomized controlled trial in Bangladesh.* (IZA Discussion Paper 15920). Institute of Labor Economics. https://docs.iza.org/dp15920.pdf

Waterhouse, P., Samra, R. and Lucassen, M. (2022). Distance education students' satisfaction: Do work and family roles matter? *Distance Education, 43*(1), 56–77. https://doi.org/10.1080/01587919.2021.2020622

Watson, J. and McIntyre, N. (2020). *Educational television: A rapid evidence review.* EdTech Hub. https://edtechhub.org/wp-content/uploads/2020/07/RER-TV.pdf

Wolff, L., de Moura Castro, C., Navarro, J. C. and García, N. (2002). Television for secondary education: Experience of Mexico and Brazil. In W. D. Haddad and A. Draxler, *Technologies for education: Potentials, parameters and prospects* (pp. 145–152). UNESCO.

World Bank. (2020). *Pivoting to inclusion: Leveraging lessons from the COVID-19 crisis for learners with disabilities.* https://www.worldbank.org/en/topic/disability/publication/pivoting-to-inclusion-leveraging-lessons-from-the-c-ovid-19-crisis-for-learners-with-disabilities

World Bank. (2021a). *COVID-19 impacts on households in Lao PDR: Findings from COVID-19 high frequency phone surveys round 4.* https://thedocs.worldbank.org/en/doc/ae6b7ff9664dffd065a2b5a02e6b341f-0360062022/related/COVIDPptLaosR4-Final2.pdf

World Bank. (2021b). *Learners with disabilities and COVID-19 school closures: Findings from a global survey conducted by the World Bank's Inclusive Education Initiative.* https://www.inclusive-education-initiative.org/sites/iei/files/2021-09/Inclusive%20Education%20Initiative%20%28IEI%29%20Survey%20Report_09152021.pdf

World Bank. (2022). *A landscape review of ICT for disability-inclusive education.* https://documents1.worldbank.org/curated/en/099840001312211991/pdf/P17136805cfd1f074095390cb6b01c0c715.pdf

World Bank, UNESCO and UNICEF. (2021). *The state of the global education crisis: A path to recovery.* https://www.unicef.org/media/111621/file/%20The%20State%20of%20the%20Global%20Education%20Crisis.pdf%20.pdf

Young, M., Perraton, H., Jenkins, J. and Dodds, T. (2010). *Distance teaching for the third world: The lion and the clockwork mouse.* Routledge. https://doi.org/10.4324/9780203837474

Zacharia, S. (2020a). *Education radio and COVID-19 case study: Sierra Leone.* World Bank. (Education Radio Knowledge Pack). https://docs.google.com/document/d/164ec1041BbGRoR4qOSG2qETqt-q24ZQ5BlVcxFyg9WY/edit

Zacharia, S. (2020b). *Television education knowledge pack: With a focus on low-resource settings.* World Bank. https://pubdocs. worldbank.org/en/267791593613610668/Education-TV-Knowledge-Pack-WorldBank-Edtech-Team.pdf

第3章

Acosta, T., Acosta-Vargas, P., Zambrano-Miranda, J. and Luján-Mora, S. (2020). Web accessibility evaluation of videos published on YouTube by worldwide top-ranking universities. *IEEE Access*, 8, 110994–111011. https://doi.org/10.1109/access.2020.3002175

Agha, E. (2018, 25 May). *Learning becomes fun: Soon, QR codes to 'energise' textbooks.* News18. https://www.news18.com/news/india/learning-becomes-fun-soon-qr-codes-to-energise-textbooks-1759623.html

Aguado-López, E. and Becerril-Garcia, A. (2019, 8 August). *AmeliCA before Plan S: The Latin American initiative to develop a cooperative, non-commercial, academic led, system of scholarly communication.* London School of Economics Impact Blog. https://blogs.lse.ac.uk/impactofsocialsciences/2019/08/08/amelica-before-plan-s-the-latin-ame rican-initiative-to-develop-a-cooperative-non-commercial-academic-led-system-of-scholarly-communication

Agudo, R. R. (2019, 8 January). *The language of MOOCs.* Inside HigherEd. https://www.insidehighered.com/digital-learning/views/2019/01/09/moocs-overwhelming-dependence-english-limits-their-impact-opinion

Alexander, J. (2018, 22 October). *YouTube is investing $20M in educational content, creators.* The Verge. https://www.theverge.com/2018/10/22/18009908/youtube-learning-educational-investment-john-green-asapscience

All Children Reading. (2018, 27 September). *eKitabu embraces Kenya's deaf community in prize-winning EdTech innovation.* https://allchildrenreading.org/news/ekitabu-embraces-kenyas-deaf-community-in-prize-winning-edtech-innovation

All Children Reading. (2020, 6 May). *eKitabu seeks to transform the production of quality, accessible books in local languages of Africa.* https://allchildrenreading.org/news/ekitabu-seeks-to-transform-the-production-of-quality-accessible-books-in-local-languages-of-africa

Allen, G., Guzman-Alvarez, A., Molinaro, M. and Larsen, D. (2015). *Assessing the impact and efficacy of the open-access ChemWiki textbook project.* Educause Learning Initiative Brief. https://library.educause.edu/resources/2015/1/assessing-the-impact-and-efficacy-of-the-openaccess-chemwiki-textbook-project

Amiel, T. (2013). Identifying barriers to the remix of translated open educational resources. *International Review of Research in Open and Distributed Learning, 14*(1), 126–144. https://doi.org/10.19173/irrodl.v14i1.1351

Arumugam, P. (2016). Open educational resources and cost savings efforts: Lessons from WOU. *International Journal on Open and Distance E-Learning, 2*(2), 49–60. https://ijodel.com/index.php/ijodel/article/view/42

Atenas, J. and Havemann, L. (2014). Questions of quality in repositories of open educational resources: A literature review. *Research in Learning Technology, 22*, 20889. https://eprints.bbk.ac.uk/id/eprint/10252

Azer, S. A., AlSwaidan, N. M., Alshwairikh, L. A. and AlShammari, J. M. (2015). Accuracy and readability of cardiovascular entries on Wikipedia: Are they reliable learning resources for medical students? *BMJ Open, 5*(10), e008187. https://doi.org/10.1136/bmjopen-2015-008187

Balch, O. (2019, 28 November). *Making the edit: Why we need more women in Wikipedia.* The Guardian. https://www.theguardian.com/careers/2019/nov/28/making-the-edit-why-we-need-more-women-in-wikipedia

Bali, M. and Aboulmagd, N. (2019). Different faces of open in Egypt. In K. Zhang, C. J. Bonk, T. C. Reeves and T. H. Reynolds (Eds) *MOOCs and open education across emerging economies: Challenges, successes, and opportunities.* Routledge.

Barrot, J. S. (2021). Scientific mapping of social media in education: A decade of exponential growth. *Journal of Educational Computing Research, 59*(4), 645–668. https://doi.org/10.1177/0735633120972010

Behnke, M., Valerio, A., Barone, A. V. M., Sennrich, R., Sosoni, V., Naskos, T., Takoulidou, E., Stasimioti, M., Zaanen, M., Castilho, S., Gaspari, F., Georgakopoulou, Y., Kordoni, V., Egg, M. and Kermanidis, K. (2018). *Improving machine translation of educational content via crowdsourcing* (Conference presentation). 11th Edition of the Language Resources and Evaluation Conference, Miyazaki, Japan. https://doras.dcu.ie/23201/1/Improving%20Machine%20Translation%20of%20Educational%20Content%20via%20Crowdsourcing.pdf

Belawati, T. (2019). Massive open online courses: The state of practice in Indonesia. In K. Zhang, C. J. Bonk, T. C. Reeves and T. H. Reynolds (Eds) *MOOCs and open education across emerging economies: Challenges, successes, and opportunities.* Routledge. https://doi.org/10.1080/01587919.2020.1727290

Blanc, A. (2019). *Whitepaper on open badges and micro-credentials.* SurfNet. https://www.surf.nl/files/2019-06/Whitepaper-on-open-badges-en-micro-credentials.pdf

Bloom Library. (2022). *Bloom Library*. SIL International. https://bloomlibrary.org/page/create/page/about

Bosman, J., Frantsvåg, J. E., Kramer, B., Langlais, P.-C. and Proudman, V. (2021). *OA diamond journals study: Part 1: Findings*. Zenodo. https://doi.org/10.5281/zenodo.4558704

Bouchrika, I. (2022, 18 July). *Digital transformation and history of the textbook in higher education*. Research.Com. https://research.com/education/textbooks-digital-transformation

Brown, N. and Heavner, R. (2018). *The state of digital publishing: Facts and figures from Ghana, Kenya, and Nigeria*. Worldreader. https://www.academia.edu/38337572/The-State-of-Digital-Publishing_-Facts-and-Figures-from-Ghana-Kenya-and-Nigeria.pdf

Buningwire, W. (2022, 1 October). *Reading and writing is a 'strong foundation' skill for children*. KT Press. https://www.ktpress.rw/2022/10/reading-and-writing-is-a-strong-foundation-skill-for-children%E2%88%92education-ministry

Butcher, N., Zimmerman, A., Levey, L. and Gogh, K. von. (2023). *Open educational resources*. (Background paper for *Global Education Monitoring Report 2023*). https://unesdoc.unesco.org/ark:/48223/pf0000386081.locale=en

Cafardo, R. (2019, 28 November). *Professores youtubers, edutubers atraem 5 milhões para aulas fora da escola* [YouTubers, edutubers attract 5 million teachers to out-of-school classes]. Estadão. https://www.estadao.com.br/educacao/professores-youtubers-edutubers-atraem-5-milhoes-para-aulas-fora-da-escola/

Cagiltay, K., Esfer, S. and Celik, B. (2019). Insights into a nationwide pdMOOC portal: Chapter insights into a nationwide pdMOOC portal Bilgeis.net of Turkey. In T. H. Reynolds, Ke Zhang, C. J. Bonk and T. C. Reeves (Eds) *MOOCs and open education across emerging economies: Challenges, successes, and opportunities*. Routledge. https://doi.org/10.1080/01587919.2020.1727290

Carnelli, M., Dewan, P. and Williams, J. K. (2022, 30 May). *Addressing the learning crisis in Sierra Leone with the Learning Passport*. UNICEF. https://www.unicef-irc.org/article/2345-addressing-the-learning-crisis-in-sierra-leone-with-the-learning-passport.html

Carrns, A. (2020, 28 February). *That digital textbook? Your college has billed you for it*. The New York Times. https://www.nytimes.com/2020/02/28/your-money/college-digital-textbooks.html

Castillo, M. (2018, 22 October). *YouTube invests $20 million in educational videos, giving advertisers more safe places for ads*. CNBC. https://www.cnbc.com/2018/10/22/youtube-invests-20-million-in-educational-tutorial-and-diy-videos.html

Cavus, N., Sani, A. S., Haruna, Y. and Lawan, A. A. (2021). Efficacy of social networking sites for sustainable education in the era of COVID-19: A systematic review. *Sustainability, 13*(2), 808. https://doi.org/10.3390/su13020808

Cedefop. (2022). *Are microcredentials becoming a big deal?* (Briefing note). Publications Office of the European Union. http://data.europa.eu/doi/10.2801/017199

Cedefop. (2023). *Microcredentials for labour market education and training*. (Research Paper, 5589). Publications Office of the European Union. https://www.cedefop.europa.eu/en/publications/5589

Chakroun, B. and Keevy, J. (2018). *Digital credentialing: Implications for the recognition of learning across borders*. UNESCO. https://unesdoc.unesco.org/ark:/48223/pf0000264428

Childs, A. and Valeta, J. (2023). *What makes high quality (digital) open and distance learning content, and how is this integrated into teaching and learning with educational technologies? Lessons from open and dual mode universities across sub-Saharan Africa*. (Background paper for *Global Education Monitoring Report*). https://unesdoc.unesco.org/ark:/48223/pf0000386077

Clements, K., West, R. E. and Hunsaker, E. (2020). Getting started with open badges and open microcredentials. *International Review of Research in Open and Distributed Learning, 21*(1), 154–172. https://doi.org/10.19173/irrodl.v21i1.4529

Cohen, N. (2021, 28 October). *VIPs expect special treatment. At Wikipedia, don't even ask*. Washington Post. https://www.washingtonpost.com/outlook/wikipedia-jimmy-wales-john-eastman-editing/2021/10/28/f2d61bea-35fd-11ec-9bc4-86107e7b0ab1_story.html

Collier, M. (2006). Strategic change in higher education libraries with the advent of the digital library during the fourth decade of program. *Program Electronic Library and Information Systems, 40*(4), 334–345. https://doi.org/10.1108/00330330610707917

Colombia Ministry of National Education. (2023). *¿Qué es Aprender Digital Ligera?* [What is Digital Light Learning?]. https://movil.colombiaaprende.edu.co/sobre-esta-plataforma

Commonwealth of Learning. (2022). *Open educational resources in the Commonwealth 2021*. https://oasis.col.org/items/9be133c9-59e8-41a1-8c11-dccf53ea5abd

Coursera. (2021). *2021 Impact report: Serving the world through learning.* https://about.coursera.org/press/wp-content/uploads/2021/11/2021-Coursera-Impact-Report.pdf

Creative Commons. (2017). *State of the Commons.* https://stateof.creativecommons.org

Creative Commons. (2019). *Creative Commons annual report 2019.* https://wiki.creativecommons.org/images/2/20/CC_AnnualReport_2019.pdf

Cunneen, R. and O'Neil, M. (2021, 4 November). *Students are told not to use Wikipedia for research. But it's a trustworthy source.* The Conversation. https://theconversation.com/students-are-told-not-to-use-wikipedia-for-research-but-its-a-trustworthy-source-168834

Currier, S., Barton, J., O'Beirne, R. and Ryan, B. (2004). Quality assurance for digital learning object repositories: Issues for the metadata creation process. *Research in Learning Technology, 12*(1). https://doi.org/10.3402/rlt.v12i1.11223

Davis, L. (2021, 10 August). *Changing the face of Wikipedia.* WikiEdu. https://wikiedu.org/blog/2021/08/10/changing-the-face-of-wikipedia

Dawson, P. H. and Yang, S. Q. (2016). Institutional repositories, open access and copyright: What are the practices and implications? *Science and Technology Libraries, 35*(4), 279–294. https://doi.org/10.1080/0194262x.2016.1224994

del Valle, G. (2019, 6 March). *The high cost of college textbooks, explained.* Vox. https://www.vox.com/the-goods/2019/3/6/18252322/college-textbooks-cost-expensive-pearson-cengage-mcgraw-hill

DIKSHA. (2021). *About DIKSHA.* https://diksha.gov.in/about

Dillahunt, T. R., Wang, B. Z. and Teasley, S. (2014). Democratizing higher education: Exploring MOOC use among those who cannot afford a formal education. *International Review of Research in Open and Distributed Learning, 15*(5). https://doi.org/10.19173/irrodl.v15i5.1841

Directory of Open Access Journals. (2022). *DOAJ: Public data dump.* https://doaj.org/docs/public-data-dump

Ducard, M. (2018, 22 October). *YouTube learning: Investing in educational creators, resources and tools for EduTubers.* YouTube Official Blog. https://blog.youtube/news-and-events/youtube-learning-investing-in

Else, H. (2018, 4 September). *Radical open-access plan could spell end to journal subscriptions.* Nature. https://www.nature.com/articles/d41586-018-06178-7

European MOOC Consortium. (2019). *EMC common microcredential framework.* https://emc.eadtu.eu/images/EMC_Common_Microcredential_Framework_.pdf

European MOOC Consortium. (2022). *European MOOC consortium.* https://emc.eadtu.eu

Faverio, M. and Perrin, A. (2022). *Three-in-ten Americans now read e-books.* Pew Research. https://www.pewresearch.org/fact-tank/2022/01/06/three-in-ten-americans-now-read-e-books

Feldman, B. (2018, 16 March). *Why Wikipedia works.* New York Magazine. https://nymag.com/intelligencer/2018/03/why-wikipedia-works.html

Fischer, L., Hilton, J., Robinson, T. J. and Wiley, D. A. (2015). A multi-institutional study of the impact of open textbook adoption on the learning outcomes of post-secondary students. *Journal of Computing in Higher Education, 27*(3), 159–172. https://doi.org/10.1007/s12528-015-9101-x

Flynn, K. (2017, 5 October). *Facebook outsources its fake news problem to Wikipedia – and an army of human moderators.* Mashable. https://mashable.com/article/facebook-wikipedia-context-articles-news-feed

FNDE. (2023). *Histórico do PNLD* [Hisotry of PNLD]. Fundo Nacional de Desenvolvimento da Educação.

Fortune Business Insights. (2022). *Learning management system (LMS) market size, share & COVID-19 impact analysis, by component (solutions and services), by deployment (on-premise and cloud), by end-user (academic and corporate), by enterprise type (small and medium enterprises (SMEs) and large enterprises), and regional forecast, 2023-2030.* https://www.fortunebusinessinsights.com/industry-reports/learning-management-system-market-101376

Fundação Lemann. (2017, 21 August). *Encontro nacional reúne educadores youtubers* [National meeting brings together YouTube educators]. https://fundacaolemann.org.br/noticias/encontro-nacional-reune-educadores-youtubers

FUN-MOOC. (2022). *À propos de FUN* [About FUN]. France Université Numérique. https://www.fun-mooc.fr/fr/a-propos

Gallica. (2022). *BnF Gallica: A propos* [BnF Gallica: About]. Bibliothèque Nationale de France. https://gallica.bnf.fr/edit/und/a-propos

Gallion, J. C. (2018). *North Dakota university system: Open educational resources.* North Dakota Office of the State Auditor, Division of NDUS Performance Audit. https://www.nd.gov/auditor/sites/www/files/documents/Reports/State/2018%20NDUS%20-%20Performance%20Audit%20-%20Open%20Educational%20Resources.pdf

Gauthier, T. (2020). The value of microcredentials: The employer's perspective. *Journal of Competency-based Education, 5*(2), e01209. https://doi.org/10.1002/cbe2.1209

Ghounane, N. (2020). Moodle or social networks: What alternative refuge is appropriate to Algerian EFL students to learn during Covid-19 pandemic. *Arab World English Journal, 11*(3), 21–41. https://doi.org/10.24093/awej/vol11no3.2

Giles, J. (2005). Internet encyclopaedias go head to head. *Nature, 438*(7070), 900–901. https://doi.org/10.1038/438900a

Glaser, A. (2018, 14 April). *YouTube is adding fact-check links for videos on topics that inspire conspiracy theories.* Slate. https://slate.com/technology/2018/08/youtube-is-adding-fact-check-links-from-wikipedia-and-encyclopedia-britannica-for-videos-on-topics-that-inspire-conspiracy-theories.html

Green, C. (2018). *Open licensing.* Year of Open. https://www.yearofopen.org/article/open-licensing

Greenhow, C., Galvin, S. M. and Willet, K. B. S. (2019). What should be the role of social media in education? *Policy Insights from the Behavioral and Brain Sciences, 6*(2), 178–185. https://doi.org/10.1177/2372732219865290

Groeneveld, C., Michels, G. and Kaye, T. (2022). *Developing a proof of concept for a regional learning hub for Eastern and Southern Africa Part 5: Final report.* EdTech Hub. https://doi.org/10.53832/edtechhub.0079

Groves, M. and Mundt, K. (2021). A ghostwriter in the machine? Attitudes of academic staff towards machine translation use in internationalised higher education. *Journal of English for Academic Purposes, 50*, 100957. https://doi.org/10.1016/j.jeap.2021.100957

Hall, M. (2023, 3 March). *College students are struggling with the cost of textbooks. There's a push in Congress to make them free.* Insider. https://www.businessinsider.com/make-college-textbooks-free-congress-2023-3?r=US&

Handley, L. (2019, 19 September). *Physical books still outsell e-books – and here's why.* CNBC. https://www.cnbc.com/2019/09/19/physical-books-still-outsell-e-books-and-heres-why.html

Hanna, K. T. (2022). *Definition: digitization.* TechTarget. https://www.techtarget.com/whatis/definition/digitization

Hansson, H., Sultana, S., Sarwar, A. H., Ahmed, F., Uddin, R., Saha, P., Islam, G. M. R., Islam, M. R. and Rafiqul, M. (2018). The teachers' portal as a tool for teachers' professional development in Bangladesh: Facilitating nationwide networking and digital multimedia content for 40,000 schools. *International Journal of Education and Development Using Information and Communication Technology, 14*(3), 113–130. https://eric.ed.gov/?id=EJ1201578

Hart, M. S. (2007). *The Project Gutenberg mission statement.* Project Gutenberg. https://www.gutenberg.org/about/background/mission_statement.html

Hern, A. (2021, 15 January). *Wikipedia at 20: Last gasp of an internet vision, or a beacon to a better future?* The Guardian. https://www.theguardian.com/technology/2021/jan/15/wikipedia-at-20-last-gasp-of-an-internet-vision-or-a-beacon-to-a-better-future

Hill, D. C., Gombay, C., Sanchez, O., Woappi, B., Vélez, A. S. R., Davidson, S. and Richardson, E. Z. L. (2022). Lost in machine translation: The promises and pitfalls of machine translation for multilingual group work in global health education. *Discover Education, 1*(3). https://doi.org/10.1007/s44217-022-00004-z

Hilton, J., Larsen, R., Wiley, D. and Fischer, L. (2019). Substituting open educational resources for commercial curriculum materials: Effects on student mathematics achievement in elementary schools. *Research in Mathematics Education, 21*(1), 60–76. https://doi.org/10.1080/14794802.2019.1573150

Hoosen, S. and Butcher, N. (2019). *Understanding the impact of OER: Achievements and challenges.* UNESCO Institute for Information Technologies in Education. https://unesdoc.unesco.org/ark:/48223/pf0000367767?posInSet=1&

IITE and IIEP. (2021). *Analytical report: COVID-19 and inclusive open and distance learning solutions: A rapid assessment of the development and implementation of inclusive open and distance learning solutions for students with disabilities served by inclusive, special schools and resource centres in Rwanda and Mauritius.* UNESCO. https://unesdoc.unesco.org/ark:/48223/pf0000377831

Itani, A., Brisson, L. and Garlatti, S. (2018). Understanding learner's drop-out in MOOCs. In H. Yin, D. Camacho, P. Novais and A. Tallón-Ballesteros (Eds) *Intelligent Data Engineering and Automated Learning – IDEAL 2018. Lecture Notes in Computer Science, 11314.* Springer. https://doi.org/10.1007/978-3-030-03493-1_25

ITU. (2022). *Individuals using the Internet (% of population).* International Telecommunication Union. (Data set)

Janssen, B., Schuwer, R. and Orr, D. (2023). *Key policy issues in open educational resources.* (Background paper for *Global Education Monitoring Report 2023*). https://unesdoc.unesco.org/ark:/48223/pf0000386083

Jhangiani, R. S., Dastur, F. N., Grand, R. L. and Penner, K. (2018). As good or better than commercial textbooks: Students' perceptions and outcomes from using open digital and open print textbooks. *Canadian Journal for the Scholarship of Teaching and Learning, 9*(1). https://eric.ed.gov/?id=EJ1176381

Johnson, R. (2019). From coalition to commons: Plan S and the future of scholarly communication. *Insights, 32*(1). https://doi.org/10.1629/uksg.453

Karp Gershon, S., Ruipérez-Valiente, J. A. and Alexandron, G. (2021). Defining and measuring completion and assessment biases with respect to English language and development status: Not all MOOCs are equal. *International Journal of Educational Technology in Higher Education, 18*, 41. https://doi.org/10.1186/s41239-021-00275-w

Kato, S., Galán-Muros, V. and Weko, T. (2020). *The emergence of alternative credentials.* (Education Working Paper 216). OECD Publishing. https://doi.org/10.1787/b741f39e-en

Kempe, A.-L. and Grönlund, Å. (2019). Collaborative digital textbooks – a comparison of five different designs shaping teaching and learning. *Education and Information Technologies, 24*(5), 2909–2941. https://doi.org/10.1007/s10639-019-09897-0

Kolowich, S. (2013, 18 March). *The professors behind the MOOC hype.* Chronicle of Higher Education. https://www.chronicle.com/article/the-professors-behind-the-mooc-hype

Komljenovic, J. (2022). The future of value in digitalised higher education: Why data privacy should not be our biggest concern. *Higher Education, 83*(1), 119–135. https://doi.org/10.1007/s10734-020-00639-7

Komljenovic, J., Sellar, S., Birch, K. and Hansen, M. (2023). *Assetization of digital disruption in higher education* (Conference presentation). Comparative and International Education Society.

Koutsomitropoulos, D. A., Alexopoulos, A. D., Solomou, G. D. and Papatheodorou, T. S. (2010). The use of metadata for educational resources in digital repositories: Practices and perspectives. *D-Lib Magazine, 16*(1/2). www.dlib.org/dlib/january10/kout/01kout.html#6

Kräenbring, J., Penza, T. M., Gutmann, J., Muehlich, S., Zolk, O., Wojnowski, L., Maas, R., Engelhardt, S. and Sarikas, A. (2014). Accuracy and completeness of drug information in Wikipedia: A comparison with standard textbooks of pharmacology. *PLoS One, 9*(9), e106930. https://doi.org/10.1371/journal.pone.0106930

Kumar, J. A., Richard, R. J., Osman, S. and Lowrence, K. (2022). Micro-credentials in leveraging emergency remote teaching: The relationship between novice users' insights and identity in Malaysia. *International Journal of Educational Technology in Higher Education, 19*, 18. https://doi.org/10.1186/s41239-022-00323-z

Kupferberg, N. (2011). Accuracy and completeness of drug information in Wikipedia: An assessment. *Journal of the Medical Library Association, 99*(4), 310–313. https://doi.org/10.3163/1536-5050.99.4.010

Lambert, S. R. (2020). Do MOOCs contribute to student equity and social inclusion? A systematic review 2014–18. *Computers & Education, 145*, 103693. https://doi.org/10.1016/j.compedu.2019.103693

Larsson, C., Liew, F.M. and Frankenhauser, C. (2023, 20 January). *Why digital public infrastructure can be a gamechanger for children.* World Economic Forum. https://www.weforum.org/agenda/2023/01/digital-public-infrastructure-is-a-gamechanger-for-children/

Lash, R. (2022, 16 May). Growing recognition of family engagement's role in student success... and of TalkingPoints. *TalkingPoints Blog.* https://talkingpts.org/blog/growing-recognition-of-family-engagements-role-in-student-success-and-of-talkingpoints/9783

Learning Agency Lab. (2023). *Learning equality: Curriculum recommendations.* Kaggle. https://www.kaggle.com/competitions/learning-equality-curriculum-recommendations

Lee, H. J., Messom, C. and Yau, K.-L. A. (2013). Can an electronic textbooks be part of K-12 education?: Challenges, technological solutions and open issues. *Turkish Online Journal of Educational Technology, 12*(1), 32–44. https://eric.ed.gov/?id=EJ1008864

Lindqvist, M. H. (2018). Teaching with digital textbooks: Possibilities and challenges from the teacher perspective. *International Conference on Information Communication Technologies in Education 2018 Proceedings*, 77-87. www.icicte.org/assets/3.1_lindqvist.pdf

Littlejohn, A., Hood, N., Milligan, C. and Mustain, P. (2016). Learning in MOOCs: Motivations and self-regulated learning. *Internet and Higher Education, 29*, 40–48. https://researchonline.gcu.ac.uk/files/23794761/6727659_littlejohn_ihe_2016_greenarchive.docx

Magee, C. (2015, 2 June). *Udemy raises another $65 million to help anyone learn anything.* TechCrunch. https://techcrunch.com/2015/06/02/udemy-raises-another-65-million-to-help-anyone-learn-anything

Malone-Kircher, M. (2016, 17 November). *Your middle school teacher was wrong about Wikipedia.* New York Magazine. https://nymag.com/vindicated/2016/11/your-middle-school-teacher-was-wrong-about-wikipedia-and-nbsp.html

Manca, S. and Ranieri, M. (2016). Is Facebook still a suitable technology-enhanced learning environment? An updated critical review of the literature from 2012 to 2015. *Journal of Computer Assisted Learning, 32*(6), 503–528. https://doi.org/10.1111/jcal.12154

Marinho, P. V. V. (2018, September). *Pesquisa Video Viewers: Como os brasileiros estão consumindo vídeos em 2018* [Video Viewers Survey: How Brazilians are consuming videos in 2018]. Think with Google. https://www.thinkwithgoogle.com/intl/pt-br/estrategias-de-marketing/video/pesquisa-video-viewers-como-os-brasileiros-estao-consumindo-videos-em-2018

Meaney, M. (2018). *The future of social mobility? MOOCs and hegemonic design bias* (Conference presentation). Oxford Symposium for Comparative and International Education.

Mehta, A. (2019, 6 November). *75% of European spending on scientific journals goes to 'big five' publishers.* Chemistry World. https://www.chemistryworld.com/news/75-of-european-spending-on-scientific-journals-goes-to-big-five-publishers/4010616.article

Miao, F., Mishra, S., Orr, D. and Janssen, B. (2019). *Guidelines on the development of open educational resources policies.* UNESCO and Commonwealth of Learning. https://unesdoc.unesco.org/ark:/48223/pf0000371129

Microsoft Translator. (2021, 16 December). *Microsoft Translator's highlights of 2021.* Microsoft Translator Blog. https://www.microsoft.com/en-us/translator/blog/2021/12/16/microsoft-translators-highlights-of-2021

Mongenet, C. (2016). FUN: The French initiative around MOOC. In D. Jansen and L. Konings (Eds) *European policy response on MOOC opportunities* (79–82). European Association of Distance Teaching Universities. https://eadtu.eu/images/publicaties/European_Policy_response_on_MOOC_opportunities_June_2016.pdf

Mulla, S., Thirumalai, B. and Ramanathan, A. (2023). *State initiatives and innovations in technology enabled content in South Asia: Examining aspects of access, equity, inclusion and quality.* (Background paper for *Global Education Monitoring Report 2023*). https://unesdoc.unesco.org/ark:/48223/pf0000386084

Myers, C., Jordan, K. and Zubairi, A. (2023). *Gender equality and EdTech: What are the barriers and enablers to enhance equity in and through EdTech?* (Background paper for *Global Education Monitoring Report 2023*). https://unesdoc.unesco.org/ark:/48223/pf0000386091

National Academic Digital Library of Ethiopia. (2020). *National Academic Digital Library of Ethiopia: About NADLE.* http://ndl.ethernet.edu.et

National Digital Library of India. (2022). *National Digital Library of India – FAQ.* https://ndl.iitkgp.ac.in/faq

NIOS. (2022). *NIOS: Marching ahead: Profile 2022.* National Institute of Open Schooling. https://www.nios.ac.in/media/documents/NIOS_PROFILE%20FINAL_eng_2022.pdf

Njoya, S. (2022, 7 November). *L'Algérie instaure le manuel scolaire numérique* [Algeria introduces the digital textbook]. WeAreTech.Africa. https://www.wearetech.africa/actualites/fils/actualites/gestion-publique/lalgerie-instaure-le-manuel-scolaire-numerique

OECD. (2022). Distribution of teachers by age and gender. *Education at a Glance.* OECD Publishing. https://stats.oecd.org/Index.aspx?datasetcode=EAG_PERS_SHARE_AGE

Oliver, B. (2019). *Making micro-credentials work for learners, employers and providers.* Deakin University. https://www.nki-latvija.lv/content/files/Making-micro-credentials-work-Oliver-Deakin-2019.pdf

Oliver, B. (2022). *Towards a common definition of microcredentials.* UNESCO. https://unesdoc.unesco.org/ark:/48223/pf0000381668

OpenDOAR. (2022). *OpenDOAR statistics: An overview of the data held in OpenDOAR.* Directory of Open Access Resources. https://v2.sherpa.ac.uk/view/repository_visualisations/1.html

OpenStax. (2022). *OpenStax: Who we are.* https://openstax.org/about

Orr, D., Rimini, M. and van Damme, D. (2015). *Open educational resources: A catalyst for innovation.* OECD Publishing. https://doi.org/10.1787/9789264247543-en

Oudeweetering, K. van de and Agirdag, O. (2018). Demographic data of MOOC learners: Can alternative survey deliveries improve current understandings? *Computers & Education, 122,* 169–178. https://doi.org/10.1016/j.compedu.2018.03.017

Panjab Digital Library. (2022). *Panjab Digital Library : History.* https://www.panjabdigilib.org/webuser/misc/?service=History

Pappano, L. (2012, 2 November). *The year of the MOOC.* The New York Times. https://www.nytimes.com/2012/11/04/education/edlife/massive-open-online-courses-are-multiplying-at-a-rapid-pace.html

Pattier, D. (2021). The gender gap among EduTubers and the factors significantly influencing it. *Journal of New Approaches in Educational Research, 10*(2), 313–329. https://doi.org/10.7821/naer.2021.7.732

Pearson. (2018). *Beyond millennials: The next generation of learners.* https://www.pearson.com/content/dam/one-dot-com/one-dot-com/global/Files/news/news-annoucements/2018/The-Next-Generation-of-Learners_final.pdf

Pickard, L. (2018, 18 July). *Analysis of 450 MOOC-based microcredentials reveals many options but little consistency.* The Report by Class Central. https://www.classcentral.com/report/moocs-microcredentials-analysis-2018

Piotrowski, M. (2010). What is an e-learning platform? In Y. Kats (Ed) *Learning Management System Technologies and Software Solutions for Online Teaching: Tools and Applications* (20–36). IGI Global. https://doi.org/10.4018/978-1-61520-853-1.ch002

Pitt, R., Farrow, R., Weller, M., Arcos, B. and Jordan, K. (2019). *UK open textbooks report.* https://doi.org/10.13140/rg.2.2.14014.84806

Project Gutenberg. (2022). *Welcome to Project Gutenberg.* Project Gutenberg. https://www.gutenberg.org

Richter, F. (2021, 29 April). *This survey shows that people prefer printed books – even in the digital age*. World Economic Forum. https://www.weforum.org/agenda/2021/04/printed-books-vs-e-books-which-is-the-most-popular

Robinson, A. C., Kerski, J., Long, E. C., Luo, H., DiBiase, D. and Lee, A. (2015). Maps and the geospatial revolution: Teaching a massive open online course (MOOC) in geography. *Journal of Geography in Higher Education, 39*(1), 65–82. https://doi.org/10.1080/03098265.2014.996850

Rosenzweig, R. (2006). Can history be open source? Wikipedia and the future of the past. *The Journal of American History, 93*(1), 117–146. https://www.jstor.org/stable/4486062

Ruipérez-Valiente, J. A., Halawa, S. and Reich, B. J. F. (2019). Multiplatform MOOC analytics: Comparing global and regional patterns in edX and Edraak. *Proceedings of the 6th 2019 ACM Conference on Learning at Scale*. https://dspace.mit.edu/handle/1721.1/137220.2

Ruipérez-Valiente, J. A., Staubitz, T., Jenner, M., Halawa, S., Zhang, J., Despujol, I., Maldonado-Mahauad, J., Montoro, G., Peffer, M., Rohloff, T., Lane, J., Turro, C., Li, X., Pérez-Sanagustín, M. and Reich, J. (2022). Large scale analytics of global and regional MOOC providers: Differences in learners' demographics, preferences, and perceptions. *Computers & Education, 180*, 104426. https://doi.org/10.1016/j.compedu.2021.104426

Sa'ar, K. G., A., R.-V., José, and Giora, A. (2021). Defining and measuring completion and assessment biases with respect to English language and development status: not all MOOCs are equal. *International Journal of Educational Technology in Higher Education, 18*(1), 41. https://doi.org/10.1186/s41239-021-00275-w

Santos-Hermosa, G., Ferran-Ferrer, N. and Abadal, E. (2017). Repositories of open educational resources: An assessment of reuse and educational aspects. *International Review of Research in Open and Distributed Learning, 18*(5), 84–120. https://doi.org/10.19173/irrodl.v18i5.3063

Schaffhauser, D. (2019, 21 November). *MOOCs on the rise in China*. Campus Technology. https://campustechnology.com/articles/2019/11/21/moocs-on-the-rise-in-china.aspx?admgarea=news

Sci-Hub. (2022). *Sci-hub statistics*. https://www.sci-hub.ru/stats

Seaman, J. E. and Seaman, J. (2022). *Turning point for digital curricula: Educational resources in U.S. higher education, 2022*. Bay View Analytics. https://www.bayviewanalytics.com/reports/turningpointdigitalcurricula.pdf

Sésamath. (2020). *Sésamath: Comptes de l'association* [Sésamath: Accounts of the association]. https://www.sesamath.net/index.php?page=comptes

Shah, D. (2020a, 16 August). *By the numbers: MOOCs during the pandemic*. The Report. https://www.classcentral.com/report/mooc-stats-pandemic

Shah, D. (2020b, 7 September). *MOOCWatch 25: Advent of online degrees in India*. The Report. https://www.classcentral.com/report/moocwatch-25-india-online-degrees

Shah, D. (2021, 1 December). *By the numbers: MOOCs in 2021*. The Report. https://www.classcentral.com/report/mooc-stats-2021

Shea, M. (2015, 25 September). *MOOC: A university qualification in 24 hours?* The Skinny. https://www.theskinny.co.uk/tech/features/moocs

Sobaih, A. E. E., Hasanein, A. M. and Elnasr, A. E. A. (2020). Responses to COVID-19 in higher education: Social media usage for sustaining formal academic communication in developing countries. *Sustainability, 12*(16), 6250. https://doi.org/10.3390/su12166520

Statista. (2021). *Most popular websites worldwide as of November 2021, by total visits*. https://www.statista.com/statistics/1201880/most-visited-websites-worldwide

Statista. (2022a, 21 April). *E-books still no match for printed books*. https://www.statista.com/chart/24709/e-book-and-printed-book-penetration

Statista. (2022b). *Most common languages used on the internet as of January 2020, by share of internet users*. https://www.statista.com/statistics/262946/share-of-the-most-common-languages-on-the-internet

Tang, Y. and Hew, K. F. (2017). Is mobile instant messaging (MIM) useful in education? Examining its technological, pedagogical, and social affordances. *Educational Research Review, 21*, 85–104. https://doi.org/10.1016/j.edurev.2017.05.001

Telegraph. (2022). *Kerala's 'School Wiki' to feature new software*. Telegraph. https://www.telegraphindia.com/edugraph/news/keralas-school-wiki-to-feature-new-software/cid/1854479

Tennant, J. P., Waldner, F., Jacques, D. C., Masuzzo, P., Collister, L. B. and Hartgerink, C. H. J. (2016). The academic, economic and societal impacts of open access: An evidence-based review. *F1000Research, 5*, 632. https://doi.org/10.12688/f1000research.8460.3

TESSA. (2017). *Developing and modelling collaborative creation of local OER in teacher education institutions in Ghana 2015–17*. Teacher Education in Sub-Saharan Africa. https://www.tessafrica.net/content/developing-and-modelling-collaborative-creation-local-oer-teacher-education-institutions-1

Theocharis, S. and Tsihrintzis, G. (2023). Education and e-government: The case of a Moodle based platform for the education and evaluation of civil servants. In G. Tsihrintzis and S. Theocharis, *Semantic knowledge modelling via open linked ontologies, ontologies in e-governance* (pp. 349–356). https://doi.org/10.1007/978-3-031-20585-9_7

Tlili, A., Jemni, M., Khribi, M. K., Huang, R., Chang, T.-W. and Liu, D. (2020). Current state of open educational resources in the Arab region: An investigation in 22 countries. *Smart Learning Environments*, *7*, 11. https://doi.org/10.1186/s40561-020-00120-z

Trust, T., Krutka, D. G. and Carpenter, J. P. (2016). 'Together we are better': Professional learning networks for teachers. *Computers & Education*, *102*, 15–34. https://doi.org/10.1016/j.compedu.2016.06.007

UIL. (2022, 24 January). *M-Shule SMS learning & training, Kenya*. UNESCO Institute for Lifelong Learning. https://uil.unesco.org/case-study/effective-practices-database-litbase-0/m-shule-sms-learning-training-kenya

UIS. (2022). *Demographic and socio-economic indicators*. UNESCO Institute for Statistics. http://data.uis.unesco.org

UNESCO. (2011). *Diversification of learning platforms*. https://unesdoc.unesco.org/ark:/48223/pf0000214486

UNESCO. (2016). *National Digital Library*. https://en.unesco.org/creativity/policy-monitoring-platform/national-digital-library

UNESCO. (2019). *Recommendation on open educational resources (OER)*. https://www.unesco.org/en/legal-affairs/recommendation-open-educational-resources-oer

UNESCO. (2022, 26 September). Spotlight on open educational resources at Transforming Education Summit. https://www.unesco.org/en/articles/spotlight-open-educational-resources-transforming-education-summit

UNESCO. (2023). *Gateways to public digital learning initiative: A primer.* https://www.unesco.org/sdg4education2030/en/knowledge-hub/global-initiatives/gateways-public-digital-learning

UNESCO and Commonwealth of Learning. (2016). *Making sense of MOOCs: A guide for policy-makers in developing countries*. https://unesdoc.unesco.org/ark:/48223/pf0000245122

UNICEF. (2021, 20 October). *Learning passport launched in Sudan.* https://www.unicef.org/sudan/press-releases/learning-passport-launched-sudan

UNICEF. (2022). *Accessible digital textbooks: Creating digital tools to enable universal design for learning and inclusive education*. UNICEF Office of Research – Innocenti. https://www.unicef-irc.org/publications/pdf/Accessible_Digital_Textbooks_Paraguay.pdf

United Nations. (2023). *Report on the 2022 Transforming Education Summit*. https://www.un.org/sites/un2.un.org/files/report_on_the_2022_transforming_education_summit.pdf

Universal Digital Library. (2008). *UDL: About*. Million Book Collection. http://ulib.isri.cmu.edu/ULIBAboutUs.htm

University of Cambridge. (2020). *How much do publishers charge for open access?*

Wang, X., Yang, D., Wen, M., Koedinger, K. and Rosé, C. P. (2015). *Investigating how student's cognitive behavior in MOOC discussion forums affect learning gains* (Conference presentation). International Conference on Educational Data Mining, Madrid. https://eric.ed.gov/?id=ED560568

Wenzheng, F., Jie, T. and Xiao, T. L. (2019). Understanding dropouts in MOOCs. *Proceedings of the AAAI Conference on Artificial Intelligence*, *33*(1), 517–524. https://doi.org/10.1609/aaai.v33i01.3301517

Wheelahan, L. and Moodie, G. (2021). Analysing micro-credentials in higher education: A Bernsteinian analysis. *Journal of Curriculum Studies*, *53*(2), 212–228. https://doi.org/10.1080/00220272.2021.1887358

WHO. (2020, 22 October). *The World Health Organization and Wikimedia Foundation expand access to trusted information about COVID-19 on Wikipedia*. World Health Organization. https://www.who.int/news/item/22-10-2020-the-world-health-organization-and-wikimedia-foundation-expand-access-to-trusted-information-about-covid-19-on-wikipedia

Wikimedia. (2022). *Wikimedia statistics*. https://stats.wikimedia.org/#/all-projects/reading/page-views-by-country/normal%7Cmap%7Clast-month%7C(access)~desktop*mobile-app*mobile-web%7Cmonthly

Wikipedia. (2022). *History of Wikipedia*. https://en.wikipedia.org/wiki/History_of_Wikipedia#2021

Wiley, D. (2014). *Defining the 'open' in open content and open educational resources*. https://edtechbooks.org/wild/open_definition

Wiley, D., Hilton, J. I., Ellington, S. and Hall, T. (2012). A preliminary examination of the cost savings and learning impacts of using open textbooks in middle and high school science classes. *International Review of Research in Open and Distance Learning*, *13*(3), 262–276. https://www.irrodl.org/index.php/irrodl/article/view/1153/2256

Wimpenny, K., Nascimbeni, F., Affouneh, S., Almakari, A., Jariego, I. M. and Eldeib, A. (2022). Using open education practices across the Mediterranean for intercultural curriculum development in higher education. *Teaching in Higher Education, 27*(1), 54–69. https://doi.org/10.1080/13562517.2019.1696298

WIPO. (2016). *Summary of the Marrakesh Treaty to facilitate access to published works for persons who are blind, visually impaired, or otherwise print disabled (MVT) (2013)*. World Intellectual Property Organization. https://www.wipo.int/treaties/en/ip/marrakesh/summary_marrakesh.html

WIPO. (2023). *WIPO-administered treaties : Marrakesh VIP Treaty*. World Intellectual Property Organization. https://www.wipo.int/wipolex/en/treaties/textdetails/13169

Yousef, A. M. F. and Sumner, T. (2021). Reflections on the last decade of MOOC research. *Computer Applications in Engineering Education, 29*(4), 648–665. https://doi.org/10.1002/cae.22334

Zawacki-Richter, O., Bozkurt, A., Alturki, U. and Aldraiweesh, A. (2018). What research says about MOOCs: An explorative content analysis. *International Review of Research in Open and Distributed Learning, 19*(1). https://doi.org/10.19173/irrodl.v19i1.3356

Zawacki-Richter, O., Conrad, D., Bozkurt, A., Aydin, C. H., Bedenlier, S., Jung, I., Stöter, J., Veletsianos, G., Blaschke, L. M., Bond, M., Broens, A., Bruhn, E., Dolch, C., Kalz, M., Kerres, M., Kondakci, Y., Marin, V., Mayrberger, K., Müskens, W., Naidu, S., Qayyum, A., Roberts, J., Sangrà, A., Senyo Loglo, F., Slagter van Tryon, P. J. and Xiao, J. (2020). Elements of open education: An invitation to future research. *International Review of Research in Open and Distributed Learning, 21*(3), 319–334. https://doi.org/10.19173/irrodl.v21i3.4659

第4章

Abdullah, A. H., Soh, H. M., Mokhtar, M., Hamzah, M. H., Ashari, Z. M., Ali, D. F., Samah, N. A., Jumaat, N. F., Ibrahim, N. H., Surif, J. and Rahman, S. N. S. A. (2021). Does the use of smart board increase students' higher order thinking skills (HOTS)? *IEEE Access, 9*, 1833–1854. https://doi.org/10.1109/access.2020.3042832

Agrawal, S. (2023). *How Haryana, UP & MP are leading the way in regulating edtech content in govt schools.* https://theprint.in/india/how-haryana-up-mp-are-leading-the-way-in-regulating-edtech-content-in-govt-schools/1450311/

Akar, H. (2020). The effect of smart board use on academic achievement: A meta-analytical and thematic study. *International Journal of Education in Mathematics, Science and Technology, 8*(3), 261–273. https://doi.org/10.46328/ijemst.v8i3.908

Ames, M. G. (2019). *The charisma machine: The life, death and legacy of One Laptop Per Child.* MIT Press. https://mitpress.edu/9780262537445/the-charisma-machine

Angel-Urdinola, D. F., Castillo, C., Medina, C. and Vainstein, J. (2022, 5 October). *Can VR training save lives?* World Bank Blogs. https://blogs.worldbank.org/latinamerica/can-vr-training-save-lives

Angel-Urdinola, D. F., Castillo-Castro, C. and Hoyos, A. (2021). *Meta-analysis assessing the effects of virtual reality training on student learning and skills development* (Policy Research Working Paper 9587). World Bank. https://openknowledge.worldbank.org/entities/publication/77a74b0e-7030-5e69-bd90-49a94f244671

Angrist, N., Bergman, P. and Matsheng, M. (2022). Experimental evidence on learning using low-tech when school is out. *Nature Human Behaviour, 6*(7), 941–950. https://doi.org/10.1038/s41562-022-01381-z

Ara, A. (2023). Wiki-based collaborative writing: Undergraduate learners' perspectives. In R. Khan, A. Bashir, B. L. Basu and M. E. Uddin (Eds) *Local research and glocal perspectives in English language teaching* (pp. 213–228). Springer. https://doi.org/10.1007/978-981-19-6458-9_14

Attard, C. and Holmes, K. (2022). An exploration of teacher and student perceptions of blended learning in four secondary mathematics classrooms. *Mathematics Education Research Journal, 34*(4), 719–740. https://doi.org/10.1007/s13394-020-00359-2

Aurino, E., Tsinigo, E. and Wolf, S. (2022). *Nudges to improve learning and gender parity: Preliminary findings on supporting parent-child educational engagement during COVID-19 using mobile phones* (Technical report). EdTech Hub. https://docs.edtechhub.org/lib/PWU63GQS

Azevedo, J. P., Gutierrez, M., de Hoyos, R. and Saavedra, J. (2022). The unequal impacts of COVID-19 on student learning. In F. M. Reimers (Ed) *Primary and secondary education during COVID-19* (pp. 421–459). Springer. https://doi.org/10.1007/978-3-030-81500-4_16

Baker, R. S. (2016). Stupid tutoring systems, intelligent humans. *International Journal of Artificial Intelligence in Education, 26*(2), 600–614. https://doi.org/10.1007/s40593-016-0105-0

Batra, G., Nangia, A. and Reimers, F. (2022). India (Madhya Pradesh): #Learning will not stop. In S. Vincent-Lancrin, C. Cobo and F. Reimers (Eds) *How learning continued during the COVID-19 pandemic: Global lessons from initiatives to support learners and teachers.* OECD Publishing. https://doi.org/10.1787/e4908fbf-en

Bayraktar, S. (2001). A meta-analysis of the effectiveness of computer-assisted instruction in science education. *Journal of Research on Technology in Education, 34*(2), 173–188. https://doi.org/10.1080/15391523.2001.10782344

Beg, S., Lucas, A., Halim, W. and Saif, U. (2019). Beyond the basics: Improving post-primary content delivery through classroom technology. (*NBER Working Paper 25704*). National Bureau of Economic Research. https://www.nber.org/system/files/working_papers/w25704/revisions/w25704.rev0.pdf

Bergdahl, N., Nouri, J. and Fors, U. (2020). Disengagement, engagement and digital skills in technology-enhanced learning. *Education and Information Technologies, 25*(2), 957–983. https://doi.org/10.1007/s10639-019-09998-w

Berlinski, S., Busso, M., Dinkelman, T. and Martínez A., C. (2021). *Reducing parent-school information gaps and improving education outcomes: Evidence from high-frequency text messages.* (NBER Working Paper 28581). National Bureau of Economic Research. www.nber.org/papers/w28581

Bhargava, A. (2022, 21 December). *A learning tool that stands out in India's EdTech frenzy.* BQ Prime. https://www.bqprime.com/business/a-learning-tool-that-stands-out-in-indias-edtech-frenzy

Bhutoria, A. (2022). Personalized education and artificial intelligence in the United States, China, and India: A systematic review using a Human-in-the-Loop model. *Computers & Education: Artificial Intelligence, 3*, 100068. https://doi.org/10.1016/j.caeai.2022.100068

Bhutoria, A. and Aljabri, N. (2022). Patterns of cognitive returns to information and communication technology (ICT) use of 15-year-olds: Global evidence from a hierarchical linear modeling approach using PISA 2018. *Computers & Education, 181*, 104447. https://doi.org/10.1016/j.compedu.2022.104447

Bianchi, N., Lu, Y. and Song, H. (2022). The effect of computer-assisted learning on students' long-term development. *Journal of Development Economics, 158*, 102919. https://doi.org/10.1016/j.jdeveco.2022.102919

Borgonovi, F. and Pokropek, M. (2021). The evolution of the association between ICT use and reading achievement in 28 countries. *Computers & Education Open, 2*, 100047. https://doi.org/10.1016/j.caeo.2021.100047

Bredow, C. A., Roehling, P. V., Knorp, A. J. and Sweet, A. M. (2021). To flip or not to flip? A meta-analysis of the efficacy of flipped learning in higher education. *Review of Educational Research, 91*(6), 878–918. https://doi.org/10.3102/00346543211019122

Büchel, K., Jakob, M., Kühnhanss, C., Steffen, D. and Brunetti, A. (2022). The relative effectiveness of teachers and learning software: Evidence from a field experiment in El Salvador. *Journal of Labor Economics, 40*(3). https://www.consciente.ch/wp-content/uploads/2019/05/CALImpact_Evaluation_Report_April19.pdf

Bulger, M. (2016). *Personalized learning: The conversations we're not having* (Working paper). Data and Society Research Institute. https://datasociety.net/pubs/ecl/PersonalizedLearning_primer_2016.pdf

Bulman, G. and Fairlie, R. W. (2016). Technology and education: Computers, software and the internet. In E. A. Hanushek, S. Machin and L. Woessmann (Eds) *Handbook of the Economics of Education* (Vol. 5, pp. 239–280). Elsevier.

Bülow, M. W. (2022). Designing synchronous hybrid learning spaces: Challenges and opportunities. In E. Gil, Y. Mor, Y. Dimitriadis and C. Koppe (Eds) *Hybrid learning spaces* (pp. 135–163). Springer. https://doi.org/10.1007/978-3-030-88520-5_9

Burns, M. (2021). *Technology in education* (Think piece for the *Global Education Monitoring Report 2023*). https://unesdoc.unesco.org/ark:/48223/pf0000378951

Cancino, M. and Panes, J. (2021). The impact of Google Translate on L2 writing quality measures: Evidence from Chilean EFL high school learners. *System, 98*, 102464. https://doi.org/10.1016/j.system.2021.102464

Cardim, J., Molina-Millán, T. and Vicente, P. C. (2023). Can technology improve the classroom experience in primary education? An African experiment on a worldwide program. *Journal of Development Economics, 164*, 103145. https://doi.org/10.1016/j.jdeveco.2023.103145

Carnoy, M. (2004). ICT in education: Possibilities and challenges. *Inaugural Lecture of the UOC 2004-2005 Academic Year.*

Carrier, L. M., Rosen, L. D., Cheever, N. A. and Lim, A. F. (2015). Causes, effects, and practicalities of everyday multitasking. *Developmental Review, 35*, 64–78. https://doi.org/10.1016/j.dr.2014.12.005

Castellanos-Reyes, D., Romero-Hall, E., Vasconcelos, L. and García, B. (2022). Mobile learning for emergency situations: Four design cases from Latin America. In V. Dennen, C. Dickson-Deane, X. Ge, D. Ifenthaler, S. Murthy and J. Richardson (Eds) *Global perspectives on educational innovations for emergency situations* (pp. 89–98). Springer. https://doi.org/10.1007/978-3-030-99634-5_9

Central Square Foundation. (2021). *Reimagining education through technology.* https://cms.foundationallearning.in/wp-content/uploads/2023/03/Global-Innovations_Reimagine-Education_MASTER_final-1-1.pdf

Chauhan, S. (2017). A meta-analysis of the impact of technology on learning effectiveness of elementary students. *Computers & Education*, *105*, 14–30. https://doi.org/10.1016/j.compedu.2016.11.005

Chen, J., Wang, M., Kirschner, P. A. and Tsai, C.-C. (2018). The role of collaboration, computer use, learning environments, and supporting strategies in CSCL: A meta-analysis. *Review of Educational Research*, *88*(6), 799–843. https://doi.org/10.3102/0034654318791584

Chernikova, O., Heitzmann, N., Stadler, M., Holzberger, D., Seidel, T. and Fischer, F. (2020). Simulation-based learning in higher education: A meta-analysis. *Review of Educational Research*, *90*(4), 499–541. https://doi.org/10.3102/0034654320933544

Cheung, A. C. K. and Slavin, R. E. (2013). Effects of educational technology applications on reading outcomes for struggling readers: A best evidence synthesis. *Reading Research Quarterly*, *48*(3), 277–299. https://doi.org/10.1002/rrq.50

Cho, H. (2021). *Quizlet in the EFL classroom: Enhancing vocabulary acquisition of Korean middle school students*. Alliant International University. https://www.proquest.com/openview/2dca077bad8a429c3bc6e712f3a6e20c/1?pq-origsite=gscholar&;cbl=18750&diss=y

Cristia, J., Ibarrarán, P., Cueto, S., Santiago, A. and Severín, E. (2017). Technology and child development: Evidence from the One Laptop per Child program. *American Economic Journal: Applied Economics*, *9*(3), 295–320. https://doi.org/10.1257/app.20150385

Cueto, S. (2023, 18 January). EdTech in Peru: If you build it, they might come (but probably not). UKFIET. https://www.ukfiet.org/2023/ed-tech-in-peru-if-you-build-it-they-might-come-but-probably-not

de Barros, A. and Ganimian, A. J. (2021). *Which students benefit from personalized learning? Experimental evidence from a math software in public schools in India*. https://static1.squarespace.com/static/5990cfd52994ca797742fae9/t/606dc8bec889593606cffd4f/1617807551193/de+Barros+&;+Ganimian+2021.pdf

de Barros, A., Ganimian, A. J. and Venkatachalam, A. (2022). Which students benefit from independent practice? Experimental evidence from a math software in private schools in India. *Journal of Research on Educational Effectiveness*, *15*(2), 279–301. https://doi.org/10.1080/19345747.2021.2005203

Deloitte and Ipsos MORI. (2019). *2nd survey of schools: ICT in education: Objective 1 – Benchmark progress in ICT in schools*. Publications Office of the European Union. https://data.europa.eu/euodp/data/storage/f/2019-03-19T084831/FinalreportObjective1-BenchmarkprogressinICTinschools.pdf

Dichev, C. and Dicheva, D. (2017). Gamifying education: What is known, what is believed and what remains uncertain: A critical review. *International Journal of Educational Technology in Higher Education*, *14*(1), 9. https://doi.org/10.1186/s41239-017-0042-5

DiGregorio, P. and Sobel-Lojeski, K. (2010). The effects of interactive whiteboards (IWBs) on student performance and learning: A literature review. *Journal of Educational Technology Systems*, *38*(3), 255–312. https://doi.org/10.2190/et.38.3.b

Dizon, G. (2016). Quizlet in the EFL classroom: Enhancing academic vocabulary acquisition of Japanese university students. *Teaching English with Technology*, *2*, 40–56. https://www.ceeol.com/search/article-detail?id=408428

Dontre, A. J. (2021). The influence of technology on academic distraction: A review. *Human Behavior and Emerging Technologies*, *3*(3), 379–390. https://doi.org/10.1002/hbe2.229

Drolia, M., Papadakis, S., Sifaki, E. and Kalogiannakis, M. (2022). Mobile learning applications for refugees: A systematic literature review. *Education Sciences*, *12*(2), 96. https://doi.org/10.3390/educsci12020096

Duraiappah, A., Atteveldt, N. van, Asah, S., Borst, G., Bugden, S., Buil, J. M., Ergas, O., Fraser, S., Mercier, J., Mesa, J. F. R., Mizala, A., Mochizuki, Y., Okano, K., Piech, C., Pugh, K., Ramaswamy, R., Singh, N. C. and Vickers, E. (2021). The international science and evidence-based education assessment. *npj Science of Learning*, *6*(1), 7. https://doi.org/10.1038/s41539-021-00085-9

Ebadi, S. and Rahimi, M. (2017). Exploring the impact of online peer-editing using Google Docs on EFL learners' academic writing skills: A mixed methods study. *Computer Assisted Language Learning*, *30*(8), 787–815. https://doi.org/10.1080/09588221.2017.1363056

Education Endowment Foundation. (2016). *Texting parents: Evaluation report and executive summary*. https://d2tic4wvo1iusb.cloudfront.net/documents/projects/Texting_Parents.pdf?v=1682591893

Ei Shiksha. (2021). *Implementing EdTech at home in India: Experiences and learnings from Ei Mindspark during COVID-19*. https://ei.study/wp-content/uploads/2023/02/Perspectives-by-Ei-Shiksha_Implementing-EdTech-at-Home-2.pdf

Esara, K. and Sinan, Ö. K. (2017). Evaluation of a nationwide ICT reform movement in Turkey: Insights from the FATIH project. *I-Manager's Journal on School Educational Technology*, *13*(1), 33–48. https://doi.org/10.26634/jsch.13.1.13700

Escueta, M., Nickow, A. J., Oreopoulos, P. and Quan, V. (2020). Upgrading education with technology: Insights from experimental research. *Journal of Economic Literature*, *58*(4), 897–996. https://doi.org/10.1257/jel.20191507

European Commission. (2020). *Innovation and digitalisation: A report of the ET 2020 Working Group on Vocational Education and Training (VET)*. European Union. https://ec.europa.eu/social/BlobServlet?docId=23274&langId=en

Evans, D. K. and Yuan, F. (2022). What we learn about girls' education from interventions that do not focus on girls. *L@S '22: Proceedings of the Ninth ACM Conference on Learning@Scale*, *36*(1), 244–267. https://doi.org/10.1093/wber/lhab007

Fang, Y., Ren, Z., Hu, X. and Graesser, A. C. (2019). A meta-analysis of the effectiveness of ALEKS on learning. *Educational Psychology*, *39*(10), 1278–1292. https://doi.org/10.1080/01443410.2018.1495829

Fraillon, J., Ainley, J., Schulz, W., Friedman, T. and Duckworth, D. (2019). *Preparing for life in a digital world: IEA International Computer and Information Literacy Study 2018 international report*. International Association for the Evaluation of Educational Achievement. https://www.iea.nl/sites/default/files/2019-11/ICILS%202019%20Digital%20final%2004112019.pdf

Ganimian, A. J., Vegas, E. and Hess, F. M. (2020). *Realizing the promise: How can education technology improve learning for all?* Brookings Institution. https://www.brookings.edu/essay/realizing-the-promise-how-can-education-technology-improve-learning-for-all

Garzón, J., Kinshuk, Baldiris, S., Gutiérrez, J. and Pavón, J. (2020). How do pedagogical approaches affect the impact of augmented reality on education? A meta-analysis and research synthesis. *Educational Research Review*, *31*, 100334. https://doi.org/10.1016/j.edurev.2020.100334

Genlott, A. A. and Grönlund, Å. (2016). Closing the gaps: Improving literacy and mathematics by ICT-enhanced collaboration. *Computers & Education*, *99*, 68–80. https://doi.org/10.1016/j.compedu.2016.04.004

Gillet, D., Rodríguez-Triana, M. J., Jong, T. D., Bonen, L. and Dikke, D. (2017). Cloud ecosystem for supporting inquiry learning with online labs: Creation, personalization, and exploitation. *4th Experiment@International Conference Proceedings*, 208–213. https://doi.org/10.1109/expat.2017.7984406

Go-Lab. (2023). *Qu'est-ce que l'initiative Go-Lab ?* [What is the Go-Lab initiative ?]. https://support.golabz.eu/fr/node/215

Goldhaber, D., Kane, T. J., McEachin, A., Morton, E., Patterson, T. and Staiger, D. O. (2022). *The consequences of remote and hybrid instruction during the pandemic*. (NBER Working Paper 30010). National Bureau of Economic Research. https://www.nber.org/system/files/working_papers/w30010/w30010.pdf

Gorjón, L. and Osés, A. (2022). The negative impact of information and communication technologies overuse on student performance: Evidence from OECD countries. *Journal of Educational Computing Research*, *61*(4). https://doi.org/10.1177/07356331221133408

Gray, L. and Lewis, L. (2021). *Use of educational technology for instruction in public schools: 2019-20*. National Center for Education Statistics, US Department of Education. https://nces.ed.gov/pubs2021/2021017.pdf

Grimalt-Álvaro, C., Ametller, J. and Pintó, R. (2019). Factors shaping the uptake of ICT in science classrooms. A study of a large-scale introduction of interactive whiteboards and computers. *International Journal of Innovation in Science and Mathematics Education*, *27*(1), 18–36. https://doi.org/10.30722/ijisme.27.01.002

Gubbels, J., Swart, N. M. and Groen, M. A. (2020). Everything in moderation: ICT and reading performance of Dutch 15-year-olds. *Large-Scale Assessments in Education*, *8*(1). https://doi.org/10.1186/s40536-020-0079-0

Gupta, G. and Sarin, R. (2022). *EdTech for India: Leveraging technology to bridge learning gaps*. Central Square Foundation. https://www.centralsquarefoundation.org/reports/edtech-for-india-leveraging-technology-to-bridge-learning-gaps

Guyana Ministry of Education. (2021). *Information and communication technology in education: Policy and master plan*. https://education.gov.gy/web2/index.php/or/publications/6774-moe-ict-in-education-policy-and-master-plan/file

Guyana Ministry of Education. (2022). *Support for education recovery and transformation project: Socio-cultural analysis*. https://education.gov.gy/web2/index.php/or/publications/6788-socio-cultural-analysis-support-for-education-recovery-and-transformation-project-october-2022/file

Hall, A. C. G., Lineweaver, T. T., Hogan, E. E. and O'Brien, S. W. (2020). On or off task: The negative influence of laptops on neighboring students' learning depends on how they are used. *Computers & Education*, *153*, 103901. https://doi.org/10.1016/j.compedu.2020.103901

Haugsbakk, G. (2021). Technology giants, educational policy and a preliminary mapping of networks and channels of influence in a Norwegian context. *Seminar.Net*, *17*(2). https://doi.org/10.7577/seminar.4303

Hillmayr, D., Ziernwald, L., Reinhold, F., Hofer, S. I. and Reiss, K. M. (2020). The potential of digital tools to enhance mathematics and science learning in secondary schools: A context-specific meta-analysis. *Computers & Education*, *153*, 103897. https://doi.org/10.1016/j.compedu.2020.103897

Hirata, G. (2022). Play to learn: The impact of technology on students' math performance. *Journal of Human Capital, 16*(3), 437–459. https://doi.org/10.1086/719846

Hu, J. and Yu, R. (2021). The effects of ICT-based social media on adolescents' digital reading performance: A longitudinal study of PISA 2009, PISA 2012, PISA 2015 and PISA 2018. *Computers & Education, 175*, 104342. https://doi.org/10.1016/j.compedu.2021.104342

Hussein, M. H., Ow, S. H., Elaish, M. M. and Jensen, E. O. (2022). Digital game-based learning in K-12 mathematics education: A systematic literature review. *Education and Information Technologies, 27*(2), 2859–2891. https://doi.org/10.1007/s10639-021-10721-x

IITE, Commonwealth of Learning and Beijing Normal University. (2022). *Smart education strategies for teaching and learning: Critical analytical framework and case studies.* UNESCO Institute for Information Technologies in Education. https://iite.unesco.org/wp-content/uploads/2022/09/Smart-education-strategies-publication.pdf

ILO. (2021). *Digitalization of national TVET and skills systems: Harnessing technology to support LLL.* International Labour Organisation. https://www.ilo.org/wcmsp5/groups/public/---ed_emp/---emp_ent/documents/publication/wcms_826682.pdf

ILO, UNESCO, and World Bank. (2020). *ILO-UNESCO-WBG joint survey on technical and vocational education and training (TVET) and skills development during the time of Covid-19.* International Labour Organisation, UNESCO, and World Bank. https://www.ilo.org/wcmsp5/groups/public/---ed_emp/---emp_ent/documents/genericdocument/wcms_742817.pdf

India Ministry of Education. (2020). *National Education Policy (NEP) 2020.* https://www.education.gov.in/nep/about-nep

Intel Corporation. (2022). *Intel® digital readiness programs.* https://www.intel.com/content/www/us/en/corporate/artificial-intelligence/digital-readiness-home.html

Jamshidifarsani, H., Garbaya, S., Lim, T., Blazevic, P. and Ritchie, J. M. (2019). Technology-based reading intervention programs for elementary grades: An analytical review. *Computers & Education, 128*, 427–451. https://doi.org/10.1016/j.compedu.2018.10.003

Jdaitawi, M. (2019). The effect of flipped classroom strategy on students' learning outcomes. *International Journal of Instruction, 12*(3), 665-680. https://files.eric.ed.gov/fulltext/EJ1220207.pdf

Johnston, J. and Ksoll, C. (2022). Effectiveness of interactive satellite-transmitted instruction: Experimental evidence from Ghanaian primary schools. *Economics of Education Review, 91*, 102315. https://doi.org/10.1016/j.econedurev.2022.102315

Jordan, K. and Myers, C. (2022). EdTech and girls education in low- and middle-income countries: Which intervention types have the greatest impact on learning outcomes for girls? *L@S '22: Proceedings of the Ninth ACM Conference on Learning@Scale*, 330–334. https://doi.org/10.1145/3491140.3528305

Kahoot! (2023). *Key numbers.* https://kahoot.com/company/#key-numbers

Kanders, K., Hickman, M. and Bazalgette, L. (2022, 13 June). *Could toddler tech help to get more children school ready?* Nesta. https://www.nesta.org.uk/project/mapping-parenting-technology/could-toddler-tech-help-to-get-more-children-school-ready

Kärchner, H., Trautner, M., Willeke, S. and Schwinger, M. (2022). How handheld use is connected to learning-related factors and academic achievement: Meta-analysis and research synthesis. *Computers & Education Open, 3*, 100116. https://doi.org/10.1016/j.caeo.2022.100116

Kasneci, E., Sessler, K., Küchemann, S., Bannert, M., Dementieva, D., Fischer, F., Gasser, U., Groh, G., Günnemann, S., Hüllermeier, E., Krusche, S., Kutyniok, G., Michaeli, T., Nerdel, C., Pfeffer, J., Poquet, O., Sailer, M., Schmidt, A., Seidel, T., Stadler, M., Weller, J., Kuhn, J. and Kasneci, G. (2023). ChatGPT for good? On opportunities and challenges of large language models for education. *Learning and Individual Differences, 103*, 102274. https://doi.org/10.1016/j.lindif.2023.102274

Kates, A. W., Wu, H. and Coryn, C. L. S. (2018). The effects of mobile phone use on academic performance: A meta-analysis. *Computers & Education, 127*, 107–112. https://doi.org/10.1016/j.compedu.2018.08.012

Kerssens, N. and van Dijck, J. (2021). The platformization of primary education in the Netherlands. *Learning, Media and Technology, 46*(3), 250–263. https://doi.org/10.1080/17439884.2021.1876725

Kim, S. Y. (2021). Case study 6, Korea: Flipped content courses in the Korean higher education context: Benefits and challenges. In L. Miller and J. G. Wu (Eds) *Language learning with technology* (pp. 133–143). Springer. https://doi.org/10.1007/978-981-16-2697-5_11

Koltovskaia, S. (2020). Student engagement with automated written corrective feedback (AWCF) provided by Grammarly: A multiple case study. *Assessing Writing, 44*, 100450. https://doi.org/10.1016/j.asw.2020.100450

Koval-Saifi, N. and Plass, J. (2018). *Feed the monster: Impact and technical evaluation*. World Vision and Foundation for Information Technology Education and Development. https://idl-bnc-idrc.dspacedirect.org/handle/10625/58106

Kuiper, E. and de Pater-Sneep, M. (2014). Student perceptions of drill-and-practice mathematics software in primary education. *Mathematics Education Research Journal, 26*(2), 215–236. https://doi.org/10.1007/s13394-013-0088-1

Kushairi, N. and Ahmi, A. (2021). Flipped classroom in the second decade of the millenia: A bibliometrics analysis with Lotka's law. *Education and Information Technologies, 26*(4), 4401–4431. https://doi.org/10.1007/s10639-021-10457-8

Lassault, J., Sprenger-Charolles, L., Albrand, J.-P., Alavoine, E., Richardson, U., Lyytinen, H. and Ziegler, J. C. (2022). Testing the effects of GraphoGame against a computer-assisted math intervention in primary school. *Scientific Studies of Reading, 26*(6), 449–468. https://doi.org/10.1080/10888438.2022.2052884

Lee, M.-K. (2018). Flipped classroom as an alternative future class model?: Implications of South Korea's social experiment. *Educational Technology Research and Development, 66*(3), 837–857. https://doi.org/10.1007/s11423-018-9587-9

Lehrer, K., Mawoyo, M. and Mbaye, S. (2019). *The impacts of interactive smartboards on learning achievement in Senegalese primary schools* [3ie Grantee final report]. International Initiative for Impact Evaluation. https://www.3ieimpact.org/sites/default/files/2019-01/GFR-PW2.14-NEPAD-Senegal-e-school.pdf

Lewin, C., Smith, A., Morris, S. and Craig, E. (2019). *Using digital technology to improve learning: Guidance report*. Education Endowment Foundation. https://d2tic4wvo1iusb.cloudfront.net/production/eef-guidance-reports/digital/EEF_Digital_Technology_Guidance_Report.pdf?v=1691497683

Li, H., Liu, Z., Yang, F. and Yu, L. (2023). *The impact of computer-assisted instruction on student performance: Evidence from the dual-teacher program*. (IZA Discussion Paper 15944). . Institute of Labor Economics. https://doi.org/10.2139/ssrn.4360827

Lichand, G. and Wolf, S. (2020). Arm-wrestling in the classroom: The non-monotonic effects of monitoring teachers. *Working Paper 357*. University of Zurich, Department of Economics. https://www.zora.uzh.ch/id/eprint/188754/7/econwp357.pdf

Linden, L. L. (2008). Complement or substitute? The effect of technology on student achievement in India. *InfoDev Working Paper, 17*. World Bank. http://documents.worldbank.org/curated/en/804371468034237060/Complement-or-substitute-The-effect-of-technology-on-student-achievement-in-India

Lo, C. K. and Hew, K. F. (2017). A critical review of flipped classroom challenges in K-12 education: Possible solutions and recommendations for future research. *Research and Practice in Technology Enhanced Learning, 12*(1), 4. https://doi.org/10.1186/s41039-016-0044-2

Ma, Y., Fairlie, R. W., Loyalka, P. K. and Rozelle, S. (2020). *Isolating the 'tech' from EdTech: Experimental evidence on computer assisted learning in China*. (IZA Discussion Paper 13080). Institute of Labor Economics. https://doi.org/10.2139/ssrn.3562870

Major, L. and Francis, G. (2020). *Technology-supported personalised learning: Rapid evidence review*. EdTech Hub. https://edtechhub.org/wp-content/uploads/2020/09/Rapid-Evidence-Review_-Technology-supported-personalised-learning.pdf

Major, L., Francis, G. A. and Tsapali, M. (2021). The effectiveness of technology supported personalised learning in low and middle income countries: A meta analysis. *British Journal of Educational Technology, 52*, 1935–1964. https://doi.org/10.1111/bjet.13116

Mathewson, T. G. and Butrymowicz, S. (2020). *Ed tech companies promise results, but their claims are often based on shoddy research*. https://hechingerreport.org/ed-tech-companies-promise-results-but-their-claims-are-often-based-on-shoddy-research

Mayer, R. E. (2019). Computer games in education. *Annual Review of Psychology, 70*(1), 531–549. https://doi.org/10.1146/annurev-psych-010418-102744

McTigue, E. M., Solheim, O. J., Zimmer, W. K. and Uppstad, P. H. (2020). Critically reviewing GraphoGame across the world: Recommendations and cautions for research and implementation of computer assisted instruction for word reading acquisition. *Reading Research Quarterly, 55*(1), 45–73. https://doi.org/10.1002/rrq.256

Mo, D., Bai, Y., Shi, Y., Abbey, C., Zhang, L., Rozelle, S. and Loyalka, P. (2020). Institutions, implementation, and program effectiveness: Evidence from a randomized evaluation of computer-assisted learning in rural China. *Journal of Development Economics, 146*, 102487. https://doi.org/10.1016/j.jdeveco.2020.102487

Mo, D., Huang, W., Shi, Y., Zhang, L., Boswell, M. and Rozelle, S. (2015). Computer technology in education: Evidence from a pooled study of computer assisted learning programs among rural students in China. *China Economic Review, 36*, 131–145. https://doi.org/10.1016/j.chieco.2015.09.001

Morélot, S., Garrigou, A., Dedieu, J. and N'Kaoua, B. (2021). Virtual reality for fire safety training: Influence of immersion and sense of presence on conceptual and procedural acquisition. *Computers & Education, 166,* 10415. https://doi.org/10.1016/j.compedu.2021.104145

Moss, G. and Jewitt, C. (2010). Policy, pedagogy and interactive whiteboards: What lessons can be learnt from early adoption in England. In M. Thomas and E. C. Schmid (Eds) *Interactive whiteboards for education: Theory, research and practice* (pp. 20–36). IGI Global. https://doi.org/10.4018/978-1-61520-715-2.ch002

Mullis, I. V. S., Martin, M. O., Foy, P., Kelly, D. L. and Fishbein, B. (2020). *TIMSS 2019 International Results in Mathematics and Science.* TIMSS & PIRLS International Study Center, Lynch School of Education and Human Development, Boston College, and International Association for the Evaluation of Educational Achievement. https://timss2019. org/reports/wp-content/themes/timssandpirls/download-center/TIMSS-2019-International-Results-in-Mathematics-and-Science.pdf

Muralidharan, K., Singh, A. and Ganimian, A. J. (2019). Disrupting education? Experimental evidence on technology-aided instruction in India. *American Economic Review, 109*(4), 1426–1460. https://doi.org/10.1257/aer.20171112

Murphy, R., Roschelle, J., Feng, M. and Mason, C. A. (2020). Investigating efficacy, moderators and mediators for an online mathematics homework intervention. *Journal of Research on Educational Effectiveness, 13*(2), 235–270. https://doi.org/10.1080/19345747.2019.1710885

Myers, C., Wyss, N., Peralta, X. V. and Coflan, C. (2022). Mapping and analysing digital learning platforms in Latin America and the Caribbean. *Helpdesk Response No. 47.* EdTech Hub. https://docs.edtechhub.org/lib/VINQBTJ5/download/ HYA2ZPZ3/HDR%2047%20Digital%20Learning%20Platforms%20in%20LAC.pdf

Naik, G., Chitre, C., Bhalla, M. and Rajan, J. (2020). Impact of use of technology on student learning outcomes: Evidence from a large-scale experiment in India. *World Development, 127,* 104736. https://doi.org/10.1016/j. worlddev.2019.104736

Nicolai, S., Rui, T. (Yang), Zubairi, A., Seluget, C. and Kamninga, T. (2023). *EdTech and parental engagement* (Background paper for *Global Education Monitoring Report 2023*).

Nikolopoulou, K. (2020). Secondary education teachers' perceptions of mobile phone and tablet use in classrooms: Benefits, constraints and concerns. *Journal of Computers in Education, 7,* 257–275. https://doi.org/10.1007/ s40692-020-00156-7

Oakley, G., Pegrum, M., Kheang, T. and Seng, K. (2022). Mobile learning for early reading in Cambodia. *Education and Information Technologies, 27,* 1467–1487. https://doi.org/10.1007/s10639-021-10615-y

OECD. (2019). *PISA 2021 ICT Framework.* OECD Publishing. https://www.oecd.org/pisa/sitedocument/ PISA-2021-ICT-Framework.pdf

OECD. (2021). Teaching and learning in VET: Providing effective practical training in school-based settings. *OECD Policy Responses to Coronavirus (COVID-19).* OECD Publishing.https://www.oecd.org/coronavirus/policy-responses/ teaching-and-learning-in-vet-providing-effective-practical-training-in-school-based-settings-64f5f843

Outhwaite, L., Ang, L., Herbert, E., Sumner, E. and Herwegen, J. V. (2022a). *Technology and learning for early childhood and primary education* (Background paper for *Global Education Monitoring Report 2023*). https://unesdoc.unesco.org/ ark:/48223/pf0000386108.locale=en

Outhwaite, L., Early, E., Herodotou, C. and Herwegen, J. V. (2022b). *Can maths apps add value to young children's learning? A systematic review and content analysis.* Nuffield Foundation. https://www.nuffieldfoundation.org/wp-content/ uploads/2022/05/Can-Maths-Apps-Add-Value-to-Young-Childrens-Learning-A-Systematic-Review-and-Content-Analysis_Web_final_v2.pdf

Owsley, N. (2017). *Getting the message: Using parental text messaging to increase learner attendance.* University of Cape Town.

Pane, J. F., Griffin, B. A., McCaffrey, D. F. and Karam, R. (2013). Effectiveness of Cognitive Tutor Algebra I at scale. *Educational Evaluation and Policy Analysis, 36*(2), 127–144. https://doi.org/10.3102/0162373713507480

Pata, K., Tammets, K., Väljataga, T., Kori, K., Laanpere, M. and Rõbtsenkov, R. (2022). The patterns of school improvement in digitally innovative schools. *Technology, Knowledge and Learning, 27*(3), 823–841. https://doi.org/10.1007/s10758-021-09514-5

Pitchford, N. (2022). Customised e-learning platforms. In T. Madon, A. J. Gadgil, R. Anderson, L. Casaburi, K. Lee and A. Rezaee (Eds) *Introduction to development engineering* (pp. 269–292). Springer. https://doi.org/10.1007/978-3-030-86065-3_11

Pitchford, N., Kamchedzera, E., Hubber, P. J. and Chigeda, A. L. (2018). Interactive apps promote learning of basic mathematics in children with special educational needs and disabilities. *Frontiers in Psychology, 9,* 262. https://doi.org/10.3389/fpsyg.2018.00262

Potkonjak, V., Gardner, M., Callaghan, V., Mattila, P., Guetl, C., Petrović, V. M. and Jovanović, K. (2016). Virtual laboratories for education in science, technology, and engineering: A review. *Computers & Education*, *95*, 309–327. https://doi.org/10.1016/j.compedu.2016.02.002

Press Trust of India. (2022, 3 May). *Haryana govt to distribute over 5 lakh free tablets to Class 10, 12 students from May 5.* https://indianexpress.com/article/education/haryana-govt-to-distribute-over-5-lakh-free-tablets-to-class-10-12-students-from-may-5-7898959

Reich, J. (2020). *Failure to disrupt: Why technology alone can't transform education.* Harvard University Press.

Resilient Digital Africa. (2021, 30 September). *Rwanda: Smart classrooms, A digital solution to promote student learning.* https://resilient.digital-africa.co/en/blog/2021/09/30/rwanda-smart-classrooms-a-digital-solution-to-promote-student-learning

Robertson, B. and Flowers, M. (2020). Determining the impact of lecture videos on student outcomes. *Learning and Teaching*, *13*(2), 25–40. https://doi.org/10.3167/latiss.2020.130203

Robinson-Smith, L., Menzies, V., Cramman, H., Wang, Y. L., Fairhurst, C., Hallet, S. and Siddiqui, N. (2019). *EasyPeasy: Learning through play: Evaluation report.* Education Endowment Foundation. https://educationendowmentfoundation.org.uk/projects-and-evaluation/projects/easypeasy-learning-through-play

Roschelle, J., Feng, M., Murphy, R. and Mason, C. (2016). Online mathematics homework increases student achievement. *AERA Open*, *2*(4), 1–12. https://journals.sagepub.com/doi/pdf/10.1177/2332858416673968

Rui, Y. (2023). *Social emotional learning and EdTech: Resources, examples, and effective practices.* (Helpdesk Response 35). EdTech Hub. https://docs.edtechhub.org/lib/8TZZZUMT

Rutherford, T., Farkas, G., Duncan, G., Burchinal, M., Kibrick, M., Graham, J., Richland, L., Tran, N., Schneider, S., Duran, L. and Martinez, M. E. (2014). A randomized trial of an elementary school mathematics software intervention: Spatial-Temporal Math. *Journal of Research on Educational Effectiveness*, *7*(4), 358–383. https://doi.org/10.1080/19345747.2013.856978

Sanchez, R., Brown, E., Kocher, K. and DeRosier, M. (2017). Improving children's mental health with a digital social skills development game: A randomized controlled efficacy trial of adventures aboard the S.S. GRIN. *Games for Health Journal*, *6*(1), 19–27. https://doi.org/10.1089/g4h.2015.0108

Sanosi, A. B. (2018). The effect of Quizlet on vocabulary acquisition. *Asian Journal of Education and E-Learning*, *6*(4). https://doi.org/10.24203/ajeel.v6i4.5446

Schiff, D. (2022). Education for AI, *not* AI for education: The role of education and ethics in national AI policy strategies. *International Journal of Artificial Intelligence in Education*, *32*(3), 527–563. https://doi.org/10.1007/s40593-021-00270-2

Schindler, L. A., Burkholder, G. J., Morad, O. A. and Marsh, C. (2017). Computer-based technology and student engagement: A critical review of the literature. *International Journal of Educational Technology in Higher Education*, *14*, 25. https://doi.org/10.1186/s41239-017-0063-0

See, B. H., Gorard, S., El-Soufi, N., Lu, B., Siddiqui, N. and Dong, L. (2020). A systematic review of the impact of technology-mediated parental engagement on student outcomes. *Educational Research and Evaluation*, *26*(3–4), 150–181. https://doi.org/10.1080/13803611.2021.1924791

Selwyn, N. (2022). *Education and technology: Key issues and debates.* Bloomsbury Publishing.

Shi, Y., Zhang, J., Yang, H. and Yang, H. H. (2020). Effects of interactive whiteboard-based instruction on students' cognitive learning outcomes: A meta-analysis. *Interactive Learning Environments*, *29*(2), 283–300. https://doi.org/10.1080/10494820.2020.1769683

Shortt, M., Tilak, S., Kuznetcova, I., Martens, B. and Akinkuolie, B. (2021). Gamification in mobile-assisted language learning: A systematic review of Duolingo literature from public release of 2012 to early 2020. *Computer Assisted Language Learning*, *36*(3), 517–554. https://doi.org/10.1080/09588221.2021.1933540

Sippel, L. (2022). Quizlet. *CALICO Journal*, *39*(3), 393–402. https://doi.org/10.1558/cj.19888

Smith, P., Rudd, P. and Coghlan, M. (2008). *Harnessing technology: Schools survey 2008: Report 1: Analysis.* British Educational Communications and Technology Agency. https://dera.ioe.ac.uk/1549/1/becta_2008_htssanalysis_report.pdf

Souter, D. (2021, 13 January). Inside the digital society: Lessons from little laptops. *Parenting for a Digital Future Blog.* https://blogs.lse.ac.uk/parenting4digitalfuture/2021/01/13/one-laptop-per-child

Stapleton, P. and Kin, B. L. K. (2019). Assessing the accuracy and teachers' impressions of Google Translate: A study of primary L2 writers in Hong Kong. *English for Specific Purposes*, *56*, 18–34. https://doi.org/10.1016/j.esp.2019.07.001

Stevenson, M. and Phakiti, A. (2019). Automated feedback and second language writing. In K. Hyland and F. Hyland (Eds) *Feedback in second language writing: Contexts and issues* (pp. 125–142). Cambridge University Press. https://doi.org/10.1017/9781108635547.009

Strelan, P., Osborn, A. and Palmer, E. (2020). The flipped classroom: A meta-analysis of effects on student performance across disciplines and education levels. *Educational Research Review, 30*, 100314. https://doi.org/10.1016/j.edurev.2020.100314

Student Achievement Partners. (2021). *Preparation for success in algebra: Exploring math education relationships by analyzing large data sets (EMERALDS)*. https://achievethecore.org/content/upload/EMERALDS%20Full%20Report%20June%202021.pdf

Sun, S., Else-Quest, N. M., Hodges, L. C., French, A. M. and Dowling, R. (2021). The effects of ALEKS on mathematics learning in K-12 and higher education: A meta-analysis. *Investigations in Mathematics Learning, 13*(3), 182–196. https://doi.org/10.1080/19477503.2021.1926194

Sung, Y.-T., Chang, K.-E. and Liu, T.-C. (2016). The effects of integrating mobile devices with teaching and learning on students' learning performance: A meta-analysis and research synthesis. *Computers & Education, 94*, 252–275. https://doi.org/10.1016/j.compedu.2015.11.008

Tomasik, M. J., Helbling, L. A. and Moser, U. (2021). Educational gains of in-person vs. distance learning in primary and secondary schools: A natural experiment during the COVID-19 pandemic school closures in Switzerland. *International Journal of Psychology, 56*(4), 566–576. https://doi.org/10.1002/ijop.12728

Topping, K. J., Douglas, W., Robertson, D. and Ferguson, N. (2022). Effectiveness of online and blended learning from schools: A systematic review. *Review of Education, 10*(2), e3353. https://bera-journals.onlinelibrary.wiley.com/doi/full/10.1002/rev3.3353

Trucano, M. (2012, 23 March). *Evaluating One Laptop Per Child (OLPC) in Peru*. World Bank Blogs. https://blogs.worldbank.org/edutech/olpc-peru2

Ullah, M., Amin, S. U., Munsif, M., Safaev, U., Khan, H., Khan, S. and Ullah, H. (2022). Serious games in science education. A systematic literature review. *Virtual Reality & Intelligent Hardware, 4*(3), 189–209. https://doi.org/10.1016/j.vrih.2022.02.001

UNESCO. (2022). *K-12 AI curricula: A mapping of government-endorsed AI curricula*. https://unesdoc.unesco.org/ark:/48223/pf0000380602

UNESCO-UNEVOC. (2021a). *MilleaLab: The all-in-one VR platform for education: Innovation and learning practice bridging innovation and learning in TVET (BILT) project*. UNESCO-UNEVOC International Centre for Technical and Vocational Education and Training. https://unevoc.unesco.org/pub/xr_use_cases_in_tvet_shintavr_millealab.pdf

UNESCO-UNEVOC. (2021b). *The digital TVET learning platform: Promising practice 2021*. UNESCO-UNEVOC International Centre for Technical and Vocational Education and Training. https://unevoc.unesco.org/pub/promising_practice_uthm.pdf

UNICEF. (2022). *Trends in digital personalized learning in low- and middle-income countries: Executive summary*. https://www.unicef.org/globalinsight/media/2756/file/UNICEF-Global-Insight-Digital-PL-LMIC-executive-summary-2022.pdf

Vasalou, A., Benton, L., Ibrahim, S., Sumner, E., Joye, N. and Herbert, E. (2021). Do children with reading difficulties benefit from instructional game supports? Exploring children's attention and understanding of feedback. *British Journal of Educational Technology, 52*(6), 2359–2373. https://doi.org/10.1111/bjet.13145

Vincent-Lancrin, S., Cobo, C. and Reimers, F. (Eds). (2022). *How learning continued during the COVID-19 pandemic: Global lessons from initiatives to support learners and teachers*. OECD Publishing. https://doi.org/10.1787/bbeca162-en

Vincent-Lancrin, S., Urgel, J., Kar, S. and Jacotin, G. (2019). *Measuring innovation in education 2019: What has changed in the classroom?* OECD Publishing. https://doi.org/10.1787/9789264311671-en

Vita, M. D., Verschaffel, L. and Elen, J. (2018). The power of interactive whiteboards for secondary mathematics teaching: Two case studies. *Journal of Educational Technology Systems, 47*(1), 50–78. https://doi.org/10.1177/0047239518767112

Wang, A. I. and Tahir, R. (2020). The effect of using Kahoot! for learning: A literature review. *Computers & Education, 149*, 103818. https://doi.org/10.1016/j.compedu.2020.103818

Wang, C. and Shen, J. (2023). Technology-enhanced collaborative learning in STEM. *International Encyclopedia of Education* (4th edition), 207–214. https://doi.org/10.1016/b978-0-12-818630-5.13005-2

Warschauer, M. and Ames, M. (2010). Can One Laptop per Child save the world's poor? *Journal of International Affairs, 64*(1), 33–51. https://www.jstor.org/stable/24385184

Yan, D. (2023). Impact of ChatGPT on learners in a L2 writing practicum: An exploratory investigation. *Education and Information Technologies*, 1–25. https://doi.org/10.1007/s10639-023-11742-4

York, B. and Loeb, S. (2018). *One step at a time: The effects of an early literacy text messaging program for parents of preschoolers.* (NBER Working Paper 20659). National Bureau of Economic Research. https://www.nber.org/papers/w20659

Zhang, H., Shulgina, G., Fanguy, M. and Costley, J. (2022). Online peer editing: Effects of comments and edits on academic writing skills. *Heliyon, 8*(7), e09822. https://doi.org/10.1016/j.heliyon.2022.e09822

Zhang, L., Yang, S. and Carter, R. A. (2020). Personalized learning and ESSA: What we know and where we go. *Journal of Research on Technology in Education, 52*(3), 253–274. https://doi.org/10.1080/15391523.2020.1728448

Zhang, R. and Zou, D. (2021). Types, features, and effectiveness of technologies in collaborative writing for second language learning. *Computer Assisted Language Learning, 35*(9), 2391–2422. https://doi.org/10.1080/09588221.2021.1880441

Zheng, L., Bhagat, K., Zhen, Y. and Zhang, X. (2020). The effectiveness of the flipped classroom on students' learning achievement and learning motivation: A meta-analysis. *Educational Technology & Society, 23*(1), 1–15. https://eric.ed.gov/?id=EJ1255782

Zubairi, A., Khalayleh, A., Baloch, I., Mazari, H., Kaye, T. and Groeneveld, C. (2022). *Pakistan digital learning landscape analysis.* EdTech Hub. https://docs.edtechhub.org/lib/HEXCEXFK

第5章

ACARA. (2021). *Australian curriculum: Version 9.0 endorsed.* Australian Curriculum Assessment and Reporting Authority. https://www.acara.edu.au/curriculum

Ali, O., and Recep, Ç. (2021). The effect of Code.Org activities on computational thinking and algorithm development skills. *Journal of Teacher Education and Lifelong Learning.* https://doi.org/10.51535/tell.960476

Andree, A. (2015, 6 July). *E-libraries bridge digital divide across Sri Lanka.* The Borgen Project Blog. https://borgenproject.org/e-libraries-bridge-digital-divide-across-sri-lanka

Aotearoa Education Gazette. (2022). *Pacific-led digital skills course boosts parents' confidence to support children's education.* https://gazette.education.govt.nz/articles/pacific-led-digital-skills-course-boosts-parents-confidence-to-support-childrens-education-2

Arouri, Y. M. and Hamaidi, D. A. (2017). Undergraduate students' perspectives of the extent of practicing netiquettes in a Jordanian southern university. *International Journal of Emerging Technologies in Learning, 12*(3), 84–97. https://doi.org/10.3991/ijet.v12i03.6424

Australia eSafety Commissioner. (2023). *eSafetyeducation: For educators.* https://www.esafety.gov.au/educators

Basilaia, E. and Danelia, N. (2022). *Mapping and needs assessment of media literacy practices in Georgia.* Council of Europe. https://rm.coe.int/-en/1680a5789e

Bhandari, B., Jain, C. and Sahu, A. K. (2021). Are secondary schools imparting digital skills? An empirical assessment. *Margin: Journal of Applied Economic Research, 15*(1), 73–100. https://doi.org/10.1177/0973801020976607

Brazil Ministry of Education. (2019). *Base nacional comum curricular* [Common national curriculum base]. http://basenacionalcomum.mec.gov.br

Bridgeman, B., Lennon, M. L. and Jackenthal, A. (2003). Effects of screen size, screen resolution, and display rate on computer-based test performance. *Applied Measurement in Education, 16*(3), 191–205. https://doi.org/10.1207/s15324818ame1603_2

Bundsgaard, J. (2019). DIF as a pedagogical tool: Analysis of item characteristics in ICILS to understand what students are struggling with. *Large-Scale Assessments in Education, 7*, 9. https://doi.org/10.1186/s40536-019-0077-2

Burns, T. and Gottschalk, F. (2020). *Education in the digital age: Healthy and happy children.* OECD Publishing. https://doi.org/10.1787/1209166a-en

Byrne, J., Kardefelt-Winther, D., Livingstone, S. and Stoilova, M. (2016). *Global Kids Online research synthesis, 2015-2016.* UNICEF Office of Research Innocenti and London School of Economics and Political Science. https://www.unicef-irc.org/publications/pdf/IRR_2016_01.pdf

Cambodia Ministry of Industry, Science, Technology and Innovation. (2022). *Cambodia's EduTech roadmap.* https://www.misti.gov.kh/public/file/202206301656579124.pdf

Carretero, S., Vuorikari, R. and Punie, Y. (2017). *DigComp 2.1: The Digital Competence Framework for Citizens with eight proficiency levels and examples of use.* Publications Office of the European Union. https://data.europa.eu/doi/10.2760/38842

Carretero, S., Punie, Y., Vuorikari, R., Cabrera Giraldez, M. and Okeeffe, W. (2018). *DigComp into action: Get inspired, make it happen: A user guide to the European Digital Competence Framework*. Publications Office of the European Union. https://publications.jrc.ec.europa.eu/repository/handle/JRC110624

Cebollero-Salinas, A., Orejudo, S., Cano-Escoriaza, J. and Íñiguez-Berrozpe, T. (2022). Cybergossip and problematic internet use in cyberaggression and cybervictimisation among adolescents. *Computers in Human Behavior, 131*, 107–230. https://doi.org/10.1016/j.chb.2022.107230

Certiport. (2023). *IC3 digital literacy certification*. https://certiport.pearsonvue.com/Certifications/IC3/Digital-Literacy-Certification/Overview.aspx

CETIC. (2020). *TIC Educação 2020: Escolas.* [ICT Education 2020: Schools]. https://www.cetic.br/pt/tics/pesquisa/2020/escolas/H3

Chile National System of Public Libraries. (2017). *BiblioRedes cumplió 15 años ayudando a disminuir la brecha digital en Chile* [BiblioRedes celebrated its 15th anniversary helping to reduce the digital divide in Chile]. https://www.bibliotecaspublicas.gob.cl/noticias/biblioredes-cumplio-15-anos-ayudando-disminuir-la-brecha-digital-en-chile

CoolThink@JC. (2023). *Computational thinking education for all*. https://www.coolthink.hk/en

Council of Europe. (2017). *Digital citizenship education: Volume 1: Overview and new perspectives*. https://rm.coe.int/prems-187117-gbr-2511-digital-citizenship-literature-review-8432-web-1/168077bc6a

Council of Europe. (2018). *Recommendation CM/Rec(2018)7 of the Committee of Ministers to member states on guidelines to respect, protect and fulfil the rights of the child in the digital environment*. https://search.coe.int/cm/Pages/result_details.aspx?ObjectId=09000016808b79f7

Cunliffe-Jones, P., Gaye, S., Gichunge, W., Onumah, C., Pretorius, C. and Schiffrin, A. (2021). The state of media literacy in sub-Saharan Africa 2020 and a theory of misinformation literacy. In *Misinformation policy in sub-Saharan Africa: From laws and regulations to media literacy* (pp. 5–96). University of Westminster Press. https://doi.org/10.16997/book53.a

Department for Education. (2018, 12 September). *Essential digital skills framework*. https://www.gov.uk/government/publications/essential-digital-skills-framework

Digital Rights. (2022, 12 December). *Why CSOs believe ICT curriculum reform can protect Ghanaian children online*. https://www.mfwa.org/why-csos-believe-ict-curriculum-reform-can-protect-ghanaian-children-online

Drotner, K., Frau-Meigs, D., Kotilainen, S. and Uusitalo, N. (2017). The double bind of media and information literacy: A critical view on public policy discourses about MIL. In D. Frau-Meigs, I. Velez and J. Flores Michel (Eds) *Public policies in media and information literacy in Europe* (pp. 269–283). Routledge. https://doi.org/10.4324/9781315628851-9

Dwivedi, Y. K., Ismagilova, E., Hughes, D. L., Carlson, J., Filieri, R., Jacobson, J., Jain, V., Karjaluoto, H., Kefi, H., Krishen, A. S., Kumar, V., Rahman, M. M., Raman, R., Rauschnabel, P. A., Rowley, J., Salo, J., Tran, G. A. and Wang, Y. (2021). Setting the future of digital and social media marketing research: Perspectives and research propositions. *International Journal of Information Management, 59*, 102–168. https://doi.org/10.1016/j.ijinfomgt.2020.102168

Ehlert, M., Levels, M., Fouarge, D., Fregin, M.-C., Martma, L. and van der Velden, R. (2021). *Can adults learn digital skills in non-formal and informal education? Cross-national evidence from 25 countries*. https://technequality-project.eu/media/148

European Audiovisual Observatory. (2016). *Mapping of media literacy practices and actions in EU-28*. Council of Europe. https://rm.coe.int/1680783500

European Commission. (2019). *Key competences for lifelong learning*. Publications Office of the European Union. https://op.europa.eu/en/publication-detail/-/publication/297a33c8-a1f3-11e9-9d01-01aa75ed71a1/language-en

Eurostat. (2023a). *Share of individuals having at least basic digital skills, by sex*. https://ec.europa.eu/eurostat/databrowser/view/sdg_04_70/default/table

Eurostat. (2023b). *Way of obtaining ICT skills*. https://ec.europa.eu/eurostat/databrowser/view/ISOC_SK_HOW_I/default/table?lang=en&;category=isoc.isoc_sk.isoc_sku

Eynon, R. and Geniets, A. (2016). The digital skills paradox: How do digitally excluded youth develop skills to use the internet? *Learning, Media and Technology, 41*(3), 463–479. https://doi.org/10.1080/17439884.2014.1002845

FAAPA. (2019, 21 October). *Gov't to include cybersecurity education in school curricular*. Atlantic Federation of African Press Agencies Blog. https://www.faapa.info/blog/govt-to-include-cybersecurity-education-in-school-curricular

Fernández-Molina, J.-C., Martínez-Ávila, D., Guimarães, J. A. C. and Silva, E. G. (2022). Copyright literacy and LIS education: Analysis of its inclusion in the curricula of master's degree programs. *Heliyon, 8*(1), E08707. https://doi.org/10.1016/j.heliyon.2021.e08707

Fraillon, J., Ainley, J., Schulz, W., Friedman, T. and Duckworth, D. (2019). *Preparing for life in a digital world: IEA International Computer and Information Literacy Study 2018 international report.* International Association for the Evaluation of Educational Achievement. https://www.iea.nl/sites/default/files/2019-11/ICILS%202019%20Digital%20final%20 04112019.pdf

Frau-Meigs, D. (2023). *Media and information literacy* (Background paper for *Global Education Monitoring Report 2023*). https://unesdoc.unesco.org/ark:/48223/pf0000386080.locale=en

Galimullina, N. M., Vagaeva, O. A., Liksina, E. V., Efremkina, I. N. and Saratovtseva, N. V. (2022). Digital etiquette in university students' communicative practice. In D. B. Solovev, V. V. Savaley, A. T. Bekker and V. I. Petukhov (Eds) *Proceedings of the International Science and Technology Conference FarEastCon 2021* (pp. 457–464). Springer. https://doi.org/10.1007/978-981-16-8829-4_42

Garro-Rojas, L. (2020). Alfabetización mediática en América Latina. Revisión de literatura: Temas y experiencias [Media literacy in Latin America. Literature review: Themes and experiences]. *Revista Educación, 44*(1). https://www.scielo.sa.cr/pdf/edu/v44n1/2215-2644-edu-44-01-00520.pdf

Geerts, N., Schirmer, W., Vercruyssen, A. and Glorieux, I. (2023). Bridging the 'instruction gap': How ICT instructors help older adults with the acquisition of digital skills? *International Journal of Lifelong Education, 42*(2), 195–207. https://doi.org/10.1080/02601370.2023.2174197

Gorges, J., Koch, T., Maehler, D. B. and Offerhaus, J. (2017). Same but different? Measurement invariance of the PIAAC motivation-to-learn scale across key socio-demographic groups. *Large-Scale Assessments in Education, 5*, 13. https://doi.org/10.1186/s40536-017-0047-5

Grant, L. (2010). *Connecting digital literacy between home and school.* Futurelab. https://www.nfer.ac.uk/media/1766/futl02.pdf

Helsper, E. J. and Eynon, R. (2013). Distinct skill pathways to digital engagement. *European Journal of Communication, 28*(6), 696–713. https://doi.org/10.1177/0267323113499113

Hong Kong Education Bureau. (2020). *Computational thinking – Coding education: Supplement to the primary curriculum.* https://www.edb.gov.hk/attachment/en/curriculum-development/kla/technology-edu/curriculum-doc/CT_ Supplement_Eng%20_2020.pdf

Huiwen, N. (2018, 27 September). *4 in 5 Singaporeans confident in spotting fake news but 90 per cent wrong when put to the test: Survey.* The Straits Times. https://www.straitstimes.com/singapore/4-in-5-singaporeans-confident-in-spo tting-fake-news-but-90-per-cent-wrong-when-put-to-the

Humphreys, S. (2021, 19 January). *Computing at school.* Royal Society Blog. https://royalsociety.org/blog/2021/01/ computing-at-school

ICDL. (2023). *ICDL: The digital skills standard.* International Computer Driving License. https://icdl.org/

IEEE. (2020). *IEEE standard for digital intelligence (DQ)-Framework for digital literacy, skills, and readiness.* Institute of Electrical and Electronics Engineers Standards Association. https://standards.ieee.org/ieee/3527.1/7589/

Ihme, J. M., Senkbeil, M., Goldhammer, F. and Gerick, J. (2017). Assessment of computer and information literacy in ICILS 2013: Do different item types measure the same construct? *European Educational Research Journal, 16*(6), 716–732. https://doi.org/10.1177/1474904117696095

ILO. (2018). *National strategic framework for technical and vocational education and training (TVET) in Lebanon, 2018–2022.* International Labour Organization. https://www.ilo.org/wcmsp5/groups/public/---arabstates/---ro-beirut/ documents/publication/wcms_633487.pdf

India Ministry of Education. (2020). *National Education Policy (NEP) 2020.* https://www.education.gov.in/sites/upload_files/ mhrd/files/NEP_Final_English_0.pdf

India Ministry of Electronics and Information Technology. (2022). *Outreach of Pradhan Mantri Gramin Digital Saksharta Abhiyan (PMGDISHA).* https://pib.gov.in/PressReleasePage.aspx?PRID=1843847

India Ministry of Electronics and Information Technology. (2023). *Pradhan Mantri Gramin Digital Saksharta Abhiyan (PMGDISHA).* https://www.pmgdisha.in

ITU. (2018). *Measuring the information society report: Volume 1 2018.* International Telecommunication Union. https://www.itu.int/en/ITU-D/Statistics/Documents/publications/misr2018/MISR-2018-Vol-1-E.pdf

ITU. (2022a). *EGH subgroup on ICT skills.* International Telecommunication Union. https://www.itu.int/itu-d/meetings/statistics/wp-content/uploads/sites/8/IPS/documents/8/16_EGH2022_ Vuorikari_Pitta_ICTskills_EGHsubgroupReport.pdf

ITU. (2022b). *EGH subgroup on ICT Skills: Aggregating skills indicators.* International Telecommunication Union. https://www.itu.int/itu-d/meetings/statistics/wp-content/uploads/sites/8/2022/09/EGH2022_ SkillsAggregates_Report.pdf

ITU. (2022c). *Measuring digital development: Facts and figures 2022.* International Telecommunication Union. https://www.itu.int/hub/publication/d-ind-ict_mdd-2022/

Jackman, J. A., Gentile, D. A., Cho, N.-J. and Park, Y. (2021). Addressing the digital skills gap for future education. *Nature Human Behaviour, 5*(5), 542–545. https://doi.org/10.1038/s41562-021-01074-z

Jensen, R. E. (2020). Implications of changing the delivery mode on reading tests in Norway: A gender perspective. In T. S. Frønes, A. Pettersen, J. Radišić and N. Buchholtz (Eds) *Equity, equality and diversity in the Nordic model of education* (pp. 337–362). Springer. https://doi.org/10.1007/978-3-030-61648-9_13

Jerim, J. (2023). *How gullible are 15-year-olds? An international investigation of who gets scammed by spam.* https://johnjerrim.files.wordpress.com/2023/04/working_paper_gullible_feb_2023.docx

Jiménez-Cortés, R., Vico-Bosch, A. and Rebollo-Catalán, A. (2017). Female university students' ICT learning strategies and their influence on digital competence. *International Journal of Educational Technology in Higher Education, 14*, 10. https://doi.org/10.1186/s41239-017-0040-7

Jirák, J. and Zezulkova, M. (2019). Media literacy in the Czech Republic. In R. Hobbs and P. Mihailidis (Eds) *International encyclopedia of media literacy.* Wiley Blackwell. https://doi.org/10.1002/9781118978238.ieml0145

John, D. (2023, 7 March). *NCSA launches cybersecurity educational curriculum.* The Peninsula Qatar. https://thepeninsulaqatar.com/article/07/03/2023/ncsa-launches-cybersecurity-educational-curriculum

Jordan Ministry of Digital Economy and Entrepreneurship. (2020). *Youth, technology, and jobs project.* https://www.modee.gov.jo/EN/Pages/Youth_Technology__Employment_Project

Kaspersky. (2021). *Raising the smartphone generation.* https://www.kaspersky.com/blog/digital-habits-report-2021

KECOBO. (2023). *The Kenya Copyright Board (KECOBO).* https://copyright.go.ke

Kinyajnui, M. (2022, 20 April). *Kenya introduces first coding syllabus for kids.* Citizen Digital. https://citizen.digital/news/kenya-introduces-first-coding-syllabus-for-kids-n296826

KMK. (2016). *Bildung in der digitalen Welt. Strategie der Kultusministerkonferenz* [Education in the digital world. Strategy of the Conference of Ministers of Education]. https://www.kmk.org/themen/bildung-in-der-digitalen-welt/strategie-bildung-in-der-digitalen-welt.html

Kodris. (2023). *Kodris Africa.* https://www.kodrisafrica.com

Lebanon Ministry of Education and Higher Education. (2019). *Lebanon National Qualification Framework (LNQF): Decision 374/M/2019.* https://www.mehe.gov.lb/en

Literasi Digital. (2023). *Makin cakap digital.* [Be more digitally savvy]. https://literasidigital.id/tentang-kami

Malaysia Digital Economy Corporation. (2023). *Digital Ninja Programme.* https://mdec.my/mydigitalmaker/digital-ninja-programme

Malaysia Economic Planning Unit. (2021). *Malaysia digital economy blueprint.* https://www.epu.gov.my/sites/default/files/2021-04/Malaysia%20Digital%20Economy%20Blueprint.pdf

Mateus, J.-C., Andrada, P. and Quiroz, M. T. (Eds). (2020). *Media education in Latin America.* Routledge. https://www.routledge.com/Media-Education-in-Latin-America/Mateus-Andrada-Quiroz/p/book/9781032177670

Mattar, J., Santos, C. C. and Cuque, L. M. (2022). Analysis and comparison of international digital competence frameworks for education. *Education Sciences, 12*(12), 932. https://doi.org/10.3390/educsci12120932

Mexico Secretariat of Public Education. (2020). *Agenda digital educativa* [Educational digital agenda]. https://infosen.senado.gob.mx/sgsp/gaceta/64/2/2020-02-05-1/assets/documentos/Agenda_Digital_Educacion.pdf

Myers, C.-A. and Cowie, H. (2019). Cyberbullying across the lifespan of education: Issues and interventions from school to university. *International Journal of Environmental Research and Public Health, 16*(7), 1217. https://doi.org/10.3390/ijerph16071217

Namibia Ministry of Industrialization, Trade and SME Development. (2019). *National Intellectual Property Policy and Strategy 2019-2024.* https://wipolex-res.wipo.int/edocs/lexdocs/laws/en/na/na031en.pdf

National Governors Association. (2022). *A compact to expand K-12 computer science education in the USA.* https://www.nga.org/computerscience

Network for Learning. (2022). *Te pūrongo-ā-tau/Annual report 2022.* https://www.n4l.co.nz/wp-content/uploads/2022/12/N4L-Annual-Report-2022-FINAL-1.pdf

New Zealand Ministry of Education. (2022). *Briefing note: Strengthening critical thinking and digital safety in a refreshed New Zealand curriculum.* https://assets.education.govt.nz/public/Documents/our-work/information-releases/Advice-Seen-by-our-Ministers/April-2022/8-v2.-Signed-BN-1285177-Critical-thinking-and-digital-safety-in-refreshed-NZC_Redacted.pdf

OECD. (2017). *PISA 2015 results (Volume III): Students' well-being.* OECD Publishing. https://doi.org/10.1787/9789264273856-en

OECD. (2019a). *OECD skills outlook 2019: Thriving in a digital world*. OECD Publishing. https://doi.org/10.1787/df80bc12-en

OECD. (2019b). *Skills matter: Additional results from the Survey of Adult Skills*. OECD Publishing. https://doi.org/10.1787/1f029d8f-en

OECD. (2020). *Curriculum overload: A way forward*. OECD Publishing. https://doi.org/10.1787/3081ceca-en

OECD. (2021). *21st-century readers: Developing literacy skills in a digital world*. OECD Publishing. https://dx.doi.org/10.1787/a83d84cb-en

OECD. (2022). *Trends shaping education 2022*. OECD Publishing. https://doi.org/10.1787/6ae8771a-en

Ofcom. (2022). *Children and parents: Media use and attitudes report*. https://www.ofcom.org.uk/__data/assets/pdf_file/0024/234609/childrens-media-use-and-attitudes-report-2022.pdf

Oluk, A. and Çakir, R. (2021). The effect of Code.Org activities on computational thinking and algorithm development skills. *Journal of Teacher Education and Lifelong Learning, 3*(2), 32–40. https://doi.org/10.51535/tell.960476

Passey, D. (2017). Computer science (CS) in the compulsory education curriculum: Implications for future research. *Education and Information Technologies, 22*(2), 421–443. https://link.springer.com/article/10.1007/s10639-016-9475-z

Polanin, J. R., Espelage, D. L., Grotpeter, J. K., Ingram, K., Michaelson, L., Spinney, E., Valido, A., Sheikh, A. E., Torgal, C. and Robinson, L. (2022). A systematic review and meta-analysis of interventions to decrease cyberbullying perpetration and victimization. *Prevention Science, 23*(3), 439–454. https://doi.org/10.1007/s11121-021-01259-y

Reichert, F., Chen, L. L. and Pan, Q. (2023). *Digital literacy assessment* (Background paper for *Global Education Monitoring Report 2023*). https://unesdoc.unesco.org/ark:/48223/pf0000386202

Reichert, F., Zhang, J., Law, N. W. Y., Wong, G. K. W. and de la Torre, J. (2020). Exploring the structure of digital literacy competence assessed using authentic software applications. *Educational Technology Research and Development, 68*(6), 2991–3013. https://doi.org/10.1007/s11423-020-09825-x

Ripani, M. F. and Vazquez-Brust, D. (2023). *Programming and coding skills in Latin America* (Background paper for *Global Education Monitoring Report 2023*). https://unesdoc.unesco.org/ark:/48223/pf0000386204

Rwanda Ministry of Trade and Industry. (2018). *Revised policy on intellectual property in Rwanda*. https://org.rdb.rw/wp-content/uploads/2020/09/Rwanda_Revised_Policy_on_Intellectual_Property_2018.pdf

Sadosky Foundation. (2023). *Computer science as a curriculum subject in Latin America* (Background paper for *Global Education Monitoring Report 2023*). https://unesdoc.unesco.org/ark:/48223/pf0000386093.locale=en

Scherer, R. and Siddiq, F. (2019). The relation between students' socioeconomic status and ICT literacy: Findings from a meta-analysis. *Computers & Education, 138*, 13–32. https://doi.org/10.1016/j.compedu.2019.04.011

Schneider, S. K., O'Donnell, L. and Smith, E. (2015). Trends in cyberbullying and school bullying victimization in a regional census of high school students, 2006-2012. *Journal of School Health, 85*(9), 611–620. https://doi.org/10.1111/josh.12290

Shear, L., Wang, H., Tate, C., Basu, S. and Laguarda, K. (2020). *CoolThink@JC evaluation: Endline report*. SRI international. https://www.sri.com/wp-content/uploads/2022/03/1.CoolThink-Endline-Report-10June2020.pdf

Siberkreasi. (2023). *Serba-Serbi Literasi Digital: Strategi Branding dan HKI Pelaku Usaha Milenial Sukses* [Digital literacy miscellaneous: Branding strategy and intellectual property rights of successful millennial entrepreneurs]. https://gnld.siberkreasi.id/serba-serbi-literasi-digital-strategi-branding-dan-hki-pelaku-usaha-milenial-sukses

Singapore Ministry of Education. (2021). *O-level computing syllabus: Upper secondary*. https://www.moe.gov.sg/-/media/files/secondary/syllabuses/science/2021-o-level-computing-teaching-and-learning-syllabus.pdf

SMERU Research Institute. (2022). *Digital skills landscape in Indonesia*. https://pathwayscommission.bsg.ox.ac.uk/sites/default/files/2022-03/FINAL_Diagnostic%20Report_Accessible.pdf

Southern Alberta Institute of Technology. (2022, 6 January). *DQ 101: Digital communication*. https://www.sait.ca/news/2022/01/dq101-digital-communication

Spain Ministry of Education and Professional Development. (2018). *Programación, robótica y pensamiento computacional en el aula: Situación en España y propuesta normativa* [Programming, robotics and computational thinking in the classroom: Situation in Spain and regulatory proposal]. https://code.intef.es/wp-content/uploads/2017/09/Fase-2-Informe-sobre-la-situaci%C3%B3n-en-Espa%C3%B1a-actualizado-y-propuesta-normativa-inf-y-prim.pdf

Spain Ministry of Education and Vocational Training. (2022). *School of computational thinking and artificial intelligence 21/22: From teacher training to a change in methodology: Research findings*. https://code.intef.es/wp-content/uploads/2023/04/09_22_Experimentacion_Investigacion-EPCIA-21-22_Investigacion-R3_ing.pdf

Suarez-Alvarez, J. (2021). *Are 15-year-olds prepared to deal with fake news and misinformation?* (*PISA in Focus 113*). OECD Publishing. https://doi.org/10.1787/6ad5395e-en

Sullivan, A. (2019). *Breaking the STEM stereotype: Reaching girls in early childhood.* https://rowman.com/ISBN/9781475842043/Breaking-the-STEM-Stereotype-Reaching-Girls-in-Early-Childhood

Trucano, M. (2015, 8 December). *Learning to code vs. coding to learn.* World Bank EduTech Blog. https://blogs.worldbank.org/edutech/learning-code-vs-coding-learn

Uganda National Curriculum Development Centre. (2019). *Lower secondary curriculum: Information and communications technology syllabus.* https://www.ncdc.go.ug/images/DOCS/resources/ICT_Syllabus.pdf

UIS. (2018). *A global framework of reference on digital literacy skills for indicator 4.4.2.* UNESCO Institute for Statistics. https://uis.unesco.org/sites/default/files/documents/ip51-global-framework-reference-digital-literacy-skills-2018-en.pdf

UNESCO. (2013). *Global media and information literacy assessment framework: Country readiness and competencies.* https://unesdoc.unesco.org/ark:/48223/pf0000224655

UNESCO. (2018). *Digital skills critical for jobs and social inclusion.* https://www.unesco.org/en/articles/digital-skills-critical-jobs-and-social-inclusion

UNESCO. (2019). *Global Education Monitoring Report 2019: Migration, displacement and education: Building bridges, not walls.* https://unesdoc.unesco.org/ark:/48223/pf0000265866

UNESCO. (2022). *Media and information literate citizens: Think critically, click wisely!.* https://unesdoc.unesco.org/ark:/48223/pf0000377068

UNESCO Bangkok. (2020). *Media and information literacy education in Asia: Exploration of policies and practices in Japan, Thailand, Indonesia, Malaysia, and the Philippines.* https://unesdoc.unesco.org/ark:/48223/pf0000374575

United Arab Emirates Ministry of Education. (2015). *UAE K-12 computer science and technology standards.*

University of Edinburgh. (2023). *Structured learning: Digital communication, collaboration and participation.* https://www.digitalskills.ed.ac.uk/digital-communication-collaboration-and-participation

van Dijk, J. (2006). Digital divide research, achievements and shortcomings. *Poetics, 34*(4–5), 221–235. https://doi.org/10.1016/j.poetic.2006.05.004

van Dijk, J. (2020). *The digital divide.* Policy Press. https://www.wiley.com/en-fr/The+Digital+Divide-p-9781509534456

van Dijk, J. and Deursen, A. (2014). Solutions: Learning digital skills. In *Digital skills.* Palgrave Macmillan. https://doi.org/10.1057/9781137437037_6

Vegas, E. and Fowler, B. (2020). *What do we know about the expansion of K-12 computer science education? A review of the evidence.* The Brookings Institution. https://www.brookings.edu/articles/what-do-we-know-about-the-expansion-of-k-12-computer-science-education

Vegas, E., Hansen, M. and Fowler, B. (2021). *Building skills for life: How to expand and improve computer science education around the world.* The Brookings Institution. https://www.brookings.edu/wp-content/uploads/2021/10/Building_skills_for_life.pdf

Vuorikari, R., Jerzak, N., Karpinski, Z., Pokropek, Z. and Tudek, J. (2022a). *Measuring digital skills across the EU: Digital skills indicator 2.0.* Publications Office of the European Union. https://op.europa.eu/en/publication-detail/-/publication/ca09482c-29a2-11ed-975d-01aa75ed71a1/language-en

Vuorikari, R., Kluzer, S. and Punie, Y. (2022b). *DigComp 2.2: The Digital Competence Framework for Citizens: With new examples of knowledge, skills and attitudes.* Publications Office of the European Union. https://publications.jrc.ec.europa.eu/repository/handle/JRC128415

Wales Government. (2023). *Advice for schools on preparing for and responding to viral online harmful challenges and hoaxes.* https://hwb.gov.wales/keeping-safe-online/welsh-government-guidance/advice-for-schools-on-preparing-for-and-responding-to-viral-online-harmful-challenges-and-hoaxes

Wasserman, H. and Madrid-Morales, D. (2022). *An assessment of media literacy and fact-checking training needs in South African schools and universities.* Africa Check. https://africacheck.org/sites/default/files/media/documents/2022-05/An%20assessment%20of%20media%20literacy%20and%20fact-checking%20training%20needs%20in%20South%20African%20schools%20and%20universities.pdf

World Bank. (2020). *Digital skills: Frameworks and programs.* https://openknowledge.worldbank.org/server/api/core/bitstreams/7d01c8ae-dca0-55cf-ad21-b2df0a03d207/content

Zambia TEVETA. (2023). *TEVETA partners with UNCDF, IBM to improve digital skills among youths, women.* Technical Education, Vocational and Entrepreneurship Training Authority. https://www.teveta.org.zm/news/read.php?ref=136_

Zhao, X. and Healy, S. (2022). *Parents and screen time: Are you a 'contract maker' or an 'access denier' with your child?* The Conversation. https://theconversation.com/parents-and-screen-time-are-you-a-contract-maker-or-an-access-denier-with-your-child-188977

Zhu, C., Huang, S., Evans, R. and Zhang, W. (2021). Cyberbullying among adolescents and children: A comprehensive review of the global situation, risk factors, and preventive measures. *Frontiers in Public Health, 9*, 634–909. https://doi.org/10.3389/fpubh.2021.634909

第6章

Abdul-Hamid, H. (2017). *Data for learning: Building a smart education data system.* World Bank. https://doi.org/10.1596/978-1-4648-1099-2_ch1

Abidin, A. Z., Istiyono, E., Fadilah, N. and Dwandaru, W. S. B. (2019). A computerized adaptive test for measuring the physics critical thinking skills. *International Journal of Evaluation and Research in Education, 8*(3), 376–383. https://ijere.iaescore.com/index.php/IJERE/article/view/19642

Access 4 Learning Community. (2022). *Systems Interoperability FrameworkTM SIF infrastructure specification 3.5.* http://specification.sifassociation.org/Implementation/Infrastructure/3.5

Adami, P., Rodrigues, P. B., Woods, P. J., Becerik-Gerber, B., Soibelman, L., Copur-Gencturk, Y. and Lucas, G. (2021). Effectiveness of VR-based training on improving construction workers' knowledge, skills, and safety behavior in robotic teleoperation. *Advanced Engineering Informatics, 50*, 101431. https://doi.org/10.1016/j.aei.2021.101431

Agrawal, S. and Gupta, R. (2016). School mapping and geospatial analysis of the schools in Jasra development block of India. *International Archives of the Photogrammetry, Remote Sensing and Spatial Information Sciences*, XLI-B2, 145–150. https://isprs-archives.copernicus.org/articles/XLI-B2/145/2016

Aguerrebere, C., He, H., Kwet, M., Laakso, M.-J., Lang, C., Marconi, C., Price-Dennis, D. and Zhang, H. (2022). Global perspectives on learning analytics in K12 education. In C. Lang, G. Siemens, A. F. Wise, D. Gašević and A. Merceron (Eds) *Handbook of learning analytics* (pp. 223–231). Society for Learning Analytics Research. https://solaresearch.org/wp-content/uploads/hla22/HLA22_Chapter_22_Aguerrebere.pdf

Ahir, K., Govani, K., Gajera, R. and Shah, M. (2019). Application on virtual reality for enhanced education learning, military training and sports. *Augmented Human Research, 5*(1), 7. https://doi.org/10.1007/s41133-019-0025-2

Akinwole, T. O., Oyebisi, T. O. and Ayanlade, O. S. (2019). *An assessment of the factors influencing the adoption of educational management information system in selected universities in Southwestern Nigeria.* Proceedings of the OAU Faculty of Technology Conference 2019. https://dokumen.tips/documents/-biennial-international-conference-and-exhibitions-of-the-faculty-of-technology.html?page=1

Alhanatleh, H. (2020). Assessing open source software success in learning management systems context in Jordan: Applied of an integration of technology acceptance model and information systems success. *International Journal of Scientific Research and Management, 8*(10), 90–109. https://doi.org/10.18535/ijsrm/v8i10.ft01

Almond, P., Winter, P., Cameto, R., Russell, M., Sato, E., Clarke-Midura, J., Torres, C., Haertel, G., Dolan, R., Beddow, P. and Lazarus, S. (2010). Technology-enabled and universally designed assessment: Considering access in measuring the achievement of students with disabilities: A foundation for research. *Journal of Technology, Learning, and Assessment, 10*(5). https://ejournals.bc.edu/index.php/jtla/article/view/1605/1453

Amuha, M., Sanner, T. A., Staring, K. and Kousiakis, S. A. (2023). *A digital platform ecosystem approach to EMIS strengthening.* (Background paper for *Global Education Monitoring Report 2023*). https://unesdoc.unesco.org/ark:/48223/pf0000386105.locale=en

Andreou, V., Peters, S., Eggermont, J., Wens, J. and Schoenmakers, B. (2021). Remote versus on-site proctored exam: Comparing student results in a cross-sectional study. *BMC Medical Education, 21*, 624. https://doi.org/10.1186/s12909-021-03068-x

Aristizábal, J. A. (2018). Using learning analytics to improve students' reading skills: A case study in an American international school with English as an additional language (EAL) students. *GIST Education and Learning Research Journal, 17*, 193–214. https://latinjournal.org/index.php/gist/article/view/694

Ariyanti, Y., Yuana, R. A. and Budianto, A. (2018). Web-based geographic information system for school mapping and disaster mitigation. *2018 International Conference on Information and Communications Technology* (pp. 136–140). https://ieeexplore.ieee.org/abstract/document/8350764

Auphan, P., Ecalle, J. and Magnan, A. (2019). Computer-based assessment of reading ability and subtypes of readers with reading comprehension difficulties: A study in French children from G2 to G9. *European Journal of Psychology of Education, 34*(3), 641–663. https://doi.org/10.1007/s10212-018-0396-7

Bollinger, T. (2000). *A guide to understanding emerging interoperability technologies.* MITRE. https://www.mitre.org/sites/default/files/pdf/bollinger_interop.pdf

Broadband Commission for Sustainable Development's Working Group on Data for Learning. (2022). *The transformative potential of data for learning* [Interim report]. UNESCO. https://www.broadbandcommission.org/wp-content/uploads/2022/09/Interim-Report-Broadband-Commission-Data-for-Learning-1.pdf

Bromley, P., Kijima, R., Overbey, L., Furuta, J., Choi, M. and Santos, H. (2023). *World Education Reform Database (WERD)*. Harvard Dataverse. https://doi.org/10.7910/DVN/C0TWXM

Broos, T., Pinxten, M., Delporte, M., Verbert, K. and Laet, T. D. (2020). Learning dashboards at scale: Early warning and overall first year experience. *Assessment & Evaluation in Higher Education, 45*(6), 855–874. https://doi.org/10.1080/02602938.2019.1689546

Buckingham Shum, S. (2012). *IITE policy brief: Learning analytics*. UNESCO Institute for Information Technologies in Education. https://iite.unesco.org/pics/publications/en/files/3214711.pdf

Cassidy, T. (2006). *Education management information systems (EMIS) in Latin America and the Caribbean: Lessons and challenges*. Inter-American Development Bank. https://publications.iadb.org/publications/english/document/Education-Management-Information-Systems-(EMIS)-in-Latin-America-and-the-Caribbean-Lessons-and-Challenges.pdf

Ceibal. (2023). *What is Ceibal*. https://ceibal.edu.uy/en/about-us

Center for Human Rights and Global Justice, Initiative for Social and Economic Rights, and Unwanted Witness. (2021). *Chased away and left to die: How a national security approach to Uganda's national digital ID has led to wholesale exclusion of women and older persons*. New York University School of Law. https://chrgj.org/wp-content/uploads/2021/06/CHRGJ-Report-Chased-Away-and-Left-to-Die.pdf

Chen, D. (2023). *Use of technology-based assessments: Implications for analyzing learning: A systematic review* (Background paper for *Global Education Monitoring Report 2023*). https://unesdoc.unesco.org/ark:/48223/pf0000386101.locale=en

Coghlan, S., Miller, T. and Paterson, J. (2021). Good proctor or "big brother"? Ethics of online exam supervision technologies. *Philosophy & Technology, 34*(4), 1581–1606. https://doi.org/10.1007/s13347-021-00476-1

Colvin, C., Rogers, T., Wade, A., Dawson, S., Gašević, D., Buckingham Shum, S., Nelson, K., Alexander, S., Lockyer, L., Kennedy, G., Corrin, L. and Fisher, J. (2016). *Student retention and learning analytics: A snapshot of Australian practices and a framework for advancement*. Australian Government Office for Learning and Teaching. https://opus.lib.uts.edu.au/bitstream/10453/117173/1/AUS_OLT_LearningAnalytics_2016.pdf

Custer, S., King, E. M., Atinc, T. M., Read, L. and Sethi, T. (2018). *Towards data-driven education systems: Insights into using information to measure results and manage change*. Center for Universal Education at Brookings. https://www.brookings.edu/wp-content/uploads/2018/02/toward-data-driven-education-systems.pdf

Da'as, R., Schechter, C. and Qadach, M. (2020). From principal cognitive complexity to teacher intent to leave: Exploring the mediating role of school absorptive capacity and teacher commitment. *Journal of Educational Administration, 58*(2), 227–245. https://doi.org/10.1108/jea-07-2019-0117

Das, B. and Das, A. (2023). Is distance to secondary school a barrier to secondary and higher education in India? *Millennial Asia, 14*(1), 102–126. https://doi.org/10.1177/09763996211035073

Dawson, S., Poquet, O., Colvin, C., Rogers, T., Pardo, A. and Gašević, D. (2018). Rethinking learning analytics adoption through complexity leadership theory. *Proceedings of the 8th International Conference on Learning Analytics and Knowledge* (pp. 236–244). https://doi.org/10.1145/3170358.3170375

Deneen, C. C. (2022, 13 June). *Online and in-person exams both have problems – that's now clear. Unis have a window of opportunity to do better*. The Conversation. https://theconversation.com/online-and-in-person-exams-both-have-problems-thats-now-clear-unis-have-a-window-of-opportunity-to-do-better-184320

Department for Education. (2014). *New home to school travel and transport guidance*. https://assets.publishing.service.gov.uk/government/uploads/system/uploads/attachment_data/file/295189/Home_to_School_Transport_Consultation_Document.pdf

Digivisio2030. (2023). *Basic information about the Digivision 2030 project*. https://digivisio2030.fi/perustietoa-digivisio-2030-hankkeesta

Dillenbourg, P. (2021). Classroom analytics: Zooming out from a pupil to a classroom. In *OECD digital education outlook 2021: Pushing the frontiers with artificial intelligence, blockchain and robots*. OECD Publishing. https://doi.org/10.1787/336f4ebf-en

Donnelly, E. V. (2021). *Serbia* (Background paper for *Global Education Monitoring Report 2021: Inclusion and education in Central and Eastern Europe, the Caucasus and Central Asia*). https://gem-report-2020.unesco.org/wp-content/uploads/2021/02/Serbia.pdf

Drèze, J. and Khera, R. (2022). *Six types of problems Aadhaar is causing – and safeguards needed immediately*. https://scroll.in/article/1013700/six-types-of-problems-aadhaar-is-causing-and-safeguards-needed-immediately

Dwiyono, Y., Mulawarman, W. G., Pramono, P. O., Salim, N. A. and Ikhsan, M. (2021). Implementation of national examination based on computer based test at vocational school 1 North Sangatta. *Cypriot Journal of Educational Sciences, 16*(1), 86–95. https://doi.org/10.18844/cjes.v16i1.5510

Edsby. (2019). *Edsby deploying country wide in New Zealand*. https://www.edsby.com/new-zealand/?locale=en

Education Services Australia. (2023a). *About NSIP*. https://www.nsip.edu.au/about

Education Services Australia. (2023b). *NSIP resources*. https://www.nsip.edu.au/nsip-open-source-resources-more-info

EMREX. (2022a). *Emrex user group*. https://emrex.eu/about-us

EMREX. (2022b). *The ELMO XML format*. https://github.com/emrex-eu/elmo-schemas

EMREX and ERASMUS+. (2015). *EMREX: Supporting student mobility* [Conference presentation]. https://emrex.eu/wp-content/uploads/2019/05/EMREX_CIMO_150528.pdf

European Commission. (2022). *Ireland: Organisation of primary education*. Eurydice. https://eurydice.eacea.ec.europa.eu/national-education-systems/ireland/organisation-primary-education

Foltýnek, T., Dlabolová, D., Anohina-Naumeca, A., Razı, S., Kravjar, J., Kamzola, L., Guerrero-Dib, J., Çelik, Ö. and Weber-Wulff, D. (2020). Testing of support tools for plagiarism detection. *International Journal of Educational Technology in Higher Education, 17*, 46. https://doi.org/10.1186/s41239-020-00192-4

Foltýnek, T., Meuschke, N. and Gipp, B. (2019). Academic plagiarism detection: A systematic literature review. *ACM Computing Surveys, 52*(6), 1–42. https://doi.org/10.1145/3345317

Forth, P., Reichert, T., de Laubier, R. and Chakraborty, S. (2020). *Flipping the odds of digital transformation success*. Boston Consulting Group. https://www.bcg.com/publications/2020/increasing-odds-of-success-in-digital-transformation

Fridell, T., Vangen, G., Mincer-Daszkeiwicz, J., Norder, J.-J., Kohtanen, J., Drvodeić, I. and Bacharach, G. (2022). Interoperability of educational data demands standards. *28th International Congress of European University Information Systems*. https://www.eunis.org/download/2022/EUNIS_2022_paper_13.pdf

Gagnon, A. and Vargas Mesa, G. (2022). *School-age populations exposed to natural hazards* (Background paper for Global Report on Internal Displacement 2022). Internal Displacement Monitoring Centre. https://www.internal-displacement.org/sites/default/files/UNESCO-IIEP-Background-paper-GRID-2022-GAGNON-&-VARGAS-MESA.pdf

Gašević, D., Dawson, S., Rogers, T. and Gašević, D. (2016). Learning analytics should not promote one size fits all: The effects of instructional conditions in predicting academic success. *Internet and Higher Education, 28*, 68–84. https://doi.org/10.1016/j.iheduc.2015.10.002

Gomaa, W. H. and Fahmy, A. (2013). A survey of text similarity approaches. *International Journal of Computer Applications, 68*(13), 13–18. https://doi.org/10.5120/11638-7118

Groningen Declaration. (2012). *Groningen Declaration on Digital Student Data Depositories Worldwide*. https://www.groningendeclaration.org/wp-content/uploads/2019/12/groningendeclaration_final_final-1.pdf

Grunwald, A. (2009). Technology assessment: Concepts and methods. In A. Meijers (Ed) *Philosophy of technology and engineering sciences* (pp. 1103–1146). North-Holland. https://doi.org/10.1016/b978-0-444-51667-1.50044-6

Guthrie, C., Santos, A. V. P. E., Henderson, K., Norfolk-Beadle, A., Fordham, E. and Baucal, A. (2022). West Herzegovina Canton. In *Reviews of evaluation and assessment in education: Bosnia and Herzegovina*. OECD Publishing. https://doi.org/10.1787/431279d5-en

Harwell, D. (2022). Cheating-detection companies made millions during the pandemic. Now students are fighting back. In K. Martin, *Ethics of data and analytics* (pp. 410–417). Auerbach Publications. https://www.taylorfrancis.com/chapters/edit/10.1201/9781003278290-60/cheating-detection-companies-made-millions-pandemic-students-fighting-back-drew-harwell

Haßler, B., McBurnie, C. and Beoku-Betts, I. (2023). *Outputs register: The impact of GIS-supported teacher allocation in Sierra Leone*. EdTech Hub. https://docs.edtechhub.org/lib/WXBISTFE

Hernandez, J. (2019). *In fairness to our schools: Better measures for better outcomes*. The New Zealand Initiative. https://apo.org.au/sites/default/files/resource-files/2019-09/apo-nid261011.pdf

Hillier, M., Kumar, N. and Wijenayake, N. (2020). E-examinations: The impact of technology problems on student experience. In: T. Brinda, D. Passey and T. Keane (Eds) *Empowering Teaching for Digital Equity and Agency. OCCE 2020. IFIP Advances in Information and Communication Technology* (Vol. 595). Springer. https://doi.org/10.1007/978-3-030-59847-1_4

Hinkelmann, M. and Jordine, T. (2019). The LAPS project: Using machine learning techniques for early student support. In D. Ifenthaler, D.-K. Mah and J. Y.-K. Yau (Eds) *Utilizing learning analytics to support study success* (pp. 105–117). Springer International Publishing. https://doi.org/10.1007/978-3-319-64792-0_7

Howard, S. K., Swist, T., Gašević, D., Bartimote, K., Knight, S., Gulson, K., Apps, T., Peloche, J., Hutchinson, N. and Selwyn, N. (2022). Educational data journeys: Where are we going, what are we taking and making for AI? *Computers and Education: Artificial Intelligence*, 3, 100073. https://doi.org/10.1016/j.caeai.2022.100073

Human Rights Watch. (2021, 15 June). *UN shared Rohingya data without informed consent: Bangladesh provided Myanmar information that refugee agency collected.* https://www.hrw.org/news/2021/06/15/un-shared-rohingya-data-without-informed-consent

Ibrahim, F., Susanto, H., Haghi, P. K. and Setiana, D. (2020). Shifting paradigm of education landscape in time of the COVID-19 pandemic: Revealing of a digital education management information system. *Applied System Innovation*, 3(4), 49. https://doi.org/10.3390/asi3040049

Ifenthaler, D. (2021). Learning analytics for school and system management. In *OECD digital education outlook 2021: Pushing the frontiers with artificial intelligence, blockchain and robots.* OECD Publishing. https://doi.org/10.1787/d535b828-en

Ifenthaler, D., Mah, D.-K. and Yau, J. Y.-K. (2019). Utilising learning analytics for study success: Reflections on current empirical findings. In D. Ifenthaler, D.-K. Mah and J. Y.-K. Yau (Eds) *Utilizing learning analytics to support study success* (pp. 27–36). Springer International Publishing. https://doi.org/10.1007/978-3-319-64792-0_2

International Test Commission and Association of Test Publishers. (2022). *Guidelines for Technology-based Assessment.* https://www.intestcom.org/upload/media-library/guidelines-for-technology-based-assessment-v20221108-16684036687NAG8.pdf

ITU and UNICEF. (2021). *Connectivity in education: Status and recent developments in nine non-European Union countries.* https://www.unicef.org/eca/reports/connectivity-education-status-and-recent-developments-nine-non-european-union-countries

Jarke, J. and Breiter, A. (2019). Editorial: The datafication of education. *Learning, Media and Technology*, 44(1), 1–6. https://doi.org/10.1080/17439884.2019.1573833

Junco, R. and Clem, C. (2015). Predicting course outcomes with digital textbook usage data. *Internet and Higher Education*, 27, 54–63. https://doi.org/10.1016/j.iheduc.2015.06.001

Kharbat, F. F. and Abu Daabes, A. S. (2021). E-proctored exams during the COVID-19 pandemic: A close understanding. *Education and Information Technologies*, 26(6), 6589–6605. https://doi.org/10.1007/s10639-021-10458-7

Kidd, S. (2017). *Uganda's Senior Citizens' Grant: A success story from the heart of Africa.* Uganda Ministry of Gender, Labour and Social Development. https://www.developmentpathways.co.uk/publications/ugandas-senior-citizens-grant-a-success-story-from-the-heart-of-africa

Kirui, S., Manduku, J., Sang, H. and Bett, A. (2022). The influence of school administrators' attitude on effective use of ICT in management of public secondary schools in Uasin-Gishu County in Kenya. *International Journal of Scientific and Research Publications*, 12(9), 262–268. https://www.ijsrp.org/research-paper-0922/ijsrp-p12934.pdf

Kizilcec, R. F. and Lee, H. (2022). Algorithmic fairness in education. In W. Holmes and K. Porayska-Pomsta (Eds) *The ethics of artificial intelligence in education.* Routledge. https://www.taylorfrancis.com/chapters/edit/10.4324/9780429329067-10/algorithmic-fairness-education-ren%C3%A9-kizilcec-hansol-lee

Knight, S. and Ferrell, G. (2022). *Assessment and feedback higher education landscape review: Survey outcomes.* Jisc. https://repository.jisc.ac.uk/8657/1/jisc-assessment-and-feedback-higher-education-landscape-review-survey-outcomes.pdf

Lang, C., Siemens, G., Wise, A. F., Gašević, D. and Merceron, A. (Eds). (2022). *Handbook of learning analytics.* Society for Learning Analytics Research. https://doi.org/10.18608/hla17

Lee, K. and Fanguy, M. (2022). Online exam proctoring technologies: Educational innovation or deterioration? *British Journal of Educational Technology*, 53(3), 475-490. https://doi.org/10.1111/bjet.13182

Lenart-Gansiniec, R., Czakon, W. and Pellegrini, M. M. (2022). In search of virtuous learning circles: Absorptive capacity and its antecedents in the education sector. *Journal of Knowledge Management*, 26(11), 42–70. https://www.emerald.com/insight/content/doi/10.1108/JKM-04-2021-0310/full/html

Liu, X., Zhang, J., Hou, G. and Wang, Z. (2018). Virtual reality and its application in military. *IOP Conference Series: Earth and Environmental Science*, 170(3), 032155. https://doi.org/10.1088/1755-1315/170/3/032155

Loukina, A., Madnani, N. and Zechner, K. (2019). The many dimensions of algorithmic fairness in educational applications. *Proceedings of the Fourteenth Workshop on Innovative Use of NLP for Building Educational Applications*, 1–10. https://doi.org/10.18653/v1/w19-4401

Luecht, R. M. (2018). Computerized adaptive testing. In B. F. Frey (Ed) *SAGE encyclopedia of educational research, measurement, and evaluation*. SAGE Publications. https://methods.sagepub.com/reference/the-sage-encyclopedia-of-educational-research-measurement-and-evaluation/i5462.xml

Macfadyen, L. P. (2022). Institutional analytics: Current state, challenges, and guiding frameworks. In C. Lang, G. Siemens, A. F. Wise, D. Gašević and A. Merceron (Eds) *Handbook of learning analytics* (pp. 173–186). Society for Learning Analytics Research. https://solaresearch.org/wp-content/uploads/hla22/HLA22_Chapter_17_Macfadyen.pdf

Maghnouj, S., Fordham, E., Guthrie, C., Henderson, K. and Trujillo, D. (2020). Strengthening capacity to evaluate system performance. In *OECD reviews of evaluation and assessment in education: Albania*. OECD Publishing. https://doi.org/10.1787/043ba005-en

Maikem, E. (2022, 29 August). *For refugees in Cameroon, digital IDs are a life changer.* Reuters. https://www.reuters.com/article/cameroon-refugees-tech-idINL8N2ZL0C6

Mandinach, E. B. and Abrams, L. M. (2022). Data literacy and learning analytics. In C. Lang, G. Siemens, A. F. Wise, D. Gašević and A. Merceron (Eds) *Handbook of learning analytics* (pp. 196–204). Society for Learning Analytics Research. https://solaresearch.org/wp-content/uploads/hla22/HLA22_Chapter_19_Mandinach.pdf

McCarthy, A. M., Maor, D., McConney, A. and Cavanaugh, C. (2023). Digital transformation in education: Critical components for leaders of system change. *Social Sciences & Humanities Open*, 8(1), 100479. https://doi.org/10.1016/j.ssaho.2023.100479

McClelland, T. and Cuevas, J. (2020). A comparison of computer based testing and paper and pencil testing in mathematics assessment. *Online Journal of New Horizons in Education*, 10(2), 78–89. https://www.tojned.net/journals/tojned/articles/v10i02/v10i02-01.pdf

McGrath, J. L., Taekman, J. M., Dev, P., Danforth, D. R., Mohan, D., Kman, N., Crichlow, A. and Bond, W. F. (2018). Using virtual reality simulation environments to assess competence for emergency medicine learners. *Academic Emergency Medicine*, 25(2), 186–195. https://doi.org/10.1111/acem.13308

McLean, J. (2022). *Data never sleeps 10.0*. https://www.domo.com/data-never-sleeps

Milone, A. S., Cortese, A. M., Balestrieri, R. L. and Pittenger, A. L. (2017). The impact of proctored online exams on the educational experience. *Currents in Pharmacy Teaching and Learning*, 9(1), 108–114. https://doi.org/10.1016/j.cptl.2016.08.037

Mitchell, E., Lee, Y., Khazatsky, A., Manning, C. D. and Finn, C. (2023). DetectGPT: Zero-shot machine-generated text detection using probability curvature. *arXiv*, 2301, 11305. https://arxiv.org/abs/2301.11305

Moncaleano, S. and Russell, M. (2018). A historical analysis of technological advances to educational testing: A drive for efficiency and the interplay with validity. *Journal of Applied Testing Technology*, 19(1), 1-19. https://jattjournal.net/index.php/atp/article/view/131017/91835

Mutung'u, G. (2021). *Digital identity in Kenya*. Centre for Internet & Society and Research ICT Africa. https://researchictafrica.net/wp/wp-content/uploads/2021/11/Kenya_1.11.21.pdf

Mwasiaji, W. (2016). *Strengthening the cash transfer payment systems in Kenya*. International Policy Center for Inclusive Growth. (One Pager 315). https://ipcig.org/pub/eng/OP315_Strengthening_the_cash_transfer_payment_systems_in_Kenya.pdf

New Zealand Ministry of Education. (2016). *Student information sharing initiative report*. https://www.education.govt.nz/assets/Documents/Ministry/consultations/SISI-Report-FINAL.pdf

New Zealand Ministry of Education. (2022). *Briefing note: Te Rito programme update*. https://assets.education.govt.nz/public/Documents/our-work/information-releases/Issue-Specific-release/Cybersecurity/1266679-BN-Te-Rito-Programme-Update-002_Redacted.pdf

New Zealand Ministry of Education. (2023). *Te Rito*. https://www.education.govt.nz/our-work/changes-in-education/data-for-wellbeing-programme/te-rito-student-information-sharing

OECD. (2017). *PISA 2015 results (Volume V): Collaborative problem solving*. OECD Publishing. https://doi.org/10.1787/9789264285521-en

OpenAI. (2023). *New AI classifier for indicating AI-written text*. https://openai.com/blog/new-ai-classifier-for-indicating-ai-written-text

Pangrazio, L., Selwyn, N. and Cumbo, B. (2022). A patchwork of platforms: Mapping data infrastructures in schools, *Learning, Media and Technology*, 48(1), 65–80. https://doi.org/10.1080/17439884.2022.2035395

Perrotta, C. and Williamson, B. (2018). The social life of learning analytics: Cluster analysis and the 'performance' of algorithmic education. *Learning, Media and Technology*, 43(1), 3–16. https://doi.org/10.1080/17439884.2016.1182927

Privacy International. (2021). *Exclusion by design: How national ID systems make social protection inaccessible to vulnerable populations*. https://privacyinternational.org/long-read/4472/exclusion-design-how-national-id-systems-make-social-protection-inaccessible

Rahul, R., Shanthakumar, S., Vykunth, P. and Sairamnath, K. (2021). Real-time attention span tracking in online education. *arXiv, 2111*, 14707. https://arxiv.org/abs/2111.14707

Rao, J. and Ye, J. (2016). From a virtuous cycle of rural-urban education to urban-oriented rural basic education in China: An explanation of the failure of China's Rural School Mapping Adjustment Policy. *Journal of Rural Studies, 47*, Part B, 601–611. https://doi.org/10.1016/j.jrurstud.2016.07.005

Renieris, E. (2021, 7 December). *Why a little-known blockchain-based identity project in Ethiopia should concern us all*. Centre for International Governance Innovation. https://www.cigionline.org/articles/why-a-little-known-blockchain-based-identity-project-in-ethiopia-should-concern-us-all

Rodriguez-Segura, D. and Kim, B. H. (2021). The last mile in school access: Mapping education deserts in developing countries. *Development Engineering, 6*, 100064. https://doi.org/10.1016/j.deveng.2021.100064

Rogers, P. (2023). *What is GPTZero and how does it work? (Unveiling the truth)*. AnswerIQ. https://www.answeriq.com/gptzero

Ronimus, M., Tolvanen, A. and Hautala, J. (2022). The roles of motivation and engagement in computer-based assessment of children's reading comprehension. *Learning and Individual Differences, 98*, 102197. https://doi.org/10.1016/j.lindif.2022.102197

Rossiter, J. (2020). *Link it, open it, use it: Changing how education data are used to generate ideas*. Center for Global Development. (CGD note). https://www.cgdev.org/publication/link-it-open-it-use-it-changing-how-education-data-are-used-generate-ideas

Saad, A. and Daud, E. D. (2020). The acceptance of an online educational management information system (EMIS) among data and information teachers. *Journal of Information Systems and Digital Technologies, 2*(2), 1–17. https://journals.iium.edu.my/kict/index.php/jisdt/article/view/124

Šabić, J., Baranović, B. and Rogošić, S. (2022). Teachers' self-efficacy for using information and communication technology: The interaction effect of gender and age. *Informatics in Education, 21*(2), 353–373. https://doi.org/10.15388/infedu.2022.11

Șahin, M. and Ifenthaler, D. (2021). Visualizations and dashboards for learning analytics: A systematic literature review. In M. Șahin and D. Ifenthaler (Eds) *Visualizations and dashboards for learning analytics: Advances in analytics for learning and teaching* (pp. 3–22). Springer. https://doi.org/10.1007/978-3-030-81222-5_1

Schleicher, A. (2015). *Schools for 21st-century learners: Strong leaders, confident teachers, innovative approaches*. International Summit on the Teaching Profession. OECD Publishing. https://doi.org/10.1787/9789264231191-en

Schweizer, P. and Regli, P. (2018). *Pour un chemin de l'école acceptable: Le droit à l'éducation commence sitôt la porte franchie* [For an acceptable path to school: The right to education begins as soon as you walk through the door]. Mobilité piétonne Suisse. (FicheInfo 04/2018). https://mobilitepietonne.ch/wordpress/wp-content/uploads/2014/06/180409_Zumutbarkeit_Schulweg_f.pdf

See, B. H., Gorard, S., Lu, B., Dong, L. and Siddiqui, N. (2022). Is technology always helpful? A critical review of the impact on learning outcomes of education technology in supporting formative assessment in schools. *Research Papers in Education, 37*(6), 1064–1096. https://www.tandfonline.com/doi/epdf/10.1080/02671522.2021.1907778

Selwyn, N. (2020). 'Just playing around with Excel and pivot tables': The realities of data-driven schooling. *Research Papers in Education, 37*(1), 95–114. https://doi.org/10.1080/02671522.2020.1812107

Shute, V. J. and Rahimi, S. (2017). Review of computer-based assessment for learning in elementary and secondary education. *Journal of Computer Assisted Learning, 33*, 1–19. https://par.nsf.gov/servlets/purl/10054114

Slade, S. and Prinsloo, P. (2013). Learning analytics: Ethical issues and dilemmas. *American Behavioral Scientist, 57*(10), 1509–1528. https://doi.org/10.1177/0002764213479366

Smith, C. (2022). *Google Meet attendance*. clayCodes.org. https://www.claycodes.org/google-add-onsextensions/meet-attendance

South Africa Department of Basic Education. (2012). *Learner unit record information*. https://www.thutong.doe.gov.za/administration/Administration/GeneralInformation/LearnerUnitRecordInformation/tabid/3341/Default.aspx

Sri Lanka National Education Commission. (2019). *National Policy on Pre-school Education*. https://planipolis.iiep.unesco.org/sites/default/files/ressources/sri_lanka_national_policy_preschool_education_eng.pdf

Srivastava, D. and Dong, X. L. (2015). *Big data integration*. Springer Nature. https://link.springer.com/book/10.1007/978-3-031-01853-4

Stamenkov, G. and Zhaku-Hani, R. (2021). Perceived benefits and post-adoption usage of education management information system. *Library Hi Tech, 41*(4), 1063–1083. https://doi.org/10.1108/lht-06-2021-0185

Swiecki, Z., Khosravi, H., Chen, G., Martinez-Maldonado, R., Lodge, J. M., Milligan, S., Selwyn, N. and Gašević, D. (2022). Assessment in the age of artificial intelligence. *Computers and Education: Artificial Intelligence, 3*, 100075. https://doi.org/10.1016/j.caeai.2022.100075

Tsai, Y.-S. and Martinez-Maldonado, R. (2022). Human-centered approaches to data-informed feedback. In C. Lang, G. Siemens, A. F. Wise, D. Gašević and A. Merceron (Eds) *Handbook of learning analytics* (pp. 213–222). Society for Learning Analytics Research. https://solaresearch.org/wp-content/uploads/hla22/HLA22_Chapter_21_Tsai.pdf

Tsai, Y.-S., Rates, D., Moreno-Marcos, P. M., Muñoz-Merino, P. J., Jivet, I., Scheffel, M., Drachsler, H., Kloos, C. D. and Gašević, D. (2020). Learning analytics in European higher education: Trends and barriers. *Computers & Education*, *155*, 103933. https://doi.org/10.1016/j.compedu.2020.103933

UIS. (2020). *Data innovation for producing SDG 4 indicators: An EMIS metadata global analytical report.* (Information Paper 65). https://emis.uis.unesco.org/wp-content/uploads/sites/5/2020/09/IP65-EMIS-Typology-FINAL.pdf

UNESCO. (2021a). *Re-imagining the future of education management information systems: Ways forward to transform education data systems to support inclusive, quality learning for all.* https://unesdoc.unesco.org/ark:/48223/pf0000378048

UNESCO. (2021b). *The integration of education management information systems (EMIS) with other information systems.* https://unesdoc.unesco.org/ark:/48223/pf0000380046_eng/PDF/380046eng.pdf.multi

UNESCO. (2022). *Re-imagining the future of education management information systems.* https://en.unesco.org/sites/default/files/re-imagining-future-of-emis-seminar-wp.pdf

UNESCO and GPE. (2020). *The role of education management information systems in supporting progress towards SDG 4: Recent trends and international experiences.* https://unesdoc.unesco.org/ark:/48223/pf0000374542

UNICEF. (2019). *Review of education management information systems (EMIS) that track individual student data: Malaysia.* https://www.unicef.org/eap/media/5736/file/EMIS%20malaysia.pdf

UNICEF. (2022). *RFP 9173844 Development of learner unit record information tracking system (LURITS) in Katsina, Kebbi, Sokoto and Zamfara States, Nigeria. Annex B.* https://www.ungm.org/Public/Notice/170826

UNICEF Innocenti – Global Office of Research and Foresight, Côte d'Ivoire Ministry of National Education, and UNICEF Côte d'Ivoire. (2023). *Data Must Speak: Comprendre les facteurs de performance des écoles ivoiriennes* [Data Must Speak: Unpacking factors influencing school performance in Côte d'Ivoire]. UNICEF. https://www.unicef-irc.org/publications/pdf/DMS_CIV_Stage%201%20Full%20Report_FR.pdf

UNICEF Innocenti – Global Office of Research and Foresight, Ghana Ministry of Education, and UNICEF Ghana. (2023). *Data Must Speak: Unpacking factors influencing school performance in Ghana.* UNICEF. https://www.unicef-irc.org/publications/pdf/DMS_Ghana_Stage%201%20Full%20Report_EN.pdf

UNICEF Innocenti – Global Office of Research and Foresight, Zambia Ministry of Education, and UNICEF Zambia. (2023). *Data Must Speak: Unpacking factors influencing school performance in Zambia.* UNICEF. https://www.unicef-irc.org/publications/pdf/DMS_Zambia_Stage%201%20Full%20Report_EN.pdf

United States Office of Education Technology. (2015). *Section 4: Measuring for learning.* https://tech.ed.gov/netp/assessment

University College London. (2020). *Technical failures policy 2020-21.* https://www.ucl.ac.uk/academic-manual/sites/academic_manual/files/technical_failures_policy_2020-21.pdf

Usher, E. L., Li, C. R., Butz, A. R. and Rojas, J. P. (2019). Perseverant grit and self-efficacy: Are both essential for children's academic success? *Journal of Educational Psychology*, *111*(5), 877–902. https://doi.org/10.1037/edu0000324

van der Berg, S., Gustafsson, M. and Burger, C. (2022). *School teacher supply and demand in South Africa in 2019 and beyond.* South Africa Department of Higher Education and Training. https://resep.sun.ac.za/wp-content/uploads/2022/03/DHET-Supply-and-Demand-Report-Phase-1.pdf

van der Berg, S., van Wyk, C., Selkirk, R. and Hofmeyr, H. (2021). *Learner flows through schools: Using high quality administrative data to understand education system performance.* Research on Socioeconomic Policy, Stellenbosch University. https://resep.sun.ac.za/wp-content/uploads/2021/08/Resep-Document-V07-DIGITAL-FILE.pdf

van der Berg, S., Wills, G., Selkirk, R., Adams, C. and van Wyk, C. (2019). The cost of repetition in South Africa. *Stellenbosch Economic Working Papers*, *13/2019*. Stellenbosch University. https://www.ekon.sun.ac.za/wpapers/2019/wp132019/wp132019.pdf

van Leeuwen, A., Teasley, S. D. and Wise, A. F. (2022). Teacher and student facing learning analytics. In C. Lang, G. Siemens, A. F. Wise, D. Gašević and A. Merceron (Eds) *Handbook of learning analytics* (pp. 130–140). Society for Learning Analytics Research. https://solaresearch.org/wp-content/uploads/hla22/HLA22_Chapter_13_VanLeeuwen.pdf

van Wyk, C. (2015). An overview of key data sets in education in South Africa. *South African Journal of Childhood Education*, *5*(2), 146–170. https://files.eric.ed.gov/fulltext/EJ1187118.pdf

Verger, A. and Curran, M. (2014). New public management as a global education policy: Its adoption and re-contextualization in a Southern European setting. *Critical Studies in Education*, *55*(3), 253–271. https://doi.org/10.1080/17508487.2014.913531

Vida Villa, A. and Natividad Eder, L. (2019). Ilocano administrators' adoption and use of ICT in the management of public secondary schools. *Asia Pacific Journal of Multidisciplinary Research*, *7*(2), Part II, 1–15. www.apjmr.com/wp-content/uploads/2019/05/APJMR-2019.7.2.2.01.pdf

Vijil-Morin, A., Godwin, K., Ramirez, A., Mackintosh, A., McBurnie, C. and Haßler, B. (2023). *School mapping and decision-making* (Background paper for *Global Education Monitoring Report 2023).* https://unesdoc.unesco.org/ark:/48223/pf0000386107.locale=en

VroniPlag. (2023). *VroniPlag Wiki.* https://vroniplag.fandom.com/de/wiki/Home

Walker, J., Pan, E., Johnston, D., Adler-Milstein, J., Bates, D. W. and Middleton, B. (2005). The value of health care information exchange and interoperability. *Health Affairs*, *24*(1). https://www.healthaffairs.org/doi/abs/10.1377/hlthaff.W5.10

Wang, L. and Lewin, K. (2016). School mapping and boarding in the context of demographic change in rural areas. In *Two decades of basic education in rural China: Transitions and challenges for development* (pp. 165–191). Springer Singapore. https://doi.org/10.1007/978-981-10-2120-6_8

Wang, X., Yishi, Z. and Ruilin, Z. (2022). A brief review on algorithmic fairness. *Management System Engineering*, *1*(7). https://doi.org/10.1007/s44176-022-00006-z

Weitzberg, K. (2020). *In Kenya, thousands left in limbo without ID cards.* Coda Story. https://www.codastory.com/authoritarian-tech/kenya-biometrics-double-registration

Wise, S. L. (2018). Computer-based testing. In B. F. Frey (Ed) *SAGE Encyclopedia of educational research, measurement, and evaluation.* SAGE Publications. https://methods.sagepub.com/reference/the-sage-encyclopedia-of-educational-research-measurement-and-evaluation/i5422.xml

World Bank. (2023). *Identification For Development (ID4D) Global Dataset.* https://datacatalog.worldbank.org/search/dataset/0040787

Writer. (2023). *AI content detector.* https://writer.com/ai-content-detector

Yousif, M. M. (2018). *The vices of discrimination: The impacts of vetting and delays in the issuance of ID cards in Kenya* [Policy brief]. Namati. https://grassrootsjusticenetwork.org/wp-content/uploads/2018/12/The-Vices-of-discrimination_MR.pdf

Zhao, F., Ahmed, F., Iqbal, M. K., Mughal, M. F., Qin, Y. J., Faraz, N. A. and Hunt, V. J. (2020). Shaping behaviors through institutional support in British higher educational institutions: Focusing on employees for sustainable technological change. *Frontiers in Psychology*, *11*. https://www.frontiersin.org/articles/10.3389/fpsyg.2020.584857/full

Zuckerman, S. J., Wilcox, K. C., Schiller, K. S. and Durand, F. T. (2018). Absorptive capacity in rural schools: Bending not breaking during disruptive innovation implementation. *Journal of Research in Rural Education*, *34*(3). https://jrre.psu.edu/sites/default/files/2019-06/34-3_0.pdf

第7章

African Development Bank. (2021, 12 August). 'Last Mile' Connectivity Project lights up lives in Kenya. https://www.afdb.org/en/success-stories/last-mile-connectivity-project-lights-lives-kenya-45093

Alasuutari, H., Barron, M., Cobo, C., D'Angelo, S. and Pan, C. L. (2022, 6 December). *Understanding the costs of accessible EdTech solutions for learners with disabilities.* World Bank Blogs. https://blogs.worldbank.org/education/understanding-costs-accessible-edtech-solutions-learners-disabilities?CID=WBW_AL_BlogNotification_EN_EXT

Ali, T., Chandra, S., Cherukumilli, S., Fazlullah, A., Galicia, E., Hill, H., McAlpine, N., McBride, L., Vaduganathan, N., Weiss, D. and Wu, M. (2021). *Looking back, looking forward: What it will take to permanently close the K–12 digital divide.* Common Sense Media. https://www.commonsensemedia.org/sites/default/files/featured-content/files/final_-_what_it_will_take_to_permanently_close_the_k-12_digital_divide_vfeb3.pdf

Alliance for Affordable Internet. (2021). *Affordability report 2021.* Web Foundation. https://a4ai.org/report/2021-affordability-report

Alliance for Affordable Internet. (2022). *Data.* https://adi.a4ai.org/affordability-report/data/?_year=2021&;indicator=INFRASTRUCTURE

Alliance for Affordable Internet and Internet Society. (2021). *Universal service and access funds in Latin America and the Caribbean*. Alliance for Affordable Internet. https://a4ai.org/wp-content/uploads/2022/01/USAF-Report-English.pdf

Allmann, K. and Hazas, M. (2019). *The impact of new and emerging internet technologies on climate change and human rights: Submission to the Advisory Committee to the UN Human Rights Council*. Faculty of Law, University of Oxford. https://ohrh.law.ox.ac.uk/wp-content/uploads/2021/04/UN-Human-Rights-Council-Advisory-Committee-Submission-New-and-Emerging-Technologies-Allmann-Hazas-2.pdf

Anand, A. and Dhanani, R. (2021). *How EdTech Tulna is helping make decisions based on the quality of EdTech solutions*. Central Square Foundation. https://www.centralsquarefoundation.org/articles/how-edtech-tulna-aims-to-build-evidence-around-the-efficacy-of-edtech-solutions

Argentina Ministry of Education. (2022). *Conectar Igualdad*. https://www.argentina.gob.ar/educacion/conectarigualdad

Australia Department of Education. (2013). *DER mid-program review: Assessing progress of the DER and potential future directions*. https://www.education.gov.au/download/1400/digital-education-revolution-program-review/1465/document/pdf

Baker, R. S. and Gowda, S. M. (2018). *The 2018 technology & learning insights report: Towards understanding app effectiveness and cost*. BrightBytes. https://cdn.oetc.org/wp-content/uploads/2020/08/10182042/TL-Insights-Report-2018.pdf

Bando, R., Gallego, F., Gertler, P. and Romero, D. (2016). Books or laptops? The cost-effectiveness of shifting from printed to digital delivery of educational content. *NBER Working Paper Series, 22928*. National Bureau of Economic Research. https://doi.org/10.3386/w22928

Baránek, B., Titl, V. and Musolff, L. (2021). Detection of collusive networks in e-procurement. *USE Working Papers, 21-11*. School of Economics, Utrecht University. https://doi.org/10.2139/ssrn.3864186

Barbara Preston Research. (2020). *Digital inclusion for all public school students*. https://www.aeufederal.org.au/application/files/5315/9372/9335/DigitalInclusion_BPreston.pdf

Bargiotti, L. and Dewyngaert, N. (2015). *Guidelines on procuring IT solutions*. European Commission. https://joinup.ec.europa.eu/sites/default/files/document/2015-03/guideline_on_procuring_it_solutions_-_v1_00.pdf

Barron, M., Cobo, C., Kleinmann, S. and Sachez Ciarrusta, I. (2022, 24 October). *Tools to navigate the how, when, and why of the rapidly evolving EdTech landscape*. World Bank Blogs. https://blogs.worldbank.org/education/tools-navigate-how-when-and-why-rapidly-evolving-edtech-landscape?CID=WBW_AL_BlogNotification_EN_EXT

Bayat, N., Ma, R. T. B., Misra, V. and Rubenstein, D. (2022). Big winners and small losers of zero-rating. *ACM Transactions on Modeling and Performance Evaluation of Computing Systems, 7*(1), 1–24. https://doi.org/10.1145/3539731

Bhattacharya, L., Nandakumar, M., Dasgupta, C. and Murthy, S. (2023). *Adoption of quality EdTech products in India: A case study of government implementation towards a sustainable EdTech ecosystem* (Background paper for *Global Education Monitoring Report 2023*). https://unesdoc.unesco.org/ark:/48223/pf0000386079.locale=en

Bhutan Ministry of Education. (2020). *School design guidelines: Version I*. www.education.gov.bt/wp-content/uploads/2020/06/ilovepdf_merged.pdf

Bhutan Ministry of Education. (2021). *Annual education statistics 2021*. www.education.gov.bt/wp-content/uploads/2022/03/AES-2021-Final-Version.pdf

Bleeker, A. (2019). *Using universal service funds to increase access to technology for persons with disabilities in the Caribbean*. ECLAC Subregional Headquarters for the Caribbean. (Studies and Perspectives 79). https://repositorio.cepal.org/server/api/core/bitstreams/bb6039b0-276e-40e9-a944-a039e77772b7/content

Bosio, E. (2021, 17 August). *Reducing corruption in public procurement*. World Bank Blogs. https://blogs.worldbank.org/developmenttalk/reducing-corruption-public-procurement

Brazil Presidency. (2021a). *Lei 14.172* [Law 14.172]. www.planalto.gov.br/ccivil_03/_ato2019-2022/2021/lei/L14172.htm

Brazil Presidency. (2021b). *Lei 14.180/21* [Law 14.180/21]. https://presrepublica.jusbrasil.com.br/legislacao/1240565310/lei-14180-21

Broadband Commission. (2022). *The State of Broadband 2022*. International Telecommunication Union and UNESCO. https://www.broadbandcommission.org/download/6001

Burkina Faso Ministry of Higher Education, Scientific Research and Innovation; Burkina Faso Ministry of National Education and Literacy; and Burkina Faso Ministry of Youth Training and Professional Integration. (2017). *Plan sectoriel de l'éducation et de la formation 2017-2030* [Education and Training Sector Plan 2017-2030]. https://planipolis.iiep.unesco.org/fr/node/7057

Burns, M. (2021). *Technology in education* (Think piece for *Global Education Monitoring Report 2023: Technology in education: A tool on whose terms?*). https://unesdoc.unesco.org/ark:/48223/pf0000378951

CAST. (2023). *Designing for accessibility*. National Center on Accessible Educational Materials. https://aem.cast.org/create/designing-accessibility-pour

CDAC. (2023). *About us – BOSS Linux*. https://bosslinux.in/aboutus

Chile Ministry of Education. (2022). *Ministerio de Educación presenta política de reactivación educativa integral 'Seamos Comunidad'*. [Ministry of Education presents comprehensive educational reactivation policy 'Let's Be a Community']. https://www.mineduc.cl/politica-de-reactivacion-educativa-integral-seamos-comunidad

Chuang, R., Burnett, N. and Robinson, E. (2021). *Cost-effectiveness and EdTech: Considerations and case studies* (Helpdesk Response 32). EdTech Hub. https://docs.edtechhub.org/lib/WEFTUGTJ/download/9FGRLFLA/Chuang,%20R.%20et%20al.%20Cost-effectiveness%20brief(1).pdf

Clever. (2022, 17 March). *New survey: Teachers who are involved in choosing EdTech tools report greater satisfaction with district offerings*. https://www.prnewswire.com/news-releases/new-survey-teachers-who-are-involved-in-choosing-edtech-tools-report-greater-satisfaction-with-district-offerings-301504878.html

Colombia Presidency. (2020). *Decreto 555* [Decree 555]. https://www.funcionpublica.gov.co/eva/gestornormativo/norma.php?i=185306

Culbertson, S., Dimarogonas, J., Costello, K. and Lanna, S. (2019). *Crossing the digital divide: Applying technology to the global refugee crisis*. RAND Corporation. https://www.rand.org/pubs/research_reports/RR4322.html

Davis, M. R. (2019). *K-12 districts wasting millions by not using purchased software, new analysis Finds*. EdWeek Market Brief. https://marketbrief.edweek.org/marketplace-k-12/unused-educational-software-major-source-wasted-k-12-spending-new-analysis-finds

Decarolis, F. and Giorgiantonio, C. (2022). Corruption red flags in public procurement: New evidence from Italian calls for tenders. *EPJ Data Science*, *11*(1), 16. https://doi.org/10.1140/epjds/s13688-022-00325-x

Deloitte and IPSOS Mori. (2019). *2nd survey of schools: ICT in education: Objective 2: Model for a 'highly equipped and connected classroom'*. European Commission. https://ec.europa.eu/information_society/newsroom/image/document/2019-10/ictineducation_objective_2_report_final_4688F777-CDED-C240-613EE517B79338 5C_57736.pdf

EdTech Evidence Exchange. (2021). *The EdTech Genome project report*. https://edtechevidence.org/wp-content/uploads/2021/07/1.-FINAL-EdTechGenomeProject-FinalReport_7-27-21.pdf

EdTech Evidence Exchange. (2023). *The Genome project*. https://edtechevidence.org/AboutUs/TheGenomeProject

EdTech Hub. (2022). *The sandbox method*. https://edtechhub.org/sandboxes/the-sandbox-method

Edtech Tulna. (2023). *EdTech product evaluations*. https://www.edtechtulna.org

Education Technology Joint Powers Authority. (2023). *EdTech JPA overview*. https://edtechjpa.org/about/edtech-jpa-overview

e-Governance Academy Foundation. (2017, 20 July). *Estonia, Sweden and the EU to help Ukraine implement a secure data exchange solution*. https://ega.ee/news/estonia-sweden-eu-to-help-ukraine-implement-a-secure-data-exchange-solution

Eisenach, J. A. (2015). *The economics of zero rating*. NERA Economic Consulting. https://www.nera.com/content/dam/nera/publications/2015/EconomicsofZeroRating.pdf

El Financiero. (2021, 5 November). *Contraloría anula adjudicación de licitación de Sutel de 86.000 computadoras para estudiantes del MEP* [Comptroller's Office annuls Sutel's tender award for 86,000 computers for MEP students]. El Financiero. https://www.elfinancierocr.com/tecnologia/contraloria-anula-licitacion-de-sutel-para-86000/DDD4RUO4ZVBRTD6NRITWL5PQRQ/story

Ethiopia Government. (2019). *Lighting to all: National Electrification Program 2.0: Integrated planning for universal access*. https://minigrids.org/wp-content/uploads/2019/04/Ethiopia-2.0.pdf

European Commission. (2017). *Zero rating practices in broadband markets*. https://ec.europa.eu/competition/publications/reports/kd0217687enn.pdf

European Commission. (2022). *2nd survey of schools: ICT in education*. https://digital-strategy.ec.europa.eu/en/library/2nd-survey-schools-ict-education-0

European Commission. (2023). *About SELFIE*. A tool to support learning in the digital age. https://education.ec.europa.eu/selfie/about-selfie

European Commission, IPSOS Mori, and Deloitte. (2019). *Objective 2: Model for a 'highly equipped and connected classroom'*. Publications Office of the European Union. https://ec.europa.eu/information_society/newsroom/image/document/2019-10/ictineducation_objective_2_report_final_4688F777-CDED-C240-613EE517B79338 5C_57736.pdf

European Environmental Bureau. (2019). *Coolproducts don't cost the earth: Full report.* https://eeb.org/wp-content/uploads/2019/09/Coolproducts-report.pdf

Evidence for ESSA. (2023). *Find evidence-based PK-12 programs.* https://www.evidenceforessa.org

Federico, A., Shaikh, K. and Wang, M. (2020). Evaluating accessibility. In Trust, T. (Ed) *Teaching with digital tools and apps.* EdTech Books. https://edtechbooks.org/digitaltoolsapps/evaluatingaccessibility

Financial Express. (2019, 14 May). *Kerala schools to save Rs 3,000 crore by using Linux OS.* Financial Express. https://www.financialexpress.com/life/technology-kerala-schools-to-save-rs-3000-crore-by-using-linux-os-1577396

Flores, L. (2019). *CGU: Em licitação de R$ 3 bi, escola pede 117 notebooks por aluno.* [CGU: In a R$ 3 billion tender, a school asks for 117 notebooks per student]. Metrópoles. https://www.metropoles.com/brasil/politica-brasil/cgu-em-licitacao-de-r-3-bi-escola-pede-117-notebooks-por-aluno

Foditsch, N. (2023). *Technology and education: What can be learned from recent experiences in Brazil, Chile, Costa Rica, and Mozambique?* (Background paper for *Global Education Monitoring Report 2023: Technology in education: A tool on whose terms?*) https://unesdoc.unesco.org/ark:/48223/pf0000386076.locale=en

Foditsch, N. and Alliance for Affordable Internet. (2023). *Technology and Education: What can be learned from recent experiences in Brazil, Chile, Costa Rica, and Mozambique?* (Background Paper for *Global Education Monitoring Report 2023*). UNESCO. https://unesdoc.unesco.org/ark:/48223/pf0000386076.locale=en

Foin, M. (2021, 10 December). *Les territoires numériques éducatifs pas loin du zéro pointé* [Digital education territories not far from the lowest grade possible]. La Gazette des Communes. https://www.lagazettedescommunes.com/778717/les-territoires-numeriques-educatifs-pas-loin-du-zero-pointe

Foresman, B. (2019, 29 October). *Edtech purchasing a guessing game for schools, but new data could help.* Edscoop. https://edscoop.com/school-edtech-genome-project-school-procurement

France Ministry of National Education and Youth. (2023). *Les territoires numériques éducatifs.* [Digital education territories]. Éduscol. https://eduscol.education.fr/2177/les-territoires-numeriques-educatifs-tne

Friendly Power. (2020a). *K-12 schools.* https://esource.bizenergyadvisor.com/article/k-12-schools

Friendly Power. (2020b). *Colleges and universities.* https://esource.bizenergyadvisor.com/article/colleges-and-universities

Fundación Ciudadanía y Desarrollo. (2023). *Observatorio de contratación pública.* [Public Procurement Observatory]. https://www.contratostransparentes.ec

Fundacion Telefonica and Fundacion La Caixa. (2022). *ProFuturo and World Vision: A key partnership for the educational transformation in Africa and Asia.* https://profuturo.education/wp-content/uploads/2022/12/Dossier-5-an%CC%83os-de-Alianza-WV_EN_RevMkt.pdf

Ganapini, C. (2022, 1 December). *The EU Circular Economy package Part II – Still not delivering on right to repair.* Right to Repair. https://repair.eu/news/the-eu-circular-economy-package-part-ii-still-not-delivering-on-right-to-repair

Ganapini, C. (2023). *Right to Repair news from the US.* Right to Repair. https://repair.eu/news/right-to-repair-news-from-the-us

Garcia Mathewson, T. and Butrymowicz, S. (2020). *Ed tech companies promise results, but their claims are often based on shoddy research.* Hechinger Report. https://hechingerreport.org/ed-tech-companies-promise-results-but-their-claims-are-often-based-on-shoddy-research

GEEAP. (2023). *2023 cost-effective approaches to improve global learning: Recommendations of the Global Education Evidence Advisory Panel.* Foreign, Commonwealth and Development Office; World Bank; UNICEF; and United States Agency for International Development. https://thedocs.worldbank.org/en/doc/231d98251cf326922518be0cbe306fdc-0200022023/related/GEEAP-Report-Smart-Buys-2023-final.pdf

Ginley, R. (2021, 31 August). *To BYOD or not to BYOD, that is the question.* Microsoft Education Blog. https://edublog.microsoft.com/en-au/2021/08/to-byod-or-not-to-byod-that-is-the-question

Global Initiative for Inclusive Education. (2021). *9 steps to procuring accessible ICTs for inclusive education.* G3ICT. https://g3ict.org/upload/publication/9-steps-to-procuring-accessible-icts-for-inclusive-education/Roadmap-to-accessible-ICT-procurement_XT.pdf

Global Initiative for Inclusive Education. (2022). *Buy ICT for all: Digital inclusion portal development.* https://buyict4all.org

GOLA. (2022). Consultation Meeting for Governance of Quality Education, GEM Report and GOLA. Global Online Learning Alliance. https://gola.education/wp-content/uploads/2022/03/UNESCO-GEM-Report-Consultation-Meeting-for-Governance-Quality-Education.pdf

GSMA. (2021). *The state of mobile internet connectivity 2021.* Global System for Mobile Communications. https://www.gsma.com/r/wp-content/uploads/2021/09/The-State-of-Mobile-Internet-Connectivity-Report-2021.pdf

GSMA. (2022a). *GSMA Mobile Connectivity Index.* Global System for Mobile Communications. https://www.mobileconnectivityindex.com/#year=2021&;dataSet=enabler

GSMA. (2022b). *The state of mobile internet connectivity 2022*. Global System for Mobile Communications. https://www. gsma.com/r/wp-content/uploads/2022/12/The-State-of-Mobile-Internet-Connectivity-Report-2022.pdf

He, S., Hollenbeck, B. and Proserpio, D. (2022). The market for fake reviews. *Marketing Science, 41*(5), 896–921. https://doi.org/10.1287/mksc.2022.1353

Hennessy, S., Jordan, K., Wagner, D. A. and EdTech Hub Team. (2021). *Problem analysis and focus of EdTech Hub's work: Technology in education in low- and middle-income countries*. EdTech Hub. (Working Paper No. 7). https://docs.edtechhub.org/lib/PBXBB7LF

Hong Kong Education Bureau. (2022). *Implementing 'bring your own device' (BYOD) in primary and secondary schools*. https://www.edb.gov.hk/en/edu-system/primary-secondary/applicable-to-primary-secondary/it-in-edu/ BYOD/byod_index.html

IEA, IRENA, UNSD, World Bank and WHO. (2020). *Tracking SDG 7: The energy progress report 2020*. International Energy Agency, International Renewable Energy Agency, United Nations Statistics Division, World Bank and World Health Organization. https://trackingsdg7.esmap.org/data/files/download-documents/tracking_ sdg_7_2020-full_report_-_web_0.pdf

IGIHE. (2020, 27 January). *The role of One Laptop Per Child program in enhancing education*. https://en.igihe.com/news/the-role-of-one-laptop-per-child-program-in

India Government. (2021). *DIKSHA*. https://pmevidya.education.gov.in/diksha.html

India Ministry of Electronics and Information Technology. (2021). *Competence building*. https://www.meity.gov.in/content/competence-building-3

Indonesia Ministry of Communication and Informatics Office. (2023). *Siberkreasi: Makin cakap digital*. [Be more digitally savvy]. https://www.siberkreasi.id/#

Ireland Department of Education and Skills. (2016). *Guidance for schools on good procurement practices*. https://www.spu.ie/ wp-content/uploads/2018/03/Guidance-for-Schools-on-Good-Procurement-Practices.pdf

ISTE. (2023a). *The ISTE Standards*. International Society for Technology in Education. https://www.iste.org/iste-standards

ISTE. (2023b). *We are ISTE*. International Society for Technology in Education. https://www.iste.org

ISTE and Project Unicorn. (2023). *Better Edtech buying for educators*. International Society for Technology in Education. https://info.iste.org/project-unicorn-and-iste

ITU. (2022a). *Fixed-broadband subscriptions*. International Telecommunication Union. https://datahub.itu.int/data/?i=19303

ITU. (2022b). *Statistics*. International Telecommunication Union. https://www.itu.int/en/ITU-D/Statistics/Pages/stat/ default.aspx

ITU. (2022c). *Global connectivity report 2022*. International Telecommunication Union. https://www.itu.int/hub/publication/ d-ind-global-01-2022

ITU. (2023). *Key ICT indicators for the world and special regions (totals and penetration rates)*. International Telecommunication Union. https://www.itu.int/en/ITU-D/Statistics/Documents/facts/ITU_regional_global_Key_ICT_indicator_ aggregates_Nov_2022_revised_15Feb2023.xlsx

ITU and UNICEF. (2020). *Giga Central Asia: Kazakhstan*. https://giga.global/kazakhstan

ITU and UNICEF. (2022). *Annual report 2021*. UNICEF. https://s41713.pcdn.co/wp-content/uploads/2022/04/ Annual-Report-2021.pdf

ITU and UNICEF. (2023a). *Giga: Connect every school to the internet*. https://giga.global

ITU and UNICEF. (2023b). *Giga: Project Connect*. https://projectconnect.unicef.org/about

ITU and United Nations Office of the Secretary-General's Envoy of Technology. (2022). *Achieving universal and meaningful digital connectivity: Setting a baseline and targets for 2030*. International Telecommunication Union. https://www.itu.int/itu-d/meetings/statistics/wp-content/uploads/sites/8/2022/04/ UniversalMeaningfulDigitalConnectivityTargets2030_BackgroundPaper.pdf

Jamaica Ministry of Education, Youth and Information. (2020). *BYOD: Bring your own device policy for schools*. https:// educate.gov.jm/wp-content/uploads/2020/11/GENERAL-BULLETIN-173-2020-BYOD-Policy-for-Schools.pdf

Jameson, J. (2019). Developing critical and theoretical approaches to educational technology research and practice. *British Journal of Educational Technology, 50*(3), 951–955. https://doi.org/10.1111/bjet.12775

Johnston, J. and Ksoll, C. (2017). Effectiveness of interactive satellite-transmitted instruction: Experimental evidence from Ghanaian primary schools. *CEPA Working Papers, 17*-08. Stanford Center for Education Policy Analysis. https://cepa.stanford.edu/sites/default/files/wp17-08-v201708.pdf

Joyce, K. E. and Cartwright, N. (2019). Bridging the gap between research and practice: Predicting what will work locally. *American Educational Research Journal, 57*(3), 1045–1082. https://doi.org/10.3102/0002831219866687

Kawai, K. and Nakabayashi, J. (2022). Detecting large-scale collusion in procurement auctions. *Journal of Political Economy*, *130*(5), 1364–1411. https://doi.org/10.1086/718913

Kenya Government. (2018). *Kenya National Electrification Strategy: Key highlights*. https://pubdocs.worldbank.org/en/413001554284496731/Kenya-National-Electrification-Strategy-KNES-Key-Highlights-2018.pdf

Krutka, D. G., Smits, R. M. and Willhelm, T. A. (2021). Don't be evil: Should we use Google in schools? *TechTrends*, *65*(4), 421–431. https://doi.org/10.1007/s11528-021-00599-4

Kucirkova, N. (2023, 27 March). *Are EdTech companies the casualties or winners of educational evidence wars?* BERA Blog. https://www.bera.ac.uk/blog/are-edtech-companies-the-casualties-or-winners-of-educational-evidence-wars

Kyriacou, A. P. and Roca-Sagalés, O. (2020). Does decentralising public procurement affect the quality of governance? Evidence from local government in Europe. *Local Government Studies*, *47*(2), 208–233. https://doi.org/10.1080/03003930.2020.1729749

Lai, F., Zhang, L., Bai, Y., Liu, C., Shi, Y., Chang, F. and Rozelle, S. (2016). More is not always better: Evidence from a randomised experiment of computer-assisted learning in rural minority schools in Qinghai. *Journal of Development Effectiveness*, *8*(4), 449–472. https://doi.org/10.1080/19439342.2016.1220412

Lara, R. A., Pernigotto, G., Cappelletti, F., Romagnoni, P. and Gasparella, A. (2015). Energy audit of schools by means of cluster analysis. *Energy and Buildings*, *95*, 160–171. https://doi.org/10.1016/j.enbuild.2015.03.036

LearnPlatform. (2022). *National EdTech equity dashboard*. https://learnplatform.com/equity-dashboard

LearnPlatform. (2023). *EdTech evidence: 2023 mid-year report*. https://learnplatform.com/report/evidence-report

Leidel, S. (2015). *Zero rating: Why are people using a half-baked Internet?* DW Akademie. https://akademie.dw.com/en/zero-rating-why-are-people-using-a-half-baked-internet/a-18887956

Lesay, J. D. (2021). *Les territoires numériques éducatifs prennent leur envol* [Digital education territories are taking off]. Localtis. https://www.banquedesterritoires.fr/les-territoires-numeriques-educatifs-prennent-leur-envol

MacQuarrie, K. L. D., Edmeades, J. and Rosenberg, R. (2022). *The relationship between digital access and use and health outcomes: Evidence from demographic and health surveys*. ICF. (DHS Analytical Studies 86). https://www.dhsprogram.com/pubs/pdf/AS86/AS86.pdf

Mari, A. (2019). *Crown Commercial Service launches ICT framework for education*. ComputerWeekly. https://www.computerweekly.com/news/252466521/Crown-Commercial-Service-launches-ICT-framework-for-education

Mitchell, J. and D'Rozario, J. (2022). *Cost effective EdTech paper 2: Good practice*. EdTech Hub. https://docs.edtechhub.org/lib/ZVX4DTXQ/download/RW5QDU64/Cost-Effective%20EdTech%202%20E2%80%93%20Good%20Practice.pdf

Mo, D., Huang, W., Shi, Y., Zhang, L., Boswell, M. and Rozelle, S. (2015). Computer technology in education: Evidence from a pooled study of computer assisted learning programs among rural students in China. *China Economic Review*, *36*, 131–145. https://doi.org/10.1016/j.chieco.2015.09.001

Morrison, J. R., Ross, S. M and Cheung, A. C. K. (2019). From the market to the classroom: How ed-tech products are procured by school districts interacting with vendors. *Educational Technology Research and Development*, *67*(2), 389–421. https://doi.org/10.1007/s11423-019-09649-4

Mrmov, G. (2020). *The role of open-source software in education during Covid-19 pandemic*. Keitaro. https://www.keitaro.com/2020/10/19/the-role-of-open-source-software-in-education-during-covid-19-pandemic

Mullan, J. and Taddese, A. (2020). *EdTech in Sierra Leone: A rapid scan*. EdTech Hub. https://docs.edtechhub.org/lib/C5MWWQI2/download/SL8ULFEM/Mullan_Taddese_2020_EdTech%20in%20Sierra%20Leone.pdf

Myers, C., Jordan, K. and Zubairi, A. (2023). *Gender equality and EdTech: What are the barriers and enablers to enhance equity in and through EdTech?* (Background paper for *Global Education Monitoring Report 2023*). https://unesdoc.unesco.org/ark:/48223/pf0000386091.locale=en

Nagle, F. (2022). *Strengthening digital infrastructure: A policy agenda for free and open source software*. Brookings. https://www.brookings.edu/research/strengthening-digital-infrastructure-a-policy-agenda-for-free-and-open-source-software

Nordic Institute for Interoperability Solutions. (2023a). *X-Road® Data Exchange Layer*. https://x-road.global

Nordic Institute for Interoperability Solutions. (2023b). *X-Road World Map*. https://x-road.global/xroad-world-map

OECD. (2020). *PISA 2018 results (Volume V): Effective policies, successful schools*. OECD Publishing. https://www.oecd-ilibrary.org/docserver/ca768d40-en.pdf

OLPC. (2023). *About OLPC*. https://laptop.org/aboutolpc

Olukotun, D. (2023). *Net neutrality rules ban fast and slow lanes, but leave zero rating in place*. Access Now. https://www.accessnow.org/net-neutrality-rules-ban-fast-and-slow-lanes-but-leave-zero-rating-in-place

Oman Daily Observer. (2020, 20 October). *141 village schools to get internet via satellite.* Oman Daily Observer. https://www.omanobserver.om/article/8951/Main/141-village-schools-to-get-internet-via-satellite

Pakistan Universal Service Fund. (2022). *ICTs for girls.* https://www.usf.org.pk/programs/projects/icts-for-girls

Poder Ciudadano. (2023). *Monitoreo de contrataciones por COVID-19* [Procurement monitoring for COVID-19]. https://comprascovid19.poderciudadano.org

Poggi, N. (2021, 29 June). *Device security in schools: The pros and cons of BYOD.* Prey Blog. https://preyproject.com/blog/device-security-in-schools-byod-for-lovers-and-haters

PwC and Ecorys. (2013). *Identifying and reducing corruption in public procurement in the EU.* https://vpt.lrv.lt/uploads/vpt/documents/files/mp/kiti_leidiniai/identifying_reducing_corruption_in_public_procurement_en.pdf

R4D. (2022). *Improving education with EdTech evidence.* https://r4d.org/edtech-evidence

Rabiller, P. (2018, 10 December). *Découvrez l'UGAP, la centrale d'achat des collectivités publiques* [Discover UGAP, the purchasing center for public authorities]. Sud Ouest. https://www.sudouest.fr/economie/conso-distribution/decouvrez-l-ugap-la-centrale-d-achat-des-collectivites-publiques-2882043.php

Razquin, P., Strath, A. and Kosbar, Y. (2023). *A review of alternative country models and strategies for financing digital learning.* (Background paper for *Global Education Monitoring Report 2023).* https://unesdoc.unesco.org/ark:/48223/pf0000386086.locale=en

Reeves, T. C. and Lin, L. (2020). The research we have is not the research we need. *Educational Technology Research and Development, 68*(4), 1991–2001. https://doi.org/10.1007/s11423-020-09811-3

Regan, P. M. and Bailey, J. (2019). Big data, privacy and education applications. *Education and Law Journal,* 55–78. Ottawa Faculty of Law. https://www.equalityproject.ca/wp-content/uploads/2023/01/Regan-James-2020.pdf

Regmi, R. (2021). *A brief rundown of Nepal government's 2078-79 budget in the ICT sector.* GadgetByte. https://www.gadgetbytenepal.com/nepal-budget-2078-79-ict-sector

Roberts, K. (2020). *BYOD guidelines and policies in higher education.* Appsanywhere. https://www.appsanywhere.com/resource-centre/byod/byod-guidelines-policies

Roddis, S., Collis, V., Steer, L. and Cunningham, M. S. (2021). *Financing for the EdTech ecosystem: A working paper.* Education Commission. https://educationcommission.org/wp-content/uploads/2021/12/Education-Commission-Landscape-Paper-Dec-2021.pdf

Rodríguez Prieto, R. (2017). De la 'neutralidad' a la 'imparcialidad' en la red: Un análisis crítico de la política de la UE sobre internet y algunas propuestas de mejora [From 'neutrality' to 'impartiality' in the network: A critical analysis of the EU policy on the internet and some proposals for improvement]. *Cuadernos Europeos de Deusto, 57.* https://doi.org/10.18543/ced-57-2017pp217-246

Rodriguez-Segura, D. (2020). EdTech in developing countries: A review of the evidence. *World Bank Research Observer, 37*(2), 171-203. https://elibrary.worldbank.org/doi/10.1093/wbro/lkab011

Rogers, C. (2019). *The Report: What is the CCS edtech procurement framework?* Education Technology. https://edtechnology.co.uk/latest-news/the-report-what-is-the-ccs-edtech-procurement-framework/

Rwanda Office of the Auditor General. (2021). *Report of the Auditor General.* https://oag.gov.rw/fileadmin/user_upload/Financial_Reports/REPORT_OF_THE_AUDITOR_GENERAL_FOR_THE_YEAR_ENDED_30_JUNE_2020.pdf

Sánchez Ciarrusta, I. A. (2020). Colombia: Colombia Aprende Movil [Colombia Learns Mobile]. *Education continuity during the Coronavirus crisis: A joint initiative by the World Bank, the OECD, Harvard Global Education Innovation Initiative and Hundred.* https://documents1.worldbank.org/curated/en/146571594141279582/pdf/Colombia-Colombia-Aprende-Movil-Colombia-Learns-Mobile.pdf

Sandhu, D. (2021). *Edtech needs to accelerate evidence and research, not use COVID to take its foot off the gas.* https://www.linkedin.com/pulse/edtech-needs-accelerate-evidence-research-use-covid-take-dan-sandhu

Selwyn, N. (2021). Ed-Tech within limits: Anticipating educational technology in times of environmental crisis. *E-Learning and Digital Media, 18*(5), 496–510. https://doi.org/10.1177/20427530211022951

Selwyn, N. (2023). Digital degrowth: Toward radically sustainable education technology. *Learning, Media and Technology,* 1–14. https://doi.org/10.1080/17439884.2022.2159978

Singapore Infocomm Media Development Authority. (2023). *DigitalAccess@Home.* https://www.imda.gov.sg/dah

Slavin, R. E. (2020). How evidence-based reform will transform research and practice in education. *Educational Psychologist, 55*(1), 21–31. https://doi.org/10.1080/00461520.2019.1611432

South Africa Republic. (2016). *National integrated ICT policy white paper* (Government Gazette).

South Australia Department of Education. (2021). *Mobile phones and personal devices at school.* https://www.education.sa.gov.au/parents-and-families/safety-and-wellbeing/bullying-and-cyberbullying/using-mobile-phones-and-personal-devices-school

Steeves, H. L. and Kwami, J. (2017). Interrogating gender divides in technology for education and development: The case of the One Laptop per Child project in Ghana. *Studies in Comparative International Development, 52,* 174–192. https://doi.org/10.1007/s12116-017-9245-y

Stock, R. (2019). *Strategies for parents facing "BYOD" school device spend-up.* Stuff. https://www.stuff.co.nz/business/money/109833314/strategies-for-parents-facing-byod-school-device-spendup

SEforAll. (2020). *Chronic underinvestment in clean energy putting millions at risk as they continue to be left behind in energy transition.* Sustainable Energy for All. https://www.seforall.org/news/chronic-underinvestment-in-clean-energy-putting-millions-at-risk

Synopsis. (2023). *Open source security and risk analysis report 2023.* https://www.synopsys.com/content/dam/synopsys/sig-assets/reports/rep-ossra-2023.pdf

Telecompaper. (2021). *Quarter of Brazilians go one week without internet every month.* https://www.telecompaper.com/news/quarter-of-brazilians-go-one-week-without-internet-every-month--1406573

Thakur, D. and Potter, L. (2018). *Universal service and access funds: An untapped resource to close the gender digital divide.* Web Foundation. https://webfoundation.org/docs/2018/03/Using-USAFs-to-Close-the-Gender-Digital-Divide-in-Africa.pdf

Thankachan, B. and Moore, D. R. (2017). Challenges of implementing free and open source software (FOSS):Evidence from the Indian educational setting. *International Review of Research in Open and Distributed Learning, 18*(6). https://files.eric.ed.gov/fulltext/EJ1155790.pdf

The Economic Times. (2022, 16 July). *How to solve a problem called edtech? Decoding the fault in a blooming star.* The Economic Times. https://economictimes.indiatimes.com/industry/services/education/how-to-solve-a-problem-called-edtech-decoding-the-fault-in-a-blooming-star/articleshow/92920752.cms

The Economist Intelligence Unit. (2021). *Connecting learners: Narrowing the educational divide: The benefits from, and barriers to, improved school connectivity and access to digital learning.* https://connectinglearners.economist.com/connecting-learners

Then24.com. (2022, 7 September). *The President delivered more than 1,000 netbooks of Connect Equality.* https://then24.com/2022/09/07/the-president-delivered-more-than-1000-netbooks-of-connect-equality

Titl, V. and Geys, B. (2019). Political donations and the allocation of public procurement contracts. *European Economic Review, 111,* 443–458. https://doi.org/10.1016/j.euroecorev.2018.11.004

Titl, V., Witte, K. D. and Geys, B. (2021). Political donations, public procurement and government efficiency. *World Development, 148,* 105666. https://doi.org/10.1016/j.worlddev.2021.105666

Trucano, M. (2015, 26 February). *Universal service funds and connecting schools to the internet around the world.* World Bank Blogs. https://blogs.worldbank.org/edutech/universal-service-funds-connecting-schools-internet-around-world

Uganda Ministry of Education and Sports. (2021a). *Planning, budgeting and implementation guidelines for local governments for the education and sports sector: FY 2021-2022.* https://www.education.go.ug/wp-content/uploads/2022/03/FINAL-GUIDELINES-submitted.pdf

Uganda Ministry of Education and Sports. (2021b). *Digital education standards and guidelines for the education and sports sector.* https://www.education.go.ug/wp-content/uploads/2021/08/Standards-for-Digital-Learning-Draft1.pdf

UNESCO. (2022a). *Guidelines for ICT in education policies and masterplans.* https://unesdoc.unesco.org/ark:/48223/pf0000380926/PDF/380926eng.pdf.multi

UNESCO. (2022b). *Global Education Monitoring Report 2022: South Asia: Non-state actors in education: Who chooses? Who loses?* https://unesdoc.unesco.org/ark:/48223/pf0000383550/PDF/383550eng.pdf.multi

UNESCO. (2022c). *Toolbox 4.1: Make programme-based cost estimates, audit existing funds, indicate funding sources.* ICT in education policy toolkit. https://en.unesco.org/icted/toolbox-4/make-programme-based-cost-estimates-audit-existing-funds-indicate-funding-sources

UNICEF and ITU. (2023). *GIGA - Project Connect.* https://projectconnect.unicef.org/about

UNICEF Office for Innovation. (2021). *Giga: Connecting every school to the internet.* https://www.unicef.org/innovation/giga

UNICEF and WHO. (2022). *Global report on assistive technology.* https://www.unicef.org/media/120836/file/%20Global%20Report%20on%20Assistive%20Technology%20.pdf

United Nations. (2020). *United Nations Secretary-General's roadmap for digital cooperation.* https://www.un.org/en/content/digital-cooperation-roadmap

United Nations. (2021). *Our common agenda: Report of the Secretary General.* https://www.un.org/en/content/common-agenda-report/assets/pdf/Common_Agenda_Report_English.pdf

United Nations Conference on Trade and Development. (2012). *Promoting local IT sector development through public procurement.* https://unctad.org/system/files/official-document/dtlstict2012d5_en.pdf

United Nations Economic and Social Commission for Asia and the Pacific. (2017). *The impact of universal service funds on fixed-broadband deployment and internet adoption in Asia and the Pacific.* (Asia-Pacific Information Superhighway Working Paper Series). https://www.unescap.org/sites/default/files/Universal%20Access%20and%20Service%20Funds.pdf

United Nations Economic and Social Commission for Asia and the Pacific. (2020). Universal access and service funds. *Asia-Pacific Information Superhighway Policy Briefs, 3.* Economic and Social Commission for Asia and the Pacific. https://www.unescap.org/sites/default/d8files/knowledge-products/Universal_%20and_Service_%20Fund_ids.pdf

United Nations Human Rights Council. (2016). *Promotion, protection and enjoyment of human rights on the internet.* https://digitallibrary.un.org/record/845728/files/A_HRC_32_L.20-EN.pdf?ln=en

United Nations Human Rights Council. (2022). *Impact of the digitalization of education on the right to education: Report of the Special Rapporteur on the right to education.* https://digitallibrary.un.org/record/3973358/files/A_HRC_50_32-EN.pdf?ln=en

United States Federal Communication Commission. (2022). *Affordable Connectivity Program.* https://www.fcc.gov/affordable-connectivity-program#:~:text=On%20August%205%2C%202022%2C%20the

United States General Services Administration. (2022). *Voluntary product accessibility template (VPAT®).* https://www.section508.gov/sell/vpat

United States Institute of Education Sciences. (2023). *What Works Clearinghouse.* https://ies.ed.gov/ncee/wwc

United States Office of Education Technology. (2018). *How to buy smart: Creating well-informed consumers of educational interventions.* Medium. https://medium.com/building-evaluation-capacity/how-to-buy-smart-creating-well-informed-consumers-of-educational-interventions-23225b334495

United States Universal Service Administrative Company. (2022). *Do I qualify? Affordable Connectivity Program.* https://www.affordableconnectivity.gov/do-i-qualify

Vallauri, U. (2022, 25 November). *New EU rules for smartphones and tablets: Still far from a true right to repair.* https://repair.eu/news/new-eu-rules-for-smartphones-and-tablets

Valor Economico. (2022, 22 March). *Entenda o que é o FNDE, centro da polêmica sobre favorecimento no Ministério da Educação* [Understand what the FNDE is, the center of the controversy over favoritism in the Ministry of Education]. https://valor.globo.com/politica/noticia/2022/03/22/entenda-o-que-e-o-fnde-centro-da-polemica-sobre-favorecimento-no-ministerio-da-educacao.ghtml

Vogelsang, I. (2019). Net neutrality regulation: Much ado about nothing? *ZEW Discussion Papers, 19-023.* https://ftp.zew.de/pub/zew-docs/dp/dp19023.pdf

Vollgraaff, R. and Sguazzin, A. (2023, 5 May). *South African court exempts hospitals and schools from power cuts.* Bloomberg. https://www.bloomberg.com/news/articles/2023-05-05/south-african-court-exempts-hospitals-and-schools-from-power-cuts#xj4y7vzkg?leadSource=uverify%20wall

W3C WAI. (2023). *Web Content Accessibility Guidelines (WCAG) 2 overview.* World Wide Web Consortium Web Accessibility Initiative. https://www.w3.org/WAI/standards-guidelines/wcag

Wales Department of Education. (2019). *Bring your own device guidance.* Education Digital Standards. https://hwb.gov.wales/support-centre/education-digital-standards/bring-your-own-device-guidance

Webb, D., Barringer, K., Torrance, R. and Mitchell, J. (2020). *Girls' education and EdTech: A rapid evidence review.* EdTech Hub. https://docs.edtechhub.org/lib/CZBRW85R/download/I4IK67WQ/Rapid%20Evidence%20Review%20girls'%20education%20(published)_FINAL.pdf

Williamson, B., Gulson, K. N., Perrotta, C. and Witzenberger, K. (2022). Amazon and the new global connective architectures of education governance. *Harvard Educational Review, 92*(2), 231–256. https://doi.org/10.17763/1943-5045-92.2.231

Working Group Report on Smartphone Access. (2022). *Strategies towards universal smartphone access.* Broadband Commission, International Telecommunication Union and UNESCO. https://www.broadbandcommission.org/wp-content/uploads/2022/10/Strategies-Towards-Universal-Smartphone-Access-Report-.pdf

World Bank. (2014). *Broadband strategies toolkit.* https://documents1.worldbank.org/curated/en/825001507011053469/pdf/120164-27-9-2017-13-54-51-BroadbandStrategiesToolkitMain.pdf

World Bank. (2022). *Rwanda: Multi-tier Framework (MTF) Survey.* https://datacatalog.worldbank.org/search/dataset/0039986

World Trade Organization. (2023). *Agreement on Government Procurement.*
https://www.wto.org/english/tratop_e/gproc_e/gp_gpa_e.htm

Zelezny-Green, R. (2011). The Potential Impact of Mobile-Assisted Language Learning on Women and Girls in Africa: A Literature Review. *Ubiquitous Learning: An International Journal, 1*(3), 69–82. https://doi.org/10.18848/1835-9795/cgp/v03i01/40257

第8章

Anti-Phishing Working Group. (2022). *Phishing activity trends report: 3rd quarter 2022.*
https://docs.apwg.org/reports/apwg_trends_report_q3_2022.pdf

Australian Human Rights Commission. (2021). *Human rights and technology: Final report.*
https://tech.humanrights.gov.au/sites/default/files/2021-05/AHRC_RightsTech_2021_Final_Report.pdf

Baert, S., Vujić, S., Amez, S., Claeskens, M., Daman, T., Maeckelberghe, A., Omey, E and Marez, L. D. (2020). Smartphone use and academic performance: Correlation or causal relationship? *Kyklos, 73*(1), 22–46. https://doi.org/10.1111/kykl.12214

Baker, R. S. and Hawn, A. (2022). Algorithmic bias in education. *International Journal of Artificial Intelligence in Education, 32*(4), 1052–1092. https://doi.org/10.1007/s40593-021-00285-9

Bangladesh Digital Security Agency. (2023). *History and functions.* http://dsa.gov.bd/site/page/85a5f24d-c145-421a-96 e6-6d7be6ea3bf6/ইতিহাস-ও-কার্যাবলি

Bangladesh ICT Division. (2023). *ICT Division.* https://ictd.gov.bd

Bangladesh Ministry of Education. (2013). *Master Plan for Information and Communication Technology in Education (2012-2021).* https://planipolis.iiep.unesco.org/sites/default/files/ressources/bangladesh_master_plan_ict.pdf

Bangladesh Ministry of Science and Technology. (2019). *Main activities.* https://most.gov.bd/site/page/c4a74fce-45f2-44 fd-94cf-59901816749b/Main-Activities

bdnews24.com. (2017, 16 October). *Bangladesh bans students, teachers from taking mobile phones to classrooms.* https://bdnews24.com/bangladesh/2017/10/16/bangladesh-bans-students-teachers-from-taking-mobile-phones-to-classrooms

Beland, L.-P. and Murphy, R. (2016). Ill communication: Technology, distraction and student performance. *Labour Economics, 41*, 61–76. https://doi.org/10.1016/j.labeco.2016.04.004

Beneito, P. and Vicente-Chirivella, Ó. (2022). Banning mobile phones in schools: Evidence from regional-level policies in Spain. *Applied Economic Analysis,30*(90), 150-175. https://www.emerald.com/insight/content/doi/10.1108/AEA-05-2021-0112/full/html

Bischoff, P. (2023, 4 July). *Ransomware attacks on US schools and colleges cost $9.45bn in 2022.* Comparitech Blog. https://www.comparitech.com/blog/information-security/school-ransomware-attacks

BlueVoyant. (2021, 23 February). *BlueVoyant report reveals ransomware is the number 1 cyber threat facing higher education.* https://www.bluevoyant.com/press-releases/bluevoyant-report-reveals-ransomware-is-the-number-1-cyber-threat-facing-higher-education

Bonamigo, S. (2021, 2 March). *Our commitment to the privacy and security of Google Workspace customer data.* Google Cloud Blog. https://cloud.google.com/blog/topics/inside-google-cloud/our-commitment-to-the-privacy-and-security-of-google-workspace-customer-data?hl=en

Borgesius, F. Z. (2018). *Discrimination, artificial intelligence, and algorithmic decision-making.* Council of Europe. https://rm.coe.int/discrimination-artificial-intelligence-and-algorithmic-decision-making/1680925d73

Bündnis für Bildung. (2022). *Bündnis für Bildung* [Alliance for Education]. https://www.bfb.org

Buolamwini, J. and Gebru, T. (2018). Gender shades: Intersectional accuracy disparities in commercial gender classification. *Proceedings of Machine Learning Research, 81*, 1–15. https://proceedings.mlr.press/v81/buolamwini18a/buolamwini18a.pdf

California Data System. (2019). *The cradle-to-career data system planning process.* WestEd. https://cadatasystem.wested.org

Canto, M. (2021). *We don't need no observation: The use and regulation of facial recognition in Brazilian public schools.* Global Information Society Watch. https://giswatch.org/node/6159

CDC. (2018). *Screen time vs. lean time infographic.* Centers for Disease Control and Prevention. https://www.cdc.gov/nccdphp/dnpao/multimedia/infographics/getmoving.html

China Cyberspace Administration. (2021). *Cybersecurity review measures.* www.cac.gov.cn/2022-01/04/c_1642894602182845.htm

China Ministry of Education. (2021). *Provisions on the protection of schools for minors No. 50.* www.gov.cn/zhengce/zhengceku/2021-06/02/content_5614946.htm

Chitkara, H. (2022). *Privacy by design laws will kill your data pipelines.* Protocol. https://www.protocol.com/policy/pipelines-data-privacy-design

Chuang, R., Coflan, C., Giraldo, J.-P., Attfield, I. and Tungatarova, A. (2022, 18 February). *National EdTech strategies: What, why, and who.* EdTech Hub Blog. https://edtechhub.org/2022/02/18/national-edtech-strategies

Citron, D. K. and Solove, D. J. (2022). Privacy harms. *Boston University Law Review, 102,* 793. https://heinonline.org/HOL/Page?handle=hein.journals/bulr102&;div=20&g_sent=1&casa_token=&collection=journals

Council of Europe. (2021). *Children's data protection in an education setting: Guidelines.* https://edoc.coe.int/en/children-and-the-internet/9620-childrens-data-protection-in-an-education-setting-guidelines.html

Digital Futures Commission. (2022). *Problems with data governance in UK schools: The cases of Google Classroom and ClassDojo.* https://digitalfuturescommission.org.uk/wp-content/uploads/2022/08/Problems-with-data-governance-in-UK-schools.pdf

DXtera. (2023). *DXtera Institute.* https://dxtera.org

Duraipandy, A., Shanthi, S., and Malarvizhi, S. (2021). Fifty Years of Myopia Intervention: A Thematic Review Using QDAS. *NVEO - Natural Volatiles and Essential Oils Jornal, 8*(4), 10154–10171. https://www.nveo.org/index.php/journal/article/view/2119

Ed 3.0 Network. (2020). *Learning Economy Case Statement—A Case Statement and Blueprint.* https://assets.website-files.com/5b81d3232b7a398665b4123f/5e1789d70f193a6d4a8c3f24_Learning%20Economy%20Case%20Statement%201-07-2020.pdf

Ed Trust-West. (2019). *Data for the people: What's next: Designing a cradle-to-career data system for an equitable California.* The Education Trust-West. https://west.edtrust.org/resource/data-for-the-people-whats-next-designing-a-cradle-to-career-data-system-for-an-equitable-california

Emsisoft. (2023, 2 January). *The state of ransomware in the US: Report and statistics 2022.* EMISOFT Blog. https://www.emsisoft.com/en/blog/43258/the-state-of-ransomware-in-the-us-report-and-statistics-2022

Engler, A. (2021). *Enrollment algorithms are contributing to the crises of higher education.* Brookings. https://www.brookings.edu/research/enrollment-algorithms-are-contributing-to-the-crises-of-higher-education

Essential Research. (2022). *Support for limiting mobile phone use in schools.* https://essentialreport.com.au/tag/education

European Commission. (2019). *Ethics guidelines for trustworthy AI.* https://digital-strategy.ec.europa.eu/en/library/ethics-guidelines-trustworthy-ai

European Commission. (2022). *Digital education stakeholder forum.* https://education.ec.europa.eu/event/digital-education-stakeholder-forum

European Data Protection Board. (2019). *The Norwegian Data Protection Authority imposes a fine on the Municipality of Oslo, the Education Agency.* https://edpb.europa.eu/news/national-news/2019/norwegian-data-protection-authority-imposes-fine-municipality-oslo_en

European Data Protection Board. (2020a). *Guidelines 05/2020 on consent under Regulation 2016/679.* https://edpb.europa.eu/sites/default/files/files/file1/edpb_guidelines_202005_consent_en.pdf

European Data Protection Board. (2020b). *Swedish SA fines Board of Education in the City of Stockholm.* https://edpb.europa.eu/news/national-news/2020/swedish-sa-fines-board-education-city-stockholm_en

European Data Protection Board. (2022). *Icelandic SA: The municipality of Reykjavík fined 5.000.000 ISK for the use of the Seesaw educational system.* https://edpb.europa.eu/news/national-news/2022/icelandic-sa-municipality-reykjavik-fined-5000000-isk-use-seesaw_en

European EdTech Alliance. (2022). *Necessary foundations for sustainable public-private partnerships that enable effective digital education solutions.* https://static1.squarespace.com/static/5fac2fdb0da84a28cc76b714/t/638efaecfbc59e2b574cb19a/1670314736445/Foundations+for+Public+Private+Partnerships+EEA.pdf

European Parliament and Council of the European Union. (2016). *Regulation (EU) 2016/679 of the European Parliament and of the Council of 27 April 2016 on the protection of natural persons with regard to the processing of personal data and on the free movement of such data, and repealing Directive 95/46/EC (General Data Protection Regulation).* https://eur-lex.europa.eu/legal-content/EN/TXT/PDF/?uri=CELEX:32016R0679

European Union Agency for Fundamental Rights. (2022). *Bias in algorithms: Artificial intelligence and discrimination.* https://fra.europa.eu/sites/default/files/fra_uploads/fra-2022-bias-in-algorithms_en.pdf

European Union Intellectual Property Office. (2022a). *FAQs on copyright for teachers.* https://euipo.europa.eu/ohimportal/en/web/observatory/faq-teachers-nl

European Union Intellectual Property Office. (2022b). *IP in education*.
https://euipo.europa.eu/ohimportal/en/web/observatory/ip-in-education

European Union Intellectual Property Office. (2022c). *Ideas powered @ school*.
https://ideaspowered.eu/en/our-projects/ideaspowered@school

Feiner, L. and Kharpal, A. (2021, 30 August). *China to ban kids from playing online games for more than three hours per week*.
CNBC. https://www.cnbc.com/2021/08/30/china-to-ban-kids-from-playing-online-games-for-more-than-three-hours-per-week.html

Financial Express. (2022, 28 June). *ASCI processed 5,532 advertisements across mediums between April 2021 to March 2022*.
Financial Express. https://www.financialexpress.com/business/brandwagon-asci-processed-5532-advertisements-across-mediums-between-april-2021-to-march-2022-2575344

Foditsch, N. (2023). *Technology and education: What can be learned from recent experiences in Brazil, Chile, Costa Rica, and Mozambique?* (Background paper for *Global Education Monitoring Report 2023: Technology in education: A tool on whose terms?*) https://unesdoc.unesco.org/ark:/48223/pf0000386076.locale=en

France Parliament. (2018a). *The Data Protection Act*. https://www.dataguidance.com/sites/default/files/france_data_protection_act.pdf

France Parliament. (2018b). *Loi n° 2018-698 du 3 août relative à l'encadrement de l'utilisation du téléphone portable dans les établissements d'enseignement scolaire* [Law No. 2018-698 of August 3 on the regulation of the use of mobile phones in schools]. https://www.legifrance.gouv.fr/download/pdf?id=HFLUpbWxIOq4I6R3ktU6f-Z-PkK9A6thiDb3sgQcNsM=

Garvie, C. and Frankle, J. (2016, 7 April). *Facial-recognition software might have a racial bias problem*. The Atlantic.
https://apexart.org/images/breiner/articles/FacialRecognitionSoftwareMight.pdf

Gullaci, D. (2019, 27 June). *Victoria to ban mobile phones in schools*. Education Matters.
https://www.educationmattersmag.com.au/victoria-to-ban-mobile-phones-in-schools

Hillman, V. (2022). Bringing in the technological, ethical, educational and social-structural for a new education data governance. *Learning, Media and Technology*, 48(1), 122–137. https://doi.org/10.1080/17439884.2022.2052313

Holmes, W., Persson, J., Chounta, I.-A., Wasson, B. and Dimitrova, V. (2022). *Artificial intelligence and education: A critical view through the lens of human rights, democracy and the rule of law*. Council of Europe.
https://rm.coe.int/artificial-intelligence-and-education-a-critical-view-through-the-lens/1680a886bd

Human Rights Watch. (2022). *'How dare they peep into my private life?': Children's rights violations by governments that endorsed online learning during the Covid-19 pandemic*. https://www.hrw.org/report/2022/05/25/how-dare-they-peep-my-private-life/childrens-rights-violations-governments

Human Rights Watch. (2023). *Some governments, companies take steps to protect children*. https://www.hrw.org/news/2023/02/14/some-governments-companies-take-steps-protect-children?utm_source=miragenews&;utm_medium=miragenews&utm_campaign=news

Hutchinson, B. and Mitchell, M. (2019). 50 years of test (un)fairness: Lessons for machine learning. *Proceedings of the Conference on Fairness, Accountability, and Transparency* (pp. 49–58). https://doi.org/10.1145/3287560.3287600

Hutton, J. S., Dudley, J., DeWitt, T. and Horowitz-Kraus, T. (2022). Associations between digital media use and brain surface structural measures in preschool-aged children. *Scientific Reports*, 12(1), 19095. https://doi.org/10.1038/s41598-022-20922-0

IBM. (2022). *Cost of a data breach report 2022*. https://www.ibm.com/downloads/cas/3R8N1DZJ

Inamdar, N. (2021, 7 December). *Byju's and the other side of an edtech giant's dizzying rise*. BBC News.
https://www.bbc.com/news/world-asia-india-58951449

India Ministry of Education. (2021, 23 December). *Advisory to citizens regarding use of caution against Ed-tech companies*.
https://pib.gov.in/PressReleasePage.aspx?PRID=1784582

Ireland Data Protection Commission. (2021). *Fundamentals for a child-oriented approach to data processing*.
https://www.dataprotection.ie/sites/default/files/uploads/2021-12/Fundamentals%20for%20a%20Child-Oriented%20Approach%20to%20Data%20Processing_FINAL_EN.pdf

Japan Government. (2008). *Act on development of an environment that provides safe and secure internet use for young people*.
https://www8.cao.go.jp/youth/youth-harm/law/pdf/for_english.pdf

Jin, L. (2019). *Department of Science and Technology at the Ministry of Education: The promotion of face recognition technology on campus should be cautious, and will be restricted and managed*. The Paper.
https://www.thepaper.cn/newsDetail_forward_4343255

Joshi, A. and Hinkley, T. (2021). *Too much time on screens? Screen time effects and guidelines for children and young people*.
Australian Institute of Family Studies. https://aifs.gov.au/resources/short-articles/too-much-time-screens

Kolkman, D. (2020, 26 August). *'F**k the algorithm?': What the world can learn from the UK's A-level grading fiasco.* London School of Economics Blog. https://blogs.lse.ac.uk/impactofsocialsciences/2020/08/26/fk-the-algorithm-what-the-world-can-learn-from-the-uks-a-level-grading-fiasco

Ksetri, N. (2023, 18 January). *Dozens of US schools, universities move to ban TikTok.* The Conversation. https://theconversation.com/dozens-of-us-schools-universities-move-to-ban-tiktok-197393

Laziuk, E. (2021, 29 April). *iOS 14.5 opt-in rate: Daily updates since launch.* Flurry Blog. https://www.flurry.com/blog/ios-14-5-opt-in-rate-att-restricted-app-tracking-transparency-worldwide-us-daily-latest-update

Le Point. (2023, 8 March). *L'Assemblée vote pour des mesures protégeant les enfants des écrans* [The Assembly votes for measures to protect children from screens]. Le Point. https://www.lepoint.fr/societe/l-assemblee-vote-pour-des-mesures-protegeant-les-enfants-des-ecrans-08-03-2023-2511210_23.php

Lee, H. (2021). *School bans on mobile phones violate students' human rights.* The Korea Times. https://www.koreatimes.co.kr/www/nation/2023/03/181_318152.html

Lingard, B. and Sellar, S. (2013). Globalization, edu-business and network governance: The policy sociology of Stephen J. Ball and rethinking education policy analysis. *London Review of Education, 11*(3), 265–280. https://doi.org/10.1080/14748460.2013.840986

Luxembourg Ministry of National Education Childhood and Youth. (2020). *Pour un usage raisonné des écrans en famille* [For reasonable use of screens in the family]. https://gouvernement.lu/fr/actualites/toutes_actualites/articles/2020/02-fevrier/27-meisch-ecrans.html

Luxembourg Ministry of National Education Childhood and Youth and BEE SECURE. (2022). *Screens at home.* https://www.bee-secure.lu/wp-content/uploads/2022/02/109_3-6-9-12_rules_poster_en.pdf

Madigan, S., Browne, D., Racine, N., Mori, C. and Tough, S. (2019). Association between screen time and children's performance on a developmental screening test. *JAMA Pediatrics, 173*(3), 244–250. https://doi.org/10.1001/jamapediatrics.2018.5056

Minnesota Department of Education. (2021). *Prekindergarten and kindergarten screen time legislation.* https://education.mn.gov/mdeprod/idcplg?IdcService=GET_FILE&dDocName=PROD046804&RevisionSelectionMethod=latestReleased&Rendition=primary

Moore, C. (2020). *Governance decisions are critical to the success of California's cradle-to-career data system.* Education Insights Center. https://edinsightscenter.org/governance-decisions-are-critical-to-the-success-of-californias-cradle-to-career-data-system

Morgan, S. (2022, 10 August). *Boardroom cybersecurity 2022 report.* CyberCrime Magazine. https://cybersecurityventures.com/boardroom-cybersecurity-report

Nagata, J. M., Ganson, K. T., Iyer, P., Chu, J., Baker, F. C., Gabriel, K. P., Garber, A. K., Murray, S. B. and Bibbins-Domingo, K. (2022). Sociodemographic correlates of contemporary screen time use among 9- and 10-year-old children. *The Journal of Pediatrics, 240*, 213-220.e2. https://doi.org/10.1016/j.jpeds.2021.08.077

NIST. (2019, 19 December). *NIST study evaluates effects of race, age, sex on face recognition software.* National Institute of Standards and Technology, US Department of Commerce. https://www.nist.gov/news-events/news/2019/12/nist-study-evaluates-effects-race-age-sex-face-recognition-software

New South Wales Government. (2020). *Student use of digital devices and online services.* https://education.nsw.gov.au/policy-library/policies/pd-2020-0471

Nobre, T. (2017). *Copyright and education in Europe: 15 everyday cases in 15 countries.* Communia. https://www.communia-association.org/wp-content/uploads/2017/05/15casesin15countries_FinalReport.pdf

OECD. (2019). *Human-centred values and fairness.* OECD AI Principles. https://oecd.ai/en/dashboards/ai-principles/P6

Office for Harmonization in the Internal Market. (2015). *Intellectual property and education in Europe: Study on IP education in school curricula in the EU Member States with additional international comparisons.* https://euipo.europa.eu/ohimportal/documents/11370/80606/IP+and+Education+final+report+September+2015

Oman Ministry of Education. (2022). *Reference framework for the use of educational devices in schools.* https://home.moe.gov.om/library/94/show/1122

Patel, A., Dasgupta, C., Murthy, S. and Dhanani, R. (2021). Co-designing for a healthy edtech ecosystem: Lessons from the Tulna research-practice partnership in India. In M. M. T. Rodrigo, S. Ivyer and I. A. Mitrovic (Eds) *Proceedings of the 29th International Conference on Computers in Education Conference* (pp. 589–598). Asia-Pacific Society for Computers in Education. https://icce2021.apsce.net/wp-content/uploads/2021/12/ICCE2021-Vol.I-PP.-589-598.pdf

Pillay, H. and Hearn, G. (2011). Public-private partnerships in ICT for education. In S. Akhtar and P. Arinto (Eds) *Digital Review of Asia Pacific 2009–2010* (pp. 77–87). Sage, Orbicom and IDRC. https://digital-review.org/uploads/files/pdf/2009-2010/ppp_in_ict4e.pdf

Ponti, M. (2022). Screen time and preschool children: Promoting health and development in a digital world. *Paediatrics & Child Health*, *28*(3), 184–192. https://doi.org/10.1093/pch/pxac125

Press Trust of India. (2022). *Govt to support edtech industry in formalising guidelines for curbing misleading ads.* Outlook India. https://www.outlookindia.com/business/govt-to-support-edtech-industry-in-formalising-guidelines-for-curbing-misleading-ads-news-239090

Privacy International. (2020). *2020 is a crucial year to fight for data protection in Africa.* https://privacyinternational.org/long-read/3390/2020-crucial-year-fight-data-protection-africa

Rao, C. (2022). *Data privacy concerns trigger restrictions on Google Chrome in Dutch schools.* Android Police. https://www.androidpolice.com/dutch-ministry-chromeos-restrictions-in-schools

Razquin, P., Strath, A. and Kosbar, Y. (2023). *A review of alternative country models and strategies for financing digital learning.* (Background paper for *Global Education Monitoring Report 2023: Technology in education: A tool on whose terms?*). https://unesdoc.unesco.org/ark:/48223/pf0000386086.locale=en

Ribner, A. D., Coulanges, L., Friedman, S., Libertus, M. E., I-FAM-Covid Consortium, Hughes, C., Foley, S., Devine, R., Fink, E., Selby, A., Brocki, K., Frick, M., Badinlou, F., Feng, X., Chan, M., Slaughter, V., Clark, S., Su, Y., Wan, S., Lecce, S., Basile, C., Elliott, L. and Silver, A. (2021). Screen time in the Coronavirus 2019 era: International trends of increasing use among 3- to 7-year-old children. *The Journal of Pediatrics*, *239*, 59–66.E1. https://www.jpeds.com/article/S0022-3476(21)00853-2/fulltext

Right to Education Initiative. (2023). *Technology and education in light of human rights* (Background paper for *Global Education Monitoring Report 2023: Technology in education: A tool on whose terms?*). https://unesdoc.unesco.org/ark:/48223/pf0000386092.locale=en

Roddis, S., Collis, V., Steer, L. and Cunningham, M. S. (2021). *Financing for the EdTech ecosystem: A working paper.* Education Commission. https://educationcommission.org/wp-content/uploads/2021/12/Education-Commission-Landscape-Paper-Dec-2021.pdf

Samad, S. (2011, 11 April). *Bangladesh bans mobile phone use by school teachers.* Bangladesh Watchdog Blog. http://bangladeshwatchdog.blogspot.com/2011/04/bangladesh-bans-mobile-phone-use-by.html

Sayer Clinics. (2014). *The British Chiropractic Association (BCA): Research on back or neck pain in 11 to 16 year olds.* https://www.sayerclinics.com/news/76/The-British-Chiropractic-Association-BCA-research-on-back-or-neck-pain-in-11-to-16-year-olds.aspx

Schmiedt, M. (2022). *La municipalité danoise de Helsingor réprimandée suite à l'utilisation de Chromebook et de Google Workspace for Education dans les écoles* [Danish municipality of Helsingor reprimanded over use of Chromebook and Google Workspace for Education in schools]. eWatchers.Org. https://ewatchers.org/protection-des-donnees/danemark/helsingor-2022-07-14-68

Schneider, M. (2022, 29 November). *Europe steps up fight for digital sovereignty, bans 365 and Workspace in more places.* NextCloud Blog. https://nextcloud.com/fr/blog/europe-steps-up-fight-for-digital-sovereignty-bans-365-and-workspace-in-more-places

Shier, J. (2021). *Education sees the highest ransomware recovery cost compared to other sectors.* EdScoop. https://edscoop.com/education-sees-the-highest-ransomware-recovery-cost-compared-to-other-sectors

Simonite, T. and Barber, G. (2019). *The delicate ethics of using facial recognition in schools.* Wired. https://www.wired.com/story/delicate-ethics-facial-recognition-schools

Smahel, D., Machackova, H., Mascheroni, G., Dedkova, L., Staksrud, E., Ólafsson, K., Livingstone, S. and Hasebrink, U. (2020). *EU Kids Online 2020: Survey results from 19 countries.* EU Kids Online. https://www.lse.ac.uk/media-and-communications/assets/documents/research/eu-kids-online/reports/EU-Kids-Online-2020-10Feb2020.pdf

Soo, Z. (2021, 20 September). *Parents in China laud rule limiting video game time for kids.* AP News. https://apnews.com/article/lifestyle-technology-business-health-games-ba88276e6f9089a3b9bc65fc19cc0880

Sophos. (2021, 13 July). *The state of ransomware in education 2021.* https://news.sophos.com/en-us/2021/07/13/the-state-of-ransomware-in-education-2021

South Africa Department of Basic Education. (2017). *Guidelines on e-safety in schools: Educating towards responsible, accountable and ethical use of ICT in education.* https://wcedonline.westerncape.gov.za/documents/eLearning/eLearningCircMins/minutes/del4_18.pdf

SETDA. (2022). *2022 State EdTech trends report.* State Educational Technology Directors Association. https://www.setda.org/priorities/state-trends

State of Victoria Department of Education. (2021a). *Intellectual property.* https://www.education.vic.gov.au/Pages/Intellectual-Property.aspx

State of Victoria Department of Education. (2021b). *Intellectual property and copyright: Using copyright material.* https://www2.education.vic.gov.au/pal/intellectual-property-and-copyright/guidance/using-copyright-material

Sybol, S. S., Srivastava, S. and Sharma, H. (2023). Soft computing approach for student dropouts in education system. In M. Thakur, S. Agnihotri, B. Singh Rajpurohit, M. Pant, K. Deep and A. K. Nagar (Eds) *Soft computing for problem solving: Lecture Notes in Networks and Systems* (Vol. 547). Springer. https://doi.org/10.1007/978-981-19-6525-8_25

T3 Innovation Network. (2023). *T3 Network resource hub.* https://www.t3networkhub.org

Tasmania Ministry of Education and Training. (2019, 27 November). *Mobile phone ban in schools.* https://www.premier.tas.gov.au/releases/removing_distractions_from_classrooms

Thathoo, C. (2022, 2 July). *Govt tells edtech players to curb unfair trade practices, warns of stringent action.* INC42. https://inc42.com/buzz/government-tells-edtech-players-to-curb-unfair-trade-practices-warns-of-stringent-action

The Economic Times. (2022). *How to solve a problem called edtech? Decoding the fault in a blooming star.* The Economic Times. https://economictimes.indiatimes.com/industry/services/education/how-to-solve-a-problem-called-edtech-decoding-the-fault-in-a-blooming-star/articleshow/92920752.cms

Torres, M. and Xalabarder, R. (2020). *Interim report on practices and challenges in relation to online distance education and research activities.* Standing Committee on Copyright and Related Rights, World Intellectual Property Organization. https://www.wipo.int/edocs/mdocs/copyright/en/sccr_38/sccr_38_9.pdf

Toulas, B. (2022, 23 July). *Chrome use subject to restrictions in Dutch schools over data security concerns.* Bleeping Computer. https://www.bleepingcomputer.com/news/security/chrome-use-subject-to-restrictions-in-dutch-schools-over-data-security-concerns

Trott, M., Driscoll, R., Irlado, E. and Pardhan, S. (2022). Changes and correlates of screen time in adults and children during the COVID-19 pandemic: A systematic review and meta-analysis. *EClinicalMedicine, 48,* 101452. https://doi.org/10.1016/j.eclinm.2022.101452

Twenge, J. M. and Campbell, W. K. (2018). Associations between screen time and lower psychological well-being among children and adolescents: Evidence from a population-based study. *Preventive Medicine Reports, 12,* 271–283. https://doi.org/10.1016/j.pmedr.2018.10.003

UC Today. (2022, 23 November). *Office 365 and Google Workspace banned from French schools.* UC Today. https://www.uctoday.com/unified-communications/office-365-and-google-workspace-banned-from-french-schools

Uhls, Y. T., Michikyan, M., Morris, J., Garcia, D., Small, G. W., Zgourou, E. and Greenfield, P. M. (2014). Five days at outdoor education camp without screens improves preteen skills with nonverbal emotion cues. *Computers in Human Behavior, 39,* 387–392. https://doi.org/10.1016/j.chb.2014.05.036

UNESCO. (2021a). *Recommendation on the ethics of artificial intelligence.* https://unesdoc.unesco.org/ark:/48223/pf0000381137/PDF/381137eng.pdf.multi

UNESCO. (2021b). *AI and education guidance for policy-makers.* https://unesdoc.unesco.org/ark:/48223/pf0000376709

UNESCO. (2022). *Minding the data: Protecting learners' privacy and security.* https://unesdoc.unesco.org/ark:/48223/pf0000381494/PDF/381494eng.pdf.multi

United Kingdom Information Commissioner's Service. (2021). *Introduction to the Children's Code.* https://ico.org.uk/for-organisations/guide-to-data-protection/ico-codes-of-practice/age-appropriate-design-code

United Nations Human Rights Council. (2021). *Artificial intelligence and privacy, and children's privacy: Report of the Special Rapporteur on the right to privacy.* https://documents-dds-ny.un.org/doc/UNDOC/GEN/G21/015/65/PDF/G2101565.pdf?OpenElement

United Nations Human Rights Council. (2022). *Impact of the digitalization of education on the right to education: Report of the Special Rapporteur on the right to education.* https://digitallibrary.un.org/record/3973358/files/A_HRC_50_32-EN.pdf?ln=en

United States Department of Education. (2017). *Reimagining the role of technology in education: 2017 National Education Technology Plan update.* https://tech.ed.gov/files/2017/01/NETP17.pdf

United States Office of Educational Technology. (2016). *National Educational Technology Plan.* https://tech.ed.gov/netp

United States Presidency. (2023, 27 March). *Executive order on prohibition on use by the United States government of commercial spyware that poses risks to national security.* https://www.whitehouse.gov/briefing-room/

presidential-actions/2023/03/27/executive-order-on-prohibition-on-use-by-the-united-states-government-of-commercial-spyware-that-poses-risks-to-national-security

Varshney, R. (2018). *ASCI calls out Byju's, Voot and Mobikwik for misleading ads.* Medianama. https://www.medianama.com/2018/04/223-asci-calls-out-byjus-voot-app-and-mobikwik-for-misleading-ads

Verizon. (2022). *Data breach investigation report 2008-2022.* https://www.verizon.com/business/resources/Tf9b/reports/dbir/2022-data-breach-investigations-report-dbir.pdf

Viner, R., Davie, M. and Firth, A. (2019). *The health impacts of screen time: A guide for clinicians and parents.* Royal College of Pediatrics and Child Health. https://www.rcpch.ac.uk/sites/default/files/2018-12/rcpch_screen_time_guide_-_final.pdf

Wong, C. W., Tsai, A., Jonas, J. B., Ohno-Matsui, K., Chen, J., Ang, M. and Ting, D. S. W. (2021). Digital screen time during the COVID-19 pandemic: Risk for a further myopia boom? *American Journal of Ophthalmology, 223*, 333–337. https://doi.org/10.1016/j.ajo.2020.07.034

WHO. (2019). *Guidelines on physical activity, sedentary behaviour and sleep for children under 5 years of age.* World Health Organization. https://apps.who.int/iris/bitstream/handle/10665/311664/9789241550536-eng.pdf?sequence=1&

WIPO. (2022). *WIPO lex database search.* World Intellectual Property Organization. https://wipolex.wipo.int/en/legislation/results?typeOfText=210&;keywords=education&last=true

Yağcı, M. (2022). Educational data mining: Prediction of students' academic performance using machine learning algorithms. *Smart Learning Environments, 9*(1), 11. https://doi.org/10.1186/s40561-022-00192-z

Zeide, E. (2017). The structural consequences of big data-driven education. *Big Data, 5*(2), 164–172. https://doi.org/10.1089/big.2016.0061

Zhang, L. (2021). *China: New rule further restricts minors from playing online videogames.* Library of Congress. https://www.loc.gov/item/global-legal-monitor/2021-09-13/china-new-rule-further-restricts-minors-from-playing-online-videogames

第9章

Abbiati, G., Azzolini, D., Balanskat, A., Engelhart, K., Piazzalunga, D., Rettore, E. and Wastiau, P. (2023). *Effects of an online self-assessment tool on teachers' digital competencies.* (IZA Discussion Paper 15863). Institute of Labor Economics. http://dx.doi.org/10.2139/ssrn.4324185

AITSL. (2023). *Teacher self-assessment tool.* Australian Institute for Teaching and School Leadership. https://www.aitsl.edu.au/teach/improve-practice/teacher-self-assessment-tool

Alala, G. G. (2022). The challenges and availability of assistive technology for visually impaired English language teachers in five selected schools in Wolaita Zone, Southwest Ethiopia. *Specialusis Ugdymas, 1*(43), 7537–7544. www.sumc.lt/index.php/se/article/view/1036

Allier-Gagneur, Z., McBurnie, C., Chuang, R. and Haßler, B. (2020). *Characteristics of effective teacher education in low- and middle-income countries: What are they and what role can EdTech play?* (Helpdesk Response 10B). EdTech Hub. https://docs.edtechhub.org/lib/R9VVKUH5

Ally, M. (2019). Competency profile of the digital and online teacher in future education. *International Review of Research in Open and Distributed Learning, 20*(2), 302–318. https://doi.org/10.19173/irrodl.v20i2.4206

Amevor, G., Bayaga, A. and Bosse, M. J. (2021). Analysis of rural-based pre-service teachers spatial-visualisation skills in problem solving in vector calculus using MATLAB. *International Journal of Emerging Technologies in Learning, 16*(10), 125–149. https://doi.org/10.3991/ijet.v16i10.19269

Ardington, C. and Meiring, T. (2020). *Impact evaluation of Funda Wande coaching intervention midline findings.* https://fundawande.org/news/impact-evaluation-of-funda-wande-coaching-intervention-midlinefindings-23

Avidov-Ungar, O. and Hanin-Itzak, L. (2019). Sense of empowerment among school ICT coordinators: Personal, subject-area and leadership empowerment. *Technology, Knowledge and Learning, 24*(3), 401–417. https://doi.org/10.1007/s10758-017-9346-8

Bagby, E., Swift-Morgan, J., Niang, A. and Upadhyay, A. (2022). *Achieving cost-effective instructional coaching at scale: Evidence from Senegal.* Technical brief series: Learning from all children reading. Chemonics International. https://chemonics.com/wp-content/uploads/2022/04/ACR_Tech_Brief_LPT_Coaching_CIES.pdf

Barron, M., Cristobal, C., Munoz-Najar, A. and Sanchez Ciarrusta, I. (2021, 18 February). *The changing role of teachers and technologies amidst the COVID-19 pandemic: Key findings from a cross-country study.* World Bank Blogs. https://

blogs.worldbank.org/education/changing-role-teachers-and-technologies-amidst-covid-19-pandemic-key-findings-cross

Burns, M. (2021). *Technology in education.* (Think piece for *Global Education Monitoring Report 2023*). https://unesdoc.unesco.org/ark:/48223/pf0000378951/PDF/378951eng.pdf.multi

Burns, M. (2023). *Teachers' perspectives on barriers and supports for technology integration.* (Background paper for *Global Education Monitoring Report 2023*). https://unesdoc.unesco.org/ark:/48223/pf0000386070.locale=en

Busuttil, L. and Farrugia, R. C. (2020). Teachers' response to the sudden shift to online learning during COVID-19 pandemic: Implications for policy and practice. *Malta Review of Educational Research, 14*(2), 211–241. https://www.um.edu.mt/library/oar/handle/123456789/66444

Carey Institute for Global Good. (2021). *Centre for learning in practice.* https://learning.careyinstitute.org

Castillo, N. M., Lee, J., Zahra, F. T. and Wagner, D. A. (2015). MOOCS for development: Trends, challenges, and opportunities. *Information Technologies & International Development, 11*(2), 35–42.

Centre for Innovation in Brazilian Education. (2022). *Autoavaliação de competências digitais de professores(as)* [Teachers' digital self-assessment]. https://guiaedutec.com.br/educador

Chile Government. (2016). *Ley 20.903: Crea el sistema de desarrollo profesional docente y modifica otras normas* [Law 20.903: Creates the teacher professional development system and modifies other standards]. https://www.bcn.cl/leychile/navegar?idNorma=1087343

Cilliers, J., Fleisch, B., Kotze, J., Mohohlwane, N., Taylor, S. and Thulare, T. (2022). Can virtual replace in-person coaching? Experimental evidence on teacher professional development and student learning. *Journal of Development Economics, 155*, 102815.

Colclough, C. J. (2020). *Teaching with tech: The role of education unions in shaping the future.* Education International. https://issuu.com/educationinternational/docs/2020_ei_research_teachingwithtech_eng/s/11210847

Connected Learning Initiative. (2020). *Making edtech work for secondary school students and their teachers: Research findings from CLIx phase I.* https://clix.tiss.edu/wp-content/uploads/2021/01/Making-Edtech-Work_Research-Findings_CLIx-Phase-I.pdf

Connected Learning Initiative. (2023). *Publications: Situation analysis reports.* https://www.connectedlearningforstem.org/publications

Conover, A. (2022). *Teachers need training and support, not just an internet connection, to deliver quality distance education.* Teacher Task Force Blog. https://teachertaskforce.org/tdwynt/teachers-need-training-and-support-not-just-internet-connection-deliver-quality-distance

Croatia Government. (2020). *Zakon o odgoju I obrazovanju u osnovnoj i srednjoj školi* [Act on Education in Primary and Secondary Schools]. https://www.zakon.hr/z/317/Zakon-o-odgoju-i-obrazovanju-u-osnovnoj-i-srednjoj-%C5%A1koli

Donitsa-Schmidt, S. and Ramot, R. (2020). Opportunities and challenges: Teacher education in Israel in the Covid-19 pandemic. *Journal of Education for Teaching, 46*(4), 586–595. https://doi.org/10.1080/02607476.2020.1799708

EdEra. (2022). Академічна доброчесність онлайн-курс для вчителів старших класів [Academic integrity: Online course for high school teachers]. https://courses.ed-era.com/courses/course-v1:AmericanCouncils+AcIn101+AcIn2019/about?fbclid=IwAR3aXblheimtWHOQGZUq0ko9hBilmjPP4vHV7fpO-ZJ8tgzpOTiVOCUf-dc

EdTech Hub. (2022). *Minoritised languages, education, and technology: Current practices and future directions in low- and middle-income countries.* EdTech Hub. https://docs.edtechhub.org/lib/GBBGHCBH

Education International. (2022, 12 June). *Argentina: Landmark collective agreement signed between the Ministry of Education and CTERA.* https://archive2020.ei-ie.org/en/detail/16826/argentina-landmark-collective-agreement-signed-between-the-ministry-of-education-and-ctera

El-Serafy, Y., Adam, T. and Haßler, B. (2023). The effectiveness of technology-supported teacher professional learning communities in emergency settings. In S. Gravett and N. Petersen (Eds) *Future-proofing teacher education* (pp. 145–157). Routledge.

Esfijani, A. and Zamani, B. E. (2020). Factors influencing teachers' utilisation of ICT: The role of in-service training courses and access. *Research in Learning Technology, 28*, 1–16.

European Commission. (2020). *Education and training monitor 2020.* https://op.europa.eu/webpub/eac/education-and-training-monitor-2020/en

European Training Foundation. (2022). *The ETF digital education reform framework: A framework to design inclusive and relevant digital education reforms in a post-COVID world.* https://openspace.etf.europa.eu/derf

Evans, D. (2021, 16 February). *How to use technology to help teachers be better and to make life better for teachers.* World Bank Education for Global Development Blog. https://blogs.worldbank.org/education/how-use-technology-help-teachers-be-better-and-make-life-better-teachers?CID=WBW_AL_BlogNotification_EN_EXT

Foltýnek, T., Dlabolová, D., Anohina-Naumeca, A., Razı, S., Kravjar, J., Kamzola, L., Guerrero-Dib, J., Çelik, Ö. and Weber-Wulff, D. (2020). Testing of support tools for plagiarism detection. *International Journal of Educational Technology in Higher Education, 17*(1), 1–31. https://doi.org/10.1186/s41239-020-00192-4

Fraillon, J., Ainley, J., Schulz, W., Friedman, T. and Duckworth, D. (2019). *Preparing for life in a digital world: IEA International Computer and Information Literacy Study 2018 international report.* International Association for the Evaluation of Educational Achievement. https://www.iea.nl/sites/default/files/2019-11/ICILS%202019%20Digital%20final%2004112019.pdf

France Education International. (2022). *Imagin'Ecole.* https://www.france-education-international.fr/expertises/cooperation-education/projets/imaginecole

Golding, J. and Batiibwe, M. S. K. (2020). A design approach to mathematics teacher educator development in East Africa. *Journal of Research and Advances in Mathematics Education, 6*(1), 1–16. http://dx.doi.org/10.23917/jramathedu.v6i1.11898

Gravelle, F., Frigon, N. and Monette, J. (2020). *Gestion de l'implantation de classes numériques dans les établissements d'enseignement primaires et secondaires au Québec: Pratiques, stratégies et modèles pouvant faciliter la tâche des directions* [Managing the implementation of digital classrooms in primary and secondary schools in Quebec: Practices, strategies and models that can facilitate principals' tasks]. www.education.gouv.qc.ca/fileadmin/site_web/documents/ministere/Rapport-implantation-numerique.pdf

Gravelle, F., Masse Lamarche, M.-H., Monette, J., Gagnon, C., Montreuil, F., Lachance Demers, L.-P., Raunet, C. and Paris, R. (2021). *Rapport de recherche de l'accompagnement des gestionnaires dans le projet-pilote « Prévention »* [Research report on the accompaniment of managers in the Prevention pilot project].

Hämäläinen, R., Nissinen, K., Mannonen, J., Lämsä, J., Leino, K. and Taajamo, M. (2021). Understanding teaching professionals' digital competence: What do PIAAC and TALIS reveal about technology-related skills, attitudes, and knowledge? *Computers in Human Behavior, 117*, 106672, 1–15. https://doi.org/10.1016/j.chb.2020.106672

Henaku, C. B. and Pobbi, M. A. (2017). Measuring teacher classroom management skills: A comparative analysis of distance trained and conventional trained teachers. *Journal of Education and Practice, 8*(10), 54–64.

Hennessy, S., D'Angelo, S., Koomar, S., Kreimeia, A., Adam, T., Cao, L. and Haßler, B. (2023). *Technology use in teacher preparation and professional development in low- and middle-income countries.* (Background paper for *Global Education Monitoring Report 2023*). https://unesdoc.unesco.org/ark:/48223/pf0000386082

Hennessy, S., Haßler, B. and Hofmann, R. (2015). Challenges and opportunities for teacher professional development in interactive use of technology in African schools. *Technology, Pedagogy and Education, 24*(5), 1–28. https://doi.org/https://doi.org/10.1080/1475939X.2015.1092466

Hennessy, S., Haßler, B. and Hofmann, R. (2016). Pedagogic change by Zambian primary school teachers participating in the OER4Schools professional development programme for one year. *Research Papers in Education, 31*(4), 399–427. https://doi.org/https://doi.org/10.1080/02671522.2015.1073343

IITE. (2023). *Unit of digital pedagogy and learning materials.* UNESCO Institute for Information Technologies in Education. https://iite.unesco.org/unit-of-digital-pedagogy-and-learning-materials

INEE. (2021). *Teacher wellbeing resources mapping and gap analysis.* International Network for Education in Emergencies. https://inee.org/resources/teacher-wellbeing-resources-mapping-gap-analysis

Inspiring Teachers. (2022). *Peer coaching program: The most valuable resource teachers have is each other.* https://inspiringteachers.org

INTEF. (2021). *Indicadores INTEF 2021: Informe anual* [INTEF Indicators 2021: Annual report]. Instituto Nacional de Tecnologías Educativas y de Formación del Profesorado. https://intef.es/wp-content/uploads/2022/02/Indicadores_INTEF_2021_Final.pdf

International Task Force on Teachers for Education 2030. (2020). *Response to the COVID-19 outbreak: Call for action on teachers.* UNESCO. https://teachertaskforce.org/knowledge-hub/response-covid-19-outbreak-call-action-teachers-0

Joshi, A., Vinay, M. and Bhaskar, P. (2021). Impact of coronavirus pandemic on the Indian education sector: Perspectives of teachers on online teaching and assessments. *Interactive Technology and Smart Education, 18*(2), 205–226. https://doi.org/10.1108/ITSE-06-2020-0087

Kologrivaya, K. and Shleifer, E. (2022, 15 April). *Teachers aren't getting enough training on technology: It's a global problem.* EdSurge. https://www-edsurge-com.cdn.ampproject.org/c/s/www.edsurge.com/amp/news/2022-04-15-teachers-aren-t-getting-enough-training-on-technology-it-s-a-global-problem

Kotze, J., Fleisch, B. and Taylor, S. (2019). Alternative forms of early grade instructional coaching: Emerging evidence from field experiments in South Africa. *International Journal of Educational Development, 66*, 203–213. https://doi.org/10.1016/j.ijedudev.2018.09.004

Kraft, M. A., Blazar, D. and Hogan, D. (2018). The effect of teacher coaching on instruction and achievement: A meta-analysis of the causal evidence. *Review of Educational Research, 88*(4), 547–588. https://doi.org/10.3102/0034654318759268

Lan, Y.-J., Botha, A., Shang, J. and Jong, M. S.-Y. (2018). Guest editorial: Technology enhanced contextual game-based language learning. *Journal of Educational Technology & Society, 21*(3), 86–89. https://www.jstor.org/stable/26458509

León-Jariego, J. C., Rodríguez-Miranda, F. P. and Pozuelos-Estrada, F. J. (2020). Building the role of ICT coordinators in primary schools: A typology based on task prioritisation. *British Journal of Educational Technology, 51*(3), 835–852. https://doi.org/10.1111/bjet.12888

Lu, S.-J. and Liu, Y.-C. (2015). Integrating augmented reality technology to enhance children's learning in marine education. *Environmental Education Research, 21*(4), 525–541.

Meinck, S., Fraillon, J. and Strietholt, R. (2022). *The impact of the COVID-19 pandemic on education: International evidence from the responses to educational disruption survey (REDS).* UNESCO. https://unesdoc.unesco.org/ark:/48223/pf0000380398

Minea-Pic, A. (2022). Belgium (Flemish Community): KlasCement. In S. Vincent-Lancrin, C. Cobo and F. Reimers (Ed) *How learning continued during the COVID-19 pandemic: Global lessons from initiatives to support learners and teachers* (pp. 108-114). OECD Publishing. https://www.oecd-ilibrary.org/education/how-learning-continued-during-the-covid-19-pandemic_9a09dc2a-en

Mishra, P. and Koehler, M. J. (2006). Technological pedagogical content knowledge: A framework for teacher knowledge. *Teachers College Record, 108*(6), 1017–1054. https://doi.org/10.1111/j.1467-9620.2006.00684.x

Miskiah, M., Suryono, Y. and Sudrajat, A. (2019). Integration of information and communication technology into Islamic religious education teacher training. *Cakrawala Pendidikan, 38*(1), 130–140. http://dx.doi.org/10.21831/cp.v38i1.23439

Moore, A., Nyangoma, V., Du Toit, J., Wallet, P. and Rukundo, P. (2018). *Rwandan collaborative model for educator capacity building.* International Conference on Society and Information Technologies, Orlando.

Moreira, M. A., Rivero, V. M. H. and Sosa Alonso, J. J. (2019). Leadership and school integration of ICT: Teachers' perceptions in Spain. *Education and Information Technologies, 24*(1), 549–565. https://doi.org/10.1007/s10639-018-9789-0

Mullis, I. V., Martin, M. O., Foy, P., Kelly, D. L. and Fishbein, B. (2020). *TIMSS 2019 international results in mathematics and science.* TIMSS & PIRLS International Study Center, Lynch School of Education and Human Development, Boston College and International Association for the Evaluation of Educational Achievement. https://www.iea.nl/sites/default/files/2021-01/TIMSS%202019-International-Results-in-Mathematics-and-Science.pdf

Munoz-Najar, A. (2022). Peru: I learn at home. In S. Vincent-Lancrin, C. Cobo and F. Reimers (Ed) *How learning continued during the COVID-19 pandemic: Global lessons from initiatives to support learners and teachers* (pp. 270–275). OECD Publishing. https://www.oecd-ilibrary.org/docserver/11938853-en.pdf

OECD. (2018). *TALIS database: Annex C. List of tables available online: Table A C.2. Online tables for Chapter 3: Do students have equitable access to digital learning in school?* OECD Publishing. https://stat.link/syfrol

OECD. (2019). *TALIS 2018 results (Volume I): Teachers and school leaders as lifelong learners.* OECD Publishing. https://doi.org/10.1787/1d0bc92a-en

OECD. (2020). *TALIS 2018 results (Volume II): Teachers and school leaders as valued professionals.* OECD Publishing. https://doi.org/10.1787/19cf08df-en

OECD. (2021a). *Teachers and leaders in vocational education and training.* OECD Publishing. https://www.oecd-ilibrary.org/docserver/59d4fbb1-en.pdf

OECD. (2021b). *Teachers getting the best out of their students from primary to upper secondary education.* OECD Publishing. https://www.oecd-ilibrary.org/docserver/5bc5cd4e-en.pdf

OECD. (2022a). *Mending the education divide: Getting strong teachers to the schools that need them most.* OECD Publishing. https://www.oecd-ilibrary.org/docserver/92b75874-en.pdf

OECD. (2022b). *Teaching in Focus #43: What makes students' access to digital learning more equitable?* OECD Publishing. https://www.oecd-ilibrary.org/education/what-makes-students-access-to-digital-learning-more-equitable_e8107345-en

Onguko, B. B. (2014). JiFUNzeni: A blended learning approach for sustainable teachers professional development. *Electronic Journal of E-Learning, 12*(1), 77–88.

Parliament of the Wallonia-Brussels Federation. (2020). *Décret définissant la formation initiale des enseignants* [Decree defining initial teacher education]. https://www.gallilex.cfwb.be/document/pdf/46261_000.pdf

Pellas, N., Fotaris, P., Kazanidis, I. and Wells, D. (2019). Augmenting the learning experience in primary and secondary school education: A systematic review of recent trends in augmented reality game-based learning. *Virtual Reality, 23*(4), 329–346.

Pota, V., Hennessy, S., Koomar, S., Kreimeia, A., Zubairi, A., Aerts, C. and Gault, C. (2021). *Turning to technology: A global survey of teachers' responses to the COVID-19 pandemic.* T4 Education. https://t4.education/t4-insights/reports/turning-to-technology

Pouezevara, S., Brunette, T., Jordan, R. and Nakyejwe, D. (2019). *Uganda impact study report.* RTI International. https://ierc-publicfiles.s3.amazonaws.com/public/resources/RTI_StudyReport_Uganda_31Jan19%20SHARE.pdf

Punter, R. A., Meelissen, M. R. and Glas, C. A. (2017). Gender differences in computer and information literacy: An exploration of the performances of girls and boys in ICILS 2013. *European Educational Research Journal, 16*(6), 762–780. https://doi.org/10.1177/1474904116672468

Purwanto, A., Asbari, M., Fahlevi, M., Mufid, A., Agistiawati, E., Cahyono, Y. and Suryani, P. (2020). Impact of work from home (WFH) on Indonesian teachers' performance during the Covid-19 pandemic: An exploratory study. *International Journal of Advanced Science and Technology, 29*(5), 6235–6244.

Quebec Government. (2020). *Competencenumerique.ca.* www.competencenumerique.ca

Quebec Ministry of Education. (2019). *Digital competency framework.* www.education.gouv.qc.ca/fileadmin/site_web/documents/ministere/Cadre-reference-competence-num-AN.pdf

Queen Rania Teacher Academy. (2023). *Formulation, implementation, and evaluation of national visions for preparing and developing teachers to use technology in their classrooms in Jordan, Egypt and Saudi Arabia.* (Background Paper for *Global Education Monitoring Report 2023*). https://unesdoc.unesco.org/ark:/48223/pf0000386085

Ramadan, A., Chen, X. and Hudson, L. L. (2018). Teachers' skills and ICT integration in technical and vocational education and training TVET: A case of Khartoum State-Sudan. *World Journal of Education, 8*(3), 31–43. https://doi.org/10.5430/wje.v8n3p31

Ripani, M. F. (Ed). (2022). *Educación y tecnología: El desafío de la sustentabilidad en América Latina* [Education and technology: The challenge of sustainability in Latin America]. Fundación Ceibal. https://fundacionceibal.edu.uy/wp-content/uploads/2022/02/Educaci%C3%B3n-y-tecnolog%C3%ADa-El-desaf%C3%ADo-de-la-sustentabilidad-en-Am%C3%A9rica-Latina.pdf.

Romania Government. (2022). *Proiect: Legea învățământului preuniversitar: Elemente de reformă* [Project: Law of Preuniversity Education: Reform Elements]. https://www.edu.ro/sites/default/files/Elemente_de_reforma_Proiect_Lege_invatamant_superior_Ministerul_Educatiei_iulie_2022.pdf

Saidu, A., Rincon Casado, E., Shergill, M. and McBurnie, C. (2021, 26 March). *Sierra Leone series: Plan International and the importance of community support for distance teacher professional development programmes.* EdTech Hub. https://edtechhub.org/2021/03/26/sierra-leone-series-plan-international-and-the-importance-of-community-support-for-distance-teacher-professional-development-programmes

Singapore Ministry of Education. (2022). *Educational technology plan: Gain insights on the strategic focus of our educational technology (EdTech) plan.* https://www.moe.gov.sg/education-in-sg/educational-technology-journey/edtech-plan#:~:text=The%20EdTech%20Plan%20will%20guide,vision%20from%202020%20to%202030

Singh, A., Satyavada, R. S., Goel, T., Sarangapani, P. and Jayendran, N. (2020). Use of EdTech in Indian school education during COVID-19: A reality check. *Economic and Political Weekly, 55*(44), 16–19.

Slovenia National Education Institute. (2020). *Analiza izobraževanja na daljavo v času epidemije covid-19 v Sloveniji* [Analysis of distance education during the COVID-19 epidemic in Slovenia]. https://www.dlib.si/details/URN:NBN:SI:DOC-X3BSQ9IN

South Africa Department of Basic Education. (2018). *Professional development framework for digital learning.* https://www.education.gov.za/Portals/0/Documents/Publications/PROFESSIONAL%20DEVELOPMENT%20FRAMEWORK%20FOR%20DIGITAL%20LEARNING-FINAL.pdf?ver=2019-05-17-124916-363

Spiteri, M. and Chang Rundgren, S.-N. (2020). Literature review on the factors affecting primary teachers' use of digital technology. *Technology, Knowledge and Learning, 25*(1), 115–128. https://doi.org/10.1007/s10758-018-9376-x

Teacher Task Force and UNESCO. (2022). *Distance learning and teacher training strategies: Lessons from the Caribbean.* https://teachertaskforce.org/knowledge-hub/distance-learning-and-teacher-training-strategies-lessons-caribbean

Teachers College. (2022). *Refugee education at Teachers College: Mobile mentoring.* https://www.tc.columbia.edu/refugeeeducation/projects/teachers-for-teachers

Thillay, A., Jean A. and Vidal, Q. (2022). *France: Banks of educational digital resources.* In S. Vincent-Lancrin, C. Cobo and F. Reimers (Ed) *How learning continued during the COVID-19 pandemic: Global lessons from initiatives to support learners and teachers* (pp. 174–179). OECD Publishing. https://doi.org/10.1787/9a09dc2a-en

Tobar-Muñoz, H., Baldiris, S. and Fabregat, R. (2017). Augmented reality game-based learning: Enriching students' experience during reading comprehension activities. *Journal of Educational Computing Research, 55*(7), 901–936. https://doi.org/10.1177/0735633116689789

Tomczyk, L. and Fedeli, L. (2021). *Digital literacy among teachers: Mapping theoretical frameworks: TPACK, DigCompEdu, UNESCO, NETS-T, DigiLit Leicester.* [Conference presentation]. 38th International Business Information Management Association Conference, Seville, Spain.

Trujillo Sáez, F., Álvarez Jiménez, D., Montes Rodríguez, R., Segura Robles, A. and García San Martín, M. J. (2020). *Learning and educating in the digital age: Frames of reference.* ProFuturo. https://profuturo.education/wp-content/uploads/2021/04/profuturo-cadres-de-reference-fr.pdf

Ukraine Government (2017). *The Law on Education.* https://www.venice.coe.int/webforms/documents/default.aspx?pdffile=CDL-REF(2017)047-e

UNESCO. (2020a). *Ensuring effective distance learning during COVID-19 disruption: Guidance for teachers.* https://unesdoc.unesco.org/ark:/48223/pf0000375116

UNESCO. (2020b). *Professional development for teachers for blended learning and online strategies.* https://en.unesco.org/online-teacher-capacity-training

UNESCO, UNICEF, World Bank and OECD. (2021). *What's next? Lessons on education recovery: Findings from a survey of Ministries of Education amid the COVID-19 pandemic.* https://covid19.uis.unesco.org/wp-content/uploads/sites/11/2021/07/National-Education-Responses-to-COVID-19-Report2_v3.pdf

UNESCO, UNICEF, World Bank and OECD. (2022). *From learning recovery to education transformation: Insights and reflections from the 4th survey on national education responses to COVID-19 school closures.* https://www.unicef.org/media/127286/file/From%20Learning%20Recovery%20to%20Education%20Transformation.pdf

UNISON. (2022). *ICT technician.* www.skillsforschools.org.uk/roles-in-schools/ict-technician

Vidergor, H. E. and Ben-Amram, P. (2020). Khan Academy effectiveness: The case of math secondary students' perceptions. *Computers & Education, 157*, 103985. https://doi.org/10.1016/j.compedu.2020.103985

Vincent-Lancrin, S., Cobo, C. and Reimers, F. (2022). *How learning continued during the COVID-19 pandemic: Global lessons from initiatives to support learners and teachers.* OECD Publishing. https://doi.org/10.1787/bbeca162-en

von Lautz-Cauzanet, E. (2022). EdTech: Why the project-based approach must change in order to contribute to system resilience. *Prospects, 51*(4), 573–581. https://doi.org/10.1007/s11125-021-09580-8

von Lautz-Cauzanet, E. and Buchstab, A. (2023). *Low-tech, high impact: WhatsApp and other messenger systems as catalysator for scaled teacher training* (Background paper for *Global Education Monitoring Report 2023*). https ://unesdoc.unesco.org/ark:/48223/pf0000386110.locale=en

Voogt, J. and McKenney, S. (2017). TPACK in teacher education: Are we preparing teachers to use technology for early literacy? *Technology, Pedagogy and Education, 26*(1), 69–83. https://doi.org/10.1080/1475939X.2016.1174730

Walkington, C. and Bernacki, M. L. (2020). Appraising research on personalized learning: Definitions, theoretical alignment, advancements, and future directions. *Journal of Research on Technology in Education, 52*(3), 235–252. https://doi.org/10.1080/15391523.2020.1747757

Wolfenden, F., Adinolfi, L., Cross, S., Lee, C., Paranjpe, S. and Safford, K. (2017). *Moving towards more participatory practice with Open Educational Resources (OER): TESS-India academic review.* The Open University. https://www.oerknowledgecloud.org/archive/TESS-India%20Academic%20Review%20Final%20130617_0.pdf

World Bank. (2022a). *Effective teacher professional development using technology.* https://documents1.worldbank.org/curated/en/099835106172233833/pdf/P1742520d4de390610b784047359e0cefc7.pdf

World Bank. (2022b). *Technology for teacher professional development navigation guide: A summary of methods.* https://documents1.worldbank.org/curated/en/099600105272224265/pdf/P1742520dc51460ee0932c06175edf971ac.pdf

Yarrow, N., Khairina, N., Cilliers, J. and Dini, I. (2022). *The digital future of teacher training in Indonesia: What's next?* World Bank. https://openknowledge.worldbank.org/handle/10986/37218

Zacarias, I. (2023). *Technology, teacher competency frameworks and training in Latin America and the Caribbean* (Background paper for *Global Education Monitoring Report 2023*). https://unesdoc.unesco.org/ark:/48223/pf0000386099

Zhao, A., Mitchell, J., Gasanabandi, G., Ullah, N., Barnes, K. and Koomar, S. (2024). *Minoritised languages, education, and technology: Current practices and future directions in low- and middle-income countries.* (EdTech Hub Working Paper 0127). https://doi.org/10.53832/edtechhub.0127

第10章

Afzal, M., Ahmad, H. K.,. and Mushtaq, B. (2020). National innovative capacity and knowledge creation in advanced economies: An empirical investigation. *Innovation: The European Journal of Social Science Research*, 1–21. https://www.tandfonline.com/doi/abs/10.1080/13511610.2020.1828046

Ahmad, S. Z. and Hussain, M. (2015). An investigation of the factors determining student destination choice for higher education in the United Arab Emirates. *Studies in Higher Education, 42*(7), 1324–1343. https://www.tandfonline.com/doi/abs/10.1080/03075079.2015.1099622

Alvarado, S. E. and Muniz, P. (2018). Racial and ethnic heterogeneity in the effect of MESA on AP STEM coursework and college STEM major aspirations. *Research in Higher Education, 59*(7), 933–957. https://link.springer.com/article/10.1007/s11162-018-9493-3

Anderson, C. L., Reynolds, T. W., Biscaye, P. and Fowle, M. (2017). Policy and economic considerations for global public goods provision: Agricultural and health R&D funding from the private, public, and philanthropic sectors. Presentation at the Bioeconomy in Transition: New Players and New Tools conference, Berkeley.

Ankrah, S. and Omar, A.-T. (2015). Universities–industry collaboration: A systematic review. *Scandinavian Journal of Management, 31*(3), 387–408. https://www.sciencedirect.com/science/article/abs/pii/S0956522115000238

Archer, L., Moote, J., MacLeod, E., Francis, B. and DeWitt, J. (2020). *ASPIRES 2: Young people's science and career aspirations, age 10-19.* UCL Institute of Education. https://discovery.ucl.ac.uk/id/eprint/10092041/15/Moote_9538%20UCL%20Aspires%202%20report%20full%20online%20version.pdf

Baxter, A. (2018). The benefits and challenges of international education: Maximizing learning for social change. In J. R. Dassin, R. R. Marsh and M. Mawer (Eds) *International scholarships in higher education: Pathways to social change* (pp. 105–130). Palgrave MacMillan. https://link.springer.com/book/10.1007/978-3-319-62734-2

Benneworth, P. (2019). The modernisation agenda and university irresponsibility repertoires. In M. P. Sørensen, L. Geschwind, J. Kekäle and R. Pinheiro (Eds) *The responsible university: Exploring the Nordic context and beyond* (pp. 61–86). Palgrave MacMillan. https://link.springer.com/content/pdf/10.1007%2F978-3-030-25646-3.pdf

Bolzani, D., Munari, F., Rasmussen, E. and Toschi, L. (2021). Technology transfer offices as providers of science and technology entrepreneurship education. *The Journal of Technology Transfer, 46*(2), 335–365. https://link.springer.com/article/10.1007/s10961-020-09788-4

Borowiecki, M. and Paunov, C. (2018). *How is research policy across the OECD organised?: Insights from a new policy database.* (OECD Science, Technology and Industry Policy Paper 55). OECD Publishing. https://www.oecd-ilibrary.org/docserver/235c9806-en.pdf

Boulton, G. and Lucas, C. (2011). What are universities for? *Chinese Science Bulletin, 56*(23), 2506–2517. https://link.springer.com/content/pdf/10.1007/s11434-011-4608-7.pdf

Brazil Ministry of Education and Brazil Ministry of Science Technology and Innovation. (2013). *Ciência sem fronteiras* [Science without borders]. http://www.cienciasemfronteiras.gov.br/web/csf/o-programa

Brenøe, A. A. and Zölitz, U. (2020). Exposure to more female peers widens the gender gap in STEM participation. *Journal of Labor Economics, 38*(4), 1009–1054. https://doi.org/10.1086/706646

British Council. (2021). *The changing landscape of English-taught programmes.* British Council and IELTS. https://studyportals.com/wp-content/uploads/2021/12/British-Council_Studyportals_The-changing-landscape-of-English-taught-programmes-in-2021.pdf

Broström, A., Buenstorf, G. and McKelvey, M. (2021). The knowledge economy, innovation and the new challenges to universities: Introduction to the special issue. *Innovation, 23*(2), 145–162. https://www.tandfonline.com/doi/pdf/10.1080/14479338.2020.1825090

Buenstorf, G. and Koenig, J. (2020). Interrelated funding streams in a multi-funder university system: Evidence from the German Exzellenzinitiative. *Research Policy, 49*(3), 103924. https://www.sciencedirect.com/science/article/abs/pii/S0048733320300044

Buntting, C. and Jones, A. (2015). The alignment of technology with other school subjects. In P. J. Williams, A. Jones and C. Buntting (Eds) *The future of technology education* (pp. 187–200). Springer Science. https://link.springer.com/book/10.1007/978-981-287-170-1?noAccess=true

Campbell, A. C. (2021). *Examining non-state actors' contributions to international higher education scholarships* (Background paper for *Global Education Monitoring Report 2021/2*). https://unesdoc.unesco.org/ark:/48223/pf0000380058

Campbell, A. C. and Neff, E. (2020). A systematic review of international higher education scholarships for students from the Global South. *Review of Educational Research*, 90(6), 824–861. https://journals.sagepub.com/doi/abs/10.3102/0034654320947783

Campbell, C., Speldewinde, C., Howitt, C. and MacDonald, A. (2018). STEM practice in the early years. *Creative Education*, 9(1), 11. https://www.scirp.org/journal/paperinformation.aspx?paperid=81857

Carlana, M. (2019). Implicit stereotypes: Evidence from teachers' gender bias. *The Quarterly Journal of Economics*, 134(3), 1163–1224. https://econpapers.repec.org/article/oupqjecon/v_3a134_3ay_3a2019_3ai_3a3_3ap_3a1163-1224.htm

Cervantes, M. (2018). Higher education institutions in the knowledge triangle. In D. Meissner, E. Erdil and J. Chataway (Eds) *Innovation and the entrepreneurial university* (pp. 115–142). Springer International Publishing. https://link.springer.com/book/10.1007/978-3-319-62649-9

Chong, C. J. (2019). Preliminary review on preparations in Malaysia to improve STEM education. *Journal of Sustainability Science and Management*, 14(5), 135–147. https://jssm.umt.edu.my/wp-content/uploads/sites/51/2020/05/10.14.5pdf.pdf

Coates Ulrichsen, T. (2021). *Innovating during a crisis: The effects of the COVID-19 pandemic on how universities contribute to innovation*. National Centere for Universities and Business and University Commercialisation and Innovation. https://www.ncub.co.uk/insight/ucis-and-ncubs-innovating-during-a-crisis-the-effects-of-the-covid-19-pandemic-on-how-universities-contribute-to-innovation

Cross-Border Education Research Team. (2022). *C-BERT international campus listing*. https://cbert.org

Dasgupta, N. and Stout, J. G. (2014). Girls and women in science, technology, engineering, and mathematics: STEMing the tide and broadening participation in STEM careers. *Policy Insights from the Behavioral and Brain Sciences*, 1(1), 21–29. https://journals.sagepub.com/doi/full/10.1177/2372732214549471

de Vries, M. J. (2018). Technology education: An international history. In M. J. de Vries (Ed) *Handbook of technology education* (pp. 73–84). Springer International Publishing. https://link.springer.com/referencework/10.1007/978-3-319-44687-5

Department for Education. (2013). *National curriculum in England: Design and technology programmes of study*. https://www.gov.uk/government/publications/national-curriculum-in-england-design-and-technology-programmes-of-study/national-curriculum-in-england-design-and-technology-programmes-of-study

DeWitt, J., Osborne, J., Archer, L., Dillon, J., Willis, B. and Wong, B. (2013). Young childrens' aspirations in science: The unequivocal, the uncertain and the unthinkable. *International Journal of Science Education*, 35(6), 1037–1063. https://www.tandfonline.com/doi/abs/10.1080/09500693.2011.608197

Duodu, E., Noble, J., Yusuf, Y., Garay, C. and Bean, C. (2017). Understanding the delivery of a Canadian-based after-school STEM program: A case study. *International Journal of STEM Education*, 4, 20. https://stemeducationjournal.springeropen.com/articles/10.1186/s40594-017-0083-2

Early Childhood STEM Working Group. (2017). *Early STEM matters: Providing high-quality STEM experiences for all young learners*. Uchicago STEM Education and Erikson Institute. http://d3lwefg3pyezlb.cloudfront.net/docs/Early_STEM_Matters_FINAL.pdf

East-Asia Association for Science Education. (2021, 30 November). 10 Years Little's Scientist House Thailand project: STEM education for early childhood. https://newsletter.theease.org/cms/index.php/2021/11/30/10-years-littles-scientist-house-thailand-project-stem-education-for-early-childhood

Ekiz-Kiran, B. and Aydin-Gunbatar, S. (2021). Analysis of engineering elements of K–12 science standards in seven countries engaged in STEM education reform. *Science and Education*, 30(4), 849–882. https://link.springer.com/article/10.1007/s11191-021-00227-w

Etzkowitz, H. and Leydesdorff, L. (1995). The triple helix: University-industry-government relations: A laboratory for knowledge based economic development. *EASST Review*, 14(1), 14–19. https://papers.ssrn.com/sol3/papers.cfm?abstract_id=2480085

Etzkowitz, H. and Zhou, C. (2018). Innovation incommensurability and the science park. *R&D Management*, 48(1), 73–87. https://onlinelibrary.wiley.com/doi/abs/10.1111/radm.12266

European Union. (2018). *Teaching careers in Europe: Access, progression and support*. European Union. https://op.europa.eu/en/publication-detail/-/publication/435e941e-1c3b-11e8-ac73-01aa75ed71a1/language-en

Fan, X., Yang, X. and Yu, Z. (2021). Effect of basic research and applied research on the universities' innovation capabilities: The moderating role of private research funding. *Scientometrics, 126*(7), 5387–5411. https://link.springer.com/article/10.1007/s11192-021-03998-9

FAO, and ITU. (2022). *Status of digital agriculture in 47 sub-Saharan African countries*. Food and Agriculture Organization of the United Nations and International Telecommunication Union. https://www.fao.org/3/cb7943en/cb7943en.pdf

Ferguson, D., Pinerua, I. and Gerdeman, D. (2022). Improving prekindergarten and elementary science teaching: A synthesis of recent DRK-12 program investment in this field. American Institutes for Research. https://www.air.org/sites/default/files/2022-08/Improving-Prek-and-Elementary-Science-Teaching--DRK-12-STEM-August-2022.pdf

Fraillon, J., Ainley, J., Schulz, W., Friedman, T. and Duckworth, D. (2019). *Preparing for life in a digital world: IEA International Computer and Information Literacy Study 2018 international report*. International Association for the Evaluation of Educational Achievement. https://www.iea.nl/sites/default/files/2019-11/ICILS%202019%20Digital%20final%2004112019.pdf

France Ministry of National Education and Youth. (2021). *Note d'infor mation: Des choix de spécialités plus classiques en première comme en terminale pour les élèves d'origine sociale fav orisée: Résultats de la première cohorte du nouveau baccalauréat général* [Information note: About more common specialization choices in the first and last year for pupils from privileged social backgrounds: Results of the first cohort of the new general baccalaureate]. https://www.education.gouv.fr/des-choix-de-specialites-plus-classiques-en-premiere-comme-en-terminale-pour-les-eleves-d-origine-323282

France Ministry of National Education and Youth. (2022). Réconcilier tous les élèves avec les mathématiques et promouvoir l'excellence: Une nouvelle stratégie dès la rentrée 2023 [Reconciling all students with mathematics and promoting excellence: A new strategy for the start of the 2023 academic year]. https://www.education.gouv.fr/reconcilier-tous-les-eleves-avec-les-mathematiques-et-promouvoir-l-excellence-une-nouvelle-strategie-343423

Freeman, B., Marginson, S. and Tytler, R. (2019). An international view of STEM education. In A. Sahin and M. Mohr-Schroeder (Eds) *STEM education 2.0: Myths and truths: What has K-12 STEM education research taught us?* (pp. 350–363). Brill. https://dro.deakin.edu.au/articles/chapter/An_international_view_of_STEM_education/20722054

Friederici, N., Wahome, M. and Graham, M. (2020). *Digital entrepreneurship in Africa: How a continent is escaping Silicon Valley's long shadow*. MIT Press. https://library.oapen.org/bitstream/handle/20.500.12657/43517/external_content.pdf?sequence=1andisAllowed=y

Geschwind, L., Kekäle, J., Pinheiro, R. and Sørensen, M. P. (2019). Responsible universities in context. In M. P. Sørensen, L. Geschwind, J. Kekäle and R. Pinheiro (Eds) *The responsible university: Exploring the Nordic context and beyond* (pp. 3–29). Palgrave MacMillan. https://link.springer.com/content/pdf/10.1007%2F978-3-030-25646-3.pdf

Hall, B. H. (2022). Tax policy for innovation. In A. Goolsbee and B. F. Jones (Eds) *Innovation and public policy* (pp. 151–188). University of Chicago Press. https://press.uchicago.edu/ucp/books/book/chicago/I/bo138500594.html

Hall, B. H. and Jaffe, A. B. (2018). Measuring science, technology, and innovation: A review. *Annals of Science and Technology Policy, 2*(1), 1–74. https://www.nowpublishers.com/article/Details/ASTP-005

Hallström, J. (2018). Exploring the relationship between technology education and educational sloyd. In M. J. de Vries (Ed) *Handbook of technology education* (pp. 205–217). Springer International Publishing. https://link.springer.com/referencework/10.1007/978-3-319-44687-5

Hammond, A., Rubiano Matulevich, E., Beegle, K. and Kumaraswamy, S. K. (2020). *The equality equation: Advancing the participation of women and girls in STEM*. World Bank. https://openknowledge.worldbank.org/handle/10986/34317

Hencke, J., Eck, M., Sass, J., Hastedt, D. and Mejia-Rodriguez, A. (2022). *Missing out on half of the world's potential: Fewer female than male top achievers in mathematics and science want a career in these fields*. International Association for the Evaluation of Educational Achievement. https://unesdoc.unesco.org/ark:/48223/pf0000381324

Henderson, E. (2022, 10 January). *Bisphenol A's effects are much worse than previously thought, experts say*. News-Medical.Net. https://www.news-medical.net/news/20220128/Bisphenol-As-effects-are-much-worse-than-previously-thought-experts-say.aspx

Holgersson, M. and Aaboen, L. (2019). A literature review of intellectual property management in technology transfer offices: From appropriation to utilization. *Technology in Society, 59*, 101132. https://www.sciencedirect.com/science/article/pii/S0160791X18301593

Holmes, K., Gore, J., Smith, M. and Lloyd, A. (2018). An integrated analysis of school students' aspirations for STEM careers: Which student and school factors are most predictive? *International Journal of Science and Mathematics Education, 16*(4), 655–675. https://link.springer.com/article/10.1007/s10763-016-9793-z

Holmlund, T. D., Lesseig, K. and Slavit, D. (2018). Making sense of 'STEM education' in K-12 contexts. *International Journal of STEM Education, 5*, 32. https://link.springer.com/article/10.1186/s40594-018-0127-2

Hughes, D., Mann, A., Barnes, S.-A., Baldauf, B. and McKeown, R. (2016). *Careers education: International literature review.* https://www.educationandemployers.org/research/careers-education-international-literature-review

Huisman, J. and Stensaker, B. (2022). Performance governance and management in higher education revisited: International developments and perspectives. *Quality in Higher Education, 28*(1), 106–119. https://www.tandfonline.com/doi/full/10.1080/13538322.2021.1951457

Hutschenreiter, G., Weber, J. and Rammer, C. (2019). *Innovation support in the enterprise sector: Industry and SMEs.* (OECD Science, Technology and Industry Policy Papers 82). OECD Publishing, https://doi.org/10.1787/4ffb2cbc-en

Inglesi-Lotz, R., Hakimi, A. and Pouris, A. (2018). Patents vs publications and R&D: Three sides of the same coin? Panel Smooth Transition Regression (PSTR) for OECD and BRICS countries. *Applied Economics, 50*(45), 4912–4923. https://www.tandfonline.com/doi/full/10.1080/00036846.2018.1468556

Institute of International Education. (2021). *Open doors 2021: Report on international educational exchange.* https://iie.widen.net/s/pjpwzlkzlk/od21_opendoors_annualdatarelease

Institute of International Education. (2022). *A quick look at global mobility trends. Project Atlas.* https://www.iie.org/wp-content/uploads/2023/03/Project-Atlas_Infographic_2022.pdf

Inter-American Development Bank. (2022). *Pequeñas Aventureras (Little adventurer girls) —Education to close the language, science, and math gaps between girls and boys in early childhood.* https://desarrollo-infantil.iadb.org/en/innovations/pequenas-aventureras-little-adventurer-girls-education-close-language-science-and-math

Ivanova, I., Johnson, M. and Krupenskiy, N. (2018). The latent role of universities in boosting innovations: An informational approach. In D. Meissner, E. Erdil and J. Chataway (Eds) *Innovation and the entrepreneurial university* (pp. 299–316). Springer International Publishing AG. https://link.springer.com/book/10.1007/978-3-319-62649-9

Jongbloed, B., Kaiser, F., van Vught, F. and Westerheijden, D. F. (2018). Performance agreements in higher education: A new approach to higher education funding. In A. Curaj, L. Deca and R. Pricopie (Eds) *European higher education area: The impact of past and future policies* (pp. 671–687). Springer International Publishing AG. https://library.oapen.org/bitstream/handle/20.500.12657/22999/1007162.pdf?sequence=1#page=679

Jurowetzki, R., Hain, D., Mateos-Garcia, J. and Stathoulopoulos, K. (2021). *The privatization of AI research (-ers): Causes and potential consequences: From university-industry interaction to public research brain-drain?* https://arxiv.org/ftp/arxiv/papers/2102/2102.01648.pdf

Kaloudis, A., Aspelund, A., Koch, P., Lauvås, T., Mathisen, M., Strand, Ø., Sørheim, R. and Aadland, T. (2019). *How universities contribute to innovation: A literature review-based analysis.* Norwegian University of Science and Technology. https://www.ntnu.edu/documents/1272711283/1276140112/Rapport_How+universities+contribute+to+innovation_web.pdf/86b6a699-0499-820e-0f52-35a7b7101de5?t=1574848729613

Kant, J., Burckhard, S. and Meyers, R. (2018). Engaging high school girls in Native American culturally responsive STEAM activities. *Journal of STEM Education, 18*(5). https://jstem.org/jstem/index.php/JSTEM/article/view/2210/1912

Keirl, S. (2015). 'Seeing' and 'interpreting' the human-technology phenomenon. In P. J. Williams, A. Jones and C. Buntting (Eds) *The future of technology education* (pp. 13–33). Springer Science. https://link.springer.com/book/10.1007/978-981-287-170-1?noAccess=true

Keirl, S. (2018). Design and technology education and its curriculum policy challenges. In M. J. de Vries (Ed) *Handbook of technology education* (pp. 219–234). Springer International Publishing. https://link.springer.com/referencework/10.1007/978-3-319-44687-5

Kent, A. (2018). Recent trends in international scholarships. In J. R. Dassin, R. R. Marsh and M. Mawer (Eds) *International scholarships in higher education: Pathways to social change* (pp. 23–42). Palgrave MacMillan. https://doi.org/10.1007/978-3-319-62734-2_2

Kersten, A. and Athanasia, G. (2022). *Untapped innovation?: The racial and gender divides that hinder the U.S. knowledge economy.* Center for Strategic and International Studies. https://csis-website-prod.s3.amazonaws.com/s3fs-public/publication/220525_Kersten_Untapped_Innovation.pdf?xSNyYfIYj1TUIHfA_TJ7mdbu2TLxijpb

Knudsen, M. P., Frederiksen, M. H. and Goduscheit, R. C. (2021). New forms of engagement in third mission activities: A multi-level university-centric approach. *Innovation: Organization & Management, 23*(2), 209–240. https://www.tandfonline.com/doi/full/10.1080/14479338.2019.1670666

Kozirog, K., Lucaci, S.-M. and Berghmans, S. (2022). *Universities as key drivers of sustainable innovation ecosystems: Results of the EUA survey on universities and innovation.* European University Association. https://eua.eu/downloads/publications/innovation%20report.pdf

Kuhl, P. K., Lim, S.-S., Guerriero, S. and van Damme, D. (2019). *Developing minds in the digital age: Towards a science of learning for 21st century education.* OECD Publishing. https://doi.org/10.1787/562a8659-en

Lach, S., Neeman, Z. and Schankerman, M. (2021). Government financing of R&D: A mechanism design approach. *American Economic Journal: Microeconomics, 13*(3), 238–272. https://www.aeaweb.org/articles?id=10.1257/mic.20190053

Lavy, V. and Megalokonomou, R. (2019). *Persistency in teachers' grading bias and effects on longer-term outcomes: University admissions exams and choice of field of study.* (NBER Working Paper 26021). National Bureau of Economic Research. https://www.nber.org/papers/w26021

Lê Anh, V., Bui, D. T., Do, D. L., Luong, M. P. and Tran, M. N. (2023). Country case study on education and technology in Viet Nam (Background paper for *Global Education Monitoring Report: Technology in education in Southeast Asia*). UNESCO.

Lecherbonnier, S. (2022, 4 February). *Cédric Villani: "C'est dès le premier degré que les inégalités se creusent"* (Cédric Villani: "Inequalities widen from the first year"). Le Monde. https://www.lemonde.fr/societe/article/2022/02/04/cedric-villani-la-reforme-du-lycee-merite-d-etre-reexaminee_6112294_3224.html

Let's Talk Science. (2022). *Educational resources/careers.* Let's Talk Science National Office. https://letstalkscience.ca/careers/search

Lewis, J. M. (2015). Research policy as "carrots and sticks": Governance strategies in Australia, the United Kingdom and New Zealand. In G. Capano, M. Howlett and M. Ramesh (Eds) *Varieties of governance* (pp. 131–150). Palgrave MacMillan. https://link.springer.com/chapter/10.1057/9781137477972_6

Li, W., Bakshi, K., Tan, Y. and Huang, X. (2018). Policies for recruiting talented professionals from the diaspora: India and China compared. *International Migration, 57*(3), 373–391. https://onlinelibrary.wiley.com/doi/abs/10.1111/imig.12456

Löfsten, H., Klofsten, M. and Cadorin, E. (2020). Science parks and talent attraction management: University students as a strategic resource for innovation and entrepreneurship. *European Planning Studies, 28*(12), 2465–2488. https://www.tandfonline.com/doi/full/10.1080/09654313.2020.1722986

Lopez-Agudo, L. A. and Marcenaro-Gutierrez, O. D. (2022). Instruction time and students' academic achievement: A cross-country comparison. *Compare: A Journal of Comparative and International Education, 52*(1), 75–91. https://www.tandfonline.com/doi/full/10.1080/03057925.2020.1737919?src=recsys

Lundh, A., Lexchin, J., Mintzes, B., Schroll, J. B. and Bero, L. (2018). Industry sponsorship and research outcome: Systematic review with meta-analysis. *Intensive Care Medicine, 44*(10), 1603–1612. https://doi.org/10.1007/s00134-018-5293-7

MacDonald, A. and Huser, C. (2020). Making STEM visible in early childhood curriculum frameworks. In A. MacDonald, L. Danaia and S. Murphy (Eds) *STEM education across the learning continuum* (pp. 87–112). Springer Nature. https://link.springer.com/chapter/10.1007/978-981-15-2821-7_6

MacDonald, A., Huser, C., Sikder, S. and Danaia, L. (2020). Effective early childhood STEM education: Findings from the Little Scientists evaluation. *Early Childhood Education Journal, 48*(3), 353–363. https://doi.org/10.1007/s10643-019-01004-9

MacDonald, A., Lena, D., Sikder, S. and Huser, C. (2019). *Little Scientists evaluation: Final report.* Charles Sturt University. https://stemeducationresearchgroup.csu.domains/wp-content/uploads/2020/12/Little-Scientists-Evaluation-Final-Report-2019.pdf

Mader, J. (2022). *How can we improve early science education?: New report offers clues: Better training for teachers could help pre- and in-service educators teach science better, report finds.* The Hechinger Report. https://hechingerreport.org/how-can-we-improve-early-science-education-new-report-offers-clues

Maes, K. (2010). *Universities, research and the 'innovation union'.* (Advice Paper 5) League of European Research Universities. https://www.leru.org/files/Universities-Research-and-the-Innovation-Union-Full-paper.pdf

Malaysia Ministry of Education. (2013). *Malaysia education blueprint 2013-2025: Preschool to post-secondary education.* https://www.moe.gov.my/menumedia/media-cetak/penerbitan/dasar/1207-malaysia-education-blueprint-2013-2025/file

Mammes, I., Fletcher, S., Lang, M. and Münk, D. (2016). Technology education in Germany. In M. J. de Vries, S. Fletcher, S. Kruse, P. Labudde, M. Lang, I. Mammes, C. Max, D. Münk, B. Nicholl, J. Strobel and M. Winterbottom (Eds)

Technology education today: International perspectives. Center of Excellence for Technology Education. https://www.cete-net.com/publications/

Mann, A., Denis, V., Schleicher, A., Ekhtiari, H., Forsyth, T., Lui, E. and Chambers, N. (2020). *Dream jobs?: Teenagers' career aspirations and the future of work*. OECD. https://www.oecd.org/education/dream-jobs-teenagers-career-aspirations-and-the-future-of-work.htm

Marinoni, G. and de Wit, H. (2019). *Is internationalisation creating inequality in higher education?* https://www.universityworldnews.com/post.php?story=20190109100925536

Maróco, J. (2021). Portugal: The PISA effects on education. In N. Crato (Ed) *Improving a country's education: PISA 2018 results in 10 countries* (pp. 159–174). Springer Nature Switzerland. https://link.springer.com/content/pdf/10.1007%2F978-3-030-59031-4.pdf

Marsh, R. R. and Oyelere, R. U. (2018). Global migration of talent: Drain, gain, and transnational impacts. In J. R. Dassin, R. R. Marsh and M. Mawer (Eds) *International scholarships in higher education: Pathways to social change* (pp. 209–234). Palgrave MacMillan. https://doi.org/10.1007/978-3-319-62734-2_11

Matherly, C. A. and Tillman, M. J. (2015). Higher education and the employability agenda. In J. Huisman, H. de Boer, D. D. Dill and M. Souto-Otero (Eds) *The Palgrave international handbook of higher education policy and governance* (pp. 281–299). Palgrave MacMillan. https://doi.org/10.1007/978-1-137-45617-5_16

McLain, M., Irving-Bell, D., Wooff, D. and Morrison-Love, D. (2019). Humanizing the design and technology curriculum: Why technology education makes us human. *Design and Technology Education*, 24(2), 8–19. https://papers.ssrn.com/sol3/papers.cfm?abstract_id=3806651

McNally, S. (2020). *Gender differences in tertiary education: What explains STEM participation?* Institute of Labor Economics. https://www.econstor.eu/handle/10419/243451

Menino, F. (2017). *Evaluating the legacy of 'Ciência sem Fronteiras'.* https://www.acu.ac.uk/news/evaluating-the-legacy-of-ci%C3%AAncia-sem-fronteiras

Mergele, L. and Winkelmayer, F. (2021). Verstärkt die Exzellenzinitiative die finanzielle Ungleichheit zwischen den Universitäten? [Does the Excellence Initiative widen financial inequality between universities?]. *ifo Schnelldienst*, 74(6), 50–52. https://www.econstor.eu/bitstream/10419/250779/1/ifo-sd-2021-06-p50-52.pdf

Mittelstrass, J. (2020). The idea and role of universities in society. In L. Engwall (Ed) *Missions of universities: Past, present, future* (pp. 21–30). Springer Nature. https://doi.org/10.1007/978-3-030-41834-2_2

Mokgolodi, H. L. (2020). Implementation of Beijing education commitments at national level, 1995-2020: Botswana case study on school counselling and science education in higher education (Background paper for *Global Education Monitoring Report: Gender Report 2020*). https://unesdoc.unesco.org/ark:/48223/pf0000374494

Morin, V. (2020, 14 October). *La réforme du lycée à l'épreuve des faits* (High school reform put to the test). Le Monde. https://www.lemonde.fr/education/article/2020/10/14/au-lycee-la-reforme-a-l-epreuve-d es-faits_6055908_1473685.html

Mourshed, M., Krawitz, M. and Dorn, E. (2017). *How to improve student educational outcomes: New insights from data analytics*. McKinsey and Company. https://www.mckinsey.com/industries/education/our-insights/how-to-improve-student-educational-outcomes-new-insights-from-data-analytics

Mullis, I. V. S., Martin, M., O., Foy, P., Kelly, D. L. and Fishbein, B. (2020). *TIMSS 2019: International results in mathematics and science*. TIMSS and PIRLS International Study Center, Lynch School of Education, Boston College, and International Association for the Evaluation of Educational Achievement. https://www.iea.nl/sites/default/files/2021-01/TIMSS%202019-International-Results-in-Mathematics-and-Science.pdf

Musselin, C. (2018). New forms of competition in higher education. *Socio-Economic Review*, 16(3), 657–683. https://academic.oup.com/ser/article/16/3/657/5067568?login=true

Musset, P. and Kureková, L. M. (2018). *Working it out: Career guidance and employer engagement*. (Education Working Paper 175). OECD Publishing. https://doi.org/10.1787/51c9d18d-en

Naslund-Hadley, E. and Hernández-Agramonte, J. M. (2020). *The effects of a multimedia preschool STEM education program in Colombia*. Innovations for Poverty Action. https://poverty-action.org/effects-multimedia-preschool-stem-education-program-colombia

Niccum, B. A., Sarker, A., Wolf, S. J. and Trowbridge, M. J. (2017). Innovation and entrepreneurship programs in US medical education: A landscape review and thematic analysis. *Medical Education Online*, 22(1), 1360722. https://www.tandfonline.com/doi/pdf/10.1080/10872981.2017.1360722?needAccess=true

OECD. (2016). *PISA 2015 results (Volume I): Excellence and equity in education*. OECD Publishing. https://doi.org/10.1787/9789264266490-en

OECD. (2018a). *Patents by technology: Patents: Total and specific technology domains* [Data set].
https://stats.oecd.org/Index.aspx?DataSetCode=PATS_REGION#

OECD. (2018b). *Promising practices: Recruiting highly qualified mature STEAM graduates to teaching in Australia.*
https://www.oecd-ilibrary.org/sites/178f1400-en/index.html?itemId=/content/component/178f1400-en

OECD. (2018c). *R&D personnel by sector and major field of R&D* [Data set]. https://stats.oecd.org/Index.
aspx?DataSetCode=MSTI_PUB

OECD. (2018d). *TALIS 2018 data* [Data set]. https://www.oecd.org/education/talis/talis-2018-data.htm

OECD. (2019a). *Distribution of tertiary students enrolled by broad fields of study, by mobility status (2019): All tertiary
programmes.* Education at a Glance 2021: OECD indicators. https://doi.org/10.1787/5c626785-en

OECD. (2019b). *R&D personnel by sector and major field of R&D* [Data set]. https://stats.oecd.org

OECD. (2019c). *University-industry collaboration: New evidence and policy options.* OECD Publishing.
https://doi.org/10.1787/e9c1e648-en

OECD. (2020a). *Curriculum overload: A way forward.* OECD Publishing. https://doi.org/10.1787/3081ceca-en

OECD. (2020b). *How effective are R&D tax incentives?: New evidence from the OECD microBeRD project.* (STI Policy Note).
https://www.oecd.org/sti/microberd-rd-tax-incentives-policy-note.pdf

OECD. (2021a). *OECD Science, Technology and Innovation Outlook 2021: Times of crisis and opportunity.* OECD Publishing.
https://doi.org/10.1787/75f79015-en

OECD. (2021b). *What is the profile of internationally mobile students?* Education at a Glance 2021: OECD indicators.
OECD Publishing. https://doi.org/10.1787/5a49e448-en

Ofori Antipem, C. (2019). In Ghana, pocket-size labs turn more children to studying science, Education for All, Vol. 2022.
Global Partnership for Education https://www.globalpartnership.org/blog/ghana-pocket-size-labs-turn-more-
children-studying-science

Pavan, A. (2020). Higher education abroad in the new millennium: GCC scholarship programs as GCC culture and identities
boosters. Saudi Arabia in the spotlight. In M. Karolak and N. Allam (Eds) *Gulf Cooperation Council culture and
identities in the new millennium: Resilience, transformation, (re)creation and diffusion* (pp. 221–243). Palgrave
MacMillan Singapore. https://link.springer.com/chapter/10.1007/978-981-15-1529-3_12

Piqué, J. M., Berbegal-Mirabent, J. and Etzkowitz, H. (2018). Triple helix and the evolution of ecosystems of innovation:
The case of Silicon Valley. *Triple Helix, 5*(1), 1–21. https://brill.com/view/journals/thj/5/1/article-p1_11.xml

Pontón, S. J., Sánchez Salazar, E. and Botero Ospina, M. (2019). *Technology transfer policy in Colombia: Recent
developments.* (Case study contribution to the OECD TIP Knowledge Transfer and Policies project).
https://stip.oecd.org/assets/TKKT/CaseStudies/6.pdf

Prince, G. and O'Connor, M. (2018). *Crunching the numbers of out-of-field teaching.* (Occasional Paper 1). Australian
Mathematical Sciences Institute. https://amsi.org.au/media/AMSI-Occasional-Paper-Out-of-Field-
Maths-Teaching.pdf

Promboon, S., Finley, F. N. and Kaweekijmanee, K. (2018). The evolution and current status of STEM education in
Thailand: Policy directions and recommendations. In G. W. Fry (Ed) *Education in Thailand* (pp. 423–459).
Education in the Asia-Pacific Region: Issues, Concerns and Prospects, Vol. 42. Springer Nature.
https://link.springer.com/chapter/10.1007/978-981-10-7857-6_17

Reed, P. A. (2018). Technology education standards in the United States: History and rationale. In M. J. de Vries
(Ed) *Handbook of technology education* (pp. 235–250). Springer International Publishing.
https://link.springer.com/referencework/10.1007/978-3-319-44687-5

Reinsfield, E. and Lee, K. (2022). Exploring the technology teacher shortage in New Zealand: The implications for
quality teaching and learning. *International Journal of Technology and Design Education, 32*, 1649–1658.
https://link.springer.com/article/10.1007/s10798-021-09668-4

Reutlinger, A. (2020). What is epistemically wrong with research affected by sponsorship bias?
The evidential account. *European Journal for Philosophy of Science, 10*(2), 1–26.
https://link.springer.com/article/10.1007/s13194-020-00280-2

Robnett, R. (2013). The role of peer support for girls and women in STEM: Implications for identity and
anticipated retention. *International Journal of Gender, Science and Technology, 5*(3), 232–253.
https://genderandset.open.ac.uk/index.php/genderandset/article/view/299

Robnett, R. D. and Leaper, C. (2013). Friendship groups, personal motivation, and gender in relation to high
school students' STEM career interest. *Journal of Research on Adolescence, 23*(4), 652–664.
https://onlinelibrary.wiley.com/doi/abs/10.1111/jora.12013

Ruele, V. (2019). The localisation of technology education curriculum in Botswana. In P. J. Williams and D. Barlex (Eds) *Explorations in technology education research* (pp. 33–43). Springer Nature. https://link.springer.com/chapter/10.1007/978-981-13-3010-0_3

Safaricom. (2020). *Safaricom partners with UNESCO and Eneza education for digital mentorship programme.* https://www.safaricom.co.ke/media-center-landing/press-releases/safaricom-partners-with-unesco-and-eneza-education-for-digital-mentorship-programme

Sancassani, P. (2023). The effect of teacher subject-specific qualifications on student science achievement. *Labour Economics, 80,* 102309. https://www.sciencedirect.com/science/article/abs/pii/S0927537122001993

Saudi Arabian Cultural Mission. (2023). *Education.* https://sacm.org.au/education

Saw, G., Chang, C.-N. and Chan, H.-Y. (2018). Cross-sectional and longitudinal disparities in STEM career aspirations at the intersection of gender, race/ethnicity, and socioeconomic status. *Educational Researcher, 47*(8), 525–531. https://journals.sagepub.com/doi/abs/10.3102/0013189X18787818

Schofer, E., Ramirez, F. O. and Meyer, J. W. (2021). The societal consequences of higher education. *Sociology of Education, 94*(1), 1–19. https://journals.sagepub.com/doi/full/10.1177/0038040720942912

Scholarships for Change. (2022). *Funding maps.* Candid. https://scholarshipsforchange.org/funding-map/

Scott, P. (2020). Universities in a 'mode 2' society. In L. Engwall (Ed) *Missions of universities: Past, present, future* (pp. 95–114). Springer Nature. https://link.springer.com/book/10.1007/978-3-030-41834-2

Sims, S. and Jerrim, J. (2020). *TALIS 2018: Teacher working conditions, turnover and attrition.* UK Department for Education. https://assets.publishing.service.gov.uk/government/uploads/system/uploads/attachment_data/file/873922/Teaching_and_Learning_International_Survey_2018_March_2020.pdf

Sørensen, M. P., Bloch, C. and Young, M. (2016). Excellence in the knowledge-based economy: From scientific to research excellence. *European Journal of Higher Education, 6*(3), 217–236. https://srhe.tandfonline.com/doi/abs/10.1080/21568235.2015.1015106?journalCode=rehe20#.Yvl1ZHZByXl

Spiel, C., Schwartzman, S., Busemeyer, M., Cloete, N., Drori, G., Lassnigg, L., Schober, B., Schweisfurth, M. and Verma, S. (2018). The contribution of education to social progress. In International Panel on Social Progress (Ed) *Rethinking society for the 21st century: Report of the International Panel for Social Progress. Volume 3: Transformations in values, norms, cultures* (pp. 753–778). Cambridge University Press. https://eprints.gla.ac.uk/154654

Swedish National Agency for Education. (2018). *Curriculum for the compulsory school, preschool class and school-age educare.* https://www.skolverket.se/download/18.31c292d516e7445866a218f/1576654682907/pdf3984.pdf

Taylor, J., Banilower, E. and Clayton, G. (2020). National trends in the formal content preparation of US science teachers: Implications of out-of-field teaching for student outcomes. *Journal of Science Teacher Education, 31*(7), 768–779. https://www.tandfonline.com/doi/abs/10.1080/1046560X.2020.1762992

Teo, T. W., Tan, A.-L. and Teng, P. (2021). Introduction. In T. W. Teo, A.-L. Tan and P. Teng (Eds) *STEM education from Asia: Trends and perspectives* (pp. 1–3). Routledge. https://www.taylorfrancis.com/chapters/edit/10.4324/9781003099888-101/introduction-tang-wee-teo-aik-ling-tan-paul-teng?context=ubx&refId=db81d53a-fb2b-490e-b568-1a580dcecd73

Tijssen, R. and Kraemer-Mbula, E. (2018). Research excellence in Africa: Policies, perceptions, and performance. *Science and public policy, 45*(3), 392–403. https://academic.oup.com/spp/article/45/3/392/4600842

Tijssen, R. and Winnink, J. (2022). Global and local research excellence in Africa: New perspectives on performance assessment and funding. *Science, Technology and Society, 27*(3), 368–387. https://journals.sagepub.com/doi/pdf/10.1177/09717218221078236

Treviño, E., Villalobos, C. and Baeza, A. (2016). *Education policies: Recommendations in Latin America based on TERCE.* UNESCO. https://unesdoc.unesco.org/ark:/48223/pf0000244976_eng

Tytler, R., Williams, G., Hobbs, L. and Anderson, J. (2019). Challenges and opportunities for a STEM interdisciplinary agenda. In B. Doig, J. Williams, D. Swanson, R. Borromeo Ferri and P. Drake (Eds) *Interdisciplinary mathematics education: The state of the art and beyond* (pp. 51–80). Springer Nature. https://link.springer.com/content/pdf/10.1007%2F978-3-030-11066-6.pdf

UIS. (2018). *Science, technology and innovation: GERD by source of funds and as a percentage of GDP.* UNESCO Institute for Statistics. http://data.uis.unesco.org/

UIS. (2019). *Net flow of internationally mobile students.* UNESCO Institute for Statistics. http://data.uis.unesco.org/

UNCTAD. (2019). *Digital economy report 2019: Value creation and capture: Implications for developing countries.* United Nations Conference on Trade and Development. https://unctad.org/system/files/official-document/der2019_en.pdf

UNESCO-IESALC. (2023). *Higher education contribution to national technological development* (Background Paper for *Global Education Monitoring Report 2023*). https://unesdoc.unesco.org/ark:/48223/pf0000386109

UNESCO. (2021a). *Global Education Monitoring Report 2021/2: Non-state actors in education: Who chooses? Who loses?* https://en.unesco.org/gem-report/non-state_actors

UNESCO. (2021b). *UNESCO science report: The race against time for smarter development.* https://unesdoc.unesco.org/ark:/48223/pf0000377433

UNESCO. (2022). *Higher education: How do we unleash the talent of the next generation?* https://www.unesco.org/en/articles/higher-education-how-do-we-unleash-talent-next-generation

UNESCO and EQUALS Skills Coalition. (2019). *I'd blush if I could: Closing gender divides in digital skills through education.* https://unesdoc.unesco.org/ark:/48223/pf0000367416

UNESCO and UNESCO-UNEVOC. (2020). *Boosting gender equality in science and technology: A challenge for TVET programmes and careers.* UNESCO International Centre for technical and vocational education and training. https://unevoc.unesco.org/pub/boosting_gender_equality_in_science_and_technology.pdf

University of Oxford. (2017). *International trends in higher education 2016–17.* https://www.ox.ac.uk/sites/files/oxford/trends%20in%20globalisation_WEB.pdf

Vegas, E., Hansen, M. and Fowler, B. (2021). *Building skills for life: How to expand and improve computer science education around the world.* The Brookings Institution. https://www.brookings.edu/wp-content/uploads/2021/10/Building_skills_for_life.pdf

Wang, J., Lee, Y.-N. and Walsh, J. P. (2018). Funding model and creativity in science: Competitive versus block funding and status contingency effects. *Research Policy, 47*(6), 1070-1083. https://econpapers.repec.org/article/eeerespol/v_3a47_3ay_3a2018_3ai_3a6_3ap_3a1070-1083.htm

Webb, M., Davis, N., Bell, T., Katz, Y. J., Reynolds, N., Chambers, D. P. and Sysło, M. M. (2017). Computer science in K-12 school curricula of the 21st century: Why, what and when? *Education and Information Technologies, 22*(2), 445–468. https://link.springer.com/article/10.1007/s10639-016-9493-x

WIPO. (2022a). *GII 2022 database.* World Intellectual Property Organization. https://www.wipo.int/publications/en/details.jsp?id=4622

WIPO. (2022b). *Global Innovation Index 2022: What is the future of innovation-driven growth?* World Intellectual Property Organization. https://www.wipo.int/global_innovation_index/en/2022

WIPO. (2022c). *Patents: What is a patent?* World Intellectual Property Organization. https://www.wipo.int/patents/en

WIPO. (2022d). *World intellectual property report 2022: The direction of innovation.* World Intellectual Property Organization. https://www.wipo.int/edocs/pubdocs/en/wipo-pub-944-2022-en-world-intellectual-property-report-2022.pdf

Woolston, C. (2022). Is big tech draining AI talent from academia? Movement to industry is raising concerns about the future researcher workforce and maintaining ethical expertise. *Nature, 610*(S26–S27). https://www.nature.com/articles/d41586-022-03214-5

WEF. (2020). *Global gender gap report 2022: Insight report.* World Economic Forum. https://www3.weforum.org/docs/WEF_GGGR_2020.pdf

Zahler, Y. and Menino, F. (2018). Case study: Brazilian Scientific Mobility Program (Programa Ciência sem Fronteiras, Brazil). In J. R. Dassin, R. R. Marsh and M. Mawer (Eds) *International scholarships in higher education: Pathways to social change* (pp. 65–84). Palgrave MacMillan. https://link.springer.com/chapter/10.1007/978-3-319-62734-2_4

Zha, Q. and Wang, D. (2018). Case study: The Chinese government scholarship program: The brain development scheme that illuminates a vision across 30 years. In J. R. Dassin, R. R. Marsh and M. Mawer (Eds) *International scholarships in higher education: Pathways to social change* (pp. 235–254). Palgrave MacMillan. https://doi.org/10.1007/978-3-319-62734-2_12

监测部分

第11章

High-level Steering Committee. (2022). *Following up on the transformative commitments made at the Summit: A call to action by the SDG4 High-level Steering Committee.* https://transformingeducationsummit.sdg4education2030.org/system/files/2022-09/Call%20to%20Action%20-%20TES%20follow-up.pdf

UIS and GEM Report. (2021). *SDG 4 data digest 2021: National SDG 4 benchmarks: Fulfilling our neglected commitment.* https://unesdoc.unesco.org/ark:/48223/pf0000380387

UIS and GEM Report. (2022). *Setting commitments: National SDG 4 benchmarks to transform education.*
　　https://unesdoc.unesco.org/ark:/48223/pf0000382076

UIS and GEM Report. (2023). *SDG 4 scorecard progress report on national benchmarks: Focus on early childhood.*
　　https://unesdoc.unesco.org/ark:/48223/pf0000384295

United Nations. (2021). *Our common agenda: Report of the Secretary General.* https://www.un.org/en/content/
　　common-agenda-report/assets/pdf/Common_Agenda_Report_English.pdf

United Nations. (2022). *Transforming education: An urgent political imperative for our collective future.*
　　https://www.un.org/sites/un2.un.org/files/2022/09/sg_vision_statement_on_transforming_education.pdf

第12章

Ahern, M. B., Thilsted, S. H., Kjellevold, M., Overå, R., Toppe, J., Doura, M., Kalaluka, E., Wismen, B., Vargas, M. and Franz, N. (2021). Locally-procured fish is essential in school feeding programmes in sub-Saharan Africa. *Foods*, *10*(9), 2080. https://doi.org/10.3390/foods10092080

Aliyar, R., Gelli, A. and Hamdani, S. H. (2015). A review of nutritional guidelines and menu compositions for school feeding programs in 12 countries. *Frontiers in Public Health*, *3*, 148. https://doi.org/10.3389/fpubh.2015.00148

Alkema, L., Chou, D., Hogan, D., Zhang, S., Moller, A.-B., Gemmill, A., Fat, D. M., Boerma, T., Temmerman, M., Mathers, C., Say, L., Ahmed, S., Ali, M., Amouzou, A., Braunholtz, D., Byass, P., Carvajal-Velez, L., Gaigbe-Togbe, V., Gerland, P. and Suzuki, E. (2016). Global, regional, and national levels and trends in maternal mortality between 1990 and 2015, with scenario-based projections to 2030: A systematic analysis by the UN Maternal Mortality Estimation Inter-Agency Group. *The Lancet*, *387*(10017), 462–474. https://doi.org/10.1016/s0140-6736(15)00838-7

Alkema, L. and New, J. R. (2014). Global estimation of child mortality using a Bayesian B-spline Bias-reduction model. *The Annals of Applied Statistics*, *8*(4), 2122–2149. https://doi.org/10.1214/14-aoas768

Andersen, S. S., Baarts, C. and Holm, L. (2017). Contrasting approaches to food education and school meals. *Food, Culture & Society*, *20*(4), 609–629. https://doi.org/10.1080/15528014.2017.1357948

Askvik, E. O., van der Weel, F. R. and van der Meer, A. L. H. (2020). The importance of cursive handwriting over typewriting for learning in the classroom: A high-density EEG study of 12-year-old children and young adults. *Frontiers in Psychology*, *11*, 1810. https://doi.org/10.3389/fpsyg.2020.01810

Beeharry, G. (2021). The pathway to progress on SDG 4 requires the global education architecture to focus on foundational learning and to hold ourselves accountable for achieving it. (Eds)*International Journal of Educational Development*, *82*, 102375. https://doi.org/10.1016/j.ijedudev.2021.102375

Borkowski, A., Correa, J. S. O., Bundy, D. A., Burbano, C., Hayashi, C., Lloyd-Evans, E., Neitzel, J. and Reuge, N. (2021). *COVID-19: Missing more than a classroom. The impact of school closures on children's nutrition.* UNICEF. https://www.unicef-irc.org/publications/1176-covid-19-missing-more-than-a-classroom-the-impact-of-school-closures-on-childrens-nutrition.html

Chakrabarti, S., Scott, S. P., Alderman, H., Menon, P. and Gilligan, D. O. (2021). Intergenerational nutrition benefits of India's national school feeding program. *Nature Communications*, *12*, 4248. https://doi.org/10.1038/s41467-021-24433-w

Chakraborty, T. and Jayaraman, R. (2019). School feeding and learning achievement: Evidence from India's midday meal program. *Journal of Development Economics*, *139*, 249–265. https://doi.org/10.1016/j.jdeveco.2018.10.011

Chao, F., Gerland, P., Cook, A. R. and Alkema, L. (2021). Global estimation and scenario-based projections of sex ratio at birth and missing female births using a Bayesian hierarchical time series mixture model. *The Annals of Applied Statistics*, *15*(3), 1499–1528. https://doi.org/10.1214/20-aoas1436

Crawfurd, L., Hares, S. and Sandefur, J. (2022). What has worked at scale? In J. Sandefur (Ed) *Schooling for all: Feasible strategies to achieve universal education* (pp. 11–35). Center for Global Development. https://www.cgdev.org/publication/schooling-all-feasible-strategies-achieve-universal-education

Cupertino, A., Ginani, V., Cupertino, A. P. and Botelho, R. B. A. (2022). School feeding programs: What happens globally? *International Journal of Environmental Research and Public Health*, *19*(4), 2265. https://doi.org/10.3390/ijerph19042265

de Rosso, A. A., Massarollo, A. C. D., Vieira, A. P., Badaró, A. C. L. and Follador, F. A. C. (2021). Microbiological quality of meat and fish provided by family farming to school meals. *Agrarian*, *14*(53), 379–391. https://doi.org/10.30612/agrarian.v14i53.14682

Destaw, Z., Wencheko, E., Kidane, S., Endale, M., Challa, Y., Tiruneh, M., Tamrat, M., Samson, H., Shaleka, D. and Ashenafi, M. (2022). Impact of school meals on educational outcomes in Addis Ababa, Ethiopia. *Public Health Nutrition, 25*(9). https://doi.org/10.1017/s1368980022000799

Dharamshi, A., Barakat, B., Alkema, L. and Antoninis, M. (2022). A Bayesian model for estimating Sustainable Development Goal indicator 4.1.2: School completion rates. *Journal of the Royal Statistical Society: Series C (Applied Statistics), 71*(5), 1822–1864. https://doi.org/10.1111/rssc.12595

Drake, L. J., Lazrak, N., Fernandes, M., Chu, K., Singh, S., Ryckembusch, D., Nourozi, S., Bundy, D. A. P. and Burbano, C. (2020). Establishing global school feeding program targets: How many poor children globally should be prioritized, and what would be the cost of implementation? *Frontiers in Public Health, 8*, 530176. https://doi.org/10.3389/fpubh.2020.530176

Fälth, L. and Selenius, H. (2022). Primary school teachers' use and perception of digital technology in early reading and writing education in inclusive settings. *Disability and Rehabilitation: Assistive Technology*, 1–10. https://doi.org/10.1080/17483107.2022.2125089

FAO. (2019). *Nutrition guidelines and standards for school meals: a report from 33 low and middle-income countries*. Food and Agriculture Organization of the United Nations. https://www.fao.org/documents/card/fr/c/CA2773EN

Farinosi, M., Lim, C. and Roll, J. (2016). Book or screen, pen or keyboard? A cross-cultural sociological analysis of writing and reading habits basing on Germany, Italy and the UK. *Telematics and Informatics, 33*(2), 410–421. https://doi.org/10.1016/j.tele.2015.09.006

Feng, L., Lindner, A., Ji, X. R. and Joshi, R. M. (2019). The roles of handwriting and keyboarding in writing: A meta-analytic review. *Reading and Writing, 32*, 33–63. https://doi.org/10.1007/s11145-017-9749-x

Food4Education. (2023). *Feeding the Future*. https://food4education.org

Freeman, A. R., Mackinnon, J. R. and Miller, L. T. (2005). Keyboarding for students with handwriting problems: A literature review. *Physical & Occupational Therapy in Pediatrics, 25*(1–2), 119–147. https://doi.org/10.1080/J006v25n01_08

Haas, C. (2013). *Writing technology: Studies on the materiality of literacy*. Routledge. https://www.taylorfrancis.com/books/mono/10.4324/9780203811238/writing-technology-christina-haas

Hammerstein, S., König, C., Dreisörner, T. and Frey, A. (2021). Effects of COVID-19-related school closures on student achievement: A systematic review. *Frontiers in Psychology, 12*, 746289. https://doi.org/10.3389/fpsyg.2021.746289

Kaur, R. (2021). Estimating the impact of school feeding programs: Evidence from mid day meal scheme of India. *Economics of Education Review, 84*, 102171. https://doi.org/10.1016/j.econedurev.2021.102171

Kitchen, H., Bethell, G., Fordham, E., Henderson, K. and Li, R. R. (2019). *OECD reviews of evaluation and assessment in education: Student assessment in Turkey*. OECD Publishing. https://doi.org/10.1787/5edc0abe-en

Kristjansson, B., Petticrew, M., MacDonald, B., Krasevec, J., Janzen, L., Greenhalgh, T., Wells, G. A., MacGowan, J., Farmer, A. P. and Shea, B. (2007). School feeding for improving the physical and psychosocial health of disadvantaged students. *Cochrane Database of Systematic Reviews, 1*. 10.1002/14651858.CD004676.pub2

Lange, C. D. (2011). *The man who saves Stephen Hawking's voice*. New Scientist. https://www.newscientist.com/article/dn21323-the-man-who-saves-stephen-hawkings-voice

Lee, A. L. A., Wah, L. L., Low, H. M. and Chen, O. S. (2022). Revisiting handwriting fundamentals through an interdisciplinary framework. *The Malaysian Journal of Medical Sciences: MJMS, 29*(1), 18–33. https://doi.org/10.21315/mjms2022.29.1.3

Limpo, T., Alves, R. A. and Connelly, V. (2017). Examining the transcription-writing link: Effects of handwriting fluency and spelling accuracy on writing performance via planning and translating in middle grades. *Learning and Individual Differences, 53*, 26–36. https://doi.org/10.1016/j.lindif.2016.11.004

Liu, Y., Cheng, S., Liu, X., Cao, X., Xue, L. and Liu, G. (2016). Plate waste in school lunch programs in Beijing, China. *Sustainability, 8*(12), 1288. https://doi.org/10.3390/su8121288

Lyu, B., Lai, C., Lin, C.-H. and Gong, Y. (2021). Comparison studies of typing and handwriting in Chinese language learning: A synthetic review. *International Journal of Educational Research, 106*, 101740. https://doi.org/10.1016/j.ijer.2021.101740

McCarroll, H. and Fletcher, T. (2017). Does handwriting instruction have a place in the instructional day? The relationship between handwriting quality and academic success. *Cogent Education, 4*(1), 1386427. https://doi.org/10.1080/2331186x.2017.1386427

Mohammed, A. (2021). 'We are hungry but we won't eat the food': Schoolchildren's 'thin' agency and its impacts on the implementation of Ghana's school feeding programme. *Children & Society, 35*(6), 960–973. https://doi.org/10.1111/chso.12479

Mohamed-Abdi, M. (2003). Retour vers les dugsi, écoles coraniques en Somalie [Back to the dugsi, Koranic schools in Somalia]. *Cahiers d'études Africaines, 43*(169–170), 351–369. https://doi.org/10.4000/etudesafricaines.204

Moscoviz, L. and Evans, D. K. (2022). *Learning loss and student dropouts during the COVID-19 pandemic: A review of the evidence two years after schools shut down.* (Working paper 609). Center for Global Development. https://www.cgdev.org/sites/default/files/learning-loss-and-student-dropouts-during-covid-19-pandemic-review-evidence-two-years.pdf

Moyi, P. (2012). Girl's schooling in war-torn Somalia. *International Journal of Educational Research, 53*, 201–212. https://doi.org/10.1016/j.ijer.2012.03.010

Mueller, P. A. and Oppenheimer, D. M. (2014). The pen is mightier than the keyboard. *Psychological Science, 25*(6), 1159–1168. https://doi.org/10.1177/0956797614524581

O'Connell, R., Brannen, J., Ramos, V., Skuland, S. and Truninger, M. (2022). School meals as a resource for low-income families in three European countries: A comparative case approach. *European Societies, 24*(3), 251–282. https://doi.org/10.1080/14616696.2022.2078498

Parnham, J. C., Chang, K., Rauber, F., Levy, R. B., von Hinke, S. , Laverty, A. A., Millett, C. and Vamos, E. P. (2022). The ultra-processed food content of school meals and packed lunches in the United Kingdom (2008-2017). *European Journal of Public Health, 32*(3). https://academic.oup.com/eurpub/article-abstract/32/Supplement_3/ckac129.416/6766387

Patrinos, H. A., Vegas, E. and Carter-Rau, R. (2022). *An analysis of COVID-19 student learning loss.* (Policy Research Working Paper 10033). World Bank. https://openknowledge.worldbank.org/server/api/core/bitstreams/2f5687e1-25a0-5d2d-9e41-29aa5d172ae0/content

Rønningsbakk, L. (2022). How does the shift from handwriting to digital writing technologies impact writing for learning in school? In: Huang, Y. M., Cheng, S. C., Barroso, J. and Sandnes, F. E. (Eds) *Innovative technologies and learning. ICITL 2022. Lecture Notes in Computer Science, 13449.* Springer. https://doi.org/10.1007/978-3-031-15273-3_26

Santangelo, T. and Graham, S. (2016). A comprehensive meta-analysis of handwriting instruction. *Educational Psychology Review, 28*(2), 225–265. https://doi.org/10.1007/s10648-015-9335-1

Shams, L. and Seitz, A. R. (2008). Benefits of multisensory learning. *Trends in Cognitive Sciences, 12*(11), 411–417. https://www.sciencedirect.com/science/article/pii/S1364661308002180

Skar, G. B., Lei, P.-W., Graham, S., Aasen, A. J., Johansen, M. B. and Kvistad, A. H. (2021). Handwriting fluency and the quality of primary grade students' writing. *Reading and Writing, 35*(2), 509–538. https://doi.org/10.1007/s11145-021-10185-y

Smith, S. F., Lightman, K., Rubinstein, Z. B. and Li, A. (2020). *Utilizing school bus routes to deliver meals to families in need.* U.S. Department of Transportation University Transportation Centers Program. https://rosap.ntl.bts.gov/view/dot/56986

Somalia Directorate of National Statistics. (2020). *The Somali Health and Demographic Survey 2020.* Federal Government of Somalia. https://somalia.unfpa.org/sites/default/files/pub-pdf/FINAL%20SHDS%20Report%202020_V7_0.pdf

Somalia Federal Government. (2018). *Education Sector Program Improvement Grant 2018-2020: Program document.* https://www.globalpartnership.org/sites/default/files/fgs-program_document.pdf

Somalia Federal Government. (2022). *Education sector analysis: Federal Government of Somalia: assessing opportunities for rebuilding the country through education.* https://unesdoc.unesco.org/ark:/48223/pf0000380838

Somalia Ministry of Education, Culture and Higher Education. (2017). *Education sector analysis 2012-2016.* https://www.unicef.org/somalia/media/1201/file/Somalia-Education-sector-analysis-2012-16.pdf

Somalia Ministry of Education, Culture and Higher Education. (2021). *Annual statistics yearbook 2020-2021.* Federal Government of Somalia. https://moe.gov.so/wp-content/uploads/2022/06/Annual-Statisitics-Yearbook-2021-Final.pdf

Spilling, E. F., Rønneberg, V., Rogne, W. M., Roeser, J. and Torrance, M. (2021). Handwriting versus keyboarding: Does writing modality affect quality of narratives written by beginning writers? *Reading and Writing, 35*, 129–153. https://doi.org/10.1007/s11145-021-10169-y

Trubek, A. (2016). *The history and uncertain future of handwriting.* Bloomsbury.

UIS. (2022a). *MILO: Monitoring impacts on learning outcomes.* https://milo.uis.unesco.org

UIS. (2022b). *Rosetta Stone policy brief: Establishing a concordance between regional (ERCE/PASEC) and international (TIMSS/PIRLS) assessments.* https://tcg.uis.unesco.org/wp-content/uploads/sites/4/2022/06/Rosetta-Stone_Policy-Brief_2022.pdf

UIS. (2022c). *Technical Cooperation Group 9th meeting: Post-meeting consultation results.* https://tcg.uis.unesco.org/wp-content/uploads/sites/4/2023/03/TCG9_Consultation-Results_Report_2023.03_FINAL.pdf

UIS. (2023a). *Policy linking for measuring global learning outcomes toolkit: Linking assessments to the Global Proficiency Framework.* https://gaml.uis.unesco.org/wp-content/uploads/sites/2/2021/03/Policy_Linking_for_Measuring_Global_Learning_Outcomes_Dec-2020.pdf

UIS. (2023b). *Trends in learning proficiency in the last twenty years: How close are we to reliable regional and global SDG 4.1.1 trend statistics?* https://tcg.uis.unesco.org/wp-content/uploads/sites/4/2023/02/SDG-4.1.1-historical-trends-FINAL.pdf

UIS, and GEM Report. (2022). *A Bayesian model for estimating Sustainable Development Goal indicator 4.1.4: Out-of-school rates.* https://www.unesco.org/gem-report/sites/default/files/medias/fichiers/2022/08/OOS_Proposal.pdf

UIS and GEM Report. (2023). *SDG 4 scorecard progress report on national benchmarks: Focus on early childhood.* https://unesdoc.unesco.org/ark:/48223/pf0000384295

UIS and UNICEF. (2005). *Children out of school: Measuring exclusion from primary education.* https://unesdoc.unesco.org/ark:/48223/pf0000143867

UNICEF Somalia. (2006). *Multiple Indicator Cluster Survey.* UNICEF. https://mics-surveys-prod.s3.amazonaws.com/MICS3/Eastern%20and%20Southern%20Africa/Somalia/2006/Final/Somalia%202006%20MICS_English.pdf

United Nations (2022). *The Sustainable Development Goals Report 2022.* United Nations Department of Economic and Social Affairs. https://unstats.un.org/sdgs/report/2022/The-Sustainable-Development-Goals-Report-2022.pdf

Vasylets, O. and Marín, J. (2022). Pen-and-paper versus computer-mediated writing modality as a new dimension of task complexity. *Languages, 7*(3), 195. https://doi.org/10.3390/languages7030195

Verguet, S., Limasalle, P., Chakrabarti, A., Husain, A., Burbano, C., Drake, L. and Bundy, D. A. P. (2020). The broader economic value of school feeding programs in low- and middle-income countries: Estimating the multi-sectoral returns to public health, human capital, social protection, and the local economy. *Frontiers in Public Health, 8,* 587046. https://doi.org/10.3389/fpubh.2020.587046

Wang, D., Shinde, S., Young, T. and Fawzi, W. W. (2021). Impacts of school feeding on educational and health outcomes of school-age children and adolescents in low- and middle-income countries: A systematic review and meta-analysis. *Journal of Global Health, 11,* 04051. https://doi.org/10.7189/jogh.11.04051

Wang, H., Zhao, Q., Boswell, M. and Rozelle, S. (2020). Can school feeding programs reduce malnutrition in rural China? *Journal of School Health, 90*(1), 56–64. https://doi.org/10.1111/josh.12849

Weerdenburg, M. van, Tesselhof, M. and Meijden, H. (2019). Touch-typing for better spelling and narrative-writing skills on the computer. *Journal of Computer Assisted Learning, 35*(1), 143–152. https://doi.org/10.1111/jcal.12323

Weigelt-Marom, H. and Weintraub, N. (2018). Keyboarding versus handwriting speed of higher education students with and without learning disabilities: Does touch-typing assist in narrowing the gap? *Computers & Education, 117,* 132–140. https://doi.org/10.1016/j.compedu.2017.10.008

WFP. (2020a). *A chance for every schoolchild: Partnering to scale up school health and nutrition for human capital: WFP School Feeding Strategy 2020–2030.* World Food Programme. https://docs.wfp.org/api/documents/WFP-0000112101/download

WFP. (2020b). *State of school feeding worldwide 2020.* World Food Programme. https://www.wfp.org/publications/state-school-feeding-worldwide-2020

WFP. (2023). *Home grown school feeding.* World Food Programme. https://www.wfp.org/home-grown-school-feeding

World Bank. (2019). *Somali poverty and vulnerability assessment.* https://openknowledge.worldbank.org/bitstream/handle/10986/32323/Findings-from-Wave-2-of-the-Somali-High-Frequency-Survey.pdf?sequence=1&

第13章

Alcock, S. and Ritchie, J. (2018). Early childhood education in the outdoors in Aotearoa New Zealand. *Journal of Outdoor and Environmental Education, 21,* 77–88. https://link.springer.com/article/10.1007/s42322-017-0009-y

Alme, H. and Reime, M. A. (2021). Nature kindergartens: A space for children's participation. *Journal of Outdoor and Environmental Education, 24*(2), 113–131. https://doi.org/10.1007/s42322-021-00081-y

Al-Samarrai, S., Gangwar, M. and Gala, P. (2020). *The impact of the COVID-19 pandemic on education financing.* World Bank. https://openknowledge.worldbank.org/entities/publication/ed695831-6ce1-5227-85da-57f9f6a396c5

Aubert, S., et al. (2022). Global matrix 4.0 physical activity report card grades for children and adolescents: Results and analyses from 57 countries. *Journal of Physical Activity and Health, 19*(11), 700–728. https://doi.org/10.1123/jpah.2022-0456

Bell, T. and Vahrenhold, J. (2018). CS unplugged: How is it used, and does it work? In H.-J. Böckenhauer, D. Komm and W. Unger (Eds) *Adventures between lower bounds and higher altitudes* (Lecture notes in computer science, Vol. 11011). Springer. https://doi.org/10.1007/978-3-319-98355-4_29

Boyer, R. (2020). *Forest kindergarten and the perception of parents.* [Unpublished honors theses]. University of Tennessee at Chattanooga.

Bundesverband der Natur- und Waldkindergärten. (2023, 28 April). *Natur- und Waldkindergärten in Deutschland* [Nature and forest kindergartens in Germany]. https://www.bvnw.de/natur-und-waldkindergaerten/deutschland

Christiansen, A., Hannan, S., Anderson, K., Coxon, L. and Fargher, D. (2018). Place-based nature kindergarten in Victoria, Australia: No tools, no toys, no art supplies. *Journal of Outdoor and Environmental Education, 21*, 61–75. https://doi.org/10.1007/s42322-017-0001-6

Cinnamon, T. (2022, 4 March). *Primary school in Kenya: What does it cost?* Tech Lit Africa. https://techlitafrica.org/blog/primary-school-in-kenya-what-does-it-cost

Ecuador Republic. (2008). *Ecuador's Constitution of 2008.* https://www.constituteproject.org/constitution/Ecuador_2008.pdf

Fletcher, K. L. and Reese, E. (2005). Picture book reading with young children: A conceptual framework. *Developmental Review, 25*(1), 64–103. https://doi.org/10.1016/j.dr.2004.08.009

Haraseb, V. (2011). Early childhood education for the San in Namibia: The Working Group of Indigenous Minorities Early Childhood Development Program. *Diaspora, Indigenous, and Minority Education, 5*(2), 135–141. https://doi.org/10.1080/15595692.2011.559805

Imamura, M. (2014). The significance of mori-no-youchien (Waldkindergarten: Forest kindergarten) in modern school education. *Environmental Education, 23*(3), 4-16. https://doi.org/10.5647/jsoee.23.3_4

Imanishi, A., Takahashi, H. and Imanishi, J. (2018). Frequency of injuries and the prevalent safety measures in forest kindergartens. *Landscape Studies, 81*(5), 513–516. https://doi.org/10.5632/jila.81.513

Jeon, M., Park, J. and Lim, W. (2020). An investigation on developing the shelter and safety facilities of forest kindergartens. *International Journal of Protection, Security & Investigation, 5*(1), 42–53. https://doi.org/10.22471/protective.2020.5.1.42

Kiener, S. (2004). State of research on forest kindergartens. *Journal Forestier Suisse, 155*(3–4), 71–76.

Kim, E., An, S. and Song, J. (2012). An exploration of the meaning forest kindergarten experiences provide for children from low-income families. *Korean Journal of Early Childhood Education Research, 32*(4), 311–339. https://www.kci.go.kr/kciportal/landing/article.kci?arti_id=ART001694011

Klauer, A.-K. (2016). *Facilitation of forest kindergartens in the Czech Republic: Final report.* Sächsische Landesstiftung Natur und Umwelt. https://www.umweltbundesamt.de/sites/default/files/medien/1411/beratungshilfe/lanu_cz_forestkindergarten_finalreport_en_0.pdf

Kuo, F. E. and Taylor, A. F. (2004). A potential natural treatment for attention-deficit/hyperactivity disorder: Evidence from a national study. *American Journal of Public Health, 94*(9), 1580–1586. https://doi.org/10.2105/ajph.94.9.1580

Kuo, M., Barnes, M. and Jordan, C. (2019). Do experiences with nature promote learning? Converging evidence of a cause-and-effect relationship. *Frontiers in Psychology, 10*, 305. https://doi.org/10.3389/fpsyg.2019.00305

Larimore, R. (2016). Defining nature-based preschools. *International Journal of Early Childhood Environmental Education, 4*(1), 32. https://files.eric.ed.gov/fulltext/EJ1120149.pdf

Malala Fund. (2021, 9 August). *An education activist describes the fight to end hidden fees in northeast Nigeria.* https://malala.org/newsroom/an-education-activist-describes-the-fight-to-end-hidden-fees-in-northeast-nigeria

Masters, J. and Grogan, L. (2018). A comparative analysis of nature kindergarten programmes in Australia and New Zealand. *International Journal of Early Years Education, 26*(3), 233–248. https://doi.org/10.1080/09669760.2018.1459507

Mathias, H. (2018). *Seeing the woods for the trees: How the regulation of early learning and childcare changed to improve children's experience of outdoor play in Scotland.* Care Inspectorate. https://www.careinspectorate.com/images/Seeing_the_wood_for_the_trees_journal_Henry_Mathias.pdf

McCoy, D. C., Cuartas, J., Behrman, J., Cappa, C., Heymann, J., Bóo, F. L., Lu, C., Raikes, A., Richter, L., Stein, A. and Fink, G. (2021). Global estimates of the implications of COVID-19-related preprimary school closures for children's instructional access, development, learning, and economic wellbeing. *Child Development, 92*(5), e883–e899. https://doi.org/10.1111/cdev.13658

McLennan, D. P. (2020). *Kindercoding unplugged: Screen-free activities for beginners.* Redleaf Press. https://www.redleafpress.org/Kindercoding-Unplugged-Screen-Free-Activities-for-Beginners-P2506.aspx

Michek, S., Nováková, Z. and Menclová, L. (2015). Advantages and disadvantages of forest kindergarten in Czech Republic. *Procedia – Social and Behavioral Sciences*, *171*, 738–744. https://doi.org/10.1016/j.sbspro.2015.01.186

Natural Start Alliance. (2017). *Nature preschools and forest kindergartens: 2017 national survey.* https://naturalstart.org/sites/default/files/staff/nature_preschools_national_survey_2017.pdf

Natural Start Alliance. (2020). *Nature-based preschools in the US: 2020 snapshot.* https://naturalstart.org/sites/default/files/staff/nature_preschools_2020_snapshot_final_0.pdf

Nugroho, D., Jeon, Y., Kamei, A. and Boo, F. L. (2021). *It's not too late to act on early learning: Understanding and recovering from the impact of pre-primary education closures during COVID-19.* (Research Brief 2021-03), UNICEF Office of Research – Innocenti. https://www.unicef-irc.org/publications/1213-its-not-too-la te-to-act-on-early-learning.html

Perlman, M., Bergeron, C. and Howe, N. (2020, 10 May). *Scotland's outdoor play initiative has some lessons for the rest of the world.* The Conversation. https://theconversation.com/scotlands-outdoor-play-initiative-has-some-lessons-for-the-rest-of-the-world-132429

Pesando, L., Wolf, S., Behrman, J. H. and Tsinigo, E. (2020). Are private kindergartens really better? Examining preschool choices, parental resources, and children's school readiness in Ghana. *Comparative Education Review*, *64*(1). https://doi.org/10.1086/706775

Petrowski, N., Cappa, C. and Dia, E. (2022, 4 April). *Two years on: Progress and country uptake of the ECDI2030.* UNICEF. https://data.unicef.org/data-for-action/two-years-on-progress-and-country-uptake-of-the-ecdi2030

Polat, E. and Yilmaz, R. M. (2022). Unplugged versus plugged-in: Examining basic programming achievement and computational thinking of 6th-grade students. *Education and Information Technologies*, *27*(7), 9145–9179. https://doi.org/10.1007/s10639-022-10992-y

Riis, M. (2023). *What's up with Danish forest kindergartens?* Wild About Denmark. https://wildaboutdenmark.com/whats-the-thing-about-danish-forest-kindergartens

Saxena, A., Lo, C. K., Hew, K. F. and Wong, G. K. W. (2020). Designing unplugged and plugged activities to cultivate computational thinking: An exploratory study in early childhood education. *The Asia-Pacific Education Researcher*, *29*, 55–66. https://doi.org/10.1007/s40299-019-00478-w

Schilhab, T. (2021). Nature experiences in science education in school: Review featuring learning gains, investments, and costs in view of embodied cognition. *Frontiers in Education*, *6*, 739408. https://doi.org/10.3389/feduc.2021.739408

Singhal, V. (2022). *Precoding skills-teaching computational thinking to preschoolers in Singapore using unplugged activities.* CTE-STEM 2022 International Teacher Forum. https://doi.org/10.34641/ctestem.2022.452

UNESCO. (2020). *Global Education Monitoring Report 2020: Inclusion and education: All means all.* https://unesdoc.unesco.org/ark:/48223/pf0000373718

UNESCO. (2021). *Global Education Monitoring Report 2021/2: Non-state actors in education: Who chooses? Who loses?* https://unesdoc.unesco.org/ark:/48223/pf0000379875

UNESCO. (2023). *SDG 4 Scorecard: Progress report on national benchmarks: Focus on early childhood.* https://unesdoc.unesco.org/ark:/48223/pf0000384295

UNESCO, UNICEF, World Bank and OECD. (2021). *What's next? Lessons on education recovery: Findings from a survey of ministries of education amid the COVID-19 pandemic.* https://unesdoc.unesco.org/ark:/48223/pf0000379117

UNICEF. (2021). *Early childhood development: home environment data.* UNICEF Data Warehouse. https://data.unicef.org/resources/dataset/home-environment/

UNICEF. (2022). *ECDI2030: Frequently asked questions.* https://data.unicef.org/wp-content/uploads/2020/07/ECDI2030-Frequently-Asked-Questions.pdf

Verdisco, A., Santiago, C. and Thompson, J. (2016). *Early childhood development: Wealth, the nurturing environment and inequality: First results from the PRIDI database* (IDB-WP-716). Inter-American Development Bank. https://publications.iadb.org/en/publication/12516/early-childhood-development-wealth-nurturing-environment-and-inequality-first

Yanagihara, T. (2019). Children's learning in 'forest kindergarten': In light of science process skills. *Bulletin of Nayoro City University*, *13*, 45–55. https://ci.nii.ac.jp/naid/120006707628/en

Yıldırım, G. and Akamca, G. Ö. (2017). The effect of outdoor learning activities on the development of preschool children. *South African Journal of Education*, *37*(2), 1–10. https://doi.org/10.15700/saje.v37n2a1378

Yoshikawa, H., Wuermli, A. J., Britto, P. R., Dreyer, B., Leckman, J. F., Lye, S. J., Ponguta, L. A., Richter, L. M. and Stein, A. (2020). Effects of the global coronavirus disease-2019 pandemic on early childhood development:

Short- and long-term risks and mitigating program and policy actions. *The Journal of Pediatrics, 223*, 188–193. https://doi.org/10.1016/j.jpeds.2020.05.020

第14章

Aina, A. Y. and Ogegbo, A. A. (2022). Investigating TVET college educators' experiences while transitioning from the traditional classroom to the virtual classroom during the COVID-19 pandemic. *Perspectives in Education, 40*(1), 129–142. https://doi.org/10.18820/2519593x/pie.v40.i1.8

Brown, M., Mhichil, M., Beirne, E. and Lochlainn, C. M. (2021). The global micro-credential landscape: Charting a new credential ecology for lifelong learning. *Journal of Learning for Development, 8*(2), 228–254. https://doi.org/10.56059/jl4d.v8i2.525

Cedefop. (2023). *Microcredentials for labour market education and training: Microcredentials and evolving qualifications systems.* Publications Office of the European Union. http://data.europa.eu/doi/10.2801/566352

Chakroun, B. and Keevy, J. (2018). *Digital credentialing: Implications for the recognition of learning across borders.* UNESCO. https://unesdoc.unesco.org/ark:/48223/pf0000264428

Cliff, A., Walji, S., Mogliacci, R. J., Morris, N. and Ivancheva, M. (2022). Unbundling and higher education curriculum: A cultural-historical activity theory view of process. *Teaching in Higher Education, 27*(2), 217–232. https://doi.org/10.1080/13562517.2019.1711050

Council of the European Union. (2022, 16 June). *Council recommends European approach to micro-credentials.* https://www.consilium.europa.eu/en/press/press-releases/2022/06/16/council-recommends-european-approach-to-micro-credentials

Cowie, N. and Sakui, K. (2022). *Micro-credentials: Surveying the landscape.* [Conference presentation]. JALTCALL Conference, Nagoya, Japan. https://doi.org/10.37546/jaltsig.call.pcp2021-02

Credential Engine. (2022). *Counting US postsecondary and secondary credentials.* https://credentialengine.org/all-resources/counting-credentials

ECIU. (2020). *It's on: The future of education starts now.* European Consortium of Innovative Universities. https://assets-global.website-files.com/562fb917aa38ca2e349b422e/5e69e1559312b514dcfb5ea3_20191279%20Magazine%20ECIU%20uitgave%203%20230x290mm%20issuu%20online.pdf

Fuller, J., Langer, C. and Sigelman, M. (2022). Skills-based hiring is on the rise. *Harvard Business Review, 11.* https://www2.mvcc.edu/shn/inclusive/pdf/Skills-based-hiring-on-rise-hbr.pdf

Gallagher, S., Leuba, M., Houston, C. and Trieckel, E. (2023). *Digital credentials and talent acquisition tech: Closing the data gap between learning and hiring.* Northeastern University Center for the Future of Higher Education and Talent Strategy. https://cps.northeastern.edu/wp-content/uploads/2023/03/Digital_Credentials_Talent_Acquisition_Tech.pdf

Gish-Lieberman, J. J., Tawfik, A. and Gatewood, J. (2021). Micro-credentials and badges in education: A historical overview. *TechTrends, 65*, 5–7. https://doi.org/10.1007/s11528-020-00567-4

Grinis, I. (2019). The STEM requirements of 'non-STEM' jobs: Evidence from UK online vacancy postings. *Economics of Education Review, 70*, 144–158. https://doi.org/10.1016/j.econedurev.2019.02.005

Gutierrez, J. and Martin, W. (2021). *How might digital micro-credentials help youth aspiring to go to college?* (Rapid Community Report Series). https://repository.isls.org/handle/1/6853

Hoftijzer, M., Levin, V., Santos, I. and Weber, M. (2020). *TVET systems' response to COVID-19.* World Bank. https://elibrary.worldbank.org/doi/epdf/10.1596/33759

HolonIQ. (2021). *Micro-credentials Executive Panel Survey.* https://www.holoniq.com/notes/micro-credentials-global-panel-results

Karani, A. O. and Waiganjo, M. M. (2022). Challenges and prospects of online instruction of vocational subjects by TVET institutions in Kenya due to COVID-19. *International Journal of Education, Technology and Science, 2*(2), 108–118. https://globets.org/journal/index.php/IJETS/article/view/42

Kässi, O. and Lehdonvirta, V. (2022). Do microcredentials help new workers enter the market? Evidence from an online labor platform. *Journal of Human Resources, 58*(4). https://doi.org/10.3368/jhr.0519-10226r3

Kato, S., Galán-Muros, V. and Weko, T. (2020). *The emergence of alternative credentials.* (Education Working Paper 216). OECD Publishing. https://doi.org/10.1787/b741f39e-en

Kift, S. (2021). Australian access and equity in the Covid era. In G. Atherton (Ed) *Perspectives on the challenges to access and equity in higher education across the world in the context of COVID* (pp. 12–13). National Education Opportunities

Network. https://worldaccesshe.com/wp-content/uploads/2021/09/SBT2369-National-Education-Opportuniti es-Network-NEON-Report-Design-v3-Single-Page.pdf

Masrom, M., Ali, M. N., Ghani, W. and Rahman, A. H. A. (2022). The ICT implementation in the TVET teaching and learning environment during the COVID-19 pandemic. *International Journal of Advanced Research in Future Ready Learning and Education*, *28*(1), 43–49. https://akademiabaru.com/submit/index.php/frle/article/view/4547

Oliver, B. (2019). *Making micro-credentials work for learners, employers and providers*. Deakin University. http://hdl.voced.edu.au/10707/515939

Oliver, B. (2021). *A conversation starter: Towards a common definition of micro-credentials*. UNESCO. (ED/PLS/YLS/2022/04). https://unesdoc.unesco.org/ark:/48223/pf0000381668

Pickard, L., Shah, D. and Simone, J. J. D. (2018, 26–28 September). *Mapping microcredentials across MOOC platforms*. [Conference presentation]. Learning with MOOCs, Madrid. https://doi.org/10.1109/lwmoocs.2018.8534617

Pollard, V. and Vincent, A. (2022). Micro-credentials: A postdigital counternarrative. *Postdigital Science and Education*, *4*(3), 843–859. https://doi.org/10.1007/s42438-022-00311-6

Resei, C., Friedl, C., Staubitz, T. and Rohloff, T. (2019). *Result 1.1c: Micro-credentials in EU and global*. Corship. https://openhpi-public.s3.openhpicloud.de/pages/research/27kLG703NBaxDgjuaNjOWe/Corship-R1.1c_micro-credentials.pdf

Richard, E. W., Timothy, J. N., Zui, C., Alyssa, E. and Kyle, C. (2020). Acknowledging all learning: Alternative, micro, and open credentials. In M. J. Bishop, E. Boling, J. Elen and V. Svihla (Eds) *Handbook of research in educational communications and technology* (pp. 593–613). Springer. https://doi.org/10.1007/978-3-030-36119-8_27

Selvaratnam, R. and Sankey, M. (2021). An integrative literature review of the implementation of micro-credentials in higher education: Implications for practice in Australasia. *Journal of Teaching and Learning for Graduate Employability*, *12*(1), 1–17. https://doi.org/10.21153/jtlge2021vol12no1art942

Toquero, C. M. (2020). Challenges and opportunities for higher education amid the COVID-19 pandemic: The Philippine context. *Pedagogical Research*, *5*(4). https://doi.org/10.29333/pr/7947

van der Hijden, P. and Martin, M. (2023). *Short courses, micro-credentials, and flexible learning pathways: A blueprint for policy development and action*. UNESCO International Institute for Educational Planning. https://www.iiep.unesco.org/en/publication/short-courses-micro-credentials-and-flexible-learning-pathways-blueprint-policy

Varadarajan, S., Koh, J. H. L. and Daniel, B. K. (2023). A systematic review of the opportunities and challenges of micro-credentials for multiple stakeholders: Learners, employers, higher education institutions and government. *International Journal of Educational Technology in Higher Education*, *20*(13), 1–24. https://doi.org/10.1186/s41239-023-00381-x

第15章

Acemoglu, D. and Autor, D. (2011). Skills, tasks and technologies: Implications for employment and earnings. In D. Card and O. Ashenfelter (Eds) *Handbook of labor economics* (Vol. 4, Part B, pp. 1043–1171). Elsevier. https://doi.org/10.1016/s0169-7218(11)02410-5

Acemoglu, D., Autor, D., Hazell, J. and Restrepo, P. (2020). *AI and jobs: Evidence from online vacancies*. (NBER Working Paper 28257). National Bureau of Economic Research. https://www.nber.org/papers/w28257

Agrawal, A., Gans, J. S. and Goldfarb, A. (2019). Artificial intelligence: The ambiguous labor market impact of automating prediction. *Journal of Economic Perspectives*, *33*(2), 31–50. https://doi.org/10.1257/jep.33.2.31

Alekseeva, L., Azar, J., Giné, M., Samila, S. and Taska, B. (2021). The demand for AI skills in the labor market. *Labour Economics*, *71*, 102002. https://doi.org/10.1016/j.labeco.2021.102002

Amaral, N., Eng, N., Ospino, C., Pagés, C., Rucci, G. and Williams, N. (2018). *How far can your skills take you? Understanding skill demand changes due to occupational shifts and the transferability of workers across occupations*. (IDB Technical Note 01501). Inter-American Development Bank. http://dx.doi.org/10.18235/0001291

Arntz, M., Gregory, T. and Zierahn, U. (2016). *The risk of automation for jobs in OECD countries: A comparative analysis*. (OECD Social, Employment and Migration Working Paper 189). OECD Publishing. https://doi.org/10.1787/5jlz9h56dvq7-en

Bação, P., Lopes, V. G. and Simões, M. (2022). AI, demand and the impact of productivity-enhancing technology on jobs: Evidence from Portugal. *Eastern European Economics*, *61*(4), 1–25. https://doi.org/10.1080/00128775.2022.2064307

Bessen, J. (2018). *AI and jobs: The role of demand*. (NBER Working Paper 24235). National Bureau of Economic Research. https://www.nber.org/papers/w24235

Burbekova, S. (2021). *Soft skills as the most in-demand skills of future IT specialists* [Conference presentation]. IEEE International Conference on Smart Information Systems and Technologies, Nur-Sultan, Kazakhstan. https://doi.org/10.1109/sist50301.2021.9465935

Cedefop. (2016). *Skill shortage and surplus occupations in Europe – Cedefop insights into which occupations are in high demand – and why*. Publications Office of the European Union. https://doi.org/10.2801/05116

EU STEM Coalition. (2023, 7 August). *Techniekpact (Technology Pact)*. https://www.stemcoalition.eu/programmes/techniekpact-technology-pact

Figueiredo, H., Biscaia, R., Rocha, V. and Teixeira, P. (2017). Should we start worrying? Mass higher education, skill demand and the increasingly complex landscape of young graduates' employment. *Studies in Higher Education*, 42(8), 1401–1420. https://doi.org/10.1080/03075079.2015.1101754

Gaynor, M. (2020). *Automation and AI sound similar, but may have vastly different impacts on the future of work*. The Brookings Institution. https://www.brookings.edu/articles/automation-and-artificial-intelligence-sound-similar-but-may-have-vastly-different-impacts-on-the-future-of-work

Grinis, I. (2019). The STEM requirements of 'non-STEM' jobs: Evidence from UK online vacancy postings. *Economics of Education Review*, 70, 144–158. https://doi.org/10.1016/j.econedurev.2019.02.005

Haynes, M. and Thompson, S. (2000). The productivity impact of IT deployment: An empirical evaluation of ATM introduction. *Oxford Bulletin of Economics and Statistics*, 62(5), 607–619. https://doi.org/10.1111/1468-0084.00192

Jaures, B. (2021). AI, automation and new jobs. *Open Journal of Business and Management*, 9(5), 2452–2463. https://doi.org/10.4236/ojbm.2021.95132

Manyika, J., Chui, M., Miremadi, M., Bughin, J., George, K., Willmott, P. and Dewhurst, M. (2017). *A future that works: AI, automation, employment, and productivity*. McKinsey Global Institute. https://www.mckinsey.com/~/media/mckinsey/featured%20insights/Digital%20Disruption/Harnessing%20automation%20for%20a%20future%20that%20works/MGI-A-future-that-works-Full-report.ashx

Martínez-Plumed, F., Tolan, S., Pesole, A., Hernández-Orallo, J., Fernández-Macías, E. and Gómez, E. (2020). *Does AI qualify for the job?* [Conference presentation]. AAAI/ACM Conference on AI, Ethics, and Society, New York. https://doi.org/10.1145/3375627.3375831

Maskey, S. (2019, 7 June). *Retraining and reskilling your workforce in the wake of AI*. Forbes. https://www.forbes.com/sites/forbestechcouncil/2019/06/07/retraining-and-re-skilling-your-workforce-in-the-wake-of-ai/?sh=31b07edd5484

Oxford Economics and Cisco. (2018). *Technology and the future of ASEAN jobs: The impact of AI on workers in ASEAN's six largest economies*. https://www.cisco.com/c/dam/global/en_sg/assets/csr/pdf/technology-and-the-future-of-asean-jobs.pdf

Poba-Nzaou, P., Galani, M., Uwizeyemungu, S. and Ceric, A. (2021). The impacts of artificial intelligence (AI) on jobs: An industry perspective. *Strategic HR Review*, 20(2), 60–65. https://doi.org/10.1108/shr-01-2021-0003

Portugal INCoDe 2030. (2023). *Estudo para a Empregabilidade (não TIC) no Futuro* [Study for (non-ICT) employability in the future]. https://digitalcoalition.pt/en/2023/02/03/incode-2030-divulga-resultados-do-estudo-para-a-empregabilidade-nao-tic-no-futuro

Qian, M., Saunders, A. and Ahrens, M. (2020). Mapping LegalTech adoption and skill demand. In S. A. Bhatti, S. Chishti, A. Datoo and D. Indjic (Eds) *The LegalTech book: The legal technology handbook for investors, entrepreneurs and FinTech visionaries* (pp. 211–214). FINTECH Circle. https://doi.org/10.1002/9781119708063.ch55

Samek, L., Squicciarini, M. and Cammeraat, E. (2021). *The human capital behind AI*. (OECD Science, Technology and Industry Policy Paper 120). OECD Publishing. https://doi.org/10.1787/2e278150-en

WEF. (2018). *The future of jobs report 2018*. World Economic Forum. https://www.weforum.org/reports/the-future-of-jobs-report-2018

World Bank. (2018). *World development report 2019: The changing nature of work*. https://www.worldbank.org/en/publication/wdr2019

Xie, M., Ding, L., Xia, Y., Guo, J., Pan, J. and Wang, H. (2021). Does artificial intelligence affect the pattern of skill demand? Evidence from Chinese manufacturing firms. *Economic Modelling*, 96, 295–309. https://doi.org/10.1016/j.econmod.2021.01.009

第16章

Abdurrahman, A., and Hakki, Y. (2019). Intergenerational education mobility and the level of development. *European Economic Review, 116*, 160–185.

Aydemir, A. B. and Yazici, H. (2019). Intergenerational education mobility and the level of development. *European Economic Review, 116*, 160–185. https://www.sciencedirect.com/science/article/abs/pii/S0014292119300595

Azomahou, T. T. and Yitbarek, E. A. (2016). *Intergenerational education mobility in Africa: Has progress been inclusive?* (Policy Research Working Paper, 7843). World Bank. https://elibrary.worldbank.org/doi/abs/10.1596/1813-9450-7843

Baye, A. and Monseur, C. (2016). Gender differences in variability and extreme scores in an international context. *Large-Scale Assessments in Education, 4*(1), 1. https://doi.org/10.1186/s40536-015-0015-x

Bhalotra, S., Harttgen, K. and Klasen, S. (2015). *The impact of school fees on schooling outcomes and the intergenerational transmission of education.* (Background paper for *EFA Global Monitoring Report 2013/4*). https://unesdoc.unesco.org/ark:/48223/pf0000225956

Canning, E. A., LaCosse, J., Kroeper, K. M. and Murphy, M. C. (2020). Feeling like an imposter: The effect of perceived classroom competition on the daily psychological experiences of first-generation college students. *Social Psychological and Personality Science, 11*(5), 647–657. https://doi.org/10.1177/1948550619882032

Chetty, R., Hendren, N., Kline, P. and Saez, E. (2014). Where is the land of opportunity? The geography of intergenerational mobility in the United States. *The Quarterly Journal of Economics, 129*(4), 1553–1623. https://academic.oup.com/qje/article-abstract/129/4/1553/1853754

Collier, P. J. and Morgan, D. L. (2008). 'Is that paper really due today?': Differences in first-generation and traditional college students' understandings of faculty expectations. *Higher Education, 55*(4), 425–446. https://doi.org/10.1007/s10734-007-9065-5

Contini, N., Mejail, S., Caballero, V., Lacunza, B. and Lucero, G. (2021). Adolescentes, escuela y comportamiento agresivo en tiempos de pandemia. Dinámicas y retos [Adolescents, school and aggressive behaviour in pandemic times. Dynamics and challenges]. *Ciencia, docencia y tecnología, 63*, 43-45. www.scielo.org.ar/scielo.php?pid=S1851-17162021000200043&script=sci_abstract&tlng=pt

Engzell, P., Frey, A. and Verhagen, M. D. (2021). Learning loss due to school closures during the COVID-19 pandemic. *Proceedings of the National Academy of Sciences, 118*(17), e2022376118. https://www.pnas.org/doi/10.1073/pnas.2022376118

Gofen, A. (2009). Family capital: How first-generation higher education students break the intergenerational cycle. *Family Relations, 58*(1), 104–120. https://doi.org/10.1111/j.1741-3729.2008.00538.x

Güell, M., Pellizzari, M., Pica, G. and Mora, J. V. R. (2018). Correlating social mobility and economic outcomes. *The Economic Journal, 128*(612), F353–F403. https://doi.org/10.1111/ecoj.12599

Hastings, O. P. and Pesando, L. M. (2022). *What's a parent to do? Measuring cultural logics of parenting with text analysis.* https://doi.org/10.31235/osf.io/htqs5

Hevia, F. J. and Vergara-Lope, S. (2022). Rezago de aprendizajes básicos y brecha digital en el contexto de COVID-19 en México: El caso de Xalapa, Veracruz. [Lag in basic learning and digital gap on the COVID-19 context in Mexico: The case of Xalapa, Veracruz]. *Perfiles educativos, 44*(176), 8-21. https://www.scielo.org.mx/scielo.php?script=sci_arttext&pid=S0185-26982022000200008

Iyer, P., Rolleston, C., Rose, P. and Woldehanna, T. (2020). A rising tide of access: What consequences for equitable learning in Ethiopia? *Oxford Review of Education, 46*(5), 601–618. https://doi.org/10.1080/03054985.2020.1741343

Jury, M., Smeding, A. and Darnon, C. (2015). First-generation students' underperformance at university: The impact of the function of selection. *Frontiers in Psychology, 6*, 710. https://www.frontiersin.org/articles/10.3389/fpsyg.2015.00710/full

Kuhfeld, M., Soland, J., Tarasawa, B., Johnson, A., Ruzek, E. and Liu, J. (2020). Projecting the potential impact of COVID-19 school closures on academic achievement. *Educational Researcher, 49*(8), 549-565. https://journals.sagepub.com/doi/10.3102/0013189X20965918

Laiduc, G., Herrmann, S. and Covarrubias, R. (2021). Relatable role models: An online intervention highlighting first-generation faculty benefits first-generation students. *Journal of First-generation Student Success, 1*(3), 159–186. https://doi.org/10.1080/26906015.2021.1983402

Maaz, K. (2020). Soziale Ungleichheiten. Der Übergang von der Grundschule als Hürde [Social inequalities. The transition from elementary school as a hurdle]. *Lernende Schule, 23*(1), 7–9. https://doi.org/10.25656/01:22923

Maldonado, J. E. and De Witte, K. (2022). The effect of school closures on standardised student test outcomes. *British Educational Research Journal*, *48*(1), 49-94. https://bera-journals.onlinelibrary.wiley.com/doi/abs/10.1002/berj.3754

Means, D. and Pyne, K. (2017). Finding my way: Perceptions of institutional support and belonging in low-income, first-generation, first-year college students. *Journal of College Student Development*, *58*(6), 907–924. https://eric.ed.gov/?id=EJ1155237

Moscoviz, L. and Evans, D. K. (2022). *Learning loss and student dropouts during the Covid-19 pandemic: A review of the evidence two years after schools shut down.* (Working Paper 609). Center for Global Development. https://www.cgdev.org/publication/learning-loss-and-student-dropouts-during-covid-19-pandemic-review-evidence-two-years

Nguyen, T. H. (2018). Is the 'first-generation student' term useful for understanding inequality? The role of intersectionality in illuminating the implications of an accepted – yet unchallenged – term. *Review of Research in Education*, *42*(1), 146–176. https://journals.sagepub.com/doi/abs/10.3102/0091732X18759280

OECD. (2018). *Equity in education: Breaking down barriers to social mobility*. PISA. OECD Publishing. https://doi.org/10.1787/9789264073234-en

Phillips, L. T., Stephens, N. M., Townsend, S. S. M. and Goudeau, S. (2020). Access is not enough: Cultural mismatch persists to limit first-generation students' opportunities for achievement throughout college. *Journal of Personality and Social Psychology*, *119*(5), 1112–1131. https://doi.org/10.1037/pspi0000234

Portela, M. J. O. and Atherton, P. (2020). Outsmarting your parents: Being a first-generation learner in developing countries. *Review of Development Economics*, *24*(4), 1237–1255. https://doi.org/10.1111/rode.12734

Razzu, G. and Wambile, A. (2022). Four decades of intergenerational educational mobility in sub-Saharan Africa. *The Journal of Development Studies*, *58*(5), 931-950. https://www.tandfonline.com/doi/full/10.1080/00220388.2021.2008366

Redford, J. and Hoyer, K. M. (2017). *First generation and continuing-generation college students: A comparison of high school and postsecondary experiences.* (Stats in Brief NCES 2018-009). US Department of Education. https://vtechworks.lib.vt.edu/bitstream/handle/10919/83686/FirstGenerationPostsecondaryExperience.pdf?sequence=1&

Schultz, R. and Stansbury, A. (2022). *Socioeconomic diversity of economics PhDs.* (Working Paper 22–4). Peterson Institute for International Economics. https://ideas.repec.org/p/iie/wpaper/wp22-4.html

Spiegler, T. and Bednarek, A. (2013). First-generation students: What we ask, what we know and what it means: An international review of the state of research. *International Studies in Sociology of Education*, *23*(4), 318–337. https://doi.org/10.1080/09620214.2013.815441

Tate, K. A., Caperton, W., Kaiser, D., Pruitt, N. T., White, H. and Hall, E. (2015). An exploration of first-generation college students' career development beliefs and experiences. *Journal of Career Development*, *42*(4), 294–310. https://doi.org/10.1177/0894845314565025

Toutkoushian, R. K., Stollberg, R. A. and Slaton, K. A. (2018). Talking 'bout my generation: Defining 'first-generation college students' in higher education research. *Teachers College Record*, *120*(4), 1–38. https://doi.org/10.1177/016146811812000407

UNESCO. (2022). *Global education monitoring report 2022: gender report, deepening the debate on those still left behind.* https://doi.org/10.54676/RCZB6329

Vijayakumar, K. P. (2020). *Bridging economic inequality in India through higher education: A study on rural, first generation learners* [Unpublished doctoral dissertation]. University of Liverpool. https://livrepository.liverpool.ac.uk/3096426

Whitley, C. T., Takahashi, B., Zwickle, A., Besley, J. C. and Lertpratchya, A. P. (2018). Sustainability behaviors among college students: An application of the VBN theory. *Environmental Education Research*, *24*(2), 245-262. https://www.tandfonline.com/doi/abs/10.1080/13504622.2016.1250151

第17章

Abadzi, H. (2012). *Developing cross language metrics for reading fluency measurement: Some issues and options.* World Bank. https://doi.org/10.1596/26819

Abadzi, H. and Centanni, T. (2020). Why fast and effortless reading is indispensable for comprehension. *Comparative Education Review*, *64*(2), 299–308. https://doi.org/10.1086/708300

Alves, L. M., dos Santos, L. F., Miranda, I. C. C., Carvalho, I. M., Ribeiro, G. de L., Freire, L. de S. C., Martins-Reis, V. de O. and Celeste, L. C. (2021). Evolução da velocidade de leitura no Ensino Fundamental I e II [Evolution of reading speed in elementary school I and II]. *CoDAS*, *33*(5), e20200168. https://doi.org/10.1590/2317-1782/20202020168

Brysbaert, M. (2019). How many words do we read per minute? A review and meta-analysis of reading rate. *Journal of Memory and Language, 109*, 104047. https://doi.org/10.1016/j.jml.2019.104047

Carretti, B., Toffalini, E., Saponaro, C., Viola, F. and Cornoldi, C. (2020). Text reading speed in a language with a shallow orthography benefits less from comprehension as reading ability matures. *British Journal of Educational Psychology, 90*(S1), 91–104. https://doi.org/10.1111/bjep.12307

Delgado, P., Vargas, C., Ackerman, R. and Salmerón, L. (2018). Don't throw away your printed books: A meta-analysis on the effects of reading media on reading comprehension. *Educational Research Review, 25*, 23–38. https://doi.org/10.1016/j.edurev.2018.09.003

Deschênes, S. and Hotte, R. (2021). *Assessing the effects of an education policy on women's marital outcomes: Evidence from Benin.* (Working Paper 2019-34). Paris School of Economics. https://shs.hal.science/halshs-02179704/document

Dowd, A. J. and Bartlett, L. (2019). The need for speed: Interrogating the dominance of oral reading fluency in international reading efforts. *Comparative Education Review, 63*(2), 189–212. https://doi.org/10.1086/702612

Eviatar, Z., Ibrahim, R., Karelitz, T. M. and Simon, A. B. (2019). Speed of reading texts in Arabic and Hebrew. *Reading and Writing, 32*(3), 537–559. https://doi.org/10.1007/s11145-018-9877-y

Gleni, A., Ktistakis, E., Tsilimbaris, M. K., Simos, P., Trauzettel-Klosinski, S. and Plainis, S. (2019). Assessing variability in reading performance with the new Greek standardized reading speed texts (IReST). *Optometry and Vision Science, 96*(10), 761–767. https://doi.org/10.1097/opx.0000000000001434

Graham, B. E. and van Ginkel, A. J. (2014). Assessing early grade reading: The value and limits of 'words per minute.' *Language, Culture and Curriculum, 27*(3), 244–259. https://doi.org/10.1080/07908318.2014.946043

Hasbrouck, J. and Tindal, G. (2017). *An update to compiled ORF norms.* Behavioural Research and Teaching. (Technical report 1702). https://files.eric.ed.gov/fulltext/ED594994.pdf

He, Y., Baek, S. and Legge, G. E. (2018). Korean reading speed: Effects of print size and retinal eccentricity. *Vision Research, 150*, 8–14. https://doi.org/10.1016/j.visres.2018.06.013

Johann, V., Könen, T. and Karbach, J. (2020). The unique contribution of working memory, inhibition, cognitive flexibility, and intelligence to reading comprehension and reading speed. *Child Neuropsychology, 26*(3), 324–344. https://doi.org/10.1080/09297049.2019.1649381

Jung, M.-H. and Choi, E. J. (2021). Comparison of reading speeds under preferred color and white LED lightings. *Journal of Korean Ophthalmic Optics Society, 26*(2), 91–98. https://doi.org/10.14479/jkoos.2021.26.2.91

Ling, Y. and Liu, D. (2021). Effects of Chinese and English word segmentation on reading speed. *Proceedings of the 2nd International Conference on Language, Communication and Culture Studies, 588*, 32–40. https://doi.org/10.2991/assehr.k.211025.006

Liu, R., Patel, B. N. and Kwon, M. (2017). Age-related changes in crowding and reading speed. *Scientific Reports, 7*,8271. https://doi.org/10.1038/s41598-017-08652-0

Midhwah, A. A. and Alhawary, M. T. (2020). Arabic diacritics and their role in facilitating reading speed, accuracy, and comprehension by English L2 learners of Arabic. *The Modern Language Journal, 104*(2), 418–438. https://doi.org/10.1111/modl.12642

Moys, J.-L., Loveland, P. and Dyson, M. C. (2018). eInk versus paper: Exploring the effects of medium and typographic quality on recall and reading speed. *Visible Language, 52*(3), 74–95.

Piper, B., Schroeder, L. and Trudell, B. (2016). Oral reading fluency and comprehension in Kenya: Reading acquisition in a multilingual environment. *Journal of Research in Reading, 39*(2), 133–152. https://doi.org/10.1111/1467-9817.12052

Piper, B. and Zuilkowski, S. S. (2015). Assessing reading fluency in Kenya: Oral or silent assessment? *International Review of Education, 61*(2), 153–171. https://doi.org/10.1007/s11159-015-9470-4

Rayner, K., Schotter, E. R., Masson, M. E. J., Potter, M. C. and Treiman, R. (2016). So much to read, so little time. *Psychological Science in the Public Interest, 17*(1), 4–34. https://doi.org/10.1177/1529100615623267

Sackstein, S., Spark, L. and Jenkins, A. (2015). Are e-books effective tools for learning? Reading speed and comprehension: iPad®i vs. paper. *South African Journal of Education, 35*(4), 1–14. https://doi.org/10.15700/saje.v35n4a1202

Seidenberg, M. (2018). *Language at the speed of sight: How we read, why so many can't, and what can be done about it.* Basic Books. https://www.hachettebookgroup.com/titles/mark-seidenberg/language-at-the-speed-of-sight/9780465080656/?lens=basic-books

Soysal, T. (2022a). A mixed method study on improving reading speed and reading comprehension levels of gifted students. *International Journal of Education and Literacy Studies, 10*(1), 147–155. https://eric.ed.gov/?id=EJ1329093

Soysal, T. (2022b). The relationship of reading attitude with reading speed and reading comprehension. *Educational Policy Analysis and Strategic Research, 17*(3), 182–198. https://doi.org/10.29329/epasr.2022.461.9

Spichtig, A. N., Hiebert, E. H., Vorstius, C., Pascoe, J. P., Pearson, P. D. and Radach, R. (2016). The decline of comprehension-based silent reading efficiency in the United States: A comparison of current data with performance in 1960. *Reading Research Quarterly, 51*(2), 239–259. https://doi.org/10.1002/rrq.137

Tajuddin, E. S. and Mohamad, F. S. (2019). Paper versus screen: Impact on reading comprehension and speed. *Indonesian Journal of Education Methods Development, 5.* https://doi.org/10.21070/ijemd.v3i2.20

Trauzettel-Klosinski, S., Dietz, K. and IreST Study Group (2012). Standardized assessment of reading performance: The new International Reading Speed Texts IReST. *Investigative Opthalmology & Visual Science, 53*(9), 5452. https://doi.org/10.1167/iovs.11-8284

Tsvetkova, M. (2017). The speed reading is in disrepute: Advantages of slow reading for the information equilibrium. *European Journal of Contemporary Education, 6*(3), 593–603. http://dx.doi.org/10.2139/ssrn.3044911

UIL. (2020). *Trends in adult learning and education in the Arab States: Findings from the 4th Global report on adult learning and education.* UNESCO Institute for Lifelong Learning. https://unesdoc.unesco.org/ark:/48223/pf0000374211

Wallace, S., Bylinskii, Z., Dobres, J., Kerr, B., Berlow, S., Treitman, R., Kumawat, N., Arpin, K., Miller, D. B., Huang, J. and Sawyer, B. D. (2022). Towards individuated reading experiences: Different fonts increase reading speed for different individuals. *ACM Transactions on Computer-Human Interaction, 29*(4), 1–56. https://doi.org/10.1145/3502222

Wang, Q., Ren, X., Hu, J., Li, Q., Cui, S. and Zou, Y. (2018). Preliminary study on reading speed test with IReST for normally-sighted young Chinese readers. *Chinese Journal of Ophthalmology, 54*(2), 120–124. https://doi.org/10.3760/cma.j.issn.0412-4081.2018.02.010

Williams, J. L., Skinner, C. H., Floyd, R. G., Hale, A. D., Neddenriep, C. and Kirk, E. P. (2011). Words correct per minute: The variance in standardized reading scores accounted for by reading speed. *Psychology in the Schools, 48*(2), 87–101. https://doi.org/10.1002/pits.20527

Wolf, M. and Klein, E. (2022, 22 November). *This is your brain on 'deep reading'. It's pretty magnificent.* New York Times. https://www.nytimes.com/2022/11/22/opinion/ezra-klein-podcast-maryanne-wolf.html

Zhu, Y. (2022). The impact of background color on reading speed and attention. *Journal of Human Movement Science, 3*(1), 9-12.

第18章

Ajayi, K., Das, S., Delavallade, C., Ketema, T. and Rouanet, L. (2022). *Gender differences in socio-emotional skills and economic outcomes: New evidence from 17 African countries.* (Policy Research Working Paper 10197). World Bank. https://openknowledge.worldbank.org/bitstream/handle/10986/38110/IDU0465c933b0cca8044fd0ade909b29c9959689.pdf?sequence=1

Ansari, D. and Lyons, I. M. (2016). Cognitive neuroscience and mathematics learning: How far have we come? Where do we need to go? *ZDM, 48*(3), 379–383. https://doi.org/10.1007/s11858-016-0782-z

Aspen Institute. (2019). *From a nation at risk to a nation at hope.* https://learningpolicyinstitute.org/media/3962/download?inline&file=Aspen_SEAD_Nation_at_Hope.pdf

Bertling, J. and Alegre, J. (2019). *PISA 2021 context questionnaire framework.* OECD. https://www.oecd.org/pisa/sitedocument/PISA-2021-questionnaire-framework.pdf

Brackett, M. A., Bailey, C. S., Hoffmann, J. D. and Simmons, D. N. (2019). RULER: A theory-driven, systemic approach to social, emotional, and academic learning. *Educational Psychologist, 54*(3), 144–161. https://doi.org/10.1080/00461520.2019.1614447

Castro, A. M. F. de M., Bueno, J. M. H. and Peixoto, E. M. (2021). Socioemotional and cognitive skills: Its relation to school performance in elementary school. *Paidéia (Ribeirão Preto), 31*, e3137. https://doi.org/10.1590/1982-4327e3137

Chang, C.-C. and Chen, T.-C. (2022). Emotion, cognitive load and learning achievement of students using e-textbooks with/without emotional design and paper textbooks. *Interactive Learning Environments*, 1–19. https://doi.org/10.1080/10494820.2022.2096639

Chang, H. and Beilock, S. L. (2016). The math anxiety-math performance link and its relation to individual and environmental factors: A review of current behavioral and psychophysiological research. *Current Opinion in Behavioral Sciences, 10*, 33–38. https://doi.org/10.1016/j.cobeha.2016.04.011

Costa, B. C. G. and Fleith, D. S. (2019). Prediction of academic achievement by cognitive and socio-emotional variables: A systematic review of literature. *Temas Em Psicologia, 27*(4), 977–991. https://doi.org/10.9788/tp2019.4-11

Côté-Lussier, C. and Fitzpatrick, C. (2016). Feelings of safety at school, socioemotional functioning, and classroom engagement. *Journal of Adolescent Health, 58*(5), 543–550. https://doi.org/10.1016/j.jadohealth.2016.01.003

Deacon, T. W. (2011). *Incomplete nature: How mind emerged from matter.* WW Norton & Company. https://wwnorton.co.uk/books/9780393343908-incomplete-nature-eb07a346-29ec-4ff1-8108-9339e0c771a7

Dobrosovestnova, A. and Hannibal, G. (2020). Teachers' disappointment: Theoretical perspective on the inclusion of ambivalent emotions in human-robot interactions in education. *Proceedings of the 2020 ACM/IEEE International Conference on Human-Robot Interaction,* 471–480. https://doi.org/10.1145/3319502.3374816

Edelenbosch, R., Kupper, F., Krabbendam, L. and Broerse, J. E. W. (2015). Brain-based learning and educational neuroscience: Boundary work. *Mind, Brain, and Education, 9*(1), 40–49. https://doi.org/10.1111/mbe.12066

Elias, M. J. (2019). What if the doors of every schoolhouse opened to social-emotional learning tomorrow: Reflections on how to feasibly scale up high-quality SEL. *Educational Psychologist, 54*(3), 233–245. https://doi.org/10.1080/00461520.2019.1636655

Eliot, J. A. R. and Hirumi, A. (2019). Emotion theory in education research practice: An interdisciplinary critical literature review. *Educational Technology Research and Development, 67*(5), 1065–1084. https://doi.org/10.1007/s11423-018-09642-3

Gottardo, E. and Pimentel, A. R. (2018). Improving inference of learning related emotion by combining cognitive and physical information. In R. Nkambou, R. Azevedo and J. Vassileva (Eds) *Intelligent Tutoring Systems. ITS 2018. Lecture Notes in Computer Science, 10858,* 313–318. https://doi.org/10.1007/978-3-319-91464-0_33

Grawemeyer, B., Mavrikis, M., Holmes, W., Gutiérrez-Santos, S., Wiedmann, M. and Rummel, N. (2017). Affective learning: Improving engagement and enhancing learning with affect-aware feedback. *User Modeling and User-Adapted Interaction, 27*(1), 119–158. https://doi.org/10.1007/s11257-017-9188-z

Hackman, D. A., Duan, L., McConnell, E. E., Lee, W. J., Beak, A. S. and Kraemer, D. J. M. (2022). School climate, cortical structure, and socioemotional functioning: Associations across family income levels. *Journal of Cognitive Neuroscience, 34*(10), 1842–1865. https://doi.org/10.1162/jocn_a_01833

Horvath, J. C. (2022, 28 November). The limits of neuroscience in business. *MIT Sloan Management Review* (Winter Issue). https://sloanreview.mit.edu/article/the-limits-of-neuroscience-in-business

Howard-Jones, P., Ott, M., van Leeuwen, T. and Smedt, B. D. (2015). The potential relevance of cognitive neuroscience for the development and use of technology-enhanced learning. *Learning, Media and Technology, 40*(2), 131–151. https://doi.org/10.1080/17439884.2014.919321

Immordino-Yang, M. H. and Damasio, A. (2007). We feel, therefore we learn: The relevance of affective and social neuroscience to education. *Mind, Brain, and Education, 1*(1), 3–10. https://doi.org/10.1111/j.1751-228x.2007.00004.x

Immordino-Yang, M. H., Darling-Hammond, L. and Krone, C. R. (2019). Nurturing nature: How brain development is inherently social and emotional, and what this means for education. *Educational Psychologist, 54*(3), 185–204. https://doi.org/10.1080/00461520.2019.1633924

Immordino-Yang, M. H. and Fischer, K. W. (2010). Neuroscience bases of learning. In P. Peterson, E. Baker and B. McGaw (Eds), *International Encyclopedia of Education* (pp. 310–316). Elsevier. https://doi.org/10.1016/b978-0-08-044894-7.00500-5

Immordino-Yang, M. H. and Gotlieb, R. (2017). Embodied brains, social minds, cultural meaning. *American Educational Research Journal, 54*(1), 344S–367S. https://doi.org/10.3102/0002831216669780

Immordino-Yang, M.H. and Singh, V. (2011). Perspectives from social and affective neuroscience on the design of digital learning technologies. In: R. Calvo and S. D'Mello (Eds) *New perspectives on affect and learning technologies: Explorations in the learning sciences, instructional systems and performance technologies* (Vol. 3) (pp. 233–241). Springer. https://doi.org/10.1007/978-1-4419-9625-1_17

INEE. (2022). *Psychosocial Support (PSS) and Social and Emotional Learning (SEL) Toolbox.* Inter-agency Network for Education in Emergencies. https://inee.org/pss-sel-toolbox

Jaques, N., Conati, C., Harley, J. M. and Azevedo, R. (2014). Predicting affect from gaze data during interaction with an intelligent tutoring system. In S. Trausan-Matu, K. E. Boyer, M. Crosby and K. Panourgia (Eds) *Intelligent Tutoring Systems. ITS 2014. Lecture Notes in Computer Science, 8474,* 29–38. Springer. https://doi.org/10.1007/978-3-319-07221-0_4

LeBlanc, V. R. and Posner, G. D. (2022). Emotions in simulation-based education: Friends or foes of learning? *Advances in Simulation, 7*(1), 3. https://doi.org/10.1186/s41077-021-00198-6

MacCann, C., Jiang, Y., Brown, L. E. R., Double, K. S., Bucich, M. and Minbashian, A. (2020). Emotional intelligence predicts academic performance: A meta-analysis. *Psychological Bulletin, 146*(2), 150–186. https://doi.org/10.1037/bul0000219

Muwonge, C. M., Ssenyonga, J. and Kwarikunda, D. (2018). Cognitive appraisals, achievement emotions, and motivation towards learning mathematics among lower secondary students. *African Journal of Research in Mathematics, Science and Technology Education, 22*(2), 243–253. https://doi.org/10.1080/18117295.2018.1487907

OECD. (2021). *Beyond academic learning: First results from the Survey of Social and Emotional Skills.* OECD Publishing. https://doi.org/10.1787/92a11084-en

O'Mahony, K. (2020). *The brain-based classroom: Accessing every child's potential through educational neuroscience.* Routledge. https://www.taylorfrancis.com/chapters/mono/10.4324/9781003106159-3/neuroscience-learning-kieran-mahony

Parkin, S. (2017, 9 January). *How designers engineer luck into video games.* Nautilus. https://nautil.us/how-designers-engineer-luck-into-video-games-236363

Pekrun, R. and Linnenbrink-Garcia, L. (2014). Introduction to emotions in education. In R. Pekrun and L. Linnenbrink-Garcia (Eds) *International handbook of emotions in education* (pp. 11–20). Taylor & Francis. https://www.taylorfrancis.com/chapters/edit/10.4324/9780203148211-5/introduction-emotions-education-reinhard-pekrun-lisa-linnenbrink-garcia

Rogoff, B. (2003). *The cultural nature of human development.* Oxford University Press. https://global.oup.com/academic/product/the-cultural-nature-of-human-development-9780195131338?cc=fr&lang=en

Roth, A., Kim, H. and Care, E. (2017, 31 August). *New data on the breadth of skills movement: Over 150 countries included.* Brookings Institution. https://www.brookings.edu/blog/education-plus-development/2017/08/31/new-data-on-the-breadth-of-skills-movement-over-150-countries-included

Shen, L., Callaghan, V. and Shen, R. (2009). Affective e-learning in residential and pervasive computing environments. *Information Systems Frontiers, 10*(4), 461–472. https://doi.org/10.1007/s10796-008-9104-5

Sheridan, M. A. and McLaughlin, K. A. (2016). Neurobiological models of the impact of adversity on education. *Current Opinion in Behavioral Sciences, 10*, 108–113. https://doi.org/10.1016/j.cobeha.2016.05.013

Tan, Y. S. M. and Amiel, J. J. (2019). Teachers learning to apply neuroscience to classroom instruction: Case of professional development in British Columbia. *Professional Development in Education, 48*(1), 70–87. https://doi.org/10.1080/19415257.2019.1689522

UNESCO. (2019). *Education as healing: Addressing the trauma of displacement through social and emotional learning.* (*Global Education Monitoring Report* Policy Paper 38). https://www.unesco.org/gem-report/en/node/86

UNESCO. (2022). *Climate change communication and education (CCE) country profiles.* https://unesdoc.unesco.org/ark:/48223/pf0000383567

Wang, W., Vaillancourt, T., Brittain, H. L., McDougall, P., Krygsman, A., Smith, D., Cunningham, C. E., Haltigan, J. and Hymel, S. (2014). School climate, peer victimization, and academic achievement: Results from a multi-informant study. *School Psychology Quarterly, 29*(3), 360–377. https://doi.org/10.1037/spq0000084

Xianglin, P., Bihao, H., Zihao, Z. and Xiang, F. (2022). *Are students happier the more they learn? Research on the influence of course progress on academic emotion in online learning.* Interactive Learning Environments. https://doi.org/10.1080/10494820.2022.2052110

第19章

ADB. (2015, 12 May). *Schools with earthquake-proof technology survive Nepali disaster.* Asian Development Bank. https://www.adb.org/news/features/schools-earthquake-proof-technology-survive-nepali-disaster

Aguilar-Jiménez, J. A. (2020). Optimum operational strategies for a solar absorption cooling system in an isolated school of Mexico. *International Journal of Refrigeration, 112*, 1–13. https://doi.org/10.1016/j.ijrefrig.2019.12.010

Alonso, C. C. (2023, 26 February). *Violence in Haiti impacts education.* The Borgen Project. https://borgenproject.org/violence-in-haiti

Arin, K. (2019, 27 March). *Government funds mandatory air purifiers at schools.* The Korean Herald. https://www.koreaherald.com/view.php?ud=20190327000802

Arup. (2023). *Low-cost prototype could be the model for 17,000 new schools.* https://www.arup.com/projects/malawi-schools

Arup International Development. (2013). *Characteristics of safer schools.* https://www.arup.com/perspectives/publications/research/section/characteristics-of-safer-schools

Badri, M. (2013). School travel modes: Factors influencing parental choice in Abu Dhabi. *International Journal of Education Economics and Development, 4*(3), 203–218. https://doi.org/10.1504/ijeed.2013.056010

Baker, A. (2014, 31 March). *Push to rid city of classrooms that are anything but temporary*. The New York Times. https://www.nytimes.com/2014/04/01/nyregion/pushing-to-rid-new-york-city-of-classroom-trailers-even-as-enrollments-grow.html

Bastidas, P. and Petal, M. (2012). *Assessing school safety from disasters: A global baseline report*. International Strategy for Disaster Reduction. https://www.unisdr.org/files/35274_2012schoolsafetyglobalbaseline.pdf

Beierle, P. (2022, 10 November). *The next round of federal funding will be announced in 2023*. US Green Building Council. https://www.usgbc.org/articles/1-billion-funds-announced-k-12-clean-energy-projects

Bwire, H. (2020). Determinants of children's school travel mode use in Dar Es Salaam. *International Journal for Traffic and Transport Engineering, 10*(3), 390–401. https://doi.org/10.7708/ijtte.2020.10(3).09

Chang, S. (2021). Going to school with the solar cow. *Childhood Education, 97*(1), 6–15. https://doi.org/10.1080/00094056.2021.1873679

Chatterjee, A., Brent, A. and Rayudu, R. (2018). Distributed generation for electrification of rural primary school and health centre: An Indian perspective. *2018 IEEE Innovative Smart Grid Technologies – Asia (ISGT Asia)*, 162–166. https://doi.org/10.1109/isgt-asia.2018.8467764

CIEB. (2021, 30 March). *Mapa revela a situação de conectividade de 140 mil escolas municipais e estaduais* [Map reveals the connectivity situation of 140,000 municipal and state schools]. Centro de Inovação Para a Educação Brasileira. https://cieb.net.br/mapa-conectividade/

Cimellaro, G. P., Domaneschi, M., Iuliis, M. D., Villa, V., Caldera, C. and Cardoni, A. (2019). Fire emergency evacuation in a school building through VR. *Eccomas Proceedia COMPDYN*, 2046–2055. https://files.eccomasproceedia.org/papers/compdyn-2019/19951.pdf?mtime=20191121111403

Clough, C. (2015, 14 April). *'Temporary' portable classrooms a permanent headache for LAUSD*. LA School Report. https://www.laschoolreport.com/temporary-portable-classrooms-a-permanent-headache-for-lausd

Coombes, E. and Jones, A. P. (2016). Gamification of active travel to school: A pilot evaluation of the Beat the Street physical activity intervention. *Health & Place, 39*, 62–69. https://doi.org/10.1016/j.healthplace.2016.03.001

Damsara, K., Silva, G. D. and Sirisoma, R. (2021). Analysis on transport mode choices of school children in Colombo District, Sri Lanka. *Journal of the Institution of Engineers, Sri Lanka, 54*, 17–26. https://doi.org/10.4038/engineer.v54i0.7449

Diniz, A., França, E., Câmara, C., Morais, P. and Vilhena, L. (2006). The important contribution of photovoltaics in a rural school electrification program. *IEEE 4th World Conference on Photovoltaic Energy Conference*, 2528–2531. https://doi.org/10.1109/wcpec.2006.279760

Endaylalu, S. A. (2018). Design and optimization of standalone photovoltaic power system for Ethiopian rural school electrification. *American Journal of Energy Engineering, 6*(2), 15–20. https://doi.org/10.11648/j.ajee.20180602.12

Ermagun, A. and Levinson, D. (2017). Public transit, active travel, and the journey to school: A cross-nested logit analysis. *Transportmetrica A Transport Science, 13*(1), 24–37. https://doi.org/10.1080/23249935.2016.1207723

ESMAP. (2020). *Global photovoltaic power potential by country*. World Bank, Energy Sector Management Assistance Program and Solargis. https://globalsolaratlas.info/global-pv-potential-study

FABIO. (2022). *AfricroozE*. First African Bicycle Information Organisation. https://fabio.or.ug/projects/africrooze/

Fiala, N., Garcia-Hernandez, A., Narula, K. and Prakash, N. (2022). *Wheels of change: Transforming girls' lives with bicycles*. (IZA Discussion Paper 15076). Institute of Labor Economics. https://docs.iza.org/dp15076.pdf

Friedrich Naumann Foundation. (2016). *Building environmentally sustainable schools: Meet Thailand's 'bamboo school'*. https://www.freiheit.org/sudost-und-ostasien/building-environmentally-sustainable-schools-meet-thailands-bamboo-school

GCPEA. (2022). *Education under attack 2022*. Education Under Attack. https://eua2022.protectingeducation.org/#finding-one

GFDRR. (2015). *Making schools resilient to natural disasters*. Global Facility for Disaster Reduction and Recovery. https://www.gfdrr.org/en/feature-story/making-schools-resilient-natural-disasters

Giga. (2023a). *Giga*. UNICEF-ITU. https://giga.global/map/

Giga. (2023b). *Project Connect*. UNICEF-ITU. https://projectconnect.unicef.org/map/countries

Goon, D. (2016). Do South African children actively commute to school? *Iranian Journal of Public Health, 45*(5), 702–204. https://www.ncbi.nlm.nih.gov/pmc/articles/PMC4935718

Greyson, K., Gerutu, G., Mohamed, C. and Chombo, P. (2021). Exploring the adoption of e-bicycle for student mobility in rural and urban areas of Tanzania. *Sustainable Energy Technologies and Assessments, 45*, 101206. https://doi.org/10.1016/j.seta.2021.101206

Hanaphy, P. (2022, 13 October). *Europe's first 3D printed school to be built in war-torn Ukraine*. 3D Printing Industry. https://3dprintingindustry.com/news/europes-first-3d-printed-school-to-be-built-in-war-torn-ukraine-215791

Hernández-Fontes, J. V., Maia, H. W. S., Chávez, V. and Silva, R. (2021). Toward more sustainable river transportation in remote regions of the Amazon, Brazil. *Applied Sciences, 11*(5), 2077. https://doi.org/10.3390/app11052077

Hunter, R. F., Silva, D. D., Reynolds, V., Bird, W. and Fox, K. R. (2015). International inter-school competition to encourage children to walk to school: A mixed methods feasibility study. *BioMed Central Research Notes, 8*, 19. https://doi.org/10.1186/s13104-014-0959-x

Idei, R., Kato, H. and Morikawa, S. (2020). Contribution of rural roads improvement on children's school attendance: Evidence in Cambodia. *International Journal of Educational Development, 72*, 102131. https://doi.org/10.1016/j.ijedudev.2019.102131

IEA. (2022). *Snapshot of global PV markets 2022*. International Energy Agency. https://iea-pvps.org/snapshot-reports/snapshot-2022/

Inside Science. (2009, 18 November). *Hidden risks of modular classrooms: Portable classrooms may be too noisy and unhealthy*. https://www.insidescience.org/news/hidden-risks-modular-classrooms

IRENA. (2016). *Solar PV in Africa: Costs and markets*. International Renewable Energy Agency. https://www.irena.org/publications/2016/Sep/Solar-PV-in-Africa-Costs-and-Markets

IRENA. (2021). *Off-grid renewable energy statistics 2021*. International Renewable Energy Agency. https://www.irena.org/publications/2021/Dec/Off-grid-renewable-energy-statistics-2021

IRENA. (2022). *Renewable power generation costs in 2021*. International Renewable Energy Agency. https://www.irena.org/publications/2022/Jul/Renewable-Power-Generation-Costs-in-2021

Jiménez, A. C. and Lawand, T. (2000). *Renewable energy for rural schools*. National Renewable Energy Laboratory. https://www.nrel.gov/docs/fy01osti/26222.pdf

Joseph, M. (2022, 6 October). *'That day, I slept at the school with 17 children': School fail: Part 2*. Haitian Times. https://haitiantimes.com/2022/10/06/that-day-i-slept-at-the-school-with-17-children-school-fail-part-2

Kazhamiakin, R., Loria, E., Marconi, A. and Scanagatta, M. (2021). A gamification platform to analyze and influence citizens' daily transportation choices. *IEEE Transactions on Intelligent Transportation Systems, 22*(4), 2153–2167. https://doi.org/10.1109/tits.2021.3049792

Kirchhoff, H., Kebir, N., Neumann, K., Heller, P. W. and Strunz, K. (2016). Developing mutual success factors and their application to swarm electrification: Microgrids with 100% renewable energies in the Global South and Germany. *Journal of Cleaner Production, 128*, 190–200.

Klatte, M., Bergström, K. and Lachmann, T. (2013). Does noise affect learning? A short review on noise effects on cognitive performance in children. *Frontiers in Psychology, 4*. https://doi.org/10.3389/fpsyg.2013.00578

Kleszczewska, D., Mazur, J., Bucksch, J., Dzielska, A., Brindley, C. and Michalska, A. (2020). Active transport to school may reduce psychosomatic symptoms in school-aged children: Data from nine countries. *International Journal of Environmental Research and Public Health, 17*(23), 8709. https://doi.org/10.3390/ijerph17238709

Le, A. T. H., Park, K. S., Domingo, N., Rasheed, E. and Mithraratne, N. (2021). Sustainable refurbishment for school buildings: A literature review. *International Journal of Building Pathology and Adaptation, 39*(1), 5–19. https://doi.org/10.1108/ijbpa-01-2018-0009

Levy, J. K. and Houston, A. (2017, 13 February). Gender, education, and global health: What's the big deal about toilets? *Institute for Public Health Blog*. Washington University in St. Louis. https://publichealth.wustl.edu/gender-education-global-health-whats-big-deal-toilets

Liu, Y., Jiang, J., Wang, D. and Liu, J. (2018). The passive solar heating technologies in rural school buildings in cold climates in China. *Journal of Building Physics, 41*(4), 339–359. https://doi.org/10.1177/1744259117707277

Lorusso, P., Iuliis, M. D., Marasco, S., Domaneschi, Cimellaro, G. P. and Villa, V. (2022). Fire emergency evacuation from a school building using an evolutionary virtual reality platform. *Buildings, 12*(2), 223. https://doi.org/10.3390/buildings12020223

Lumpkin, R. B., Lutfi, G., Hope, W. C. and Goodwin, R. T. (2014). Code compliant school buildings boost student achievement. *SAGE Open, 4*(4). https://doi.org/10.1177/2158244014556993

Manjarekar, A. (2019). Waste plastic bottles used in construction. *International Journal of Engineering Development and Research, 7*(4), 86–91. https://www.ijedr.org/papers/IJEDR1904017.pdf

Marconi, A., Schiavo, G., Zancanaro, M., Valetto, G. and Pistore, M. (2018). Exploring the world through small green steps: Improving sustainable school transportation with a game-based learning interface. *AVI '18: Proceedings of the 2018 International Conference on Advanced Visual Interfaces*. https://doi.org/10.1145/3206505.3206521

Matchar, E. (2021, 15 March). *The world's first 3-D printed school may soon be a reality*. Smithsonian Magazine. https://www. smithsonianmag.com/innovation/worlds-first-3-d-printed-school-may-soon-be-reality-180977183

Murrin, C. (2022, 20 August). *Gang violence in Haiti intensifies, many unable to receive food and attend school safely*. The Organization for World Peace. https://theowp.org/gang-violence-in-haiti-intensifies-many-unable-to-receive-food-and-attend-school-safely

Nguyen, M. H. (2021). Modelling school travel mode choice – the case of Hanoi, Vietnam. *Transport and Communications Science Journal, 72*(7), 778–788. https://doi.org/10.47869/tcsj.72.7.1

Panrong, T., Wan, D., Mo, L., Jianqiang, H., Wenqiang, W. and Zheng, Q. (2021). Last-mile school shuttle planning with crowdsensed student trajectories. *IEEE Transactions on Intelligent Transportation Systems, 22*(1), 293–306. https://doi.org/10.1109/tits.2019.2956786

Pensulo, C. (2021). *Could 3D printed schools be 'transformative' for education in Africa?* World Economic Forum. https://www. weforum.org/agenda/2021/07/could-3d-printed-schools-be-transformative-for-education-in-africa

Pfledderer, C. D., Burns, R., Byun, W., Carson, R., Welk, G. and Brusseau, T. (2021). Parent and child perceptions of barriers to active school commuting. *Journal of School Health, 91*(12), 1014–1023. https://doi.org/10.1111/josh.13090

Phiri, M. (2021). *Skills for Employability and Productivity in Africa (SEPA) Action Plan, 2022-2025*. African Development Bank. http://hdl.voced.edu.au/10707/633512

Pojani, D. and Boussauw, K. (2014). Keep the children walking: Active school travel in Tirana, Albania. *Journal of Transport Geography, 38*, 55–65. https://doi.org/10.1016/j.jtrangeo.2014.05.012

Profita, C. (2014, 8 May). *States put no limits on use of portable classrooms*. InvestigateWest. https://www.invw.org/2014/05/08/states-put-no-limits-on-u-1441

Robles, M., Näslund-Hadley, E., Ramos, M. and Paredes, J. (2015). *Environmentally friendly school infrastructure*. Inter-American Development Bank. https://publications.iadb.org/en/publication/16903/environmentally-friendly-school-infrastructure

Samah, A. A., Hajar, M., Laila, A., Maryam, H. and Maram, M. (2019). A safety tracking and sensoring system for school buses in Saudi Arabia. *Periodicals of Engineering and Natural Sciences, 7*(2), 500–508.

Save the Children. (2022, 21 April). *80% of secondary school girls in Afghanistan missing out on education, one month since Taliban ban extended*. https://www.savethechildren.net/news/80-secondary-school-girls-afghanistan-missing-out-education-one-month-taliban-ban-extended

Schulte, M., Sanchez, E., Saladin, M. and Meierhofer, R. (2011). *Promoting solar water disinfection in schools: Experiences and lessons learnt in Latin America* [Conference presentation]. The Future of Water, Sanitation and Hygiene in Low-Income Countries: Innovation, Adaptation and Engagement in a Changing World: Proceedings of the 35th WEDC International Conference, Loughborough, United Kingdom.

Shield, B. and Richardson, R. (2018). *Regulation of school acoustic design in the UK: Recent revision of Building and School Premises Regulations and their application* [Conference presentation]. Euronoise 2018, Heraklion, Crete.

Soares, P. M., Brito, M. C. and Careto, J. A. (2019). Persistence of the high solar potential in Africa in a changing climate. *Environmental Research Letters, 14*(12). https://doi.org/10.1088/1748-9326/ab51a1

Solardome. (2023). *Solardome – For your school*. https://www.solardome.co.uk/education

Sovacool, B. K. and Ryan, S. E. (2016). The geography of energy and education: Leaders, laggards, and lessons for achieving primary and secondary school electrification. *Renewable and Sustainable Energy Reviews, 58*, 107–123. https://doi.org/10.1016/j.rser.2015.12.219

Sute, B. A. M., Talwarkar, A., Akotkar, P., Shastrakar, P. and Shelke, J. (2019). Student bus safety using RFID with GSM and GPS. *Journal of Advancement in Communication System, 2*(1).

Sweeney, S. and Hagen, L. V. V. (2016). Stranger danger, cell phones, traffic, and active travel to and from schools: Perceptions of parents and children. *Journal of the Transportation Research Board, 2582*(1). https://doi.org/10.3141/2582-01

Tetali, S., Edwards, P., Murthy, G. and Roberts, I. (2015). Road traffic injuries to children during the school commute in Hyderabad, India: Cross-sectional survey. *Injury Prevention, 22*(3), 171–175. https://doi.org/10.1136/injuryprev-2015-041854

Tetali, S., Edwards, P. and Roberts, G. (2016). How do children travel to school in urban India? A cross-sectional study of 5,842 children in Hyderabad. *BioMed Central Public Health, 16*, 1099. https://doi.org/10.1186/s12889-016-3750-1

Theunynck, S. (2009). *School construction strategies for universal primary education in Africa: Should communities be empowered to build their schools*. World Bank. https://elibrary.worldbank.org/doi/abs/10.1596/973-0-8213-7720-8

UNESCO. (2023). *Quality*. https://www.education-progress.org/en/articles/quality

UNICEF. (2022a, 6 May). *Haiti: Gang violence pushes half a million children out of the classroom in Port-au-Prince*. https://www.unicef.org/lac/en/press-releases/haiti-gang-violence-pushes-half-a-million-children-out-classroom-in-port-au-prince

UNICEF. (2022b, 8 November). *Reimagining school construction for scalability and sustainability*. https://www.unicef.org/supply/stories/reimagining-school-construction-scalability-and-sustainability

UNICEF. (2023a, 9 February). *Haiti: Armed violence against schools increases nine-fold in one year*. https://www.unicef.org/lac/en/press-releases/haiti-armed-violence-against-schools-increases-nine-fold-in-one-year-unicef

UNICEF. (2023b, 24 January). *Inclusive construction keeps girls in school and learning*. https://www.unicef.org/supply/stories/inclusive-construction-keeps-girls-school-and-learning

World Bicycle Relief. (2022). *2021 Impact report*. https://worldbicyclerelief.org/wp-content/uploads/2022/04/WBR_FY21-Impact-Report_Global_Final_051122.pdf

Xie, K. (2018). Stampede prevention design of primary school buildings in China: A sustainable built environment perspective. *International Journal of Environmental Research and Public Health*, *15*(7), 15–17, https://doi.org/10.3390/ijerph15071517

Yumita, F. R., Irawan, M. Z., Malkhamah, S. and Kamal, M. I. H. (2021). School commuting: Barriers, abilities and strategies toward sustainable public transport systems in Yogyakarta, Indonesia. *Sustainability*, *13*(16), 9372. https://doi.org/10.3390/su13169372

Zhang, R., Yao, E. and Liu, Z. (2017). School travel mode choice in Beijing, China. *Journal of Transport Geography*, *62*, 98–110. https://doi.org/10.1016/j.jtrangeo.2017.06.001

第20章

Behnen, P., Kessler, R., Kruse, F., Gómez, J. M., Schoenmakers, J. and Zerr, S. (2020). Experimental evaluation of scale, and patterns of systematic inconsistencies in Google Trends data. In I. Koprinska et al., *ECML PKDD 2020 Workshops: Communications in Computer and Information Science*, *1323* (pp. 374–384). https://doi.org/10.1007/978-3-030-65965-3_25

Böhme, M. H. (2020). Searching for a better life: Predicting international migration with online search keywords. *Journal of Development Economics*, *142*, 102347. https://doi.org/10.1016/j.jdeveco.2019.04.002

Bokelmann, B. and Lessmann, S. (2019). Spurious patterns in Google Trends data: An analysis of the effects on tourism demand forecasting in Germany. *Tourism Management*, *75*, 1–12. https://doi.org/10.1016/j.tourman.2019.04.015

Cebrián, E. and Domenech, J. (2022). Is Google Trends a quality data source? *Applied Economics Letters*, *30*(6), 811–815. https://doi.org/10.1080/13504851.2021.2023088

Conceição, O., Oliveira, R. and Souza, A. P. (2023). *The impacts of studying abroad: Evidence from a government-sponsored scholarship program in Brazil*. (WIDER Working Paper 2023/49). https://doi.org/10.35188/unu-wider/2023/357-4

Fabiano, C. (2014, 13 November). *Ciência sem Fronteiras tem 13,8% de bolsistas em universidades 'top' 100* [Science without Borders has 13.8% of scholarship recipients in top 100 universities]. G1. https://g1.globo.com/educacao/noticia/2014/11/ciencia-sem-fronteiras-tem-138-de-bolsistas-em-universidades-top-100.html

Fatehkia, M., del Villar, Z., Koebe, T., Letouzé, E., Lozano, A., Feel, R. A., Mrad, F. and Weber, I. (2022). Using Facebook advertising data to describe the socio-economic situation of Syrian refugees in Lebanon. *Frontiers in Big Data*, *5*. https://doi.org/10.3389/fdata.2022.1033530

Feltrin, R. B., dos Santos, D. F. and Velho, L. M. L. S. (2021). The role of Science without Borders in social inclusion: Intersectional analysis of the profile of program's beneficiaries at Unicamp. *Avaliação: Revista da Avaliação da Educação Superior (Campinas)*, *26*(1), 288–314. https://doi.org/10.1590/s1414-40772021000100016

Fenga, L. (2020). Filtering and prediction of noisy and unstable signals: The case of Google Trends data. *Journal of Forecasting*, *39*(2), 281–295. https://doi.org/10.1002/for.2626

Grow, A., Perrotta, D., Fava, E. D., Cimentada, J., Rampazzo, F., Gil-Clavel, S., Zagheni, E., Flores, R. D., Ventura, I. and Weber, I. (2022). Is Facebook's advertising data accurate enough for use in social science research? Insights from a cross-national online survey. *Journal of the Royal Statistical Society: Series A (Statistics in Society)*, *185*(2), S343–S363. https://doi.org/10.1111/rssa.12948

Jun, S., Yoo, H. and Choi, S. (2018). Ten years of research change using Google Trends: From the perspective of big data utilizations and applications. *Technological Forecasting and Social Change*, *130*, 69–87. https://doi.org/10.1016/j.techfore.2017.11.009

Leysen, B. and Verhaeghe, P. (2022). Searching for migration: Estimating Japanese migration to Europe with Google Trends data. *Quality & Quantity*. https://doi.org/10.1007/s11135-022-01560-0

Manços, G. de R. and Coelho, F. C. (2017). Internacionalização da Ciência Brasileira: Subsídios para avaliação do programa Ciência sem Fronteiras [Internationalization of Brazilian science: Subsidies for evaluating the Science without Borders program]. *Revista Brasileira de Políticas Públicas e Internacionais, 2*(2). https://doi.org/10.22478/ufpb.2525-5584.2017v2n2.37056

Moreno, A. C. (2014, 29 January). *90% dos bolsistas do Ciência sem Fronteiras são de instituições públicas* [90% of recipients of the Science without Borders scholarship are from public institutions]. G1. https://g1.globo.com/educacao/noticia/2014/01/90-dos-bolsistas-do-ciencia-sem-fronteiras-sao-de-instituicoes-publicas.html

Narita, M. and Yin, R. (2018). *In search of information: Use of Google Trends' data to narrow information gaps for low-income developing countries.* (IMF Working Paper 2018/286). International Monetary Fund. https://www.imf.org/en/Publications/WP/Issues/2018/12/14/In-Search-of-Information-Use-of-Google-Trends-Data-to-Narrow-Information-Gaps-for-Low-income-46475

OECD. (2019). *Emerging TOSSD reporting instructions: Eligibility of costs in provider countries – scholarships and imputed students costs.* https://www.tossd.org/docs/7a-Scholarships-imputed-costs-WEB.pdf

OpenDoors. (2023). *Using data to open doors.* https://opendoorsdata.org

SBPC. (2017, 30 June). *O fim do Ciência sem Fronteiras depois de R$13 bilhões investidos em bolsas no exterior* [The end of Science without Borders after R$ 13 billion invested in scholarships abroad]. Sociedade Brasileira Para o Progresso da Ciência. http://portal.sbpcnet.org.br/noticias/o-fim-do-ciencia-sem-fronteiras-depois-de-r-13-bilhoes-investidos-em-bolsas-no-exterior/

Schmid, T., Bruckschen, F., Salvati, N. and Zbiranski, T. (2017). Constructing sociodemographic indicators for national statistical institutes by using mobile phone data: Estimating literacy rates in Senegal. *Journal of the Royal Statistical Society Series A: Statistics in Society, 180*(4), 1163–1190. https://doi.org/10.1111/rssa.12305

Vaughan, L. and Chen, Y. (2015). Data mining from web search queries: A comparison of Google Trends and Baidu Index. *Journal of the Association for Information Science and Technology, 66*(1), 13–22. https://doi.org/10.1002/asi.23201

Wanner, P. (2021). How well can we estimate immigration trends using Google data? *Quality and Quantity, 55*(4), 1181–1202. https://doi.org/10.1007/s11135-020-01047-w

Zagheni, E., Weber, I. and Gummadi, K. (2017). Leveraging Facebook's advertising platform to monitor stocks of migrants. *Population and Development Review, 43*(4), 721–734. https://doi.org/10.1111/padr.12102

第21章

AAMN. (2022, 20 June). *Teachers are at the heart of Africa's STEM development.* All Africa Media Network. https://aamn.africa/%EF%BF%BCteachers-are-at-the-heart-of-africas-stem-development/

African Development Bank Group. (2022). *Skills for Employability and Productivity in Africa (SEPA) Action Plan, 2022-2025.* https://www.afdb.org/en/documents/skills-employability-and-productivity-africa-sepa-action-plan-2022-2025

AIMS Cameroon. (2023). *Trainings.* https://aims-cameroon.org/teacher-training-program

Albert, E., Wieder, T., Hivert, A.-F. and Bonnel, O. (2022). *Teacher shortages: A common problem throughout Europe's schools.* Le Monde. https://www.lemonde.fr/en/international/article/2022/09/01/teacher-shortages-a-common-problem-throughout-europe-s-schools_5995460_4.html

Aragon, S. (2016). *Teacher shortages: What we know* (Teacher Shortage Series). Education Commission of the States. https://files.eric.ed.gov/fulltext/ED565893.pdf

Benhenda, A. and Sims, S. (2022). *The effect of financial incentives on the retention of shortage-subject teachers: Evidence from England* (Working Paper 22-04). University College London. https://discovery.ucl.ac.uk/id/eprint/10149734/1/the-effect-of-financial-incentives-on-the-retention-of-shortage-subject-teachers-evidence-from-england.pdf

Bennell, P. (2023). How well paid are primary school teachers in sub-Saharan Africa? A review of recent evidence. *International Journal of Educational Development, 98,* 102755. https://doi.org/10.1016/j.ijedudev.2023.102755

Britton, J., Dearden, L., Shephard, N. and Vignoles, A. (2016). *How English domiciled graduate earnings vary with gender, institution attended, subject and socio-economic background.* Institute for Fiscal Studies. https://ifs.org.uk/publications/how-english-domiciled-graduate-earnings-vary-gender-institution-attended-subject-and

Carver-Thomas, D. and Darling-Hammond, L. (2017). *Teacher turnover: Why it matters and what we can do about it.* Learning Policy Institute. https://learningpolicyinstitute.org/sites/default/files/product-files/Teacher_Turnover_REPORT.pdf

Department for Education. (2019). *Your future | their future: Impact of Department for Education's marketing campaign.* https://assets.publishing.service.gov.uk/government/uploads/system/uploads/attachment_data/file/915354/Teacher_marketing_evaluation_2019_-_Main_Report.pdf

Ethiopia Ministry of Education. (2015). *Education Sector Development Programme V (ESDP V).* https://planipolis.iiep.unesco.org/sites/default/files/ressources/ethiopia_esdp_v.pdf

Ethiopia Ministry of Education. (2021). *Education Sector Development Programme VI (ESDP VI).* https://assets.globalpartnership.org/s3fs-public/document/file/2021-11-education-sector-development-plan-ethiopia.pdf?VersionId=eCE8E07S11XRa806tewLkhRcQfQ6yU2B

Ethiopia Ministry of Education. (2022). *Education statistics annual abstract (ESAA).* https://moe.gov.et/storage/Books/ESAA%202014%20EC%20(2021-22%20G.C)%20Final.pdf

Evans, D. K., Yuan, F. and Filmer, D. (2022). Teacher pay in Africa: Evidence from 15 countries. *World Development, 1 55*, 105893. https://doi.org/10.1016/j.worlddev.2022.105893

Foresman, B. (2019, 31 May). *The STEM teacher shortage primarily disadvantages minority students.* EdScoop. https://edscoop.com/the-stem-teacher-shortage-primarily-disadvantages-minority-students

Fuller, E. and Pendola, A. (2019). *Teacher preparation and teacher retention: Examining the relationship for beginning STEM teachers.* American Association for the Advancement of Science. https://aaas-arise.org/wp-content/uploads/2020/01/Fuller-Pendola-Teacher-Preparation-and-Teacher-Retention-Examining-the-Relationship-for-Beginning-STEM-Teachers.pdf

Garcia, E. and Weiss, E. (2019). *The teacher shortage is real, large and growing, and worse than we thought.* Economic Policy Institute. https://www.epi.org/publication/the-teacher-shortage-is-real-large-and-growing-and-worse-than-we-thought-the-first-report-in-the-perfect-storm-in-the-teacher-labor-market-series

Goodpaster, K. P., Adedokun, O. A. and Weaver, G. C. (2012). Teachers' perceptions of rural STEM teaching: Implications for rural teacher retention. *The Rural Educator, 33*(3), 9–22. https://doi.org/10.35608/ruraled.v33i3.408

Han, D. and Hur, H. (2022). Managing turnover of STEM teacher workforce. *Education and Urban Society, 54*(2). https://doi.org/10.1177/00131245211053562

Ingersoll, R. M. and May, H. (2012). The magnitude, destinations, and determinants of mathematics and science teacher turnover. *Educational Evaluation and Policy Analysis, 34*(4), 435–464. https://doi.org/10.3102/0162373712454326

Kuppens, L. (2019, 7 August). *Equipping adolescents for the future of work: Transforming STEM education in Rwanda.* IIEP Learning Portal Blog. https://learningportal.iiep.unesco.org/en/blog/equipping-adolescents-for-the-future-of-work-transforming-stem-education-in-rwanda

LiVecchi, A. J. (2017). *The opportunity cost of teaching for secondary STEM instructors.* University of Houston.

Malkus, N., Hoyer, K. M. and Sparks, D. (2015). *Teaching vacancies and difficult-to-staff teaching positions in public schools.* (Stats in Brief NCES 2015-065). US Department of Education.. https://nces.ed.gov/pubs2015/2015065.pdf

Marder, M., Brown, R. C. and Plisch, M. (2018). *Recruiting teachers in high-needs STEM fields: A survey of current majors and recent STEM graduates.* American Physical Society Panel on Public Affairs. https://www.aps.org/policy/reports/popa-reports/upload/POPASTEMReport.pdf

Migration Advisory Committee. (2016). *Partial review of the shortage occupation list: Review of nursing.* https://www.gov.uk/government/publications/migration-advisory-committee-mac-partial-review-shortage-occupation-list-and-nursing

OECD. (2021). *Education at a Glance 2021: OECD indicators.* OECD Publishing. https://doi.org/10.1787/b35a14e5-en

Phiri, M. (2021). *Skills for Employability and Productivity in Africa (SEPA) Action Plan, 2022-2025.* African Development Bank. http://hdl.voced.edu.au/10707/633512

Ribas, I. (2020, 29 December). *Teachers' salaries continue to rise in Czech Republic.* Brno Daily. https://brnodaily.com/2020/12/29/news/teachers-salaries-continue-to-rise-in-czech-republic

Ridley-Kerr, A., Ramirez, C. and Ma, H. (2020). *Seen, heard, reflected: Building and sustaining a diverse STEM teacher pipeline.* The Education Trust-West. https://files.eric.ed.gov/fulltext/ED611071.pdf

Strack, R., Carrasco, M., Kolo, P. and Nouri, N. (2021). *The future of jobs in the era of AI.* Boston Consulting Group. https://web-assets.bcg.com/f5/e7/9aa9f81a446198ac5402aaf97a87/bcg-the-future-of-jobs-in-the-era-of-ai-mar-2021-r-r.pdf

Tillmann, K.-J. (2019, 28 October). *Lehrkräftemangel, Quer-und Seiteneinstieg* [Shortage of teachers, lateral and side entry] [Conference presentation]. Vortrag auf der Tagung der GEW Hessen, Frankfurt, Germany.

UNESCO. (2021). *Global Education Monitoring Report 2021/2: Non-state actors in education: Who chooses? Who loses?* https://unesdoc.unesco.org/ark:/48223/pf0000379875

Welch, A. (2022). *Teacher shortages are a global problem – 'prioritising' Australian visas won't solve ours.* The Conversation. https://theconversation.com/teacher-shortages-are-a-global-problem-prioritising-australian-visas-wont-solve-ours-189468

Worth, J., Tang, S. and Galvis, M. A. (2022). *Assessing the impact of pay and financial incentives in improving shortage subject teacher supply.* National Foundation for Educational Research. https://www.nfer.ac.uk/media/4955/assessing_the_impact_of_pay_and_financial_incentives_in_improving_shortage_of_subject_teacher_supply.pdf

Yamkasikorn, M. (2021). STEM education and innovation for teacher development: New challenges toward Thai education quality. *Asia Research Network Journal of Education*, *1*(1), 32–42. https://so05.tci-thaijo.org/index.php/arnje/article/view/250673

Zonnefeld, R. G. and Zonnefeld, V. L. (2019). Innovative pathways in STEM teacher preparation: Bridging the gap between university expectations and secondary school needs. *The Mathematics Education for the Future Project, Proceedings of the 15th International Conference.* https://par.nsf.gov/biblio/10143792

第22章

Acheampong, T. (2023, 30 May). *Ghana and the IMF have struck a deal, but hard choices lie ahead.* The Conversation. https://theconversation.com/ghana-and-the-imf-have-struck-a-deal-but-hard-choices-lie-ahead-206240

Aurino, E., Gelli, A., Adamba, C., Osei-Akoto, I. and Alderman, H. (2020). Food for thought? Experimental evidence on the learning impacts of a large-scale school feeding program. *Journal of Human Resources*, *58*(1), 74-111. https://doi.org/10.3368/jhr.58.3.1019-10515r1

Brautigam, D. and Huang, Y. (2023). *Integrating China into multilateral debt relief: Progress and problems in the G20 DSSI* (SAIS-CARI Briefing Paper 9). China Africa Research Initiative. https://static1.squarespace.com/static/5652847de4b033f56d2bdc29/t/642af32c5c1bc6023f482200/1680536364619/China+and+DSSI+-+April+2023+-+Final.pdf

Brazil Government. (2023). *Bolsa Família de junho tem maior valor médio da história: R$ 705,40* [Bolsa Familia in June has the highest median value in history: R$ 705,40]. https://www.gov.br/pt-br/noticias/assistencia-social/2023/06/bolsa-familia-de-junho-tem-maior-valor-medio-da-historia-r-705-40

Brigham, A. M. and Haug, R. (2022). *Home grown school feeding in low-income countries: Harvesting benefits for smallholder farmers.* (Noragric Report 87). https://nmbu.brage.unit.no/nmbu-xmlui/bitstream/handle/11250/3015738/noragric_report_87_2.pdf?sequence=6&

Buchmann, C. (1996). The debt crisis, structural adjustment and women's education: Implications for status and social development. In D. Bradshaw (Ed) *Education in Comparative Perspective* (pp. 5–30). Brill. https://doi.org/10.1163/9789004475533_003

Bundy, D. A. P., de Silva, N., Horton, S., Jamison, D. T. and Patton, G. C. (2018). *Re-imagining school feeding: A high-return investment in human capital and local economies.* World Bank. http://dcp-3.org/schoolfeeding

CBS. (2022). *Inflation hits the lunch line: How higher costs and supply chain issues are affecting school lunches.* CBS News. https://www.cbsnews.com/news/inflation-food-prices-school-lunch-supply-chain

Chabert, G., Cerisola, M. and Hakura, D. (2022, 7 April). *Restructuring debt of poorer nations requires more efficient coordination.* IMF Blog. https://www.imf.org/en/Blogs/Articles/2022/04/07/restructuring-debt-of-poorer-nations-requires-more-efficient-coordination

Chadwick, V. (2022a, 28 June). *Nordic nations partially walk back foreign aid cuts.* Devex. https://www.devex.com/news/nordic-nations-partially-walk-back-foreign-aid-cuts-103463

Chadwick, V. (2022b, 7 October). *Norway proposes cutting aid share to 46-year low.* Devex. https://www.devex.com/news/norway-proposes-cutting-aid-share-to-46-year-low-104158

Chauvin, N. D. and Kraay, A. (2005). *What has 100 billion dollars worth of debt relief done for low-income countries?* https://citeseerx.ist.psu.edu/document?repid=rep1&;type=pdf&doi=334bb7c6946e79799a6a583b93662c4be6d531a4

Chauvin, N. D. and Kraay, A. (2007). Who gets debt relief? *Journal of the European Economic Association, 5*(2/3), 333-42. https://www.jstor.org/stable/40005037

Chuku, C., Samal, P., Saito, J., Hakura, D., Chamon, M., Cerisola, M., Chabert, G. and Zettelmeyer, J. (2023). *Are we heading for another debt crisis in low-income countries? Debt vulnerabilities: Today vs the pre-HIPC era.* (Working Paper 23/79). International Monetary Fund. https://www.imf.org/en/Publications/WP/Issues/2023/04/04/Are-We-Heading-for-Another-Debt-Crisis-in-Low-Income-Countries-Debt-Vulnerabilities-Today-531792

Cohen, J. F. W., Hecht, A. A., McLoughlin, G. M., Turner, L. and Schwartz, M. B. (2021). Universal school meals and associations with student participation, attendance, academic performance, diet quality, food security, and body mass index: A systematic review. *Nutrients*, *13*(3), 911. https://doi.org/10.3390/nu13030911

Cotterill, J., Abboud, L., Wheatley, J. and Yang., Y. (2023). Zambia agrees 'milestone' debt relief plan with China and other creditors. *Financial Times*. https://www.ft.com/content/e3b66798-1c5c-4c0c-8339-83a76e1e2c34

Cristóvão, D. (2023). *Bolsa Família de junho começa a ser pago hoje com novos benefícios e maior valor médio da história* [Bolsa Família for June begins to be paid today with new benefits and the highest average value in history]. Valor Investe. https://valorinveste.globo.com/mercados/brasil-e-politica/programas-sociais/noticia/2023/06/19/calendario-do-bolsa-familia-2023-junho-novas-regras-qual-o-valor.ghtml

Cupertino, A., Ginani, V., Cupertino, A. P. and Botelho, R. B. A. (2022). School feeding programs: What happens globally? *International Journal of Environmental Research and Public Health*, *19*(4), 2265. https://doi.org/10.3390/ijerph19042265

Dessy, S. E. and Vencatachellum, D. (2007). Debt relief and social services expenditure: The African experience, 1989–2003. *African Development Review*, *19*(1), 200–216. https://doi.org/10.1111/j.1467-8268.2007.00154.x

Drake, L. J., Lazrak, N., Fernandes, M., Chu, K., Singh, S., Ryckembusch, D., Nourozi, S., Bundy, D. A. P. and Burbano, C. (2020). Establishing global school feeding program targets: How many poor children globally should be prioritized, and what would be the cost of implementation? *Frontiers in Public Health*, *8*. https://doi.org/10.3389/fpubh.2020.530176

Education Data Initiative. (2021). *School lunch debt statistics [2022]: Total + costs per student*. https://educationdata.org/school-lunch-debt

Ethiopia News Agency. (2023). *Government's annual allocation of 85 million USD for school feeding program exemplary: WFP official*. https://www.ena.et/web/eng/w/en_43540

Ferry, M., Talancé, M. de and Niño-Zarazúa, M. (2022). Less debt, more schooling? Evidence from cross-country micro data. *Journal of Comparative Economics*, *50*(1), 153–173. https://doi.org/10.1016/j.jce.2021.07.002

Gatti, R. and Mohpal, A. (2019). *Investing in human capital: What can we learn from the World Bank's portfolio data?* (Policy Research Working Paper 8716). World Bank. https://documents1.worldbank.org/curated/en/388051548251274535/pdf/WPS8716.pdf

Gebregziabher, F. H. and Sala, A. P. (2022, 19 April). *Mozambique's 'hidden debts': Turning a crisis into an opportunity for reform*. World Bank Blogs. https://blogs.worldbank.org/africacan/mozambiques-hidden-debts-turning-crisis-opportunity-reform

Gill, I. and Nagle, P. (2022, 18 March). *Inflation could wreak vengeance on the world's poor*. The Brookings Institute. https://www.brookings.edu/blog/future-development/2022/03/18/inflation-could-wreak-vengeance-on-the-worlds-poor

Global Child Nutrition Foundation. (2022). *School meal programs around the world: Results from the 2021 Global Survey of School Meal Programs*. https://gcnf.org/wp-content/uploads/2022/09/School-Meal-Programs-Around-the-World_-Results-from-the-2021-Global-Survey-of-School-Meal-Programs%C2%A9.pdf

GPE. (2021a). *Results report 2021: Final results report on GPE's 2016-2020 strategy*. Global Partnership for Education. https://www.globalpartnership.org/sites/default/files/document/file/2021-09-GPE-Results-Report-2021.pdf

GPE. (2021b). *Launch of the school feeding program funded by GPE in Senegal*. Global Partnership for Education. https://www.globalpartnership.org/news/launch-school-feeding-program-funded-gpe-senegal

GPEDC. (2016). *A GPEDC monitoring framework fit for purpose: Delivering effective development cooperation in support of Agenda 2030*. Global Partnership for Effective Development Cooperation. https://effectivecooperation.org/system/files/2020-11/Assessing-the-Current-Indicator-Framework-Annex-Six.pdf

IEG. (2014). *The World Bank Group and the global food crisis: An evaluation of the World Bank Group response*. Independent Evaluation Group. https://elibrary.worldbank.org/doi/epdf/10.1596/978-1-4648-0091-7

IFFEd. (2023). *How does it work*. International Finance Facility for Education. https://iff-education.org/how-does-it-work

IIRR. (2023). *The decline of European state support for foreign aid and what it means for international development*. International Institute of Rural Reconstruction. https://iirr.org/the-decline-of-european-state-support-for-foreign-aid-and-what-it-means-for-international-development

IMF. (2022). *Crisis upon crisis: IMF annual report 2022*. International Monetary Fund. International Monetary Fund. https://www.imf.org/external/pubs/ft/ar/2022/downloads/imf-annual-report-2022-english.pdf

IMF. (2023a). *Ghana: Request for an arrangement under the extended credit facility-press release; staff report; and statement by the Executive Director for Ghana* (Country Report 23/168). International Monetary Fund. https://www.imf.org/en/

Publications/CR/Issues/2023/05/17/Ghana-Request-for-an-Arrangement-Under-the-Extended-Credit-Facility-Press-Release-Staff-533541

IMF. (2023b). *List of LIC DSAs for PRGT-eligible countries as of May 31, 2023*. International Monetary Fund. https://www.imf.org/external/pubs/ft/dsa/dsalist.pdf

ITU. (2020). *Connecting humanity: Assessing investment needs of connecting humanity to the internet by 2030*. International Telecommunication Union. https://www.itu.int/hub/publication/d-gen-invest-con-2020

ITU. (2021). *Financing universal access to digital technologies and services*. International Telecommunication Union. https://www.itu.int/hub/publication/d-pref-ef-2021-eco_fin

Jaramillo, C. F. and Taliercio O'Brien, R. (2022, 18 April). *Inflation, a rising threat to the poor and vulnerable in Latin America and the Caribbean*. World Bank Blogs. https://blogs.worldbank.org/latinamerica/inflation-rising-threat-poor-and-vulnerable-latin-america-and-caribbean

Jones, T. (2022). *The Mozambique debt scandal: The storm before the storm*. Debt Justice. https://debtjustice.org.uk/blog/the-mozambique-debt-scandal-the-storm-before-the-storm

Kanamugire, J. (2022, 18 February). *Schools win in revised budget to feed learners, build classrooms*. Rwanda Today. https://rwandatoday.africa/rwanda/news/schools-win-in-revised-budget-to-feed-learners-build-classrooms-3721228

Khundadze, T. and Alvarez, A. (2022). *Debt mechanisms and education financing: A comparative study in seven countries*. https://campaignforeducation.org/images/downloads/f1/1857/debt-comparative-paper-final.pdf

Kristjansson, E. A., Gelli, A., Welch, V., Greenhalgh, T., Liberato, S., Francis, D. and Espejo, F. (2016). Costs, and cost-outcome of school feeding programmes and feeding programmes for young children: Evidence and recommendations. *International Journal of Educational Development, 48*, 79–83. https://doi.org/10.1016/j.ijedudev.2015.11.011

Lewis, M. and Verhoeven, M. (2010). *Financial crises and social spending: The impact of the 2008-2009 crisis*. https://openknowledge.worldbank.org/server/api/core/bitstreams/833651a5-064d-5e90-b820-7064e8e61dbd/content

Mackey, R. (2022). *U.S. Department of Agriculture increases school meal funding until end of academic year*. National Associations of Countries Blog. https://www.naco.org/blog/us-department-agriculture-increases-school-meal-funding-until-end-academic-year#:~:text=The%20increase%20will%20provide%20an,from%20the%20COVID%2D19%20pandemic

Mahler, D. G., Yonzan, N., Hill, R., Lakner, C., Wu, H. and Yoshida, N. (2022, 13 April). *Pandemic, prices, and poverty*. World Bank Data Blog. https://blogs.worldbank.org/opendata/pandemic-prices-and-poverty

Masset, E. and Gelli, A. (2013). Improving community development by linking agriculture, nutrition and education: design of a randomised trial of "home-grown" school feeding in Mali. *Trials, 14*. https://trialsjournal.biomedcentral.com/articles/10.1186/1745-6215-14-55

Muchunguh, D. (2023, 15 June). *Education sector receives Sh628.6 billion, highest share of 2023/24 budget*. Nation. https://nation.africa/kenya/news/education/education-sector-receives-sh628-6-billion-highest-share-of-2023-24-budget-4271526

Munnelly, C. (2022). *Fixing a broken system: Transforming global education financing*. Save the Children. https://resourcecentre.savethechildren.net/pdf/education-financing-report-2022.pdf

NEPAD and WFP. (2022). *A generation at risk: Nearly half of global food crisis hungry are children, say WFP, African Union Development Agency NEPAD, The Education Commission and education partners*. New Partnership for Africa's Development and World Food Programme. https://reliefweb.int/report/world/generation-risk-nearly-half-global-food-crisis-hungry-are-children-say-wfp-african-union-development-agency-nepad-education-commission-and-education-partners

Nnodim, O. (2022, 24 February). *FG increases school feeding cost to N100/child, spend N1bn daily*. Punch. https://punchng.com/fg-increases-school-feeding-cost-to-n100-child-spends-n1bn-daily/#:~:text=The%20Federal%20Government%20has%20increased

OAE and FINEDUCA. (2022). *Nota em defesa de reajustes nos valores per capita do Programa Nacional de Aalimentação Escolar 2022* [Note in defense of readjustments in the per capita values of the National School Feeding Program 2022]. Observatório da Alimentação Escolar and Associação Nacional de Pesquisa em Financiamento da Educação. https://alimentacaoescolar.org.br/media/notastecnicas/documentos/NOTATECNICA_PerCapitaAE_2022.pdf

Permanent Mission of France. (2021, 9 August). *School feeding*. https://onu-rome.delegfrance.org/School-feeding-425

Phillips, N. (2022, 4 October). *Almost one million children experiencing poverty in England denied free school meals*. Byline Times. https://bylinetimes.com/2022/10/04/almost-one-million-children-experiencing-poverty-in-england-denied-free-school-meals/#:~:text=An%20estimated%20800%2C000%20children%20in

Rastogi, V., Bock, W., Wilms, M., Tasiaux, J. and Lim, K. M. (2020, 11 September). *A $2 trillion plan to bring two billion more people into the digital age*. Boston Consulting Group. https://www.bcg.com/publications/2020/plan-to-bring-high-speed-internet-access-to-two-billion-people

ReliefWeb. (2022). *GIEWS country brief: Benin*. https://reliefweb.int/report/benin/giews-country-brief-benin-27-october-2022

Reuters. (2023, 22 June). *Zambia poised for debt restructuring deal*. Reuters. https://www.reuters.com/world/africa/zambia-poised-debt-restructuring-deal-sources-2023-06-22

Rieffel, L. (2021). *Normalizing China's relations with the Paris Club*. Stimson Center. https://www.stimson.org/2021/normalizing-chinas-relations-with-the-paris-club

Sarr, A. B. and Karanovic, V. (2016). *Armenia school feeding: SABER country report 2016*. https://openknowledge.worldbank.org/handle/10986/28289

Short, K. (2023, 23 June). *Zambians celebrate as country reaches debt restructuring deal*. VOA News. https://www.voanews.com/a/zambians-celebrate-as-country-reaches-debt-restructuring-deal-/7150479.html

Siaba Serrate, J. (2023, 1 January). *How to improve the G20 Common Framework for Debt Treatment*. Development and Cooperation. https://www.dandc.eu/en/article/all-countries-become-able-rise-challenges-current-polycrisis-debt-restructuring-needed

Silva, E. A. D., Pedrozo, E. A. and Silva, T. N. D. (2023). The PNAE (National School Feeding Program) activity system and its mediations. *Frontiers in Environmental Science*, *10*, 981932. https://doi.org/10.3389/fenvs.2022.981932

Silva, T. F. (2021). *From Bolsa Familia to Auxilio Brasil: The Brazilian CCT experience*. IMF-AFR High Level Policy Dialogue on Inequality: Developments and Policy Challenges in the Post-COVID Environment. https://www.imf.org/-/media/Files/News/Seminars/2022/high-level-policy-dialogue-on-inequality/Presentations/English/from-bolsa-familia-to-auxilio-brasil-the-braziliam-cct-experience.ashx

Teo, C. R. P. A. (2018). The partnership between the Brazilian School Feeding Program and family farming: A way for reducing ultra-processed foods in school meals. *Public Health Nutrition*, *21*(1), 230–237. https://doi.org/10.1017/s1368980017002117

The Local. (2022, 8 November). *Sweden's new right-wing govt slashes development aid*. The Local. https://www.thelocal.se/20221108/swedens-new-right-wing-govt-slashes-development-aid

UNESCO. (2015). *Pricing the right to education: The cost of reaching new targets by 2030*. EFA Global Monitoring Report Policy Paper 18. https://unesdoc.unesco.org/ark:/48223/pf0000232197

UNESCO. (2020). *Act now: Reduce the impact of COVID-19 on the cost of achieving SDG 4*. Global Education Monitoring Report Policy Paper 42. https://unesdoc.unesco.org/ark:/48223/pf0000374163

UNESCO. (2021). *Global Education Monitoring Report, 2021/2: Non-state actors in education: Who chooses? Who loses?* https://unesdoc.unesco.org/ark:/48223/pf0000379875

UNESCO and World Bank. (2023). *Education Finance Watch 2023*.

Verguet, S., Limasalle, P., Chakrabarti, A., Husain, A., Burbano, C., Drake, L. and Bundy, D. A. P. (2020). The broader economic value of school feeding programs in low- and middle-income countries: Estimating the multi-sectoral returns to public health, human capital, social protection, and the local economy. *Frontiers in Public Health*, *8*, 587046. https://doi.org/10.3389/fpubh.2020.587046

Wang, D., Shinde, S., Young, T. and Fawzi, W. W. (2021). Impacts of school feeding on educational and health outcomes of school-age children and adolescents in low- and middle-income countries: A systematic review and meta-analysis. *Journal of Global Health*, *11*, 04051. https://doi.org/10.7189/jogh.11.04051

Wax, E. (2022, 9 August). *More than 60 countries struggling to afford food imports, says leaked UN email*. Politico. https://www.politico.eu/article/united-nations-hunger-crisis-monitoring-60-countries-struggling-to-afford-food-imports-document

WFP. (2019a). *Financing school feeding levers to enhance national programmes*. World Food Programme. https://docs.wfp.org/api/documents/WFP-0000115689/download

WFP. (2019b). *Home-grown school feeding in Ethiopia*. World Food Programme https://docs.wfp.org/api/documents/WFP-0000106647/download

WFP. (2022, 24 September). *WFP and the government of Cabo Verde join forces to support school children amidst the socio-economic crisis driven by COVID-19 and the conflict in Ukraine*. World Food Programme. https://www.wfp.org/news/wfp-and-government-cabo-verde-join-forces-support-school-children-amidst-socio-economic-crisis

Wineman, A., Ekwueme, M. C., Bigayimpunzi, L., Martin-Daihirou, A., Rodrigues, E. L. de G. V. N., Etuge, P., Warner, Y., Kessler, H. and Mitchell, A. (2022). School meal programs in Africa: Regional results from the 2019 Global Survey of School Meal Programs. *Frontiers in Public Health*, *10*, 871866. https://doi.org/10.3389/fpubh.2022.871866

World Bank. (2022a). *Global economic prospects.* https://openknowledge.worldbank.org/bitstream/
    handle/10986/37224/9781464818431.pdf

World Bank. (2022b, 18 May). *World Bank announces planned actions for global food crisis response.*
    https://www.worldbank.org/en/news/press-release/2022/05/18/world-bank-announces-planned-actions-
    for-global-food-crisis-response

Yao, H., Brossard, M., Mizunoya, S., Nasir, B., Walugembe, P., Cooper, R., Rafique, A. and Reuge, N. (2021).
    How much does universal digital learning cost? UNICEF. https://www.unicef-irc.org/publications/pdf/How-Much-
    Does-Universal-Digital-Learning-Cost.pdf

Zar, H. J., Dawa, J., Fischer, G. B. and Castro-Rodriguez, J. A. (2020). Challenges of COVID-19 in children in low- and
    middle-income countries. *Paediatric Respiratory Reviews, 35,* 70–74. https://doi.org/10.1016/j.prrv.2020.06.016

出　版　人　郑豪杰
责任编辑　赵琼英　翁绮睿
版式设计　郝晓红
责任校对　张晓雯
责任印制　米　扬

图书在版编目（CIP）数据

全球教育监测报告. 2023：技术运用于教育：谁来做主？ / 联合国教科文组织编译. -- 北京：教育科学出版社，2024. 11. -- ISBN 978-7-5191-4149-3

Ⅰ. G51

中国国家版本馆CIP数据核字第2024EX1336号

全球教育监测报告2023：技术运用于教育：谁来做主？

QUANQIU JIAOYU JIANCE BAOGAO 2023: JISHU YUNYONG YU JIAOYU: SHEI LAI ZUOZHU?

出 版 发 行	教育科学出版社			
社　　　址	北京·朝阳区安慧北里安园甲9号	邮　　编	100101	
总编室电话	010-64981290	编辑部电话	010-64981280	
出版部电话	010-64989487	市场部电话	010-64989009	
传　　真	010-64891796	网　　址	http://www.esph.com.cn	
经　　销	各地新华书店			
制　　作	北京京久科创文化有限公司			
印　　刷	保定市中画美凯印刷有限公司			
开　　本	890毫米×1240毫米　1/16	版　　次	2024年11月第1版	
印　　张	34.5	印　　次	2024年11月第1次印刷	
字　　数	974千	定　　价	225.00元	